JN252571

椎名宏雄編

五山版 中国禅籍叢刊

第三巻 燈史3 ほか

臨川書店刊

凡　例

一、本叢書は、今日では散逸、あるいは閲覧困難な宋版・元版など中国古版禅籍の本文・形態を伝える五山版禅籍の善本を各地から一堂に集成し、影印出版するものである。

二、影印は原本の形状に従い、白紙の部分も含め、全ての頁を掲げた。

三、本巻（第三巻）には次の五種を縮刷して収めた。

僧宝正続伝（全一冊）（縮小率51％）
五家正宗賛（全一冊）（縮小率47％）
仏祖宗派総図（全一帖）（縮小率47％）
祖庭事苑（全四冊）（縮小率43％）
大蔵経綱目指要録（全八冊）（縮小率36％）

目次

僧宝正続伝

原本所蔵　宮内庁書陵部

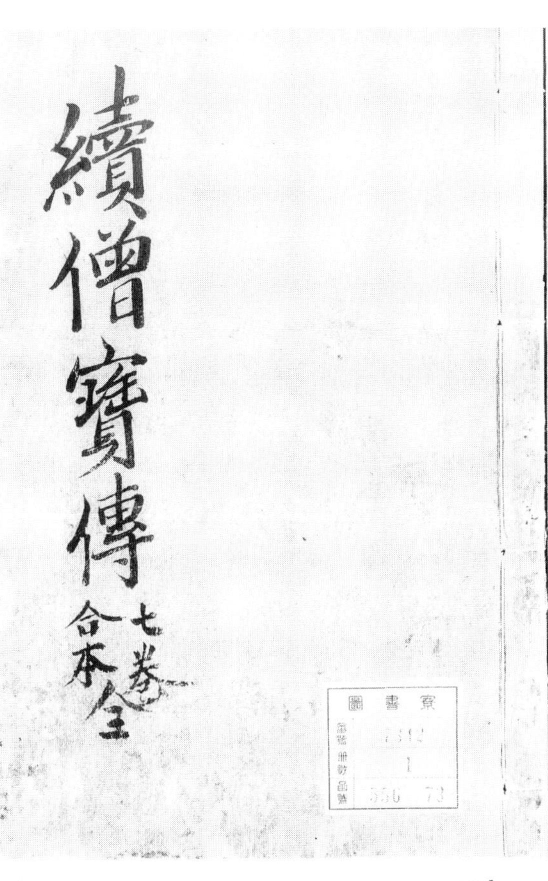

僧寶正續傳目録

龍門遠禪師　禾山方禪師
文殊道禪師　法輪端禪師
黃龍逢禪師
第四卷
○圜悟勤禪師　寶峰祥禪師
雲居悟禪師　白楊順禪師
第五卷
草堂清禪師　大溈果禪師
護國元禪師　雲居如禪師
眞牧賢禪師

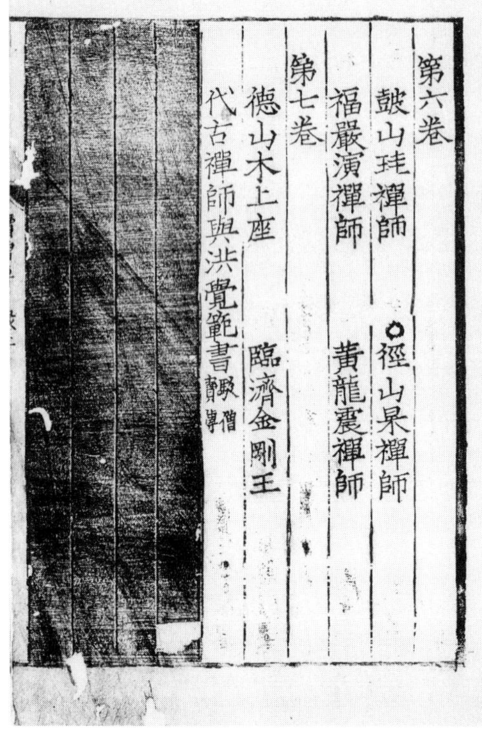

第六卷
皷山珪禪師　○徑山杲禪師
福嚴演禪師　黃龍震禪師
第七卷
德山木上座　臨濟金剛王
代古禪師與洪覺範書跋僧寶傳

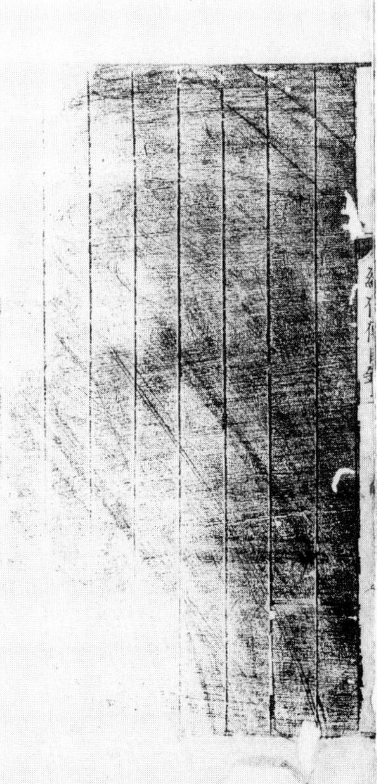

僧寶正續傳卷第一

隆興府沙門　祖琇　撰

羅漢南禪師　圓通旻禪師
兜率照禪師　潛庵源禪師
泐潭照禪師

羅漢南禪師

禪師諱系南生汀州張氏少出家依金泉寺得度具戒然絕淡志節高遠涉歷叢林參雲居祐禪師發明心地既領最後付囑將復遍扣諸方時祐同門法昆照覺禪師宏法東林宗風特盛師往謁之照覺頴知

其來撞巨鏞聚徒五千指出逆於虎溪之外師繇是
名稱蔚然增重于世未幾南康守命出世羅漢嗣法
雲居道價著于天下學者謂之小南僧問聲色不到
病在見聞言詮不及過在脣吻此一理二義請師直
指師云一字不着畫曰古溪澄水迎新月舊嶺寒梅
再遇春師云二字不成雙曰半夜彩霞籠玉象天明
峰頂五雲遮師云好箇真消息問師子兒隨衆後三
歲便能大哮吼未出林一句作麼生師云頭破額裂
曰出林後一句作麼生師云腦門著地曰不出不入
時如何師云進前退後曰且道落在什麼處師云大

衆有眼乃云道應無私力不可敵如風行草偃似春
至花開佛手不能遮人心寧可遏順之則物物光輝
逆之則頭頭失色不逆不順任器方圓呼召隨聲高
低自尓臨鏡而像彼此情忘現如幻神通成如幻正
覺直得盧山萬疊共轉法輪鄱水千尋同宣密義便
與麼金鷄啄破琉璃殼玉兎挨開碧海門又曰晝角
紅樓報曉春萬家齊賀物咸新誰知庭際青青栢便
是當年問法人無身可身無歲可歲始終無變往復
常存四時遷而不遷一氣動而非動百年生死若浮
雲十世古今如電影情超象外道契環中不有絲毫

虛空同壽但向見聞覺知識取本來面目還見麼玉
兎沉西嶺金烏出海東又曰不假一錘成大寶太阿
出匣冷光寒為君截斷羚羊角打就虛空碧玉盤好
拈擲更須看翻來覆去黒漫漫以拂擊禪牀下座又
曰山堂今日已開爐黯淡寒雲雪未鋪撥火任君談
冷暖不知誰解喚司徒古聖求人向熱灰裏諸佛行
道火焰中便見刹刹塵塵皆同自己心心念念盡合
他宗便與麼會轉不相當何故一句令頭語萬劫繫
驢橛又曰天地為爐鞴日月作鉗鎚烹清風方成佛
成祖煉白雲秀有法有儀圓光項佩卍字胷題阿呵

呵知不知倒騎師子座踍跳上須彌又曰一夏九十
日日日無差一日十二時時時不異猶如黃金之黃
碧天之碧其色其高不變不壞安一名著一字與吾
靈覺何相似便乃修習空花萬行宴坐水月道場降
伏鏡裏魔軍成就夢中佛果今朝法歳已圓勘破了
還知麼移身搖太華掬汗洒醍醐又曰物我兩如是
非一氣雲無心而解聽龍吟充天塞地風無迹而能
聞虎嘯拔木鳴條道無根而善應諸緣分緇列素忽
然一念合風雲不知誰是我行無所行住無所住大
笑呵呵希逢罕遇又曰禪不禪道不道三寸舌頭胡

亂掃昨夜日輪飄桂香今朝月窟生芝草阿呵呵萬
兩黃金無處討一句絶思量諸法不相到師臨遷化
日擧二禪者立僧上堂云欲揚大法須籍其人借與
便風便好揚帆擧拂昔日僧問趙州某甲乍入叢林
乞師指示你喫粥了也未僧云喫粥了州云洗鉢盂
去其僧豁然大悟只如今日鳴鐘之後陞堂已前人
人喫粥飽即便休若也嚼得破礙塞人嚼不破弃許
伊羅漢今日倒騎鐵馬逆上須彌踏破虛空不留朕
迹諸人還見麼夜來風起滿庭香吹落桃花三五樹
下座歸方丈跏趺而逝

圓通旻禪師

禪師名道旻興化仙遊蔡氏子其母夢吞摩尼珠已
而孕生五歲足不能履口不能言母抱遊西明寺見
佛像遽履地合掌稱南無佛因作禮人大異之及官
學大乘怨厭塵俗去依景德寺得祥律師以誦經得
度具戒遍參宗匠從眞如喆公最久晩聞泐潭乾禮
師道望往依焉一見知其在大潙衆稱旻古佛者深
器之師以力參所得擧以似乾乾未之許一夕侍立
次乾擧世尊拈花因緣令下語益不契繇是盡弃其
所聞久之隨經行次乾以拄杖加肩長噓云會麼師

擬對乾即打之有頃拈一枝草示云是什麼師擬對
又喝之師豁然悟即作拈花勢云此去更不疑老漢
舌頭也乾挽住云更道更道師云南山起雲北山下
雨鼻孔解語無討處即禮拜乾可之他日謂曰廬山
勝絶汝緣熟在彼遂辭焉建中靖國元年出世江夏
之灌溪遷廬山圓通初道濟禪師捌華圓通臨終囑
曰吾塔以青石爲之他日塔紅即吾再來又師至之
夕塔爲之紅遐邇驚歎知師蓋道濟後身也由是宗
風鼎盛衲子雲奔輻湊師孤節苦行終其身僧問如
何是佛法向上事師曰劈箭溪頭水倒流進云藏頭

露影時如何師便打進云謝師荅話師云瞎閙十二
時中如何履踐師云風不來樹不動僧於言下有省
政和初蔡太師京奏賜椹服圓機師名詔左丞致虛
初自內翰出帥豫章過圓通語次歎曰行老矣置在
金紫囊中去此事稍遠師亟呼內翰翰應諾師曰也
不遠翰云好更望指示師曰此去豫章有四程翰佇
思師曰見即便見擬議即差翰領之而喜樞密吳公
居厚擁節歸鍾陵見師曰頃赴省試過圓通趙州關
因問訥老透關底事如何訥云且去做官今五十餘
年師曰曾明得透關底事麼密云八次經過常存念

然未脱洒在師舉扇云請使扇忽揮扇師曰有甚不
脫洒處忽大喜云更請末後句師揺扇兩下忽云親
切親切師曰吃嘹舌頭諫議彭公汝霖手寫觀音經
施師師拈起云遮箇是觀音經那箇是諫議經彭云
此是某親寫師云寫底是字那箇是經彭笑云却了
不得也師云即現宰官身而爲說法彭云人人有分
師曰莫謗經好彭云如何即是師舉經示之彭撫掌
大笑云嗄好師曰又道了不得相國安公南遷見師
曰一生做官今日被謫覺見從前但一夢耳師曰相
公覺耶公曰此皆本有但未甚明了師召相公公舉

首師云了也公曰猶被事礙師云離京幾程到此公
曰四十二日師云甚處彼疑來公笑曰極得力師云
直下受用去（公云如何受用師曰[illegible]）合掌歓喜師曰但空
諸有勿實所無公云幸遭遇不敢忘右司都貺問曰
是法非思量分別之所能解如何湊泊師云全身入
火聚都云畢竟如何師云驀直去都沉吟師曰可更
喫茶都云不消得師曰何不恁麼會都忽有省笑曰
太近邪師云十萬八千都即有偈曰不可思議是大
火聚便恁麼去不離當處師曰猶有遮箇在都云便
請直指師云便恁麼去鑪是鐵鑄都云盡善盡美

江守李端夫問曰識心虚凝忽然諸境現前時如何
師云石火燒身守豁然省曰打破虚空也師云什麼
處下手守鳴指一下師云不恁麼却恁麼守叩曲折
而去師之全機得大自在開發尤多三年冬以院事
畀得法弟子守恵請老于朝朝廷從之有旨令守恵
次補寺任明年冬十月九日集衆說偈曰泥牛昨夜
大哮吼驚得須彌藏北斗南北東西没處尋拈得鼻
孔失却口復云至道虚寂逈脱根塵光境俱亡靈機
絶待直常任運寧屬去來應周無方不拘格則牢關
敲磕掣電難通直須千眼頓開可以死生無閒自茲

決別可葬全身三百年後當與佛事臨行一着不落
見知折半破三好生薦取隨聲撫膝一下泊然而逝
閱世六十八坐五十夏門人奉遺命塔其全身唯取
平時所聚鬚髮火之悉爲舍利州上其事賜號妙空
之塔師居圓通十有二年隨機接物力法匪躬然絶
不許記其語句其徒有不忍弃之者相與私綴之師
廉知誡曰爾必欲驟吾素志却後三十年乃可拈出
及通惠禪師如其約而出之左司陳公瓘覽小參語
云若有一疑如芥子許是汝善知識即尊重讃歎衍
以爲之序既而樞密張公懿遠侍郎馮公濟川皆題

其言

贊曰圓通來應塔紅可也殆謂三百年後當與佛事或身後好事者爲之辭何則旻固嘗悟徹者也徹則萬化同功群機普赴奚適而非旻邪先佛云吾無生不生無在不在如是則聖賢撫會塵塵爾念念爾奚三百年之扃乎果去矣必三百年而復來則營營形數之閒無乃小乘乎且無邊刹海不隔毫端十世古今不移當念之旨安在哉李君商老狀其事而暴美之不究宗門撫會之妙當併按也

兜率照禪師

禪師諱惠照南安軍郭氏子依了山院出家得度具受游方與從悅禪師游悅參眞淨頗稱有得師預聞其旨遯卓庵於石頭其後悅見石霜素侍者復得石霜末後句以書抵師曰曩參未善猶有末後句在師以偈答曰參禪只要心安樂了得心安萬事休況是禪心猶假立誰論末後與當頭竟不往及悅出世兜率迎致居第一座元祐中無盡張公轉江西漕謀入黄龍見晦堂心禪師暮宿兜率與悅夜語因及石霜末後大事無盡豁然有省遂以出世因緣向悅稱法嗣悅去世無盡命師繼其席師曰先師有末後句運使得之照未嘗得豈可嗣法邪無盡曰汝尋常滿口道得却會不得師忽然悟乃曰敢不奉命遂開悅公法門問如何是第一義諦師曰鎚下分付曰第二義門請師舉唱師曰千家簾幕春光在幾處園林秀色新曰學人未曉師曰勞而無功曰爭奈分付了也師曰一人傳虛萬人傳實曰法鼓纔聲大衆雲集學人上來乞師指示師云天靜不知雲去處地寒留得雪多時學人未曉乞師端的師云一重山背一重人乃曰龍安山上道路縱横兜率宮中樓閣重疊雖非天上不是人閒到者心安全忘諸念善行者不移雙足善入者不動雙扉自能笑傲煙蘿誰管坐消歳月既然如是向上還有事也無良久云莫教推落巖前石打破下方遮日雲又曰衲僧袖裏神鋒截斷有句無句隨宜獨立眞規處處清風滿路更知結角羅紋始解針來線去師性方嚴有操守居兜率二十有七年倣像天宮內院作新一刹冠絶人世安衆不過四十遇鈌貟則補之供饌珍麗率衆力道彌謹無盡每以古佛稱之宣和元年休夏日沐浴更衣禮觀音大士三拜退居丈室端然而逝壽七十一臘四十七閣維

煙所及處悉有舍利多琥珀色靈骨瑩如氷玉眼睛與舌不燼無盡為之賛曰鮮率然老没可把七月十五日解長夏禮郤觀音三拜竟退歸方丈嗒然化也無遺書忉忉怛怛也無偈頌之乎者也也無衣鉢俵散大衆也無病痛呻吟阿耶卒死丹方傳與人禾山皷向別處打

潜菴源禪師

禪師名清源豫章新建鄧氏子依洪巖僧處信得度具戒參武泉常雲居舜泐潭月三大士頗見咨揖然疑未决晩依積翠南禪師一日聞舉洞山初見雲門因緣不覺失笑南問何為而笑師曰笑黄面浙子憐兒不覺醜耳自是容為侍者閱七年咨參决擇道眼高妙絶出人表叢林稱之以比南院守廓南公去世師開法西山惠巖遷南康清隱力法自將不與諸方闘鋪席衲子以枯淡多望崖而去之坐是單丁住山十餘年初南州高士潘延之問道於積翠與師定交為方外友至是迎歸西山未幾洪帥命居大寧一時衲子賢士夫從之問道空集其室師説法簡易期人於悟而後已嘗示衆曰寒風激水成氷杲日照氷成水氷水本自無情各各應時而至世間萬物皆然不用强生擬議又曰先師初事栖賢遷泐潭歷二十年宗門竒奥經論要妙莫不貫穿及因雲峰以見慈明則一字無用遂設三關語以驗天下禪者而禪者如葉公畫龍龍現即怖或問三關語學者每難透何也師曰衆生為解礙菩薩未離覺大智如文殊師利欲問空王佛義即遭擯出以其自墮艱難故起現行耳尋以高年不任主事退閑自號潜菴諸刹爭迎致供養且依以為重故居無定方建炎三年八月五日示寂于城陰之華江住世九十有八安居七十八夏方未寂時齒墮而復生髮雜而燔之悉為舍利及是燼餘尤不勝數塔于惠巖之東阿師莫年德高望重以深誠勉人以善從之化者甚盛有僧執侍十有二年於道未有所契及將出世師曰汝侍吾徒費歳月儻嗣法不應以世情自昧其人遂嗣翠巖機焉其主法有體類如此

泐潭照禪師

禪師諱惟照簡州陽安李氏子母方孕夢異僧持應器踵門若將寄食者一夕有光發其室廬里人相驚旦而育師兒時趣尚超卓稍長泊然不肯從俗屈首受書至性相近習相遠曰九聖一躰以習故差別

如是我知之矣去家走成都依鹿苑寺青泰爲童子
乞名惟照志始生之異焉十九得度具戒泰嘗使之
受起信論于大慈寺中講輙歸臥泰詰之對曰旣稱
正信大乘夫豈言說所能了邪於是盡弃所聞虛心
游方時楷禪師居大洪山名震天下往依之一見以
爲俊朗委曲容接師亦奮勵急於透脫嘗夜坐閤道
間儌巡者傳呼過之隨聲有省即趨丈室吐所悟楷
揶揄之師疑焉復將徹究源底於是遍參宗師往來
楷所最後歷三異聞楷以罪爲民居沂水之芙蓉菴
趨往唁之未至間僕夫被酒迷失道師却行及之擧

杖奮擊忽大悟及見楷望而喜曰今日相見庸非軀
山邪因留佐耕湖上服役累年盡得芙蓉之道敍政
王少宰有子亡且有年矣忽夢其歸翌日而師至問
其生年適與其子亡日合因抱持泣以爲後身也遂
命出世洛陽之招提遷舒州甘露再遷王祖宣和初
道行聞于朝有旨移廬山之圓通先是住持亨惠以
事罷去復自訴于有司閱三年得旨還舊住信至師
怡然拽杖出門與二三禪者徜徉山谷間未幾泐潭
虛席江西帥盡禮致請遂補處焉師姿容豐碩音聲
朗潤身荷大法名尊諸方自號闡提嘗示衆曰坐禪

好諸禪德不用胡思亂想坐教悟去你若悟去十二
時中便有自由分佛也不奈你何祖也不奈你何你
也自不奈何豈更聽別人指揮所以達磨大師西來
直指人心見性成佛何曾有許多屈曲言句教你思
量生受今時諸方叢林未嘗有一箇善知識不教你
參禪學道修行乃至禪頭首座同行道伴亦皆教你
參學更看話下語商量因緣研窮今古你輩更不識
好惡甘作衆生就人學去更向案子頭大冊小冊錄
將去採拾言句攢花簇錦記憶樂向肚皮裏爲禪爲
道苦哉遞相壞了也不是遮箇道理你諸人本無許

多事只爲始行脚時撞着一箇没見識長老教你計
較勞攘打頭便參得箇庭前栢樹子話又參得斬猫
兒話洗鉢盂話野狐話勘婆話參得一肚皮禪道便
掉腰擺胯稱我是方外高人面前說得恰似眞箇普
地裏千般亂做次第一文也不直纔有些子違順風
起便見手忙脚亂爲什麼如此只是學得來奉勸莫
學須是自辦取始得你不見祖師少林九年面壁二
祖立雪齊腰黃梅聚七百高僧衣鉢後來獨付盧老
於是時也看那箇因緣淘汰那箇古今曾下得什麼
語旣不是因緣你輩又苦死瞞生學圖箇什麼別無

人向你恁麼道只是寶峰忒煞老婆教你莫參禪莫
學道莫看經莫念佛以至禮拜燒香種種勞擾你須
道十二時中畢竟如何度時寶峰只教你如大死人
你若眞箇如大死人有什麼閑工夫去參禪學道禮
拜燒香許多費力山僧五處住院允教徒不出此如
大死人四箇字直是我悟得底且不在一大藏教裏
傳燈錄五家宗派古今言句裏是平生所證底法所
行底法你若直下會去且不曾教壞你適來有一兄
弟入室問莫是如大死人却活麼禪客莫問活你但
死了更死你又不曾死只管要活作什麼而今聽普

悢反明也

說了下去堂中或堂前後架試坐看有時被你乆乆
坐忽然死得也不定建炎改元北人南渡泐潭日不
下千鉢坐食師超搖法樂略不以介意而檀施四來
爲厨濟足人到于今稱頌之二年正月辛丑夜參因
叙洞下宗旨不斷如綫而名世續慧命者零落無幾
因欷歔泣下霑襟明日閉方丈不出又明日手寫數
語遍與山中耆宿辭訣衆大駭至有哭之慟者師皆
拒而不與之接至中夕遽命燭集執事者囑以後事
語終泊然而逝閱歲四十有五坐二十五夏時御史
中丞陸德先西京宗正趙公士暕尚書郎古公昭通

昊反古國名

議大夫馮公温舒徽猷閣待制宋公曉秀州刺史韓
公昭同會泐潭頗問道於師見其脫去之狀益歎慕
焉火餘五色舍利燗如珠玉齒舌不燼塔于寺之西
峰師初在西京漕使徐公閎中有子冠且婚矣見師
說法次忻然慕之即弃榮剃髮具戒名曰德止以夙
悟才辯有名于世

贊曰教中以七地巳前菩薩福智爲修生八地巳
去福智爲報得若闡提年二十有八出世五遷巨
刹所至勤興樋拂之下動如阡陌初未嘗遣化而
供饌珍麗服用完新庸非報得者歟方是時叢林
以侈靡相尚照因其時闊達大度順學者之欲而
嫚罵諸方特以如大死人爲教然訖其身後竟未
有繼其風者嗚呼異哉

僧寶正續傳卷第一

僧寶正續傳卷第二

隆興府沙門　　祖琇　撰

寶峰準禪師　　花藥英禪師
明白洪禪師　　開福寧禪師
智海懃禪師

寶峰準禪師

禪師諱文準興元府唐固梁氏子生始幼見佛像輙笑童子不喜聞酒胾金仙寺沙門虛普乞食至其家師膺門酬酢如老成時年八歲即辞父母願從普歸授以法華經伊吾即上口元豐僧檢童子較所習以籍名先後度師藝精坐年少不得奏名陝西經略范公過普廬普臘髙應對領略師侍其傍伸辯詳明進止可喜范公欲携與俱西師辞曰登山求玉入海求珠人各有志本行學道世好非素心范公陰奇其語度以為僧馴髮既往依梁山乘禪師呵曰驅烏未受戒敢學佛乘乎師捧手曰壇場是戒邪三羯磨梵行阿闍黎是戒邪乘大驚師笑曰雖然敢不受教遂受具足戒於唐安律師徧游成都講肆唱諸部綱目即弃去曰吾不求其解法師曇演佳其英特撫之曰汝法船也南方有大開士若潙山真如九峰真淨者可往求之師拜受教與同學志恭詣大潙久之不契乃造九峰見真淨問曰甚處來曰興元府問近離甚處曰大仰問夏在甚處曰潙山真淨展手曰我手何似佛手師罔然真淨呵曰適來句句無絲毫差錯靈明天真才說箇佛手便成隔礙病在什麼處師曰不會淨曰一切見成更教誰會師服膺就弟子之列餘十年所至必隨真淨晚居泐潭師一日舉杖決渠水濺衣因大悟走叙其事真淨罵曰此中乃敢用藞苴邪自是迹愈晦而名愈著待制李景直守豫章仰其風請開法於雲巖未幾殿中監范公帥南昌移居泐潭

師辟辯注射迅機電掃衲子畏而慕之槌拂之下常
數千指自號湛堂每曰我只畜一條拄杖佛來也打
祖來也打不將元字脚澆汝枯腸如此臨濟一宗不
致冷落一日新到相看展坐具師云未得人事上座
近離甚處曰廬山歸宗師云宗歸何處僧曰嗄師云
蝦蟆窟裏作活計僧云和尚何不領話師曰是你豈
不是從歸宗來僧云是師曰驢前馬後漢問第二上
座近離甚處僧曰袁州師云夏在甚處曰仰山師曰
還見小釋迦麼僧云見師曰鼻孔長多少僧擬議師
云話墮阿師問僧你來作麼曰特來問訊和尚師云

雲在嶺頭閑不徹水流澗下太忙生僧云和尚莫瞞
人好師曰馬大師爲什麽從闍黎脚跟下走過僧無
語師云却是闍梨謾老僧僧云有口道不得時如何
師云洞庭湖裏倒撑船雲居先馳到師問未離甌阜
文彩已彰既到寶峰如何吐露馳云目前有路師舉
起書云既是雲居底爲甚在寶峰手中馳云兵隨印
轉將逐符行師云下坡不走拍一拍馳擬議師曰想
先馳只有先鋒且無殿後一日法堂上逢首座便問
向甚麽處去座云擬與和尚商量一事師云便請座
曰東家杓柄長西家杓柄短師云爲甚拈起鑵縣茶

瓶却是饒州甕椀座云臨崖看滸眼特地一場愁師
云達磨大師叫屈座吐舌而退師在分寧遇死心和
尚問你此回到山裏麽師云須去禮拜師兄心云你
來時善看方便師曰何故心云我黃龍路滑師云曽
蹉倒幾人來心云你未到黃龍早脚澁也師云和尚
何得閉門相待死心又問準老你安許多僧只是聚
頭打鬨了噇飯你畢竟將何爲人師云因風吹火心
云亂統作麽師云從來有些子師却問和尚山中安
多少衆心云四百人盡是精峭衲子師云師子窟中
無異獸心云你來時也須照顧師云也待臨時心云

臨時作麽生師云喚來洗脚心云你川僧家閑許大
口師云準上座從來如此心云三十年弄馬騎問僧
鄉里甚處云青州師云近離甚處云雲居師云安樂
樹下道將一句來僧無語師却問傍僧云你道得麽
僧云某甲道不得却請和尚道師云向北驢似馬大
僧云與麽那師云你鼻孔爲甚在寶峰手裏僧便喝
師云水裏火發見僧看經問看什麽經曰金剛經師
云經中道是法平等無有高下是否僧云是師云爲
什麽雲居山高寶峰山低僧云是法平等無有高下
師曰你却做得箇座主使下僧云和尚又作麽生師

云且放你鼻孔出氣一日廊下見僧問你還會也未僧云不會師曰左青龍右白虎僧云久嚮寶峰元來只是箇賣卜巡官師乃點指云上座今日不好僧云老漢敗闕也師云路逢劍客須呈劍師問僧安樂麽僧云無事師云你大有事在曰未審某甲有甚事師云近日上藍金剛與天寧土地相打僧無語師云元來無事問僧如何是上座得力處僧便喝師云好好相借問何得惡發僧又喝師云元來是作家僧以坐具便打師低頭噓一聲僧云放過一着師云遮裏不可放過隨後便打師普說次衆欲散忽問僧明來明

打暗來暗打你作麽生會僧便喝師云點即不到僧又喝師云到即不點僧云忽遇不明不暗來時又作麽生師云今日天寒且歸堂向火隨後喝一喝便起一日上堂云寶峰一夜睡不着計較今日上堂揣腹搜膓總思量不就而今臨時逼迫事出急家門逐拈起拂子云準上座近日作得一柄子且權將供養大衆乃擲下云竹根櫻葉麻繩繫様度天然別一家政和五年夏六月寢疾首座問和尚近日尊位如何師云跛驢上壁座云和尚也好喫一服藥師云朽木搭橋座云也知和尚不解忌口師云你作麽生座擬進

語師云你也好喫一服藥以七月二十二日更衣説偈而化閲世五十五坐三十五夏靈骨舍利塔于石門之南原丞相張無盡製其碑諫議洪駒父叙語録名士李商老撰次逸事同門弟德洪覺範紀師行實其高道碩德可想見矣

贊曰雲居眞牧和尚謂人曰出關走江淮閲三十年參一十八人善知識於中無出佛果佛眼死心靈源湛堂五大士而已誠哉斯言蓋眞正宗師攷其全才如此之難若佛果佛眼死心靈源之嗣固已光明于世獨湛堂開法日淺未有繼其高躅者然覽其遺編想其胷次信餘子未易跂及也覺範稱準於眞淨之門所謂家名辯才氣宇逸群者抑知言哉

花藥英禪師

禪師名進英出於羅氏其先吉州太和人少孤性敏慧齠齔中日誦千餘言通詩書大義與群兒嬉游侮玩之氣出其上親舊愛敬之使著逢掖爲書生輒病至與死隣母泣曰吾始娠夢有乘空語曰兒出家則病有瘳矣於是擊鍾梵放誓於佛前使依集善寺洞隆爲童子年十八試所習得度具戒即欲游方參道

毋有難色於是庵於毋室之外名曰精進諦味宗師
之語而勵精于道君子稱孝悌焉毋歿心喪三年去
游江淮一時大宗師多所叅扣晩見眞淨禪師聞其
夜參貶剥諸方以黃蘗接臨濟雲門接洞山機緣爲
入道之要擿其疑處以詰問師恍然大悟眞淨察可
之時佛印禪師名重一時尤重許可獨以師爲俊彥
嘗以鐵箒呼之自是叢林想聞其風彩元祐中出世
長沙之開福閲十年殿閣崇成宗風鼎盛又五年弃
之北游五臺徧覽聖迹復還庵于梁山衲子益犇趨
之政和甲午衡陽道俗迎居花藥之天寧師於眞淨

之道力行而博施之得語言三昧嘗示衆曰報慈有
一公案諸方未曾結斷幸遇改且拈出各請高著眼
看遂趯下一隻鞋云還知遮箇消息麼達磨西歸時
携提在身畔又曰與麼上來猛虎出林與麼下去驚
蛇入草不上不下日輪杲杲喝一喝云瀟湘江上碧
溶溶出門便是長安道又曰山門寂寞無可祗待諸
禪德夜來思量得一段因緣奇特準擬今日供養大
衆及乎陞座忽然忘卻而今卒作不辦且望大衆智
不責愚不爲怪笑宣和三年退歸舊庵雖齒高而精
進不替常中夜禮佛作息飲食不肯與衆背叢林信

其誠民俗化其教一節三十年終始不渝四年十二
月滅于梁山

明白洪禪師

禪師諱德洪字覺範筠州新昌喩氏子年十四父母
併月而歿去依三峰靘禪師爲童子十九試經東都
假天王寺籍惠洪名爲大僧依宣祕律師受唯識
論臻其奧博觀子史有異才以詩鳴京華搢紳間久
之南歸依歸宗眞淨禪師研究心法隨還泐潭凡七
年得眞淨之道辭之東吳歷沅湘一日閲汾陽語重
有發藥於是胷次洸然辯博無礙崇寧中顯謨朱世

英請出世臨川之北禪先是寺有古畫應眞十六軸
久亡其一師至以詩嘲之未淹辰而應眞見夢所匿
之家丐歸寺中因得之世以謂尊者猶畏其嘲而歸
焉越明年以事退游金陵漕使吳正仲請居清涼未
閲月爲狂僧誣以度牒冒名旁連訕謗事入制獄鍛
鍊久之坐冒名著逢掖走京師見丞相張無盡特奏
得度改今名太尉郭天民奏錫椹服號寶覺圓明自
稱寂音尊者未幾坐交張郭厚善張罷政事時左司
陳瑩中撰尊堯錄將進御當軸者嫉之謂師頗助其
筆削政和元年十月褫僧伽黎配海外三年春遇赦

歸于江西是冬復證獄于并州明年得還往來九峰
洞山野服蕭散以文章自娛將自西安入衡湘依法
屬以老復為狂道士執以為張懷素黨下南昌獄治
百餘日非是會赦免歸湘西之南臺仍治所居榜曰
明白庵自為之銘其叙曰予世縁深重夙習羇縻好
論古今治亂是非成敗交游多譏訶之獨陳瑩中曰
於道初不相妨譬如山川之有煙雲草木之有華滋
所謂秀媚精進予心知其戲然為之不已大觀元年
春結茅于臨川名曰明白欲痛自治也瑩中聞之以
偈見寄曰庵中不著毗耶座亦許靈山閙浩人便謂

世間憎愛盡横眉出社有誰嗔於是隄岸輒决又復
衮衮多言然竟坐此得罪出九死而僅生恨識不知
微道不勝習乃收召鬼魍料理初心而為之銘曰雷
霆發聲萬國春曉聞者不言心得意了木落霜清水
帰汏在忽然震驚聞者駭怪合妙日用如春雷霆皆覺合轟知冬震驚萬機什羅隨緣放聽尚無了知按
有倒想求惟此恩研味其旨一庵收身以時卧起語
默不昧絲毫弗差衆雜而著隨乎于嘉於是覃思經
論著義䟽發揮聖賢之秘奥及解易作僧寳傳成撫
而歎曰冐障海極并門閒闢萬死而不斃天其或者
遲以卒此乎世有賢者當知我矣將負之入京抵襄

陽會覲淵聖登極大逐宣和用事者詔贈丞相商英司
徒賜師重削髮還舊師名未幾國步多艱退游廬阜
建炎二年夏五月示寂于同安閱世五十有八門人
建塔于鳳棲山師之才蓋天禀然幼覽書籍一過
目畢世不忘落筆萬言了無停思其造端用意大抵
規模東坡而借潤山谷至於出入禪教議論精博其
才實高圜悟禪師以為筆端具大辯才不可及也與
士大夫游議論衮衮雖稠人廣座至必奪席初在湘
西見山谷與語終日不容去因有詩贈之略曰不肯
低頭拾卿相又能落筆生雲煙其後山谷過宜春見

其竹尊者詩咨賞以為妙入作者之域頗恨東坡不
及見之著林閒録二卷僧寳傳三十卷高僧傳十二
卷智證傳十卷志林十卷冷齋夜話十卷天廚禁臠
一卷石門文字禪三十卷語録偈頌一編法華合論
七卷楞嚴尊頂義十卷圓覺皆證義二卷金剛法源
論一卷起信論解義二卷並行于世

贊曰丞相張無盡稱覺範蓋天下之英物聖宋之
異人然古之高僧以才學名世殆與覺範並驅者
多矣必以清標懿範相資而後美也覺範少歸釋
氏長而博極群書觀其發揮經論光輔叢林孜孜

陷

焉手不停綴而言蒲天下及陷于難著逢赦出九
死而僅生垂二十年重削髪無一辭叛佛而改圖
此其爲賢者也然工呵古人而拙於用已不能全
身遠害峻戒節以自高數陷無辜之罪抑其情才
暴耀太過而自取之邪嘗自謂識不知微道不勝
習者不獨爲洪實録亦以見其不自欺焉惜哉

開福寧禪師

禪師名道寧歙州汪氏子篤志于道以頭陀入禪林
故畢世人以寧道者呼之初參蔣山泉禪師閲十年
泉知其爲法器俾乞供五羊遇居士願施貲爲祝髪
者師以乞供畏嫌疑固辭不可因歸供鍾山再入嶺
得度具戒遍參宗師嘗居崇果山爲衆辦浴日誦金
剛般若爲常課一日將濯足誦至應生信心以此爲
實内足湯器中豁有省即趨海會見演道者吐所悟
演頷之容入其室他日聞擧狗子無佛性話於是大
徹演喜以爲類已大觀中潭帥席公震請出世開福
唱演公之道湘潭之人敬慕之師性簡約服用朴素
非叢林弘法之務未嘗以之介懷頗提笠走街市躬
自乞食以養衆衲子爭歸之法席遂爲湖湘之冠僧
問唯一堅密身一切塵中現提起坐具云遮箇麼那
箇是堅密身師云放下著進云猶是學人疑處師云
你疑處作麼生進云適來問底師云不堪爲種草政
和三年十一月四日沐浴淨髪五日小參別衆叙平
生參學始末期以七日示寂祝依常僧例茶毗以火
餘盛之瓦梳撒湘江水中乃曰出家佛子徹骨徹髓
華藏海中遊戲自在死生界内任性浮沉是以俱尸
城畔槨示雙趺熊耳峰前親遺隻履祖祢不了殃及
兒孫畫樣起模到于今日又道吾紫磨金身今日即
有明日即無若道吾入涅盤非吾弟子若道吾不入
涅盤亦非吾弟子當此之際若相委悉不唯穿却釋
迦老子鼻孔亦乃知得山僧落處其或未然報慈徒
麼來擧世無相識水月與空花誰堅復誰實住院經
五年都盧如頃刻瑞雲散盡春風生走却文殊過彌
勒喝一喝下座持麈尾圜視久之曰誰堪付此者既
而曰無如果藏主遂以再之至七日長沙之人無幼
艾相與齎持香花側塞于寺師應接教誡遺之而來
者無已及日暮跏趺湛然而逝閲歳六十一坐二十
一夏火餘舍利弟子不忍弃塔于開福又二十年嗣
法果禪師從塔福嚴之朱源師出世才五年而名滿
天下叢林仰之雖不克盡行其道然宗風宏遠云

智海懃禪師

禪師諱惠懃舒州銅城人出家試所習得度具戒參
太平演禪師發明大事時太平法席龍象最盛師與
圜悟佛眼嶄然露其頭角衆望翕然推重及演遷五
祖靈源禪師繼主太平登師第一座以法施學者靈
源退席舒守雅聞譽望命出世太平開五祖法要僧
問萬法本來歸一一法了無蹤跡白蓮峰下傳來未
審以何爲的師舉拂子云用遮箇爲的曰與麼則兵
隨印轉將逐符行師云上座見箇什麼曰驗人端的
處下口便知音師云不妨具眼曰此日一會超越靈

山師云那箇是超越底事僧提起坐具云三世諸佛
盡向遮裏納敗闕師云三十棒且待別時乃云祖師
心印狀似鐵牛之機去即印住住即印破不去不住
坐斷要津凡聖路絶當是之時不見有衆生可度不
見有佛果可成亦無煩惱可除亦無菩提可證唯彰
本躰應用堂堂出沒卷舒得大自在天堂地獄虎穴
魔宮處處道場頭頭佛事然雖如是也須到遮田地
始得此事不從修證不涉言詮莫非妙智發明超然
獨脫或未至此當宜忘情絶慮深切諦觀久久之間
自然雲霞消散孤月自圓砂礫盡時眞金始見又曰

至道無難唯嫌揀擇桃花紅李花白誰道融融只一
色鶯子語黃鸝鳴誰道關關只一聲不透祖師關捩
子空認山河是眼睛又曰日出卯用處不須生善巧
拈起柱杖云柱杖橫山河大地一時橫柱杖竪山河
大地一時竪十方如來所說法不能與此爲譬喩絶
聱訛無巧妙灸瘡瘢上着艾燋若能於此究根源方
透衲僧向上竅如何是衲僧向上竅擊禪牀下座又
曰昔日僧問趙州如何是不遷義州以手作流水勢
其僧有省復有僧問法眼云不取於相如如不動如
何不取於相見於不動法眼云日出東方夜落西其

僧亦有省若於斯明得便見道旋嵐偃岳而常靜江
河競注而不流其或未然更爲饒舌天左旋地右轉
古往今來經幾徧金烏飛玉兔走才方出海門又落
青山後江河波渺渺淮濟浪悠悠直入滄溟晝夜流
遂高聲云諸禪德還見如如不動底麼以拂子擊禪
牀下座又曰乍語鶯喉澁初來鸞語新莫驚雙鬢白
又是一年春林上花鋪錦堤邊草織茵誰知造化躰
元是法王身舉起拂子云看看若也識得海印發光
苟或未然塵勞先起擊禪牀下座師居太平八年宗
風大震政和二年有詔請住東都智海十月九日就

大相國寺三門開堂遣中使降香鴻臚少卿賁疏兼
撥賜金寶充辦齋筵師謝恩祝聖罷僧問才陞猊座
便爇天香祝聖之言請師速道師云祥雲籠殿閣瑞
氣滿乾坤進云一朶曇花開上國馨香從此播人間
師云別是一家春曰靈山一會儼然猶在師云作麼
生是靈山會上事曰明朝自有明君鑑學人三拜謝
師恩師云一任流通問太平古曲久播徽音學人上
來乞師垂示師云尺頭有寸秤尾無星曰與麼則智
海洪波普施餘潤師云眞不掩僞曲不藏直曰只如
無陰陽地上生箇什麼師云喚什麼作無陰陽地曰

靈苗瑞草尋常事優鉢羅花物外春師云謝子供養
乃云問詰且止不見道窮諸玄辯若一毫置於太虛
竭世樞機似一滴投於巨浸況祖師心印諸佛本源
蠢動含靈無增無減唯聖與聖乃能知之恭聞先聖
仁宗皇帝有脩心詩云初祖安禪在少林不傳經教
但傳心後人若悟眞如性密印從來妙理深敢問諸
人如何是眞如之性如何是密印妙理假使目連鶖
子智慧神通到此也須亡鋒結舌山僧今日幸逢快
便爲國開堂得路便行豈畏傍觀恠笑乃舉拂子云
看看豈不是諸人眞如之性豈不是諸人密印妙理

於斯見得共報國恩其或未然別容理論中謝復云
適來所舉初祖安禪在少林不傳經教但傳心且道
心作麼生傳我仁宗皇帝在位四十餘年萬機之暇
留心此道既得之於心乃形之於言流布無窮後人
取則吾祖達磨初至少林二祖侍立次遂問我心未
寧乞師與安達磨云將心來與汝安二祖云覓心了
不可得達磨云與汝安心竟二祖於是豁然大悟自
此傳衣付法繼襲祖位且道二祖當時悟得箇什麼
英靈之者舉着便知影響之流卒難領會聊成鄙頌
少助發揮覓心無得乃安心悟了爭如未悟深萬丈

碧潭秋月白一聲雲外老猿吟積塵成岳削鐵爲針
少室山前無異路遊人來往自崎嶔樞密鄧公子常
奏賜椹服佛鑑師名留智海三年累表懇辭歸山尋
得旨住江寧府蔣山政和七年十月八日沐浴更衣
端居丈室手寫別故舊書數幅停筆而化靈骨舍利
塔于本山師法才富贍道學淵源履踐高妙當時天
下叢林推仰以爲深得東山眞機大用三昧初受太
平日即具儀扣靈源之室請曰住院董衆宜何所先
靈源曰此無他當以杖笠包具置方丈壁間去住如
衲子之輕則至矣師終身奉行之遂爲一代宗師典

刑云

贊曰常聞慈受禪師初出世眞州資福嗣法淨照禪師俄退席寓蔣山佛鑑會中聆其夜參所舉皆平昔未諭心固異之忽一夕於佛鑑言下大悟即欲炷香改嗣佛鑑佛鑑深却之不許於戲昌肯未代欺世負官以院易嗣奉金請拂者曾佛鑑奴之非若也

僧寶正續傳卷第二

僧寶正續傳卷第三

隆興府沙門　祖琇　撰

龍門遠禪師　禾山方禪師
文殊道禪師　法輪端禪師
黃龍逢禪師

龍門遠禪師　嗣五祖演禪師

禪師諱清遠生李氏蜀之臨卭人出家十四具戒嘗依毗尼師究其說因讀法華經至是法非思量分別之所能解持以問講師莫能對乃曰義學名相非所以了生死大事遂捐舊習南游江淮間遍歷叢席聞舒州太平演道者爲宗師第一流往造其室演一見深奇之謂可以弘持法忍壁立不少假莫其深造師棲遲七年未嘗妄發一語一日因撥火忽有省即說偈曰深深撥有些子平生事只如此由是洞徹超詣機辯峻捷莫敢當鋒衲子爭歸之師益靜默自晦不自爲得隱居四面山大中庵屬天下新崇寧寺方擇人以處舒守王渙之迎師住持未幾引去會龍門虛席遂補焉示衆曰學道之士有二種病一騎驢覔驢二騎却驢了不肯下且如騎却驢了更覔驢可殺是大病龍門向道不要覔靈利人當下識得除却覔底病狂心遂息既識得驢了騎却不肯下此一病最難醫龍門向道不要騎你便是驢盡大地是箇驢且作麼生騎你若騎管取病不去若不騎十方世界廓落地此二病一時去心下無事名爲道人所以趙州問南泉如何是道泉云平常心是道州從此頓息馳求識得祖病佛病無不透得後來到諸方莫有出其右者葢緣他識病又曰釋迦老子在什麼處自云作麼復云達磨大師在什麼處自云只在且作麼生說箇只在底道理也不妨難明若於斯明得始知乎法常住禪僧家多分只道那舉處便是你若身壞命終時若病說不

得時又作麽生須是證入始得不見僧問德山從上
諸聖向甚麽處去山云作麽作麽莫是作麽便是諸
聖麽你諸人若不將言語會便落他聲響流布縱饒
不落聲響言句便落他無言無說處此事實無你意
解卜度若存一絲毫便成趣向於己蹤也直饒你將
玄機妙義去合他決定合不着若總不思量亦不可
須是親證始得明見無疑又曰有般宗師向人道莫
作計較道理開口便沒交涉與他不相應也去空劫
已前認取都無言說又有一般宗師向人道癡漢你
這一段因何不會先將自心做箇窠臼然後將心去
取證喚作酧舂了饒舂走便恁麼流轉將去便恁麼

承當去敲床竪拂用將去喚作將心用
心一似坐箇窠窟相似有甚安樂処又似蝦蟆努氣
相似你恁麼見解面前一似黒霧罩定了也師居龍
門十有二年道風大振四方學者皆曰吾必師龍門
由是雲集座下居無所容師應機酬酢未嘗有勌色
示曲折數篇學者聚而編之名曰心要其略曰不應
於無際中立分限若立分限是無際空乃自墮所以
解空者無空想若人以言語名狀心終不得心不以
言語名狀心亦不得心言語本是心名狀之故不得
也無言語本是心不名狀之故不得也種種會當皆
不與自心契上祖曰默契而已為若此又曰道若為

達但無妄念耳若人知是妄念作意止之者見有妄
念故也見有妄念作意觀照令是正理亦見有妄念
也知妄元是道乃無妄焉故達道乃無所得也又曰
證者絶能所也非別有玄理在尋常日用處如見色
時是證時聞聲時是證時飲水食粥時是證時一一
絶能所此非久習不假薰煉蓋見成之事世人不識
名曰流浪故云唯證乃知難可測又曰學道者明知
有是事何故不得旨而長疑蓋信未極疑未深也唯
深與極若信與疑眞是事也不解如此返照遂迷亂
不知由緒困躓中途能自返省更無第二人也既曰

此事又豈更知耶知是妄慮此事則不失也又曰道
不止說與示而後顯蓋躰自常露說示者方便道用
耳省悟者亦暫時歧路也或因說而證或因示而入
或自覺觸以知歸終無異事別得至心源而止也又
曰人言悟了方修此屬對治門雖禪門亦許以正知
見治之若論當人即不須若是也又曰人不識問遂
依來問而荅不知乃自問耳欲荅誰耶人不識荅遂
依言起見不知乃自荅耳何有旨趣耶故曰總是你
好看好看又曰從上來有二種方便有眞實方便所
謂說無有間有善巧方便所謂妙應群機若從眞實

方便得入不假思量性自神解求無有退妙用河沙
也若從善巧方便得入得坐披衣向後自看始得未
可將爲究竟此二種方便皆一法也不可須臾有失
學者思之又曰悟心見性當如雪峰玄沙履實踐眞
當如南泉趙州今時學者但以古人方便爲禪道不
知與古人同參也十二時中學道無頃刻弃捨此人
縱未得入念念已是修行也尋常説修行不過三業
六根清淨禪門更不必如是何故禪定之門念念與
智波羅蜜平等一切處自無過患也久久心地通明
之曰從前並得滿足名一行三昧今時人全無定力

復不開智眼所以機縁語句只成諍論生滅心行夫
禪學不是小小未用超佛越祖得了要超亦不難也
政和末道行聞于朝有旨移和州褒禪山歲餘以疾
辭時圜悟禪師住蔣山與師友愛素善因往依之嘗
著三自省察叢林共高仰之復以近世問話者不知
伸問致疑咨請之意後生相承多用祝贊語或奉在
座官員或莊嚴修設檀信俱無衲子氣味師深惡之
誡曰夫問話者激揚玄極不在多進語三兩轉足矣
貴得生人信不致流蕩取笑俗子又曰諸方老宿臨
終必留偈辭世世可辭耶且將安之宣和二年冬至

前一日飯食訖整衣趺坐合掌怡然而逝春秋五十
四坐四十夏門人奉靈骨舍利葬龍門之靈光塔師
風儀秀異操守嚴正性淡泊寡言笑動有規則學者
瞻形儀而服膺其爲教踈通廣大剗切禪病中衲子
之心至入室提綱則絶蹊徑離文字亦不滞乎空荒
漫誕之説其徒非大有契證不妄許可平居以道自
任不從事於務嘗曰長老端居丈室傳道而已與士
大夫游不爲利屈道合則忻然造之不尒雖過門或
不得見君子以是高之樞密鄧公洵武奏錫命服佛
眼之號左司陳公瓘見師法語歎曰諸佛心宗衆生

性海遠公涵泳深矣與靈源禪師少友善其趣尚施
設略相似焉有三會廣語偈頌數萬言行于世
贊曰圜悟佛眼同出東山之門爲臨濟十世孫圜
悟固已名蓋天下佛眼則精深醇粹克荷正傳殆
與圜悟連衡而並驅學者疑其施設異乎圜悟或
謂龍門嘗與靈源處而漸習使然嗚呼是何言之
陋哉蓋嘗三復龍門之録觀其指示心法辯如百
丈黄蘗作爲偈句詞如汾陽雪竇悟門超極不愧
雪峰玄沙履踐明驗端如南泉趙州眞一代之大
宗師也彼以頼舌爲禪而欺世每生者烏足與議

龍門靈源相契者哉要其所以不爲圜悟者譬如韓柳文章世之悅韓者固多然予厚非深識博雅之士則不能窺其緼奥此所以萬世之下不礙竝驅而爲韓柳也由是而觀二公之後抑可見矣

禾山方禪師（黄龍死心新禪師法嗣　新嗣晦堂心　心嗣南禪師）

禪師名惠方道號超宗臨江龔氏子出家禪居寺年十九試經得度具戒遍參知識晚入黄龍見死心禪師機緣有契遂留執侍閱十有四年于時死心高視諸方以壁立險絶爲方便學者莫可近傍鮮有校其機者獨於廣衆中稱師堪任正續以最後大事畀託之師僧記莂隱迹叢林而聲價益高宣和中出世螺川之隆慶還禾山宗風大震僧問如何是一印印空答曰想你摸索不着問如何是一印印水師曰湛湛地問如何是一印印泥師云前後相應問如何是死中活答曰照中有用問如何是活中死答曰用中有照問如何是死中恒死答曰照用臨時問如何是活中恒活師曰平出死心和尚忌日僧問死心每舉隻履西歸意旨如何師云還見麼進曰則此見聞非見聞未審作麼生見師曰若非見聞猶滯迹在問報德懇懃未審死心還赴也無師云言中有響僧云若然者頂門撥出金剛眼照破淩霄千萬峰師云你且道隻履西歸作麼生進云葉落歸根來時無口師云只得一橛乃曰死心先師每好舉隻履西歸話問衲子且巴陵和尚於得法師忌日以三轉語爲報禾山今日因行不妨掉臂只以明隻履西歸話用報先師之德况此話古今難明諸方或謂之隱顯或謂不可兩箇或謂唯此一事實若也如是殊未識祖師意旨諸人要見麼濁中清清中濁勿謂麒麟生隻角西行東向路不差大用頭頭如啐啄莫莫玄要靈機休卜度樞密徐公師川嘗致三問師各以偈答之問曰洞云擬將心意學玄宗大似西行却向東十二時中動轉施爲莫非是擬底心到此作麼生別辨答曰擬將心意學玄宗妙用縱橫觸處通捩轉箇中關捩子休論南北與西東問維摩經云佛以一音演説法或有怖畏或斷疑者答曰或有怖畏或斷疑雙明一句絶針錐於斯切莫生忻猒覿面還須眼似眉問維摩經云衆生病故我病即今他人病時爲什麼自已却不病答曰衆生病故維摩病妙見全提越我人既了病源無箇事何如出現宰官身龍圖蔣公宣卿亦從之問道師居禾山十年遷豫章雲巖建炎三年三月已

酉示寂壽五十有七臘三十八火餘齒舌不燼舍利
五色塔于寺之南天臺師皃清悴而悟門超徹踐履
高妙圜悟禪師稱其縱談雷震波駭辯才出没電閃
星飛而性理淵源極爲奥妙眞全才也世以爲確論
云

文殊道禪師 太平佛鑑懃禪師法嗣 懃嗣五祖演

禪師諱心道眉州丹稜徐氏子出家三十得度游成
都從師受唯識論研覃者十年自以爲至一日同門
者詰之曰三界唯心萬法唯識今目前森然心識安
在師茫然不知所對盡弃所學去而之襄陽依谷隱
顯禪師參扣者又十年亦自以爲至周流江淮間抵
舒州太平夜聽佛鑑懃禪師小參舉趙州庭栢話至
覺鐵觜云先師無此語莫謗先師好大疑之又盡弃
其所學專以禪寂爲事一夕料理前語豁如夢覺函
趨丈室懃望而可之即分半座命以法施來者政和
二年襄陽守游定夫以禮致師開法天寧萬壽遷大
別山宣和初徙鼎州文殊會有詔更釋氏名上堂曰
祖意西來事今朝特地新昔時比丘相今作老君形
鶴氅披銀褐頭包蕉葉巾林泉無事客兩度受君恩
所以欲識佛性義當觀時節因縁且道即今是什麼
時節毗盧遮那頂戴花冠爲顯眞中有俗文殊老叟
身披鶴氅且要俯循時儀一人既尓衆人亦然大家
成立叢林喜得群仙聚會共酌迷仙酎同唱步虚詞
或看靈寳度人經或説長生不死樂琴彈月下指端
發太古之音碁布軒前妙著出神機之外進一歩便
到大羅天上退一步却入九幽城中且道不進不退
又作麼生直饒羽化三清路終是輪迴一幻身越明
年有旨復僧上堂曰不掛田衣著羽衣老君形相頗
相宜一年半内閑思想大抵興衰各有時我佛預識
法當有難較量年代適在此時僧改俗形佛更名字
妄生邪解刪削教乘鐃鈸停音鉢盂添足頼我皇帝
陛下聖德欽明不忘佛囑適乃特頒明詔賜僧尼重
新削髮實謂寒灰再焰枯木重榮不離俗形而作僧
形不出魔界而入佛界重鳴法鼓再整頽綱迷仙酎
化爲甘露瓊漿步虚詞翻作還鄉曲子放下銀木簡
拈起尼師壇昨朝稽首擎拳今日和南問訊只改舊
時相不改舊時人 且道舊時人與今時人是一 是二良久云春風也
解嫌狼籍吹盡當年道教灰師於偈頌尤爲精粹衲
子雅傳之其趙州勘婆因縁頌曰三月春光上國游
祥雲瑞氣瑣龍樓親從宣德門前過更問行人覓沐

州踈山咸通已前法身因縁頌曰咸通已後咸通前
法身向上法身邊一對枯椿門外立千古萬古摩青
天法身該一切莫向浄瓶邊若不同牀睡馬知被底
穿建炎三年春頌臨濟入滅囑三聖正法眼因縁示
其徒曰正法眼藏瞎驢滅臨濟何曾有是説今古時
人皆妄傳不信但看後三月時逆賊鍾相作難其徒
欲奉師南奔者師曰學道所以了生死也何死之避
以是春三月三日遇害壽七十有二臘四十二塔于
文殊之五髻峰師之接物機用得大自在雖老且病
退處東堂有問道者卧而與之言曾無勸色三坐道

場皆小刹老屋數楹僅庇風雨土爐紙帳四壁蕭然
處之裕如也其徒不過數十輩然皆一時祖室棟榦
者以故師之名稱焯焯爲佛鑑克家子云

法輪端禪師　嗣靈源惟清禪師〻嗣晦堂心〻嗣黄龍南

禪師諱應端南昌余氏子依化度寺善月落髮爲大
僧初游廬山圓通以般若夙熏談禪袞袞老衲多敬
異之頗自以爲至及會宗叔僧智㠉者折困之俾令
實參繇是走歸宗依眞淨禪師未幾眞淨遷泐潭而
羅漢小南禪師道價鼎盛往從之俄而南公化去師
方鋭意於道遂失所從聞老演大本靈源之道欲見

之而未能決即炷臂香禱于像前誌三老之名而探
之得靈源時靈源首衆僧于雲居於是造焉傾心奉
事雖咨叅決擇無間而義𥌓纏心未能脱洒靈源嘗
痛劄之師必引援馬祖百丈機縁及華嚴宗旨爲表
佐靈源笑曰馬祖百丈固錯矣而華嚴宗旨與箇事
喜没交渉師憤欲他往因造室請辞比至門方揭簾
忽大悟遍躰汗下靈源見而喜曰是子識好悪矣馬
祖百丈文殊普賢幾被汝帶累也自是投機契會擊
節賞音若合符契造死心禪師出世雲巖靈源遣二
三子往佐之死心迅機逸辯雷轟電掃學者莫敢嬰

其鋒師爲侍者每當機不少譲至差别因縁洞下語
句靡不迎刃而解死心撫愛之異乎等輩及靈源出
世太平遷黄龍師皆在焉去游京浙歴講肆學首楞
嚴法界觀圓覺肇論尤邃於金剛般若崇寧中省親
南昌厥父素誦此經而未喻其旨因以精義直注經
文之下俾讀之易曉學者爭傳之目爲金剛直解死
心知之罵曰我欲此子荷大法今乃在三家村裏説
義學耶師聞而笑曰以法報親庸何傷乎顯謨朱世
英守臨川葺昭默堂將迎致靈源靈源辞以疾舉師
代行朱亦雅聞師名虚明水以遲其來師廉知謝曰

若以道相期則可令爾乃世諦求我矣請從此辭世英欽歎不已大觀中洪帥范伯履請住雙嶺師宵遁他境久之歸靈巖首衆分座以法施學者政和末大師張司成請出世百丈嗣法靈源僧問如何是賓中賓師云芒鞋竹杖走紅塵問如何是賓中主師云十字街頭逢上祖問如何是主中賓師云御馬金鞭混四民問如何是主中主師云金門誰敢擡眸覷問賓主既蒙師指示向上宗乘事若何師云昨夜霜風刮地寒老猿嶺上啼殘月僧請益大隨劫火洞然因縁師以頌答曰六合傾翻劈面來暫披麻縷混塵埃因風吹火渾閑事引得游人不肯回壞不壞隨不隨徒將聞見强針錐太湖三萬六千頃月在波心說向誰閱六年退居西庵宣和中樞密郭公三益帥豫章與徐公師川合謀欲師促席論道以觀音致請師力辭至三返不得已赴之州人以二公之意盛飾香輿鐃鼓江津候迎師聞之即由間道入據丈室而人無知者衲子翔集至數千指二公每過從必以微言相滯彌日稍遷上藍建炎初郭鎮長沙再遷南嶽之法輪三年六月十一日檀越至陞座食罷會大衆茶客退徐入方丈令侍者徧告有衆吾且逝矣侍者承命未衆及至師聳身趺坐湛然而化幻住六十有一僧臘四十二師性和易以慈攝物不事邊幅得樂說無礙辯才每患學者不善致問必自激以啓疑至會心處亹亹多忘寢食不蓄餘貲寺任一畀執事者毎得人則歲粗給否則米鹽屢空人或以是少之師曰我之所任佛祖任也彼屑屑然錙銖是計顧與流俗何異哉後二年門弟子奉靈骨舍利塔于百丈之大雄峰

贊曰昔張司成帥豫章命秀峰出世泐潭草堂開法黄龍端公出世百丈是三人蓋一時衆中嶢嶢露頭角者也及司成歸見廟堂諸公首言出補獲三大士出世或問三大士謂誰張以其名荅之歟後諸公求外補必以南州爲請蓋欲面見所謂三大士者故徐郭二樞相於百丈也睠睠如此嗚呼賢者不世出抑可謂無賢哉蓋知賢而後爲賢吾道瀕兹叔世釋子不勵行外護不卹賢世與道交相喪矣悲夫

黄龍逢禪師　嗣靈源惟清禪師

禪師名德逢豫章靖安胡氏子生而庬眉顯異不爲童戲不肯混俗去依上藍晉禪師十七得度受滿分戒晉名重當世學兼内外師奉巾匜頗領其要辭之

沕潭見乹禪師參扣久之游呉中歷講肆博貫諸部
宿師爭下之嘗竊歎曰出家當究竟死生大事奚空
言之滯哉時靈源禪師出世龍舒名壓叢林遂往依
之師恃慧辯與之爭鋒不少下靈源曰禪止於口吻
邪師默而負墮痛自韜晦久之發明已見於是不動
神色而鯤化鵬搏蓋天匝地靈源深可之英聲藉藉
著叢林間及靈源遷席黃龍師侍行因與死心禪師
激昂游戲死心稱之以爲類已其後楷禪師弘法東
都天寧適師至命居第一座分席接衲未幾楷得罪
投臨淄臨淄守虚天寧以致師楷亦以偈招之略曰

勿謂皇都留便住也應飛錫向東來將命者至師雪
遁南歸庵新呉山中政和初出世雲巖唱靈源之道
宗風盛行六年有旨移餘杭中天竺以疾固辭宣和
初江西帥徐任道請居天寧閱三年尚書胡少汲遷
住黃龍時黃龍自老南晦堂靈源死心三世授道天
下目爲法窟師以曾孫繼席叢林至今稱之以爲能
世其家者僧問人天普集龍象交參學人上來請師
說法師曰枯木無横枝鳥來難措足進云一音纔剖
人皆委五湖衲子盡沾恩師云一句截流萬機寢削
進云錦上添花即不問毛吞巨海事如何師云闍黎

在裏許進云信手拈來總是禪鐵牛路破趙州關師
云且緩緩進云古德道二破不成一一法鎮長存如
何二破不成一師云逢上座到這裏却不知進云如
何一法鎮長存師云三世諸佛舌上生草進云承聞
和尚親見靈源是否師云誰向你道進云且道靈源
鼻孔重多少師云也知你摸索不着進云六六三十
六碧眼胡僧數不足便禮拜師云何不早恁麼法輪
寶禪師圓寂師上堂曰緬想當年皖水濱師門同叩
幾經春分燈各副全提令荷衆俱爲第一人寶月俄
驚收慧焰曇花何處現迷津遥知白塔藏雲際千古

遺蹤孰與隣大衆起滅全身去來何有切忌情中作
解須知淨地無塵諸人還識法輪禪師麼竪起拂子
云八字眉分新月様霜髯白髮徤精神實益南昌人
於靈源之道最先悟入生平苦節力道叢林以頭陀
名之六年有詔移東都報恩皇叔祖仲樂奏賜命服
通照師名靖康建元乞身南歸樞密郭公三益師長
沙請居開福久之得風痺病益猒紛華遷小廬山時
兵戈寖擾師瑟縮以病臥建炎四年十月己卯力疾
說偈辭衆囑以火餘藏本山之海會塔言訖而逝春
秋五十有八臘四十有一師嚴重有威以弘法爲己

任所至叢林勃興臨事剛决不少假雖常所欵密者
亦敬憚之深達教乘而提綱訓徒未嘗及經論一字
特以孤峻門庭期學者悟徹而後已初在黃龍入死
心室靈源以諸子優劣爲問死心曰前逢後才才即
佛心晩乃震耀師則早負英望靈源實倚之與黃龍
宗旨不幸疾病而早世云

僧寶正續傳卷第三

僧寶正續傳卷第四

隆興府沙門　祖琇　撰

圜悟勤禪師　寶峰祥禪師
雲居悟禪師　白楊順禪師

圜悟勤禪師

禪師諱克勤字無著彭州崇寧駱氏子依妙寂院自
省落髮受滿分戒游成都從圓明敏行大師學經論
窺其奥以爲不足恃謁昭覺勝禪師問心法久之出
關見眞如喆公頗有省時慶藏主衆推飽參尤善洞
下宗旨師從之游往往盡其要嘗謁東林照覺頌之

謂慶曰東林平實而已往見太平演道者師恃豪辯
與之爭鋒演不憚曰是可以敵生死乎他日涅槃堂
孤燈獨照時自驗看以不合辭去抵蘇州定慧疾病
幾死因念疇昔所參俱無驗獨老演不吾欺會病間
即日束包而返演喜其再來容爲侍者値漕使陳君
入山問法演誦小艷詩云頻呼小玉元無事只要檀
郎認得聲師侍側忽大悟即以告演演詰之師曰今
日眞喪目前機也演喜曰吾宗有汝自茲高枕矣師
因以是事語佛鑑懃懃未之信師曰昔云高麗打鐵
火星爆吾指頭初謂建立語今乃果然懃愕然無以

對時佛眼禪師尚少師每事必旁發之二公後皆大
徹由是演門二勤一遠聲價籍甚叢林謂之三傑演
遷五祖師執寺務方建東廚當庭有嘉樹演曰樹子
縱礙不可伐師伐之演震怒舉杖逐師師走避忽猛
省曰此臨濟用處耳遂接其杖曰老賊我識得你也
演大笑而去自爾命分座說法崇寧初以母老歸蜀
出世昭覺久之謝去於荊州見丞相張無盡談華嚴
要妙遑辭皩雅玄旨通貫無盡不覺前席師曰此眞
境與宗門旨趣何如無盡曰當不別師曰有甚交涉
無盡意不平師徐曰古云不見一色始是半提更須知

有金提時節若透徹方見德山臨濟用處無盡翻然悟曰固嘗疑雪竇大冶精金之語今方知渠無摸索處師曰頃有頌云頂門直下轟霹靂針出膏肓必死疾偶與丞相意會無盡喜曰每懼祖道寖微今所謂見方袍管夷吾也澧州刺史請住夾山未幾遷湘西道林初潭帥周公因提舉劉直孺願見師至是皮相之不甚爲禮及見開堂提唱妙絶意表始增敬焉政和末有旨移金陵蔣山法道大振僧問如何是實際理地曰何不向未問已前薦取僧曰未問已前如何薦師曰相隨來也進云快便難逢更借一問曰忘前

失後進云若論此事如擊石火只如未相見時如何師曰三千里外亦逢渠曰恁麽則聲色外與師相見荅曰穿知鼻孔問忠臣不畏死故能立天下之大名勇士不顧生故能立天下之大事未審衲僧家又作麽生師曰威震寰區未爲分外曰恁麽則坐斷十方壁立千仞師曰看箭問不落因果不昧因果是同是別師曰兩箇金剛圏曰潙山撼門扇三下又作麽生師云不是同途者知音不舉來曰恁麽則打鼓弄琵琶相逢兩會家師曰名邈得不爭多曰不得壓良爲賤師曰實處道將一句來曰自從事得潘郎後也解人

前不識着師曰速禮三拜僧曰昔人問投子如何是十身調御投子下禪牀立意旨如何師云生鐵鑄就曰爲什麽貪觀白浪失却手橈師云自領出去問只如道明頭合暗頭合古德便歸方丈作麽生師拈起拄杖子進云學人擬欲放出和尚如何祗擬師曰這野狐精問選佛場開上根圓證不睹當機如何指示師云一超直入如來地曰不昧本來人請師高着眼馬大師爲什麽直下覷師云頂門上有眼問一種無絃琴唯師彈得妙馬大師爲什麽直上覷師云暗裏能抽骨曰未審直上覷得是直下覷底是師云莫謗馬

大師好曰爭奈龍袖拂開全體現象王行處絶狐蹤師云賴有龐居士證明問句中有眼作家知向上人來向上提直下全行摩竭令顯垂方便接群機師云不如一箇百不知曰無孔鐵槌有甚用處師曰果然恁麽去曰雖是本分事未是向上機師曰撒星火迸獨光輝曰爭奈腦後一箭師救不着師云又是拖泥帶水嘗示衆曰恁麽恁麽瞥明不恁麽不恁麽瞥暗不恁麽中却恁麽暗裏隱明恁麽中却不恁麽明中隱暗只如和座子掇却許多建立總麽犯手傷鋒且道喚作什麽到遮裏高而無上深而無底旁盡虛空

際中極𪗾虛塵淨躶躶赤洒洒是箇無底鉢盂無影
杖子熊耳山前少林峰下老胡九年冷湫湫地守這
閑家具深雪之中直得情忘意遣理盡見除方有一
箇承當且道雙明雙暗雙放雙收是建立是平常總
不與麼也未是極則處且作麼生是極則處劈開華
嶽連天秀放出黃河輥底流宣和中詔住東都天寧
太上在康邸屢請宣揚有偈云至簡至易至尊至貴
往來千聖頂顚頭世出世間不思議然是時欽宗在
東宮師對太上預有至尊之識建炎改元宰相李伯
紀表住金山駕幸維揚有詔徵見顧問西竺道要對

曰陛下以孝心理天下西竺法以一心統萬殊眞俗
雖異一心初無間然太上大悅賜號圜悟禪師乞雲
居山歸老朝廷厚贐其行至雲居之明年復歸于蜀
大帥王伯紹迎居昭覺紹興五年八月五日示疾將
終侍者持筆求頌書曰已徹無功不必留頌聊爾應
緣珍重珍重擲筆而化春秋七十有三坐五十五夏
謚眞覺禪師塔曰寂照初樞密鄧子常奏賜命服佛
果師號所至士夫過從問道無虛日師悟門廣大說
法辯博縱橫無礙莫不人人畏服以爲未嘗有也凡
應接雖至深夜客退必秉炬開卷於宗教之書無所

不讀初在金陵大帥王彥昭嘗請益雪竇所謂三負
無事道人執勝師曰正爾皆須喫棒始得帥意未喻
師詰之帥以手拍膝時衲子環擁師就指曰此輩例
作此見解焉能透徹古人知見帥不懌而去尋遺之
詩令刻石師匿之他日彥昭入山問詩所在師曰昔
人贈遺所以昭德也今大帥特譏刺而已某敢以非
訢宜而宣之哉帥翻然齎歎而去既而給事盧贇元
代府事入山題詩有菖蒲海之句然東漢志有蒲昌
海師就質之盧頗知悞或勸不應與帥臣爭詩恐致
禍師笑曰吾豈得已哉前既却王公詩今新帥雖美

句亦莫敢刻之故發其悞貴不主意上石耳其臨機
有斷如此性和易不事事晩節道愈尊而風度無改
或謂當加威重者師曰吾佛以慈攝物等觀一切每
任眞若此猶恐失之况以顯晦易其心而刻薄莅衆
豈沙門所爲耶其雅量廓廓常退已以讓人故出世
主法垂四十年未始有一犯其規繩者云

贊曰吾祖從上來事以妙悟通宗然世迫遲暮邪
徑日滋自非龍蟠鳳逸之士極深而研幾則頊譽
化城者皆是也圜悟其至矣乎道德備而學不厭
名位崇而志益謙眞一代之典刑也初黃龍楊岐

兩宗學者贍有各私其勝而不相猷於是靈源大
士作五祖演公正續碑所以推之爲正續也至圜
悟復能峻其門庭觀其對御則混眞俗於一心接
士大夫游則罄竭欵誠俾於祖道染指涉流而入
人得其懽心焉此所以致盛名于天下也美哉

寶峰祥禪師（嗣眞如哲〻嗣翠岩眞〻嗣慈明）

禪師名景祥建昌南豐傅氏子父翼終信州永豐令
毋上官夢入王宮方暑得壺漿飲之如甘露已而孕
又諸父夢絳幡皂纛擁一偉丈夫至其家稱塞上將
軍翌日而育師因以塞上翁名之少警敏嗜學務記

覽於書無所不窺永豐公亡追悼罔極非出世間法
無以報即志捨家會沙門有璹說法于靈鷲往聽之
豁有省遂依之落髮具受遍參知識最後見大潙喆
禪師資緣契會遂執侍焉隨入京師喆公去世負其
骨歸葬潙山夜夢梵僧丈餘授以法句義甚微妙師
得之研味心法益明歸臨川得古屋數楹於人境之
外閉影不交人事者十年大觀中同參自遵往東林
厚禮致之命居第一座分席接衲未幾泐潭虛席南
昌守張司成雅聞師高道懃請至使者四往返師堅
臥不荅因屬九江守津遣乃始赴命初大潙囑師年

（東林遵如哲公法嗣也）

五十乃可師人至是五十有四矣及居泐潭宗風大
振衲子常五千指規度嚴明禮數雍穆四方翕然推
重至宗擧之以爲叢林華彩焉示衆曰九爲善知識
應機利物須具十智同眞若不具十智同眞則緇素
不分邪正不辨不堪與人天爲眼目不能決斷是非
如車隻輪如鳥隻翼不能高飛致遠何謂十智同眞
一同一質二同大事三總同參四同眞智五同遍普
六同是非七同得失八同生殺九同音吼十同得入
諸禪老祖師言句橫亘十方天下老僧機緣不少那
一句語是同一質同大事什麼處是同生殺乃至同

得入於此揀辨得出方有衲子本色公驗不爲流俗
阿師於此未明無辨驗諸方眼目不識學者病源病
源不識則不斷疑根疑根不斷是謂生死根本放僕不着
處不過咬豬狗手脚便將尋常知解劈頭罩却劈脚
繫住謂祖佛出來無過於此又參高士相共證明晩
學初機無待臘歲窮年却顧已躬一無所是則追悔
不及也師居泐潭垂十年道望聞于京師宣和中有
旨移金陵之蔣山未幾遷九江圓通歲餘江西帥將
奪之主黃檗師知之遁入同安山中二刹迹至其所
爭迎致竟爲黃檗得之建炎末退歸泐潭庵于秀峰

因以爲號卜終焉計會胡馬南渡避地天台紹興二年從閩帥太吉山之請行未越境爲范丞相挽留奏居鴻福先是高庵禪師受鴻福命未及入寺而化師與高庵素厚善迨繼其後居淨山相距未闋月即示疾出古衲并書付其嗣法德昇十月七日趺坐告衆而逝壽七十一臘五十二闍維目睛及數珠不燼舍利葬本山分其半塔于秀峰初眞點胸以邁往不羈之度超放自如及其嗣法眞如則王立峭峙行深穩高生未嘗以帛爲衣脇不至席者逾四十年師繼其道律己尤嚴凡叢林規範諸方所不能行者師優爲之生不積餘長殘無完衣或欲爲求章服名號者則謝絶之曰借使持來政堪天明作枕耳其法語偈句辞致渾厚庵有作者之風焉

贊曰初秀峰在甕鷲爲童子時聞二老宿夜語舉古德偈云征輪軋軋過江南暫把微軀寄泐潭泰嶺煙沙猶未息月明空鎖定僧庵即感悟泣下老宿問故荅曰比夢中得此偈當是前身所爲者老宿曰審爾他日必爲泐潭主人其後秀峰由泐潭避地天台終于韶國師庵果如其言教稱凡報土皆宿習願力所現舉有定分豈不然哉世以庸妄相乘區區苟合於聲利之末雖老且死而莫之安分者其聞秀峰之風益可愧矣

雲居悟禪師（嗣佛眼遠公嗣五祖演）

禪師名善悟生李氏洋州興道人也捨家誦經得度具戒夙慧警敏初聞冲禪師擧達磨廓然無聖之語即曰我既廓然何聖之有冲奇其語發之南詢周流舒蘄間參叩宗匠抵龍門見佛眼禪師聞擧雲門語云直得山河大地無纖毫過患猶是轉句不見一色始是半提更知有全提始得師心有契遂依止焉一夕佛眼謂曰洪州孤鸞對舞乎昔有二鸞每對舞嘗喪其一止不復舞智者以鑑向之孤鸞顧見自影輙舞師豁然悟一日猫執鼠過前佛眼指以示師師曰晥公山倒佛眼喜之因命分座説法嘗擧德山夜參因縁曰悟上座今夜亦不荅話或有僧出只向道你許多時向甚處去來佛眼動容曰吾髙枕矣自是道聲四馳宣和初出世吉州天寧明年徙南康之雲居宗風大振師性方嚴語不妄發以身循衆雖祁寒酷暑必伴衆夜臥三椽下有怠墮起不時者必和枕以譬之凡方丈服用之具皆虛設而未嘗御也自號髙庵時泐潭祥禪師雅自標置大抵與師德望相埒而

苦節堪忍得衆則師遁之閲七年圜悟禪師得旨住
雲居有勅移師金山以疾固辭明年圜悟歸蜀南康
守復師雲居尋以兵亂謝去避地天台寓居韶國師
庵紹興二年台州得旨革浮山鴻福寺為禪居遴選
大有道者畀之郡守以屈師師固辭即請于朝六月
命下師不獲已諾之時參徒裹糧而從者尚以百數
一日擧世尊垂入滅示會前卍字因縁乃披襟謂衆
瞻仰取足無令後悔既而曰吾衰矣盍歸故山之三
塔乎僧曰方領浮山奈何師曰死可以住持而留邪
僧曰幾時可去師曰俟有人提草鞋即去曰某甲去

得否師曰解挿觜即得僧曰諾諾師笑而止七月一
日侍者趣辦行師不答明日晝寢起語如平時遽揮
侍僧曰去去僧退少選候之則已趺坐而逝住世五
十有九安居四十一夏靈骨舍利一歸雲居之三塔
一葬浮山祀為始祖焉

白楊順禪師　嗣佛眼遠

禪師諱法順綿州魏城文氏子七八歳時於夜暗中
視物如晝父母知其異因令出家依香林院奉和得
度游成都從大慈寺冲悟法師受圓覺起信至若離
於念名為得入研覃久之特以問悟悟廬胡不能決

即勉之游方參谷隱靜覺禪師大觀中佛眼居龍門
道風藉甚往依之竭誠累年備歴庶務未嘗有怠色
一夕聞擧水中鹽味色裏膠青決定是有不見其形
忽有省於是離念得入之旨豁然玄契明日入室龍
門問眞佛在什麼處師曰在不定處曰既是眞佛為
甚不定師云若定即非眞佛龍門異之因問何以及
此師告以實門詰之曰水中鹽味色裏膠青直下作
麼會師曰不用更會龍門可之自是酬酢雷動兩法
與目擊觀龍門去世奉舍利入塔已即首衆僧于雲
居分座接衲拂未授手而戸外之屨滿矣建炎初有

注

旨應寺院之為神霄者悉還舊貫於是漕使張公琮
首闢臨川之廣壽迎師開法紹興改元太守蔣公彥
卿徙住白楊唯老屋數楹不芘風雨前此住僧侈瘟
祠以仰給師至首擊去之乃大自激昂多所樹立未
朞年而四方浩然歸重衲子竭蹷而趨之來者雲湧
師不起于座化卑陋而為寶坊平居汲汲於接人垂
示勘辨雖造次不間也性鯁介不苟循時俗談道之
際譏訶無所避或問東山門下佛果孤峭佛眼慈軟
二人所得麁細何如師正色曰法順於鬧市中親見
翁來汝以軟峭麁細為間無乃謬乎其析疑破妄類

如此嘗示衆曰山僧從旦至暮手脚不曾停住東廊
走過西廊佛殿又穿厨庫三箇和尚搬柴兩个匠人
牽鋸佛也理會不得教我如何來注露出達磨眼睛
打開白楊門戸大衆不須更着趙州衫直下晩却娘
生袴江西帥李伯紀慕其道欲一拜見以黄龍致請
將命者再至師堅臥不赴九年五月一日集衆告別
侍者持紙求頌師曰吾平日語固多矣茲尚何言因
誡左右今夕鷄鳴即報我已而忽自閴開靜鐘遂大
喝一聲左右驚視之則已跏趺而逝閲世六十四坐
四十六夏火餘目睛齒舌頂骨及所持數珠不燼全

利五色塔于寺之西隅師退然才中人而神觀爽邁
操守堅正善爲偈句肆筆立成旣卓有聲譽道方盛
行而未艾遽爾去世四方衲子識與不識靡不傷感
至泣下其得人心如此

贊曰樞密徐公師川曰善哉道師明眼而安步方
號足目俱到則高庵之所以爲兄白楊之所以爲
弟也誠哉斯言詳觀高庵儼臨巨刹畢躬力道唯
衆是親白楊荒村廢寺激昂崛起而名跨一時然
二公於法俱不滿十載而風教言言雖百世尚可
想見其胷宇嗚呼蓋循道而亡私之効也比夫異

時怙勢肆姦刻衆奉己者何殊糞壤哉

僧寶正續傳卷第四

僧寶正續傳卷第五

隆興府沙門　祖琇　撰

寶峯清禪師　大潙果禪師
護國元禪師　雲居如禪師
雲居賢禪師

寶峯清禪師　嗣晦堂心

禪師諱善清生何氏南雄保昌人也依香林寺法恩
試所習得度具戒年三十始游方依黄龍晦堂禪師
久之有省獻頌晦堂曰得道易守道難守道猶在已
說法爲八難吾宗一句中具三玄一玄中具三要有

玄有要問後自看師復立成一頌有刹刹塵塵奉此身之句晦堂可之去游江浙遍叩宗匠退歸廬山見眞淨禪師問甚處來曰下江淨曰將得什麼來曰和尚要什麼淨曰一切要師提起坐具淨曰閑家具曰莫要怠切底麼淨曰試拈出看師摵一坐具淨駭異之會死心出世靈源走書招之俾輔佐死心師竒庬福丈剛嚴有識度凡死心由翠巖再住雲巖遷黃龍師皆在焉率居第一座分席接衲與死心周旋垂二十年閲見淹博機辯絶倫政和五年死心去世大帥張司成請師繼席開法唱晦堂之道時黃龍號稱法窟多竒傑之士師上堂曰昨日林間為野客今朝堂上住持人放開捏聚全由我萬像之中獨露身越明年謝院事結茅寺側自號草堂父之再住上堂曰捲息茅堂過六冬心忘境寂萬緣空不知幻業從何起依舊令教振祖風建炎末避地臨川太守蔣宣卿請居曹山遷疎山紹興五年以院事畀得法弟子了如禪師乃遂閑居然接物無勌學者奔趨之唯恐後道價遂為天下第一南昌帥張參政聞風而悅惠不能致會樞密徐公過洪相與虛泐潭以起師時年八十有三辭避甚力而敦請之禮有加不獲已而赴大帥就請說法于州之東山傾城擁觀歎未曾有及居泐潭學者亦約而自洽不化而自行未朞年而庬鴻特絶之士至自遠方者五千指軍與之後叢林未有若此之盛十二年正月晦日出衣盂唱之付以後事明日端坐而化住世八十有六坐六十夏燼餘目睛不壞靈骨舍利塔于黃龍每對重客或語以世故則張目直視久乃厲聲曰老僧耳重及受參入室應機酬酢電擊星馳雖初機學者旦莫咨扣未始有猒色猶日誦般若心經一藏其弘道力法老而益懃如此

大溈果禪師

禪師諱善果信州鉛山余氏子依七寶院元湊得度具戒梵相竒古廣顙隆準少慕祖道初至鵝湖宴坐禪堂聞二童子戲爭蒲團其一舉起云你道不見箇箇是什麼師恍然有省及游雲居偶禪者自黃龍來因聞死心老每以何等語接人禪者曰常舉雲門問僧光明寂照遍河沙豈不是張拙秀才語僧云是門云話墮也何者是話墮處師聞之豁然大悟即趨黃龍印可于死心謝事指見開福寧道者師至開福師資契會于深竒之延入藏下時開福衲子五千指寧垂入滅囑以麈尾授師語在寧傳師膺最後付託隱

嚕

迹道林令呂圜悟禪師來主席頻聞師名一夕分半座
俾說法師舉乾峰法身話剖判絶出意表圜悟嗟賞
久之自是道價益著宣和初潭帥曾孝序命出世上
封開寧公法要時龍牙才禪師法席頻盛每荅話多
稱蘇嚕一日同諸老會于府帥曾公之席公曰龍牙
荅話每稱蘇嚕意旨如何諸老相視莫有對者師越
席而前曰某適有語公叩之師曰龍不荅話只蘇嚕
為問諸人會也無昨夜虛空開口笑祝融吞却洞庭
湖曾公大悦一座盡傾遷道林道吾福巖宗風鼎盛
法席常冠諸方室中妙於接人每舉雲門張拙秀才

話勘驗學者臨機與奪莫測端倪天下共高之自號
月庵湘中士大夫多從之問道紹興九年樞密張公
德遠撫七閩請住皷山未至改黃檗遷東西二禪閱
十年頗猒閩俗雅意江外多衲子會台之萬年袤之
雙林潭之大溈皆虛席三郡爭致請而長沙尤力師
曰潭吾舊游也吾樂之遂赴命大溈二十二年正月
十八日出衣盂畀執事者製五百應眞像明日沐浴
更衣集衆告別手書伽陁曰要行便行要去便去撞
破天關掀翻地軸停筆而化閱世七十四坐五十一
夏塔全身于溈源之西峰師性剛直處已簡約律衆

嚴明九遷巨刹皆當世賢公卿屈禮致請叢林服其
得人之盛

　贊曰草堂得死心作用而不忘晦堂月庵聞死心
語發明而造寧公之室死心宗亂遂不續惜哉然
草堂初出龍山遷白雲遭世多艱未有成績及晚
居湘潭道大盛而去世遂振宗風於天下則晦堂
弘道之囑驗矣月庵出世逾三十年八遷巨刹未
嘗一日退居槌拂之下圍遶常數千指則開福塵
尾之授何其效歟易曰視履考祥予於二老父子
授受之際得之矣

元聱頭

護國元禪師　嗣圜悟勤

禪師名景元永嘉楠溪張氏子依靈山院希拱年十
八剃度為大僧習天台教通其說弃之游方參蔣山
圜悟禪師一日聞傍僧舉死心小參語云既迷須得
箇悟既悟須識悟中迷迷中悟迷悟兩忘却從無迷
悟處建立一切法諦味久之因起行次豁然有悟即
以告圜悟圜悟喜之繇是容為侍者閱十四年咨參
決擇洞然無間而機鋒卓絶衆以聱頭目之圜悟將
歸蜀遽問曰向後有人問你作麼生道師撫傍僧背
曰和尚問你何不祇對圜悟大笑已而袖木錫僧伽

黎授之而別紹興初歸隱舊邦括倉守龍學耿延禧
命出世仁壽遷連雲晚住眞如從護國衲子擁隨法
席日盛師説法超格量絶蹊徑問學人上來請師相
見師曰劄問如何是相見底事師曰你眼在左邊右
邊進曰恁麼則萬機休罷正眼頓開師曰杲日當天
盲人摸地問相見與未相見時如何師云一時穿却
問忽遇上上人來又作麼生師云列向三椽下問還
許學人承當也無師云兵隨印轉問如何是臨濟宗
師云殺人活人不貶眼曰如何是雲門宗師云頂門
三眼耀乾坤曰如何是潙仰宗師云推不向前約不

向後曰如何是法眼宗師云箭鋒相拄不相饒曰如
何是曹洞宗師云手執夜明符幾箇知天曉曰向上
還有路也無師云有曰如何是向上路師云黒漫漫
地問高揖釋迦不拜彌勒時如何師云三十棒且待
別時僧禮拜師乃云釋迦彌勒尚是他奴且道他是
阿誰是則是護國則不然坐立儼然頂天履地十二
時中袈裟磕着復是阿誰還知麼着力今生須了却
莫教累劫受沉淪題如是軒頌曰拈却瞿曇閑露布
掀翻諸祖葛藤窠只將如是當軒掛鐵額銅頭不柰
何示禪者頌曰棒頭取證猶勞力喝下承當未足奇

撥轉頂門宗正眼須教佛祖浪頭低十六年正月九
日被微疾而逝塔于本山壽五十有三臘三十有五
師資度豈碩如世所畫布袋和尚者故人以之爲稱
深得圜悟機用而力行之天下方想聞其風彩不幸
早世議者惜之

雲居如禪師（嗣佛眼遠）

禪師名法如台州臨海胡氏子依護國瑞禪師祝髮
受具遍參兩浙宗匠聞佛眼禪師居龍門道價甚重
不遠千里造焉以力參所得質之佛眼曰此皆學解
非究竟事欲了生死當求妙悟師駭然諦信其語居

一日命爲典座師固辭以道業未辦佛眼勉之曰姑
就職是中大有人爲汝説法未幾晨興開厨門望見
聖僧豁然有省入見佛眼曰遮裏還見聖僧麼師於
其前問訊叉手立佛眼肯首曰向汝道大有人爲汝
説法又嘗問曰天台石橋夜來倒了也師遽捉住佛
眼佛眼曰作麼師曰又道石橋倒佛眼深可之後造
圜悟禪師室問汝只參佛眼爲復別見人來師曰亦
曾見一人來曰是什麼人師以手指胷曰法如圜悟
曰汝所見只一星許師曰已是多也高庵悟禪師與
圜悟相繼主雲居皆推師爲第一座分席接納學者

不涉竹中自服也
開山宏覺膺

親之建炎初上藍虛席洪帥胡直孺命出世唱佛眼之道未幾虜騎傳城隱于白水庵會雲居燼於劫火紹興初凹易主者皆以艱難遁去漕使曽公紆乃以屬師繇是宗風大振師識量冲廓機變如神見者靡不讋伏至於說法莅衆辞氣粹温挺禮賢者亙有古尊宿之體閱十餘年幻出寶坊靖深壯麗冠絕江表師益謙損不自以為功識者以此高之且以為弘覺再來也十六年三月十五日示疾陞座別衆又十日沐浴更衣手寫法偈端坐而化世壽六十七僧臘四十二火滅得舍利合靈骨瘞于三塔

雲居眞牧禪師

嗣佛眼禪師

師諱正賢潼川郪縣陳氏子本朝三陳之後依三聖院海澄得度具戒游成都大慈寺從重秀法師聽經論般若夙悟凡典籍無巨細過目成誦義亦頴曉每有詰難宿師高座皆莫能荅謁正覺顯禪師一見知為衆稱經藏子者大喜之囑令負荷正法眼會圜悟禪師出世昭覺造其室聞舉洞山麻三斤話言下有省圜悟勉之南詢即出關氏黃龍參死心時靈源居昭默堂往來咨扣久之趨寶峰見湛堂深蒙肯可而疑未決遂造龍門佛眼一日室中舉殷勤抱得旃檀樹師豁然大悟佛眼可之曰經藏子漏逗了也自是間與師商略法藏淵奧至會心要處亹亹無盡佛眼必稱善子書眞牧授以為號其後再見圜悟嘉其大成或曰拖犁拽把去師内貿多聞外峻戒節泊發明大事愈益韜晦紹興初妙喜以所居雲門庵誘師繼踵雲門迥絕人境之外衲子裹粮從之師每說法之暇躬自荷鋤播殖清規凛然紫微韓公駒欽重風道贈以詩略曰上人一口吞諸佛肯顧世上群兒愚又曰不須領衆强自苦一庵高卧眞良圖琎竹庵每稱必曰龍門一麟耳十九年南康歸宗虛席太守以禮致請師堅卧不應寶文李公公懋嘗問道於師因就見同邑官協誠敦勉不得已赴之嗣法佛眼僧問選佛場開願聞法要師云三通鼓罷一炷沉煙云與麼則皇恩佛恩一時普報師云脚跟下事作麼生云學人禮謝師云十萬八千未是遠問久黙斯要已泄眞機學人上來請師開示師云耳朶在什麼處曰一句分明該萬像師云分明底事作麼生曰台星臨照枯木回春師云換却你眼睛了也曰法燈和尚道本欲深藏巖穴隱遁過時蓋為清凉有未了公案出來為他了却此意如何師云鐵額銅頭未透關曰果然作家

師云放你三十棒曰當時有僧出云如何是清凉未了底公案法燈云祖禰不了殃及兒孫諵訛在什麼處師云一言截斷千差路曰佛眼和尚道本欲拋擲巖阿混同沙礫苦爲諸人斆逼不免細說來由且道與法燈是同是別師云你向什麼處見佛眼曰千聖同歸一路行師云退步𨁝身子細看曰既到遮裏如何是佛眼未了底公案師云腦後看取僧禮拜師乃云若向這裏承當得徹有什麼事看他玄沙不出嶺寶壽不渡河得箇什麼便千休萬　歇去雲巖在百丈二十年長慶在雪峰二十年失箇什麼便爾千辛萬苦難會去須知得無所得失無所失釋迦老子也只道我於然燈佛所實無一法可得然燈佛即與我授記遂舉拂子云無量諸佛盡在拂子頭上爲大衆證明成佛了也若喚作拂子即被拂子礙若不喚作拂子亦被拂子礙還透得麼如今有異方便令大衆普皆成佛去乃云若喚作拂子於法得自在若不喚作拂子亦於法得自在還承當得麼良久云彈指圓成八萬門一超直入如來地又曰第一句如何道汝等諸人若向世界未成時父母未生時佛未出世祖師未來時道得已是第二句第一句如何道直饒你

十成道得未免左之右之所以萬法本閑而人自鬧文殊堂裏萬菩薩即不問你且道東海波斯鼻孔長多少上堂橫柱杖云柱杖子橫也橫亘十虛包裹六趣復竪云柱杖子竪也上窮碧落下透風輪良久云不如休去便休去欲覓了時無了時擲柱杖下座上堂良久云大衆作麼生若也擬議賢上座瞞諸人去也打地和尚瞋他秘魔巖主擎箇叉兒胡說亂說遂將一摑成虀粉散在什方世界還知麼舉拂子云而今却在拂子頭上說一切智智清淨無二無二分無別無斷故還聞麼闍老子知得遂云賢上座你若祖當去不妨奇特或不相當總在我手裏只向他道闍老子你也退步摸索鼻孔看以拂子擊禪牀下座上堂噓兩噓却大笑又噓一噓乃云笑復噓噓復笑清談啞子高唏吽噓復笑笑復噓蟭螟眼裏馬拖車拈柱杖云只遮從來無影杖不相於處也相於大衆如何良久云直須師子吼莫作野牛鳴閱五年遷雲居法席之盛卓冠諸方衲子爭爲宣力作新棟宇一時賢士夫質疑問道而參政張公燾法侶往還倡和相得尤深二十九年七月五日陞座辭衆明日唱衣置供又明日就浴更衣遍訪諸徒勉以道九日齋畢集

主事爲誠末後跏趺而寂壽七十六臘五十七闍維舍利五色合靈骨藏雲居之東塔雲門之湯源師皃古而氣剛志大而心慈平居若不能言者至排邪破妄決擇宗乘得樂說無礙辯才浩然不見其涯涘初居雲門峰頂高寒草廬穿穴雪霜滿牀處之將二十年裕如也晚移雲居法席日盛庶務繁劇師提綱振領應機酧酢迎刃而解至於常住之物豪髮不妄用雖自所得襯利猶以三分之一歸之常住以補陪涉之費出則芒鞋竹杖居則弊衣糲食其孤節苦行以身律衆大抵與高菴相埒而精嚴奉法卑躬下人畢世不易其度著華嚴指南寶藏論發隱補僧史八書筆論一編語錄偈頌一卷行于世

贊曰愚初著佛運通鑑二書成即以呈師答曰比覽佛運甚詳通鑑亦有史躰承諭有勸吾兄將爲三教統紀鄙意輒究之雖及年代治亂還筆以至儒宗道教賢哲出沒之迹然非紀二教但約其時以明佛運耳拙意欲吾兄去却圖字標爲佛運統紀以對釋氏通鑑不亦宜乎又曰深喜吾兄此段有補于宗教至矣大率佛祖闢邪禦侮不必與之競但伸自理彼自破矣昔雁門法師超悟高志如此及正續傳後以寄答曰辱寄僧寶正續即勉病披味足見吾兄孜孜于此道前傳所遺而能拾以補之亦法門之大者更俟參味其間妙處當以爲師也嗚呼師之言論風旨筆墨具在其宏範眞風昭融法道雖片言隻字之間而躰致如此輒繫之于篇庶幾具眼者知所爲書無欺於神明焉噫師之亡也正法眼藏不在茲矣夫

僧寶正續傳卷第五

僧寶正續傳卷第六

隆興府沙門　祖琇　撰

皷山珪禪師　　徑山杲禪師
福嚴演禪師　　黃龍震禪師

皷山珪禪師　嗣佛眼遠

師名士珪城都史氏子世業儒師幼而明敏年十三依大慈寺宗雅首座落髮具授大慈號四川學海師執經講筵志在楞嚴閱五祀伯父持一居士勉之南詢即出關謁玉泉勤雲蓋智百丈肅靈源淸所至參承皆蒙咨揖晚依百丈歸正首座正傳貫內外典籍

一日正語以龍門佛眼道德師聞而悅之即自百丈
歷東呉觀光保社尋抵龍門以咨參所得扣之佛眼
曰汝解心已極只欠着加開眼耳令主堂司一日問
曰絶對待時如何佛眼曰如汝僧堂中白槌相似師
罔措至晩復舉前問佛眼曰閑言語師於言下頓釋
疑情曰東山鐵酸餡今而後不復疑也自是師資縁
契決擇日臻玄奥政和末佛眼被旨遷褒禪山師佐
其行和守錢公請開法天寧唱佛眼之道佛眼謝褒
禪錢復請于朝以師繼其席閲七稔九江守趙公移
師東林未幾胡馬南渡退居分寧之西峰結茅于寺

旁竹間號竹庵有偈曰種竹百餘箇結茅三兩間才
通溪上路不礙屋頭山黄葉水去住白雲風往還平
生只如此道者少機關及圜悟禪師歸蜀送別次圜
悟劇稱杲妙喜師恨未之識俄避地造仰山適妙喜
亦至遂相與定臨濟宗旨偕還南康之雲門庵妙喜
曰昔白雲端師公謝事圜通約保寧勇禪師夏居白
蓮峰作頌古一百一十篇有提盡古人未到處從頭
一一加針錐之語吾二人同夏于此雖効顰無愧也
遂取古人公案一百一十則各爲之頌發明蘊奥不
開知見戸牖不涉言語蹊徑其頌女子出定話曰不

假文殊神通不用罔明彈指爾時靈山會中女子從
定而起臨濟見僧入門便喝頌曰一喝喝上四禪天
臨濟元來不會禪盡道朝陽生戸外不知夜月落堦
前德山見僧入門便棒頌曰棒下眞鍮不博金德山
徹底老婆心後人只看波濤湧不見龍王宮殿深芭
蕉拄杖子話頌曰綿州附子漢州薑最好沉梨出麝
香曾子師僧才一嗅鼻頭裂破眼睛黄若此類皆奇
作也已而入閩閩帥參政張公宗以聖泉處師稍遷
乾元俄給事張公致遠移師鼓山授道之餘剏新棟
宇嘗示衆曰巧說説不到心思思不及命斷眼豁開

半錢也不直又曰不擁其前不遮其後上下四維七
通八透正當恁麼時如何八十翁翁行不得又曰目
擊道存已渉文彩執鞭回首未免途程直向混沌未
分時明白父母未生時現成脩然不落陰界自由自
在當恁麼時如何踏着關捩子處處得逢渠又曰正
當明時如王寶劒卓柱杖下座又曰玄路絶始解開
口說話聖量盡方得不受人瞞玄路不絶只是說道
理聖量不盡依前落路歧丞相張公德遠出帥七閩
一日謂僚屬曰越山當福城三山之中院獨廢絶非
老禪不能辦即以屬師不數月殿閣崇成他日丞相

游皷山目其成績遂迎師復歸皷山是時閩中法道最盛葢自師與眞歇淨照數公振發紹興甲子有旨移鴈山能仁爲第一代乙丑蒙恩住龍翔新寺丙寅秋七月十八日得旨謝院事明日湯浴更衣聲鍾集衆師歩至衆集欻方趺坐泊然而逝壽六十有四臘五十有一火餘舌如紅蓮色幷二牙不壞舍利不勝數門人奉遺命歸之皷山壽塔師風姿奇尾朗潤聲如鍾學兼內外談論亹亹操持宗柄斷斷然久而益嚴與賢士大夫游幾半天下皆一時宗泰祖道外護佛乘者晩居皷山自號老禪書指道媚尺牘所傳人

以爲寶其所爲禪家四六及五字句皆精絕自成一躰世多傳誦有語錄行于世

贊曰大慧禪師嘗題師畫像曰讚歎竹庵也是妙喜罵詈竹庵也是妙喜讚之罵之各有所以讚之者爲渠具衲僧正眼罵之者爲渠浸在醋甕裏或曰如竹庵之爲宗師也不可讚不可罵精金美玉自有定價讚之罵之徒增話欛妙喜聞之笑而不荅但拊掌叩齒三下從渠鑽龜打瓦世以爲確論予謂近代宗師渉世交公卿大夫言行相副全節自高宏法有躰由靈源佛鑑而後竹庵其賢哉

徑山杲禪師

禪師諱宗杲宣州寧國奚氏子幼警敏有英氣年十三始入鄉校一日與同窓戲諠以硯投之悞中先生帽償金而去乃曰讀世書曷若究出世法乎即詣東山慧雲院出家先是元豐戊午院塑釋迦像有異人丁生者語寺僧曰立像一紀當生一導師大興宗教若像有難是人方來像毀則是人亦有難崇寧甲申有盜穴像腹取其所藏師以是歳適至事慧齊爲師明年落髮受具繇是智辯自將凌跨流輩閱古雲門錄怳若舊習聞老宿紹珵久依天衣懷公亟往上謁

與聞雪竇奧旨趣寶峰湛堂準禪師見師風神爽邁特加器重使之執侍指以入道捷徑師橫機無所讓準呵之曰汝未曾悟病在意識領解則爲所知障時李彭商老參道於準師適有語曰道須神悟妙在心空躰之不假於聰明得之頓超於聞見李歎賞曰何必讀四庫書然後爲學哉因結爲方外交準將入滅師問孰可依從準以圜悟勤公語之已而重趼荆渚謁無盡居士張公請銘準塔公道望傾天下師登其門承顏接辭綽有餘裕公稱譽之爲名庵曰妙喜字以曇晦歸寶峰訖其事復見無盡從容問曰居士謂

我禪何如公曰子禪逸格矣師曰宗杲實未自肯在
公曰行見川勤可也於是佩服其言放浪襄漢會大
陽微禪師密授曹洞宗旨尋游東都宣和六年圜悟
禪師被旨都下天寧師自慶曰天賜我得見此老不
孤湛堂張公指南之意遂造天寧及聆其陞堂法要
迥異平日所聞即傾心依附閱四旬圜悟舉僧問雲
門如何是諸佛出身處門云東山水上行若有人問
天寧只向道薰風自南來殿閣生微涼於言下豁然
頓悟圜悟大喜遷師擇木堂以古今差別因緣密加
研練一日圜悟飯超然居士趙公師預坐忽忘舉筯

圜悟顧師而語超然曰是子參得黃楊木禪也師既
為所激乗間扣曰聞和尚嘗問五祖話不知記其荅
否圜悟曰向問有句無句如藤倚樹作麼生五祖云
描也描不成畫也畫不就又問樹倒藤枯時如何五
祖云相隨來也師廓然脫去知見玄妙圜悟深可之
使掌記室著臨濟正宗記畀馬分座令接衲錄是以
竹篦應機施設電閃星飛不容擬議叢林浩然歸重
右丞呂公舜徒奏錫佛日之號虜人犯順欲名僧十
數北去師為所挾會天竺密三藏日與論義密尤欽
服尋得自便趨呉門虎丘聞圜悟遷雲居欲往省覲

道金陵待制韓公子蒼與語喜之以書聞樞密徐公
師川曰頃見妙喜辯慧出流輩又能道諸公之事輩
衮衮不勸實僧中杞梓也抵雲居為衆第一座識訶
佛祖辯博無礙圜悟亦讓其雄會世擾攘入雲居之
西結庵于古雲門寺基因以為名閱二年避地湖湘
轉仰山邂逅竹庵珪禪師相與還雲門著頌古百餘
篇乂之游七閩居海上洋嶼師閔諸方學者困於默
照作辨邪正說以救其弊泉南給事江公創庵小溪
延請師居緇素篤於道者畢集未半年發明大事者
數十人鼎需思岳彌光道謙遵璞悟本等皆在焉一

日參政李公漢老聞舉庭栢話有省師可之及公疾
革作偈寄彌光有深將法力荷雲門之句師平居絶
無應世意圜悟在蜀聞之囑丞相張公德遠曰杲首
座不出無可支臨濟法道者公尋還朝適徑山虛席
必欲致師師幡然起赴開法于臨安府治唱圜悟之
道說法竟侍郎馮公濟川問曰師嘗言不作這虫豸
今日為什麼敗闕師曰盡大地是箇杲上座你作麼
生見公無語及居徑山四方佳納子靡然坌集至一
千七百師無他約束容其自律發明已見率常有之
上堂僧問畐塞虛空時如何師便喝進云文殊普賢

來也師云畐塞虛空甚麼處與徑山相見僧亦喝師
云文殊普賢爲甚在你脚跟下過僧擬議師便打問
髙揖釋迦不拜彌勒時如何荅曰夢裏惺惺進云將
謂和尚忘却師云你記得試道看進云雖道不得要
且不失師云元來不會進云從上來事分付阿誰荅
曰分付瞎漢進云臨濟一宗全憑其力師云且喜不
干你事問與萬法爲侶者是什麼人荅是天上天下
奈何不得底人進云爲什麼在徑山座下荅曰家無
小使不成君子問一夏百念日已滿出門或有人問
如何是徑山道底且作麼生荅他師云徑山曽說甚

麼來進云爭奈喚作竹篦則觸不喚作竹篦則背師
云你作麼生會僧便喝云三十年後大有人笑在師
云何必三十年後只今大有人笑你乃示衆曰尋常
向諸人道喚作竹篦則觸不喚作竹篦則背不得向
舉起處承當不得向意根下卜度不得下語不得良
久或有人問畢竟如何即向他道也無畢竟也無如
何正當恁麼時四楞塌地撥在諸人面前眼辦手親
底一邉邉得去便能羅籠三界提拔四生其或未然
自是你諸人根性遲鈍且莫錯恠徑山好師居數年
法席日盛宗風大振號臨濟中興馮張侍郎子韶從

師之遊灑然脫去玄解遂尊以師禮時慧雲院忘丁
生之識毀釋迦故像而新之實紹興辛酉夏五月也
師於是月坐與張厚善著逢掖編置衡州廖通直李
繹爲結茅圃中師既拘文不與衆俱率令散處花藥
開福伊山時容其受道門庭益峻乃裒先德機緣間
與拈提離爲三帙目曰正法眼藏前參政李公太發
時居鐔津翰林汪公彥章稅駕零陵數通書問道當
軸者滋不悅移師梅州其地荒僻瘴癘藥物不具學
徒百餘贏粮從之閱六稔斃者過半師以道處之怡
然由是居民向化至繪師像飲食必祀焉者有之乙

亥冬蒙恩北還明年春復僧伽棃尋領朝命住明州
育王山逾年有旨改住徑山天下宿衲復集如初時
上潛藩雅聞師名遣内都監詣山問佛法大意師陞
堂有偈云豁開頂門眼照徹大千界既爲法中王於
法得自在仍作頌獻曰大根大器大力量荷擔大事
不尋常一毛頭上通消息徧界明明不覆藏上嘉美
久之建邸立復遣内知客入山供養五百應真請師
說法親書妙喜庵大字并製賛寵寄曰生滅不滅常
住不住圓覺空明隨物現處師陞堂有偈曰十方法
界至人口法界所有即其舌只憑此口與舌頭祝吾

君壽無閒歇億萬斯年注福源如海滉瀁永不竭師
子窟内産後猊鷲鷟定出丹山冗爲瑞爲祥遍九垓
草木昆虫皆懽悦稽首不可思議事喩如衆星拱明
月故今宣揚妙伽陁第一義中眞實說師春秋高求
解寺任辛巳春得旨退居院之明月堂然玄法爲人
老而不勸上即位特賜號大慧禪師隆興建元自恣
前一夕有星殞于院之西流光赫然有聲如雷師示
微疾八月九日學徒問候師勉以宏道徐遣之曰吾
翌日始行至五鼓親書遺奏侍僧固請留頌爲寫四
句擲筆就寢湛然而逝壽七十有五塔全身於堂之

後尋詔所居爲妙喜菴謚曰普覺塔曰寶光師荷佛
祖正續全躰作用掃除知見無法與人雖古宗師無
以加之殆其縱無礙辯融通宗教則菴有圜悟之風
是以高峻門庭容攝多衆若海涵地負綽綽有餘至
於棒喝譏訶戲笑怒罵無非全提向上接人第學者
難於湊泊耳其闊略宏度脫去繩檢所至學徒趨事
雖斬斬露頭角號稱諸方領袖者師目使頤令如侍
執然所爲偈贊頌古絶妙古今與賢士大夫往復論
道書幷上堂普說法語凡五帙行于世

贊曰近世呂公居仁嘗謂趙州說禪如項羽用兵
直行徑前無復轍迹所當者破所摧者服非如他
人銖稱寸度較量輕重然後以爲得也予觀大慧
說禪抑居仁稱趙州者是矣凡中夏有祖以來徹
法源具總持比肩列祖世不乏人至於悟門廣大
肆樂說無礙辯才浩乎沛然如大慧禪師得非間
世者歟盛矣哉其應機作略能奢能儉能易
能縱能奪機機盡善扃扃皆新此所以風流天下
名動九重號稱中興臨濟不是過也迨其去世未
幾道價愈光法嗣日盛天下學禪者仰之如泰山
北斗云

福嚴演禪師　嗣圜悟禪師

師諱文演成都新都縣楊氏子年十八依廣壽院子
安得度具戒游大慈寺習經論久之謁正法明禪師
聞舉雲門糊餅話有省見雅首座雅有道行指見昭
覺圜悟禪師機緣密契了徹末後大事圜悟去世師
出關首謁徑山妙喜相得尤深次游南嶽首衆僧于
福嚴會句龍漕使攝潭帥命出世智度唱圜悟之道
僧問一喝分賓主照用一時行語未終師便喝僧亦
喝師連兩喝僧作掀倒禪牀勢師拈拄杖僧歸衆師
云識休咎問如何是定林正主答坐斷天下人舌頭

曰未審如何親近荅云覷着則瞎僧禮拜師云放你
三十棒問學人上來請師相見師云三要印開進云
功不浪施去也荅見箇什麼進云賓主儼然荅未是
向上行履問如何是向上行履荅千聖立在下風進
云向上向下豈不是建立門庭荅云喚鍾作甕進曰
作麼生是建立底道理荅我不見我心不見心進曰
得恁麼那荅眞的始得又僧禮拜起云請師荅話師
云一念不生全躰現進云達磨面壁太分明荅曰望
空啓告進云何得壓良爲賤荅權衡在手進云作家
宗師荅曰何必嘗示衆曰明眼漢没窠臼辨風雲識

休咎破關擊節電轉星飛直截當揚劈面快與便恁
麼稍稱臨濟兒孫不負方來扣擊到遮裏拈出便剗
即心非心不將實法繫綴人盡情與伊劃斷却所以
道達磨不來東土二祖不往西天圓同太虛無欠無
餘當恁麼時如何衩衣無葢覆面顏滿面慚又曰心
不可思思之則七顚八倒道不可學學之則千差萬
别到遮裏若湛寂凝然去一向打在無爲無事處橽
身不起何故衲僧家直須奮大志鐵脊梁向時人行
不得處行向古人學不到處學行至無可行學至無
可學虛心久久地不覺不知本地風光現前照用着

着歷落不滯聲香味觸正恁麼時猶是脫透邊事只
如朕兆未分時如何澄天媿淨又曰當陽坐斷凡聖
迹絶隨手放開天地回轉直得日月交互虎嘯龍吟
頭頭物物耳聞目視安立諦上是箇什麼還委悉麼
向師叱喝一喝下座又曰等閑地明白不思量現成
前佛後佛於此指注不及天下衲僧計較不就徹過
不住迴脱情塵唯自肯方親全機放下一向靠將去
上無佛祖可依下無自己可據如太虛空更無窒礙
直是烜赫地不昧一切得遮巴鼻子應用無窮亦隨
手揑破何故太紅爐中不容點雪又曰只守無生國

裏未是安居直須萬仞懸崖放身捨命正當恁麼時
試露消息看到遮裏須是箇人始得還委悉麼計較
尋不得有時還自來云囮下座師居智度十有二年
遷福嚴衲子奔趨法席之盛卓冠湖湘右丞張魏公
嘗曰演公眞實無華心口如一道行純固老而益勵
葢衲子之矩範乃吾鄕之舊識也紹興元子十一月
二十有六日端居丈室集耆舊囑以後事手寫偈曰
養得純熟不費氣力當鋒歷落誰敢擬議聖凡染淨
眼中花地獄天堂得自在喝一喝擲筆而逝世壽六
十五僧臘四十八闍維五色舍利靈骨藏院之三生

塔師性和易任眞朴素世以演道者稱之於圓悟之道提唱作略能世其家而安分自將不苟竊聲勢識者尤以此重之

黃龍震禪師　嗣草堂清禪師

師諱道震金陵趙氏子少依保寧覺印禪師為童子覺印住泗洲普照遇淑妃閣擇童行守戒律者施度牒師在選中得度具戒久之辭覺印謁丹霞淳禪師與聞曹洞宗旨因有頌曰白雲深覆古寒巖異草靈花彩鳳㘅夜半天明日當午騎牛背面着靴衫淳見而異之游湘湘抵大溈作插鍬井頌曰盡道溈山父子和插鍬猶自帶干戈至今一井如明鏡時有無風匝匝波最後至黃龍草堂清禪師一見契合絕意他往日取藏教讀之一夕聞晚參鼓步出經堂舉頭見月忽有省亟趨方丈陳所悟草堂深可之自此履踐穫大通徹紹興初草堂避地曹山遷踈山師皆在焉居第一座分座接衲五年臨川守給事程公命出世曹山唱草堂之道僧問如何是奪人不奪境師云黑漆昆侖穿市過進云如何是奪境不奪人答云賣扇婆子手遮日如何是人境俱奪答曰灰飛煙滅後怡你絕音容問如何是人境俱不奪答曰當年獨坐雄峯事今日分明說向君進云只如向上宗乘又作麼生師以拂子擊禪牀僧云烹凡煉聖有玄功萬古叢林作標格便禮拜嘗示衆曰曹山門下有鵝王擇乳句若人會得凡聖染淨迷悟生死無二無別若也不會則凡聖染淨迷悟生死謾他一點不得久之退隱踈山之山堂郡守葉公夢齡請居廣壽未幾洪帥李公迨移居百丈師力叢林矩範僧到必勘辯一日僧展坐具禮拜師轉身背却僧收坐具便去師乃喚回僧進前師便歸方丈明日僧問訊云某甲昨蒙和尚慈悲有箇省處師云作麼生僧近師邊作聽勢師取拂子打之僧大笑而去若此類甚多衲子翕然推服晚還黃龍是為積翠直下子孫授道之處院燼于兵火師慨然有興復之志閱數年堂殿廊廡迄抵于成三十一年七月二十八日示微疾集衆告曰老僧參見海內有名尊宿十有七人洎見草堂始到不疑之地汝等當究本法儻透脫無滯礙隨力[illegible]興作利益衆生無虛弃光陰左右固請留頌命筆書曰吾年八十三隨順世言談不落思量句誰人共我參翌日聞鐘聲奄然而寂端坐三日支體柔和顏皃如生閱維日雲霧風悲草木變色煙焰所及悉綴舍利道俗取

之句曰不竭塔于寺之西崦師爲人剛正强力甘枯淡務精進迹未嘗造檀越之門近代宏法唯師有古尊宿風韵議者比之常菴崇禪師云

賛曰演出闗棲遲妙喜之門久甚及開法出世不忘圜悟有道者固應如此震天資豁介草堂晩居泐潭道大盛時有厚奉香信請法語法衣者草堂將與之震驟諫以爲不可草堂不允震遂拂衣遁他境嗚呼使異時主法宗師之門震之志得行焉其規正竊冒陰翊化權豈淺淺哉

僧寶正續傳卷第六

僧寶正續傳卷第七

隆興府沙門　　祖琇　撰

德山木上座　　臨濟金剛王

代古塔主上洪覺範書

德山木上座

師出於木氏因以名之其遠祖曰重是爲少昊之叔也重見左傳絶有德于民帝嘉之以爲勾芒使居于窮桑爵青陽侯自是子孫蕃衍凡日月霜露所至必與焉唯窮髮之北與大瀛之間無有也自重生楮櫧以積慶致長壽或云椿以八千歳爲一春椿生甘棠甘棠美姿容有幹局召康公倚之聽政士民便之戒以勿剪勿伐甘棠之子曰嘉嘉遷于皀主于李氏晉韓宣子見而譽之嘉生樗樗生櫟二子復以朴厚致壽櫟生楠楠生杞楠杞俱以美材稱杞生豫章豫章天下奇材也登于廟堂任重不阿上喜之進[illegible]鄉公師即豫章公之子也少而喬楚平居正容不與凡品爭高雅有四方之志銅郡鍼侯見而奇之曰是子挺秀如此其可蒙雜于衆而不自競乎師曰吾祖才德之劭稱於天下予雖荏苒實懼㳫世弗敢失墜其無辱乎憂鍼侯喜曰豫章公於是乎有子矣郢人王斧遇而歎曰美哉請早爲之所不然難且及矣師從而問故王斧曰而君雖任棟梁之寄然於身何益哉易大過曰棟橈凶象曰棟橈凶不足以有輔也而君殆橈矣曷若避世之士哉今子春秋尚富若遇楚靈王剥圭龍之不遇以爲鍼柲而已子盛德之後其肯入之人之手乎不然雖與魯仲尼同載以游勝迂原壤夷竢必命子辱之子其甘爲人使乎師遽改容曰若是吾將安歸王斧曰子聞桑門氏有德山者天下之大有道者也姑弃而族直而軀黜乃服盡鋤其癰腫疣贅予爲子先子從而見師禀其教就見德山德山大

使立於前為說最上乘未幾忽悟向上一句隱密入
詖雖七縱八橫了無滯礙即以告德山山曰噴子正
覽吾掌握中矣自是命師出則偕行坐則並榻凡天
下參徒來見德山必先見師師可之然後入德山室
中一日晚參示衆云今夜不荅話問話者三十棒時
有僧出禮拜山使師驗之僧云某甲話也未問在山
云汝甚處人曰新羅山云未踏船舷時木上座與你
相見了也巖頭初見德山入方丈側身問是凡是聖
山以師擊之巖頭便禮拜繇是全提大用莫敢當鋒
所謂把斷要津不通凡聖者也時雪峰亦在德山因

與巖頭歎曰此子不遇德山不能荷擔大事德山不
得此子不能鍛煉學者是子與德山其一躰乎既而
雪峰宏道于閩師往見之復於雪峰言下發明自己
化為龍吞却乾坤山河大地豁然不現雪峰上堂曰
南山有條鼈鼻蛇汝等諸人切須好看雲門舉師擲
在衆前作怕勢保福出云今日堂中大有人喪身失
命泊佛日師往見夾山拉師偕行比至未陞堦便問
甚處來曰雲居山云即今在什麼處曰夾山頂上山
云老僧行年在坎五鬼臨身佛日遂上堦作禮山問
闍黎與甚人同行曰木上座山云他何不來相看

和尚看他有分山云在什麼處曰在堂中山即启[illegible]
堂中佛日引師於夾山面前山云莫從天台得來否
曰非五嶽之所生山云莫從須彌山得來否曰月宮
亦不逢山云與麼則從人得也曰自己尚是怨家從
人得堪作什麼山云冷灰裏忽有粒豆爆出維那來
安排向明窓下着其後雲門闡化于韶陽而覺其定
倚師尤恭方是時雲門眼空寰海每舉宗乘定諸訛
必以師為準的嘗一日上堂曰我共你平展遇人識
人與麼老婆說話尚自不會每日飽喫飯了上來下
去覓什麼椀遮野狐隊仗向遮裏作什麼命師一時

趂下又嘗示衆曰大用現前不存軌則有僧便問如
何是大用現前雲門舉師當面曰釋迦老子你來也
其為當時諸老奉重如此及雲門去世師知天下學
者不能盡其大用遂潛光匿曜與世推移莫有識師
者流及末代釋德下衰學者以聲利為懷蔽於浮競
至有陷于非道主者必命師以辱之先是師在德山
時與臨濟金剛王齊名厥後復有楊岐栗棘蓬白雲
鐵酸餡說者以謂即師之異名及比年海上二三道
師亦有彷彿見師為拳頭[illegible]為木翎者惜其介
特寡徒云

贊曰古德有言出家葢大丈夫事非公侯將相所能為誠哉斯言也予觀豫章公之世固榮達矣然側身從事朽蠹以之及其子裂去巾冠躍出牢俗致身青雲倚擠列祖之道萬世仰其風規可不謂之大丈夫也乎

臨濟金剛王

王諱喝生聲氏世居性海之濵偶事激從于緲門幼而孫長有氣岸威人威音王嘗薦之帝堯堯任為諫官于時浩浩懷山襄陵洪水致害堯患之與四嶽謀治四嶽亟舉鯀鯀治水亡効帝乃震怒王於帝前麾退四嶽四嶽悚惕不敢仰視雖未有以厭讋百官懾王猶雷霆也俄辭爵之崆峒之墟見混元子得長生久視之術自是寓猶海岱世莫得而見之雖春秋左氏所寄聲伯恐亦其族氏也漢初高帝與項羽爭天下王在齊海間之喜曰此吾有為時也遂自齊來見羽於關中羽見而悅之未及官適高帝逼羽羽遂旆與高帝接戰于廣武高帝使婁將軍挑戰且辱羽羽怒甚乃亟用王於是婁煩弓矢不知墮地人馬皆辟易是日項羽喜劇顧謂王曰天下事稍定吾以夏口處子王輾然而笑曰夫高世之士為人排患釋難解紛亂而亡所取也設有取者是商賈之事喝不為矣遂拂衣復歸于海上厥後蜀王不覺於漢及羅困阸中思欲復用王而不可得因歔欷泣下霑襟李唐有天下浮圖教聿盛于世自天子公侯靡不宗奉王聞而喜曰吾聞釋氏禪門直指人心見性成佛可純無始生死根本於是出訪其道遇江西馬祖大師祖援以向上綱宗立地成佛之旨王大悅頓覺平昔所用粥飯氣廓如也祖復遷之特室以正法眼藏畀之王再拜辭曰是非喝所敢當也祖慰勉之會百丈再參祖竪起拂子丈曰即此用離此用祖掛拂子舊處丈擬議祖遽以王用事丈震聵三日乃大悟王名聲由此復振于世黃檗運公初見百丈丈舉前掛拂話次偶及王黃檗不覺吐舌未幾臨濟於大愚言下發明黃檗大機之用遂忽見王於是氣增十倍自此臨濟奉王從事出沒卷舒互相顯發如雷如霆四方震駭

學者自遠而歸之九三聖與化大覺之流其大機大用皆自王而啓之故當時畏懼莫有嬰其鋒者因目之曰金剛王寶劒或曰踞地師子或曰探竿影草其威譽功烈如此時無位眞人與王同輔臨濟學者多昵無位眞人濟廉知給曰無位眞人是甚乾屎橛其後學者方一意宗王及濟將終謂衆曰吾滅後不得滅却吾正法眼三聖曰爭敢滅却濟曰向後有人問汝作麼生三聖亟以王爲對濟曰誰知吾正法眼向這瞎驢邊滅却洎濟示寂王慨然歎曰性海吾鄉也法界吾宇也威音王吾戚也吾受知於堯成名於項羽自吾捨俗歸釋晩得臨濟全提大用之人云亡吾已矣乎後五百歳必假吾以禦葛藤而出乎九夫口矣遂不知終既而果然泛泛者皆竊王聲勢用事其邪正眞僞竟莫之辨獨汾陽偈曰一喝分賓主照用一時行要會箇中意日午打三更英靈衲子由是想見王之風采焉其府屬曰賓曰主曰照曰用皆有功於宗門云

贊曰予於無盡藏得異書焉若世所謂金剛圈栗棘蓬木上座及王之機緣皆見其始末根緒非若近世泛泛語之而不雅馴故特撰次之然春秋左氏談王道者也至於神降于莘石言于魏楡猶詳著之高僧贊寧增修僧傳號稱閎覽博識而王親見馬祖陶鑄百丈夾輔黃檗而建立臨濟之宗其全機大用獨冠古今光明碩大如此而不見書於傳豈寧輩蔽于俗學違無盡藏不見異書不得王之始末乎

代古塔主與洪覺範書

洪罪古禪師說法有三失謂一句中具三玄一玄中具三要有玄有要是臨濟所立在百丈黃檗名大機大用在巖頭雪峰名陷虎却物古以爲從上佛祖法門非臨濟所立一失也巴陵眞得雲門之旨凡語中有語名死句語中無語爲活句也巴陵三語謂之語則無理謂之非語則赴來機活句也古非毀之二失也兩種自己世尊偈曰陀那微細識習氣如暴流眞非眞恐迷我常不開演以第八識爲眞則應迷無自性非眞則應迷爲斷滅故曰

不開演立言之難也古剏建兩種自己三失也因
代古書以正洪之悞
丞古和南上書覺範禪師足下某老且憊謬與傳燈
之齒側丞足下瓌偉奇傑之風未即摳衣然伏膺繳
聞佇悦之勤良益深矣每謂佛運濵玆叔世釋徳下
衰不有卓絶之士與頽擲侮障堤末流則林間抱道
之士安能寂住無爲而不虞魔事哉往見足下紀述
林間録才運精緻衍繹孰復異不之排詆不之誹使
古人殘膏賸馥霑丐後來自非閎覽洽聞孰能爾耶
某項隷進士時頗知讀書自以不至觝滯及剔髮染

方容探佛祖之妙則知所以履實踐眞緬悟前肆待
塵垢粃糠耳方刮摩鏟除若不暇豈復有意於人事
哉嘗聞足下有撰次僧傳之志某喜爲之折屐蓋一
代至教所以震於天下者由近古宗匠維持之力也
足下誠能手發其樞使彼典刑事業光明偈弈傳之
不腐實莫大之幸及足下成書獲閲之方一過目爛
然華麗若雲翔電發遇之駭然及再三伸卷考覈事
實則知足下樹志淺矣夫文所以紀實也苟忽事實
而高下其心唯騁歆艶之文此楊子所謂從而繡其
盤帨君子所以不取也其載剸八十一人諒希九九

之數亦吾宗偉人能事備于此矣若其無似之迹奔
之可也特蒙記著而罪以說法之失者三其一曰剏
三玄三要爲玄妙三句其二曰罪巴陵語不識活句
其三曰開兩種自己不知聖人立言之難誠足下明
鑒若此然某說法絶不喜人傳之往往誤爲靈源禪
師見賞以謂有補於學者不意返獲罪於足下且靈
源蓋宗門一代典刑足下既以某說法有過能不波
及靈源乎孔子曰是而可忍孰不可忍請試辨之夫
開三玄者蓋一期善巧方便簡別機緣以啓大道之
深致非私設偏見而苟異於佛祖也固嘗謂三玄法

門是佛祖正見雖臨濟獨標三玄以立宗旨蓋亦同
歸佛祖之極豈別私有一法附耳而容傳若果私有
則爲纖兒倭夫獻姦納賄而私取之矣曷得爲天下
公傳之大道乎是之臨濟之道即佛祖之道佛祖之
道即天下之大道也且分三玄而三要不分者蓋玄
既分則要在其中矣汾陽偈云三玄三要事難分誠
使不分則不應言難既曰難分則是可分而但難之
之謂也今予分難分之法以激學者專門黨宗之弊
直指妙悟爲極則於何而不可乎足下謂三玄在百
丈黃檗但名大機大用在雪峰巖頭則名陷虎之機

某謂三玄是佛祖正見。然則古今稱謂雖異。其實則一也。某與足下之論殆冥合矣。何必以人情相訾乎。復謂愚以氣槩人則毀教乘以為知見。及自宗不通則又列知見以為證。噫斯言過矣。夫具眼宗師道性如故。法性亦如。法性如故。豈有聽說自他之異。要在臨機抑揚縱奪為人。去釘楔脫籠頭而已。此從上宗門說法之儀式也。奈何謂之以氣槩人乎。足下為書必欲扶持宗教。既有是志而不探佛祖之心。則雖舞筆奮辯。愈疎脫矣。然則開三玄之失非也。罪巴陵語不識活句者此足下讀愚書未審耳。夫巴陵親見雲

門者也。方雲門在世。氣宇如王。其肯以語句為讚許曰。此事若在言句上。三藏十二分教豈是無言句。奈何巴陵未旋踵而違戾師教。矜能暴美。求信於人。以謂將三轉語足以報荅雲門。更不為其作忌。予故鄙其自屈宗風。以為語句。使後世從爾之徒矜馳言語。喪失道源。自巴陵始也。又曷嘗謂其語非活句乎。蒙示教曰。有問提婆宗。荅曰外道是。可以鑑作死語。然則僧問德山如何是佛。山云佛是西天老比丘。亦應鑑作死句也。夫豈然哉。宗師臨機大用。要在悟物而已。詎若搜章摘句之學。以工拙較耶。果以工為活句

拙為死句。則鳥窠吹布毛。亦拙矣。侍者何由悟去哉。又論巴陵三語曰。謂之語則無理。謂之非語則赴來機活句也。嗚呼此失之遠矣。夫死句活句雖分語中有語語中無語之異。然在真實人分上。棒喝譏訶戲笑怒罵。以至風聲雨滴朝明夕昏。無非活句也。豈唯玄言妙句而已哉。必如足下以無理而赴來機為活句。標為宗門絕唱。則從上宗師荅話俱無準的。第臨時亂道。使人謂之語則無理。謂之非語則赴來機。含胡摸稜而已。於戲其以宗門事當兒戲乎。且吾教經論大義粲然。史氏猶以為華人好譎者攘莊列之說

佐其高僧累駕騰直出其表。而不信。況足下自判宗門旨趣如此。使彼見之。能不重增輕薄。足下略不念此耶。然則予所以罪巴陵者。以其衒語句慢師資。而昧大躰也。足下則愛珊瑚枝枝撐著月之句。夫罪昧大躰而矯弊公論也。泥好句而斥公論。天下其以為當乎。然則不識活句之失非也。開兩種自己不知聖人立言之難者。某所以開之之意。於荅施秘丞二篇中備言之矣。葢禀佛祖懿範。為末代學者明示根本。使捨日用光影。直了空刼已前本來自己也。由今時多以機辯玄妙為極則。故說二種以驗淺深。然如來

以三身設化儀少林以皮髓別親疎洞山以偏正立
宗旨至於馬鳴則以一心開眞如生滅二門乎故駕
此之說以救末代學者弃本之弊非不知聖人立言
之難也足下所舉首楞嚴偈蓋解深密經偈耳且教
乘五時之異學者不得不明如深密經即第三時教
說不空不有破第二時之空教也若首楞嚴即第五
時說了義教當是時大機可發故爲阿難開示成佛
法門其曰眞非眞恐迷我常不開演者蓋聖人重舉
解深密經以謂往昔根未熟時常不開演非謂說首
楞嚴時也足下不究前後五時之異妄謂聖人慈悲

立言之難且世尊曰我爲法王於法自在詎肯自枉
法王不敢決斷眞妄揶揄其事首鼠兩端而貽惑後
人乎又諸經標列法門千條萬件曷嘗以之爲難而
置不辨耶承高論曰以第八識言其爲眞耶則慮無
自性言其非眞耶則慮迷爲斷滅故曰我常不開演
噫予每讀至此未嘗不廢卷而痛惜也何則世尊云
性識眞空性空眞識清淨本然周遍法界湛然常住
足下則謂聖人亦不敢以爲眞又不敢以爲非眞使
世尊果顢頇如此則三界群生安所歸仰乎足下平
生蹈僞至此敗露盡矣夫首楞嚴者決定直指一心

本來是佛不同他教足下又謂二種錯亂修習亦不
敢間隔其辞處於一法中生二解然世尊非懷多慮
者也經云如我按指海印發光汝暫舉心塵勞先起
是則聖人種智妙圓無施而不妙慮也者即衆生攀
緣妄心也予稟種智說法足下一以妄慮沮毀之及
引經又非允當然則不知聖人立言之失非也夫言
迹之興異端所由生自非明哲稟正義辞而闢之則
生生趨競而宗塗替矣予聞之昔吾宗盛時人人以
道德實行光明於世未始貴於立言及德之衰於是
始立僧傳今足下復出新意述贊辞行褒貶是爲作

者職也於何不探春秋之旨乎春秋正一王之法以
權輔用以誠斷禮以忠道原情從宜捄亂因時黜陟
此其大略也某開二種自已憲章佛祖懿範俾學者
黜玄解而究本所謂以權輔用者也譏巴陵滯師資
珍語句所謂以誠斷禮者也分三玄啓大道深致而
矯弊所謂從宜捄亂因時黜陟者也凡此蓋乃心弘
道以敦出家大節足下一切毀之則失所謂以忠道
原情者也凡足下之書既謬聖人道又乖世典安在行
其貶乎至於詆訾照覺不取死心亦失躰之甚雖陳
壽求米班固受金亦不爾也自述寶鏡三昧則託言

朱世英得於老僧自解法花輔成寶鏡之銘置之九峰傳則曰石碑斷壞有木碑書其略如此噫茲可與合眼夢金而謂市人不見者併按也夫寶鏡三昧洞山雖云受之雲巖益驗人親切之旨未應作爲文具而傳之也又佛祖之法爭心普施雖異類不間詎有同門學者竊聽之而呪令倒痾寶聖之心果隔曲爾乎又其銘曰重离六爻偏正回互疊而爲三變盡爲五夫洞山傳達磨宗旨者也重离卦則伏羲文王之書（若此言則是洞山叛少林宗旨而傳伏羲文王之書也依傍重卦而建立五位然洞山大宗師也肯爾哉）足下公然鑿空締立而誣罔之其罪宜何誅焉大抵

可

事有昧於實害於教人雖不我以其如神明何足下識當古人固不少矣逐更冒榮致譴昔許敬（宗面）與修晉史晩陷倭佞之名後世遂以晉史非出正人之手而弗重切幸徵文前失深探道源覆以中正然後從容致思揖讓鉤深著爲法度之典貽之後世規得失定正邪而斷以列聖大中之道使萬古莫敢擬議若達磨辨六宗則予亦甘心受誅於足下夫何言哉既不能爾予是以强顏一起與足下審訂僞妄使吾門不若無陷足下之覆車亦某終始盡忠於佛而行傳道闢邪之志氣也干冒慈嚴伏幸恕罪不宣

僧寶正續傳卷第七

判入律　如郎理体律[illegible]

尋悦暮淮海見梅詩因憂梅花任武林催人歲月自促[illegible]

匪遮一寸枝[illegible]師[illegible]也　不二百年仙國主成就公生之得世

多國土[illegible]

揭　不言說詩仙國[illegible]入法界[illegible]

列俱下　右漢應奉字世叔少聰明讀書五行俱下[illegible]

退追思[illegible]感驗三十篇

說文死有墳也　法變　因覺[illegible]

壓　承一作盛　太平御覽　注施上[illegible]　右漢書[illegible]

韓　音律竹爲[illegible]維持舟者今作[illegible]

雲或云河原　自己流雲落而流　因曰[illegible]也　或云雲當作[illegible]

五家正宗賛

原本所蔵　建仁寺両足院

五家正宗賛（表紙／見返・一オ）

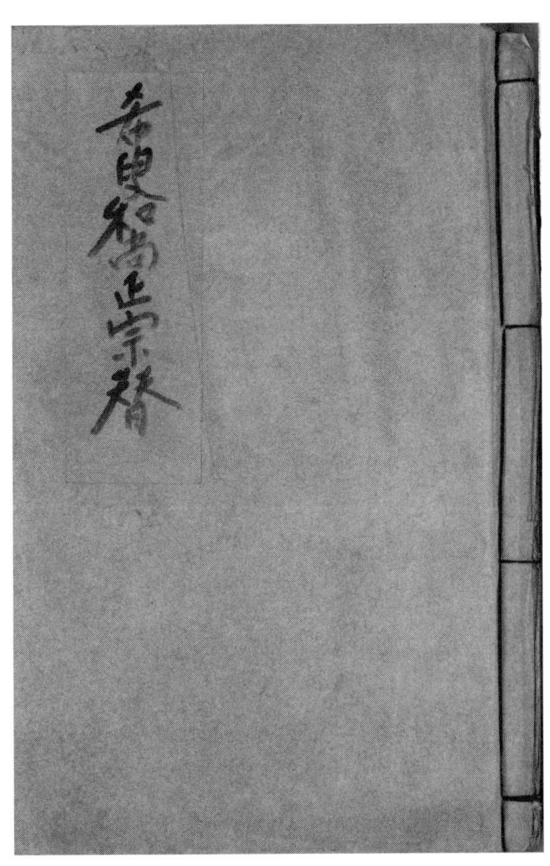

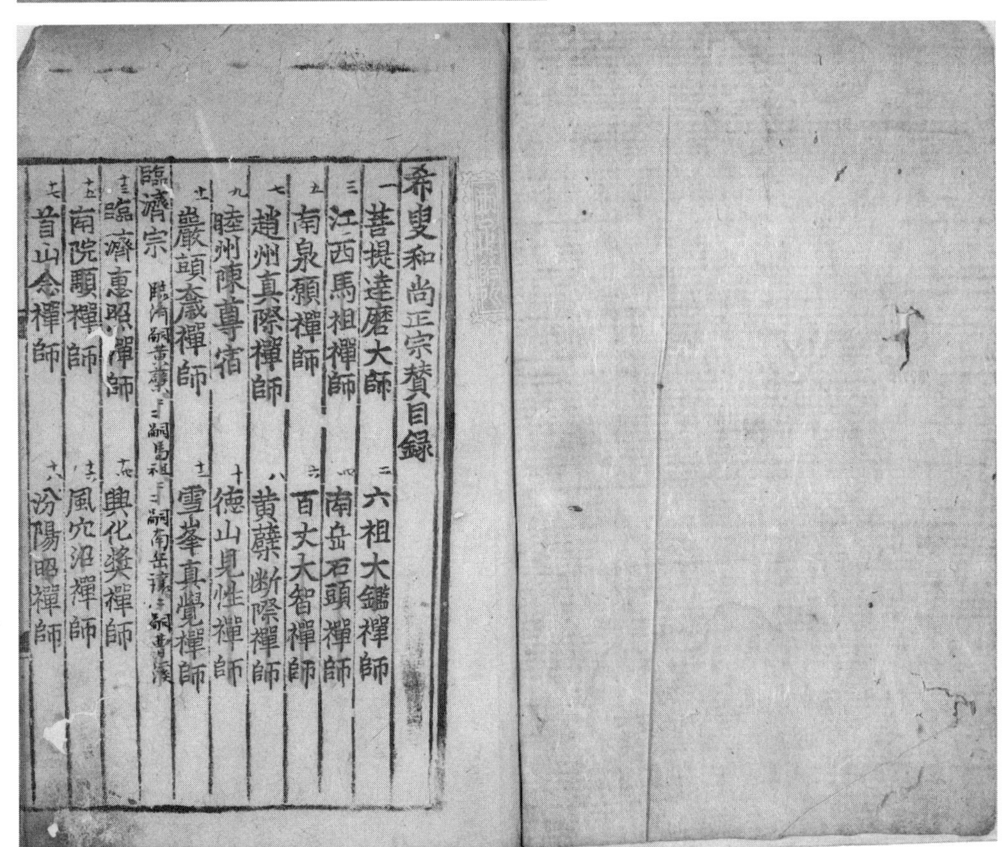

希叟和尚正宗賛目録

一 菩提達磨大師　二 六祖大鑑禪師
三 江西馬祖禪師　四 南岳石頭禪師
五 南泉願禪師　六 百丈大智禪師
七 趙州真際禪師　八 黄蘗断際禪師
九 睦州陳尊宿　十 徳山見性禪師
十一 巖頭奯禪師　十二 雪峯真覺禪師

臨濟宗　臨濟嗣黄蘗〻〻嗣馬祖〻〻嗣南岳讓〻〻嗣曹溪

十三 臨濟恵照禪師　十四 興化奬禪師
十五 南院顒禪師　十六 風穴沼禪師
十七 首山念禪師　十八 汾陽昭禪師

十九 葉縣省禪師　二十 浮山圓鑑禪師
廿一 慈明圓禪師　廿二 楊岐會禪師
廿三 黃龍南禪師　廿四 寶覺心禪師
廿五 白雲端禪師　廿六 保寧勇禪師
廿七 真淨文禪師　廿八 五祖演禪師
廿九 圓悟勤禪師　三十 南堂靜禪師
卅一 佛鑑勤禪師　卅二 佛眼遠禪師
卅三 大慧杲禪師　卅四 虎丘隆禪師
卅五 應庵華禪師　卅六 卍庵顏禪師
卅七 嬾庵需禪師　卅八 密庵傑禪師

曹洞宗　曹山寂嗣洞山价ニ嗣雲巖晟ニ嗣藥山儼ニ嗣石頭遷

卅九 洞山悟本禪師　四十 曹山元證禪師
四十一 雲居宏覺禪師　四十二 同安丕禪師
四十三 同安志禪師　四十四 梁山觀禪師
四十五 大陽玄禪師　四十六 投子青禪師
四十七 芙蓉楷禪師　四十八 丹霞淳禪師
四十九 真歇了禪師　五十 宏智覺禪師
五十一 天童珏禪師　五十二 自得暉禪師

雲門宗　雲門偃嗣雪峰存ニ嗣德山鑑ニ嗣龍潭信ニ嗣天皇悟ニ嗣石頭遷

五十三 雲門匡真禪師　五十四 香林遠禪師
五十五 洞山初禪師　五十六 智門祚禪師
五十七 雪竇明覺禪師　五十八 洞山聰禪師

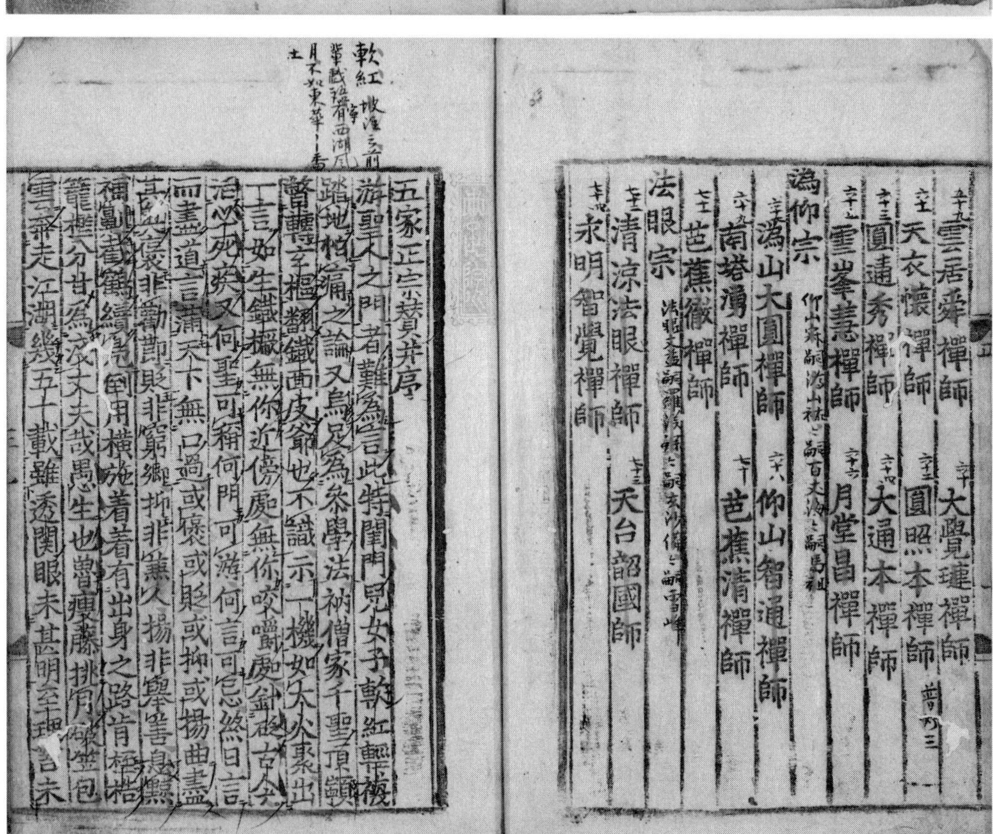

五十九 雲居舜禪師　六十 大覺璉禪師
六十一 天衣懷禪師　六十二 圓照本禪師
六十三 圓通秀禪師　六十四 大通本禪師
六十五 雪峯慧禪師　六十六 月堂昌禪師

潙仰宗　仰山寂嗣潙山祐ニ嗣百丈海ニ嗣馬祖

六十七 潙山大圓禪師　六十八 仰山智通禪師
六十九 南塔涌禪師　七十 芭蕉清禪師
七十一 芭蕉徹禪師

法眼宗　法眼益嗣羅漢琛ニ嗣玄沙備ニ嗣雪峰

七十二 清涼法眼禪師　七十三 天台韶國師
七十四 永明智覺禪師

五家正宗賛并序

游聖人之門者難爲言此特閑門兒女子軟紅輕襪踏地格偏之論又烏足爲參學法衲僧家千聖頂顊瞥轉玄樞劉鐵面皮爺也不識示一機如矢火聚出工言如生鐵撅無你近傍處無你咬嚼處劍趁古今活必死疾又何聖可稱何門可游何言可忘然曰言而盡道言滿天下無口過或褒或貶或抑或揚曲盡其宜褒非勸節貶非窮鄉抑非兼人揚非舉善息獎補亂着續嗣倒用橫施着着有出身之路背梧皓籠樫分甘爲淡丈夫哉愚生也曾瘦藤挑月破笠包雲夢走江湖幾五十載雖透関眼未甚明至理言未

宋理宗年号

大師一作大士大論之称菩薩為大士亦曰開士

甚的然於古人不恰好處畧窺涯涘試辯其彩爛然
大盡惟不量其力也前謂褒貶抑揚當俟金錍鑑觀
出言驚群者重爲點發雖然翠岩眉毛寧免拖地寶
祐甲寅西蜀比丘紹曇百拜書于靈鷲放山室 曇詔 無準

一　初祖菩提達磨大師

師南印度香至王之子姓刹帝利本名菩提多羅因
二十七祖般若多羅尊者行化至本國其王施無價
寶珠時王有三子尊者欲試其所得以所施珠問三
王子曰此珠圓明有能及此否師曰此是世寶未足
爲上於諸寶中法寶爲上此是世光未足爲上於諸
光中智光爲上此是世明未足爲上於諸明中心明
爲上此珠光明不能自照要假智光光辯於此既辯
此已即知是珠既知是珠即明其寶若明其寶寶不
自寶若辯其珠珠不自珠珠不自珠者要假智珠而
辯世珠寶不自寶者要假智寶以明法寶然則師有
其道其寶即現衆生有道心寶亦然尊者歎其辯慧
改號菩提達磨及香至厭世之後遂出家矣師降六
宗一曰有相二曰無相三曰定慧四曰戒行五曰無
得六曰寂靜後値異見王輕毀三寶有弟子宗勝諳
至王所廣說法要往返徵詰師懸知宗勝義墮遽告
波羅提曰汝可速救羅提稟云願假神力言已雲生
足下至王前默然而住時王正問宗勝忽見羅提乘

雲而至愕然忘其問答曰乘空之者是正是邪答曰
我非邪正而來正邪王心若正我無邪正王雖驚異
而慢心方熾即擯宗勝令出羅提曰王既有道何擯
沙門我雖無解願王致問王怒而問曰何者是佛答
曰見性是佛王曰師見性不答曰我見佛性王曰性
在何處答曰性在作用王曰是何作用我今不見答
曰今見作用王自不見王曰於我有否答曰王若作
用無有不是王若不用體亦難見王曰若當用時幾
處出現答曰若出現時當有其八王曰其八出現當
爲我說羅提說偈曰在胎爲身處世爲人在眼曰見
在耳曰聞在鼻辨香在口談論在手執捉在足運奔

根

遍現俱該沙界收攝在一微塵識者知是佛性不識
喚作精魂王聞偈已心即開悟乃悔謝前非咨詢法
要師一日曰吾觀赤縣神州有大乘氣遂踰海越漠
爲法求人初至見梁武帝帝問如何是聖諦第一義
師曰廓然無聖帝曰對朕者誰師曰不識帝不契遂
折蘆渡江至少林面壁九年得二祖於深雪中曾謂
曰外息諸緣內心無喘心如牆壁可以入道後傳衣
付偈曰吾本來茲土傳法救迷情一花開五葉結果
自然成流支光統輩加藥害至第六度遂不救識曰
江槎分玉浪管炬開金鎖五口相共行九十無彼我
師知緣盡欲返天竺令弟子各言其志道副得皮據

持得肉道育得骨二祖得髓師入滅後葬于熊耳後
宋雲使西域還遇師於葱嶺見師手携隻履而返歸
奏帝開壙果見空棺隻履存焉
贊曰隆準龍顔碧眼重瞳天相棄金輪爲聖道出家辨寶
珠與阿師相抗足生雲驅弟子除異見之邪舌斷瀾
聽合國起六宗之謗神州赤縣接宋秉根東土西天
下衲僧樸廓然無聖逆龍鱗一葦横江寂然觀心坐
鬼窟九年摸象一花開五葉放庭雪深不腰華藥作
醍醐笑江槎分玉浪如牆如壁幾曾當教外別傳分
髓分皮正好喫手中痛棒詐死牲携隻履歸借大唐
國一時人開眼被胡兒賺誑

曹溪六祖大鑑禪師

師諱慧能新州人俗姓盧家貧樵采以給一日負樵
至市聞客誦金剛經至應無所住而生其心惠悚然
問客曰此何法也得於何人客曰此名金剛經得於
黄梅忍大師師遂白其母至黄梅謁五祖祖曰汝自
何來曰嶺南祖曰欲須何事曰惟求作佛祖曰嶺南
人無佛性若爲作佛曰人有南北佛性豈然祖異之
乃曰著槽廠去師禮而退遂負石舂米後聞大衆此
秀頌曰身似菩提樹心如明鏡臺時時勤拂拭莫使
惹塵埃師即倩人書偈其傍曰菩提本無樹明鏡亦
非臺本來無一物何處惹塵埃祖因付衣鉢潛至大

庾嶺明上座逐之師以衣置於石上曰此衣表信可
力争耶明曰我來求法非爲衣也師曰不思善不思
悪正恁麼時如何是明上座父母未生以前本來面
目明大悟師於儀鳳元年丙子正月八日届南海遇
印宗法師於法性寺講經聞二僧辨風幡一云風動
一云幡動争之不已師曰可容俗流輒預高論否直
以風幡非動動自心耳印宗聞之遂與披剃詔州刺
史韋據請於大梵寺轉法輪并受無相心地戒門人
紀録目爲壇經南岳讓和尚因嵩山安和尚啓發之
乃直詣參師師問曰什麼處來岳曰嵩山來師曰什
麼物恁麼來曰説似一物即不中師曰還假修證否

曰修證即不無汚染即不得師曰即此不汚染諸佛
之所護念汝既如是吾亦如是青原和尚參師問曰
當何所務即不落階級師曰汝曾作什麼來原曰聖
諦亦不爲師曰落何階級原曰聖諦尚不爲何階級
之有師深肯之師將順寂欲往新州衆曰師從此去
早晩却回師曰葉落歸根來時無口又説偈曰心地
含諸種普雨悉皆生頓悟花情已菩提果自成
贊曰震旦六宗嶺南蠻種丁字不識賣採薪勤母奉
黄梅碓頭和糠擲出石墜覺腰輕新州市上平地攧
翻擔折知柴重鱷魚眼睛光轆轆頂明上座爲衣鉢
争毒蛇口氣冷冰冰印宗僧非風幡動汚染即不

得蕩南岳家財一物無聖諦尚不爲鼓青原波浪千
尋湧開作家爐鞴衬鶻獮收幾塊精金説成烘壇生
臬皮囊盛許多有董葉落歸根來時無口死蛇難翻
地含諸種普雨皆生開眼説夢千古曹溪鏡裸清非
騎箭截流機浸殺底堪作何用

三　江西馬祖禪師　大鑑三世法嗣一百三十七人

師諱道一漢州什邡人姓馬氏容皃奇異虎視牛行
得法南岳後歸蜀郷人喧迎之溪邊婆子云將謂有
何奇特元是馬簸箕家小子師遂曰勸君莫還郷還
郷道不成溪邊老婆子喚我舊時名再返江西西天
二十六祖般若多羅讖云金鷄解銜一粒粟供養十
方羅漢僧六祖謂南岳云尓後出一馬駒踏殺天下
人云在石鞏爲獵時從師菴前過師見問曰汝是何
人曰獵者師曰汝解射不曰解射師曰汝一箭射幾
箇曰一箭射一箇師曰汝不解射曰和尚解射不師
曰解射曰一箭射幾箇師曰一箭射一群曰彼此生
命何用射他一群師曰汝既知如是何不自射曰若
教某甲自射直是無下手處師曰者漢曠劫無明一
時頓息鞏遂擲弓箭投師出家師與百丈行次見水
鴨師問水鴨子在何處丈曰飛過去也師遂搊丈鼻
丈作痛聲師曰又道飛過去也丈乃有省遂歸寮中
大哭同事問曰有何事丈曰汝去問和尚同事往方
丈問曰不知海侍者有何事而哭今某甲來問和尚
師曰汝自去問他同事歸問丈丈笑同事曰適來哭
而今笑丈曰適來哭而今笑龐居士參次問云不與
萬法爲侶者是什麼人師云待汝一口吸盡西江水
即向汝道士於此有省師與百丈南泉智藏翫月次
師曰正恁麼時如何藏曰正好修行丈曰正好供養
南泉拂袖便行師曰經歸藏禪歸海唯有普願獨超
物外後示寂于泐潭

賛曰虎視牛行虬髭鐵面藏菩提達磨之正宗應般
若多羅之懸讖金雞解銜一粒粟禍鄭潛萌馬駒踏
殺天下人惡聲難掩射鹿印石鞏無明蕩除過鴨捋
百丈鼻頭搊轉吸江口揑殺龐公翫月機坑埋普願
八十四人阿轆轆成團如破驢脊上著蠅七千餘里
走區區被人喚馬簸箕家小子赤手迴曹溪正脉古
今分宗派滔滔即心得臨濟克家兒孫上傳燈彔衮衮
稽首莫空大法王蕩蕩乎民無得而稱焉擬覓蹤由
太虛閃電

四　南岳石頭禪師

師嗣青原諱希遷端州人姓陳氏在俗時每厭郷洞
民多淫祀輒奪牛毀祠而歸郷老不能禁師參青原
原令馳書與南岳曰汝達書了速回吾有箇鈯斧子
與汝住山去師至彼未呈書便問不慕諸聖不重己

靈時如何讓曰子問太高生何不向下問師曰寧可
永劫沉淪不求諸聖解脫讓便休師回原問曰子去
未久送書達不師曰信亦不通書亦不達去時蒙和
尚許箇鈯斧子便請原垂一足師禮拜異日問曹溪
太師還識和尚否原曰汝還識吾否師曰識又爭能
識原曰衆角雖多一麟足矣師一日夢與六祖乘一
龜游泳深池覺原之曰靈龜智也池聖海也吾與祖
師同乘靈智游於聖海也師天寶間之衡山南寺之
東有石狀如臺乃結菴其上時號石頭和尚鄧隱峰
辭馬祖祖問甚處去峰曰石頭去祖曰石頭路滑峰
曰竿木隨身逢場作戲便行到師處繞禪床一匝振

錫一下乃問是何宗旨師曰蒼天蒼天峯無語却回
舉似祖祖曰更去問待他有答汝便噓兩聲峰再去
如前問師噓兩聲峯又無語回舉似祖祖云向汝道
石頭路滑藥山一日在石上坐師見問曰汝在者裏
作什麼山曰一物不為師曰恁麼則閑坐也山曰閑
坐即為也師曰汝道不為不為箇什麼山曰千聖亦
不識師乃以偈歎之曰從來共住不知名任運相將
只麼行自古上賢猶不識造次之流豈可明僧問如
何是禪答曰碌磚如何是道答曰木頭師著參同契
草菴歌行於世
賛曰端州生緣曹溪得度驚鼻蛇毒要傷人破鏡鳥

心事食母厭洞民多淫祀毀叢祠奪牛歸與衆僧通
信書挾鈯斧住山去衆角雖多一麟足又爭能識得
青原深池同載靈龜游竟向曹夢見六祖臨機多滑
路推隱峯束手墮懸崖共住不知名對藥山熟睡饒
譫語貼身死計盤石坐生雲信口答禪碌磚拋佀崗
青松下閑謳一曲草菴歌不落宮商乱山中行數
聲參同契是何言句借曹溪旁出一枝到情忘義斷
時生五逆孫繼不孝子

南泉願禪師

師諱普願鄭州人姓王氏初見馬祖契悟後住南泉
上堂曰王老師自少養一頭水牯牛擬向溪東牧不

免食他國王水草擬向溪西牧亦不免食他國王水
草不如隨分納些些總不見得山下有一菴主人謂
曰近日南泉和尚出世何不去禮拜曰非但南泉出
世直饒千佛出與我亦不去師聞乃令趙州去勘州
去便設禮主不顧州從西過東從東過西主亦不顧
州曰草賊大敗遂拽下簾子便歸舉似師師曰我從
來疑著者漢師一日到莊莊主預備油粧迎奉師曰
老僧居常出入不與人知何得排辦如此主曰昨夜
土地報道和尚今日來師曰王老師修行無力被鬼
神覷見時有僧問既是大善知識為什麼却被鬼神
覷見師曰土地前更下一分飯一日兩堂首座爭猫

兒來白師師持刀提起猫兒曰道得即救取猫兒道不得即斬却二俱無對師便斬之至晩趙州自外歸師擧前話示之趙州脱鞋安頭上便出師曰子若在救得猫兒示衆曰王老師賣身去也阿誰買時有僧出衆曰某甲買師曰不作貴不作賤汝作麼生買僧無對僧問師居丈室將何指南師曰昨夜三更失却牛天明起來失却火師在山作務次僧問南泉路向甚處去師拈起鎌子云我者鎌子三十錢買得僧曰不問茅鎌子南泉路向甚處去師曰我使得正快陸亘大夫與人雙陸次見師陸指骰子曰恁麼不恁麼信彩去時如何師拈起骰子云臭骨頭十八陸又問

弟子家中有一片石或時坐或時臥如今擬鐫作佛得不師曰得陸曰莫不得不師曰不得師住菴時一僧到師向道我上山作務待齋時作飯自喫了送一分上來少時其僧自作喫了一時打破家生就師床臥師待不來歸見僧牀上臥師亦就邊臥僧便起去師後曰我往前住菴時有箇伶俐道者至今不見消息陸亘一日向師道肇法師也奇恠解道天地與我同根萬物與我一体師指庭前花曰大夫時人見此一株花如夢相似陸罔測師問座主曰與我講經得麼座曰某甲與和尚講經和尚與某甲説禪始得師曰不可將金彈子博銀彈子去上堂曰諸和尚子王

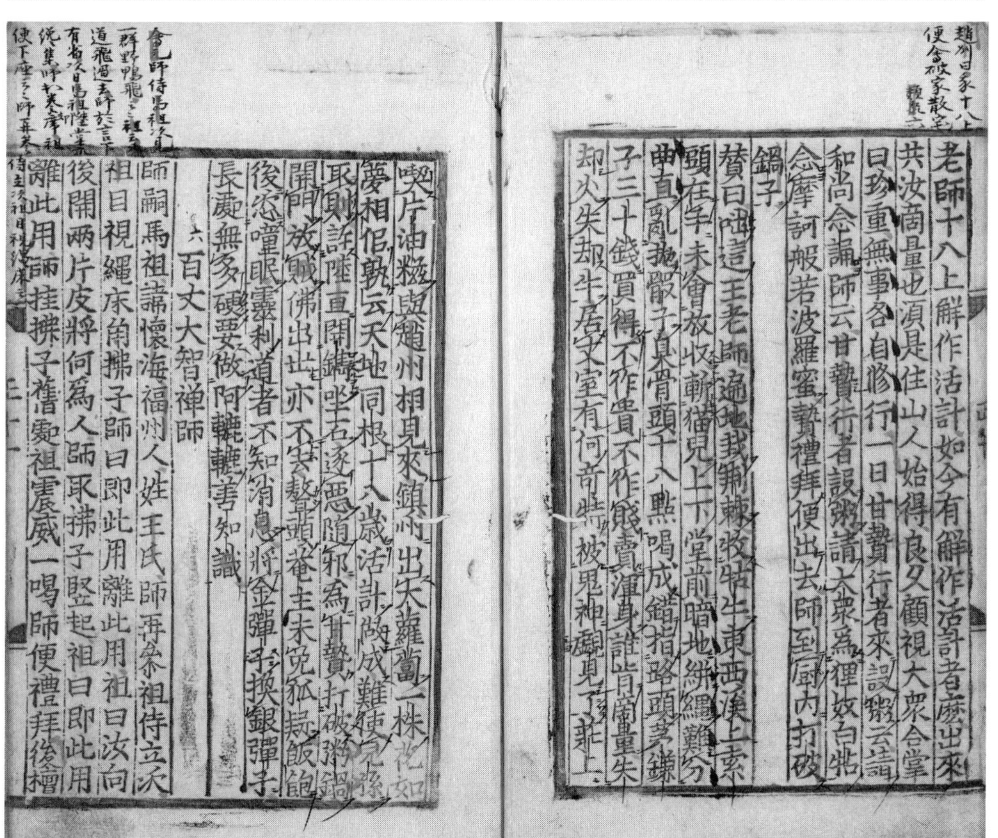

老師十八上解作活計如今有解作活計者麼出來共汝商量也須是住山人始得良久顧視大衆合掌曰珍重無事各自修行一日甘贄行者來設粥云請和尚念誦師云甘贄行者設粥請大衆爲狸奴白牯念摩訶般若波羅蜜贄禮拜便出去師到廚内打破鍋子

贊曰咄這王老師逼地我荊棘收牯牛東西溪上索頭在手未曾放收斬猫兒上下堂前暗地紛繩難分曲直亂抛骰子臭骨頭十八點喝成錯指路頭茅鎌子三十錢買得不作貴不作賤賣渾身誰肯當失却火失却牛居丈室有何奇特被鬼神覷見了非上喫片油糍與趙州相見來鎭州出大蘿蔔一株花如夢相似孰云天地同根十八歳活計尚成難使兒孫取則許陸亘開鑪坐右逐惡隨邪爲甘贄打破粥鍋開門放賊佛出世亦不安鼇頭菴主未免狐疑飯飽後悠憧眠靈利道者不知消息將金彈子換銀彈子長處無多硬要做阿轆轆善知識

六　百丈大智禪師

師嗣馬祖諱懷海福州人姓王氏師再參祖侍立次祖目視繩床角拂子師曰即此用離此用祖曰汝向後開兩片皮將何爲人師取拂子竪起祖曰即此用離此用師挂拂子舊處祖震威一喝師便禮拜後擧

信請於洪州新呉界住大雄山居處巖巒峻故號
百丈師處之未期月參玄之士四方群集潙山黄蘗
當其首一日師謂衆曰佛法不是小事老僧昔被馬
大師一喝直得三日耳聾黄蘗聞不覺吐舌師曰子
已後莫承嗣馬祖去麽蘗云不然今日因和尚舉得
見馬祖大機大用然且不識馬祖若嗣馬祖已後喪
我兒孫師曰見與師斉減師半徳見過於師方堪傳
授子甚有超師之見蘗便礼拜師毎上堂有一老人
随衆聽法一日衆退唯老人不去師問汝是何人老
曰某非人也於過去迦葉佛時曾住此山因學人問
大修行人還落因果也無某云不落因果遂五百生

墮野狐身今請和尚代一轉貴脱野狐身師曰你問
老曰大修行人還落因果也無師曰不昧因果老於
言下大悟作礼曰某已脱野狐身住在山後敢乞依
亡僧津送師令維那白槌告衆食後送亡僧食後師
領衆至山後岩下以杖挑出一死狐乃依法火葬司
馬頭陀自湖南來見師云潙山奇絶可聚千五百衆
師曰老僧欲往可乎陀云非和尚所住師曰何也陀
曰和尚是骨人彼是肉山設居之徒不盈千師曰吾
衆中莫有人住得不陀曰待歴觀之師令侍者喚善
一座來師曰此人如何陀令謦欬行數歩曰此人不
可又令喚典座來陀曰此正是潙山主也師是夜召

祐入室囑曰吾化縁在此潙山勝境汝當居之嗣續
吾宗廣度後學時華林聞之曰某甲忝居上首祐公
何得住持師曰若能對衆下得一轉語出格當與住
持即指淨瓶問曰不得喚作淨瓶汝喚作什麽華曰
不可喚作木楔師不肯乃問祐祐踢倒淨瓶師咲云
第一座輸却山子也祐遂往爲師作清規
贊曰出格胚揮鈞陶巧匠瘦骨稜稜玉削成碧眼閃
閃星流撲脱野狐不昧因果知歴代賛幾句罵幾句
鬪水鴨落盡便宜走歸家哭一上咲一上淨瓶踢倒
放山子荷钁入千峰拂子拈來推馬師平地堆青嶂
一生鼻頭痛刻骨寃不易消驢三日耳朵聾入心毒

卒難洗蕩共遊悪業蛟龍窟子黄蘗友龐公同奪生
獰虎兕胎兄南泉弟智藏清規井井深掘陷人坑華
胄縄縄家布縷夫網策奇勲不減叔孫通與老臊胡
作萬古城池阿誰近傍

七　趙州真際禪師

師嗣南泉諱從諗曹州人姓郝氏一日問南泉曰如
何是道泉曰平常心是道師曰還可趣向也無曰擬
向即乖師曰不擬爭知是道曰道不屬知不屬不知
知是妄覺不知是無記若真達不疑之道猶如太虚
廓然虚豁豈可強是非耶師於言下悟理有僧游五
臺問婆子曰臺山路向甚處去婆曰驀直去僧便去

婆曰好箇師僧又恁麼去後僧舉似師師曰待我去
勘破明日便去問臺山路向甚處去婆曰驀直去師
便去婆曰好箇師僧又恁麼去師歸謂衆曰臺山婆
子爲汝勘破了也僧問久響趙州石橋到來只見略
彴師曰汝只見略彴不見石橋曰如何是石橋師曰
度驢度馬一日真定帥王公攜諸子入院師坐而問
曰大王會麼王曰不會師曰自小持齋身已老見人
無力下禪床王尤加禮重僧問狗子還有佛性也無
師曰無僧云一切衆生皆有佛性狗子因甚却無師
曰爲伊有業識在師到黄蘗蘗見來便閉方丈門師
乃把火於法堂叫云救火救火蘗開門捉住曰道道

師曰賊過後張弓到茱萸執拄杖法堂上從東過西
萸曰作什麼師曰探水萸曰我者裏一滴也無探箇
什麼師以杖倚壁便行僧問如何是祖師西來意師
曰庭前柏樹子後法眼問覺鐵觜聞趙州有柏樹子
話是否覺曰先師無此語莫謗先師好僧問雪峰古
澗寒泉時如何峯曰瞪目不見底曰飲者如何曰不
從口入師聞曰不可從鼻孔裏入僧便問古澗寒泉
時如何師曰苦曰飲者如何曰死僧舉似峰峰遥望
作禮曰趙州古佛從此不荅話嚴陽問一物不將來
如何師曰放下着曰既是一物不將來放下箇什麼
曰放不下擔取去嚴有省

贊曰禪在口皮邊換盡衲僧眼中南泉毒示虚寥廓
豈論是非死雪峯心古澗寒泉分明剖判死大王不
下床接表言宗尊法有人勘菴主撥下箭歸知王老
疑着者漢茱萸探水丈立生根黄蘗毅然開門驚
落膽狗子無佛性露刃劍冷談含霜臺山勘破婆眉
藤椿一刀截斷覺鐵觜謂先師無此語替吕分疎嚴
尊者問一物不將來全肩荷擔架略彴非惟度馬度
驢亘百世援沉迷使平歩摩訶衍岸

黄蘗斷際禪師

師嗣百丈諱希運閩人初遊天台逢一僧與之言笑
如舊識熟視之目光射人乃偕行澗水暴漲植杖而
止其僧牽師同度師曰兄自度彼即褰衣躡足履波
如地回顧師曰渡來渡來師咄曰者自了漢吾早知
當斫汝脛僧嘆曰真大乘法器我所不及言訖不見
百丈一日問師甚處去來師曰大雄山下采菌子來
丈曰還見大蟲麼師便作虎聲丈拈斧作斫勢師打
丈一摑丈吟吟而笑便歸上堂云大雄山下有一大
蟲汝等諸人也須好看百丈老漢今日親遭一口師
在南泉作首座一日持鉢向南泉位坐泉入堂見謂
師曰首座幾時行道師曰威音已前泉云猶是王老
師兒孫在師遂過第二位師辭泉門送提起師笠曰
長老身材沒量大笠子太小生師曰雖然大千世界

揔在裏許泉曰王老師聻師戴笠便行師在塩官殿
上礼佛次時唐宣宗爲沙弥問云不着佛求不着法
求不着僧求長老礼拜當何所爲師曰不着佛求不
着法求不着僧求常礼如是事弥曰用礼奚爲師掌
弥弥曰太麁生師曰者裏是什麽所在説麁説細隨
後又掌及宗即位乃封爲麁行沙門裴相國諫之曰
三掌爲陛下斷三際易爲斷際師嘗有六人新到五
人作礼中有一人提起坐具作一圓相師曰我聞有
一隻獵犬甚惡僧曰尋羚羊聲來師曰羚羊無聲到
你尋僧曰尋羚羊跡來師曰羚羊無跡到你尋曰尋
羚羊蹤來曰羚羊無蹤到你尋曰恁麽則死羚羊也

師便休去明日陞堂曰昨日尋羚羊僧出來僧便出
師曰昨日公案未了老僧休去你作麽生僧無語師
曰將謂是本色衲子元來是義學沙門打出示衆云
汝等諸人盡是噇酒糟漢恁麽行脚何處有今日還
知大唐國裏無禪師麽時有僧出云只如諸方匡徒
領衆又作麽生師曰不道無禪只是無師師俗家貧
母老聞師住黄蘗特來相見師不顧母爲飢寒至大
義渡頭失脚攧死後果生天夢師曰我當時若受汝
一粒米當墮地獄寧有今日再拜而去師一日捏拳
云天下老和尚揔在者裏我若放一線道從汝七縱
八横若不放過不消一捏問不消一捏時如何師曰

普裴相國捧一尊佛跪前曰請師安名師喚曰裴休
休曰諾師曰與汝安名竟千頃南叅師師云未覩三
界影像時如何南曰即今豈是有耶師曰有無且置
即今如何南曰非古今師曰吾之法眼已在汝躬師
曰且當冬事宜不能体會得但知學言語向皮袋裏
安着到處稱我會禪還替得生死麽輕忽耆宿入地
獄如箭

賛曰麁行沙門畧無狗檢掌大唐天子面倡血紅打
臨濟驪兒棒如雨點大雄山下突出虎未具爪牙大
義渡頭攧殺娘不分恩怨在威音已前行道爭坐位
平地喫交闘百丈三日耳聾鷲吐舌和根翻轉羚羊

絶蹤跡轉知獵犬難尋潤水漲波濤却被胡僧欺騙
小笠簷大千世界甚處着王老師麁拳捏天下師僧
有時通一線謂千頃南法眼在汝剛要鬼分贓與
裴相國古佛安名自遭渠汚染噇酒糟漢還知大唐
國裏無禪師麽輕忽耆僧入地獄如箭

睦州陳尊宿

師諱道蹤俗姓陳江南李王之裔因游開元寺礼佛
見僧如故歸白父母願求出家許之受具遊方契旨
於黄蘗後爲四衆請住觀音寺常百餘衆學者叅扣
隨問遽荅詞語峻嶮無以畏其鋒由是諸方目尊宿
稱之嘗首座黄蘗時臨濟方入衆師目爲大器指見

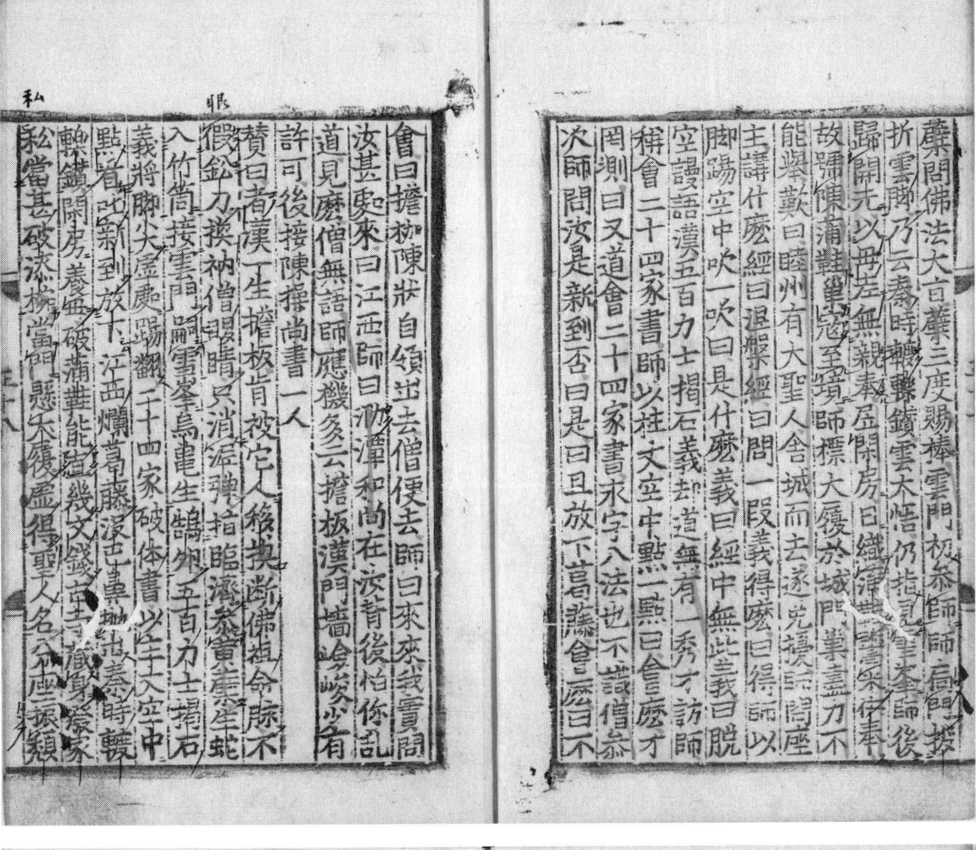

藥問佛法大旨蘖三度賜棒雲門初參師師扃門拶
折雲脚乃云秦時轅轢鑽雲大悟仍指見雪峯師後
歸閩先以母老無親奉屋閉房曰織蒲鞋鬻以奉
故號陳蒲鞋巢寇至境師標大屨於城門巢盡力不
能舉歎曰睦州有大聖人舍城而去遂免攘師問座
主講什麼經曰涅槃經曰問一段義得麼曰得師以
脚踢空中吹一吹曰是什麼義曰經中無此義曰脫
空謾語漢五百力士揭石義却道無有一秀才訪師
稱會二十四家書師以拄杖空中點一點曰會麼才
罔測曰又道會二十四家書永字八法也不識僧參
次師問汝是新到否曰是曰且放下葛藤會麼曰不

會曰擔枷陳狀自領出去僧便去師曰來來我實問
汝甚處來曰江西師曰泐潭和尚在汝背後怕你亂
道見麼僧無語師應機多云擔板漢門墻險峻少有
許可後接陳操尚書一人
賛曰者漢一生擔板肯被它人移換斷佛祖命脉不
假鉗力換衲僧眼睛只消彈指臨濟參黃蘗坐蛇
入竹筒接雲門嗣雪峯烏龜生鶻州五百力士揭石
義將脚尖大虛處踢翻二十四家破体書以拄杖空中
點着此新到放下江西爛葛藤浸古鼻拗折秦時轅
轢鑽開房養母破蒲鞋能值幾文錢守寺藏身遂家
私當甚破落戶當門懸大屨盡得聖人名示座振類

綱瞎却人天眼氣衝牛斗薄諸方將死雀就窩彈用
盡機關末後只接得箇俗漢

德山見性禪師

師諱宣鑑嗣龍潭簡州人姓周氏初講金剛經名冠
成都時稱周金剛嘗與同學曰一毛呑海海性無虧
纖芥投針鋒利不動學與無學惟我知焉聞南方禪
席頗盛師氣不平乃曰出家兒千劫學佛細行萬劫
學佛威儀不得成佛南方魔子敢言直指人心見性
成佛當破其窟宅滅其種類以報佛恩遂負青龍鈔
出蜀至澧陽路上見一婆子賣餅因息肩買點心婆
指擔曰者是什麼文字曰青龍疏鈔曰講何經曰金
剛經曰我有一問若答得即與點心答不得且別處
去經中道過去心不可得現在心不可得未來心不
可得未審上座點那箇心師無語遂往龍潭曰久嚮
龍潭及乎到來潭又不見龍又不現潭曰子親到龍
潭師無對遂止息焉一夕侍立次潭曰更深何不下
去珍重便出却回曰外面黑潭點紙燭度與師接得
潭便吹滅師大悟便礼拜潭曰子見箇什麼師曰從
今向去更不疑天下老和尚舌頭至來日潭陞座謂
衆曰可中有箇漢牙如劍樹口似血盆一棒打不回
頭他日向孤峰頂上立吾道去在師遂將疏鈔堆法
堂前舉火云窮諸玄辯若一毫置於太虛竭世樞機

但一滴投於巨壑遂焚之於是礼辞直抵潙山挾複子上法堂從東過西從西過東顧視方丈曰有麼有麼山坐不顧師曰無無便出至門首乃曰雖然也不得草草遂具威儀再入相見纔跨門提起坐具曰和尚山擬取拂子師便喝拂袖而出至晚問首座今日新到在不座曰當時背却法堂着草鞋出去也山曰此子已後向孤峰頂上盤結草菴呵佛罵祖去在師一日齋遲自托鉢過堂時雪峰為典座曰鍾未鳴鼓未響托鉢甚處去師便歸方丈峯舉似岩頭頭曰大小德山未會末後句師聞令侍者請岩至請曰汝不肯老僧那岩密啓其意次日上堂便與尋常不同岩

於僧堂前撫掌曰且喜堂頭老漢會末後句雖然也只得三年後三年果遷化示衆曰汝但無心於事無事於心自然虛而靈空而妙若毫端許言之本末者皆為自欺何故毫釐繫念三途業因瞥尒情生萬劫羈鎖聖名凡號總是虛聲殊相劣形皆為幻色汝欲求之得無累乎及其厭之又成大患終無所益雪峰問師從上宗乘事某甲還有分也無師曰道甚麼峯有省廓侍者問從上諸聖向甚處去師曰作麼作麼廓曰勑點飛龍馬跛鱉出頭來師休去來日浴出廓度湯與師師撫背云昨日公案如何廓曰者老漢今日方始瞥地師休去師一日同厓楫入山斫木師將

一椀水與楫楫接得便喫師曰會麼楫曰不會師又將一椀水與楫楫接得又喫師曰會麼楫曰不會師曰何不成褫取不會底楫曰不會又成褫箇什麼師曰子大似箇鐵橛師隔江見高亭云不審師乃搖扇招之高亭開悟便橫趨而去師凡住院拆却佛殿獨存法堂而已

贊曰擔鈔走南方誓滅諸魔子逢見老婆點出三心看小當什啞無一語龍潭吹滅紙燭破蕩家財德嶠盤結草庵呵罵佛祖到潙山背着草鞋出活弄目前機問岩頭不肯老僧那會得末後句虛而靈空而妙逢人拋擲爛泥團毛吞海芥投針對衆拗折金剛杵

驚鼻蛇毒因宗乘事入念飛龍馬蹶向作麼中馳策斫木要尾楫成褫便休捉翁喜高亭橫趨而去誠所謂掀佛殿咬猪狗不近人情底老尊慈想不是花錦地纔容華央摩座主

巖頭奯禪師

師諱全奯嗣德山泉州人姓柯氏一日參山方跨門便問是凡是聖山便喝師礼拜有僧舉似洞山山曰若不是奯公大難承當師曰洞山老人不識好惡錯下名言我當時一手擡一手搦一日與雪峰欽山聚話次見一椀水欽曰水清月現峯曰水清月不現師踢而去師與雪峰同辭德山山問甚處去師曰暫辭

和尚去山曰子佗後作麼生師曰不忘和尚曰子還
何有此説師曰豈不聞智與師齊減師半徳智過於
師方堪傳授曰如是如是善自護持師在鄂州岩頭
値沙汰於湖邊作渡子兩岸各挂一板有人過渡打
板一下師曰阿誰曰要過那邊去師乃舞棹迎之一
日因婆子抱一子來乃曰呈橈舞棹即不問且道婆
子手中兒甚處得來師便打婆曰婆生七子六箇不
遇知音只者一箇也不消得便抛向水中師後菴于
洞庭卧龍山徒侶臻集僧問無師還有出身處也無
師曰聲前古毳爛上堂云吾嘗究涅槃經七八年於
中有一兩段義似衲僧説話又云休休時有僧出作

禮云請和尚爲衆擧師遂云吾教意如∴字三點第
一向東方下一點點開諸菩薩眼第二向西方下一
點點諸菩薩命根第三向上方下一點點開諸菩薩
頂門此是經中第一段義吾教意如摩醯首羅擘開
面門竪亞一隻眼此是第二段義吾教意如塗毒鼓
擊一聲遠近聞者俱喪此是第三段義時小嚴上座
問如何是塗毒鼓師以兩手按膝亞身曰韓信臨朝
底嚴無對羅山謁石霜問去住不寧時如何霜曰直
須盡却山不愜意乃参師問同前語曰從他去住管
他作麼遂服膺一日又問曰和尚豈不是三十年前
在洞山而不肯洞山曰是又曰和尚豈不是嗣德山

而不肯德山曰是曰不肯德山則不問只如洞山有
何虧缺師良久曰洞山好佛只是無光山礼拜師問
僧甚處來曰西京來師曰黄巣過後還収得劒麼曰
収得師近前引頸云囙僧曰師頭落也師呵呵大笑
僧後到雪峯峰問甚處來曰巖頭來曰巖頭有何言
句僧擧前話峯打三十棒趂出僧問如何是道曰破
草鞋抛向湖邊着僧問古帆未挂時如何曰小魚呑
大魚曰挂後如何曰後園驢喫草瑞岩問如何是本
常理師云動也曰動時如何曰不是本常理岩沈思
師曰肯則未脱根塵不肯則永沈生死岩於言下頓
悟後凡有問佛問法問禪問道皆作噓聲一日謂衆

曰老漢去時大叫一聲了去一日賊大至責以無供
饋遂剸刃焉師神色自若大叫一聲而終聞數十里
唐光啓三年四月八也
賛曰智過師譏信徐遣一喝大難承當用一噓全沒
窄鼻横點頭三十載謂洞山佛無光過塗毒一兩聲
聽韓信臨朝底舞棹洞庭湖畔引臭老婆抛却兒阻
雪鼇山店頭呵魔頭僧去打睡聲前古毳爛謾嘗纖
籌後園驢喫草是何宗旨勦從收後舉鋒去錯付者
僧頭鐘未鳴時托鉢回窮溜先師意問大道端倪處
總須颺下草鞋與同行共話間可惜踢翻桃水謂羅
山從他去住未有不宜時肯瑞岩未脱根塵不是本

常理生平脫洒視生死如游戲園林末後大吽一聲
聞數十里

十二　雪峯眞覺禪師

師諱義存泉州曾氏子出嶺首謁塩官三到投子九
上洞山因縁不契後參德山遂悟於言下師辭洞山
山問子向甚麼處去師云歸嶺去山云當時從甚路
出師云飛猿嶺出山云今從甚路去師云飛猿嶺去
山云有一人不從飛猿嶺去子還識麼師云不識山
云為甚麼不識師云他無面目山云子既不識爭知
無面目師無對師同岩頭到澧州鰲山店阻雪頭唯
打睡師一向坐禪一日喚岩曰師兄起來岩曰作麼

師曰今生不着便共文邃箇漢行脚到處被他帶累
師兄如今又只管打睡岩喝云噇眠去每日恰似七
村裏土地他時後日魔魅人家男女去在師點胸云
某甲這裏未穩在岩曰將謂你他後向孤峯頂上盤
結草庵呵佛罵祖去在猶作者箇語話師曰我實未
穩在岩曰若實如此據汝見處一一通來是處與你
證明不是處與你剗却師曰我初到塩官聞擧色空
義得箇入處岩曰此去三十年切忌擧着師曰又因
洞山過水悟道頌有箇省處岩曰若恁麼自救也不
了師云某甲因問德山從上宗乘中事學人還有分
也無山打一棒云道甚麼我當下如桶底脫相似被

岩頭震威一喝云豈不聞道從門入者不是家珍師
曰如何即是岩曰他後若欲播揚大教須一一從自
己胷襟流出將來與我蓋天蓋地去師於言下大悟
連聲叫曰師兄今日始是鰲山成道師行脚時參烏
石觀纔敲門觀問誰曰鳳凰兒曰來作麼曰來啗老
觀觀便開門搊住曰道道師擬議觀托開閉却門師
住院後示衆曰我當時若入得老觀門你者一隊噇
酒糟漢向甚處摸索上堂南山有一条鼈鼻蛇汝等
諸人切須好看時長慶出云今日堂中大有人喪身
失命雲門以拄杖攛向面前作怕勢僧擧似玄沙沙
云須是稜兄始得然雖如是我即不然僧云和尚作

麼生沙云用南山作麼上堂盡大地撮來如粟米粒
大拋向面前漆桶不會打鼓普請看玄沙一日謂師
曰某甲如今大用去和尚作麼生師將三箇木毬一
時輥出沙作斫牌勢師曰你親在靈山方得如此沙
曰也是自家事閩帥施銀交床僧問和尚受大王如
此供養將何報荅師以手托地曰輕打我師象骨岩
接人後欲往松山建寺安衆問大師借庵基尼不肯
因與坐禪約曰未滿七日出定者輸尼至六日開眼
師遂奪其基建寺師親書牌於磨院云山前覓日無
狼虎磨下終年絕雀兒至今虎雀絕無
贊曰得處頗辛勤用時無巧妙入飛猿嶺不識一人

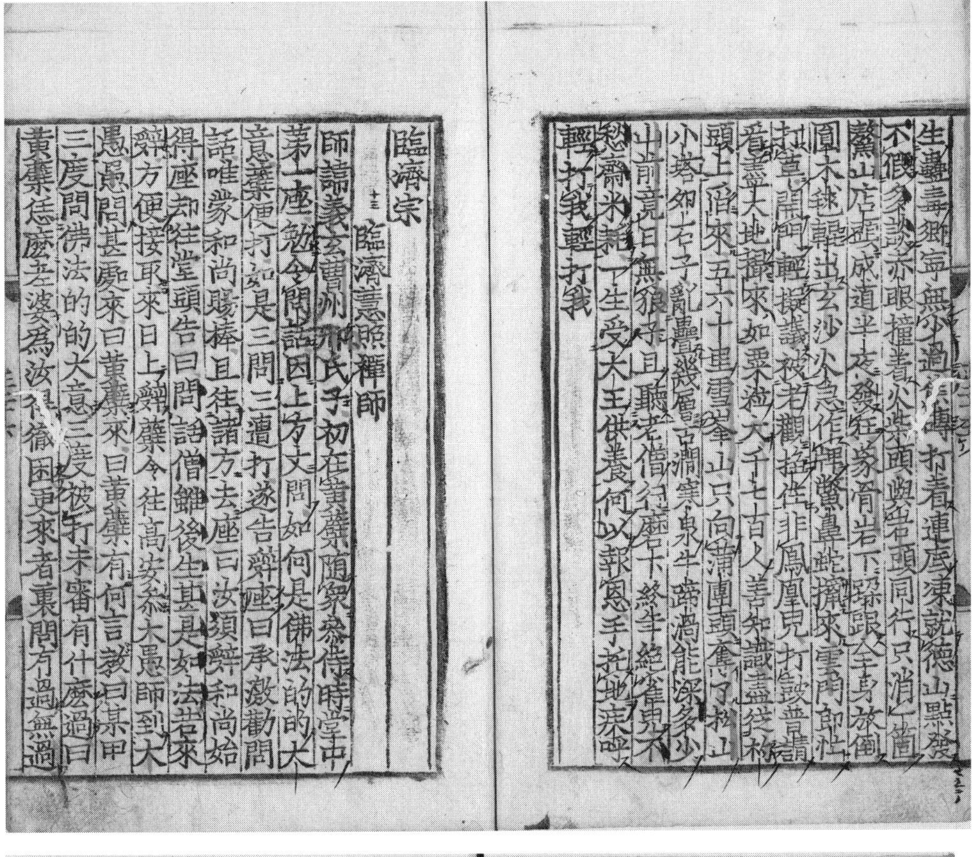

生蠻毒獅寧無少過徒傳打着連底凍就德山點發
不假多談赤眼撞着火柴頭與峯頭同行只消一箇
鰲山店裏成道半夜發狂象骨岩下探跟全身放倒
圓木毬輥出玄沙火急作牌鱉鼻蛇攛來雲門郎拄
拈草開門輕擬議被老觀捨住非鳳凰兒打鼓普請
看盡大地撮來如粟粒大千七百人善知識盡從柁
頭上滔來五六十里雪峯山只向蒲團頭奪了拄山
小塔卯右子亂疊幾層古澗寒泉牛蹄濶能深多少
山前竟日無狼孑且聽老僧行磨下終年絶雀兒不
總齋米耗了生受大王供養何以報恩手乾地寒呼
輕打我輕打我

臨濟宗

十三　臨濟慧照禪師

師諱義玄曹州邢氏子初在黄蘗隨衆參侍時堂中
第一座勉令問話因上方丈問如何是佛法的的大
意蘗便打如是三問三遭打遂告辭座曰承激勸問
話唯蒙和尚賜棒且往諸方去座曰汝須辭和尚始
得座却往堂頭告曰問話僧雖後生甚是如法若來
辭方便接取來日上辭蘗令往高安叅大愚師到大
愚愚問甚處來曰黄蘗來曰黄蘗有何言教曰某甲
三度問佛法的的大意三度被打未審有什麼過曰
黄蘗恁麼老婆為汝得徹困更來者裏問有過無過

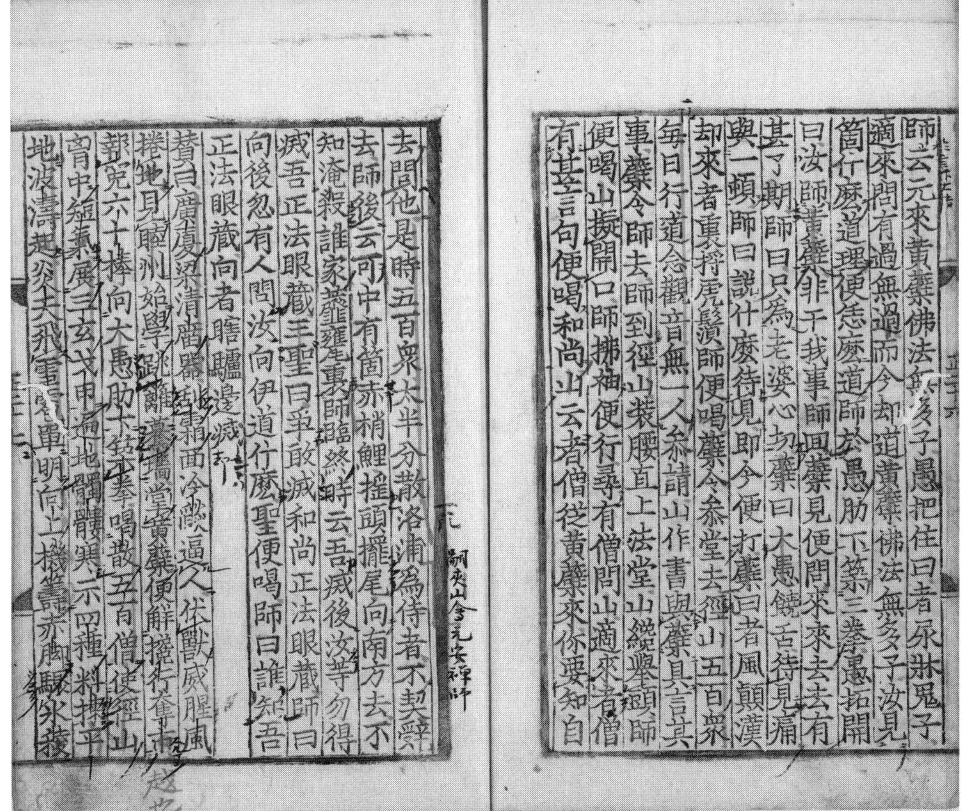

師云元來黄蘗佛法無多子愚把住曰者尿牀鬼子
適來問有過無過而今却道黄蘗佛法無多子汝見
箇什麼道理便恁麼道師於愚肋下築三拳愚拓開
曰汝師黄蘗非干我事師回蘗蘗見便問來來去去有
甚了期師曰只為老婆心切蘗曰大愚饒舌待見痛
與一頓師曰說什麼待見即今便打蘗曰者風顛漢
却來者裏捋虎鬚師便喝蘗令叅堂去徑山五百衆
每日行道念觀音無一人叅請山作書與蘗具言其
事蘗令師去師到徑山裝腰直上法堂山纔舉頭師
便喝山擬開口師拂袖便行尋有僧問山適來者僧
有甚言句便喝和尚山云者僧從黄蘗來你要知自

去問他是時五百衆太半分散洛浦為侍者不契辭
去師後云可中有箇赤梢鯉搖頭擺尾向南方去不
知淹殺誰家虀甕裏師臨終時云吾滅後汝等勿得
滅吾正法眼藏三聖曰爭敢滅和尚正法眼藏師曰
向後忽有人問汝向伊道什麼聖便喝師曰誰知吾
正法眼藏向者瞎驢邊滅却
賛曰廣慶梁清磨礱霜面冷澈逼人伏獸威腥風
捲地見睦州始學跳離纂博堂黄蘗便解撓衫奪
郭究六十棒向大愚肋下鋳拳喝散五百僧使徑山
胷中短氣展三玄戈甲透地髑髏要示四種料揀平
地波濤起炎天飛雪電單明向上機籌赤脚獨求獲

自是一般標致惜正法眼藏滅向三聖瞎驢邊知亦稍鯉漁淹殺誰家葢趲眞賛之者掖古宿爭毀之者洋銅沸渠遺風餘烈繼百世猶有存焉求續鳥膠續絃則遠之遠矣

興化奬禪師

師諱存奬魏州人初見臨濟濟令師爲侍者濟問新到甚處來曰鑾城曰有事相借問得麽曰新戒不會曰打破大唐國覓箇不會人難得恭堂去師問適來新到是成褫伊那濟曰我誰管你成褫不成褫師曰和尚即解將死雀就地彈不解將一轉語蓋覆却濟曰你又作麽生師曰請和尚作新到濟遂曰新戒不會師曰却是老僧罪過濟曰你語藏鋒師擬議濟便打至晩濟又曰我今日問新到是將死雀就地彈就窠裏打及你出得語又喝起向青雲裏打師曰草賊大敗濟便打師後到三聖請爲首座常曰我向南方行脚一遭拄丈頭不曾撥著一箇會佛法底聖聞得問曰你具什麽眼師便喝聖曰須是你始得大覺聞乃云作麽生得風吹入大覺門來師後到大覺請爲院主一日覺喚曰我聞你道向南方行脚一遭拄丈頭不曾撥著一箇會佛法底你具什麽眼師便喝覺拈棒師擬議覺便打師又喝覺又打次日師從法堂過覺召院主我直下疑你昨日兩喝你試說看師曰我於三聖師兄處得箇賓主句總被師兄折倒了也與某甲箇安樂法門覺曰者瞎漢來者裏納敗缺卸下衲衣痛打一頓師於言下薦得臨濟先師在黄蘗處喫棒底道理後開堂拈香云此一炷香若爲三聖三聖爲我太孤若爲大覺大覺爲我太賒不如供養我臨濟先師雲居住三峯時師問曰權借一問以爲影草時如何居無對師曰想和尚答者話不得不如礼拜了退後二十年居云如今思量當時不消道箇何必後遺化主到師處師曰和尚住三峯時老僧問伊話答不得如今道得也未主擧前話師曰興化則不然爭如道箇不必僧問師曰四方八面來時如何師曰打中間底僧作礼師曰興化今日赴箇村齋中路遇一陣卒風暴雨却去古廟裏避得過示衆曰我聞長廊下也喝後架也喝諸子莫盲喝亂喝直饒你喝得興化上三十三天却撲下來一點氣也無待興化蘇息起來欵欵地向你道未在何故我未曾向紫羅帳裏撒眞珠與你諸人在虛空裏胡喝作什麽師謂克賓維那曰汝不久當爲唱導之師賓曰不入者保社師曰會了不入不會不入賓曰總不恁麽師便打乃白衆云克賓維那法戰不勝罰錢五貫設饡飯一堂仍不得喫飯即趕出院師見同叅來纔上法堂師便喝僧亦喝行三兩步師又喝僧亦喝師近前

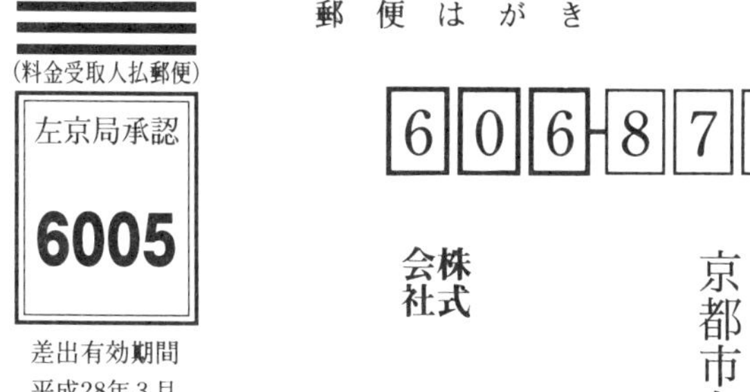

(受取人)
京都市左京局区内
田中下柳町八番地

株式会社 臨川書店
愛読者係 ゆき

6068790 10

ご住所 (〒 −)

TEL FAX e-mail

フリガナ
ご氏名 (歳

勤務先

ご専攻 御所属学会名

※お客様よりご提供いただいた上記の個人情報は法に基いて適切に取り扱い、小社の出版・古
報のご案内に使用させていただきます。お問い合わせは臨川書店個人情報係(075-721-7111)

愛読者カード

平成　　年　　月　　日

ご購読ありがとうございました。小社では、常に皆様の声を反映した出版を目指しております。お手数ですが、記入欄にお書き込みの上ご投函下さい。今後の出版活動の貴重な資料として活用させていただきます。なお、お客様よりご提供いただいた個人情報は法に基いて適切に取扱い、小社の出版・古書情報のご案内に使用させていただきます。

名

上げ書店名　　市 区 町 村

お買上げの動機

1．書店で本書をみて
2．新聞広告をみて（　　　　新聞）
3．雑誌広告をみて（　　　　）
4．書評を読んで
5．出版目録・内容見本をみて
6．ダイレクトメール
7．その他（　　　　）

のご感想

・復刊などご希望の出版企画がありましたら、お教え下さい。

用の目録・内容見本などがありましたら、お書き下さい。
お送り致します。

□小社出版図書目録　　□内容見本（分野：　　　　）
□和古書目録（分野：　　　　）　□洋古書目録（分野：　　　　）
□送付不要

ありがとうございました

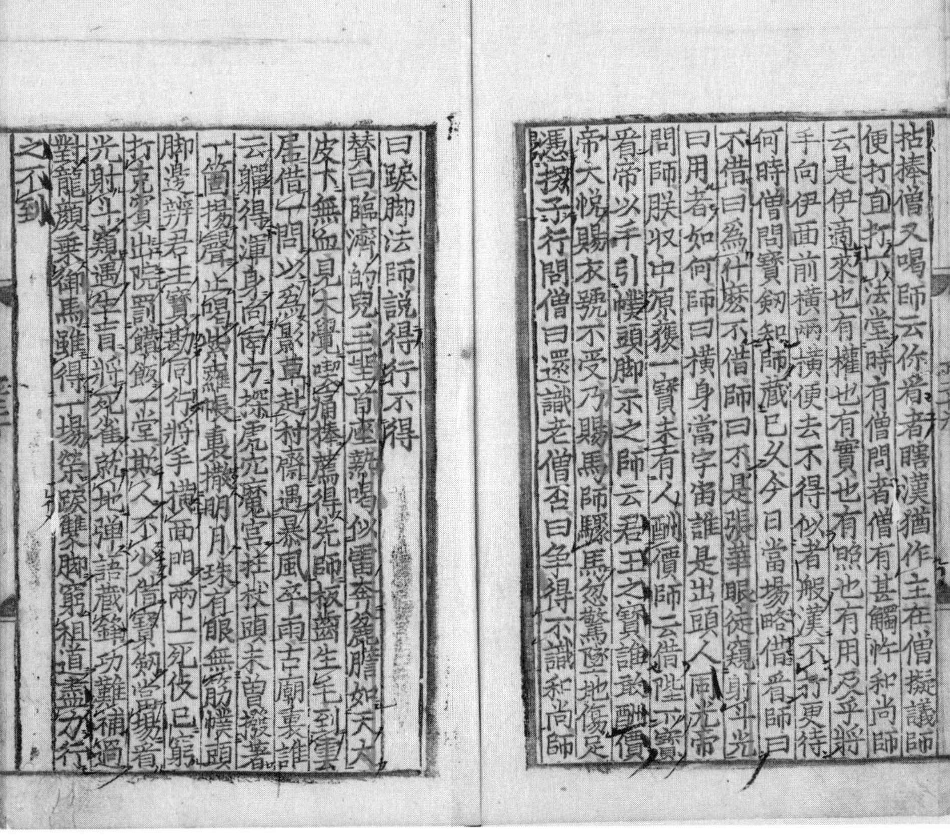

拈棒僧又喝師云你看者瞎漢猶作主在僧擬議師
便打直打下法堂時有僧問者僧有甚觸忤和尚師
云是伊適來也有權也有實也有照也有用及乎將
手向伊面前横兩横便去不得似者般漢不打更待
何時僧問寶劔知師藏已久今日當場略借看師曰
不借曰爲什麼不借師曰不是張華眼徒窺射斗光
曰用者如何師曰横身當宇宙誰是出頭人同光帝
問師朕收中原獲一寶未有人酬價師云借陛下寶
看帝以手引幞頭脚示之師云君王之寶誰敢酬價
帝大悦賜衣號不受乃賜馬師驟馬忽驚墜地傷足
憑拐子行問僧曰還識老僧否曰爭得不識和尚師

曰跛脚法師説得行不得
賛曰臨濟的兒三聖首座熱喝似雷奔麁膺如天大
皮下無血見大覺喫痛棒薦得先師板齒生毛到重
居借一問以爲影草赴村齋遇暴風卒雨古廟裏誰
云躲得渾身向南方探虎穴魔宮拄杖頭未曾撥著
一箇揚聲止喝出羅帳裏撒明月珠有眼無筋幞頭
脚邊辨君主寶勘同行將手攔面門兩上死伎已窮
打克賓出院罰饡飯一堂其人不少僧寶劔當場看
光射斗窺遇生盲將死雀就地弾語藏鋒功難補過
對龍顔乗御馬雖得一場榮跛雙脚窮祖道盡力行
之不到

十五　南院顒禪師
師嗣興化河北人法諱惠顒俗名寶應師上堂曰諸
方只具啐啄同時眼不具啐啄同時用僧便問如何
是啐啄同時用師曰作家不啐啄啐啄同時失曰此
未是學人問處曰汝問處作麼生曰失師便打僧不
肯示衆云赤肉團上壁立千仞時有僧出問赤肉團
上壁立千仞豈不是和尚語師云是僧便掀倒禪床
師云你看者瞎漢乱做僧擬議師便打趂出院僧問
二王相見時如何曰十字街頭吹尺八又問從上諸
聖向甚處去曰不上天堂則入地獄曰和尚又作麼
生曰還知寶應落處麼僧擬議師打一拂師問僧近

離甚處曰襄州曰是什麼物恁麼來曰和尚試道看
曰適來礼拜底曰錯曰礼拜底錯箇什麼曰再犯不
容曰三十年弄馬騎今被驢撲瞎漢叅堂去僧問人
逢碧眼時如何曰鬼爭漆桶僧問古殿重興時如何
曰明堂尾插簷僧曰恁麼則莊嚴畢備去也曰斬草
蛇頭落僧問瞥喜瞥嗔時如何曰傾湫倒岳僧問如
何是無縫塔曰七花八裂曰如何是塔中人曰頭不
梳面不洗僧問祖意教意是同是別曰黄尚書李僕
射曰意旨如何曰牛頭向北馬頭南師問僧近離甚
處曰龍興曰發足莫離葉縣也無僧便喝曰好好問
汝又發惡作麼僧曰喫作悪發得麼師却喝曰你既

悪發我也悪發近前來我也沒量罪過你也沒量罪
過瞎漢条堂去
賛曰一語定綱宗作家不辟咳興化的子氷蘗膏懐
臨濟親孫麟龍頭角赤肉團上壁立千仞掀禪床捧
打瞎驢十字街頭相見二主吹尺八聲乱雑樂諸聖
甚處去讓云入地獄不生天堂何物傍麼來灼然奔
馬騎今被驢撲一機一境換斗移星驚喜嗔傾懐
倒蓋頭不梳面不洗塔中人描畫未全眞馬向北牛
向南祖教意擡量倶是錯從游老作與廊侍者一毒
同条毒出小家隨龍興僧遁相發悪殘子聖眼擬覓
蹤由白白青天風雷雨電

風穴沼禪師
師諱延沼餘杭劉氏子初游講肆習止觀斉去謁鏡
清清問近離甚處曰自離東來曰還過小江也無曰
大舸獨飄空小江無可濟曰鏡水秦山鳥飛不度且
莫道聽途說曰滄溟尚怯艨艟勢列漢飛帆渡五湖
清竪拂子云争奈者箇何曰者箇是什麼曰果然不
識曰出沒卷舒與師同用曰杓卜聽虚聲熟睡饒讝
語曰澤廣藏山理能伏豹曰赦罪放愆速須出去曰
出去即得便去北遊襄沔依止華嚴嚴問曰我有牧
牛歌輒請闍梨和羯鼓掉鞭牛豹跳遠村梅樹觜盧
都後見南院院問師南方一棒作麼商量曰作奇特

商量却問此間一棒作麼商量院横按拄杖云棒下
無生忍臨機不見師師於言下大悟出世風穴詞南
院僧問古曲無音韻如何和得齊曰木雞啼子夜芻
狗吠天明僧問如何是和尚家風曰鶴有九皐難翥
翼馬無千里謾追風示衆云若是上流各有證據者
略赴箇程限未證據者各自英雄當處出生隨處滅
盡如爆龜紋爆即成兆不爆成鈍欲爆不爆直下便
捏郢州牧請就衙陞座云祖師心印狀似鐵牛之機
去即印住住即印破只如不去不住印即是不印即
是時有盧陂長老出問某甲有鐵牛之機請師不搭
印曰慣釣鯨鯢澄巨浸却嗟蛙歩驟泥沙陂佇思師

喝曰長老何不進語陂擬議師打一拂云還記得話
頭麼試舉看陂擬開口師又打一拂牧主曰佛法與
王法一般師曰見什麼主曰當斷不斷返招其亂師
便下座僧問如何是佛曰如何不是佛曰未曉玄言
請師直指曰家住海門東扶桑最先照僧問有無倶
無去時如何曰三月懶遊花下路一家愁閉雨中門
僧問語默涉離微如何通不犯曰常憶江南三月裏
鷓鴣啼處百花香
賛曰夘金刀真跳竜習天台止觀幼沐禘涉究少室
單傳直趨闍奥棒下無生忍中南院毒苦入心杓卜
聽虚聲抗鏡清理能伏豹芻犬吠明木鷄啼夜調古

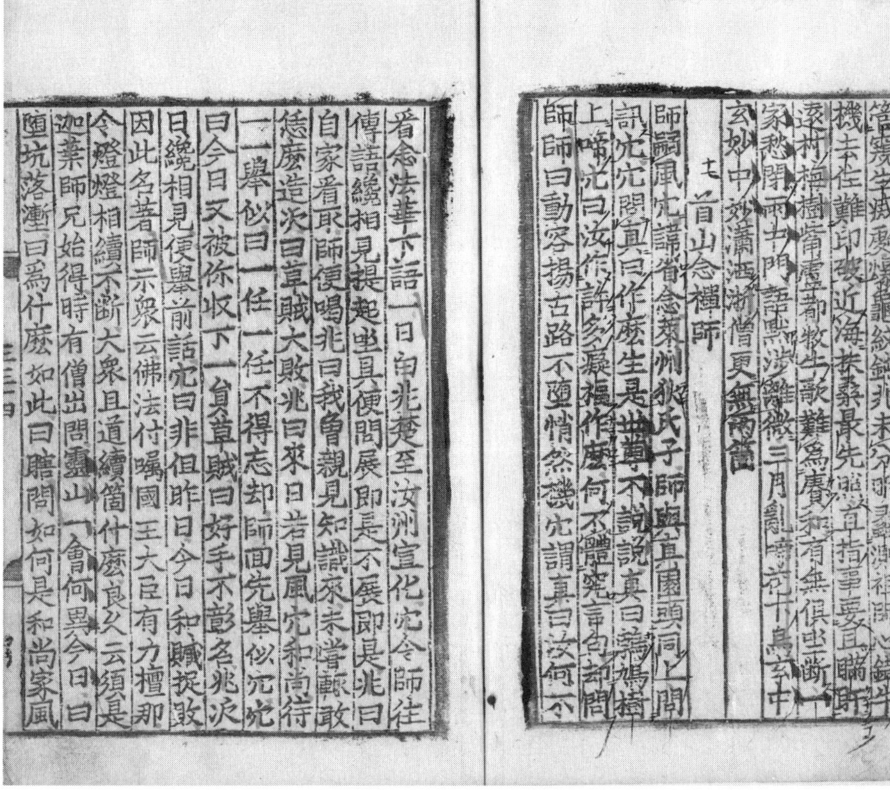

曲音韻不成老鶴煮翼病馬追風語家風狼藉不少
管窺豈識處爍龜紋鈍兆未分明爲鑽神祖師心鐵牛
機去住難印破近海桑最先照首指要在瞻斷
遠村梅樹當處都牧牛歌難爲賡和有無俱出斷一
家愁開兩片門語默涉離微三月亂啼花十鳥玄中
玄妙中妙瀟洒衲僧更無兩箇

七　首山念禪師

師嗣風穴諱省念萊州狄氏子師與眞園頭同上問
訊穴究問眞曰作麼生是世尊不說說眞曰鵓鳩樹
上啼穴曰汝作許多癡福作麼何不體究言句却問
師師曰動容揚古路不墮悄然機穴謂眞曰汝何不
看念法華下語一日白穴穴至汝州宣化穴令師往
傳語纔相見提起坐具便問展即是不展即是穴曰
自家看取師便喝穴曰我曾親見知識來未嘗輙敢
恁麼造次曰草賊大敗穴曰來日若見風穴和尚待
一一擧似曰一任一任不得忘却師面先擧似穴穴
曰今日又被你收下一負草賊曰好手不彰名穴次
日纔相見便擧前話穴曰非但昨日今日和贓捉敗
因此名著師示衆云佛法付囑國王大臣有力檀那
令燈燈相續不斷大衆且道續箇什麼良久云須是
迦葉師兄始得時有僧出問靈山一會何異今日曰
墮坑落壍曰爲什麼如此曰聽問如何是和尚家風

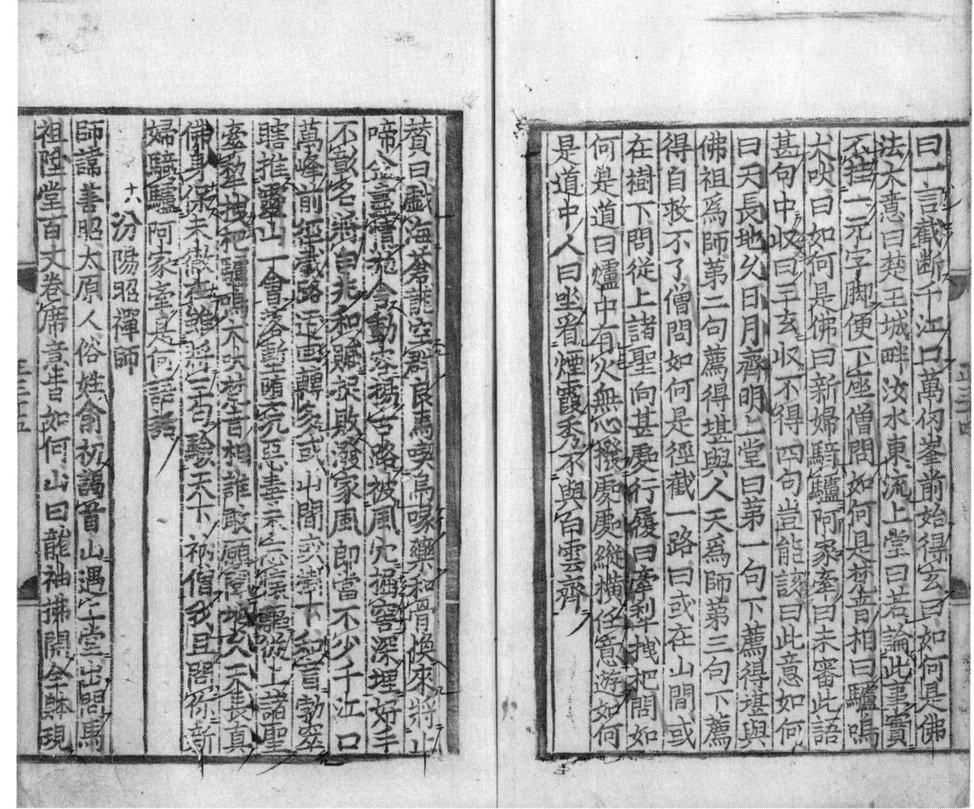

曰一言截斷千江口萬仞峯前始得玄曰如何是佛
法大意曰楚王城畔汝水東流上堂曰若論此事實
不挂一元字脚便下座僧問如何是梵音相曰驢鳴
犬吠曰如何是佛曰新婦騎驢阿家牽曰未審此語
甚句中收曰三玄收不得四句豈能該曰此意如何
曰天長地久日月齊明上堂曰第一句下薦得堪與
佛祖爲師第二句薦得堪與人天爲師第三句下薦
得自救不了僧問如何是徑截一路曰或在山間或
在樹下問從上諸聖向甚處行履曰牽犁拽杷問如
何是道曰爐中有火無心撥處處縱橫任意遊如何
是道中人曰坐看煙霞秀不與白雲齊
賛曰識海蒼龍空群良馬突烏喙藥和骨換來將出
啼錢意想施今動容揚古路被風穴摑窖深埋好手
不彰名將白兆和贓捉敗潑家風即當不少千江口
萬峯前徑截路活画轉身或山間或樹下紀言勃窣
瞎推靈山一會落塹墮坑兒孫毒手禍說上諸聖
牽犁拽杷驢鳴犬吠梵音相誰敢顧佇聽入三玄長眞
佛身深未徹在鵝將三玄驗天下衲僧我且問你新
婦騎驢阿家牽是何話

十八　汾陽昭禪師

師諱善昭太原人俗姓兪初謁首山遇上堂出問馬
祖陞堂百丈卷席意旨如何山曰龍袖拂開全體現

曰師意如何山曰象王行處絶狐蹤師於言下大悟
示衆凡一句語須具三玄門毎一玄門須具三要路
有照有用或先照後用或先用後照或照用同時或
照用不同時或先照後用且要共你商量或先用後
照也須是箇人始得或照用同時你又作麼生當抵
或照用不同時你又作麼生湊泊示衆云汾陽有三
訣衲僧難辨別更擬問如何拄杖驀頭楔僧問如何
是接初機句曰汝是行脚僧如何是辨衲僧句曰西
方日出卯如何是正令行句曰千里持來呈舊面如
何是定乾坤句曰北俱盧洲長粳米食者無喜亦無
嗔僧問如何是賓中賓曰合掌庵前問世尊如何是

賓中主曰對面無讐侶如何是主中賓曰陣雲横海
上拔劍攪龍門如何是主中主曰三頭六臂擎天地
忿怒那吒撲帝鐘僧問如何是學人著力處曰嘉州
打大像如何是學人轉身處曰陜府灌鐵牛如何是
學人親切處曰西河弄師子北地苦寒師罷夜參有
異比丘振錫而至謂師曰會中有大士六人奈何不
説法言訖陞空而去師記以偈曰胡僧金錫光請法
到汾陽六人成大器勸請爲敷揚
賛曰孤高絶出靜進離倫賓主雖分房清關之瑞瑶扸
環楫滄海之珍大象經行絶孤蹤顧明言來言吹毛
拔出攪龍門誰識主中賓發箭鋒拄三玄門擊關有

照有用並乾坤句長粳米喫著無喜無嗔西河弄師
子大人不方道親切不親切陝府灌鐵牛肩盡氣力
要轉身難轉身賊機關謂千聖不知辨衲僧有三訣
晃脚跡被胡僧覷破成大器只六人與葉縣過從同
坑無異土逐慈明怒罵餧飯祭聞神電捲風旋祭十
十一十貧一善知識到拖泥帶水處最苦是千智同眞

十九
葉縣省禪師

師嗣首山諱歸省冀州賈氏子師到首山山舉竹篦
問曰喚作竹篦則觸不喚作竹篦則背喚作什麼師
掣竹篦擲作兩截擲地曰是什麼山曰瞎師便作禮
僧問法海一滴蒙師指向二宗乘畫若何曰高祖殿
前樊噲怒須知萬里絶煙塵僧問維摩文室不以日
月為明曰眉分八字曰未審意旨如何曰雙耳垂肩
僧問如何是清淨法身曰廁坑籌子問如何是毘盧
主曰僧排夏臘俗列耆年問如何是深深處曰猫有
歃血之功虎有起屍之德曰莫便是也無曰雖攙東
南磨推西北示衆云宗師血脉或凡或聖龍樹馬鳴
天堂地獄鑊湯爐炭牛頭獄卒森羅萬象日月星辰
他方此界有情無情以手畫一畫云俱入此宗此宗
門中亦能殺人亦能活人殺人須是殺人刀活人須
是活人句作麼生是殺人刀活人句道得底出來對
衆道看若道不得即孤負平生師面目嚴冷衆所敬

遠典座

畏天衣懷淨山遠二人至欲求住正值雪寒師將水
灌旦過眞餘皆怒去唯二人整衣復坐至晚師到呵
曰你更不去我打你遠近前曰某數千里特來叅和
尚禪豈以一杓水潑便去若打殺也不去師笑曰你
兩箇要叅禪却去掛搭續請遠充典座事見武庫[illegible]
不具載
贊曰頑鐵重千斤倔強無人敵分首山治業自支撐
將臨濟家私盡狼藉淸淨身剛要壽王倒用横拈觸著
機鋒竹篦胡亂掄高祖殿前樊噲怒把宗風索摩
太分維座文室日月明當寰吉人信不及昆盧師法
身三強分爽僧排戛臘俗列書生起處德敵血功錯

計解雖爲東南磨推西北貴藥肝腸寫於面澂矢衣
凍化成冰煉銅肝膽鐵爲心逼淨山走得上空漂已
鼻吾出惡情惊落人句殺人力晴空裏轟箇霹靂

二十　淨山圓鑑禪師

師諱法遠嗣葉縣鄭州人王氏子上堂云諸
佛出世建立化門不離三身智眼亦如摩醯首羅三
目圓伊三點何故一隻眼水泄不通緇素難辨一隻
眼大地全該十方通暢一隻眼高低一顧萬類齊瞻
雖然如是若是本色衲僧驀路相逢別具正眼始得
所以道三世諸佛不知有狸奴白牯却知有且道知
有箇什麼良久深秋簾幕千家雨落日樓臺一笛風

五祖演和尚遊方叅師師曰子來晚吾老矣可依白
雲吾雖未識見渠頌臨濟三頓棒話甚諦當演遂往
見雲得旨師接靑華嚴以所授大陽衣履付之令續
洞上宗偈曰須彌立太虛日月附而轉群峯漸倚他
白雲方改變少林風起叢曹溪洞簾捲金鳳宿龍巢
宸苔豈車輾初歐陽文忠公聞師奇逸見師未有以
異之因與客碁師坐旁公收碁請師因碁說法師即
令撾鼓上堂曰若論此事如兩家著碁相似何謂也
敵手知音當機不讓若是綴五饒三又通一路始得
有一般底只解閉門作活不會奪角衝關硬節與虎
口齊彰局破後徒勞逴斡所以道肥邊易得瘦肚難

求思行即往往失粘心麤乃時時頭撞休誇國手謾
說神仙贏局輸籌即不問且道黑白未分時一著落
在甚處良久云從前十九路迷悟幾多人公加嘆久
之師退居於會聖巖敘佛祖奧義作九帶曰若據圓
極法門本具十數今此九帶已爲諸人說了更有一
帶還見麼若也見得分明却請出來說看說得分明
許汝通前九帶圓明道眼若見不親切說不相應惟
依吾語而爲己解則名謗法諸人到此如何衆無語
師叱云去之師少時與達觀穎薛大頭七八人入蜀見
香林遠和尚於水晶宮深雲泐宗言總違横逆以智
得脫衆以師號更書謎號遠錄公師號寧得肯徭者

大哉楚圓
天無頭大字也吉州城畔辰戈矛我字也將軍走馬林下過楚字也貞州城裏鬧啾啾圓字也

甚喜之乃接人皆受賞矣
賛曰治約僧只一箇口饑時將佛祖吞卻長把象
林獨鳴擊龍匣吹毛劍威行萬國之中出老蚌胎明
月珠光透八紘之表指老東山為白雲一正傳之印已
不欲施於人遂晉華嚴受明安密付之衣爰又係過
在我神仙十句善密排擺重機路上徧閱塵盡三隻
眼竪亞頂門獨護前失渠探雲門宗旨破重韋蹄齧
蜀山雲居葉縣家風鎔鑄此禮開香積鎮深秋簾幙
千家兩三世諸佛未許鄉擲落由禪堂一番風白拈
狸奴識甚令晚横拖氣帶葛藤聲裏出頭來作龍葛
機會聖岩中高枕卧少時浮瀬議得錄公名年老成

寬引資侍者全身入草

資侍者未詳見下枝引章中有資侍者名

十二　慈明圓禪師

師諱楚圓嗣汾陽全州李氏子少爲書生二十二眞公出
家與谷泉瑯瑘善見汾陽悟旨後同大愚數輩詣陽
相讓不肯爲參頭陽示偈曰天無頭吉州城畔辰戈
矛將軍走馬林下過貞州城裏鬧啾啾師曰某甲何
人敢當此記莂遂爲首衆去後住福嚴首能見師以
氣自負師痛叱之舉趙州勘婆話問龍龍無對至數
日方省呈頌曰傑出叢林是趙州老婆勘破沒來由
而今四海清如鏡行人莫以路爲讎仍於堂口書有
字師見謂曰好則好矣中有一字不是龍遂開掌示

之師印可楊岐參決問幽鳥語喃喃辭雲入亂峰時
如何師曰我行荒草裏汝又入深村岐曰官不容針
更借一問師便喝岐曰好喝師又喝岐亦喝師連喝
兩喝師見泉大道來問曰片雲橫谷口遊人何處來
泉顧視云夜來何處火燒出古人墳師云未在更道
泉作虎聲師打一坐具泉便推師就坐師作虎聲泉
曰我見七十餘員善知識今日方遇作家時眞點胸
爲善侍者折難自金鑾還師呵曰解夏未一月乃已
至此破壞叢林有何忙事眞曰大事未透脱耳師曰
汝以何爲佛法要切眞曰無雲生嶺上有月落波心
師詬曰面皺齒豁猶作此見解眞曰願爲決之師曰

汝問我眞理前話師曰無雲生嶺上有月落波心眞
遂大悟師因同人至上堂曰颯颯涼風景同人訪寂
寥煮茶山上水燒鼎洞中樵珠重楊李二公與師爲
法友問答見師本傳

楊大年李都尉

賛曰未出母胎時已具超方志厭儒冠棄車書入
祖室扣西來意隨緣放曠千尋浪裏容吞舟之魚大
智洞明九曲珠穿賴有絲之蟻竄身軍伍見汾陽於
寒霄叢中勘證老婆識龍於南金爐蓋裏晉蓋羅荊
斯又重壽一纏繫金鉤將軍馬展城畔戈矛像身要
萬壑深村荒草與楊岐同轍不同途野火古墳聽谷
泉自倒還自起虎摶弁頭殺氣烝雲虎踞霜臺腥風

撥轉掃凝兒狂見解有決心月無嶺頭雲謝同人訪
寂寥燒洞中樵叟山上水祖庭秋晚要匙長公傳持
城且擒下楊翰林李都尉

廿三 楊岐會禪師

師諱方會生冷氏袁州宜春人也慈明住南原時師
往參依及遷石霜師俱自請作監寺朔飯罷必山行
師闞其出未遠即撾鼓集衆明遽還曰作什麼師曰
晩參明遂示衆叢林因號晩參後出世綴陞座僧便
出師曰漁翁未擲釣躍鱗衝浪來僧便喝師云不信
道僧撫掌歸衆師云消得龍王多少風僧問如何是
佛師云三脚驢子弄蹄行曰莫只者便是麼師云湖

南長老示衆罷下座九峯勤把住曰且喜得箇同參
師曰同參底事作麼生曰楊岐牽犁九峯拽杷曰正
與麼時楊岐在前九峯在前勤擬議師拓開曰將謂
同參元來不是自是名聞諸方上堂曰楊岐乍住屋
壁疎滿床盡布雪真珠縮却項暗嗟吁良久云翻憶
古人樹下居慶曆六年參贊師曰會於天人治播龍碱硤
棄道設光明盛大克世其家者豈碧落碑無贋本
賛曰智機頑悟千手軒渠當道弓寄聲喧啾幽鳥啚
釣鈎衝浪鱗鱗游魚逼慈明晩參寒愛擂鼓與九峯
命僧撓把扶犂時三脚驢騾步蹄象龍頂住草十
院潘水撒冰雪之珠栗棘蓬要白雲端吞吐折脚鐺

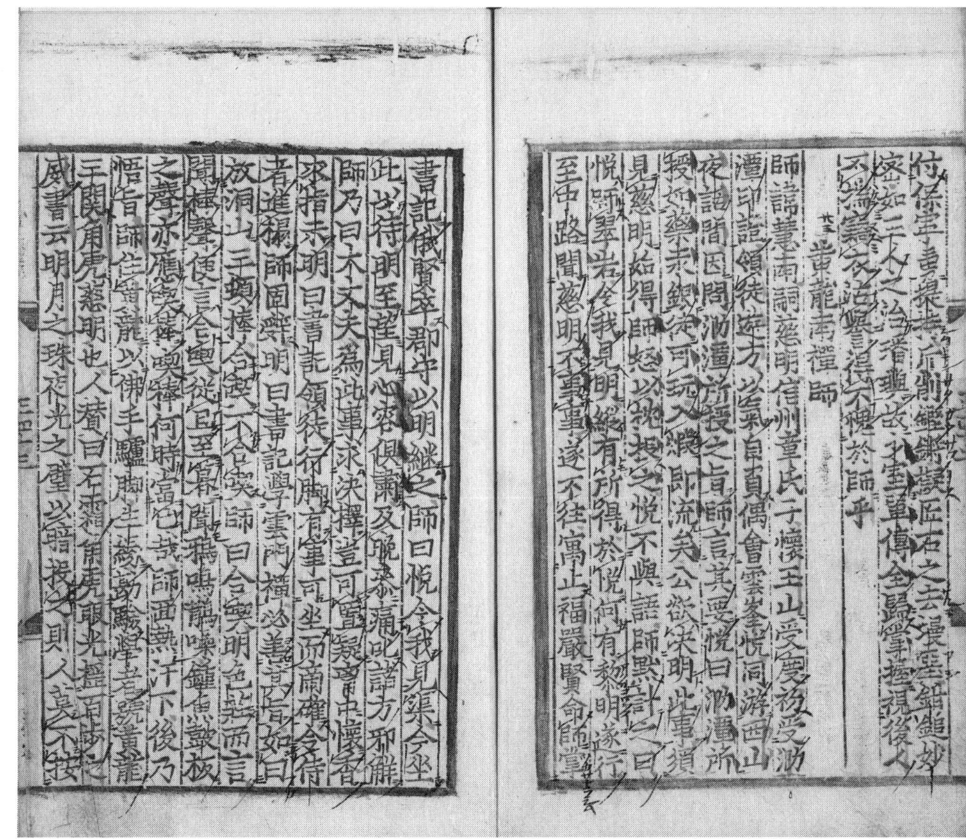

付孫牢邑梟羊斥削鏗鏘擬匠石之云漫塗錯鎚妙
密如三千大之治搖曳故子寶單傳全懸掌握視後人
不繼繼縈衣鉢得以不愧於師乎

廿五 黃龍南禪師

師諱慧南嗣慈明信州章氏子懷玉山受度後受汾
澧印證領徒遊方以氣自負偶會雲峯悅同遊西山
夜話間因問泐潭所授之旨師言其要悅曰泐潭所
授終藥未鍛後可玩久之則流矣公欲深明此事須
見慈明始得師恕以挽撲之悅不與語師默計之曰
悅師翠岩今我見明縱有所得於悅何有黎明遂行
至中路聞慈明不事事遂不往寓止福嚴賢命師掌

書記俄賢卒郡守以明繼之師曰悅今我見集今坐
此以待明至望見心容俱肅及晚參痛呵諸方邪辯
師乃曰大丈夫為此事求決擇豈可置疑寄中懷省
求指示明曰書記領徒行脚有事可坐而商確令侍
者進榻師固辭明曰書記學雲門禪必善其旨如曰
放洞山三頓棒合喫不合喫師曰合喫明色莊而言
聞棒聲便言合喫從朝至暮聞鵲噪鳴鐘魚鼓板
之聲亦應喫棒何時當已哉師面熱汗下後乃
悟旨師住黃龍以佛手驢脚生緣勘驗學者號黃龍
三關角虎慈明也人贊曰石霜角虎眼光盛百步
威書云明月之珠夜光之璧以暗投人莫不按

劔而視之
賛曰懐玉山受經故紙堆鑽箇塞天地光膽氣冲冲
滿江湖匾頭名播撫桃子於雲峰炷宗銀入煆
即施落實火抱慈明圓愧漏棒聞聲寒興會堂寺
栗棘蓬十載同參摻澄散聖多成郎並生受窟逆邊
衝而遼遼物遂讃卓耳探之意消並宇閔以驗久侍寺
驪脚近之寬失奪角虎眼光搖百步之威奮黄龍卓
衝起允困之聲夫是之謂臨濟克並兒家照古照今
兮明月之珠夜光之璧

六世　寶覺心禪師

師諱祖心嗣黄龍南雄人姓鄔氏幼習儒並業十九
亡目無禱之後明出家獻詩得度初謁雲峯留三年
次依黄龍四年無入處一日傾湯次手有省而機未
發後止石霜讀傳燈至僧問多福如何是多福一叢
竹福曰一莖兩莖斜僧曰不會福曰三莖四莖曲頓
見二師垂手處後龍入滅師継住持室中多舉拳曰
喚作拳頭則觸不喚作拳頭則背衆少有契者張無
盡見師有頌曰久嚮黄龍山裏龍到來只見住山翁
須知背觸拳頭外別有靈犀一點通當時諸方莫不
歎服大慧云山僧後來見得惜乎無盡已死彼云須
知背觸拳頭外別有靈犀一點通若將此頌要見晦
堂不亦遠乎靈源賛云三問逆摧超云機於齊須一
拳垂示露赤脚於龍峰閙時富貴見後貧窮第一老浩
歌歸去樂後数人喚住山翁曾直聞而笑曰無盡言
靈犀一點此蓋宜為虚空安耳允靈源作賛分雪之
甚爲一字不著盡山谷參師次問曰夫子道以我爲
隱乎吾無隱乎爾如何谷屢說皆不許一日偶同閑
行天香滿院師問谷曰還聞桂花香乎谷曰聞師曰
吾無隱乎爾谷遂有省死心參次師舉拳頭詰令參
經二年方得旨然尚談辯無所抵捂師患之與語至
鋭處師遽曰住住説食豈能飽人乎心窘乃曰某甲
到此弓折箭盡望和尚慈悲指箇安樂處師曰一塵
飛而翳天一芥墮而覆地安樂處政忌上座許多骨
董直須死却無量劫來偷心乃可心趣出默坐下板
首坐事打行者聞杖聲忽大悟趣見師忘納一履即
自謂曰天下人皆是學得底某是悟得底師笑曰選
佛得甲科何可當也草堂参次師舉風幡話問堂迥
無入處時有猫在旁師因指曰子見彼欲捕鼠乎雙
目瞪視而不瞬四足踞地而不動諸根順向首尾一
直擧無不中子能如是心無異縁六根自靜默然而
究萬不失一堂於言下大悟靈源参師因閲玄沙語
倦而經行歩促遺履俯取之大悟以告師師曰從縁
入者永無退失山谷曰黄龍子孫若掲日月又曰衆
角雖多一麟足矣

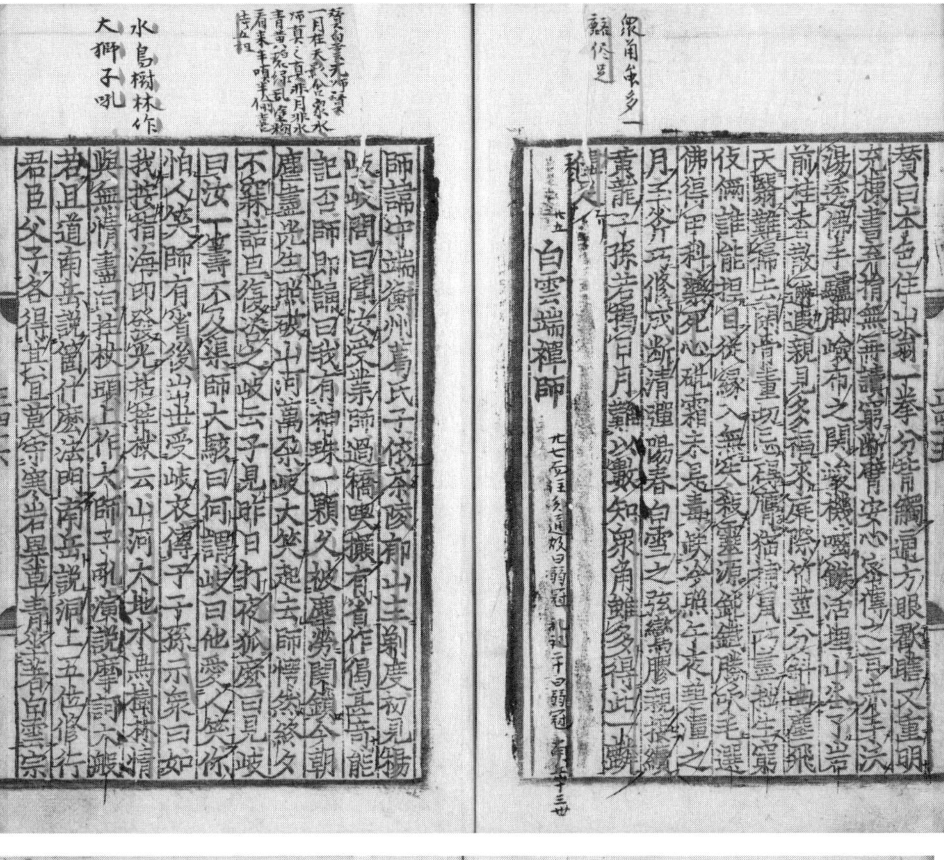

賛曰本色住山翁一拳分首觸道方眼覷瞎又重明
充棟書丕猶無讀窮斷臂安心將傳之言示手法
湯爻傳手驪脚嶮布之閒參機噁鐵活埋山寺丁岩
前桂杏敲遮遮親見多福來庭際竹叢分斜曲盡飛
天驟難編出六關肯畫地圓陷殘虎貓有風巧盡生窮
伎倆誰能提起從緣入無疾殺靈源鉗鎚勝於毛選
佛得甲科鑿死心破霜赤是毒蕨參照午未曾畫之
月子斧斤巧修成斷清邏陽春白雪之弦續鸞膠親接續
黃龍子孫若錫日月難以數知衆角雖多得此一麟

七十五　白雲端禪師

師諱守端衡州葛氏子依茶陵郁山主剃度初見楊
岐岐問曰聞汝受業師過橋頽有省作偈甚奇能
記否師即誦曰我有神珠一顆久被塵勞關鎖今朝
塵盡光生照破山河萬朶岐大笑起去師愕然終夕
不寐詰旦復詣之岐云子見昨日打夜狐麼曰見岐
曰汝一籌不及渠師大駭曰何謂岐曰他愛人笑你
怕人笑師有省後出世受岐衣傳子孫示衆曰如
我按指海印發光拈竹杖云山河大地水鳥樹林情
與無情盡向拄杖頭上作大師子吼演說摩訶大般
若且道南岳說箇什麼法門南岳說洞上五位修行
君臣父子各得其宜莫窂寔岩畢竟青出藍白雲宗

不妙天台說臨濟三玄三要四料揀一喝分賓主照
用一時行要會箇中意日午打三更廬山出來道你
兩箇漢正在葛藤窠裏不見道欲得不招無間業莫
謗如來正法輪此三箇見解若上衲僧秤子秤一箇
重八兩一箇重半斤一箇不直半文錢但願春風齊
著力一時吹入我門來卓拄丈下座示衆云若端的
得一回汗出便向一莖草上現瓊樓玉殿若未端的
得一回汗出縱有瓊樓玉殿却被一莖草盖却作麼
生得汗出去自有一雙窮相手未嘗容易舞三臺郭
功甫見師問曰牛純乎曰純矣師叱之甫拱而立師
曰純乎純乎南泉大溈無異此也仍贈偈曰牛來山

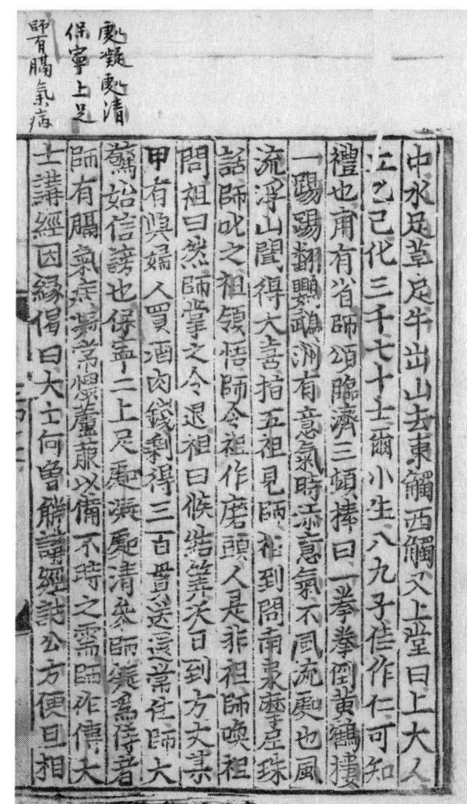

中水足草足牛出山去東觸西觸又上堂曰上大人
丘乙己化三千七十士爾小生八九子佳作仁可知
禮也甫有省師頌臨濟三頓棒曰一拳拳倒黃鶴樓
一踢踢翻鸚鵡洲有意氣時添意氣不風流處也風
流淨山聞得大喜指五祖見師祖到問南泉摩尼珠
話師叱之祖領悟師令祖作磨頭人是非祖師喚祖
問祖曰然師掌之令退祖曰候結筭了到方丈某
甲有與婦人買酒肉錢剩得三百曾送還常住師大
驚始信謗也保寧二上足處凝處清參師疑爲侍者
師有膈氣疾嘗煨蘆菔以備不時之需師作傳大
士講經因緣偈曰大士何曾解講經誌公方便且相

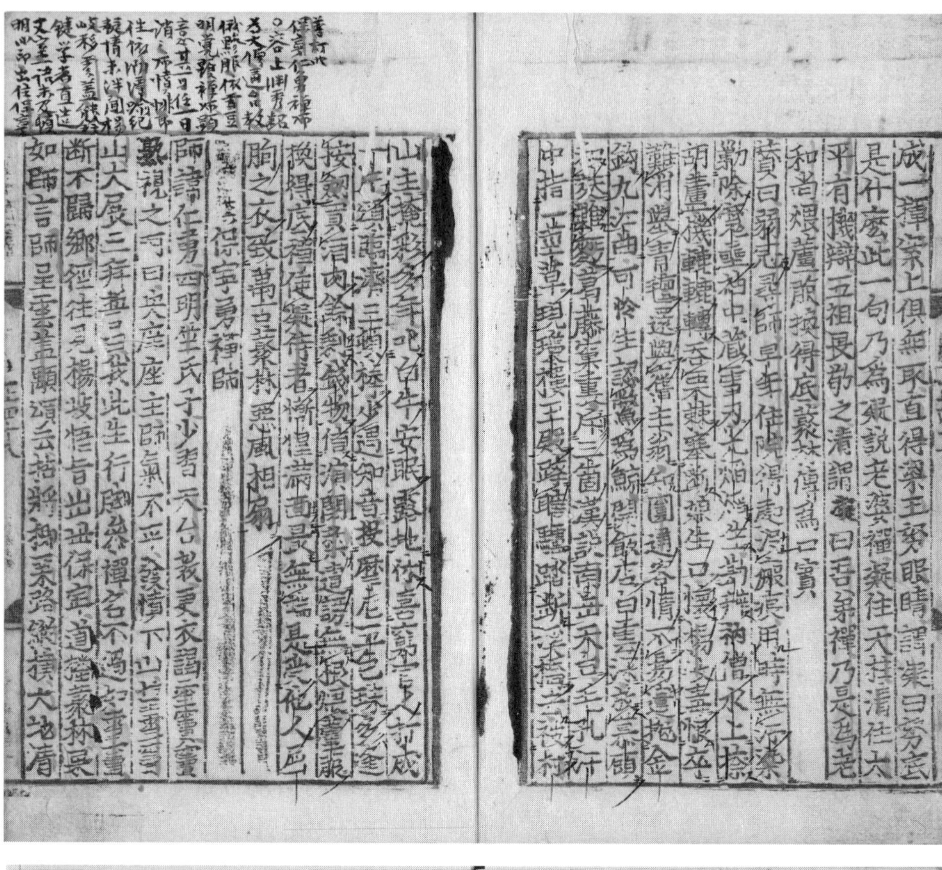

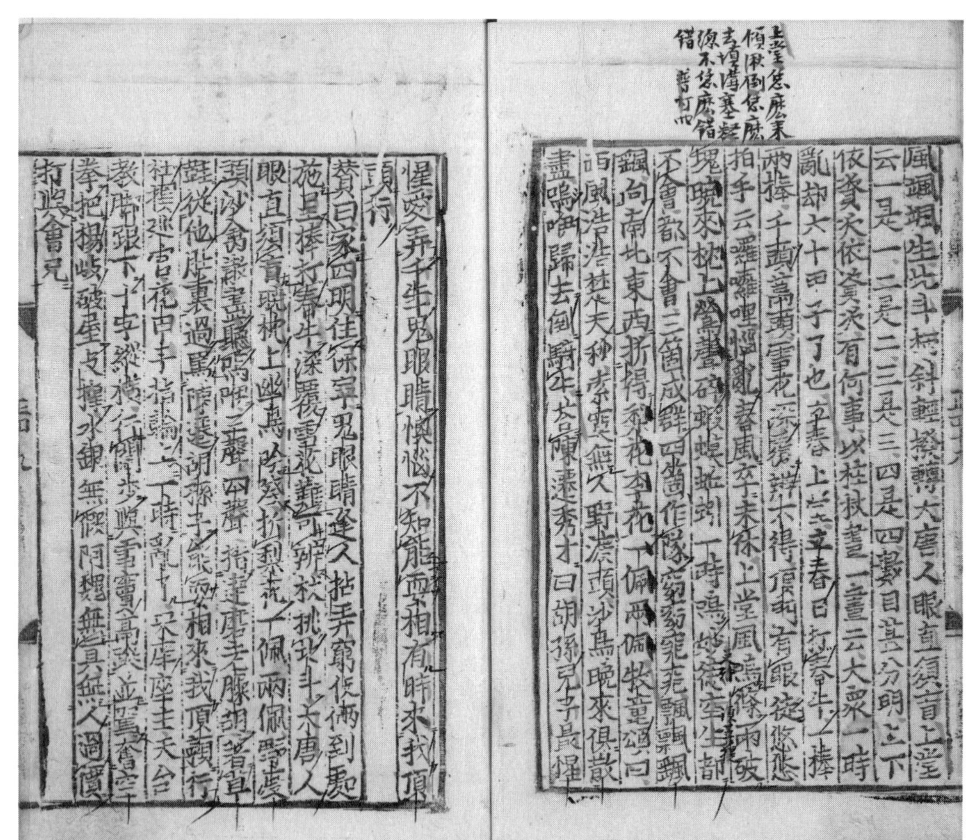

眞淨文禪師

師諱克文嗣黃龍閔西鄭氏子師在潙山夜聞誦雲
門語僧問佛法如水中月是否門云清波無透路師
有省以氣自負諸方目爲飽叅少有與其鋒者聞積
翠道喧宇宙徑往見之九入室下語翠皆不許師怒
發乃曰我自有悟處渠不識我語遂行至翠岩見順
和尚順問甚處來曰積翠順曰甚處人曰閔西順曰
汝師是誰曰北塔順聞乃哭師問其故順曰吾謝師
叔父叅渠不會渠說話及其叅得禪欲見渠渠已死
乃問還識新黃蘗否曰識順曰如何曰甚好順曰渠
下得一轉語便住黃蘗佛法未夢見在師於言下頓

見積翠用處因悔欲再見不能得遂白順順曰何妨
我當作書與積翠令子歸師遂回積翠翠見便問甚
處來師曰翠岩翠曰賴遇老僧不在師曰甚處去翠
曰天台普請南岳遊山師曰某甲得恁麼自在翠曰
腳下鞋甚處得來師曰廬山七百五十文唱得翠曰
何曾得自在師曰何曾不自在翠駭之兜率悅在道
吾首衆一日領數衲子謁雲蓋智智與語未及數句
盡知所蘊智乃笑悅求入室智問曾見洞山文和尚
否曰閔西子沒頭腦拖一條布裙作屎臭氣有甚長
處智曰首座但向屎臭氣處叅取悅從教往洞山依
止未久深領要旨偶爭辯五祖至歸宗叅師後祖謂

圓悟曰眞淨波瀾闊弄大旗手段遠到彼亦必相契
未幾日有書抵悟曰此到歸宗偶然漏網聞吾言看
首座作晦堂直贊有曰聞時富貴見後貧窮頗疑著
他及相見果契合踰年復還祖山衆請東搪却說心
說性祖曰遠兄如此說禪也莫管他無盡見兆座禪
清素侍者末後句事逮罷相過歸宗定話及此師轉
怒曰是何嘔血禿丁脫空謾語豈可信乎遂不答語
無盡居荊溪覺範往見之盡與語曰惜乎眞淨不知
此也範曰相公只知清素末後句及眞淨眞藥現前
而不能覺盡驚曰果有此耶曰疑則剔叅盡於言下
頓見師用處遂炷香望歸宗悔謝東山一日得師提

唱讀之其言曰謂圓悟曰慚愧末法中有此眞善知識
師遊方時與二僧偕行至谷隱蘊大顒處問三人同
行必有一智於何是一智二僧無語師立下肩應聲
便喝蘊舉拳作相撲勢師云不勞再勘蘊拽杖趂出
蘊見石門慈照

贊曰生緣閩表頭脫儒冠走諸方氣嘗自負窮且揩
心未能安吞雲夢八九於胸中曾無芥蒂瀉蜀江八
千於舌上有深淵闊闊辯鬱于其口而得來積翠南激
揚攙除五色一條布裙作屎臭氣幾乎悅噲著翻襲乾
平生弄大旗手段於龍蛇陣上三十年闘挫鋒驍驅十
縱於驊騮群內末後句藐無盡則刺叅熙休處不藥

一轉語住黄龍未會諸方見打破疑團老東山北斗沒身
揚家之醜令喫大顛面前遭喝無地藏身衲僧毛
奈害虐弄八字打破面目言一不及月移花影上闌干

廿八 五祖演禪師

師諱法演綿州鄧氏子初在成都聽講時與
西天外道立義問佛弟子云菩薩成道時神與智冥
理與境會不分能證所證畢竟以何為證弟子義墮
乃不鳴鐘鼓從後門出入返擯於三藏至奘法師外
道釋云如人飲水冷暖自知道乃伏從諸法師云冷
暖固可知未審自知之理如何衆皆杜口中有云安
欲明此須見南方明佛心宗者師遂南來至興元經

時逗留受業師聞得乃附書曰汝出蜀費復入鄉發
師遂發行至浮山圓鑑處問山曰如來有密語迦葉
不覆藏師乃釋疑山因指見白雲師到因問摩尼珠
話大悟作投機頌曰山前一片閑田地叉手叮嚀問
祖翁幾度賣來還自買為憐松竹引清風雲印可之
示衆云一人不向學人前有俊鷂纔見道便飛去若
有鶻臭即不堪下來有云某十有餘年海上參尋見
數人尊宿自謂了當及到浮山圓鑑會下直是開口
不得後到白雲門下咬破一箇鐵酸餡直得百味具
足且道講子作麼生道乃云花簇簇錦簇簇冠媚皐欹
誰人能識此宗旨有時風動頻相倚似向階前閱不止

休問角僧三生幽寒南發孤城十里山頭漸杳冥六一
煙起鑒無限意看逢相見不堪窮圓悟為鬚行者偈深
提起問道師云操刑吾讀小艷詩否頻呼小玉元無
事只要檀郎認得聲師不契悔聞得有省師握拳巡
寮云我佛者無相禪十也舉尿頭歌接無為泰主翰
賓曰鄉老錯審慧生緣左縣蒲許村與講成部大
玄武慶泰有省
奉寺問自古之理寒斷義虎咽喉宕直指之心鉗火
諸盧德鋒實取入蘭若到蒸表果錯您似從僧打
鷂兒纔見便飛去至白雲擬南泉摩尼珠見圓
鑑會得如來有密語爰山前田地松竹引清風折於

外鄉說陽平撥白雨烏擔角聲傳梅引暗愁鴉雞
冠花紫蕊綠頭錯窠錦手定現得倦慈寒諸侍者會
纔師王無窮廣院同歸人歌集鐵酸餡百味完全一
任淨衲僧吞吐到頭誰解知甜苦

廿九 圓悟勤禪師

師諱克勤嗣東山彭州駱氏子初聽講成都花蜀公
作詩勸令行脚有云成都本是繁華國打住只因花
酒惑遂出蜀依參東山無入處與佛鑑等去山曰汝
到浙中被熱病打方憶我在師至金山大病鑑在定
慧亦病作書相約病愈復歸東山前後悟云師一日
同勤遠侍東山夜坐一爺歸月黒山令各下一轉語勤

五家正宗賛　（五三ウ・五四オ／五四ウ・五五オ）

曰彩鳳舞丹霄逈曰鐵蛇横古路師曰看脚下山曰
滅吾宗者克勤耳師後歸住昭覺聞南堂遠逝師憶
之聞人言在城中賣香師令童子到彼買香待他將
度香便問如何是祖師西來意看他有何言句即記
歸童依教到彼便問童舉香云者一包香只賣五文
童回舉似師師云者漢只在老親翁再爲僧師舉住
大隋継住昭覺大慧參次師一日上堂舉雲門諸佛
出身處東山水上行話拈云我即不然忽有人問如
何是諸佛出身處即向他道薰風自南來殿閣生微
凉大慧有省後作首座秉拂次日一衲僧上問昨夜首
座提唱如何師以指夾鼻一下乘鼓衆大笑大慧即上

方丈辭去師云首座昨夜三世諸佛被汝罵六代祖
師被汝罵我只輕夾鼻孫便去不得甚不覺汗下師
在夾山拈雪竇諸頌號碧巖集三國志曰生子當如孫
仲謀景升諸郎豚犬耳金鴨香師乃以八十五齡登明
頌石婢乃師示寂之時葬于錦江

賛曰食牛氣宇乘鶴精神范蜀公勸離濯錦繁華國
老東山謂作江南美病人小玉聲中認得鼓禱做阿
翁下鐵重風句裏拈鼠兒當自己家親弟子買
香拈語南堂孫還合沸盞青孫攪放遠佛眼劍鋒
龍牙提唱碧巖拗泥帶水作興昭覺金鍮金看脚
下已受滅宗之記夾倉鼻頭宇無鉢講之心金鴨香消

醉扶歸笑歌衆裏石揮花發笑經行錦綉江濱天祐
斯文生孫仰論於臨濟十一世系景升諸郎龍駒虎
驟難居於第二

南堂靜禪師

師諱元靜嗣五祖閬州人姓趙氏師在祖處祖舉即
心即佛睦州擔板南泉斬猫趙州拘守語編研之所
到了無滯礙又舉子胡狗話答稍遲山遽趣曰不
是師曰不是却如何山曰此不是和尚前面都不是師
曰望和尚慈悲指示山曰看他道子胡一隻狗上取
人頭下取人脚入門者好看纔見僧入便云看狗汝
向子胡道看狗處下得一轉語教子胡結舌老僧鈯

石便是了當處師嚛喚雞衆惡之山知一日入室師
藏雞於袖中山舉話詰之師袖出雞作啼聲山乃笑
師住大隋舊有龍君支寧宣四代不衰衆師至欲
副主首白師不領竟去同見龍郎床上師以手推曰
老畜生留老僧牀榻說話及醒龍不見從此不來矣
葉縣有一法嗣往漢州方水作偈示衆曰方水潭中
鱉鼻蛇擬心湘向便傷擲諭人拔得蛇頭出三百年
無人下語師舉三句了吾語云方水潭中鱉鼻蛇僧
問如何是奪人不奪境曰話撫魔王鼻孔穿如何是
人境俱不奪曰白日窮斗辛市過惡丘壽叅次師舉
香嚴枯木龍吟話往返纔詰勢悟師曰莫只守寒岩異

草青出却白雲宗不妙讚曰直須撣翻若不搥劍焦
父栖巢師瞿然曰者小厮見跡童便行回石頭出為
石匠不識字慕出家求人口授法華默誦之敎師供
洒掃一日令反石回手執鑿石而誦經不輟師謂
曰今日磋磨明日磋磨生死到來作麼折合遂悟然
釋其錐禮拜求究竟法因隨至方丈令展誦經看趙
州勘婆話四父之鑿石石聖盡力一鑿瞥見火光有
悟呈頌曰用盡工夫渾無巴鼻火光迸散元在者裏
師曰子徹矣復呈頌曰三三重不動旗閑爆着滋三是
魔王脚趙州無柄鐵掃帚掃蕩煙塵風颯颯師頷之
遂為僧後出世嗣師縉雲先生作石頭語録序有云

五祖晩得南堂髓暴恭生獰凌跨勤遠天窄地窄捉於石
大隨回石頭以運鎚擊石之手仰擊五祖盡力既窮
一鎚便透琱出釣魚山中乖崖峭壁十倍其師狼毒
砒霜不容下口師超放不群故東山劉南堂以石之
因此得名
賛曰出搭野盤僧禾生淡意智活捉摩尼寶卓孔宗教
將百丈家林底衣缽眼毋隨風如狂秀出林穩氣逼
人白日騎牽牛入市方水蛇接頭不出用盡力無討
可施子胡狗出語截斷和前而一工齋不生活禮塔甲
叢叢香却香只吉子支峭壁與龍崖並眷屬見政三際夜
着鷄墮滿出腥臊德龍眼通身泥水一齒冷笑一拈楷

月暢權柄出全殺活禪傷數陣香颯颯化信風宴坐丹扆
甚生錄養横撞寶劒靜無忘在乎影響空覺上戴遮面
石頭金聲擲地至乎情盡佛眼拿緝流拈一不得商許
勅師翁別起一家宗要

廿二　佛鑑懃禪師

師諱慧懃嗣五祖舒州汪氏子初參五祖無以唯此
一事實餘二即非真味之有省以祖不印可語云後
再歸值祖上堂一僧出問僧問趙州如何是和尚家
風州曰老僧耳聾何不高聲問僧再問州曰你問我
家風我却識你家風了也師乃大悟即上方丈求印
可祖曰森羅及萬象一法之所印師禮拜祖令掌翰

墨師與圓悟語次舉仰山鎮海明珠因緣至無理可
伸處悟徵曰既云不得消索此珠又道無言可對無
理可伸師不能答次日忽省謂悟曰東寺只索一顆
仰山傾出一持拈悟深肯之初住太平次住鍾山上
堂云至道無難唯嫌揀擇桃花紅李花白誰道融融只
一色燕子語鶯鶯啼誰道關關只一聲不透祖師閞
捩子錯認山河作眼睛僧問和尚親見五祖是否
師云鐵牛嚙黃金草祖忌上堂十年今日時節爐
炷香飛今古十年時當讖請符來後一句子無眼
莫能窺白蓮峯頂上奇古遠須彌高嶼棄歸鶴鳥居
處水牽太平五十二年十言戴嵌頌是魔見梁王因

過

縁曰好好[illegible]一拳[illegible]龍睡正濃[illegible]
臺上鼓[illegible]胡[illegible]
費平生力[illegible]
上座[illegible]之孫[illegible]人須到[illegible]
參頭掌[illegible]出香[illegible]高十二樓
賛曰[illegible]山[illegible]出家[illegible]山川秀
書傳[illegible]
子晉[illegible]東山爲[illegible]
聲鐘[illegible]影裏[illegible]
岸頭祖師[illegible]海[illegible]水
之屋[illegible]山

子看趙州擎拳[illegible]作山停
出五指花掌中機[illegible]主[illegible]
那深我自[illegible]人[illegible]下[illegible]
基到[illegible]下[illegible]拍手大笑

廿一 佛眼遠禪師

師諱清遠嗣五祖邛州李氏子幼爲書生[illegible]在祖會下
常以[illegible]氣自負[illegible]問祖祖曰我不會我不如你又曰
你自會得好[illegible]無所入乃問曰和尚[illegible]
不能入室一下誰可親近乞語示祖曰元禮首座見處
與我一般[illegible]即扣之時禮方[illegible]師陳所以禮即
引師耳行且語曰我不會我不如你你自會得好師

普灯[illegible]

曰願求開發而乃相戲豈可爲人法耶禮曰你若會
去方知今日曲折師慚急歸寮[illegible]一夜冷閣覺
寒撥火大悟[illegible]見二老用處乃曰[illegible]此二十生
平事只如此遂默然[illegible]
證頌曰刁刁林鳥啼披衣終夜坐撥火悟平生窮神
歸破墮事皎人自迷曲淡誰能和念之永不忘門開
少人過圓悟問師悟旨五更初問師家遂説所得悟[illegible]
只如青布[illegible]主話道[illegible]子[illegible]中教知客作麼生
會師曰帝釋宮中放赦書悟曰且喜兄有活人句後
雪堂頌曰我不會兮不如你墻外笑千花生帶當善財
羨向百城遊何曾踏著自家底佛鑑頌文殊普賢起

東山之道未
寂寥也

業窮東魯
百覓西來

佛見法見因縁曰彩雲影裏僊人現手把紅羅扇遮
面急須著眼看僊人莫看僊人手中扇師聞甚喜悟
曰此頌一切處用得住龍門時一僧被蛇咬室中舉
云既是龍門僧因甚被蛇咬衆下語皆不契高菴悟
云果然現大人相師頌之圓悟在昭覺聞得乃歎曰
龍門有此子東山之道未寂寥也師有三自省傳於
世

賛曰默而神語而當天生骨有靈聖養胎無息業窮
東魯未曾就孔夫子受經百覓西來苦嘗被老東山
無狀會不會急歸却坐撥火覓浮漚到未到普請喫
茶睛甌翻雪浪僊人手裏紅羅扇喜佛鑑要看底著

眼宜親帝釋宮中宣赦書勑青林必死人盡情蹤放
龍門萬仞晴空轟霹靂之雷卬水千尋截流産噴香
之象碓生死許雪堂引著財遊蛇咬僧聽高庵現六
人相說心說性不用管他寫三自省一篇爲萬古表
林參禪底模樣

廿三　大慧杲禪師

師諱宗杲嗣圓悟宣州奚氏子初參湛堂爲侍者堂
病革師曰和尚此疾若不起某甲去依附誰堂曰勤
巴子甚好我雖不識渠子若見之必能了大事後往
見悟得旨師爲堂見無盡求塔銘龍安照書爲紹介
見盡有云金剛眼睛在相公筆頭上盡曰恁麼則某
與他點出光明令照天照地去也師進前揖曰先師
多幸謝相公塔銘盡大笑師在經山因頌曰神臂弓
一發透過千重甲衲僧門下看當甚臭皮襪時朝廷
方作神臂弓秦相以師與張九成竊議大政兼以譏
諷朝廷遂竄衡州次梅州前後十七年放還再住徑
山自梅州返至福州張參政以洋嶼延之一夏打發
十三人龜山光爲首趙巨濟參次謂曰老僧去後若
有別人教你禪道者箇公案如何參那箇因緣如何
會便向熟處撥將去記取師聞應庵金輪操唱甚喜
乃曰楊岐正脉在此老矣遂將正傳衣并頌寄之曰
坐斷金輪第一峯千妖百怪盡潜蹤年來又得真消
息報道楊岐正脉通
賛曰花木依包家虎狐狸屛跡陰木生風雪霜渥凌
春陽照爐金剛眼睛筆頭點出因龍安靠倒無盡翁
薰風殿閣句下活埋恨湛堂指見勤巴子掀翻烏石
嶺異竹篦亂揎胡揮撥亂五峯雲折拄杖東撐西拄
雲門揭示誑謼閭閻悦老重來欺瞞佛祖如猛將會
相殺奪賊馬騎便行有別人教你禪道熟處撥將去
髯虎衝梅十七載臭皮襪香透天伸寃洋嶼十三
人塗毒鼓聲喧寰宇不將佛法當人情把楊岐正傳
衣分付金輪華妃處法王法令合如此

廿四　虎丘隆禪師

師諱紹隆嗣圓悟和州人也初見長蘆信得其大畧
有傳圓悟語至者師閱之嘆曰想酢生液雖未濡腸
亦浹胃且使人發快笑恨未聆謦欬耳遂去見悟一日
入室悟問曰見見之時見非是見見猶離見見不能
及舉拳云還見麼曰見曰頭上安頭師脱然契悟悟
叱曰見箇什麼曰竹密不妨流水過悟肯之後爲藏
主人曰隆藏主柔易若此何能爲悟曰睡虎也上堂
曰凡有展托盡落今時不展不托墮坑落塹直饒風
吹不入雨打不著點檢將來自救不了豈不見道直
似寒潭月影靜夜鐘聲隨扣擊以無虧觸波瀾而不
散此猶是生死岸頭事拈拄杖畫一畫云畫斷生法

師多年葛藤點頭石不覺甩撫掌大笑且道笑箇什麼
腦後見腮莫與往來上堂曰目前無法萬象森然意
在目前突出難辨不是目前法觸處逢渠非耳目之
所到不離見聞覺知雖然如是也須踏著向上關棙
子始得所以道羅籠不肯住呼喚不回頭佛祖不安
排至今無處所如是則不勞斂念樓閣門開寸步不
移百城俱到驀拈拄杖畫云路逢死蛇莫打殺無底
籃子盛將歸僧問如何是大道真源曰和泥合水曰
便恁麼去時如何曰藏斷草鞋跟有云驀道如渴驥
奔泉應機似怒猊抉石有云醯鷄處甕中自得其樂
責長房無見一先生懸壺於肆上長房謁之遂同入

壺中乃真神僊境也
賛曰襟懷秋冷笑語春温垂棘璧櫝藏待價走盤珠
影落無痕驀小室密傳心渴驥奔岩下水味碧岩
無義語醯鷄自樂甕中天路長踏斷草鞋跟源尋太
道信密不妨流水過見竪麗拳拈起龍縛勢點頭石
笑葛藤畫斷演出大藏臨睚虎被貫索縈纏深池
劔氣冷冷霜斬凝頑橫磨谷上古洞桃花紅綻錦與
嬌兒話別風前路逢死蛇無底籃盛歸何用春暄百
鳥曲闌干徙倚無言東山龍鳳臨濟兒孫玉壺塵不
染別是一乾坤

廿五　應菴華禪師

師諱曇華嗣虎丘蘄州江氏子初參遇首座入室
師近前座云來作什麼師云取首座頭座云後生爭
少作者般話話嘔血去在師云某甲不嘔血首座嘔
血去在座後果如師言師在水南遂處作侍者入室
次南擬住云侍者待與汝商量箇公案師曰盡大地
是箇公案商量箇什麼南機鋒師拂袖而去後見虎
丘作維那欲命充首座時座下多悟會中有耆宿言
師後生師聞作偈曰江上青山殊未老屋頭春色放
教遲人言洞裏桃花嫩未必人間有此枝遂去後示
衆云三十三州七十僧驪腮馬頷得人憎諸方若具
羅籠手今日無因到淨明上堂五百力士揭石義萬

仞崖前撒手行十方世界一團鐵虛空背上白毛生
直饒拈却臙脂帽子脫却鬅鬆布衫向報恩門下正
好喫棒何故半夜起來屈膝坐毛頭星現衲僧前上
堂若作一句商量喫粥喫飯阿誰不會不作一句商
量屎坑裏蛆子笑殺闍梨驀拈拄杖云拄杖子罪犯
彌天與向二鐵圍山且道薦福還有過也無卓一下
云遲一刻僧問昔有僧問雲門如何是清淨法身門
云花藥欄此意如何曰深沙努眼睛僧問只者是埋
沒自己只者不是辜負先聖去此二途和泥合水處
請師道曰玉筋撐虎口僧問呈橈舞棹即不問且道
婆婆手中兒子甚處得來岩頭扣船舷三下未審意

旨如何曰焦磚打著連底凍曰當時若問和尚如何
對他曰一棒打殺曰者老和尚大似買帽相頭去也
曰你向甚處見岩頭曰劉曰杜撰禪和曰婆生七子
六箇不遇知音只者一箇也不消得便抛向水中又
且如何曰少賣弄曰岩頭不覺吐舌意作麼生曰樂
則同欟僧提起坐具云但識取者箇曰放下著南書
記在師會中頌狗子話曰狗子無佛性羅睺星入命
不是打殺人被人打殺定師肯之虎丘忌拈香云平
生湨典欟著者無意智老和尚做盡伎倆湊泊不得
從此卸却干戈隨分著衣喫飯二十年來坐曲录木
懸羊頭賣狗肉知他有甚憑據雖然一年一度燒香

日千古令人恨轉深
賛曰蘄陽人鬼怕見虚空背生出白毛古臺中深藏
嚼齒斫取頭去與首座熱血相噴拂袖便行笑水南
機思遲鈍抛孩兒漢陽渡樂則同歡與拄杖鐵圍山
過應難免拈折玉筋強把岩前虎口撑題落韻詩讓
云洞裏桃花嫩夜叉心菩薩面說南書記劔刃上行
正法眼破沙盆引傑侍者草窠裏輥七十僧驢腮馬
頷薄諸方不具手羅籠二十載狗肉羊頭憶先師便
吞鯛發恨通楊岐正脉金輪峯影落平江繼宏智芳
塵狎鷗池光生八面起宗異目誠不負佛日品題致
後世源深而流遠

卍庵顏禪師
師諱道顏嗣大慧東川鮑氏子久參圓悟在金山因
一渦風亂令僧自殺以智不死虜去後方得脫悟歸
寂復依大慧首衆徑山無著未爲僧慧籍方丈師常
叱之慧曰彼雖婦人大有長處師不諾慧抑令相見
師不獲已通報著曰首座作佛法相見世法相見座
云佛法相見著云却去左右請師入師至帳前見著
寸絲不挂仰卧於床師指曰者裏是什麼去處著曰
三世諸佛六代祖師天下老和尚皆從此中出師曰
還許老僧入否著曰者裏不度驢度馬師無語著曰
與首座相見了也遂轉身覷裏師懡㦬而出慧曰却

不是老畜生無見識也師有愧慧入室舉南泉住庵
上山作務一僧至令做飯喫因緣師云珊瑚枕上兩
行淚半是思君半恨君慧令侍者收牌曰只者一轉
語報佛恩足矣初住東林後歸鄉住雲頂僧問如何
是佛曰誌公和尚如何是法曰黃絹幼婦外孫齏臼
如何是僧曰釣魚船上謝三郎示衆有曰節籠不亂
攙匙老鼠不咬皚篳韜子荅與師避冦詩云昔與二
子居明心避賊夜走南山陰天寒更踏沮洳徑月黑
錯到楊梅林涉險登危四三里少復前行過溪水平
明乞火野人家十日深藏岩穴裏閭俱嘆我裝賫空
蜀僧轉墮妖氛中人言性命脫針孔怳憂傷人衰疾

同春風酣酣柳邊寺相對夢中論夢事莫嫌薄飯一
莖齏郡國而今無鼓鞞
賛曰驪龍頭角弖浴箕裘項鐵三百斤逸群倔強額
點數點墨出格風流圓悟室彩畫已成只欠一面點
眼浮玉山見機而作不消三撥四頭錦繡帷前一斷
兔返遭婦人之毒手珊瑚枕上兩行淚難逃庵主之
機籌出語無稽論老鼠不咬鰕蟆臨機奔軼騁駿馬
直撞煙樓路斷虎溪橋斥逐洪師活埋蓮社行窮蠻
瘴路隨東風子遠竄梅州掃蕩祲氛社稷一戎衣衮
煙勳業揮戈佛日風塵三尺劒借節機謀泪洳征楙
梅林早憶南山避寇牛頭山雲頂寺晩思西蜀歸休

若更問老漢爲僧端的謝三郎未必在漁舟
廿七　嬾庵需禪師
師諱鼎需嗣大慧福州林氏子本習儒業因入寺見
遺教經看數版有省欲出家毋以親迎近難之師曰
夭桃紅杏一時分付春風翠竹黃花此去永爲伴侶
辭親祝髮一錫湖湘徧參名宿心無所緣身無所依
結庵於羌峰絕頂後見大慧一日問曰内不放出外
不放入正恁麼時如何師擬開口慧拈竹篦劈脊連
打三下師大悟慧印以偈曰頂門竪亞摩醯眼肘後
斜懸奪命符瞎却眼卸却符趙州東壁挂葫蘆上堂
懶翁懶中懶最懶懶說禪亦不重自己亦不重先賢

杜口　戦國策杜左右之口云〻　註杜猶塞

又誰管你地又誰管你天物外逍遙無箇事日高三
丈猶更眠上堂句中意意中句須彌聳于巨川句刻
意意刻句烈士發乎狂矢任待牙如劒樹口似血盆
徒逞詞鋒虛張意氣所以淨名杜口早涉繁詞摩竭
掩關已揚家醜自餘尾楷老漢岩頭大師向羌峯頂
上拏風鼓浪謊弄神變脚跟下好與三十棒且道過
在什麼處良久云機關不是韓光作莫把胷襟當等
閑至節上堂二十五日已前群陰消伏泥龍閉户二
十五日已後一陽來復鐵樹開花正當二十五日塵
中醉客騎驢騎馬前街後街遞相慶賀物外閑人衲
帔蒙頭圍爐打坐風蕭蕭雨蕭蕭冷湫湫誰管你張

先生李道士胡達磨木庵參演師舉外道問佛不問
有言不問無言因緣云不得向良久處會隨後喝著
作禮曰不因今日事爭奈目前機師印之遂分庵主
偈曰江頭風急浪花飛南北相逢不展眉獨有分禪
英俊手等閑奪得錦標歸
賛曰鐵硯磨穿心猶奔競杜文章久矣隨邪遺教經
驀然打益春風丁寧桃杏花分付已周紆由二十年煙
雲椸摵摚不疊内不放出外不放入夾竹篦於洋嶼
庵頭身無所依心無所緣結茅庵於羌峯頂上盲人
擲地頂門眼驚聵摩醯穿鬼貼身肘後符難爲奪命
須彌聳川列士發矢刻意句浪得其名泥龍閉户纖

樹開花筭陰陽從來不定奪得鐵標去從分禪藂蕩
拾花針意盡目前機引木庵良馬窺鞭影豪頭打坐一
徧界覔無蹤全不思胡達磨李道士張先生無人管
頌

六八 密庵傑禪師

師諱咸傑嗣應庵福州鄭氏子母夢廬山僧入室而
生下髪徧扣諸方後見應庵庵室中問如何是正法
眼曰破沙盆庵肯之未幾辭省親庵以偈送曰大徹
投機句當陽廓頂門相從今四載徵詰洞無痕雖未
付鉢袋氣宇吞乾坤却把正法眼喚作破沙盆此行
將省覲切忌便[illegible]跟吾有末後著待歸要汝遵上堂

世尊不說說拗曲作直迦葉不聞聞望空啓告馬祖
即心即佛懸羊頭賣狗肉趙州勘庵主貴買賤賣分
文不直只如文殊是七佛之師因甚出女子定不得
天河月暈魚生子擲葉風微鹿養茸上堂擧婆子燒庵
話拈云者个婆子黍中少有拈提者條上座裂破面
門不免納敗缺了上也要諸方點撿乃召大眾云者
婆子洞房深穩水泄不通向枯木上糁花寒灰中發
燄箇僧孤身迥迥慣入洪波等閑坐斷潑天潮到底
身無涓滴水子細檢點將來敲枷打鎖即不無若是
佛法未夢見在烏巨恁麼提唱畢竟意在何處良久
云丁把柳絲收不得和煙搭在玉闌干師接松源破

庵出世烏巨終于天童
薈曰栴林生鐵荔枝樹出殯檀廬山僧夢見何面目
疊疊水沾著爛心肝向上路古今千聖共行又泥犁獄
慚愧慚愧破沙盆撐天文不直摸空法眼太難太難
拈女出定佛佛揚州鹿養茸微風生從擲葉判婆燒
庵依依越國柳垂絲和煙搭在闌干唱松源破耳聾
錦包特石殺破庵全心死鐵果燙泥團做吟泉百山主
人勝郭汾陽中書之考此鄞江中流砥柱[illegible]隴州
既倒之瀾大徹投機廓頂門初無奇特信知道済南
兩浙秋熟春寒

臨濟至此十四世共二十六人

曹洞宗

六九 洞山悟本禪師

師諱良价嗣雲巖越州諸曁人姓俞氏初謁志國師
問無情說法不契後到潙山山問聞闍梨曾問國師
無情說法是否師云是潙云試擧看師擧了潙云我
者裏也有些子只是罕遇其人師云便請潙以拂子
點一點師云請和尚爲某甲說潙云父母所生口終
不爲子說師云此間莫有同參慕道者麼潙令見雲
巖師辭直造雲巖請益前話巖云不見彌陀經云水
鳥樹林悉皆念佛念法師因有省作偈曰也大奇也
大奇無情說法不思議若將耳聽終難會眼處聞聲

方得知一日問岩其甲有餘習未盡岩云汝曾作甚麼來曰聖諦亦不爲曰還得歡喜地也未曰歡喜即不無如糞堆頭拾得一顆明珠師辭岩問百年後忽有人問還邈得師真如何祗對岩良久云只者是師沉吟岩云价闍梨承當箇事大須審細師猶涉疑後因過水覩影方得頓悟作偈云切忌從他覓迢迢與我疎我今獨自往處處得逢渠渠今正是我我今不是渠應須恁麼會方得契如如示衆云末法時代人多乾慧若要辨驗眞僞有三種滲漏一見滲漏機不離位墮在毒海二情滲漏智常向背見處偏枯三語滲漏體妙失宗機昧終始曹山辭洞師授山先雲

岩所付寶鏡三昧五位顯訣畢山再拜而去北院通叅次師上堂云坐斷主人翁不落第二見通出衆云須知有一人不合伴師云猶是第二見通便掀倒禪床師云老兄作麼生通云待某甲舌頭爛即向和尚道後辭師入嶺師曰飛猿嶺峻好看通沉吟師云通闍梨何不入嶺去通有省更不入嶺欽山叅師師問甚處來曰大慈來曰還見大慈麼曰見曰色前見色後見曰非前後見師默置後山對衆省過舉前話乃曰離師太早不盡師意師頌曰枯木花開劫外春倒騎玉象趁麒麟而今高隱千峯外月皎風清好日辰賛曰雲岩跳出籠兒不與諸塵對覿入蘆花鞭白馬難

唐法令失錢則其人得罪
寶鏡三昧曰木人方歌石女起舞

覓蹤由倒騎玉象趁麒麟單明向背水鳥樹林何曾說法徒自驚奇牆壁瓦礫爲汝發機灼然不會糞堆頭拾得明珠顆習氣未除水影邊邈得先師真大錢遭罪金針玉線暗通綿縫之千重石女木人空付寶鏡之三昧何不入嶺去聽通闍梨不肯道爛絲還見大慈麼覓逃欽山早離師很心慘鋼鎔着生鐵見情滲漏破綻轉多安排用盡心偏正君臣憲章無爭千里持書不到家看金鳳宿龍巢斜月挂夜明簾外

曹山元證禪師

師諱躭章嗣洞山泉州黄氏子初謁洞山依止數載乃辭山山問什麼處去曰不變異處去曰不變異豈有去耶曰去亦不變異遂辭去上于曹山學徒雲集僧問佛未出世時如何曰曹山不如出世後如何曰不如曹山僧問如何是枯木裏龍吟曰血脉不斷如何是髑髏裏眼睛曰乾不盡乃作偈曰枯木龍吟真見道髑髏無識眼初明喜識盡時消息盡當人那辨濁中清僧問清稅孤貧乞師拯濟師召稅闍梨稅應諾曰青原白家三盞酒喫了猶道未沾唇僧問抱璞投師乞師雕琢曰不雕琢曰爲什麼不雕琢曰須知曹山好手僧問如何是和尚眷屬曰白髮連頭戴頂上一枝花師有三種墮一披毛戴角二不斷聲色三

不受食有稱布衲問披毛戴角是什麼墮曰是類墮不
斷聲色是什麼墮曰是隨墮不受食是什麼墮曰是尊貴
墮
贊曰寶鏡光寒髑髏眼活接武陽門擔宗綱歸堂握
隨身草貴彩鳳啣來三種於立法森嚴金鳥啄破琉
璃殼自家酒層沾未著幾曾瀟灑孤負剃山璞懷
抱祖禩不輕數寄僧雕琢高識保福湯然不如一
位鎮長安人皆道錯示五圓相證家主和出意情悰
戴正枝花暴春處縱成誰覺着曾山高聳摩雲怪石
露稜稜洞水逆流衝浪錦鱗治蝕縱不戀異處掉頭
獨行故鳥道通玄無人洪泊

一字　雲居宏覺禪師

師諱道膺嗣洞山幽州玉田王氏子師謁洞山山問
甚處來曰翠微來曰翠微有何言句示徒曰翠微供
養羅漢某甲問供養羅漢還來否曰你每日喫箇什
麼山曰實有此語否曰有曰不虛參見作家來一日
山問甚處來曰蹈山來曰那箇山堪住曰那箇山不
堪住曰恁麼則國內山盡被闍黎占却曰不然曰恁
麼則子得箇入路曰無路曰若無路爭得與老僧相
見曰若有路則與和尚隔生也山乃曰子已後千人
萬人把不住南泉問僧講什麼經曰彌勒下生經曰
彌勒幾時下生曰見在天宮當來下生曰天上無彌

天堂弥勒
地堂〃〃

勒地下無彌勒師舉問山未審誰與安名山被問禪
床震動乃曰膺闍黎吾在雲岩曾問老人直得火爐
震動今被子一問直得通身汗下師結庵于三峯經旬
不赴堂山問子近日何不赴堂曰每日自有天神送
食山曰將謂汝是箇人猶作者箇見解汝晚間來師晚
至山召膺闍黎師應諾曰不思善不思惡是什麼師
回庵宴坐天神不來矣後登歐阜就樹縛屋而居號
雲居示衆曰如人將三貫錢買箇獵狗只解尋得有
蹤跡底忽遇羚羊挂角莫道蹤跡氣息亦無僧便問
羚羊未挂角時如何曰六六三十六曰挂角後如何曰六六
三十六僧作禮師云會麼云不會曰豈不見道絕蹤

跡示衆云得者不輕微明者不賤用識者不咨嗟解
者無厭惡從天降下則貧窮從地湧出則富貴門裏
出身易身裏出門難動則埋身千丈不動則當處生
苗一言迥脫獨拔當時言語不要多多則無用處示
衆有云躬得底人心若臘月扇子邊直得醭出不是
強為任運如此又云不見古人道學處不玄盡是流
俗閨閣中物捨不得俱為滲漏作盡一切直饒得無
過如人頭頭上明物物上通只喚作了事人終不喚
作尊貴將知尊貴一路自別不見道從門入者非寶
捧上不成龍知麼僧問有人衣錦入來見師後為甚
寸絲不挂曰直待琉璃殿上行撲倒也須粉碎師令

侍者送袴與一㽞主主曰吾有娘生袴不受言令送
去問娘未生時著箇甚麼主無語後遷化燒得舍利
持以似師師曰直饒出得八斛四斗不如當初下取
一轉語好僧問山河大地從何而有曰從妄想而有
曰與某甲想出一鋌金得麼師休去佛日空叅次問
二龍爭珠誰是得者曰卸却業身來與子相見曰已
卸業身曰珠在甚麼處無語遂投誠入室師示寂主
首白師誰可繼席曰堂中簡時簡密受師印人無知
者以臘高爲第一座衆不曉師意謂令揀擇欲命第
二座住持且備禮先請簡簡不讓即自持道具入方
丈衆不愜簡察其情乃弃去其夜安樂樹神號泣及

旦衆奔至方丈悔過哀請歸衆聞空中連聲唱曰和
尚來也
賛曰叅見作家來出語人驚恐幽州江口不是生緣
天上一雲居從渠賣弄踏山有闍黎入路幾曾與和尚
隔生是誰與彌勒安老不到得禪床震動羚羊絕氣
息寧知獵犬難尋庵主沒機關虫得天神送供寸絲
不挂琉璃殿上輕著脚撲倒人子文塑字畫門頭
大開眼說出夢娘生袴休詒出下得一轉語方可持
論妄想心難掃除想出一鋌金遶作何用早遭生鐵
臘月扇手正好擱撥學處不玄闍閣中物從學了畫
卸業身與佛日相見龍奪珠明珠曉破陰今當座

住持見饒喫拳漆桶後明入者錢上不成龍點玉將
來也是方木逗圓孔

同安丕禪師

師嗣雲居謙　丕洪州人師看經次見僧來叅遂以
袖蓋頭僧作局懃勢師放下袖提起經云會麼僧以
袖蓋頭師云蒼天蒼天僧問如何是點額魚曰不透
波瀾曰慚恥時如何曰終不仰面曰恁麼則不變其
身也曰是也青雲事作麼生僧問如何是和尚家風
曰金雞抱子歸霄漢玉兎懷胎入紫微曰忽遇客來
將何祇待曰金菓早朝猿摘去玉花晚後鳳銜來僧
叅次師問甚處來曰湖南曰還知有安者重層雲髻

道花檻璇璣麼曰知曰非公境界僧便喝師曰短販
樵人徒誇書劒僧擬進語師曰劒甲未施賊身已敗
僧問纔有言詮盡落今時不落言詮請師直說曰木
人解語非干舌石女抛梭豈亂絲僧問依經解義三
世佛冤離經一字即同魔說此理如何曰孤峯迥秀
不挂煙蘿片月行空白雲自在僧問未出世時如何
曰藕絲繫大象曰出世後如何曰鐵鎖鎖石牛僧問
如何是異類中人曰露地藏白牛長空吞日月
賛曰奔軼絕塵了了無羈絆偏正位中來去凡情已坐
青雲有何事點額魚已透波瀾家風不要論金雞子
豈歸霄漢非公境界親遭短販書劒徒誇不

舉言詮直說來石女拋梭機絲亂彩鳳啣花羅簇
摘異衒奇客未見眞情孤峯迥秀片月行空誇佛覓
元無正眼瞞盱荅佛未出世截流象駕繇絲頭依倚
說異類中人露地牛藏芳草岸鴛鴦繡出金針冷綿
密誰知鸞鳳巢空玉帳寒森巖難犯將人要是吊慰
僧衣袖蓋頭蒼着天蒼着天賊過後張弓已晚

贊　同安志禪師

師諱[illegible]志嗣同安丕洪州人丕將示寂上堂云多子
塔前宗子秀五老峯前事若何如是三問未有對者
末後師出曰夜明簾外排班立萬里歌謠道太平丕
曰須是者瞎漢始得遂示寂僧問二機不到如何提
唱師曰偏㝔不逢玄中不失僧問凡有言句盡落今
時學人上來請師直指師曰目前不現句後不迷曰
向上事如何曰迥然不換標準即乖

贊曰鶴夢未醒鸞鳴幽谷不墮正偏宜分昔觸多子
塔前宗子秀笑先師露金榔雙趺夜明簾外立班齊
還瞎驢堅頂門三目偏㝔不逢玄中不失二機不到
處轉見紛拏目前不現句後不迷直指本來心翻成
迂曲寶殿無人孤月冷聽清彈南風阜物之琴宸苔
封路彩雲深看妙豕垂棘無環之璧出梁山破家種
奈者龍子彩鳳雛豈當約傳繼曹洞五位宗青山父白
雲兒是何昭穆迥然不換標準一句垂向上事海底摸
金針絲妙挾正中拈出來花簇簇錦簇簇

贊　梁山觀禪師

師諱緣觀嗣同安志朗州人僧問如何是和尚家風
曰益陽水急魚行澁白鹿松高鳥泊難問師唱誰家
曲宗風嗣阿誰曰龍生龍子鳳生鳳兒問如何是西
來意曰葱嶺不傳唐土信胡人謾識太平歌問如何
是學人自己曰寰中天子塞外將軍曰便恁麼去時
如何曰朗月懸空室中暗坐問如何是衲衣下事曰
密問如何是正法眼曰南華裏曰爲什麽在南華裏
曰爲汝問正法眼上堂垂鉤四海只釣獰龍格外玄
機爲尋知己座下有一圓頭人謂曰何不出來問一
兩轉語曰我若出問須教者老和尚下禪床立人恠
之一日出問家賊難防時如何曰識得不爲冤曰識
得後如何曰貶向無生國裏曰莫便是他安身立命
處也無曰死水不藏龍曰如何是活水裏龍曰興波
不作浪曰忽遇傾湫倒岳來時如何師下禪床把住
曰闍黎莫教濕却老僧袈裟角衆遂服之大陽玄恭
次問如何是無相道場師指觀音云者箇是吳道子
畫玄趍進語師急索曰者箇是有相如何是無相底
玄乃悟旨於言下禮拜起而侍師曰何不道取一句曰
道即不辭恐上紙筆師笑曰此語上碑去在玄呈偈
曰我昔初機學道迷萬水千山覓見知明今辨古終

難會直說無心轉更疑嵩師默出家時鏡照見父母未生時如今覺了何所得夜放烏鷄帶雪飛師稱洞上之宗可倚有偈曰梁山一曲歌格外人難和十載訪知音未嘗逢一箇

贊曰嵩陽水急白雲松高鶴睡清飛月魄魚行細擲金梭死水不藏龍賤家賊向無生國鄭音空亂雅引胡人唱太平歌衲衣事在密用中拈來多破綻正法眼指南華裏用出幾誵訛寰中天子塞外將軍與學人塗糊自己格外玄機鉤頭絲線釣獰龍活莽洪波一語許大陽上碑令人懸心不少十載在梁山唱曲臨風掩耳應多妙盡功亡揮玉斧夜修月轂環靈機泯駕傳槎曉渡星河更問亡僧遷化紅爐焰上無絲線堅搜橫拖

五十一　大陽玄禪師

師諱警玄嗣梁山江夏張氏子仲父爲沙門號智通住持金陵崇孝往依爲師聽圓覺了義弃去謁梁山悟旨上堂云嵯峨萬仞鳥道難通劍刃輕冰誰能履宗乘妙句語路難陳不二法門淨名杜口所以達磨九年面壁始遇知音大陽今日也無端珍重僧問如何是和尚家風曰滿缾傾不出大地沒飢人上堂云撒手那邊千聖外祖堂少室長根芽石烏荷雪巢猶自可更看白鳥入蘆花上堂諸禪德須明平常無生句妙玄無私句躰明無盡句第一句通一路第二句無賓主第三句兼帶去一句道得師子嚬呻二句道得師子返擲三句道得師子踞地縱也周徧十方擒也一時坐斷正恁麼時作麼生通箇消息大衆證明若道不得來朝更獻楚王看時有僧出問如何是平常無生句曰白雲覆青山青山頂不露如何是妙玄無私句曰寶殿無人不侍立不種梧桐免鳳來如何是躰明無盡句曰手指空時天地轉回頭石馬出紗籠如何是師子嚬呻曰終無回顧意爭肯落平常如何是師子返擲曰周旋往返全歸父繁興大用轄無虧如何是師子踞地曰迴絕去來機古今無變異上堂夜半烏雞抱鷀卵天明起來生老鸛鸛毛鷹觜鷺鷺身卻遇烏鴉爲伴侶高入煙雲低飛柳岸向曉歸來子細看彼倫恰似雲中鴈僧問如何是透法身句曰大洋海底紅塵起須彌頂上水橫流師年八十嘆無繼其法者作偈幷皮履布裰寄遠錄公使求法器傳續之曰楊廣山前草憑君待價焞异苗蕃茂處深密固靈根苴尾云得法者潛衆十年方可闡揚遠拜而受師嘗釋曹山三種語須明得轉位始得一曰作水牯牛是隨類墮是沙門轉身語是異類中事若不曉此意即有所滯直是要伊一念無私即有出身之路二曰不受食是尊貴墮須知有卻邊了卻來者邊行

履若不虚此位即坐在尊貴三已不断聲色是隨處
墮以不明聲色故隨處墮須向聲色裏有出身之路
作麼生是聲色外一句曰聲不自聲色不自色故云
不断指掌當諳何掌也浮山賛師真曰黒狗爛銀蹄
白象崑崙騎於斯二無碍木馬火中嘶
賛曰惡毒種寧馨兒漢陽渡頭奪胎而出智通寺裏
頴脱無羈掀翻圓覺場跳入言詮不及處打破秦時
鏡照見父母未生時語路信難陳宗乗句和灰合土
滿瓶傾不出大地人忍餓吞飢千聖外撒手經行入
蘆花笑騎白馬去寳殿中無人侍立種梧桐寧免鳳
凰栖消息既通惜師子爪牙未具機縁不契致青山

父子相違須彌頂上水横流透法身疑圜未破楊廣
山頭苗茂盛供死歘老涙交垂苦老梁山抑逼太爻
烏鷄生鵲外被遠録公塗糊不少黒狗爛銀蹄聲色
堆頭強説有出身之路非央庠座主誰受你破皮履
潑禪衣

投子青禪師

師諱義青嗣大陽青社李氏子初習百法論嘆曰三
祇途遠自困何益入洛聽華嚴義若貫珠講至諸林
菩薩偈即心自性猛省曰法離文字寧可講乎棄去
謁浮山於會聖岩山夢得俊鷹畜之既覺而師至山
以爲吉徴留三年山問曰外道問佛不問有言不問

無言世尊默然如何師擬進語山掩其口於是師悟
拜起山曰汝妙悟玄機耶曰設有妙悟也須吐却時
資侍者在旁曰青華嚴今日如病得汗師回顧曰合
取狗口汝更叨叨我即便嘔山以大陽皮履布裰付
師代吾續洞上宗上堂宗乗若擧凡聖絶蹤樓閣門
開別戸相見設使捲簾悟去豈免旁觀春遇桃花重
增病眼所以古人道向上一路千聖不傳諸仁者既
是不傳爲甚鐵牛走過新羅國喝曰達者須知暗裏
驚僧問師唱誰家曲宗風嗣阿誰曰威音前一箭射
過兩重山上堂默沉陰界語墮深坑擬者則天地懸
殊棄之則千生萬刧洪波浩渺白浪滔天鎮海明珠

在誰収掌良久卓主丈云百雜碎示衆云若論此事
如鸞鳳冲霄不留其跡羚羊挂角那覓其蹤金龍不
守於寒潭玉兎豈栖於蟾影其或主賓若立須感音
世外揺頭問荅言陳仍玄妙路旁爲唱若能如是猶
在半途更乃凝眸不勞相見師叙五位君臣曰夫長
空一色是月何分大地無偏榮枯自異是以法無異
法何迷悟而可及心不自心假言象而提唱其言也
偏圓正到兼帶叶通其法也不落是非豈關萬象幽
旨既融於水月宗源泒混於金河不墮虚凝回途復
妙師擧大陽點出秦時鏡語頌曰偏中正夜半天明
羞自影朦朦霧色辨河分混然不落秦時鏡

賛曰岳降英靈天生碩斗智因明未透網羅究華巖重增枷杻入浮山不祥夢折翅鷹何用畜爲追洞下已墜風旛躊狗卒難醫救金鳳借龍巢宿豈知陷會聖重圍良馬見鞭影行初不待世尊良久即心自性佛亦強名妙悟玄機我即便嘔鐵牛走過新羅國向上路千聖不傳石女輕彎月子弓兩重山一箭射透撼鎮海珠百雜碎語默不到處宗會轉身添奉時鏡一重光明暗未分前豈容出手玉兔豈栖蟾影甚處得者消息來金龍不守寒潭者漢別尋參路走無分章偏正不隨空虛凝到轉位回功極則處何曾知有

芙蓉楷禪師

袞中天子
禹湯堯舜

師嗣投子諱道楷沂州崔氏子初參投子問佛祖言句如家常茶飯離此之外別有爲人言句也無曰汝道寰中天子勑還假禹湯堯舜也無師擬酬之子以拂子摵師口曰汝發意來早有二十棒也師即開悟再拜便行子曰且來闍梨師不顧曰汝到不疑之地耶師即掩耳一日侍子遊園子以拄杖付師曰理合與麼曰與和尚提鞋挈杖不爲分外曰有同行在曰那一人不受教子休去至晩子謂曰早來說話未盡曰更請舉看曰卯生日戌生月師即點燈來曰上來下去總不徒然曰在左右理合如此曰奴見婢子誰家屋裏無曰和尚尊年缺他不可曰慇懃曰報

恩有分上堂晝入祇陀之苑皓月當天夜登靈鷲之山太陽溢目烏鴉似雪孤雁成群鐵狗吠而凌霄泥牛鬪而入海正當恁麼時十方共聚彼我何分古佛場中祖師門下大家出一隻手接待往來知識諸仁者且道成得箇什麼邊事良久云勝哉無影樹留與後人看僧問胡家曲子不墮五音韻出青霄請師吹唱曰木鷄啼夜半鐵鳳叫天明曰恁麼則一句曲含千古韻滿堂雲水盡知音曰無舌童子能繼和曰作家宗師人天眼目曰禁取兩片皮去大觀初京尹李孝壽奏師道行卓冠叢林宜有褒顯上賜紫衣號定照禪師內侍持勑命至師謝恩竟乃陳已志出家時

嘗有重誓不爲名利專誠學道用資九族苟違願心當棄身命父母以此聽許出家今若不守本志竊冒寵光則佛法下衰矣於是修表力辭降旨京尹堅令受之師確守不回以拒命坐罪奉旨收付有司有司知師忠誠問有疾乎師曰平日有疾今實無曰言有疾於法免罪師曰已悉厚意但妄非所安恬然受刑而行從之者如歸市抵淄州僦屋而居學者愈親明年冬勑令自便庵于芙蓉四衆雲集大闡洞宗示衆山僧行業無取忝主山門豈可坐費常住頓忘先聖付囑今者輙傚古人爲住持体例與諸人議定更不下山不赴齋不發化主惟將本院莊課一年所得

作三百六十分日取一分更不億久滌藏可以備飯
則做飯不足則作粥又不足則作米湯新到相見茶
湯而已更不煎點惟置一茶堂自去取用務要省緣
專一辦道師放還後有詔欲爲去點師曰先帝遺墨
豈可云耶云謂此老終身倔強靈源贊師有曰蔽天
大雪始見松筠媚草夭花亦成造化苟竊世榮實孤
恩者
贊曰倔強老尊慈眷衆生鐵鑄衷中剛不假光無爲
湯洞下宗宰分偏正回互真到不疑田地快然一隻
耳掩休饒說作家宗師好無兩片皮出去胡家曲子
無音韻告休言夜半木鷄啼祖師門下絶功勳依舊

手隣哉無影樹同行不受教謾教伊婪愁裝難來上
總徒然誰家無双兒婦于石女抛梭木人開鎖發笙
表的是家傳泥牛入海鐵狗凌霄爛葛藤偏能發布
翩翩形影淄川去松筠操幾傲雪霜濟濟威儀灌節
回首芙蓉花親承雨露粥足飯足三百六十日合火話
家私僧耶俗耶三萬六千場對床論夢雪三三白髮
守先帝遺墨猶新視媚草夭花成造化苟竊世榮汗
顏如雨

八世　丹霞淳禪師

師諱子淳劒州賈氏子師上堂舉德山云我
宗無語句亦無一法與人德山恁麽說話只知入草

求人不覺通身泥水子細看來只具一隻眼丹霞則
不然我宗有語句金刀剪不開深深玄妙旨石女夜
懷胎示衆舉肇法師云乾坤之內宇宙之間中有一
寶秘在形山肇法師恁麽道只解指蹤話跡且不能
拈示於人丹霞今日擘開宇宙打破形山爲諸人拈
出具眼者辨取卓一下還見麽鷺鷥立雪非同色明
月蘆花不似他上堂寶月流輝澄潭有影水無鑑月
之意月無分照之心水月兩忘方可稱斷所以道昇
天底事直須颺却十成底事直須去却擲地金聲不
須回顧若能如是始解異類中行諸人到者裏還相
委悉麽良久云當行不舉人間步披毛戴角混泥塵

上堂亭亭日午猶虧半寂寂三更尚未圓六戶不曾
知曉意往來常在月明前僧問牛頭未見四祖時如
何曰金菊乍開蜂競採曰見後如何曰苗枯花謝了
無依真歇參次師問如何是空劫已前自己歇擬對
師曰你閙在且去一日登鉢盂峯忽悟歸侍立師掌
曰將謂你知有歇忻然拜之翌日上堂日照孤峯翠
月臨溪水寒祖師玄妙訣莫向寸心安便下座歇直
前曰今日陞座更瞞某甲不得也師曰你試舉我今
日陞座底看歇良久師曰將謂你瞥地歇便出宏智
參次師問如何是空劫已前自己智曰井底蝦蟇吞
却月三更不借夜明簾師曰未在更道智擬議師打

一拂子云又道不借智於言下大悟
賛曰明珠生蚌腹野鶴在雞群燒木佛遺風未泯賦
鵬鳥家譜親聞點發心光花蠟燭鄧州道地悋舒錢
氣劒門關棧閣連雲玉女懷胎恰半更玄妙言難分
深淺鷺鷥立雪非同色形山寳不直分文水月兩忘
昇天底固當颺下塵泥既混異類中莫惜殷勤免覰
未分時軒知道六戸不知曉意牛頭相見後可怜生
百花亂落繽紛暗擲金梭織古洞機絲輕輕鳴杼細
挑玉線開曹山錦縫簇簇成紋威音王已前收了菩
薩毫光歸一掌夜明簾不借階覺天子筆陣掃千軍
等閑道一句正中妙挾縱金刀剪破綿密處依然不

堕功勲

真歇了禪師

師諱清了左綿人俗姓雍初見丹霞悟旨後謁長蘆
照照一見器之命為侍者踰年分座未幾照稱疾退
閑命師継席學者如歸拈香時照付衣與師望拈出
及見為霞照今左右扯去衣師預備衲伽梨於袖遂
搭示衆撼拄杖云看看三千大千世界一切揺動雲
門大師即得雪峰門下即不然卓拄杖云三千大千
世界向什麼處去還會麼不得重梅雨秧苗争得青
上堂上絶峯頭過獨木橋為直饒麼行猶是時人脚
高脚低處若見得徹不出戸身徧十方未入門常在

屋裏其或未然趂涼搬一轉柴好上堂窮微喪本体
妙失宗一句截流函玄及盡是以金針密處不露鋒
鋩玉線通時潜舒異彩雖然如是猶是交互雙明且
道巧拙不到作麼生枯委良久云雲蘿秀處青陰合
岩樹高低翠鎖深上堂幻化空身即法身遂作舞云
見麼見麼見得過橋村酒美又作舞云見麼見
麼恁麼不見隔岸野花香上堂苔封古徑不迺一塵崇
雲鎖寒林肯彰風要鈎貽穩密孰云漁父棲巢恁麼
承當自是平常快活還有具透關眼底麼直饒閻阜
便歸去争似從來不出門上堂轉功就位是向去底
人王濾判山貴轉位就功是却來底人紅爐片雪春

功位倶轉通身不滯撒手亡依石女夜登機密室無
人掃上堂久黙斯要不務速説釋迦老子待要喪曲
賣弄争奈未出母胎時已被人覰破且道覰破箇什
麼謾雪峰不得
賛曰真正左綿人親見丹霞老胷陂堂徹量汪汪萬
頃無痕心月孤圓影團團千江分照人前辨主把布
伽梨當面換來鬧裏翻身將鉢盂峰一脚踢倒芍藥
花開菩薩面玉蘭花古洞之春緑楊䗬蓋木人唇
鏡照曹家之曉得重携雨乗閑卓幾下杖休過獨木
橋趂凉搬一轉柴好岩樹翠深雲蘿青合截流句巧
拙難分過橋酒美隔岸花香見法身即當不少虚空

不墮泥牛吼月古徑任苔封撒手亡依石女登機
室無人揭星見香餌好引龍淵赤梢鯉鱗吞鉤
子藥頭靈苗示南山鱉鼻蛇深深窟草轉功就位轉位
就功盡底掀翻黃面老瞿曇未出母胎時已被阿師
覷破

十五　宏智覺禪師

師諱正覺嗣丹霞隰州李氏子母夢五臺僧解環環
右臂乃孕及生右臂起一環上堂心不能緣口不能
議直饒退步荷擔切忌當頭觸諱風月寒清古渡頭
夜船撥轉琉璃地上堂黃閣簾垂誰傳家信碧羅帳
合暗撒真珠正恁麼時視聽有所不到言詮有說不
及如何通消息云夢回夜色依稀曉笑入梅家風爛
熳春上堂僧問如何是去底人曰白雲長壑盡青嶂
倚空高曰如何是却來底人曰幡頭白髮離岩谷半
夜穿雲入市廛曰如何是不來不去底人曰石女喚
回三界夢木人坐斷六門機乃云句裏明宗即易宗
中辨的即難良久云還會麼凍鷄未報家林曉隱隱
行人過雪山示寂世壽六十七年　白鳥煙沒
秋水連天

賛曰精進幢慈悲種隰州古佛丈夫解放光五臺老僧
何曾入夢發之眉宇黃金骨天上麒麟黃麟不棲荊錦
綉腸僧中鸞鳳不墮五貴三世何屑爲國王菩亭滑

吟一詩天見追唐宋琉璃殿滑船輕撥尚帶玄微黃
閣簾垂信不通猶存向奉二十里松濤翻露月泥絃
琴時發清彈一百尺連影離清池不守功全彰妙用
風斤巧琢連城璧瑩徹了無痕爝火輕然照諸星虛
凝曾不動青嶂空高白雲援壑應來機瞎却者僧眼
睛白鳥煙沒秋水連天供死郟笑破他人鼻孔擘開
泰華儘容伊進出河源吞三世佛雖是死蛇也要活
弄

二十　天童珏禪師

師諱真歇諱宗珏和州人也上堂云劫前運步世外
橫身妙契不可以意到真證不可以言傳直得虛靜
斂氣白雲向寒岩而斷靈光破暗明月隨夜船而來
正恁麼時作麼生履踐偏正不曾離本位縱橫那涉
語因緣僧問如何是道曰十字街頭休斫額雪峯鑑
入海山發明後乃曰威音王已前無師自證威音王
已後無師自證者即和魔外道出山聞空中語云鄭
行山向身菩薩至長蘆見師求印證師肯之

賛曰衆宣後遊開府清新一言亭九成儀鳳新豐洞
五色祥麟大道虛凝十字街頭從勞斫額玄微銷鑠
威音世外正好橫身真證不可以言傳言滿天下無
口過妙契豈容以意意到意窮萬有絕根塵暗燭靈光
夜船載娟娟之月氣消虛靜寒岩斷片片之雲深桓

那涉語因縁岸水潑鴛鴦難藏影跡偏正不曾離本
位枯樁繫癩馬徒死心神錦縺輕開花噴香蝴眠清
曉機絲不動柳含煙鶯織芳春有眼無筋錯印證鄭
行山肉身菩薩致飛雪千丈伸冤苦聲撼叢林

汴 自得暉禪師

師嗣宏智諱慧暉會稽張氏子上堂巢知風穴知雨
甜者甜兮苦者苦不須計較作思量五五從來二十
五萬般施設到平常此是叢林飽參句諸人還委悉
麼野老不知堯舜德鼕鼕打鼓祭江神上堂云皮膚
脫落絕方隅明了身心一物無妙入道寰深靜處王
人端馭白牛車妙明田地達者還稀識情不到唯證

六牛図

乃知白雲兒靈靈自照青山父卓卓常存機分頂後
光智契劫前眼所以道新豐路兮峻仍巇新豐洞兮
湛然深登者登兮不動搖遊者遊兮莫匆速亭堂雖
有到人稀林泉不長尋常木諸禪德向上一著尊貴
難明琉璃殿上不稱尊翡翠簾前還合伴正與麼時
針線貫通直宗不墜合作麼生施設滿頭白髮離岩
谷半夜穿雲入市廛師有六牛圖一曰始聞知識示
誨即起信心信心既萌求爲道本故牛首上一點白
一念信爲本千生入道因自憐迷覺性隨處染埃塵
野草時時綠狂花日日新思家無計得但覺淚沾巾
二曰信心既發念念措磨忽示發明心生歡喜最初

入頭故頭全白問訊者牛兒知非何太遲拋家經幾
劫逐妄許多時念念歸無念思思絕所思入頭從此
始次第證無爲三曰既有發明漸漸熏煉智慧明靜
未能純一將白半身看牧幾春秋將成露地牛出離
荒草去向近雪山遊正念雖歸一邪思尚混流脫愁
心迹盡六處不能收四曰更無妄念唯一真心清淨
湛然通身明白六處不能該傷曇火裏開了然無系
屬明淨絕纖埃繩索將無用人牛安在哉迢迢空劫
外佛祖莫能猜五曰心法雙忘人牛俱泯求起念外
唯一空空是名大解脫門佛祖命脈人牛消息言言
路絕知音罕矜千岩靜苔生三徑深心空無所有擔

盡不當今把釣公何在礵溪鎖綠陰六曰命根斷處
絕後還甦隨類受身逢場作戲只是舊時人不改舊
時行履處妙盡復窮通還歸六道中塵塵皆佛事處
處是家風諧玉泥中異精金火裏逢優游無間處隨
類且漂蓬

贊曰一石火電光雪竇一默岩頭溪沙裏精金寺羅山
舜中蓮有見真歌詩花發老婦牢識看佛被宏智爵
飯饅頭孩兒敢言宜得蹤翻明頭眼睛頭徧地荊棘參
剗斷辭微根脚跟下參天荊棘十成尊貴盡吾草豈
轉房著一路正常祭江神不知舜方煙霧寒沙孤鶩
立雪溪頭雪正深劉凍消枯木老龍吟竹子外春無

消息道泉深静處㞐後光刼前眼猶是金塵情識云
亂時青山父白雲兒終成家賊正偏兼到十洲花寺
免洞殘収放未全六年圖有何奇特長慶門下掃蕩
潑生涯信神爲有江血之功金雞抱司晨之德
洞山至此十一世共十四人

雲門宗

卅一 雲門匡真禪師

師嗣雪峯諱文偃秀州人俗姓張空王寺受業聽四
分律䇿見睦州州纔見便掩門拶折師足因茲獲
證入師大悟州指見雪峯師至峯莊見僧問上座上
山去那僧曰是師曰寄一則語問堂頭和尚不得道

三十年不請首座　三字誤欤

是別人語僧曰諾師曰上座到寺見和尚上堂衆集
便出握腕立地曰者老漢項上鐵枷何不脫却其僧
依師教峯見者僧遂下座攔胷扭住曰速道
速道僧無語峯拓開曰不是汝語僧曰是某語峯曰
侍者將繩棒來僧曰不是某語是莊上一浙中上座
教某來道峯曰大衆去莊上迎取五百人善知識來
師次日上山峯一見便曰因甚得到與麼師以手拭
目趁出峯奇之靈樹三十年不請首座一日師至即
命之不然就職劉王每入寺樹不接王欲檢其過樹
已知之遂入寂王至衆言之王曰有何言否衆曰和
尚去時封一合子待王至開王開見一小帖云人

天眼目堂守上座王即命師繼席前世之因劉王乃
齊宥香人入寺爲唖僧堂中樹爲堂司偶而叱之曰如
唖面上年之不依師誨之而去師有頭鐘一字関紅
旗横骨宗旨臨示家遺表曰困風霜於十七年間涉
南北於數千里外

賛曰孤蒲生異村浩氣吞雲濵出空王寺無心繫四
分葛藤裿踏睦州門折脚悟參時轉識鑽果經霜熟
軒知靈樹明窻下安排金繞若茶更入雪嶠洪爐中
烹煆見劉王憶僧堂唖面未驚玄玄沙笑漁舟通身
紅爛放洞山三頓捧徹底老婆心堅雲門一字関瞎
却宗師眼水上紅旗立未收暗中横骨抽何限雖十

七年困風霜於逆旅途間然數百世策奇勛於瘴煙
城畔僧鳳兮人龍緊誰奏九成攬重囲使來儀奮飛
於祖庭秋晩

卅二 香林遠禪師

師嗣雲門諱澄遠漢州人姓上官師爲侍者將紙衣
録門語句後歸蜀於水晶宮接待往來茶湯僧問衆
味豈師爲茶處成壽薬曰導江紙貴僧問如何是室
内一碗燈曰三人證亀成鼈僧問如何是衲衣下事
曰臘月火燒山僧問如何是香林一脉泉曰念無間
斷曰飲者如何曰隨方斗秤師謂衆曰老僧四十年
方打成一片將示寂辭知府宋公瑞曰老僧行脚去

通判曰吾嘗風狂八十歳行脚去那裏宋曰六言頌
識去住自由遠録公探雲門宗入蜀見師入國山
賛曰頂䫌三寸金眼生三角韶石家龍兒童奪得犀牛
峨峨山氷寫出奮飛鶯篇紙衣録他人話句就魚目
作明珠沙彌夏行客湯茶翻醍醐成毒藥水目冒冷
香爐篆蒼圓蒲宣霽有光風人面山高墨列唐尾渡
筑訪青春寫鑰諸龜成繁室内燈籠却光明臘火燒
山衣下言志難提撥四十年打成一片明暗暗昏
昏八十歳行脚語万哨魏魏活鱍鱍探竿嘆宗言司
遠録公之得脚定穿起落顚頭風馳祚窘門𡸁登辛
苦苦牟一脉㒵間斷多時若要随方立祚上自宣

斟酌
五十 洞山初禪師
師嗣雲門諱守初鳳翔傅氏子初参雲門門曰近離
甚處曰查渡曰夏在甚處曰湖南報慈曰幾時離彼
曰八月二十三日放汝三頓棒次日師上問訊曰昨
蒙和尚放三頓棒不知過在甚麼處曰飯袋子江西
湖南便恁麼去師大悟遂曰他後向無人煙處卓箇
菴子不蓄一粒米不種一莖菜接待十方往來盡與
他抽釘抜楔拈却炙脂帽脱却鶻臭衫教伊洒洒地
作箇無事衲僧去豈不快哉門云你身如椰子大開
得許大口示衆云言無展事語不投機承言者喪滞

句者迷逐得麼你衲僧分上到者裏須具擇法眼始
得只如洞山恁麼道也有一場過且道過在什麼處
僧問文殊普賢來参時如何曰趂向水牯牛欄裏著
曰和尚入地獄如箭射曰全憑子力問師登師子座
請師唱道情曰晴乾開水道無事設曹司曰恁麼則
謝師指示曰買鞋老婆脚趂趂問離却心機意識請
師一句曰道士著黄衣尾裏坐問大衆雲臻請師撮其
樞要略擧大綱曰水上浮漚呈五色海底蝦蟇叫月
明問蓮花未出水時如何曰楚山頭倒卓曰出水後
如何曰漢水正東流問如何是佛曰麻三斤問僧甚
處來曰汝州曰此去多少曰七百里曰踏破幾緉草

鞋曰三緉曰甚處得錢買曰打笠子曰衆堂去僧應
喏
賛曰間世賢真法器離報慈未出常情見雲門方始
瞥地風生萬壑虎豹子氣已食牛電掣傾城龍馬駒
足踐展驟視渾身如椰子能有幾長開大口侶紡車
略無少愧於先師會中問有何過合喫幾條棒向無
人煙處接待往來不畜一粒米酒糟公子面把黄頭
碧眼倒卓聚坑頭花挿美人頭將文殊普賢趂向牛
欄裏賣鞋老婆脚趂趂唱道情蠻子打鄉談著麄道
士坐嵬堆雜意識波斯入鬧市大海浮漚蝦蟇叫月
錯稱提韶石綱宗楚山倒卓漢水東流謾塗糊蓮花

初一叢林
入一叢林
梅檀叢林
荊棘叢林

出水問僧此去路多少踏破幾緉草鞋合佛亂掄麻
三斤渾淚是兒臭氣言無展事語不投機說道理即
不無望少室門風白雲萬里

廿六　智門祚禪師

師嗣香林諱光祚隨州人上堂云山僧記得在母胎
時有一則語今日舉似大衆諸人不得作道理商量
還有人商量得麼僧問金剛眼中著得箇甚麼曰一
把沙曰爲甚麼如此曰非公境界問蓮花未出水時
如何曰蓮花曰出水後如何曰荷葉上堂云汝等諸
人擔拄杖出一叢林入一叢林你道叢林有幾種
或有旃檀叢林旃檀圍繞或有荊棘叢林荊棘圍繞
或有荊棘叢林旃檀圍繞或有旃檀叢林荊棘圍繞
只如四種叢林是汝諸人在阿那箇叢林安身立命
若無安身立命處盡踏破草鞋閻羅王徵你草鞋錢
有日在上堂東家李四婆西家來乞火門外立少時
嗔他停滯我要發走歸家盡心至晝坐可怜群小兒
終日受飢餓有眼不點睛云鎖鑰髑髏破僧問如何是
般若体曰蚌含明月曰如何是般若用曰兔子懷胎
問如何是佛曰踏破草鞋赤脚走如何是佛向上事
曰拄杖頭上挑日月問曹溪路上還有俗談也無曰
六祖是盧行者問古鏡未磨時如何曰也只是箇銅
片曰磨後如何曰且収取雪竇見師問曰不起一念

香林放遼天
荷葉蓮花後
先出水

云何有過師召雪竇近前來竇纔近前師以拂子驀口
打竇擬開口師又打竇大悟
贊曰古木潤劉習襟無物浴海親生說月犀香抒放
出遼天鶻母胎中一則語鋒鋩簇簇誰肯商量金剛
眼一把砂騎牛覓重重如何洗刷荷葉蓮花後先出水
不當截流機旃檀荊棘圍繞叢林活眼無生國少時
立門外知李四婆來乞丙丁童一念未生前要顯闍
黎痛喫龜毛拂兔子懷胎蚌含明月將般若体用沉
埋鯉魚喫棒雨倡俑盆把窮乞家財籍沒拄杖頭邊
挑日月老瞿曇的的淚瀟溢曹溪路上有俗談盡作
者惺惺成溷溷拈出古鏡將謂是一片頑銅放下手
元來却是箇木渾

廿七　雪竇明覺禪師

師嗣智門諱重顯遂州人姓李氏初住翠峰次住雪
竇法道大行爲雲門中興嘗與賓客論
柏樹子話時韓大伯侍旁匿笑客去師謂曰汝何笑
耶韓曰笑知客有定古今無定古今眼師曰豈有
說乎對以偈曰一兔橫身當古路蒼鷹一見便生擒
後來獵犬無靈驗空向枯樁舊處尋師異之乃結爲
友李殿院嘗訪福嚴雅禪師時師爲藏主與李論話
間忽道士秀才至李曰三教中那教最尊師起側立
李曰有口何不道師曰對天子難言李曰休休便起

師曰適來造次。師頌大龍堅固法身公案詩曾不知
答還不會月兮風高古岩寒檜堪笑路逢達道人不
將語默對手把白玉鞭驪珠盡擊碎（不擊碎）增瑕纇國有憲
章三千條罪須衷國師無縫塔公案無縫塔見還難
澄潭不許蒼龍蟠層落落影團團千古萬古與人看
自贊一下三拍彼此七馬拈花未曾微笑何也石謂
玉兮器必分水凌虛兮月非下不知誰是旁觀者送
重部禪者春雨如膏春雲如鶴忽此忽彼乍休乍作
拈芗辭離維風六遲幽石片片送空亦茫一花五葉
兮不相信獨孤明兮（覷自知）歷疑遊梁從兩為勝跡
自貽圖畫當年愛洞庭波心七十二峯青如公高臥

思前事添得畫公詩一石屏
贊曰隋侯照乘珠趙國連城璧奪眠城秀形眉宇精
華分涇渭流注心源絡繹拔剔萬象擣蕭籥於縝鎔
綸之才褒毀五宗當會司寇作春秋之筆與遂府爺(?)
孟安稱笑黃檗兮衣未是的傳見兮良吳徹放光信
韶石一言所共詰貴白玉鞭擊驪珠不增瑕纇光皎
皎兮如灰無縫塔兮澄潭不臥蒼龍影團團黑似漆
無定古今眼談韓大伯其尊處鳥當路生擒五分膚經尊
使李家院老虎通身汗出多子塔前不曾拈花微笑
三拍七馬何同拄屈少林雪裏初無斷臂安心五葉
一花徒勞指的住翠巖好任雪竇好為無治鑑說

祖師禪說文字禪蝸篆新泥壁噴飛雪一千尺爲文成
瀑布流出青嶂愛洞庭七十二峯和一石屏收歸圖籍
高風逸韻古來今只許一人如北斗泰山仰之彌高
望之不及

八　洞山聰禪師

師嗣文殊真諱曉聰韶州杜氏子初見文殊示衆云
直鉤釣驪龍曲鉤釣蝦蟆蚯蚓遂有龍慶良久云勞
而無功乃有省師在雲居作燈頭見僧說泗洲大聖
近在揚州出現有僧問曰既是泗洲大聖為什麼却
向揚州出現師曰君子愛財取之有道後僧舉似蓮
華峰祥庵主主大驚曰雲門兒孫猶在中夜望雲居

拜之上堂舉寒山云井底生紅塵高峰起白浪石女
生石兒龜毛寸寸長若要學菩提但看此模樣良久
云還知落處也無若也不知落處看看菩提入僧堂
去也久立僧問達磨未傳心地印釋迦未解髻中珠
此時若問西來意還有西來意也無曰六月雨淋淋
寬其萬妊心曰恁麼則雲散家家月春來處處花曰
腳跟下到金剛水際是多少僧無語乃曰祖師西來
特唱此事自是上座不薦所以從門入者不是家珍
認影迷頭豈非大錯既是祖師西來特唱此事又何
必更對衆忉忉珍重上堂晨雞報曉靈粥後天便明
燈籠猶瞌睡露柱却惺惺復曰惺惺直是惺惺歷歷

直是歷歷明朝後日莫認奴作郎珍重示衆天晴盖
却屋趁閑刈却禾輸納王租了鼓腹自高歌僧問德
山入門便棒猶是起模畫樣臨濟入門便喝未免揑
目生花離此二途未審洞山如何爲人師曰天晴久
無雨近日有雲騰曰他日若有人問洞山宗旨教學
人如何舉似曰園蔬枯槁甚擔水潑菠薐僧問如何
是離聲色句曰南贍部洲北鬱単越曰恁麼則學人
知恩不昧也曰四大海深多少師一日不安上堂辭
衆述法身頌曰參禪學道莫茫茫問透法身北斗藏
余今老倒尩羸甚見人無力得商量唯有钁頭知我
道種松時復上金剛言訖而寂

賛曰絶羅籠沒巴鼻立玄關於新豊洞前闡化機於
筠陽城裏就文殊鈎頭脫去入獅龍窟宅誰敢保明
伊吝泗洲轉語顢頇作雲門兒孫未暇打得你和座
磨古鏡黄鶴樓前鸚鵡洲入水見長人瞎驢脚下金
剛際學菩提看石女生兒辨奴郎要燈籠瞎驢盖屋
輸官都了辦唱歌鼓腹逍樂昇平參禪學道莫商量
荷钁栽松且圖遊戲翻身藏北斗未是良謀擔水潑
菠薐錯明宗旨離聲色句讃云北鬱単越南贍部洲
直饒說得看僧難讃自己

九十　雲居舜禪師

師諱曉舜嗣洞山瑞州人姓胡氏初參洞山一日武
昌行乞首謁劉居士士高行爲時所敬意所與奪莫
不從之師時年少不知其飽參頗易之士曰老漢有
一問若相契則開疏如不契請還山遂問古鏡未磨
時如何曰黑似漆磨後如何曰照天照地士長揖曰
且請上人還山拂袖入宅師懡㦬而回山問師言其
事山曰你問我與你道師理前問山曰此去漢陽不
遠師進後語山曰黄鶴樓前鸚鵡洲師有省師住廬
山栖賢槐都官守南康因私忿民其衣大覺璉曾入
師室聞師還俗遣人取至淨因以正寢居之覺處偏
室仁宗數召覺入内竟不言師事偶一日嘉王取旨
出淨因飯僧見覺侍師旁甚恭回奏仁宗召對便殿
見之歎曰道韻奇偉眞山林達士於扇上書曰賜曉
舜依舊爲僧特旨再住栖賢仍賜紫衣銀鉢師退栖
賢時以二力舁轎至羅漢寺二力曰既不是我院長
老不能遠去弃轎而回豎師再住令人先覺二夫曰
你當時做得是但安心不必疑懼師入院上堂曰無
端被諸枉遭迍半年有餘作俗人今日再歸三峽寺
幾多歡喜幾多嗔上堂舉夾山道鬧市門頭識取天
子百草頭上薦取老僧雲居即不然婦搖機軋軋兒
弄口喎喎師常識禾衣說葛藤禪一日懷璉化師於
法堂上曰且喜葛藤椿子倒了也秀圓通在會亦作
維那每見呵罵謂同列曰我須與者老漢理會一上

及夜叅又罵吞聲出衆曰豈不見圓覺經云道師
遷曰久立大衆伏惟珍重便歸方文秀曰者老漢通
身是眼罵得懷和尚也上堂諸方有弄蛇頭撥虎尾
跳大海劒刃裏藏身雲居者裏寒天熱水洗脚夜間
脫襪打睡早晨旋繫行纏風吹籬倒喚人夫劈篾縛
起上堂唯一堅密身一切塵中現蝦蟇蚯蚓各有窟
穴烏鵲鳩鴿亦有窠巢正當與麼時爲甚麼人說法
良久云方以類聚物以羣分上堂雲居不會禪洗脚
上床眠冬瓜直儱侗瓠子曲彎彎師一日坐甚官和
尚喚侍者將犀牛扇子來因緣拈曰三伏當時正須
扇子爲侍者不了事雖然如是甚官太多何不大家

割捨侍者當時若見甚官道扇子既破還我犀牛兒
來便向道已颺在稭稿堆頭了也
賛曰巖藪中來靈明不昧凌霄漢深浣脩篁傲雪霜
古岩寒檜身歸三派寺添五老幾多嗔喝跨鸚鵡洲
攛古鏡百雜碎婦搖機軋軋鬧市頭識天子赤直兒
弄口喝喝百草上薦老僧不會這身是眼喜天衣懷
倒了高亭祿平地生堆笑槐都官枉入民衣罪洗脚
脫襪打睡初無些格生涯喚人劈篾縛籬也是尋常
家計烏鵲巢窠蝦蟇窟穴堅密身出現塵中冬瓜儱
侗瓠子曲彎祖師禪迥超言外弄蛇頭撩虎尾聽諸
方劒刃裏露影藏身破扇子潑犀牛謂甚官耆宿羅頭

成圓作塊道韻奇偉得山林達士之名合浦珠還定
蛟盤了無瑕纇　頌

十六　大覺璉禪師

師嗣泐潭諱懷璉漳州陳氏子母夢僧伽而生因小
字泗洲師造泐潭法席投機印可師事之十餘年去
遊廬山掌記圓通訥處仁宗召訥訥以倦奏師代有旨
住淨因召對化成殿問佛法大意稱旨賜大覺號遣
中使問曰才去豎拂人立難當師以頌回奏曰有節
非干竹三星繞月宮一人居日下弗與衆人同帝覽
大悅又召對便殿賜羅扇題元寂頌與師問荅詩頌
書以賜之凡十七篇至和中乞歸老山中進頌曰六

載皇都唱祖機兩曾金殿奉天威青山隱去欣何得
滿箇唯將御頌歸帝和頌不允宣諭曰山即如如體
也將安歸乎再住京國且興佛法師再進頌謝曰中
使宣傳出禁闈再令臣住此禪扉青山未許藏千拙
白髮將何補萬機霄露恩輝方湛湛林泉情味苦依
依堯仁況是如天闊應任孤雲自在飛帝賜龍腦鉢
師謝恩了捧鉢曰吾法以壞色衣以瓦鐵器此鉢非
法遂焚之中使回奏上加歎不已僧問聖君御頌親
頒賜和尚將何報此恩師以手托地曰恁麼則一人
有慶兆民賴之曰半尋拄杖攪黄河開堂僧問諸佛
出世利濟群生猊座師登將何拯濟曰山高水闊曰

花發無根樹魚跳萬仞峯曰新羅國裏曰慈舟不棹
清波上劍峽徒勞放木鵝曰脱却衣裳臥荊棘曰人
將語試曰横得其便僧撫掌曰更跨跳上堂文殊寶
劍得者爲尊乃拈拄杖曰淨因今日恁麼直得千聖
路絶雖然如是猶是矛盾相攻不犯鋒鋩如何運用
良久曰野蒿自發空臨水江燕初歸不見人參治平
中上疏乞歸進頌曰千簇雲山萬壑流歸心終老此
峰頭餘生願祝無疆壽一炷清香滿石樓英宗留之
不可詔許自便師渡江留金山西湖四明守以育王
迎至韶九峯作勸請疏四明人相與出力建閣藏所
賜詩頌牓曰宸奎東坡知杭以書問師曰承要作宸

奎閣碑謹以撰成衰朽廢學不知堪上石否見參寥
說師出京英廟賜手詔其略曰任性住持者不知果
有否如有切請録示全文欲添此一節師終藏而不
出遠委順後獲於篋笥師以佛國白造蒙堂處之後
世蒙称因取法焉師住育王作逸老堂
賛曰家近榑桑國波斯耳帶環謂漳泉偏頭然心
毒說泗洲入夢莫夜人謂羅萬象於胷中風雷陟頰
吐片言於舌上錦繡爛斑拔澄散聖虎頭閑笑收虎
尾爽銀瑞使龍腦鉢喜動龍顏拈將拄杖攪黃河報
恩有分脱却衣裳臥荊棘濟物何慳尊道德不忘帝
布之交讓舜老夫身居正寢爲佛法代赴紫泥之詔

使訥圓通名播塵寰江燕初歸不見人文殊劍鋒鋩
太露野蒿自發空臨水千聖路踏斷應難錦帳鋪花
得蘇內翰雄文壯觀宸奎閣橐鋒脱穎爲韶九峯一
疏來住育王山屋縛數根椽令大地人蒙居養正雲
披三事納學住山翁逸老投閑就梅影肋枕胡床斫
額望明月破竹陰履穿苔徑倚檻看狂瀾青出藍青
於藍欲窮端的意幽鳥語綿蠻

天衣懷禪師

師諱義懷嗣雪竇永嘉陳氏子世以漁爲業母夢星
隕于屋除及產多吉祥兒稚坐父船尾漁得魚付師
貫師不忍私投江中父怒笞詬甘甜之不以介意長

遊京師依景德寺爲童行天聖中試經得度謁金鑾
善葉縣省皆不契由洛抵龍門復至都下欲繼宗風
意有未决忽遇言法華撫師背曰雲門臨濟去東遊
至姑蘇禮明覺於翠峰入室次覺曰恁麼也不得不
恁麼也不得恁麼不恁麼總不得師擬議覺打出如
是者數四尋爲水頭因汲水擔折忽悟作投機頌曰
一二三四五六七萬仞峯前獨足立奪得驪龍頷下
珠一言勘破維摩詰覺撫几稱善出世鐵佛上堂譬
如鴈過長空影沉寒水鴈無遺蹤之意水無留影之
心若能如是方解異類中行不用續鳧截鶴夷岳盈
壑放行也百醜千拙收來也攣攣拳拳用之則敢與

八大龍王闘冨不用都不直半文錢叅次住平江薦
福接冲・李秀夫後榜方丈曰真金爐揚無爲賛曰冲
李秀夫四碧眼胡中間坐者真金之爐上堂夫爲宗
師須是驅耕夫之牛奪飢人之食遇賤即貴遇貴即
賤驅畊夫之牛令他苗稼豊登奪飢人之食令他永
絶飢虚遇賤即貴握土成金遇貴即賤變金爲土老
僧亦不驅畊夫之牛亦不奪飢人之食何謂畊夫之
牛我何用飢人之食復何飡我也不握土成金也不
變金作土何也金是金土是土玉是玉石是石僧是
僧俗是俗古今天地古今日月古今山河古今人倫
雖然如此打破大散關幾箇迷逢達磨上堂須彌頂

上不扣金鍾畢鉢岩前無人聚會山僧倒騎佛殿諸
人返著草鞋朝游檀特暮到羅浮拄杖針筒自家收
取上堂夜來寒霜凛冽黄河凍結陜府鐵牛腰折盡
道女媧煉石補天爭奈西天一缺如今欲與他補却
又恐大地人無出氣處且留者一竅與大地人出氣
叅僧問牛頭未見四祖時如何曰長江無六月曰見
後如何曰一年一度春上堂蜀魄連宵叫鵶鴻終夜
啼圓通門大啓何事隔雲泥辞世曰紅日照榑桑眞
雲封華岳三更過鐵圍拗折驪龍角琉璃雙碉月分
破翡翠十峰雲掃開乃天衣境也
賛曰笑花正眼立雪元樞早往京師試經駕三車自

鞭轂蘇長就翠峰養垔奏九成曰樂鶏鳴巨口呑鈎
颺下知幾赤梢鯉精金躍冶不祥是四碧眼胡寒水
一奩清印長空沉鴈影匾檐兩頭挑抉驪頷奪明珠
眼有瞳人初不在握土成金驅畊奪食身行異類文
何須真岳蓋鑿截鶴續鳧減骨貧窮敢與龍王闘冨
一言勘破豈容摩詰名模教人返着鞋暮到羅浮朝
遊檀特被僧輕摘背忽尋明覺遠到姑蘇半夜霜寒
結黄河凍陜府鐵牛腰折一年春到引牛頭見四祖
枯木花敷鶏鴈啼夜蜀魄吟宵圓通門大啓高鑰闢
翠掃雲琉璃分月天衣境巧畫成圖出林師子塵堀
神駒走過鐵圍尋不得趙州東壁挂葫蘆

二辛 圓照本禪師

師嗣天衣諱宗本常州管氏子初見天衣室中問師
即心是佛時如何師曰殺人放火有甚麽難於是名
顯元豊間本漕使獲圭命師開法瑞光法席日盛杭
州守陳公襄以承天興教二刹命師擇居蘇人留之
益甚又以淨慈堅請移之諭道俗曰借師三年爲此
邦植福不敢久占道俗始從元豊五年神宗下詔闢
相國寺六十四院爲八禪二律六召師爲慧林第一
祖既至遣使問勞翌日召對延和殿問道賜坐師即
跏趺帝問卿受業何寺奏曰承天永安帝大悦賜茶
即舉盞長吸又蕩摇之帝喜其眞率以方興禪宗宜

善聞道奏曰陛下知有此道如日照臨臣豈敢自怠
即辭退帝目送之謂左右曰眞福慧僧也僧問如何
是祖師西來意曰韓信臨朝底曰中下之流如何領
會曰伏屍萬里曰早知今日事悔不愼當初曰三皇
塚上草離離上堂頭圓像天足方似地古皃稜稜覺丈
夫意氣趯倒須彌踏翻海水帝釋與龍王無着身處
乃拈拄杖曰却來拄杖上迴避咄任汝神通變化究
竟須歸者裏卓拄杖一下元祐元年以老求歸得旨
任便雲遊州郡不得抑令住持擊鼓辭衆曰本是無
家客那堪任便遊順風加艪棹船子下揚州既出都
城王公大臣送者車騎相屬師臨別誨之曰歲月不

可把翫老病不與人期唯勤修勿怠是眞相爲聞者
莫不流涕其眞慈善導感人如此晩居蘇之靈岩示
寂後門弟子塔全身於寺之左
賛曰眞福慧僧畫丈夫氣倚烏藤古皃稜稜發清談
春風亹亹到南泉不疑地樊噲蹈鴻門窮少室濫觴
源韓信臨朝底踏翻大海聽龍王改宅他方趯倒須
彌使帝釋容身無地圓照堂前光皎皎揭示祖師心
三皇塚上草離離漏洩東君意垂一機指人活路大
用雷奔倩三年植福此邦惡聲鼎沸一錫晩歸林下
輦寺無心宿斷雲一絃高挂壁間琴臺有月翻秋水
即心即佛殺人放火有甚麼難到船子下揚州因甚

底感人流涕

辛三　圓通秀禪師

師嗣天衣諱法秀秦州人俗姓辛母夢老僧投宿乃
有娠先是麥積山有老僧與應乾寺魯和尚善每約
從魯遊方魯老之既去乃曰他日當尋我竹鋪坡前
俄有兒生其所往觀之兒爲一笑三歲願隨魯歸十
九試經得度勵志講肄習圓覺華嚴妙入精義聞無
爲鐵佛懷禪師法席盛徑往參禮懷問座主講甚麼
經曰華嚴曰華嚴以何爲宗曰法界爲宗曰法界以
何爲宗曰以心爲宗曰心以何爲宗師無語懷曰毫
釐有差天地懸隔汝當自看必有發明後聞僧舉白

兆問報慈云情生智隔想變体殊情未生時如何慈
云隔忽悟直到方丈陳所證懷曰汝眞法器吾宗異
日在汝行矣師服勤八年懷推爲導首出世四面後
住本山上堂少林九年冷坐却被神光覷破如今王
石難分只得麻纏紙裹還會麼笑我者多哂我者少
示衆山僧不會解說大都應箇時節相喚喫椀湯茶
亦無祖師妙訣禪人若也未相諳踏著秤鎚硬似鐵
上堂寒雨細朔風高吹砂走石拔木鳴條諸人盡知
有且道風作何色若識得去許你具眼若也不識莫
怪相謾僧問不離生死而得涅槃不出魔界而入佛
界師曰赤土塗牛妳曰謝師答話曰你話頭道什麼

僧擬議師便喝師嚴冷叢林稱爲鐵面李伯時畫馬入神師勸曰當想入馬腹中矣李有省因令改畫觀音李從之山谷好作艷詞人爭傳之師呵之谷笑曰又當置我於馬腹中耶師曰公作艷詞以蕩人心不止馬腹正恐生泥犂中耳谷驚愕乃止

賛曰靡靡東何彳亍麥積山夢裏翻身竹鋪坡笑中含毒頂門眼正等天地若浮漚魏闕心遊以江湖爲桎梏悟報慈情生智隔冷汗通身指華嚴法界心宗狂花眩目玄中自得幾星沙善解玉連環妙處不傳一蟻絲巧穿珠九曲赤土塗牛妳入佛魔命若懸絲生鐵褁面皮辨龍蛇機如嚙鏃金鎚影動輪掌上圭角稜稜寶劍光寒挂眉間鎚鎚簇簇畫神駒得妙處入馬腹喚醒李龍眠作艷詞惑亂人陷泥犂罹殺黄山谷烹天衣紅爐裏未辨金鍮坐少林深雪中難分石玉巧説不會應時節喫桃湯茶又何曾雨辦吹砂風能拔木

大通本禪師

師諱善本嗣圓照潁人董仲舒之後弱冠博極群書無仕宦意往京師試經得度參圓照於瑞光悟旨紹世雙林次住淨慈神考聞其名有詔住上都慧林賜大通號上堂曰上不見天下不見地畐塞虛空無處回避爲君明破即不中且向南山看鼈鼻擲拄杖下座僧問寶塔元無縫如何指示人曰煙霞生背面星月遶簷楹曰如何是塔中人曰竟日不知清世事終年坐斷白雲鄉曰向上更有事也無曰太無厭生上堂僧問若論此事譬如兩家著碁學人上來請師一著曰早輸了也曰錯曰是曰近前無路也師卓拄杖一下曰爭奈者箇何曰只如黒白未分時又作麼生曰且饒一著僧問百尺竿頭如何進歩曰嶮曰便恁麼去又作麼生曰百雜碎僧問九夏賞勞即不問從今向去事如何曰光剃頭淨洗鉢曰謝師指示曰滴水難消

賛曰併息諸緣單明自己仰面不見天低頭不見地優入聖域透雲門胡餅之機傳綜群經抱仲舒絳帷之志煙霞生背面無縫塔勉強名模黒白未分時一局碁顢頇指示百尺竿頭輕進歩嶮似懸崖九夏堂中光剃頭難消滴水直鈎有香餌入滄海釣金鼇兩眼沒瞳人向南山看鼈鼻竟日不知清世事髑髏識未全灰長年坐斷白雲鄉聖凡心猶尺洗碧梧陰合穩慧林祥鳳之巣白雨聲喧奮南宕老龍之窟沒巴鼻處抛出八稜棰畐塞虛空使大地人無處回避

雪峰慧禪師

師諱思慧嗣大通錢塘人俞氏子上堂布大教網擁人天魚護聖不似老胡拖泥帶水只是見兎放鷹遏

轟發箭乃高聲召大衆曰上座昔日藥山早晩不參
動經旬月一日大衆纔集山便歸方丈諸禪德從時
佛法早自淡薄論來猶較些子如今毎日鳴鐘陞堂
忉忉怛怛地問者口似紡車舌如霹靂總似今日靈
山慧命殆若懸絲少室家風危如累卵又安得箇悅
然有志扶豎宗乘底衲子出來喝散大衆非唯耳邊
靜辦當使正法久住豈不偉哉如或捧上不成龍山
僧倒行此令以拄杖一時趂散上堂南詢諸友踏破
草鞋絶學無爲坐消日月九情易脱聖解難忘但有
纖毫皆成滲漏可中爲道似地擎山應物現形如驢
覷井縱無計較途轍已成若論相應轉沒交涉翹諸

仁者莫錯用心各自歸堂更求何事上堂一法若通
萬縁方透拈拄杖曰者裏悟了提拄杖海上横行若
到雲居山頭爲我傳語雲峰和尚咄上堂一切法無
差雲門胡餅趙州茶黄鶴樓前吹玉笛江城五月落
梅花慚愧太原孚上座五更聞畫角天曉弄琵琶喝
一喝僧問古殿無燈時如何曰東壁打西壁上堂云
眼睫横亘十方眉毛上透青天下徹黄泉且道鼻孔
在什麼處良久云劒
賛曰雲門八世孫巨托門墻闢垂一機平地上波濤
示一境嶮崖中妙密羅龍打鳳藕絲網密布縵天獵
兎射鼈蒿枝箭硬教中的口似紡車舌如霹靂雲峰

門下擔當深埋身如累卵命若懸絲靈龕爲山前樵
叶屈學無爲坐消日月渡水覓魚蹤詢諸友踏破草
鞋過山尋蟻跡萬縁未透徒勞拈拄杖海上横行一
法無差且聽落梅花江城狼藉笑嵩山蒲庭立雪小
魚呑大魚住破院古殿無燈東壁打西壁聖解凡情
絶纖毫無滲漏途轍上轉見岐分眉毛眼睫亘十方
透青天鼻孔中元無氣出徹骨風流無人企及錢塘
江上弄琵琶黄鶴樓前吹玉笛千峯萬峰鎖寒碧

月堂昌禪師

師嗣雪峯慧諱道昌寶溪吳氏子上堂云未透祖師
關千難與萬難既透祖師關千難與萬難未透時難

則且置既透了因甚却難放下笊籬雖得價動他杓
柄也無端上堂云與我相似共我無縁打翻藥銚傾
出爐煙還丹一粒分明在流落人間是幾年師住王
几冷泉塔于南山真歇和尚住徑山時行化寶溪到
師家中見乃再歇以手摸其腹人詰之歇曰我重婆
子者裏出一員古佛
賛曰寶溪寶非常寶鯨呑水露出珊瑚枝龍躍函打
失驪珠顆辨真贋撞著瞎波斯較重輕迷逢胡達磨
鋪陳玉几瞿曇舍利寂寂無聞拋擲冷泉雪竇爲山王
忙忙尋討祖師關寒光射透見笊籬杓柄脱体現成
大還丹冷燄一揮把藥銚爐煙盡情傾倒當場定價

壓隋侯照乗不直分文韞櫝藏諸笑趙國連城甘爲
死貨貧老娘肚裏苦他人把摸愛同古佛放光無星秤
子等銖兩分明不救先師說了白玉鞭擊碎一色無蹤
聽千古萬古南岩山前草離離日杲杲
雲門至此九世共一十四人

潙仰宗

賛　潙山大圓禪師

師諱靈祐嗣百丈福州趙氏子初参百丈侍立次夜
深丈曰看爐中有火否師撥之曰無丈起身深撥得
少火舉而示之曰汝道無者箇聻師大悟礼謝陳所
見丈曰此是暫時岐路耳經云欲識佛性義當觀時
節因縁時節既至如迷忽悟如忘忽憶方省己物不
從他得故祖師云悟了同未悟無心亦無法只是無
虛妄凡聖等心本來心法元自具足汝今既爾善自
護持師摘茶次謂仰山曰終日摘茶只聞子聲不見
子形仰撼茶樹師曰子只得其用不得其体仰曰未
審和尚如何師良久仰曰和尚只得其体不得其用
師曰放二三十棒雲岩來師問聞汝久在藥山是否
岩曰是師曰如何是藥山大人相岩曰涅槃後有師
曰如何是涅槃後有岩曰水洒不著岩却問師百丈
大人相如何師曰巍巍堂堂煒煒煌煌聲前非聲色
後非色蚊子上鐵牛無你下觜處劉鐵磨來師曰老
牸牛汝來也磨曰來日臺山大會齋和尚還去麼師
乃放身作臥勢磨便出去師睡次見仰山來師便面
壁仰曰和尚何得如此師起曰我適來得一夢你試
爲我原看仰度一盆水師便洗面少頃香嚴至師曰
我適來得一夢寂子爲我原了汝更爲原看嚴點一
盞茶來師曰二子神通過於鶖子師泥壁次李軍容
具公裳至師背後端笏而立師回首見便側泥盤作
接泥勢李轉笏作進泥勢師抛泥盤同歸方丈僧問
不作潙山一頂笠無由得到莫徭村如何是潙山一
頂笠師喚曰近前來僧近前師與一踏上堂老僧百
年後向山下檀越家作一頭水牯牛左脇書五字曰
潙山僧某甲當恁麼時喚作潙山僧又是水牯牛喚
作水牯牛又是潙山僧畢竟喚作什麼仰作禮而退
仰山夏末問訊師師曰子一夏不見上來在下面作
何所務曰某甲在下面鋤得一片畬下得一籮種師
曰子今夏不虛過仰却問師和尚一夏作得箇甚麼
師曰日中一食夜後一寢仰曰和尚今夏亦不虛過
道了乃吐舌師曰寂子何得自傷己命
賛曰蠱毒家滅胡種心無半點潙肉有二千斤重徳大
雄哉火活換眼睛引寂子慈茶全彰体用轉身猶不
會徒然要軍容進泥膽驪幾曾醒倔強餧香嚴原夢
鉏畬兒下得一籮種不栽九旬不見上來徵笠僧行到

莫窯村契一蹐不勝自呈惡書名於左誰云不是大潙
僧放臥身時我疑去扶臺山僧先師六人與衆皆知
熗熗熗熗本色住山翁初不在儱儱侗侗別立玄風
闡化機鋒言路斷碍橫借赤紀斯文之正統

仰山智通禪師

師諱慧寂嗣潙山韶州葉氏子師辭親遊方日人有
識之者於師扇上題曰寂子去行脚諸魔使莫識師
續曰龍生蛇腹中借他十箇月人皆異之蓋師出署
門諸魔或曰猪毛初參耽源已悟玄旨源謂師曰國
師當時傳得六代祖師圓相共九十七箇授與老僧
曰吾滅三十年南方有一沙彌到來大興此教次第

傳授毋令斷絕我今付汝汝當奉持遂將本付師師
一覽便火却源一日問師前來諸相甚宜秘惜曰當
時看了便燒却也源曰吾此法門無人能會唯先師
及諸祖諸大聖人方可委悉子何得燒之師曰某甲
一覽便知其意但用得不可執本也源曰雖然如此
於子即得後人信之不及師曰和尚若要重錄不難
即重集一本上呈且無遺失源曰然師參潙山次師
問如何是真佛住處潙曰以思無思之妙返思靈燄
之無窮思盡還源性相常住事理不二真佛如如師
大悟自此執侍十五年師為直歲作務歸潙問甚處
來師曰田中來潙曰田中多少人師插鍬叉手而

弥勒内院

立潙曰今日南山大有人刈茅師拔鍬便行一日隨
潙遊山到盤石上坐師侍立忽鴉銜一紅柿落在面
前潙拾得與師師接洗了度與潙潙云子甚處得來
師曰此是和尚道德所感潙曰子也不得無分即分
半與師潙問師忽有人問汝作麼生祇對師曰東寺
師叔若在某甲不致寂寞潙曰放汝一箇不祇對罪
師曰生之與殺只在一言潙曰不然汝見別有一人
不肯師曰阿誰潙指露柱云者箇師曰道什麼潙亦
曰道什麼師曰白鼠推遷銀臺不變師夢入彌勒內
院堂中諸位皆足惟第二座空師就坐有一尊者白
槌曰今當第二座說法師起白槌曰摩訶衍法離四

句絕百非諦聽諦聽衆皆散去及覺舉似潙潙曰子
已入聖位師便礼拜香嚴有發明偈潙聞得曰此子
徹矣師曰此是心機意識著述得成待某甲親自勘
過師後問嚴見和尚贊師弟發明頌你試舉看嚴乃
舉師曰此是宿習記持而來若有正悟別更說看嚴
又舉去年貧未是貧語師曰如來禪許吾弟會祖師
禪未夢見在嚴又曰我有一機瞬目視伊若人不會
別喚沙彌師報潙曰且喜閑師弟會祖師禪也南塔
涌謁臨濟後歸侍師師曰汝來作什麼涌曰礼覲和
尚師曰還見和尚麼涌曰見師曰和尚何似驢涌曰
某甲見和尚亦不似佛師曰若不似佛似箇什麼涌

曰若有所似與驢何別師大驚曰凡聖兩忘情盡体
露吾以此驗人已二十年無決了者子保任之師每
指謂人曰此子肉身佛也
賛曰鎮海珠毒龍囦十月借蛇腹出生一顆落皎盤
圓轉近前叉手立傳向上之機鋒思盡還源拨出無
窮之靈焔晃䆫第二座說法白槌處鰲得竟飛南山
大有人刈茅接鍬去何曾夢見道德所感烏鴉銜柿
磐石坐分生殺在言白鼠推遷銀臺不變梵人却諸圓
相使耽源懊惱尊懷遂著小釋迦被胡僧塗糊當面
喚沙彌印香嚴會得祖師禪何似驢引南塔拔出吹
毛劍得人憎處只許他家父子知然萬古徽猷縱佛

手亦難捻

南塔光湧禪師

師諱光湧嗣仰山豐城人章氏子母乳之夕神光照
室廐馬皆驚因以光湧名之少俊敏依仰山剃度發
明大事僧問文殊是七佛之師文殊還有師否師曰
遇緣即有曰如何是文殊師師竪起拂子僧曰莫只
者便是麼師放下拂子問如何是妙用一句師曰水
到渠成問真佛住在何處師曰言下無相也不在別
處清化什參次問從何而來曰鄧州曰鄧州使君名
什麼曰化下不敢相觸曰此地通不畏曰大丈夫何
必相試師輾然而笑遂印可集雲峯下大權傳燈

具載
賛曰光騰乳室劍隱豐城電翻空囦龍起蟄駒墮地
厩馬群驚謁臨濟全生死猶昨夢見仰山凡聖兩忘情
忽尓大驚悟人前指謂肉身佛輾然而笑知化下敢
觸使君名獨露真常雲收月現全彰体用水到渠成
南塔影中文殊師錯竪拂子集雲峯下大權師模奐
師兄一再光覺東平鏡塵埃蕭西二十年笑殺人謌
歡瞎無睛言下無相則固是不在別處然真佛所住
第依俩到底難羽

芭蕉清禪師

師諱慧清嗣南塔新羅人也師謂衆曰我十八上到
仰山見南塔上堂曰汝等諸人若是箇漢從娘肚裏
膈出來便作師子吼解好麼我於言下歇得身心便
住五載示衆云你有拄杖子我與你拄杖子你無拄
杖子我奪却你拄杖子僧問如何是提婆宗師曰赤
幡在左問如何是達磨西來意師曰獨自栖栖暗渡
江問賊來須打客來須看忽遇客賊俱來時如何師
曰屋裏有緉破草鞋曰只如破草鞋還堪受用也無
師曰汝若將去前凶後不吉上堂如人行次忽遇前
面萬丈懸崖背後野火來逼兩畔荊棘林若向前則
墮坑落塹若退後則野火燒身若轉側又被荊棘林
礙當恁麼時作麼生免得若也免得合有出身之路

若也免不得墮身死漢僧問不問二頭三首請師直
指本來面目師默然正坐問如何是吹毛劍曰進前
三步曰用者如何曰退後三步問北斗裏藏身時如
何曰九九八十一曰會麼曰不會曰一二三四五問
古佛未出興時如何曰千年茄子根曰出興後如何
曰金剛努眼睛承天確在師會下發明後僧問衆罪
如霜露慧日能消除時如何確曰庭臺深夜雨樓閣
靜時鐘曰爲什麼因緣會遇時果報還自受確曰管
筆能書片舌解語
贊曰御頭未跨竈絃系徧大唐諸祖豎提婆宗奪外
道赤旛面荅西來意貶達磨渡江去拄杖子一生與

奪未嘗敲出玉麒麟娘肚裏十月出生幾曾吼作金
師子前凶後不吉破草鞋難得受用時退火進深坑
荊棘林那有出身路新羅人難辨語嘗的帝都丁北
斗裏穩藏身一二三四五兩口一無舌着臨溪打開
石鎖兩頭搖雜毒深入心致承天吐出庭臺深夜雨
默然正坐本來面不在二頭用者如何吹毛劍岸搗
三步青出於藍青於藍信潙仰兒孫鸞翔鳳舞

十一　芭蕉徹禪師

師諱繼徹嗣芭蕉清廣西人也初謁風穴穴問如何
是正法眼曰泥彈子穴異之後參芭蕉見上堂有云
兩口一無舌即是吾宗旨豁然大悟僧問如何是深

深處曰石人開石戶石鎖兩頭搖問如何是臨溪境
曰有山有水問寂寂無依時如何曰未是納僧分上
事曰如何是納僧分上事曰要行便行要坐便坐問
有一人不舍生死不證涅槃師還提携否曰不提携
曰爲什麼不提携曰臨溪粗識好惡示衆曰昔日如
來於波羅奈國梵王請轉法輪如來不已而已有屈
宗風隨機逗教遂有三乘名字流傳於天上人間至
今光揚不墜若據祖宗門下天地懸殊上上根機頓
超不異作麼生是混融一句還有人道得麼若也道
得有參學眼若道不得天寬地窄示衆眼中無翳空
裏無花水長船高泥多佛大莫將問來我也無荅會

麼問在荅處荅在問處偈云芭蕉的旨不挂唇齒木
童唱和石女側耳
贊曰人面蚍利刃窗閑行坐自要誇張識好惡人信
不及泥彈子作正法眼豈知老風穴綿裹蒺藜茹子
根應言佛機不學先芭蕉錦包特石混融句地窄天
寬臨溪境山深水碧遇納僧問涅槃生死要提携直
待驢年斤瞿曇說頓漸偏圓屈宗風卒無了日西來
意貼肉衫汗透千重宗門事脚跟下泥深三尺木童
唱和石人側耳潑宗旨誰肯挂唇眼中沒翳空裏無
花開言語不勞拈出人皆謂潙山五世到師寂爾無
傳殊不知萬仞門墻攀登者銀山鐵壁

潙仰宗至此五世

法眼宗

二卆 清凉法眼禪師

師諱文益餘杭魯氏子祝髮詣開元覺律師受具戒
及覺盛化四明師往習毘尼工文章覺奇之目爲吾
門之游夏也師以玄機一發雜務俱捐振錫南邁抵
福州初見長慶無所契悟與進脩輩擬之湖外既發
值雨少霽憩城西地藏入堂見藏坐地爐問師此行何
之曰行脚去曰行脚事作麼生曰不知曰不知最親
三人附火因舉肇論至天地與我同根處藏又曰山
河大地與自己是同是別修曰同藏竪兩指熟視之。

曰

兩箇便起去雨霽辭行藏送之問曰上座尋常說三
界唯心乃指庭下石曰且道此石在心內在心外師
曰在心內曰行脚人著甚來由安塊石在心頭耶師
窘無以對遂放包依求決擇近月餘呈見解說道理
藏曰佛法不是恁麼曰某甲到此辭窮理絕也藏曰
若論佛法一切見成師大悟出世臨川崇壽[illegible]爲
藏拈僧子方者問曰公久親長慶乃嗣地藏何哉師
曰以不解長慶說萬象之中獨露身故方舉拂子示
之師曰撥萬象不撥萬象方曰不撥萬象師曰獨露
身咻方曰撥萬象師曰萬象之中咻方於是悟旨二
僧參次師指簾二僧齊去卷師曰一得一失宗家云

盡十方世界較陂地無一絲頭若有一絲頭即是一
絲頭金陵報恩則初參青峰問如何是學人自己峰
曰丙丁童子來求火不契見師師問甚處來曰青峰
師曰青峰有何言句則擧前話師曰上座作麼生會
則曰丙丁屬火而更求火如將自己求自己師曰與
麼會又爭得則曰某甲只恁麼未審和尚如何師曰
你問我與你道則理前問師曰丙丁童子來求火則
乃悟僧問如何是學人一卷經師曰題目分明師與
李王論道次因看牡丹王命作頌即曰擁毳對芳叢
由來趣不同髮從今日白花是去年紅艷冶隨朝露
馨香逐晚風何須待零落然後始知空王聞開悟師

有偈曰幽鳥語如篁柳搖金線長雲歸山谷靜風送
杏花香永日蕭然坐澄心萬慮忘欲言言不及林下
好商量言百法明門乃唯識綱宗也
贊曰幼發玄機遍行尋訪小乘根拋棄覺闍梨惡寃
家擒着琛和尚安片石寸心內當機擊碎猶涉廉纖
露全身萬象中盡力扶持依然鹵莽指二僧捲簾云
得失未分明勸童子求火來是非難定當加甚語幽
鳥山林意別是風標擁毳對芳叢牡丹詩竊諸体椽
是曹源一滴水垂御系不偶尔成文問學人一卷經蠅
鑽紙全無趣向唯心唯識石頭城路列千差無法無
人通玄峯頂横山疊嶂盡十方世界較陂地無一絲頭

到者裏百法明門只宜收抗
天台韶國師
師諱德韶嗣法眼處州龍泉陳氏子幼依龍歸寺得
度十八受具去謁龍牙問雄雄之尊因甚麽親近不
得牙曰如火與火師曰忽遇水來又作麽生牙曰汝
不會我語又問天不蓋地不載此理如何牙曰合如
是師不諭旨再請誨牙曰道者汝向後自會去師後
於通玄峯澡浴忽省述焚香望龍牙礼拜曰當時若
說向我今日決定罵也見疎山問百匝千重是何人
境界山曰左搓芒繩縛鬼子曰不落古今請師說曰
不說曰為甚不說曰箇中不辨有無曰師今善說山

駭之如是參五十四員知識後謁法眼眼一見深器
之師倦於參請但隨衆而已一日眼上堂僧問如何
是曹源一滴水眼曰是曹源一滴水師大悟於座下
遂白眼眼曰汝向後當為國王所師致祖道光大吾
不如也自是諸方異唱古今玄鍵與之決擇不留微
跡乾祐元年忠懿王嗣位遣使迎之申弟子之禮
古聖方便猶若河沙祖師道非風幡動仁者心動斯
乃無上心印至妙法門我輩稱祖師門下客合作麽
生會祖師意若言風幡不動汝心妄動若言不撥風
幡就風幡處通取若言風幡動處是甚麽若言附物
明心不須認物若言色即是空若言非風幡動應須

妙會與祖師意旨了沒交涉既不許如是會諸上座
便合知悉若這裏悟去何法門而不明雖百千諸佛方
便一時洞了若不如此設經塵刼空自勞神無有是
處住通玄峯有偈云通玄峯頂不是人間心外無法
滿目青山眼聞乃曰只此一偈可起吾宗示衆古人
道若欠一法不成法身若剩一法不成法身若有一
法不成法身若無一法不成法身此是般若之真宗
也又曰夫一切問答如針鋒相投無絲毫參差事無
不通理無不備良由一切語言一切三昧橫竪深淺
隱顯去來是諸佛實相門只貴如今一時驗取珍重
又曰言發非聲色前不物始會天下太平大王長壽

釈迦丈六
弥勒千尺

久立僧問古德道登天不借梯遍地無行路如何是
登天不借梯師曰不遺絲髮地曰如何是遍地無行
路師曰適來向你道什麽問法眼寶印和尚親傳未
審今日一會分付何人師曰鼕鼕鼓一頭打兩頭鳴
問古者道敲打虛空鳴㲉㲉石人木人齊應諾六月
降雪落紛紛此是如來大圓覺如何是敲打虛空鳴
師曰崑崙兒著鐵袴打一棒行一步曰恁麽則石人
木人齊應諾師曰你還聞麽問飲光持釋迦丈六衣
在雞足山待彌勒下生將丈六之衣披千尺之身應
量恰好只如釋迦身長丈六彌勒身長千尺為復是
身解短耶衣解長耶師曰汝卻會明察袖而出師曰

小兒子山僧若答汝話不得當有因果汝若不是吾
當見之明歸七日嘔血浮光和尚勸曰汝速去懺悔
明至方丈悲泣曰願和尚慈悲許某甲懺悔曰如人
倒地因地而起不曾教汝起倒明又曰若許某甲懺
悔終身給侍師爲出語曰佛佛道齊宛尓高低釋迦
弥勒如印印泥有傳天台教義寂者乃螺溪是屢言
于師曰智者之教年紀寖遠慮多散失今新羅國其
本甚備自非和尚慈力莫能致之乎師聞于王遣
使航海傳寫備足而回迄今盛行于世矣
贊曰心法雙忘乾坤獨步登天不借梯遍地無行路
機掣石火爍破石頭城掌握龍泉突出龍驤千溢

地藏若龍牙疊將饅飯祭閑神百匠千重殺喙山左
搓芒繩縛鬼子去來隱顯明諸佛實相要且攝須臾
剩有無說般若真宗不妨奇圓三昧曹源一滴水悟玄
機將疑互作真珠掃通玄滿目山是吾宗變甜瓜成
苦教祖師門下客揚風播帯水拖泥六王長壽人外
聲色拖沙撒土得法眼親傳寶印皺皮鼓兩頭鳴應
木人鼓打虛空骨兒著鐵掛念南岳天台教乗塵
藏往新羅國鍾爲歸論釋迦弥勒身衣短長令與教
僧嘔血去諸方鼻喝古今玄鍵決擇不留蹤不該爲
一國之師名宣宗字
杵　永明智覺禪師

師諱延壽嗣韶國師餘杭王氏子自幼知敬佛乗既
冠不茹葷酒日惟一食持法華七行俱下感群羊跪
聽年二十八爲華亭鎮將屬翠巖參禪師遷止龍冊
大闡玄化師遂求出家請于朝文穆王從其志禮参
爲師執勞供衆身惟一布衲後往天台天柱峯九旬
習定有鳥類斥鷃巢于衣襵中暨謁國師一見深器
之密授玄旨仍謂師曰汝與元帥有緣他日大作佛
事惜吾不及見耳初住雪竇上堂雪竇者裏迅瀑千
尋不停纖粟奇岩萬仞無立足處汝等諸人向甚麼
處進歩僧問雪竇一徑如何履踐曰歩歩寒華結言
言徹底冰又偈曰孤猿叫落中岩月野客吟殘半夜

燈此景此時誰得意白雲深處坐禪僧建隆元年忠
懿王請入靈隱爲第一世明年請住永明爲第二世
僧問如何是永明旨曰更添香著曰謝師指示曰且
喜沒交涉有偈曰欲識永明旨門前一湖水日照光
明生風來波浪起僧問學人久在永明爲什麼不會
永明家風曰不會處會取曰不會處如何會曰牛胎
生象子碧海起紅塵師著宗鏡録一百巻播於海外
高麗國王覽師言教遣使賚書叙弟子礼又遣僧三
十六人問道皆承印記前後歸本國各化一方以開
寶八年十二月二十六日示寂淨慈塔于大慈山
贊曰一出頭來風標迥別奔華亭鎮將腰佩寶刀倚

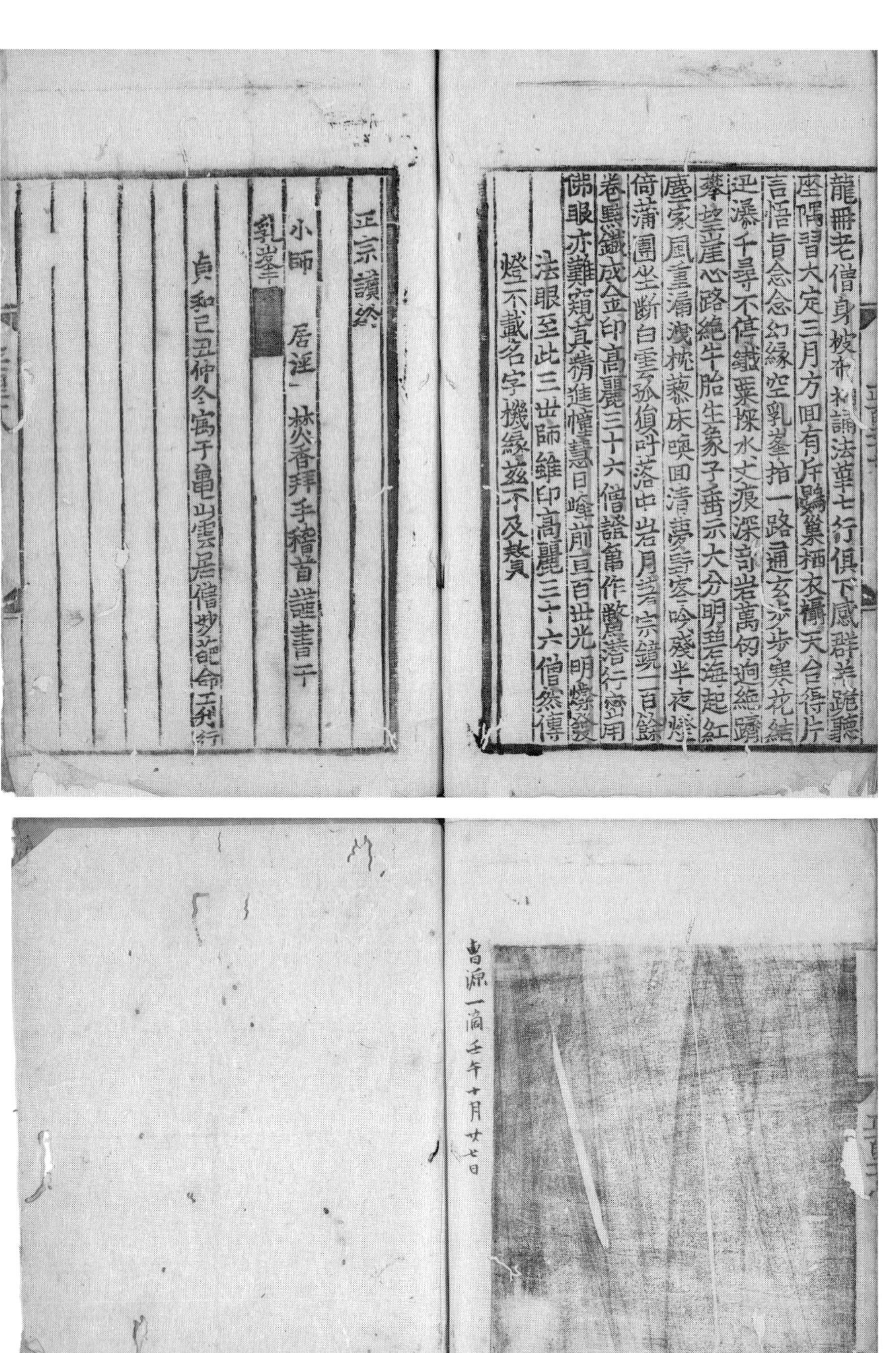

龍冊老僧身披布衲誦法華七行俱下感群羊跪聽
座隅習大定三月方回有斥鷃巢栖衣襴天台得片
言悟旨念念幻緣空乳峯指一路通玄步步寒花結
逕瀑千尋不停纖粟探水丈痕深奇岩萬仞迥絕躋
攀雲崖心路絕牛胎生象子垂示大分明碧海起紅
塵家風重滴殘枕藜床喚回清夢寄客吟殘半夜燈
倚蒲團坐斷白雲孫復呼落中岩月若宗鏡一百餘
卷點鐵成金印高麗三十六僧證篇作警策潛行密用
佛眼亦難窺真精進幢慧日峰前亘百世光明燈發
法眼至此三世師雖印高麗三十六僧然傳
燈不載名字機緣茲不及贊

正宗讃終

小師　居逕　焚香拜手稽首謹書于

乳峯

貞和己丑仲冬寓于亀山雲居僧妙葩命工刋行

曹源一滴　壬午十月廿七日

五家正宗賛（表紙）

仏祖宗派総図

仏祖宗派総図（表紙）

釋迦宗派
總編嗣法人數目録

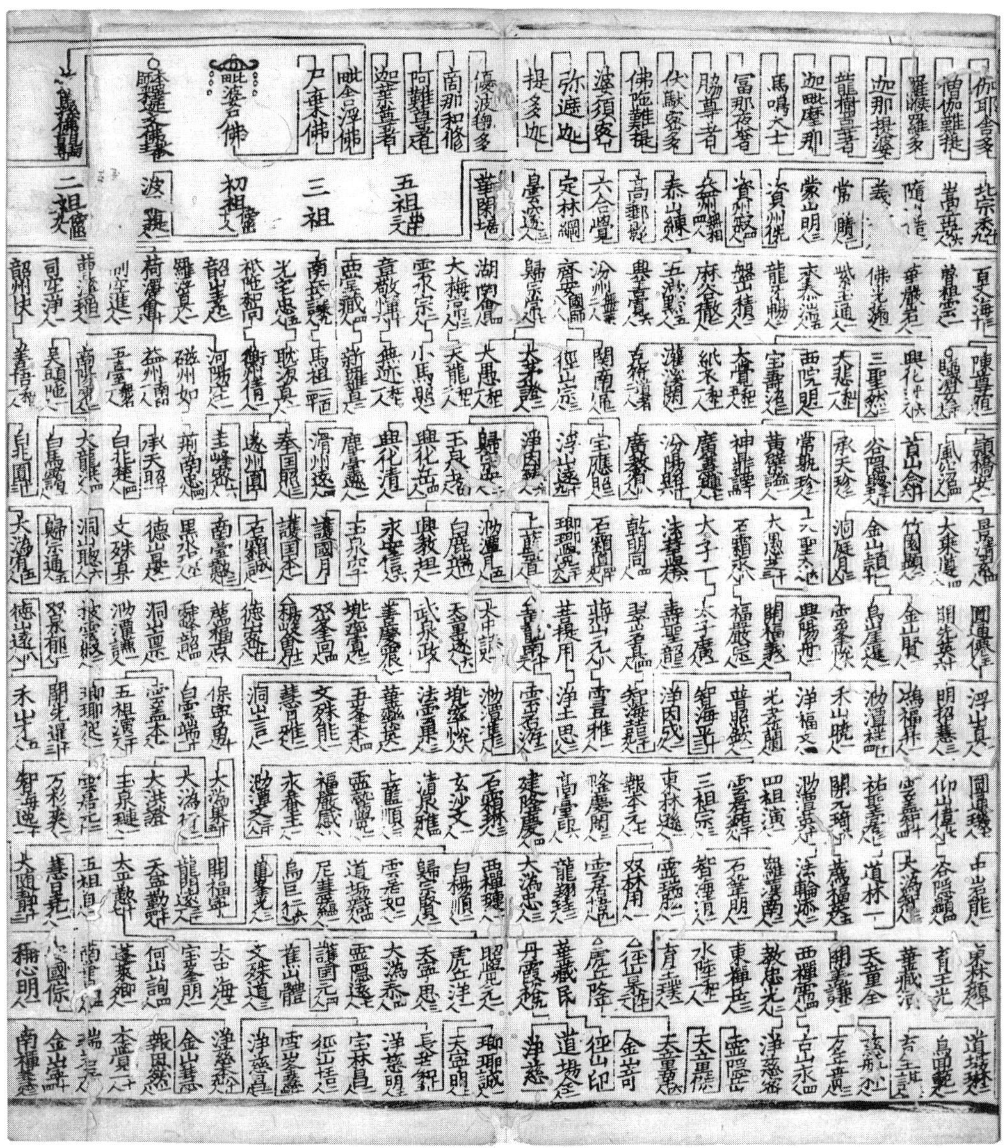

過去七佛世尊　古佛應世綿歷無窮不可周知其數但自七佛述下

毘婆尸佛　姓拘利若　傳法偈云
身從無相中受生　猶如幻出諸形像
幻人心識本來無　罪福皆空無所住

尸棄佛　姓拘利若　偈云
起諸善法本是幻　造諸惡業亦是幻
身如聚沫心如風　幻出無根無實性

毘舍浮佛　過去莊嚴劫人於後　尊姓拘利若偈云
假借四大以為身　心本無生因境有
前境若無心亦無　罪福如幻起亦滅

拘留孫佛　賢劫第一尊　姓迦葉　偈云
見身無實是佛身　了心如幻是佛幻
了得身心本性空　斯人與佛何殊別

拘那含牟尼佛　姓迦葉　偈云
佛不見身知是佛　若實有知別無佛
智者能知罪性空　坦然不怖於生死

迦葉佛　姓迦葉　偈云
一切衆生性清淨　從本無生無可滅
即此身心是幻生　幻化之中無罪福

釋迦文佛　娑婆教主三界大師　姓刹利　偈云
幻化無因亦無生　皆即自然見如是
諸法無非自化生　幻化無生無所畏

第一祖摩訶迦葉　摩竭陀国人　姓婆羅門
法法本來法　無法無非法
何於一法中　有法有不法

二阿難尊者　王舍城人　佛從弟
本來付有法　付了言無法
各各須自悟　悟了無無法

三商那和修　摩突羅国人　姓毘舍多
非法亦非法　無心亦無法
說是心法時　是法非心法

四優波毱多　吒利国人　姓首陀
心自本來心　本心非有法
有法有本心　非心非本法

五提多迦　摩竭陀国人
通達本法心　無法無非法
悟了同未悟　無心亦無法

六彌遮迦　中印度人
無心無可得　說得不名法
若了心非心　始解心心法

七婆須密　北天竺国人　姓頗羅墮
心同虛空界　示等虛空法
證得虛空時　無是無非法

八佛陀難提　迦摩羅国人　姓瞿曇
虛空無內外　心法亦如此
若了虛空故　是達真如理

九伏馱密多　提伽国人　姓毘舍羅
真理本無名　因名顯真理
受得真實法　非真亦非偽

十脇尊者　中印度人　名波奢
真體自然真　因真說有理
領得真真法　無行亦無止

十一富那夜奢　華氏国人　姓瞿曇
迷悟如隱顯　明暗不相離
今付隱顯法　非一亦非二

十二馬鳴大士　波羅奈国人
隱顯即本法　明暗元不二
今付悟了法　非取亦非離

十三迦毘摩羅　華氏国人
非隱非顯法　說是真實際
悟此隱顯法　非愚亦非智

十四龍樹大士　西天竺国人
為明隱顯法　方說解脫理
於法心不證　無嗔亦無喜

十五迦那提婆　南天竺国人　姓毘舍羅
本對傳法人　為說解脫理
於法實無證　無終亦無始

十六羅睺羅多　迦毘羅国人
於法實無證　不取亦不離
法非有無相　內外云何起

十七僧伽難提　室羅筏城宝莊嚴王子
心地本無生　因地從緣起
緣種不相妨　華果亦復爾

十八伽耶舍多　摩提国人　姓鬱頭藍
有種有心地　因緣從發萌
於緣不相礙　當生生不生

十九鳩摩羅多　大月氏国　婆羅門子
性上本無生　為對求人說
於法既無得　何懷決不決

二十闍夜多　北天竺国人
言下合無生　同於法界性
若能如是解　通達事理竟

廿一婆修盤頭　羅閲城人　姓毘舍佉
泡幻同無礙　如何不了悟
達法在其中　非今亦非古

廿二摩拏羅　那提国常自在王子
心隨萬境轉　轉處實能幽
隨流認得性　無喜亦無憂

廿三鶴勒那　月氏国人　姓婆羅門
認得心性時　可說不思議
了了無可得　得時不說知

廿四師子尊者　中印度人　姓婆羅門
正說知見時　知見俱是心
當心即知見　知見即于今

廿五婆舍斯多　罽賓国人　姓婆羅門
聖人說知見　當境無是非
我今悟真性　無道亦無理

廿六不如密多　南印度德勝王子
真性心地藏　無頭亦無尾
應緣而化物　方便呼為智

廿七般若多羅　東印度人
心地生諸種　因事復生理
果滿菩提圓　花開世界起

廿八菩提達磨　南天竺香至王第三子　姓刹帝利　東土初祖
吾本來茲土　傳法救迷情
一華開五葉　結果自然成

廿九慧可大祖禪師　洛京　姬氏
本來緣有地　因地種華生
本來無有種　華地不曾生

三十僧璨鑑智禪師　未詳姓氏
華種雖因地　從地種華生
若無人下種　華地盡無生

卅一道信大醫禪師　蘄州司馬氏
華種有生性　因地華生生
大緣與性合　當生生不生

卅二弘忍大滿禪師　蘄州周氏
有情來下種　因地果還生
無情既無種　無性亦無生

卅三慧能大鑑禪師　新州盧氏
心地含諸種　普雨悉皆生
頓悟花情已　菩提果自成

末田底迦

達磨達 罽賓国人
因陀羅
瞿羅忌利婆
波羅跋摩
僧伽羅叉

上有此〇者係分五家宗派首　上有此△者乃臨済後分派　名下有此・點者是有機縁不具生縁姓氏

佛大先 南天竺人
東京道場 佛陀跋陀羅
盤頭多羅
婆頭多羅
勒那多羅

〇一大力
破樓求多羅
波羅提婆
達磨尸利帝
那伽羅提

和修盤頭
達磨訶帝
旃陀羅多
訶利跋茂
摩訶隷披羅

婆難提多
優波羶馱
毗樓羅多摩
毗栗瑟多羅
毗舍也多羅

吉州大中清海・
明州蓬萊卿 上禾
舒州龍牙 智才 施氏
漳州淨衆了燦 泉州羅氏
洪州谷山海 上禾・
台州寶藏本 上禾・
蘇州靈岩圓明 書 上禾
常德府福聖深 上禾
潭州天寧道 上禾
常德府文殊心道 眉州徐氏
建寧府千山智嵩 上禾
明州啓霞楚謙 上禾
湖州何山守詢 本州施氏
發書記
猷知藏
韶州南華知昺 永康人
洪州寶峯擇明・
漢州無為守緣 眉州史氏
真州長蘆守仁 越州人
饒州薦福退休 衢州人
信州龜峯晦菴慧光 建寧陸氏

報恩法舟 上禾
明州延福廣 上禾
吉州禾山心鑑 上禾
明州天童密庵咸傑 福州鄭氏
婺州智者蒲 上禾
南書記 福州人
李浩侍郎 饒州人
嚴朝康教授 潮州人
潭州楚安慧方 本州許氏
常德府文殊思業 本州人
常德府文殊璦 上禾
杭州大井道如 上禾
婺州義烏了賓・
潘良貴待制・
鄭績參議
蘄州四祖宗肇 吉州人
邵州天寧法清 上禾
成都正法月 上禾
韶州南華明 上禾
福州雪峯元肇 本州朱氏
杭州徑山蒙庵元聰 福州朱氏

府卧龍破庵祖先 廣安王氏
杭州靈隱笑庵了悟 蘇州周氏
建康蔣山一庵慶如 福州人
州隱靜致柔 潮州陳氏
饒州薦福道生 南劍人
杭州靈隱松源崇岳 處州吳氏
明州天童曇華 蘄州江氏
蘇州虎丘紹隆 和州人
鄂州丹霞 台州錢氏
建康華藏安民 眉州朱氏
泉州宝林勤 蜀人
潭州福嚴文演 成都楊氏
蘇州明因曇玩 温州黄氏
台州護國此庵景元 温州張氏
眉州中岩祖覺 嘉州楊氏
眉州象耳袁覺 本州人
蘇州寶華顯 本州人
懷安軍雲頂宗正・ 同川人
杭州靈隱遠 彭州氏

湖州道場無庵法全 蘇州陳氏
泉州延福寒岩慧昇・
洪州雲岩法秀 上禾
處州連雲行敕 上禾
福州天目肇 上禾
明州安岩古 上禾
婺州上岩詠 上禾
福州清凉坦 上禾
杭州淨慈水庵師一 婺州馬氏
閩金山退庵道奇 遂寧浦氏
杭州徑山別峯寶印 嘉州李氏
閩焦山或庵師體 台州羅氏
台州國清行機 本州楊氏
常州華藏智某 杭州謝氏
錢端禮參政 台州人
明州東山全庵齊己 邛州謝氏
撫州疎山歸雲如本 台州人
洪州上藍了乘 上禾
荊南公安慧冲 上禾

常州華藏有權 杭州祁氏
泉州教忠彌光 福州
福州玉泉曇懿 本州林氏
温州能仁祖元 福州人
福州西禪鼎需 本州林氏
建康蔣山善直 德安府人
福州雪峯蘊聞 洪州沈氏
杭州徑山了明 秀州陸氏
杭州徑山有才 本州楊氏
杭州靈隱了演 福州人
潭州大溈景量 婺州人
常州華藏宗演 福州鄭氏
泰州光孝智遠 撫州許氏
福州雪峯慧然 本州人
處州連雲道能 漢州向氏
明州育王德光 臨江彭氏
泉州慶老 本州人
潭州大溈法寶 福州人
饒州薦福悟本 江州人
明州天童 越州氏
信州博山道本・

泉州法石中庵慧空 福州蔡氏
杭州淨慈曇密 天台氏
温州龍翔柏堂南雅 福州人
福州天王志清・
南劍州劍門安分庵主 福州林氏
福州鼓山木庵安永 本州吳氏
泉州承天法堅 福州人
杭州淨慈曇悟

江州天寧記 上禾
饒州薦福忠 上禾
婺州智者修 上禾
衢州烏巨雪堂道行 葉氏
湖州道場正堂明辯 本州俞氏
越州石佛世奇 上禾
漢州三聖道方 上禾
潭州大潙嚴教法忠 明州姚氏
南康軍雲居圓 上
福州西禪文璉
温州淨居尼慧温
南康軍雲居法如
蘄州三角劫 上禾
南康軍雲居祖 上禾

南康歸宗正賢 潼川陳氏
撫州白楊法順 綿州文氏
漢州三聖繼昌
潭州方廣智深
温州龍翔竹菴士珪 成都史氏
成都世奇首座 本州人
寂菴主
辯侍者
濟川馮檝給事 遂寧府人
南康雲居高菴善悟 洋州李氏
舒州佛鑑慧懃 本州汪氏
舒州龍門佛眼清遠 臨邛李氏
加州九頂清素 本州郭氏
蘄州龍華道初 梓州馬氏

果州報恩智因 上禾
蘇州覺報清 上禾
成都正法濟 上禾
湖州道場言 上禾
湖州何山然首座
袁州慈化開山印肅 本州□氏
成都信相戒修
漢州無為道徹 上禾
□州崇化道賛 上禾
□州西禪希秀
温州淨居尼法燈
太平州隱靜彥岑 台州人
鄂州報恩成 上禾
潼川永福嗣衡 上禾

潼州無為了悟
吉州清源如
汀州南安岩如
通州狼山慧温 福州鄭氏
南康雲居德升 潼川向氏
潼州福嚴傑
福州靈瑞肱
台州万年道閑 本州□氏
福州中際善能 嘉州人
南康雲居自回 潼州□氏
信州懷玉堅
洪州同安降
洪州靈岩宜方
筠州黄檗印

温州靈峯定仁
蘇州南峯雲辯
台州鴻福子文
蘇州虎丘雪庭元淨
成都昭覺徹庵道元 綿州鄧氏
福州玄沙僧昭
衢州天寧訥堂梵思 蘇州宋氏
岳州君山佛照覺 上禾
台州天封覺 上禾
成都正法建 上禾
潭州大潙佛性法泰 漢州李氏
臨安府徑山大慧宗杲 宣州奚氏
杭州中竺海 上禾
嘉州白水正 上禾

越州東山覺
成都長松曉
成都信相圓
加州九頂希問
加州九頂宗悟
加州智度演
□州開福宜
彭州定山昂
遂寧府廣利樞
遂寧廣利璲
眉州中岩照
信州普慧淨因
加州清溪常
成都正法化冲

日本覺阿上人 本国滕氏
曾開侍郎
葛郯太守
台州翠雲價 上禾
漢陽軍鳳棲慧觀
蘇州澄照行齊 上禾
吉州清源立 上禾
智首座
潭州慧通清旦 嚴陵□氏
潭州靈岩仲安
成都正法灝 上禾
成都昭覺辯 上禾
撫州疎山了常
洪州兜率慧照 南□□氏

袁州楊岐子圓
舒州投子道勝
洪州兜率慧宣
□州慈雲明鑑
福州禪林和尚
無為軍張商英相国 蜀州人
東京智海儀
筠州洞山辯
西蜀鑾法師
東京法雲佛照杲
洪州兜率從悦 虔州熊氏
筠州五峯淨覺本
南安軍嘉祐賾
梓州雍熙道光

真州靈岩東庵了性
福州東禪蒙菴思岳
劍州萬壽自護
温州龍翔宗常 上禾
福州西禪守淨 本州人
潭州龍王自隱 上禾
□州伊山冲密 上禾
嘉州九頂法生 上禾
成都昭覺子文 上禾
嘉州華嚴覺印 上禾
南岳福嚴了賢 上禾
眉州黒水曇振 上禾
廬山東林道顔 潼川鮮氏
泉州清涼珠 上禾

潭州岳麓梵
湖州報恩行
福州大雲穎
建寧開善密菴道謙 本府人
泉州水陸和尚
明州育王大圓遵璞 福州人
荊門玉泉道成
吉州祥符如本
福州慶成冲
韶州南華因
□州明招微
杭州靈隱最菴道印 漢州人
福州秀峯南
廣州報恩崇海

杭州徑山德濟
福州鼓山宗逮 □黄氏
福州鼓山石庵知玿
福州中際善 本州人
華嚴雲 上禾
福州乾元鈍庵宗穎
福州自雲訥庵仁 本州人
婺州智者元菴真慈
杭州淨慈 本州□氏
公安遁祖
汀州報恩法演 泉州人
成都昭覺無□紹 上禾
湖州積善道昌
潼川護聖開

南康棲賢□
成都保福清□
台州万年□
吳十三娘 建寧府人
泉州□□
然菴主
潭州大潙□
温州龍翔□賢
舒州投子淳
台州万年心聞曇賁
明州雪竇妙湛
杭州龍華無住本
常州華藏先
高麗坦然国師

漢州 無為宗泰
蜀州 大明 明
東京 天寧 [illegible]勤
蘄州 五祖表自
廬山 [illegible]璉
舒州 四面 璘
舒州 海會 慧宗
成都 南禪 宗古
懷安 雲頂 才良
唐州 天目 齊
舒州 太平 慧清
彭州 大隨 元靜
加州 延福 遠
牛心山 延福 達
蘄州 五祖 宗自
蘇州 元禮首座
普融知藏
法閦上座
潭州 開福 道寧
潭州 大潙 善果
大洪 祖證
荊門 玉泉 宗璉
潭州 大潙 行
潭州 石霜 宗鑒
潭州 道林 淵
洪州 石亭 祖璇
洪州 泐潭 德淳
常州 保安 可封

婺州 雙林 德用
建寧 三峯 印
懷安 雲頂 谷
蘄州 龍華 高
宣州 廣教 [illegible]德
合州 自回[illegible]菴主
簡州 南岩 勝
成都 多福 [illegible]靜
加州 能仁 紹悟
加州 能仁 浄
蘄州 黄梅 明
昌州 妙高 則
合州 釣臺 詮
彭州 土溪 子言菴主
彭州 大隨 南修 造
王觀 後龍圖
吳昕 提舉
常徳 梁山 [illegible]師遠
成都 信相 宜
荊門 玉泉 恩
荊門 玉泉 希儼
鼎州 德山 師本
常徳 徳山 子涓
襄州 石門 政
加州 白水 宗月
郢州 興陽 皓
襄州 谷隱 誾

蘇州 虎丘 宗達
蜀州 天寧 道成
成都 宝相 道智
杭州 景徳 旻
同州 乾明 印
福州 幽岩 珊
蘇州 承懷 有證
建康 保寧 祖
遂寧 靈泉 希壽
漢州 無為 勝
泗州 普照 奉勝
江陵府 悟明
蘇州 翠峯 弼
常州 顕報 暘
杭州 雲際 全
澧州 德山 静
建康 保寧 瑩
越州 四明 亨
福州 西禪 通
明州 金文 照
福州 長溪 朴
成都 昭覺 道祖首座
黔中 師範首座
七閩 智顗首座
蘇州 道殊首座
白珍首座
洪州 雲居 宗進首座
璟上座

潭州 南臺 洪
郢州 大陽 元平
撫州 曹山 慧言
谷山 希祖
撫州 光孝 慧蘭
潭州 北禪 慧昭
潭州 石霜 紹珂
台州 慈雲 敦雅
成都 嘉祐 道用
眉州 北禪 惟孝
眉州 象耳 惟古
南岳 上方 慧和
桂州 壽寧 善資
杭州 九峯 希廣
永州 太平 安
潭州 報慈 進英
筠州 洞山 至乾
蘇州 宝華 普鑑
筠州 黄檗 道全
筠州 清涼 [illegible]
衢州 超化 静
洪州 泐潭 福深
筠州 黄檗 全
洪州 [illegible]善淵
南岳 石頭 懷志菴主
又溪 印首座
王安石 荊公
廬山 慧日 文雅

越州 象田 德
潭州 龍牙 信
婺州 明招 觀
越州 象田 信
泰州 光孝 祖彦
福州 大悲 閑
建康 蔣山 [illegible]恩
福州 興王 如沼
衡州 光孝 立
洪州 黄龍 妙熙
梅州 光孝 圓
荊門 玉泉 如晦
潭州 大潙 慧仰
廣州 光孝 林
漢州 崇慶 慶
饒州 薦福 普仁
興化軍 石泉 詠
信州 博山 能
澧州 洛浦 相
衡州 華藥 繼明
福州 大明 廣谷
池州 石門 仁
漳州 法濟 僧鵬
嚴州 烏龍 弼
温州 太平 言
温州 靈峯 詮
建康 蔣山 等詮
成都 正法 秀

[illegible]宗由
明州 天童 [illegible]朴
明州 雪竇 [illegible]
[illegible]州 [illegible]
湖州 道揚 [illegible]
杭州 顕寧 [illegible]圓智
温州 本寂 [illegible]觀
杭州 惟素首座
温州 符菴主
湖州 烏回 林
湖州 烏回 [illegible]
湖州 道場 [illegible]
臨江軍 東山 吉
[illegible]州 狼山 瑎
饒州 薦福 [illegible]
洪州 黄龍 德逢
東京 天寧 守卓
澧州 欽山 元德
福州 廣化 若秀
揚州 隆慶 海
信州 龜峯 僧璘
洪州 蒲月 守
温州 光孝 德週
邵州 光孝 臺清
洪州 百丈 以栖
潭州 法輪 應端
潭州 法輪 守寔
邵州 天寧 宗覺

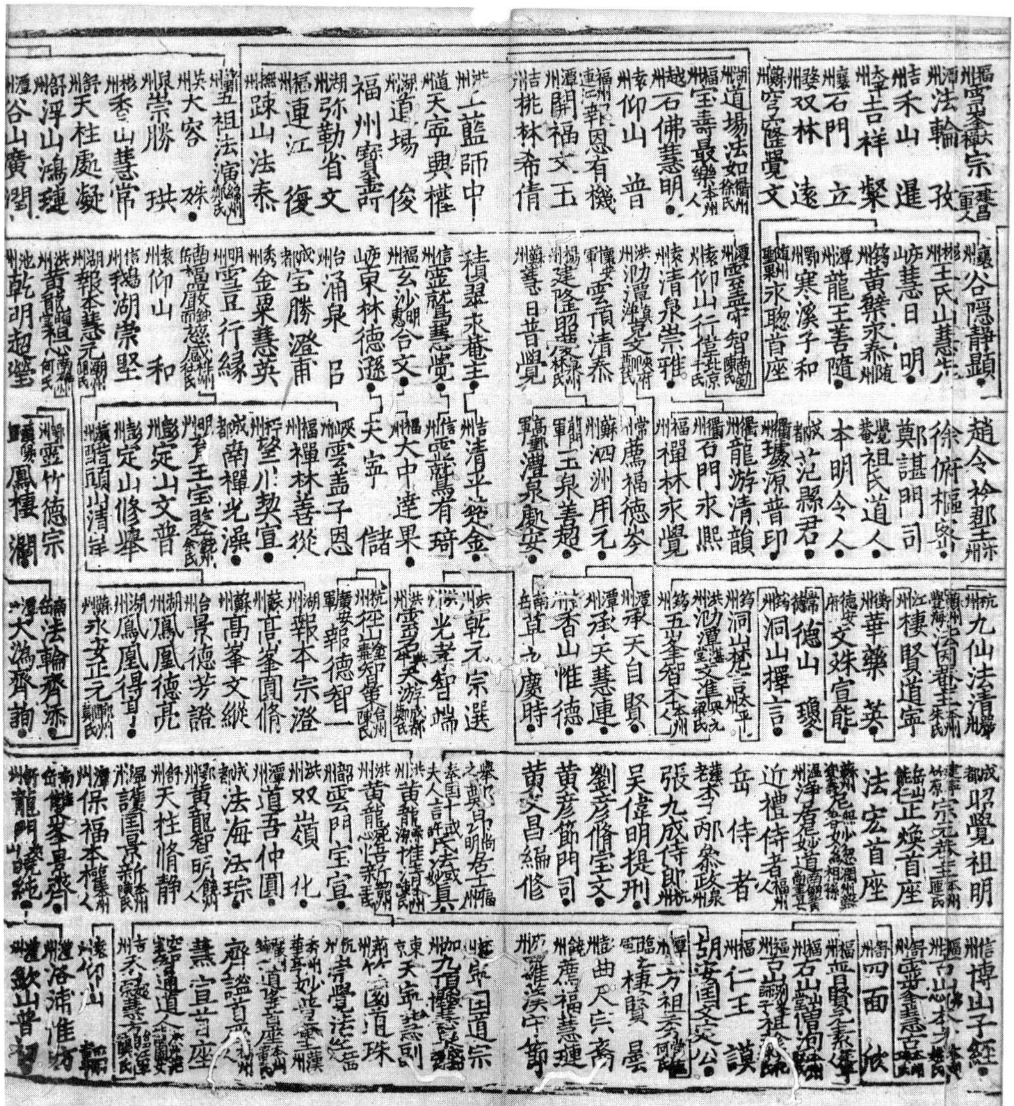

福州雪峯禅宗一
潭州法輪孜
吉州禾山暹
太平吉祥粲
襄州石門立
婺州双林遠
蘇州穹窿覚文
湖州道場法如（衢州徐氏）
福州宝寿最楽（本州人）
越州石仏慧明
袁州仰山普
福州連江報恩有機
潭州開福文玉
吉州桃林希倩
洪州上藍師中
道州天寧興権
湖州道場俊
福州寶寿訢
湖州弥勒省文
福州連江復
撫州疎山法泰
蘄州五祖法演（綿州鄧氏）
英州大容殊
泉州崇勝珙
郴州香山慧常
舒州天柱處凝
舒州浮山鴻璉
澧州谷山廣潤

襄州谷隠静顕
郴州王氏山慧先
廬山慧日明
筠州黄檗永泰（随州）
潭州龍王善隨
鄂州寒渓子和
随州永聽首座
潭州雲蓋守智
袁州仰山行偉
袁州清泉崇雅
洪州泐潭洪英
南康軍雲頂清泰
揚州建隆昭慶
蘇州慧日普覚
積翠永菴主
信州霊鷲慧覚
福州玄沙明慧合文
廬山東林徳遜
台州涌泉呂
成都宝勝澄甫
秀州金粟慧英
明州雪竇行縁
南嶽福嚴慈感
袁州仰山和
信州鵝湖崇堅
湖州報本慧元
洪州黄龍祖心
池州乾明超瑩

趙令衿郡王
徐俯樞密
鄭謀門司
覚菴祖氏道人
本明令人
成都范縣君
衢州護源普印
衢州龍游清韻
衢州石門永煕
福州禅林永覚
常州薦福徳崧
蘇州泗洲用元
南康軍玉泉善趣
高郵軍澧泉慶安
吉州清平楚金
信州霊鷲有琦
福州大中達果
天寧儲
陝州雲盖子恩
福州禅林善従
衡州望川契宜
成都南禅光溴
明州育王宝裴
彭州定山文普
彭州定山修琫
廣州斾頭山清岸
鄂州霊竹徳宗
鳳棲潤

杭州九仙法清
湖州道場法因
江州棲賢道寧
衡州華薬英
徳安府文殊宣能
常徳徳山𤨶
筠州洞山擇言
筠州洞山梵言
洪州泐潭文準（興元梁氏）
筠州五峯智本（本州）
潭州承天自賢
潭州承天慧連
廣州香山惟徳
南嶽草衣慶時
乾元宗選
洪州光孝智端
洪州雲居天游
杭州径山智策（台州陳氏）
廣安軍報徳智一
湖州報本宗澄
蘇州高峯圓脩
蘇州高峯文縦
台州景徳芳諳
湖州鳳凰徳亮
湖州鳳凰得旨
蘇州永安正元
南嶽法輪齊添
潭州大溈齊詢

成都昭覚祖明
建寧府宗元菴主
南嶽上封正煥首座
法宏首座
潭州浄居道[illegible]
近禮侍者
岳侍者
参政李邴
侍郎張九成
提刑呉偉明
劉彦脩堂文
黄彦節門司
黄文昌編修
洪州黄龍法忠
洪州黄龍惟清
洪州黄龍悟新
韶州雲門宝宣
洪州双嶺化
潭州道吾仲圓
成都法海法琮
鄂州黄龍智明
舒州天柱脩静
潭州護国景新
潭州保福本権
南嶽雙峯景齊
衡州龍門山暁純

信州博山子経
福州古山[illegible]
舒州霊嵓慧古
舒州四面欽
福州普賢[illegible]
福州石山[illegible]
福州[illegible]
福州仁王謨
胡安国文定公
方祖[illegible]
臨安棲賢曇
曲[illegible]
饒州薦福慧璉
羅漢守節
国道宗
九頂[illegible]
東京天寧[illegible]
[illegible]道珠
[illegible]覚法[illegible]
[illegible]
慧宣首座
澧州洛浦准
澧州欽山普

甘露歸善 上禾
郭祥正中丞
衢州雲蓋本 浙川人
徐州瑯瑘永起 襄陽府人
俞道婆 建康府人
潭州承天和尚
衢州海會寶月
岳州長慶顯瓊
岳州君山守巽
澧州欽山智因
潭州石霜守孫
泉州法石皓蟾 上禾
泉州法石行詮 上禾
南岳法輪惟一 上禾
崇福善燈 上禾
茶陵郁山主
比部孫居士
建康保寧仁勇 明州竺氏
湖州海會日益
洪州景福日餘
越州寶嚴道倫
信州靈鷲宗映
湖州壽聖楚文
郢州月掌智淵
建康崇因宗韶 上禾
建康華藏實 上禾
襄州洞山文英 上禾
杭州靈鳳咸 上禾

舒州四祖法演
潭州大光應奉
安吉州上藍 眉州人
洪州興化法澄
洪州泐潭洪英
潭州石霜琳 上禾
洪州黃龍自慶
蘄州石鼓洞珠
吉州隆慶慶閑
安州興國契雅
江州圓通圓機
蘄州三祖法宗
鼎州彰法覺言
南岳勝業惟耳
蘄州五祖曉常
洪州黃龍元肅
隨州水南智秘
桂州登雲超及
安州九嵕山法明
潭州寶盖子勤
蘄州三角慧澤
潭州華藥元恭
韶州南華清桂
筠州黃蘗惟勝
虔州廉泉曇秀
潭州大溈韻詮
東京慧林德遜
吉州禾山德普

海會宗 上禾
彭州金顏逸 上禾
永康軍方廣繼通 上禾
洪州祐聖雲智 上禾
漢州臥龍思順 綿州人
鼎州慶和懷悰 上禾
鼎州德山宗什菴主
潭州安化聞一
吉州龍鬚智聰 上禾
利州資福普滋 上禾
宣州光孝惟爽
池州梅山海良 上禾
南康棲賢利 上禾
蘄州月頂道
蘄州南烏崖義
蘄州超化希紹 上禾
嘉州峨嵋居約 上禾
潭州石霜允真 上禾
成都普通了如 上禾
邛州大平齊 上禾
懷安軍雲頂表奇 上禾
漢州馬溪惟廣 上禾
漢州天王居岸 上禾
漢州承天處幽 上禾
雅州西禪燈 上禾
資州寧國希則 上禾
潼川望川遵古 上禾
遂州廣利文易 上禾

泉州慧明雲 上禾
潭州寶蓋自倹
袁州仰山友恩
南岳方廣懷紀
南岳上封行瑜
建康華藏叔聰
潭州石霜子高
蘄州烏崖垂義 上禾
明州育王無竭淨曇 秀州人
台州眞如戒香
潭州開福世暹 上禾
建康蔣山文瑞 上禾
常州南禪立宗 上禾
福州圓明載清 上禾
許顗彥忠居士 南京人
洪州九仙齊輔
筠州百丈維古
嘉州月珠祖鑑
興元垂洪法滿 上禾
邛州鳳凰有璲 上禾
彭州永寧信詮 上禾
嘉州月珠神鑒 上禾
信州西峰元弼 上禾
綿州法教疑 上禾
漢州清泉道隆 上禾
達州洛浦觀通 上禾
袁州仰山清簡
溫州龍興順 上禾

洪州京德慧英
廣州集福寶嚴
漢州三聖繼昌 彭州氏
洪州黃龍如曉
杭州顯明道昌
鄧州延禧智融
杭州慈雲道清
吉州清源惟信
洪州興化演 上禾
桂州南臺法安 上禾
吉州顯親如鑑 上禾
洪州觀音資勤 上禾
洪州雲蓋師聳 上禾
鼎州大龍世和 上禾
潭州鹿苑思齊 上禾
鄂州勝緣居智 上禾
南岳双峰如顯 上禾
洪州興化法海 上禾
信陽軍大龜山惟益 上禾
洪州泐潭善清 南雄州何氏
意禪上座
黃庭堅太史 洪州人
王正言居士
吳中立大夫
徐禧德占龍圖 武寧人
四州龜山曉津 福州人
袁州仰山普 上禾
天寧蘊 上禾

希祖首座
溫州淨光了威
彭州大隨元信 上禾
彭州曲尺惠照
廬山延慶叔 上禾
南岳祖菴主
澧州浮山光
澧州梁山權 上禾
成都昭覺符 上禾
成都正法希明 漢州人
休菴何居士
絕學史居士
越州石佛淨 上禾
秀州首座
合州法
福州靈巖慧空
明州育王
撫州疎山了如 楚州人
潭州雲岩因 上禾
潭州慈雲隆 上禾
潤州金山一 上禾
洪州黃龍道
德山
常德天龍機 上禾
眞州北山作 上禾
四州普照齊 上禾
岳麓祖 上禾
瑞雲峰慧昌

袁州 楊岐方會 本州冷氏
洪州 黄龍慧南 信州章氏
南岳 双峰省廻
潭州 光國文賛
全州 靈山彦文
南岳 勝業仲祥 上承
衡州 雲陽恵然 上承
洪州 景徳惟政
潭州 道吾悟真
建康 蒋山保心
江陵 太平戴休
洪州 百丈 政 上承
湖州 廣法 源 上承
澧州 藥山義從
全州 靈山本言
湖州 羅漢居奉
明州 香山蘊良
蘇州 南峯惟廣
湖州 報本澄悦
杭州 淨慈志堅
潭州 大潙徳乾
福州 資福海蓍 侍者 福州人
常州 薦福 岑 上承
蘇州 泗洲源淥 上承
廬州 烏龍應光 上承
杭州 靈隠 章 上承
蘇州 蔵院行原 上承
建康 寿寧 真 上承

南康 清隠清源 洪州鄒氏
福州 延慶洪準 靖江府人
南安軍 雲峯道圓 南雄州人
福州 昇山紹南
洪州 祐聖法宥 上承
洪州 雲居元祐 信州王氏
南岳 法輪文昱
潭州 靈岩重確
鄂州 芭蕉仁珂
明州 吉祥有臻 上承
台州 景徳本隆 上承
越州 雲門希晏 上承
泉州 大羅智高 上承
潞州 承天中慜 上承
南岳 勝業子蕃 上承
泉州 佛跡道昱 上承
信州 鵝湖 聰 上承
廬山 慧日 富 上承
洪州 章江 元 上承
信州 西峰正信 上承
潭州 浄衆啓蒙 上承
吉州 隆慶利儼 上承
吉州 普寧慧因 上承
蘄州 太平 瑆 上承
衢州 華光 恭 上承
洪州 翠岩寶 上承
舒州 靈隠 滋山主 蜀中人
廬山 東林照覚常総 南剣施氏

南岳 馬祖 懐儼庵主
遂州 靈泉悟仙 上承
成都 昭覚純白
台州 瑞岩 智 上承
嘉定 智度 一 上承
潭州 道林了一 明州[illegible]氏
福州 東禪從密 江州人
廬州 興化可都
江州 圓通道旻 興化蔡氏
潭州 道吾楚方
袁州 崇勝 密 上承
明州 天童普交 本州畢氏
洪州 泉福良玉 上承
衢州 開福徳[illegible] 上承
興化 高田有需
潁州 薦福 真 上承
吉州 南嵩 照 上承
洪州 雲居如山 上承
潭州 石霜楚蟾 上承
袁州 木平覚澄 上承
潮州 資福省悟 上承
明州 雪竇知和 蘇州張氏
廬州 資福 柲 上承
楚州 因勝咸静 本州[illegible]氏
彬州 萬壽 念 上承
處州 崇聖善行 上承
廣徳 光孝初首座
泉州 尊勝有朋 本州[illegible]氏

潼川 天寧希則
成都 信相宗顕 同川王氏
邛州 鐵佛 嵩 上承
成都 安像和尚
吉州 龍鬚懐宗 上承
潭州 大潙 智 明州人
江州 圓通守慧
洪州 黄龍道觀
[illegible]冲左丞相
盧航中丞
都貺左司
明州 蓬萊 圓 上承
漳州 浄衆 全 上承
福州 鼓山 靖 上承
福州 鼓山宗譯 上承
陳易居士
福州 雪峰慧忠 本州人
洪州 上藍 宏 上承
建康 能仁 琢 上承
潤州 鶴林 妙 上承
潤州 孝感 竦 上承
楚州 永寧道全 上承
連水軍 万寿崇信
蘇州 慧日興道
宣州 廣教 囂 上承
廣徳軍 崇寧 超 上承
廣徳軍 光孝泉欽
福州 等覚普明

成都 金編 文 上承
嘉州 中峰祖源 上承
懐安軍 雲頂師昱 上承
澧州 雲蓋 澄 上承
澧州 石霜 能 上承
越州 泰岳 久 上承
洪州 泐潭應乾 本州[illegible]氏
蘄州 廣教徳方
泉州同安 双林道基
江州 無相繼才
東京 褒親宗瑜
潭州 鹿苑景深
饒州 妙果法喜
安州 寿寧成則
明州 岳林圓明
廬州 兜率志恩
建州 永福維潔
建州 護國 康 上承
襄州 万壽智圓
洪州 西山 夔 上承
泉州 清化從漣
洪州 興化以弼
廬山 開先廣鑑
南岳 衡山道辯
真州 資福懐寶
福州 白馬汝鴻
蘄州 四祖仲宣
泉州 乾峰圓慧

衢州 浮山徳宣
衢州 三昧 祖 上承
[illegible] 石臺戒明
廬山 羅漢[illegible]
衢州 海會守從 隆興朱氏
泉州 長興徳寶
泉州 南峰永程 上承
臨江軍 慧力崇教
邕州 白藻清儼
台州 寶相 元 上承
郢州 子陵自瑜
潭州 慈雲彦隆
洪州 景福省悦
信州 鵝湖子昌 上承
筠州 黄檗覚[illegible] 上承
江州 歸宗子章 上承
福州 靈峯敦雅
潭州 子湖道源 上承
吉州 祥符有涌 上承
郢州 承熙 慈 上承
舒州 北臺行[illegible] 上承
漢州 馬溪山 香 上承
臨江軍 天長崇教 上承
安州 延福僧獻 上承
汀州 太平嘉叢 上承
撫州 羅漢慕評 上承
信州永峰 慧日庵主 本州[illegible]氏
東京 智海智清 泉州[illegible]氏

杭州淨慈簡程上禾
蘇州泗州善集上禾
蘇州翠峰澤上禾
興化軍石室應上禾
泉州大羅永寧上禾
無爲軍金剛德上禾
杭州雲際信安上禾
廬山興化得一上禾
明州天童清遂
岳州慕阜慶餘上禾
泉州羅山仁徹上禾
洪州兜率道寬
泗州普照修戒上禾
澧州壽聖景部

廬山歸宗進首座
廬山歸宗志芝庵主
蘄州開元後山子琦 泉州許氏
黄檗積翠雲庵主
潭州大溈懷秀 信州應氏
南岳高臺佛印宣明
福州乾元寶圓上禾
南岳万壽應琳
杭州千頃守志上禾
杭州靈隱慧中上禾
常州薦福梵圓上禾
福州大中立誌上禾
興化軍仁王道圓上禾
鼎州洛浦密詢上禾

廬山双溪允光
饒州薦福道英
蘄州三角如璇上禾
洪州双溪先上禾
江州承天禧實上禾
潭州龍興師定
嘉州月珠璧上禾
梓州廣化素上禾
漢州十地文用上禾
漢州承天逢原上禾
綿州富樂德彰上禾
蘇州虎丘文湛上禾
袁州楊岐修廣上禾
洪州兜率無[illegible]上禾

饒州崇寧慶舒
舒州鶴林智璘上禾
饒州篆巖善忠上禾
饒州妙果德圓上禾
南岳福巖文演
南岳西林常賢
南岳方廣洞山有達
南岳南臺允恭
韶州雲門懷素
福州上生有常
潭州大溈祖瑃 福州陳氏
懷安軍雲頂宗印
常州天寧法空上禾
嘉州靈峰可真上禾

泉州開元真志添 本州陳氏
泉州崇福德微
吉州禾山志傳
廬山圓通可遷
廬山東林思度
福州興福康源
眉州慈母國安子詠上禾
潭州興化愈先上禾
蘄州乾明載昌上禾
洪州分寧洞微上禾
臨江慕山瑞岩覺能上禾
南岳衡山善孜上禾
臨江軍慧力可昌
福州報恩明昌上禾

南康報慈淳上禾
信州祥符立上禾
温州淨光佛日了威
婺州明招法鏡
婺州明招文慧
舒州浮山法真上禾
峨嵋靈岩徽上禾
楊州石塔宣鑑禮上禾
温州淨光和尚
報慈淳上禾
臨江軍慧燈擇英上禾
潭州雲溪文慶上禾
袁州福勝常極
臨江軍慧力[illegible]源

常州承天了文上禾
杭州菩提允用上禾
筠州武泉政上禾
洪州翠岩可真 福州人
蘇州普門洪澤上禾
泉州法石德雅上禾
泉州羅山惟慎上禾
建康蔣山贊元
杭州永樂悅上禾
永上座
清素侍者 福州人
五臺鄧隱峯 邵武軍鄧氏
常州芙蓉太毓 建康范氏
伊闕伏牛山自在 湖州吳氏

澧州夾山道遷上禾
杭州淨土善思上禾
杭州慶善宗震
明州雪竇法雅
邵州承應[illegible]悅 撫州戴氏
建康蔣山可政
信州龜峯子琰
衢州石門雅上禾
蘇州普明道彥上禾
舒州甘露德儼上禾
舒州甘露宗賁上禾
潭州石霜楚圓
湖州天聖皓太 河東人
撫州疎山堯珠

杭州靈鳳山詮上禾
杭州慶善守隆
杭州慶善普能
衢州光孝普印 泉州許氏
潤州金山慧滿上禾
蘇州常熟[illegible]珍上禾
湖州西余寶實
秀州福嚴處成上禾
蘇州常熟令然上禾
袁州中禪顯王上禾
泰州知文上禾
衢州永慶文上禾
舒州海會海上禾
桂州覺華康上禾

建寧乾元[illegible]式上禾
隨州首岩[illegible]能
鎮江頭崇真化主
南岳西林崇奧
建州永安普善上禾
東京淨因文上禾
東京智海[illegible]
鄧州興陽頭陀賢
潭州道吾汝能
興國軍永安妙喜
常州羅浮希聲
潭州中峯智源
安州大安山惠淳
舒州靈泉道堅

洪州上藍希肇上禾
黄州栢子德嵩
廬山万杉紹慈
吉州隆慶志璪上禾
吉州祥符智先上禾
南岳福嚴惟鳳
蘇州普門子淵上禾
秀州法雨元謐上禾
東京褒親有瑞
筠州洞山永邦上禾
台州勝光清宥上禾
信州仁院智誠上禾
越州象田梵卿
西京廣岩崇上禾

洪州大寧寂廣
黄州東禪惟賢
襄州白馬元上禾
蘄州德章[illegible]上禾
袁州護法安祐上禾
泉州北岩法聰上禾
興化軍龍紀以定上禾
安州壽寧道完
安州興國昌上禾
明州雪竇持
越州石佛益
信州光孝宗益上禾
常州光孝淨源上禾
越州九岩仲文上禾

信州 鵝湖大義（衢州徐氏或呉）
随州 大洪善信（開山霊藏 洪州張氏）
南岳 西園曇藏
鎮州 金牛和尚（作飯 作舞）
袁州 楊岐甄叔（本州人）
潭州 華林善覺（本州人）
忻州 打地和尚
呂后山寧貴・
磁州 馬頭峰神藏・
羅浮山道行・
盧山法藏・
安豊山懷空・
潭州 秀溪和尚・
米嶺和尚・
定州 柏岩明哲（鄧州人）
鄂州 無等和尚（尉氏人 姓李）
越州 大珠慧海（建州朱氏）
洪州 百丈惟政（本州人 謚大義）
朗州 中邑洪恩（灃州人）
澧州 三角總印（本州人）
池州 杉山智堅（本州人）
杭州 石鞏慧藏
泉州 龜洋無了（本州陳氏）
潭州 龍山和尚（隠山）
京兆府智藏・
袁州 南源道明・
灃州 大同廣澄・
潭州 [illegible]大善・

舒州 法華齊舉
唐州 龍潭智圓・
舒州 投子圓修・
荊南 竹園和尚・
蘄州 龍華曉愚（上禾）
襄州 乾明了同（上禾）
湖州 羅漢興（上禾）
汾州 太子院和尚
汾州 太子院道一・
南岳 芭蕉菴大道谷泉（泉州人）
潭州 石霜法永・
筠州 大愚守芝（太原王氏）
滁州 瑯瑯慧覺
安州 九峻山明圓仁益・
秀州 長水子璿
越州 姜山方（上禾）
滁州 瑯瑯智遷・
廬山 崇勝志珂・
滁州 瑯瑯繼詮・
袁州 崇勝文捷・
江陵府 公安子和・
泉州 涼峰洞淵・
江州 歸宗可宣・
杭州 證聖良（上禾）
杭州 上天竺智月・
真州 真如方（上禾）
鄂州 黄鶴可惠（上禾）
湖州 西余忠（上禾）

舒州 海會文（上禾）
舒州 興化規（上禾）
桂州 龍潭顒（上禾）
襄州 双池智常（上禾）
襄州 含珠洞（上禾）
襄州 普寧常瑩（上禾）
南岳 南臺善圓
西京 龍門清照・
汾州 太子同廣（上禾）
郢州 大陽如漢（上禾）
南岳 勝業智增・
建康 保寧承泰・
潭州 六光玉圓（上禾）
潭州 石霜皓詮（上禾）
安州 興國惠秀（上禾）
廬山 圓通文溥（上禾）
南岳 福嚴保宗・
衡州 華藥義然
南岳 承天智昱・
筠州 洞山子圓・
蘇州 瑞光月（上禾）
郢州 興陽啓珊・
越州 大禹簡南・
饒州 承天應（上禾）
郢州 興陽啓舟・
潭州 開福守義・
懷安軍 雲頂繼蘭（上禾）
潭州 龍王既進（上禾）

潭州 東明仁遷・
廬山 東林自遵・
吉州 光孝慧曉・
潭州 福嚴實（同川人）
潭州 東明遷（上禾）
南岳 万壽子昇（上禾）
果州 清居文喆（上禾）
建康 崇因正（上禾）
眉州 象耳子真（上禾）
潭州 雲峯清悟（上禾）
南岳 万壽道琮（上禾）
成都 昭覺師範（上禾）
婺州 瑞峰道宗（上禾）
潙山 齊榮首座
潙山 雲霄諤首座
吉州 禾山慧曉（上禾）
和州 光孝慧蘭（碧落道人）・
泗州 普照曉欽・
潙山 求菴主
東京 智海道平（…州人）
洪州 泐潭景祥
衡州 淨福慧文（上禾）
温州 淨光藏（上禾）
揚州 石塔和尚
隨州 智門慧泰（上禾）
廬州 澄慧惟昞・
廬山 澄慧咸詡・
潭州 郭山霖（上禾）

饒州 安國慶常（上禾）
蘇州 斗方慶（上禾）
南岳 勝業有蓮（上禾）
成都 長松山錦（上禾）
漢州 東禪道極（上禾）
蜀州 太平普（上禾）
灌州 青城清傳（上禾）
福州 双峰省琮（上禾）
遂州 靈泉仁美（上禾）
福州 羅漢省賢（上禾）
廬山 開先行英（桂州手氏）
福州 承天德綏（上禾）
威勝軍 太寧道才（上禾）
圓上座
東坡 蘇軾内翰（眉州人）
嘉州 興化道全（上禾）
廬山 無相法真（明州）
建寧府 永安可文（上禾）
台州 瑞岩如勝・
無為軍 冶父道川
建寧 万壽慧素（本州…氏）
明州 香山道淵（本州人）
明州 啓霞德宏（衡州人）
洪州 泐潭惟足・
福州 中際繼寧（上禾）
泉州 鳳凰師閔（上禾）
袁州 鳳山璘（上禾）
饒州 容巖子琂（上禾）

越州 象田珍（上禾）
華嚴和尚
越州 慈氏瑞仙（本州人）
潭州 大溈海評・
潭州 道林法照（上禾）
建昌軍 光孝文璟（上禾）
福州 游地浚英（上禾）
泉州 三植灌冲（上禾）
越州 寶蓋用興（上禾）
廣州 天寧宗順（上禾）
潮州 靈山惠浩（上禾）
筠州 黄蘗道欽（上禾）
婺州 淨土希（上禾）
洪州 九仙法岸（上禾）
成都 正法無照（上禾）
明州 盧山智通（上禾）
潭州 龍牙宗密（上禾）
蘄州 德山聲絶（上禾）
東京 淨因繼成
衡州 開福崇哲（鄧州劉氏）
南岳 法輪彦孜・
宣州 廣教從源（上禾）
衡州 雲陽廣悟（上禾）
筠州 黄蘗敵從（上禾）
蘇州 雲岩修辯（上禾）
黄州 栢子慧崇（上禾）
潭州 方廣智京（上禾）
福州 東禪法珊（上禾）

温州佛嶴和尚・
泉州無了・
泉州慧忠・
江西北蘭讓・
沂州鄮林自滿・
洪州泐潭常興・
洪州泐潭法會・
洪州泐潭惟建・
澧州茗溪道行・
京兆興善 平 上承
天目山明覺・
懷州谷隱法全 上承
王屋山行明・
郢州大陽山希頂・
郢州大陽山行遵 上承
蘇州崑山定覺・
連州元堤 上承
烏臼和尚・
石臼和尚・
本溪和尚・
石林和尚・
黑眼和尚・
齊峯和尚・
紅螺山和尚・
利山和尚・
韶州乳原和尚・
松山和尚・
百靈和尚・

和州褒禪 忠 上承
潤州甘露 亮 上承
和州開聖曉巖 上承
和州褒禪用孫 上承
宣州興教 坦 揚州牛氏
福州白鹿顯端 本州氏
荊門軍玉泉務本悟空
處州法海 亨 上承
洪州黃龍有新 閩人
洪州黃龍曉月 本州氏
蘇州永安法超信 人
鄂州翁門黃檗重謐
汾州大中 汾陽善昭 太原俞氏
漢州福善
并州三交智嵩 承天 花陽人
沂州鐵佛智嵩・
汝州廣教歸省 冀州賈氏
汝州乾明山道懷志・
隨州智門迥罕・
襄州谷隱蘊聰 廣州張氏
潭州南臺契瞋・
池州仁王處評・
襄州鹿門昭慧 山主・
汝州廣慧元璉 泉州陳氏
契聰上座 汾陽付院
王隨相國
潭州神鼎洪諲 襄州扈氏
常州善權 徹 上承

南岳承天 勤 上承
南岳法輪 聡 上承
南岳雲峯文悅 洪州徐氏
信州龜峯光憲 上承
宣州明教紹理 上承
興化軍法海飛諸 上承
隆興府護國齊月
饒州薦福宗海 上承
廬山開先慈覺 上承
洪州永安脩玉 上承
洪州泐潭道律 上承
洪州上藍居胄 本州人
汝州廣教海仙
明州石門守進 人
唐州大乘慧果・
漢州什邡方水 上承
泉州承天退猛 上承
汝州廣慧懷慶 上承
舒州浮山法遠 氏
汝州寶應法昭
汝州廣慧德宣 本州氏
東京華嚴道隆・
臨江軍慧力慧南・
東京華嚴 明 上承
泉州佛跡雲皎 上承
泉州雲蓋 親 上承
大年楊億 建寧人
汝州首山省念 萊州狄氏

桂州壽寧齊曉 上承
秀州精嚴継式 上承
揚州雍熙有恵 上承
鼎州大龍守真 上承
潭州龍牙如水 上承
壽寧和尚
隆興府護國慧本
福州聖泉紹登 本州陳氏
安州延福智興 蜀人
韶州南華重辯・
臨江軍慧力善周 撫州人
洪州雙溪如圭
蘇州穹窿善慶 秀州氏
蘇州慧日如鑑 上承
潭州啓寧處明 上承
秀州鹿苑契存 上承
蘇州明因懷杲 上承
蘇州普明法澄 上承
郢州興陽希隱・
滁州瑯瑘方銳・
澧州夾山靈泉子英・
潭州龍興 禹 上承
隨州善光山 蘭 上承
天台妙智光雲・
福州梵峯清契 上承
岳州永康延超 上承
鼎州德山懷宥 上承
彭州靈芝子政 上承

宣州天寧彥宗 上承
宣州多會寶道威 上承
建寧開善道瓊首座・
台州鴻福德昇 衢州人
福州用賢首座 明州彭氏
寶峯景淳藏主 梅州人
岳州君山普淨・
荊門軍玉泉謂芳 蜀人
東京淨因道臻 福州戴氏
秀州本覺若珠 福州阜氏
東京華嚴省孜 建寧謝氏
廬山歸宗法眼普安
舒州甘露慶餘 建寧黃氏
蘄州白雲景雲 陝府李氏
舒州甘露法眼・
廬州興化 泉州人
廬山歸宗鴻式・
南岳衡岳奉能・
舒州浮山洪璉・
南康軍清隱惟湜・
廬山西禪継圓・
宿州定林慧琛・
復州東禪仁照 上承
舒州太平 資 上承
廬山芳杉浩脩 上承
舒州溪山曉雲 上承
谷隱醉和尚
襄州谷遷可琮・

台州淨慧從雅 上承
潤州金山曉常 上承
太平州隱靜 恭 上承
舒州甘露 常 上承
福州長慶慧進
鄧州香嚴洞 福州氏
福州棲勝継超・
西京少林元訓・
潭州北禪紹宣 上承
潭州白鹿宗海 上承
吉州慈雲省規 上承
洪州同安宗一 上承
南臺高臺德基 上承
潭州興化紹清・
汝州首山處珪・
潭州定林景芳 上承
湖州上方希元 上承
江州圓通知慎・
潤州金山圓通懷賢・
宣州廣教継真・
杭州淨住若說・
蘇州崑山善端 上承
越州石佛顯忠・
常州南禪自聰・
太平州隱靜慧觀・
太平州瑞竹仲和・
潤州普慈崇珍・
越州法性用章・

洞安和尚・
浮盃和尚・
洪州 水潦和尚・
福溪和尚・
杭州 道遥和尚
湖塘亮和尚・
洛京 黒澗和尚・
濛溪和尚・
京兆府 草堂和尚・
江西 椑樹和尚・
古寺和尚・
汀州 水塘和尚・
光明普満 上禾
越州 洞泉惟獻 上禾
襄陽 峴山定慶 上禾
洪州 双嶺道方 上禾
台州 栢岩常徹 上禾
潞府 青蓮元禮 上禾
京兆府 咸通覺平 上禾
洪州 開元玄虚 上禾
韶州 渚涇清賀 上禾
池州 灰山曇覬 上禾
荊州 新寺寳積 上禾
漢南 慈悲良津 上禾
楊州 棲靈智通 上禾
唐州 雲秀神鑒 上禾
澧州 松滋智聰 上禾
華州 伏棲 策 上禾

襄州 歴村和尚・
滄州 米倉和尚・
鎮州 万寿和尚・
鎮州 万歳和尚・
定州 善崔 上禾
涿州 秀 上禾・
幽州 譚空和尚・
金沙和尚・
魏府 興化存奬 滄州人
允誠和尚・
齊聳大師・
鄂州 灌溪志閑 魏府史氏
巽山和尚
新羅 巽智 上禾・
魏府 大覺和尚・
覆盆菴主・
虎溪菴主 隴西人
洪州 章義行謙 涿州人
杉洋菴主・
桐峯菴主・
鎮州 寶壽沼 汝州人
雲山菴主・
鎮州 三聖慧然 晉州人
奯上座・
定上座 河北人
涿州 克符道者 曹州人
杭州 大慈寰中 蒲州盧氏
台州 万年 平田普岸 洪州陳氏

汝州 廣慧真 本州人
鳳翔府 長興満 上禾・
潭州 靈泉和尚・
汝州 風穴延沼 杭州劉氏
汝州 頴橋安 上禾・
汝州 宝應慧顒 河北人
魏府 天鉢 華嚴 洞・
太行山 禪芳 維那 克賓・
淄州 水陸和尚・
守廓侍者・
後唐 莊宗皇帝・
池州 魯祖山教 上禾・
廬州 澄心旻德・
廬州 大覺 上禾・
汝州 南院和尚・
宋州 法華和尚・
荊南 竹園山和尚・
譚空和尚・
郢州 興陽歸靜・
汝州 西院思明 本州人
鎮州 寶壽二世和尚 州人
靜住 説 上禾
鎮州 大悲和尚・
幽州 水陸和尚・
鎮州 譚空和尚
際上座
鎮州 臨濟義玄 曹州邢氏
杭州 千頃楚南 福州張氏

彭州 濛陽希覺 上禾
衡州 鼇口政 上禾
潭州 龍興慧孜 上禾
光化軍 高田法明 上禾
靈岩文智 上禾
江陵府 開聖寶情 山主・
鍾司徒 蘇州人
福州 双峯古 上禾・
福州 双峯和尚
晉州 霍山和尚・
益州 應天和尚・
襄州 延慶法端・
滁州 定山神英・
福州 九峯慈慧・
京兆府 米七師和尚 本州人
元康和尚・
鄂州 黄鶴超達大師
潭州 潙山如真 上禾
洪州 西山道方 上禾
潭州 潙山普潤 上禾
潭州 潙山法真 上禾
蘄州 三角法遇 上禾
潭州 潙山彦 上禾
潭州 潙山冲逸 上禾
杭州 餘杭文立 上禾
潭州 潙山簡 上禾
黒山和尚
霜山和尚

潤州 金山達觀曇穎 杭州丘氏
泉州 栖隠自然・
蘇州 翠峯普 上禾・
杭州 承天智元
處州 仁壽嗣珍・
湖州 上方新 上禾・
越州 雲門顕欽・
杭州 龍華寳覺・
撫州 疎山古 上禾・
果州 永慶光普・
襄州 鳳凰了同・
桂州 壽寧慧靈・
彭州 永福延照・
湖州 景清照明居素・
蘇州 普明澄 上禾
襄州 石門守進 上禾
蘇州 泗洲秘 上禾
唐州 大乗德遵・
越州 雲門靈毅 上禾
常州 福聖集 上禾
杭州 安樂山嚴 上禾
明州 仗錫山修巳 杭州人
杭州 龍華宝覺齊岳・
東京 襲親圓慧 上禾
楚州 廣教了同 上禾
江陵府 竹園法顕・
婺州 双林已 上禾・
襄州 廣德遠 上禾

湖州 上方希元・
越州 法性紹明・
常州 承天了素・
湖州 西余拱辰
潤州 因勝如道 上禾
明州 五峯仲熙 上禾
太平州 瑞竹惟恪 上禾
明州 雪竇詮 上禾
李端愿節使・
蘄州 烏崖了進 上禾
徳州 西禪希用 上禾
湖州 何山日僉・
杭州 承天智參・
興化軍 翠峯淵 上禾・
杭州 承天自能
明州 瑞岩智才・
衡州 龍山景靜・
襄州 双池山竄 上禾
漢州 竹林用淳 上禾
随州 智門智常 上禾
明州 雲岩志 上禾・
台州 黄岩保軒・
湖州 吴山師子淨端 本州丘氏
明州 翠岩顕傳 上禾
廣安軍 牛心道彰 上禾
蜀州 香水守直 上禾
蘇州 楓橋來 上禾
益州 南禪無和尚

羅浮山修廣上禾
乾元　暉上禾
象原懷坦上禾
河中府保慶上禾
甘泉志賢上禾
大會山道晤上禾
潞府法柔上禾
義興勝辯上禾
海陵慶雲上禾
白虎法宣上禾
南岳智周上禾
京兆府　崇上禾
紫陰山惟建上禾
洪州百丈懷海大智 福州王氏
蘄南寳貞和尚
襄州常堅和尚
齊州道岩和尚
金至惟直和尚
常州明幹和尚
鄂州洪潭和尚
寧府懷則和尚
兗府懷瑫和尚
崇泰和尚
鎬英和尚
封山洪濬上禾
練山神翫上禾
崛山道圓上禾
印州壽興守用上禾

福州古靈神贊 本州人
廣州和安　通上禾
江州龍雲臺上禾
洪州黃蘗希運 斷際 福州人
洛京衛國　道上禾
鎮州万歲和尚
淇州東山　慧上禾
婺州五峯常觀
明州大梅彼岸上禾
婺州包山天性上禾
昇州祇闍道方上禾
越州禹迹契真上禾
潭州溈山靈祐 大圓 福州趙氏
洪州潦山蔵術上禾
江州廬山　操上禾
洪州九仙山梵雲上禾
禎州羅浮鑒深上禾
楊州慧照昭一上禾
福州長慶大安 懶安 本州陳氏
唐州大乘山本上禾
小乘山慧深上禾
高安無畏長上禾
東岩道曠上禾
邢州　素上禾
百丈涅盤和尚
清田和尚
大于和尚
潭州石霜性空 本州

杭州羅漢宗徹 湖州吳氏
福州烏石靈觀
揚州六合德元上禾
蘇州吳門弘宣上禾
土門　讃上禾
襄州　政上禾
幽州　超上禾
蘇州　憲上禾
裴休相國 河東人
睦州龍興道蹤 尊宿 本州陳氏
睦州釣臺和尚
睦州刺史陳操尚書
饒州嶤山和尚
福州壽山師解
韶州靈樹如敏 福州人 他心通
彭州大隨法真 神照 梓州王氏
廣州森明圓大師 福州陳氏
泉州黃福大師
福州靈雲志勤 本州人
台州浮江和尚
婺州綠水和尚
温州靈陽和尚
洪州紙衣和尚
福州南臺鄭十三娘 本州人
五臺秘魔巖 木叉 示衆
湖南祇林和尚
湖南上林戒虛
蘇州法詞和尚

西堂　復上禾
白鹿從約上禾
蘇州文約上禾
越州光相上禾
興元崇皓上禾
并州元順上禾
温州靈空上禾
荊州弘珪上禾
許州弘進上禾
鄂州念諗上禾
鄧州香嚴智閑 青州
南源和尚
長延圓鑒上禾
荊南智朗上禾
岩背道曠上禾
嵩山神劍上禾
金州法朗上禾
上元智滿上禾
鄧州志詮和尚
志和上座和尚
幽州弘鑒上座
尼劉鐵磨
襄州王敬初常侍
袁州仰山慧寂 韶州葉氏
杭州徑山洪諲 法濟 湖州吳氏
洪州米嶺和尚
廬州棲賢　寂上禾
杭州功臣令道上禾

普照和尚
覺圓上座 杭州人
夏竦丞相
李遵勗附馬
蘇州洞庭慧月
蘇州瑞光　嵩上禾
蘇州薦福　亮上禾
常州承天世珍
嘉州九頂智海上禾
嘉州白水中白上禾
蘄州三角志謙 本州人
郢州興陽詞鐸
潭州報慈德韶上禾
潭州鹿苑　真上禾
吉州福壽和尚
吉州資福貞邃
吉州資福如寶
鵠湖和尚
袁州仰山西塔光穆上禾
袁州仰山南塔光涌 豫章 洪州
杭州龍泉文喜 秀州朱氏
郢州佛岩　暉上禾
晉州霍山景通
袁州仰山東塔和尚
洪州觀音常蠲 大師
福州東禪慧茂上禾
福州明月道崇上禾
處州遂昌上禾

益州崇福演教大師
襄州延慶法端
安州大安清幹
均州武當佛岩暉上禾
終南山豐德和尚
益州長平山和尚
吉州止觀和尚
壽州紹宗
益州昭覺和尚
睦州東禪和尚
江州双溪田道者
郢州林溪　徹上禾
郢州芭蕉情
越州清化全怤 蘇州□氏
韶州黃連義初
洪州黃龍　忠上禾
郢州芭蕉慧清 新羅人
韶州慧林鴻究
韶州靈瑞和尚
郢州芭蕉住遇
郢州興陽清讓 本州人
郢州興陽義深
郢州芭蕉　圓上禾
郢州子陵行齊
桂州壽寧法義
汝州芭蕉繼徹
興元牛頭山　精上禾
益州覺城　信上禾

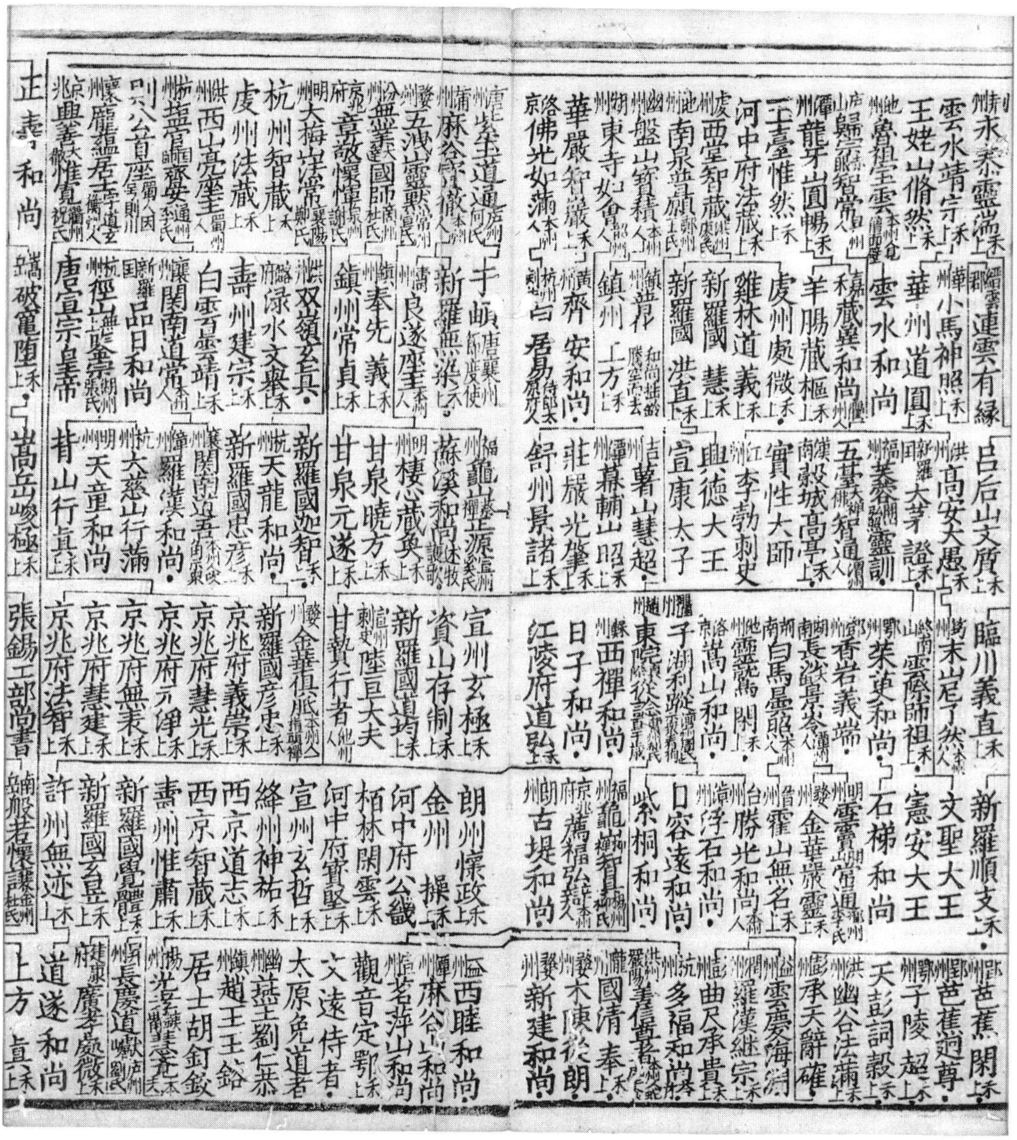

永泰靈湍　雲水靖宗　王姥山脩然　魯祖宝雲　龍牙山圓暢　歸宗智常　五臺惟然　河中府法藏　南泉普願　西堂智藏　盤山寶積　東寺如會　華嚴智藏　佛光如滿　唐土道通　麻谷寶徹　五洩靈默　無業國師　章敬懐惲　大梅法常　西山亮座主　虔州法藏　杭州智藏　塩官齊安　則川和尚　龐蘊居士　興善惟寬　正壽和尚

連雲有緣　華州道圓　雲水和尚　羊腸蔵樞　虔州處微　雞林道義　新羅國慧　新羅國洪直　鎮州普化　齊安和尚　白居易　于頔　新羅無染　良遂座主　奉先義　鎮州常真　双嶺玄真　淥水文擧　壽州建宗　關南道常　白雲曇靖　品日和尚　徑山鑒宗　唐宣宗皇帝　破竈墮

呂后山文質　高安大愚　大茅證　芙蓉靈訓　五臺智通　穀城高亭　實性大師　李翺刺史　興徳大王　宣康太子　薯山慧超　幕輔山昭　荘嚴光肇　舒州景諸　龜山正元　蕪溪和尚　棲心蔵奐　甘泉曉方　甘泉元遂　新羅國迦智　天龍和尚　新羅國忠彦　關南道吾　羅漢和尚　大慈山行滿　天童和尚　昔山行真　嵩岳峻極

臨川義直　末山了然　雲際師祖　茱萸和尚　香岩義端　長沙景岑　白馬曇照　霊鷲閑　嵩山和尚　子湖利蹤　東院從諗　西禅和尚　日子和尚　江陵府道悟　宣州玄極　資山存制　新羅國眞玙　甘贄行者　陸亘大夫　金華俱胝　新羅國彦忠　京兆府義崇　京兆府慧光　京兆府元淨　京兆府無表　京兆府慧建　京兆府法智　張鎡工部尚書

新羅順支　文聖大王　憲安大王　石梯和尚　金華崇靈　霍山無名　勝光和尚　浮石和尚　日容遠和尚　紫桐和尚　龜嶺智眞　薦福弘辯　古堤和尚　朗州懐政　金州操　河中府公畿　栢林閑雲　河中府寶堅　宣州玄哲　絳州神祐　西京道志　西京智蔵　壽州惟肅　新羅國覚體　許州無迹　般若懐讓

芭蕉閑　芭蕉遇尊　子陵超　天彭詞毅　幽谷法満　彭承天辭確　雲慶海　羅漢継宗　曲尺承貴　多福和尚　會稽偃　國清奉　木康從朗　新建和尚　西睦和尚　麻谷山和尚　茗洴山和尚　觀音定鄂　文遠侍者　太原免道者　燕王劉仁恭　趙王王鎔　居士胡釘鉸　光孝慧覺　長慶道巘　廬山處微　道遂和尚　上方遺

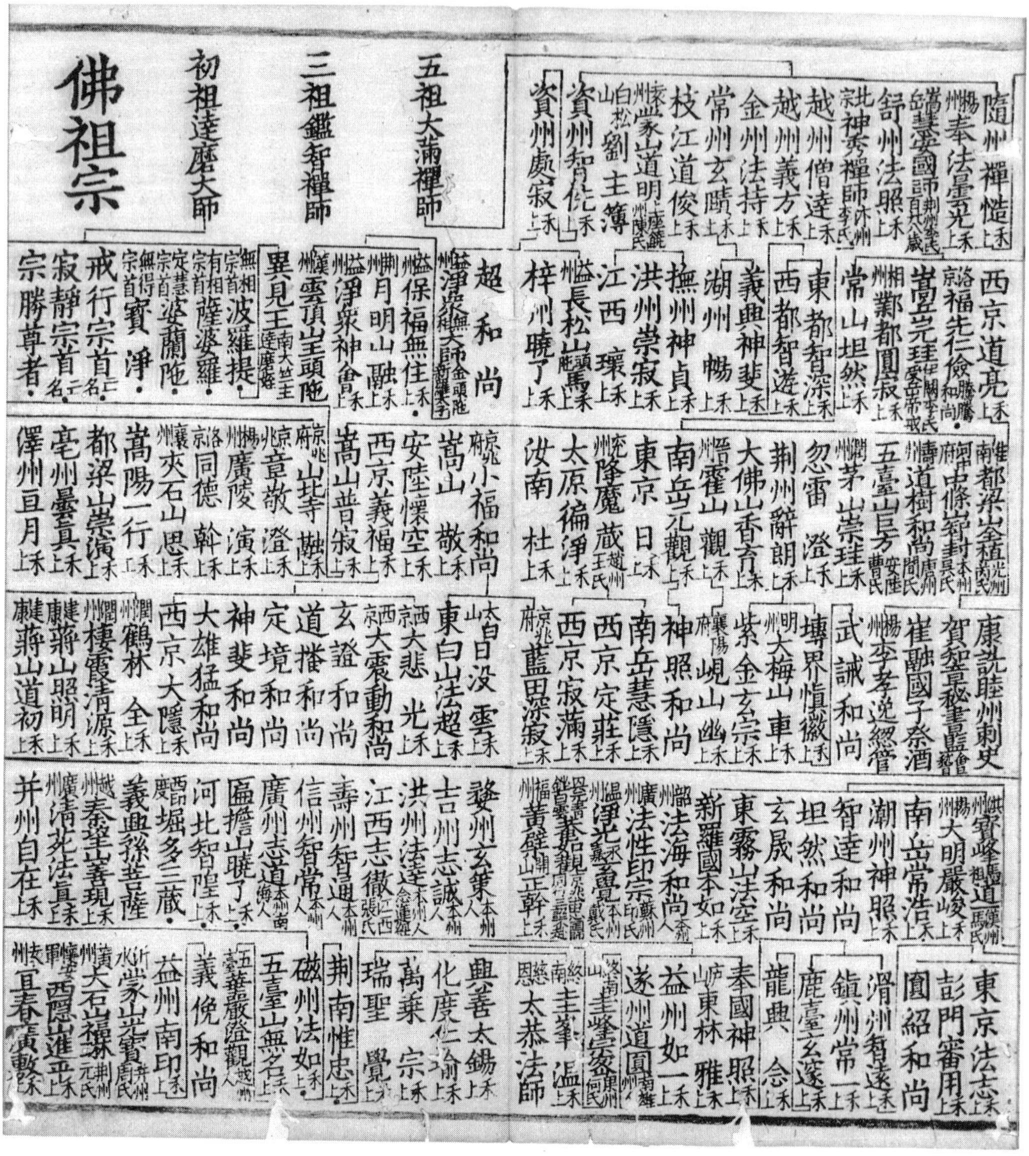

隨州禪憓上禾
揚州奉法曇光上禾
嵩岳慧安國師（荊州支氏 百八歲）
舒州法照上禾
北宗神秀禪師（汴州李氏）
越州僧達上禾
越州義方上禾
金州法持上禾
常州玄賾上禾
枝江道俊上禾
袁州蒙山道明（上座 鄱州陳氏）
白松山劉主簿
資州智侁上禾
資州處寂上禾

五祖大滿禪師
三祖鑑智禪師
初祖達磨大師
佛祖宗

西京道亮上禾
洛京福先仁儉（騰騰和尚）
嵩岳元珪（伊闕李氏）
相州鄴都圓寂上禾
常山坦然上禾
東都智深上禾
西都智遊上禾
義興神斐上禾
湖州暢上禾
撫州神貞上禾
洪州崇寂上禾
江西瓌上禾
益州長松山馬（頭陁）上禾
梓州曉了上禾
超和尚
益州淨衆無相大師（金頭陁 新羅王子）
益州保福無住上禾
荊州月明山融上禾
益州淨衆神會上禾
漢州雲頂山王頭陁
異見王（南天竺王 達磨姪）
無相宗首波羅提
有相宗首薩婆羅
定慧宗首婆蘭陁
無得宗首寶淨
戒行宗首（二名）
寂靜宗首（二名）
宗勝尊者

南都梁山全植（光州尚氏）
河中府中條山智封（本州吳氏）
壽州道樹和尚（唐州聞氏）
五臺山巨方（安陸曹氏）
潤州茅山崇珪上禾
忽雷澄上禾
荊州辭朗上禾
大佛山香育上禾
晉州霍山觀上禾
南岳元觀上禾
東京日上禾
兗州降魔藏（趙州王氏）
太原偏淨上禾
汝南杜上禾
京兆府小福和尚
嵩山敬上禾
安陸懷空上禾
西京義福上禾
嵩山普寂上禾
京兆府山北寺融上禾
京兆章敬澄上禾
揚州廣陵演上禾
洛京同德幹上禾
襄州夾石山思上禾
嵩陽一行上禾
都梁山崇演上禾
亳州曇真上禾
澤州亘月上禾

康詵睦州刺史
賀知章秘書監（會稽）
崔融國子祭酒
揚州李孝逸總管
武誠和尚
塼界慎徽上禾
明州大梅山車上禾
紫金玄宗上禾
襄陽府峴山幽上禾
神照和尚
南岳慧隱上禾
西京定莊上禾
西京寂滿上禾
京兆府藍田深寂上禾
太白山日沒雲上禾
東白山法超上禾
西京大悲光上禾
西京大震動和尚
玄證和尚
道播和尚
定境和尚
神斐和尚
大雄猛和尚
西京大隱上禾
潤州鶴林全上禾
潤州棲霞清源上禾
建康蔣山照明上禾
建康蔣山道初上禾

洪州寶峰馬祖道一（漢州馬氏）
揚州大明巖峻上禾
南岳常浩上禾
潮州神照上禾
智達和尚
坦然和尚
玄晟和尚
東霧山法空上禾
新羅國本如上禾
韶州法海和尚（本州人）
廣州法性印宗（蘇州印氏）
溫州淨光玄覺（本州戴氏）
曹溪令韜
福州黃蘗山正幹上禾
婺州玄策（本州人）
吉州志誠（本州人）
洪州法達（本州人 念蓮經）
江西志徹（江西張氏）
壽州智通（本州人）
信州智常（本州人）
廣州志道（本州南海人）
匾擔山曉了上禾
河北智隍上禾
西印度堀多三藏
義興孫菩薩
越州秦望山善現上禾
廣州清苑法真上禾
并州自在上禾

東京法志上禾
彭門審用上禾
圓紹和尚
滑州智遠上禾
鎮州常一上禾
鹿臺玄遂上禾
龍興念上禾
奉國神照上禾
廬山東林雅上禾
益州如一上禾
遂州道圓
終南圭峯宗密（果州何氏）
終南圭峯溫上禾
慈恩太恭法師
興善太錫上禾
化度仁輸上禾
萬乘宗上禾
瑞聖覺上禾
荊南惟忠上禾
磁州法如上禾
五臺山無名上禾
五臺華嚴澄觀（越州人）
義俔和尚
益州南印上禾
沂水蒙山光寶（并州周氏）
黃州大石山福琳（荊州元氏）
懷安軍西隱山進平上禾
袁州宜春廣敷上禾

〇

派總圖

二祖大祖禪師
四祖大醫禪師
六祖大鑑禪師

金陵牛頭法融 潤州韋氏
楊州靜泰 上禾
建康鍾山曇璀 蘇州顧氏
荊州大素 上禾
幽棲月空 上禾
白馬道演 上禾
徽州新安定莊 上禾
彭城智瑳 上禾
廣州道樹 上禾
湖州智爽 上禾
牛頭山五世智巖 曲阿華氏

道副和尚 或僧字 原袁氏
道育和尚
尼總持
僧那和尚 馬氏
相州慧滿 本州張氏
峴山神定 上禾
寶月禪師
化公大士
和公大士
向居士
廖居士
華閑居士
曇邃
延陵慧簡 上禾
彭城慧瑳 上禾
定林慧綱 上禾
六合大覺 上禾
高郵曇影 上禾
泰山明練 上禾
牛頭五世智威 潤州陳氏
牛頭山玄素 上禾
天柱弘仁 上禾
牛頭四世法持 潤州張氏
牛頭三世慧方 潤州濮氏
西川敏古 上禾
漢南法俊 上禾
襄陽辯才 上禾
龍光龜仁 上禾

洛京眞亮 上禾
陝州慧空 上禾
瓦棺璿 上禾
弋陽法融 上禾
蘇州眞亮 上禾
南岳日照 上禾
南岳澄心 上禾
定州石藏 上禾
兗州守賢 上禾
敬愛眞 上禾
廣福慧空 上禾
常越和尚
明瓚和尚
曹州定陶丁居士
京兆終南山惟政 平原周氏
衢州定心 上禾
敬愛志眞 上禾
嵩山照 上禾
牛頭六世慧忠 潤州王氏
天柱崇慧 彭州陳氏
宣州安國玄挺 上禾
潤州鶴林玄素 本州馬氏
蘇州呉門圓鏡 上禾
婺州曇益 上禾
靈岩寶觀 上禾
杭州徑山法欽 蘇州朱氏
蜀州石倶胝 [illegible]
青陽廣敷 上禾

解縣懷信 上禾
比山懷古 上禾
明州觀宗 上禾
白馬善道 上禾
興善道融 上禾
江寧府行應 上禾
襄州道堅 上禾
荘嚴遠 上禾
龍門凝寂 上禾
釋山法常 上禾
江陵府智燈 上禾
幽棲藏 上禾
幽棲道纈 上禾
幽棲道遇 上禾
牛頭山大智 上禾
牛頭山智眞 上禾
牛頭山法燈 上禾
牛頭山道性 上禾
牛頭山譚顒 上禾
牛頭山雲韜 上禾
牛頭山法梁 上禾
牛頭山慧良 上禾
牛頭山靈曜 上禾
牛頭山凝空 上禾
牛頭山慧涉 上禾
牛頭山定空 上禾
牛頭山巨英 上禾
牛頭山凝 上禾

西京咸空 上禾
澠池荷澤神會 襄陽高氏
峽山泰祥 上禾
光州法淨 上禾
清涼山辯才 上禾
撫州淨安 上禾
嵩山尋 上禾
南岳堅固 上禾
南岳梵行 上禾
曇璀和尚
玄楷和尚
道英和尚
宗一和尚
智本和尚
韋據韶州刺史
薛簡內侍
韶州祇陀 上禾
鄴州卞申善快 上禾
廣州呉頭陀
制空山道進 上禾
曹溪令瑫 吉州張氏
羅浮山定眞 上禾
司空山本淨 絳州杜氏
韶山緣素 上禾
鄴州香嚴惟戒 上禾
[illegible]源山應眞 上禾
唐肅宗皇帝
唐代宗皇帝

揚州廣陵靈坦 上禾
五臺山神英 上禾
澧州慧演 上禾
南岳皓玉 上禾
江陵府行覺 上禾
涪州朗 上禾
宣州志滿 上禾
寧州通隱 上禾
河南尹李常
蔡州道明 上禾
孟州河陽懷空 上禾
鄧州南陽圓震 上禾
四面山法智 上禾
呉頭陀
玄固和尚
湖南如寶 上禾
衢州道信 上禾
善悟和尚
潭州無學和尚
荊州玄覺 上禾
宋璟觀察使
羅浮山靈運 上禾
楊光庭中使
韶州小道進 上禾
韶州遊寂 上禾
吉州貞邃 上禾
東京觀音巖俊 邢臺盧氏
[illegible]中岳[illegible]遵古

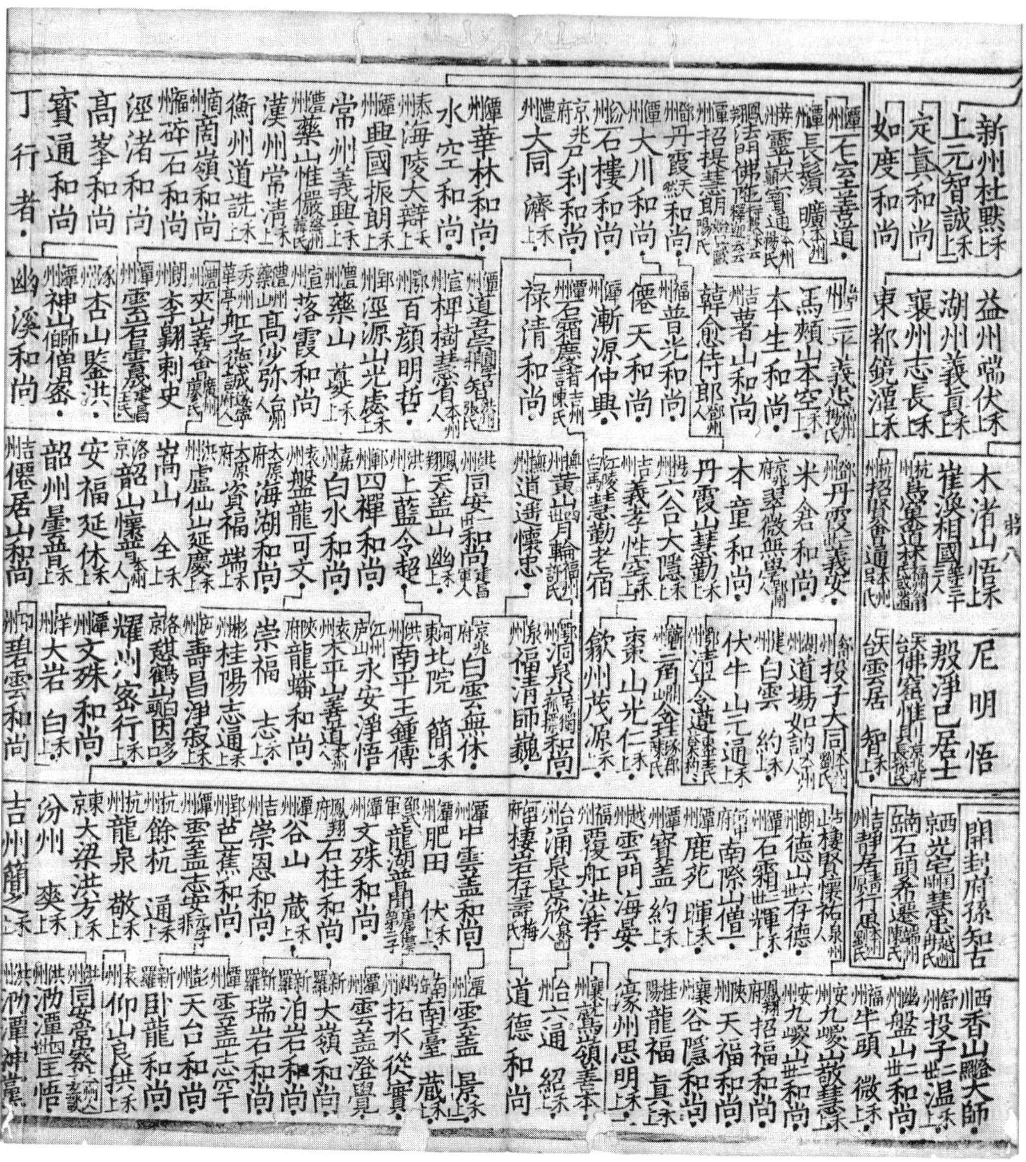

新州杜默
上元智誠
定真和尚
如度和尚

潭州石室善道
潭州長髭曠
并州靈山
鳳翔法門佛陀
潭州招提慧朗
鄧州丹霞天然和尚
潭州大川和尚
汾州石樓和尚
京兆府尸利和尚
澧州大同濟
潭州華林和尚
水空和尚
泰州海陵大辯
潭州興國振朗
常州義興
澧州藥山惟儼
漢州常清
衡州道詵
南嶽商嶺和尚
福州碎石和尚
涇渚和尚
高峯和尚
寶通和尚
丁行者

益州端伏
湖州義眞
襄州志長
東都鏡潭
漳州三平義忠
馬頰山本空
本生和尚
吉州薯山和尚
韓愈侍郎
福州普光和尚
僊天和尚
潭州漸源仲興
潭州石霜慶諸
祿清和尚
潭州道吾宗智
宣州椑樹慧省
鄧州百顏明哲
鄂州涇源山光處
澧州藥山
宣州落霞和尚
澧州藥山高沙弥
秀州華亭船子德誠
澧州夾山善會
朗州李翺刺史
潭州雲巖曇晟
涿州杏山鑒洪
潭州神山僧密
幽溪和尚

木渚山悟
崔溪相國
杭州鳥窠道林
杭州招賢會通
鄧州丹霞義安
米倉和尚
京兆府翠微無學
本童和尚
丹霞山慧勤
撫州六合大隱
吉州義孝性空
江陵白馬慧勤老宿
撫州黃山月輪
撫州逍遥懷忠
洪州同安一和尚
鳳翔天蓋山幽
洪州上藍令超
鄂州四禪和尚
嘉州白水和尚
袁州盤龍可文
太原府海湖和尚
太原府資福端
洪州盧仙山延慶
嵩山全
洛京韶山寰普
安福延休
韶州曇晉
吉州僊居山和尚

尼明悟
般淨已居士
天台佛窟惟則
天台雲居智
舒州投子大同
湖州道場如訥
建州白雲約
伏牛山元通
鄂州清平令遵
蘄州三角令珪
棗山光仁
歙州茂源
鄂州洞泉和尚
泉州福清師巍
京兆府白雲無休
河東北院簡
洪州南平王鍾傳
江州廬山永安淨悟
袁州木平山善道
陝府龍蟠和尚
崇福志
彬州桂陽志通
廬州壽昌淨寂
洛京憇鶴山彥因
耀州密行
潭州文殊和尚
洋州大岩白
邛州碧雲和尚

開封府孫知古
西京光宅慧忠
南嶽石頭希遷
吉州靜居行思
古山棲賢懷祐
朗州德山存德
潭州石霜輝
河中府南際山僧一
潭州鹿苑暉
潭州寶蓋約
越州雲門海晏
福州覆船洪荐
台州涌泉景欣
河中府棲岩存壽
潭州中雲蓋和尚
潭州肥田伏
郢州龍湖普聞
潭州文殊和尚
鳳翔府石柱和尚
潭州谷山藏
吉州崇恩和尚
郢州芭蕉和尚
潭州雲蓋志安
杭州餘杭通
杭州龍泉敬
東京大梁洪方
汾州爽
吉州簡之

西川香山大師
舒州投子温
幽州盤山和尚
福州牛頭微
安州九嵕山敬慧
安州九嵕山和尚
鳳翔府招福和尚
陝州天福和尚
襄州谷隱和尚
桂陽龍福眞
濠州思明
襄州鷲嶺善本
台州六通紹
道德和尚
潭州雲蓋景
南嶽南臺藏
幽州拓水從實
潭州雲蓋澄覺
新羅大嶺和尚
新羅泊岩和尚
新羅瑞岩和尚
潭州雲蓋志罕
彭州天台和尚
新羅卧龍和尚
袁州仰山良拱
洪州同安常察
洪州泐潭匡悟
洪州泐潭神黨

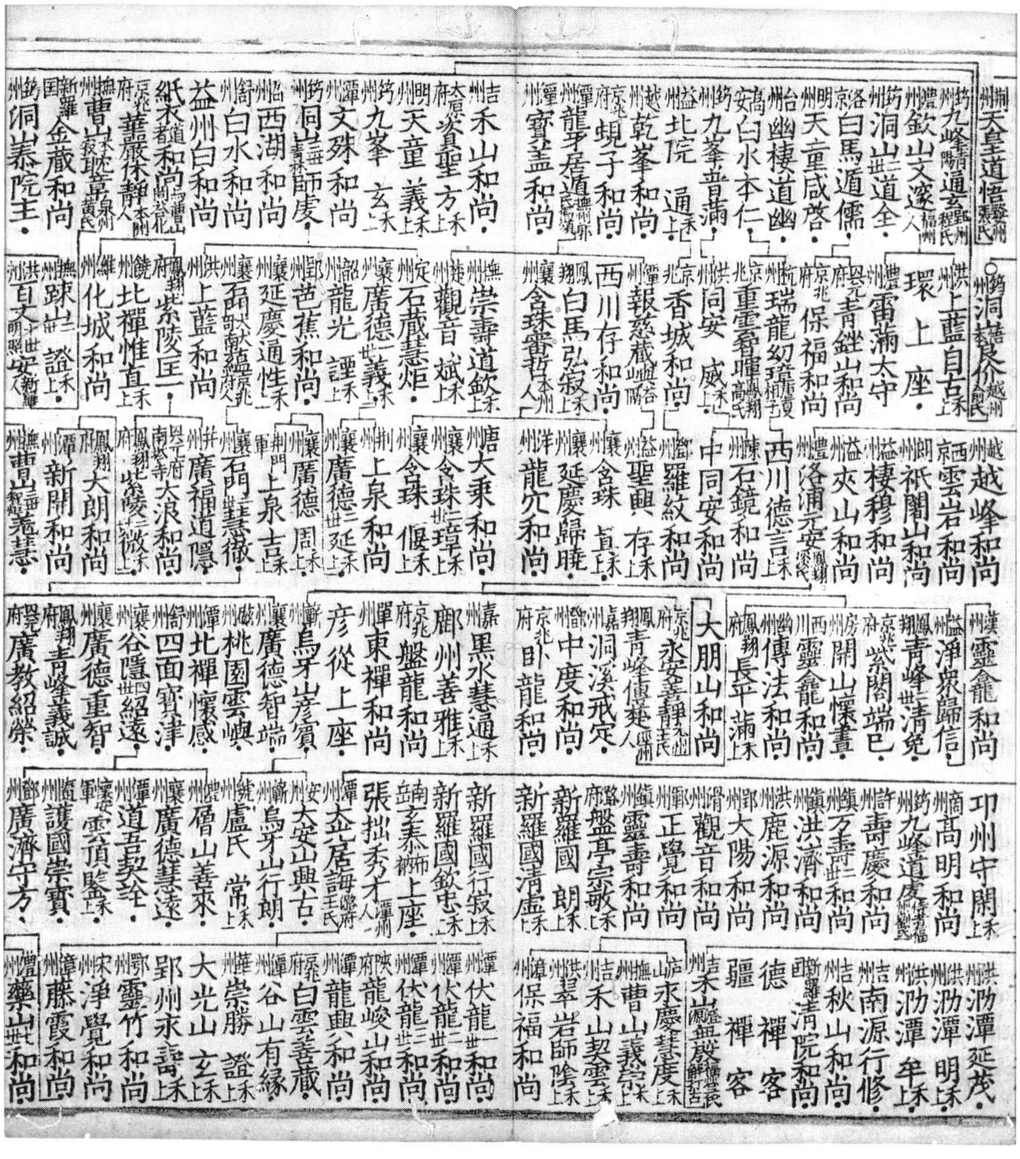

荊州天皇道悟　婺州張氏
筠州九峯通玄
澧州欽山文邃
筠州洞山道全
洛京白馬遁儒
明州天童咸啓
台州幽棲道幽
高安白水本仁
筠州九峯普滿
益州北院通
越州乾峯和尚
京兆府蜆子和尚
潭州龍牙居遁
寶蓋和尚
吉州禾山和尚
太原府資聖方
明州天童義
筠州九峯玄
潭州文殊和尚
筠州洞山師虔
西湖和尚
舒州白水和尚
益州白和尚
紙衣和尚
京兆府華嚴休靜
撫州曹山本寂
新羅国金藏和尚
筠州洞巌院主

筠州洞山良价　越州兪氏
洪州上藍自古
環上座
澧州雷滿太守
京兆府青銼山和尚
京兆府保福和尚
杭州瑞龍幻璋
京兆重雲智暉
洪州同安威
京兆香城和尚
潭州報慈藏嶼
西川存和尚
鳳翔白馬弘寂
襄州含珠審哲
撫州崇壽道欽
楚州觀音斌
定州石藏慧炬
襄州廣德義
韶州龍光諲
郢州芭蕉和尚
襄州延慶通性
襄州石門獻蘊
洪州上藍和尚
鳳翔府紫陵匡一
饒州北禪惟直
維州化城和尚
撫州疎山證
洪州百丈安

越州越峯和尚
西京雲岩和尚
朗州祇闍山和尚
益州棲穆和尚
益州夾山和尚
澧州洛浦元安
西川德言
陳州石鏡和尚
中同安和尚
鄧州羅紋和尚
益州聖興存
襄州含珠眞
襄州延慶歸曉
洋州龍穴和尚
唐州大乘和尚
襄州含珠璋
襄州含珠偃
荊州上泉和尚
襄州廣德延
襄州廣德周
荊門軍上泉吉
襄州石門慧徹
并州廣福道隱
興元府大浪和尚
鳳翔府紫陵微
鳳翔府大朗和尚
潭州新開和尚
撫州曹山

漢州靈龕和尚
益州淨衆歸信
鳳翔青峯清勉
京兆府紫閣端巳
房州開山懷晝
西川靈龕和尚
幽州傳法和尚
鳳翔府長平滿
大朋山和尚
京兆府永安善靜
鳳翔青峯傳楚
嘉州洞溪戒定
鄧州中度和尚
京兆府臥龍和尚
嘉州黒水慧通
鄜州善雅
京兆府盤龍和尚
單州東禪和尚
彥從上座
蘄州烏牙山彥賓
襄州廣德智端
桃園雲嶼
潭州北禪懷感
舒州四面寶津
襄州谷隱紹遠
襄州廣德重智
鳳翔府青峯義誠
興元府廣教紹榮

邛州守閑
商州高明和尚
筠州九峯道虔
許州壽慶和尚
鎭州万壽和尚
鎭州洪濟和尚
洪州鹿源和尚
郢州大陽和尚
滑州觀音和尚
鄆州正覺和尚
鎭州靈壽和尚
潞府盤亭宗敬
新羅國朗
新羅國清虛
新羅國行寂
新羅國欽忠
南嶽玄泰上座
張拙秀才
潭州[illegible]居誨
安州大安山興古
蘄州烏牙山行朗
虢州盧氏常
澧州層山善來
襄州廣德慧遠
潭州道吾契詮
襄安軍雲頂鑒
隨州護國崇寶
鄧州廣濟守方

洪州泐潭延茂
洪州泐潭明
洪州泐潭牟
吉州南源行修
吉州秋山和尚
新羅清院和尚
德禪客
疆禪客
吉州禾山無殷
廬山永慶慧虔
撫州曹山義
吉州禾山契雲
洪州峯岩師陰
漳州保福和尚
潭州伏龍一世和尚
潭州伏龍二世和尚
潭州伏龍三世和尚
陝府龍峻山和尚
潭州龍興和尚
京兆府白雲善藏
潭州谷山有緣
華州崇勝證
大光山玄
郢州永壽
鄂州靈竹和尚
宋州淨覺和尚
漳州藤霞和尚
澧州藥山和尚

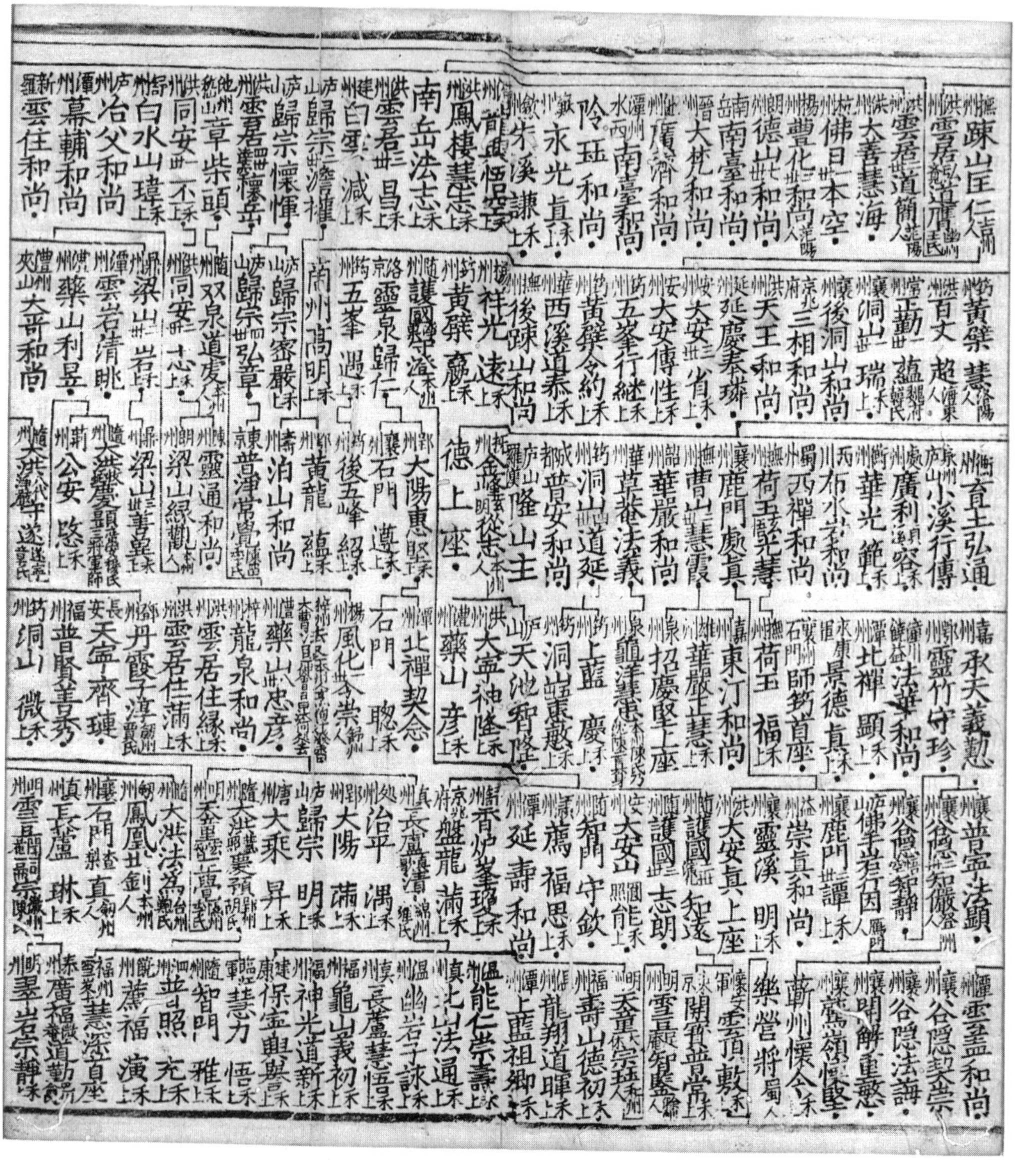

撫州 疎山匡仁 吉州人
洪州 雲居道膺 幽州玉田王氏
洪州 雲居道簡 范陽人
洪州 大善慧海
杭州 佛日本空
揚州 豊化和尚
朗州 德山和尚
南岳 南臺和尚
晉州 大梵和尚
池州 廣濟和尚
潭州 水西 南臺和尚
陷珏和尚
歙州 永光眞 上来
歙州 朱溪謙 上来
潭州 龍興悟空 上来
洪州 鳳棲慧忠 上来
南岳法志 上来
洪州 雲居昌 上来
建州 白雲減 上来
廬山 歸宗澹權
廬山 歸宗懐惲
洪州 雲居懐岳
池州 九華山 章柴頭
洪州 同安一不 上来
舒州 白水山璋 上来
廬州 冶父和尚
潭州 慕輔和尚
新羅 雲住和尚

郢州 黄檗慧 洛陽人
洪州 百丈超 濟東人
常州 正勤蘊 韓氏
襄州 洞山瑞 上来
襄州 後洞山和尚
京兆府 三相和尚
洪州 天王和尚
延州 延慶奉璘
安州 大安省 上来
安州 大安傳性 上来
郢州 五峯行継 上来
郢州 黄檗令約 上来
華州 西溪道泰 上来
撫州 後疎山和尚
揚州 祥光遠 上来
郢州 黄檗竇 上来
隨州 護國守澄
洛京 靈泉歸仁
郢州 五峯遇 上来
南州 高明 上来
廬山 歸宗審嚴 上来
廬山 歸宗弘章
隨州 双泉道虔
洪州 同安志 上来
鼎州 梁山岩 上来
潭州 雲岩清眺
澧州 藥山利昱
澧州 夾山 大哥和尚

衡州 育王弘通
廬山 小溪行傳
處州 廣利容 上来
衡州 華光範 上来
西川 布水岩和尚
蜀州 西禅和尚
撫州 荷玉玄慧
襄州 鹿門處眞
撫州 曹山慧霞
韶州 華嚴和尚
華州 草菴法義
郢州 洞山道延
成都 普安和尚
廬山 羅漢 隆山主
撫州 金峯從志 本州人
德上座
郢州 大陽惠堅 上来
襄州 石門遵 上来
郢州 後五峯紹 上来
郢州 黄龍蘊 上来
壽州 泊山和尚
東京 普淨常覺
陳州 靈通和尚
朗州 梁山緣觀
鼎州 梁山善冀 上来
隨州 大洪 慶顯
荊州 公安悠 上来
隨州 大洪 守遂

嘉州 承天義勲
郢州 靈竹守珍
益州 法華和尚
潭州 北禅顕 上来
永康 景德眞 上来
襄州 石門 師郢首座
撫州 荷玉福 上来
嘉州 東汀和尚
雄州 華嚴正慧 上来
泉州 招慶堅上座
泉州 龜洋慧忠
郢州 上藍慶 上来
郢州 洞山清稟
廬山 天池智隆
洪州 大寧神隆 上来
澧州 藥山彦 上来
潭州 北禅契念
石門聰 上来
揚州 風化崇
梓州 長安 法遠
澧州 藥山忠彦
梓州 龍泉和尚
洪州 雲居住緣 上来
洪州 雲居住滿 上来
鄧州 丹霞子淳
長安 天寧齊璉
福州 普賢善秀
郢州 洞山微 上来

襄州 普寧法顕
襄州 谷隠知儼
襄州 谷隠智靜
廬山 佛手岩因
襄州 鹿門譚 上来
益州 崇眞和尚
襄州 靈溪明 上来
洪州 大安眞上座
隨州 護國知遠
隨州 護國志朗
安州 大安山能 上来
隨州 智門守欽
襄州 薦福思 上来
潭州 延壽和尚
舒州 香炉峯瑰 上来
京兆府 盤龍滿 上来
眞州 長蘆 崇濱
處州 治平湡 上来
郢州 大陽明 上来
廬山 歸宗昇 上来
唐州 大乘 上来
隨州 大洪 報恩
明州 天童 淨覺
隨州 大洪 法爲
郢州 鳳凰山 劍
襄州 石門 眞
眞州 長蘆琳 上来
明州 雪竇 嗣宗

潭州 雲蓋和尚
襄州 谷隠契崇
襄州 谷隠法譊
襄州 明解重慇
襄州 鷲嶺懐
蘄州 懐令
樂營將 蜀人
安州 雲頂敷
京兆 開寶普當
明州 雪竇智鑑
明州 天童宗珏
福州 壽山德初
信州 龍翔道暉
潭州 上藍祖卿
温州 能仁崇壽
眞州 北山法通
温州 幽岩子詠
眞州 長蘆慧悟
福州 龜山義初
福州 神光道新
建康 保寧興譽
臨安 慧力悟
隨州 智門雅
泗州 普照充
饒州 薦福演
福州 雪峯慧深首座
泰州 廣福道勤
明州 翠岩宗靜

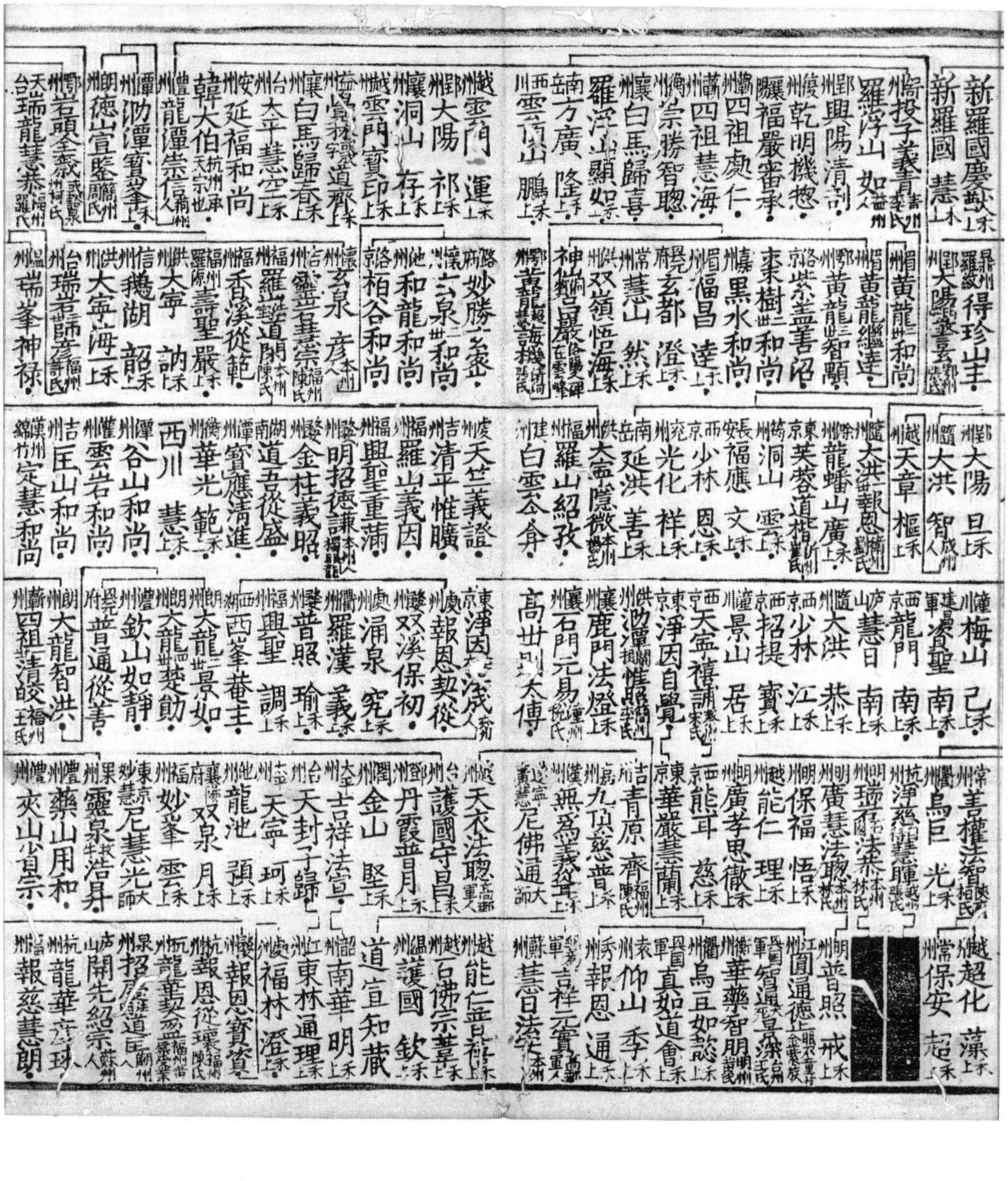

新羅國慶猷
新羅國慧
洪州投子義青（青州李氏）
羅浮山如（益州）
郢州興陽清剖
復州乾明機聰
襄陽福嚴審承
蘄州四祖慮仁
蘄州四祖慧海
鼎州崇勝智聰
襄州白馬歸喜
羅浮山顯如
南岳方廣隆
西川雲頂山鵬
越州雲門運
郢州大陽祁
襄州洞山存
越州雲門寶印
益州覺報道齊
襄州白馬歸春
台州太平慧空
安州延福和尚
韓大伯（杭州承天宗世）
澧州龍潭崇信（荊州人）
潭州泐潭寶峯
朗州德山宣鑒（簡州周氏）
鄂州岩頭全奯（泉州柯氏）
天台瑞龍慧恭（福州羅氏）

鼎州羅紋得珍山主
郢州大陽警玄（鄭州張氏）
眉州黃龍三世和尚
眉州黃龍繼達
鄂州黃龍二世智顒
洛京紫蓋善詔
棗樹二世和尚
嘉州黑水和尚
眉州福昌達
兗府玄都澄
常州慧山然
洪州双嶺悟海
神鼎[illegible]巖
鄂州黃龍誨機（清河張氏）
潞府妙勝玄密
懷州玄泉二世和尚
池州和龍和尚
洛京柏谷和尚
懷州玄泉彥（本州人）
吉州靈巖慧宗（福州陳氏）
福州羅山道閑（本州陳氏）
福州香溪從範
福州羅源壽聖嚴
洪州大寧訥
信州鵝湖韶
洪州大寧海一
台州瑞巖師彥（福州許氏）
温州瑞峯神祿

郢州大陽旦
隨州大洪智（成州人）
越州天章樞
隨州大洪報恩（衛州黎氏）
徐州龍蟠山廣
東京芙蓉道楷（沂州崔氏）
筠州洞山雲
長安福應文
西京少林恩
兗州光化祥
南岳延洪善
洪州大寧隱微（本州杜氏）
福州羅山紹孜
建州白雲令弇
虔州天竺義證
吉州清平惟曠
福州羅山義因
福州興聖重滿
婺州明招德謙（本州人）
婺州金柱義昭
湖南道吾從盛
潭州寶應清進
撫州華光範
西川慧
潭州谷山和尚
灌州雲岩和尚
吉州匡山和尚
漢州綿竹定慧和尚

澧州梅山己
建昌軍資聖南
西京龍門南
廬山慧日南
隨州大洪恭
西京少林江
西京招提實
潼川景山居
西京天寧禧誧（泰州宋氏）
東京淨因自覺
洪州泐潭惟照（簡州李氏）
襄州鹿門法燈
襄州石門元易（潼州袁氏）
高世則太傅
東京淨因[illegible]
處州報恩契從
婺州双溪保初
處州涌泉究
衢州羅漢義
婺州普照瑜
福州興聖調
西湖西峯菴主
朗州大龍二世景如
朗州大龍四世楚勛
澧州欽山如靜
鼎府普通從善
朗州大龍智洪
蘄州四祖清皎（福州王氏）

常州善權法智（陝府柏氏）
衢州烏巨光
杭州淨慈慧暉（越州張氏）
明州瑞巖法恭（本州林氏）
明州廣慧法聰（本州林氏）
明州保福悟
越州能仁理
明州廣孝思徹
西京能耳慈
東京華嚴慧蘭
吉州青原齊（福州陳氏）
處州九頂慈普
漢州無為義發
遂寧宣慧尼佛通（大師）
越州天衣法聰（高郵軍人）
台州護國守昌
鄧州丹霞普月
潤州金山堅
太平州吉祥法宣
台州天封子歸
太平州天寧珂
池州龍池頭
襄陽府双泉月
福州妙峯雲
東京妙慧尼慧光（大師）
果州靈泉（牧牛）浩昇
澧州藥山用和
澧州夾山省宗

越州超化藻
常州保安超
明州普照戒
江州圓通德止
[illegible]
衢州華藥智朋（明州黃氏）
衢州烏巨如誌
[illegible]真如道會
袁州仰山季
秀州報恩通
[illegible]軍吉祥元實（高郵軍人）
蘇州慧日法[illegible]（本州人）
越州能仁[illegible]
越州石佛宗蓋
温州護國欽
道宣知蔵
韶州南華明
江州東林通理
處州福林澄
婺州報恩寶覚
杭州報恩從環（福州陳氏）
杭州龍華契盈（福州[illegible]）
泉州招慶道匡（潮州人）
廬山開先紹宗（蘇州人）
杭州龍華齊球
溫州報慈慧朗

襄州高亭簡
洪州感潭資國 上承
泉州瓦棺和尚
益州双流尉遲和尚
鳳翔府無垢和尚
德山鵝湖紹興 上承
入山住菴僧
入山住菴僧
福州雪峯義存 泉州曾氏
福州安國弘瑫 泉州陳氏
福州鼓山神晏 大梁李氏
明州翠岩令參 湖州人
漳州報恩懷岳
福州長慶慧稜 杭州孫氏
福州長生皎然 本州人
福州仙宗行瑫 泉州王氏
福州大普玄通 本州人
杭州西興師郁 泉州人
[illegible]行脩 泉州陳氏
襄州雲蓋歸本 京兆府人
泉州福清玄訥 高麗国人
福州龍華從弇
漳州保福超信
台州十相審超
益州普通普明
漳州保福從展 福州陳氏
吉州潮山延宗
福州芙蓉如體

南嶽橫龍和尚
安州白兆志圓
福州林陽志端 本州俞氏
福州白鹿師貴
福州羅山[illegible]聰
福州安國從貴
福州永隆彥端
福州興聖滿 上承
福州僊宗明 上承
福州安國祥 上承
福州怡山藏用 上承
温州佛嶼知默
杭州龍冊子興
洪州清泉守清 福州[illegible]氏
潭州延壽慧輪
漳州保福可儔
泉州後招慶和尚
福州康山契穩
福州報慈文欽
洪州章江慧廉
[illegible]州白水如新
泉州招慶省澄
泉州鳳凰從琛
泉州方安清運
朗州德山德海
漳州報恩行崇
潭州岳麓和尚
洪州建山澄 上承

潭州龍會鑒 上承
安州穆 上承
建康淨德沖煦 福州和氏
建康報恩清護 福州陳氏
撫州白雲智作 朱氏
福州鼓山智岩
福州鼓山智嶽 本州人
杭州天竺子儀 温州陳氏
福州鼓山清諤
福州龍山智嵩
福州龍山文義
泉州鳳凰強 上承
襄州定慧和尚
廬山歸宗道詮 吉州劉氏
潭州龍興裕 上承
漳州隆壽無逸
建康淨德智筠 河中府王氏
廬山歸宗策真 曹州魏氏
建康報恩文遂 杭州陸氏
廬山棲賢慧圓 江州人
常州正勤希奉 蘇州謝氏
建康報恩玄則
建康章義道欽 太原府人
建康報恩匡逸 明州人
杭州寶塔紹岩 雍州劉氏
宣州興福可勳 建州朱氏
洪州觀音從顯 泉州人
撫州黄山良匡 吉州人

蘄州三角志操
蘄州三角真鑒
郢州大陽行沖
晉州興教師普
郴州東禪玄偕 上承
京兆大秦彥賓 上承
安州慧日玄諤 上承
郢州興陽和尚
襄州白馬行靄
新羅國慧雲 上承
安州白兆懷楚
揚州風化令崇
潭州妙濟師浩
筠州九峯義詮
相州天平契愚
漳州隆壽法騫 泉州[illegible]氏
洪州双嶺洪祥 上承
常州齊雲慧 上承
洪州觀音真 上承
洪州龍沙茂 上承
洪州大寧獎 上承
杭州靈隱延珊 杭州張氏
杭州靈隱[illegible]
常州薦福歸則
湖州何山慧忠
建康清涼舉內
江[illegible]清涼慈化
遂州石佛有邦

澧州靈泉用淳
澧州夾山仁秀
郢州黄龍思卿
郢州嘉魚法珍
江陵府彰法悟顯
江陵府開福寶賢
郢州興教居祐
袁州崇勝志珪
襄州白馬智倫
江陵府承天寶昭
唐州保壽匡祐
蘄州四祖自南 上承
果州永慶繼勲 上承
曉愚和尚
建康龍光澄紀 廣州陳氏
郢州興陽道欽
泉州報恩宗顯
永興北院可休
郴州太平清海
連州慈雲慧深
彰州保福[illegible]和尚
杭州靈隱文勝 婺州劉氏
湖州報本義海 本州胡氏
越州清化[illegible]昌 朱氏
杭州龍華有忠 明州鄭氏
明州廣慧志全 杭州衛氏
衢州顯聖居暉
杭州承天義海

福州枕峯清煥
福州東禪契訥
福州長慶弘辯
福州東禪可隆
福州仙宗守玭
福州閩山令含
福州祥光澄靜
福州報慈光雲
福州水陸洪儼
杭州傾心法瑫
福州長慶常慧
撫州永安懷烈
吉州龍須山道毅
杭州廣嚴咸澤
福州石佛靜 上承
杭州保安連 上承
吉州資國和尚
新羅国龜山和尚
度上座
演侍者
泉州王延彬太傅
處州報恩守真
處州翠峯從欣
襄州鷲嶺明遠
襄州鷲嶺通 上承
明州大梅[illegible]慧
明州翠岩嗣[illegible]
湖州海會岳 上承

福州古田極樂元儼　杭州大錢從襲　漳州隆壽紹卿　越州越山師鼐　福州南禪契璠　杭州龍興宗靖　處州法海行周　越州洞岩可休　澧州溪山棲　澧州南臺仁　杭州龍井通　信州鵝湖智孚　泉州瑞龍道溥　南岳金輪可觀

明州翠山簡　泉州西明琛　漳州報恩熙　福州永隆瀛　福州升山柔　潭州谷山句　韶州谷山行崇　朗州法澡　睦州敬連　福州枕峯和尚　襄州鷲嶺和尚　法進和尚　漳州保福清溪　南岳後金輪和尚

廬山歸宗惠超　漳州羅漢智依　廬山大林僧遁　池州仁王緣勝　洛京興善棲倫　潭州慈雲匡達　洪州上藍守訥　杭州奉先法環　杭州化城慧朗　杭州永明道鴻　天台般若敬遵　建康鍾山義章　洪州同安紹顯　澤州古賢謹

杭州靈隱清照　杭州南院清　建康保寧宗　溫州護國崇　秀州永安紹　杭州安樂照　杭州妙嚴洪　杭州廣果隆　秀州永安錫　溫州護國翔　明州景清智榮　杭州興教保威　杭州廣法歸穆　杭州佛日了昇

南康雲居慧震　明州報本義圓　處州南明惟宿　杭州龍華悟乘　南康雲居契瓌　洪州彰江昭遠　明州保福　潭州興化善能　潭州北禪覺寧　明州金鵝虛白　廬山万杉廣智　廬山慧日達　潤州甘露真　荊門軍清溪清

明州瑞岩普　湖州報本　杭州靈鳳　溫州雲岩慧瑞　台州乾明閑　蘇州万壽堅　婺州智者嗣如　婺州承天仲顏　台州護國介曹　婺州承天澄　婺州華藏虛外　婺州淨土可嵩　婺州寶林文慧　信州祥符良慶

臨安州永和尚　洛京嶽鶴和尚　建州夢筆和尚　福州永泰和尚　泉州東禪和尚　杭州龍華靈照　洛京南院和尚　韶州林泉和尚　池州和龍守訥　京兆嵩山安德　廬山盧德明　杭州龍冊道怤　潞州玄暉　撫州明水懷忠

廣州大通和尚　杭州仁王俊　台州六通志球　杭州餘杭功臣道閑　台州瑞岩師進　衢州鎮境遇緣　杭州雲龍歸　福州報國照　台州白雲廼　廣州資福智遠　越州清化師訥　衢州南禪遇緣　杭州洞山龜端　溫州景豐和尚

洪州新興齊　荊門軍上泉和尚　撫州崇壽契稠　撫州覆舡和尚　泉州上方慧英　廬山歸宗師慧　建康清涼泰欽　廬山歸宗省一　襄州延慶傳殷　漳州西明澄清　廬山歸宗夢欽　洪州舍利玄闡　洪州禪溪可莊　袁州木平道達

郢州圓寂修慶　衡州雲蓋　明州天童子凝　杭州淨土惟素　杭州南山圓進　廬山棲賢慧聰　洪州雲居道齊　廬山歸宗暉　漳州法濟海蟾　越州清化志超　台州般若從進　漳州淨眾傳先　漳州隆福紹珍　越州雲門知水

蘇州翠峯　洪州上藍普　隨州興國洪　饒州薦福緣　筠州三祖岳　興國洪　廬山化城自楨　廬山羅漢懷端　越州象田德圓　江州圓通利柔　杭州建山智果　明州雪竇遇新　廬山化城會昇　湖州上方子澄

湖州宣化德源　杭州富陽子蒙　杭州乾明津　蘇州長壽　蘇州長壽朋彥　杭州永明延壽　杭州五雲志逢　杭州奉聖清昱　杭州報恩紹安　杭州龍冊　福州廣平玄威　廣州奉聖師護　台州般若友蟾　杭州光慶遇安

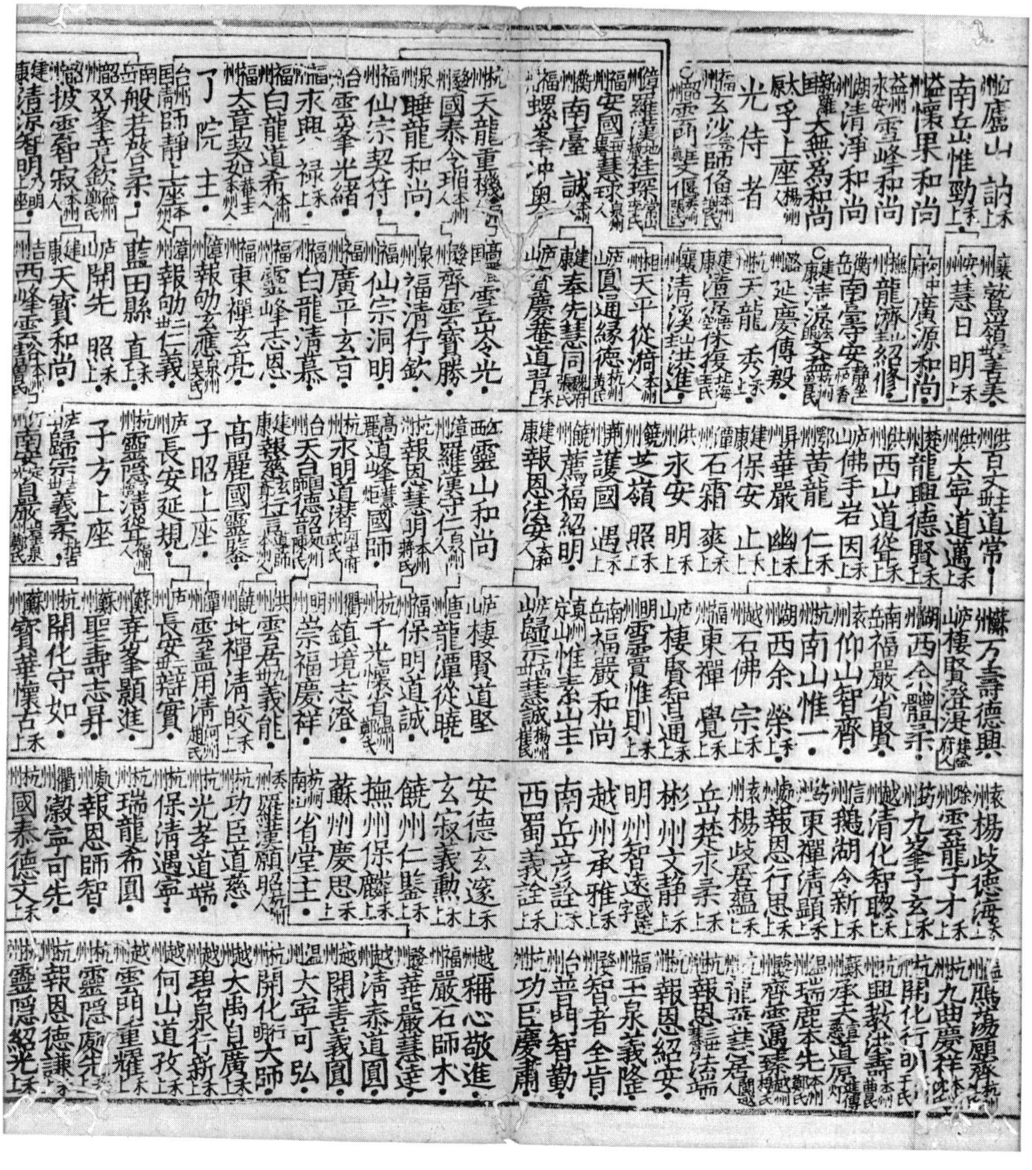

廬州 廬山訥
南岳惟勁
益州 懷果和尚
益州永安 雲峰和尚
湖州 清淨和尚
新羅国 大無爲和尚
太原 孚上座
光侍者
福州 玄沙師備
韶州 雲門文偃
漳州 羅漢桂琛
福州 安國慧球
衡州 南臺誠
福州 螺峯沖奥
杭州 天龍重機
婺州 國泰瑫
泉州 睡龍和尚
福州 仙宗契符
台州 雲峯光緒
福州 永興禄
福州 白龍道希
福州 大章契如
了院主
台州 國清師靜上座
南岳 般若啓柔
韶州 双峯竟欽
韶州 披雲智寂
建康 清涼智明

襄州 鷲嶺善美
安州 慧日明
河中府 廣源和尚
撫州 龍濟紹修
衡岳 南臺守安
建康 清涼文益
潞州 延慶傳殷
杭州 天龍秀
建康 清涼休復
襄州 清溪洪進
相州 天平從漪
廬山 圓通緣德
建康 奉先慧同
廬山 慶菴道習
靈岳令光
婺州 齊雲寶勝
泉州 福清行欽
福州 仙宗洞明
福州 廣平玄旨
福州 白龍清慕
福州 靈峰志恩
福州 東禪玄亮
漳州 報劬玄應
漳州 報劬仁義
藍田縣 眞
廬山 開先照
建康 天寶和尚
吉州 西峯雲豁

洪州 百丈道常
洪州 大寧道邁
楚州 龍興德賢
洪州 西山道從
廬山 佛手岩因
鄂州 黃龍仁
昇州 華嚴幽
建康 保安止
潭州 石霜爽
洪州 永安明
饒州 芝嶺照
蘄州 護國遇
饒州 薦福紹明
建康 報恩法安
靈山和尚
漳州 羅漢守仁
杭州 報恩慧明
高麗 道峯慧炬國師
杭州 永明道潜
台州 天台德韶
建康 報慈行言
高麗國 靈鑒
子昭上座
廬州 長安延規
杭州 靈隱清聳
子方上座
廬山 歸宗義柔
南安自嚴

蘇州 万壽德興
廬山 棲賢澄湜
湖州 西余體柔
南岳 福嚴省賢
袁州 仰山智齊
杭州 南山惟一
湖州 西余榮
越州 石佛宗
福州 東禪覺
廬山 棲賢智通
明州 雪竇惟則
南岳 福嚴和尚
眞州 定山惟素山主
廬山 歸宗慧誠
廬山 棲賢道堅
唐州 龍潭從曉
福州 保明道誠
杭州 千光懷省
衢州 鎮境志澄
明州 崇福慶祥
洪州 雲居義能
饒州 北禪清皎
潭州 雲蓋用清
廬州 長安辯實
蘇州 堯峯顥進
蘇州 聖壽志昇
杭州 開化守如
蘇州 寶華懷古

袁州 楊岐德海
滁州 雲龍子才
筠州 九峯子玄
越州 清化智聰
信州 鵝湖令新
筠州 東禪清顯
處州 報恩行思
袁州 楊岐居蘊
岳楚永豪
彬州文靜
明州智遠
越州承雅
南岳彥詮
西蜀義詮
安德玄遂
玄寂義勲
饒州仁鑒
撫州保麟
蘇州慶恩
杭州南山 省堂主
秀州 羅漢願昭
杭州 功臣道慈
杭州 光孝道端
杭州 保清遇寧
杭州 瑞龍希圓
處州 報恩師智
衢州 瀫寧可先
杭州 國泰德文

鴈蕩願齊
杭州 九曲慶祥
杭州 開化行明
杭州 興教洪壽
蘇州 承天道原
溫州 瑞鹿本先
婺州 齊雲遇臻
杭州 龍華慧居
杭州 報恩[illegible]端
杭州 報恩紹安
福州 玉泉義隆
婺州 智者全肯
台州 普門智勤
杭州 功臣慶蕭
越州 稱心敬進
福州 嚴石師木
婺州 華嚴慧達
越州 清泰道圓
越州 開善義圓
溫州 大寧可弘
杭州 開化大師
越州 大禹自廣
越州 碧泉行新
越州 何山道孜
越州 雲門重耀
杭州 靈隱處先
杭州 報恩德謙
杭州 靈隱紹光

温州瑞峯神禄　福州人
郢州林溪竟脱
韶州白雲子祥　本州人
韶州白雲聞　本州人
潞府妙勝臻　福州人
岳州新開[illegible]
韶州温門満　本州人
岳州永福朗　上禾
韶州舜峯義韶
廬州南天王海　上禾
饒州薦福承古
信州西禪欽　上禾
廬州北王徹　上禾
建州[illegible]
温州鐵幢覺　上禾
眉州西禪光　上禾
眉州福化昌　上禾
韶州大梵圓　上禾
眉府普遍封　上禾
湖州永安朗　上禾
襄州洞山守初
信州康國耀　上禾
韶州雲門煦　上禾
廣州華嚴慧　上禾
韶州雲門爽　上禾
廣州龍境倫　上禾
廣州黄雲元　上禾
韶州淨法章　上禾

廬山崇勝御　上禾
鼎州鳳凰智廣
舒州投子通　上禾
潭州大潙承　上禾
西川欽山主
襄州興化興順
潭州靈澄上座
桃園曦朗
安州法雲智善
韶州鄧林善志
韶州大歷志聰
崇勝鉒　上禾
鳳翔府乾明德　上禾
西峯和尚
天台祥菴主
蘄州黄梅華祥　上禾
江陵福昌德賢
郢州廣濟同　上禾
潭州報慈嵩　上禾
岳州乾明穆　上禾
韶州東平洪教
鄧州廣濟通　上禾
安州延福處瓊
南岳福嚴良雅
潞州承天寶周　上禾
潭州道崧　上禾
澧州藥山可瓊
鄂州黄龍志愿

連州保峯實華
英州樂淨含匡
南雄地藏和尚
韶州大歷和尚
韶州月華和尚
韶州白雲福　上禾
夾山真首座
和州淨戒守密
潭州開福從受
洪州觀音遵　上禾
潭州石霜璳　上禾
潭州開福璡　上禾
桂州壽寧智源　上禾
鼎州淨衆契珠　上禾
郢州清果德陵　上禾
郢州大陽文昱
洪州双溪生　上禾
日芳上座
郢州興陽遜　上禾
楚州因勝燈　上禾
韶州南華智度　上禾
池州九華勤　上禾
福州衡山了實
南岳衡岳振　上禾
衡州北禪智賢
潭州後興化和尚
潭州興化紹銑
安州白兆垂素

杭州功臣覺軻
湖州八聖清簡
温州護國法端
綿州富樂智靜
明州雪竇清　上禾
明州天童新　上禾
袁州崇聖道珍　上禾
福州古田道成　上禾
南康軍羅漢行林
越州天衣昭愛
漳州報恩傳進
洪州大寧慶聰
福州雪峯道誠
臨江軍慧力紹珍
袁州仰山擇和
袁州崇勝珙齊
綿州富樂智靜
[illegible]軍延壽慧　上禾
真州長蘆賁　上禾
袁州崇勝珍　上禾
湖州何山曉　上禾
廬山万杉懿宣　上禾
廬山羅漢齊因　上禾
洪州章江曉達
蘇州万壽法印
衡州華藥常選　上禾
南岳南臺以謂　上禾
崇壽玢　上禾

福州支提辯隆　明州人
福州支提文翰　明州人
杭州靈隱玄本　上禾
杭州靈隱顯順
蘇州瑞光守琮
明州雪竇守卓
衢州靈巖[illegible]良
福州[illegible]守恩
蘇州定慧[illegible]
江州[illegible]
明州天童可齊
秀州資聖崇信
蘇州万壽普勲
[illegible]香山法書
湖州報本常利　福州人
明州香山延詠
通州狼山戴儀
越州石佛曉通
明州啓霞慧章
睦州廣靈佛印
湖州道場慧印
處州仁壽善通
杭州妙慧文義
福州靈應本嵩
處州壽寧梵仁
秀州福嚴仲孚
秀州本覺法真
舒州投子普聰

[illegible]州龍華紹鑾
婺州黄檗師逸
蘇州瑞光清表
衢州登雲從堅
台州善建省義
越州象田默
越州觀音朗　上禾
越州觀音安　上禾
越州大禹榮　上禾
越州地藏瓊　上禾
諸暨玉峯和尚
婺州仁壽擇　上禾
杭州西山[illegible]
杭州[illegible]
温州[illegible]安
姚[illegible]通判
越州一林湖智　上禾
高麗國慧洪
杭州中竺元妙
台州靈石辯　上禾
越州天衣性　上禾
台州瑞岩[illegible]
台州國清妙印
台州國清普紹　上禾
台州[illegible]慧如　上禾
泉州九座慧遂　上禾
湖州圓覺勝　上禾
湖州圓覺曇　上禾

英州大容諲上禾　廣州羅山崇上禾　韶州雲門寶上禾　韶州双峯真上禾　連州慈雲深上禾　廬山化城鑒上禾　韶州長樂政上禾　朗州德山（圓明）縁密　韶州佛陀遠上禾　韶州鷲峯韶上禾　韶州淨源真上禾　西川青城乗上禾　澧州谷山豊上禾　江州慶雲真上禾　朗州滄溪璘上禾　郢州芭蕉弘義　鄂州洞山[illegible]　廬州東天王廣慧　蘄州北禪悟同　衡州大聖守賢　潁州羅漢匡果　潭州保安師密　桂州覺華普照　隨州双泉仁郁　襄州奉國清海　廬山開先清耀　信州鵝湖雲震　廬州南天王永平

岳州乾明普上禾　福州乾明普上禾　鼎州德山柔上禾　鼎州文殊寬上禾　鼎州普安道上禾　義州黒水承璟　彬州乾明[illegible]　南岳南臺勲上禾　興元府中梁山崇上禾　鼎州德山紹晏　鼎州文殊（應）真上禾　益州東禪秀上禾　渝州進雲和尚　潭州鹿苑衣襲　鄧州龍門乾明上禾　象州昊容濟上禾　蘄州廣教慧定上禾　襄州資福素月　廬山崇勝慶通　郢州子陵辯上禾　廬山羅漢法盛上禾　開聖道彰上禾　襄州含珠彬上禾　鼎州德山慧遠　吉州禾山楚才　潭州鹿苑圭　彬州王氏山普上禾　澧州欽山悟勍

南岳勝業孚祥上禾　福州廣因擇要　洪州法昌倚遇　潭州興化暉上禾　衡州北禪順上禾　義州黒水義欽　汝州高陽法廣　潭州石霜節誠　潭州岳麓珪上禾　鼎州德山志先　筠州洞山曉聰　杭州永安明教契嵩　筠州大愚[illegible]　洪州百丈暹上禾　筠州建山堅上禾　許式郎中　潭州大潙懷宥　安州興教慧憲　饒州崇福清雅　饒州崇福貴安上禾　潭州大潙和尚　廬山歸宗慧通　澧州報恩紹端　撫州曹山雄上禾　衡州北禪昇上禾　泉州新峯全湛上禾　饒州薦福守機上禾　沂州梁山應圓

福州妙峯如璨　福州盂山合知上禾　蜀中大和山主　慧日和尚　澧州玉池冲儼　果州懷演菴主　處州慈雲修慧　明州天童談交　杭州長耳相子良　處州慈雲居慧　衡山澄信上禾　建州開元瑩上禾　建州崇梵餘上禾　東京褒親暕上禾　信州待曉儒上禾　洪州觀音元隠上禾　信州祥符法周上禾　南劒州開平處良上禾　西禪懷義上禾　建康蔣山法泉　郢州興國法雲　衢州九峯殊甫　滁州幽谷祐上禾　蘇州薦福志賓上禾　趙抃清獻公　筠州黄蘖志因　福州白鹿仲豫　福州大中德隆

杭州廣法法光　明州瑞岩永覺　睦州資聖道芳　舒州太平慧燈　處州法海世長　筠州米山宗僊　廬州澄慧師冕　饒州淨土慧昱　真州長蘆崇信　明州岳林元亨　宣州寶勝永良　南嶽万壽有琛　汀州同慶自鑒　東京褒親祥　蘇州寶華慶上禾　安州九嵕[illegible]上禾　明州[illegible]仲宣　東京淨因惟岳　筠州壽聖省聰　台州護國靈祐上禾　潤州金山法慧　蘇州寶華顯　岳州乾明慧覚　宣州水西軻上禾　西京韶山杲上禾　秦州隱靜守儼　處州靈泉一上禾　睦州廣靈希祖

撫州靈岩圓日　東京慧林懷深　蘇州光孝如璝　杭州徑山智訥　越州天衣如哲　婺州智者法詮上禾　秀州資聖懷悟上禾　越州天衣智遲上禾　廬州資福梵欽上禾　真州靈岩顯上禾　杭州慶善智昭上禾　蘇州光孝真上禾　福州西禪道暹上禾　蘇州光孝明上禾　揚州石塔詮上禾　龍州法秀　蘇州[illegible]覺　筠州[illegible]山體淳上禾　蘇轍侍郎　台州資聖則圓上禾　常州報恩覚然　秀州資聖元祖上禾　岳州平江應圓　岳州寶積清乂　明州吉祥法順上禾　明州廣慧宗賢上禾　睦州烏龍廣堅　睦州清溪智誠

澧州藥山圓光　潭州南臺道遵　連州地藏慧慈　韶州雲門法球　郢州趙橫山和尚　蘄州黃蘗和尚　鄂州天柱和尚　韶州龍光和尚　襄州水精宮和尚　泉州延長和尚　眉州黃龍和尚　韶州燈峯和尚　隨州双泉師寬　英州觀音和尚

韶州林泉和尚　韶州資福和尚　韶州披雲和尚　廬山護國和尚　韶州廣悟和尚　韶州月華和尚　韶州慈光和尚　須州羅漢和尚　湖南潭明上和　廬山慶雲上和　筠州黃蘗法濟　洪州雲居融上和　蘄州北禪寂上和　眉州福化光上和

秀州資聖盛勤　益州菩提桂芳　興元府大中仁辯　廬山開先善暹　蘄州四祖志謹　襄州興化奉能　唐州天目慧滿　唐州福安慧珣　郢州建福智通　襄州延慶宗本　鄂州龍門仁永　鼎州大龍炳賢　隨州双泉仁璦　桂州壽寧善義

明州岳林賢　泐州西林義琛　蘄州北禪懷志　自嚴上座　東川乾明居信上和　江陵福昌重善　蘄州五祖師戒　蘇州定慧道海　興元西禪文岫　隨州水南智昱　□州舜峯□正　蘄州土主懷建　明州天童懷清　越州寶巖叔之

秀州資聖子彰上和　秀州本覺若文上和　東京智海本逸　越州天衣□元楚　洪州九仙元瑩　筠州洞山慧圓　建康廣慧文深上和　廬山開先海淵上和　廬山万杉善爽　湖州上方義全上和　饒州安國思皎上和　常州法濟　章上和　江西鵝湖　恭上和　廬山長老紹新山主

洪州雲居曉舜　許州四面懷清　蘄州興化友清上和　澧州藥山彝肅　益州西禪垂白　青城保唐無然上和　建州定峯曉宣　越州東山順宗　明州上方齊岳　鼎州德山文捷　福州靈峯頤英　江陵八公安智珠　江陵府福昌詢上和　越州四明山贇上和

福州白雲聚敏上和　福州興福知正上和　福州鳳山世如上和　饒州薦福重言上和　饒州薦福　嚴上和　福州双峯　弼上和　福州幽岩　覺上和　劉經臣發判　江寧府法華德高　婺州寶林懷吉　洪州雲居仲和　杭州慶善淨悟　洪州龍泉宗誘　洪州雲居思文

洪州翠岩慧空　饒州安國以愉　饒州龜峯祖廉　饒州崇福德基　饒州[illegible]德溥　袁州興龍居岳　復州北塔惠琦　遂州東福圓同　鼎州文殊道用　廬山万杉子章　信州鵝湖德延　廬山同安幻宗　常州善權慧泰　興國軍大別　宗上和

揚州石塔　慧上和　台州瑞岩有居　潭州石霜　能上和　蘇州薦福　熙上和　壽州資壽　嚴上和　常州南禪　慧上和　處州法海　明上和　閩州勝因　觀上和　蘇州万壽　圓上和　青州廣濟　深上和　常州南禪　寧上和　明州啓霞慧章　舒州投子[illegible]　處州南明[illegible]善通上和

福州光化延長　壽州文殊　芳　福州光化真覺　福州陳園□上和　福州西院宗戒上和　廬州澄慧善珂　秀州本覺[illegible]　東京神崗則軻上和　潤州焦山義深上和　蘇州崑山希祖上和　福州支提洪古上和　福州護國祖印上和　福州靈峯永松上和　福州南澗智靜上和

處州仙岩懷義　台州万年處幽上和　台州護國元瑞上和　鼎州彰法法高　婺州寶山公遠　越州蘭山法詮上和　越州寶林道芳上和　台州國清　照上和　蘇州慧嚴　廷上和　蘇州永懷　榮上和　□州香嚴智月　西京白馬　江上和　壽州資壽　灌上和　壽州文殊法聰上和

越州資壽明濬上和　泰國彥富弼相國　福州越峯　粹　福州壽山本明　福州牛頭昱先上和　福州玄沙智章上和　越州福果奉華上和　明州西峯惟辯上和　常州法濟元軾上和　秀州本覺　欽上和　台州天台如菴主　蘇州西竺尼法海　婺州普照[illegible]淳　秀州禪悅知相

部州 双峯慧真上禾
韶州智門 法眼上座
韶州雲門 朗上座
郢州 篆峯崇菴主
益州 香林澄遠 漢州人
洪州 泐潭道謙
虔州 丫山宗盛
灌州 羅漢和尚
灌州 香林信上禾
東川 觀上禾
隨州双泉 邃山主
隨州 智門光祚
越州 報恩譚上禾
澧州 法輪真上禾
白霞 安上禾
潭州 雲蓋繼鵬
福州 慈雲紹詵
桂陽 芙蓉文壽
鼎州 德山僧可
鼎州 彰法澄泗
蘇州 翠峯覺顯
明州 廣慧清順
泉州 雲臺省因
廬山 歸宗省一 古拈
洪州 百丈 月上禾
饒州 青山 好上禾
鄂州 黃龍 海上禾
□軍 靈泉 曉上禾

衢州 海會顕同
蘄州 義臺子祥
襄州 白馬 辯上禾
筠州 洞山 圓上禾
台州 瑞岩 珪上禾
蘄州 五祖 秀上禾
杭州 功臣 圓上禾
潭州 龍牙 遷上禾
台州 瑞岩 圓上禾
蘇州 翠峯慧顯
筠州 洞山自寶
蘄州 三角 幽上禾
舒州 海會 通上禾
蜀州 大明 明上禾
復州 北塔思廣
蘄州 五祖 昉上禾
蘄州 四祖 端上禾
溫州 靈峯文吉
潭州 雲蓋志顒
筠州 大愚 達上禾
袁州 中宮 登上禾
婺州 景德 簡上禾
洪州 舍利 該上禾
洪州 雲居 慶上禾
蘇州 永安 圓上禾
蘄州 十王 清上禾
揚州 雍熙德興上禾
真州 六合 修己上禾

鄧州 元封 政上禾
明州 育王常坦
澧州 夾山惟俊
開聖道如
潤州 金山瑞新
明州 [illegible]楚祥
溫州 極樂用基
明州 天聖守道
上方守能上禾
杭州 廣果擇能
鼎州 德山 讓上禾
水南文秀
南岳 承天 和上禾
復州 北塔從穆上禾
荊州 玉泉承皓 眉州王氏
彭州 永樂德思上禾
福州 廣明常委
溫州 淨光爲覺
洪州 雲峯文慶
明州 金鵝靜旻
洪州 雲居守億
杭州 壽聖普訥
建康 [illegible]慧遇新
筠州 洞山求孚
台州 赤城用良
臨江軍 慧力有文
東京 淨因大覺懷璉 漳州陳氏
彭州 會初慶誠上禾

鄧州 香嚴 開上禾
明州 育王澄逊上禾
澧州 夾山 遵上禾
江陵 福昌信上禾
□州 均慶清皞上禾
南劍州 善慶楚升上禾
安州 法興 期上禾
筠州 洞山鑒遷
筠州 洞山清辯
韶州 月華海林上禾
韶州 月華應雍上禾
長慶慧圓上禾
南岳 南臺 文上禾
衡州 華光 誨上禾
林溪文慶
利州 山禪希肇上禾
杭州 徑山維琳 湖州人
杭州 佛日淨慧戒弼
福州 天宮慎徽
杭州 勝因 資上禾
福州 極樂興嗣上禾
明州 普光處忠上禾
明州 石門希仲上禾
明州 解空清瑞上禾
明州 吾磊智環上禾
越州 顯聖宗利上禾
福州 東禪精嚴智賢上禾
福州 東禪智華上禾

□州 洞心義皋上禾
蘇州 澄照守仁上禾
常州 無錫智圓上禾
蘇州 練唐清悟上禾
潤州 金山□善寧
福州 延慶德濤上禾
福州 保福慧茵上禾
福州 崇福惟善上禾
福州 天王道肱上禾
福州 靈泉景仁上禾
福州 靈泉智深上禾
福州 文殊尚月上禾
福州 資聖以遜上禾
福州 地藏清德上禾
婺州 普淨法英上禾
福州 招慶宗蒲上禾
福州 報恩重真上禾
福州 白水智迪上禾
福州 秀峯真懿上禾
漣水軍 万壽義誥上禾
處州 壽寧可機上禾
福州 安國子志上禾
青州 仰天契達上禾
杭州 慧日德慧上禾
杭州 淨土法慧上禾
西京 法王法海上禾
福州 白龍希祖上禾
婺州 承天了宗上禾

秀州 鹿苑道脩
潤州 仙居有鄰上禾
溫州 太平簡才上禾
蘇州 勝法道綱上禾
吉州 禾山用安上禾
溫州 仙岩慧初上禾
潤州 超化守曇上禾
湖州 西湖道孜上禾
宣州 廣教道本上禾
台州 鴻福道才上禾
婺州 圓濟上禾
潤州 金山佛印和尚
杭州 五雲 悟 湖州人
婺州 智者壽昇上禾
杭州 淨慈道昌 湖州吳氏
杭州 徑山了一 明州張氏
福州 大吉法圓上禾
潤州 金山了心上禾
福州 石松祖天上禾
福州 慶成悟及上禾
福州 興王寶機上禾
宣州 寶勝宇寧上禾
福州 建善法藏上禾
杭州 淨慈務暉上禾
處州 南明戒通上禾
福州 中峯 寧上禾
杭州 淨慈 昇上禾
汀州 南安 達上禾

澧州 薬山宣
汀州 九峯勤
黄州 護國壽
蘄陽口 詮
太平 清
益州 長松山 [illegible]
明州 天童寶堅
洪州 百丈惟智映
洪州 百丈智贇
宣州 廣教義嵩
襄州 石家□子榮
常州 廣福允恭
鼎州 大龍德宣
韶州 南華[illegible]緣
洪州 翠岩奉[illegible]
清溪山省肇
明州 雪竇明覺重顯
蘇州 海印法安
杭州 承天守明
湖州 護國從利
景州 大龍德全
饒州 崇福了
杭州 法雨重
湖州 鳳凰有從
潤州 勝因師後
蘇州 崑山曇玉
泉州 承天傳宗
蘇州 万壽[illegible]神初

鼎州 德山文琇
鼎州 梁山了奇
蘄州 後五祖和尚
隨州 報恩和尚
舒州 龍門和尚
洪州 泐潭懷澄
杭州 慧因義寧
杭州 佛日懷祥
百丈 寶月和尚
襄州 延慶法珠
江州 圓通居訥
隨州 興國智昱
舒州 三祖文銑
蘄州 四祖逸
蘇州 吴江法存
撫州 延恩法安
洪州 上藍文達
真州 長蘆體明
飛卑 西臺其辯
蘇州 明因慧贇
蘇州 薦福明因
岳陽 黒山有琦
筠州 五峯用機
處州 永泰智覺
越州 天章元善
和州 褒禪[illegible]
泉州 資壽捷
福州 衡山惟禮

益州 南禪居靖
遂州 靈泉子象
湖州 壽聖志明
杭州 臨安慧和
蘇州 永安道昇
杭州 南蕩利勤
杭州 双嶺處賢
潭州 大潙智明
澧州 薬山紹新
廬山 歸宗守輪
婺州 西塔顯珠
明州 九峯鑑韶
衡岳山 永恩
杭州 靈隱雲知
婺州 承天惟簡
蘇州 洪州洪澤
福州 雪峯象敦
洪州 元亨
池州 青陽忠
婺州 智者岳
明州 啓霞和
湖州 天聖道
蘇州 永安智
令瑫首座
杭州 臨安居潤
舒州 甘露明廣
泉州 太[illegible]
泉州 資壽思永

明州 寶雲有馨
福州 精嚴同定
明州 万壽洪德
杭州 佛日道榮
湖州 鳳凰文喜
太原府 明仙道信
明州 廣慧利和
明州 安岩崇海
潤州 金山寶覺
温州 正彦菴主
婺州 寶林用明
明州 大梅
杭州 靈隱正童
福州 雪峯守超
婺州 智者和六
温州 壽聖僧印
福州 雪峯善譽
福州 鷲峰重道
福州 圓明重彦
福州 寶林奉璨
韶州 永泰宗寶
廣州 興化延慶
韶州 甘露自緣
韶州 寶壽行德
韶州 白虎守昇
韶州 佛陁崇欽
韶州 双峯法崇
韶州 寶林海月

蘇州 靈岩用芳
杭州 徧福心印
常州 大盧奉堅
汀州 靈峯自和
處州 多福大素
福州 廣濟用乾
福州 壽寧普規
江陰軍 壽寧慧真
明州 瑞岩永利
福州 龍溪圓照
廬州 資福瑞珍
福州 神光合韶
湖州 上方法廣
洪州 法相用先
蘇州 太平慧真
湖州 西余安德
杭州 龍華行夔
杭州 安樂有捷
福州 真隱純潔
常州 南禪智覺
温州 淨光法空
蘇州 慧日道祥
安州 興國重寧
福州 甘泉立生
潭州 清修省芳
西京 龍門普順
杭州 千頃宗應
処州 永泰有澄

台州 護國妙機
袁州 興化德觀
婺州 宝林果昌
福州 雪峯慧
杭州 徑山常
西湖 慧照
寶陁 了然
越州 承天滋
越州 天衣慧通
潭州 雲峯志
湖州 道場有規
杭州 從諫
鄭州 資聖法明
蘇州 吴江法安
越州 延慶可復
湖州 天聖齊月
彬州 圓明希古
越州 五峯子琪
通州 狼山文慧
西京 雲門道信
温州 双峯佛海
蘇州 淨慈擇隣
衢州 超化靈曉
処州 壽寧介通
福州 靈岩智常
温州 瑞峯慧清
福州 西方可宏
福州 報慈有聡

越州稱心省琮（或作倧字）
蘇州薦福知一
湖州海會擇之
明州象山德隆
越州稱心清演
明州岳林宗善
饒州妙果自政
杭州澄聖守璟
鼎州乾明矢應
台州寶相蘊觀
温州淨慶子璪
温州靈岩德初
處州南明日慎
廬山湯院守忠
信州廣教景先
岳州君山景昇
舒州東禪賢 上禾
潭州龍興傳 上禾
真州香積孜 上禾
信陽軍乾明則 上禾
澧州君山鈞 上禾
鼎州德山應 上禾
越州雲門毅 上禾
蘇州橫金顯 上禾
[illegible]軍万壽德 上禾
[illegible]州報恩政 上禾
廬州資聖肇 上禾
越州天衣義懷 溫州陳氏

杭州顯明善孜
汀州門元智譚
南嶽上方真 上禾
明州[illegible]霞慧安
處州慈雲慶璠 上禾
東京慧林宗本 常州管氏
越州梵言首座 泉州
明州[illegible]若洞偕
台州瑞岩子鳴 本州[illegible]氏
杭州龍華文喜
處州永泰自仁
饒州景德普俊
東京慧林若冲 海陵[illegible]氏
汀州同慶智珣
汀州開元智孜
蘇州澄照慧慈
[illegible]州崇德智澄
蘇州淨慧可證
北京天鉢重元 青州孫氏
泉州栖隱有評
廬山棲賢智遷 杭州[illegible]氏
無為軍佛足處祥
杭州佛日智才 台州金氏
真州長蘆應夫 [illegible]氏
台州太平元坦
杭州法雨慧源
越州雲門靈侃
杭州佛日文祖

汀州開元宗祐
汀州南禪道誠 上禾
南嶽雲峯齋覺 上禾
南岳紹巽 上禾
處州廣慈道傳
處州後慈雲和尚
西京招提惟湛 秀州[illegible]
秀州觀音和尚
秀州南塔守聰 上禾
東京華嚴智明 常州[illegible]氏
常州廣福曇善
常州壽聖子邦
真州永泰智航
潭州白鹿仲豫 上禾
[illegible]州景德元泰 上禾
[illegible]州石塔戒 上禾
壽州福昌義端 上禾
[illegible]州王屋資 上禾
潭州東明慧遷
杭州法雨惟鎮
舒州王屋山[illegible]燈 上禾
洪州章江寶泉（或作全字）
彰法文素 上禾
建康蔣山慧[illegible]良 [illegible]人
潭州廣慧寶琳 [illegible]人
壽州福昌[illegible]才
衢州元豐宗燈
廬州澄慧義端

[illegible]州延祥法迎
韶州舜峯慧寶
興元府青銼智靜 上禾
韶州翁山文白 上禾
廬山羅漢志顒 上禾
鼎州延壽法年 上禾
台州佛窟可英
秀州壽聖文諒 上禾
杭州中竺禪慧 上禾
台州資聖本 上禾
台州藏院嵩 上禾
明州岳林曇振
明州岳林真 上禾
[illegible]州祖印善本 饒州人
[illegible]善勝真悟
湖州義安慧深 上禾
[illegible]州定慧法本 上禾
[illegible]州仙洞遷 上禾
衢州元豐清滿 衢州[illegible]氏
[illegible]州長興朴 上禾
衛州王大夫
福州壽峯宗演 [illegible]人
福州西禪慧舜 真州人
福州鳳山道沼 上禾
福州能仁德能 上禾
福州龍卧俞 上禾
杭州千光允良 上禾
杭州千光省孜 上禾

杭州功臣慧周 上禾
洪州大寧永賢 上禾
秀州崇德智悅 上禾
[illegible]州報恩志明 上禾
漳州安國子詠 上禾
福州永安簡玉 上禾
福州龍興自端 上禾
蘇州練唐慧滿 上禾
越州羅漢用誠 上禾
杭州淨慈[illegible] [illegible]州[illegible]氏
明州廣慧道寧 上禾
潤州勝因法海 上禾
蘇州[illegible]口法榮 上禾
秀州禪院慧日 上禾
處州法會子昇 上禾
漢陽軍大別法滿 上禾
福州寶嚴西杲 上禾
[illegible]州白蓮愈康 上禾
常州無錫法平 上禾
杭州功臣宗懿 上禾
江州壽寧成務 上禾
湖州道場良演 上禾
蘇州靈岩慈雲 上禾
真州資福機清 上禾
常州宜興顯常 上禾
蘇州壽聖自英 上禾
舒州四面唯義 上禾
潤州勝因圓明 上禾

[illegible]州龜山法海 上禾
[illegible]州[illegible]澄濟 上禾
宣州南陵有朋 上禾
温州壽聖曉初 上禾
[illegible]州佛智慧通 上禾
温州天寧用忠 上禾
嚴州烏龍守節 上禾
杭州華嚴利聰 上禾
睦州廣陵德衍 上禾
漢陽軍大別寶相 上禾
常州感慈廣悟 上禾
婺州涵碧道安 上禾
處州報恩懷立 上禾
明州大梅知華 上禾
婺州承天普安 上禾
袁州崇勝希肇 上禾
處州治平子微 上禾
處州資聖景宣 上禾
嚴州南山文則 上禾
越州長慶思政 上禾
婺州明招子卿 上禾
[illegible]州黃山悟先 上禾
越州雲門用昇 上禾
杭州万壽海仙 上禾
越州西院用鄰 上禾
越州明覺慧晏 上禾
越州寶嚴子鑑 上禾
[illegible]軍澧泉[illegible] 上禾

越州 西禪罕 上禾
澧州 藥山恭 上禾
撫州 疎山淳 上禾
泉州 鳳凰崇 上禾
越州 眞如雅 上禾
信州 地藏賞 上禾
福州 羅山棠 上禾
福州 大乘㫬 上禾
福州 西峯岫 上禾
常州 薦福可 上禾
蘇州 翠峯普 上禾
杭州 龍華覺 上禾
泉州 水陸瑞雲 上禾
泉州 承天洞源 上禾
越州 雲岩元度 上禾
秀州 鹿花顯冲 上禾
明州 廣慧用銛 上禾
潤州 勝因惟政 上禾
蘇州 化城德仙 上禾
南台 勝業文政 上禾
明州 白雲德宣 上禾
潤州 玉池希白 上禾
明州 啓霞志宣 上禾
蘇州 報恩道能 上禾
明州 仗錫懷秀 上禾
明州 啓霞崇梵 上禾
處州 白雲重䣛 上禾
溫州 護國宜謙 上禾

[illegible] 望仙宗 上禾
[illegible] 洞城詮 上禾
建州 乾符旺 上禾
和州 開聖棲 上禾
蘇州 万壽和 上禾
無為軍 鐵佛因 上禾
眞州 長蘆鑑 上禾
杭州 觀音啓 上禾
蘇州 定慧雲 上禾
靈峯崇化䂖 上禾
歙州 開化慧圓
越州 淨衆擇 上禾
蘇州 泗洲慧洪 上禾
潭州 道吾元太 上禾
漢州 無為楚仙 上禾
兗州 法海來山 上禾
蘇州 薦福慧洪 上禾
常州 無錫應謹 上禾
越州 寶林光寂 上禾
杭州 南山長耳湘 上禾
杭州 法雨惠深 上禾
蘇州 感慈道賓 上禾
建州 顯親順宗 上禾
蘇州 報恩應譚 上禾
東京 法雲法秀
蘇州 報恩如寶 上禾
舒州 龍門宗貴 上禾
泗州 泗洲宗尚 上禾

饒州 安國自方
撫州 明水法遜
宣州 廣教守訥
建州 天禧慧嚴
建康 正覺道清
澧州 壽聖用良
筠州 瑞相子來
南京 安福子勝
鼎州 德山仁繪
[illegible] 福嚴守初
廬州 廣慧冲雲
廬州 淨明法因
廬州 眞空從一
溫州 仙岩景純
安州 白兆慧通珪 上禾
廬州 北天王益 上禾
襄州 乾明廣 上禾
[illegible]府 慈濟聰 上禾
廬州 承天月 上禾
太平州 吉祥訥 上禾
溫州 護國淳 上禾
建康 興教濟 上禾
筠州 崇德傑 上禾
潭州 時雍親 上禾
渝州 覺林遂 上禾
韶州 三角清 上禾
舒州 興化當 上禾
長安 薦福求堅 上禾

杭州 龍興如遂 上禾
蘇州 慧日道祥 上禾
信州 龜峯重仁 上禾
潭州 廣教有金 上禾
常州 善權珊 上禾
[illegible] 寶嚴靈 上禾
澧州 夾山自齡 常州周氏
潭州 龍安惟顯 上禾
潭州 石霜法聰 上禾
[illegible] 層山珊 上禾
福州 雪峯大智 上禾
高郵軍 乾明印道榮 明州陳氏
滁州 寶林道輝 台州人
京 法寶德一
池州 乾明寶慧
蘇州 佛日智覺
滁州 瑯琊宗初
荊南 護國紹通
滁州 龍蟠道成
眞州 靈岩志原
潭州 等覺法思
壽州 壽春法岸
眞州 定山文彥
歙州 普滿明 上禾
和州 褒禪溥 上禾
筠州 大愚喜 上禾
[illegible] 普光歡韶 上禾
[illegible] 雍熙叔則 上禾

福州 鷲峯[illegible]雲清 上禾
福州 崇壽[illegible]海 上禾
揚州 上方可遵 上禾
越州 五峯祖印 上禾
福州 招慶守嚴 上禾
明州 雲岩道聲 上禾
蘇州 感慈慧端 上禾
建州 大中子榮 上禾
池州 乾明可久 上禾
婺州 華藏希聲 上禾
福州 光化仁遜 上禾
福州 香城言慧 上禾
壽州 六安文湛 上禾
湖州 仁王安德 上禾
越州 寶林義棠 上禾
明州 象山靈曠 上禾
秀州 福嚴智悅 上禾
明州 廣教了證 上禾
潤州 金山法印 上禾
舒州 投子證悟 上禾
蘇州 南祥忠簡 上禾
舒州 求明道淵 上禾
杭州 徧福惟賢 上禾
宣州 廣教法海 上禾
蘇州 寶華實月 上禾
杭州 廣覺法忠 上禾
杭州 安樂山道思 上禾
湖州 施水守淳 上禾

潭州 大中普志 上禾
明州 香山淨淵 上禾
鄭州 資福法明 上禾
筠州 蘊機 上禾
處州 曇慧 上禾
湖州 道場顏 上禾
杭州 鹽官謙 上禾
蘇州 壽聖鑑 上禾
潤州 焦山從 上禾
越州 天衣弁 上禾
秀州 崇德淳 上禾
處州 水西達 上禾
杭州 資慶印 上禾
越州 羅漢交 上禾
杭州 淨慈瑞 上禾
眞州 長蘆道和
杭州 淨慈楚明
鄂州 靈岩德宗
衢州 常樂本然 上禾
楚州 寶應法照 上禾
福州 雪峯隆 上禾
杭州 淨慈象
[illegible] 蜡山寧 上禾
台州 天寧明 上禾
閩州 甘露達珠
杭州 靈隱法淳 上禾
福州 精嚴鳳藻 上禾
明州 清源可 上禾

杭州 浄土義親 上禾
明州 大覺利眞 上禾
温州 護國惟德 上禾
湖州 天聖沖華 上禾
明州 天童利章 上禾
饒州 妙果垂則 上禾
温州 護國德基 上禾
蘇州 報恩宗秘 上禾
湖州 建福可繞 上禾
白衣宗朴 上禾
白衣智華 上禾
實相 歡 上禾
興元府 道満 上禾
南嶽雲峯 元益首座
漢陽軍 鳳棲仲卿
越州 稱心齊明
永安元推 上禾
蘇州水月 慧金典座
雪豆 省宗化主
眞州 長蘆
舒州投子 法宗道者
首會修撰
饒州 安國 傑 上禾
彭州 慧日 堯 上
越州 天衣 在和
湖州 報本有蘭

福州 偃峯簡諸 上禾
舒州 靈泉和尚
處州永泰 上禾
華嚴全詠 上禾
建州 白雲 有 上禾
池州 延福 恩 上禾
福州 報恩 和 上禾
福州 芙蓉 賁 上禾
福州 白塔 晦 上禾
定法 本 上禾
茶亭 能 上禾
寳林 中 上禾
無為軍 楊傑侍郎
李[illegible]宗中書
漢陽軍 鳳棲 道 上禾
洪州 上藍光寂
撫州 疎山 秀 上禾
建康 清涼 和 上禾
建康府 保寧眞誠 上禾
建康 壽寧堯韶 上禾
眞州 資福文雅 上禾
眞州 長蘆法海 上禾
舒州 三祖慈雲 上禾
彭州 大隨道開 上禾
杭州 普提光用
杭州 普提志專

處州 普照有朋 上禾
信州 靈鷲慧明 上禾
廬山 兜率景常 上禾
越州 禪慧法欽 上禾
福州 神光道芳 上禾
蘇州 天峯佛印 上禾
常州 開和法顒 上禾
漢陽軍 大別道常 上禾
郢州 芭蕉宗諒 上禾
壽州 安豐法信 上禾
南嶽 雲峯文月 上禾
岳州 永慶惟簡 上禾
汀州 寳池慧月 上禾
廬州 天王義安 上禾
澧州 欽山繼明 上禾
廬州 興化淨 上禾
潭州 石霜居晦 上禾
金陵 天禧宗求
舒州 甘露德顒
建康 保寧子英
廬山 開先智珣
筠州 大愚 照 上禾
鼎州 德山
羅浮山 稀德 上禾
東京 法雲惟白
廬山 棲賢 智果菴主

歙州 普滿法海 上禾
蘇州 寳林智旱 上禾
長安 壽聖重洪 上禾
明州 五峯普良 上禾
楊州 建隆智因 上禾
和州 開聖智覺 上禾
滁州 後寶林和尚
眞定府 洪濟宗晴
福州 賢沙智章 上禾
杭州 淨慈惟一 上禾
台州 天寧子深 上禾
建康 蔣山善欽 上禾
秀州 本覺道如 上禾
眞定府 洪濟 瓊 上禾
福州 瑞峯 延 上禾
北京 [illegible] 上禾
長安 僧忍 上禾
添上座
楊州 光孝 元 上禾
廬州 延昌熙詠
廬山 開光 宗 上禾
筠州 黃蘗惟初
潭州 岳麓 海 上禾
明州 十泉忠達
福州 中際可遵
荊州開元 法明上座

杭州 龍興如應 上禾
蘇州 淨慧從善 上禾
處州 壽寧宗一 上禾
韶州 南華德明 上禾
蘄州 道齊 上禾
壽州 善德 上禾
信州 圓明 上禾
壽州 寳琛 上禾
青州 法海 上禾
華嚴 惟素 上禾
温州崇德 省享首座
福州雞峯 旨首座
南嶽馬祖 崇新菴主
明州 雪竇法宗
廬山 羅漢善修
南康軍 承天 勤 上禾
蘇州 虎丘 通 上禾
汝州 香山 常 上禾
建康 華藏 宜 上禾
杭州 廣福惟尚 上禾
漢州 無為志全 上禾
宣州 廣教守淵 上禾
宣州 廣教元照 上禾
瑜州 吉祥稀果 上禾
廬山 方杉 壽
廬山 方杉 壽隆

東京 華嚴崇尚
和州 褒禪道天 上禾
杭州 顯親祖永 上禾
眞州 長蘆法求 上禾
明州 定水 然 上禾
建康 興國 遠 上禾
杭州 圓智 上禾
杭州 鳳山和尚
法音首座
滁州 瑯琊 誠 上禾
復州 北塔善初 上禾
撫州 曹山 月 上禾
南康軍 羅漢 遇 上禾
楚州 勝因崇管
潤州 金山惟仲
楊州 智者紹先
揚州 建隆 原
昆明 乾明 因
西京 普照法最
和州 慧濟普慶
沂州 福聖仲易
磁州 二祖璿果
舒州 三祖 策 上禾
温州 天寧 修 上禾
宣州 廣教 堯 上禾
東京 慧林慧海 上禾

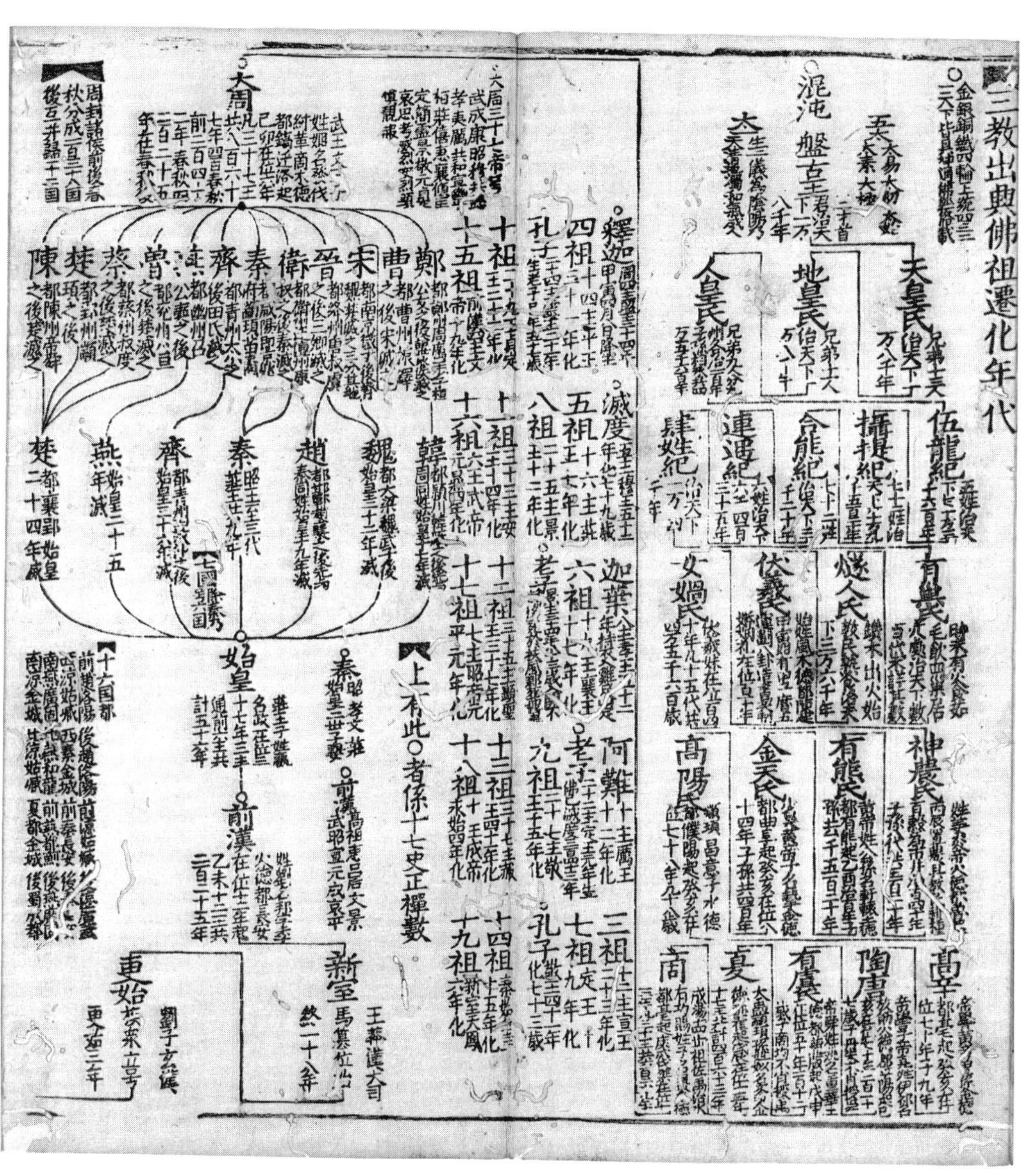

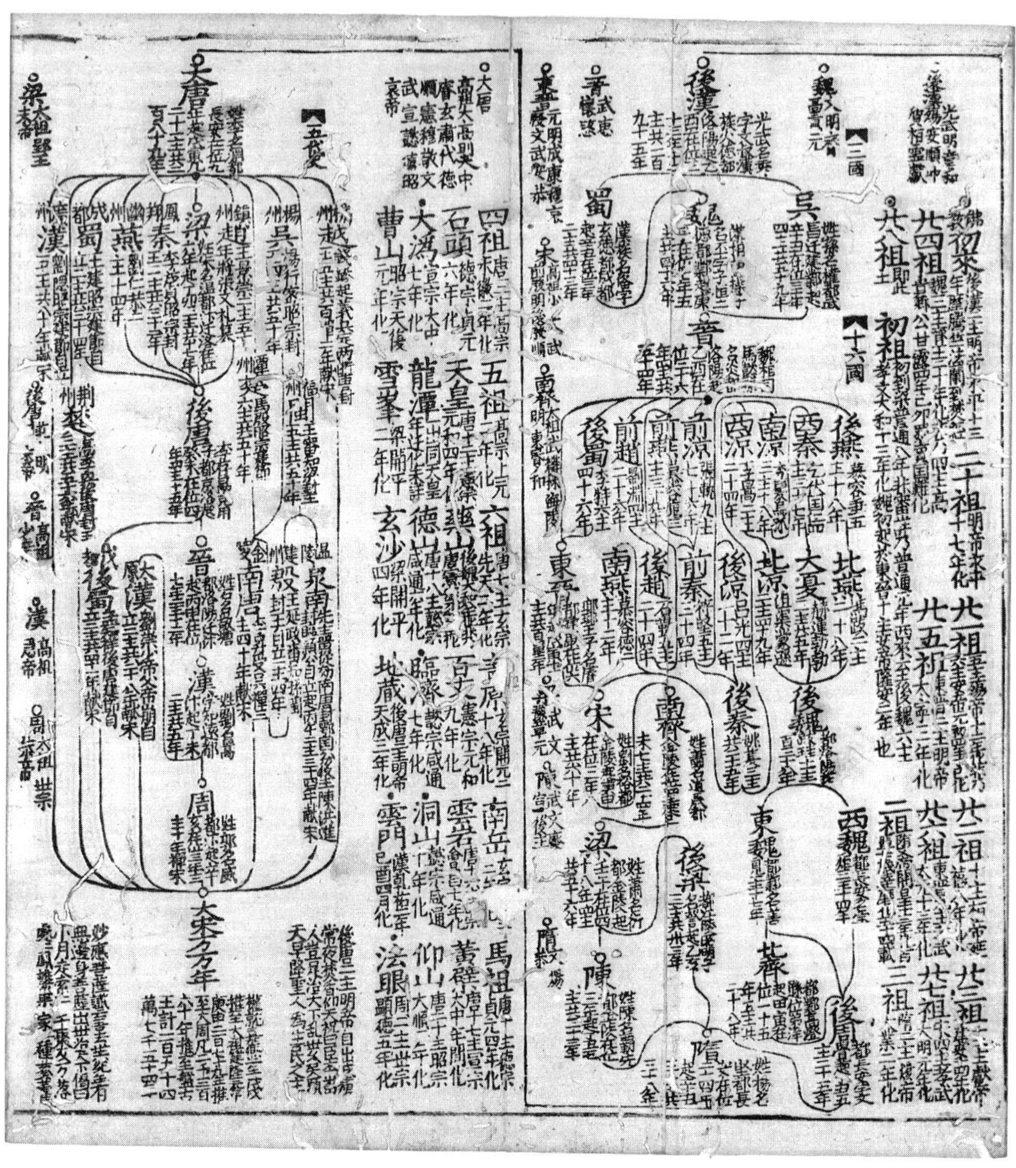

禪門達者有名於時

千歲宝掌和尚
廬山秦跋陀禪師
祖順法順和尚
天台寒山子
太原伊和尚
泉州九座禪師
潮州大顛堂中首座
蟾首座
清貴上座
嶺中順維那
西川遇賢和尚
懷本上座
堅上座

金陵寶誌禪師
那連耶舍尊者
南嶽懶瓚和尚
天台拾得
玄紹禪客
瑫上座
豎指尊者
北菴主
良禪客
拈拂行者
慧言大士
通布衲
志依上座

善慧大士
無著和尚
青州頭陀道
明州布袋和尚
古寺行者
南用和尚
巨榮禪客
大陽菴主
清稅闍梨
朗上座
風法華和尚
汾陽侍者
太瘤和尚

南岳慧思禪師
僧伽大士
東越老人
全禪客
靈廓上座
二菴主
泉州延福禪師
扣冰澡先古佛
智華道者
蛤溪道者
泰禪伯
雒廷山主

天台智顗禪師
淨照禪師
萬迴和尚
披雲和尚
一菴主
萬頭陀
泰首座
會明上座
招上座
樓子和尚
双溪布衲
顯英首座
本嵩律師

佛陀波利尊者
李通玄
天台豐干禪師
布衲遵和尚
谷隱孜道者
僧訪
初首座
住菴僧
三斗菴主
山老人
泐潭山菴主
公期和尚
莊椿和尚

泉州北山遵
博陵王
大宋太宗皇帝
龍婆
天台平田婆
湖南摠子婆

出世未詳嗣法

南溪和尚
鳳林和尚
國泰深和尚
海會如新和尚
洪州百丈珍和尚
尼大師

道吾法
翁
朱行軍
靈照女
京師婆
崔大夫
洛瓶和尚
高城和尚
保寧長老
處州法海立和尚
建康鐵索山主
幽州尼開堂

法爍
牧牛童子
錢塘鎮使
路上婆
鳳林路婆
慈明婆
鹿西和尚
雲頂和尚
坦長老
天寧明和尚
情菴主

李軍容
李琛
李行婆
賣油媼婆
山下婆
谷山和尚
京洛和尚
寶蓋和尚
保福贊和尚
名上座

尚書
張用成
凌行婆
甘贄婆
陳道婆
亞溪和尚
重惲和尚
智榮和尚
仁王欽和尚
淨檀惟

韋監軍
五臺山路上婆
甘贄女
武陵長老
小塘長老
長蘆
本如和尚
圓智講師

遂暇日因覽五燈錄、諸家語以碑刻傳記考證同異

予住山之三年寺事稍暇冬後日舒曝黄
於凌霄之西囱入瞌睡三昧時泉南達上人手
手一帙夾趍前而言曰汝達補穢之餘暇展
心聚集成佛祖宗派一圖與它本少異欲
刊行於世幸為一語為證予乃摩挲睡眼徐
問之曰孰為佛耶孰為祖耶其為宗派者
何達乃展圖以指點曰自毗婆尸至黄面瞿
曇為佛從迦葉波至曹溪不識字漢為祖欵
後分為宗列五派果西繩〻差其異惟得其
名姓者綜而為圖是謂佛祖宗派圖也於後之
覽者不動一歩不越一念遍參者識佳矣〻哉

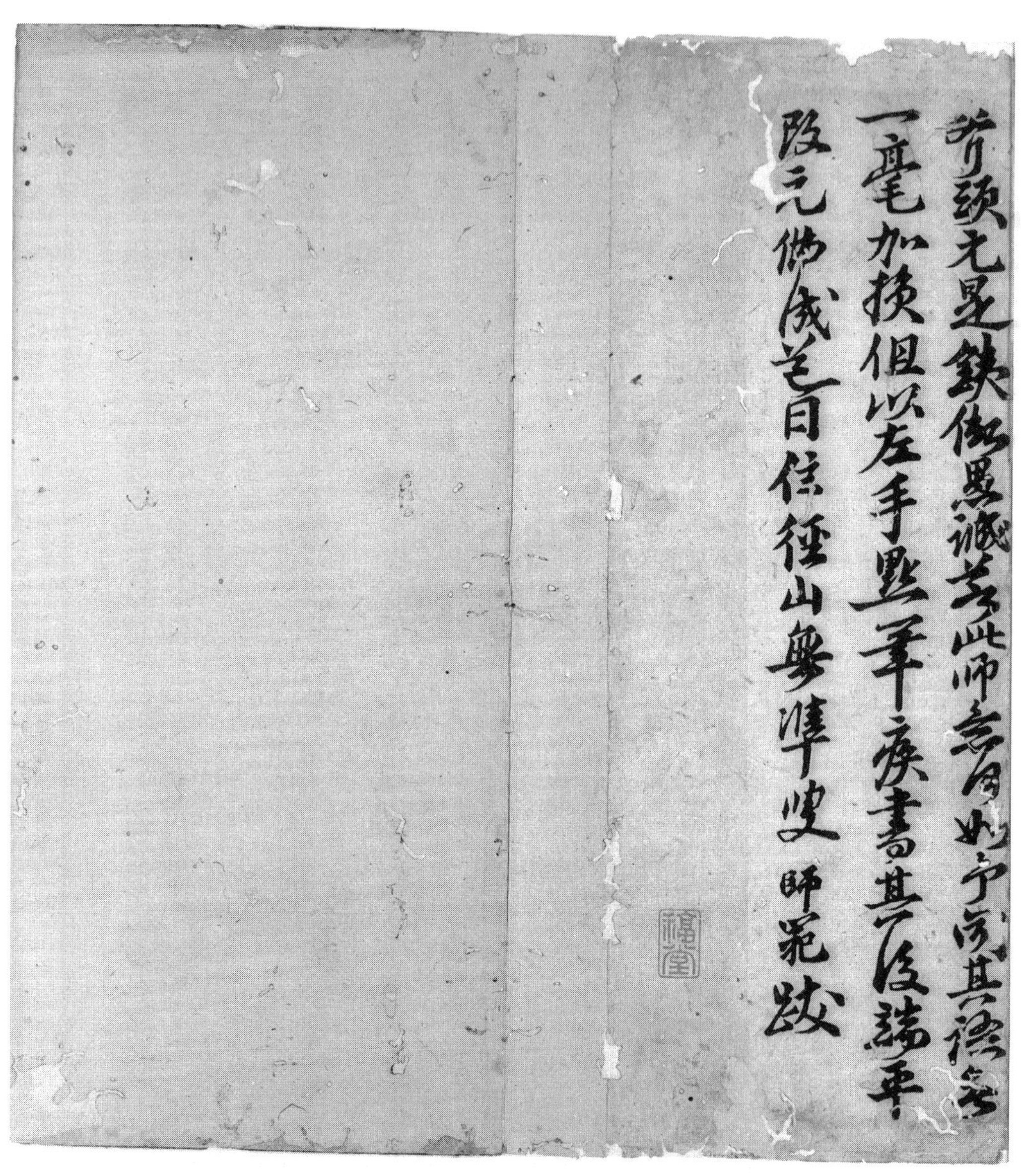
肯頭无是鉄伽黒識其此師為自如予嘗其讃
一毫加換但以左手点筆康書其後端平
改元佛成道日住径山無準叟 師範跋

祖庭事苑

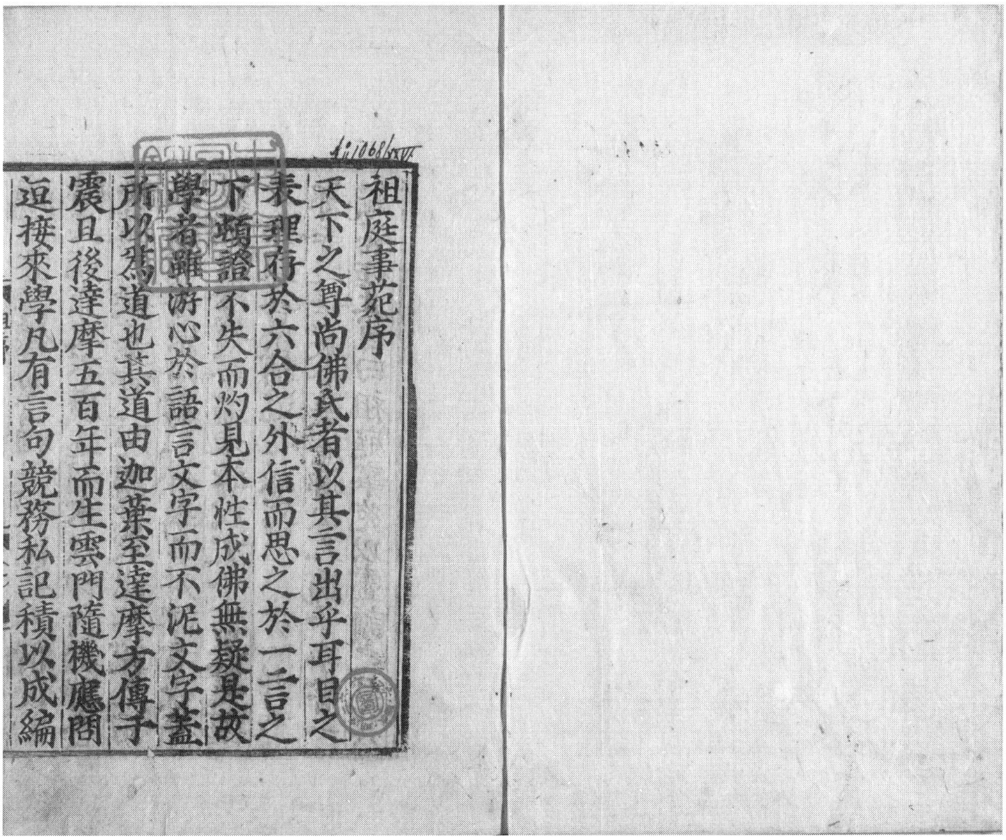

祖庭事苑　第一冊（表紙／見返・一オ）

祖庭事苑序
天下之尊尚佛氏者以其言出乎耳目之
表理存於六合之外信而思之於一言之
下頓證不失而灼見本性成佛無疑是故
學者雖游心於語言文字而不泥文字蓋
所以為道也其道由迦葉至達摩方傳于
震旦後達摩五百年而生雲門隨機應問
逗接來學凡有言句競務私記積以成編

雖不許傳録而密相受授閟之巾衍後世惜其流布之不廣遂刋木以印行於時吾少讀之疑其書之脱誤欲求他本較之而未暇然吾宗印寫傳録率多舛謬者蓋禪家流清心省事而未嘗以文字爲意大觀二年春吾以輔道之縁寓

都寺之華嚴會睦庵卿上人過予手書一編甚鉅其目曰祖庭事苑以盡讀之見其筆削叙致動有師法皆可考據因扣其述作之由且曰曩游叢林竊見大宗師陞堂入室之外復許學者記誦所謂雲門雪竇諸家禪録出衆舉之而爲演説其縁謂之請益學者或得其土苴緒餘輙相傳授其聞援引釋教之因縁儒書之事蹟往往不知其源流而妄爲臆説豈特取笑識者其誤累後學爲不淺鮮卿因獵渉衆經徧詢知識或聞一縁得一事則録之於心編之於簡而又求諸古録以較其是非念兹在兹僅二十載總得二千四百餘目此雖深違達摩西來傳心之意庶幾通明之士推一而適萬會事以歸眞而事苑之作豈曰小補或得此書讀之而能詆斥婬罵特立意於語言文字之外以力扶吾道豈斯人之可喜可愕也是亦由吾事苑而啓焉愚壯其言而奇其志謹書以爲序

上人生東越姓陳氏號善卿字師節幼去家事開元慈惠師爲弟子訪道諸方元符中以母老不忍遠游而歸隱郷里昔睦州有尊宿姓陳氏親老無所歸織蒲屨鬻以自給上人竊慕之因命所居睦庵其志識固可尚矣四明苾芻法英書

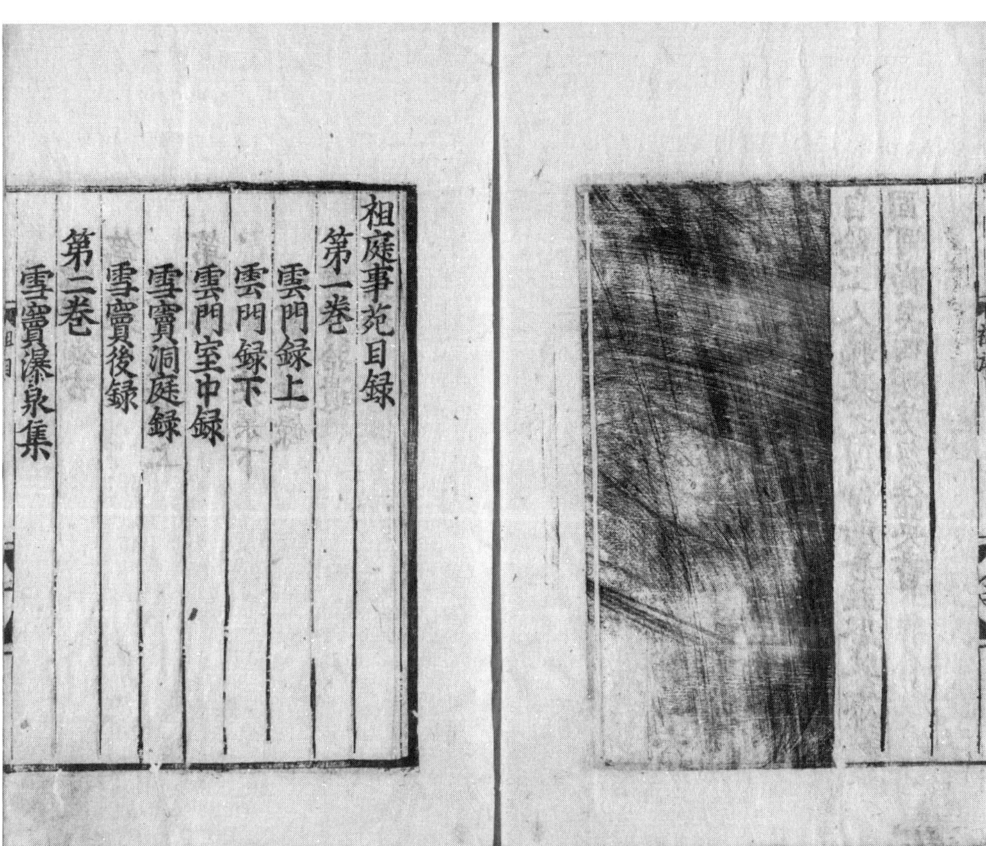

祖庭事苑目録

第一巻

雲門録上

雲門録下

雲門室中録

雪竇洞庭録

雪竇後録

第二巻

雪竇瀑泉集

雪竇拈古

雪竇頌古

第三巻

雪竇祖英集上

第四巻

雪竇祖英集下

雪竇開堂録

雪竇拾遺

第五巻

懐禪師前録

懐禪師後録

池陽百問

第六巻

風穴衆吼集

法眼録

第七巻

蓮華峰録

八方珠玉集

永嘉證道歌
第八卷
十玄談
釋名讖辨
語緣
雜志
題跋

祖庭事苑目録終

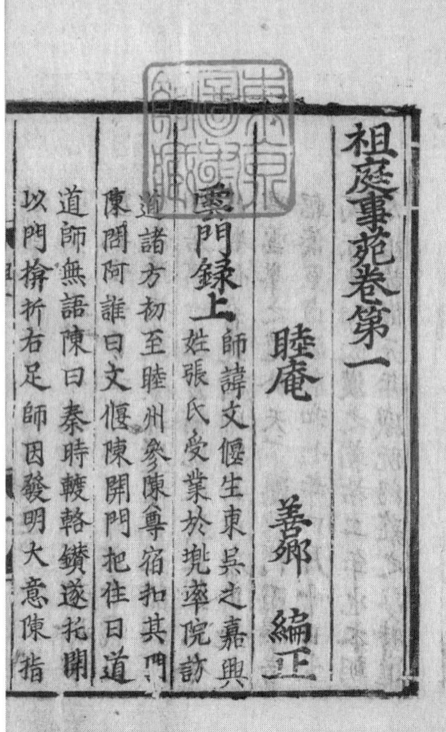

祖庭事苑卷第一

睦庵　善卿　編正

雲門録上　師諱文偃生東呉之嘉興　姓張氏受業於兜率院訪
道諸方初至睦州參陳尊宿扣其門
陳問阿誰曰文偃陳開門把住曰道
道師無語陳曰秦時轅轢鑽遂托開
以門掩折右足師因發明大意陳指

游雪峯師既至適雪峯陞堂乃出衆
曰項上三百斤鐵枷何不脫却峯下
座把住云因甚到與麼師以手拭目
自後道振叢席再歷禪林至韶州靈
樹居第一座靈樹既沒廣主劉氏令
州牧何希範請師繼其法席由是大
唱雪峯之道於天下遷雲門而學者
輻湊至南漢乾和七年四月十日坐
而示化即大漢之乾祐二年也本朝
太祖乾徳元年感阮紹莊之夢特進

李托奏上之發塔得全身容止如生
迎赴闕供養既而得旨歸葬于本山
諡號大慈雲匡眞弘明大師嗚呼師
之亡後一十四年復顯于　藝祖之
時其道流通洋洋
于今日豈偶然乎

師資　老氏曰善人不善人之師不善人　善人之資說者曰善人有不善人
然後善救之　功著故曰資　喩栰　房越切正作撥說文云　海中大船也亦作栰金

剛般若曰如來常說汝等說法如筏喻者法尚應捨何況非法

止啼 譬如嬰兒啼哭之時父母即以楊樹黃葉而語之言莫啼莫啼我與汝金嬰兒見已生眞金想便止不啼然此楊葉實非金也見涅盤經

忘筌 易略例曰言者所以明象得象而忘言象者所以存意得意而忘象猶蹄者所以在兔得兔而忘蹄筌者所以在魚得魚而忘筌也然則言者象之蹄也象者意之筌也存言者非得象者也存象者非得意者也

摩竭揜室 梵云摩竭陀此云文物國揜室言世尊禪定於普光法堂也西域記云昔如來於摩竭陀國初成正覺梵王建七寶堂帝釋建七寶座佛坐其上於七日中思惟是事義同揜室也

毗耶杜口 梵云毗耶離此言廣嚴維摩所居之城杜閉也維摩入不二法門品曰文殊問維摩詰我等各自說已仁者當說何等是菩薩入不二法門時維摩詰默然無言文殊歎曰善哉善哉乃至無有文字語言是眞入不二法門

異儻 當作異黨黨輩類也儻它朗切非義

迦葉 梵云迦葉波此云飲光謂其身光最勝飲服諸天故名焉

曹溪 寶林傳唐儀鳳中居人曹叔良施地六祖大師居之地有雙峰大溪因曹侯之姓曰曹溪天下參祖道者枝分派列皆其流裔

烈派 烈當作列言行列也

石頭洪注 按唐丘玄素作天王道悟禪師碑天王嗣馬祖而非石頭弟子然考其碑悟生荊州得法於江西馬大師師囑之曰汝若住持莫離舊處由是返荊州結茅於渚宮之上荊帥以居處荒榛而怒投之於水中已而天王神發火光於師庭師感悟為之建寺今荊州天王寺存焉今作天皇者誤矣又復考傳燈謂師婺州東陽人也年十四依昭州僧剃髮受具杭州與荊州碑全異今據丘玄素碑天王嗣馬祖明矣非石頭洪注也

當胄 直祐切胤也故字从肉胄裔之謂也裔从衣以子孫為裔

者取衣有下垂之義裔余製切**藏六**雜阿含云有龜被野干怨而捨去佛告諸比丘汝當如龜藏六自藏六根魔不得便**三句**一截斷衆流二函蓋乾坤三隨波逐浪立此三句自德山圓明大師始也今皆謂雲門三句者蓋參尋之不審也然德山即雲門之嗣有此三句爾**囊頴**平原君傳曰夫賢士之處世也譬如錐之處囊中其末立見毛遂曰使遂早得處囊中乃頴脫而出

非特末見而已**待兎**韓子曰宋人有耕者田中有株兎走抵株折頸而死因釋耕而守株冀復得兎爲宋國笑**勉歷**上當作兎止也勉強非義**瘏疣**羽求切結病也釋名曰疣丘也出皮上聚高如地之有丘**雖搜徧訣**當作雖徧搜抉謂師弗容掀寫遂徧行搜抉於他處今方得自於眞公也抉絹悅切挑也**玄鶴**相鶴經云鶴者陽鳥也稟金氣以生二年頂赤七年飛薄雲漢又七年晝

夜十二時鳴六十年大毛落茸毛生色白如雪泥水不能汚百六年雌雄相視乃孕三百六十歲則色純黑如漆故曰玄鶴二千六百歲飲而不食胎化産而爲仙人之騏驥**師曠**師曠晉平公樂師也公使曠鼓琴公曰琴無此最悲乎有可得聞乎曰君德義薄不可以聽之曰寡人所好音也願聞之師曠不得已援琴鼓之一奏之有玄鶴六集于郭門再奏之延頸而鳴舒翼而舞平公大喜起爲師曠壽**子期**

伯牙呂氏春秋曰伯牙善琴子期善於聽伯牙志在高山子期曰峩峩兮若太山志在流水洋洋兮若江河伯牙所念子期必得之伯牙游太山之陰逢暴雨止於巖下心悲乃鼓琴作淋雨之操更造崩山之音每奏子期輒窮其趣伯牙捨琴而嘆曰善哉子聽志想像於吾心吾何逃聲哉**涉瀝**瀝當作歷狼狄切過也瀝水下滴瀝非義**昇堂**昇當作陞登也昇日之昇也非義師劉隱僭號稱漢據廣州幸

韶石覽先靈樹知聖大師遺識詔師受紫衣令太守何希範請師開堂録中謂何公者即希範

三藏 一修多羅藏四阿含等經二阿毗曇藏倶舍婆沙等論三毗尼藏五部律

五乘 一持戒得人乘二行十善得天乘三修四諦得聲聞乘四修十二因緣得緣覺乘五具六度行得菩薩乘

四時 按台宗有五時言四時蓋誤也所謂五者一華嚴時譬如日出先照高山二鹿苑時說四阿含如日照幽谷三方等時說維摩思益楞伽楞嚴三昧金光明勝鬘等經約時即食時四般若時說摩訶般若諸般若經則禺中時五法華涅槃時則日輪當午罄無形影

八教 台宗有化法四教一藏二通三別四圓有化儀四教一頓二漸三秘密四不定一乘圓頓教家之極則也

這 當作者別事之詞禪録多作這或作遮皆非義這三蒼詁訓云古文適字今非此用

忘想 當作妄無放切亂也

[illegible]眼 上正作矖所賣切暴也[illegible]

書無此字

羸 當作贏音盈有餘賈利也

三乘 一聲聞二緣覺三菩薩乘以運載進趣無窮也

十二分 一梵語修多羅此云契經二祇夜應頌三和伽羅授記四伽陀諷頌五尼陀羅因緣六優陀那自說七伊帝目多本事八闍陀伽本生九毗舍略方廣十阿浮達磨未有十一婆陀譬喻十二優婆提舍論議

教外別傳 正宗記曰其所謂教外別傳者非謂黃卷赤軸聞言聲字色摋然之有狀者直與實相無相一也亦非果別於佛教也正其教迹所不到者也按智度論曰諸佛斷法愛不立經書亦不莊嚴語言如此則大聖人其意何嘗必在於教乎經曰我坐道場時不得一法實空拳誑小兒以度於一切是豈非大聖人以教為權而不必專之乎又經曰修多羅教如標月指若復見指了知所標畢竟非月是豈使人執其教迹耶又經曰始從鹿野苑終至拔提河中間五十年未曾說一字斯固其教外之謂也

然此極且奥密雖載於經亦但説耳聖人驗此故命以心相傳而禪者所謂教外別傳乃此也又吾宋　章聖皇帝爲之修心詩曰初祖安禪在少林不傳經教但傳心後人若悟眞如性密印由來妙理深

十地 一歡喜二離垢三發光四焔慧五難勝六現前七遠行八不動九善慧十法雲

隔羅縠 華嚴疏云菩薩智與如來智如明眼人隔輕縠覩衆色像此言菩薩與佛見性不同

嗄 所嫁切聲變也今借爲夏音詐疑之意如哪本音㪷聲也今借爲耶音

挃 側六切塞也

有嚮 當作有響尚嚮當作尚饗

透法身 當讀雲門古録僧問如何是透法身句師拈起拄杖云會麼僧云不會師云北斗裏藏身今瞭拈杖一節似失當時宗旨

骼胔 上音搭刀入骨聲又枯骨曰骼下疾智切骨有肉也又鳥獸殘骨又刀入肉聲月令掩骼薶胔

吃 居乞切言蹇也

對牛彈琴 魯賢士公明儀對牛彈琴弄清角之操牛食如故非牛不聞不合耳也轉爲蚊蝱之聲乳犢之鳴乃掉尾奮耳而聽合意故也蹀躞悉協切行貌

一榼 苦盍切榼椑榼也即今偏榼所以盛酒椑聲音

脣吻 當作脣唇音眞驚也非義吻武粉切

起無 當作豈無

吉嘹 下音料北人方言合音爲字吉嘹言繳繳糾戾也繳其舌猶縮却舌頭也如呼窟籠爲孔窟䮀爲窠巢也又或以多言爲吉嘹者嶺南有鳥似鸜鵒籠養久則能言南人謂之吉嘹開元初廣州獻之言音雄重如丈夫委曲識人情性非鸚䳇鸜鵒之比雲門居嶺南亦恐用此意

丈

特石 大石也如牛曰特牛説文曰特牛牛父也言其朴特

皆是佛法 寳積云佛告無邊莊嚴如來常説一切法皆是佛法以於諸法能善了知名爲佛法諸佛本性與佛法等是故諸法皆是佛法

性懆 懆當作懆蘇到切性躁貌

榼[illegible] 借音盦[illegible]糞壤也

務原 當作翁源邑名在韶

州其邑有靈山山頂有泉下流人飮此水
者多壽故以名焉務原當从女作婺在歙
州非此用**滅胡種**稱西竺爲胡自秦晉沿襲而來卒難變革故有名佛爲老
胡經爲胡語祖爲碧眼胡裔其後者爲胡
種爲釋氏子而名胡種得不撫膺自愧所
謂必也正名乎世法師云竊覩上代有經
已來賢德筆受每至度語無不稱云譯胡
爲漢且東夏九州西域爲天竺者是總名
也或云身毒如梵稱此方爲支那震旦若

稱漢漢止劉氏兩代一號已後禪讓魏晉
不同須依帝王稱謂甄別且胡之雜戎乃
是西方邊俗類此土有羌狄蠻夷之屬何
得經書乃爲胡語佛生天竺彼土士族婆
羅門總稱爲梵梵者清淨也承淑光音天
劫初來此食地肥身重不去因即爲人仍
其本名故稱爲梵但有胡言㪅以梵替之
庶後哲善談得其眞正者矣今雲門稱佛
祖爲胡亦相襲而言也身毒音篤**打野狸**卓皆切枯木根出貌遠淨山九

帶作野狸**以字**以字不成其說有三一謂是嘔啊二字二謂是音字不譯三謂
是梵書心字並指經籤題上以字也嘔啊
者清凉疏主云經首立如是謂異外道故
外道經首皆立嘔啊或云阿優以爲吉阿
之言無優之言有萬法雖衆不出有無此
則斷常之計今如即眞如是即妙有對破
邪宗以彰中道一代時教不出如是二字
高僧傳有譯經新意六例一譯字譯音例
內分四一譯字不譯音謂陀羅尼二譯音

不譯字謂佛胷前卍字三音字俱譯謂經
律論四音字俱不譯謂經題以字所謂嘔
啊經首如是我聞卽不在經外籤題之上
所謂音字俱不譯未詳起自於誰考其二
說似乎無稽或者妄指爲梵書心字梵本
且無此說尤謬愚嘗過興國之傳法院竊
取西竺貝葉眞書考之其未譯之旨經題
尚且未立何有以字之文蓋自古習謬妄
爲其說先聖法門不在斯焉或問經首以
形自何而得蓋當時傭書者運筆以獲經

題固無疑矣然宗匠假此以接來學豈知識擬議哉庚峯當作庚峯覿體觀當作敵對也提剛當作提綱謂提綱振領也下皆做此鑿壁西京雜記云匡衡字穉圭東陽人好讀書家貧無油燭乃鑿鄰壁孔映光讀書位至丞相盲龜阿含云佛告諸比丘如大海中有一盲龜壽無量劫百年一遇出頭浮有一木正有一孔漂流海浪隨流東西盲龜百年一出得遇此孔至海東浮木或至海西圍

繞亦爾雖復差違或復相得凡夫漂流五趣之海還復人身甚難於此又莊嚴論云有一小兒聞佛說人身難得如盲龜值浮木孔小兒穿板作孔置池水中以頭出入終不能入曰盲龜在海百年一出何由值耶我今為人有於面自一日百出值木孔猶難刢利當作靈利下皆做此穿楊史記云養由基百步射楊葉百發百中伶俜正作竛竮上盧經切下滂丁切行不正也撒披當作散披

桑祖切撒晉薩非義蝍蟟上子悉切下音寮皆蟲名浮桑准南子云扶桑日所出也在暘谷中其桑相扶而生浮當作扶蝦蟆下正作蝦蟇五性見證道歌斬頭截臂西域法凡遇論議義墮即斬首截臂以謝不敏二祖償債可祖傳授之後於筦城縣匡救寺之三門談無上道聽者林會時辯和法師於其寺講涅槃經其徒聞師闡法稍稍引去和不勝其憤乃興謗于邑宰翟

仲侃侃惑其說加師以非法師怡然委順識真者謂之償債皓月供奉問長沙岑云予即業障本來空未了應須償宿債師子尊者二祖大師為甚麼却償債岑云大德不識本來空如何是本來空云業障是如何是業障是云本來空是供奉無語長沙乃示偈云假有元非有假滅亦非無涅槃償債義一性更無殊禰示變跌涅槃爾時迦葉與諸弟子在耆闍崛山入于正定於正受中忽然心驚舉身戰慄從

定中忽見諸山地皆大振動即知如來已入涅槃於是將諸弟子尋路疾行悲哀速往正蒲七日至拘尸城右遶寶棺七匝盈目流淚說偈贊嘆其略云世尊我今大苦痛情亂昏悶迷濁心我今為禮世尊頂為復哀禮如來肩為復敬禮大聖手為復悲禮如來腰為復敬禮如來臍為復深心禮佛足何因不見佛涅槃唯願示我敬禮處世尊大悲即現千輻輪相出於棺外回示迦葉從千輻輪放千光明徧照十方一切

世界然後還自入棺封閉如故**緊梢**當作帩七笑切縛也梢音筲非義**氣勳**當作熏許云切火氣盛貌勳功勳也非義**橫說竪說**黃檗示衆云馬大師下有八十八人坐道場得正眼者止三兩人廬山和上是其一夫出家人須知有從上來事且如四祖下融大師橫說竪說猶未知向上關棙子有此眼腦方辨得邪正宗黨**關棙**下正作捩音戾可撥物也**⿰犭介狗**上正作疥音介癩也**忙**

忙當作茫茫無窮也忙忙心迫也非義**謔**當作諕許亞切誑也謔虐約切戲也非義下皆作此**蓋國**上與盍同胡臘切或作丐音呼非義解見雪竇頌古**躇躕**當作躊躇音儔除行不前也躇躕非義躕音廚**酌然**當作灼然隻略切照灼也酌說文盛酒行觴也非義**冥濛**當作冥蒙蒙猶昧也**極濟**正作拯拯蒸之上聲呼上舉也**艾蕉**當作艾燋子肖切灼龜炷也或作爝爝即行火官名

湯得伊尹爝以爟火乃有炬焰者爾非義**謥謥詛詛**按天衣古本作悾憁傯傯音孔總事多也**鈍置**下當作躓音致礙不行也**五蘊**謂色受想行識有相為色領納名受取像曰想遷流為行分別為識蘊者積聚為義謂積聚生死之過患亦曰五陰陰以陰覆為義蔽明黑雲之所陰覆蓋覆真性攝盡有為**擗口**上當作劈匹歷切破也擗音闢撫也非義**視聽無聲**老氏曰視之不見名

曰夷聽之不聞名曰希搏之不得名曰微

鍾聲 按天和古本作鍾聲裏披七條

骨臀 上當作臗音寬臗股上也

㖒哩 上正作嚔音替鼻液也下陟卧切口液也

斧打 當作斧斫蓋見也本

韓獹 當作韓盧盧黑也謂黑狗也齊人韓國相狗於市遂有狗號鳴而國知其善見選注

偈頌 雲門所著偈頌皆不立題目或舉揚宗旨或徽勸後昆非同詩人俟題而後有作然後世學者議論不一或多臆

說亡失道眞愚嘗讀傳燈廣燈幷雪峯廣録有其緣者唯一二偈未聞其它今録于下傳燈云僧問雲門十二時中如何即得不空過雲門云你向甚麼處著此一問學人不會請師舉門遂索筆成頌云舉不顧即差互擬思量何劫悟又雪峯廣録僧問如何是學人自己峯云築著鼻孔僧舉目雲門門云你作麼生會其僧方思惟門亦以此頌而示之廣燈云福州上座初出家常游講肆因聞僧問雲門如何是透法身句門云北斗裏藏身師因測遂造焉雲門一見把住云道道師擬擬門乃托開因作雲門聳剔頌以示之師從此悟入是故後世學者因覩此緣遂妄生穿鑿然何必爾也

管解 古語持蠡酌海握管窺天

康氏 梁慧皎傳僧會法師本康居國王太子故稱康氏師形儀偉麗爲世所重

晉鋒八傳 晉鋒蓋指晉王逸少之筆鋒也八傳未詳疑八法聲近之訛也禁經云八法起於隸字之始自崔張鍾王傳授所用墨道之最不可不明也隋僧智永發其旨趣於虞世南自兹傳授彰厥存焉李陽冰云昔逸少工書遂歷多載十五年中偏工永字以其八法之勢能通一切字也八法者永字八畫矣一點爲側二横爲勒三竪爲努四挑爲趯五左上爲策六下爲掠七右上爲啄八下爲磔丶此爲側側者側也不得平直其筆一此爲勒勒如鋒憂石不得卧筆丨此爲竪竪牽爲努努不得直直則無力㇀此爲挑挑爲趯須

存鋒得勢而出ノ此為策斫筆背發而仰收ノ此為掠筆鋒左出而須和ノ此為啄須疾為之八此為磔不得疾而不得遲磔陟格切

出三句語 雲門有時云天中函蓋乾坤目機殊兩不涉世緣作麼生承當自代云一鏃破三關然離有此意且未嘗立為三句昔普安道禪師因德山出三句語隨以頌之附于卷末往往亦指此頌為雲門所作是皆看閱不審也道即德山之的嗣

頭頭物物傷 當作愡不傷形近之誤也

軫候 上當作診止忍切視也軫車後橫木非義

眼中翳 當作翳於計切障也

商量 如商賈之量度使不失於中平以各得其意也

消得箇非遙 當作消得當搖頭休頭同韻也

終諸 方言猶舉止也

什方 當作十方什雜也非此義

同一眼 當作開一眼雲門對機錄後附普安道禪師所作一十二頌自三句三頌之題出於德山餘之九題并頌皆道自作也並見廣燈錄

雲門錄下

刻舟 呂氏春秋曰楚人有涉江行舟遺劒遽刻其舟曰吾於此墜劒求必得之其迷有如此者

舉覺 當作攉博雅云揚攉都凡也攉音角

死而不弔 弔當作弔多嘯切說文曰問終也古之葬者厚衣之以薪從人持弓會敺禽獸禮記死而不弔者有三畏壓溺謂憑何者也

城地 當作域說域地之中有所居爾地筆誤見它本

任你當何 何下可切擔也亦音何徐鉉曰儋何即負何也

十五入夏 天台寒山子於國清寺見僧半月說戒次云聚頭作相那事憨憨僧皆打叱之乃與拾得撫掌大笑而出

羅浮檀特 二山名也羅浮在今廣州檀特在西域罽賓國即世尊見阿藍迦藍處也

蹙舌 乎六切猶縮也

斗擻當作抖擻音斗叟擧索物也摩菟提婆菩薩釋楞伽經中小乘涅
槃論云外道女人眷屬論師說摩醯首羅
天作八女人一名阿提徵生諸天二名提
徵生阿修羅三名蘇羅娑生諸龍四名毗
那多生諸鳥五名迦毗羅生四足六名摩
菟生人七名伊羅生一切毅予八名歌
頭生一切蛇蝎蚊虫蠅蚤蚰蜒百足等鴟
吻炙穀子云漢栢梁殿頻火起巫獻術取鴟魚尾置於殿上禳之今以瓦爲之相

傳爲鴟吻不言鴟尾蓋俗流之誤也莊香莊當作裝裹也大殺上它蓋切
甚也下所拜切猛也摩抆正作抄桑何切摩也黃泉人死歸地黃泉深幽
此指其極日樹當从乄作榭凋也樹臺榭非義深坑正作阬丘庚切踣
跳正作敎趒音孛眺排趒也玄殊當作懸殊懸遠也江華縣名在湘
南道州眚所景切目病生翳也不溺當作匿奴力切藏匿也溺沈溺非義

恁麼上當作與麼正从幺作麼與麼指辭也或作恁麼恁音稔思也恁麼審辭
也或作什麼當作甚麼甚麼問辭也什雜
也非義或作溜麼溜音十水貌又音習滴
溜水貌皆非義然果言外之士無不可者國師問經禪牀多拳南陽國師
勘念經僧蝙蝠事出國師錄不載未詳則
出按西域傳一緣頗類傳曰南海之濱有
一枯樹五百蝙蝠於中穴居時有商侶止
於樹下既屬風寒人皆飢凍聚積樵薪蘊

火其下烟焰燃熾枯樹自然商侶中有一
賈客夜分已後誦阿毗達磨藏彼諸蝙蝠
雖爲火困愛好法音忍而不去於是命終
隨業受生俱得人身捨家修學乘聞法音
聰明利智並證聖果迦尼色迦王與脇尊
者招集五百賢聖於迦濕彌羅國作毗婆
沙論斯並枯樹中五百蝙蝠也摩斯吒梵云摩斯吒此言獼猴本行經云我
念往昔海中有一大虬其虬有婦懷妊思
獼猴心食夫言此事甚難我居於海獼猴

在山汝且容忍我當求之時虬即出于岸見一獼猴在樹上即以善言慰喻結為交友我當將汝渡海彼岸別有大林花果豐饒汝可下來騎我背上獼猴心無定故即依虬言俱沒於水虬即報言我婦懷妊思食汝心故將汝來獼猴即誑虬言汝何不預說我心適留於婆羅樹上不持將行善友還回放我取心得已却來於是虬復水岸獼猴努力跳上大樹其虬久停見猴不下而語之曰善友汝速下來同至我家猴

猴說偈言汝虬計校雖能寛而心智慮甚狹劣汝但審諦自思忖一切衆類誰無心虬六度經作鼇

聽水 述征記云河冰人須狐聽而行

運州 當作鄆音運

綣繢 當作圏樻上去圓切屈木也下丘媿切紐也綣繢非義

鼻孔遼天 遼當作撩撩取也昂視之貌遼遠也非義

夜叉說半偈 涅槃經云佛言過去之世佛日未出我於爾時作婆羅門修菩薩行周徧求索大乘經典乃至不

聞方等文字往雪山中思惟坐禪時釋提桓因心大驚怪要當自試自變其身作羅剎像云其不遠其聲清雅宣過去佛所說半偈諸行無常是生滅法聞是半偈心生歡喜即從座起四向顧視云向所聞偈誰之所說唯見羅剎即便前至善哉大士汝於何處得是過去離怖畏者所說半偈即答我言我不食多日心亂竊語非我本心之所知也汝所食者為是何物答言食人暖肉飲人熱血汝但具足說是半偈已當

以此身奉施誰當信汝為八字故捨所愛身我所證若梵天釋提桓因十方世尊汝若如是諦聽諦聽當為汝說生滅滅已寂滅為樂

折半烈三 折當从木作析音錫劈析也烈當作列分解也烈火盛貌非義

文殊解脫 出清涼傳大隋五臺縣昭果寺解脫禪師自文殊示心印之後乃謙卑自牧專精備衆厥後文殊躬臨試驗解脫每清旦為衆營粥文殊忽現於前脫殊不顧視文殊警之曰吾是

文殊吾是文殊厖應聲曰文殊自文殊解脱自解脱
怛闥阿竭此言如來
演義云若依法身如來者即諸法如義若依報身即乘如實道來成正覺若依化身
則乘薩婆若乘來化現垂生故曰如來
托子茶托子建中初蜀相崔寧之女以金
茶杯無儭病其熨指取楪子盛之既啜而杯傾乃以蠟環楪子使央杯遂定即遣匠
以漆環代蠟進於相國相奇之爲製名托子因行於代是後傳者更環其底焉
入京雲門入京即五代東漢劉氏之世乾祐四年或謂廣南偏霸劉龑非也龑音儼
觸悞悞當作忤音誤逆也悞欺也非此義
朦朧上音蒙下盧紅切朦朧月入貌
入義當作仁義
老兒作歌舞智度論云佛功德已滿更無所
須爲教弟子故語之言我尚作功德汝云何不作如汝家百歲老翁自舞有人呵之
言老翁年已百歲何用舞爲荅曰我不須舞但欲教子孫故爾
羅漢藥食
食當作石取療病義故曰藥石夫攻病曰藥劫病曰石古以砭石爲針也全元起欲
注素問訪以砭石王僧孺荅曰古人當以石爲針必不用鐵說文有此砭字許慎云
以石刺病也東山經高氏之山多針石郭璞云可以爲砭針春秋美疢不如惡石服
子慎注云石砭石也季世無復佳石故以鐵代之爾又以服石子止飢如高僧傳善
傳善疾篤將殞告弟子曰吾患腹中冷結昔在少年山居服業粮粒既斷懶往追
求噉小石子用充日夕因覺爲病死後可破腹看之果如所言愚竊詳二意皆不然
也又神仙傳或以藥煑石而食之又非先聖之意今叢林習以爲常未有非之者焉
又況四果眞人詎肯輒違佛制來享非時之餐雲門欲以誘捿學者而正言似反後
世或資以爲口實豈不謬乎疢音趂熱病也殛音棘死也
入水見長人
棲耀禪師録唐武后召嵩山老安北宗神秀入禁中供養因澡浴以宮姬給侍獨安

怡然無它石數日入水始知有長人 **徒什麽** 徒當作圖諱也什麽當作甚麽 **師彌** 當作匿師子藏匿也 **駞駘** 當作馲駘上陟華切下莫百切獸名也驢父牛母形似騾而小 **騾** 盧戈切驢父馬母也 **⿰麥完圖** 上音丸木麥麴也此乃稱完全之方言當云凸圖圖音巒

雲門室中録

五葉 達摩傳法偈曰吾本來茲土傳法救迷情一花開五葉結果自然成 **善吉** 梵云須善提此言善吉序云毗耶問疾何獨美於文殊舍衛解空亦偏推於善吉蓋序家抑揚之意亦當作豈乃傳寫之誤智論七十八問曰佛為一切智何以不自為說主而令須善提說般若荅須善提樂於空行偏善說空般波羅蜜多說空故令須善提說也 **倜儻** 上它歷切下它朗切大節非常也 **買餬餅** 餬當作胡胡虜之捴稱用胡麻作餅故曰胡餅故釋名曰胡餅言以胡麻著之也前趙録云石季龍諱胡改為麻餅胡麻即油麻也餬寄食也非義 **是分不分** 當作不可不分也見懷和上本 **明星** 曉星也修行本起經云菩薩自知已棄惡本無婬怒癡生死已除五陰諸種悉斷無餘栽孽所作已成智慧已了明星出時廓然大悟得無上正真為最正覺 **如來禪** 香嚴智閑初參大潙祐因併淨道路奔毛礫擊竹響忽然省悟有頌云一擊忘所知更不自修持動容揚古路不墮悄然機處處無蹤跡聲色外威儀諸方達道者咸言上上機仰山聞云此是夙構記持所成若是正悟發明別更說看又云去年貧未是貧今年貧始是貧去年貧有卓錐之地今年貧錐也無仰山云如來禪許師兄會祖師禪未夢見在嚴又成一頌我有一機瞬目示伊若人不會別喚沙彌仰山云且喜師兄會祖禪師也 **致問** 致當作置

立也致至也非此義**時云**若有第五板十五行上脫若有二字**本來法**賞箇名喚作本來法第六板第十二行上少八字見懷和上本**師云**一切法皆是佛法繩牀露柱是一切法還我佛法來僧無對師又問僧經冲遊第六板第十八行少三十字見懷和尚本**那**乃賀切語餘聲**南方禪客**忠國師問禪客何方來曰南方來師曰南方有何知識曰知識

頗多師曰如何示人曰彼方知識直下示學人即心是佛佛是覺義汝今悉具見聞覺知之性此性善能揚眉瞬目去來運用徧於身中挃頭頭知挃脚脚知故名正徧知離此之外更無別佛此身即有生滅心性無始以來未曾生滅身生滅者如龍換骨蛇蛻皮人出故宅即身是無常其性常也師曰若然者與彼先尼外道無有差別我此閒佛性全不生滅汝南方佛性半生半滅半不生滅曰如何區別師曰此則身心

一如身外無餘所以全不生滅汝南方身是無常神性是常所以半生半滅半不生滅曰和尚色身豈得便同法身不生滅耶曰汝那得入邪道曰學人早晚入邪道曰汝不見金剛經云色見聲求皆行邪道今汝所見不其然乎**破凡**上破音潑**摵**當作摵砅獲切佛也摵子育切非義**謦欬**上去挺切下正作欬口溉切逆气也**且致**當作且置置猶赦也**白氎**徒葉切草名也出高昌國採其花織

以為布又出婆利國粗者名古貝細者名白氎**國師看戲**叢林多說唐帝盛展歌舞齋衆端肅無聞帝問聽察如何國師爲說死囚持油之喻然竊覽國師廣錄而無此緣賞讀毗柰耶雜事即大迦濱那爲猛光大王說此攝心之緣此蓋當時之誤學者詳焉**着裹**乃唱云長連牀上飽喫飯了說葛藤第十二板第十二行下少十四字見懷和尚本**屎上加尖**當作矢上謂尖上加尖今用屎屎字

甚無謂也 **竇嵓** 當作窓巖 **便打** 師舉僧問睦州以一重去一重即不問不以一重不去一重時如何州云昨日栽茄子今日種冬苽第十三板三行後脫此一節古本去不以一重不去一重今學者多不舉不字而或妄以為園頭之緣者誤矣 **是你忘却** 當作只者忘却 **舉法身說法** 舉法身說法青青翠竹摠是法身未是提撥時節有為無三世是有為法何處得三世來無為有三世不

是守寂處法此是實學葛藤言語未是提撥時節於拈提猶在半途已上一節印本分作三段而又語言顛錯故錄此以證之 **舉三種人** 師舉三人一人因說得悟一人因舉得悟一人才見舉便却回去你道却回者意旨如何師云直饒與麼也好與三十棒與印本不同而又言意顯煥故用錄之尓 **舉僧問** 舉僧問雲居湛湛時如何居云不流說甚麼湛湛師云此是嚼鐵之言已上三節見懷和尚本

舉光明寂照 因僧舉光明寂照徧河沙師云豈不是張拙秀才語僧云是師云話墮也此緣印本語意倒錯而或謂張拙為相公因錄其緣以示學者拙唐人也因訪石霜霜問曰公何姓曰姓張何名曰名拙霜曰覓巧了不可得拙自何來公於言下有省乃述悟道頌曰光明寂照徧河沙凡聖含靈共我家一念不生全體見六根才動被雲遮斷除煩惱重增病趣向真如摠是邪隨順衆緣無罣礙涅槃生

死是空花 **簾纖** 上當作廉下正作纖廉纖猶撿斂細微也 **無情** 說法第十六板六行下脫二字 **本身盧舍那** 此緣傳燈諸錄皆云僧問鹽官齊安和上今云國師者非也況國師廣錄且無此緣 **漚麻** 烏候切久漬也 **國師云** 當作國師碑文云第十七板九行上 **說法** 身說即是應化之身說十七板二十二行上脫九字見懷和尚本 **應化非真佛** 般若金剛論云

應化非眞佛亦非說法者說法不二取無說離言相

輥毬 雪峯義存禪師常輥二毬以示人一日玄沙到師亦輥毬示之沙便放身倒作悶勢

以字 見對機

水牯 未見所出

羅漢書字 仰山和尚在洪州觀音時粥後坐次有僧來禮拜師不顧其僧問師識字否師云粗識僧乃右旋一匝云是甚麼字師於地上書十字酬之僧左旋一帀云是甚麼字師改十字作卍字僧以兩手托圓相如修羅掌日月勢云是甚麼字師乃畫一圓相圓却卍字僧乃作金剛勢師云如是如是僧禮謝騰空而去

書字 曾有僧問老僧如何是諸佛出身處我向伊道東山水上行此謂是向上拈提時節此一節紙一十六字第十九板第二行中

名身

句身 楞伽經偈云名身與句身及字身差別凡愚所計著如象溺深泥解者曰身者以依聚爲義聲名句文是教主言音詮表之法名者是次第行列句者是次第安布文者是次第聯合聲即說法之聲此四皆爲幻法也

什麼 物合成一塊第十九板十一行少物字剩不是二字什麼當作甚麼

監軍 當作監軍監軍唐官也皆中貴爲之如魚朝恩至德中監軍事是也

向繩墨 當作打繩予第二十板二十二行中見懷本

蹤横 當从系作縱東西曰横南北曰縱蹤迹也非義

袈裟 梵語此云不正色即壞色染衣也染表心染於法壞即要無所染也

媿

圖 當作貴圖

漕溪 當作曹溪漕衛邑名非義

控鈌 當作空鈌苦貢切鈌也鈌亦空也古之重語如癡畫謨謀之類是也

依鉢 依當作衣鉢梵語鉢多羅此方云應量器

擭浪 一擭切手取也

啗啄 當作鵮啄竹咸切鳥啄物

趙州無賓主 趙州垂語云我三十年前在南方火爐頭有一則無賓主話舉似諸人雪峯聞舉云當時便好與一踏

猴白 當作侯白姓也和靖詩云伶倫

今日無侯白奴僕當年有衛青伶倫謂滑稽之士也

拾遺 舉雪峯云我且作死馬醫一口吞盡乾坤師云山河大地何處得來直饒者裏倜儻分明特舍兒七十棒交成一百四十○師舉西禪東平共官人坐次西禪云風作何色官人無對禪却問僧風作何色僧拈起衲衣云在府中鋪禪云用多少帛子僧云勿交涉禪無語師代云咄者話墮阿師○師因炙茄次問僧喫得多少茄子僧云和上試道看師云你問我與你道僧便問師云消不得

雪竇洞庭録 師諱重顯字隠之遂州李氏子生於興國五年四月八日出家受具學經論業於郷里晩参隨州智門祚和上因扣不起一念之言豁然知歸遂徧游叢席衆所推仰先居吳門之洞庭遷四明之雪竇由是雲門之道復振於江浙都尉李侯奏章服侍中賈公奏聞朝廷乞賜明覺之號至皇祐五年七月七日不遺囑亦不説偈攝衣北首而亡

龍象 智度論云言其力大龍水行中力大象陸行中力大分以鉅禪碩師比之

龍象覺城 當作福城華嚴六十二云文殊師利勸諸比丘發菩提心已漸次南行經歷人間至福城東住莊嚴幢娑羅林中大塔廟處覺當作角梵云拘尸此云角以其城有三角故名焉然非善財見文殊處也

古佛廟 清涼云古佛塔廟者即善財歸宗之所此塔在南天竺城東是古佛之塔佛在世時已有此塔日照三藏親到其所其塔極大東面鼓樂供養西面不聞於今現在此處居人多唱善財歌辭

賺 當作詀佇陷切

衒耀 上音縣行且賣曰衒

四花 一曼陀羅二大曼陀羅三曼殊沙四大曼殊沙曼陀羅此言悦意曼殊沙此言柔軟

六震 一者動二者起三者涌四者震五者吼六者覺

措俣 當作錯誤謂不敢差誤也

寰中

塞外 褢中猶褢内天子畿内也塞隔也謂隔塞於它邦漢文帝以周亞夫爲將
軍軍細柳以備胡帝之細柳營軍士被甲
弓弩持滿天子先驅至不得入先驅曰天
子且至軍門都尉曰軍中聞將軍之令不
聞天子之詔有頃上至又不得入於是上
使使持節詔將軍曰吾欲勞軍亞夫迺
傳言開壁門帝方得入曰此眞將軍也向
者覇上棘門如兒戲尒勞郎到切慰勉也 **四流** 一欲流二有流一見流四無明
流 **三界** 謂欲界色界無色界亦謂三有 **昇座** 當作陞座座登也 **蕭然** 上當作蕭肅也 **暫時歛念** 華嚴德生童子謂善財言於此南方有國名海
岸有園名大莊嚴其中有一廣大樓閣名
毗盧遮那藏從菩薩善根果報生以至從
菩薩福德智慧生彌勒菩薩安處其中汝
詣彼問云何行菩薩行修菩薩道時善財
童子知善知識教至海岸國毗盧遮那莊
嚴藏大樓閣前五體投地暫時歛念思惟

觀察一心瞻仰 **掌中世界** 維摩詰言舍利弗住不思議解脫菩薩斷取三
千大千世界如陶家輪著右掌中擲過恒
河沙世界外其中衆生不覺不知己之所
往見不思議品 **鐵券** 匣眷切誓書也 **諠** 當作誂許亞切誂也 **筋** 正作筋舉
欣切 **抉** 於決切挑也 **抜榍** 當作楔音薛橛榍門限也非義 **一棚** 薄萌
切獵者養鶻擲兔必次第三發之
而後得俗以架三鶻者謂之一棚 **[illegible]杼** 直呂
切說文機之持緯者 **道遠乎哉** 觸事而眞意旨如何第七板第四行上脫入字 **燎** 音了說文云放火也 **太阿** 越絕書云楚王召風湖子令之吳越見歐
冶子干將使之爲鐵劍三枚一曰龍泉二
曰太阿三曰上市楚王問之曰何謂龍泉
風湖子曰龍泉狀如登高山臨深淵何謂
太阿曰巍巍翼翼如流水之波何謂上市曰
從文閒起止脊而止如珠而不挫若流而不絕 **死而不弔** 見雲門錄上

罽賓上正作罽居例切五天國名也正云迦濕彌羅此言賤種又云買得其國在此印土**斬之白乳**四諦論云菩薩行慈血變成乳如慈母育子以慈愛心故生子有乳乳自然出**玄沙道底**玄沙廣録云師因鐘鳴次作忍痛聲騰身曰者箇鐘在我肚裏鳴你諸人作麼生時展上坐云和上尊位如何師云你循似分疎作麼展云和上又問作麼師云我也要不如此展云某甲何曾如此師云是

是展云咭咭傳燈作折我心痛**鈯斧**鈯音突博雅云鋭也**勞撓**當作撈擾擾頰也**鄧隱峯**師姓鄧氏隱峯名也建州邵武人將示滅有遺偈云獨絃琴子爲君彈松栢長青不怯寒金鑛相和性自別任向君前試取看見宋僧傳**性懆**蘇到切性麁疎皃也**折挫**子卧切摧挫也**攔面**正作闌郎干切遮也**十字**兄弟添十字宗門拪唱唯證乃知固非文理妄加穿鑿然叢林舉

立顛多學者攻之不已或謂十字加一儀土字也或謂兄弟成二人添十爲卒也或謂雲峯垂誡令大家出手或謂閩越方言第恐方冊不載非先德本懷無如斯之論吾家素有之也如祖師讖偈皆此類尓至於三點如流水其止筆二十口又達摩云九十無彼我並載禪書應機而設無不可者此乃折卒字無疑也**難提**梵云塔婆此言方墳或云支提或云難提此言滅惡或云抖藪波此言贊護或云窣堵波

此云靈廟或云高顯**胡家曲**胡家當作胡笳笳笛之類胡人吹之爲曲漢李陵荅蘇武書云胡笳互動牧馬悲鳴今借此以況吾道新豐云胡笳曲子不墮五音韻出清霄任君吹唱是也或者指世尊梵國爲胡家豈不大謬妄乎**夜雨山草滋**此詩即禪月擬齊梁體四首此其一今雪賣全舉之所謂借水獻花也詩蟋蟀鳴壞墻謂微蟲候時而鳴如賢人待明君而仕知明時而見雖草木禽魚無遠

不及故雪竇借此詩為太平之歌意見王子淵聖主得賢臣頌 **㕡澤** 正作睿以芮切聖也 **龔黃** 漢書循吏傳龔遂為渤海太守異政當時使人賣劍買牛賣刀買犢可謂帶刀佩犢也黄霸為潁川太守仁風大行郡内肅清德感上天嘉穀生於野鳳凰集於境宣帝美之賜金四十斤 **褒** 博毛切進揚美德也 **吾禱** 論語云子疾病子路請禱子曰有諸子路曰有之誄曰禱尔于上下神祇子曰丘之禱久矣誄音累

雪竇後録

三千劍客 昔趙文王喜劍劍士夾門三千餘人日夜相擊於前死傷者數百餘人好之不厭如是三年國衰諸侯謀之太子悝患之奉千金賜莊子上説莊子陳三劍曰有天子劍有諸侯劍有庶人劍今大王有天子之位而好庶人之劍臣竊為天王薄之王乃牽而上殿宰人上食王三環之莊子曰大王安坐定氣劍事以畢奏矣於是文王不出宮三月劍士皆服斃其處見莊子説劍悝苦回切 **一片田地** 僧問靈雲佛未出世時如何雲豎起拂子出世後如何雲亦豎拂子僧不肯復問雪峯佛未出世時如何峯豎起拂子出世後如何峯拋下拂子僧禮拜峯便打僧又問玄沙此意如何沙云大似一片田地四至界分一時屬你只欠中間一樹子在 **憨** 武酣切癡也 **皚** 五來切霜雪白皃 **金色尊者** 即大迦葉也先是毗婆尸佛滅後衆以其舍利建塔塔之像其面金色歘壞是時迦葉方為鍛金師會有貧女持一金錢求治為薄欲往補之迦葉聞且樂為補已因相與願為無姻夫妻以是報九十一劫體皆金色最後生摩竭國出家為佛弟子頭陀第一 **恢恢** 苦回切大也老子曰天網恢恢疎而不漏 **能惻** 當作測深所至也惻痛也

非義愛鼈鼻雪峯示衆山南有一條蛇汝等諸人切須好看玄沙云用
南山作麼青天喫棒僧問古德萬里無雲時如何云青天也須喫棒傻
傻當作灑灑聲下切傻沙瓦切俏也不仁負非義懲破音鼈方言懲悪也郭
璞云懲怯急性也怯音乎須菩提巖中須菩提巖中宴坐說法雨
花子偏考衆經即無此緣巖中宴坐即分別功德論佛謂蓮花色比丘尼言須菩提

於巖中補衣嵓先現我且無宴坐之緣兩
花即大般若八十四須菩提謂憍尸迦是
花非生花亦非心樹生且無賛嘆之緣未
曾說一字即大般若八十一善現告諸天
子言我曾於此不說一字汝亦不聞當何
所解以此考之衆經雖共有此意而無此
緣實恐後世宗匠借爲此說也似地擎山盤山示衆疑其語意斷絶不通
及見古録凡有九段今科節錄之于後其
一心若無事萬法不生意絶玄機纖塵何

立其二道本無體因道而立名名本無名
因名而得號其三若言即心即佛今時末
入玄微若言非心非佛猶是指蹤之極則
其四向上一路千聖不傳學者勞形如猿
捉影其五夫大道無中復誰先後長空絶
際何用稱量空既如斯道復何說其六夫
心月孤圓光呑萬象光非照境境亦非存
光境倶忘復是何物其七禪德譬如擲劍
揮空莫論及之不及斯乃空輪絶迹劍刃
無虧若能如是心心無知全心即佛全佛

即人心佛無殊始爲道矣其八禪德可中
學道似地擎山不知山之孤峻如石含玉
不知玉之無瑕若如此者是名出家故導
師云法本不相礙三際亦復然無爲無事
人猶是金鎖難所以靈源獨耀道絶無生
大智非明眞空絶跡眞如凡聖皆是夢言
佛及涅槃並爲增語其九禪德直須自看
無人替代三界無法何處求心四大本空
佛依何住璿璣不動寂尒無言覿面相呈更無餘事同光帝即五代莊宗同

光即莊宗時年號如命
宣宗爲大中帝之類 **胡釘鉸** 唐之散人世不
以名顯嘗與保福趙州問荅語涞叢席嘗
一夕夢呑五色毬既覺遂能作句語鱠炙
人口至今稱誦不已唐高文集謂祭列子
墓夢中換五藏者正胡釘鉸也與五色毬
相傳之異未知孰是其詩云日暮堂前花
蘂嬌爭拈小筆上牀描繡成安向春園裏
引得黃鶯下柳條○忽聞梅福來相訪笑
著荷衣出草堂兒童不慣見車馬爭入蘆

花深處藏○蓬頭稚子學垂綸側坐莓苔
草映身路人借問遙招手恐畏魚驚不應
人 **舉肅宗** 當作代宗詳見頌古 **入水見長人** 見雲門録下
搥擊妙喜 雲門一日聞打搥聲妙喜世界百雜碎托鉢向湖南城裏喫粥
頻到香積 雲門一日見僧在殿角立師拍手一下云佛殿露柱走入厨庫
去也僧回首看師云見你不會却來祇候佛殿 **德山卓牌** 德山卓牌於閙

市牌上書字云佛來也打祖來也打傳燈
巖頭卓牌 巖頭廢教後在鄂州湖邊作渡
子兩岸立板牌一所書云如有渡者請擊
此牌一下凡有擊者師乃舞棹而渡之然
德山卓牌未見所出 **五色索** 僧問投子丹霄獨步時如何子云脚下一條索
世事悠悠 南嶽瓚和上歌其略云世事悠悠不如山丘青松蔽日碧澗長
流山雲當幕夜月爲鈎臥藤蘿下塊石枕
頭不朝天子豈羨王侯生死無慮更復何

憂師諱明瓚嵩山普寂之嗣子北秀之的
孫世號嬾瓚然禪門有三嬾牛頭嬾融嗣
四祖潙山嬾安嗣百丈師頌其一焉瓚在坦切 **一切不是句** 黄蘗示衆
欲知佛法省徑處一切不是見廣録 **天鼓** 當作天聲謂生盲也 **孟常之**
門 孟常當作孟嘗即齊之孟嘗君名文姓田氏嬰之子父使主家後代嬰立於薛
故攝孟嘗君君在薛招致諸侯賓客及亡
人有罪者皆歸孟嘗君傾天下之賢食客

數千人無貴賤一與文等有客馮驩甚貧猶有一劍又蒯緱彈其劍而歌曰長鋏歸來乎食無魚君遷之食有魚既又彈劍而歌曰長鋏歸來乎出無輿君又遷之出入乗輿車後爲君燒券以彰君之善聲

應縁而化物 二十六祖不如蜜多傳法偈眞性心地藏無頭亦無尾應縁而化物方便呼爲智

隟 正作隙乞逆切壁際孔也

焞 蒲没切火烟起皃

紆 憶倶切縈紆曲也

歘氛 敷文切祥氣也

青蘿夤縁 語出忠國師碑乃草堂沙門飛錫撰其間數語叢林率多舉唱如青蘿夤縁直上寒松之頂白雲淡泞出没太虚之中○萬法本閑而人自鬧○論頓也不留朕迹語漸也返常合道○得之於心伊蘭作栴檀之樹失之於言甘露乃蒺蔾之園○白雲志高青松節峻唯帝之師親傳法印解深克古言嶮理順不有定門拜何演頓此皆草堂飛錫之語今叢林說者往往指作國師之言蓋由看尋

之跡率文豈能明無寶之旨哉

混沌 上胡本切下徒損切清濁未分混爲一也

虛空爲鼓 鹽官齊安和上示衆云虛空爲鼓須彌爲椎甚麼人打得衆皆無對僧舉似南泉泉云王老師不打者破鼓法眼別云王老師不打破普浩切

懡㦬 上忙果切下郎可切慚也

蝕木 乗力切釋名曰日月虧曰蝕稍小侵虧如蟲食木之葉智論第二云佛言善說無失無過佛語諸外道中設有好語如蟲食木偶得成文

尾愬 尾當作猲陟革切愬色責切猲愬犬張耳皃故云耳猲愬或音卓朔非義

洛浦徧參 洛浦和上問僧你笠子爲甚破僧云徧參忽若撞著牛屎時如何僧近前云不審浦便打按廣燈寶應顒和上問僧汝名甚麼僧云普參師云忽遇木橛又作麼生僧不審師便打

長觜鳥 雲門問僧你從向北來曾遊臺否僧云是師云關西湖南還見長觜鳥說禪麼僧云不見師拈

拄杖以口作吹勢引聲云禪禪
摩斯吒 見雲門録之下
巨靈 郭縁生述征記云華山與首陽本一山河神巨靈擘開以通河流故掌迹存焉
演若 楞嚴經云佛言汝豈不聞室羅城中演若達多忽於晨朝以鏡照面愛鏡中頭眉目可見瞋責己頭不見面目以爲魑魅無狀狂走
儱統 當作儱侗
𡎺窰 本作莫傜地名今潙山塔莊是矣古語云不作潙山一頂笠無由得到莫傜村

卷終

祖庭事苑卷第二

睦庵　善卿　編正

雪竇瀑泉

多聞 楞嚴經云阿難見佛頂禮悲泣恨無始來一向多聞未全道力
記諸善言 論語序云魯論語二十篇皆孔子弟子記諸善言也
西乾 正作乾西乾即天竺國五印土或云西天西乾皆譯師之義立
東震 或云震旦或云眞丹或旃丹或栺難皆梵音訛轉並翻漢地又婆沙中有二音一云指那此云文物國謂此方是衣冠文物之地也二云栺難此云邊鄙謂此方非中國也西域記翻摩訶支那爲大漢國或謂日出東隅其色如丹故云震旦眞丹者此皆訛說
來昌 昌猶明也盛也
蜀川 雪竇生西蜀之遂州
吴苑 明覺始唱道於洞庭之翠峯屬吳王之國苑謂宫苑
句章 句章縣故城在鄞縣西十二州志云勾踐之地南至句無後併吳國因大成章伯之功遂名句章以示其子孫見東漢蓋勳傳
猊座 猊狻猊也師子之屬西方王者所坐之座猶中國龍牀也西域記云君王朝坐彌復高廣珠璣間錯謂師子座也智論問云佛坐師子座爲佛化作爲實師子來爲金銀木石作師子答曰是号名師子非實師子也佛爲人中師子佛所坐處若牀若地皆

名師子座輟陟劣切止也玉燭爾雅云春爲青陽夏爲朱明秋爲白藏冬爲玄英四時和爲之玉燭郭璞云道光照金輪經云若王生在刹帝種紹灌頂位於十五日受齋戒時沐浴首身陶高臺殿臣僚輔翼東方忽有金輪寶現其輪千輻來應王所及與七寶並皆具足七寶者一輪寶二象寶三馬寶四珠寶五女寶六藏寶七兵寶也粤王伐切語辭也虎策見證道歌解虎錫龍盂見證

道歌降龍鉢武林杭之山名也秦漢始号虎林以其栖白虎也晉曰靈隱用飛來故事唐乃曰武林避諱也見子潛子武林山志呼猨靈隱之名由慧理至曰此吾西竺靈隱鷲峰也飛來隱於此地人未之信理曰彼山白猨呼之可驗因呼猨猨爲之出今寺之前有呼猨澗飛來峯故其山曰靈隱嘉遁嘉之言美也遁以道自藏晉支道林嘗遁藏吳中白馬澗之南有石庵存焉故人稱支公爲支遁又

建支硎寺於姑蘇郡土木兼麗二衆同處唐景龍改報恩今支硎山觀音院是也養驍見祖英休牛歸馬尚書武成曰武王伐殷乃偃武修文歸馬于華山之陽放牛于桃林之野示天下弗服說者曰山南曰陽桃林在華山東皆非長養牛馬之地欲使自生自死示天下不復乘用也輿人音歟衆也叢林梵語貧婆那此云叢林大論云僧伽秦言衆多比丘一處和合是名僧伽譬如大樹叢聚是名

爲林一一樹不名爲林如一一比丘不名爲僧諸比丘和合故名僧僧聚處得名叢林又大莊嚴論云如是衆僧者乃是勝智之叢林一切諸善行運集在其中又雜阿含二十五佛告阿難汝遶見彼青色叢林否唯然已見是處名曰優留曼荼山如來滅後百歲有商人子名優波掘多當作佛事教授師中最爲第一即四祖優波毱多梵音楚夏尔以祖師居之今禪庭稱叢林也黎庶上郎奚切下商署切衆也

柯亭 張騭高士傳曰蔡邕告呉人曰吾昔嘗經會稽高遷亭見屋東閒第十六竹椽可以爲笛取用果有異聲又伏滔長笛賦序云柯亭之觀以竹爲椽邕取爲笛奇聲獨絶

陶壁 晉陶侃少漁於雷澤網得一織梭掛於壁後因一日雷電忽化爲龍飛去

德風 論語君子之德風小人之德草草上之風必偃

名翼 管子管仲復於桓公曰無翼而飛者聲也謂出言門寐千里必應故曰無翼而飛又唐聖教序記云名無翼而長飛道無根而永固

啓顙 啓當作稽音啓下首拜也顙額也謂顙至地周禮太祝之官禮有九焉一稽首即久稽留停頭至地也二曰頓首謂平敵如諸侯相拜即以頭向下虛揺拜也三空首君荅臣下一拜即以頭至手四振動敬重之戰慄動變拜也五吉拜謂稽顙齊縗不杖以下吉者殺之凶拜也即先作稽首後作稽顙即額觸地六凶拜謂稽顙而後頓首三年服者也七奇拜謂稽首先屈一膝即今邪拜八褒拜謂報拜即再拜也或持節之拜九肅拜謂但俯首以手揖之今之揖讓是也吾西方之禮亦凡九焉一發言問訊二俯首示敬三舉首高揖四合掌平拱五屈膝六長跪七首肘據地八五輪著地九五體投地齊縗音咨催

摳衣 上恪侯切曲禮兩手摳衣去齊尺衣毋撥足毋蹶先生書策琴瑟在前坐而遷之戒勿越摳衣謂以手內舉令離地毋音無止之也

漪漣 上於離切下力延切風動水紋

灔澦 荊州記云灔澦如馬瞿塘莫下灔澦如象瞿塘莫上此言其險也瞿塘峽名灔澦石名也

江陵 西漢貨殖志蜀漢江陵千樹橘比其人與千戶侯等

承祧 禮記天子七廟三昭三穆與太祖之廟而七遠廟爲祧去祧爲壇去壇爲墠去墠爲鬼此皆言祭先祖遠近之差自祧已上皆爲毀廟墠音繕除也

法空座 法華云如來滅後欲爲四衆說是法華經者云何應說是善男子善女人

入如來室著如來衣坐如來座亦乃應爲四衆廣說斯經如來室者一切衆生大慈悲心是如來衣者柔和忍辱心是如來座者一切法空是安住是中然後以不懈怠心爲諸菩薩及四衆廣說是法華經

袖裏藏鋒 達觀録四藏鋒頌序云叢林舊有四藏鋒一曰就事藏鋒二曰就理藏鋒三曰入就藏鋒四曰出就藏鋒不知何人改就爲袖改理爲裏云云今禪家録用就字爲襟袖字用理字爲表裏字共所不疑也且如風穴録有四出就語一曰如何是密室中事出袖談今古回顏獨皺眉二曰九夏賞勞請師言薦出袖拂開龍洞雨泛杯波涌鉢囊花三擧南泉辭寒山遊石橋緣僧問師意旨如何出袖藏鋒能靈利毛睫無差渭石橋四勘僧云聲前來句後救僧應喏師云出袖藏鋒無定止汝遺經兩倒降旗此蓋後人不善其意妄以去就之就改爲襟袖之袖也今叢林中以袖裏藏鋒出袖拂開皆爲用中語舉口則棒拈已行豈容擬擬雖然苟欲詳其問答語脉則是何旨意古人之言豈虚發耶既學古人之建立安可忽諸且就事則全事就理則全理入就則事理俱出就則事理泯至於四料揀四賓主三句五位各有宗徒無自封執第以風穴四語詳之則厥旨可見達觀去臨濟七世去風穴四世乃直下正派頗得詳審以此校之則凡曰禪門語録袖裏皆宜改爲就理若謂法門時節不得以語言文字輙生情解者吾未如之何也矣

黃葉見雲門上止啼

孟常門下 常當作嘗齊國孟嘗君門下養三千賓客不計貴賤皆分上中下三等因夜食人蔽火明者客怒以飯不等輟食請辭君乃起自持已食飯比諸賓食皆無異客慙而自刎四方賢士多歸附之後因使秦秦人說秦王孟嘗君族賢可因之君乃使人投秦王愛姬得免秦王釋之歸齊得出奔馳夜半至函谷關秦法至雞鳴方開關有下客憑讙乃法雞鳴是時群雞

皆鳴君方出關秦王果悔令騎追之使至關追不及故脫秦昭王之難也**摘楊花**有僧辭趙州州拈拂子云有佛處不得住無佛處急走過三千里外逢人不得借舉僧云恁麼則不去也州云摘楊花摘楊花**口堪喫飯**雲門云口祇堪喫飯你道古人拈搥竪拂揚眉動目作麼生辦自代云潙山莖子江西別又云龍頭蛇尾**横説竪説**見雲門録之上**佛見法見**諸佛要集經文殊師

利住忍世界心自念言今日十方各恒沙等諸佛世尊悉來集會東方佛土天王佛所普明光宣佛要集法吾寧可往詣彼世界奉覲諸佛諮受經典於是報彌勒云可共俱往詣天王佛普光刹土彌勒答曰仁者欲往便可進路吾不行也所以者何道德巍巍不可攀諭身不能見亦不堪任覲形聞音文殊師利莫以色像觀諸如來佛者法身法身叵見無聞無養於是文殊師利飢虛於法而無厭倦獨已無侶佛神力

所制使彼衆會無一從者文殊師利如伸臂頃至天王佛所時天王佛心自念言文殊師利諸佛所嘆深奥忍辱行於空慧無能逮者今從忍界與心念來墮大顛倒極受吾我而有所趣當退立之鐵圍山頂於是天王如來告文殊曰來至於此欲何所觀文殊白言唯然世尊我在忍界心自念言諸佛興世甚難得值講説經典亦復難值欲見如來聽所説法故詣此佛土天王如來即如其像三昧正受而現神足移文

殊師利自然立於鐵圍山頂不自覺知爲誰所舉文殊復自今顯神足威神變化無極聖慧示其道力還於衆會即如其像三昧正受而現神足發意之頃越于東方恒河佛土不能舎遠彼佛世界如毫釐況入佛會未之有也**啞**正作啞音亞聲也**虚空爲鼓**須菩提言世尊記我聲聞人中無諍三昧㝡爲第一是三昧門我今已得我若入定正使有人具大神力以百億四天下爲一大鼓取須彌山爲一

大権於我定時令一大人住在我前執彼
大権撾撃大鼓無覺休癈乃至經劫如是
鼓聲尚不入耳何況亂心能令我出見寶積經
魯般縄墨 魯般古之般輸
子也心匠甚工而不獨善於縄墨之事按
唐段成式酉陽雑俎云今人每覩棟宇巧
麗必強謂魯般奇工至兩都寺中往往託
為魯般所造其不稽古如此據朝野僉載
云魯般者粛州燉煌人莫詳年代巧侔造
化於涼州造浮圖作木鳶毎撃楔三下乗

之以歸無何其妻有娠父母詰之妻叙其
故父後伺得鳶撃楔十餘乗之遂至呉會
呉人以為妖遂殺之般為木鳶遂得父屍
怨呉人殺其父於粛州城南作一仙人挙
手指東南呉地大旱三年卜曰般所為賫
物巨千數謝之般為断一手其日呉中大
雨國初工人尚祈禱其木仙鳶余専切贅為也
駟馬 論語棘成子曰君子質而
已矣何以文為子貢曰惜乎子之説君
子也駟不及舌文猶質也質猶文也虎豹

之鞟猶犬羊之鞟駟馬者鄭玄曰過言一
出駟馬追之不及鄧析曰一言而非駟馬
不追一言而急四馬不及
古人道了 語出雲門垂代
開門待知識 龐居士詩有人嫌龐老龐老不嫌它開
門待知識知識不來過心如具三學塵
識不相知一丸療萬病不假薬方多
雲門道底 雲門一日云宗門作麼生
挙令自代云吽
寸草不生 仰山示衆我若全挙宗乗法堂上草深一丈我

若東道西説三門下寸草不生
歩歩道場 維摩結經云光嚴童子白佛言
憶念我昔出毗耶離大城我即為作禮而
問言居士從何所來答我言吾從道場來
我問道場者何所是答曰直心是道場無
虚假故乃至善男子菩薩若應諸波羅蜜
教化衆生諸有所作挙足下足
當知皆從道場來住於佛法矣
黄巣 黄巣為盗
實開山和上蓋俗流妄傳不足考信也按
唐書傳巣曹州寃句人本以販鹽為事乾

符中仍歳凶荒人飢爲盗河南尤甚巣與弟黄揆昆仲八人率盗數千依里人尚讓
月餘衆至數萬讓乃與群盗推巣爲王曰衝天大將軍仍署官屬藩鎮不能制以至
於竊據京師燔掠宮廟天子爲之奔走國号稱齊年稱金統朝廷以李克用率官軍
討之中和四年五月大敗之賊散兖鄆界巣入泰山官軍遣將捕之至狼虎谷巣將
林言斬巣及二弟鄴揆等七人首并妻子函送徐州今禪門應問機縁亦一期指示

學者以意逆志爲得之矣然祖塔非黄巣明矣**賞不避仇讎**西漢東方
朔傳臣聞聖主爲政賞不避仇讎誅不擇骨肉**摩騰不燒**見風穴**韓**
愈端立韓愈生於唐代宗之朝終於穆宗世去莊宗同光之時已一百餘載
考諸傳録亦恐此縁誤矣**帝令**當作王令**欥**書無此字正作啚以絽切亦作
詔詩曰或歟或啚**清秘**當作清銚見傳燈録**揭石**大涅槃經云佛言我

欲涅槃始初發足向拘尸那城五百力士於其中路平治掃灑中有一石衆欲舉棄
盡力不能我時憐愍即起慈心彼諸力士尋即見我以足拇指舉此大石擲棄虛空
還以手接安置右掌吹令碎末復還合聚令彼力士貢高心息即爲略說種種法要
吹布毛抗州招賢寺會通唐德宗時嘗爲六宮使憂乞爲僧帝從其願禮鳥
窠道林禪師落髮通一日欲辭去師曰汝今何往曰會通爲法出家以和上不垂慈

誨今往諸方學佛法去師曰若是佛法吾此閒亦有少許曰如何是和上佛法師於
身上拈起布毛吹之會通遂領悟玄旨時謂布毛侍者秦望山有長松枝葉繁茂盤
屈如蓋林棲止其上故人謂之鳥窠和上**白頭因**因事立號叢林素有之因
以少年頭白故得是名如騙頭副赤頭璨鑁頭通安鐵胡覺鐵觜劉鐵磨清八路米
七師忽雷澄踢天太鑒多口不語通黒令初明半面一宿覺祈牀會岑大蟲獨眼龍

烓師叔周金剛簡浙客陳蒲鞋泰布衲備頭陀大禪佛王老師劉陽叟皆禪林之白眉聞其名者莫不慕其所以為道也**摛辭**上丑知切舒布也**洪規**洪大也下居隨切字統云丈夫識用必合規矩故從夫也**淘汰**上徒刀切擇也下它蓋切過也**竺土**華梵兼舉也竺是梵語土是華言西域記云梵語天竺此云月謂佛日既沒諸聖法教如月也五天竺國亦名五印土周九萬餘里三垂大海北背

雪山北廣南狹形如半月盡野區分七十餘國**大僊**般若論云聲聞菩薩亦名仙佛於中㝡尊上故已有一切波羅蜜多功德善根彼岸故名大僊漢明帝問摩騰法師佛道中亦有仙号不曰仙者並修梵行多諸技術是以為世所尚佛初成道時坐於菩提樹下世人未識是佛光明顯照咸言摩訶大仙生未曾有也舍利弗目連等坐臥空中神化自在各相謂言此是大仙弟子也佛以隨機應顯仙号生焉**山**

河爾爾當作固蓋見它本**列刹**應法師云浮圖名刹訛也應云刺瑟致刺力割切此云竿人以柱代之名為刹柱以安佛骨以西國竿頭安舍利故即幡刹竿也長阿含經云若沙門於此法中勤苦得一法者便當竪幡告四遠今有少欲知足之人居此**天石麟**徐陵字孝穆母臧氏嘗夢五色雲化為鳳集左肩上已而誕陵年數歲家人攜以候沙門寶誌誌摩其頂曰天上石麒麟也光宅寺慧雲法師

每嗟其早就為之顏回陵官至光祿大夫太子少傅年七十七卒陵少而崇信釋教經論多所釋解陳後主在東宮令陵講大品經義學名僧自遠雲集每講筵商較四坐莫能與抗目有青精時人以為聰慧之相見南史**澄徹**當作澄澈**義龍**陳高僧慧榮講學縱橫時号義龍榮聞智者顗師講法故來設問數番徵覈莫非深隱輕誕自矜揚眉舞扇扇便墮地顗應對事理煥然清顯謂榮曰禪定之力不可難

也時沙門法䘖撫衆背曰從來義龍今成伏鹿羸既墮地何以遮羞榮曰輕敵失勢未可歎也 **律虎** 釋法頴落髮披緇周行講席後乃仰蹤波離霜情啓且孤映群篇復歷談對衆皆杜辭時以其彭亨笮敵故号律虎右見續高僧傳 **鼇峰** 海山三峯九鼇負之祖英十二鼇詳矣 **寶凡** 當作寳几 **花巾** 楞嚴云即時如來於師子坐整涅槃僧斂僧伽梨攬七寳几引手於几取劫波羅天所奉花巾於大

衆前綰成一結示阿難言此名何等阿難大衆俱白佛言此名為結如是倫次綰疊花巾總成六結 **話月** 玄沙示衆云吾有正法眼付囑大迦葉我道猶如話月曹溪竪拂子還如指月所以道大唐國内宗乗中事未曾有一人擧唱設有人擧唱大地人失却性命如無孔鐵鎚相似一時亡鋒結舌去 **乳竇** 四明圖經云兩峯如乳相對為竇瀑水飛流如雪亦云雪竇竇鑿垣為空曰竇 **祖佛怨** 怨當作究

於袞切屈也怨於顛切恚也非義 **三指七馬** 莊子以指喻指之非指不若以非指喻指之非指也以馬喻馬之非馬不若以非馬喻馬之非馬也天地一指也萬物一馬也○上下彼此是非之對也三指七馬不可偶也夢身之眞理在斯焉 **三川** 荆州為秦川河南為洛川益為蜀川 **指鹿** 秦趙高欲為亂群臣不聽乃先設驗以蕭為脯以鹿為馬獻於二世群臣言蒲言鹿者皆陰誅之矣 **安巖**

照 照當作昫即大梅保福昫禪師正字避諱 **蹴踏** 上子六切下徒闔切蹴亦踏也維摩云龍象蹴踏非驢所堪 **憤悱** 上扶粉切怨也下孚匪切欲有所問而未能宣也 **品藻** 西漢注品其差次以藻飾文質 **飲光** 梵云迦葉波此言飲光姓也或云身光殊特能飲諸天及日月等光皆悉不見故曰飲光 **龍昌** 即雲居舊寺名也今山中有龍昌亭乃追舊蹟也乃指法眼下道齊禪師安巘昫嗣

雲居齊月也 **迅雷揜耳** 炎威赫耀童子不能正目迅雷奮擊懦夫不及揜耳

見正理論

雪竇拈古

稱謂 上昌孕切漢書注云凡一物知其名日識其所宜皆曰稱謂也 **遽** 其據切急也卒也 **抵** 都禮切止也 **不請之友** 華嚴二十云當要先

令一切衆生得無上菩提無餘涅槃然後成佛何以故非衆生請我發心我自爲衆生作不請之友 **列濬** 私閏切深也 **來哲** 如選注云非我能又以待將來之智者矣 **某甲** 某如甘在木上指其實也然猶未足以定其名甲次第之言亦猶某甲某乙也 **舩舷** 音賢舩邊也 **閫外** 馮唐曰上古王者遣將也跪而推轂曰閫以內者寡人制之閫以外者將軍制之韋昭曰此郭門之閫門中橛曰閫

當斷不斷 黃石公曰當斷不斷反受其亂 **百丈再參** 百丈一日隨馬祖出田行次見群鴈祖從中過鴈驚開丈在後過鴈不驚丈遂問師從群鴈中過爲甚却驚又懷海過爲甚不驚祖曰吾有殺心汝無殺心又行見水鴨子指問是甚麼丈云水鴨子祖良久曰甚處去也丈曰飛過那邊去也祖近前把丈鼻搊丈失聲叫阿㖿祖曰又道飛過那邊去元來只在者裏便拓開丈直得浹背汗流於此有

省明日祖上堂衆才集丈出捲却拜席祖歸方丈丈侍立祖却問我適來上堂未曾爲衆說法你爲甚捲却席子丈白懷海今日鼻頭猶痛在祖曰汝昨日去甚處來丈曰今日鼻孔不痛也祖曰汝深明昨日事丈禮謝後再參馬祖云云見宗派録 **刀刀魚魯** 古語云筆久厭勞書刀成刀事歷終古寫魚爲魯 **參差** 上楚簪切下楚宜切不齊等也 **瞞** 當作謾欺也餘倣此 **禦木** 上音語蝕也 **大**

冶羊者切炉冶冶鎖也發都鄧切理能伏豹伏豹當作伏御於教
切根戾也見遠淨山錄劈滂擊切破也瞪目文證切直視貌林際
當作臨濟沇名也師名義玄曹州南華人
姓邢氏髫年出家弱冠受具早慕宗門首
參黃檗堂中第一座諭令往問佛法的的
大意檗打之凡三進丈室被六十棒因欲
辭去第一座留之且謂檗曰義玄雖後生
似堪法器檗曰我知此子譬如巨木在野

當爲天下陰涼師方取別檗曰汝宜往高
安灘頭見大愚必爲汝明此事大愚見師
來問其所以即舉前話因而問曰義玄凡
三度被打未審有甚麽過愚曰黃檗與麽
老婆爲汝得徹困更問有過無過師於言
下知歸失聲曰元來黃檗佛法無多子愚
把住曰者尿牀鬼見箇甚麽便與麽道師
於大愚脇下築三拳愚托開曰汝師黃檗
非干我也師却回黃檗見便問來來去去
有甚了期師曰只爲老婆心切便禮拜方

起檗問曰汝甚麽處去來師遂舉見大愚
之緣檗曰如何得大愚老多口漢來師曰
要見伊作甚麽檗曰待伊來痛與一頓師
曰說甚麽待來即今便與遂打黃檗一掌
檗曰風漢却來者裏捋虎須師便喝檗云
參堂去師後因還鄉徇趙人之請居鎮府
城南之臨濟禪苑臨終上堂曰吾滅後不
得滅吾正法眼藏時三聖爲院主乃曰爭
敢滅却師曰已後有人問你向伊道甚麽
院主便喝師曰誰知吾正法眼藏向者瞎

驢邊滅言訖坐以示化即唐懿宗咸通七年四月十日也不拜彌勒高揖
釋迦不拜彌勒乃禪家絕聖凡之語然不
拜之緣亦有所出按三藏傳云秣底補羅
國城南四五里小伽藍即德光論師於此
作辯眞等論凡百餘部論師是鉢伐多國
人本習大乘後退學小乘時天軍阿羅漢
往來覩史多天德光願見慈氏決諸疑滯
請天軍以神力接上天宮既見慈氏揖而
不禮言我今出家具戒慈氏處天同俗禮

敬非宜如是往來三返皆不致禮既我慢自高疑亦不決其語雖同意與此異趕正作扞古旱切捍之也趕書無此字

茗蔕 茗音條草也蔕正作帚止酉切

割城 見祖英連城壁

擧無業 此節乃錄者之不工當云擧僧問無業如何是佛云莫妄想師云塞却鼻孔又擧僧問馬祖如何是佛云即心是佛師云拄却舌頭○無業嗣馬祖謚大達國師

以已妨人 妨當作方方比也論語子貢方人子曰賜也賢乎哉夫我則不暇此孔子鄙子貢之比方人也

籖 籖當作鑯七廉切割也

只三人 禪是大溈詩是朴大唐天子只三人見周朴解王梟語小說

娓啚 當作貴圖

圓相 圓相之作始於南陽國師付授侍者耽源源承讖記傳于仰山今遂目為溈仰家風明州五峯良和上嘗製四十則明教子潛子為之序稱道其美良云圓相總六名一圓相二義海三暗機四字學五意語六默論又為溈仰宗派云耽源謂仰山曰國師傳六代祖師圓相九十七箇授與老僧國師臨示滅復謂曰吾滅後三十年南方有一沙彌到來大興此道次第傳授無令斷絕吾詳此讖事在汝躬我今付汝汝當奉持仰山既得遂以火燔之源一日又謂仰山曰向所傳諸圓相宜深秘之山曰已燒却了也源曰此乃諸祖相傳至此何為燒却山曰慧寂一覽以知其意但然用得不可執本也源曰於子即得來者如何仰曰和上若要重錄一本山乃重錄呈似一無差失耽源一日上堂仰出衆作此○相以手托作呈勢却叉手立源以兩手交作拳示之仰進前三步作女人拜源點頭仰便禮拜此乃圓相所自出也因錄以示後學云

學唐步 按莊子注壽陵燕之邑邯鄲趙之都弱齡未壯謂之餘子猶孺子也趙都之地其俗能行故燕國少年來學步既乖本性未得趙國之能舍己效人失壽陵之故是以用手踞地匍匐而還也堊實

云者僧不是邯鄲人爲甚學唐步此語甚非事亦倒置乃燕人學步於邯鄲非邯鄲學步於燕也據莊子燕學趙步此云唐步此蓋誤用風穴羅越學唐步之語也

一簣 正作蕢求位切土籠也尚書旅獒不矜細行終累大德爲山九仞功虧一蕢

擡搦 上音臺舉也下尼角切又粗格切持也

奩公 奩當作豁嚗頭名全豁禪錄有奩上座乃臨濟嗣子非嚗頭也

不得封侯 西漢李廣傳廣不得爵邑官不過九卿廣之軍吏及士卒或取封侯廣與望氣王朔語曰自征匈奴廣未嘗不在其中而諸部校尉而下材能不及中以軍功取侯者數十人廣不爲後人然終無尺寸功得封邑者何也豈吾相不當侯耶朔曰將軍自念豈嘗有恨者乎廣曰吾爲隴西守羌嘗反吾誘降者八百餘人詐而同日殺之至今恨獨此耳朔曰禍莫大於殺已降此乃將軍不得侯者也

幞頭 房玉切帊也周武帝所製幞巾出四脚以幞頭乃名焉或作蒲沃切誤也

切蹉 當作瑳倉何切玉色鮮白也詩如切如瑳蹉蹉跌非義

遠害 音援離也

將軍致 致當作置置立也致至也非義且致致得倣此

觸候 當作觸忤忤逆也候歟也非義

伊蘭 觀佛三昧經云伊蘭臭樹與栴檀同生然馨香各別臭熏四十里猶如死屍其花紅樹何愛樂聞臭而死甚可惡也

拕 徒可切引拽也

喏 音惹敬辭當作喏應聲也

大

禪佛 禪宗有二大禪佛一名景通嗣仰山一名智通嗣歸宗常

摑 砂獲切掃著也

禪伯 伯尊稱也如侯伯之伯又晉有八伯以擬八俊禪伯亦猶能詩者標詩伯杜工部所謂才大今詩伯

憚 徒按切難也

龜鑑 龜所以決疑鑑所以辨物

敦趒 音孛朓排越也

撓 當从木作橈如招切

墼子 古歷切土墼也

醒醒 當作惺惺音星惺了慧也醒醉解非義

示衆云 俱胝和上

第十六板十二行中脫四字　**寶應老**　當作南院老　**鼯鼠**　音吾鼠名狀如小狐以蝙蝠肉翅亦謂之飛生

明窻下　佛日離雲居到夾山問答次山云與甚麼人同行日云木上座山云何不來看老僧日云和上看它有分山云在甚處日便作卓柱勢山云莫從天台得麼日云非五嶽之所生山云莫從須彌得麼日云月宮亦不遇山云莫從人得麼日云自己尚似生冤家豈況從人得山曰冷灰裏一粒豆爆山却云待者喚維那明窻下安排

鎌　音廉釋名曰廉也薄其所刈似廉也亦作鎌

龍門　龍門以魚為喻也龍門河水所下之口在今絳州龍門縣龍門水險不通魚鱉之屬莫能上江海大魚集龍門下者數千不得上上即為龍今士有被其容接者名為登龍門事見東漢李膺傳

一句合頭語　按雲門垂代古人道一句合頭語萬劫繫驢橛作麼明得免此過古人謂船子也船子問夾山你何處學得來山曰非耳目之所到船子笑曰一句合頭語萬劫繫驢橛今雪竇云忽若雲門道一句合頭語此船子語非雲門也

耳𨹧　丁果切小崖也或止作朶

連架打　架嘗作枷音加拂也說文擊禾連枷如僧問普化明暗俱來時如何曰連枷打拂音弗方言曰連枷打穀者也

雪竇頌古

夥　音禍方言凡物盛而多齊宋之郊謂之夥

燀赫　上齒善切然也春秋傳燀之以薪杜詩燀赫舊家聲

繇　音由

翕然　許汲切動也又盛也

魯變　論語子曰齊一變至於魯魯一變至於道說者曰齊魯有太公周公之餘化太公大賢周公聖人今政教雖衰若有明君興之齊可使如魯魯可使如大道行之時

洋洋　音羊論語洋洋乎盈耳哉

勝　音升

徇　辭閏切從也

朕　當作眹直引切吉凶

之兆日朕鬈鬑上非兩切下敷勿切鬈鬑似皃先覺孟子以先覺覺後覺
啓發論語不憤不啓不悱不發瞬音舜目動也昌期言昌盛之會也
〔走廷〕徒鼎切出也粹雖遂切純也恢苦回切張大也垂裕羊戍切道
也俾夫并弭切使也窒陟栗切塞也涅奴計切滯陷不通也能
事能獸也有熊力善緣木故今善其事曰能揭渠列切高舉也澆季上古

堯切薄也澆季言澆薄之末世循循論語夫子循循然善誘人循循次序皃言
夫子正以此道勸進人有次序繕録上時戰切抄也又治故造新也攝提
格歲名太歲建寅曰攝提格月仲壯爾雅八月為壯郭璞云月之別名歲
陽至此其事義皆所未詳哉生魄哉音載始也始生魄月十六明消而魄生
歲攝提格月仲壯哉生魄即寅年八月十六日朕直稔切我也秦始二十六年始

為天子之稱陛下應劭曰陛者陛堂之陛王者必有執兵陳於階陛之側群
臣以至尊言不敢指斥故呼在陛下者而告之因卑以達尊之意也若今稱殿下閣
下侍者執事皆此類蓋國蓋正作盍胡臘切按集韻通作蓋亦胡臘切今衆中
作居太切呼之乃訟襲之訛若音丐訓苦也又疑辭也且國何疑之有如雪竇本錄
凡四用盍國或有從門從盍者亦胡臘切如西漢顏師古解闔郡義曰闔閉也總一

郡之中故曰闔郡以此證之後何疑耶按南史寶誌與達摩固非同時傳云誌公生
宋太始初滅於梁天監十三年誌滅十二年達摩始來茲土達摩實大通元年九月
二十一日至廣州寶林諸書皆云普通八年祖源云史書普通但至七年皇祐長曆
甲子推則有八年今檢南史有八年其年三月甲戌改大通達摩九月至以達摩至
時已無八年也又云廣州太守蕭昂奏聞昂蕭梁宗室本傳不見守是州傳載二年

日勵日勅聳作廣州刺史昂嘗徵為琅琊
彭城二郡太守皆疑其傳寫之誤補乎傳
燈楊大年失於讎校遂使後之謬傳它宗
疑㝵傳燈序云校歲曆以𨒒殊約史籍而
差謬咸用删去徒見其言矣正宗記又云
達摩實普通元年庚子九月二十二日東
來前録國本者既是非不嫌今不敢輒削
去存其缺疑也嗚呼祖師事蹟所出不同
亦若世尊出生示滅年月西竺梵本率多
差異亦未免後人之疑覽是傳之異事蹟

之差使後人疑謗者此作傳
者之謬豈聖人之意乎愚之**這裏**這當作者指事
之辭也這三蒼詁訓云古文同適字之石
切又篇韻誕彥二音唯禪録作之也切皆
沿襲所致**枯木龍吟**僧問香嚴如何是道嚴云枯木裏龍吟學云不會嚴
云髑髏裏眼睛又問石霜如何是髑髏裏
眼睛霜云猶帶識在如何是枯木裏龍吟
霜云猶帶喜在僧又問曹山山有頌云枯
木龍吟真見道髑髏識盡眼初明喜識盡

時消息盡當人那辨濁中清僧又問如何
是枯木裏龍吟山云血脉不斷如何是髑
髏裏眼睛山云乾盡**著語**知略切置也**挾複**上胡頰切持也下當作幞
房玉切帊也複音福重也非義**飛騎**見祖英本將軍**虜庭**上郎古切匈奴
號也**茸茸**如容切草生皃**舜若多**此云主空神楞嚴云舜若多神無身
覺觸**鷓鴣**上之夜切下音姑形似雉生江南**戽**荒故切戽斗舀水器**白**

珪詩抑篇白圭之玷尚可磨也斯言之玷不可為也說者曰玷缺也王之缺尚可
磨鑢言不可斂也鑢音慮錯也**礔**普擊切破也**爍迦羅**此云金剛又云
堅固**掠虛**上音略奪取也**二瞎漢**廣燈寶應省念和上上堂諸上座不
得盲喝亂喝者裏尋常向汝道賓即始終
賓主即始終主賓無二賓主無二主賓若
有二賓二主即是兩箇瞎漢**匡徒**上去王切正也**寰海**上戶關切王者

畿内縣即寰中海内

大中天子 大中即唐宣宗年号宣宗潛龍時爲沙彌
與黃蘗同在鹽官帝一日見黃蘗禮拜次
問曰不著佛求不著法求不著衆求用禮
何爲蘗云當禮如是事帝曰用禮何爲蘗
便打帝曰大麤生蘗又打○宋僧傳云唐
宣宗本憲宗第十三子穆宗異母弟也武
宗常憚忌之沈之于宮厠官者仇公武潛
施拯護俾髡髪爲僧縱之而逸周遊天下
險阻備嘗因緣出授江陵少尹實惡其在
朝尓武宗崩左神策軍中尉楊公諷宰臣
百官迎而立之尋居鹽官安禪師會中安
一日預戒知事曰當有異人至此禁雜言
止橫事恐累佛法明日行腳僧數人參禮
安默識之遂令維那高位安置禮殊它等
安毎接談話益知貴氣乃曰貧道謬爲海
衆圍繞患齋不供就上座求一供疏帝爲
操翰攄辭安覽之驚悚知供養僧責去所
獲豐厚殆異常度乃語帝曰時至矣無滯
泥蟠囑以佛法後事帝至泊鹽官示寂帝
有詩悼云像季何教禍所鍾釋門光彩喪
驪龍香階嬾踏初生草抵掌悲看舊日客
王柄來離三教座金鳴長鎮萬年蹤
知師下界因緣盡應上諸天第幾重

展事

投機 洞山宗教大師守初嗣雲門上堂云教家道法法當體不昧還實巳否若
實遜指露柱曰且作麼生會若有會底出
來對衆道看若也相委悉即不得孤負達
磨時有僧問列祖陞堂人天堅請不昧宗
乘乞師舉唱師云頭顱聾耳揚魁僧云恁
麼則一句流通人天聳耳師云墨黟欄衫
日裏曬問師唱誰家曲宗風嗣阿誰師云
重言不當吃如何是佛師云麻三斤如何
是古佛心師云巢知風穴知雨師乃曰言
無展事語不投機承言者喪滯句者迷於
此四句語見得分明也作得箇脱灑衲僧
根椽片瓦粥飯因緣堪爲人天善
知識於此不明終成莽鹵見廣錄

華蔟 開福德賢和上僧問如何是古佛心師云蔟華蔟錦賢嗣洞山

南地竹 隨州

師寛和上聞洞山荅佛話麻三斤乃云向南有竹向北有木

陸大夫

唐陸亘字景山吳郡人官至宣歙觀察使加御史大夫初問南泉曰古人缾中養一鵝鵝漸長大出缾不得如今不得損缾不得毀鵝和上如何出得南泉召曰大夫亘應喏泉云出也亘從此解悟旣南泉示寂院主問曰大夫何不哭先師亘曰院主道得即哭主無語長慶代云合笑不合哭雪竇別云蒼天蒼天南嶽福嚴雅和上嘗頌麻三斤云五彩畫牛頭黃金爲點額春晴二月天農人皆取則寒食賀新正鐵鑊三五百雅即洞山之高第嘗以此頌呈之洞山深相肯可後之說者勿生異見

提婆宗

提婆大士南天竺國人姓毗舍羅長者之子天性才辯喜修福業會龍猛大士投針契合旣現月相最先穎悟遂傳正法眼藏爲高足弟子龍猛曰吾衰邁矣朗耀慧日其在子乎提婆避席禮足曰某雖不敏敢承慈誨提婆宗或者謂外道宗矣立幡提婆正禪宗第十五祖無別提婆也西域記付法藏傳寶林諸書載之甚詳並不書外道事如十三祖先爲外道大有幻術傳亦直書無隱西域謂東有馬鳴西有龍猛南有提婆北有童壽號爲四日能照衆生感情然提婆伏諸外道其緣頗多其始謂龍猛曰我今欲摧邪見山然正法炬龍猛曰尔非其儔吾今得矣曰大師立外道義而我隨文破析詳其優劣然後圖行龍猛乃扶立外義提婆隨破其理七日之後龍猛失宗已而歎曰謬詞易失邪法難扶尔其行矣遂往波吒釐城破不擊揵搥緣二破諸外道以殑伽河爲福水緣三破婆羅門循名責實反質窮辭緣四鑒大自在天神眼緣五執長幡緣六立三寶義破諸外道化令出家緣七與嗢呾羅阿羅漢論義緣嗢呾羅此云上與之論義七返辭屈杜口不酬竊運通力往覩史請問慈氏慈氏告曰彼提婆者曠劫修行賢劫中當紹佛位非尔所知由是名振五天外道輩皆

目為提婆宗者所謂吾正宗也

老新開　岳州巴陵新開顥鑒禪師嗣雲門時謂鑒多口凡遇雲門諱日皆不營供養人問其故曰吾嘗對語有三語足以報先師恩德三語者僧問如何是道云明眼人落井祖意教意是同是別云雞寒上樹鴨寒下水如何是提婆宗云銀椀裏盛雪叢林有語云巴陵平生三轉語

九十六箇　九十六種外道始于六師每師出十五種類六師者一富蘭那迦葉二末伽黎倶舎利子三删闍耶毗羅胝子四阿耆多翅舎欽婆羅五迦羅鳩陀迦旃延六尼犍陀若提子

赤幡　提婆大士初得法已至巴連弗城聞諸外道欲障佛法計之既久大士乃執長幡入彼衆中其幡八尺竿長丈二於彼而立更不移歩外道曰汝何不前曰汝何不後外道曰汝似賤者曰汝似良人外道曰汝解何法曰汝百不解外道曰我欲得佛曰我灼然得外道曰汝不合得曰元道我得汝實不得外道曰汝既不得云何言得曰汝有我故所以不得我無我故自當得佛彼既辭屈乃問曰汝名何等曰我名提婆外道素聞其名乃悔過致謝梵云提婆此言天

楔　先結切木楔也

閻浮　此云勝金

拗　於絞切

決　正从水作決

八萬四千　衆生具有八萬四千塵勞煩惱故佛欲斷之設八萬四千法門折伏對治智度論云般若波羅蜜能除八萬四千病根本此八萬四千皆從四病起一貪二嗔三癡四三毒等分四病各分二萬一千以不浄觀除貪欲二萬一千煩惱以慈悲觀除嗔恚二萬一千煩惱以因縁觀除愚癡二萬一千煩惱總用上藥除等分病二萬一千煩惱譬如寶珠能除黒闇般若波羅蜜亦能除三毒煩惱

鳳毛　宋謝鳳靈運之子鳳之子超宗隨父至嶺南元嘉末得還與慧休道人來往好學有文辭盛得名譽選補新安王子鸞國常侍王母卒超宗作誄奏之帝大嗟賞謂謝莊曰超宗殊有鳳毛靈

蓮復出右衛將軍劉道隆在御座出候超宗曰聞君有異物可見乎超宗曰懸磬之室復有異物耶道隆武人無識正觸其父名曰且侍宴至尊說君有鳳毛超宗徒跣還內道隆謂檢覓鳳毛至闇待不得逦去

虎穴 班超字仲外彪之子固之弟永平中以軍功以超爲假司馬與從事郭恂俱使西域超到鄯善鄯善王廣奉超禮敬甚備後忽更疎懈超謂其官屬曰寧覺廣禮意薄乎此必有北虜使來狐疑未知所從故也明者睹未萌況已著耶乃召侍胡詐之曰匈奴使來數日今安在乎侍胡惶恐具服其狀超乃閉侍胡悉會其吏士三十六人與共飲酒酣因激怒之曰卿曹與我俱在絕域欲立大功以求富貴今虜使到裁數日而王廣禮敬即廢如令鄯善取吾屬送匈奴骸骨長爲豺狼食矣爲之柰何官屬皆曰今在危亡之地死生從司馬超曰不入虎穴不得虎子當今之計獨有因夜以火攻虜使彼不知我多少必大震怖可殄盡也滅此虜則鄯善破膽功成事立矣

貶剝 上方撿切退也下北角切削也

猶在殼 香嚴和上獨腳頌云子啐母啄子覺無殼母子俱亡應緣不錯同道唱和妙玄獨腳

名邈 上與諸同彌正切目諸物也下當作皃墨角切容也邈遠也非義

角䭾 徒箇切負重也謂驢馬負物也當从大作馱馱徒河切騎也非義

紫胡 本作子湖巖名也在衢州

劉鐵磨 尼也時流目爲劉鐵磨參衢州子湖巖利蹤和上師寺見便問莫是劉鐵磨否云不敢師云左轉右轉云和上莫顛倒師便打

肅宗 按傳燈南陽國師以涅槃時至乃辭代宗而有造塔之緣今言肅宗者誤矣國師後肅宗一十三年方歸寂代宗即肅宗之長子也

相之南 相去聲呼謂色相也譚徒南切當作談也或作湘之南潭之北其說鑿矣嘗讀遠浮山九帶向云相之南談之北亦誤乃是牛頭南馬頭北然遠老匠也深達宗旨

後世學者宜審思之接育龜見雲門録育龜勦子小切絶也孤疑
孤之性不果於進者也故曰孤疑攛七丸切擲也孫公長慶慧稜禪師
杭州鹽官人姓孫氏隷業蘇州開元寺ム歷參禪肆後見雪峯疑情冰釋同參皷山
常呼爲孫公蓮華峯廬山蓮華峯祥菴主嗣奉仙道琛即雲門之孫
師臨示寂舉拄杖示衆汝道古佛到者裏爲甚麼不肯住衆無對自曰爲他途路不

得力後日作麼生得力去乃擲拄杖肩上曰柳標橫擔不顧人直入千峯萬峯去便告寂
若備此緣方明頌意天馬駒天馬駒指馬大師也師諱道一漢州什邡人姓
馬氏以祖師遺讖云向後出一馬駒子踏殺天下人去在以師適當其讖人皆呼爲
馬祖天馬乃千里駒也漢書西域傳云大宛國有高山其上有馬不可得因取五色母馬
置其下與集生駒皆汗血因号天馬子馬二歲曰駒宛平聲呼撩虎須孔子

見盜跖退而曰丘所謂無病而自灸也疾走料虎頭編虎鬚幾不免虎口哉見莊子
盜跖篇料音聊攸以周切所也鏃作木切箭鏃也百丈百丈涅槃迺潙
山之嗣子即海政之姪孫然海政同嗣馬祖祖之下有二百丈故傳燈呼南泉爲師
伯者即涅槃之百丈也今反收此緣於政百丈錄中誤矣大煞與殺同所戒切
猛也劫火洞然劫火洞然大千俱壞須彌巨海磨滅無餘見仁王般若經

麻浴浴當作谷音欲水注溪曰谷言所居也十二門錫杖經云是杖有三
鬲重則念三塗則修戒定慧等故立三鬲復有四鈷者用斷四生念四諦修四等入
四禪故立四楞通中高五用斷五道回轉修五根具五力故地十二環者用念十二
因緣通達無导修行十二門禪念心無恚三重四楞合數成七以念如來七覺意法
禪八用念八道得八解脫故用八也好求上虛到切愛也巨靈見後録

珊珊蘇干切選珠聲珊珊駝當作馱唐何切馱馬負物棬攣棬當作圈
去爰切屈木也下呂負切右聽當作聆音箟切顧聆也聽音汀非義寒山
子詩云欲得安身處寒山可長保微風吹幽松近聽聲逾好下有班白人喃喃讀
黃老十年歸不得志却來時道前三三延一廣清涼傳曰釋無著姓董氏永
嘉人年十二依本州龍泉寺猗律師出家
誦大乘經數十萬偈唐天寶八年以業優

得度二十一歲首習毗尼因詣金陵牛頭
山忠禪師參受心要忠謂師曰衆生與佛
元無別心如雲翳若除虛空本淨無著言
下頓開法眼後大曆三年夏五月至臺山
嶺下時日將暮倏見寺宇鮮華絕世因扣
扉請入有童子胸胝啓扃出應無著請童
子入白欲以寓宿童子得報延無著入僧
問師自何方來著具對又曰彼方佛法如
何荅曰時逢像季隨分戒律僧問衆有幾
何荅或三百或五百著曰此處佛法如何

荅曰龍蛇混雜凡聖同居又問衆有幾何
荅曰前三三後三三著良久無對僧曰解
否荅曰不解曰既不解速須引去童子送
客出門著曰此寺何名曰清涼寺童子曰
向所問前三三後三三師解否曰不解童
子曰金剛背後汝可觀之師乃回首其寺
即隱著愴然久之乃有偈云廓周沙界聖
伽藍滿目文殊接話談言下不知開佛印
回頭只見舊山巖芙蕖音扶渠荷蕖也羸當从羊作羸力為切瘦也

哇步辨正在風穴錄三玄臨濟家有三玄三要謂體中玄玄中玄句中玄
以接學者楚王城即郢州也江陵記曰楚文王始自舟陽徙都於郢今州北
南嶽是也瞞頇音謾寒大面貌藥忌猶語言也正偏洞山五位一正
中偏二偏中正三正中來四兼中至五兼中到韓獹見雲門錄韓猜禾山
寶藏論云夫學者有三其一謂之眞其二謂之鄰其三謂之聞習學謂之聞絕學謂

之鄰過此二者謂之眞○本行二過字說者曰如人鬥它方之事但信而不親覩即聞也不徇生死不依涅槃則絕學謂之鄰鄰近也了生死涅槃二際平等不取不捨過前二者名爲無上正眞之道

搥石 雲門所謂雪峰輥毬歸宗搥石

般土 袁州善道木平和上凡有新到未容參禮先令般土三擔示與頌曰東山路側西山低新到莫辭三擔涅嗟汝在途經日久明明向道却成迷

輥毬 見祖英下

莽鹵 上莫補切下郎古切不分明皃

編辟 辟當作逼迫也

挨 乙諧切推也又背負也

下載 趙州有語向北人來與他上載向南人來與它下載

入流 楞嚴觀音圓通從聞思修入三摩地初於聞中入流忘所所入旣寂動靜二相了然不生

霶霈 上薄郎切下鋪蓋切霶霈大雨皃

成風 當作承風

獨眼龍 即婺州明招德謙禪師受羅山印記不滯一隅擊揚玄旨人皆畏其敏捷鮮敢當鋒以失左目遂號獨眼龍

鬣 良涉切須鬣也

無視 寒山子詩困九維徒自論有才遺草澤無藝閉蓬門日上巖猶闇烟消谷裏昏其中長者子箇箇揔無視

略彴 釋名曰橋木梁也又廣志曰獨木之橋曰榷亦曰彴謂水上橫一木爲渡也榷音角

灌溪 志閑禪師僧問久嚮灌溪到來只見箇漚麻池師云汝只識漚麻池且不識灌溪僧云如何是灌溪師云劈箭急玄沙聞云更參三十年未會禪漚於猴切久漬也

扭 女久切手轉皃

弔 多嘯切問凶也

靈骨 石霜問道吾和上一片骨敲著似銅鳴向甚麼處去吾喚侍者侍者應喏吾云驢年去師唐太和九年九月示疾十一日將行謂衆曰吾當西邁理無東移言訖告寂闍維得靈骨數片建塔于石霜山之陽又宋僧傳云得不灰之骨數片頂蓋一節特異而清瑩其色如金其響如銅

浩渺 彌沼切浩渺遠水皃

隻履 初祖達摩

自付法傳衣之後凡九載示有涅槃葬於熊耳山吳坂後三年有魏使宋雲奉使西域還見祖於葱嶺手携隻履語宋雲曰汝主已厭代我歸西國去雲初不解既歸帝果已崩遂聞奏後魏孝莊帝帝乃令發塔但見一履遂奉勅取於少林寺供養自開元十五年被竊去五臺花嚴寺中後亦失所在

玄沙有言 愚觀此頌正用常歸宗語其意甚詳今云玄沙有言玄沙又得於歸宗耳備錄二頌應知所出之前後也○歸宗常禪師頌歸宗事理絕日輪正當午自在如師子不與物依怙獨歩四山頂優游三大路欠呿飛禽墜嚬呻衆邪怖機堅箭易及影没手難覆施張若工伎裁剪加尺度巧鑄萬般名歸宗還似土語黙音聲絕音妙情難措棄箇耶還聽取箇耳還聾一鏃破三関分明箭後路可憐大丈夫先天為心祖○玄沙頌云一二三四五日輪正當午可憐大丈夫先天為心祖○先天或指以老盧綫於先天之年先天卽老盧也此牽合之謬論甚失宗盲夫先天豈語言思量而可得耶

田庫 式夜切姓也非義當作舍禪録多作匣而復誤後學有呼為田庫奴者適所以發禪席之大噱也

螻蟻 上音婁下魚豈切

象王嚬呻 毛詩傳嚬急也申舒也謂有勞倦者以手足肩背左右上下或急努或舒展自解其勞倦今字從口

師子哮吼 涅槃云如師子王自知身力牙齒鋒鋩四足據地安住巖穴振尾出聲若有能具如是諸相當知則是能師子哮吼

無味之談 洞山初指通機頌云洞山衆索一無可有無味之談塞斷人口

桃花浪 月令仲春之月始雨水桃始華蓋桃方華時既有雨水川谷冰泮衆流猥集波浪盛長故曰桃花浪

艧 正作擭屋號切握也

曝顋 上薄報切乾暴也下蘇來切魚頰也

七十二棒 雲門舉雪峯云我且延馬醫一口吞盡乾坤師云山河大地何處得來直饒者

厍

裹偶黨分明特舍兒七十棒反成一百四
十見懷禪師重修雲門録與今募印者頗
殊師製序引云大師諱文偃嗣雪峯存禪
師其初廣王劉氏命住韶州靈樹後遷居
雲門賜号匡真演化五十餘載去此一百
三十祀乃有陞堂舉古垂代言句抑有示
者流落華夏禪叢好事者集而摸板焉丞
數因禪人入室請益頗見語句訛謬因緣
差錯噫去聖時遥魚目相濫燕金楚玉渾
有塵涗秋菊春蘭蔑聞其採常思其芟削

未協素願今年夏挂秋浦警衆外聊得披
覽斯文乃援筆脩之删繁補闕遂成其帙
庶使游聖門者必升堂奥適大道者罔惑
多岐予辭藻素謬慚非作者之文直筆摭
實聊序其由哲者無爲文字之累矣時皇
祐五年五月望日住秋浦景德禪院傳法
沙門義懷述

唪 正作爭从爪又从爪曳而爭之道也

外道問佛 禪宗所引涉藏乘之緣頗多從此因緣而獲證
悟者蓋不鮮少至如阿難倒門前剎竿外

道不問有無言世尊拈華文殊白椎世尊
說不定法空生巖中雨花五通問佛二女
詳晃似此等緣講學輩往往謂經論無文
輙疑而不信然吾祖之來固未嘗以語言
文字爲能事而後世傳其道者欲取信來
學故多引藏乘爲證此失言遠甚雖然於
吾祖佛之道兩不相妨如十門辨惑論云
維摩是金粟如來吉藏法師謂出思惟三
昧經自云未見其本今據諸經目録無此
經名又順正理論云無量聖教皆滅没上座

耳所未聞便撥言此非聖教邪論引契經
云汝等所說雖非我本意而所說皆善符
正理成可受持文況因是言而獲證悟者
哉後世爲師匠者亦不必區區屬意藏乘
而貽謗於乃祖也

塵埃 當从土作埃埃輕塵也

千里 騏驥一日千里

追風 追風捕景言其駿也

達道人 香嚴志閑談道頌云的的無兼帶獨運何
依賴路逢達道人不將語默對

瑕纇 上胡加切玉病下盧對切麁麗絲

憲章

詩建切刑憲法也三千條罪見他陽問五刑之屬三千囨音韋輕
恕商署切叜云巳所不欲勿施於人曰恕愕五各切驚也栖栖正作
悽悽音妻愴也栖栖書無此字湣麼湣當作恁音稔思也麼正从幺作麼毋果
切辭也湣音十水皃又音習渻湣水皃皆非義是什麼當作是甚麼由
基史養由基善射楚恭王出遊見猿在樹左右射之猨巧能接箭箭莫能中王乃

命由基射之基調弓矯矢未發猨乃抱樹以號中的上知仲切當也併音餅
合也脣吻上當作脣唇音真驚也非義下武粉切虎頭生角楊子白虎
哉虎哉角而翼也言其可畏尓十洲皆海外諸國之所附一祖洲出反魂香二
瀛洲生芝草玉石泉如酒味三玄洲出仙
藥服之長生四長洲出日瓜王英五炎洲
出火浣布六元洲出靈泉如蜜七生洲有
山川無寒暑八鳳麟洲人取鳳喙麟角煎

續絃膠九聚窟洲出師子銅頭獸十檀洲出琨吾石作劒切玉如泥珊瑚外國
雜傳云大秦西南漲海中可七八百里到珊瑚洲洲底盤石珊瑚生其石上人以鐵
網取之又十洲記云生南海底如樹高三二尺有枝無皮似玉而紅潤感月而生凡
枝頭皆有月暈龍蛇陣六韜五陣武王問太公曰青龍之軍以何為先後曰
角為蹈尾為翼又孫子曰善用兵者如常山虵空彈指見祖英頻彈指白

拈賊臨濟一日上堂云汝等諸人肉團心上有一無位真人常向諸人面門出
入汝若不識但問老僧時有僧問如何是無位真人師便打云無位真人是甚麼乾
屎橛後雪峯聞云臨濟大似白拈賊譊訛譊當作諸譊音鐃譊譊恚呼也非義
陸沉莊子方且與世違而心不屑與之俱是陸沉者也說者曰當顯而反隱如
無水而沉也仙陀涅槃云仙陀婆一名四實一者鹽二者水三者器四者馬

有一智臣善會四義王若欲灑洗要仙陀婆臣即奉水食索奉鹽食訖奉器飲漿欲出索仙陀婆臣即奉馬祚智門嘗作文殊白椎頌文殊白椎報衆知法王法令合如斯會中若有仙陀客不待眉間毫相輝然須意皆明此緣按雪竇之作工拙可知 **消得麼** 當作消得與麼 **劫石** 梵云劫波此云時分一云長時樓炭經以事論劫有一大石方四十里百歲諸天來下取羅縠衣拂石盡劫猶未盡 **滄**

溟 東海之別名也後言四溟謂四海也 **縫罅** 呼訝切孔罅也 **十六開士** 楞嚴跋陀婆羅并其同伴十六開士即從座起頂禮佛足而白佛言我等先於威音王佛聞法出家於浴僧時隨例入室忽悟水因既不洗塵亦不洗體中間安然得無所有宿習無忘乃至今時從佛出家今得無學彼佛名我跋陀婆羅妙觸宣明成佛子住佛問圓通如我所證觸因為上 **𡱂** 丁木切尾下孔 **湉湉** 當作洽洽

古活切水流聲與活同水流皃非義 **孩子** 何開切小兒笑 **麈鹿** 麈以制字从主从鹿鹿之大者曰麈群鹿隨之皆視麈尾所轉為準古之談者揮之良有是也其尾辟塵以置蒨帛中能令歲久紅色不黯又以拂旃不蠹蓋蠅點變白麈尾留紅而狐白貂鼠之類蒸見之即毛脫物有相制其異如此蒨倉甸切蘢千定切青黑色也 **七佛祖師** 指文殊也按處胎經文殊偈云計我成佛身此剎為

家小座中有疑故於胎有變化我身如微塵今在它國土三十二相明在在無不現昔為能仁師今乃為弟子佛道極曠大清淨無增減我欲現佛身二尊不竝立此界既受教我剎見佛身 **一室** 維摩文殊問疾品尔時長者維摩詰心念今文殊師利與大衆俱來即以神力空其室內除去所有及諸侍者唯置一牀以疾 **大雄山下** 百丈一日問黃蘗甚麼處來曰大雄山下採菌子來丈曰還見大蟲麼蘗

便作虎聲丈拈斧作斫勢檗打百丈一摑丈吟吟大笑便歸上堂謂衆曰大雄山下有一大蟲汝等諸人切須好看百丈老漢今日親遭一口

挃 當作抶知栗切擊也莊子抶其背挃穫禾聲非義

離朱 司馬云離朱一名离婁黃帝時人百步能見秋毫之末一云見千里鍼鋒

師曠 晉賢大夫也善音律能致鬼神史記云冀州南和人生而無目

較 古孝切不等也

展翅 施智切翼也

摶風 見祖英下

埃塏 當作埃垢見它本然毫釐其對也塏可亥切爽塏也傳曰請更諸爽塏謂求易於開燥之地今謂其塵埃高燥是何言與

兮 雪竇作句多用兮字兮以制字从八从丂丂氣阻也八則分矣故兮爲詠言之助文心雕龍曰詩人以兮字入句限楚辭用之字出句外尋兮字承句乃語助餘聲舜用南風用之久矣丂苦浩切

網珠 華嚴䟽云帝釋殿網貫天珠成以一大珠當心次以其次大珠貫穿匝繞如是展轉匝繞經百千匝若上下四面四角望之皆行位相當一明珠內百像俱現珠珠皆尒此珠明徹互相影現影復現影而無窮盡

吾不見時 經云此精妙明識汝見性若見是物則汝亦可見吾之見若同見者名爲見吾吾不見時何不見吾不見之處若見不見自然非彼不見之相詭著曰此破轉計也汝若執言我亦見佛不見之體復有何失故云若見不見即便破云自然非彼不見之相意云不見之體既被汝見此則何成不見之相不見之體已被見故經云若不見吾不見之地自然非物云何非汝詭者曰此文之意展轉結歸都有五重以顯阿難見性經文存三而隱二意若具論者合云若不見吾不見之處亦不見吾見處既不見吾見處吾見自然非物吾見若非是物汝見亦非是物汝見既非是物云何非汝真見○此以譯師巧略文勢繁覆難明故詳錄之

全象 六度經云鏡面王令引群盲摸象王

問之曰汝曹見象乎對曰我曹俱見王曰
象何類乎持足者對曰明王象如漆桶持
尾者象如箒掃持尾本者言如杖持腹者
言如鼓持脇者言如壁持背者言如高坑
持身者言如簸箕持頭者言如魁持牙者
言如角持鼻者言如大索復於王前共訟
言大王象真如我言時王大笑之曰瞽乎
瞽乎汝猶不見便作偈言今爲無眼會坐
諍自謂諦觀一云
餘非坐一象相怨
全牛 莊子庖丁爲文惠君解牛君曰嘻善

哉技蓋至此乎庖丁釋刀對曰臣之所好
者道也進乎技矣始臣之解牛之時所見
無非牛者三年之後未嘗見全牛也方今
之時臣以神遇而不以目視説者曰物以
有而閡道以虛而通人之未聞道則所見
無非物也猶其所解牛所見無非牛也人
之既聞道則所見無非道也猶其三年之
後未嘗見全牛也方今之時以神遇不以
目視猶聞道者之以心契
而不以知知而識識也
止水 莊子仲尼曰人莫鑑

於流水而鑑於止水唯止能止衆水
禹門 水經云鱣鮪出鞏穴三月則上度龍門得度爲龍矣否則點額而還禹門禹鑿龍門或曰禹門
點額 見祖英上
神光 二祖生時神光照室故舊名神光後達摩改名慧可
紫胡 紫當作子
子胡巖蹤禪師於門前立牌云子胡有一
犬上取人頭中取人心下取人足擬議則
喪身失命僧問如何
是子胡犬師云嘷嘷
破竈墮 師晦迹不以名顯嵩

山老安以今名稱之師居嵩嶽有廟甚靈
殿中唯安一竈師入廟以杖敲竈三下咄
此竈只是泥瓦合成聖從何來靈從何出
又打三下竈傾破墮落須臾有一青衣戴
冠設拜云我此廟竈神今日蒙師説無生
法今生天中特來致謝師曰是汝本有之
性非吾強言
即再拜而沒
波旬 見祖英下衆魔
瞿曇 正梵語云瞿答
摩又云瞿曇彌此云地勝謂除天外在地
人類中冣勝如來世尊之宗祖也智度論

祖庭事苑　第一冊（一一一ウ・見返／表紙）

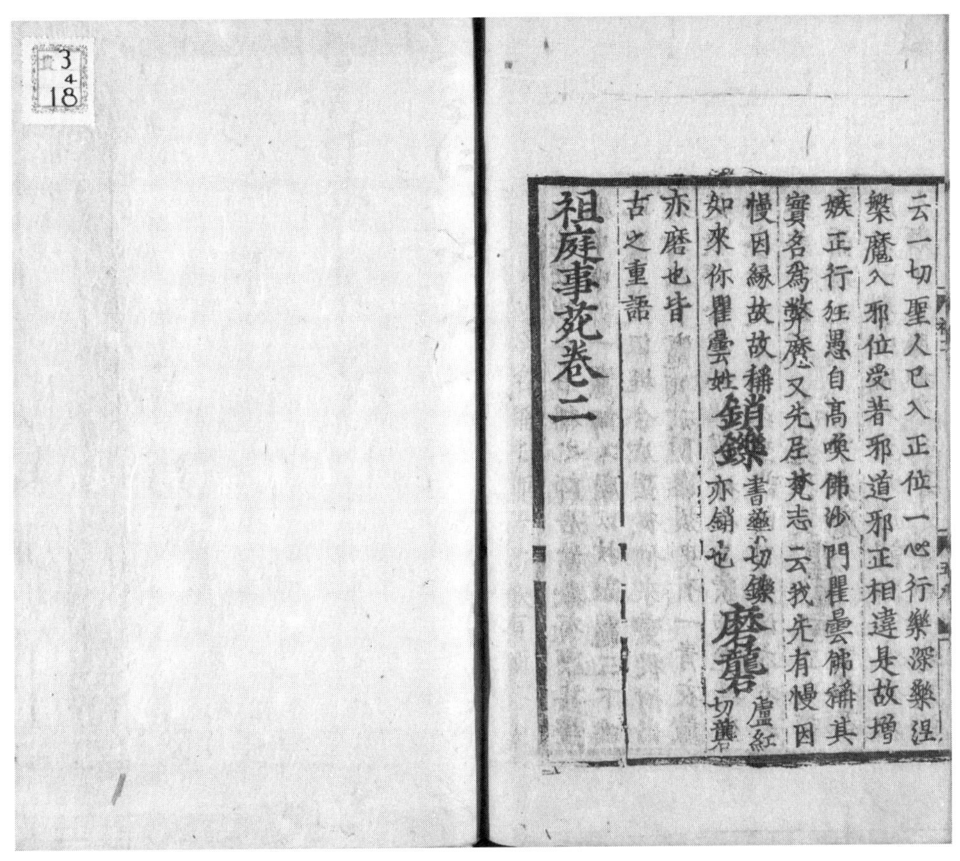

云一切聖人已入正位一心行樂深樂涅槃魔入邪位受著邪道邪正相違是故增嫉正行狂愚自高喚佛沙門瞿曇佛稱其實名為弊魔又先尼梵志云我先有慢因慢因緣故故稱如來亦瞿曇姓

鎖鑠　書藥切鑠亦鎖也

磨礱　盧紅切礱亦磨也皆古之重語

祖庭事苑卷二

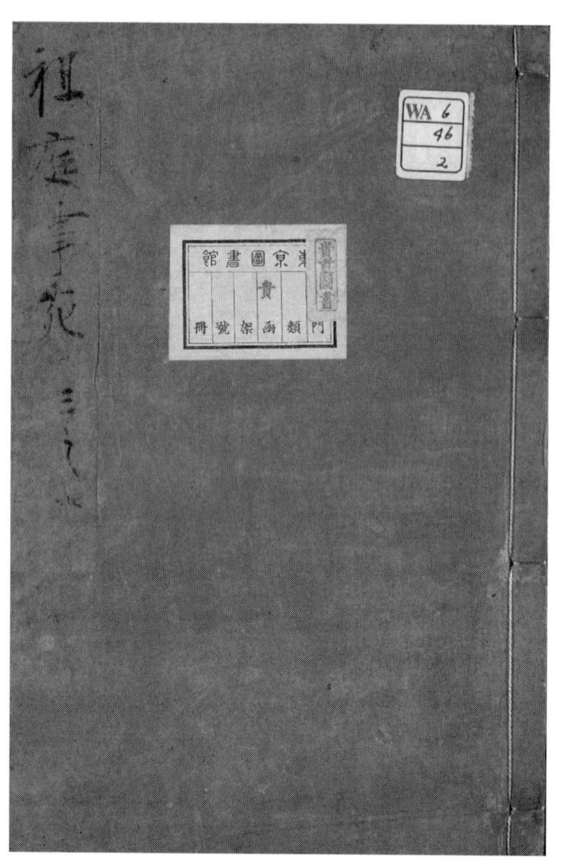

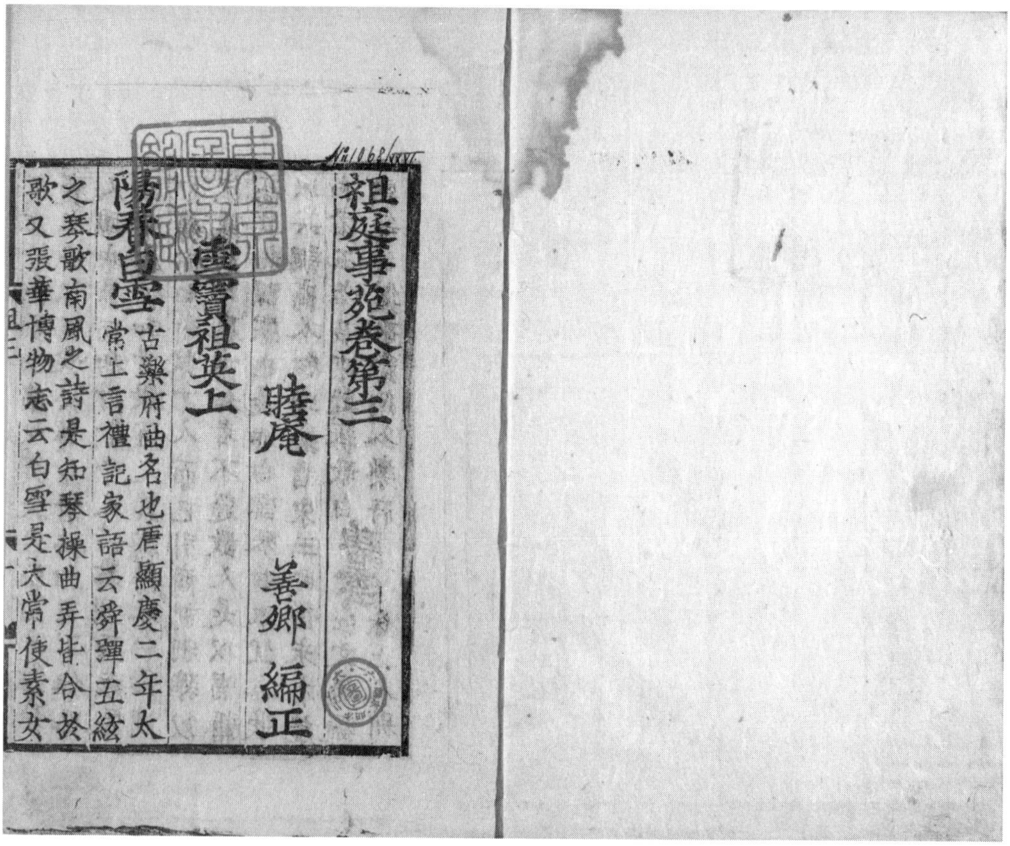

祖庭事苑卷第三

睦庵　善卿　編正

雪竇祖英上

陽春白雪　古樂府曲名也唐顯慶二年太常上言禮記家語云舜彈五絃之琴歌南風之詩是知琴操曲弄皆合於歌又張華博物志云白雪是大常使素女

祖庭事苑　第二冊（表紙／見返・一オ）

鼓五十絃瑟尚名又楚大夫宋玉嘗對楚襄王云客有歌於郢中者其始曰下俚巴人國中屬而和者數千人其爲陽歌薤露國中屬而和者數百人其爲陽春白雪國中屬而和者數十人而已引商刻羽雜以流徵國中屬而和者不過數人是以唱彌高其和彌寡也是知白雪琴曲本宜合歌以其調高人和逡寡自宋玉之從未有能和者五年弓才造琴歌白雪等曲製歌辭編入樂府 **碧雲** 江文通擬休上人別

怨云西北秋風至楚客心悠哉日暮碧雲合佳人殊未來露彩方泛艷月華始裴回寶書爲君掩瑤琴詎能開相思巫山渚悵望陽雲臺膏炉絕沈燎綺席生浮埃桂水日千里因之平生懷 **清風** 丞民之詩云吉甫作誦穆如清風鄭氏云吉甫作此工歌之誦其調和人之性如清風之養萬物 **大圭不琢** 禮器云禮有以文爲貴者天子龍袞諸侯黼大夫黻有以素爲貴者至敬無文父黨無容大圭不琢

大羹不和大路素而越席犧尊疏布鼏禪杓此以素爲貴也注大圭三尺杼上終葵首琢爲篆字之誤也明堂路曰大路殷路也鼏或作幕禪木白理也黼黻音甫弗大羹上音泰和胡卧切越音活犧素何切鼏莫歷切撣音善 **衡鑑** 衡以平萬物鑑以照萬類 **戾** 郎計切詩傳云來也 **貽贈** 上與之切賜也 **惣緝** 文政序惣緝成二百廾首今此本復增五十首乃知雲竇平日著述散落甚多率難考紀也

含諸 上始野切論語曰山川其舍諸 **慤志** 當作確堅也苦角切易確乎其不可拔又選云雅志彌確慤謹也非義 **炎宋** 上于廉切宋以火德王天下故曰炎宋本朝祖宗受禪自宋而起故稱宋也 **孟陬** 將侯切爾雅月名正月爲陬離騷云攝提貞於孟陬事義未詳 **辟命** 辟公侯也謂赴公侯之命爾雅皇王后辟公侯君也 **抑留** 於棘切屈也 **撫會** 肇云若能捨已心於封內尋玄

機於事外齊萬有於一虛曉至虛之非無
者當言至人終日應會與物推移秉運撫
化未始**蕪辭**上武扶切荒撫也
爲有也　深蕪淺淨詩病也**賮別**徐刃切
財貨也孟子行者必以賮**奧域**孫綽游天台賦云天台
山者皆玄聖之所游化
靈仙之所窟宅闕載於常典者以所立
冥奧其路幽迥故雪竇引用以送僧**絕**
槩古代切大也賦云涉海則有方丈蓬萊登陸則有四明天台**烈祚**當
作

列行列也烈炎也非義**黛**徒耐切青黛也**彤霞**上徒宗切赤也**赤松**
子神仙傳云黃初平年十五時在山中牧
羊有道士見而異之輒將至金華山四
十餘年其兄初起尋久之不已遇一道士
將見與弟語兄問羊何在平白近在山之
東兄即往視之一無所覩平遂與俱至山
所平環視而叱之於是白石皆變爲羊而
起兄方嘆曰弟得仙道如此可學否曰唯
好道即得起乃弃妻挈服松苓五萬日遂

得仙平自
號赤松子**白道猷**神洲感通録云沙門帛
道猷承天台石梁終古
無度者乃慷慨曰彼何人斯獨無貞操故
使聖寺密爾對面千里遂揭錫獨往徑趣
石梁周瞰崖嶮久之方獲其山石梁非一
聖寺亦多非欲直度且虹梁亘谷下望萬
尋上闊尺許莓苔斜側東邊似通西礙大
石攀登路絕猷乃別思異較夜宿梁東便
聞寺西磬聲經唄唱薩勇意相續通夕不
安又聞聲曰却後十年當來此往何須苦

求雖爾不息辰夕慨恨結草爲菴彌年禪
觀後試造梁乃見橫石洞開梁道平正因
即得度遂見棟宇宏壯圖塔環奇神僧接
叙宛同素識中食既訖并陳佳意僧曰却
後十年自當至此何勞早住相送度梁攢
石已塞又梁僧傳云猷居赤城山石室坐
禪有非蛇競出大十餘圍循環往復舉頭
向猷經半日而去後一日神現形詣猷曰
法師威德既重來止此山弟子推室以相
奉猷曰貧道尋山願得相值何不共往神

日弟子無爲不可但部屬未洽法化卒難制禦遠人往來或相侵觸人神道異是以去爾歟曰本是何神居之久近欲移何處曰弟子夏帝之子居于此山二千餘年與石山是家舅所治當往彼住尋還山陰廟瞻別手贈歙香三匳於是淩雲鳴鞞吹角而去歙嘗有招道一高僧居雲門詩云連峯數千里修林帶平津雲過迷山翳風至梗荒榛茅茨隱不見雞鳴知有人閑步踐其徑處處見遺薪始知百代下故有上皇民開此無事迹以待無俗賓長嘯自林際歸此保天眞匳音廉

大輕上音秦

風虎雲龍易傳云同聲相應同氣相求水流濕火就燥雲從龍風從虎

颷甫遥切風也

颰分勿切風疾也

玲瓏上郎丁切下盧紅切風聲也

非閒居莧切隔也

副全提副當作赴趨也副貳也非義

裴相國唐裴休字公美河内濟源人志操堅正童齓時兄弟同學於濟源別墅休經年不出門晝講經籍夜課詩賦虞人有以鹿贄兄儔者儔與弟俅急之召休食休曰我等窮生菜食不充今日食肉翌日何繼無宜改饌獨不食長慶中登第文應賢良方正升甲科歷官在相位五年咸通初遷吏部尚書太子少師卒休性寬惠爲官不尚皦察而民吏畏服善爲文長於書翰自成筆法家世奉佛休尤深於釋典太原鳳翔近名山多僧寺視事之隙遊踐山林與義學僧講求佛理中年後不食葷血常齋戒屏嗜欲香爐貝典不離齋中詠歌讚唄以爲法樂時人重其高潔而鄙其太過多以譏誚嘲之休不以爲忤鎭洪州日慕高安黄蘗山希運禪師之道乃迎入府中君開元寺演法休一日述所解一編呈師師接置於座略不披閲良久云會麼休云未測師云若便與麼會得猶較些子若也形於紙墨何有吾宗休乃贈詩一章云自從大士傳心印額有圓珠七尺身掛錫十年棲蜀水浮杯今日度漳濵一千龍象隨高步

萬里香花結勝因擬欲事師爲弟子不知
將法付何人○蜀水在今筠州米山縣北
三里按晉書地理志云蜀水源出縣内小
界山東流五百九十里入南昌縣濬水合
耆老傳云仙人許遜爲旌陽縣令有奇術
晉末人皆疾癘多往蜀詣遜請救與水投
之上流疾者飮之無不愈也邑人敬其神
異故以蜀水爲名元豐間高麗僧統義天
以華嚴大教慕學於錢塘淨源法師朝朝
上國當世宗匠悉皆參禮至如大覺圓

照諸禪師皆有問答募印別行然泥在文
字之學知解之外詰無所得嘗問佛印元
禪師曰裴休愛黃蘗重圭峯優劣如何元
曰在黃蘗爲優天曰何以知之元曰嘗讀
裴休所作圭峯塔銘序云休與師於法爲
昆仲於義爲朋友又嘗覽傳燈録裴公贈
黃蘗詩云擬欲事師爲弟子不知將法付
何人其愛重優劣可知矣人皆以爲名對

式芳塵 式法也芳塵猶淸塵也

斷際 筠州黃蘗希運禪師也生閩方

幼從本州黃蘗山出家後嗣百丈之道裴
相國事以師禮以師酷愛舊山常名師爲
黃蘗唐大中年終於本山敕謚斷際禪師

李相國 唐李翺字習之幼勤於儒
博學好古爲文尚氣質正元十四年登進
士第授校書郎三遷至京兆府司録參軍
元和初轉國子博士史館修撰尋權知職
方員外郎十五年六月授考功員外郎並
兼史職七月初出爲朗州刺史大和初入
朝爲諫議大夫尋以本官知制誥三月二

日拜中書舍人以繆舉柘著坐是左授少
府少監俄出爲鄭州刺史五年出爲桂州
刺史御史中丞充桂管防禦使七年改授
潭州刺史湖南觀察使八年徵爲刑部侍
郎九年轉戸部侍郎七月檢校戸部尚書
襄州刺史充山南東道節度使會昌中卒
謚曰文翺不嘗執國政或謂相國者誤矣
爲朗州刺史時聞藥山惟儼禪師玄化屢
請不起乃躬入山謁之會師看經殊不顧
揖侍者云太守在此翺性褊急乃曰見面

不如聞名師呼太守翺應喏師曰何得貴
耳賤目翺拱手謝之曰如何是道師以手
指上下曰會麼翺曰不會師曰雲在青天
水在缾翺乃忻愜作禮述偈云鍊得身形
似鶴形千株松下兩函經我來問道無餘
事雲在青霄水在缾翺與韓愈柳宗元劉
禹錫爲文會之交自相述古言法六籍爲
文黜浮華尚理致言爲文者韓柳劉焉韓
愈常論仲尼既没諸子異端故荀孟復之
楊墨之流洗然遺落殆周隋之世王道弗

興故文中子有作應在乎諸子左右唐興
房魏既亡失道尚華至有武后之弊安史
之殘吾約二三子同致君復堯舜之道不
可放清言而廢儒縱梵書而猾夏敢有邪
心歸釋氏者有渝此盟無享人爵無永天
年先聖神明是糾是殛無何翺避迹於儼
禪師頓了本心末由戸部尚書襄州刺史
充山南東道節度使復遇紫玉禪翁且增
明道趣著復性書上下二篇大抵謂本性
明白爲六情玷汙迷而不返今牽復之猶

地雷之復見天心矣即內教之返本還源
也其書露而且隱蓋而又彰其文則象繫
中庸隱而不隱釋教其理則從眞捨妄彰
顯自心弗事言陳唯萌意許也韓劉覽之
嘆曰吾道萎遲翺
且逃矣見宋僧傳
列星 史記天宮書曰太
微宮五帝坐後聚
二十五星蔚然曰郎位漢明帝時館陶公
主爲子求郎帝不許賜錢一千萬曰夫郎
官上應列星出宰百
里非其人民受其殃
蘗嶠 渠廟切山
銳而高也 **緬** 彌
遠

切遠
也 **台輔** 春秋曰三公上應
三台星故曰台輔 **藩維** 上甫煩
切蘺也
周禮九州之
外曰藩國 **仙都** 處之山名世傳
黃帝外遐之處 **太守** 漢
景
帝改郡守
爲太守 **褰帷** 東漢賈琮字孟堅東郡
聊城人也舊交阯土多
珍産前後刺史率多無淸行故吏民怨叛
中元元年交阯屯兵反執刺史及合浦太
守有司擧琮爲交阯刺史琮到部訊其反
狀咸言賦斂過重百姓莫不空單京師遥

遠告究無所民不聊生自活故聚爲盗賊
琮卽移書告示各使安其資業誅斬渠帥
百姓以安巷路爲之歌曰賈父來晩使我
先反今見清平吏不敢飯復徵拜爲冀州
刺史舊典傳車驂駕垂赤帷裳迎於州界
及琮之部升車言曰刺史當遠視廣聽糾
察美惡何有反垂帷裳以自掩塞乎
乃命御者褰之百城聞風自然竦震 **化條**
漢書刺史六條分化顔師古云漢官典職
儀云刺史班宣周行郡國省察治狀黜陟

能否斷治冤獄以六條問事非條所問卽
不省一強宗豪右田宅踰制以強陵弱以
衆暴寡二二千石不奉詔書遵承典制背
公向私旁詔守利侵漁百姓聚斂爲姦三
二千石不卹疑獄風厲殺人怒則任刑喜
則淫賞煩擾刻暴剝截黎元爲百姓所疾
山崩石裂袄祥訛言四二千石選署不平
苟阿所愛蔽賢寵頑五二千石子弟恃怙
榮勢請託所監六二千石違公下
比阿附豪強通行貨賂割損正令 **經緯** 下于

貴切文能經天武能緯地有武無
文無以懷遠有文無武無以禦亂 **牋由** 以色
加紙
曰牋 **開士** 應法師云梵語菩薩此言開士
謂以法開導之士前秦符堅賜
沙門有德解
者名曰開士 **恢** 苦回切大也張也 **覿** 徒的切見也 **夜光**
史記隨侯祝元暢因之齊道上見一蛇將
死遂以水洒摩傳之神藥而去忽一夜中
庭皎然有光意謂有賊遂案劍視之廼見
一蛇銜珠在地而往故知前蛇之感報也

以珠光能照
夜故曰夜光 **焦桐** 東漢蔡邕字伯喈陳留
人也避地吳會吳人有
燒桐而爨者邕聞火烈之聲知其良木因
請而裁爲琴果有美音而其尾猶焦故時
人名曰焦尾琴焉又在陳留日聞鄰人彈
琴於屏邕潛聽之謂鄰人曰公彈琴何爲
有殺心鄰人曰向吾鼓絃見螳蜋方鳴蟬
相去而未飛螳蜋爲之一前一却吾心聳
然惟恐螳蜋之失也此豈爲殺心而
形於聲者乎邕然之其妙聽若此 **排** 步皆

切推也罔象當作象罔黄帝遊於赤水之北登乎昆侖之丘而望還歸遺其
玄珠使智索之而不得使離朱索之而不得使喫詬索之而不得乃使象罔象罔得
之見莊子喫口解切詬口豆切塞請上蘇則切四河一殑伽二尼連三信
度四私阿此西天四大河枯枿下五割切伐木餘也縱横上當作縱黄
頭梵云迦毗羅此言黄頭以佛生迦毗羅國就生處而號佛爲黄頭大士也碧

眼初祖達磨大師眼有紺青之色故稱祖曰碧眼離微寶藏論其出微其入
離知入離外塵無所依知出微內心無所爲內心無所爲諸見不能移外塵無所依
萬有不能羈又離者體不與物合亦不與物離五色不能汙五音不能亂微者體妙
無形無色無相應用萬端而不見容離微二字道之妙也闌落干切晚也少
林少林寺乃魏沙門跋陀爲菩提達磨梁大通元年泛舶至此土會武帝問荅不

契遂之魏之洛陽止于嵩山少林寺面壁而坐終日默然如是九年得二祖可以傳
其法舊作普通八年誤矣花木當作花木庾嶺六祖盧行者自密授衣法
是夜潛遁有道明者與數十人躡迹而追至大庾嶺明最先見祖乃置衣鉢於盤石
曰此衣表信可力爭耶任君將去明舉之如山不動仲尼伯雪溫伯雪南
國賢人也適齊舍魯仲尼見之而不言子路曰夫子欲見溫伯雪子久之今見不言

何也仲尼曰若夫人者目擊而道存矣亦不可以容聲矣見莊子傾蓋傾蓋
非溫伯雪乃程子也家語孔子之郯遂程子於途傾蓋而語終日甚相親顧謂子路
取束帛以贈先生子路屑然對曰由聞士不中間見女嫁無媒君子不以交禮也有
閒又顧謂子路子路又對如初孔子曰由詩不云乎有美一人清揚宛兮邂逅相遇
適我願兮今程子天下賢士也於斯不贈則終身不能見也傾蓋駐車也傾仄也郯

音談**麟鳳**瑞應圖云麟鳳龜龍國之四瑞麟仁獸也四靈之首鳳王者之嘉祥
爲鳥之長龜水族之靈介蟲之長龍鱗蟲之長亦謂之四靈又云麟有五彩腹下黃
高一丈二尺**巢許**逸士傳許由字仲武潁川陽城人隱於箕山師於齧缺依
山而食就河而飲堯知其賢讓以帝位由聞之乃臨河洗耳有巢父者飲犢牽而避
之曰惡吾永也後立堯封其墓曰箕公**蟾印**上時廉切月光也**高蹈**

徒到切蹤履也**不知爲貴**肇云如曰不知則公貴矣**鷲峯**西域記云
梵語姞栗陀羅矩吒山此云鷲峰即釋尊說法華之地出王舍城最爲高顯故表出
過二乘以多栖鷲鳥因以名焉又云山形以鷲頭亦名鷲頭峯**壞衲**壞衲指迦
葉也迦葉頭陀第一著壞衲衣十誦云衲衣有十利一在麤衣數二少所求索三隨
意可坐四隨意可卧五浣濯易六少蟲壞七易染八難壞九更不須餘衣十不失求

道**熊嶺**即達磨塔所也塔記云大師化緣已畢傳法得人乃端居而逝即大
同二年十二月五日也葬於熊耳山起塔定林寺顏師古云熊耳山在順陽北益陽
縣東其山兩峯狀若熊耳因以名焉與少林相去三百餘里據此非二祖立雪之處
蓋指事之誤也**索索**昔各切懼貌又散也**菀轉**當作宛轉**平闐**上房
連切下音田平闐盛貌**弁**當作辨別也弁皮變切周冠名非義下倣此**虎**

兕下徐姊切青色一角似牛重千斤**石窻**四明記云山之上有自然石窗
四面透明故曰四明**掣斷金鏁**禪月覽李白集詩常思李太白仙筆驅造
化玄宗致之七寶牀虎殿龍樓無不可一朝力士脫靴後玉上青蠅生一箇紫皇案
前五色麟忽然掣斷黃金鏁五湖太浪如銀山滿船載酒撾鼓過賀老成異物顛狂
誰敢和寧知江邊墳不是猶醉卧**輕舍**書冶切**七星**七星劍飾也西

京雜記云高祖斬白蛇劔劔上有七星珠
九華玉以爲飾雜厠五色瑠璃爲匣劔在
室中光影猶照於外與挺劔不殊十二年
一加磨瑩刃上常若霜雪開匣拔鞘輙有
風氣光彩射人**把欲**贈行人當作欲把贈行人**卞和**楚人卞和獻玉於楚
厲王王曰石也遣使刖一足及武王即位
和又獻之武王復怒又刖一足至楚文王
立和抱璞哭於荆山之下文王召而謂曰
刖足者何怨乎曰不怨刖足而怨真王以

爲凡石忠事以爲慢事是以哭之文王乃
使工剖石乃真玉也文王嘆曰哀哉二先
君易刖人足而難於剖石令
和果是璧乃國寶也見韓子**輕觸**不輕觸第三板
第一行脫三字**靡**毋彼切無也**慷慨**上苦朗切下苦愛切竭誠也**曲**
木據位韶陽雲門大師云諸方老禿奴曲木禪牀上坐求名求利問佛荅佛
問祖荅祖痾屎送尿也三家村裏老婆傳
口令相似識甚麽好惡惣似者般底衣也

難消利刀斬却百千萬億箇有甚麽過**楚甸**堂練切郊甸也**纍**
力追切說文綴得理也一曰蔓也又網落也**尺釐**理之切十毫曰釐**規**
矩圓曰規方曰矩**周行**瑞應經云菩薩示生即行七步一手指天一手指地
天上天下唯我獨尊**宏綱**古郎切網之大繩也**部**音告**春雨**春雨如膏
百穀仰之**春雲**易通卦驗曰立春青陽雲出房如積水春分正陽雲出張如白

鶴**枯茇**古哀切草根也**離離**當从草作蘺蘺輕細貌**維風**維辭助也
幽石公羊傳曰雲觸石而生膚寸而合不崇朝而徧天下者太山之雲也**一**
花達磨謂可祖曰內傳法印以契證心外付袈裟以定宗旨後代澆薄疑慮競生
但出此衣并吾法偈用以表明聽吾偈曰
吾本來茲土傳法救迷情一花開五葉結
果自然成**獨**運孤明第三板十三行脫運字**歷魏游梁**見少林**矚**

之欲切視也**羇**居宜切絆也**態**他代切姿態美貌也**垂天**雲垂於天
華生取以比鵬翼**噫**於其切根聲**悠悠**夷周切遠也**菡萏**上戶
感切下徒感切蓮花欲舒貌**萬卉**許貴切草之惣名也**蹙**子六切迫也
皺側救切**讎敵**當作酬敵謂遠赴酬問敵應群機讎寃也非義**寒山**
老天台寒山子本無氏族始豐縣西七十里有寒闇二巖子嘗居寒巖中故以名

焉容貌枯悴布襦零落以樺皮為冠曳大木屐
時來國清寺就拾得取菜滓食之或廊下徐行
或時叫譟寺僧以杖逐之翻身撫
掌大笑雖出言如狂而有意趣**白雲抱幽**
石寒山子詩云重巖我卜居鳥道絶人迹庭際何所有白雲抱幽石住茲不記年屢見春冬
易寄語鍾鼎家虛名定無益**蘭芷**左思齊都賦曰其草則亦杜若蘅菊若蘭芷蕙
蘭芷古人所以比君子家語曰芝蘭生於深林不以無人而不芳**空生**梵云須菩提又

云蘇補底迦此有三義翻譯一曰空生謂初生
之時家室盡空以表解空之相二曰善現謂生
時種種善瑞顯現三曰善吉謂生已相師占之
云此子唯善唯吉西域記云本東方青龍陀佛
影化釋迦會下今為禪者之通稱謂參玄解空之士也**嶺南**黃梅密付老盧家孟奔馳
為嶺南之歸**鄙彼**論語或問子西曰孔子曰彼哉彼哉說者曰言無足稱也**伊予**
猶是我也**古人有言**貫休擬君子有所思我愛君吉甫思賢作商頌我愛揚子雲理

亂皆如鳳振衣中夜起露華香旖旎撲碎驪龍
明月珠敲出鳳凰五色髓陋巷蕭蕭風拼拼緬
想斯人勝珪璧寂寞千載不相逢無限浮生盡
虛擲君不見沈約道佳人不在斯春光為誰措
驪龍郎奚切黑色龍也**頻彈指**雲巖晟初參百丈海侍左右廿年不悟玄
吉彈指悵然下山後謁藥山方乃契悟**八紘**淮南子云天有九部八紀地有九州八柱
九州之外有八埏埏之外有八紘東北方紘曰荒土東方之紘曰桑野東南方之紘曰衆安南方

之紘曰亥戸西南方之紘曰火土西方之紘曰沃野西北方之紘曰沙所北方之紘曰委羽故曰四方四角謂之八紘八紘之外有八極又九夷八狄七戎六蠻謂之四海 **寥泬** 下呼決切寥泬空貌 **譪譪** 於蓋切盛貌 **天驥** 几利切天馬也詩見頌古 **驟** 鉏祐切馬疾步也 **大鵬** 步登切北冥有魚其名曰鯤鯤之大不知其幾千里也化而為鳥其名為鵬鵬之背不知其幾千里也怒而飛其翼若垂天之雲見莊子 **湛盧** 吳王劒名也筆談云古劒名湛盧者謂其湛湛然黑色也 **射斗牛** 晉書雷煥善天文張華因望斗牛間常有異氣乃邀煥夜登樓仰視煥曰僕察之久矣乃寶劒之精上於天在豫章豐城縣界華乃薦煥為豐城令煥至修獄掘基得石匣有雙劒光甚艷發使送一與張公一留自佩華後被誅劒遂失煥卒子為州從事佩父劒之延平於腰閒忽躍墮水使人投之但見兩龍長數丈文燦瑩有文章投者懼而退 **點額** 水經云鱣鮪出鞏穴三月則上度龍門得度為龍矣否則點額而還鱣張連切鮪羽軌切二魚名 **雲蘿** 女蘿也博物志云寄草木生根不著地而係葉藹然如植耶莬絲也 **洲渚** 上音州爾雅曰水中可止曰洲下章與切釋名曰遮也能遮水使旁流也大般若云善現白佛云何菩薩為與世閒作洲渚故發趣無上正等菩提佛言譬如巨海大小河中高顯可居周回水斷說名洲渚如是善現色前後際斷乃至諸佛正等菩提前後際斷由此前後際斷一切法斷此一切法前後際斷即是寂滅即是微妙即是如實謂空無所得色斷受盡無餘離染永滅涅槃菩薩欲為有情開示寂滅微妙之法是為世間作洲渚故發趣菩提 **園林** 華嚴普賢菩薩告普慧言佛子菩薩有十種園林所謂生死是菩薩園林無厭捨故教化衆生是菩薩園林不疲倦故 **憚** 徒案切懼也難也 **十影** **神駒** 王子年拾遺云周穆王即位三十二年巡行天下馭八龍之駿一名絕地足不踐土二名翻羽行越飛禽三名奔宵夜行萬里四名越影逐日而行五名踰輝毛色炳燿六名超光

一形十影七名騰霧乘雲而趣八名挾翼身有肉翅論而駕焉佛本行經云我念往昔有一馬王名雞尸行疾如風時有五百人入海采寶忽值惡風吹至羅刹國其國多羅刹女即往救援與彼娛樂時女謂諸商曰是城南面不得從彼而去有一商主自生疑念以何等過不聽南去即執利刀尋往所禁之處見一微徑甚可畏懼狀如地獄近城有一高樹即上觀看見彼城中多有死人或有食半或唯筋骨是諸善人仰觀樹上作如是言汝今濟拔於我我本商人五百

同伴船破至岸遭羅刹女先受五欲入此城中已被食半商主曰頗有方便得脫是苦善人曰有一方便至十五日有一馬王來詣海岸與人聲言誰欲渡彼大鹹海水我今安隱得度彼岸若值馬王即免斯苦商主聞已即告諸人慎莫放逸共詣彼處見於馬王時彼馬王語諸商人汝等莫生染著可乘我背或執我身脚足支節馬即飛騰行疾如風度海彼岸

五色祥麟　本行經云昔者菩薩身爲鹿王厥體高大身毛五色衆鹿伏從數千

爲群國王出獵群鹿分散投巖墮阬遥樹貫棘摧破死傷所殺不少鹿王覩之哽噎吾爲衆長宜當明慮濟殘群小罪出我也徑自入國乃到殿前跪而言曰小畜貪生寄命國界卒逢獵者群類奔迸或生相失或死狼籍天仁愛物實爲可哀願自相選日供太官乞知其數不敢上欺王甚奇之曰太官所用日不過一不知汝等傷死甚多若實如之吾誓不獵鹿王退還悉命群鹿具以斯意群鹿伏聽自相差次應先行者每當就死過辭其王王爲涕泣誨喻之曰淨世皆爾

孰有免之尋路念佛仁教慈心向彼人王慎無怨矣日日若茲中有應行者而身有胎曰死不敢避乞須挽身更取其次欲以代之其次頓首涕泣曰必當就死尚有一日一夜之生斯須之命時至不恨鹿王不忍枉其生命明日遣衆身詣太官廚人識之即以上聞王問其故辭答如上王愴然爲之流涕豈有畜獸殺身濟衆吾爲人君日殺衆生王遣鹿去還其本居敕一國界若有犯鹿者與人同罰祥麟今引鹿王緣鹿非麟文者之餙辭耳

瓴甋甎磨 音令滴爾雅云瓴甋謂之甓郭璞云甗甎也昔馬祖嘗庵居但務坐禪一日讓和上謂曰汝坐禪圖甚麼祖曰圖作佛讓遂取一片磚磨於庵前祖曰磨磚何爲讓曰欲作鏡祖曰磨磚豈得作鏡讓曰磨塼既不作鏡坐禪豈得成佛祖遽然而起曰如何即是讓曰如人駕車車若不行打車即是打牛即是祖無對讓又曰汝學坐禪爲學坐佛若學坐禪禪非坐卧若學坐佛佛非定相於無住法不應取捨汝若坐佛即是殺佛若執坐相非達其理

盧公語 出宗神龍初遣內侍薛簡詔六祖赴闕祖辭以疾薛簡因問祖曰京城禪德皆云欲得會道必須坐禪習定若不因禪定而得解脫者未之有也此理如何祖曰道由心悟豈在坐也經云若見如來若坐若卧是行邪道故無所從來亦無所去若無生滅是如來清淨禪諸法空寂是如來清淨坐究竟無證豈況坐耶 蔕 正作蒂音帝根也 希聲 老氏曰大音希聲 瞖 於計切目生障也 子州 史記子州字支父堯以天下讓許由由不受又讓子州州曰以我爲天子可也雖然我適有幽憂之疾方且治之未暇治天下也

單卷 單姓卷名舜以天下讓卷卷曰予立於宇宙之中冬日衣皮毛夏日衣葛絺春耕種形足以動勞秋收歛形足以休食日出而作日入而息消搖於天地之間而意自得吾何以天下爲 歸去來 晉陶潛爲彭澤令是時郡遣督郵至縣吏當束帶見督郵潛乃嘆曰我不能爲五斗米折腰向閭里小兒乃自解印綬辭歸田里因而命篇云歸去來辭見陶潛集

甄別 上居延切察也下筆列切辨也 曠排 猶遠去也 沽待 沽賣也語云沽之哉我待賈者也 忽致 致當作置弃置也致至也非義 譏褒 上幾音下博毛切譏誚褒贊也 衣裓 古得切衣前襟也 一尋 六尺曰尋弢它刀切韜藏也 八駿 穆天子傳天子之八駿一曰赤腰二曰盜驪三曰白儀四白驊騮五曰騄耳六曰渠黃七曰踰輪八曰山子驪音離馬深黑色騄音綠 觀氣 四祖大師謂衆曰吾武德中遊廬山登絕頂望破頭山紫

氣如蓋下有白氣橫分六道廿等會否衆皆黙然五祖曰得非和上它後橫出一枝佛法否祖曰然即牛頭嬾融是也

師子話 雲巖晟參藥山次山問聞汝解弄師子是否晟曰是弄得幾出曰弄得六出我亦解弄曰和上弄得幾出我弄得一出曰一即六六即一晟後到潙山山曰聞長老在藥山弄師子是否曰是長弄耶還有置時曰要弄即弄要置即置時師子在甚麼處曰置也置也

尾䟞 尾當作踢陟革切䟞色責切踢䟞張耳貌或音卓朔非義

剔 它歷切解也

西江水 龐蘊居士初參馬祖問云不與萬法為侶者是甚麼人祖曰待汝一口吸盡西江水即向汝道

帔 披義切衣帔也

扣 音口擊也

淩晨 上當作陵侵也下音俲此

屈眴 即達磨大師所傳袈裟至六祖遂留於曹溪屈眴楚語此云大細布緝木綿華心織成其色青黑裏以碧絹唐肅宗上元初降詔請衣入内供養凡六年至永泰初五月五日夜代宗夢能大師請衣却歸曹溪至七日命中使楊崇景奉而置之

眴音舜

花偈 初祖達磨傳法一花五葉之偈

劉陽叟 劉陽當作瀏陽邑名也即潭州石霜慶諸禪師受道吾法印遁迹自處于時始爲二夏僧因避世混俗於長沙瀏陽陶家坊人不之識洞山价訪而得之遂辟居石霜山

希冀 几利切望也

動天地 貫休擬古別離離恨如旨酒古今飲皆醉只恐長江水盡是兒女淚伊予非此輩送人空把臂它日再相逢清風動天地

蓬島 即蓬萊山也其說其十二鼇

宵征 宵夜也征行也詩肅肅宵征夙夜在公

百城 華嚴善財童子自福城東大塔廟處與五衆等禮文殊師利發菩提心已漸次南行歷一百一十城見五十二善知識至彌勒樓閣前白言大聖開樓閣門令我得入時彌勒菩薩前詣樓閣彈指出聲其門即開命善財入已還閉

惠理 惠當作慧陸鴻漸記云晉西域異僧慧理指今靈隱飛來峯曰此吾國靈鷲小峰何時飛來至此頌題送廣華

巖歸鷲峰即靈隱也故用慧理事

樓閣 緣見百城

抗 可浪切拒也

九野 即古九州爾雅兩河閒曰冀州河南曰豫州河西曰雝州漢南曰荊州江南曰揚州濟河閒曰兗州濟東曰徐州燕曰幽州齊曰營州

茵 於真切褥也

三十四耄 西域廿八祖支那六祖然達磨來此土爲初祖實三十四也

頹綱 上杜回切下墜地也

襲 似入切合也

瓊玖 上渠營切下舉有切玉名詩投我以木桃報之以瓊玖

龍騎 當作龍驥見他本

睥睨 上匹詣切下奴計切視也

射虎 西漢李廣北平出獵見草中石以爲虎而射之中石沒鏃視之石也因復更射之終不能入矣又韓詩外傳熊渠子夜行見寢石似虎彎弓射之沒金鏃羽葛稚川西京雜記云李廣與兄弟共獵於冥山之北見卧虎焉射之一矢即斃斷其髑髏以爲枕示服猛也鑄銅像其形爲溲器示厭辱之也它日復獵於冥山之陽又見卧虎射之矢飲羽進而視之乃石也其形類虎退而更射鏃破

幹折而石不傷余嘗以問揚子雲雲曰至誠則金石爲開予應之曰昔人有遊東海者旣而風惡船漂不能制船隨風浪莫知所之一日一夜得至一孤洲共侶歡然下石植纜登洲煑食食未熟而洲沒在船者斫斷其纜船復漂蕩向者孤洲乃大魚怒掉揚鬣吸波吐浪而去疾如風雲在洲上死者十餘人又予所知陳縞質木人也入終南山採薪還晩趨舍未至見張丞相墓前石馬謂爲鹿也即以斧撾之斧缺柯折石馬不傷此二者亦至誠也卒有沈溺缺斧之事何金石所感之偏乎子雲無以應予斃音弊頓仆也溲所留切小便也

觀馬 秦穆公使伯樂舉人求馬伯樂舉九方堙求馬三月而反曰得馬矣在沙丘牡而黃及馬至則牝而驪公謂伯樂曰子所求馬者毛色牝牡不知敗矣伯樂太息曰一至此乎堙之所觀者天機也得其精而忘其麤見其內而忘其外也果得千里馬見淮南子

甑人 楚王夫人嘗夏乘涼抱鐵柱感孕後產一鐵楚王令干將鑄以爲劒三年乃成雙劒一雌一雄干將密留雄以進雌於楚

王王閉於匣中常聞悲鳴王問群臣臣曰劍有
雌雄鳴者憶雄耳王大怒即收干將殺之干將
知其應乃以劍藏屋柱中因囑妻莫耶曰日出
北戶南山其松松生於石劍在其中妻後生男
眉間尺年十五問母曰父何在母乃述前事久
思惟剖柱得劍日夜欲報楚王王亦夢見其人
宣言有得眉間尺者厚賞之尺遂逃俄有客曰
子得非眉間尺耶曰然客曰吾甑山人也能為
子報父讎尺曰父昔無辜枉被荼毒君今惠念
何所須耶客曰當得子頭并子劍尺乃與劍并

頭客得之進於楚王王大喜客曰願烹之王遂
投於鼎客紿於王曰其首不爛王方臨視客於
後以劍擬王頭墮鼎中於是二首相齧客恐尺
不勝乃自刎以助之三頭相齧尋亦俱爛見孝
子傳紿音待欺也　崢嶸　上士耕切下戶萌切峻貌　闃　古覓切　葩　溥巴
切花[illegible]也　卷席　百丈海一日與馬祖遊山見野鴨子祖問曰是甚麼丈曰野鴨子曰甚麼
處去丈曰飛過去祖遂引手扭百丈鼻頭丈作
痛聲祖曰何曾飛過丈於是大悟至明日祖陞

堂丈出卷却面前禮拜席祖便下座　拚耳　丹霞天然禪師初參石頭因緣相契大躬執
爨役凡三年忽一日石頭告衆曰來日剗佛殿
前草至來日大衆與童行各備鍬钁剗草唯師
以盆盛水洗頭於和上前胡跪石頭見而笑之
便與剃髮方與說戒法師乃拚耳而去後謁馬
祖入僧堂騎聖僧項衆皆驚呼祖見之曰
我子天然下來師下作禮曰謝師賜名　曹溪
流見雲門錄序曹溪　止水　莊子云人鑒於止水而不鑒於流水唯止能止衆止此頌

意反并語也　皮髓　達磨大師欲返天竺乃命門人曰時將至已汝等盍各言所得乎時
道副曰如我所見不離文字不執文字而為道
用師曰汝得吾皮尼總持曰我今所解如慶喜
見阿閦佛國一見更不再見師曰汝得吾肉道
育曰四大本空五陰非有而我見處無一法可得師曰汝
得吾骨最後慧可禮拜依位而
立師曰汝得吾髓遂傳衣鉢　石頭有言　青原
思令石頭希遷持書往南嶽讓和上處曰待汝
回吾有箇鈯斧子與汝住山遷至彼未呈書便

問不慕諸聖不重己靈時如何讓曰子問大高生何不向下問遷曰寧可永劫沉淪不慕諸聖解脫讓便休遷回思曰書達否遷曰書亦不達信亦不通思曰作麼生遷乃舉前話復云去時蒙和上許鈯斧子便請恩垂下一足遷便禮拜

古之送人　子路將行辭於孔子子曰贈汝車乎贈汝言乎對曰請以言子曰不強則不達不勞則無功不忠則無親不信則無復不恭則失禮慎此五者子路曰由請終身奉之見家語

新豐曲　洞山价唐大中末居新豐山以山稱之也一日示衆云兄弟初秋夏末或東去西去直須向萬里無寸草處去始得又曰只如萬里無寸草處作麼生去因僧舉到石霜霜聞之乃云出門便是草洞山聞乃曰大唐國內能有幾人

杲杲　古老切日出也以日在木上故曰在上為杲在下曰杳在中曰東

光陰　晉陶侃語人曰聖者惜寸陰衆人當惜分陰

蒲柳　晉顧愷與文帝同年而髮早白帝問之何也曰松栢之姿經霜彌茂蒲柳之質望秋先落

毋　音無禁止辭也

奪席　東漢戴憑字次仲汝南平輿人也正旦朝賀百僚畢會帝令群臣能說經者更相難詰義有不通輒奪其席以益通者憑遂重坐五十餘席故京師為之語云解經不窮戴侍中

誦帚　正作帚　增一阿含云尊者周利槃特性多瞶鈍佛教使誦掃帚得掃忘帚得帚忘掃六年之中罣心誦此意遂解悟而自唯曰帚者篲掃者除除篲即喩八正道糞者喩三毒垢也以八正道篲掃三毒垢所謂掃帚義者止謂此矣深思此理心則開解得阿羅漢道篲似歲切帚也

伐木　詩伐木燕朋友故舊也自天子至于庶人未有不須友以成者親親以睦友賢不弃不遺故舊則民德歸厚矣伐木丁丁鳥鳴嚶嚶出自幽谷遷于喬木嚶其鳴矣求其友聲相彼鳥矣猶求友聲矧伊人矣不求友生

丁丁　中耕切伐木聲

濛濛　音蒙細雨貌

古人之言　即大法眼頌寄儁長老云渠渠渠。我我我。南北東西皆可可。可可不可可。但唯我。無不可。

歘　所枯切

冐鄙　褒美切恥也

遺我

余貴木羊兒行𧂭長老嘗作頌寄雪竇云萬
切變莽為不繫時清風何必在東
西有人問我西來意不器論語子曰君子不
石虎吞却木羊兒器包氏曰器者各
周其用至於君子無所不施雪賺當作詀佇陷
竇謂至人者無所不至者也切被誑也餘
倣銷爍下當从金作鑠書藥切銷
此金也爍灼爍光也非義因事叢林
因事往往妄議當日猥瑣世諦雜事豈其然也或說
夫宗師唱道無不因此事而有語言偈頌以接

引學者豈存誠於世諦者哉若宗師因世諦被
非此是以曲示人天又何足為後世法耶至如
初洞山因事頌曰五臺山上雲蒸飯佛殿前頭
狗尿天刹竿頭上煎䭔子三箇猢猻夜鬭錢又
慈明因事頌時來開鉢展巾單飯了收盂困即
眠右人撫掌呵呵笑木女彈箏你自箏又部九
峰因事頌收得便除四足兩耳却掛金環好是
明月深夜一聲清透松關此皆因事而作豈留
情於是非動落落碌碌碌當作琭玉也琭石
靜之間者哉也非義老氏曰不琭

琭如玉落落如石說者曰玉琭琭貴而已矣不
能賤也石落落賤而已矣不能貴也
誓速誓音西聲振也一曰呻歎謂何呻歎之
頻速也語見度夏空過因緣故雪竇引
用白蘋宋玉風賦夫風生於地起於青蘋之
末浸淫溪谷緣太山之阿舞於松栢
之下謂之白蘋者以其色青而花白也周處風
土記曰萍蘋芹菜之石也大者蘋小者萍
十二鼇列子湯問歸墟之中有五山焉一曰
岱輿二曰員嶠三曰方壺四曰瀛洲

五曰蓬萊其山高下周旋三萬里其頂平處
九千里山之中閒相去七萬里以為鄰居焉
其上臺觀皆金玉禽獸皆純縞珠玕之樹皆
叢生花實皆有滋味食之皆不老不死所居
之人皆仙聖之種一日一夕飛相往來者不
可數焉而五山之根無所連著常隨潮波上
下往還不得暫峙焉仙聖毒之訴之於帝帝
恐流於西極失群聖之居乃命禺彊使巨鼇
十五舉首而戴之迭為三番六萬歲一交焉
五山始峙而不動而龍伯國有大人舉足不

岌數步而曁五山之前一鈞而連六鼇合負
而趣歸其國灼其骨以數焉於是岱輿員嶠
二山流於北極沉於大海仙聖之播遷者巨
億計帝憑怒侵減龍伯之國使阨侵小龍伯
之民使短至伏犧神農之時其國人猶數十
丈按此止六鼇尓頌云十二諸方互多建立
故難措定然唯理是從**幾番**孚顂切**踟躕**上直離切下直誅切踟躕
未見所出**猿攀**靈光之猿攀掾而相追掾音傳陳掾馳逐也司馬正說**鶴**

望飛來雙白鶴篇曰五里一反顧十里一裴回又文選指蓬壺而翻翰望崑閬以
揚音**王老師**池州南泉普願禪師鄭州新鄭人姓王氏得馬祖之法印唱道南泉
常自稱王老師嘗示衆云盡大地覓箇癡鈍人不可得**金闕**金闕國門也崔
豹古今注云闕君門下以人臣至此思其所
闕或君自思補闕遺布以丹堊其下畫雲氣
仙靈奇禽怪獸之類以示萬良又闕者缺也
門兩邊缺然闕閑自存也

籆水韓詩外傳曰夫水者緣理行而不遺似有禮者重而下之似有智者籆深不疑
似有勇者障防而消似知命者歷險致遠似有德者或本作籆冰**傾蓋**見前
頌傾蓋同途不同轍**夏雲**陶潛四時詩春水滿四澤夏雲多奇峰秋月揚明輝
冬嶺秀孤松古有春雲處處生詩云春色遍空明春雲處處生入風衣暫斂隨車蓋轉輕
作業還依樹爲褸欲近城含愁上封影似有別離情**乾城**苑法師云乾闥婆此云尋

香城謂十寶山間有音樂神名乾闥婆㓜利
諸天意須音樂此神身有異相則知天意往
彼娛樂因此事故西域名樂人爲乾闥婆彼
樂人多幻作城郭須臾如故因即謂龍蜃所
現城郭亦爲乾闥婆城又物類相感志云一
說蜃即蛤也車螯是大蛤能吐氣爲樓臺海
中常依島嶼間出此氣一云龍一云蜃蜃之
爲狀如螭龍而有耳角背鬣紅海中望如烈
火而多變化天之將雨朝暮間吐氣黑靄結
成樓臺屋欄分明一視之間變現闊狹高低

故無措定

雨從何來 劉禹端公求雨於雲居山感應遂問雲居膺曰雨從何來
居曰從端公問處來公喜而謝之膺却問曰問從何來公無語

風作何色 西禪東平與官員坐次西禪云風作何色官無語
禪却問僧僧拈起衲衣云在府中鋪禪云用
多少帛子僧云勿交涉禪無語雲門代
云啗者話墮阿師見懷和上雲門室録

波波稜稜 雪竇禪録凡作語句未嘗妄發必有依
據且如波波稜稜之語即僧問清平波
波稜稜時如何平云爲君不達僧云達後如
何平曰休更茵茵陳陳又如大勲不竪賞即
僧問風亢刻舟求劒遠當體事如何亢云大
勲不竪賞柴門草自深又頭長三尺知是誰
即僧問洞山如何是沙門行山云頭長三尺
頸長二寸又如今抛擲西湖裏即僧問嚴頭
如何是道頭云破草鞋抛擲湖裏著又如五
帝三皇是何物誰道黄金如糞土白月宮中
天馬駒皆禪月歌詩中詩也

三九九 僧問雲門如何是向上一竅門云九
九八十一又僧問如何是最初一句門云九
九八十一又僧問以字不是八字不成未審
是甚麼字門云九九八十一

詨訛 上正作殽胡交切殽雜也下五禾切謬也

眞 當作瞑合眼也

曙 常恕切曉也

毳 楚稅切細毛衲也

象骨老師 象骨即雪峯之別山以形似而稱雪峯
存因送皷山後有語云一隻聖箭子射
入九重城裏去也時太原孚云須勘過始
得遂於中路把住云甚麼處去山云九重
城裏去孚云忽遇圍遶又作麼生山云它
家自有青霄路孚云恁麼則離宮失殿去
山云何處不稱尊孚便休去歸謂雪峯云
一隻勝箭子被我拗折了也峯云它有語
在孚云者老漢脚跟未點地

偃草 於殄切仰也論語草上之風必偃

毗城癡愛 維摩詰經文殊師利云世尊殷
勤致問無量居士是疾何所因起其生久如當云何滅維摩詰言從癡
有愛則我病生以一切衆生病是故我病

若一切衆生得不病者則我病滅　**清擸**　潘岳閑居賦序曰擸者可以絕意乎寵榮之事築室種樹清揺自得此清擸也　**襄巖**　當作襄巖居士龐蘊字道
玄衡陽人也元和初方寓襄陽止遁巖竇今襄陽有龐公巖初參石頭次謁馬祖與
丹霞爲友後示疾州牧于公往省問居士乃曰愼勿空諸所有亦莫實諸所無善住
世間譬如影響言訖枕公膝而化　**難御**　音語禁也　**閉**　必別切叶韻

囓　正作齧五結切噬也　**林樾**　音越陰也　**堪爲**　當作堪輿　**徧索**　當作
徧索　**捋**　郎括切手取也　**后夜**　當作後夜　**擬寒山**　擬比擬也寒山子詩
云白鶴銜苦花千里作一息欲往蓬萊山將此充粮食未達毛摧落離群精愴惻却
歸舊來巢妻子不相識　**蓮城**　處州之仙都也　**㪣側**　上去宜切傾也
飛瀑　蒲木切山泉急下也　**再成古詩**　此詩前有和于秘丞白髮

詩一章蓋當時失於編錄故補之於此詩曰莖莖鬢上絲偶對菱花照孰爲當老顏
我曾幾年少知音知未知相逢且相笑　**商山吟**　商山即四皓所隱之地皓
爲鬢眉皎白老者之稱四皓者一東園公二綺里季三夏黃公四角里先生顏師古
曰四皓稱號本起於漢更無姓名可稱知此蓋隱居之人匿迹遠害不自顯秘其氏
族故史傳無得而詳班氏不載於書諸家皆臆說一無取焉在烏如在曰未見所出

角音祿　**芻狗**　老氏曰天地不仁以萬物爲芻狗說者曰東芻爲狗祭祀所用
事已則棄而捐之　**金粟**　十門辯惑論云維摩是金粟如來吉藏師云事
出思惟三昧經自云未見其本　**靠**　苦到切相違也　**㦸靠**　師一日見安巖問曰
春秋多少巖曰與陝府鐵牛同歲師曰陝府鐵牛年多少巖無語師因戲作此頌
疏黒白　所初切通也演義九云西域邪見九十五種爲十一宗統收所計不

出四見四見不出二因一是無而忽有是曰無因二是所計匱謬是曰邪因第十一無因論師計一切萬物無因無緣自然而生自然而滅故此自然是常是萬物因此計一切無染淨因如棘刺自織烏色非染鵠色自白瑜伽第七云何因緣故彼諸外道起如是見立如是法咨謂見世間無有因緣或時欻爾大風卒起或時一日寂然止息或時忽爾暴沙浰漫於一時間頓即空竭或時欝爾果木敷榮或一時間颯然衰

顇由如是故起如是見立無因論又此方莊生云夫鵠不日浴而白烏不日黔而黑黑白之村不足以為辨議者曰鵠白烏黑稟之自然以文會之正同無因邪見

蠢 尺尹切動也

靦 它典切面慚也

歸帝鄉 莊子夫聖人有道與物皆昌天下無道耿俗上僊乘彼白雲歸于帝鄉

偃溪 玄沙會中有道怤上座夜靜入室禮拜云道怤與麼來乞和上慈悲指箇入路玄沙云還聞偃溪水聲麼怤云聞沙云從者裏入怤即鏡清也

桃花 靈雲勤自雪峰謁玄沙沙云那裏何似者裏雲曰也祇是桑梓別無它故沙云柏然又云何不道雲曰道有甚麼難沙云便請雲乃成頌三十年來尋劒客幾回葉落又抽枝自從一見桃花後直至如今更不疑沙云灼然桑梓之能雲曰向道固非外物沙云是是雲曰不敢不敢沙云諦當甚諦當甘保汝未徹在雲曰和上還徹也未沙云與麼始得雲曰亘古亘今沙云甚好甚好遂作偈送行云三十年來只如常幾回落華放毫光自此一出雲霄外圓音體性應法王右二緣見光化三年智嚴所集玄沙廣錄

庭栢 僧問趙州如何是祖師西來意師云庭前栢樹子僧云和上莫將境示人師云我不將境示人僧云如何是祖師西來意師云庭前栢樹子

寶陀巖 西域記云梵語寶陀洛伽山此言孤絕處觀自在菩薩所居之山在南海中衆寶宮殿與大菩薩而為眷屬

末跡當作𨁈胡甲切末跡近也石城金陵之石頭城也鶪五各切鳥名巘魚蹇切山之峯宗雷宗炳雷次宗白蓮社客也詳見十八人霅史甲切吴與水名河聲西聽周朴詩湖州安吉縣門與白雲齊禹力不到處河聲流向西去衡山色遠浸水日光低中有高人在紗巾倚杖藜融老牛頭嬾融庵居山中以禪定爲業人來輒不起皆謂之嬾融居常飛走牽

銜花以獻自見四祖之後無有此異賦方遇切釋名曰敷布其義曰賦瑞雪臘爲瑞春爲災五六韓詩外傳云凡草木花多五出獨雪花六出玉馬晉書新蔡王騰發于并州於常山真定縣遇天大雪平地數丈雪融不積騰怪而使掘之得玉馬高數尺銅駝北涼錄云先酒泉南有銅駝出言虜犯者大雨雪沮渠蒙遜遣工取之得銅數萬斤灣烏關切水曲也趙州關諗和上示衆云

趙州關也難過僧云如何是趙州關師云石橋是又問僧云甚麼處來南來師云還知有趙州關否僧云須知有不涉關者師云者取私鹽漢衆中或以庭前栢喫茶去爲趙州關誤矣靈槎博物志云天河與海通海濱年年八月有浮槎往來不失信博望侯張騫乃多賫粮食乘槎而去忽忽不覺晝夜奄至一處見城郭居室室中多織女唯一丈夫牽牛臨渚不飲驚問之此人何由至此騫乃問此何處所曰君可

往蜀問嚴君平乃如其言君平曰某年月日有客星犯斗牛○因話錄云漢書載張騫窮河源言其奉使之遠實無天河之說唯張茂先博物志說賫粮乘槎到天河見飲牛丈夫遣問嚴君平客星犯斗牛即此人也後人相傳得支機石持以問君平都是憑虛河之說今城都嚴真觀有一石呼爲支機石皆云當時君平留之寶歷中子下第還家故京師途中逢官差遞夫舁張騫槎先在東都禁中今准詔系有司取進

不知是何物也先輩詩往往有張騫槎者相襲訛謬矣縱出雜書亦不足據也

霽 子計切說文云雨止雲罷曰霽

犹 余救切獸名似猿

煙水莊莊 洛京慧林寺故光祿卿李憕居第祿山陷東都憕以居守死之子源少時以貴游子豪侈善歌聞於時及憕死悲憤自誓不仕不娶不食肉居寺中五十餘年寺有僧圓澤富而知音源與之遊甚密促交語竟日人莫能測一日相約蜀青城峨嵋山源欲自荊州泝峽澤欲取長安斜谷路源不可曰吾以絕世事豈可復道京師哉澤默然久之曰行止固不由人遂自荊州路舟次南浦見婦人錦襠負甖而汲者澤望而泣曰吾不欲由此者為是也源驚問之澤曰婦人姓王氏吾當為之子孕三歲矣吾不來故不得乳今既見無可逃者公當以符呪助我速生三日浴兒時願公臨我以一笑為信後十二年中秋月夜杭州天竺外當與公相見源悲悔而為具沐浴易服至暮澤亡而婦乳三日往視之兒見源果笑具以語王氏以家財葬澤山下源遂不果行返寺中問其徒則既有命矣後十二年自洛適吳赴其約至所約聞葛洪川畔有牧童扣牛角而歌曰三生石上舊精魂賞月吟風莫要論慚愧情人遠相訪此身雖異性長存呼問澤公健否答曰李公真信士然俗緣未盡慎勿相近唯勤修不墮乃復相見又歌曰身前身後事茫茫欲話因緣恐斷腸吳越山川尋已徧却回煙棹上瞿塘遂去不知所之後二年李德裕奏源忠臣子篤孝拜諫議大夫不就死寺中年八十矣○煙水莊莊蓋頌家自有深意耳以文勢推之但創其遠情爾不必涉事尤為簡當然吾教論受生經論備載三緣啐啄一不可差安有此身未滅而先託質已三年矣設以菩薩入隨意生身一多自在者如此澤又何必見錦襠而泣耶詳此乃好事者為之而理不可考

遺我 余貴切

呈似君 請道夫揆句此

五當作注字寫見乇本 **謾瞞** 瞞當作謾欺也下倣此 **金槌** 槌當从金作鎚說文云鐵爲黑金故曰金鎚槌蠶出柱非義 **指南** 古今注云黃帝與蚩尤戰於涿鹿蚩尤作大霧迷於四方帝在車以指指南而示士卒擒蚩尤而斬之遂号指南車 **三尺** 吾佛攝應歸眞了無一相可得從眞起應乃有千尺丈六三尺之身以至獼猴鹿馬隨類化身三尺多引俱尸長者未見出於何經 **懲** 直陵切示也戒也 **革轍** 上古核切改也下直列切迹轍也 **傅大士** 大士婺州義烏人齊建武四年五月八日生于雙林鄉傅宣慈家名翕天監十一年納劉氏女名妙光生普成普光二子嘗致書于梁武帝自号當來解脫善慧大士後會西域僧嵩頭陀曰我與汝毗婆尸佛所發願今兜率宮衣鉢見在何時當還因命照水觀影見圓光寶蓋卽彌勒菩薩也 **德雲** 華嚴善財童子漸次南行向勝樂國登妙峯山於其山上東西南北四維上下觀察求覓渇仰欲見德雲比丘經于七日見彼比丘在別山上徐步而行見已往詣頂禮其足清涼疏王云忘所住位方爲得旨 **塗毒鼓** 泥洹經云佛告迦葉譬如良醫合和諸藥以塗其鼓若有衆鬬戰被瘡聞彼鼓聲一切悉愈唯除命盡及應死者此摩訶衍法鼓音聲亦復如是一切衆生聞其音聲婬怒癡箭不樂菩提未發意者犯四墮法及無間罪一切除愈唯除一闡提輩 **樂聞** 魚教切欲也 **毗耶離** 此云廣嚴維摩詰所居之城 **弋者慕** 楊子問明或問君子在治曰若鳳在亂曰若鳳或人不諭曰未之思矣曰治則見亂則隱鴻飛冥冥弋人何慕焉說者或引此緣則弋者何慕言不可慕也須意弋者慕固反此義 **透法身** 見雲門録上偈頌福頭上座緣 **潦倒** 上雲皓切下盧考切老之狀也 **啾秋** 卽由切古頌云揚湯不止

佛祖師來去新啾啾
依舊閙各各謂修真

祕魔巖 宋傳云名常遇姓陰
范陽人出家於燕北安國寺來居五臺山
之祕魔巖即文殊降龍之所因以爲名焉
常持一木叉每見僧來禮拜即叉却僧頸
云那箇魔魅教你去出家那箇魔魅教你
行脚道得也叉下死道不得也叉下死速
道學者少有酬對唯晉州霍山景通即大
禪佛也才到便趒入懷中坐師於霍山背
撫三下山便走出云三千里外誑我來

保福謾人 漳州保福從展禪師四謾人一問僧殿裏是甚麼佛僧云和上
定當看師云釋迦佛僧云莫謾人好師云
却是你謾我二問僧作甚麼業喫得與麼
大僧云和上也不小師便作蹲勢僧云和
上莫謾人好師云却是你謾我三問僧汝
名甚麼僧云咸澤師云忽遇枯涸者如何
僧云誰是枯涸者師云我是僧云和上莫
謾人好師云却是你謾我四問浴主湯鍋
闊多少主云請師量師便作量勢主云和

上莫謾人好師
云却是你謾我

緣生 緣生即十二因緣亦名十二緣生解脫論云一無明者
不知四諦二行者身口意業三識入胎一
念心名識四名色共相續心起心數法及
迦羅邏色五六入者六內入六觸者六觸
身七受者六受身八愛者六愛身九取者
四取十有者是業能起欲色無色有十一
生者於有陰起十二老死者陰熟曰老陰
壞散名死也又於一剎那中成十二因緣
如眼見色癡人起愛於此時淨樂者心癡

此謂無明思著是無明緣行心著此行緣
識知相應心數法及彼所造色緣故諸根
清淨是名色緣六入無明觸是六入緣觸
喜觸緣受欲受緣愛以著取淨樂是愛緣
取以著思是取緣有彼法起是
有緣生性已是老念散壞是死

布鼓 漢王尊爲
東平相謂王之太傅曰毋持布鼓向雷門
說者曰雷門越之會稽城門也有大鼓越
擊之聲聞洛陽布鼓以
布爲鼓無聲也毋音無

鐵券 僧問雪竇如何是緣

生義師云金剛鑄鐵券僧云學人不會師云閙市裏䦆僧云恁麼則行到水窮處坐看雲起時師云列下券去願切**名實無當**肇法師云夫以名求物物無當名之實以物求名名無得物之功物無當名之實非物也名無得物之功非名也是以名不當實實不當名名實無當萬物安在矣清涼國師云若實則名見面即應知名若名即實召火即應燒口**舂**當作舂書容切**崔嵬**上祖回切

下吾回切大高也**空生巖中**見後録須菩提巖中**圖畫**當作圖畫**五老師子**盧山記云棲賢寺寺之東北有五老峰歷歷可數中有師子峰狀若刻削雲物隱映尤所肖似廬山之勝此最為優者**居士**凡具四德乃稱居士一不求仕宦二寡欲蘊德三居財大富四守道自悟又菩薩行經云有居財之士居家之士居法之士居朝居山之士通名居士也**隈**為灰切倚也**太湖**

吳地志云大湖在吳縣西南四十里周回三萬六千頃一名具區澤**七百甲子**趙州從諗俗壽一百廿歲嘗有人問師年多少師云一串數珠數不足鎮府塔記云師得七百甲子歟七百甲子乃從舉一百廿之大數實一百一十六歲餘八月凡四萬二十日也**連城璧**史記趙國有卞氏璧秦欲以十五城易之趙遣藺相如進璧秦昭王得璧而不割地相如詐云璧有瑕取而指之因倚柱不還

日請割地齋戒五日方受璧王若急臣臣則頭璧俱碎王懼碎璧而不敢加害璧竟歸趙**悲風流水**古二曲名陳集琴書云仲尼作**嗚咽**嗚心有所惡若吐也咽聲塞也**希聲**見雲門録上**定乾坤句**雲門大師行腳時有官人問還有定乾坤句麼門云蘇嚕蘇嚕悉哩薩訶**蘭舟**還注蘭舟桂橈取香潔之異**八詠**唐沈約八詠登樓望秋月會圃臨春風秋至愍衰草寒來

悲落桐夕行聞夜鶴長征聽曉鴻解佩去朝市披褐守山東

碧雲 日暮碧雲合佳人殊未來儒釋先輩往往謂湯慧休詩也雪竇多用此意如送僧云碧雲流本是詩家又和頌書記云湯慧休辭豈易聞暮風吹斷碧溪雲是也按文選乃江淹擬慧休別怨詩實江淹作也

選佛 丹霞然始讀書方應擧長安遇禪客問云奚爲然曰選官客曰選官如何選佛然因扣選佛之由欣然感悟後得法於石頭也

難兄難弟 東漢陳元方子長文即陳群也與季方子孝先各論其父功德爭之不決咨於太丘太丘即陳寔元方季方父也太丘曰元方難爲兄季方難爲弟又晉王珉字秀傑少有才藝名出於兄王詢之右詔曰法護非不嘉僧彌難爲兄法護詢小字僧彌珉小字也

芳菲 音妨妃芳香草也菲草盛貌

玄沙 玄沙名師備福州閩縣謝氏子幼以漁釣爲業唐咸通初俄有出塵之志從芙蓉山靈訓受業三十落髮得戒於道玄律師布衲芒屩食才接氣而終日宴坐眺謁雪峰峰喜其善抖擻諸業居以頭陀稱之既得法於雪峰竟不它適晚居玄沙四方學者而輻湊焉嗣其道者頗盛如羅漢琛安國球甘露師席之白眉也然門弟子得其法而抱道嘉遁者不可得而詳僧傳禪録豈能悉數子嘗過杭之外沙瞻禮還鄉和上眞身其石刻云師諱道勤閩越李氏子從師落髮二十受具得正法眼藏於玄沙備建隆初入吳越抵錢塘之普安雖不開堂演唱而參玄入室者常盈五百興國丙子夏六月師忽謂侍僧曰吾還鄉矣僧莫之曉因索筆書偈云還鄉寂寂杳無蹤不掛孤帆水陸通蹋得故關田地穩更無南北與西東後三日正坐而盡壽六十臘四十五全身儼然今留院之北隅雖庭宇頹圮而瞻禮者踵武不絕以師有還鄉偈盛傳於時故不以名顯遂号還鄉和上云

袈裟 梵云袈裟此言不正色律云一切上

色衣不得畜當作袈裟業疏曰字本作
迦沙袈葛洪撰寧苑下添衣言道服也**刻**
燭竟陵王子良嘗夜集諸學士刻燭為
詩四韻者刻一寸以此為率共以為
無難逐擊銅鉢立韻響滅
則詩成皆可觀覽見南史
蘆芽穿膝觀
佛
三昧海經爾時菩薩坐於樹下入滅意三
昧三昧境界名寂諸根諸天啼泣淚下如
雨勸請菩薩當起飲食作是請時聲徧三
千大千世界菩薩不覺有一天子名曰悅

意見地生草穿菩薩肉上生至肘告諸天
曰奇哉男子苦行乃爾不食多時喚聲不
聞草生
不覺**為蓋**魏文帝詩西北有
浮雲亭亭如車蓋**蘿**此
云
高遠以其林木森聳出於餘木之上或擬
堅固誤矣由莎羅與婆囉聲相近也若呼
堅固則轉舌言之若呼**頏**下浪切**磷**力珍切
高遠則依乎言之也
在湍水
閑也**湯慧**湯俗姓也古沙門多以俗姓
或師姓稱之如竺道生帛道

猷竺法汰等是也自道安法師始稱釋氏
譯十誦律乃見其文四河入海無復河名
四姓出家同一釋種慧休字茂遠住長干
寺嗜酒好色輕釋侶慕俗意秉筆造牘文
辭斐然才鋒挺出名譽頓上至宋世祖孝
武敕令還俗授楊州文學從事意氣既高
甚有慚慨會出補句容令不得意而卒見
沈約宋書顏延之每薄湯慧休制作委巷
中歌謠耳方**紅葉**志閑頌云僧家無事最
當誤後生事幽閑近對青松遠對山

詩句不曾題落葉恐隨流水到人間又鄭
虔為廣文博士學書病無紙知慈恩寺有
柿葉數屋遂借僧房居止**今古情**嘗作合
取紅葉學書歲久殆徧古情見
它
本**槀**苦皓切莊子形
固可使如槁木**膺門**東漢孔融字
文舉魯國人
孔子廿世孫年十歲隨父詣京師時河南
尹李膺以簡重自居不妄接士賓敕外自
非當世名人及與通家皆不得白融欲觀
其人故造膺門語門者曰我是李君通家

子弟門者言之膺請融曰高明祖父嘗與
僕有恩舊乎融曰然先君孔子與君先人
李老君同德比義而相師友則融與君累
世通家衆坐莫不嘆息大中大夫陳煒後
至坐中以告煒煒曰夫人小而聰了大未
必奇融應聲曰觀君所言將不早慧乎膺
大笑曰高明必爲偉器
睽兆 上直引切吉凶形兆也
鶴樹 涅槃經爾
時世尊娑羅林下寢卧寶牀於其中夜入
第四禪寂然無聲於是時頃便般涅槃入

涅槃已其娑羅林東西二雙合爲一樹南
北二雙合爲一樹垂覆寶牀蓋覆如來其
樹即時慘然變白猶如白鶴枝葉花果皮
幹悉皆爆烈墮落漸漸枯悴摧折無餘
雙趺 見雲門錄上
學步 莊子秋水壽陵餘子之學行於邯鄲未得國能
又失其故行矣直匍匐而歸爾
大饗 當作大饗周禮掌客主合諸侯而饗則具
十二牢具百物諸侯爲賓大饗尚腶脩
而已矣謂不享味也腶丁貫切薑脯也
香

飯 維摩詰經云爾時舍利弗心念日時欲
至此諸菩薩當於何食時維摩詰知其
意而語言佛說八解脫仁者受行豈雜欲
食而聞法乎若欲食者且待須臾當令汝
得未曾有食於是維摩詰不起于座居衆
會前化作菩薩而告之言汝往上方界分
度如此二恒河沙佛土有國名衆香佛号
香積到彼如我辭曰維摩詰稽首世尊足
願得世尊所食之餘當於娑婆世界施作
佛事於是香積如來以衆香鉢盛滿香飯

與化菩薩時彼九百萬菩薩俱發聲言我
欲詣娑婆世界佛言可往須臾之間與化
菩薩至維摩詰舍維摩詰即化作九百萬
師子之座諸菩薩皆坐其上化菩薩以滿
鉢香飯與維摩詰香飯普薰毗耶離城三
千大千世界語舍利弗諸大聲聞仁者可
食如來甘露美飯大悲所薰無以限意食
之使不消也有異聲聞念是飯少化菩薩
曰勿以聲聞小德小智稱量如來無量福
德四海有竭此飯無盡使一切人食揣若

須彌乃至一切猶不能盡於是鉢飯悉飽衆會共諸食者身安快樂

鶖鷺 云舍利弗此言鶖鷺子以其母之眼如鶖鷺因母得名故云舍利子智慧第一辯捷無雙

鬱頭藍 普耀經云世尊逾城出家至檀特山始於阿藍迦藍處三年學不用處定知非便捨復至鬱頭藍處三年學非想非非想定知非亦捨普集經云菩薩於二月八日菩提樹下舉頭見明星悟道成佛欲先往報恩有神人報云阿藍迦已死七日鬱頭藍已死三日乃往鹿野苑度五俱輪

昳 徒結切日昃也

晡 奔謨切日加申時也

頂罩燒鍾 衆中或舉戴火鏁腹外道緣意甚不類當見蜀僧云此蜀語也川人或識人之無知則云燒鍾蓋却你頭往往喚作孟夏漸熱蓋雪竇川人也

雨花 王遇切從上而下曰雨

黃金宅 黃金宅僧伽藍之惣稱也賢愚經云須達長者欲買園造精舍祇陀太子言若能以黃金布地今聞無空者便當相與須達言諸謹隨其價太子言我戲語爾須達言太子不應妄語便使人象負金出八十頃中須臾欲滿殘餘少地須達思惟何藏金足不多不少當取滿之祇陀問言嫌貴置之答言不也自念金藏何者可足當得補滿祇陀念言佛必大德乃使斯人輕寶乃爾教齊且止勿更出金園地屬卿樹木屬我我自上佛共立精舍

鬧市 夾山和上垂語云鬧市裏識取天子百草頭上薦取老僧

撈 姉末切遍也

憍尸迦 六欲天主帝釋也大智度論云昔摩伽陀國中有婆羅門名摩伽姓憍尸迦有福德大智慧知友三十三人共修福德命終皆生須彌山頂第二天上摩伽婆羅門為天主三十二人為輔臣

俱胝老 婺州金華山俱胝和上始以庵居以尼實際激厲其志方有慕大之心俄然天龍至庵因具陳實際到庵之緣和之天龍竪一指示之師即顯悟將示宗之欲謂衆曰吾得天龍一指頭

禪一生用不盡言詮奄化天
龍翮大梅常即馬祖之的孫 糲竭飾 梵云糲竭
節此言杖智門祚和上綱宗歌云糲竭節
挂路布靈利衲僧通一路師子不捉麒麟
兒猛獸那堪牀下顧
糲或作剌郎達切
露冕 東漢郭賀字喬卿雒陽人
拜荊州刺史引見賞賜恩寵隆異及到官
有殊政百姓便之歌曰厥德仁明郭喬卿
忠正朝廷上下平顯宗巡狩到南陽特見
嗟嘆賜以三公之服黼黻冕旒敕行部去

幨帷使百姓見其容服以彰有德每
所經過吏人指以相示莫不榮之 蒼蒼
蒼蒼青青天之色穹穹窿窿天之形蓋
以天地之大德以比無私之政治也 倚
毗 猶毗倚也 生祠 古人有德政惠及生民往有遺愛去思為立生祠繪塑形
像以四時饗之東漢王堂字敬伯廣漢郪
人也永初中西羌寇巴郡為民患詔書遣
中郎將尹就攻討連年不剋三府舉堂治
劇拜郡守堂馳兵赴賊斬虜千餘級巴庸

清淨吏民為立生祠廟
即上廟祭也鄭千私切 蒲團 當以蒲作蒲水艸可以作
席蒲攜蒲
蔵也非義 猿猱 下奴刀切猴也 綸言 禮記緇衣子曰王言如絲
其出如綸王言如綸其出如綍故大人不
倡游言游猶浮也不可用之言也綍音弗
紫袍 僧史古之所貴名與器焉賜人章服極則朱紫綠皂黃綬乃為降次故曰
袇紫綬必得金章今僧但受其紫而不金
方袍非綬也尋諸史僧衣赤黃黑青等色

不聞朱紫披唐書則天朝有僧法朗等重
譯大雲經陳符命言則天是彌勒下生為
閻浮提主唐氏合微故由之革命稱周法
朗薛懷義九人並封縣公賜物有差皆賜
紫袈裟銀龜袋賜紫自此始也又玄宗時
友變頻至以寧王疾遣中使尚藥馳騖寧
午唯僧崇憲醫効帝悅賜緋魚袋又代宗
永泰年中章敬寺僧崇慧與道士角術告
勝中官鞏庭玉宣賜紫衣一副除魚袋也
今大宋唯誕節賜其或內道場僧已著紫

又賜紫羅衣三事謂之重紫

都護 西漢鄭吉會稽人也以卒伍從軍數出西域繇是爲郎吉初破車師國又降日逐王歸漢威震西域遂幷護車師以西北道故號都護都護之置自吉始焉顔師古曰並護南北二道故謂之都護都猶大也功也

百越 越圖經百越越之別名百以種類不一之稱亦名越絶猶破吳之惡越惡絶也或謂靈越言山海靈異所出

信旗 崔豹古今注信幡古徽號也幡亦旌纛以題表官号以爲符信故爲信幡若乘輿則畫白虎取其義而有威信之德也魏有東青龍南朱雀西白虎北玄武幟內黃龍亦信也今晉朝唯白虎示信用鳥取其飛騰輕疾也一曰鴻鴈燕乙有去來之信是也

白蘋汀 古詩柳惲江洲採白蘋惲嘗作吳興太守為政清淨人吏懷之

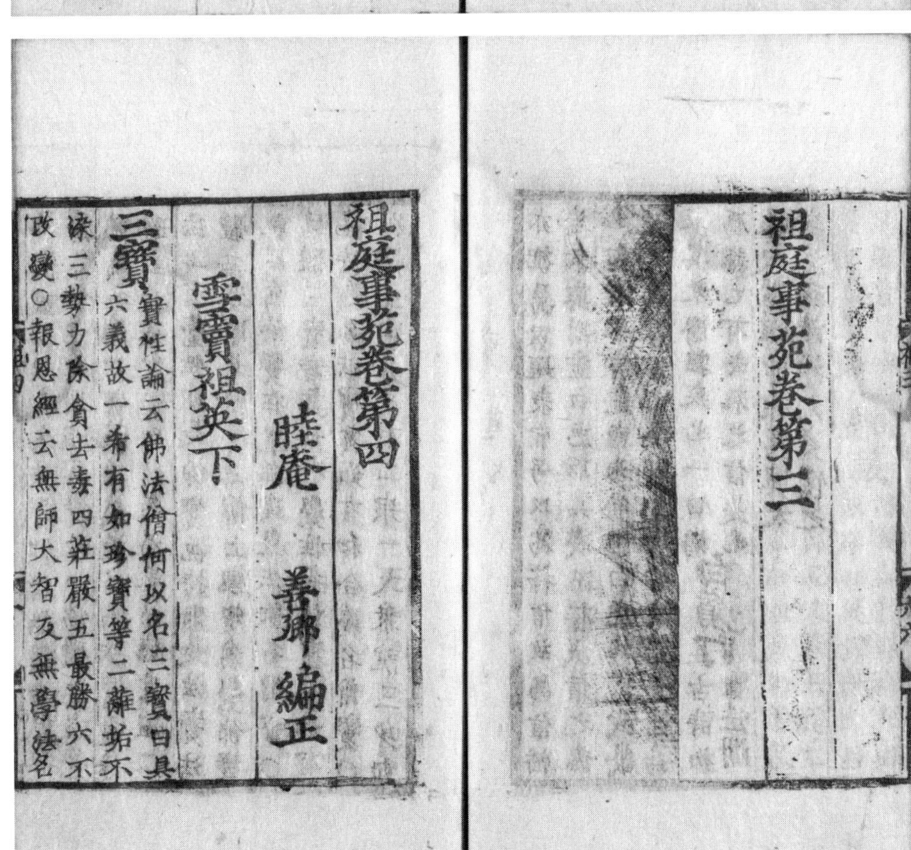
祖庭事苑卷第三

祖庭事苑卷第四

睦庵　善卿　編正

雪竇祖英下

三寶 寶性論云佛法僧何以名三寶曰具六義故一希有如珍寶等二離垢不染三勢力除貪去毒四莊嚴五最勝六不改變○報恩經云無師大智及無學法名

佛寶盡諦無爲名法寶聲聞無學功德智
慧名僧寶○同相三寶者一佛體上有覺
照義名爲佛寶軌則義邊名爲法寶違諍
過盡是名僧寶即以無漏界功德爲體二
法上有覺性即是佛寶軌持即是法寶法
體無遺即是僧寶三僧上觀智爲覺佛寶
軌則爲法寶在衆無違衆生故名僧寶○
同體三寶者真如有覺性名佛寶真如有
軌持義名法寶真如有和合義名僧寶○
別體三寶者此有二宗一大乘說三身如

來是佛寶空教是法寶三賢十聖是僧寶
二小乘說丈六金身是佛寶四諦十二因
緣生空教法是法寶四果圓覺是僧寶○
住持三寶者範金雕木繪塑形像是佛寶
三藏文句是法寶剃髮染衣同一理事是
僧寶○大方便報恩經優波離問佛者以
法爲師者於三寶中何不以法爲初佛言
法雖是佛師而法非佛不弘所謂道由人
弘故以佛在初　**或處**　音杵止也　**投報**　詩投我以木瓜報之以瓊玖　**襲**

以入切及也　**泠泠**　郎丁切清泠　**賡唱**　上音庚續也書廼賡載歌曰
蝕木　乘力切侵虧也　**係屬**　音燭連也　**萋斐**　下敷尾切文章貌　**甘**
蔗　世尊別姓有五一瞿曇氏二甘蔗氏三日種氏四舍夷氏五釋迦氏此五氏中
趣舉一姓即是言吾佛也　**蓮捧足**　大論云佛足行時去地四指蓮花捧足而
現印輻文在空者人疑難親附在地者與常人同傷物命及汙其足故去地四指

玉毫　如來額廣平正相中有三相一者所謂白毛相佛初生時王與夫人將太
子詣阿私陀仙令相太子仙人初見太子眉間白毛旋生於白毫邊有諸輪郭隨右
毛旋相師見毛長大即取其尺度量長短足滿五尺如琉璃筩又云眉間白毫相光
流出衆光作百寶色　**挨星**　乙諧切推也挨星謂月也即面如淨滿月貴休遇寶
道者詩云經泰歷趣搶千尺洛海挨星月一輪又般涅洹經云佛如明月弟子如明

星與月相隨時佛好如是

螺髮 佛言昔我在宮乳母爲我沐頭時大愛道來至我所悉達生時多諸奇特有人若問我汝子之髮爲長幾許我云何荅今當量髮知其尺度即敕我伸髮毋以尺量長一丈二尺五寸放已右旋還成螺文至我納妃沐頭毋復量髮正長一丈三尺五寸我出家時天人捧去亦長一丈三尺五寸至於成道以髮示父王即以手伸其髮從尼拘樓陀精舍至父王宮如紺琉璃遶城七匝大衆皆見若干色光不可具說斂髮卷光宛轉還住佛頂即成螺文○梁中大通五年詔遣沙門釋寶雲往扶南國迎佛髮正長一丈二尺又中大通三年八月武帝改造阿育王寺塔出塔下舍利及佛爪髮髮青紺色衆僧以手伸之亦長一丈二尺放之則旋屈如螺形見南史古今注云以螺有文章所以入髻婉轉盤紆似螺今佛順俗故爾

月眉 佛眉如初月相脩纖紺色可觀已上三緣並見觀佛三昧經纖直利切密也

瓔珞花鬘 西域記云國中人物首冠華鬘身佩瓔珞梵云俱蘇摩此云花梵云摩羅此云鬘西域結鬘師多用蘇摩那花行列結之以爲長貫無問男女貴賤皆以莊嚴或首或身以爲飾好在頭曰瓔在身曰珞鬘音蠻

卍字 觀佛三昧經云是時世尊披僧竭支示卍德字令諸比丘讀誦德字已知佛功德智慧莊嚴於卍字印中說佛八萬四千功德比丘見讚嘆佛言世尊甚奇特但於卍字說無量義何況佛心所有功德

頂珠 佛頂珠即世尊頂圓如珠常放光明非今繪塑者別加首飾如第二十九烏瑟膩沙相謂佛頂髮骨肉合成量如覆拳青圓珠妙又僧伽羅刹經云佛世尊頂髻髮常放光明世尊有如是微妙之首牢堅無缺編猶如圓蓋觀內髻相無比無有能見其頂者微妙之髮善生在頂各各細更無有參差螺文右旋煒煒光生其光照徹無有比等又論云佛頂肉髻螺文髮

常如人剃髮 由旬 此云合也應也計度量
後七日形 合應如此乃驛邏之類
五百里爲一俱盧舍八俱盧舍爲一由旬
此當三十里也梵語或俞旬或云由延或
云踰繕那 後得智 梁攝大乘論云從眞如
皆一也 流出正體智正體智流
出後得智後得智流出大悲心大悲心流
出十二部經名爲勝流勝流法界通達勝流法
界得無邊 貫花 雜心論解經具五義一謂
法音果 涌泉二謂貫花三謂顯示

四謂繩墨五謂結鬘又梵語蘇 標月 圓覺
怛羅此云綫取貫穿攝持之義 修多
羅教如標月指若復見 過量劫 梵云劫波
月了知所標畢竟非月 此言時分
又云日月歲數謂之時成住壞空謂之劫
過量謂過筭數之量
剎那心 新婆沙論云彼剎那量云何可知
有作是言依施設論說如中年女
紡績毳時抖擻細毛不長不短齊此說爲
怛剎那量彼不欲說毛縷短長但說毳毛

從指間出隨指出量是怛剎那間問剎那
何緣乃引施設怛剎那量答此中舉麤以
顯於細以細難知不可顯故謂百廿剎那
成一怛剎那又俱舍云有力丈夫一彈指
頃有六十 四衢 爾雅一達謂之道路二達
三剎那 謂之岐旁三達謂之劇旁
四達謂之衢五達謂之康六達謂
之莊七達謂之劇驂八達謂之逵 五欲 色
聲香味觸大論云世間中五欲無不愛樂
於五欲中觸爲第一能繫人心如人墮在

深泥難可救濟若受餘欲猶不失智慧婬
欲會時身心荒迷無所省覺深著自沒是
故出家法中 綻 直莧切說文 蕖 強魚切
婬戒在初 云衣縫解也 芙蕖 斥
昌石切 衆魔 梵云魔波旬此言殺者又云奪命能斷
逐也 慧命故智論問云何者是魔答是名
自在天主雖以福德因緣生彼而懷諸邪
見以欲界衆生是己人民雖復死生展轉
不離我界若復上生色無色界還來屬我
若有得外道五通亦未出我界皆不以爲

憂若佛及菩薩出世者化度我民拔生死根入無餘涅槃永不復還空我境界是故瞋恨嫉疾

安車 法花云此舍已爲大火所燒我今諸子若不出時必爲所焚我今當設方便令諸子等得免此害父知諸子先心各有所好種種珍玩奇異之物情必樂着而告之言汝等所可玩好希有難得汝若不取後必憂悔如此種種羊車鹿車牛車今在門外可以遊戲汝等於此火宅宜速出來

義天 涅槃云以何義故十住菩薩名爲義天以能善解諸法義故云何爲義見一切法是空義故

熒熒 戸扃切光明也

拯 蒸字上聲呼舉也

躊躇 音紬除猶豫不前也

半偈 見雲門録下

斆 音効當作效像也斆敎也非義

舍身 本行經云我於過去千轉輪王王行四天下臨欲終時千聖王各以國土付其太子於雪山中各立草庵求無上道時有一大夜叉身長四千里左手持劍右手持叉住聖王前高聲唱言唯王矜愍施少飲食時千聖王言我等普願一切施與各授以仙果夜叉怒弃置地我今飢急唯須心血何用果爲王告夜叉一切難捨無過己身時有一婆羅門名牢度跋提言唯願大聖爲我說法我今不惜心之與血時大夜叉即爲說偈欲求無爲道不惜身心分割截受衆苦能忍猶如地亦不見受者求法心不悔一切無悋惜猶如救頭然聞是偈已即持利刀刺胸出心授與夜叉有五夜叉從四方來爭取分裂食已大𠮷告千聖王如此施者乃可感佛時千聖王驚怖退沒不欲善提生變悔心各還本國

激閙 古歷切發也

賾幽 士革切探賾也

花雨 梁僧傳釋法雲姓周氏陽羡人晉平西將軍處之七世也初產在草見雲氣滿室因以名之七歲出家更名法雲大監中極受隆遇初雲年在息慈雅尚經術於妙法華研精累思品酌義理始末照覽乃往幽巖獨講聖典竪石爲人松葉爲拂自唱自導

兼通難解所以垂名梁代嘗一日講散感天花狀如飛雪滿空而下延于堂內外空不墜訖講方去

虎馴　四祖至牛頭峯見嬾融融引祖入後庵唯見虎狼之類祖乃舉兩手作怕勢融曰猶有者箇在祖曰適來見甚麼融無語祖於融坐石上書一佛字融覩之悚然祖曰猶有者箇在融不之曉

稽詮　上古兮切留止也

塚宿　十住論云頭陀行常住於塚間死人處其有十利一常得無常想二得死想三

得不淨想四一切世間不可樂想五當得遠離一切所愛人六常得悲心七遠離戲調心八心常厭離九勤行精進十能除怖畏

練若　亦云蘭若又云阿蘭拏此云空寂亦云閑寂閑亦無諍之義也

諠猾　戶八切狡猾也

方外　莊子大宗師孔子曰彼遊方之外者也而丘遊方之內者也方謂區域也

三際　過去未來現在

四禪　初禪三天梵衆梵輔大梵二禪三天少光無量光光音三禪三天少淨無量淨遍淨四禪九天

福生福愛廣果無想無煩無熱善現善見色究竟共一十八梵禪梵皆以清淨爲義

逝水　論語子在川上曰逝者如斯夫不舍晝夜

苾蒭　西國草名含五義不離一體性柔軟喻出家能折伏身語麤獷二引蔓旁布喻傳法度生延連不絕三馨香遠聞喻出家戒德芬馥爲衆所聞四療疾病喻出家能斷煩惱毒害五常不背日光喻出家人常見光明苾毗必切芻測虞切

馥　房祿切芬馥也

僧祇　梵云僧祇此言無量謂世尊經三僧祇修行自十信初發心至世第一名初僧祇從見道至第七地末名第二僧祇從第八地至解脫道名第三僧祇此三祇外方得成佛

玳瑁盂　玳瑁盂經律所不載玳音代瑁莫代切西漢注張揖云形如觜蠵甲有文又異物志云玳瑁如龜生南海大者如籧篨背上有鱗鱗大如扇有文章將作器則煮其鱗如柔皮佛制除瓦鐵餘不許畜頌家恐欲偶對耳今按南山缽器

聽制曰鉢一二亍下中阿含云鉢者應器
律云量腹而食度身而衣趣足而已韓文
大要有二泥及鐵也五分有用白銅鉢者
佛言此外道法畜者得罪佛自作鉢坯以
爲後式十誦畜金銀琉璃鑼木石等鉢非
法得罪四分亦爾五分畜木鉢偷蘭僧祇
云是外道標故又受垢膩今世中有夾紵
鉢髹鉢漆鉢瓷鉢並是非法義須毀之又
宣公問天人持鉢緣答曰如來成道已至
第三十八年於祇桓精舍令文殊鳴鐘召

集十方天龍及比丘衆諸大菩薩普告示
云我初踰城至瓶沙國入山修道天魔迷
道山神示我即語我言我曾於往古迦葉
佛般涅槃時留一故瓦鉢囑我護持待如
來下生令我付世尊世尊成道先須受我
此鉢次及四天王鉢我語山神若得成佛
當如汝言此所謂盂傳古佛先也蕭即叔
切蠵弋規切蘧渠於切蘧篨竹席也江東
呼蘧也視音涅東木也

虛生白 莊子瞻彼闋者虛室生白說者曰瞻觀照
也彼前境也闋空也夫觀察萬有悉皆空
寂故能虛其心室乃照真源而智慧明白
隨用而生白道也闋苦穴切

羽翮 下革切羽六翼

清羸 力爲切瘦也

日角 朱建平相書云額有龍犀入髮左角日右角月皆極貴也上可以王天下

摛藻 上丑知切下子晧切摛布也藻文辭

玉堂 翰林院也在禁中乃人主
燕居之所承明金鑾殿皆在其間應供奉
之人學士已下工伎群官司隸籍其間者
皆稱翰林

彪炳 或問君子言則成文動則成德何以也以其彌中而彪外也彪
必幽切炳蒲萌切炳也

八元 高辛氏才子八人忠肅恭懿宣慈惠和天下之
人謂之八元曰伯奮仲堪叔獻季仲
伯虎仲熊叔豹季貍見左氏春秋傳

列旆 蒲蓋切旗也

天籟 落蓋切風吹萬物有聲也

中台 黃帝泰階六符經云
太階者天之三階也亦云三台上階爲天
子中階爲諸侯公卿大夫下階爲士庶人

又晉陽秋云張華將死中台星遂圻太元中後還合正蓋太傅謝安爲相所致也鳥道猶虛空也洞山玄中銘擧足下足鳥道無殊坐卧經行莫非玄路伊途當作伊余猶是我也太白四明之天童峯名扃古螢切戶外之門關也商頌毛詩商頌以中宗有桑穀之異懼而修德其道後與故有此詩又莊子曾子居衛縕袍無表顏色腫噲手足胼胝三日不擧火十年不製衣正冠而纓絶

捉衿而肘見納屨而踵決曳縰而歌商頌聲滿天地若出金石郢歌見祖英上陽春白雪杼辭當从木作杼文呂切機之持緯者和頌即和天童新和上見訪之什新後住金山有朝陽集廿卷有訪酬雪竇并會宿三詩頌佳輒錄于後貴知當日之勝集○訪雪竇禪師我本人外人來尋人外境衣飃颯颯風步上蒼蒼嶺廿路望巳遠幽懷轉澄凝殿閣出雲嵐杉松接清廻此中有知識吾門曰藩屏道

將諸祖齊身與虛空靜見我服忽青逵袂若殄影石磴對山花砂甌滿春茗論禪道巳同經宵目不瞑攜手出長林月在諸峯頂○依韻酬雪竇島字十韻昔聞太白峯海際如仙島松門多紫煙間壑生瑤草何期一日來歸舟千里道放意逐雲泉築室理衰槁勝遊旣在茲幽人亦探討古者三擇鄰良恐不自保命駕登雪山鳴足雪山光欽聞一夜話軒豁十年抱賦性巳昏默通辭慚美好敢謂報瓊瑤璨璨垂高藻○

山中會宿雪竇禪師蒲團斜倚枯木牀瓦炉烟冷栢子香或言或默坐長夜秋山月上英磬堂珍瓏當作玲瓏洌泉當从水作洌音列易井洌寒泉凝乃挺切叶韻浮根楞嚴我今觀此浮根四塵只在我面九包瑞應圖云鳳有九包一曰歸命二曰心合度謂天度也三曰耳聽達四曰舌屈伸五曰彩色光六曰冠短州當朱色也七曰銳鉤八曰音激揚九曰腹戶十影見祖英上十影神駒

爭衡 相與提衡也又衡平也言二人齊也東漢陳蕃傳曰蕃能樹立風聲抗論惛俗而驅馳險阨之中與刑人腐夫同朝爭衡 闒茸 蔡琬取郎者曰茸 磊 猥切衆石貌 昏瞑 天童詩云經宵目不瞑雪竇和瞑世非昏瞑然誤押瞑爲瞑瞑音著目不明也瞑莫定切夕也故字从日 佇 宜呂切立也 武陵 今鼎州之邑名 元化 猶造化也 祕邃 雖遂切深也 善卷 善或作單武陵德山

有善卷壇 桃花 陶潛桃花源記晉太元中武陵人捕魚緣溪行忘路忽逢桃花林夾數百步無雜樹木漁人甚異之復前行欲窮其林林盡水源便得一山山有小口彷彿若有光便舍船從口入初極狹行數十步豁然開朗屋舍儼然男女衣著悉如外人見漁人乃大驚問所從來具荅之便要還家爲設酒殺鷄作食村中聞有此人咸來問訊自云避秦時亂來此絶境不復出焉漁人停數日辭去既出得其船便

扶向路處處誌之及郡下詣太守說如此即遣人隨其往尋向所誌遂迷不復得路 麟趾 昔鼎之梁山嘗有騶虞出騶虞仁獸也太平則出今言麟趾蓋近似而用之耳 吾祖 即宣鑒禪師武陵太守薛廷望請居德山古德禪院雪竇乃雲門之直派故云吾祖 消息 消盡也息生也謂可加即加可減即減 舜讓 見祖英上單卷 誕 徒旱切育也 海甸 堂練切郊也周禮九夫爲井四井爲邑四

六月息者此鳥之往来必數往半年方可動也 搏飛翔也扶搖風勢也 歟作撃

海運者海動也今海瀕之俚款猶有六月海動之語海動必有大風其水涌沸自海底而起言必有大風而後可以南徙也 南冥亦海也莊子又以天池訓之

邑爲丘四丘爲甸四甸爲縣 搏風 莊子北冥有魚其名曰鯤鯤之大不知其幾千里化而爲鳥其名曰鵬鵬之背不知其幾千里怒而飛其翼若垂天之雲是鳥也海運則將徙於南冥南冥者天地也水擊三千里搏扶搖而上者九萬里去以六月息也搏關也扶搖旋風也 倶學 雲門垂代云會佛法如恒河沙百草頭上道將一句來自代云倶 輥毬 見雲門室録 藍一色 荀子青出

池

於藍而青於藍氷水為之而寒於水
辰錦珠 洞山初頌云辰錦珠砂未為赤今云敢言赤反初意也辰錦二州名丹砂所出之地錦州今源州麻源縣是矣
紫羅帳 與化示衆云我聞前廊也喝後廊也喝直饒喝得與化上三十三天撲下無一點氣待我蘇省後向你道未在何故與化未曾向紫羅帳裏撒真珠與人在
玄沙猛虎 玄沙備與天龍入山見虎龍云前面是虎沙云是汝

雪竇拈云要與人天為師前面端的是虎
温故 論語温故而知新可以為師矣温尋也尋以持之也
嚬呻 上毗真切下失人切敵韈自在無畏
樂 音諤當也
瞞頇 上毋官切下河干切大面貌
從事 墻從切幕官
隍城 上湖光切城池也有水曰池無水曰隍
芍藥 崔豹古今注云芍藥有二種有草芍藥有木芍藥木者花大而色深俗謂牡丹非也牛亨問曰將離相別贈以芍藥何也

答曰芍藥一名何離故招贈猶相招贈以文無文無一名當歸也
折柳 古樂府有折楊柳乃行役別離之意故送別多用此事非直謂折柳也吳兢樂府題解序云樂府之興肇於漢魏歷代文士篇詠實繁或不取本章便斷題取義贈夫利涉則述公無渡河慶彼再誕乃引烏生八九子賦雉斑者但美繡頸錦臆歌白馬者序馳驟亂踏類皆若茲不可勝載遂相祖襲積用為常欲令後生何以取正
未央

猶未半也
蘢龕 苦含切龕塔也
搘 章移切拄也
𩠐 古玩切首𩠐也
羸 當作贏餘輕切有餘賈利也羸力為切疲極也非義
滔空 當作涵空音咸同也
濺 作甸切說文云激水散也
與誰看 當作與人看
漣漪 上力延切下於離切風動水紋貌
賁 彼義切飾也
愈風 魏陳琳字孔章太祖曹操令作檄書草成乃呈太祖讀曰愈我頭風○檄刑狄切二尺書也从木敫聲檄

宜布明白其事字从木者古未有紙書文字於木文插鳥羽於上以示速又檄書者
罪責當伐者也又陳彼之惡說此之德曉慰書也敫音擊 舶 傍陌切海中大船也
惠持 當作慧持鴈門僧即廬山遠之弟也 國器 昔唐相始興公張九齡方
為童其家人攜拜六祖祖撫其頂曰此奇童也必為國器者言其器用重大可施於
國政也 龍頭 魏志華歆邴原管寧俱游學三人相善故時人號三人為一龍

謂歆為龍尾原為龍腹寧為龍頭故今為魁者號龍頭歆虛金切 氣毬頌
仰山頌云四大假合是虛妄肚裏元來無實相出門不見須菩提不覺騰身空裏颺
法眼云四大假合是虛妄從此與君談實相出門不見一纖毫滿目白雲與青嶂
龍侗 上力董切下乜孔切未成器也又直也一曰長大也 雪老入嶺
雪峰嘗有頌云光陰倏忽暫須臾浮世那能得久居出嶺始年三十二如今早是四

旬餘宅非不用頻頻舉已過當須旋旋除為報滿朝朱紫道閻羅不怕佩金魚
渺茫 上彌沼切渺茫水遠貌 子規深夜啼 沙門靈一宿越州雲
門詩云幽人自愛山中宿況近葛洪丹井西門前有箇長松樹半夜子規來上啼
齊物 莊子齊物篇大意均彼我平是非明自然也郭象云夫自是而非彼美已
而惡人物莫不皆然然故是非雖異而彼我均也 秋水 君子之交淡若水小人之

交甘如醴君子淡以親小人甘以絕彼無故以合者則無故以離也見莊子 沖
雲 音蟲沖雲謂天也 茸茸 如容切草生貌 涓霜 當作隕霜 相治
音持攻理也 學海波瀾 崔珏哭李商隱丞紀星郎字義山謫歸幽壤抱
長歎辭林枝葉三春盡學海波瀾一夜乾風雨易吹燈燭滅姓名長在齒牙寒應游
物外攀琪樹便著霓裳上玉壇 賦沖雲鶴 當云賦沖雲鶴送豐進二上人

旌飛星旒蓋 喇 力葛切喝 風幡競辨 老盧
相對二意 喇言急也 自傳
衣之後至儀鳳初届南海遇印宗法師於法
性寺講涅槃盧寓止廊廡間暮夜風颺刹
幡聞二僧對論一云風動一云幡動往復
酬對曾未契理盧曰可容俗士預高論否
曰願聞子說曰不是風動不是幡動 筏 房
仁者心動印宗竊聆此語悚然異之 越
切大曰筏小曰 新開 即巴陵新開禪院顥
桴乘之渡水也 鑒大師拈風幡因緣

云祖師道不是風動不是幡 懵懂 上莫孔
動既不是風幡向甚麼處著 切下多
動切心 漁父 說文云漁捕魚也南史云漁
亂也 父者不知姓名亦不知何許
人也太康孫緬為潯陽太守落日逍遥渚
際見一輕舟凌波隱顯俄而漁父至神韻
蕭洒垂綸長嘯緬甚異之乃問有魚賣乎
漁父笑而荅曰其釣非釣寧賣魚者緬益
怪焉遂褰裳涉水謂曰竊觀先生有道者
也終朝鼓枻良亦勞止吾聞黄金白璧重

利也驅馬高蓋榮勢也今方王道文明守
在海外隱淪之士靡然向風子胡不贊緝
熈之美何晦用其若是也漁父曰僕山海
狂人不達世務未辨賤貧無論榮貴乃歌
曰竹竿籊籊河水㵐㵐相忘為樂貪餌吞
鈎非夷非惠聊以忘憂於是悠然鼓棹而
去枻音裔檝也籊 冉冉 而琰切 艇 徒鼎切
他的切竹竿貌 漸生貌 小舩也
鯤鯨 上古渾切下渠京切二 嘔啊 上烏侯
大魚也雄曰鯨雌曰鯤 切下烏

何切小 嗚呃 上於胡切嘆辭也下 噓嚱
兒語也 於祇切喔咿強笑喙也
上音虛下許其 暈 音運日 偕游 音皆 韓愈
切戲作聲也 光氣也 俱也
字退之昌黎人父仲卿無名位愈生三歲
而孤養於從父兄幼刻苦學儒不俟奬勵
尋登進士第辟藩鎮賓佐發言真率無所
畏避操行堅正拙於世務累官至吏部侍
郎年五十七卒憲宗元和十四年正月丁
亥迎鳳翔法門寺佛骨至京師留禁中三

日乃送諸寺王公士庶奔走舍施如不及
愈上佛骨論極言其弊憲宗怒甚間一日
出疏示宰臣將加極法裴度等諫言愈罪
太重乃貶潮州刺史愈至潮陽上表其略
云臣經涉嶺海水陸萬里州南近界漲海
連天毒霧瘴氛日夕發作臣少多病年才
五十髪白齒落理不久長單立一身朝無
親黨居蠻夷之地與魑魅爲群上覽而憫
之授袁州刺史而禪録諸書載云憲宗迎
佛骨入禁中而靈感發光百辟拜賀唯愈

端立上問何以不拜愈曰臣頃嘗看佛書
佛光非青黃等相此但神龍衛護之光上
問如何是佛光愈無以爲對翊日遂撰佛
骨論上進憲宗頗怒貶愈潮州刺史愈嘗
有詩示姪湘云一封朝奏九重天夕貶潮
州路八千欲爲聖明除弊事豈將衰朽惜
殘年雲橫秦嶺家何在雪擁藍關馬不前
知汝遠來深有意好收吾骨瘴江邊既至
潮聆大顛禪師之名累邀之不至一日大
顛特往謁之愈曰三請不來不召何來曰

三請不來爲侍郎不召而來爲佛光愈白
如何是佛光顛曰看看後又問曰軍國執
掌佛法省要處乞師一言顛良久時三平
爲侍者乃敲禪牀三下顛問作甚麼平曰
先以定動後以智拔愈曰和上機峻愈却
於侍者處得箇入路遂拜三平而退愈嘗
有三帖召顛云○愈啓孟夏漸熱惟道體
安和愈弊劣無謂生事與宿到此久聞道
德竊思見顏色非到來未獲參謁已帖縣
令具舟奉迎日夕佇瞻愈白○愈啓海上

窮處無以話言側承高道思獲披接輒有
咨屈此旬晴明不甚熱儻能乘閑一訪實
謂幸也愈白○愈啓惠勻至辱答問珍悚
無已所示廣大深迥非造次可量傳云書
不盡言言不盡意然則聖人之意其終不
可見耶如此讀來一百遍不如親面而對
之愈聞道無疑滯行止拘縛苟非所戀著
則山林閑寂與城隍無異大顛師論甚宏
博而必守山林不至州郡自激修行獨立
空曠無累之地者非通道也勞於一來安

于所識道故如是不宜愈顙首○字嘗讀
韓子與孟簡書謂來袁州留衣與大顛爲
別乃人之情非崇信其法以來福田利益
也今覩禪錄大顛侍者三平擊禪牀以接
韓且曰先以定動後以智拔韓謂大顛曰
愈雖閒道於師而在此上人處得入遂拜
之若其實有所證入必不自欺自擀也書
稱大顛實能外形骸以理自勝韓既知大
顛之理勝已是崇信其法而爲此言也詳
所荅孟簡書乃欲泯其信佛之迹而護其

儒名耳不然以三帖
招大顛顧見之何耶　**民瘼** 莫各切病也　**買山** 釋支
道字道林幼有神理聰明秀徹年廿五出
家受業講誦之外猶善莊老爲時賢所重
晚年入會稽剡山沃洲小嶺買山爲嘉遁
之鄉又嘗入山陰講維摩詰爲都講人
嘗有遺遁馬者遁愛而養之時或有譏之
者遁曰愛其神駿耶復畜耳後有餉鶴者
遁曰爾冲天之物寧爲耳目之翫乎遂放
之世説新書云支公因人就深公買隱山

深公曰未聞巢
由買山而隱　**枉** 紆往切邪曲也　**字人** 養人也易十年乃字
道安 梁僧傳釋道安姓衛氏家世英儒七
歲讀書十二出家長於講論形貌甚
陋才辯如流時人有語云漆道人驚四鄰
時襄陽習鑿齒鋒辯天逸籠罩當時聞安
至止即往造謁既坐稱四海習鑿齒安曰
彌天釋道安又與行次習在前云角之
伏之坑礫在後安云颺之播之糠粃在前
人以爲佳對習嘗有書與謝安石云來此見

釋道安無變化技術可以惑常人之耳目
無重威大勢可以整群小之參差而師徒
肅肅自相尊敬洋洋濟
濟乃吾由來所未見　**鴛鷺** 上於元切下魯故切辯林
云文如鴛鷺之行
武如虎豹之行　**蒹葭** 上古甜切下古牙切蘆荻也　**少
室** 即嵩山少林初祖面壁之處西征記云其山東爲大室西謂少室高八百六十
丈上方十里少室與　**十字** 其說見瀑泉雪峰塔銘　**參**
太室相望但小耳

星参星名與商星出没不相見今事有不
偶者故用此意春秋昭元年傳昔高辛
氏有二子伯曰閼伯季曰實沈居于曠林
不相能也日尋干戈以相征討后帝不臧
遷閼伯於商丘商人是因故辰為商星遷
實沈于大夏主参唐人是因以服事夏商
閼於葛切沈音審能音耐**隔身**雲門如何是隔身句自代云初三十一**扣**
門僧問雲門如何是扣門句門云打**窠窟**上苦禾切下枯骨切**思**

遲遲思去聲呼**天倫**穀梁傳云兄弟天倫又楞嚴云佛告阿難汝我同氣
情均天倫○兄弟上下相次恩愛相屬蓋
自然而然非使之然也故曰天倫倫理均
等也**亮襌者**亮本蜀人頗通經論參馬祖悟道且曰某所講經論已謂佛法
無它今日被馬大師一問平生功夫
冰釋乃隱洪洲西山自後更無消息**陸羽**
字鴻漸隱苕溪自稱桑苧翁久拜召不就
性嗜茶著經三篇時鬻茶者至陸羽形置

煬突間祀為茶神見唐書隱逸傳羽小事
竟陵禪師智積異日在它處聞禪師去世
哭之甚哀乃作詩寄情其略云不羨白玉
醆不羨黃金罍不羨朝入省不羨暮入臺
千羨萬羨西江水曾向竟陵
城下來見李孝美文房鑒古**雀舌**謂茶芽也茶貴
出處而不貴至嫩古人謂茶芽為雀舌麥
顆此言其嫩也蓋北人無茶鑒遂以嫩為
奇今以茶為鎗旗者長雖盈寸而
尚未校棄雀舌麥顆何足道哉**解醒**當作

解醒音呈醉而覺也英醒同韻**草中英**茶詩云嫩芽香且靈吾謂草中英夜
臼和煙擣寒爐對雪烹羅憂碧粉撒嘗見
綠花生最是堪珍重能令睡思清此詩非
鄭谷都官也乃五代時鄭遨所作遨字雲
叟滑州白馬人唐明宗祖廟諱遨故世行
其字遨少好學敏於文辭唐昭宗時舉進
士不中見天下已亂有拂衣遠去之意欲
攜其妻子與俱隱其妻不從遨乃入少室
山為道士其妻數以書勸遨還家輒投之

於火後聞其妻子卒一慟而止遨遊與李振
故善振後事梁貴顯欲以禄遨遨不顧後
振得罪南竄遨徒歩千里往省之由是聞
者益高其行與道士李道殷羅隱之友善
世目以爲三高士遨種田隱之賣藥道殷
有釣魚術鉤而不餌又能化石爲金遨嘗
驗其信然而不之求也唐明宗以左拾遺
晉高祖以諫議大夫召之皆不起即賜號
爲逍遥先生遨好飲酒弈棊時時爲詩章
落人間人間多寫以縑素相贈遺以爲寶

至或圖寫其形掛于屋壁云**屨**九遇切屨屬**拂雲霧**晉衛瓘見樂廣
白見此人瑩然若披雲霧而覩青天也**白鷴**戶閒切形似雉尾長四五尺
青戢阻立切戢翼**拔亦**當作拔亦見它本**峩峩**五何切高峻皃
霄岸猶天際也**少微星**少微一名處士星晉陽秋云會稽謝敷字
慶緒隱于若耶山忽月犯少微時戴逵名著於敷時人憂之俄而敷死故會稽人士

嘲吳人曰吳中高士求死不得**三館**一昭文二史館三集賢唐兩京皆有三館
逐館命修撰文字而本朝三館合爲一並在崇文院中景祐中命修總目即在崇文
院餘各置局他所叢被人所見**致君**謂致君爲堯舜者重臣之職也又白虎通
曰致仕者致其事於君君不使自去者尊賢者也**蒲輪**西漢枚乘字叔淮陰
人也爲吳王濞郎中吳王謀逆乘奏書諫王不納乘去而之梁吳王果反卒見禽滅

漢既平七國乘繇是知名武帝即位乘年老延以安車蒲輪徵乘道死蒲輪以蒲裹
車輪懼聲之喧也準正備切**堰**於幰切壅水也**嚬眉**符真切笑也當作顰
慼也**悰**才宗切慮也**浮圖**梵語佛陀或云浮圖或云部多或母馱或浮陀
皆五天語今並譯爲覺道士三破論云佛舊經本云浮屠羅什改爲佛徒知其源惡
故也所以詺爲浮屠胡人兇惡故老子化之其始不欲傷形故髡其頭況屠割也釋

順法師曰經云浮圖者梵語也或可謂聖
瑞靈圖浮海而至故云浮圖也吳中石佛
泛海倏來即其事矣今子敢圖像之圖爲
刑屠之屠則泰伯端委而治故無懿德仲
薙剪髮文身從俗致化遺子今日離吠聲
之尤事有似而非非而似者外書以仲尼
爲聖人內經云足者文也或有謂仲尼爲
女子汝豈信之哉猶如圖屠之相類亦何
以珠
否 部鄙切塞也
辭黃蘗 臨濟義玄初參黃蘗運以契玄旨一

日辭黃蘗蘗曰甚麼處去曰不是河南即
是河北蘗拈拄杖便打濟捉住拄杖云者
老和上莫盲枷瞎棒已後錯打人去蘗喚
侍者把將几案禪板來濟曰侍者把將火
來蘗曰不然子但將去已
後坐斷天下人舌頭去
一角 春秋感精符曰麟一
角明海內共一主也
半途 雲門舉盤山語云光境俱忘復是何物直饒與麼道
猶是半途未是透脫一路僧問如何是
透脫一路門云天台華頂趙州石橋
送

文吉 正字避御名
餅謝 謝猶落也
倲 空旱切
嘲 陟交切嘲嘘
犀炬 晉温嶠至牛渚磯傳言水深不可測
乃燃犀角照之須見水族奇怪或乘
車馬至夜夢人謂曰與君幽明道
隔何苦相照嶠甚惡之未幾而卒
鳳膠 鳳膠
出鳳麟洲洲在西海中地面方正一千五
百里四面皆溺水遶之上多鳳麟數萬爲
群煑鳳喙及麟角令煎作膠名續絃膠一
名連金泥弓弩已斷之絃刀劍已斷之鐵

以膠連續終不脫也漢武帝天漢三年巡
北海祠恆山王母遣使獻靈膠四兩帝以
付外庫不知膠之妙也以爲西國雖遠而
貢者不奇帝幸華林苑射虎而弩絃斷使
者時隨駕因上言請以膠一分口濡續弩
絃帝驚曰異物也乃使武士數人對帝引
之終日不脫勝未續時也膠
青色如碧玉見仙傳拾遺
景行 景伏也請景伏
高行王簡栖頭陀碑景行迦葉
高躅 直録切蹈躅也
思雲侵 當作忽雲

侵**示衆**此當是二頌其始七言頌歌後一
句以接學者後廼六言頌凡四句
文理章章可**丫角女**拄子古録云僧問和
曉勿疑也　上住山有何境界師
竪起拂子云會麼僧云不會師云丫角女
子白頭絲它録脫竪拂子一節由是學者
安爲**静節**即陶潜淵明也顏延年陶徵
穿鑿　士誄序云夫實以誄華名由
謚苟高允德義貴賤何筭焉若其寬樂令
終之美好廉克已之操有合謚典無愆前

志故詢諸友好宜謚曰静節徵士潜**隠居**
既歸柴桑門種五柳号五柳先生
陶弘景字通明長七尺七寸朗目踈眉細
形長額讀書萬卷餘一事不知已爲深恥
善琴棊工草隷未弱冠齊高祖作相引爲
諸王侍讀除奉朝請永明十年脫朝服挂
神武門上表辭祿詔許之賜以束帛月給
茯苓五斤白蜜二外以供服餌居於句曲
茅山立館自号華陽隠居人間書尺即以
隠居代名本便馬善射晩皆不爲唯聽吹

笙而已特愛松風庭院皆植松毎聞其響
欣然爲樂又嘗夢佛授記号勝力菩薩見
南史嘗有書荅大鸞法師云去朝耳聞音
聲茲晨眼受文字或由頂禮積歳故致眞
應來儀正爾整拂藤蒲扶没**芝檢**漢書儀
花水端襟儼思佇聆警錫也　日天子
信璽六皆以武都紫泥封青囊白素裏兩
端無縫尺一板中署皇帝紫泥紫芝爲泥
也**士龍**世説荀鳴鶴陸士龍二人未相識
因會張茂先座張叅以其並有大

才謂曰二賢相見可勿作常語陸舉首曰
雲間陸士龍荀曰日下荀鳴鶴陸曰既開
青雲覩白雉何不張爾弓挾爾矢張公曰
荀何遅荀曰本謂雲龍騤騤今乃見山鹿
野麋獸弱弩強是以發遅一**彙**于貴切
座撫掌駭音逹馬行威儀也　類也**菱**
花魏武帝鏡名**香嚴**見雲門室中如來禪**爍迦羅**此云金剛又云
堅固**䵩**丑知切所以黏鳥**興化**興化存奬常云我南方行脚一回柱杖頭

末曾撥著箇會佛法人魏府大覺問云汝憑甚道理有此語化便喝覺又打來日與化從法堂過覺召曰我直下疑汝昨日行底喝與我說來化云存奬平生於三聖處學得賓主兩喝盡被和上折倒了也願與存奬安樂法門覺曰者瞎驢卸却衲衣待痛決一頓化即於言下領旨

牽羊 牽羊納璧受降之儀 春秋楚圍鄭伯鄭伯肉袒牽羊示爲僕隷也納璧凡弱則降降則啣璧而歸璧國寶也降者親奉於君面縛無手以執故用口啣也

爲道日損 老氏曰爲學日益爲道日損保唐無住禪師問道士曰爲學日益爲道日損損之又損以至於無爲無爲而無所不爲練師等怎生會此是老子語士等皆高拱拄默而已久之云卻請和上爲說師云爲學日益者有心貪學知解唯增生死塵勞是世間虛妄之益也爲道日損者道卽衆生本性性離一切名相知解慕道之人不重於事卽生死塵勞日減故曰日損也損之又損之以至於無爲無爲而無所不爲者悟性微妙卽妄念不生是損之也既妄念不生志無間斷是又損之也妄念寂滅返本還源是以至於無爲也修學無爲不以無爲爲證是無不爲也明招謙嘗作無題十頌有云百歲看看二分過靈臺一點意如何貪生逐日迷歸路撒手臨岐識得麽雪竇頗類此頌

名紙 漢時未有紙書姓名於刺削竹木爲之後用名紙代刺也唐文宗朝之前未有門狀朱崖李相貴盛於武宗朝百官無以取其意以舊刺禮輕至是相扇具銜候起居之狀至今尚之以貴賤通用謂之門狀見事始

倚天長劒 宋玉大言賦方地爲車圓天爲蓋彎弓射扶桑長劒倚天外

青城 山名在蜀

苧 直呂切草可作布

霜

前竹 見沈陽閩葛陂

睠戀 上居倦切還顧也下力眷切慕也

拗 當作坳於交切地不平也拗於絞切拄也非義

從北 當作從此

使君 東漢冠恂

傳注使君君尊之稱也

臺榭　說文曰觀四方而高者曰臺爾雅有木曰榭

秋波　越絕書云太阿劍其色如秋水

腐草　上扶雨切枯也物類志云季夏大暑之月腐草化為螢其蟲腹下有火流光熠然

人命呼吸　四十二章經佛問諸沙門人命在幾間對曰在數日間佛言子未為道復問一沙門人命在幾間對曰在飯食間佛言子亦未為道復問一沙門人命在幾間對曰呼吸間佛言善哉善哉可為道者矣

謝池　謝靈運登池上樓潛虬媚幽姿飛鴻響遠音薄霄愧雲浮棲川怍淵沈進德智所拙退耕力不任徇祿反窮海臥痾對空林衾枕昧節候褰開暫窺臨傾耳聆波瀾舉目眺嶇嶔初景革緒風新陽改故陰池塘生春草園柳變鳴禽祁祁傷豳歌萋萋感楚吟索居易永久離群難處心持操豈獨古無悶徵在今謝作此詩未就夢族弟惠連遂得此句以為神助故今膾炙人口作吾非憖也幽

音彬

蘭亭　在今越之天章寺晉人傍蘭為亭因以為名

右軍　晉右將軍王羲之字逸少善草隸為古今之冠論者稱其筆勢飄若游雲矯若驚龍嘗為越州內史永和九年三月上巳日與子弟輩至山陰之蘭亭修禊事也曲水流觴賦詩為樂遂製遊蘭亭詩序辭翰冠絕為世所寶蘇易簡文房四譜云逸少蘭亭叙用蠶繭紙鼠鬚筆遒媚勁健絕代更無唐太宗後得之洎王華大衛語高宗曰有一事汝從之方展孝道高宗涕泣引耳而聽言得蘭亭存陪葬吾無恨矣唐末亂罹諸陵溫韜所發其所藏書畫皆剔取其裝軸金玉而棄之晉魏以來諸賢墨蹟復流落於人間今所傳者皆其模刻失真遠甚蘭亭唯長安許本尤為精絕禊音系

墨池　墨池在蘭亭之側乃逸少滌硯池也池之旁有細竹竹之葉皆斑斑有墨點世傳當年逸少洒筆所及至今尚爾或移植它處則不復見矣蓋亦異事之可傳也昔雲門

僧清隠常賦詩云枝枝葉葉洒成紋不比湘川有涙痕手裏鼠鬚池裏墨至今蹤跡記龍

蓀 音孫香艸菖蒲是矣

扶吾病起 六祖謂讓和上曰西天般若多羅讖汝足下出馬駒子踏殺天下人病在汝身不須速說讓自執侍左右一十五年

穀雨 三月中氣也穀雨之日萍始生

二疎 漢疎廣爲太子太傅子疎受爲少傅廣謂受曰吾聞知足不辱知止不殆可以長久功遂身退天之道也父子遂

謝病上許之賜金三十斤東宮復賜五十斤公卿故人設餞於都門送車百乘既歸散金鄉黨宗族共需其賜

運青 當作韻清

蕭搔 當作蕭颼颾蘇刀切風聲

聧 苦圭切乖異也

顏巷 論語子曰賢哉回也一簞食一瓢飲在陋巷人不堪其憂回也不改其樂

斯文 子畏於匡曰文王既没文不在茲乎天之將喪斯文也後死者不得與於斯文也天之未喪斯文也匡人其如予何

負春 六祖初謁

五祖於黄梅法乳相投遂負石於腰以供𣂏春之務

寂住 投子大同和上嘗問翠微云如何是眞理微曰眞理不理如何是眞空微曰眞空不空微乃有識偈曰眞理何曾理眞空亦不空大同吾寂住數演我眞宗寂住即投子峰名也

死中得活 投子大同悟翠微宗旨結茅而居一日趙州諗至桐城縣途中相過乃逆而問曰莫是投子山主麼師曰茶鹽錢乞一文州無語先到庵中坐師攜油瓶歸州曰久嚮投子到來只見箇賣油翁師曰汝只見賣油翁且不識投子如何是投子師曰油油州又問死中得活時如何師云不許夜行投明須到州云我早侯白伊更侯黑

龍朔 即唐高宗之年號乃六祖得法之時也

清塵 漢書注云塵謂行而起塵清者尊貴之意

倧 作冬切

涪江 縛謀切屬東川梓州今涪城縣是也

岌 魚及切高貌

步武 曲禮云堂上接武堂下布武武迹也謂每移足各自

成迹步武言扶於決切勦絕上子小切絕
其足迹也出也也勦絕古之
童駕御昂枅駕車御馬指執鞭之士也杜
語詩君王自雄武駕御必英雄
昂枅車中之具也然一鶚西漢孔融薦禰
駕御昂枅亦無所出衡書云鷙鳥累
百不如指也乎其勢當作指掌排其勢見
一鶚寫本蓋當時傳校之
不工刀筆者猒其點畫之繁則戲以簡易
之率皆如此行家所謂水王一者是也夫

是固不可不慎良牧瞿方進奏曰古選諸
選其匠手矣侯賢者以為州伯令
部刺史居牧伯之位秉一州之統請罷刺
史置州牧○善為政者故曰良牧牧養也
置牧所爵即略切文字音義云爵棠樹詩
以養民量也量其職盡其材也甘
棠美召伯也召伯之教明於南國蔽芾甘
棠勿翦勿伐召伯所茇茇音跋
非煙史云若煙非煙若雲非雲郁郁
紛紛是謂慶雲彰王者之瑞也躡正作

躡足輒貳職貳副白屋顏師古云白屋謂
切蹈也貳也白蓋之屋以茅覆
之賤人所居陞當作陞音蠹當故切蝕
也蓋音合升登也木蟲也技
倆上渠倚切下良德星德星瑞星也亦曰
蔣切藝也巧也景星其狀無常常
現於有道之國禮稽命徵曰內外之制各
得其宜四方之士無留滯則天有德星見
漢陳仲弓從諸子姪造荀和父子時德
星聚太史奏曰五百里賢人聚又弘明云

道開入境仙人星見高興當作武夷山名在建
羅什入關德星見野高興
州十八人社主遠法師鴈門人年廿一聞
道安講般若豁然大悟乃嘆曰
儒道九流皆糠粃爾遂與弟慧持投簪落
髮常以大法為己任後之廬山西林之側
山神闢地運木建寺居之於是謹律之侶
絕塵之客不期而至所謂宗雷等一十八
人同修淨土影迹不至塵俗每送客以虎
溪為界年八十三順寂于寺○劉遺民名

程之字仲思既慕遠公之名乃録潯陽柴
桑以爲入山之資公俟辭之皆不應遂易
名遺民感疾便依念佛三昧果見白毫相
次見佛眞影合掌向西而逝○雷次宗字
仲倫立館東林僧房宋文帝徴至都立學
於雞籠山主生負百餘人久之復還社中
○周續之字道祖與劉遺民陶淵明爲潯
陽三隱武帝於東郭外開館侍之乗輿降
幸或問之曰時踐王庭何也笑曰心馳魏
闕者以江湖爲桎梏情致兩忘者市朝亦

巖穴爾○宗炳字少文善琴書累辟不起
衡陽王至其廬命之角巾布衣引見不拜
王曰丞先生重禄可乎曰禄如腐草衰盛
幾何嘗游荆巫衡岳晩年盡圖於室曰吾
老矣名山不可再覩唯澄懐觀道臥以遊
之撫琴動操欲令衆山皆響○張野字萊
民累徴不就一味之甘一庾之粟與九族
分之躬自菲薄師敬遠公自稱門人○張
詮字秀碩雖耕鉏猶帶經自樂累徴不就
○西林慧永内外洞達言常含笑别立禪

室於嶺上習禪年八十三而逝山中聞香
七日不絶○竺道生預遠公社元嘉十一
年冬講次法席將畢忽見塵尾紛然而墜
端坐正容隱几而逝○慧持遠公弟也徧
學衆經遊刃三藏風神俊爽衲衣半脛常
躡革屣社中往來三千持爲上首○佛陀
耶舍此云覺明入長安羅什使姚興迎之
誦曇無德律與疑其謬令誦羌籍藥方可
五萬言二日覆之不誤一字預社後還罽
賓○佛陀跋陀甘露飯王裔神變不一與

遠公傾蓋如舊年七十一示疾建鄴○慧
叡博學執節晋有四聖叡其一也○曇順
義論精博志道不群多以利濟爲本○曇
恒年十三講大乗經論德行孤清歳寒不
改○道昺遠公弟子深達經律獵渉外書
一覽不再○道敬遠公弟子每嘆戒律終
身難全願淨六根但稟一戒師亦聽之後
入若耶山○曇詵遠公弟子善别識鳥獸
後鈍之性草木甘
苦之味昺音丙

菡萏 爾雅荷芙蕖别名
芙蓉江東呼荷其

莖茄其葉蕸其本蔤其花菡萏其實蓮其根藕其中的的中薏　薏音憶蕸音遐

天常　揚子孰有書不由筆言不由舌吾見天常為帝王之筆舌說者曰天常五常也帝王之所制奉也

類變　揚子螟蛉之子殪而逢蜾蠃祝曰類我類我久則肖之搜神記曰土蜂名蜾蠃俗謂蠮螉細腰之類其為物而無雄不交不產常抱桑蟲子育之即化成己子也化書云夫蠮螉之蟲孕螟蛉之子傳其情交其精混其氣和其神隨物大小俱得其真蠢動無定情萬物無定形小人由是知禹可使之飛魚可使之馳土木偶可使之有知嬰孩似乳母斯道不遠螟蛉音冥令殪音翳殺也蜾蠃音果裸蠮螉上烏結切下於公切

閻國　見頌古

小桂　廿七祖謂達磨曰吾滅後六十七年當往東方震旦國土廣設法藥度彼衆等令獲菩提磨曰後往震旦當有何難有得道者否祖曰彼國有獲菩提者如稻麻竹葦不可勝數汝當至彼不久即出聽吾讖曰路行跨水忽逢羊獨自悽悽闇渡江日下可憐雙象馬二株嫩桂久昌昌

環中　莊子彼是莫得其偶謂之道樞樞始得其環中以應無窮此言循環而無窮得其環中者也

靈徹　當作徹唐江西使韋丹與東林僧靈徹忘形之契篇什唱和月四五焉序曰徹公近以臣盧七詠見寄及吟味之皆麗絕於文圃也俾予益起歸歟之興且芬時勝侶上遊三二道人必當攀躋千仞之峯觀九江之水是時飃然而去不希京口之顧默爾而遊不假東門而送天地為一朝萬物任陶鑄夫二林羽翼松徑幽邃則何必措足於丹霄馳心於太古矣偶為思歸絕句一首以寄上人法友幸先達其深趣矣王事紛紛無暇日浮生冉冉只如雲已為平子歸休計五老巖前必共聞徹酬之云年老心閑無外事麻衣草坐亦容身相逢盡道休官去林下何曾見一人

靈徹字源澄大曆中投詩於嚴維兼與皎

然爲友毎講詩道遂名著焉慵蜀庸切慷
是知澈當作徹澈直列切嬾慵
愷下當作慨苦蓋切慷
慨壯士不得志也攣與挛同李將軍漢傳
飛騎將軍李廣多與匈奴戰匈奴多敗破
單于素聞廣賢令曰得李廣必生致之胡
騎一日得廣置廣兩馬間絡而盛臥行十
餘里廣陽死睨其傍有一胡兒騎善馬廣
暫騰上胡兒馬因推墮兒取其弓鞭馬南
馳數十里復得其餘軍因引而入塞匈奴

捕者騎數百追之廣行取胡兒弓射殺追
騎以故得脫於是至漢廣後居北平匈奴
聞之号曰飛騎將軍凱歌司馬法曰得意
避之數載不敢入即勲樂所以示
喜也唐天和二年方定其儀凡命將征討
有大功將入都門鼓吹振作迭奏破陣樂
等四曲其一曰破陣樂受律辭元首相將
討叛臣咸歌破陣樂共賞太平人其二曰
應聖期應聖期昌運雍熙萬寓清乾坤資
化育海嶽用休明闢土忻耕稼銷戈遂偃

兵殊方歌帝澤執贄賀昇平其三曰賀朝
歡四海皇風被千年德水清戎衣更不著
今日告功成其四曰君臣同慶樂主聖開
昌曆臣忠奉大猷君看偃革後便是太平
秋荊叢吳均續齊諧記云京兆田真與
第田廣田慶欲議分財庭前有
紫荊花葉甚盛一夕樹即枯死真見之驚
謂弟曰樹本一根見吾等異居便乃枯悴
況人兄弟孔懷而可離異是人不如
樹也土弟感其言遂已樹一旦復榮蓼

莪詩蓼莪刺幽王也民人勞苦孝子不得
終養焉蓼蓼者莪匪莪伊蒿哀哀父母
生我劬勞蓼音孝悌下特計切善事父母
六艸長大貌曰孝友于兄弟曰悌
沚中詩菁菁者莪樂育材也君子能長育
人材則天下喜樂矣菁菁者莪在彼
中沚既見君風之上詩序曰詩有六義焉
子我心則喜一曰風二曰賦三曰
比四曰興五曰雅六曰頌上以風化下下
以風刺上主文而譎諫言之者無罪聞之

者足以自戒故曰風指馬近一指近取諸身也逺一馬逺取諸物也繒交
見前頌秋水照乘魏恵王曰若寡人之國雖小有徑寸之珠照前後車各十
二乘者十枚臆於力切巴歌西漢注云巴巴人也當高祖初為漢王得
巴俞人並趫捷善鬬與之定三秦滅楚因
存其武樂也即今之巴州俞州宋玉所謂
下俚巴歌國中屬而和者數千人矣趫丘袄切竺卿釋子之通稱謂竺國之卿

稱也亦猶此方三公九卿也釋名曰卿慶也言萬物皆慶賴焉伽耶城吾佛
降誕於迦毗羅城成道於伽耶城轉法輪度五比丘已入滅拘尸那城銘莫經
切釋名曰銘名也記銘其功也選注云銘則述其功美使可稱也刱楚亮切初
也虡當作虡音巨釋名曰所以懸鍾橫曰栒縱曰虡漢書注曰虡鹿頭龍身神
獸也謂鐘鼓之柎飾為此獸栒音笋警居影切寤也臮紫微趙公名惡音烏安也幽

靈息苦付法傳云罽膩吒王極大聰明威伏四海殺九億人因聞馬鳴說法
方悟先非恐入地獄後病被逆臣坐於面上氣絶而死墮大海中為千頭魚常有劍
輪隨身每聞鐘聲小息其苦乃託夢與子鐘令長打又僧傳釋三界有兄死生地獄
與妻忽夢夫曰已死備經諸苦今沐禪定寺僧智興鳴鐘聲震同受苦者一時解脫
今生樂處可備絹十匹奉之分伸吾意後奉絹與興興曰子常頼也絹乃施衆種

智報本智內證真如即法報二身名一切智後得智外照有緣應物現形如水中
月即三種化身名種智也故此二名云一切種智飛雄辯世尊具飛流之
大辯感通傳傳云西國修多羅院有一石鐘形如吳様色如青碧玉可受十
斛鼻上有三十三天像四面以金銀隱東西兩面有寶珠陷在其腹中大如五升一
角分輝赫若華形偶匣作十方諸佛初成道像至日出時鐘上有諸化佛說十二部

經舍衛城童男童女悉來聽之聞法證聖
犯欲者則不聞法摩尼大將以金剛杵擊
之百億世界中聞聲於光明中悉聞百千
釋迦佛說修多羅經此鐘是拘留秦佛所
造彼佛滅度後娑竭龍王收去至釋迦佛
興龍復將來至佛滅後鐘先唱言却後三
月當般涅槃鐘昇諸天
聞皆涕泣龍復將去**拘留孫**或言拘留秦此云應
已斷賢劫
第一佛**錚錚**楚耕切金聲也**淮甸**上戶乖切水名釋名曰圍

也圍繞楊州北
界東至海也**百鈞**居匀切三十斤為一鈞**蹲熊**上徂
尊切坐也下爲恭切
獸也有爪而多力**祇園**祇此言勝氏梵云僧伽藍摩此
言衆園祇園寺之通稱由祇陀
太子園造佛精舍因以爲名**殷殷**於謹切雷
聲**師資**見雲門錄上
也**鏗鏗**口莖切金石聲也**索索**索鐸切
二聽一天聽二人聽**五觀**一肉眼見麤事色二天眼見因果細色三慧眼

見麤細色心偏眞之理四法眼見色心麤
細因緣假名俗諦諸法五佛眼見中道圓
眞佛性之理又能雙
照麤細因緣事理**梵摩**餘招切座也**駢羅**上蒲
眠切謂駢
闐羅列也**干櫓**禮記儒行孔子對哀公曰儒有忠信爲甲胄禮義爲
干櫓戴仁而行抱義而處雖有暴政不更
其所其自立有如此者○甲鎧胄兜鍪也
干櫓小盾
大盾也**爰構**上雨元切爲也於也下古候切架也**鯨音**

鯨魚名生海中雄曰鯨雌曰鯢大者長十
餘里常以五月就岸生數萬子至八月引
子還海鼓浪成雷噴水成雨水族畏之眼
爲明珠或長一千里物類相感志云海岸
有獸曰蒲牢而性畏鯨魚食於海畔鯨或
躍蒲牢則鳴聲如鍾今人多狀蒲牢獸形
施於鐘上斵撞爲鯨而擊之鯨本
無聲因鯨躍而蒲牢鳴故曰鯨音**增悲**猶悲
增也菩薩人不取涅
槃而利生曰悲增也**遵䀲**上將倫切循也下瞴昧也**陟**

明中力切墜逸也 禹湯 禹事見瀑泉湯帝嚳之後名履字天乙母氏扶都見
白氣貫月感而生湯豊下兌上身長九尺
仕夏爲諸侯有聖德諸侯歸之遭桀無道
囚於夏臺後得免桀無道湯與諸侯同盟
於景亳之地會桀於昆吾之墟大戰於鳴
條之野桀奔於南巢湯旣克桀讓天
下於務光務光不受湯即位都於亳 元凱
八元見前須八元應主文八凱即高陽氏
有才子八人曰蒼舒隤敳檮戭大臨尨降

庭堅仲容叔達八者齊聖廣淵明允篤誠
天下之民謂之八凱凱和也見春秋傳隤
敳上徒回切下五哀切檮
戭上徒勞切下余忍切 紺園 梵語僧伽藍摩此云
衆園西域有給孤獨園祇園金園鞞園之
名園以群生種植福慧爲義皆佛祠之通
稱紺園即紺字也釋名曰紺含也謂青而
含赤色也內教多稱紺目紺髮取此義也

雲竇開堂録

筌蹄 見雲門忘筌 旣浹 即協切洽也徹也 開堂 說見雜志 白
椎 見雜志 射虎 見祖英上 沒羽 王遇切 龍鬭 華嚴經香長者
人間有香名曰象藏因龍鬭生若燒一丸
即起大香雲彌覆王都於七日中雨細香
雨 專孜 專孜無出當作孜孜說文云孜孜彶彶也周書孜孜無怠又惟日孜
孜 自貽 當作自怡 日用而不勤 當作日月運而不動此句誤以

月爲用以動爲勤中脫運字誤二字脫一字 鼷鼠 胡雞切西漢作鼷鼠一名
甘鼠食人及鳥獸至盡不痛爾雅郭璞有螫毒者 嘉幸 當作喜幸 義烈 當
作義例 韓信臨朝底 漢呂后因人告韓信欲反呂后與蕭相國詐謀謂
信曰雖病可強入賀信臨朝呂后使武士
縛信斬之長樂鍾室信方斬曰吾不用蒯
通反爲女子所詐 孋浪 浪當作眼聺也 寮舍 寮受命於日寮跡之以受

明明窻之室謂之寮舍　**鷗**知咸切鳥啄物　**月咊**當作呪　**㕟耐**上正作叵不可也　**韜略**韜謂六韜武成王作也第一霸典文論第二文師試論第三龍韜主將第四虎韜偏裨第五豹韜校尉弟六犬韜司馬略謂三略上中下黄石公作韜謂韜藏天機略謂括略應變　**揉**人久切　**寄山**當作寄士　**七十九**七十九或云八十一或云七十三互出不同各有所主七十九謂不敢競世尊

之壽也八十一將晦隱於中巖頂爲十年之約然師實示衆於七十三歲

韶陽奇句雲門舉長慶拈拄杖云識得者箇一生參學事畢師云識得者箇爲甚麼不住

九萬莊子鵬化爲鵬摶風而上者九萬里

歲月將闌闌希也西漢注酒闌謂半罷半在曰闌如歲月亦然

復枕當作伏枕謂困病也

一文一枝古名賓人銘曰一文一藝空中小蚋一枝一能日下孤燈　**存**

歷歷止其所也又時也言存而不忘其時也　**亮兮韋馬**見祖英下亮禪者

齡難當作令難令去聲呼　**負石**見祖英下負舂　**投針**提婆菩薩自執師子國來求論難造龍猛門龍猛菩知其名遂滿鉢盛水令弟子持出示之提婆見水默而投針弟子將還龍猛深嘉歎曰水之鉴以方我德彼來投針以窮其底若斯人者可以論玄議道

寶冕照水見祖英上傳大士　**烈宿**當作列宿

從容上七從切欵曲也　**磨淬**當从火作焠堅刀刃也七内切焠滅火器也非義

幽游當作優游詩優哉游哉　**羽韓**當作羽翰音寒羽也

雪竇拾遺即雪竇録中所未編集者得於四明寫本或諸方石刻及禪人所藏手澤凡廿九篇謹録于后

上堂云要會與麽兎馬有角古路坦平忽
爾邅撲復問如何千錯萬錯會不與
麽牛羊無角古殿苔滑誰敢措脚
王者不來倩風索索隨聲便喝

小參

舉法爾不爾云不假功成將何法爾法爾
不爾俱爲脣齒不假三十衲僧又奚爲開
口除却二聽且作麽作採取乃成頌曰乾
城高鎖月夏雲欲爲雨若謂非全功子細
看規矩故經云汝試於中次第標指此是
文殊此富樓那此目犍連此須菩提此舍
利弗但如鏡中無別分析復成頌曰夏雲
多奇峯乾城冷相映借問諸禪僧那箇堪
憑定故經云汝今諦觀法法何狀若離色
空動靜通塞合離生滅越此諸相終無所
得生則色空諸法等生滅則色空諸法
等滅作何形相相狀不有界云何立

代別

舉王常侍一日訪臨濟同於僧堂看侍
云一堂僧還看經麽濟云不看經侍云
還參禪麽濟云不參禪侍云經又不看禪
又不參畢竟作甚麽濟云總教成佛作祖
去侍云金屑雖貴落眼成翳又作麽生濟
云我將謂是箇俗漢師代別云強將手下
無弱兵直饒臨濟全機也較三
千里○承天宗和上録中誤收

行録（師行脚時）

問大龍和上語者默者不是非語非默更
非總是總不是拈却大用現前時人知有
未審大龍如何龍云子有如是見解師云
者老漢瓦解冰銷龍云放你三十棒師禮
拜歸衆大龍却喚適來問話底僧師便出
衆龍云老僧因甚麽瓦解冰銷師云轉見
敗闕龍作色云叵耐叵耐師便休去南嶽
雅和上聞舉云大龍何不與本分草料師
云和上更須行脚○師問廬山羅漢和上
云法爾不爾如何指南漢云實謂法爾不
爾師云且聽諸方斷看漢云道者更須子
細師云喏喏○師到舒州四面和上處才
相見便問古人道千里無來却肯伊即今
和上還肯却無面云識取來意好師云暫
時不在面云知即得師云大衆一時記取
○師到蘄州回峯和上處相見便問舊時

朋友忌諱總無今日主賓若爲區別峯云
老兄遠來不易師云莽謂和上忘却峯云
放一線道師云不與麼却與麼峯云且坐
喫茶師云喫茶喫茶○師問慧日和上明
知生不生相爲生之所流即不問頗有不
知生不生相爲生之所流也無日云還見
兩畔僧麼師云三十年後此話大行日云
且禮拜著來日師上問訊次日云上座問
底話甚奇怪師云也是尋常日云老僧未
明上座問端師云莽甲觸忤和上日云住

持事繁師遂辭去日云上座諸處去來何
不且住師云恩大難酬日云前去善自保
愛師云喏喏○生不生相緣見師子吼了
義經經云爾時文殊師利問菴提遮曰頗
有明知生而不生相爲生所流者否荅曰
有雖自明見其力未充而爲生所流者是
也又問曰頗有無知不識生性而畢竟不
爲生所流者否荅曰無所以者何若不見
生性雖因調伏少得安處其不安之相常
爲對治若見生性者雖在不安之處而安

相常現前若不如是知者雖有種種勝辯
說甚深典籍而即是生滅心說彼實相竅
要之言如盲辨色因它語故說得
青黃赤白黑而不能見色之正相

踈古

寶冠裁我寒映水陌路相逢星卍字七
十九年無處尋夜來相憶不相似

偶作

莫學牧童兒騎牛無準則莫學取魚父志筌要
多得三箇西箇知是誰風雨忽來天地黒

寄贈

追南嶽舊遊杼歌紀贈首座素禪客
瀟湘稱絕曾遊歷五十年來常記憶

錦霞片段分水光藍岫憑凌鎖寒碧藏靈
梅粹存奥區雪山草盛滄溟珠品流誕寄
非閑境冷濬誰論蟾影孤素禪客兮聽斯
語道無根兮應自許五天正令頻頻舉○
寄水陽張君士水陽禪者張君士龐公淨
名可爲侶衰岸休云觀落花離城豈有意
中語春風高兮掃巖雪寒雲影斷見霄月
月中亦有雙桂樹三老對誰共攀折古兮
今兮難不難西江吸盡滄海乾一言爲報
宣城客歸去應知天地寬○石城病中寄

謝王延評見訪江城秋病客門掩晝慵開
鵲報禪家喜風清國士來光塵迎不及靜
語愧難陪一日存
輕策重期謁象雷

餞送

送一禪者歸越禪
者名思一遁迹會
稽華嚴居常杜門性介寡合予嘗往見之
時年七十有五出示此頌頌尾題云慶曆
八祀正月乳峯隱之病中書誰觀春草青
誰對春雲白若耶溪上寺去去曾吾宅○
送禪禪者禪客秋思生攜笻後卷衲或問
何所來不知若爲荅十萬迢迢非古今一

吾會與風雲合○賦松拂送僧落落歲寒
枝蒼蒼愧春色對揚曾有規恥語忽無迹
殷勤將贈行知意不知極○送曉嚴禪者
之瑯琊琊上有宗師域中隱善賈烏兔懸
高明風雲擬何藉卞和未鑒玉伯樂非辨
馬義若遠去尋斯意斯人也○送華禪者
野水輕舟乘興分流秋光不盡誰也爭求
擡拯鷹衲未極折御贈行豈休休休百川
駛浪兮空悠悠○送僧萬里迢迢辭蜀國
四明得得詣禪叢林間相見又相別悲祓

亂聽松桂花○小師元聳再歸省覲以頌
送之黃金列國無影樹曾從龍舟振高古
我是躭源來豫章西江吸盡對吾祖斯之
歸兮非如斯寒空片段雲垂垂十萬九萬
復何者一筆一楷休相隨
噫爭之潮落潮生未遠期

弔悼

悼武威評
事極數非
論亦可論半爲知幸半鎖竟雖無爵祿資
名位況有鸞鳳作子孫鄭水好辭垂永輝
越山孤曠月應昏我慚老病松叢下空對
悲風詠德門○悼河間評事隨喪人物百

千重彈指郊原事已空唯有新栽小松栢
爲君返古動悲風○門亦高門好子孫孝
誠風雨雜愁雲靈前後夜應生夢吾愛論
文不在文○休歎光陰不可追宜捷何必
在清奇道存交贊新新
意曾許古兮作者知

眞贊

瑞光月禪
師弁序師
雄峯斷際之岑胄也昔與我結像外之交
萍依沬流匪謂無定但廿年及指霄極一
日有熙禪者自姑蘇而至以師眞儀相示
復請爲贊古巖蕭蕭若欸善應因袖塵龜

意式用瞻仰○道兮孤絶人將拄鶩再生
馬駒踏殺天下二輪千輻古今絶回飛電
擊電烈風迅雷東西南北競頭走相對不
知何處來○教空廓徹兮雲崩騰滄海鼓
蕩兮波澄澄瑞光之師兮無盡燈○四明
曾正定慧大師太虛不雲巨溟有月善應
誰分纖塵乃絶良工妙傳神姿炳著定慧
大師像齡謌御俯也仰也為權為衡德迴
嶽峙辯列河傾天人聚中凜然風清○堯
峰寶雲禪師雕檀不彰肖像何土悲與遽

圓是謂方起起必潛殊二兮乃圖塵消海
嶠翳絶天衢寶雲禪師累嬙髣孤
示寂偈白雲本無羈明月照寰宇吾今七
十三天地誰為侶○此偈乃會稽
思一禪者出示樓呂夏卿塔碑云師將示
滅或曰師獨無頌辭世而師曰吾平生患
語之多矣遂亡想必有一偽然其頌頻
類雪竇之作疑呂之訛非故錄之云

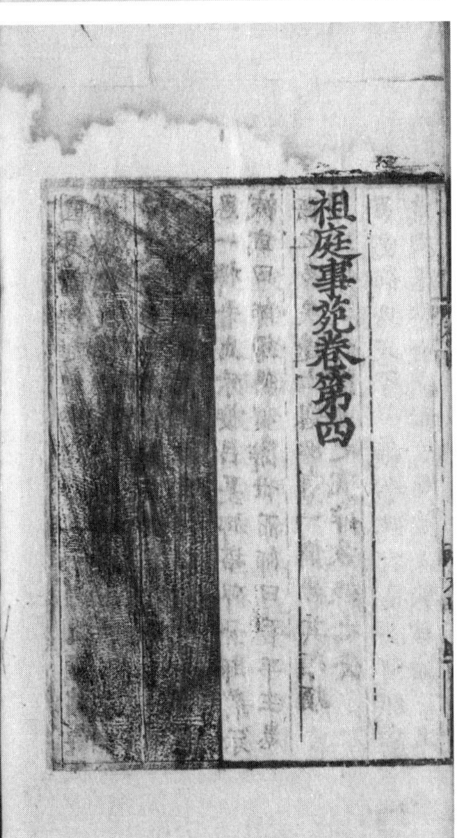

祖庭事苑卷第四

祖庭事苑　第二冊（表紙）

祖庭事苑　第三冊（表紙／見返・一オ）

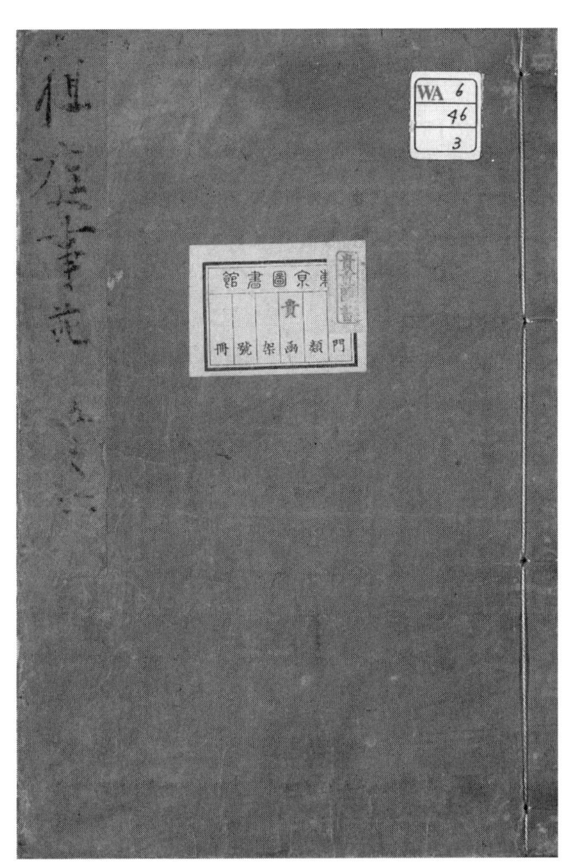

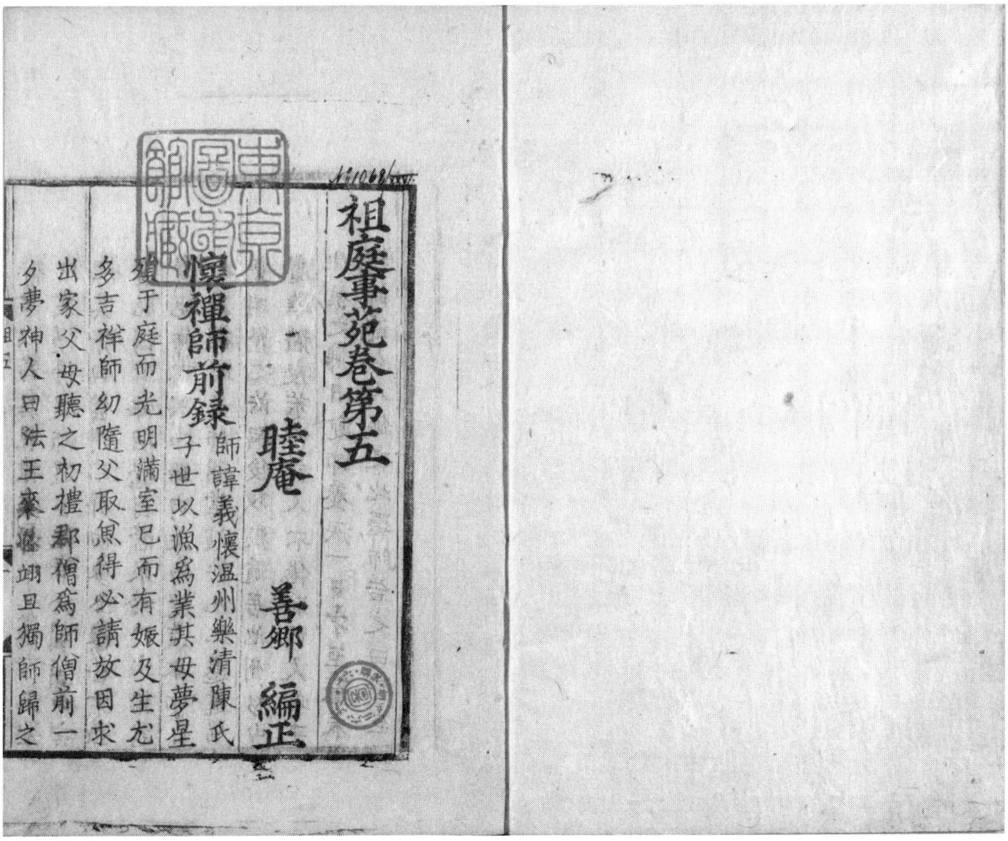

祖庭事苑卷第五

睦庵　善卿　編正

懷禪師前録　師諱義懷温州樂清陳氏子世以漁爲業其母夢星殞于庭而光明滿室已而有娠及生尤多吉祥師幼隨父取魚得必請放因求出家父母聽之初禮郡僧爲師僧前一夕夢神人曰法王來[illegible]翊旦獨師歸之

僧深以爲異晩隷業都下景德寺天聖
中業優得度師遇言法華於闤闠中言
撫其背曰雲門臨濟初參金鑾善棄縣
省晩謁翠峰明覺因營衆務没水槽忽
墮地師豁然知歸由是名振叢林皆目
之爲禪頭云師開堂演法凡九遷道場
實明覺之法嗣後以疾遁居池州杉山
庵雖體疲苶而誨人不倦時門人智才
住杭之佛日迎師養疾一日才至蘇未
還師遽令人促之北還師告之曰時至

吾將行矣才曰師有何語示徒乃說偈
曰紅日照扶桑寒雲封華嶽三更過鐵
圍拶折驪龍角才曰卯塔已成後有何
事師竪起拳云只是者箇才進曰復有
何事師乃彈枕子三下才曰師可行矣
遂推枕而逝俗壽七十二僧臘四十六
時治平元年甲辰九月廿五日也十月
葬于佛日山嗚呼師之去世而其道愈
傳嗣子法孫皆奉優詔演唱都城天下
禪流蝗慕雲集至於王公大人執弟子

之禮者多矣而雲門之道不墜尤盛於
今日者師之有力焉崇寧中今
天子敕謚
振宗大師

篋衍 上苦協切箱篋也 下以淺切笥也 **燕金** 燕國産金 故以名焉 **趙璧** 見祖英 連城璧 **捻出** 當作拈奴兼切持也捻 諾協切揑也非義也 **一瓣** 見雜志 **萬乘** 孟子云方千里而井井九百畝是也 古之大國不過萬里以百里賦千乘

今言萬乘率千里之賦也又孟子云天子之
制地方千里公侯之制地方百里伯七十里
男子五十里是也 **萬歲** 呼萬歲自古至周未有此禮 按春秋後語趙惠王得楚和
氏璧秦昭王聞之遺王書願以十五城易之
趙遣藺相如奉璧入秦秦王見相如奉璧大
喜左右呼萬歲又田單守即墨使老弱女子
乘城上僞約降燕軍皆呼萬歲馮瓘之薛召
諸民債者合券券既合瓘乃矯孟嘗君之命
所債賜諸民因燒其券民皆呼萬歲至秦始

續漢書云漢武帝
礼登中岳聞有三呼萬歳
声於是以三百戸封奉
祠曰崇高邑

皇駭上上壽群臣皆呼萬歲見優孟傳蓋七
國之時衆所喜慶於君皆呼萬歲自漢已後
臣下對見於君及拜恩慶賀以為常制又謂
山呼者漢武帝至中嶽翌日親登崇高御史
乘屬在廟旁吏卒咸聞呼萬歲者三
山呼萬歲者自漢武始也瑗音院

賽 當作簺說文行巷相塞謂之簺先代切賽報也非義也

膱脂 當作炙脂以帽似之言不絜

趩臭 當作鶃臭以衫似鶃之腥也趩腺病非義也

入鄽 正作鄽直連切市鄽

宇宙 天地四方曰宇古往今來曰宙

似吹 尺僞切萬籟聲也

檀越 檀那此云施者越謂度越彼岸

額上珠 涅槃經云譬如王家有大力士其人眉間
有金剛珠與餘力士角力相撲而彼力士以
頭觝觸其額上珠尋沒膚中都不自知是珠
所在其處有瘡即命良醫欲自療治時有明
醫善知方藥即知是瘡因珠入體是珠入皮
即便停住是時良醫尋問力士卿額上珠為
何所在力士驚荅大師醫王我額上珠乃無
去耶憂愁啼哭是時良醫慰喻力士汝今不
應生大愁苦汝因鬬時寶珠入體今在皮裏
影現於外汝曹鬬時瞋恚毒盛珠陷入體故不
自知時力士不信醫言汝今云何欺誑於我
時醫執鏡以照其面珠在鏡中明了顯現力
士見已心懷驚怪生奇特想善男子一切衆
生亦復如是不能親近善知識故雖有佛性
皆不能見而為貪婬瞋恚愚癡之所覆蔽故
墮地獄畜生餓鬼

衣中寶 法華云譬如有人至親友家醉酒而臥是時親友官
事當行以無價寶珠繫其衣裏與之而去其
人醉臥都不覺知起已遊行到於他國為衣
食故勤力求索甚大艱難若少有所得便以
為足於後親友會遇見之作如是言咄哉丈
夫何為衣食乃至如是我昔欲令汝得安樂
五欲自恣於某年日月以無價寶珠繫汝衣
裏

瞖目 上音翳目無常生也

觀世間 楞嚴文殊偈云淨極光通達寂照含
虛空却來觀世
間猶如夢中事

孫賓 按本傳孫賓孫武子後善兵法設減竈之

衒敗龐涓於馬陵以此名顯天下世傳其兵
法今禪家流謂設鋪市卜不知於何而得是
說學者詳焉賓因臏其足故更
名焉臏毗忍切去膝蓋刑名

闍王殺父 涅槃
云阿闍世王其性弊惡喜行殺戮純以惡人
而為眷屬父王無辜横加害逆因害父已心
生悔熱身瘡瓔珞伎樂不御心悔熱故徧體
生瘡其瘡臭穢不可附近尋自念言我今此
身已受花報地獄果報將
近不遠乃至來佛悔過

善星 見證道歌

竛竮 上郎
丁切下溥經
切行不正貌

舉揚般若 今以提唱宗乘謂之
舉揚般若可乎曰不
可也涅槃會中秖云吾有正法眼藏付囑摩
訶迦葉不聞吾有摩訶般若付囑迦葉也梵
語般若此云智慧若是智慧自合付囑舍利
弗而不當付囑迦葉然般若大經凡六百卷
不聞授記一聲聞人有佛性義先聖為諸衆
生說修多羅九部之法及四諦十二因緣復
恐一聞於耳染汙心田故以般若之經蕩除
諸法故云前所說法皆為戲論但吾祖教外別
傳之道不立文字直指人心見性成佛豈得
謂之般若乎幸願同志參究是說使宗乘不
昧於今時以為後世學者之
法而又不以人廢言可也

仰山三然燈 見曹
山錄非仰山語也山云謂然燈前有二種一
未知有同於類血之乳一知有猶如意未萌
時始得本物此名然燈前一種知有往來言
語聲色是非亦不屬正照用亦不得記同類
血之乳是漏失邊事此名然燈直是三際事
盡表裏情忘得無間斷此始得名正然燈乃
後
云得
記

魚鴈 魚鴈謂音書也唐李季蘭詩云尺
素如殘雪結為雙鯉魚欲知心裏
事看取腹中書西漢漢使謂單于曰天子於
上林射得鴈鴈足有蘇武繫書由是單于不
敢欺漢

無邊身 釋迦譜云無邊身菩薩以
使者
丈六之杖量佛佛常出杖
餘至梵
天亦爾

九州 冀兗青徐揚
荊豫梁雍

戲論 般若云聖義
諦中無分別
無戲論一切音
聲名字路絕

駝藥 當作馱
負也

壁觀胡僧 達摩
為法

西來未逢嗣子面壁令坐者九載傳心繼祖
者一人繇是隻履西歸道傳東土當是時皆
謂之壁觀婆羅門然先聖出處冝非淺識者
所知今有學其道者亦從其說何背馳倒置
之甚然祖師面壁緣乎未見其人近世
往往指為接人時節豈不厚誣祖師耶　三皇
塚上　說者指眉間尺事欲以成櫳前語即三
皇之說未見所出常云楚王塚上草蘺
蘺事見祖　蓊鬱　上音翁草　鼓鞴　鼓動也鞴
英甌人　木盛貌　歩拜切韋

橐吹　規繩　權與物均而生衡衡運生規規圓
火也　生矩矩方生繩繩直生準準正則
平衡而均權是為五也繩者上下端直經緯
四通準繩連體衡權合德百工繇焉以定其
式見律　冪　莫狄切　唳鶴　鶴鷄曲其聲出戾
歷志　覆也　故以鶴鳴為唳
賺舉　賺當作詀直陷切被誑　三疑　我聞一唱
也賺市物失實非義　頓息三疑
一疑阿難轉身成佛二疑他方佛來三
疑世尊再起說法一唱謂如是我聞也　屏跡

上音餅　法輪　正理論云如世間輪有轂輞八
蔽也　支聖道似彼名輪正見正思惟
正勤正念似輻正語正業　娑婆　此云　雞足守
正命似轂正定似輞故也　苦忍
衣　時大迦葉彼入王舍城最後乞食於食已
未久登雞足山山有三峰如仰雞足迦葉
入中結加趺坐作誠言曰願我此身并衲鉢
衣久住不壞乃至經於五十七俱胝六十百
千歲慈氏如來應正等覺出現世時施作佛
事發此願已尋般涅槃時彼三峰便合成一

掩蔽迦葉儼然而住及慈氏佛出現世時將
無量人天至此山上告諸衆曰汝等欲見是
釋迦牟尼佛社多德弟子迦葉波否咸曰欲
見時佛即以右手撫雞足山頂應時峰坼還
為三分時迦葉波將衲鉢技從中而出上升
虛空無量天人覩斯神變歎未曾有其心調
柔慈氏世尊如應　女媧補天　淮南子云共工
說法皆得見諦　氏兵強凶暴而
與堯帝爭功戰敗力窮乃以頭觸不周山而
死天柱為之折女媧煉五色石而補天故東

傾而水流又列子云陰陽失度二辰盈縮名缺不必形虧名補女媧煉五行五常之精以調和陰陽晷度順序不同氣質相補

金峯窠 撫州金峯和上拈起枕子云一切人喚作枕子金峯道不是僧云未審和上喚作甚麼師拈起枕子僧云恁麼則依而行之師云你喚作甚麼僧云枕子師云落在金峯窠裏

桎梏 上之日切在足曰桎下古沃切在手曰梏桎梏紂所作

一揆 求癸切度也

梅林止渴 魏武帝與軍士失道大渴而無水遂令曰前有梅林結子甘酸可以止渴士卒聞之口中水出遂得及前源

蘺 音離蘼蘺輕細貌

打春牛 立春日出土牛以示農耕之早晚立春早則策牛人近前立春晚則人在後所以示人之早晚也

單于 上音禪單于虜語此言廣大也虜人謂撐犂孤塗單于撐犂此言天孤塗此言子謂天子廣大也撐丈庚切

金牙作 唐尉遲傳無金牙事蓋出於俚語

蹊徑 胡雞切徑路曰蹊

嚲袖 丁可切垂下也

王

孫公子 王孫王者之裔公子公侯貴人之子

嚬呻

狼煙 西漢注邊方備胡寇作高土櫓櫓上作桔槔頭兜零以草置其中常低之有寇即火燃舉之以相告曰烽又以狼糞積之寇至即燃以望其煙蓋狼糞為煙煙氣直上雖風吹不斜故也其煙曰燧晝則舉燧夜則舉烽

寅淦 上翼真切連也下當作緣連緣淦流也非義

祖送 西漢注祖者送行之祭因饗飲也昔黃帝之子纍祖好遠遊而死於道後人以為行神

刜鐘 上音弗斷也

琗璨 琗正作璀七罪切下七旦切璀璨玉光也

赤眉 王莽新室赤眉力子都樊崇以飢饉相聚起於琅邪轉抄掠衆皆萬數以朱塗眉為號故曰赤眉

和南 寄歸傳云梵語訛略正云畔睇此言致敬

金剛座 菩提樹垣疊塼高峻極固東西長南北稍狹正門東對尼連禪河正中有金剛座賢劫初成與天地俱起據三千大千之中下極金輪上齊地際金剛所成周百餘步賢劫千佛皆就座成道降魔一二百年

來衆生薄福往菩提樹不見金剛座佛涅槃後諸國以所軀觀自在菩薩像南北標界東向而坐相傳此菩薩身沒不見佛法當盡今南邊菩薩以沒至胷其菩提樹即畢鉢羅樹佛在時高數百尺比頻爲惡王誅伐今可五丈餘佛坐其下成無上覺因謂之菩提樹莖幹黃白枝葉青潤秋冬不凋唯至如來涅槃日其葉頓落經宿還生如本

錢塘　昔郡議曹華信義立此塘以防海水遂開募有能致土石一斛與錢一千旬日之間來者雲集塘未成而譎不復取遂弃土石而去塘以之成也見東漢書

單傳　傳法諸祖初以三藏教乘兼行後達磨祖師單傳心印破執顯宗所謂教外別傳不立文字直指人心見性成佛然不立文字失意者多往往謂屏去文字以默坐爲禪斯實吾門之啞羊爾且萬法紛然何止文字不立者哉殊不知道猶通也豈拘執於一隅故即文字而文字不可得文字既爾餘法亦然所以爲見性成佛也豈待遣而後已乎嘗覽新金山或曰十篇其入或曰人心本質皆任其自性柰何奔走道路遺偃淳風且吾聖人之道自無乘中不立一塵一名至於有法過於涅槃亦說如幻如夢故蕭梁之世有達磨西來不立文字貴在從其要也今之知識昏默斯道乃互立事迹得不增其過倚而不乖濫者哉曰子之所識志在匹夫而不善聖人之行事也且古之人君而有天下皆省方觀民而設教化欲使民不傲吾聖人之道豈不然乎豈獨志子不言而爲無爲者邪子豈不聞始皇阬儒焚書欲我黔黎歸淳素民至于今或稱無道子當默我唱言無以覆車同轍也夫爲天下之宗匠者事欲光大吾道應有百家蹊徑無所不學苟不然者凡升堂入室而四方學者雲萃戶庭機鋒並進則將何以領挫既亡精辨玉石朋分紊亂是非不能排擯夫是則非爲衆人不服抑亦將吾道之墜地也

定光招手　智者顗禪師年十五時禮佛像怳然如夢見大山臨海際峰頂有僧招手接入一迦藍汝當居此汝當終此天台佛隴有定光禪師先居此峯謂弟子曰不久當有善知識領徒至此俄爾智者至光曰還憶疇昔舉手招引時否

菴摩

勒此言難分別以此果以柰兼柰故以為名彼國或名王樹謂在王城種也金雞人間本無金雞之名以應天上金雞星故也天上金雞鳴則人間亦鳴見記室新書阿逸多此云無能勝彌勒姓也香嚴拄杖潙山寄拄杖與香嚴嚴乃横按膝上云蒼天蒼天院主問尋上寄物至為甚麽哭蒼天嚴云不見道冬行春令籌室西竺第四祖優婆毱多傳法化導得度者甚衆每度一人以一籌置於石室其室縱十八肘廣十二肘充滿其

間最後一長者子名曰香至出家悟道因夢易名曰提多迦者即五祖也[illegible]正作譙古闍切七處九會佛說華嚴一菩提場中二普光明殿三忉利天宮四夜摩天五兜率天六它化自在天七重會普光明殿八重會普光明殿九給孤獨園六和一身和共住二口和無諍三意和同事四戒和同修五見和同解六利和同均九流一曰儒流謂順陰陽陳教化述唐虞之政宗仲尼之道也二曰道流謂守弱自卑陳堯舜揖讓之德明南面為政之

術奉易之謙也三曰陰陽流謂順天歷象授民時也四曰法流謂明賞勑法以助禮制也五曰名流謂正名別位言順事成也六曰墨流謂清廟宗祀養老施惠也七曰縱横流謂受命使乎專對權事也八曰雜流謂兼儒墨之詮會名法之訓知國大體事無不貫也九曰農流謂勸厲耕桑備陳食貨也虹虹上音洪下音降螮蝀也謫仙拏月李白字太白十歲通詩書既長隱岷山州舉有道不應天寶初南入會稽與吳筠善筠被詔故李白亦至長安

往見賀知章知章見其文歎曰子謫仙人也言於玄宗名見金鑾殿論當世事奏頌一篇帝賜食親為調羹有詔供奉翰林猶與酒徒醉于市帝坐沈香子亭意有所感欲得白為樂章召入而白已醉左右以水頮面稍解援筆成文婉麗精切無留思帝愛其才數宴見白嘗侍帝醉使高力士脫靴力士素貴恥之摘其詩以激楊貴妃帝欲官白妃輒沮止白自知不為親近所容益傲放不自修懇求還山帝賜金放還白浮游四方嘗乘月與崔宗之自采石至金陵著宮錦

袍坐舟中旁若無人代宗立以左拾遺召白已卒年六十餘或言挐月沈江未見所出頮音誨洗面也沮在呂切止也

劫初鈴子

寳積經云善順菩薩得劫初時閻浮金鈴於四衢中高聲唱言此舍衛中誰最貧窮當以此鈴而施與時有耆舊最勝長者我於此城最為貧窮可施於我菩薩云汝非貧者有波斯匿王最為貧者即往至彼王所前白王言我於此城得劫初時閻浮金鈴有最貧者而施與之城中最貧無過王者今賫此鈴願以相奉後說偈言若人多貪求積財無猒足如是狂亂者名為最貧人王聞斯語內懷慚愧作者汝雖善勸我猶未信為汝自說為有證乎答曰汝不聞耶如來至真等正覺當證大王是貧窮人王言我願相與往見如來於是善順菩薩說偈遶請如來從地涌出爾時世尊告言大王當知或有於法善順貧窮王當冨貴或有於法王為貧窮善順冨貴所以者何身登王位於世自在王為冨貴善順貧窮勤持梵行樂持尸羅善順冨貴王為貧窮

女人定

諸佛要集經文殊師利欲見佛集不能得到諸佛各還本處文殊師利到諸佛集處有一女人近彼佛坐入三昧文殊師利入禮佛足已白佛言云何此女人得近佛坐而我不得佛告文殊師利汝覺此女人令從三昧起自問之文殊師利即彈指覺之而不可覺以大聲喚亦不可覺捉手牽亦不可覺又以神足動三千大千世界猶亦不覺文殊師利白佛言我不令覺是時佛放大光明照下方世界是中有一菩薩名棄諸蓋即時從下方來到佛所頭面禮足一面而立佛告棄諸蓋菩薩汝覺此女人即時彈指此女從三昧起文殊師利白佛以何因緣我動三千大千世界不能令此女起棄諸蓋菩薩一彈指便從三昧起佛告文殊尸利汝因此女初發阿耨多羅三藐三菩提是女人因棄諸蓋菩薩發阿耨多羅三藐三菩提以是故汝不能令覺○頌家謂網明菩薩乃傳燈録所載未詳按何經論撿藏乘不見所出

想變體殊

想當作相形相也所以對清智也想變甚無謂華嚴䟽主云衆生包性德而為體依智海以為源但相變體殊情生智隔

軒轅鏡書傳無聞蓋相承而為此說驪龍郎奚切黑色龍也編竹樺
當作班竹柄班竹舜二妃堯之二女也曰南湘
夫人二女啼以涕揮竹竹盡班見張華博物志
蚩尤史記蚩尤作亂不用帝命於是黃帝乃徵
師諸侯與蚩尤戰於涿鹿之野遂禽殺蚩
尤而諸侯咸遵軒轅為天子用鏡照蚩
尤而殺之事出不經蚩赤之切涿音卓季札史記
延陵季子出聘過徐徐君慕季子劍季子心許
之及回徐君已亡因挂寶劍於墓樹而去從者

曰徐君已死季子曰不然吾
心許之豈以死背吾心哉南柯東平淳于芬吳楚游俠之
士侍酒不檢家住郡東有大槐樹枝葉扶踈芬
嘗與酒徒婆娑其下一日過飲致疾扶歸卧于
東序之下夢中忽忽然見二紫衣使者跪曰槐
安國王遣臣奉迎芬不覺下榻入門見左右車
馬侍從數人皆盛飾扶芬登車出戶指古槐而
去忽見山川境物與人世不殊可十里有都城
左右傳呼甚嚴次入大城門門樓榜曰大槐安
國俄有一騎傳曰王以駙馬遠到令館于東華

宮頃爾間又見一門洞啓芬降而入環睹豐宇
金碧彩錯往來遊翫者皆以淳于郎為戲語芬會
故人周弁田子華方叙舊闊遽聞呼相至芬降
階而揖相曰賢者不以弊國而來國内寡君欲
要賢者託以姻婭芬曰賤迹陋薄豈有是望相
因請行數步開至殿堂唯君一人素服華冠嚴
若王者之尊左右令芬拜王曰奉令尊之命欲
一小女配君子芬未知所對但俯伏而已王曰
卿可且回館舍芬沈思父昔在日作邊臣陷虜
中往往與虜交和而有是事邪未幾羊鴈之幣

咸備左右嬪從或稱華陽姑青溪妹上仙子下
仙子翠步躞蹀彩錯玲瓏數里開撤幔去扇見
一女号金枝公主容貌姣好芬交之頗甚歡娛
王一日謂芬曰吾南柯郡事不理太守黜廢欲
藉卿典之可與小女同行遂敕有司備行具甚
盛行至城門榜曰南柯郡芬典之二十餘年芬
妻遘疾旬日而死謚順義公主葬于國東盤龍
崗王謂芬曰卿離家日久可歸芬曰家即此矣
又何所歸乎王笑曰卿本人間族非此也芬似
稍有悟王令左右送至門外自西階見已卧于

東序之下芬甚驚怪使者呼芬姓名數呼芬方
大覺因出户尋梔樹下穴芬指曰此即夢中所
經遂令僕荷斧斷擁腫斫查孽尋究穴下袤丈
尺有大穴夷坦洞然可容一榻有積壤如臺榭
群蟻輔之此即蟻王槐安國之都又一穴有一
腐龜殼大如斗有小墳高尺餘即芬葬妻之墓
芬追前事感嘆無巳
見靈怪集姣音交

嗚呼 西漢注嗚呼或作於戲或作烏或爲呼
者義皆同蓋嘆聲也俗之讀者隨字而別文曲
爲解釋云有吉凶善惡之殊是不通其大旨也

義例具詩及尚書
不可一一徧舉之

斷金 張歆與管寧爲友二人鉏園見金一挺寧
遂揮鉏與歆而去尋有挾新人見之爲蛇
因而斫爲二段歆與寧復來見之乃金也

芥城 智度論如經有一比丘向佛言幾許名劫佛言
我雖能說汝不能知當以譬喻可解有方百由
旬城溢滿芥子有長壽人過百歲
持一芥子去芥子都盡劫猶未盡

拂石 見雪竇頌古

修羅酒 舊翻無酒謂採四天下花於海醞酒不成故言無酒或云非天此神果報最勝
鄰次諸天而非
天故言非天也

懷禪師後録

璇璣 璇璣玉衡以齊七政璇美玉也旋轉而衡平以玉爲璣衡謂渾天儀也

紅塵 塵本不紅以言其染也

犂奴 音犂牛駁文也

法幢 喻菩薩人高出建立見者歸向
降伏魔軍自無
怖畏如世幢幟

鴻門 項羽與沛公爲鴻門之會亞公謀欲殺沛公令項莊
拔劍舞坐中欲擊沛公項伯常屏蔽之時獨沛
公與張良得入坐樊噲居營門外事急直撞入
立帳下沛公如
廁走還霸上

繽紛 上匹賓切繽紛交雜也

金鎚 見祖英上

方便 演義云方謂方法便謂便宜

不怕 當作不泊音薄止也

皺䀹 上或作皺都搕
切下充之切
目汁凝也

埻埻 蒲没切起也

金鏁難 智度論云譬在囹圄桎梏
所拘雖復蒙赦更繫金鏁人爲愛繫如
在囹圄雖得出家更著禁戒如繫金鏁

砐峇 當作

岌坂上逆及切下魚合切危也
忘羊 忘當作亡莊子臧與穀牧羊而俱亡羊問臧何爲挾策讀書問穀何事博塞以遊亦亡其羊二人者業雖不同其於亡羊一也
天得一 見老子昔之得一章說曰一之爲一无乎不徧无乎不在最爲奧密難言
無邊刹境 見長者合論序
彌綸 猶纏裹也言周帀包裹見漢書拾遺
問訊 訊亦猶問古之重語也
焃焃 與赫同呼格切火赤貌
身現圓月 龍樹大士旣受大法眼藏

尋游化至南天竺國先是其國之人好修福業
洎大士至說正法要乃遞相謂曰唯此與福最
爲勝事佛性之說何可見邪大士卽語之曰汝
衆欲見佛性必除我慢乃可至之其人曰佛性
大小曰非小非大非廣非狹無福無報不死不
生其人聞大士所說臻理皆願學其法大士卽
於座上化其身如一月輪時衆雖聞說法而無
覩其形適有長者之子曰迦那提婆在彼人之
中視之獨能契悟遽謂衆曰識此相否衆曰非
我等能辨提婆曰此蓋大士示現以表佛性欲

我等詳之爾夫無相三昧形如滿月佛性之義
廓然虛明語方已而輪相忽隱大士復儼然處
其本座而說偈言身現圓月相以表諸佛
體說法無其形用辨非聲色見正宗記
世諦 涅槃云如出世人所知者第一義諦世間人知者名爲世諦諦以審實爲義
相治 音持理也
妖孽 上於喬切下魚列切說文云衣服歌謠草木之怪謂之妖禽獸蟲蝗之怪謂之孽
築長城 秦始滅六國一統天下有童子云二秦者胡也乃遣太子扶蘇將軍

蒙恬領兵役萬姓築萬里長城以防胡始皇崩
丞相李斯乃立少子胡亥爲二世皇帝帝用佞
臣趙高讒殺李斯不脩國政天
下乃亂秦遂滅見春秋後語
客拈柱杖 叢林商量
尊宿凡過別院陞堂不當便拈柱杖謂之不知
賓主此皆世諦臆論豈爲見道之高識且夫眞
座一登道無先後杖拂應用蓋對時機何賓主
之閑然而妨道用愚嘗讀天衣至淨慈陞座首
拈柱杖卓一下然後稱提
亦豈曰賓主不分者乎
那蘭陀 此云施無猒其地本

菴沒羅長者園五百商人以十億金買以施佛
佛於此處三月說法商人多有證果之者又曰
菴沒羅園有池池中有龍名施無厭寺近彼池故以名焉

靈龜曳尾 凡龜之行常曳尾以掃其迹而尾迹猶存莊子所謂吾將曳尾於塗中

殿後 都殿切在前曰啓在後曰殿

蚌鷸 趙伐燕蘇代說趙曰臣適遇小水蚌出暴而鷸啄其肉蚌合夾其喙鷸曰
今日不雨明日不雨必見蚌脯蚌亦謂鷸曰今
日不出明日不出必見死鷸兩不捨漁父并擒
之燕趙相支
秦爲漁父矣

相馳 當作相持持執持也馳走也非義

漚和 梵云漚和俱舍羅此言方便

灰池玉管 截竹爲管謂之律置之密室以葭莩爲灰以實其端
其月氣至則飛灰而管
空見蔡邕月令章句云

韡韡 筠輙切光也

斆 胡教切學也

金威 如大師子殺香象時皆盡其力殺兔亦爾不生輕想諸佛如來亦復如是爲諸菩薩
及一闡提演說法時
功用無二見涅槃經

池陽問

常啼賣心 般若三百九十八云爾時常啼往東方法涌菩薩求學般若當以何
物而爲供養然我貧匱無有花香上妙供具我
今應自賣身以求價值持用供養遂入市肆中
高聲唱言我今自賣誰欲買人時天帝釋言我
當試之化爲婆羅門身詣常啼所言汝今何緣
憂愁不樂荅言我今貧乏無諸財寶愛重法故
欲自賣身徧此城中無相問者曰我於今者正
欲祠天不用人身但須人血人髓人心頗能賣
否曰仁所買者我悉能賣即伸右手執取利刀
刺己左臂令出其血復割右髀皮肉置地破骨
出髓復趣牆邊欲割心出天帝復形以至平復
如本智論問常啼賣身與它誰買此物往供養
荅捨身即是大供養去往無在有人言是人前
身取財因人供養我爲供養故賣身爲奴又人
言爾時世好人皆如法雖自賣身主必聽供養
而還然觀二緣乃
與問意不相違背

鑰 與闟同音藥闟下壯也

汗馬 李廣利爲貳師

將軍伐大宛國得汗血馬名蒲捎漢武作
太馬之歌馬出汗即有功勞故云汗馬

藏機 經律異相云有噉人鬼捉得一人其人多智白
方欲出謂鬼曰問君一義我死無恨鬼曰請言
曰君何以面白背墨曰我鬼性畏日也其人聞
之往日而走鬼畏日故更不能獲其人得脫因
說偈言勤學第一勤問第一
方道逢羅刹難背陰向太陽

禹帝 見祖英 上大禹

巨靈 見雪竇頌古

蜀魄 即杜宇也華陽國志云鳥有名杜宇者其大如鵲其聲哀而吻有血
土人云春至則鳴聞其初聲者則有別離之苦
人皆惡聞之又成都記曰杜宇亦曰杜主自天
而降稱望帝好稼穡至今蜀人將農者必先祀
杜主時荊州人鼈靈死其尸泝流而上至文山
下復生見望帝帝因以爲相號曰開明會巫山
壅江人遭洪水開明爲鑿通流有大功望帝因
以位禪焉後望帝死其魄化爲鳥名杜宇一名杜鵑亦曰子鵑

[illegible]鳭 上都聊切[illegible][illegible]鳥名
大如鵠無後趾下陟交切[illegible][illegible]黄也好剖
葦皮食其中蟲或音力非也鶉女交切

通達

佛道 維摩詰經文殊師利向維摩詰言菩薩云
何通達佛道維摩詰言若菩薩行於非道
是爲通達佛道又問云何菩薩行於非道荅曰
若菩薩行五無閒而無惱恚至于地獄而無罪
垢

色見聲求 金剛般若偈曰若以色見我以音
聲求我是人行邪道不能見如來

鵞王別乳 正法念經云譬如水乳同置一器鵞
王欲飲之但飲其乳汁其水猶存出
曜經云昔有人多捕群鶴孚乳滋長展轉相生
其數無限養鶴之法以水和乳乃得飲之鶴之
常法當飲之時鼻孔出氣吹水兩避純飲其乳
又犍陀羅白燈光王曰我思世事長項白鶴以
水和乳令鶴飲其乳唯有水存王曰此事實
否荅言王當自驗王令鶴飲果如所言王曰此有
何緣荅曰鳥口性醋若飲
乳時遂便成酪致令水在

困魚止箔 箔簾也寶藏論曰夫
進道之由中有萬途困魚止箔病鳥栖蘆說者
曰此舉事以況漸言學者進悟之由也途道也
即八萬四千之法門隨機各解如困魚止小箔
病鳥栖蘆叢雖各得所安俱未至於大海深林

也一宿祖關永嘉玄覺因習天台止觀內心
明靜求證於曹溪六祖祖方房
坐文室師振錫遶座三帀卓然於前祖曰沙門
具三千威儀八萬細行大德自何方而來生大
我慢師曰生死事大無常迅速祖曰何不體取
無生了無速乎曰體即無生了本無速祖■如
是如是方具威儀參禮畢辭還永嘉祖曰返太
速乎曰本自非動豈有速邪祖曰誰知非動曰
仁者自生分別祖曰汝甚得無生之意曰無生
豈有意邪祖曰無意誰當分別曰分別亦非意

祖曰善哉善哉少留
一宿世謂之一宿覺威音王佛禪宗不立文字
謂之教外別傳
今宗匠引經所以明道非循蹟也且威音王佛
已前蓋明實際理地威音已後即佛事門中此
借喻以顯道庶知不從人得後人謂音王實有
此緣蓋由看閱乘教之不審各本師承沿襲所
為此言今觀威王涅槃此言寄係又云閉城有
之問豈不然乎罪者乘中陰身入此城
又曰捺落迦此言無閑亦是造作無調達梵云
閑之業來生此中或義翻地獄是也調達

或云提婆達多或云提婆達兜此並翻天熱以
其生時人天心皆忽驚熱故因為名或翻為天
授報恩經四云提婆達多於無量劫常欲毀害
世尊已至成佛出佛身血生入地獄爾時世尊
即遣阿難往地獄問訊苦可忍否受教即往獄
門問牛頭阿傍言為我喚提婆達多決喚何佛
提婆達多阿難言我喚釋迦佛提婆達多時阿
傍即語提婆達多言阿難在外欲得相見提婆
達多言善來阿難如來猶能憐憫於我邪阿難
言如來遣問訊苦痛可堪忍否提婆達多言我

處阿鼻地獄猶如比丘入三禪樂智論八問初
禪二禪亦有受樂何以但言第三禪荅樂有上
中下下者初禪中者二禪上者三禪初禪有一
種樂根喜根五識相應樂根意識相應喜根二
禪中意識相應喜根三禪中意識相應樂根五
識不能分別不知名字相眼識生如彈指頃意
識已生以是故五識相應樂根不能滿足樂意
識相應樂根能滿足樂過是三禪更無樂以是
故言猶如比半滿涅槃八云半字義者皆是煩
丘入三禪樂惱言說之根本故名半字滿

字者乃是一切善法言說之根本也譬如世間
爲惡之者名爲半人修善者名爲滿人故西秦
曇無讖三藏依涅槃此經以了義大乘爲滿字
教不了義小乘爲半字教立半滿之教曇無讖
始 **秀能** 慧能居於雙峯曹侯溪神秀棲于江陵
也 當陽山同傳五祖之法盛行天下並德
行相高於是道興南北能爲南 **雕砂** 有西蜀首
宗秀爲北宗以居處稱之也 座遊方至
白馬舉華嚴教問曰一塵含法界時如何白馬
曰如鳥二翼如車二輪座曰將謂禪門別有奇

特元來不出教意乃還里中尋謁夾山會禪師
道化遂遣弟子持前語問之山曰雕砂無鏤玉之
談結草乖道人之思弟子回舉
似其師乃伏膺禪道參問玄旨 **一鎚便成** 鎚當 作椎
雪峯問投子云一椎便成時如何子云不是性
懆漢峰云不假一椎時如何子云不快漆桶○
智覺心賦云如王索一椎之器言下全通注云
王索寶器須是一椎便成第二第三皆不中進
此喩一言之下便契無 **不壞四禪** 阿毗曇論
生不須再問便落陰界 云初禪內

有不定想有覺有觀識然似火焚燒法體外有
不定想爲火所燒二禪內有不定想喜受似水
外有不定想爲水所漬三禪內有不定想猶風有
出入息外有不定想便爲風所動四禪中內無
不定想不爲外法所攝 **比干相公** 史記王子比
已得念護除內不定想 干紂之親戚
也以紂沈湎於酒婦人是用亂敗湯德見箕子
諫不聽而爲奴則曰君有過而不以死爭則百
姓何辜乃直言諫紂紂怒曰吾聞聖人之心有
七竅信有諸乎乃殺王子比干刳視其心比干

王子也爲殺少師今言相公誤矣然相國丞相
皆秦官丞承也相助也掌承天子助理萬機而
服以金 **智爲雜毒** 語出寶藏論雜毒者取相
印紫綬 分別名爲雜毒如雜毒食
有所得者無有回向何以故是有
所得皆是雜毒見小品般若 **九曲珠** 世傳 孔子
厄於陳穿九曲珠遇桑間女子授之以訣云蜜
爾思之思之蜜爾孔子遂曉乃以絲繫螘引之
以蜜而穿之故今問云蜜螘絲之也然未詳所
出事雖闕疑聞實有由今多舉其緣遂錄之云

九天雲路 古詩云九天雲路早須尋莫使蹉跎
歲月深謝氏有才憐白髪顏生無意
戀黃金九天者中央鈞天東方蒼天東北方玄
天西北幽天西方浩天西南朱天南方炎天東
南陽天其說見淮南子 龍門 見拈古 長劍 見祖英 俠客 俠音叶俠之言
俠也以權力俠輔人也荀悅云立氣齊作威福
結私交以立彊於世者謂之游俠史云今游俠
其行雖不軌於正義然其言必信其行必果已
諾必誠不愛其軀赴亡之阨困旣已存亡死生

矣而不矜其能羞伐其德蓋亦有
足多者焉且緩急人之所時有也 北俱盧 或云北單
越鬱單越正云欝彯怛羅究留此云高上作謂四
天下中北餘三洲最高最上最勝國土城邑四
事所須究同諸天毗婆沙論云北俱盧洲無
有佛法亦不得戒以福報障故亦愚癡故 善
星 見證道歌 罾 作滕切罾進也進水取魚具也 罩 陟教切竹籠捕魚器也 綱 與网
同庖犧所結繩以漁 釣 音弔鈎魚也釣有小大勺取焉 墨子 墨子見素絲歎曰染蒼則

蒼染黃則黃五入則爲五色故染不可不愼乎
國亦有染舜染許由湯染伊尹桀染子辛紂染
惡來先王正道規矩有常苟生穿鑿 楊朱 楊朱泣岐
則岐路競起故知漸染之易性也
路曰謂其可以南可以北 水逆流 兜率宮中時諸園內有八色瑠璃渠一一渠有五百
億寶珠而用合成一一渠有八味水八
色具足其水上涌遊梁棟間見上生經 劫灰 漢武
穿昆明池池底得黑灰帝問于東方朔朔云不
委可問西域道人後竺法蘭旣至衆人追以問

之蘭曰世界終盡劫火洞燒此灰是也〇前漢
永狩三年穿昆明方朔已指西域道人故知佛
法其來久矣至後漢明帝永平十年法
蘭來遂決前疑語非摩騰問者之誤 垂絲 華亭
船子和上夾山初往參問師曰座主住甚麼寺
山曰寺即不似師曰不似似箇甚麼山曰目
前無一法可似師曰何處學得來山曰非耳目
之所到師笑曰一句合頭語萬劫繫驢橛師又
曰垂絲千尺意在深潭離鈎三寸子何不道山
擬開口師以篙撞在水中因而大悟乃云竿頭

絲綫從君弄不犯清波意自殊**五刑**墨罰之屬千劓罰之屬千剕罰之屬五百宮罰之
屬三百大辟之屬二百刻其顙而涅之曰墨截
鼻曰劓刖足曰剕宮淫刑也男割其勢婦人幽
閉大辟死刑也劓魚器切剕符沸切**打文殊**打文殊多傳是無著者誤矣按清涼
傳無著事凡數條唯無此緣因營粥見文殊者
乃是解脫禪師也辭見雲門録下
文殊起佛見見瀑泉集**般若一念**仁王護國經一切法皆如也諸佛法

僧亦如也聖智現前最初一念具足八萬四千波羅蜜多**摩竭**此云大身般若論云昔有
商人入海見一白山有三日出水入赤海船師
曰此摩竭魚也白山身也兩眼如日與日爲三
也水入其中如赤海也應高聲念佛商人命侶
共舉佛聲魚即隱也以魚昔爲比丘破戒爲惡
心尚慈故**正受三昧**華嚴經云有勝三昧名方網菩薩住此廣開示一切方中普現
身乃至善女身中入正定善男身中從定出善
男身中入正定比丘尼身從定出○三昧者三

之曰正昧之曰定亦云正受謂正定不亂能受
諸法憶持揀擇故名正受亦云等持爲正定能
發生正慧等持諸法是故名之爲等持**牛頭坐石**見祖英下虎馴**葛陂**
費長房汝南人嘗爲市掾市中遇壺公斷青竹
僞爲長房縊死於家遂同入深山學道不成而
長房辭歸公與一竹杖曰騎此任所之則自至
矣既至可以杖投葛陂中長房即以杖投陂顧
視即龍也公嘗爲作符主地上鬼神後
失其符爲衆鬼所殺見東漢方術傳**我國晏**

然高沙彌初參藥山山問甚麼處來曰南嶽來山云何處去曰江陵受戒去山云受戒圖箇
甚麼曰圖免生死曰有一人不受戒亦免生死
汝還知否曰恁麼則佛戒何用山曰猶挂脣齒
在便召維那云者跛腳沙彌不任僧務安排向
後庵著山謂道吾雲巖曰適來一箇沙彌却有
來由道吾曰也猶勘過始得山乃再問曰見說
長安甚鬧曰我國晏然山曰汝從看經得請益
得曰總不與麼山曰大有人不與麼不得曰不道他無只是不肯承當**上俠浮雲**

祖庭事苑　第三冊（三五ウ・三六オ／三六ウ・三七オ）

莊子說劒云天子之劒直之無前舉之無上案之無下運之無旁上決浮雲下絕地紀此劒一用匡諸侯天下服矣

九鼎 左氏云昔下之方有德也遠方圖物貢金九牧鑄鼎象物百物而爲之備使民知神姦故民入川澤山林不逢不若魑魅魍魎莫能逢之用能協于上下以承天休桀有昏德鼎遷于商載祀六百商紂暴虐鼎遷于周德之休明雖小重也其姦回昏亂雖大輕也天祚明德有所底止成王定鼎于郟鄏卜世三十卜年七百天所命也類合志云禹鑄九鼎

五者以應陽法四者以象陰數使二師以雌金爲陰鼎以雄金爲陽鼎鼎中水常滿以占氣之休否當夏桀之世鼎水忽自沸煎及傳周周末九鼎咸震能應亡滅之兆也楊子曰或問周寶九鼎寶乎曰器寶也器寶待人而後寶　底音旨致也郟鄏上古洽切下音辱郟鄏今河南

藏山 莊子大宗師夫藏舟於壑藏山於澤謂之固矣然而夜半有力者負之而走昧者不知也藏小大有宜猶有所遯若夫藏天下於天下而不得所遯是恒物之大情也

於屋 當作於室見成玄英疏

扣冰 王祥母思魚食冬求之冰合祥剖冰開感雙鯉出又王延後母救延求魚不得杖之血流延叩頭於冰而哭有一魚躍長五尺

泣竹 孟宗後母好筍令宗冬月求之宗入竹林慟哭筍爲之出並見孝子傳

三塗 四解脫經以三塗對三毒一火塗瞋忿二刀塗慳貪三血塗愚癡西域記曰儒書春秋有三塗危險之處借此名也塗道也謂惡道也

七淨花 維摩詰經入解之浴池定水湛然滿布以七淨花浴於無垢人七淨者一淨戒二淨定三淨見四度疑淨五道非道淨六行淨七智淨

七擒縱 蜀志諸葛武侯至南中所在戰捷聞孟獲者爲夷漢所服募生致之既得使觀於營陣之間曰此軍何如獲曰向者不知虛實故敗今蒙賜觀看營陣若只如此即定易勝耳武侯笑縱使更戰七縱七擒而武侯遣獲獲止不去曰公天威也南人不復反矣

繫與大用 繫與大用起必全眞萬象紛然參而不雜見金師子篇

初下壇 薩婆多云新受戒人與佛

戒齊**優塡雕像**釋提桓因請佛升忉利爲母
懲也說法請三月夏安居如來欲
生人渴仰不將侍不言而去時舍衛國波斯匿
王及拘翼國優塡王至阿難所問佛何在阿難
荅言我亦不知二王思覩如來遂生身疾乃請
尊者沒特迦羅子以神通力接工人上宮親觀
妙相雕刻旃檀如來自天宮還也刻檀**不輕**法
之像起迎世尊世尊慰口教化勞耶華
經威音王如來滅度已像法中有一菩薩比丘
名曰不輕是此比丘凡有所見皆悉禮拜讚嘆

而作是言我深敬汝等不敢輕慢所以者何汝
等皆行菩薩道當得作佛四衆之中有生嗔恚
心不淨者惡口罵詈言是無智比丘從何所來自
言我不敢輕汝而與我等授記當得作佛我等
不用如是虛妄授記如此經歷多年常被罵詈
不生嗔恚常作是言汝當作佛說是語時衆人
或以杖木瓦石而打擲之避走遠住猶高
聲唱言我不敢輕於汝等汝等皆當作佛**香如**
須彌爾時世尊初年月八日入大宗靜妙三摩
弓地身諸毛孔放大光明普照十方恒沙國

土時無色界雨諸香花香如須彌花如**淚如**
車輪如雲而下見新譯仁王般若經**車**
軸時世尊已入般涅槃四天王天與諸天衆悲
哀流淚各辦無數香花授如來前悲哀供養
王天如是倍勝於前色界無
色界諸天亦如是倍勝於前**窮諸玄辯**德山廣
録云師
長講金剛經聞南方禪宗大興持疏鈔卷衣南
游衆龍潭發明心地翌日擊疏鈔出衆曰窮諸
玄辯若一毫置於太虛竭世樞
機似一滴投於巨壑遂焚之**枯桑海水**樂
府

古辭飲馬長城行枯桑知天風海水知天寒入
門各自媚誰肯相爲言選注云知謂豈知也枯
桑無枝葉則不知天風海水不凝凍則不知天
寒以喻婦人在家不知夫之信息也亦喻食祿
之士各自保己不能薦賢又白氏金針云枯桑
知天風海水知天寒謂隱不之一字也如詩云
摻摻女手可以縫裳**天地合德**易文
言不可也摻音杉言**伏羲**羲當
作犧案帝王世紀云大皥帝包犧氏風姓也母
曰華胥遂人之世有大人跡出於雷澤華胥履

之而生包犧長於庖紀蛇身人首有德取犧牲
以充包厨故号曰包犧氏後世音謬故或謂之
伏犧或謂虙犧一号皇雄氏在位一百一十年
包犧氏没女媧氏立爲女皇亦風姓也犧純色
也牛羊豕爲牲故曰犧牲 **未造** 當作未畫 **八卦** 謂乾坤艮巽震離坎兌以象天
地水火風雷山澤之八物 **夢覺般若** 舍利弗問須菩提夢中行六波羅蜜有益
於阿耨多羅三藐三菩提不音否須菩提報舍
利弗晝夜行六波羅蜜有益夢中亦應有益見

大般若第三十三帙覺音數 **十科** 賛寧僧録撰宋高僧傳其後序略云爲僧不應於十
科事佛徒消歳月所謂十科者一譯經二解義三習禪四明
律五護法六感通七遺身八讀誦九興福十雜科然唐續高
僧傳及宋傳皆以達磨大師而下所傳來心宗
正法之人預習禪之列蓋不參此道不知此宗
妄立此意殊不知習禪者正四禪八定所證而
有大小不同但非釋迦將化專付迦葉音設囑
以相繼而不絶至於廿八祖達磨大師之正法
眼藏也是知作高僧傳之妄明矣或曰若是禪

宗不預於十科豈不徒勞於事佛乎曰吾宗門
正統其釋迦如來之遠裔何事之有而傳燈廣
燈續燈相繼之不絶者豈不然乎 **傳大士** 雙林傳云善慧大士受武帝請於重雲殿
講三慧般若王公貴人或見大士坐不正問
曰何不正坐答曰正又無正性側人無側心 **爐
鞴良醫** 善慧大士始撫魚於稽停塘遇胡僧嵩頭陀於魚所語大士曰我昔與汝
於毗婆尸佛前發誓願度衆生今兜率宮房舍
見在何時當還繙漁於此乎大士瞪目而已頭

陀曰汝既不憶且臨水自觀汝形影何如大士
從之乃見水中圓光寶蓋蒲身因而即悟盡弃
魚具而獨心喜謂頭陀曰爐鞴之所多乎鈍鐵
良醫門下足於病人當度衆生爲急有何暇思
天宮之樂乎 **千鈞** 規倫切三十斤爲一鈞 **金翅** 梵云迦樓羅揭路荼此言金翅
其軀甚大兩翅展時相去三百三十六萬里以
龍爲食日噉五百居鐵叉大樹住妙高下層若
飛舉時非須彌不住非鐵圍不居 **日月不到** 龍濟頌云心明諸法朗性昧衆

緑昏日月不到打破鏡僧問靈雲混沌未分時
處特地好乾坤如何師云露柱懷胎僧
云分後如何云如片雲點太清僧云只如太清
還受點也無師不對僧云恁麼則含生不來也
師亦不對僧云直得純清絶點時如何師云猶
是眞常流注僧云如何是眞常流注師云似鏡
常明僧云未審向上還有事也無師云有僧云
如何是向上事師云打破鏡來與汝相見
獬豸堯時瑞獸也形似牛一角使臣入朝即
以角觸之說文云古者決訟令觸不直

或云雄曰獬雌曰豸形同而難辨今問意正謂
此矣詳此問端出於洞山勃豊吟獬豸同欄辨
者嗤薰蕕共處須分析
猶豫爾雅曰猶獸名形如麂善登木性多疑慮常居山中忽聞
有聲即恐且來害之每豫上樹又之無人然後
敢下須臾又上如此非一故今不決者稱猶豫
焉一曰隴西俗謂犬子爲猶犬隨人行每
豫在前待人不得又來迎候也麂音几
翠竹黄花道生法師說無情亦有佛性師云青青
翠竹盡是眞如鬱〻黄花無非般若卅

火信者謂無佛語所證法師乃端坐十年待經
而證後三藏帶涅槃後分經至果有斯說法師
覽畢麈尾墜地隱几入滅又禪客問南陽國師
青青翠竹盡是眞如鬱鬱黄花無非般若人有
信否意旨如何師曰此盡是文殊普賢大人境
界非諸凡小而能信受皆與大乘了義經意合
故華嚴經云佛身充滿於法界普現一切衆生前
隨緣赴感靡不周而常處此菩提座翠竹不出
法豈非法身乎又經云色無邊故般若亦無邊
黄花既不越色豈非般若乎又大珠和上云迷

人不知法身無象應物現形遂喚青青翠竹惣
是法身鬱〻黄花無非般若黄花若是般若般
若即同無情翠竹若是法身法身即
同草木如人喫筍應總喫法身耶
廣額涅槃經云
波羅柰國有屠兒名曰廣額於日日中殺無量
羊見舍利弗即受八戒經一日夜以是因緣命
終得北方天王毗沙門子又迦葉言拘尸那城
有旃陀羅名曰歡喜佛記此人由一發心當於
此界千佛數中速成無上正眞之道以何等故
如來不記舍利弗目犍連等速成佛道佛言善

男子或有聲聞緣覺菩薩作誓願言我當久久護持正法然後乃成無上佛道以發願速故與速記詳觀此經即無我是十節之語恐傳言誤耳

抵鵲 音紙側手擊之曰抵桓寬鹽鐵論云中國所鮮外國賤之南越以孔雀珥門戶崐山之傍以玉璞抵鵲今貴人之所賤珍人之所饒非所以厚中國而明盛德也珥音餌飾也

相如 見祖英上連城壁

金鏁難 見本錄

分半座 雜阿含四十一云尊者迦葉長鬚髮者着弊衲衣來詣佛所爾時世尊無數大衆圍繞說法時諸比丘起輕慢心言此何等比丘衣服麤陋無有容儀佯佯而來爾時世尊知諸比丘心之所念告摩訶迦葉善來迦葉於此半坐我今竟知誰先出家汝邪我邪彼諸比丘心生恐怖身毛皆竪並相謂言奇哉尊迦葉大德大力大師弟子請以半座爾時迦葉合掌白佛佛是我師我是弟子佛告迦葉如是如是我爲大師汝是弟子今且坐隨其所安迦葉此云飲光以身光隱伏諸天故

六合 莊子六合之外聖人存而不論六合之內聖人論而不議

鶖子 維摩詰室有一天女現身散花供養說無㝵辯時舍利弗言汝何以不轉女身天曰我從十二年來求女人相了不可得當何所轉譬如幻師化作幻女若有人問何以不轉女身是人爲正問否舍利弗言不也幻無定相當何所轉天曰一切諸法亦復如是無有定相云何乃問不轉女身即時天女以神通力變舍利弗令如天女天自化身如舍利弗而問言何以不轉女身舍利弗以天女像而荅言我今不知何轉而變爲女身天曰舍利弗若能轉此女身則一切女人亦當能轉如舍利弗非女而現女身一切女人亦復如是雖現女身而非女也是故佛說一切諸法非男非女即時天女還攝神力舍利弗身還復如故舍利弗此云鶖鷺子以其母眼如鶖鷺因母得名故曰鶖鷺子

七大性 謂地水火風空覺識也一地性麤爲大地細爲微塵更析鄰虛即實空性二水性不定流息無恒三火性無我寄於諸緣四風性無體動靜不常五空性無形因色顯發六覺見無知因色空有七識性無源因於

六種根塵妄出佛言汝元不知如來藏中此七大性清淨本然周徧法界見楞嚴第三

三獸 一兔二馬三象兔之渡水趣自渡耳馬雖善猛猶不知水之深淺白象之渡盡其源底聲聞緣覺其猶兎馬雖渡生死不達法本菩薩大乘譬如白象解暢三界十二緣起了之本無一切殺護莫不蒙濟見智論

天鼓 諸佛境界三昧經云三十三天善法堂前有妙法鼓諸天帝釋著欲樂時其鼓自然有聲說無常法若修羅欲至即報寃來

鬧釵釧 若有菩薩自言戒淨雖不與彼女人身合嘲調戲笑於壁障外遥聞女人瓔珞環釧種種諸聲心生愛著如是菩薩成就欲法毀破淨戒汙辱梵行不得名為淨戒具足見涅槃

祖庭事苑卷五

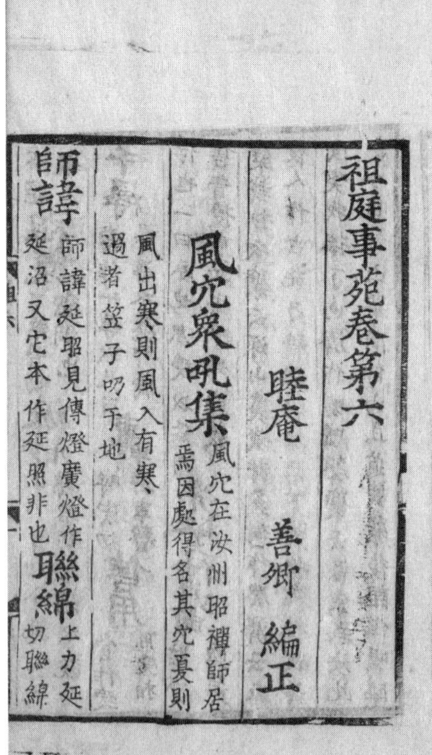

祖庭事苑卷第六

睦庵　善卿　編正

風穴衆吼集 風穴在汝州昭禪師居焉因處得名其穴夏則風出寒則風入有寒過者笠子吸于地

師諱 師諱延昭見傳燈廣燈作延沼又宅本作延照非也

聯綿 上力延切聯綿

不絕貌　**祖胤** 下羊晉切繼嗣也　**派渺** 上匹賣切分流也下綿沼切渺漏水貌　**千潯** 當作千尋六尺曰尋潯水涯非義　**轟** 呼宏切群車聲　**售用** 當作受用受相付也一曰承也承受以為用售音授賣不去手也非義　**先賢付囑** 臨濟與黃蘗栽杉次蘗云深山裏栽許多樹作麼濟云與後人作古記乃將钁拍地兩下蘗拈起柱杖云汝喫我棒了也濟作噓噓聲蘗云吾宗到汝此記方出潙山舉問仰山且道黃蘗後語但囑臨

濟為復別有意旨仰云亦囑臨濟亦記向後潙云作麼生仰云一人指南吳越令行南塔云獨坐震威此記方出又云若遇大風此記亦出見傳燈　**覬** 几利切覬覦希望也　**見前** 音現顯也　**滯殼** 殼當作㲉猶物在㲉而未出　**迷封** 封執也言執事而不脫迷也　**吒呀** 上知加切叱怒也下虛牙切哈呀張口貌也　**鳳翅** 施智切翅翼也　**顋面** 上四米切傾頭也　**輥** 古本切轂齊等也　**挨** 乙諧切推也　**讚底沙** 本生經云過去

久遠有佛名曰底沙時有二菩薩一名釋迦二名彌勒是佛觀見釋迦心未成熟而諸弟子心皆純熟如是思惟一人之心易可速化衆人之心難可疾治即上雪山入寶窟中入大禪定時釋迦菩薩作外道仙人上山採藥見底沙佛見已歡喜心生敬信翹一脚立叉手向佛一心而觀目未曾瞬七日七夜以一偈讚佛曰天上天下無如佛十方世界亦無比世界所有我盡見一切無有如佛者於是超越九劫於九十一劫得阿耨菩提　**軒轅** 少典之子姓公孫名

軒轅神農世衰蚩尤為暴軒轅與戰於涿鹿之野遂禽殺蚩尤而諸侯咸尊軒轅為天子時播百穀有土德之瑞故號黃帝　**圜天** 一本作圓天　**羑里** 音酉獄名也在蕩陰崇侯虎譖西伯於紂紂曰西伯積善累德諸侯皆嚮之將不利於帝帝紂乃囚西伯於羑里閎夭之徒患之乃求有莘氏美女驪戎之文馬有熊九駟他奇怪物因殷嬖臣費仲而獻之紂紂大說曰此一物足以釋西伯况其多乎乃赦西伯賜之弓矢斧鉞使西伯得征伐譖莊蔭切毀

也閩音客莘音詵鋑音壁

矛盾 上莫浮切或矛長二丈下食尹切兵器可蔽身昔有賣矛盾者譽言其功言盾則矛刺不入言矛則能穿十盾或云買汝矛穿汝盾如何彼無辭矣

圍山 當作爲山譬之爲一簣之山而欲登九仞取一撮土而欲墜千鈞不其難乎

斀 救角切剝也

九五 易之乾卦文辭也九五飛龍在天即大人有爲造物之時也故以即帝位者謂之登九五焉

見大蟲 見祖英玄沙猛虎

千木文侯 文侯過段千木之間而軾之從者曰君何軾之乎文侯曰此非千木之閭以吾聞千木不肯以身易寡人寡人何敢不敬千木廣於德寡人廣於地千木富於義寡人富於財地不如德財不如義寡人當以師禮事之何況敬乎文侯見段千木立拱而敬言及見翟黃據胡牀而與之語翟黃不悅文侯曰千木官之則不願祿之則不受今子官之則上卿祿之則千鍾又責吾禮翟黃大慚拜謝而出見魏國史

龍蛇陣 六韜五陣武王問太公曰青龍之軍以何先後曰角爲陷尾爲翼又孫子善用兵者言陳如常山蛇擊其首則尾至擊其尾則首至擊其中心則首尾俱至西漢注曰戰陳之義本因陳列爲名而音變耳字則作陳更無別體而末代學者輒改其字旁从車作陣非經史之本文

老倒 當作潦倒潦老之貌也

稚子 與穉同幼禾也直利切

杖林山 西域記云昔摩竭陀國有婆羅門聞釋迦佛身長丈六常懷疑惑未之信也乃以文六竹杖欲量佛身恒於文端出過文六如是增高莫能窮實遂投杖而去因植根焉今竹林脩茂被山滿谷

無著問 見雪竇頌古文殊對談

迄 許訖切至也

野盤 方言草宿也

窾語 正作窾音款雖語也

婆娑 未詳

大昴 天文志云昴畢間爲天街昴旄頭胡星也

周天 本作同天

騎牛穿市 三齊略記云齊桓公夜出迎客有甯戚者騎牛疾擊其角而歌曰南山矸白石爛生不值堯與舜禪短布單衣適至骭從昏飯牛薄夜半長夜曼曼何時旦公召與語

說之以爲大夫○世說云晉王愷字君夫有牛名曰八百里駮常瑩其蹄角與石崇出游日晩爭入洛陽城崇牛迅若飛愷牛絶走不能及竊賕愷督著相牛經斫音岸斮千患切

鶴九皐 詩鶴鳴九皐聲聞于野箋云皐澤中水溢出所爲坎自外數至九喻深遠也

翥翼 上章恕切飛舉也

馬千里 騏驥騂騮日行千里

布鼓 見祖英布鼓雷門

藏身吞炭 史記預讓義士也先仕晉卿范中行後被智伯滅之讓轉仕智伯智伯被趙襄子所滅讓逃之山澤易姓變名作犯刑罪人入襄子宮塗廁圊廁挾匕首伺襄子而欲殺之襄子如廁心不安檢廁見讓在廁究中左右請殺之襄子不許歎曰彼義士也放令去吾謹避之讓免死後逃山澤漆身爲癩呑炭變聲潜竊還家妻子不識唯友人識之其友人勸曰何不轉事襄子幸得近殺之曰事人而殺之是教後世之臣懷二心以事君不可也其後襄子出遊預讓伏橋下待之行未及橋而襄子曰得無預讓乎使人搜之果得讓於是襄子呼而語曰子先事范中行而智伯滅之子不爲報讎而委質而事之今智伯死獨求報之深何也讓曰臣先事范中行中行以衆人遇我我以衆人報之智伯以國士禮我我以國士報之襄子嘆曰子爲智伯名既成矣寡人赦子義亦足矣無自爲計焉讓曰臣聞明主不掩人之美忠臣以義死爲君君前赦臣之罪天下莫不稱君之賢今日之事臣固伏誅願請君之衣而擊之臣死無愧恨襄子義之乃解衣而授讓奮劒三踊而擊之歎曰吾可以下報智伯矣遂伏劒而死

天塹 七艷切塹遶城水也

欃槍 上楚銜切下初庚切天文志云欃搶棓彗其殃一也爲有破國亂軍伏死其辜餘殃不盡爲旱凶饑暴疾又漢書音義曰妖星曰孛星彗星長星亦曰欃槍絶跡而去曰飛星光跡相連曰流星棓彗音棒衛

智積 妙經見寶塔品爾時四衆見大寶塔從地涌出住在空中爾時佛告大衆說此寶塔中有如來全身號多寶佛衆皆願見佛以右指開七寶塔出大音聲如關鑰衆皆見之時多寶世尊所從菩薩名曰

智積

天王　今有狀毗沙門天王像少右手擎寶塔然它經無所出而風俗正用此緣也予嘗讀賛寧僧史云唐天寶元年西蕃五國來寇安西二月十一日奏請兵解援發師萬里累月方到近臣奏且詔不空三藏入內持念玄宗秉香炉不空誦仁王護國陀羅尼方二七遍帝忽見神人可五百員帶甲荷戈在殿前帝問不空對曰此毗沙門天王第二子獨健副陛下心往救安西也其年四月奏二月十一日巳時後城東北三十里雲霧冥晦中有神可長丈餘皆被金甲至酉時鼓角大鳴地動山摧經二日蕃寇奔潰斯須城樓上有光明天王現形謹圖樣隨表進呈因勅諸道州府於西北隅各置天王形像於佛寺亦勅別院安置蓋當時所現之像手擎浮圖今相習畫塑於州邑之城上或伽藍營壘之間是也

長嘯　蘇弔切吹聲也成子安嘯賦曰隨口吻而發揚假芳氣而遠逝

鵞護雪　大莊嚴論昔有比丘乞食至穿珠家穿摩尼珠次比丘衣赤映珠色紅時彼珠師入舍取食忽有一鵞即便吞之珠師尋即覓珠不知所在語比丘言得我珠邪比丘恐殺鵞取珠即說偈言我今為它命身分受苦惱更無餘方便唯以命代彼雖聞此語即便繫縛擗打以繩急絞口鼻盡皆血出彼鵞即來食血珠師瞋忿即打鵞死比丘乃說偈言我受諸苦惱望使此鵞活我今命未絕鵞在我先死珠師曰鵞今於汝竟是何親比丘具說開鵞腹得珠珠師舉聲號哭汝護鵞命使我造此非法之事雪言鵞色也此製句之倒爾

蠟人冰　蠟當作臘謂年臘也按增輝記臘接也謂新故之交按俗謂臘之明日為初歲也蓋臘盡而歲來故釋氏以解制受臘之日謂之法歲是矣天竺以臘人為驗者但其人臘有長幼又驗其行有涤淨言臘人冰者是言其行之冰潔也今衆中妄謂西天立制唯觀蠟人之冰融然後知其行之涤淨佛經無文律範無制未詳得是說於何邪今此集以臘為蠟深誤後人良可歎也

遠使　見洞庭録鍤斧

振奮　音糞振也从大隹在田上此其象也振奮古之重語

一宿懷胎　漢高祖諱

邦守季沛豐邑中陽里人也姓劉氏母媪嘗息大澤之陂夢與神遇是時雷電晦冥大公往視則見蛟龍於上已而有娠遂產高祖高祖為人隆準而龍顏美鬚髯左股有七十二黑子媪烏老切娠音身

一鏃 歸宗頌云一鏃破三關分明箭後路可濟大丈夫先天為心祖

羅越 越當作閱羅閱西竺城名分別功德論所謂羅閱城東山耶須菩提把衲之處學唐步亦借燕學趙步意也

十度發言 雲居膺示衆曰知有底人終不取次十度擬發言九度卻休去為甚如此恐怕無利益若是體得底人心如臘月扇子口邊直得白醭生不是你強為任運如此

前殿橫戟 或者多引唐太宗故事語言多無典據誠取笑識者謹錄唐太宗帝紀云高祖義旗初建立長子建成為皇太子時太宗功業日盛高祖私許立為太子建成密知之乃與齊王元吉潛謀作亂因引太宗入宮夜飲欲行酖毒既而太宗心中暴痛吐血數升淮安王神通狼狽扶還西宮高祖幸第問疾因勑更勿夜聚因謂太宗曰發迹晉陽啟平宇內是汝大功欲升儲位汝固讓不受以成汝美志建成自立東宮多歷年所今復不忍奪之觀汝兄弟是不和同在京邑必有忿競汝還行臺居於洛陽將行建成密令數人上封事於是遂停是後日夜連結後宮譖訴愈切高祖惑之九年突厥犯邊詔元吉率師拒之元吉因兵集將與建成克期舉事長孫無忌房玄齡杜如晦尉遲敬德日夜固爭曰事急矣若不行權道社稷必危今大王臨機不斷坐受屠戮於義何成太宗然其計六月三日密奏建成元吉淫亂後宮因自陳曰臣於兄弟無絲毫所負今欲殺臣臣今枉死永違君親高祖省之愕然曰明日當勘問汝宜早參四日太宗將左右九人至玄武門自名高祖已召執政窮覈建成元吉覺變即回馬將歸太宗隨而呼之元吉馬上張弓再三不彀太宗乃射之建成應弦而斃元吉中流矢而走尉遲敬德殺之甲子立太宗為皇太子八月詔傳位于皇太子尊高祖為太上皇橫戟謂太宗也披衮謂神堯也語雖不類意或似之

垂槎 見祖英上靈槎槎水中浮木鉏

加切

干將 干將吳人也與歐冶子同師闔閭使造劒二枚一曰干將二曰鏌鎁鏌鎁干將妻名干將作劒金鐵之精未肯流夫妻乃翦髮斷指投之鑪中金鐵乃濡遂以成劒陽曰干將而作龜文陰曰鏌鎁而作漫理干將而匿其陽出其陰獻之闔閭見吳越春秋

太阿 見洞庭錄

蛆兒 且余切蝿也

金剛 梵云拔折羅此云金剛出七金山內近妙高山金剛樹節如筎竹無物不壞

羺羊 當作羺羊般若論云涅槃佛性理如金剛無物不壞唯羺羊角壞之如其佛性唯一闡提不可壞也

花冠 花冠顇謂花萎也天人五衰一曰衣裳垢膩二曰頭上花萎三曰身體臭穢四曰腋下汗出五曰不樂本座

眸眨 上莫浮切目瞳子也下側夾切目動也天目本不瞬目動即褒也

嵩少 嵩高總名也其山東為太室西為少室故曰二室五嶽之中也嵩高維嶽峻極于天是也

汝海 昔汝水平川為海禹鑿龍門導之今遂為郡邑

戴席帽 綳絛帶席帽不是作詩人見新金山朝陽集如楊脩見幼婦一覽便知妙臘月蘿蔔頭又入窖裏去皆金山語也

紫陵 山名也在郢之京山縣

白雪樓 在郢之西城之上始於宋玉對楚襄王謂陽春白雪和之者寡因以名焉玉郢人也為楚襄王之大夫屈原之弟子也

墖印 當作搭印都合切打也

蛙步騣渥 蛙當作洼謂馬出於渥洼水也漢武帝時有暴利長於渥洼水旁見群野馬中有奇者來飲此水因作土人持勒靽於水旁馬習以為常遂以人代持勒靽收得其馬獻之欲神異此馬云從渥洼水出鳳丸所謂騣者以良馬出清水而反騣臥於泥沙之中是其意也今録謂蛙者蝦蟆也豈能為馬步而騣臥邪騣張扇切

大舞 先王之制舞也文以羽籥武以干戚武之小舞則干而無戚也文之小舞則干而無籥也用羽籥干戚者文武之大舞也籥音藥如笛三孔而短干盾也戚戍也

隼旟 周禮州里建旟隼旟謂刻鷙鳥皮毛置之竿頭漢書音義云畫鳥隼曰旟畫龜蛇曰旐隼旟音筍余

敲楗槌 楗巨寒切槌音地此

雖聲鳴智論云摩訶迦葉世尊滅後作大神通
往須彌頂而說偈言如來弟子且莫涅槃得神
通者當赴結集說是偈已即擊搥銅揵搥揵椎
之中而傳此偈聲徧三千大千世界得神通者
其數四百九十有九悉入王舍城賓鉢巖窟爾
時阿難爲漏未盡不得入會當自念言我事如
來亦無缺犯自爲有漏不及衆數思惟是已曉
夜經行明相出時身體疲極亞卧之次頭未至
枕得證阿羅漢果心生歡喜即往巖中擊其石
衍門爾時迦葉問是何人敲我此戶荅言是佛

侍者比丘阿難曰汝漏未盡不得入來阿難曰
我已證無漏迦葉曰汝旣證無漏當現神變以
遣衆疑爾時阿難即聘神通從戶鑰入得在衆
會足數五百賓鉢亦云畢鉢羅此言高顯
簉破當作揍千候切揷也簉初救切倅也非義穿耳客謂達磨祖師也然穿耳非
佛制幡之蓋表梵人之相刻舟人見雲門録下和肓悖詐和肓當作如肓
悖詐當作悖掠悖亂也掠暗取物也
悖掠亦方言謂摸掠見遠浮山九帶耶舍雜阿含曰

王阿育作八萬四千金銀琉璃頗梨篋盛佛舍
利又作八萬四千寶甁以盛次篋使諸鬼神各
持舍利供養之具敕諸鬼神言於閻浮提至於
海際城邑聚落滿一億家者爲世尊立舍利塔
時邑達非邑有上座名曰耶舍王詣彼所白上
座曰我欲一日之中立八萬四千佛塔徧閻浮
提意願如是上座曰善哉大王剋後十五日月食
時令此閻浮提起諸佛塔如是乃至一日之中
立八萬四千塔世間民人興慶無
量耶舍此言譽又云名稱掌侍當作掌廳

見宅本盲龜見雲門録上出袖當作出就雲竇瀑泉擬之甚詳達觀嘗作四藏
鋒頌因録以證之云其一就事藏鋒事獨全不
於理上取言詮金鱗若不吞香餌擺尾搖頭戲
碧川其二就理藏鋒理最嶽豈從事上立毫釐
新羅鷂子飛天外青捌林中死雀兒其三入就
藏鋒理事該碧潭風起動風雷禹門三月桃花
浪戴角擎頭免曝腮其四出就藏鋒事理亡長
天赫日更無妨雷公電母
分明說霹靂聲中石火光閘珠未詳理素琴大方

便報恩經善友太子出城觀看見其耕桑殺戮之事世間衣食自活造諸惡本心不可忍悲淚蒲目於是入海採摩尼珠以濟衆生其弟惡友亦願隨往善友太子與弟同往以慈心福德力至龍王君所王出奉迎太子說法示教利喜王曰遠屈途步欲須何物太子曰今欲從王乞左耳中如意摩尼寶珠王言當以奉給時善友即持寶珠還閻浮提時弟惡友心生嫉妬其兄眠卧即趣求二乾竹刺兄兩目奪珠而去時善友喚其弟言此有賊刺我兩目持寶珠去而惡友不應兄便懊惱我弟惡友爲賊所殺如是高聲經久不應爾時樹神即發聲言汝弟惡友是汝惡賊善友聞已悵然斂氣後遇牧牛人歸家供養經于一月其家厭患遂白主人我今欲去汝若愛我爲我作一鳴琴送我著多人處主人即遂其意太子善巧彈琴其音和雅悅可衆心悉得充足

舸　古我切楚以大船曰舸

張行滿　寶林傳六祖大師將欲入滅乃謂衆曰吾没後當有人竊取吾首聽吾記云頭上養親口裏須餐遇滿之難楊柳爲官門人憲之預以鐵葉固護師頸至開元間夜半聞塔中拽鐵聲衆驚起見一孝子從塔中出尋見師頸有傷具以事聞有司縣令楊侃刺史柳無忝於石角村捕得之因拗問乃謂吏曰姓張氏名行滿汝州梁縣人受洪州開元寺新羅僧金大悲錢廿千欲取祖師首歸海東供養柳守聞之因知祖讖之驗遂赦張氏而加敬焉

疊閻　當作疊閻見廣燈疊閻連里言其多也疊許覲切非義

智囊　張行滿汝海人汝人多瘻故命瘻人爲智囊按史記秦樗里子瘻而多智時人號爲智囊樗抽居切

禪子訶　訶當作問見它本

三緘　家語孔子觀周遂入太祖后稷之廟廟堂右階之前有金人焉三緘其口而銘其背曰古之慎言人也戒之哉無多言多言多敗無多事多事多患安樂必戒無所行悔勿謂何傷其禍將長勿謂何害其禍將大勿謂不聞神將伺人焰焰不滅炎炎若何涓涓不壅終爲江河綿綿不絕或成網羅毫末不札將尋斧柯誠能慎之福之根也口是何傷禍之門也強梁者不得其死好勝者必遇其敵

孔子既讀斯文也顧謂弟子曰小人識之此言實而中情而信詩曰戰戰兢兢如臨深淵如履薄氷行身如此豈以口過患哉識音志予嘗讀傳燈有僧亡名所撰息心銘文勢擬此而作也然金人之緘於口而亡名之緘緘於心其理頗勝學者宜覽觀焉

梅柳 赴春闈之時非人姓也

遞 特計切更易也

朕兆 朕當从目作眹文忍切目眹也朕直稔切我也非義

通玄箭 雜譬喩經云昔有一人用三鐵布施乞求三願一者將來得作國王二者解衆生語三者多諸智慧其人命終生庶人家形色端正王募爲左右此人投募得侍王側見鸎在巢仰看而笑王問何笑荅曰鸎言我得龍王女髮長十丈喚伴看之王曰審爾者好無爾者殺遣看即得王欲取龍女爲婦語小兒曰汝解鳥語必應多筴給汝食粮覓此女人得者重報若不得殺汝及家口小兒冒死向東海邊見二人若諍隱形帽履水靴殺活杖小兒曰何須紛紜我放一箭君二人逐之先前得者與二種物荅曰善遂引弓放箭二人爭走小兒取帽著靴捉杖直入海中至龍王所脫帽令龍女見女人多欲遂與小兒持一餅金還至外國其王遣迎救女獨入女便前進小兒著隱形帽隨女而入女見王醜以金擲王額破命終小兒脫帽共女上殿高聲唱言我應爲王女爲王后霸王天下

三屍鬼 三尸非佛經所出應機對問未免隨俗亦一期之言然所謂三尸者出道家守庚申事見酉陽録今據譬喩經失姦鬼者正指海邊二鬼也今言三尸蓋風宄屬類之失如五頂雙眸之類是也

隨緣不變 佛馱跋陀羅此云覺賢出生天竺少受業於大禪師佛大先通解經論應秦僧智嚴之請來長安從羅什之遊賢守靜不與衆同後語弟子云我昨見本鄉五船俱發而弟子傳告外人關中僧䂮道恒等咸謂顯異惑衆於律有違理不同止宜可時去賢曰我身隨緣去流甚易遂與弟子慧觀等別長安東邁神志從容初無異色東林慧遠久服風名傾蓋若舊乃請出禪數諸經因盤桓廬阜蓋隨緣而住也䂮音略

炙輠 胡瓦切轂頭轉貌炙脂輠也

扈澗上音戸夏后同姓所封戰於甘者在鄠有扈谷甘亭鄠音戸搖輭於兩切顋鞦也鞦音怛柔革也刷黃犍上數滑切刮也下居言切犗牛也犗音戒目瞪丈證切直視貌口呿丘伽切張口貌殢當作泥乃計切滯也殢音第極也非義常用當作當體見廣燈當勞郎到切憹也自恣十誦律云好惡相教以三語自恣鈔云九旬之內人多迷已不自見過理宜仰憑清衆垂慈垂誨絕宣已罪恣僧舉過內

彰無私隱外顯有瑕疵身口託於它人故曰自恣三語者謂見聞疑香芻根本百一羯磨云受隨意比丘應行生茅與僧伽爲座諸比丘並於草上坐又因果經云一切如來成無上道以草爲座故吉祥童子施輭草於世尊隨意即自恣也金錫根本雜事云比丘乞食深入長者房遂招譏謗比丘白佛佛云可作聲警覺彼即呵呵作聲喧閙復招譏毀佛制不聽遂拳打門家人怪問何故打破我門默爾無對佛言應作錫杖苾芻不解佛言杖頭安鐶圓如醆

口安小鐶子搖動作聲而爲警覺動可二三無人問時即須行去措口音醋置也劒梁當作劒良膞當作髆音博肩甲也钁頭邊佛日行脚時到夾山一日普請次維那命日送茶日云某爲佛法來不爲送茶來那云和上令請上座日云和上即得日乃將茶去作務處見夾山遂撼茶椀作聲山不顧日云釅茶三五椀意在钁頭邊山云鉼有傾茶勢籃中幾箇甌日云鉼有傾茶勢籃中無一甌便傾茶大衆俱以目視之日云大衆鶴

望乞師一言山云路逢死蛇莫打殺無底籃子盛將來日云手執夜明符幾箇知天曉山召大衆已有人也歸去來乃住普請東堂晉郤詵還遷雍州刺史帝於東堂會送問詵曰卿自以爲何如詵對曰臣舉賢良對策爲天下第一猶桂林之一枝崑山之片玉帝笑之亡羊見懷禪師後錄千猱當作獶奴刀切惡犬長毛也猱猴也非義啀音崖大鬭貌毗耶城見雪竇頌古室望龍林叢林引唐太宗還寃事以傳諸

學者𢚩意或似之而唐帝紀不載此蓋風尤信
之於鄽談作此句語殊不稽也如華嶽三峯坐
朝不問等
語亦爾
前來事
一本作
前來使
影景
律云量影
集衆知時
之法凡有七種集法一量影二破竹作聲三作
烟四吹視五打鼓六打揵椎七唱時到量影者
以一尺木至日中竪之記其影以
量之計天寸定時景之短長也
尼乾
梵語此
言不繫
謂無所
繫著也
地獄應收
應收當作難
收見它本
鬭勝
東漢永
平十四

年正月一日五嶽諸山道士諸善信等朝正之
次自相命曰天子棄我道法遠求胡教因朝集
可以表抗之遂上表乞比較優劣如其有勝乞
除虛妄敕遣尚書令宋庠引入長樂宮以今月
十五日可集白馬寺道士等便置三壇各賫靈
寶真文等五百九卷於東壇茅成子老子等二
百三十五卷置中壇帝御行殿在寺南門佛舍
利經像置於道西十五日齋訖道士以紫荻和
沈檀爲炬泣曰今胡神亂夏人主信邪以火取
驗得辨眞僞便縱火焚經經從火化悉成灰燼

時佛舍利光明五色直上映蔽日光摩騰法師
涌身高飛坐卧空中廣現神變又說出家功德
其福最高司空劉峻與諸宮士庶千餘人出家
道士呂惠通等六百廿人出家見漢法本內傳
潑墨望清皆處
也經傳無文
百體汗流
當作霡霂
汗流見廣燈
袈裟蓋面
大集地藏十輪經云過去有國名般遮羅
王號勝軍統領彼國時彼有一大山丘壙
所名朅盧婆甚可怖畏藥叉羅刹多住其中若
有入者心驚毛竪時國有人罪應合死王敕典

獄繫縛五處送朅盧婆大丘壙所令諸惡鬼食
噉其身罪人聞已爲護命故即剃鬚髮求重迦
沙遇得一片自繫其頸時典獄者如王所敕送
丘壙中至於夜分有大羅刹母名刀劍眼與五
千眷屬來入塚間罪人遙見身心驚悚時羅刹
母見有此人被縛五處剃除須髮片赤袈裟繫
其頸下即便右遶尊重頂禮合掌恭敬而說頌
言人自可安慰我終不害汝見剃髮染衣令我
憶念佛朅
丘竭切
伯樂
李伯樂字孫陽善相馬行至
虞之山坂有鹽車亦至有一

龍馬而人不識用駕鹽車遇見伯樂乃嘶伯樂以坐下馬易之日行千里

白牛無角　謂馬也普曜經云時淨居天王及欲界諸天充滿虛空即共同聲白太子言内外眷屬皆悉昏卧今者正是出家之時爾時太子即往車匿所以天力故車匿自覺而語之言汝可與我牽揵陟來車匿聞已舉身戰怖云何於此後夜之中而忽索馬欲何所之太子言我欲爲一切衆生降伏煩惱結賊汝不應違我於是諸天捧馬四足并接車匿釋提桓執蓋隨從至彼跋伽仙人苦行林中即便下馬遣車匿而還

嚬蹙　上當作顰音頻顰亦蹙也下子六切迫促也

卞和　見祖英上

無爲　華嚴䟽主云爲作也作即生滅寂寞沖虛湛然常住無彼造作故名無爲又瑜伽云無生滅不繫屬因緣是名無爲又智論云無得故名曰無爲又淨名云不墮數故

籤王　當作籤帝也籤籠也

王子

寶刀　涅槃云譬如二人共爲親友一者王子一是貧賤如是二人互相往返是時貧子見是王子有一好刀淨妙第一心中貪著王子後捉持是刀逃至它國於是貧人後於它家寄卧止宿於眠中寱語刀刀傍人聞已收至王所時王問言汝言刀者何處得耶是人具以上事荅王王今設使屠割臣身分張手足欲得刀者實不可得臣與王子素爲親厚先與一處雖曾眼見乃至不敢以手捉觸況當故取王復問言卿見刀時相貌如何類荅言大王臣所見如羊角王聞是已欣然而笑語言汝今隨意所至莫生憂怖我庫藏中都無是刀

性懆　蘇到切情性踈貌

隙骸　綺戟切

蓋面帛　吳越春秋吳王夫差死日羞見子胥以巾覆面今人謂之面巾猶吳王始也夫音扶差楚宜切見顏師古音義

荷項　下可切擔也

唱棒　當作喝棒見廣燈

塗戶闍　爾時世尊行至羅閱城畢陵伽婆蹉在此城中住而多有所識亦多徒衆大得供養酥油生酥蜜石蜜與諸弟子弟子得便受之積聚藏舉滿大甕君持瓫中大鉢小鉢或絡囊中掛水囊中或著橛上或象牙曲鈎

上或窻牖閒處處懸舉潘出流漫房舎臭穢時諸長者來入房看皆悉譏嫌比丘白佛佛集徒衆方便呵責自今已去制諸比丘有病殘藥酥油生酥蜜石蜜齊七日得服若過者尼薩耆波逸提彼比丘所有過七日者酥油塗戶響者石蜜與守園人欓它朗切木桶也

食蜜 食蜜當作石蜜善見律云甘蔗糖堅強如石是名石蜜也

守垣 當作守園謂守佛寺者西天以佛寺爲僧伽藍園垣墻也非義

指月 見雪竇瀑泉話月

汨羅 汨莫壁切水名在長沙羅縣故曰汨羅史記屈原字平仕楚爲三閭大夫上官靳尚譖毀於王流於江南楚王終不見省遂赴汨淵而死屈九勿切靳居覲切

聵人 上當从耳作聵五怪切聾也

盟津 當作孟津書泰誓文王卒武王觀兵孟津在洛北都道所湊故以爲津

爆 北教切火烈也

離微 見祖英上

鞭屍 楚平王殺忠臣伍奢并子伍尚奢之子員字子胥勇而且智逃於吳必欲復父之讎平王薨昭王立吳王剋楚入郢伍子胥以不得昭王乃掘平王之墓出其屍鞭之三百左右足蹴其腹右手抉其目誚之曰誰使汝用讒諛之口殺我父兄豈不寃哉

離洛 當作籬落謂藩籬村落也

無厶 當作無私

兕 徐姊切似牛青色一角重千斤

三楚 江陵爲南楚吳爲東楚彭城爲西楚

五陵 漢之五陵游俠所居之地高帝長陵惠帝安陵景帝陽陵武帝茂陵昭帝平陵

猪肉案頭 幽州盤山甞教化於市至屠肆見鬻猪肉者謂屠人曰精底割一斤來屠人釋刀而對曰那箇是不精底師於言下有省後出弟子普化云

文殊仗劍 五百菩薩得宿命智知億多劫所作重罪以憂悔故不證無生時文殊師利知其念已於大衆中把刀害佛佛言若欲害我爲善害我文殊白佛云何名爲若欲害我爲善害我佛因廣說一切諸法皆如幻化若能如是是善害我菩薩由是照知宿罪皆如幼化得無生忍五百菩薩異口同音而說偈言文殊大智士深達法源底自手握利劍持逼如來身如劍佛亦爾一相無有二無相無所生是中云何

殺見寶積百五

打西禪 鎮州寶壽上堂次有思明上座問踏破化城來時如何壽云不斬死漢明日斬壽便打明連道斬數聲壽隨打數棒壽復云者師僧將赤肉抵它乾棒著甚麼死急便下座時有一僧曰適來問話僧從大覺處來有一同參僧亦在者裏見解一般若要已後人委悉和上法道須是趂出者二僧始得若不趂出恐已後難得人承嗣和上壽即趂出報事僧思明住汝州西禪法嗣寶壽

拈羊角 即涅槃王子寶刀緣

思大 寶誌傳語與思大云何不下山教化衆生目視雲漢作甚麽思云三世諸佛被我一口吞盡有何衆生可度

劈折將士 劈折當作擗擗音壁錫博雅云捴也一日欲死貌遠浮山九帶作踏跳入虎澗折脚下漁舩

禮天王 叢林多指南陽國師禮天王非也嘗於經傳見之如來行經太子生已西國之法令禮天神其名摩醯首羅其神極悪而復有靈抱太子至其神所神自離座下階先禮太子神曰此是大聖太子不應禮餘

受禮頭破七分○又不拜王論有五戒信士見神不禮王曰何爲不禮曰恐損神故王曰但禮信士乃禮其神形儀粉碎○又迦旺色迦王受佛五戒曾神祠中禮其神像自倒後守神者作佛形像在神冠中王禮不倒怪而問之曰冠中有佛像王大喜知佛最勝而恕之○又感通録云唐蜀川釋寶瓊出家正素讀誦大品本色連比什邡並是米族初不奉佛沙門不入其鄉故老人女婦不識者衆瓊思抜濟待其會衆便往赴之不禮而坐道黨咸曰不禮天尊非沙門也瓊曰邪正道殊所奉各異天尚禮我我何得禮老君乎衆議紛紜瓊曰吾若下拜必貽辱也即禮一拜道像連座動搖不安又禮一拜反倒狼藉在地遂合衆禮瓊一時回信○予徧覽諸緣乃知志信奉佛者不應禮神禮之非神所利詳讀南陽廣錄而無此緣置問者指爲國師蓋看閱之不審也

童子戲 此問相傳謂當年風穴浴下普請次僧以手巾縮鬖角髻頂之戲爲調笑師見之不言而去翌日學者遂成斯問又如風穴因

有怒色遂置金剛被靈牟角觸之問又云既是
大人相爲甚麼不具足又如作胡餅次有猛焰
紅炉撈出月之句似此之緣頗多然皆叢林口
傳固難攷信設不引緣亦自不傷盲意第因衆
中有此商量遂使脫華世諦流布習以爲常一
且似有不平之氣輒於人天廣衆之前唯恃無
明公然譏刺如此操心自它何益但增薄俗誣
謗誠所謂雖是善因而招惡果不亦悲乎予嘗
讀大毗婆沙論問何故名法供養法供養是何
義答能爲緣義是供養義此以法爲初故名法

供養若爲饒益故爲它說法它聞法已生未曾
有善巧覺慧如是名施亦名供養或聞者不信
但名爲施不名供養若爲損害故說譏刺它法
它聞是已住正憶念懽喜忍受不數其過生未
曾有覺慧此雖非施而名供養若爲損害故說
譏刺它法它聞是已發恚恨心此不名施亦非
供養愚詳觀論意而學者心不在道合塵背覺
輒揚家醜自它何益豈不慎乎豈不慎乎
鐵楔迸開 苾芻比丘管澡浴事爲衆破薪有
大黑蛇從朽木孔出螫彼苾芻右

足拇指阿難白佛佛爲說孔雀王咒而愈 熊耳 見祖英 印客 當作弔客見廣燈
白龜 當作盲龜盲龜事見雲門錄上 喚覺 音敎俱舍論云時一王者令人
賫金遠買智慧使者奉命無處不至後因至一
樹下有人問之何來曰買智曰我有索金賫之
使者與金但得一偈云諦察審思唯慎勿卒行
非如今無用處還當有使時使者得偈歸奉於
王王在處書寫後自常念後公主患瘧著男子
衣在宮幃中與母同寢王入忽見索劍欲殺喚

覺方知猶智慧故 劒客 見雪竇後錄 要斷却 當作須斷却斷
杜管切絕也見傳燈 赤眉 見懷禪師前錄 變豹 聖人虎別其文炳也君子
豹別其文蔚也辨人狸別其文萃也狸變則豹豹變則虎見揚子 咆哮 當作跑虓上音
庖獷也下虛交切鳴也 曾參 魯有與曾參同姓名者而殺人或以告其母母不信織如
故如是告之者三母投杼而驚起 悞知音 當作切知音見傳燈 央掘 具云央崛

摩羅此飜云指鬘賢愚經云波斯匿王輔相家
生一男端正有力可敵千人字曰無惱從學於
婆羅門受請三月唯婦在室其婦不貞意欲無
惱作不淨行無惱志固不從其婦慚愧反加誣
謗婆羅門適歸婦即垂泣告訴自汝去後無惱
每見侵犯我適不從拽裂我衣壞我身首婆羅
門曰輔相之子難以治之當設異謀乃謂無惱
曰汝若於七日之中斬千人手去十取一指凡
得百指以為鬘餙爾時梵天便自來下命終定
生梵天遂作呪語竪刀在地惡心即生得人便

殺至七日中得九十九指唯少一人求覓不得
時母持食與之輒欲殺母爾時世尊遥見化作
比丘行於彼邊遂捨母趣是比丘佛見其來徐
行捨去指鬘極力走不能及即便喚言小住佛
云我常自住但汝不住指鬘復曰云何汝住我
不住耶佛言我諸根寂定而得自在汝從惡師
變易汝心不得定住聞是語已心開意
悟歸投如來即為現身說法出家證果　**萬回**
憨　釋萬回俗姓張氏虢州閿鄉人也年尚弱齡
白癡不語父母哀其濁氣為鄰里兒童所侮

終無相競之態口自稱萬回因爾成名十歲時
見兄往遼陽久無消息父母憂之為設齋禱祈
回忽白曰兄極易知爾奚用憂之因備齋時回
別母出門而去際晚萬回執兄書與母母問其
所以並無酬對自虢州閿鄉往遼陽來去一萬
餘里其兄它日歸備言其日與回言話取餅飯
共食而去父母大驚異人皆改觀聲聞朝廷中
宗詔見頗加崇重神龍二年勅別度回一人賜
号法雲公外人莫可得見頗有神異仍賜錦繡
衣服宮人供侍焉師所制偈頌流落人間罕有

得者宗鏡録嘗引一偈云黑白兩忘開佛眼不
繫一法出蓮叢真空不壞靈智性妙用恒常無
作功聖智本來成佛道寂光非照
自圓通憨呼談切癡也閟音文　**酋師**　上自秋切長也
納璧　見祖英章羊　**曲覩**　當作曲彔音録行且恭也覩笑視也非義　**吠堯**
史記夫跖之犬可使吠堯
堯非不仁犬吠非其主也　**祁寒**　上音耆大也所謂冬祁寒小人
怨咨　**懸頭刺股**　孫敬字文寶常閉户讀書睡則以繩繫頭懸之梁上嘗入市市

人見之皆曰閉戶先生帝特徵不就見先賢傳
○蘇秦洛陽人與魏張儀師鬼谷先生讀書至
睡引錐自刺其股血流至踝後為六國相見戰
國策○隨高僧智舜專習道觀不務有緣妄心
卒起不可禁者即刺股流血或抱石巡塔須臾
不逸其慮也故髀上刺處斑駁如鋪錦見慧皎
傳　嚙鏃　正作齧倪結切噬也隋末有督君謨
者善閉目而射志其目則中目志其
口則中口有王靈智者學射於謨以為曲盡其
妙欲射殺謨獨擅其美謨執一短刀箭來輒截

之唯有一矢謨張口承之遂齧其鏑笑曰汝學
射三年吾未教汝齧鏃之法見太平廣記鏑音
的箭鏃也　鷹俊　當作鷹隼見傳燈　孟浪　猶率略也　鴟梟　上稱
脂切鳶也下堅堯切不孝鳥也　鬼勿　當作鬼物見宅本　鞭狐　狐妖獸也為鬼
所乘見說文　県首　上音澆倒首也賈字說此斷首倒懸県侍中　飢人
見祖英上　鞭征　當作邊征見廣燈　佩攜　當作佩觿音隨說文銳瑞可以

解結詩芄蘭章童子佩觿說者曰觿所以解結
成人之佩也人君治成人之事雖童子猶佩觿
早成其德　弱冠　音貫冠束也男子二十曰弱冠　金星　即西方長庚星也天文志曰長
庚廣如一匹布著天此星見即兵起　扃鐍　上古螢切戶外閉關下古穴切環有舌也
斷臂　圭峯密師門人大泰從師聞法斷臂酬恩叢林或指二祖少林之緣蓋不明問荅之
意二祖豈求明差別之智者哉　路布　當作露布不封詔表曰露布　振鈴　西域記云

印土旃荼羅名為惡人如此方魁膾與人別居
若入城市則振鈴以自異人則識而避之不相
唐突　大鄙　周禮四里為鄰五鄰為鄙鄙小國也大鄙為言王城也　旃荼
羅　荼音塗或云旃陀羅此云殺者又云嚴熾又云恭惡人又云惡殺　成佛無疑
上生經云爾時優波離從座而起而白佛言世尊往昔於毗尼中及諸經藏說阿逸多次當作
佛此阿逸多具凡夫身未斷諸漏此人命終當生何處其人今者雖復出家不修禪定不斷煩

悩佛記此人成佛無疑此人命終生何國土佛告優婆離諦聽諦聽善思念之此人從今十二年後定生兜率陀天

夜生光 當作黒生光見傳燈

廣額 見池陽問

拂石仙衣 見雪竇頌古劫石

[忄摩]㦬 上當作懡母果切下郎可切懡㦬慚也

麈 之庾切見雪竇頌古麈廐

無憀 音寮賴也

佉羅騫馱 此云吼如雷四阿修羅王之一身長二萬八千里九頭千眼口中出火有九百九十九手八脚五於海中水但至臍手擎日月摩捫乾坤

鵄烏巢 梁太尉司馬齊毅之出鎮辭寳誌誌畫一樹上有鳥初不甚曉後毅之果有急上樹追者見樹有鳥巢已爲無人遂得免見誌公傳

騷消閙 騷消閙後好閙當作鬪根消後好沽閙蓋見乇本

磨寸金 當作無寸金

馬嵬 唐天寶中范陽節度使安祿山大五邊功上深寵之祿山來朝帝令貴妃楊太真姉妹結爲兄弟祿山母事貴妃及祿山叛露檄數楊國忠之罪河北盜起玄宗欲親征以皇太子爲天下兵馬元帥監撫軍國忠大懼諸楊聚哭貴妃銜土陳請帝遂不行内禪及潼關失守從幸至馬嵬禁軍大將陳玄禮密啓太子誅國忠父子既而四軍不散玄宗遣力士宣問對曰賊本尚在蓋指貴妃也力士復奏帝不獲已與妃訣遂縊死於佛室時年三十八瘞於驛左道

靈龜曳尾 莊子釣於濮水楚王使二大夫往召焉曰願以境内累矣莊子曰楚有神龜死已三千歳矣王巾笥藏之廟堂之上此龜者寧其死爲留骨而貴乎寧其生曳尾於塗中乎二大夫曰寧生而曳尾於塗中莊子曰往矣吾將曳尾於塗中矣濮音卜

借借 上音積下子夜切假也

湯湯 上吐郎切下宂浪切熱水灼也

漏網 西漢云漢興之初雖有約法三章網漏失吞舟之魚顔師古曰言法網疏闊失吞舟之大魚也

能揣骨 此緣多引歸宗揣骨事予嘗檢禪門諸録并宋高僧傳皆不載止言師目有重瞳遂將藥手按摩致目皆俱赤世號赤眼歸宗焉今風穴輒取此以對機後學傳之

愈謀然人之貧賤貴富莫非定業所主豈有心而能謝之乎 **寒食** 荆楚歲時記云冬至節一百五日即有疾風甚雨謂之寒食 **蒲鞭** 東漢劉寬字文饒弘農華陰人也延熹八年徵拜尚書令遷南陽太守典歷三郡溫仁多恕雖在倉卒未嘗疾言遽色常以謂齊之以刑民免而無恥吏人有過但以蒲鞭罰之示辱而已寬嘗行有人失牛者乃就寬車中認之寬無所言下駕步歸有頃認者得牛而送還叩首謝曰慙負長者隨所刑罪寬曰物有相類事容脫誤幸勞見

歸何為謝之州里伏其不校嘗坐客遣蒼頭市酒迂久大醉而還客不堪之罵曰畜產寬須臾遣人視奴疑必自殺顧左右曰此人也罵之畜產辱孰甚焉吾故懼其死也夫人欲試寬令恚伺當朝會裝嚴已訖使侍婢奉肉羹飜汙朝衣婢遽收之寬神色不異乃徐言曰羹爛汝手乎校猶報也迂久猶良久也 **劔嶺誌公** 按僧傳寶誌齊建元中稍見異迹武帝延入後堂居之既而景陽山猶有一誌與七僧俱帝怒遣推檢失所在問吏云誌久在後堂自後

凡遇出即以墨塗其身而記云此言景陽山不言劔嶺也 **張騫** 即漢之博望侯也乘槎至天河見祖英靈槎斬龍頭廣燈作斬船頭然二者皆無所出恐傳者之妄 **秦王發問** 譯經記云羅什譯維摩經至芥納須彌毛呑巨海姚興閣筆曰後人信否如何什乃謂帝説不思議法姚興信伏而書之三人者即僧肇預焉 **四威儀** 按南陽録肅宗遇國師師起迎帝曰何必起也師曰檀越何得向四威儀內見貧道耶 **停毒** 停當作亭亭毒

謂天地之氣所以覆載養育蒼生 **一即六** 楞嚴文殊偈云一根既返源六根成解脫又元依一精明分成六和合一處成休復六用皆不成 **無蹤迹** 當作身亡迹謝也 **三轉法輪** 一示相轉謂示四諦法相二勸修轉謂勸修行此四諦三引證轉謂我已證令信受 **野馬** 莊子曰野馬也塵埃也 **鄰虛** 細塵也 **獿鼓** 獿渠追切山海經云東海之內有流波之山其山有獿狀如牛無角蒼色一足而行聲音如雷黃帝戰蚩

尤以此皮爲鼓聲聞五百里蚌蟜見懷禪師後錄搯苦洽切爪搯也朱點責責當
作窄見五家宗派錄無著問見雪竇頌古文殊對談漚和梵云漚和俱舍羅此
言方便傀儡上口猥切下落猥切又云窟礧此作偶人以戲喜歌舞本喪家樂也漢末
始用之於喜會齊後主高緯尤所好高麗國亦有之一本作但看棚前弄傀儡抽牽都是裏頭
人六通一身通於一剎那際身隨智用周徧十方對現色身隨根善應二天耳通耳根

常聞十方一切諸聲三天眼通眼根常見十方一切麤細等色四宿命通智隨一切衆生死此
生彼所作業行因果悉能知之五它心通一念能知三世一切衆生心念所欲六漏盡通隨智
徧知一切諸法而無情欲順癡愛心侏倀侏與侜同張流切乖也下正作倀音張狂也
那吒叢林有析骨還父析肉還母之說然於乘教無文不知依何而爲此言愚未之知也
罨稟當作腤稟烏含切煑也罨烏荅切網也非義聱五交切說不入也

百味智論云百味有人言能以百種供養是名百味有人言餅種數五百其味有百是名
百味有人言百種藥草作歡喜丸是名百味有人言飲食羹餅總有百味有人言飲食種種備
足故稱爲百味磨膏未詳鎧歌當作凱歌苦亥切見祖英艨⿰舟侖音蒙
倫戰船也杓卜風俗抛杓以卜吉凶者謂之杓卜蟾語當作讝音詹寐語也
菽麥上式竹切豆也盲枷音茄拂也早二三當作恰二三問那

堪當作問那憨諱正作諕與譃同呼訝切詐也儁當作俊才千人也或
从人作儁雋粗兗切非義天然見祖英上擀百示衆僧問萬法歸眞遂以一頌答當
取示衆一頌歸此頌後即無示衆之題並見臨濟宗派集⿰犭外⿰犭甥上正作外下音生說文謂
我舅者吾謂之甥今頌謂貓爲虎甥蓋風俗相傳酉陽雜俎云狗對之甥遇狗輒跪如拜狀亦
此類也曏式亮切少時不久也葷茹上許云切臭菜也下如預切菜茹也闞

是婆薛婆羅婆薛子也○水草葢闍珠○賀蘭
夌山下職皮毬○口啣羊角鱣膠粘○日食三
千○重巖到日別磨青風穴作對闘之句往往
闘涉佛經引用儒典雖然亦多委巷風俗之言
今所修譌誤六十餘處其闕疑者六無得而詳
叢林或者無稽妄為臆說是由不知風穴一期
對機不在乎語言文字而又不知事實
謬作猥語瀆亂學者是豈知風穴者哉
法眼 諱文益生餘杭姓魯氏七歲從全
偉禪師受業得法於羅漢琛出遊

至臨川州牧請住崇壽江南國主聞師
道譽迎入住報恩賜淨慧禪師後遷住
清涼至周顯德五年示滅諡號大法眼
禪師後因門人行言署玄覺導師請重
諡大智藏
大導師
能仁 梵云釋迦此言能仁毗柰耶雜事云昔
古有王名曰甘蔗生四子一名炬口二
名驢耳三名象脊四名足釧四子有過悉皆擯斥
時四童子往詣它方至雪山側於一河邊各葺

草菴以自停息夫婦婚嫌各生男女時甘蔗王
憶戀諸子問大臣曰我子何在左右具陳上事
王曰我子能為如是事答曰彼能 **十二分** 見雲門錄
因此種族號為釋氏釧尺絹切
上 **先漕** 當作先曹謂先曹山也然它錄未聞以曹山為先曹 **中興** 王室中否而再
興謂之中興如周之宣王漢之光武唐之中宗
吾道東漸遭三武之難而後復或宗匠德業隆
重綱領斯道使教法中興者法眼其人矣三
武者謂魏武十九年周武七年唐武一年 **伏**

膺 音應胷也伏膺謂首術伏於膺也 **弭** 綿婢切息也 **式旌** 音精表也
翰迹 音汗筆也 **瑠璃** 見證道歌 **蘭亭** 見祖英下 **紕訛** 上匹夷切
繒欲壞貌下與譌同吳禾切 **水涸** 音鶴毗柰耶雜事云阿難
陀與諸苾芻在竹林園有
一苾芻名水老鶴而說頌云若人壽百歲不見
水老鶴不如一日生得見水老鶴時阿難陀聞
已告彼苾芻曰汝所誦者大師不作是語𢙣世
尊作如是說若人壽百歲不了於生滅不如一

日生得了於生滅彼衆闍教便告其師師曰阿
難老晡無力能憶持出言多忘失未必可依信
汝但伴我如是誦持時阿難陀覆來聽察見依
謬說報言子我已告汝世尊不作是說時彼苾
芻悲以師語白阿難阿難聞已作如是言今此
苾芻我親教授尚不聽信今欲如何假令舍利
子目乾連摩訶迦葉彼事亦同此諸大
德並已涅槃於是坐殑伽中流取滅

烏馬 古語云三寫烏成馬

杪冬 上彌沼切梢末也

謝肇 謝謂晉康樂侯謝靈運肇謂後秦解空法師僧肇

廣心 無著頌云廣大第一常其心不顛倒利益深心住此
乘功德滿世親論云云何廣心利益如經諸菩
薩生如是心所有一切衆生云何第一心利益
如經我皆令入無餘涅槃而滅度之云何常心
利益如經如是滅度無量無邊衆生實無衆生
得滅度者何以故須菩提若菩薩有衆生相即
非菩薩云何不顛倒利益如經須菩提若菩薩
起衆生相人相壽者相則不名菩薩

涅槃 此云大圓寂刋定準識論說有四種涅槃
一自性淸淨涅槃凡聖同有二有餘依即出煩
惱障有苦依身故三無餘依身出生死苦無依
故然小乘以灰身滅智爲無餘無餘有三一煩
惱餘二業餘三果報餘大乘則以究竟寳所爲
無餘故智論說四住地煩惱盡名有餘依四無
住處悲智相兼不住生死涅槃故即大乘之無
餘四種之中無住處涅槃也謂不住菩薩變易
生死不住二乘灰斷涅槃即眞無住名爲無餘

卵胎濕化 天獄化生鬼通胎化人畜各四刋定難云卵生最劣云何在初通約
境謂卵生必具胎濕化以緣多故約心從本謂
衆生本因起業業識即根本無明與本性和合
能所未分混沌如卵卵即卵殼故欒師經云破
無明殼竭煩惱河無明發業蘊在藏識爲胎受
生爲濕生時從無而忽有
爲化由是義故故爲此次

空有浮沈 欲界六天有色
四禪○初禪三天二禪三天三禪三天四禪九
天○無色四空○空無邊處識無邊處無所有
處非想非非想處○又空識二處有想名
浮無所有處非想非非想處無想爲沈

薩埵

具云菩提薩埵摩訶薩埵有三釋一菩提是所求佛果薩埵是所化衆生即悲智所緣之境從境立名二菩提是所求之果薩埵是能求之人能所合故故名菩薩三薩埵此云勇猛謂於大菩提勇猛求故**晶**子盈切光也**火聚**智論偈若人見般若是則為被縛若不見般若人見般若是則得解脫若不見般若則亦得解脫般若波羅蜜譬如大火焰四邊不可取無取亦不取**後得**見祖英下**我人四相**執取自體為我計我展轉趣於餘趣

為人計我盛衰苦樂種種變異相續為衆生計我一報命根不斷而住為壽者**羈籠**上居宜切馬絡頭也**方丈**今以禪林正寢為方丈蓋取則毗耶離城維摩之室以一丈之室能容三萬二千師子之座有不可思議之妙事故也唐王玄策為使西域過其居以手版縱橫量之得十笏因以為名**銘**音冥述其功美使可稱名也又志也**圖厚夋**方丈之居非私居也故其圖可久居其地者非一人故其處可厚**小隱**晉王康琚反招

隱詩曰小隱隱陵藪大隱隱朝市伯夷竄首陽老聃伏柱史**大昏**老氏云俗人昭昭我獨若昏說者曰物我兼忘不生分別故若昏**窈靄**上於兆切下於蓋切雲貌**孱顔**上士山切不齊也見西漢注**心識**順正理論云心意識三體雖是一而訓詞尋義類有異也謂集起故名心思量故名意了別故名識**成辦**皮莧切具也**六相**金師子云師子是總相五根差別是別相共一緣起是同相眼耳各不相知是異相諸根

共會是成相諸緣各住自位是壞相顯法界中無孤單法隨舉一法具此六相緣起集成各無自性一一相中含無盡相一一法中具無盡法也又頌云總則舉體不分別則諸緣各別同則諸緣和合異則功用各異成則互徧相資壞則各住自位**身中定**見池陽正受三昧**嘍囉**上郎侯切下良何切方言猶黠慧也**措大**倉故切置也言措置天下之大者**和君**當作報君見宅本**鼕鼕鼓**京師街衢置鼓於小樓上以警

昏曉本朝太宗時張公洎製坊名列牌於樓上按唐司馬周始建議置鼕鼕鼓唯兩京有之後北都亦有鼕鼕鼓是則京都之製也近不作街鼓之聲金吾職廢矣見春明集鼕徒冬切

宿　音秀列星也

六街　十道志曰長安有六街九陌九市以致九州人故法服以金陵為京闕名其康衢為六街也

即處　音杵居也

芰荷　上奇寄切菱也荷蓮花葉也

瀑布　步水切懸水飛泉也

鵰鼠　當作貂鼠丁聊切大而黃黑出胡丁零國

十九應身　謂寶誌即觀音應化為十九者正指法華普門品應以佛身得度者等一十九身也

拱宸　音辰當作拱辰論語譬如北辰居其所而衆星拱之

攢眉　遠法師結白蓮社嘗以書召陶淵明陶曰弟子性嗜酒法師若許飲即徃矣遠許之遂造焉遠因勉入社陶攢眉而去見廬阜雜紀

譯之　王制曰五方之民言語不通嗜欲不同達其志通其欲東方曰寄南方曰象西方曰狄鞮北方曰譯鄭玄云皆俗間之名依其事類爾鞮之言知也吳興法師云今通西言而為譯者蓋漢世多事北方而譯官兼善西語故摩騰始至而譯四十二章經焉後加之以翻著宋僧傳云如翻錦綺背面俱花但其花有左右爾由是翻譯二名存焉鞮音提

鼓儀　南山鈔云尋常集衆之法生椎之始必漸發聲漸希漸大乃至聲盡方打一通如是至三名為三下佛在世時但有三下故五分云打三通也後因它請方有長打其生起長打之初亦同三下中間四椎聲盡方折如是漸漸斂椎漸概漸小乃至微末方後生椎同前三下概音冀稠也

眚病　所景切目病也

現　當作見形練切顯也現玉光也吾釋氏之書往往多以此字為顯見之字雖欲音呼之便而意義全乖學者宜識之也

瞥起　匹蔑切過目也

升天堂　正法念處經云若持戒心念天樂者斯人汙淨戒如雜毒水以天樂無常壽盡必退當受大苦是故當求涅槃

窈　烏皎切深也

變影緣

如　叢林說者多引雜譬經云夫婦二人向甕挑酒甕內欲取酒夫妻兩人云見人影二人相

姤謂瓮内藏人二人相打至死不休時有道人
為打破瓮酒盡了無二人意解知影懐愧佛以
為喻者譬三界人不識五陰四大苦空身有三
毒生死不絶竊觀法眼命題即與此說懸殊詳
讀唯識論偈即符清凉所立題意故唯識頌云
現前立少物謂是唯識性以有所得故非實住
唯識又頌曰菩薩於定慧觀影唯是心義想既
滅除審觀唯自性如是住内心知所取非有次
能取亦無後觸無所得學者**呪咀毒藥**上職救
宜細思頌意當曉如如之旨　切祝也

下莘助切謂使行事阻限於言法華觀音普門
品重頌什公不譯諸師皆謂梵本中有荊谿云
此亦未測什公深意續高僧傳云偈是闍那掘
多所譯智者出時此偈未行感通傳韋將軍云
什師位階入地深明佛理善會秦言翻譯法華
尚遺普門之偈禮法師義䟽云凡呪毒藥乃用
鬼法欲害於人前人邪念方受其害若能正念還
著本人譬喻經中有清信士初持五戒後時衰
老多有廢忘爾時山中有渴梵志從其乞飲田
家事忙不暇看之遂恨而去梵志能起屍使鬼

召得殺人教曰彼辱我往殺之山中有羅漢知
往詣田家語言汝今夜早然燈勤三自歸口誦
守口身莫犯偈慈念衆生可得安隱其人如教
通曉念佛誦戒鬼至曉求其微尤無能害鬼神
之法人令其殺即便欲殺但彼有不可殺之德
法當却殺其使鬼者其鬼乃恚欲害梵志羅漢
蔽之令鬼不見田家悟道梵志得活輔
行引云正是觀音經還著於本人之文**朝㷠**上知
遥切旦也**從緇**側持切色黒繒也謂釋氏之服節
也僧傳謂僧慧玄暢皆黒衣之傑

乞與上音氣亦與也**汪汪**烏光切深廣貌**夷**正作弇與閘同擭也女教切
鉫腕上四夜切含車觧馬
也下烏貫切腕握也**求戒**五百問經云出
家者王法父母
不聽為得戒否荅云不得五分云一切**出家**三千
殘疾惡狀貌毀辱佛法者皆不得度
威儀經云出家行有終上中下三業下者謂十戒為本
盡形壽受持雖捨家緣執作與俗人等中者應
捨作務具受八萬四千向道因縁身口意業未
能具足清淨心結猶存未能出離上者根心猛

利應捨結使纒縛禪定慧力心能解脫淨身口
意出於緣務煩惱之家永處閑靜清涼之室
羅睺羅 此云障蔽亦云障月維摩詰經佛告羅睺羅汝行詣維摩結問疾羅睺羅曰我
不堪任詣彼問疾憶念昔時毗耶離諸長者子來
詣我所稽首作禮問我言唯羅睺羅汝佛之子
捨轉輪王位出家爲道其出家者有何等利我
即如法爲說出家功德之利時維摩詰來謂我
言羅睺羅不應說出家功德之利所以者何無
利無功德是爲出家有爲法者可說有利有功

德夫出家者爲無爲法無爲法中無利無功德
乃至若能如是是眞出家於是維摩詰語諸長
者子汝等於正法中宜共出家所以者何佛世
難値諸長者子言我聞佛說父母不聽不得出
家維摩詰言然汝等便發阿耨多羅
三藐三菩提心是即出家是即具足 按指 楞嚴如我
按指海印發光汝
暫擧心塵勞先起 三業 攝論云菩薩戒以身口心三業爲體聲聞戒以
身口二善
業爲體 四攝 一布施攝饒益衆生故二愛語攝方便開導故三利行攝以利

它行故四同事攝作業同它故 馬勝 馬勝比丘入城乞食威儀可觀飛鳥爲之盤旋奔馬
爲之駐足 驚㥛 質涉切失氣貌 殄 徒典切盡也 斟酌 音針灼斟勻也酌盛
酒行觴也 名邈 上彌正切目諸物也下當作貌墨覺切容也名物之形容故曰名貌 彌
忒 上民卑切益也下惕德切疑也 我生太晚 道藏化胡經天尊敬佛說偈云頭採
優曇花願燒旃檀香供養千佛身稽首禮定光
佛生何以晩泥洹一何早不見釋迦文心中常

懊惱辯正論按西域傳云老子至罽賓國見浮
圖自傷不及乃說偈供養對像陳情云我生何以
晩佛出一何早不見釋迦文心中常懊惱裴子
野高僧傳云晉惠帝時沙門帛遠字法祖每與
祭酒王浮共諍邪正浮屢屈焉旣嗔不自忍乃
托西域傳爲化胡經以誣佛法遂行於世人無
知者殊有所歸致患累載幽冥錄云犍城李通
死來云見道士王浮身被鏁械見沙門法祖爲
閻羅王講楞伽經王浮求祖懺悔
祖不肯赴孤負聖仁死方悔也 因道德經

昔之得一章云貴以賤爲本高以下爲基是以
侯王自謂孤寡不穀此以其賤爲本新非乎故
致數輿無輿不欲琭琭如玉落落如石○天下
皆謂章云我有三寶保而持之一曰慈二曰儉
三曰不敢爲天下先故能成器長○不尚賢章
云不尚賢使民不爭不貴難得之貨使民不盜
不見可欲使心不亂是以聖人之治虛其心實其腹
疏古山於切通也疏通古人之二意
一信心銘云眼若不睡諸夢自除心若不異萬
法一如其二明洞山悟無情說法頌也大奇也

大奇無情說法不思議若將耳
聽終難曉眼裏聞聲方得知
謎彌計切隱語也
仰山氣毬見祖英氣毬頌
四皓見祖英商山頌
稟筆錦切依也
爰上元切引也謂引辭也
累稔忍甚切秋穀熟也
隨色摩尼圓覺譬如摩尼寶珠映於五色隨方各現
馴淑上松倫切順也下神六切善也
八功德水稱讚淨土經云八德者輕清冷軟美不臭飲時調適飲已無患吴興法師云清是色

入不臭是香入輕冷軟是觸入美是味入調適無患是法入
東堂見風穴
南華莊子號也莊姓名周字子休生宋國睢陽蒙縣師長桑公子受號南華眞人
越嶠渠廟切山銳而高也山之別名如藥山或云藥嶠是矣
設利具云設利羅又云舍利並離骨身
起獻起塔以獻佛舍生天之報明矣
傷薤漢田橫死門人傷之遂爲悲歌言人命如薤上露易晞滅也亦
謂人死精魂歸於蒿里故辭有二章其一曰薤

上朝露何易晞明朝更復露人死一去何時歸
其二曰蒿里誰家地聚斂魂魄無賢愚鬼伯一何
相催促人命不得少踟蹰至李延年乃分爲二
章薤露送王公富貴蒿里送大夫士庶使挽柩
者歌之呼爲挽歌世說云挽歌起於田橫工部
郎中嚴厚本云其來久矣按左氏傳云會吴子
伐齊將戰公孫夏命其徒歌虞殯示必死也
對川見祖英
迸水
榑桑音符說文云神木也日所出
褭褭當作嫋嫋乃了切嫋娟也杜詩所謂隔戶楊花

弱嫋嫋裊褭驃褭馬名非義 虬龍 上渠幽切龍屬一曰龍子有角者 嵋 音眉山嵋如山
顛山腰之類是矣 城隍 音皇説文城池也有水曰池無水曰隍 龍安都
監 都監南唐僧佐職事之稱 一漚 木平善導初參洛浦問一漚未發已前如何辨其水
脉浦云移舟諳水勢擧棹別波瀾導不愜意乃參龍盤語同前問盤云移舟不別水擧棹即迷源
洛浦本作樂普 窈絕 當作杳絕杳冥也故字从日在木下窈深遠也非義 筠籜

上干倫竹青皮下音託筍皮 紈素 上胡官切細絹也 禪宛 當作禪苑吾佛始說
法於鹿野苑中故名禪居為禪苑也 笑我為僧 正理論云為僧者弃聲色遵梵行也
剃除鬚髮去華飾也俯容肅貌不志欲也分衛乞食拾糞掃衣支身命也清虛恬淡順道性也
猿狖 音柚鼠屬善旋 眭 玄圭切盱眭也 偶竊古人 古人謂南嶽齊以師也宋
傳云師諱齊已秉節高亮氣貌多陋性耽吟詠視其名利悉若浮雲初參德山後於石霜法會

請知僧務頸有瘤贅時號詩囊栖約自安破衲椎身枲麻纏脉愛樂山水懶謁王侯有夏日草
堂詩云沙泉對草堂紙帳卷空床靜是真消息吟非俗肺腸園林坐清影梅杏嚼紅香誰住原
西寺鐘聲送夕陽枲想止切麻也 伽陀 此云諷頌亦云不頌頌謂不頌長行故或名直
頌謂直以偈說法故今儒家所謂游揚德業褒讚成功者諷頌也所謂直頌者自非心地開明
達佛知見莫能為也今時輩往往謂頌不尚綺靡率爾可成殊不知難於世間詩章遠甚故齊

已龍牙序云其體雖詩其旨非詩者則知世間之雅頌與釋氏伽陀固相萬矣 眠槎 鉏加
切枯木也 白菌 渠殞切地生曰菌木生曰蕈 壤地 汝兩切柔土也 黃菁
博物志云天姥謂黃帝曰太陽之草名黃菁餌之可以長生八月採根九蒸九暴作果甚甜美
而黃黑色今山谷皆有菁音精 高座寺 西域三藏吉友此云高座國王之子讓國與弟
出家譯孔雀經善呪法謝琨為建寺故以為名 城關 當作城闕 遠墅 上與切田

鸕也竹籆倶遇切籆也鷗共樂海上之人有好鷗鳥者每旦之海上從鷗
鳥游鷗鳥之至者百數而不止其父曰吾聞鷗
鳥皆從汝游汝取來吾玩之明日之海上鷗鳥
舞而不下也說者曰心動於內形變於
外禽鳥猶覺人理豈可詐也見列子菊隨
歌晉陶潛九月九日無酒於宅邊菊叢中摘盈攡把坐其側望見白衣人乃王弘送酒即便
就酌而後歸龍鍾當作躘踵行不進貌蓮比目維摩寶積長者偈云

目淨修廣如青蓮心淨以度諸禪定久積淨業
稱無量導衆以寂故稽首楚法師云西方青蓮
花葉有大人目相故以蓮比目也貽盈之切與也木鐸論語天將以夫子爲木鐸
說者曰木鐸施政教時所振也言天
將命孔子制作法度以號令於天下寬樹陰
本行經云太子與父王釋種出野游觀見世間
衆生極受諸苦所謂生老病死不能得離欲求
宗靜發遣左右悉令散已於閻浮樹下結跏趺
坐諦心思惟即得初禪時淨飯王須臾之閒不

見太子遂遣尋覓乃見太子在閻浮樹
下一切樹影悉移唯閻浮陰悉覆太子乞食頭
陀善見律云乞食者三乘聖人悉皆乞食薩婆多受乞食法者一以在衆因緣故多諸惱害
二以鞭打僧祇人民共相嗔惱多諸非法食不
清淨三以觀它意色心常不安四少欲知足修
四聖種受檀越請亦有過失以請因緣先麤者
更令精細若少勸多若無兼味教增衆饌心有
希望即非少欲聖種之法常懷彼我得失之心
若乞食者蕭然無繫意無增減又衆食有盡乞

食無盡佛教弟子修無盡法梵云頭陀此言抖擻謂抖擻煩惱離諸滯著也倉堵上千
剛切說文云穀藏也倉黃取而藏之
故曰倉下董五切垣也五版爲堵康衢四達謂之
衢五達謂之康過午時迦留陀夷日下晡時著衣持鉢入舍衛城乞食天陰夜黑厚雲掣
電霹靂光互然明有一妊身婦女出外汲水電光
中見迦留陀夷大驚惶怖便失聲言毗舍支迦
留陀夷言我是沙門非鬼婦人答言若沙門者
不殺汝父不害汝母而墮我身時婦人往語十

二法比丘比丘往白世尊世尊結戒若比丘遍中食者波逸提毗舍支此言顛狂鬼

匡阜　上曲王切姓也周有匡續先生結廬於江洲南障山遂易名匡山亦曰廬山下扶缶切大陸也又山無石者曰阜

乾闥婆城　見雪竇祖英

螺女英　事見閩越記其略云有任氏子家貧以孝稱世因釣得一巨螺中有一女子既將而歸善織布有識者曰此龍須布也倍與直價任益喜且見以養親或曰此必龍女頷下必有明珠可殺而取之何止龍布之直

耶任歸將謀之女遂化龍而去今閩中有螺江是也

饋　求貴切餉餽也

酣　胡甘切酒樂也

終毫　當作終豪毫侠也

艶曳　上以贍切下以制切好而長也

馨香　上呼刑切香而清遠自馨

司徒大德　司徒姓也漢有複姓五氏司馬司功司徒司寇司空並以官爲氏古沙門尚從俗姓或從師姓始道安法師以沙門從佛出家方稱釋氏今衬俗猶以俗姓稱吾儕者多矣

縷褐　隴主切綫也

紀　音己記也記實而贈曰紀

隳　與墮同許規切毀也

玷　都念切玉之病曰瑕瑕謂體破外病曰玷玷謂色汙

僧伽　釋僧伽何国人姓何氏始至西涼府次歷江淮當龍朔初年也即隸名於山陽龍興寺初將弟子慧儼同至臨淮就信義坊居人乞地下標志之言決於此處建立伽藍遂穵土獲古碑乃齊國香積寺也得金像衣葉刻普照王佛居人歎異嘗卧賀跋氏家身忽長其牀榻各三尺許次現十一面觀音形其家舉族欣慶遂捨宅焉即今寺是也中宗景龍二年遣使詔赴內道場帝御法筵言談造膝占對休咎契若合符仍褒飾其寺曰普光王寺四年示疾敕自內中往薦福寺安置三月二日儼然坐亡神彩猶生止瞑目爾俗齡八十三僧臘罔知帝慘悼黯然于時穢氣充塞而形體宛如多見靈迹敕有司給絹三百疋俾回葬淮上令郡官祖送五月五日抵于今所帝以仰慕不忘因問萬回公曰彼僧伽何人也曰觀音菩薩也經不云乎應以比丘身得度者故見沙門相也見宋僧傳

諡應聖　應聖南唐李氏諡也楚四江北諸郡皆爲

蜀下至李景時方歸世宗故李氏朝謚此僞號
白虎通曰謚者何也謚之爲言引也引烈行之
迹也所以進勸成德使上務節也死乃謚之何
言人行始終不能若一故據其始終後可知也
又曰謚者別尊卑彰有德也　三十二身　見楞嚴圓通品凡三十二應　異
朕　當作異朕　忿怒　上撫吻切恚也　㨗疾　上疾葉切鬼名　澄暄　況元切雜
也　焚黃　寵謚應聖之號所以焚其敕黃唐高宗上元二年詔敕施行既爲永式比用白

紙多有蟲蠹宜令今後尚書省頒下諸司州縣並用黃紙　哲后　明君也　開
畿　音祈王畿象日地方千里　豪侈　敞爾切奢也　睟容　雖遂切潤澤也
元良　一有元良萬國以貞大子之謂見禮記　寶公　梁傳云釋寶誌禪師金城
人姓朱氏少出家止道林寺修習禪定宋太始初
忽居止無定飲食無時髮長數寸徒跣執錫杖
頭擐翦刀尺銅鑑或挂一兩尺帛數日不食無
飢容時或調吟辭如讖記天監十三年冬將卒

忽告衆僧令移寺金剛神像出置于外乃密謂
人曰菩薩將去未及旬日而終擐古患切貫也
柱天　展呂切支也　副君　猶儲君也　縑緗　音兼廂縑并絲繒緗淺黃
也　岑　小山而高　萬籟　落蓋切物之有竅風聲曰籟　簧　胡光切笙中簧也
涯　音宜　邈不得　當作貌莫角切人顏狀也　僧繇　瑶當作繇音遙張僧繇吳人也
梁天監中爲武陵王國侍郎直祕閣知畫事歷
右將軍吳興太守武帝以諸王在外思欲見之

遣僧繇乘傳寫貌對之如面也張公骨氣奇偉
師模宏遠眞當世異人見王彦遠名畫記乘傳
若今之驛傳直戀切　金峯　師名從志前住撫州金峯扃曹山寂嗣有僧問金杯滿酌
時如何師云金峯不勝酌酙後住金陵報恩入滅謚圓廣禪師　伽耶　此言城　雲
居　師諱懷岳嗣雲居膺爲第四世號達空禪師嘗有僧問如何是一丸療萬病底藥師云汝
惠甚麽　屋連　此云不樂著又云有金河　鐘虡　當作鐘虡當也聚也　巘翠

語蹇切山形似龎也 **㵳沉** 上正作寥下呼決切寥沉空貌下倣此 **其被** 平義切及也

喻月 如標月指 **示筌** 取魚以筌 **乃兆** 直紹切說文云灼龜坼也 **鼓山**

師諱神晏大梁李氏子幼不茹葷聞鐘梵即欣
然年十五感疾夢神人與藥即愈遂依衛州白
鹿山受業具戒杖錫遊方造雪峯峯撫而印之
閩師開鼓山創禪居請揚宗旨僧問如何是包
盡乾坤底句師曰近前僧近前師曰鈍躓殺人
曰如何紹得師曰犴㑩無風徒勞展掌後賜號

興聖國師 **峭** 七肖切峭峻也 **木平** 袁州木平山眞寂禪師諱善導頂有肉髻螺文

金陵李氏慕其道特以師禮嘗問如何是木平
師曰不勞斤斧曰如何不勞斤斧師曰向道木平師滅後門人建塔刊石影故法眼贊之 **巨溟** 杜經切巨溟大海也 **繕妙** 上時戰切治也

華亭裔 木平嗣龍盤文文嗣夾山會會嗣華亭船子誠 **挻** 待鼎切拔也

寫㲲 後漢永平十年乙丑正月十五日孝明帝夜夢金人身長丈六紫磨金色項有

圓光赫奕如日來詣殿前帝驚異詔羣臣問曰
此為何瑞是何神人將有通事舍人傅毅及大
史令蔡愔等對曰臣聞得道天竺者號之為佛
不言而自信不治而不亂巍巍乎獨出三界之
外飛行自在人無能名焉此聖者滅後一千年
外有教當被此土陛下所夢將必是乎帝即遣
羽林郎秦景博士王遵等一十四人迎佛教至
大月氏國果遇摩騰竺法蘭以白氎畫釋迦像
并四十二章經載以白馬及優多羅等教至永
平十四年戊辰之歲十二月三十日摩騰達子

洛陽明晨竺法蘭至 **雕檀** 見池陽問優塡雕像 **刋** 丘寒切削也 **奕奕** 音亦大也

道與 音余與歟同語終之辭 **師名** 尋僧史師號遠起梁武帝號婁

約法師次隋煬帝號智顗禪師並為智者無大
師二字唐中宗號萬回為法雲公加公一字玄
宗開元中有慧日法師中宗朝得度師義淨遊
西域回進眞容梵夾賜號慈愍亦未行大師之
字穆宗朝天平軍節度使劉總奏乞出家賜紫
衣號大覺師止師一字至懿宗朝咸通十一年

十一月十四日延慶節因内談論左街雲顥賜
三慧大師右街僧徹賜淨光大師師號懿宗朝
始也顥音皓　二世　五代亂離十國偏霸劉陟據廣州稱漢僭帝號據嶺南北四十七州
至大有十五年卒子玢立號二世陟更名龑音儼玢音彬　不負俗拜　當作不負
俗拜負恃也一曰受貸不償　耆年　渠伊切老也一曰至也至於老境又云指也謂
指事於人不自執役也　迥　戶頂切遠也　陂　音碑澤障也　凜　力錦切寒也

騈羅　上蒲眠切交騈也　永安淨悟　嗣福州怡山長慶稜師名懷烈
住撫州永安僧問怡山親聞一句請師為學人道師曰向後莫錯舉似人　不確　克角切謂
不類也　橋彴　酌音橫木渡水　峯峙　之里切峻也　和龍妙空
師名守訥福州閩縣人姓林氏受業於古田之壽峰嗣法於雪峰存禪師住池州和龍山壽昌
院號妙空禪師嘗有僧問如何是傳底心師曰再三囑祢莫向人說　百丈明照

安禪師本新羅人參踈山仁住洪州百丈號明照禪師嘗有僧問如何是和上家風師云手巾
寸半布　嚴陽尊者　尊者得法於趙州諗洪州武寧縣新興人也所居常有一
蛇一虎從其左右常手飼之僧問如何是佛曰土塊如何是法曰地動如何是僧曰喫粥喫飯
一馬　萬物一馬謂絶待也　汝江　在撫州龔嗣踈山仁仁嗣洞山价价嗣雲巖晟晟
嗣藥山儼　澄濬　須閏切深通川也　涵潤　胡南切水澤多也　遊刃

莊子恢恢乎其於遊刃必有餘地　氻潭　當作泐音勒水石理也周禮石有時而泐氻永
聲非義　泥空　乃計切滯泥也　儼若　曲禮儼若思疏者曰儼矜莊貌人之坐思
貌必儼然　瀛海　上怡成切亦海也　淡泞　下丈呂切澄靜也　荷玉
師諱光慧嗣曹山寂初住龍泉後住撫州荷玉山號玄悟大師嘗有僧問機關不轉請師商量
師曰啞得我口麽　蟾蜍　下正作蜍音余　法幢　正作幢宅江切釋名幢童

也其貌童童然演義云如
猛將幢降伏一切魔軍也 拘尸焚燎 拘尸此 云角城
城有三角故以名焉涅槃云爾時世尊在拘尸
那城告諸大衆吾今背痛欲入涅槃即往熙連
河側娑羅雙樹下右脇怕然宴寂瞿那慟哭八
部傷嗟以至金棺從座而起高七多羅樹往返
空中化火三昧須臾頃闍灰生
四樹收舍利八斛四斗燎音了 同安 師名常 察居九
江風棲山之同安院嗣九峯虔虔嗣石霜普會
諸諸嗣道吾智智嗣藥山儼師於藥山爲第五

世僧問學人未曉時機請師指示師曰 霧學
參差松竹凝煙薄重疊峯巒月上遲
當作務學楊子務
學不如務求師 遐憧 尺容切易憧憧 往來朋從爾思 霰
蘇佃切雨雪雜貌釋名曰
星也雨雪相搏如星而散 歸宗章 師名弘章 嗣法歸宗
懷惲後繼住歸宗爲第四世嘗有僧
問混然覓不得時如何師云是甚麼 誰何 猶如 何借
問也見
西漢注 闇投 明月之珠夜光之璧以闇投人 於道路衆莫不按劒相眄見文

選 囊錐 見雲門 囊穎 瞻顒 魚容切仰也爾雅云 顒顒卬卬君之德也
日東 即日本國也唐書日本古倭國也去京師 萬四千里直新羅東南在海中島而居東
西五月行南北三月行國無城郭聯木爲柵落
以草茨屋左右小島五十餘皆自名國而臣附
之其俗多女少男有文字尚浮圖法其俗椎髻
無冠帶跣以行幅巾蔽後貴者冒錦婦人衣純
色裙長腰襦結髮于後元亨元年遣使賀平高
麗稍習夏音惡倭名更號日本使者自言國近

日所出以爲名秦徐福止此
爲蓬萊至今子孫皆曰秦氏 華夏 謂中華大 夏
亟承 上去吏 切數也 雞林 十洲記云雞羅國雞 林府皆海外國名 華京
京大也中國之大無如京師公羊傳曰京者大
也師者衆也天子之居必以衆大之辭言之
宸扆 上音辰下隱豈切戶牖之 間謂之扆皆天子所居 赬紫 上丑貞 切赤色
謂朱
紫也 蛸張 上音誚蛸張言其 鋒鋩不可觸也 廬山開先 開 山

圓智禪師諱紹宗姑蘇人得法於長慶稜結庵於虔州了山廿載國主李氏建開先道場命師主之主躬入山請宣法要僧問如何是開先境云最好是一條界破青山色如何是境中人拾枯槊耆叓布水師後終於所棲遂塔焉 **遺珣** 上以醉切下音向 **焰水** 陽焰如水言其幻也 **矗直** 上音畜長直皃 **布袋和尚** 居明州奉化縣未詳氏族自稱名契此時號長汀子五代初示滅於岳林寺東廊端坐石上說偈云彌勒真彌勒分身千百億時時示時人時人自不識偈畢怡然而化本朝謚定應大師 **籌盈一馬** 莊子萬物一馬注馬戲籌也 **嗅** 與齅同許救切鼻就臭也 **薝蔔** 此云黃色花其香甚盛花似此方梔子 **無生忍** 五門禪經云於一切衆生忍辱不嗔是名衆生忍得衆生忍者易得法忍得法忍者所謂諸法不生不滅畢竟空相能信受是法忍者是名無生忍 **保大** 即江南李景所立年號 **獼猴** 吾佛隨類化身獼猴處焉巨嶽巔山 **雪髯** 如占切頰須 **須彌頂** 孤此贊斷章脫孤字見古本 **循省** 猶善察也 **苦空** 謂苦空無常四諦之法 **花巾結** 見雪竇瀑泉花巾 **參同契** 法眼作法似不相貫攝編觀上堂稱提頗符石頭之意今謹錄之云

出家人但隨時及節便得寒即寒熱即熱欲知佛性義當觀時節因緣古今方便不少不見石頭和上因看肇論云會萬物為已者其唯聖人乎它家便道聖人無已靡所不已有一片言語喚作參同契末上云竺土大僊心無過此語也中間也只隨時說話上座今欲會萬物為已者蓋為大地無一法可見它又囑云光陰莫虛度適來向上座道但隨時及節便得若也移時失候便是虛度光陰非色中作色解且道色作非色解還當不當上座若與麼會便是沒交涉正是癡狂兩頭走有甚麼用處上座但守分隨時過好

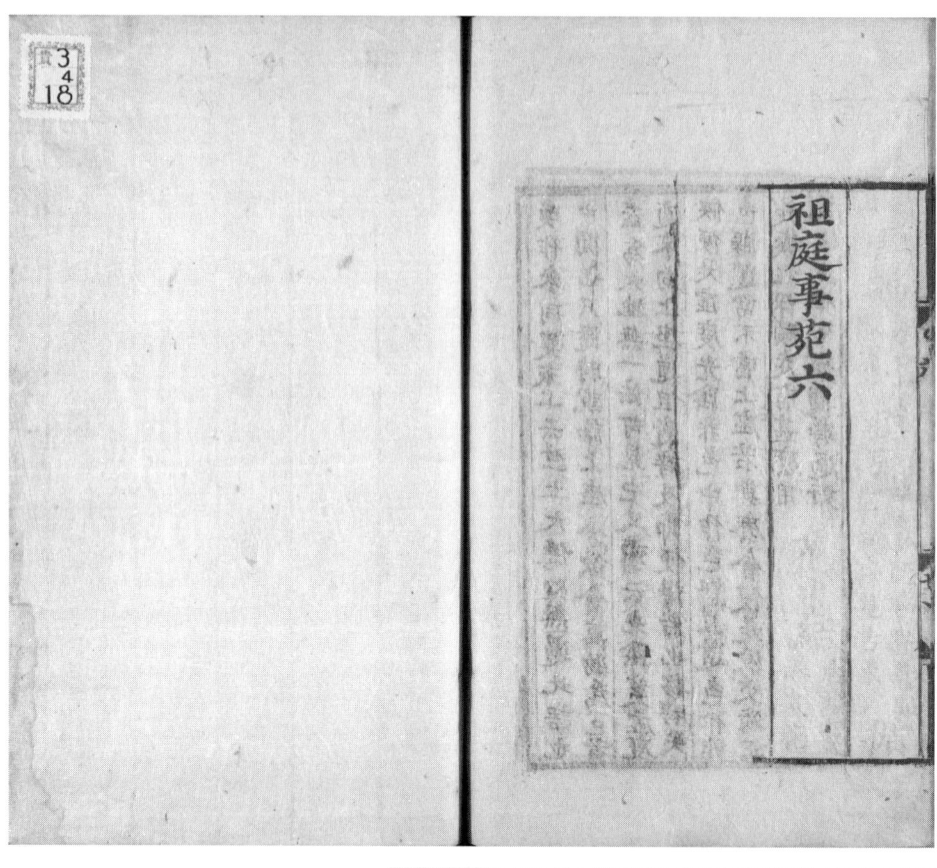
貴 3 4 18
祖庭事苑六

祖庭事苑　第四冊（表紙／見返・一オ）

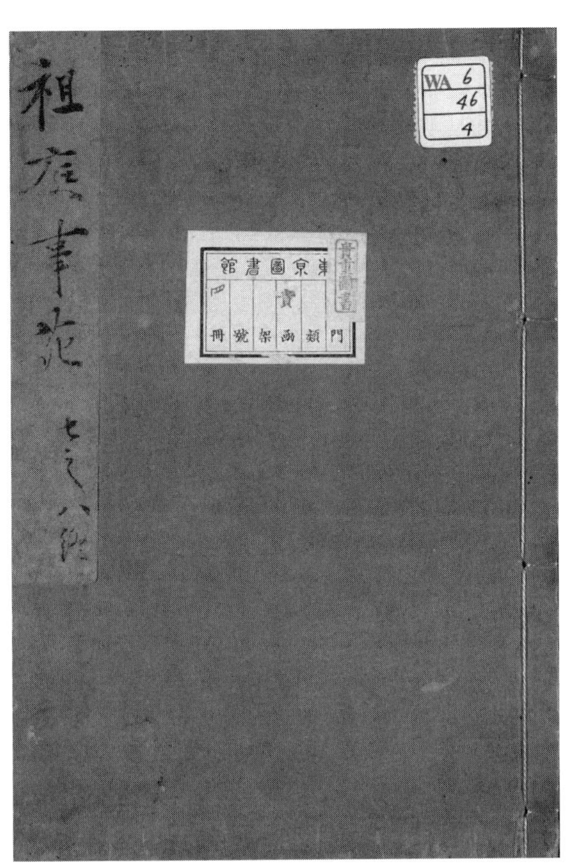

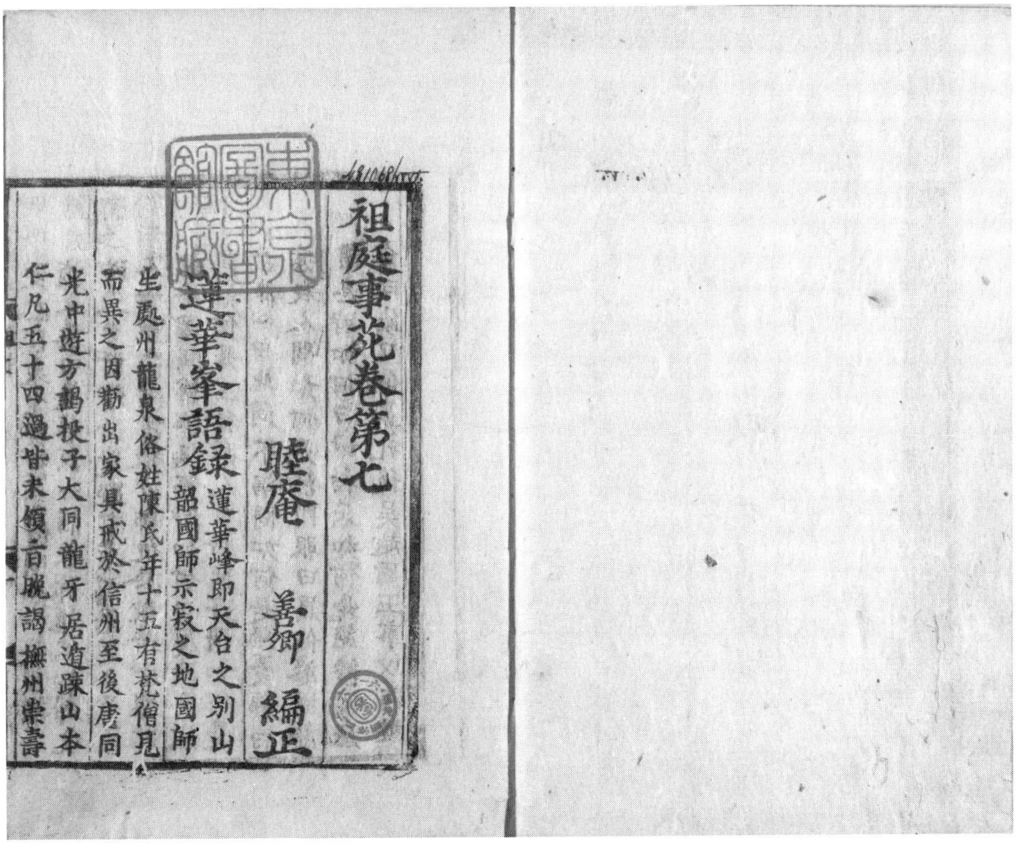

祖庭事苑卷第七

睦庵　善卿　編正

蓮華峯語録　蓮華峰即天台之別山部國師示寂之地國師生處州龍泉俗姓陳氏年十五有梵僧見而異之因勸出家具戒於信州至後唐同光中遊方謁投子大同龍牙居遁疎山本仁凡五十四過皆未領旨晩謁撫州崇壽

丈益隨衆坐夏忽聞僧問如何是曹源一
滴水益曰是曹源一滴水師豁然知歸後
游天台訪智者遺蹤有若舊居遂卜築焉
人皆謂之智者後身師後於般若寺開堂
說法僧問檣楫俱停時如何曰慶汝平生
問如何是三種病人曰恰問著問如何是
古佛心曰此問不溺問如何是無憂佛曰
愁殺人問如何是沙門眼曰黒似漆問絶
消息時如何曰謝指示如何是絶滲漏底
句曰汝口似鼻孔後吳越國王事以師禮

因扣法要師志好岑寂不游聚落畢身林
泉王臣高之所集禪要故以韶國師蓮華
峯語録為題師終於
開寶四年年八十二

國師 西域之法推重其人外内攸同邪正俱有
舉國歸依乃彰斯號聲教東漸唯北齊高
僧法常齊主崇為國師國師之號自常公始陳
隋之代天台智顗為陳宣隋煬菩薩戒師故時
號國師唐則天朝神秀召入京師及中睿玄凡
四朝皆號為國師後有慧忠肅代二朝入禁中

說法亦號國師元和中敕署知玄號悟達國師
若偏霸之國則蜀後主賜右街僧録光業為祐
聖國師吳越稱德韶為國師
見贊寧僧史漸音尖流入也
揣度 上初委切試也下徒落切量也
纂 作管切集也
玄樞 昌朱切本也
同歧 當从山作岐道也岐足多指也非義
龜鑑 龜所以決猶豫鑑所以辨妍蚩
阿那律陀 楞嚴經疏云阿那律陀此云無滅白飯王子以多睡故如
來呵之從此精進七日不眠則失以目佛令修

天眼繫念在緣四大淨色半頭而發見障内外
明闇皆矚照三千界如觀掌果故云無目能見
跋難陀龍 此云賢喜與難陀龍常護摩伽陀國
雨澤以時國無饑年缾沙王年設大
會報龍之恩人皆歡喜從此得名為目
連所降無耳而聽未詳緣起跋蒲末切
殑伽神女 殑伽亦云恒伽此云天堂來河從無熱惱池
南面銀象口出流入東印土主河之神是女
非鼻聞香未見其緣殑其陵切
驕梵鉢提 正云笈房鉢底此云牛相故經

云我有口業於過去世輕弄沙門世世生生有
牛呞病呞者牛凡食後常事虛哨時人稱為牛
呞也異舌者未見別緣或可既為牛相即牛呞
也而能辨了人所食味故云異舌知味呞音詩

舜若多神 此云空即主空神也無色界天亦是此類隨其所主亦無色質既爲
風質者此約體不可見故云元無以佛力故故
曰能暫見亦顯有定自在色無業色也無色界
天淚下如雨

摩訶迦葉 得滅盡定大小俱有然修意不同謂正同此事
滅六全盡七滌分摩訶迦葉入雞足山待彌勒
佛俱舍即云已入涅槃餘說入定聖說雖尔若
今楞嚴付囑阿難故知入定涅槃俱不可測既
知身在已滅意根圓明了知不妨作用故維摩
云不起滅定而現諸威儀即斯義也然上所說
欲顯真覺不假根塵且引六人略以為比於中
有業報者有修得者有發真者修得發真正是
真用業報所感以淺況深俱足不由於根可覺
知無失可

騰古 徒燈切傳也

無適 都歷切無適無莫謂無覩跡也

音聲

佛事 華嚴疏主引楞伽四云大慧非一切佛土言語說法故有國土直視不瞬口無
言說名爲說法乃至云有佛國土動身名說入
香積世界食香飯而三昧顯極樂佛國聽風柯
而正念成絲竹可以傳心目擊以之存道既語
默視瞬皆說則見聞覺知盡聽苟能得法契神
何必要因言說況華嚴性海雲臺寶網同演妙
音毛孔光明皆能說法花香雲樹即法界之法
門剎土衆生本十身之正體

風幡 國師上堂云古聖方便猶如河沙祖師道非風幡動
仁者心動斯乃無上心印法門我輩是祖師門
下客合作麼生會祖師意莫道風幡不動汝心
妄動莫道不撥風幡就風幡通取莫道風幡動
處是甚麼有云道附物明心不須認物有云色
即是空有云非風幡動應須妙會如是解會與
祖師意旨有何交涉既不許如是會諸上座便
合知悉若於者裏徹底悟去何法門而不明百
千諸佛方便一時洞了更有甚麼疑情所以古
人道一了千明一迷萬惑上座豈是今日會得
一則明日一則又不會也莫是有一分向上事

難會下劣凡夫不會麽如此見解設經塵劫只自勞神之思無有是處見傳燈 **風鈴** 伽耶舍多初見十七祖僧伽難提時持一寶鑑趨迎於前難提問曰汝持圓鑑意欲何爲舍多童子乃以偈荅曰諸佛大圓鑑内外無瑕翳兩人同得見心眼皆相似父母以其與難提應對有異遂使之出家難提受之携還精舍乞日風撼其殿之銅鈴鏜然發聲復問曰鈴鳴耶風鳴耶荅曰非風非鈴我心鳴尓鏜音湯 **舜視** 上當从目作瞬音舜開合目數搖也 **五運**

乾鑿度云夫有形者生於無形則乾坤安從而生故有太易有太初有太始有太素有太極太易者未見氣也太初者氣之始也太始者形之始也太素者質之始也氣形質具而未相離謂之渾沌渾沌即太極也運即運數也 **搩菽氏** 梵云大目乾連此言搩菽姓也上古有仙居山寂處常搩菽豆而食因以爲姓目連其母是其族也字拘律陀此樹名也即無節柳樹神父母無子求此樹而生故以爲名 **奔驟** 鉏祐切疾走貌 **燥動** 當作躁則到切動也燥先到切乾也非義 **鼓籥** 以灼切橐籥無底器也 **俱尸羅** 見祖英三尺丈六說 **楞嚴三昧** 智論云秦言健相分別知諸三昧行相多少深淺如大將知諸兵力多少菩薩得是三昧諸煩惱魔及魔人無能壞者譬如轉輪王兵寶將所住至處無不降伏 **節操** 當作節峻 **唯諦** 當作唯帝按草堂沙門飛錫撰南陽國師碑云白雲志高青松節峻唯帝之師親傳法印解深良古言喩理順不有定門將何演頓蓋叶韻而作耶知節操唯諦之誤矣 **蟾影臨天** 蟾蝦蟆也羿妻姮娥竊不死藥服之奔於月宮居焉是爲蟾蜍也故今以月影爲蟾影 **醎澹** 澹當作淡薄味也澹水也非義 **無心** 贊積恒河上優婆夷言所說無心欲明何義世尊告曰此法非思惟之所能知亦非思惟之所能得何以故此中心尚不可得何況之所生法以心不可得是即說名不思議處此不思議處無得無證非染非淨 **珂雪** 丘何切石次玉也亦瑪瑙潔白

如雪者一日螺屬 **該** 古開切備也 **三性** 賢首金師子云迷心所執計有相生以爲實者謂之徧計性也不了緣生依它性也依它無性即圓成隨擧一法三性具矣○謂師子情有名爲徧計說者曰謂一切衆生無始以來煩惱業習癡迷不了周徧計度心外有法顚倒取舍隨情起惑自纏自縛枉受輪迴○師子似有名爲依它說者曰謂一切衆生依眞起妄現似有之法妄執依它內外不實故論云依它起自性分別緣所生○金性不變故名圓成說者曰

圓而不滅成而不增師子雖則相殊金且不壞謂與自心爲緣心法方起今了緣無體依心方現無自體生是爲依它無生性由二義現前乃爲圓成勝義性也經云從無住本立一切法 **雜毒** 見池陽問智爲雜毒 **佛佛授手** 涅洹經云佛將入滅命羅漢十萬比丘授手又將左手伸向阿難羅云又將阿難羅云手授與它方化佛表囑累故 **顚倒** 顚頂也顚倒則首不正而與草木爲類 **海印三昧** 海印者眞如本覺也妄盡心澄萬像

齊現猶如大海因風起浪若風止息海水澄清無像不現起信云無量功德藏法性眞如海所以名爲海印三昧也 **曦光** 語見杜順還源觀用則波騰鼎沸全眞體以運行體則鏡淨水澄擧隨緣而會寂若曦光之流彩無心而朗十方如明鏡之端形不動而呈萬像○曦光謂日也堯命羲氏和氏掌之故以日爲曦光曦或作爔或作羲一義也 **逝多** 此云師子 **九十六種** 見雪竇頌古 **四姓** 一婆羅門此云淨裔又淨行又梵志又捨惡法貴族

蘇道之種二刹帝利此云土田主王種三毗舍或云吠舍此云商賈又云坐謂坐賈也天竺多重寶貨此等營求積財巨億坐而出納故以爲名四首陀又云戍達羅此云農人亦皁隸之徒賈音古行曰商坐曰賈 **穆帝** 當作刹帝 **長者** 一稱長者體具十德一姓貴二高位三大富四威猛五智深六年耆七行淨八備禮九上歎十下歸 **居士** 見祖英上 **降誕** 音徂育也 **逆順入** 謂入於初定从初定起入第二定從第二起入第三定從

第三起入第四定從第四起入空處从空處起
入識處從識處起入無所有處從無所有處起
入非想非非想處從非想非非想處起次第迅
入至初靜應此皆諸佛聲聞衆共有之法若如
來入自受用三昧起諸等
特非諸聲聞可能測知
娑竭羅此云醎海
奮迅三昧大般若五十二云師子奮迅三昧者於諸
垢穢縱任弃捨如師子王自在奮迅奮迅
振毛羽狀
忉利此云三十三即須彌頂三十三天也
二諦眞諦俗諦諦以審實為義

八相一受胎二降生三處宮四出家五成佛六降魔七說法八涅槃
括古活切至也
能遘古候切遇也
匡徒去王切正也
世表陂矯切外也
或地或與或同亂也
龍華三會龍華樹也其樹有華華形如龍故名龍華經言當來彌勒於此樹下說法度人而有三會初會先度釋迦所未度者次度其餘凡六十八億人第二會六十六億第三會六十四億故曰龍華三會
渺當作眇土沼切小也渺渺水皃非

義
踏寔當作踏實寔音植是也非義
橫生上戶孟切非理而來曰橫
泯跡弭盡切盡也
料揀上音寮量也下與柬同分別揀之
戢阻立切歛也
詰去吉切問也
薩婆若此云一切智
懆動當作躁動懆憂心也非義
[illegible]徒渾切聚也
鹿苑當作鹿菀菀所以養禽獸菀草名非義
闃爾苦息切靜也
空假中天台智者以龍樹偈云因緣所

生法我說即是空亦名為假名亦名中道義乃依一心三諦之理示三止三觀嘗云破一切法或莫盛乎空建一切法莫盛乎假究竟一切性莫大乎中故一空一切空無假無中無不空一假一切假無空無中無不假一中一切中無假無空無不中如摩醯首羅天之三目非縱橫並別故
楞伽此云不可到也
蠢動上尺尹切蠢動也
帝釋千名或名鑠羯羅或名補爛達羅或名莫伽梵或名婆颰縛或名憍尸迦或名舍芝夫或名

印達羅或名千眼或名三十三天尊見大毗婆沙論

蟯蜋 蟯正作蜣却羊切下音良摧糞蟲也史云如棄蘇合之九而取蟯蜋之轉

構取 古候切成也

國師自贊 誰真誰寫唯真唯我我真不真寫者你也○此贊錢忠懿時康憲公寫師真求師自贊見康憲文集

國師真贊 人天心師大地宗匠真如界內華頂峰上堂堂顯見迴絶塵相一法不生河沙見量○奉國軍節度使錢億贊

八方珠玉集

一則 宗門因緣不言一節一段而言一則者蓋則以制字从具从刀具人所寶也刀人所利也所發之語若刀之制物以有則也故人皆寶之以為終身之利焉是知謂一則者不無深意也

溈山 師諱靈祐生福州長谿姓趙氏出家受戒於杭州龍興寺博究三乘後參知識脫因百丈示火知歸為百丈典座應司馬頭陀之相開溈山作第一世領徒四十餘年終於八十三歲即唐大中七年謚大圓禪師

法嗣 音寺从口以言傳从冊以書記記而主之必有傳嗣者矣宗門之嗣法猶諸侯之嗣國也

列破 當作裂破

原夢 音元究也

狌狌 當作山山此緣與傳燈不同傳燈云仰山問中邑如何得見性邑云譬如有屋屋有六窗內有一獼猴東邊喚山山山應如是六窗俱喚俱應仰山禮謝起云只如內獼猴因睡外獼猴欲與相見如何師下繩牀執仰山手作舞云山山與汝相見了譬如蟭螟蟲在蚊子眼睫上作窠向十字街頭叫喚云土曠人稀相逢者少中邑即朗州也師名洪恩嗣馬祖

三平 師名義忠福州人姓楊氏初謁石鞏後參大顛住漳州三平山

高安 師諱本仁得旨於洞山价五代天復中居洪井高安之白水院因設洞山忌齋僧問洞山還來也無師曰更下一分供養著師將順世營齋集衆焚香跏趺而坐香煙息處儼然示化

五爻 當作五行見傳燈浮石在漳州

天仙 一本作仙天師嗣潭州大湖亦曰大川

大川 有僧到來

當作有江陵僧到丁行者下參見石頭住字當作大字寫斤斗斤斫木具也頭
重而柯輕用之則斗轉為此技者似之㪟當作且置㩻呼括切劄
窒當作謻譠言無倫脊也或作傺侘抵悟也一曰不循理上竹㺶切下知栗切
沖天音蟲說文云洒搖也紅莧侯澗切怨苦當作寃苦距
死當作倚死倚巨綺切立也距音巨雖距也或作伎與也並非義攫九縛切搏

也夾山師諱善會廣州峴亭廖氏子披剃於潭州龍牙山受戒學業於江陵初住京口
因對話不稱道吾笑以語之而悟其前非因往
參華亭舩子師資道契後還湖湘住澧州之夾
山僧問如何是夾山境師曰猿抱子歸青嶂裏
鳥啣花落碧巖前金陵法眼嘗云我二十年作
夾山境語會師山居十二載學者如蟻慕蛺蝶
至唐中和初示疾于本山諡傳明大師
上古協切蛺蝶翎翅有鬚一名胡蝶列子曰胡
蝶胥也烏足之根為蠐螬其葉為胡蝶嘗見圖

疏其葉為蝶者三分其二為蝶矣其一尚菜
干寶曰稻成蛬麥成蛺蝶蛬音拱蟋蟀也古
靈師諱神贊受業於大中寺得法於海禪師
因歸覲得度和上以方便繫悟之由是其
師扣其得法之緣為召衆設食命說法要師升
座舉百丈示衆曰靈光獨耀迥脫根塵體露真
常不拘文字心性無染本自圓成但離妄緣即
如如佛和上於言下感悟師後住本州之古靈
數載俄一日聲鐘召衆曰汝等還識無聲三昧
麼衆無語師良久曰汝等靜聽莫別思量衆方

剃然師儼然示化丹霞師諱天然幼習儒會禪客於長安道上話選佛之緣有所
警發因往謁馬大師既見以手托起幞頭太師
顧示良久且曰石頭汝師也宜造焉因抵南嶽
見遷復以手托幞頭遷曰著槽廠去參和三載
一日應剗草之機遂剃落冊謁馬祖祖賜名天
然唐元和初出遊京洛與香山伏牛和上為莫
逆之友過慧林寺適天寒燒木佛附炎人或譏
之師悟不介意三年師橫所於天津橋會留守
鄭公出呵之不起吏問何人師徐曰無事僧留

守興之因加敬慕洛下翕然歸信昵思林泉結
茅於南陽之丹霞山玄學雲臻遂廣締構長慶
四年備湯沐整衣戴笠策杖授屨垂
一足未及地而化壽八十六謚智通
一泓烏宏切水深也
戽荒故切吹水器
老耄音帽惛忘也春秋傳曰謂老將知耄又及之
嵩山安師名慧安荊州枝江人姓衛氏生於隋開皇二年終於唐景龍三年凡一
百廿八歲世所謂老安國師者是矣文帝開皇
十七年括天下私度僧尼師因遁于山林至唐

太宗正觀中謁忍祖發明心地高宗麟德年止
終南山之石壁帝召之力辭入嵩少居焉自尓
學者依之後應武后之詔待以師礼至中宗延
入宮禁者三載既而辭歸微萬回公過師握手
與語侍者莫之能解後八日閉戶偃臥示寂
絕朕當作絕朕兆也
頑嚚五巾切愚也
勔［月賢］上彌兗切下胡典切肥也
藥山師名惟儼河東絳州韓氏子少
從潮陽慧照師出家具戒於衡嶽希操律師晚
參石頭遷深明法要師生於代宗之世終於文

宗之太和八年臨滅之日召衆曰法堂倒矣衆
競至師曰汝等不會我意塔焉示寂壽八十四
謚曰弘道塔曰化城
毗陵芙蓉師名大毓金陵人姓范氏幼從牛頭忠禪師受
業具戒於長安得馬祖之法來居常州義興之
芙蓉山即憲宗之元和十三年也終於敬宗寶
曆二年文宗太和年謚大寶禪師塔曰楞伽號與育同
生心受施維摩詰經
佛告須菩提汝行詣彼問疾曰我不堪任憶念
我昔入其舍從乞食時維摩詰取我鉢盛滿飯

謂我言唯須菩提若能於食等者諸法亦等諸
法等者於食亦等如是行乞乃可取食汝得無
諍三昧一切衆生亦得是定其施汝者不名福
田供養汝者墮三惡道與諸衆魔及諸塵勞等
無有異於一切衆生而有怨心謗諸佛毀於法
不入衆數終不得滅度汝若如是乃可取食維
摩詰此言淨名
長髭長髭曠和上在潭州攸縣
敎招招當作詔音昭言說也
漸源名中興即道吾典座一日隨道吾弔喪扣請謑敺道吾遂往石霜乃舉前語石

霜曰汝不見和上道生也不道死也不道師由
是領旨一日將鍬子於法堂上東西往來霜曰
作麽曰覔先師靈骨霜曰洪波浩渺白浪滔天
覔甚麽靈骨曰正好著力霜曰者裏針劄不入
著甚麽力太原孚代云先師靈
骨猶在此緣與雪竇頌古小異 **欽山** 師諱文邃生福唐幼
事杭州大慈寰中師爲弟子從巖頭雪峰問道
諸方師獨有旨於洞山价年五十七住欽山
碌碌 當作轆轆車聲也碌石也非義 **巖退後** 云看看當作巖云退後者

退後
著 **投子** 師名大同舒州懷寧人也姓劉氏少
從西洛滿禪師出家爲沙門習安那
般那後謁京兆終南山無學禪師聞西來密旨
無學𨀯步少特師曰乞師垂示學曰更要第二
杓惡水作麽師由是領旨晚歸里閈結茅於投
子山學者如輻湊師謂衆曰汝等來者裏覓箇
甚麽我老人家氣力稍劣脣口遲鈍且無鬱花
四六新鮮語句終不說向上向下蹲坐繫縛汝
等師示衆凡此類也唐昭宗乾寧
四年示寂壽九十六謚慈濟大師 **湖州道場**

師名如訥得法於無學禪師結茅道
場山學者依之因構禪刹杖履存焉 **胡家** 當作胡笳
見洞
庭錄 **靈雲** 師諱志勤受業於本州之長溪訪
道潙山見桃花豁然開悟求證於
枯禪師晩歸鄉里住
靈雲山禪徒依焉 **葬熊耳** 當云葬龍耳蓋
有其緣西晉文
帝聞郭璞爲人相墓地遂微服觀之謂主人曰
此葬龍角當滅族何爲葬此主人曰郭璞云此
是龍耳三年當有天子至帝曰出天子耶主人
曰非出天子能致天子也傳燈作呂才葬虎耳

亦非也○呂才唐博州清平人也官至太常丞
善陰陽術數嘗撰卜宅篇九七章甚挂俗執因
附一二于下其六曰且人有初賤而後貴始泰
而終否者子文爲令尹三仕而已展禽三黜於
士師彼家墓已定而不改此名位不常何也故
知榮辱升降事關諸人而不由葬也世之人爲
葬巫所欺忘擗踊荼毒以期徼幸由是相塋隴
希官爵擇日時規財利謂辰日不哭欣然而受
弔謂同屬不得臨壙吉服避送其親詭斁禮
俗不可以法也詭過委切詐也斁音亦猒也 **曹**

山　師諱本寂泉州蒲田黄氏子生於會昌之丗
年十九於福州靈石山出家咸通初訪道于
洞山一日請益洞山曰闍棃名甚師曰本寂山
曰向上更道師曰不道山曰爲甚不道師曰不
名本寂洞山深器之密印所證及受洞山五位
詮量特爲叢林標準後請止撫州曹山學者雲
集至昭宗天復辛酉季夏月夜聞問僧今是何
日月對曰六月十五日師曰曹山一生到處只
管九十日爲一夏至明日告寂年六十有二謚
元證大師曹山即洞山之嗣子今不言洞曹言

曹洞者亦猶慧遠即慧持之的兄但言持遠而
不言遠持蓋由語便而無它叢林或指曹爲曹
溪蓋不知世裔來歷之遠近妄自牽合適絶知者之聽

四山　別譯阿含云一老山能壞
少壯二病山能壞色力三死山能壞壽命四衰
耗山能壞一切榮華富貴又閻諫王經譬如四
山四面合之其中物類如何能免王曰如人四
大俱壞有情命可免否在須臾間不可保也

秀谿　在澧州傳燈嗣馬祖此集參見臨濟者誤矣

華嚴　師諱休靜
叅洞山知歸留洛浦作維那嘗白椎普請曰上
閒般柴下閒鉏地第一座問聖僧作甚麼師曰
當堂不正坐不赴兩頭機先住福州東山之華
嚴聞蜆子和上常日取蝦蜆充腹夜臥於東山
白馬廟師異之因夜潛於廟中子方歸師把住
問如何是祖師西來意子荅曰神前酒臺盤果
知其異人也師後被莊宗之詔闡化洛京僧問
大悟人爲甚麼却迷曰破鏡不重照落花難上
枝晩遊河朔示滅於平陽題曰京兆府華嚴
嚴者乃建塔葬舍利之地非當日所居

鹽官　師諱齊安姓李氏海門人出家受具得法
於大寂行道於鹽官當宣宗大中年無疾
而終謚悟空禪師

大珠　師名慧海生建州朱氏子從越州大雲寺道智出家晩參
大寂寂爲說求佛法因緣即於言下通悟執事
六載以道智師年邁東歸侍養遁迹於所居嘗
著頓悟入道要門論偶傳於江西大寂一見謂
之曰越州有大珠圓明光透無所遮障由是丗
號大珠和上云

子胡　本或作湖師諱利蹤生澧州姓周氏出家受具於幽州之開元寺游

方得法於池陽之南泉唐文宗開成初過三衢
大姓翁氏施子湖巖爲師創院咸通中賜安國
之額禪衲雲萃嘗於中夜遽呼有賊衆紛至師
把住一僧云維那捉得也僧曰不是某甲師曰
是即是只是汝不肯承當師住山四十餘載至
僖宗廣明元年無疾而終年八十一塔於本山
澶音蟬　**九峯**　師諱道虔福州侯官劉氏子訪道諸方得法於石霜諸化徒於鈞州之九
峯後住洪州泐潭終焉
謚大覺禪師塔曰圓寂　**功德天**　如一女人入於它舍顔皃

偉麗以好瓔珞莊嚴其身主人見已汝字何等
荅言我身即是功德大天我所至處能與七寶
具足主人聞已心生歡喜復於門外更有一女
形皃醜陋主人復問汝字何等荅曰我字黑闇
我所住處所有財寶一切衰耗主人聞已即持
利刀言汝若不去當斷汝命曰汝甚愚癡汝舍
中者即是我姊我常與姊進止共居汝若驅我
亦當驅彼功德天言實是我妹未曾相離我常
作好彼常作惡若愛我者亦應愛彼主人即言
若有如是好惡事者我俱不用各隨意去見涅

槃　**忠國師**　師諱慧忠得法於曹溪或問師氏族則曰姓冉鸄州鴻鶴縣人晚因
問僧生緣僧曰越州諸暨縣師云我鄉人也人
方知其爲越州人也師居南陽縣白崖山黨子
谷四十年間分衛聚落王公慕焉奏之朝廷玄
宗召居龍興寺至肅宗召入宮事以師禮及代
宗臨御眷遇如初師奏請置寺於武當白崖二
山即師舊隱之地也至大暦十年臘月十九日
右脇累足怡然長往詔謚
大證禪師歸葬於黨子谷　**杉山**　名智堅嘗與歸宗南泉爲方外

之游皆
兄弟也　**痒和子**　痒和子即如意也古謂爪杖或骨角竹木刻人手指爪具
焉柄可三尺許背脊之痒手不可及用以搔爬
如人之意故以名焉觀古人質朴刻指爪形後
世以銀銅作爪如尺許闊似
雲之狀便扵也見雜錄名義　**騫**　當作驀莫白切急取也
長沙　師名景岑初住水西鹿苑爲第一代既而居無定常故人呼長沙和上者即岑
也後因仰山見師曝背於庭下因問人人盡有
者箇只是用不得師云恰請汝用仰云作麼生

用師蹋倒仰山山云直下似箇大
大蟲自此諸方号爲岑大蟲　尋思 石頭希遷禮六
祖爲師未受具屬祖將示滅遷曰和上百年後
希遷當何所依祖曰尋思去及祖順世遷每於
靜處端坐寂若忘生第一座問曰汝師已逝空
坐奚爲遷曰我稟遺誡故尋思尓座曰汝有師
兄行思在青原汝當依焉師言甚直汝
自迷尓遷遂詣靜居即嗣青原之道　口伝 當作口呿丘伽切張口貌　黄龍 師名智顒嗣前鄂州黄龍誨機禪師即玄泉之的孫巖頭

之遠裔爲黄龍第三世　拖 徒何切引也　永明 師河中府武氏子師常看
華嚴經法眼居臨川之崇壽因造焉法眼嘗問
虛空還具六相也無師茫然無對法眼曰子問
吾與汝道師如所問眼曰空師頓然顯悟遂禮
拜曰子作麼生會師曰空法眼然之晩爲忠懿
王師爲建慧日永明伽藍聚徒半千一日示衆
曰諸上座佛法顯然因甚麼却不會欲會佛法
問取張三李四欲會世間法參取古佛
叢林無事久立署慈化定慧應眞禪師　百丈 師諱

懷海姓王氏生福州長樂縣幼學三乘鄕里稱
之聞馬祖唱道於建陽佛迹嶺遂有遊方之志
祖一見異之馬祖上堂示衆以拂子倒垂手點
拂柄三下珎重下座師默而有省三日後方舉
似馬祖祖曰吾何憂矣師爲祖侍者而有卷席
之緣後於洪州新吳受壇信之請住大雄山以
其山之高而得百丈之名然天下禪林說法住
持命僧職事立規矩以率其徒而權輿於師四
方邊守洋洋日盛使其道之不廢於今日者師
實有力焉至唐憲宗元和九年示滅年九十五

穆宗長慶初
諡大智禪師　中郎 即東漢中郎將蔡邕野舍薪見祖英焦桐　呩 當作
啞乃倚切聲也呩
尓者切應聲非義　南泉 師諱普願生鄭州新鄭縣王氏家得度於大
隗山受戒於嵩嶽學三乘敎修中百門觀後參
馬祖豁然知歸一日行益馬祖問桶裏是甚麼
師曰者老漢合取口休作與麼語詰祖然之德
宗貞元間隱於池州之南泉不下三十載文宗
大和初宣城廉使陸亘慕師之道請下南泉自
此道駕諸方即馬祖之高第八年臘月二十五

日示寂年八十有七 隗五罪切 陸亘 字景山吳郡人官至宣歙觀察使加御史大夫大和年九月先南泉數月而卒年七十一 雙陸 博戲也如樗蒱雉盧是也 骰子 上音頭博 嘊嘊 正作吧音巴大口皃齒也 趙州 師諱從諗姓郝氏曹州郝鄉人作沙彌時造南泉之室頴拔不群南泉待之異於流輩一日問如何是道泉曰平常心是道師曰還可趣向否曰擬向即乖師曰不擬那知是道曰道不屬知不知知是妄覺不知是無記若眞達

不擬之道猶如太虛廓然豈可強是非耶師既領旨却往嵩嶽請戒而歸晚游河朔被檀越之請唱道於趙州之觀音一日眞定師王公鎔訪師師坐而問曰會麼王曰不會師曰自小持齋身已老見人無力下禪牀公益加敬仰至唐昭宗乾寧末年仲冬二日右脇示寂諡眞際大師 大王 即鎮帥王鎔也鎔祖王庭湊本迴鶻種族穆宗時據河朔稱留後至鎔封趙王唐室中興至明宗朝爲大將王德明所殺至於赤族所謂見趙州之趙王也 道吾 師諱

圓智豫章海昏張氏子得度於鄉里聞道於藥山後住潭州道吾至唐文宗大和之末將欲示滅召衆曰吾當西邁理無東移卒年六十七然道吾有二襄州關南道吾和上因闘巫者樂神入道嘗作樂道歌一鉢歌盛行於世予嘗讀贊寧高僧傳且曰前蜀王氏僞乾德初有小軍吏陳公娶高中令駢諸孫女若人持不殺二十餘年後在蜀爲男婚娶禮須屠宰高初不欲親戚言自已持戒行禮酒筵將何以娛賓也依違之際遂多庖割俄未浹旬得疾頗異口但慌言已

而三宿還蘇述冥間之事初被黑衣使者追攝入岐府城隍廟廟神峩冠大袖與金甲武士晤坐使者　高見神武士言語紛紜讓高破戒仍扼腕罵曰吾護戒神也爲汝二十年食寢不違豈期忽起殺心頓虧戒檢命雖未盡罪亦頗深須送冥司懲其故犯城隍神問高曰汝更修何善追贖過尤乎高常誦上生經其數已多于時懵然都無記憶慈懼之閒自曰誦得自在和上三傷歌道吾和上一鉢歌遂合掌向神厲聲而念神與武士聳耳擎拳立聽顏色漸怡及卒章

神皆涕泣乃謂高曰且歸人間宜切營善拜辭
未畢歘然起坐備陳厥事乃知禪宗唱道歌頌
明於所證法門誦之者幽顯獲福不可忽也師
印記於道常禪師後凡示衆必戴蓮花笠披欄
衫執簡吹笛口稱魯三郎此法名道
吾者也今潭州道吾因山而名焉　**佛桑花**
輪葉如桑花房如桐長寸餘似重臺蓮
其色淺紅故得佛桑之名見酉陽雜俎　**踈山**師諱
光仁參洞山有時譽晩住臨川踈山遷化之日
作偈曰我路碧空外白雲無處閑世有無根樹

黃葉風送還師嘗著四大等頌略華嚴長
者論傳於世洞山會中稱矬師叔者是矣　**馬大**
師諱道一生漢州什仿姓馬氏生而奇偉牛行
虎視引舌過鼻足有輪相出家於羅漢寺受具
於渝州唐玄宗開元中結侶游衡湘讓和上一
見而獨異之然亦應般若多羅之讖所謂金雞
解啣一粒米供養十方羅漢僧是也又六祖謂
南嶽曰向後佛法從汝邊去生一馬駒子踏殺
天下人師道行江西時人稱之為馬祖師自建
陽之佛迹嶺遷臨川及灨上其游化不常至代

宗大曆中至洪都開元連帥路嗣恭敬受宗旨
禪學輻奏說法無量至德宗貞元四年登建昌
石門山謂侍者曰吾没後當託　茲地卒年八
十後門人得舍利歸葬於泐潭山敕諡大寂禪
師王莽改郡守曰連帥
見西漢書灨水名音紺　**麻谷**師名寶徹住麻谷山　**三**
角名總印住三角山　**凸**徒結切高也　**石霜**師諱慶諸廬陵新淦陳氏子事
師於洪井之西山受具於嵩嶽學毗尼法尋游
方至大溈充米頭一日篩精於米寮溈山曰施

主物莫拋撒師應之溈山於地上拾得一粒云
者箇是甚麼師無語山又曰莫欺者一粒千粒
萬粒從者一粒生師曰未審者一粒從甚麼處
生山大笑歸謂衆曰米裏有蟲後得言於道吾
方年三十五值會昌沙汰託身於劉陽陶家坊人
之不識洞山价訪而得之辟居石霜山實道吾
之的嗣師居山二十年中衆盈五百而長坐不
卧者多矣世謂枯木衆云康僖宗光啓三年示
疾而終年八十有二敕
諡普會大師淦古暗切　**徑山**師名洪諲嗣爲山
之道為徑山第三

世時石霜會中有許州全明上座尚氣自若衆
号為明半面嘗曰聞徑山道行江浙門庭切似
石霜若果然即為執園務不尒掀倒禪牀未晚
遂先問石霜一毫等縁石霜如録對次持此語
往問徑山山對如所録明遂留徑山執粗務者
三載見徑山三祖實録予嘗看傳燈即與此縁
差異。**拔萃**萃音悴孟子拔乎其萃出乎其類**蟭螟**音焦冥細蟲江浦之
閒有麽蟲曰蟭螟集於蚊睫而弗相觸
展宿往來而蚊未之覺以言其細也**大顛**

本作顚末。諱名氏參石頭遷遷問以心法言下
領旨後辭往潮州隱居靈山學者慕焉予嘗讀
韓退之與孟簡書且曰潮州有一老僧號大顛
頗聰明識道理因召至州郭留十數日實能外
形骸以理自勝不為事物侵亂竊觀韓公之言大顛趣向可尚矣**水空**嗣石頭即
大顛之兄弟也**清化**師諱全付生長洲之崑山幼隨父作商於豫章過清平額從出家
具戒游方至仰山禮南塔光涌和上一言契理
季游廬陵安福邑宰命居應國禪林學徒甚盛

名達于上賜清化之額錢氏文穆王闢雲峰山
別建精舍迎之居焉因以清化為名僧問如何
是佛法大意師曰華表柱頭木鶴飛至忠獻王
賜以椹袍固辭因改賜禪納及純一禪師号至
晉開運間示滅壽六十六**韶山**師名寰普謚無畏禪師**去遵**近前把住
它本無此四字**尉遲**嘗讀尉遲公傳而且無金牙弧矢之說亦未詳於何而作此言
尉音鬱尉遲本虜複姓**宵內**本作霄路**雀兒**本作鵲兒**魯般**

音班般輸也**玉漏**當作玉耬謂耬犂也耕人用耬所以布子種禪録所謂看耬打
耬正謂是也魏略曰皇甫陰為。煌太守民不
曉耕種因教民作耬犂省力過半然耬乃隴種
之具南人多不識之故詳出焉音耬**行家**上戶剛切**洛浦**本作樂普師諱元安
鳳翔麟遊談氏子剃頭受具於鄉里初參翠微
臨濟每蒙印可晚卓庵於澧陽之夾山機縁相
投遂為會公高第宴坐洛浦山未幾遷朗州之
蘇溪道播天下如烏牙青峰皆其嗣子唐昭宗

光化二年臘月二日示寂

鴻門　見懷禪師後録

雲居　師諱道膺姓王氏生幽州玉田出家習毗尼法既而曰大丈夫豈可桎梏於律儀也遂詣翠微問道不契聞洞山法席甚盛因造焉山問名甚麼曰道膺山曰向上更道曰向上道即不名道膺山曰與吾在雲巖時祇對無異山一日問吾聞思大生倭國作王如何曰若是思大佛亦不作況國王乎洞山然之師初止三峯後開雲居遂廣玄化南昌鐘氏尤所敬仰唐昭宗天福元年臘月二十八日示疾越明年正月三日跏趺長往謚弘覺大師倭烏禾切

田庫　當作田舍詳見頌古

沿臺盤　沿當作緣與專切因循也

麢羊語　中有僧云直得恁麽難會此節誤收也按傳燈雲居傳新羅僧問是甚麽得與麽難道居云有甚麽難道曰便請和上道居曰新羅新羅此板自僧云至新羅衍二十六字

同安　師名常察嗣九峰虔本作處者誤矣

負笈　音及負書箱

公文　公當作攻治也

莫閑　閑習也

嬰兒　女曰嬰男曰兒

擬跨　苦化切越也

精陽　日實也太陽之精有炎精陽德故曰精陽

徒跨　當从言作誇詑也

胡人飲乳　涅槃云譬如國王闇鈍少智有一醫師性復頑嚚而王不別厚賜俸祿療治衆病純以乳藥後有一醫明曉八種術善療衆病即爲王說種種醫方王聞是語方知舊醫愚騃無智王宣令國中有病之人皆不聽以乳爲藥別以衆藥和合而療其後不久王復得病即命是醫醫占王病當用乳藥王語醫言汝今狂邪而言服乳汝先言毒今何言服醫語王言王今不應作如是語如蟲食木有成字者此蟲不知是字非字智人見之終不唱言是蟲解字亦不驚怪當知舊醫亦復如是不別諸病悉與乳藥是乳藥者亦名毒害亦名甘露王聞是語即便服之病得除愈尋時宣令一切國內從今已往當復乳藥國人聞之皆生嗔根大王今者爲鬼所持爲顛狂邪

養田　見雪竇頌古

田蝸　當作田鼃烏瓜切蝦蟇蝸音瓜小螺也非義

寅晡　上當作寅下奔孤切

謂早脱也**撲手**當作擯臂**陶淵**本作陶潛**名稱**尺證切**入太廟**論語子入太廟毎事問或謂鄹人之子知禮入太廟毎事問子聞之曰是禮也**斧爛**當作柯爛異苑曰樵人王質入山見洞中二老人奕碁乃觀之忘歸俄然柯爛**忘羊**見祖英赤松子**赫**當作赫呼格切以口非人也**一漾**當从木作樣法也漾水皃非義**抨**悲萠切**洞山**師諱良价生會稽郡姓兪氏幼从五洩默禪師出家請戒

於嵩山徧參諸哲匠得法於雲巖晟即藥山之的孫唐宣宗大中之末唱道於新豊晩遷洞山大駕其道五偏正五位爲當時首唱兩處行道甫經十載至懿宗咸通中無疾示化學者號慕師還視而識之曰夫出家之人心不附物方能入道今復何悲召主事作愚癡齋復留七日長往謚悟本大師**一僧**即紙衣道者事見廣灯**師良久**誤矣當作師云大闡提人家男女作麼生救得見藥山宗派錄**粟畬**式車切火種畬田**無閒**

說當作無閒歇**覆舩**師名洪荐謚紹隆大師**燕金**見懷禪師前錄**蝃蚋**上音拙蜘蛛也下音甕虫也**不蟓**正作燥音嫂乾也搽作蟓由形近之譌也蟓書無此字**一鐃**當作撓屈交切抓也**德山**師諱宣鑒劒南人自幼出家深明經律最長於金剛般若以師俗姓周氏時謂之周金剛聞南方禪宗大興罔測其由因散衆負經南游謁龍潭信覩滅燭入道翌日取經疏示衆曰窮諸玄辨若一毫置於太虛竭世樞機

似一滴投於巨壑遂焚之游戲禪林道播寰宇閑居澧陽幾三十載屬會昌之難託身於獨浮山之石室大中初被德山之命爲第二世至咸通六年示疾謂弟子曰捫空追響勞汝心神夢覺覺非竟有何事言訖坐而示化即臘月三日也壽六十八謚見性大師師生於德宗貞元之末年卒於懿宗之世至會昌之難道未及行洎大中佛法重興師已六十七矣傳道之者命若懸絲豈不然乎**鏡清**師諱道怤永嘉陳氏子生不茹葷剃髮受具問道於閩川雪峯

一見而問曰汝甚處人曰不敢道是温州人峯
曰恁麼則一宿覺鄉人邪曰只如一宿覺是甚
處人峯曰尿牀鬼子好與一頓棒且放過師謐
道之後衆所欽服皆謂小徒布衲尋被越人之
命居鏡清禪苑副使皮光業嘗師問焉光業即
日休之子也吳越國王錢氏致禮甚勤賜号順
德大師爲開天龍龍冊二寺延之晉天福二年
示滅荼毗於大慈山得骨舍利建塔於龍毋之
陽鏡清本朝賜額曰景德者是矣
成褫 音池褫禠也
玄沙道庵

見雪竇瀑泉
廝兒 上音斯從使者也方言入聲呼
裡樹 師名慧省
魯祖 曾祖教和上傳灯嗣灌溪閑
餧 於僞切
匏巴 當作尫負何之名匏殺也非義
駢 部田切
一撥良琴 晉平公謂師曠曰寡人所好者音也願聞之師曠不得已援琴而鼓之一奏之有玄鶴二八集于郭門再奏之延頸而鳴舒翼而舞平公大喜起而爲師曠壽見史記
良籌 漢高帝封功臣或謂張良未嘗有戰鬭功高帝曰運籌策

帷帳中決勝千里外子房功也
周下 或本作周苛楚圍漢王滎陽急漢王適出去而使周苛守滎陽楚破滎陽城欲令周苛將苛罵曰若趣降漢王不然今爲虜矣項羽怒亨周苛
苛 下可切
鎭縣 不遥第二十四敘六行下少不字
磉盤 上蘇朗切柱下石
酩酊 音茗鼎醉甚也
鳳皇 鳳皇山彊禪師
卧龍 師諱慧球生泉州之蒲田受業於龜洋參於玄沙備一日問如何是第一月玄沙曰用月作麼師遂領旨朱梁開平

二年玄沙示寂遺言於閩師王氏請居卧龍爲第二世亦日中塔後五年不疾而終号寂照禪師閩師嘗問玄沙繼師之道誰乎玄沙曰球子得
巖頭 師諱全豁泉州柯氏子剃頭受具文習經律晩游叢席自余杭與雪峰欽山議參臨濟屬濟亡由仰山參德山氣類相投若合符節晩結茅於洞庭之卧龍山學者依焉遭會昌沙汰著襴衫戴席帽游諸聚落乃於洞庭之別港艤舟其下兩岸置板人欲過即扣板以召師師舞橈而渡之未幾率復舊居至僖宗光啓

三年賊冦中原四海擾攘師端居自若俄被剸
刃大叫一聲而終傳宗謚清巖大師剸側吏切
樛了未切 香巖 師諱智閑生青州參道於潙山
祐機緣未契往依南陽國師一
日薙草於園中俄擊竹作声忽悟前非遥禮潙
山曰和上若爲 説破何有今日因述偈略云
一擊忘所知更不用修持自尔長於伽
陁世所稱誦示滅之後謚襲燈大師
有一老宿 此緣宜作臨濟録編
又不當云有一老宿 夜冥符 當作夜
明符

峭峙 上七肖切下直
里切嶮峻也 頂顫 奴頂切醶魚欠
顚也醶 切味
厚
也 假銀城 霍光漢人書傳無賣城易角之説
蓋出於委巷之劇談禪人往往資
以爲口實 居牡 當作壯側亮切大也
不亦謬乎 牡莫后切非義并音牀一 朱谿
謙禪師後 攙 初銜切 忙然 當作
住攙率而終 旁掣也 诧然 平田 天
台
平田普岸禪師生洪州得法於百丈海南遊
勝槩結廬於天台山四衆依仰因建伽藍号

平田禪院本朝賜額曰壽昌師開山之始祖也
嘗示衆曰神光不昧萬古徽猷入此門來莫存
知解又曰大道虚曠常一眞心善惡莫思神清
物表隨緣飲啄更復何爲後終于本院遺塔存
焉 寶壽 沼和上參臨濟領旨更不它游住寶
壽爲第一世師將示寂謂門人曰汝
等知我覆蹤處否對曰和上一生長坐不卧師
曰非吾眷屬言訖長往世謂寶壽不渡河者即
師
也 西堂 師諱智藏虔化廖氏子冲幼從師眺
從大寂問道爲馬祖高第寂付衲迦

沙令學者親近至唐德宗貞元關開堂於虔州
至憲宗元和九年四月八日示化年八十歲
仰山 師諱慧寂韶州湞昌縣葉氏子初生頗有
異蹟爲童 依番禺安和寺不語通出家
年十四父母欲奪其志遂斷二指以爲誓因從
剃落通累加接引而師無所㸃發年十八通卒
因往謁乳源泊𣭈州處微吉州性空䳒山耽源
皆不契至大和三年參大潙祐舉性空如人在
井之緣潙山召曰寂子師應喏潙山云出了也師
因而有省山指令請戒於襄陽之大悲師曰慧

寂平生不妄語山云你且依沙門法師繼之時年三十三矣復還潙山作直歲尋領衆居郴州之王莽山既而移錫來袁居仰山衆盈數百一日有梵僧須貝葉造師師問近離甚處曰早別西天師曰太遲生曰游山翫水師曰神通不無你佛法未夢見曰來此禮文殊却遇小釋迦語訖隱去師住仰山神異具它傳大中十三年韋宙中丞爲師創洪州觀音院居之咸通中歸韶州之東平至中和三年二月十三日集衆說偈以兩手抱屈膝儼然而終歸葬於仰山師行道

於世蒙寵賜者三懿宗賜号知宗僖宗賜澄虛昭宗謚通智湞音貞番禺音潘愚郴丑林切

龍濟 師名紹修嗣地藏即羅漢琛也

雲峯 師諱義存泉州安南曾氏子生不茹葷幼聞鐘梵見華幡必動容年十七從蒲田玉澗寺玄律師落髮具戒於幽州久游叢林發明於德山至鼇山頓證唐咸通中結茅於福州之雪峯後成大伽藍爲第一世懿宗賜紫僧伽梨号真覺大師學者甚盛道行于四十餘載至梁開平二年五月二日無疾而終壽八十七

明招 師名德謙既於羅山得言出游婺女之智者命居第一座尋常點淨師輙不受主事僧曰首座觸淨也不識師下牀拈起淨器曰者箇是淨是觸主事無語即撲破暇居明招山四十餘載一日問侍者世尊示滅展雙足放百寶光明吾今行矣且道放多少光侍者曰昔日鶴林今朝和上師以手拂眉曰莫孤負麽復說偈奄化

雙峯 師名敬欽生緣益州受業於峩嵋山造雲門法席密承印可尋居双峯爲第一世至太平興國二年五月指日而逝

證道歌 永嘉大師諱玄覺俗姓戴氏溫年出家弱冠登具博通三乘練習天台止觀内心明靜求證於曹溪六祖祖方踞坐丈室師振錫遶座三帀卓然於前祖曰夫沙門具三千威儀八萬細行大德自何方而來生大我慢師曰生死事大無常迅速祖曰何不體取無生了無速乎曰體即無生了本無速祖曰如是如是方具威儀參禮畢辭還永嘉祖曰返太速乎曰本自非動豈有速耶祖曰誰知非動曰

仁者自生分別祖曰汝甚得無生之意曰無生豈有意耶祖曰無意誰當分別曰分別亦非意祖曰善哉善哉少留一宿世謂之一宿覺既歸大唱其道所作證道歌流播天下後六祖兩月而亡即先天二年十月十七日也睿宗諡無相大師塔曰淨光本朝淳化中詔修龕塔

五陰　謂色受想行識變礙曰色領納曰受取像曰想造作曰行了知曰識亦名五蘊蘊以積聚爲義陰以言其覆蔽也

三毒　謂貪嗔癡四解脫經云三毒感三塗嗔恚火塗慳貪刀塗愚癡血塗

阿鼻　此言無間生此界者所受苦報無有間歇

如來禪　楞伽云禪有四種愚夫所行禪觀察義禪攀緣如實禪如來禪如何如來禪謂入如來地行自覺聖智相三種樂住成辦衆生不思議事是名如來禪

六度　一布施二持戒三忍辱四精進五禪定六智慧度以到彼岸爲義

萬行　清涼曰萬法不離自心一念萬法行備心不起止也知不起觀也不緣萬境捨也止妄不生戒也安心諦理忍也心無間斷進也心體離念法也心之本覺佛也體相無違僧也

六趣　一地獄趣梵云泥黎此雖苦具言地獄者此趣在地之下故言地獄有八寒八熱等有眷屬其類無數最重者一有八萬四千生死二畜生趣亦云旁生披毛戴角鱗甲羽　四足多足有足無足互相呑啖受苦無窮三餓鬼趣有福德者作山林塚廟神無福德者居不淨處不得飲食常受鞭打被苦無量四阿修羅趣此趣無酒又無端正又無天或在海岸海底宮殿嚴飾常好闘戰怕怖無極五人趣四洲不同皆苦樂相間六天趣有二十八天不同欲界六色界十八無色界四此六趣也

覺後　音教竊也

大千　謂大千世界也一四洲爲一小世界千四洲千六欲天千梵天名一小千世界一千小千世界一千二禪天名中千界一千中千界一千三禪天名大千界

機關木人　大般若四百五十六云如巧工匠或彼弟子有所爲故造諸機關或女或

男或象馬等此諸機關雖有所作而於彼事無所分別何以故機關法尒無分別故甚深般若波羅密多亦復如是有所爲故而成立之既成立已雖能成辦所作所說而於其中都無分別法尒無分別故

摩尼珠 此云無垢光又云離垢又云增長論云摩尼珠多在龍腦中有福衆生自然得之亦名如意珠常出一切寶物衣服飮食隨意皆得得此珠者毒不能害火不能燒或是帝釋所執金剛與修羅鬭時碎落閻浮提變成此珠又云過去久遠佛舍利法既滅盡變成此珠以爲利益

如來藏 如來成就過於恒沙具解脫智不思議法說名法身世尊如是法身不離煩惱名如來藏如來藏即是如來空性之智一切聲聞獨覺所未曾見亦未曾得唯佛了知及能作證此如來藏空性之智復有二種謂空如來藏所謂離於不解脫智一切煩惱不空如來藏具過恒沙佛解脫智不思議法

五眼 智論云肉眼見近不見遠見前不見後見外不見內見晝不見夜以此礙故求天眼天眼見和合因緣生假名之物不見實相所謂空無相無作無生無滅如前中後亦尒爲實相故求慧眼得慧眼見衆生盡滅一異相捨離諸著不受一切法智慧自內滅是名慧眼但慧眼不能度衆生無所別故以是求法眼法眼令是人行是法得是道知一切衆生各各方便門令得道證法眼不能徧知度衆生方便道以故求佛眼佛眼無事不知覆障雖密無不見知者

五力 謂信精進念定慧一信力信一切法從因緣生顚倒妄見心生如旋水輪如夢如幻二精進力晝夜常行精進除却五蓋貪欲嗔恚睡眠掉悔疑攝護五根諸深經法欲得欲知欲行欲論三念力常一心念欲具布施持戒禪定智慧解脫欲身口意業諸法生滅住異智中常一心念四定力善取定相能生種種深定五慧力爲盡苦聖智慧成就是智慧爲離諸佛爲涅槃以智慧觀一切三界無常力者能破煩惱度衆生得無生法忍是名爲力又天魔外道不能沮壞故名爲力

涅槃 此云圓寂又云圓常

顦悴 當作顦音樵顦顇也悴憂也非義

三身

謂法報化也法身毗盧遮那此云徧一切處報身盧舍那此云淨滿化身釋迦牟尼此云能仁寂默在衆生身中即寂智用最是法身智是報身用是化身

四智 前眼等五識是成所作智第六意識是妙觀察智第七末那是平等性智第八阿賴耶識是大圓鏡智在衆生時智劣識強但名爲識當佛地時智強識劣但名爲智六七因中轉五八果上轉所謂轉名而不轉其體也傳燈智通禪師看楞伽經約千餘遍而不會三身四智遂詣曹溪謁六祖求解其義祖曰三身者清淨法身汝之性也圓滿報身汝之智也千百億化身汝之行也若離本性別說三身即名有身無智若悟三身無有自性即名四智菩提聽吾偈曰自性具三身發明成四智不離見聞緣超然登佛地吾今爲汝說諦信永無迷莫學馳求者終日說菩提通曰四智之義可得聞乎祖曰既會三身便明四智何更問耶若離三身別談四智此名有智無身也即此有智還成無智復說偈曰大圓鏡智性清淨平等性智心無病妙觀察智見非功成所作智同圓鏡五八六七果因轉但用名言無實性若於轉處不留性繁興永處那伽定

八解 一有色觀諸色解脫二內無色想觀外諸色解脫三淨解脫身作證具足住解脫四空無邊處解脫五識無邊處解脫六無所有處解脫七非想非非想處解脫八想受滅身作證具足住解脫

六通 一天眼通二天耳通三他心通四宿命通五如意通六漏盡通

善知識 摩訶般若經云能說空無相無作無生無滅法及一切種智令人心入歡喜信樂是名善知識又華首經云有四法是善知識一能令人入善法中二能障礙諸不善法三能令人住於正法四常能隨順教化

訕 所晏切毀語也

慈忍力 修慈忍有十五利一謂臥安二覺安三天護四人護五眼無惡夢六寤常歡喜七水不能漂八火不能燒九刀不能傷十毒不能害十一常生善處十二鎮受快樂十三正報梵世十四殘報人王十五遠果作佛皆慈忍之果也

宗說俱通 清涼云宗通自修行說通示未悟

師子吼

宗炳師子擊象圖序曰梁伯玉說沙門釋僧吉
云嘗從天竺欲向大秦其間忽聞數十里外哮
吼䫻䫻驚天怖地頃之但見百獸率走蹌地之
絕而四巨象䫻焉而至以鼻捲泥自厚塗數尺
數數噴鼻隅立俄有師子三頭崩血若撤泉巨
樹如草偃䫻許鑒切吽也蹌七亮切走也䫻許
交切虎聲 忍辱仙 見金剛般若歌利王緣 蘭若 梵云阿蘭若此言寂
靜處 岑崟 上鉏簪切下音吟高皃 閴 苦息切靜也 住相布施

智論三云以財寶布施是名下布施以身布施
是名中布施種種施中心不著者是爲上布施
瑠璃 應法師云或加吠字或加毗字又言毗頭梨從山爲名乃遠山寶也遠山即須
彌山也此寶青色一切寶皆不可壞亦非烟焰
所能鎔鑄唯鬼神有通力者能破壞又言金翅
鳥卵殼神鬼得之出賣與人魏略云大秦國出
赤白黑黃青綠縹紅紫十種流離此蓋自然之
物采澤光潤踰於衆玉其色不恒今俗所用皆
銷冶石汁加以衆藥灌而爲之尤虛脆不堅實

非眞物 降龍鉢 本行經云佛初轉法輪降三迦葉於火神堂放威火滅彼火龍
毒火四面一時洞然熾盛唯有如來所坐之處
寂靜不見火光火龍見已漸向佛所便即歸身
入佛鉢中尒時世尊手擎於鉢至頻螺迦葉所
又晉高僧涉公以苻堅建元十一年長安大旱
請涉呪龍俄尒龍在涉鉢中雨遂告足 解虎錫 齊高僧稠禪師在懷州王
屋山習禪聞有虎鬭師往以錫杖解之虎遂各
去又曇詢禪師因山行值二虎相鬭累時不歇

詢乃執錫杖分之以身爲翳語曰同居林數許
無大乖幸各分路虎低頭受命斂氣而散又稠
禪師磁州石刻云昔齊高歡帝時稠隱於都之
西北一百二十里有桃源山定晉巖巖下有寺
曰均慶其巖嵌空高以覆寺巖之中去地百許
尺危構一閣以設禪榻獨木爲梯乃師平日宴
寂之地師一日聞澗下虎鬭經日不已遂往以
錫解之後二虎常隨師左右師因有頌書於巖
壁間云本自不求名剛被名來我巖前解
二虎障却第三果多引王屋者由僧傳也 法財

法財有七一聞二信三戒四定五進六捨七慚愧 龍象 大毗婆娑云有大龍象以信爲
手以捨爲牙以慧爲頭以念爲頸於其兩肩擔集善法 蹴蹋 上子六切下敵盍切蹴也
三乘 一聲聞二緣覺三菩薩乘以負載爲義 五性 一無種性闡提二定性聲
聞三定性緣覺四不定性五菩薩性 雪山肥膩 涅槃云雪山有草名曰肥膩牛
若食者純得醍醐 解何宗 長慶稜和上因卷簾悟道嘗有頌云也大差也大差

卷起簾來見天下有人問我解何宗拈起拂子劈口打集事者曰永嘉貪觀白浪失却手橈
長慶佛法雖無要且超今邁古 法幢 諸佛菩薩建立法幢猶如猛將建諸幢幟降伏
一切諸魔軍故如帝釋幢不怖畏業以法義有所建立故幟音熾 二十八代
嗚呼愚讀證道歌止此未嘗不掩卷太息永嘉游心三藏秉志四儀晩詣曹溪以求印可
乃知六祖爲如來正統即二十八代祖師後世講學輩獨以二十四爲然得非自昧於心證之

法者乎 西天記 法東流脫此三字一句盖見古本永嘉集以文勢推之固無疑
也然證道歌十玄談六祖壇經潙山警策雖盛傳於禪林而絕無完本蓋各以臆論妄自改易
者多矣鑱石入木印行天下梁簡文所謂煙墨不言受其驅染紙札無情任其摧殘尓誠哉
菩提達磨 或云達摩多羅此云道法義離大通量 正法輪 輪以
簡言如王寶輪運轉無礙摧懷煩惱愈動愈遠信往行位至於果地無不轉者又轂輻輞軸體

用周備所言法者軌持一切義地也 栴檀林 此云與樂以白檀能治熱病赤檀能
去風腫皆除疾身安之藥故名與樂或云此土無故不翻慈恩三藏傳云秣羅矩吒國有秣剌
耶山崖谷崇深中有栴檀香樹樹類白楊其質涼冷蛇多附之至冬方蟄用以別檀也 三
歲哮吼 涅槃云猶如野干雖學師子至百千年終不能作師子之吼若師子子三
歲則能哮吼 野干 梵云悉伽羅此言野干亦名夜干或射干色青黃如狗群行夜

嗚其聲如狼又野干形小尾大能上樹疑枯枝不登狐即形大疑冰不渡不能上樹

龍女　妙經智積菩薩問文殊師利言仁者往龍宮所化衆生其數幾何文殊云其數無量不可稱計我於海中唯常宣説妙法華經智積問云此經微妙頗有衆生修行此經速得佛否文殊師利言有娑竭羅龍王女年始八歳智恵利根能至菩提乃至衆會皆見龍女忽然之間變成男子具菩薩行即往南方世界坐寶蓮華成等正覺

善星　涅槃經云佛語善星比丘諸佛如來誠言無二善星即言如來尒時雖作是説我於是事都不生信我亦常爲善星説眞實法而彼絶無信受之心雖復讀誦十二部經獲得四禪生惡邪見作如是説無佛無法無有涅槃沙門瞿曇善知相法是故能得知它人心如來雖復謂我説法我眞實謂無因果善男子汝若不信如是事者善星今者近在尼連禪河可共往問尒時如來即與迦葉往善星所善星遥見佛來見已即生惡邪之心以惡心故生身陷入至阿鼻獄

數它珎寶　如人數它寶自無半錢分於法不修行多聞亦如是見華嚴十三

蹭蹬　上七鄧切下唐亘切失道也

駭　諧楷切癡也

勇施　淨業障經云過去久遠劫衆香世界無垢光如來時有比丘名曰勇施善修戒身多聞智慧顔貌端正成就第一清淨妙色著衣持鉢入城乞食到長者舍其家有女容貌端正見勇施已生染愛心若不得以爲夫當自殞命欲心内結遂以成病尒時其母問女何縁而致斯病女時默然遂不飲食尒時女母寄遣餘女而往問言時女荅言我見一比丘顔貌端正便生欲心以致斯病餘女聞已還向母説時母作計請勇施言數至我家當使此女從受經法勇施默然許可其後勇施數到其家轉相親厚數相見故便失正念即與彼女共行婬法時彼女夫見此比丘往來頻數心生疑惷即設方便欲斷其命勇施聞已即以毒藥持與彼女時女即以毒藥和著食中敕其婢使以飯我夫夫食飯已即便命終勇施聞已心生大悔受行婬法又斷人命咄哉恠哉我今即是地獄衆生時有菩薩名鼻掬多

羅語勇施言比丘莫怖我今力能施汝無畏即
入寶印三昧於其身上出無量佛同聲說是偈
言諸法同鏡像亦如水中月凡夫愚惑心分別
癡恚愛勇施比丘見諸化佛神通變現於諸法
中思惟選擇離諸蓋纏得無生忍今已成佛在
於西方去此佛土恒河沙數有國名常光佛號
寶月如來
懵懂 上母總切下音董懵懂心亂皃
頑皮靻 靻之列切柔熟皮也智論云譬如牛皮未柔不可屈折無信人
亦如是譬如牛皮已柔隨用可作有信人亦如

是
二比丘 維摩詰經佛告優波離以行詣維摩詰問疾言我不堪任詣彼問疾所以
者何憶念我昔有二比丘犯律行以為恥不敢
問佛來問我言唯優波離我等犯律誠以為恥
不敢問佛願解疑悔得免斯咎我即為其如法
解說時維摩詰來謂我言唯優波離無重增此
二比丘罪當直除滅勿擾其心所以者何彼罪
性不在內不在外不在中間如佛所說心垢故
衆生垢心淨故衆生淨心亦不在內不在外不
在中間如其心然罪垢亦然諸法亦然不出於

如如優波離以心相得解脫時寧有垢否我言不也
維摩詰言一切衆生心相無垢亦復如是其知此者
是名奉律其知此者是名善解其二比丘
疑悔即除發阿耨多羅三藐三菩提心
波離 此云近執持戒第一
四事 一飲食二衣服三卧具四湯藥
崢嶸 上鉏耕切下音宏
螳蜋拒轍 莊子季徹謂將閭葂曰夫子之言於帝王之
德猶螳蜋之怒臂以當車軼則不勝任矣說
者曰用小擬大故不能任葂音免軼音轍
管見 古語云持蠡酌海握管窺天

卷七

祖庭事苑卷第八

睦庵　善卿　編正

十玄談

序 叢林所行十玄談皆無序引愚曩游廬阜
得其序於同安影堂今錄之云夫玄談妙
句迴出三乘既不混緣亦非獨立當臺應用
安朗月以晶空轉影泯機似明珠而隱海且

學徒有等妙理無窮達事者稀迷源者衆森羅萬象物物上明或即理事雙袪名言俱喪是以殷勤指月莫錯端倪不迷透水之鍼可付開拳之寶略序微言以彰事理

辨題目　竊觀十玄談所作題目不無深旨而後人輒自删改蓋由不知當時命題製作之由妄建私意良可歎也而傳燈又復削去祖意轉位二題所幸者後之四首不失舊目若夫不明祖意何由得造玄機果未回機安能轉位此轉燈之誤也而又近世題目全不與頌意相符學者宜自改之

立題　一心印二祖意三玄機四異塵五佛教六還鄕曲七破還鄕曲八回機九轉位歸十正位前

心印　達磨西來不立文字單傳心印直指人心見性成佛

三賢十聖　華嚴明十住十行十回向爲賢十地爲聖妙覺爲佛十聖者即十地聖人一歡喜二離垢三發光四焰慧五難勝六見前七遠行八不動九善慧十法雲涅槃云菩薩位階十地尚不能了了知見佛性何況聲聞緣覺之人能得見耶譬如醉人欲涉遠路矇矓見道十地菩薩於如來知見少分亦復如是

尚未那能　叢林商榷往往謂行布差殊語言顚錯殊不知作句有聲律命意無漸次如斷句云莫問西來及與東是也雖然愚讀至此未嘗無惑焉頃游京師館於檀越劉氏書府中得故本禪録書尾有十玄談而不見序引其第二章曰三賢固未明斯旨十聖那能達此宗予得此句渙然冰釋方知後人傳寫之誤

三乘　一聲聞二緣覺三菩薩

次第演　佛祖成道三七日思惟已便往仙苑及諸住處十二年間說諸有爲法緣生無我然猶未說法無我理名初時教即阿含等一藏小乘經是矣次依諸徧計所執說諸法空然於依它圓成猶未說有名爲空教次說法相大乘境空心有名中道教即深密等經是矣次開示一切衆生如來知見會三乘爲一乘會權歸實名同歸教即法華經是矣臨入涅槃說一切衆生乃至闡提皆有佛性凡是有心定當作佛常樂我淨名常教即大涅槃經是矣

龍宮　按華嚴經佛滅度後六百年龍樹菩薩入龍宮見華嚴大經凡

有三本上中二本非凡力所持遂誦出下本流
於天竺此土晉譯成五十卷唐譯成八十卷然
於下本四十八品止有三
十九品餘九品未至此土

滿字 梵書製文有半字滿字者
字義未足方有半偏猶漢文月字虧其傍也理既
究竟文義圓滿猶漢文日字盈而實也半字惡
義以譬煩惱滿字善義以譬常住又半字爲體
如漢言字滿字爲體如漢語字兩合即滿之例
也言字單立即半字例也半字雖單爲滿根本
緣其半字而成滿字譬凡夫無明爲因而得常
住因字製義

鶴樹 世尊臨般涅槃其娑羅林垂覆寶牀時即慘然變白
皆此類也
猶如白鶴
故曰鶴樹

終談 涅槃捃拾殘機爲衆經之殿後故曰終談

優鉢羅 此云黛華又曰青蓮花此華葉似梨而果大
如拳其味甘無華而結子亦有華而難值故
經中以喩
希有者也

釋名讖辨

七佛 傳燈敘七佛引長阿含偈及雲黃故事
斷自七佛而下文意粗略未能通曉如
增一阿含四十二云阿難白佛言如來亦說過
去恒沙諸佛取滅度者如來亦知當來恒沙諸
佛方便來者如來何故不記尒許佛所造今但
說七佛本末佛告阿難皆有因緣本末故如來
說七佛之本末過去恒沙諸佛亦說七佛本末
將來彌勒之徒亦當記七佛之本末若師子嚮
如來出世時亦當記七佛之本末若柔順佛出
世時亦當記七佛之本末若光焰佛出現世時
亦當記七佛之名号若無垢佛出現世時亦當
記迦葉之本末若寶光佛出世時亦當記釋迦
文之本末由此因緣故如來記七佛名号尒又
圭峯密禪師荅裴拾遺云若據眞諦本絕名數
一猶不存何言六七今約俗諦有其所表如國
立七廟七月而葬喪服七代福資七七道釋皆
同經說七佛持念遍數壇場物色作法方便禮
遶請僧之限皆止於七過則二七三七乃至七
七不止於六不至八九順世生信何所疑焉然
圭峯之說雖冥合世諦亦未能必信於後人故

引此經以為證焉

傳燈 般若四百八云尊者善現謂舍利子言諸佛弟子凡有所說一切皆承佛威神力何以故舍利子如來為它宣說法要與諸法性常不相違諸佛弟子依所說法精勤修學證法實性由是為它有所宣說皆與法性能不相違故佛所言如燈傳照

祖師 涅槃云復至它方有諸煩惱毒箭之處示見作祖為其療治又期城太守楊衒之禮問達磨大師云西土五天竺國師承為祖其道如何曰明佛心宗寸無差誤行解相應名之曰祖復成偈曰亦不覩惡而生嫌亦不觀善而勤措亦不舍愚而近賢亦不拋迷而就悟達大道兮過量通佛心兮出度不與凡聖同纏超然名之曰祖

禪師 善住意天子所問經天子問文殊師利何等比丘得名禪師文殊曰於一切法一行思量所謂不生若如是知得名禪師乃至無有少法可取不取何法所謂不取此世後世不取三世至一切法悉不取謂一切法悉無衆生如是不取得名禪師無少取非取於一切法悉無所得彼無憶念若不憶念彼則不修若不修者彼則不證故名禪師

長老 今禪宗住持之者必呼長老正取長阿含經有三長老中所謂了達法性內有智德之人以訓領學者

祖偈飜譯 禹門太守楊衒之名系記略云東魏興和年中高僧曇啓往西域求法至龜茲會天竺三藏那連耶舍欲傳法至東夏曇啓曰東夏佛法未振宜且留此耶舍遂出祖師傳法偈梵文與啓飜譯既而啓游印土耶舍乃將新譯華言祖偈至于西魏值時多事乃入高齊齊文宣帝延居石窟寺以齊方受東魏禪未暇飜譯耶舍乃將龜茲所譯祖偈授于居士萬天懿天懿聞魏有西域三藏吉迦夜那玄寺沙門曇曜所譯付法藏傳欲於佛祖傳法偈遂寫本進于魏梁簡文帝聞魏有本乃遣使劉玄運往魏傳歸建康唐貞元中金陵沙門慧炬同西竺勝持三藏編入寶林傳雲啓一名曇啓龜茲或云屈隨音丘慈禪音繕

註祖師讖 諸祖讖偈自雲啓飜譯編於智炬寶林傳總廿八首般若多羅十一那連耶舍一十三世大力一誌公一達磨一六祖一

雖録于傳而罕知其由或閒仰山箋註頗詳竟不獲見晩於雲門曜禪師録中得曜所註十八首般若多羅止有三首見註今并録于後禪師諱重曜嗣天台韶國師名祓當時爲錢氏禮重其讖註手澤尚存今閟于會稽雲門雍熙之影堂云

般若多羅 昔在天竺授達摩讖偈一十一首見註者三其一曰

路行跨水忽逢羊獨自棲棲暗渡江日下可憐雙象馬二株嫩桂久昌昌

此讖達摩西來始終之事達摩始來見梁武帝帝名衍衍从行从水故云路行跨水帝既不契祖師遂有洛陽之游故云逢羊羊陽聲相近也祖師不欲人知其行是夜航葦西邁故曰暗渡江也祖師西來見梁魏二帝此言日下雙象馬也九年面壁於少林故曰二株嫩桂也久九聲之近也其二曰

震旦雖闊無別路要假兒孫（或作姪）脚下行金雞解銜一粒米（或作粟）供養十方羅漢僧

此讖馬大師得法於讓和上之縁無別路其道一也故馬大師名道一兒孫嗣子也脚下行所謂一馬駒子踏殺天下人也金雞銜米以讓和上金州人雞知時而鳴以覺未寤羅漢僧爲祖生漢州之什仿縣受讓師法食之供其三曰

心中雖吉外頭凶川下僧房名不中爲遇毒龍生武子忽逢小鼠寂無窮

此讖周武帝名邕破滅佛教至庚子興復故云小鼠寂寞謂邕也

未見註八首。其一曰

路上忽逢深處水等閑見虎又逢猪小小牛兒雖有角青谿龍出總須輸其二曰

八月商尊飛有聲巨福來祥鳥不驚懷抱一雞來赴會手把龍蛇在兩楹其三曰

寄公席脫權時脫蚊子之蟲衞小形東海象歸披右服二處蒙恩總不輕其四曰

日月並行君不動郎無冠子上山行更惠一峯添翠岫王敕人識始知名其五曰

高嶺逢人又脫衣

小蛇雖毒不能爲可中井底看天近小小沙彌菩大機其六曰　大浪雖高不足知百年凡木長乾枝一鳥南飛却歸北二人東往却還西其七曰　可憐明月獨當天四箇龍兒各自遷東西南北奔波去日頭平上照無邊其八曰　鳥來上高堂欲與白雲入地色還青天上金龍日月明東陽海水清不淸首捧朱輪重復輕雖無心眼轉惺惺不見耳目善覩聽身體元無空有形不説姓字但僉名意尋書卷錯開經口談恩幸心無情或去或來身不停

耶舍　那連耶舍作讖偈一十三首授五戒優婆塞萬大懿其一曰

尊勝藏今古無肱又有肱龍來方受寶奉物復嫌名　此偈讖二祖也尊特勝事今古自藏遇大聖人即能發見祖既斷左臂以求法即達摩大師有股肱矣龍象西來即可祖獲法寶之日奉物即易名慧可嫌名神光不足道也其二曰

初首不稱名風狂又有聲人來不喜見白寶初平平　此偈讖三祖也師初以白衣謁二祖竟不稱名氏示有風疾來繼祖位人所不喜以赤頭璨名之白寶師名僧璨也初平平師雖已傳二祖之道初不顯赫已當周武滅教之時也其三曰

起自求無礙師言我勿繩路上逢僧禮脚下六枝生　此讖四祖也祖初見三祖即求解脱法謂無碍法也三祖云誰縛汝即勿繩也路上道也逢僧禮信也師名道信脚下六枝生四祖之下旁生一枝相継六世即牛頭嬾融也其四曰

三四全無我隔水受心燈尊號過諸量從嗔不起憎　此讖五祖也三四七也師七歳見四祖問荅相契達無生無我之法隔水謂四祖所居隔一水之間心燈所傳法炬也尊号佛也過諸量祖也不起憎師名弘忍也其五曰

奉物何曾奉言勸又不勸唯書四句偈

將對瑞田人此識六祖也奉物何曾奉言勤又不勤師名慧能也四句偈對北秀
作頌因以傳衣瑞田即神秀也其六曰心裏能藏事說向漢江
濱湖波探月將照二三人此識南嶽讓和上心裏藏事懷
讓也漢江濱弟子馬祖生漢州探一月謂師於
曹溪畫月也二三人師嘗謂門人曰汝等六人
同證吾身常浩得吾眉善威儀習達得吾眼善
[illegible]勝坦然得吾耳善聽埋神照得吾鼻善知氣

嚴峻得吾舌善談說道一得吾心善古今其七曰領得弥勤語萬
鄉日日數移梁來近路余氣脚下途此識馬祖
也弥勤謂得讓師法實勤而受用有本作弥勤
語非也离鄉南也日日昌也馬祖闡化於南昌
有本作日月非也移梁度人也來近路被洪州
連帥路嗣恭之請入城說法也余氣我息也言
傳法之子息猶我而行天下也其八曰艮地生玄言通尊媢

亦尊比肩三九族足下一毛分此識北宗神秀也艮地東
北方也神秀於五祖下別出一枝於北京通尊
國賜大通之号也媢亦秀也三九秀下相承凡
一十二人足下五祖下也一毛分号北宗也其九曰靈集媿天恩生
牙二六人法中無氣味石上立功勳此識荷澤
神會也靈集荷澤之舊名天恩荷澤也二六即
神會門弟子十二人也法中無氣味所謂知解

宗師也石上立功勳者蓋當時有九秀弟子普
寂說法盛於京都倚恃勢位謂神會邪法惑衆
義當擯逐會因有南陽之行寂乃毀能大師豐
碑別竪神秀行狀為傳法六祖寂自為七祖至
天寶五年侍郎宋融知其前非復奏請召會歸
洛居荷澤寺卻毀秀碑竪六祖石刻其十曰
本是大蟲男回成師子談官家封馬領
同詳三十三此識印宗和上本講經論為教之虎晚參心宗為師子兒官家

封印也馬領宗也三十三華梵祖師下自
六祖凡三十三人印宗嗣六祖也其十一
九女出人倫八箇絶婚姻朽牀添六脚心祖衆中
尊此識嵩山老安和上九女少室也嵩少安所
居也八女爲安字朽牀老安也六脚安之甚
也衆中尊則天禮安
爲國師也其十二
走戊與朝鄰鳩鳥子
出身二天雖有感三化寂無塵此識忠國
師走戊國

師越人也朝鄰東越也鳩鳥即鵞州也越之諸
暨昔号鵞州國師出身處也二天肅宗代宗二
帝興敬也三化第三次問大耳三藏老僧在甚
麽處三藏茫然是寂無塵也戊王伐切鳩亡云
切其十三說少何曾少言流又不流山若除其
草三四繼門修此識石頭希遷和上也說少
希也何曾少道付於斯人也
言流遷也又不流希遷也山除草石頭也三四
繼門修未詳右十三頌即那連耶舍之識

達摩一首核期城太守楊
衒之以識服毒之縁江槎分玉浪管
炬開金鏁五口相共行九十無彼我謂流
支光
統寄毒於吾所
以致九十也竺大力一首識吳主
孫權帝祚青宵
喫飯雲間鬭走十二年逢猪閉口青
宵
喫飯天口也口天爲吳雲間鬭走各爭天下十
二二年止有十四之數逢猪閉口至亥年絶也

誌公一首御觀兩扇在履捻鈎丸鳥射盡唯
有一頭至則不至要假須刀逢龍
不住遇水即逃
此識未見註辨楞伽經寶林傳傳燈錄皆
謂達摩以楞伽四
卷之經傳於學者何得禪宗謂之教外別傳荅
此蓋慧炬編修之率略後人看閱之不審也傳
燈達摩謂學者曰吾觀漢地唯有此經仁者依
行自得度世蓋方便逗機初機令其生信尒故
馬祖示衆曰達摩大師從南天竺國來至中華
傳一心之法令汝等開悟又引楞伽經以印衆

生心地恐汝顛倒不自信此一心之法各自有
之故楞伽云佛語心爲宗無門爲法門夫是豈
可祖師專以一經遞相傳授此後人看閲之不
審也又況此經但覺大慧等談佛性義意激發
二乘令舍小慕大安足爲祖門之要道耶此經
即宋元嘉中天竺三藏求那跋陀羅之所譯也
豈可宋經而反使梁菩提達摩持來以此攷之
謬妄之論不待攻而自破矣

語緣 禪家流聲前體道豈涉言詮然古
人接物應機不無兼帶聊出數緣
以示
來學

阿閦國 總持尼所證語緣摩訶般若二十三
云佛於大衆前而現神足變化一切
大衆皆見阿閦佛國種種功德成就佛攝神足
皆不復見不與眼作對佛告阿難如是阿難一
切法不與作對法法不相是法法不相知如阿
閦佛國亦如是何以故一切法無知無見無作
無動不可捉不可思議如幻人無受無覺無真
實菩薩如是行爲行般若波羅蜜亦不著諸法

○總持号也諱明練梁武之女事達磨爲弟子
悟道示滅塔去少林五里許事具褚詢望所寫
塔碑

彌勒說法 西域記曰無著菩薩與弟世親
弟子師子覺二三賢哲每相謂
曰凡修行業願覲慈氏若先捨壽得遂宿心當
相報語其後師子覺先捨壽三年不報世親菩
薩尋亦捨壽時經六月亦無報命無著於初夜
分方爲門人教授定法忽空中大明有一天仙
乘空而下即進階庭禮無著足著云尓來何暮
分名何謂對曰從此捨壽命往覩史天慈氏內
衆蓮花中蓮花才開慈氏曰善來廣慧善來廣慧
旋遶才周便來報命無著曰師子覺者今在何
處曰我旋遶時見師子覺在外衆中躭着欲樂
無暇相顧詎能來報無著曰慈氏何相演說何
法曰慈氏相好言莫能宣演說妙法義不異此
然菩薩妙音清暢和雅聞者忘倦受者無猒

賓頭盧見佛 雜阿含云無憂王集諸聖衆
問佛如何賓頭羅難以手舉
眉語王曰佛如金山
巍巍堂堂難可名也

多子塔 青蓮目顧視迦葉
處也鞞支論曰王

合城大長者財當無量生育男女各三十人適化游觀到一林間見人斫於大樹枝柯條葉繁青茂盛使多象挽不能令出次斫一小樹無諸枝柯一人獨挽都無滯㝵見是事已即說偈言我見伐大樹枝葉極繁多稠林相鉤挂無由可得出世間亦如是男女諸眷屬愛增繁縛心於生死稠林不可得解脫小樹無枝柯稠林不能㝵觀彼覺悟我斷絕於親愛於生死稠林自然得辟䏶即於彼處得辟支佛以至現通入滅時諸眷屬為造塔廟時人因名多子塔

信位

行位 傳燈信位即得行位即未金剛三昧經佛言從闡提心乃至如來如來實相住五等位一者信位信此身中眞如種子爲妄所翳捨離妄心淨心淸白知諸境界意言分別二者思位思者觀諸境界唯是意言分別隨意顯現所見境界非我本識知此本識非法非義非所取非能取三者修位修者常起能起起同時故先以智導排諸障難出離蓋纏四者行位行者離諸行地心無所捨極淨根利不動心如決定實性大般涅槃唯性空大五者捨位捨者不住性

空正智流易大悲如相相不住如三藐三菩提虛空不證心無邊際不見處所是至如來善男子五位一覺從本利入若化衆生從本來處

長養聖胎 仁王護國經佛言善男子初伏忍位起習種性修十住行初發心相有恒河沙衆生見佛法僧於十信所謂信心念心精進心慧心定心不退心戒心願心護法心回向心具此十心而能少分化諸衆生超過二乘一切善地是為菩薩初長養心為聖胎故

赤縣神洲 達磨初觀赤縣神洲

有大乘種氣立世毗曇藏二云四大洲各有八洲圍繞南八洲曰牛洲羊洲椰子洲寶洲猴洲象洲女洲神洲張衡靈圖云崑崙東有赤縣之州風雨有時寒暑有節苟非此土南則多暑北則多寒西則多陰故聖王不處焉又史記鄒衍著書云中國於天下八十一分居其一分耳中國名赤縣內有九州禹之敘九州是也

師子咬人 大般若論云有擲塊於犬犬逐塊也塊終不止有擲於師子師子逐人其塊自止

爲蛇畫足 戰國

葉曰昭陽適楚伐齊齊王使陳軫見昭陽曰臣
切譬楚王有祀者賜其舍人酒一巵舍人相謂
曰數人飲之不足一人飲之有餘請畫虵蛇先
成者飲有一人先成引酒且飲乃右手持杯曰
吾能爲之足未成者奪其巵曰蛇
固無足今伐齊乃爲蛇畫足耳

入水見長人 見雲門録下

看樓打樓 見八方珠玉集玉澗

紀信詐降
項羽急攻滎陽漢王甚患之將軍紀信曰事
急矣臣請誑楚可以間出於是陳平夜出女
子東門二千餘人楚因四面擊之紀信乃乘王
車黃屋左纛曰食盡漢王降楚楚皆呼萬歲之
城東觀以故漢王得與數十騎出西門羽見紀
信漢王安在曰已出去矣羽怒烹紀信

李廣上霸橋 廣自匈奴生得至漢當斬贖爲庶人居藍田南山中射獵
嘗夜從一騎出從人田間飲還至霸陵尉醉呵
止廣廣騎曰故李將軍尚不得夜行何乃故也
止廣宿亭下居無何匈奴入天子乃召拜廣
爲北平太守廣請霸陵尉與俱至軍而斬之
二

鼠侵藤 賓頭盧爲優陀延王說法經云我今爲王略說譬喻王志心聽昔日
有人行在曠路逢大惡象爲象所逐狂懼走突
無所依怙見一丘井即尋樹根入井中藏上有
黑白二鼠牙齧樹根此井四邊有四毒蛇欲螫
其人而此井下有三大毒龍傍畏四蛇下畏毒
龍所攀之樹其根動搖樹上有蜜三兩滴墮其
口中于時動樹敲壞蜂窠衆蜂散飛唼螫其人
有野火起復來燒樹大王當知彼人苦惱不可
稱計而彼人得味甚少苦患甚多大王曠野者
喻於生死彼男子者喻於凡夫象喻於無常井
喻於人身根喻於人命白黑鼠者喻於晝夜樹
根者喻念念滅四毒蛇者喻於四大蜜者喻於
五慾衆蜂喻惡覺野火燒者喻其老邁下有三
毒龍喻其死云墮三惡道是
故當知慾味甚少苦患甚多

蚌含明月 月望則蚌蛤實餘時則虛故選曰蚌蛤珠胎與月虧全

兔子懷胎 論衡云兔舐毫而孕及其生子從口而出一說北人捕兔剥其
皮毛貲用爲筆常同中秋月夜如無雲翳則其

年多兔矣云兔向月有孕

弓落醆　晋樂廣字彥輔善談論群賢美之曰此人如水鏡見之瑩然若披雲霧[illegible]青天也甞有親客久闊不來廣問其故荅曰前在坐蒙賜酒方欲飲見杯中有蛇意甚惡之既飲而疾于時河南廳壁上有角弓漆畫作蛇廣杯中即角弓影也復置酒於前處謂客曰酒中復有所見不曰所見如初廣乃告其所以客意豁然意解沈痾頓愈故借用此緣荅疑不疑問

秦無人　春秋文傳十三年秦大夫繞朝謂士會曰子無謂秦無人吾謀適不用尒

華表柱　古今注曰堯設誹謗之木華表也以横木交柱頭如華形姞槔大路交衢悉設焉或謂表木以表王者納諫亦表識衢路秦乃除之至後漢重修

木鶴飛　捜神記云遼東城門外有華表柱忽有一白鶴集頭時有一少年舉弓欲射之鶴乃飛去空中而言曰有鳥有鳥丁令威去家千載今來歸城郭如故人民非何不學仙塚纍纍遂冲天而上今人以木肖之以置於柱上

金鷄鳴　見懷禪師

前録

雜志　志記也積記其事故曰雜志如世書律曆食貨五行皆有志也

宗門　謂三學者莫不宗於此門故謂之宗門正宗記略云古者謂禪門為宗門亦龍木祖師之意尒亦謂吾宗門乃釋迦文一佛教之大宗正趣矣但其所謂宗門之意義者散在衆經隱覆古今未始草章見于天下也大凡其人預吾教者盡當務此秘密極證乃為之正見涅槃曰我今所有無上正法悉以付囑摩訶迦葉能為汝等作大依止是豈非謂而今而後皆可依止於迦葉無上妙微密法而為之正乎出世者乃據是妙心密語以為後之明證也若智度論曰般若波羅蜜非秘密法者其言亦在大聖人之遺意以妙微密法為其教之大宗也欲世世三學之者資之以為其入道之印驗標正乃知古者命吾禪門謂之宗門而尊於教迹之外殊是也

禪居　自達磨來梁隱居魏地六祖相繼至於大寂之世凡二百五十

餘年未有禪居洪州百丈大智禪師懷海方且刱意不拘大小乘折中於經律法以設制範堂布長牀為禪宴食息之具高橫椸架置巾單椸鉢之器屏佛殿建法堂明佛祖親囑受當代為尊行普請法上下均力置諸寮務各有司　齋粥二時賓主均徧示法食之平等也後世各隨所宜別立規式嗚呼禪居之設其益殊甚今當代主者果不能遵守而自為己利誠何心哉誠何心哉椸音移屏音餅

住持 子潛子云教謂住持者何謂也住持也者謂藉人持其法使之求住而不泯也夫戒定慧者持法之具也僧園物務者持法之資也法也者大聖人之道也資與具持其人而後舉善其具而不善其資不可也善其資而不善其具不可也皆善可以持而住之也昔靈山住持以大迦葉統之竹林住持以身子尸之故聖人之教盛聖人之法長存聖人既隱其世數相失茲然久乎吾人儌倖乃以住持名之勢之利之天下相習沓焉紛然幾乎成風成俗也聖人不復出孰為正之外衛者不視不擇欲吾聖人之風不衰望聖人之法益昌不可得也悲夫吾何望也

開堂 開堂迺譯經院之儀式每歲誕節必譯新經上進祝一人之壽前兩月二府皆集以觀翻譯謂之開堂前一月譯經使潤文官又集以進新經謂之開堂今宗門命長老住持演法之初亦以謂之開堂者謂演佛祖正法眼藏上祝天筭又以為四海生靈之福是亦謂之開堂也

拈香 世典所謂人而無信不知其可也曰大車無輗小車無軏其何以行之哉是以釋氏之作佛事未嘗不以拈香為先者是所以託香而表信經曰信是道源功德母長養一切諸善根此其意也今開堂長老必親拈香者以所得之法必有所自所行之道其外衛者必藉乎王臣俾福慧雙資必圖報於此日豈偶然乎然古今尊宿拈香多云一瓣瓣皮莧切瓜瓣也以香似之故稱焉或作辦步還切片也後世相襲皆為此言何必爾也當云一片一性庶免薄俗之譏

白椎 世尊律儀欲辦佛事必先秉白為穆眾之法也今宗門白椎必命知法尊宿以當其任長老才據座已而秉白云法筵龍象眾

當觀第一義長老觀機法會酬唱既終復秉白曰諦觀法王法法王法如是此盖先德之眞規皆不失佛意且見叢林多舉世尊升座文殊白椎或謂徧閱藏乗不見其縁然秉白儀範既出聖製復何區區求文殊之說以恣無益之論耶

上堂 或問每覽諸佛經所集四衆未嘗不坐今禪門上堂必立而聽法何謂也曰此百丈禪師之深意也且佛會說法四衆雲萃所說法義不爲性相所會時節未知久暫今禪門自佛敎東流後六百年達摩祖師方至漢地不立文字單傳心印直指人心見性成佛所接學者俾於一言之下頓證無生所聚之衆非久而暫故不待坐而立也百丈曰上堂升座主事徒衆鴈立側聆賓主問醻激揚宗要示依法而住此其深意也

入室參問 祖師傳云五祖大師至夜密令侍者於碓坊召盧行者入室遂傳衣法又法華云著如來衣入如來室阿含經云佛告苾芻吾欲兩月宴坐汝等不須參問唯除送食及灑地時可至於此應知佛祖當時有入室參問之儀也

巡寮 僧祇云世尊以五事故五日一案行僧房一恐弟子著有爲事二恐著俗論三恐著睡眠四爲看病僧五令年少比丘觀佛威儀庠序生歡喜故禪門巡寮正擬大聖之遺範令天下率叢林爲師匠者莫不遵依此式

小參 禪門詰且升堂謂之早參日晡念誦謂之晩參非時說法謂之小參夫是皆以謂之參者何乎曰參之爲言其廣且大矣謂幽顯皆集神龍並臻既無間於聖凡豈輒分於僧俗是以謂之參也其主法者以平等一心應動植萬類令法久住豈曰小補或以小參爲家訓愚未之前聞

首座 即古之上座也梵語悉替那此云上座此有三焉集異足毗曇曰一生年爲耆年二世俗財名與貴族三先受戒及證道果古今立此位皆取其年德幹局者充之今禪門所謂首座者即其人也必擇其己事已辦衆所服從德業兼備者充之

監寺 僧史曰知事三綱者若網罟之巨綱提之則百目正矣梵語摩摩帝此云寺主即今之監寺也詳其寺主起於東漢白馬也寺既爰處人必主之于

時雖無寺主之名而有知事之者至東晉以來此職方盛今吾禪門有内外知事以監寺爲首者葢相沿襲而然也大集等經云僧物難掌佛法無主我聽二種人掌三寶物一阿羅漢二須陀洹所以尒者諸餘比丘皆不具足心不平等不令是人爲知事也更復二種一能持淨戒識知業報者二畏後世罪有諸慚愧者今吾禪門必擇心通法道而不著諸有身忘利養者以掌僧務此先德之遺意也

維那 寄歸傳云華梵兼擧也維是綱維華言也那是略梵語刪去羯磨陀三字此云悅衆也又十誦云以僧坊中無人知時限唱時至及打揵槌又無人塗治掃灑講堂食處無人相續鋪牀衆亂時無人彈指等佛令立維那又聲論翻爲次第謂知事之次第者也今禪門令掌僧籍及表白等事必選當材

典座 按僧史謂典主牀座九事今擧一色以攝之迺通典雜事也今禪門相沿以立此名耳

直歲 按僧史謂直一年之務故立此職今禪門雖不止定歲時立名亦法於古制也

辨服色 禪家所服黲衣按寶林傳達磨所傳屈眴衣此云第一布正青黑色葢祖其先制也律本無文或多譏誚然梵語迦沙此云不正色且佛制毀形壞色固欲異俗而有慚媿今之黲色俗所不用又非正色道人服之正得其宜且林下禪人既遠城市染衣猶難黲淡之色不繁不費又從其簡也如誠法師云律有三種壞色謂青黑木蘭鈔云青謂銅青黑謂雜泥木蘭即樹皮注云此說壞新衣之色今云染色亦無出此三也今詳禪僧多著黑黲衣若染色者可是律中皂黑衣攝緣用墨黯與雜泥不遠故若淡而青白者可是律中青衣攝以用銅青■緣雜墨染故正■律意安得謂之無文邪西方服色佛滅後亦隨部類不同有部博通敏智道利法化應著緋色衣經部奉持重戒斷當法律應著皂衣上座部精勤奉決承護衆生應著木蘭色衣弥沙塞部禪思入微究暢玄理可著青衣摩訶僧祇部勤學衆經敷演義理應著黃色衣僧史云後梁有慧朗法師服青衲誌公預記云興皇寺當有青衣開士廣行大乘至朗果■其言唐■豫章有觀

晉禪師見南方禪客多搭白納常以甆器盛染色勸令染之今天下皆謂觀音衲也近有衣白色者失之太甚佛記迦沙變白不受染色此得非是乎或有識如法衆生奪之而壞其色眞謂有力之勝士也今長老披絳色大衣世謂紅綃及碧色衣乃西方道人多披此服如西域記云商那和脩九條衣絳赤色入滅時以智願力留待遺法盡方壞奘云今已少有損詳此傳法大士所披絳色衣乃紹傳授之風所謂法衣者如法之衣也碧色衣者或謂則天嘗取曹溪衣入内供養以碧綃袷之故後世當位者尚之又法眼傳通記云衲衣或十一月綃音亥貼相者始於唐肅宗詔南陽國師入内衲衣損壞宮嬪以青綃男紫綃貼相國師多著由此相承矣澱音殿以藍染也瓿蒲口切小甖也

辨制衣　世尊制比丘畜六物其三皆衣也一安陀會二欝多羅僧三僧伽梨大衣也自九條十三條十三條皆兩長一短謂之下品竊見禪人多作九條衣而不問長短之數但取方整可觀而不顧佛制良可悲也比又見作墨黲短回此蓋取宣律師感通傳問天人黃瓊之說其略曰比見西域僧來多縫衣葉者何答此佛滅後二百年北天竺僧與外道同住外道嫉之密以利刃内衣葉中同往王所外道告王沙門釋子衣藏刃刃特欲害王因即撿獲由是普誅一國比丘時有耶舍羅漢令諸比丘權且縫合爲絶命難此乃北方因事權且立制非佛所開今有南方比丘皆亦縫合無識者亦學縫之黃瓊又曰西國比丘披著迦沙多不齊整諸離車子譏言無有威儀所披衣服狀如婬女猶如象鼻佛因此制上安鉤紐又曰今以衣角達于左臂置於左腋之下不得令垂如上過也宜曰子備聞雅論前後憲章縱無此示情或廣之五分律云餘方爲不清淨者雖制不行據此可依準的況復天人賜降周統制開恨知之晚也愚詳讀宣公篤天人之說爲醜縷之論意易其舊制以衣角達于左臂置於左腋之下嘻借如正搩右角使其不露置其左臂之上行於此方何爲不清淨邪又謂南方比丘縫合衣葉有違佛制以學之者爲無識今以衣角置左腋之下又豈得謂之佛

制耶其學以從之者必得為有識者乎且耶舍之制縫合衣葉所以避絕命之難又以見昔之存葉不為置物而然也雖縫之蓋未失為福田之相今使挂衣腋下復何緣乎置衣色於腋下則援引雖制不行之文以為準的縫衣葉以防難而餘方不為清淨之言豈不然乎唐玄嶷有言天下人間境界全別非唯淨穢有異諒亦言語不同至於文字尚好是事懸隔但方域之言隨地改革萬里之外音旨不通況在諸天固殊聲韻今禪人不問乎然與不然但取便於披挂輒作此衣何無識之甚耶嶷鄂力切

易挂子名

誡法師云挂子或呼絡子

此蓋先輩僧始剏後僧效之文亡衣名見挂絡在身故因之稱也今南方禪僧一切作務皆服以相不如法諸律無名幾為講流非之子因讀根本百一羯磨第十卷云五條有三品上者竪三肘横五肘下者減半二内名中又佛言安陀會有二種一者竪三肘横五肘二者竪二肘横四肘此謂守持衣最後之量限蓋三輪上蓋臍下揜膝因詳頗是今挂子之量若作之但五幅一長一短或稱或貼呼安陀會即色謗一切處著合律無過實勝空身矣予每觀此說益見法師之公議而嗟乎叢林禪人允所制作未嘗取此為則而又不更挂絡之名復何意邪世典座云必也正名況釋氏乎稱音揩

打包

毗柰耶雜事云時有苾芻作三衣竟置在肩上隨路而行遂被汗露并塵土汙佛言應以袋盛其袋可長三肘闊一肘半所置之衣常用者在上非常用者在下今禪人腰囊雖裝束小異亦乃承佛之制游方之人束囊之時亦當念佛祖遺德之重無自忽也言肘者準佛肘也尺則用姬周尺為準人長八尺佛長丈六今言三肘即六尺也

行脚

行脚者謂遠離鄉曲脚行天下脫情捐累尋訪師友求法證悟也所以學無常師徧歷為尚善財南求常啼東請蓋先聖之求法也永嘉所謂游江海以山川尋師訪道為參禪豈不然邪中阿含帝釋偈云我正恭敬彼能出非家者自在游諸方不計其行止往則無所求唯無為為樂又高僧慧乘事祖強為師年十六啓強曰離家千里猶名在家沙門請遠

游都鄙以廣見聞強迺從之夫是行脚之利豈不博哉

挂錫 西域比丘行必持錫有二十五威儀凡至室中不得著地必挂於壁牙上今僧所止住處故云挂錫二十五威儀具錫杖經

展坐具 僧史云昔梵僧到此皆展尼師壇就上作禮後世避煩尊者方見開尼師壇即止之便敘暄涼又展猶再拜也尊者還止之由此只將展尼師壇擬禮爲禮之數所謂褻拜也如此設恭無迺太簡乎然隨方省淨者不得不行也今叢林尊宿亦行此禮所未便者僧方展坐具即反荅一拜實爲倒置往往輒謂一展即當三拜不知據何而爲此言所謂褻者詐也卑以詐拜而尊實荅之既重輕之不分使後世將何以爲法邪而今而後慎勿行荅拜之禮以取笑於傍觀褻祖卧切

鉢囊 佛在施鹿林中有一苾芻手擎鉢去在路脚跌鉢墮遂破因斯欽事以緣白佛佛言苾芻不應手擎其鉢便以衣角裹鉢而去廢亦同前佛言應作鉢袋盛去苾芻手携招過如上佛言不應手持應可作攀挂髆持行若異此者得非法罪跌音丑攀普患切

淨缾 四分律云有比丘遇無水處水或有蟲渴殺佛知制戒令持觸淨二缾以護命故

戒刀 根本雜事云佛在室羅伐城苾芻欲裁三衣便以手裂衣財損壞佛言可刀子裁六衆便以雜寶飾之加以太長佛制不聽此是大刀不是刀子汝等應知有三種刀子謂大中小大者可長六指小者四指二內名中其狀有二一如烏羽曲二似雞翎不應尖直僧史云比丘畜刀名戒者蓋佛不許斫截一切草木壞鬼神林故草木尚戒況其它也

拄杖 佛在鷲峯山有老苾芻登山上下脚跌倒地佛言應畜拄杖聞佛許已六衆即便以金銀雜綵等物雕飾其杖俗旅嫌賤苾芻白佛佛言苾芻有二種緣應畜拄杖一爲老瘦無力二爲病苦嬰身又制大小不得過麤指正如今禪家游山拄杖或乘危涉險爲扶力故以杖尾細怯遂存小枝許用鐵永者是也行脚高士多携麤重堅木持以自衛且曰此足以禦寇防身往往愚俗必謂禪家流固當若是豈不薄吾佛之遺訓乎

拂子

佛在廣嚴城獼猴池側高閣堂中時諸比丘爲
蚊蝨所食身體患痒抓掻不息俗人見已問曰
聖者何故如是以事具荅彼言聖者何故不持
拂蚊子物荅言世尊不許以緣白佛佛言我今
聽諸苾芻畜拂蚊子物是時六衆聞佛許已便
以衆寶作柄犛牛尾爲其拂俗人既見此是何
物荅言佛令苾芻畜拂蚊子物是故我持彼言
聖者仁雖剃髮貪染未除以緣白佛佛有五種
袪蚊子物一者撚羊毛作二用麻作三用細裂
氎布四用故物五用樹枝梢若用寶物得惡作

罪犛音茅袪音墟舉也 **眠單** 時佛在給孤園有一比丘
赤體而睡不護敷褥卧具
人皆譏嫌佛言宜令著臥具即今禪家所用眠
單是矣寄歸傳云禮拜敷坐具五天所不見行
其所須者但擬眠護它敷席也若用它
物新故並須安替不令汙染虧損信施 **枕子** 寄歸
傳云南海十島西國五天並皆不用木枕支頭
神洲獨有斯事西方枕囊樣式其類相似或取
帛或布染色隨意縫爲直袋長一肘半寬半肘
中間貯者隨處所出或可填毛或盛麻緼或蒲

黄柳絮等或決明麻豆隨時冷熱量意高下斯
乃取適安身實無堅強之患然爲木枕踈硬項
下通風致使時人多苦頭疼既而軟物除風麻豆
明目且能有益用實無爽又爲寒鄉凍項多得傷
風冬月鼻流斯其過也今禪人多畜木橋枕蓋便
於行脚收拾易故然利時之用亦不可華也緼音
醞 **脚絣** 律所謂護腨衣也僧祇云我弟子
著三衣足遮寒苦若性不忍寒者
弊故衣隨意重著五分云三衣儭身衣被
衣雨浴衣護髀衣護踝護腨衣等皆禦寒

故許畜之然此衣最爲凡下趣得不破足矣
今見禪人行界細刺動廢時序而又煩暑如
焚高裙緊札自謂雅合禪規豈知佛爲禦
寒而設腨豎兖切腓腸也髀部礼切股也 **皮
鞋** 央掘經云施主買施不見殺故如有施主牛
死賣與屠生轉買皮令人作革屣施許受
用著說文云皮作曰屨麻作曰屩
黄帝臣於則製屣所綺切屨音句

祖庭事苑卷第八

睦庵卿上人作祖庭事苑
正宗爲之序其説甚詳九江道嵩
禪客以予熟遊叢林而篤信此道
持其書示予欲傳于世予覽而喜
之然此書之出坐曲木禪牀以有
心挂脣齒道著一字者能無媿乎

若實不會且向葛藤裏看大觀二
年八月二十七日建武軍節度使
同知大宗正事管句宗子學士上
柱國　仲爰　謹題
紹興甲戌季夏　重刑刊行

達磨西來純接大根而僧群
不學例言不立文字愚不自
量甘餒而斃是眞可閔也三
世如來始於學終於無學果
有不學而至者亦鮮矣法花
曰其不習學者不能曉了此

豈徒言哉祖庭事苑者初機
之善物也異時獨絶於記問
之表其由此焉澄兄再刋志
可見矣中間一二尚當辯學
者詳之紹興甲戌中秋畫庵
比丘　師鑒　跋　眉山王似刻

後序

睦庵道人集祖庭事苑刋行於世于茲
有年或謂前輩以聾瞽後進嘗毀之余
曰宗門下一棒一喝開眼蹉過容有傳
注乎雖然玉屑碎金苟以備藥劑待鎔
而成器亦將有見月忘指者九頂澄公
得遺本藏之篋中住靈泉之七年燕坐
無事義然出施繒鏤板再廣其傳知我
罪我其在春秋公之志也故重爲題其
首紹興甲戌夏六月玉津比丘　紫雲序

祖庭事苑　第四冊（表紙）

大蔵経綱目指要録

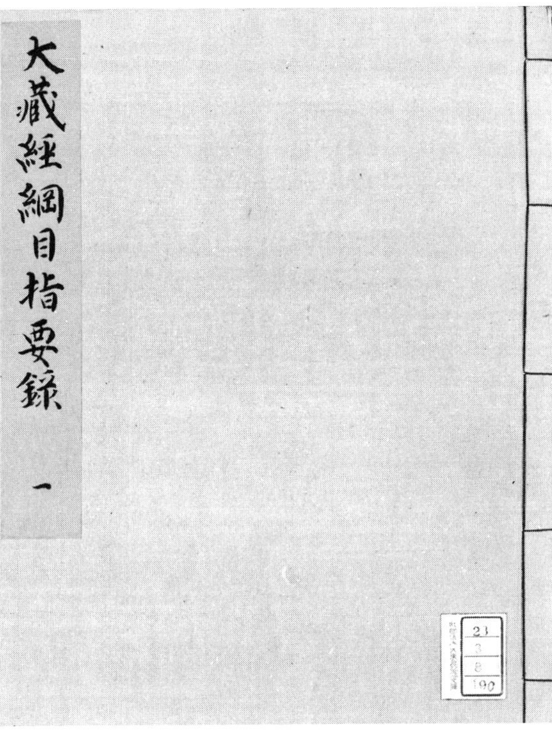

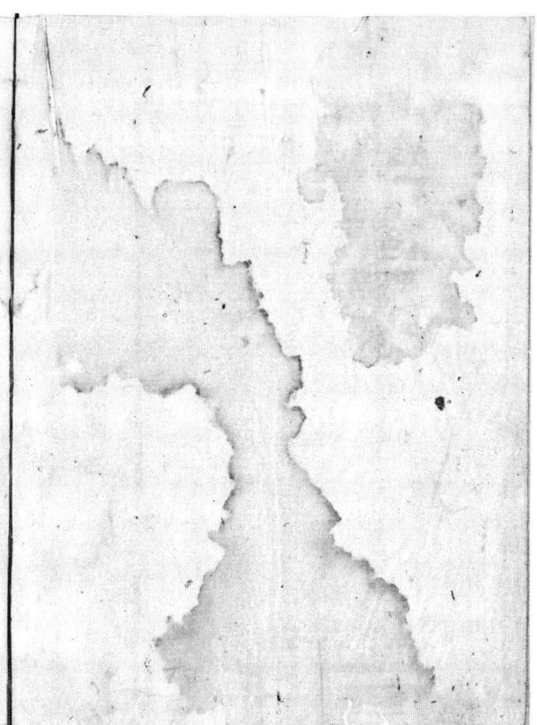

尚書禮部

准崇寧四年十月二十九日
勅中書省尚書省送到法雲禪寺住持傳法佛國禪師
惟白狀昨往泗州塔下天台諸處名山禪誦因閱大藏
經撮成綱目指要錄則伍阡餘卷經律論卷卷標指壹
萬餘品目品品解義以廣
神宗皇帝聖語云諸佛所說妙法之旨貴流通天下助揚
今上皇帝紹述金輪聖化惟白今將所印大藏經綱目
指要錄捌冊乞付印經院隨大藏經流行使佛法慧命
傳布無窮祝延
聖壽此外並無干求乞特賜敷奏申聞事仍連元狀并

捌冊十月二十八日奉
聖旨許入大藏其惟白賜空名度牒貳道奉
勅如右牒到奉行前批内度牒降
勅下禮部十一月一日午時付禮部施行仍關合屬去處
右告示法雲禪寺住持傳法
佛國禪師惟白仰詳上項
勅命指揮知委崇寧四年十一
月日

祠部員外郎葉
祠部員外郎張
侍　郎劉
尚　書

大藏經綱目指要録述　恭聞
神宗皇帝熙寧元豐之政新天下法度利

天下生民幾至措刑無爲而治天下於是
留神釋宗嘗　詔諭大丞相王公安石曰諸
佛所説妙法也祖師所傳妙道也王公安
石奏奉　明詔誠如　聖言以斯觀之則
佛天子菩薩宰相出現世間而不疑也竊
惟　國王大臣如此者故每念如來之格

訓默思有以報也頃遇
今上皇帝嗣興大業躬集禪門續燈録
上進以明祖師所傳妙道也今復集大藏
經綱目指要録者以顯諸佛所説妙法也
庶彰
神宗皇帝睿旨之張本上助

吾皇紹述美化以延　國祚矣崇寧四年
乙酉歳上元日佛國禪師　惟白　謹述

大藏經綱目指要録卷第一

東京法雲禪寺住持傳法佛國禪師　惟白　集

天地玄黄宇宙洪荒日月盈昃辰宿列張
寒來暑往秋收冬藏閏餘成歳律呂調陽
雲騰致雨露結爲霜金生麗水
玉出崑崗　已上總四十八函

大般若經　總部四處十六會所説傳此方入藏若七百一十卷前六百卷唐三藏玄奘法師在
玉華宮重譯西明寺僧玄則述十六序冠十六會明
其旨也太宗皇帝御製聖教序高宗皇帝作聖記然
此經諸佛之智母菩薩之慧父斷煩惱之寶刀度愛
河之舟楫利生之極致成道之正因表其尊故標衆
經之
首也

大　智體空廓稱性徧周　般若　靈智不測妙慧明徹　波羅蜜多　功行超進到于彼岸
經　詮表實照實攝常軌

天

十卷　大般若經　一　緣起品　如來鷲峯山中聖衆集時在師子座入等持王三昧
又復不起于坐入師子遊戲等持三昧於一一身一
一毛孔一一支節放大光明照十方界六種震動東
方最後世界寶性如來普光菩薩南方無憂　二　北方
德如來離憂菩薩西方寶焰如來行慧菩薩　勝帝
如來勝授菩薩東北方勝德如來勇猛菩薩東南方
蓮華如來蓮華手菩薩西南方日輪如來光明菩薩
西北方寶蓋如來寶勝菩薩下方蓮華如來蓮華勝
菩薩上方喜德如來喜授菩薩一一最後世界一一
佛所一一上首菩薩見斯光已各問其由　三　學觀品
一一佛各説緣起各還持花來聽般若　舍利子
問云何菩薩於一切法等覺一切相學般若佛云以
無住爲方便安住般若乃至無捨無犯無護無取無
勤等學般若　四　佛告舍利子菩薩摩訶薩修行般若
安住般若　已能成辦如是功德爾時三千大千
世界四大天王各以四鉢奉　五　相應品　舍利子問
上於佛一切諸天悉皆歡喜　如何學般若便得相
應佛云與色空與受想行識空與般若相　六　復次舍
應乃至諸佛正等菩提空與般若相應等　利弗菩
薩摩訶薩修行般若不著眼觸非　七　復次舍利子諸
有不著眼觸常不著非常等例　菩薩摩訶薩修
行般若時不爲布施故修行般若不爲淨戒安　八　轉
忍精進靜慮修行般若不爲內空等修行般若　生

品舍利子問學般若人何處沒來此間生此間沒
生於何處佛云或從佛國土來或從知足天來或人
間來此處生此處若沒却復次舍利子有菩薩摩
生佛國土及知足天上　九　訶薩修行般若時能引
發六神通波羅蜜何等爲六一天眼二　十　讚勝功德
天耳三他心四宿命五如意六漏盡等　品　佛十
大弟子各從坐起讚此般若是大是妙是第一是尊
是高是最是極是上是無上是上上是等是無等是
等等是無生是無滅是無染是無淨是空等法相
舌相品爾時世尊現廣長舌相遍覆三千大千世界
舌上放無量光明照十方殑伽沙佛界一一佛
界一一菩薩覩斯光已各各白佛一一隨荅

地

十　大般若經十一　教誡教授品　佛告善現汝
卷　以辯才爲菩薩宣說般若相
應之法令於般若修學究竟人天大衆各各心疑以
佛神力宣說法要善現白佛何名般若何名菩薩我
不見一法名爲般若菩薩於此二名亦不見有云何
令我說佛告善現菩薩般若但有名耳乃至內外中
間不可得一切諸法亦復如是若修行般若不應觀
色若常若無常若苦若樂若我若無我若淨若不淨
若空若不空若有相若無相若有願若無願若寂靜
若不寂靜若遠離若不遠離若有漏若無漏若有爲
若無爲若生若滅若善若非善若有罪若無罪若有
煩惱若無煩惱若世間若出世間若雜染若不雜染

若屬生死若屬涅槃若在內　十二　因緣常　十三　四無
外中間若可得若不可得　無常等　畏常
無常　十四　復次善現無明中有菩薩不不也世尊即
等　無明異無明有菩薩不不也菩薩中有無
明不菩薩　十五　四諦中有無明不不也世　十六　佛十
離無明不　尊即無明異無明有不等　力中
有無明不不　十七　十地中有無明及即異有離乃至
也世尊等　佛無上菩提等一切諸法例之
十八　眼界增語是菩薩摩訶薩不乃至　十九　地界增
常增語淨增語是菩薩摩訶薩不　語是菩
薩摩訶薩　內空增語是菩薩摩訶薩不內
不等例　二十　外乃至一切諸法增語等例

玄

十　大般若經二十一　八解脫增　二十二　佛十力
卷　語等爲例　增語等
爲　二十三　預流果　二十四　復次善現汝觀何義言即
例　增語等　眼處增語非菩薩摩訶薩
善現荅言若眼處若耳鼻舌身意處尚畢竟不可得
性非有故況有眼處增語乃至耳鼻舌身意處增語
此增語既非有故如何可言即　二十五　眼界若有爲
眼處增語是菩薩摩訶薩等　若無爲增語
非菩薩　二十六　即眼觸增語非　二十七　即地界若淨
等例　菩薩摩訶薩等　若不淨增語
二十八　即無明增　二十九　即內空若有願　三十　四念
語等爲例　若無願增語等　住若

雜染若清淨增語是菩薩摩訶薩

黃 十卷 大般若經三十一 八解脫若淨若不淨增語 三十二 一切陁羅尼門此云總持若有煩惱若無煩惱增語 三十三 佛十力若有願若無願增語 三十四 三十二大士相若有煩惱若無煩惱增語 三十五 預流果若淨若不淨增語 三十六 諸佛無上正等菩提若有爲若無爲增語是菩薩摩訶薩不復次善現汝先所言我不見有可名菩薩摩訶薩者如是如是如汝所說諸法不見諸法諸法不見法界法界不見諸法法界不見法界法界不見色界色

界不見色界法界法界不見受想行識界受想行識界不見法界乃至法界不見諸佛無上正等菩提等界義例　勸學品善現白佛菩薩欲圓滿布施當學般若欲圓滿淨戒安忍精進靜慮等當學般若欲遍知色界乃至眼處遍知正等菩提等當學般若波羅蜜　無住品善現白佛我於菩薩般若不得不見云何令我教誡我於色受想行識不得不見若集若散云何可言此是色等是色等名皆無所住亦非不住何以故色等名義既無所有故色等名皆無所住亦非不住 三十七 五眼六通不得不見等義例法 三十八 般若行相品　修行般若應作是觀何者是般若何名般若誰之般若將何爲用般

若無所有不可得布施乃至一切法無所有不可得等 三十九 修行般若時如實知色等自性是修般若色空故色生成辦不可得一一例之善現白佛無方便善巧修行般若時若行色若行色相非行般若乃至若行色常無常等非行般若等義例之 四十 有方便善巧修行般若時不見眼界相不見耳鼻舌身意界相是修般若波羅蜜多乃至不見諸佛正覺菩提相是修般若

宇 十卷 大般若經四十一 有方便善巧修般若時不行布施不行布施相是行般若 四十二 譬喻品　善現白佛若有問言幻士能學般若成辦一切智智幻士能學靜慮精進

安忍淨戒布施成辦一切智智不乃至幻士能修學十八不共法成辦一切智智我得此問當云何答佛告善現我還問汝隨汝意答於意云何色與幻有異不受想行識與幻有異不答言不也何以故色不異幻幻不異色色即是幻幻即是色受想行識亦復如是八十科義一一如是問一一如是答之 四十三 修行般若時應以一切智智心觀四念住（逐）常無常等義例之 四十四 善友若能以無所得爲方便說修靜慮（指要録一卷）常無常相不可得等 四十五（五）惡友以有所得爲方便（石括）魔來詐現父母及苾蒭僧來爲言於色說常無常相於行識說常無常相等 四十六 菩薩品　善現白佛所言菩薩是何

句義佛言無句義是菩薩句義如空中鳥跡如幻事
如夢境如陽焰如光影如空花如響如尋香城如眞
如如法界如法住等句義無所有不可得菩薩句義
亦無所有亦不可得如布施無所有不可得菩薩句
義亦如是無所 四十七 摩訶薩品 善現白佛何緣
有不可得等 菩薩名摩訶薩佛告善現於
大有情中定爲上首從初發心以至成佛金剛喩心
決定不壞修學一切佛法皆無所得爲方便安住布
施淨戒 四十八 菩薩修行布施時以一切智智心而
等法 修布施以無所得爲方便與一切有
情回向菩提於身命都無所悋如是名爲 四十九 舍
菩薩擐布施大功德鎧諸法如是例之 利

子問滿慈子云何名菩薩利樂有情乘於大乘答云
菩薩行般若時以一切智智爲上首用無所得爲方
便乘布施波羅蜜多不得布施不得施者不得受者
不得所施物不得所遮法等 大乘鎧品善現白佛
云何名菩薩擐大乘鎧佛言擐布施擐淨戒安忍精
進靜慮般若鎧是名擐大乘鎧一一法如是廣利有
情名大 五十 善現白佛如我解佛所説義菩薩不擐
乘鎧 功德鎧是名大乘鎧何以故色色相空受
想行識受想行識相空眼處眼處想空耳
鼻舌身意耳鼻舌身意相空等

宙 十卷 大般若經五十一 布施等無縛無脫何以故
布施等性空故無縛無脫

乃至性遠離性相空故性寂靜故性無願故性無生
故性無滅故性無染故性無淨故一一例之 辨大
乘品善現白佛云何當知菩薩大乘相發趣大乘大
乘從何出至何處於何處住誰乘是大乘佛云大乘
相者布施波羅蜜多是淨戒安忍精 五十二 大乘相
進靜慮般若等法辨是大乘相等法 者健行
三摩地乃至寶印師子遊戲妙月法涌月幢相決定
金剛喩如是百千三摩地善現一一問其名佛一一
爲答其 五十三 善現白佛菩薩修行般若時以無所
義意 得爲方便於内外具身受心法觀熾
然精進具念正知調伏貪愛佛云修行般若時以無
所得爲方便審觀自身行時知行住時知住坐時知

坐卧時知卧如如威儀具念正知調伏貪愛是爲菩
薩修行般若已次一一觀身俯仰屈伸瞬息如十想
等義如前作觀 五十四 菩薩住難勝地應遠離十法
是名修行般若 如遠居家慳家尼女家惱忿
諍讃毀顛倒不善我慢猶豫貪嗔等法一一地中一
一有遠離法或十或六或十五或二十法方能成就
般若 五十五 云何當知菩薩已圓滿第十法雲地佛
也 云菩薩與諸如來應言無異已知圓滿
布施乃至靜慮等 五十六 當知地界無所有不可得
法一一如是例之 故乘是大乘者亦不可得
所以者何畢竟淨故水火風等法一一如是例之
讃大乘品善現白佛言大乘者超勝一切世間阿素

洛等最尊最妙同於虛空普能含受無量無邊無來無去無住前後中際皆不可得三世平等故名大乘佛言如是如是如汝所說無量功德當知即是布施即是淨戒即是菩提等

五十七 若眞如實有性者則此大乘非尊非妙不超一切世間天人阿素洛等以眞如非實有性故此大乘是尊是妙超勝一切世間天人阿素洛等以此爲例例一切諸法義

五十八 復次善現我乃至見者無所有故當知內空亦無所有內空無所有故當知外空亦無所有諸法次第例之

五十九 空解脫門無來無去亦復不住無相無願解脫門亦復如是何以故本性無來去故已次諸法一一例之

六十 過去布施過去布施空現在布施現在布施空未來布施未來布施空何以故空尚不可得何況過去現在未來中有布施波羅蜜多淨戒等諸法亦然

洪 十卷 大般若經六十一 前後中際三世平等異生不可得所以者何平等中平等性尚不可得何況有過現未異生可得 隨順品滿慈子白佛先令善現宣說般若而今何故乃說大乘善現復白佛我說大乘將無違越般若佛云汝說大乘於般若中悉皆隨順無所違越何以故一切善法云一切善攝分法皆攝入般若故何謂善法云無所得品善現白佛前後中際菩薩不可得摩訶薩不可得色無邊故當知菩薩亦無邊受想行識亦復如是

六十二 耳界無所有不可得故前後中際菩薩亦不可得如是例之

六十三 陀羅尼門無所有不可得故前後中際菩薩亦不可得如前例之

六十四 眼界眼界性空何以故眼界性空中眼界無所有不可得故菩薩摩訶薩亦無所有不可得故

六十五 眼界性空故眼界於眼界無所有不可得眼界於色界無所有不可得色界性空故色界於色界無所有不可得例之前後諸法

六十六 異生地法性空故異生地於異生地法無所有不可得異生地於種姓地法無所有不可得種姓地性空故種姓地法無所有

六十七 如空解脫門唯容攝於十方三世無所從來無所至去亦無所住空解脫門中無名名中無空解脫門非合非離但假施設何以故以空解脫門與名俱自性空故自性空中若解脫門若名俱不可得無所有例之

六十八 布施非我亦無散失淨戒等非我無有散失等例之

六十九 布施無滐亦無散失淨戒等無滐亦無散失等例之

七十 五眼本性空故若法本性空則不可施設若生若滅若住若異由此緣故畢竟不生則不可名五眼六神通本性空故如前例之修行般若時亦不見色異畢竟不生何以故色與畢竟無二無二分無別無斷故

十卷 大般若經七十一 觀行品　善現白佛修行般若觀諸法時於色不受不取不執不著亦不施設爲色等修行般若不見色何以故色性空故不生滅故諸法例之布施不生則非布施所以者何布施與不生無二無二分故何以故不生法非一非二非多非異是故布施不生則非布施乃至無上菩提一例之 七十二 善現白佛云何觀諸法佛云菩薩修行般若時觀色非常非無常受想行識如是例之 七十三 舍利問善現何緣故說色等不生則非色等荅云色色性空此性空中無生無色由此緣故我作是說色不生則非色 七十四 舍利子問善現何緣故說

色等入不二無妄法數耶荅云色不異無生無滅無生無滅不異色色即是無生無滅無生無滅即是色由此緣故我作是說色入不二無妄法數　無生品 善現白佛修行般若觀諸法時見我無生畢竟淨故如是例之舍利子問善現仁者以生法證生法以無生法證無生法耶不也以生法證無生法無生法證生法耶不也然則都無有得有現觀耶荅云但假施設耳 七十五 布施是已生法我不欲令生何以故自性空故色性空故不依內不依外不依中間不可得　淨道品善現白佛菩薩修行六度應淨色應淨受想行識應淨眼界等 七十六 菩薩聞說般若心無疑惑亦不迷悶何以故色非有故當

知作意亦非有一切善法悉亦如是例之 七十七 天帝品　諸天大集帝釋問善現菩薩云何學般若云何住荅云先發菩提心離聲聞地以一切智心用無所得爲方便思惟色無常思惟色苦空無相無願寂靜遠離如病如癰如箭如瘡如熱惱敗壞衰朽變動速滅可猒有災有橫有疫有癘不安穩不可保信無生無滅無染無淨無作無爲等例 七十八 思惟地界無常等例 七十九 憍尸迦學般若時不應住此是色何以故以有所得爲方便故例 八十 修行般若時不應住無忘失法若常若無常諸法次第例之

十卷 大般若經八十一 一切諸法既不應住如何住般若荅云諸佛之心若何所住如來之心都無所住所以者何如來之心不住色不可得故乃至布施及不住一切智智雖住般若而於色非住非不住何以故以無二相故　諸天子品爾時諸天子作是念諸藥叉等言詞呪句尚可而知尊者所說竟不能解善現荅云我於此不說一字汝等不聞當何所解何以故甚深般若說者聽者解者如夢如幻諸天子曰其意趣甚深轉甚深微細甚微細難可測度善現告曰當知色非甚深非微細何以故色甚深微細性不可得故 八十二 當知布施如幻如化如夢中見如是例諸法　受教

品諸大弟子聲聞菩薩同時發問善現所説般若如
是甚深難見難覺非所尋思微妙第一荅云菩薩住
不退地能深信受何以故如是等人終不
以空分別色亦不以色分別空不空等例 八十三 終不
以空分別布施亦不以
布施分別空不空等例 八十四 終不以空分別極喜地亦不以極喜地分
別空不空等一切法 散花品帝釋與諸天子聞其
法雨各化微妙香花奉散如來菩薩等衆三千世界
花悉充滿佛神力故結成花臺善現念言今此花殊
妙定非草木水陸所生必是諸天從心化出天帝云
實非草木所生亦非從心化出善現云是花不生即
非花也帝釋云是花不生爲餘法爾善現云非但是

花不生餘法亦爾何謂也色亦不生此既不
生則非色受想行識亦不生此既不生等例 八十五
學般若品 帝釋心念尊者智慧甚深不壞假名而
説法性佛即印之如汝所念帝釋即白佛善現於何
等法不壞假名而説法性佛云色但假名不離法性
善現不壞如是假名而説色法性所以者何色法性
無壞無不壞是故所説
亦無壞無不壞等法例 八十六 苦聖諦苦聖諦性空故菩薩摩訶薩不見
苦聖諦例
一切法等 八十七 菩薩能於布施波羅蜜多學無二分故能於安忍淨戒等學無二分
故是故菩薩能學無量無數不思
議清淨佛法何以故無二分故等 八十八 菩薩如是學時不爲

色攝受壞滅故學不爲受想行識壞滅
故學佛言如是如是諸法以此爲例 八十九 行般若時
不見鼻界若生若滅若取若捨若染若淨若集若散
若增若減何以故以鼻界性故無所有不可得故如
是學般若能成辦一切智智以無所學無所成辦故
求般若品 天帝問舍利子菩薩般若當何求荅云
當於善現所説中求帝釋謂善現云今舍利子所説
是誰神力誰爲依處荅云如來神力如來爲依處帝
釋云一切法無依處如何可言善現告云如是如是
一切法無依處如來亦無依處但隨順説爲依處非
離色如來可得如來眞如可得如來法性可得非色
如來可得非如來中色可得眞如如來法性如來

可得諸法
如是例 九十 非離耳界如來可得眞如如來可得法性如來可得眞如如來眞如可得
法性如來法性可得鼻界等一切
諸法細而思之例之以見義意
月 十七卷 大般若經九十一 非離八解脱如來可得眞如如來可得法性如來可
得眞如如來眞
如可得等例 九十二 如來於色非相應非不相應如來於色眞如眞如於色眞
如法性於色法性等如來於離色
非相應非不相應等如前例之 九十三 如來於四靜慮非相
應非不相應如來於四靜慮眞如非相應非不相應
如來於四靜慮法性非相應非不相應等義例之

九十四善現白天帝云汝先所問般若當於何求不應於色求不應於受想行識等求不應離受想行識等求所以者何若色若受想行識等若離色若離受想行識等若菩薩若般若若求如是一切皆非相應非不相應非有色非無色非有對非無對咸同一相所謂無相何以故菩薩般若非色非受想行識等非離色非離受想行識等所以者何一切皆無所有性不可得故是故所行般若不應於色求不應於受想行識求不離色求不離受想等求　九十五不應於一切陁羅尼門求不應離一切陁羅尼門求　九十六不應於布施求不應離布施眞如求一切法皆有眞如爲例　九十七不應

於鼻界法性求不應離鼻界法性求等例　九十八歎衆德品　天帝白善現菩薩行般若是大是無量是無邊四果聲聞菩薩等衆於其中學成等正覺答云如是如是皆於中學證得菩提色大故所學般若亦大何以故以色蘊前後中際皆不可得故說爲大由彼大故菩薩所學般若亦大等　九十九預流無量故菩薩所學般若亦無量何以故預流等量不可得故故說無量譬如虛空量不可得預流等量亦復如是是故菩薩般若亦無量次至無邊一例亦如是　攝受品帝釋諸天各各高聲唱言善哉善哉尊者善現爲我等開示微妙正法所謂般若我等於彼勝事如佛如是般若甚深無法可得所

謂此中無色可得無受想行識可得等非卽色非離色可得等一切法例之　一百如來照知四衆諸天皆集和合同爲證明謂帝釋云四衆諸天若男女等不離一切智心以無所得於此般若精勤受持讀誦如理思惟演說流布一切諸魔不能爲害何以故善住色空無相無願善住受想行識無相無願不可以空而得空便不可無相得無相便不可無願得無願何以故以色蘊等自性皆空能惱所惱及惱害事不可得故帝釋諸天皆悉讚歎一切佛法般若智慧出現世間我等思惟受持

盈　十卷　大般若經百一　天帝白佛般若甚爲希有若有攝受般若則爲攝受布施

安忍淨戒精進靜慮等則爲攝受內空外空等一切法　百二佛言憍尸迦是善薩自修無忘失法教他修無忘失法讚說無忘失法歡喜讚嘆修無忘失法者自修恒住捨性教他修恒住捨性　百三校量功德品　天帝白佛若人書寫供養般若復有供養佛舍利寶塔於此二福何者爲勝佛言天帝如來得一切智智及身相好於何等法修習而得天帝答言於般若波羅蜜多修習而得佛言如是如是我依般若修習而得　百四佛言天帝如來昔爲菩薩位時常勤修習般若及布施淨戒安忍精進靜慮如來昔爲菩薩位時常勤修習內空等法　百五爾時於此三千大千世界所有四天王天三十

三天一切諸天子共白天帝言大仙應受如是般若應持應讀應誦如是般若應勤精進修學應如理思惟應恭敬如是般若等 百六 諸天子各以天花衣服瓔珞香鬘等涌身虛空而散佛上各各白言顧此般若久住南贍部洲利益衆生何以故般若甚深微妙故等 百七 世尊以無二爲方便回向一切智智修習佛十力四無所畏四無导解四無量心十八不共法何以故以無生無二爲方便故 百八 當知以眼界無二爲方便無生爲方便無所得爲方便回向一切智智修習八解脫八勝處九次第十遍處等法義 百九 當知以無明無二爲方便無生爲方便無所得爲方便回向一切智智修習布施淨戒安忍精進靜慮等法 百十 當知以布施波羅蜜多無二爲方便無生爲方便無所得爲方便回向一切智智修習八解脫八勝處九次第十遍處等

昃 十卷 大般若經百十一 慶喜當知以佛十力無二無生無所得爲方便回向一切智智修習布施等 百十二 當知以獨覺菩提無二無生無所得爲方便回向一切智智修習布施等 百十三 世尊云何以眼處無二無生無所得爲方便回向一切智智修習四靜慮四無量四無色定佛告慶喜眼處眼處性空何以故以眼處性空與四靜慮等無二無二分故云何以眼處耳處等一一問一一荅之 百十四 云何以身界無二無生無所得爲方便安住內空等以身界性空與內空等無二無二分故思而例之 百十五 云何以眼界無二無生無所得等修習四念處等法義例 百十六 云何以舌界無二無生等修習無忘失法等例 百十七 云何以地界無二無生等安住眞如法界法性等 百十八 云何以內空無二無生等安住眞如法界法性等 百十九 云何以眞如無二無生等修習佛十力四無畏等法 百二十 云何以布施淨戒安忍精進靜慮無二無生等修習佛十力四無所畏四無导解十八不共法等

辰 十卷 大般若經百二十一 云何以八解脫無二無生等回向一切智智修習無忘失法 百二十二 云何以空解脫門無二無生等修習無妄失法 百二十三 云何以佛十力無二無生等修習一切智道相智等法 百二十四 云何以一切陁羅尼門無二無生等修習布施等 百二十五 云何以獨覺菩提無二無生等修習布施淨戒安忍等法例之 百二十六 慶喜當知譬如大地以種散中衆緣和合則得生長應知大地與種生長爲所依止爲能建立如是般若與所回向一切智智及布施等爲所依止爲能建立令得生長故此般若於此

布施等法爲尊爲導故帝釋白佛若有受
我但廣稱讃般若例之百二十七持此甚深般若我
等諸天敬心擁護佛云如是如是若有供養般若身
心無倦身樂心樂身輕心輕身調柔心調柔身安隱
心安隱繫心般若於寢息中夢見佛爲説布施等法
分別布施等法義舍利子爲天帝言如是般若旣不
可取無色無見無對一相所謂無相汝云何取所以
者何如是般若無取無捨無增無減無聚無散無益
無損無染無淨如是般若不與諸佛法不捨異生法
不與菩薩法不捨異生法一一如是例之帝釋讃云
如是如是如是般若實不可取又復依前荅之何以
故甚深般若不隨二相無二相故佛讃善哉如汝所

説不隨二行何以故甚供養佛設利羅不
深般若無二相故例之百二十八如寫此般若少分
何以故佛設利羅由此般若薰修生故由此般若百
布施等圓淨故由此般若内空等法得圓淨故
二十九法性有二一者有爲二者無爲云何有爲法
性謂如實知我者有情智命者智八十科皆
云智也云何無爲法性謂如實知我性空無有情性
空無八十科義一一性空無佛告天帝我於此般若
成等正覺過現未十方三世如來亦由此男
般若成等正覺乃至一切聖賢皆由般若百三十子
女人敬此般若當如敬佛何以故般若即是如來如
來即是般若般若不異如來如來不異般若乃至一

切聖賢皆即般若佛爲天帝校量功德南贍部洲
皆修十善業道不如寫此般若波羅蜜多流布
宿 十卷 大般若經百三十一 置南贍部東勝身西牛貨北俱盧教四大洲諸
有情類皆修十善業道是人因緣得福多不荅言甚
多佛言若人寫此如是甚深般若受持流布所獲福
聚甚多於前何以故如是般若秘密藏中廣説一切
無漏之法聲聞種性補特伽羅修學此法速入聲聞
正性離生得入預流等果速入獨覺菩提菩薩正性
漸次修行證無上道如是般若秘密藏中廣説無漏
法者所謂布施波羅蜜多等八十科義憍尸迦教一
有情類住預流果所獲福聚勝彼四大洲有情類修

十善業道何以故十善業道不免地獄傍生鬼趣預
流果永脱三惡趣苦何況教令住一來不還阿羅漢
果若人教四大洲有情類皆住四果不如教一有情
住獨覺菩提何以故所有功德勝四果百千万倍若
有教四大洲有情皆住獨覺菩提不如教一有情令
趣無上菩提則令世間佛眼不斷所以者何由有菩
薩便有預流等果便有如來應正等覺便有佛法僧
三寶世間皈依種種供養菩薩若有書寫流布般若
所得福聚勝彼無量無邊何以故如是般若秘密藏
中廣説世出世間勝善法故由此般若所説世間便
有帝釋諸天便有刹帝利大族婆羅門等便有布施
淨戒等法義一一法例之前起南贍部洲以至四大

渊乃至小千中千大千世界十方各殑伽沙百三十
世界一切世界一一置而例至于後卷中
二若人教三千大千世界有情類皆住預流等果所
二獲福聚不如有人教一有情令其安住獨覺菩提
所得　百三十三若有教四大洲有情類皆令修學四
功德　靜慮四無量四無色定所得福聚不
如書寫如是甚深　百三十四若人教小千界有情類
般若流布等福　皆修四靜慮等不如寫
甚深般若　百三十五若人教十方各殑伽沙等世界
所得福聚　諸有情類皆住獨覺菩提所獲
福聚不如教一有情令趣無上菩提則　百三十六天
令佛眼不斷所以者何如前諸法例之　帝

白佛云何名說相似般若及相似淨戒等佛言若人
說有所得般若等是名說相似般若等天帝復白佛
言云何說有所得名相似般若佛云若人爲發無上
菩提心者說色若常若無常說受想行識若常若無
常說色若苦若樂說受　百三十七若人爲發無上菩
想行識若苦若樂等　提心者說入解脫
若常若　百三十八若人爲發無上菩提心者　百三十
無常等　說舌界若常若無常等
九若爲發無上菩提心者　百四十若人爲發無上菩
說一切智若常若無常　提心者說布施淨
戒安忍精進靜慮般
若等若常若無常

刊　卷十　大般若經百四十一天帝白佛云何說有所
得安忍名說相似安忍
佛言爲發無上菩提心　百四十二爲發心者說八解
者說色若常若無常　脫若常若無常等
百四十三爲發心者說身　百四十四說預流向預流
界若常若無常　果等若常若無
常　百四十五爲發心者說眞如若常
等　若無常等法義例之　百四十六天帝
云何名說眞正般若佛云說無所得般若是名宣說　白佛
眞正般若天帝復問云何說無所得般若是名宣說
眞正般若佛云若人爲發無上菩提心者修行般若
不應觀色若常若無常何以故色色自性空是色自

性空即非自性若非自性即是般若於此般若色不
可得彼常無常亦不可得所以者何此中尚無色可
得何況有彼常無常若如是　百四十七爲發菩提心
修是修般若乃至八十科例　者應修般若
不應觀意界　百四十八爲發心者應修般若不應　百
法界常無常　觀八解脫若常若無常
四十九爲發心者應修般若不應　百五十爲發菩提
觀獨覺菩提若常若無常　心者修靜
慮波羅蜜多作如是言汝修靜慮
波羅蜜多不應觀舌界常無常
張　卷十　大般若經百五十一爲發心者作如是言汝
修靜慮波羅蜜多不應

觀苦聖諦常無常百五十二汝修靜慮不應觀一切陁羅尼門若常若無常百五十
三汝修精進不應觀鼻界若常若無常百五十四汝修精進不應觀眞如若常若無常百
五十五汝修精進不應觀一切智若常若無常百五十六汝修安忍不應觀眼界若
常若無常百五十七汝修安忍不應觀布施等若常若無常百五十八汝修安忍
不應觀五眼若常若無常百五十九汝修淨戒不應觀色若常若無常等例百六十
云何爲說眞正淨戒爲發菩提心者作如是言汝善男子應修淨戒不應觀地界若常若無常依此爲例

寒　十卷　大般若經百六十一爲發菩提心者說淨戒時汝修淨戒不應觀八
解脫若常無常百六十二汝修淨戒不應觀一切菩薩摩訶薩行若常若無常百六十
三汝修布施不應觀身界若常若無常百六十四汝修布施不應觀四靜慮若常無常百
六十五汝修布施不應觀預流向預流果若常若無常等百六十六憍尸迦置南贍
部洲諸有情類若人教東勝身西牛貨北俱盧諸有情類皆令住不還果由此因縁得福多不甚多善逝
佛云若人於此般若無量法門巧妙文義爲他廣說令其易解復作是言來善男子汝當於此甚深般若

至心受持讀誦如理思惟隨此法門應勤修學所得功德甚多於前何以故不還果等依此般若所流出
故隹此一例關於諸法也置四大洲小千界中千界大千界殑伽沙界一切世界次第校量百六
十七若人教贍部洲諸有情類皆住菩薩不退轉地所得福聚不如於此般若無量法門巧妙文義
爲他人說百六十八若人教四大洲諸有情類皆趣無上菩提所得功德不如有人於此般若
巧妙文義爲他人說福聚甚多於前天帝白佛如是如是如諸菩薩摩訶薩速疾以無上正等菩提教誡
教授諸菩薩乃至應以一切智智教誡教授　隨喜回向品爾時彌勒白善現言若菩薩所有功德同一

切有情共回向阿耨菩提勝諸聲聞獨覺諸福業事爲最爲勝爲尊爲高爲妙爲微妙爲上爲無上爲等
爲無等何以故諸異生但爲已身自靜涅槃菩薩同一切有情回向菩提故善現荅云如是如是百
六十九彌勒白善現菩薩縁如是事起隨喜回向心實無如是所縁事如彼菩薩所取相荅云
若無所縁事如所取相者彼菩薩取相爲方便所起回向將非顛倒如於無常謂常於苦謂樂於無我謂
我於不淨謂淨是想顛倒心顛倒見顛倒若所縁事實無所有隨喜回向心亦如是諸善根等色受想行
識乃至無上菩提一一諸法亦如是如是此爲例百七十復次大士菩薩於所修作諸福業事

正知離色受想行識正知離眼耳鼻舌身
意正知離色聲香味觸法等一切善法例

來 十卷 大般若經百七十一 菩薩修身般若如實知地界不墮欲界色界無
色界若俱不墮三界則非過現未若非三世不可有
所得有相爲方便發生隨喜回向菩提何以故以地
界自性不生則無所有不可以無所
有回向無所有故諸法依此爲例 百七十二 從初發心
乃至成佛所有施性戒性修性三福業事現前發起
無倒回向心應作是念如解脫色亦如是如解脫受
想行識亦如是如解脫眼處亦如是諸法例之 讃
般若品舍利子白佛如是所說豈非般若佛云如是

所說即是般若舍利子復白佛云如是般若能作照
明畢竟淨故如是般若皆應禮敬天人欽奉故乃至
無所染著最爲上首能作安隱永斷煩惱能施光明
能示中道生一切智出生菩薩及諸善法等佛云禮
敬思惟般若即是禮敬思惟於佛何以故佛即般若
般若即佛由此般若出生聖賢由此般若出生內空
外空等出生四念
處等一切善法例 百七十三 菩薩不爲引發八解脫故應引發般若何以故
八解脫無作無止無生無滅無戒無壞無得無捨無
自性故菩薩引發八解脫故引發般若准此例之
百七十四 菩薩修行般若於眼界不作大不作小不作集不作散不作有量不作無量不

作廣不作狹不作有力不作無力我緣此
故說般若名大波羅蜜多諸法同此爲例 百七十五
若新學菩薩依般若等作如是想如是
般若於內空不作大不作小等如前例 百七十六 於一
切智道相智一切相智
不作大不作小等例 百七十七 於色不作大不作小等例 百七
十八 於眞如不作大不作小法界等例 百七十九 於佛十力不作大不作小等例 百
八十 布施無生當知般若亦無生無滅亦無滅無
自性亦無自性無所有亦無所有以此例之

暑 十卷 大般若經百八十一 預流向預流果無生無滅故當知般若亦無生無滅

無自性無所
有等例之 百八十二 難信解品 善現白佛若人不勤精進未種善根爲惡知
識所攝受者於佛所說甚深般若難信難解佛言如
是於此般若實難信解善現復白佛如是般若云何
甚深難信難解佛云非縛非解何以故
色無所有性爲色自性故例於諸法 百八十三 布施
中際非縛非解何以故布施中際無所有性爲布施
中際自性故既云中際必有前際須有後際故思而
例之以見般
若廣義無盡 百八十四 復以善現五眼清淨故即般若波羅蜜多清淨若般若清
淨即五眼清淨何以故是五眼清淨與般若清淨無
二無二分無別無斷故此一例爲准一切諸法依此

恩比之一百八十五我清淨即色處清淨等例一百八十六我清淨即身界清淨等例一百八十七我清淨即內空清淨等例一百八十八我清淨即四念住清淨等例一百八十九我清淨即一切智清淨等例指要編一卷一百九十我清淨即色清淨如前例

往十卷大般若經一百九十一命者清淨即布施清淨等一百九十二養育者清淨即五眼清淨等一百九十三意生清淨即色清淨等一百九十四作者清淨即身界清淨等一百九十五知者清淨即五眼清淨等一百九十六有情清淨即鼻界清淨等一百九十七生者清淨即布施清淨等一百九十八士夫清淨即布施清淨等一百九十九意生清淨即五眼清淨等二百愛者清淨故即色清淨若色等

秋十卷大般若經二百一見者清淨故色清淨二百二瞋清淨故布施清淨二百三貪清淨故即五眼清淨二百四色清淨故即受清淨二百五般若波羅蜜多清淨故色清淨色清淨故一切智智清淨何以故若般若波羅蜜多清淨若色清淨若一切智智清淨無二無二分無別無斷故准此例前後諸法也二百六精進清淨故色清淨二百七淨戒清淨故色清淨二百八內空清淨故色清淨二百九內空清淨故舌界清淨二百十大空清淨故布施清淨等

收十卷大般若經二百十一有為空清淨故四念住清淨二百十二無際空清淨故色清淨一一例之二百十三無變異空清淨故布施清淨二百十四自相空清淨故內空清淨二百十五一切法空清淨故苦聖諦清淨二百十六無性空清淨故布施清淨二百十七無性自性空清淨故布施波羅蜜多清淨二百十八法界清淨故真如清淨二百十九不虛妄性清淨故五眼清淨二百二十離生性清淨故色清淨

冬十卷大般若經二百二十一法住清淨故色清淨二百二十二虛空界清淨故色清淨二百二十三苦聖諦清淨故色清淨二百二十四滅聖諦清淨故色清淨二百二十五四靜慮清淨故色清淨二百二十六四無色定清淨故布施清淨二百二十七八勝處清淨故布施清淨二百二

十八十遍處清淨故四靜慮清淨二百二十九四正斷清淨故空解脫門清淨二
百三十五力清淨故色清淨等
藏十卷大般若經二百三十一八聖道支清淨故色清淨二百三
十二無相解脫門清淨故色清淨二百三十三菩薩十地清淨故色清淨二百
三十四六神通清淨故布施清淨二百三十五四無所畏清淨故眞如清淨二
百三十六大慈清淨故眞如清淨二百三十七大喜清淨故五眼清淨二

百三十八十八佛不共法清淨故預流果清淨二百三十九一切智清淨故色清淨
二百四十一切相智清淨故身界清淨
閏十卷大般若經二百四十一一切三摩地門清淨故耳界清淨二
百四十二一來果清淨故耳界清淨二百四十三阿羅漢果清淨故鼻界清淨
二百四十四一切菩薩摩訶薩行清淨故舌界清淨二百四十五一切智智
清淨故意界清淨二百四十六一切智智清淨故身界清淨二百四十七

一切智智清淨故色處清淨二百四十八一切智智清淨故色清淨二百四十
九一切智智清淨故內外空清淨二百五十一切智智清淨故舌界清淨舌界清淨故大空
清淨何以故若一切智智清淨若舌界清淨若大空清淨無二無二分無別無斷故例之
餘十卷大般若經二百五十一一切智智清淨故地界清淨二百
五十二一切智智清淨故五眼清淨二百五十三一切智智清淨故色清淨二
百五十四一切智智清淨故色處清淨二百五十五一切智智清淨故鼻界清淨

二百五十六一切智智清淨故舌界清淨二百五十七一切智智清淨故鼻
界清淨二百五十八一切智智清淨故法界清淨二百五十九一切智智
清淨故地界清淨二百六十一切智智清淨故布施清淨等
成十卷大般若經二百六十一一切智智清淨故內空清淨二百
六十二一切智智清淨故四靜慮清淨二百六十三一切智智清淨故不思議界清淨
二百六十四一切智智清淨故五眼清淨二百六十五一切智智清淨故道

聖諦清淨二百六十六一切智智清淨故四無量清淨二百六十七一切智智
清淨故八勝處清淨二百六十八一切智智清淨故十遍處清淨二百六十九
一切智智清淨故四正斷清淨等例二百七十復次善現一切智智故身界清淨身清淨故五
眼清淨何以故若一切智智清淨若身界清淨若五眼清淨無二無二分無別無斷故准此例諸法義
歲 十卷大般若經二百七十一一切智智清淨故七覺支清淨二百
七十二一切智智清淨空解脫門清淨二百七十三一切智智清淨故無願解脫門

清淨二百七十四一切智智清淨故無明清淨二百七十五一切智智清淨
故佛力清淨二百七十六一切智智清淨故四無导解清淨二百七十七
一切智智清淨故大悲清淨二百七十八一切智智清淨故佛十八不共法清淨二
百七十九一切智智清淨故恒住捨性清淨二百八十一切智智清淨故一切陁
羅尼門清淨
律 十卷大般若經二百八十一一切智智清淨故一切陁羅尼門清淨

二百八十二一切智智清淨故鼻界清淨二百八十三一切智智清淨故不
還果清淨二百八十四一切智智清淨故一切菩薩摩訶薩行清淨二百八十
五讃清淨品　舍利子白佛如是清淨最爲甚深佛言如是畢竟淨故舍利子復白佛云何法畢竟淨
故說是清淨最爲深妙佛言色畢竟淨故說是深妙受想行識畢竟淨故說是深妙諸法如是例之二
百八十六布施畢竟淨故說是深妙說是無生無顯諸法依此爲例二百八十七
世尊我清淨故五眼清淨佛言如是畢竟淨故世尊何緣而說我清淨故五眼清淨是畢竟淨佛言我無

所有故五眼無所有是畢竟淨　著不著相品善現白佛若菩薩修行般若無方便善巧於此般若著名
著相便生我慢一切過失若有方便善巧便能證得實相舍利子白善現菩薩行般若時云何爲著及不
著相荅言無方便善巧行般若時於色謂空起空想著於受想行識謂空起空想著以此爲例之二
百八十八以有所得爲方便從初發心於布施起行想著於安忍等法起行想著二百
八十九善現白佛菩薩云何行般若佛云菩薩行般若時若不行色是行般若若不行受想行識
是行般若不行色常無常若苦若樂若我若淨等是行般若依此例法二百九十菩薩行般

若時不行一切智智是行
般若乃至常無常苦樂等

呂 十卷

大般若經二百九十一 菩薩行般若時若不行五眼著不著想是
行般若於色不起著不著想等義善現白佛如是般
若甚深法性若説若不説俱不增減佛言如是應正
等覺盡其壽住讃毀虚空無增無減般若法性亦復
如是善現復白佛菩薩修行般若如修虚空都無所
有如虚空中無色可施設所修般若亦復如是無受
等可施設天帝白善現菩薩當如何學般若荅云般
若當如虚空我如何守護佛云不見有法守護是為
守護何以故菩薩修行般若知諸法如幻如夢如響

如像如陽焔如光影如變事如尋香城善現荅云菩
薩般若不執是色是受想行識不執由色由受想行
識亦不執屬色屬受想行識亦不
執依色依受想行識是修般若

二百九十二 不執是八
解脱由屬依等法一一如前例 説般若相品爾時
佛神力故三千世界諸天悉集各以妙香遥散於佛
各見十方各見千佛宣説般若品義皆同慈蓊上首
皆名善現天衆上首皆名帝釋佛告善現彌勒證菩
提時當於此處宣説般若以至賢劫中佛亦於此宣
説般若善現白佛彌勒證菩提時當以何法諸行相
狀宣説般若佛云彌勒證等覺時當以色非常非無
常非苦非樂非我非無我非浄非不浄非寂靜非不

寂靜非遠離非不遠離非縛非解非有非空非過去
非未來非現在宣説如是般若是名般若相狀當以
受想行識等一
切諸法例之

二百九十三 證布施畢竟浄法説布施畢竟浄等例善現白
佛如是般若云何清浄佛
云色清浄般若清浄等

二百九十四 八解脱無染汙故般若清
浄云何無染汙故謂八解脱不可取故
無染汙故般若波羅蜜多清浄例之

二百九十五
佛言五眼不可説故般若清浄云何五眼不可説佛
云五眼無可説事故不可説由此般若清浄諸法例

二百九十六 五眼不生不滅不染不浄故般若清浄云何五眼不生不滅不染不浄佛云五
眼畢竟空故不生
不滅等例此法

二百九十七 波羅蜜多品　善現白佛如是般若是無
邊佛言如是般若猶如虚空無邊際故如是般若是
平等是遠離是無足跡是佛十力是無所畏佛言如
是難屈伏故一一
是問一一是荅

二百九十八 難聞功徳品　時是帝念言若人曾親近
諸佛聞是般若功徳名字書寫受持如理思惟為他
人説若人聞是般若不信不樂心不清浄是人未曾
承事佛菩薩衆亦不知云何是般若布施乃至佛菩
提亦不信解内空等法若人成就善法當學般若天
帝白佛修行般若云何住色云何住受想行識云何
習色云何習受想行識佛云若於色不習不住是為

住習何以故所住習色等法不可得故例之若於眞如非住非不住非習非不習是爲住習眞如何以故眞如前後中際不可得故諸法爲例 二百九十九 行般若時不行佛十力甚深性是行般若不行四無所畏甚深性是行般若又此一例關諸法義 三百 舍利子白佛我樂說譬喩若人夢中修布施等求佛菩提當知此人漸次不久成就何況菩薩覺時修布施等而不速成正覺佛言如是如是然譬喩亦多不可具録佛言若自行布施等敎他行布施若自修布施等敎他修布施等善現白佛菩薩云何修行般若速得圓滿佛言修行般若不見色若增若減是行般若速得圓滿一切諸法准此例

綱　十卷 大般若經 三百一 菩薩修行般若時於布施等不起不思議想是菩薩修行般若速得圓滿依此例 三百二 善現白佛如是般若是清淨聚佛言如是色清淨故般若清淨等例若有受持如是般若常不遠離布施等一切善法佛滅度後五百歲此般若漸次流布東南方以至西北方等國王大臣而爲外護普利有情等 三百三 魔事品　善現白佛若有人爲證無上菩提修諸行時留難魔事佛言菩薩樂說法要辯不即生是爲魔事所修般若布施等法難得圓滿菩薩樂修勝行辯乃卒生是爲魔事頻呻欠呿忽然戲笑互相輕凌身心擾亂心生異解數有事起不得滋

味便棄捨去皆是魔事捨此經典求學餘經餘是枝葉不能引發一切智智此是根實餘經即得二乘四果不得無上佛果如至海岸返觀牛跡等喩皆爲魔事書寫此經衆辯競起所謂樂說布施乃至無上菩提何以故甚深般若無樂說相難思議故無思慮故無生滅故無染淨故無定亂故無名言故不可說不可得故善現白佛甚深般若可書寫不佛言不可書寫何以故此般若甚深經中色自性無所有不可得等法例之 三百四 能說法者於六度善巧聽者不能善巧兩不和合不獲說聽書寫修習是爲魔事聽者有方便善巧說者無方便善巧說者已得陁羅尼聽者未得說者離貪聽者未離說者恭敬聽者

不恭敬說者一身無累聽者多將衆人說者不爲財利聽者爲財利反復皆是兩不和合是爲魔事復次有諸惡魔化作比丘及種種形像來作般若障難書寫受持讀誦說聽皆不和合是爲魔事 三百五 佛母品　譬如女人生育諸子若五若十二十三十四、五十或百或千其母得病諸子各各勤求醫療使無病惱各作是念我母慈悲生育我等敎示事務我等豈得不報母恩如來亦復如是常以佛眼觀視護念甚深般若何以故般若生育我等一切佛法能示世間諸法實相十方如來般若等法皆由般若得生一切內空等法亦由此生出現世間利益等 三百六 如來應正等覺依甚深般若如實知色等法何以故別無相狀無作用無戲論無所得如實知眞如法性 三百七 佛言甚深般若由不縁色而生於識是爲不見色故名示色相例諸法 三百八 甚深般若能示諸佛世間自性空相名諸佛母亦能示諸佛世間實相云何般若能示諸佛世間自性空相佛云般若能示諸佛色世間自性空相乃至諸佛無上正等菩提世間無性自性空相由如是義名諸佛佛母又復色等法純空相復純無相皆得名諸佛母 不思議等品善現白佛甚深般若爲大事故出現於世爲不思議故爲不可稱故爲無數量故爲無等等故出現於世 佛言如是如是如汝所說善現復白佛云如來性智不思議稱量等等爲

更有餘法佛言非但如來色亦不可思議不可稱量等等乃至無上菩提亦復如是 三百九 善現白佛何因縁故色不可施設不可稱量不可思議無數量無等等性佛云色不可施設思議稱量數量平等不平等性例一切法 三百十 善現於意云何色不可思議不可稱量無數量無等等無自性中色不可得等 辦事品善現白佛甚深般若爲大事不可思議稱量數等故出現世間佛言爲成辦布施等法出現乃至爲成辦佛菩提出現世間復云甚深般若不取著色故出現世間能成辦事乃至佛菩提等例之

陽 十卷 大般若經三百十一 善現我亦不見色可取可著我亦不見有法能取能著我亦不見由是有取有著由不見故不取由不取故不著例一切法 衆喩品善現白佛若菩薩聞是般若深生信解思惟修習從何處沒來生此間佛云或從覩史天來或從諸天來或信或不信或先世聞布施淨戒等法則信或不曾聞布施淨戒等法則不信 三百十二 不以布施等法攝他有情不以內空法攝他有情若不隨順修行般若如是等人墮二乘地故於般若不能攝他隨順等 三百十三 若菩薩乘補特伽羅從發心來無方便善巧修行般若布施等法作如是念我能行布施

等法彼受我施等不名修學般若 眞善友品善現白佛初業菩薩云何修行般若等法若眞善知識爲說般若等法時汝善男子應作是念我所修布施等法普爲一切有情回向菩提例一切法 三百十四 菩薩雖知諸法自性皆空如夢幻等發趣無上菩提爲令世間得安樂故菩薩所修一一發趣無上菩提一一令世間得皈依故等 三百十五 善現色究竟中無如是分別謂此是色受想等法亦如此例善現譬如巨海大小河中高顯可居周回水斷說名洲渚如是色前後際斷諸法一一如是前後際斷 三百十六 善現一切法皆以空爲趣彼於是趣不可超越何以故空中趣不可得故

一切法皆以無願爲趣無作無生無滅無染無淨無
所有以幻以夢響像光影陽焰等爲趣如前例之
趣智品善現白佛信解如是般若當何所趣佛言當
趣一切智智善現復白佛趣一切智智者能與一切
有情爲所歸趣故　三百十七菩薩所擐甲冑不屬布
佛言如是如是　施何以故布施畢竟無
所有故非菩薩非　善現白佛如佛所説菩
甲冑故諸法例之　三百十八薩相續隨順趣向臨入
一切智智行般若者是爲行色不爲行受想行識爲
行眼處不爲行耳鼻舌身意處等法行與不行不行
而行一切智智即色等法色等法即一切智智乃至
一切法眞如即一眞如無二無別例之　眞如品諸

天散花佛上各作是説色即是一切智智一切智智
即是色乃至一切法皆與一切智智相即爲例見義
三百十九佛告諸天子言如是如是如汝所言色即
是一切智智一切智智即是色乃至諸法
三百二十佛言諸天子世間有情多行攝取行起我
我所執謂色是我是我所乃至佛菩提是
我是我所

雲十卷　大般若經三百二十一諸天子若菩薩攝取三摩地門此云正心
行處故行爲棄捨三摩地門不能修
般若等法不能證内空外空等法例　三百二十二佛正

説眞如相時三千世界六種震動復以香花奉散於
佛及善現上而白佛言世尊未曾有世善現由眞如
故隨如來生善現告諸天子言當知上座善現不由
色故隨如來生不由眞如故隨如來生不離故隨如
來生不離眞如故隨如來　三百二十三舍利子白佛
生乃至諸法皆如是例　何因縁故菩
薩修空無相無願解脱門不攝受般若無方便善巧
便證實際取聲聞獨覺果若有方便善巧不證實際
便趣無上　三百二十四布施於無上正等菩提有退
菩提云云　屈不舍利子言不也離布施
於無上正等菩提有退屈不舍利子言不也一一如
是問如是荅　菩薩住品善現白佛若菩薩欲得無

上菩提當於何住應云何住佛言當於一切有情住
平等心不應住不平等心當於一切有情起平等心
不應起不平等心乃至當於一切有情
起大慈大悲大喜大捨等心不應起等　三百二十五
菩薩欲得無上菩提應自起無忘失法亦勸他起無
忘失法恒正稱揚無忘失法歡喜讃歎起無忘失法
者將此爲例於色處無障無礙於色處不攝受於色
處不可攝乃至菩提等例　不退轉品善現白佛有
何狀貌行相知菩薩住不退轉佛言能觀一切法無
行無狀無相是爲不退轉於色不退轉名不退轉乃
至於佛正覺不　菩薩成就柔潤可愛可
退轉名不退轉　三百二十六樂身語意業於諸有情

心無罣礙如是諸行狀相是爲不退轉慈悲喜捨身語意業如是狀相是爲不退轉等諸法之義三
百二十七於布施想退轉名不退轉於淨戒安忍等想退轉名不退轉例諸法三百二
十八巧方便品　善現白佛不退轉位菩薩成就廣大勝功德聚唯願如來爲說甚深處令安住其
中能修布施速得圓滿能修一切等速得圓滿三百二十九菩薩於如是甚深處依深般若
相應理趣審諦思惟稱量觀察應作是言我如甚深般若所說而住所說而學等法三百三十
佛言如是如是不可說義無增無減布施亦無增無減淨戒等法一一例之佛言諸法眞如是無上正等

菩提善現白佛云何謂諸法眞如佛言色眞如是正
等菩提乃至菩薩摩訶薩眞如是正等菩提　願行
品佛言善現菩薩修行布施見諸有情衣食乏少作
是思惟云何救濟不顧身命勤行布施修行淨戒見
煩惱熾盛更相煞害修行安忍見更相忿嗔毀罵陵
辱修行精進見懈怠懶墮棄捨三乘修行靜慮見貪
欲嗔恚昏沉睡眠修行般若見愚癡惡慧正見俱失
修一一行見一一事一一發願一一救度圓滿行願
共成佛果

騰　十卷　大般若經三百三十一菩薩修六度行見諸有情繫屬王宰不得

自在我當勤求方便令得自在通前法義　殑伽天
品爾時會中有一天女名曰殑伽從坐而起白佛言
我當修行六度妙行嚴淨佛土利樂有情將成佛時
亦如今佛世宣說般若即以天妙金花散佛及衆佛
即微笑記曰汝將來成佛號曰金花如來悉如其願三百三十二善學品　菩薩云何習三
摩地入空三摩地云何習近入空無相無願三摩地乃至習近四念住等法一一問答三百三
十三善現有魔執持但聞名字忘失執著所謂蘊魔死魔天魔煩惱魔是人未能修習布施等法便
不了色乃至不了無上王等菩提列諸法三百三十四善現白佛菩薩若如是行則不行色

乃至不行菩提等三百三十五善現假使南贍部洲皆得人身便教修菩薩行證無上菩
提所得福聚不如有人於大衆中宣說般若所得功德一一四大洲有情類一一校量福聚不如宣說般
若何以故般若出生一切善法故　斷分別品善現白佛一切作意皆自性離自性空云何菩薩不離般
若相應作意及一切智智佛言知一切法及諸作意皆自性離自性空如是離空非聲聞作非獨覺作
三百三十六世尊爲即五眼空虛非有不自在性不堅實性能行般若不不也善現云世尊
爲離五眼空虛非有不自在性不堅實性能行般若不不也乃至無上菩提如是例可見三百三

十七方便學品　天帝白佛如是般若最極甚深難見難覺不可尋思超尋思境聰慧微妙智者所證一切分別畢竟離故佛言如是如是　**三百三十八**

阿難白佛菩薩云何共住佛言菩薩共住相視當如大師展轉念彼是我等眞善知識與我爲伴共乘一舡我等與彼學處學時及所學法亦無有異如是學布施等　**三百三十九**

菩薩爲念住盡故學是學一切智智不爲四正斷等盡故學是學一切智智乃至不爲菩提　**三百四十**

佛言如汝所說不爲布施等盡故學是一切智智不爲離故不爲滅故不爲無生故不爲無滅故不爲本來寂靜故不爲自性涅槃故是學一切智智一一例之善現布施眞如盡滅斷不不也菩薩於眞如如是學是學一切智智

致　十卷　**大般若經三百四十一**

願喩品　時天帝作念言若菩薩般若等尚超一切有情之上況得無上菩提安住內空等法尚超一切有情之上況得無上正等菩提　**三百四十二**

善現般若畢竟離內空等法乃至一切法非畢竟離般若無分別淨戒等法亦無分別乃至色等法無分別　堅等讃品舍利子白善現行般若時爲行堅實法爲行無堅實法荅云爲行無堅實法不爲行堅實法何以故般若無無堅實布施等一切法皆無堅實一一法例之　**三百四十三**

佛言諸天子色離故有情離受想行識離故有情離如是例一切法　**三百四十四**

佛言諸天子地界離故空無相無願解脫離如前例諸法　**三百四十五**

佛言諸天子極喜地離故布施等法離例　**三百四十六**

佛告善現何因緣故菩薩於般若心不沈沒荅云一切無所有故心不沈沒一切法遠離故心不沈沒　囑累品天帝白佛我如是說如是讀如是記爲順如來法語律語於法隨法無顚倒記不佛言如汝所說無顚倒記天帝白言善現所說無不皆依空無相無願諸有所說無不皆依四念住四正斷四正勤等一切諸法　**三百四十七**

慶喜若男子女人於此般若讀誦通利如理思惟爲他人說分別開示令其易了則爲受持三世如來無上菩提付囑阿難勿令忘失十方界中廣宣流布　無盡品善現白佛此甚深般若爲無盡不佛言實爲無盡猶如虛空不可盡故云何應引般若佛言色無盡故應引般若乃至無上菩提無盡故應引般若　**三百四十八**

布施虛空無盡故應引般若如前例諸法義　**三百四十九**

相引攝品　善現白佛云何菩薩安住布施引攝淨戒佛言以無攝受無慳悋心修布施時與諸有情回向無上菩提住慈身語意業是安住布施引攝淨戒例一切義　**三百五十**

云何安住靜慮引攝安忍佛言安住靜慮修學安忍觀色如聚

沫觀受如浮泡觀想如陽焰觀行如芭蕉觀識如幻
事作如是觀時於五取蘊作不堅固想常現在前復
作是念諸法皆空無我我所色是誰色受是誰受想
是誰想行是誰行識是誰識六度互相引攝起諸禪
定神通一切諸
法如前思之

雨 十卷 大般若經三百五十一 多問不二品 善現白佛若菩薩成就如
是善巧方便發心已來經幾時耶已曾親近供養幾
佛已曾植幾善根佛云已經無數百千俱胝那庾多
劫事殑伽沙等佛修布施等法無有不圓滿者讃此
般若攝受諸法種種譬喻一切諸法若無般若不得

名爲波羅蜜多善現云此甚深般若於何等法無取
無捨佛言於色無取無捨乃至於正等菩提無取無
捨却復一問又復答云般若不思惟色無
取無捨乃至不思惟正等菩提無取無捨等 三百五
十二 佛言甚深般若於色不思惟一切相亦不思惟
一切所縁如是不思惟乃至佛菩提亦如是例
三百五十三 佛言若菩薩思惟色思惟受想行識則
染著欲界色界無色界若染著欲界色
界無色界則不能具足修菩薩行證得無上菩提若
不思惟色等則不染著三界則能具足修菩薩行證
菩提 三百五十四 佛言菩薩作如是念甚深般若遍能
攝受布施等法乃至佛菩提等例

三百五十五 佛言若菩薩行深般若時不觀色若常
若無常若樂若苦若我若無我若淨若
不淨若寂靜若不寂靜若遠離
若不遠離乃至菩提如是例 三百五十六 佛言菩
薩常作
是念我不應住眼界不應住耳鼻舌身意界何以故
眼界非能住非所住耳鼻舌身意界非能住非所住是
菩薩能與布施六度等法常共相應
不相捨離乃至佛菩提依如此例 三百五十七 佛言
過去未來現在諸佛不以四念住護念是菩
薩摩訶薩不以四正斷護念是菩薩摩訶薩 三百五
十八 云何布施實際相云可淨戒等法實際相佛言
菩薩如實了知而於中學於一切如實了知略

廣之相無布施際是
名布施實際相例之 三百五十九 善現白佛云何應
知一切法略廣之
相佛言如實了知一切法不合不散善現云何等法
不合不散佛云色不合不散乃至佛菩提不合不散
諸法
例之 三百六十 佛言菩薩行般若時於色學不增
不減乃至於菩提學不增不減

露 十卷 大般若經三百六十一 佛言菩薩行般若時
應觀諸法白相皆空
故學如是應於色不起作諸行若
有若無故學乃至諸法如是例 三百六十二 佛言菩薩
修行般若時雖於諸法常樂決擇而不
得色亦不得受想等法乃至佛菩提等 三百六十三

善現白佛爲住勝義證無上道耶不也爲住顚倒證無上道耶不也若不住勝義顚倒證得菩提則世尊不證得無上正等菩提耶不也佛言我雖證得菩提不住有爲界亦不住無爲界內空等諸法如所化者欲行般若甚深義行無常義苦義空義無我義乃至不應行貪欲義非義以至色等義非義等例　實說品善現白佛如是般若極爲甚深諸菩薩不得有情亦復不得有情施設而爲有情求無上道譬如有人欲於無色無見無對無依空中種樹彼極爲難等種種演說法義

三百六十四 佛言若由此眞如施設地界即由此眞如施設火水風界若由此眞如施設水火風界即由此眞如施設空識界若由此眞如施設空識界即由此眞如施設無明等法次第如是相因例之

三百六十五 佛言一切法皆以空爲自性一切法皆以無相無願眞如法界法性等爲自性善現白佛若一切法皆以無自性爲性者初發無上正覺心成就何等善巧方便能行布施等行　巧便行品善現白佛如來常說行菩薩行何等名爲菩薩行何處行菩薩行佛言當色空行菩薩行乃至菩提空行菩薩行等例

三百六十六 佛言菩薩行般若時不以二故攝受布施等法何以故一切愚夫皆依二故一切善法不得增長諸菩薩行不二故而得增長　遍學道品善現白佛菩薩具最勝覺受行如是深法於中不求果報佛言於中不求果報自性無動故善現云於何等自性無動佛言能於色自性無動乃至無上菩提無性自性無動

三百六十七 善現白佛有性法無性法能爲現證不不也佛言離四句非有非無絶諸戲論以何爲戲論佛言觀色若常若無常是爲戲論乃至觀佛菩提若常若無常是爲戲論

三百六十八 佛言菩薩行般若時應觀色常無常不可戲論故不應戲論乃至佛菩提亦如是例

三百六十九 佛言菩薩行般若時應觀大慈若常若無常不可戲論故不應戲論諸法同例

三百七十 善現白佛若一切諸法非相應非不相應無合無散無色無見無對一相所謂無相佛言如是如是如汝所說若色非相應非不相應無合無散等乃至一切法如是例

結 十卷 **大般若經三百七十一** 佛言修遣無明亦遣此修是修般若行般若時若念有無明有遣此修非修般若何以故非有想者能修般若是故修遣無明亦遣此修是修般若乃至諸法思之例之

三百七十二 佛言由此因緣當知一切法有二想者定無布施亦無淨戒等法無道無果亦無現觀下至順忍彼尚非有況有色遍知諸法維例　三漸次品善現白佛住有想者若無順忍無道無果等法豈能證得一切智智佛言如是如是善現云行般若時爲有有想有無想不

爲有色想色斷想次第修般若次修六念法作漸次
業修漸次學行漸次行諸法皆依如是修謂三漸次
例三百七十三佛言云何修隨法念隨佛念隨僧念
之隨戒念隨捨念隨天念佛言若修隨
法念者行般若時不應思惟善法不善法無記法世
間出世間法有愛染無愛染法有諍無諍法唯聖法
非聖法一一不應思惟若如是修作漸次業修漸次
學行漸次行則得圓滿念住等一切善法六念法中
依如是例之無得無相品善現白佛若一切法皆
以無自性爲自性菩薩見何義利爲利有情求無上
菩提佛言諸有情類具斷常見住
有所得若無所得即是得菩提等三百七十四佛言所住

内空不離般若皆爲般若之所三百七十五佛言菩
攝受外空等法依此次第例之薩行般
若時爲欲圓滿一切陁羅尼門故即於一三百七十
切陁羅尼門中攝受布施等法諸法爲例
六佛言菩薩修行般若時若住内空時住無漏心而
住内空若住外空時住無漏心雖住内空外空而
無二想依三百七十七佛言菩薩行深般若時能於
如是例一切無相無覺無得無影無
作法中圓滿精進善現荅言以三百七十八佛言不
離相無漏之心而修入諸禪定執無忘
失法不執著性一一不執著諸法則無作法中圓滿
般若亦能圓滿諸餘功德無雜法義品善現白佛

云何於一切無雜無相自相空中能圓滿布施等法
行佛言行深般若時安住夢幻等法皆無自性一相
無相則能圓滿布施淨戒安三百七十九諸功德相
忍等一切善法依如是例品善現
白佛云何夢幻等法皆空而可安立是善是非善等
法佛云有情顛倒執著造身語意不善業爲彼宣說
正法汝等當知色是空無我我所乃至三百八十善
佛菩提是空無我我所等一切法例現
白佛云何名行深般若時所有甚奇希有之法佛言
菩薩住十方世界若諸有情應以布施攝益者以布
施而攝益之諸法是例我以佛眼遍觀十方殑伽沙
世界菩薩或天中或人中或修羅中或地獄中或鬼

趣中或傍生中各隨
機宜作希有事等義
爲十卷大般若經三百八十一善現白佛云何名爲
四無所畏四無礙解
十八不共法三十二相八三百八十二如來化作一
十種好佛一一依問荅之佛是佛復化
作百千衆彼化佛教所化衆或三百八十三善現白
令修布施或令修淨戒等法佛若眞
如法界眞如實際無轉越者色與法界眞如實際爲
有異耶佛云色無異一一相即如色不異法界眞如
實際法界眞如實際不異於色諸法如是諸法平
等品善現白佛修般若時於一切法善達實相佛言

如變化者不行於貪不行於
嗔不行於癡不行於色等法
三百八十四
佛言若一
切法如變
化者諸所變化皆無實
色受想行識亦無實等
三百八十五
善現云何修行
般若時能學布
施等法方便善巧妙願力智佛言修般若時如實知
布施無增無減無染無淨無自性不可得而能修習
是修
般若
三百八十六
佛言四念住非法界亦不離四念
住別有法界法界即四念住四念
住即法界例之　不動品善現白佛若諸有情及有
情施設皆畢竟不可得者菩薩為誰修般若佛言以
實際為量修行般若何以故
以有情即是實際故諸法例
三百八十七
佛言修行
般若時依

本空性教授教誡諸有情類令勤精進修
諸善法勿思惟二及不二相諸法等例
三百八十
八
佛言當知此中無我可得亦無有
情命者生者等可得無色等可得
三百八十九
佛
言
以色不異本性空本性空不異色色即是本性空
本性空即是色乃至佛菩提法皆不異即等例
三
百九十
善現白佛若一切法皆本性空本性空中都
無差別菩薩為何等住發起無上正等覺心
佛言無二行相非二行相
亦無分別等諸法例之
霜
十
卷
大般若經三百九十一
成熟有情品　佛言
修行般若方便善巧

安住苦聖諦時不得苦聖諦不得能住不得所住不
得所為亦不遠離如是諸法而住苦聖諦是菩薩圓
滿修菩薩
道等例
三百九十二
善現白佛云何修行般若時
由此方便善巧力故雖觀諸
法皆無自性都非實有而依世俗發趣無上菩提宜
說正解佛言都不見有少實法可於中住愚夫迷謬
顛倒執著色
蘊受蘊等法
三百九十三
嚴淨佛土品　善現作念
何法名為菩薩道安住此
道能攝大功德鎧利一切有情佛言常知布
施是菩薩道當知淨戒及一切法等是菩薩道
三百九
十四
佛言菩薩以神通願力盛滿三千大千世界上
妙七寶施佛法僧施已歡喜持如是善根與諸

有情平等所求嚴淨佛土復以奏諸音樂亦如是嚴
淨佛土一一布施一一回向一一嚴淨佛土　淨土
方便品善現白佛菩薩為住正性定聚為住不定聚
耶佛言皆住正性定聚非不定聚復云為住何等正
性定聚為聲聞菩薩佛耶佛言皆住佛
乘正性定聚不住聲聞菩薩定聚等義
三百九十五
善現白佛何等為菩薩菩提資糧佛云一切善法皆
是菩薩菩提資糧　無性自性品善現白佛若如是
法是菩薩法復何等法是佛法耶佛言如汝所問即
菩薩法即是佛法謂於一切法覺一切相由此當得
一切相智一
切道相智等
三百九十六
佛言明鏡等中所現諸像
為有實事可依造業由所

造業或墮地獄餓鬼傍生人天等不不也善逝種種爲喩皆如夢幻勝義　瑜珈品善現白佛諸法實者無染無淨不見實者亦無染無淨何以故以一切法皆用無自性爲自性佛言我說一切法平等性爲清淨法等　三百九十七　善現白佛若一切法平等性中諸差別相皆不可得則諸異生預流等果與如來等覺應無差別佛言如是　無動法性品善現云若諸法平等法性皆本性空於有無法非能所作云何菩薩修般若時不動勝義而作所應作事饒益有情佛言如是如是雖無動作而令有情遠離我想有情想等遠離色想等想　三百九十八　常啼菩薩品　善現白佛云何教授教誡

初業菩薩令其信解諸法自性畢竟皆空佛言豈一切法先有後無然一切法非有非無無自性無他性先既非有後亦非無自性常空無所怖畏當如是教授教誡初業菩薩令其信解復次善現欲求般若當如常啼菩薩今在大雲雷音佛所修行梵行善現白佛常啼菩薩云何求般若佛言不惜身命不顧珎財不循名譽不希恭敬居阿練若空中有聲唱云汝當東行決定得聞甚深般若汝當行時莫辭疲倦不得左右顧視勿觀前後勿破威儀勿壞身相勿動於色勿動受想行識勿動眼耳鼻舌身意處等法　三百九十九　天帝釋化現試驗即復本形在常啼前曲躬讃言善哉大士我實不用血髓但來相試今

有所願我當相與常啼云我願無上菩提頗能與斯願不天帝云此非我力唯有諸佛大聖法王能與斯願除無上覺更求餘願我當與之常啼云甚深般若亦我所願頗能惠不天帝又復漸然我於此願亦不能與常啼遂與長者女及其父母同往妙香城中法涌菩薩所　法涌菩薩品法涌白常啼言一切如來所有法身無所從來亦無所去何以故諸法實相皆不動故　四百　法涌告常啼云譬如光影種種形相變轉差別如是光影爲從何來去從何所常啼云光影非實云何可言有來去處法涌言如是如是如汝所說展轉譬喩如來本無來去相以候定中七年而起爲說甚深般若波羅蜜多等法義　結勸付

囑品爾時如來告阿難言汝愛敬我我此般若汝當殷勤流布利樂有情無令忘失此般若常在世間

右就鷲峯山中如來爲般若第一會主舍利子善現尊者慶喜滿慈子彌勒菩薩天帝釋當機擊揚討四百卷自初分緣起至結勸付囑共七十九品皆約法義立名唯憍尸迦殑伽天從人也然所略大槩則遂卷錄其義例其間或前帙後帙或前卷後

卷但見一科起處照於前後卷帙則八十科義類
連環可知且諸法行相此會已備後十五會乃佛
慈爲物品目法義多同但傳約矣
鷲峯山第二會　般若八十五品計七十八卷大品光　讃放光三經舊本三藏玄奘重譯
金　十卷　大般若經四百一　緣起品　如來入等持王　三昧不起于坐復入師子
遊戲三昧如來卽熙怡　微笑放光照十方界　四百二　歡喜品　十方聖衆　諸天集會舍利子歎

喜踊躍從坐而起　四百三　觀照品　舍利子白佛諸
請問般若妙義　果位覺與此般若波羅蜜
多無差　四百四　與般若相應人於何處沒來
別相　生此間此間若沒當生何處　四百五
修行般若引發宿住　四百六　善現品　佛告善現汝
隨念智證通等神力　以辯才爲諸菩薩宣說
般若　四百七　色增語是菩薩　地界增語是菩
等　摩訶薩不不也　四百八　薩摩訶薩不不
也　離生品欲知色受　勝軍品　善現云我
想等法當學般若波羅　四百九　於夢響是等五蘊等法
若增若　四百十　行相品　三摩地不異菩薩　幻喩
減義　品設有問言幻士能學般若我云何

答　無等等品般若是妙是微妙是無等是無等等
舌相品　如來現廣長舌相遍覆大千放大光明
生　十卷　大般若經四百十一　譬喩品　無句義是菩　薩句義等法　斷諸見
品宣說法要令諸有情　到彼岸品　修行
斷我見有情見命見等　四百十二　布施等法與一切
智智相應　乘大乘品菩薩　無縛解品
乘是大乘爲一切有情等　四百十三　菩薩摩訶薩
被大乘鎧成就一切　三摩地品　大乘相
善法無縛無解等　四百十四　者謂三摩地般若智
力成就　念住等品　大乘相者謂四神足
百千等　四百十五　修念住等法成一切智力等義

四百十六　修治品　住河練若常不捨離　四百十七
求佛菩提超聲聞獨覺等地
出住品　如是大乘何所　超勝品　以種
住者一切諸法皆無所住　四百十八　姓法非實有是
非有性故此大乘是尊是勝是　無所有品
上是妙超勝一切天人等法　四百十九　我若生者
見者等諸法無　隨順品　此大乘法隨順
所有猶如虛空　四百二十　般若悉無違越諸佛菩薩
無不攝入般
若波羅蜜多
麗　十卷　大般若經四百二十一　無邊際品　色無邊　故當知菩薩亦無邊

乃至佛菩提亦無邊等 四百二十二 布施等法悉皆性空無所有不可得等義 四百
二十三 行般若者於色無受無取無任無著等法 四百二十四 遠離品 如我解仁
者所說義我及見者等法畢竟不生 四百二十五 帝釋品 三千世界所有諸天悉皆集會等
四百二十六 宣說般若欲令易解然其義趣轉覺深妙 信受品為何等有情樂說何法信
受般若非一生聞等 四百二十七 散花品 諸天散花願聞般若天帝乃問菩薩所學當於
何求等 授記品諸天讚歎佛言當知我往昔然燈佛時於衆花王都四衢道首獻五蓮華布髮掩泥聞

上妙般若以無所得蒙記 四百二十八 攝受品 如是般若為希有調伏令不高心回向一
切智智 窣堵波品此云方墳佛告天帝受持般若一切災害皆不能侵隨所在處天人恭敬勝造窣堵波
福聚等量 四百二十九 福生品 於此般若至心聽聞廣宣流布所獲福聚超過一切所
作功德品諸天共白天帝受持般若令佛法僧眼不斷一切惡法自然損減為大明呪神呪上呪等等呪
外道品 時有外道為求佛過來詣佛所帝釋誦念般若自然敬禮而退等 四百三十 天來
品 般若所香有其妙光異香必知諸天龍等來至其所觀禮讀誦書寫 設利羅品滿贍部洲佛設利

羅若書寫般若於此二分福聚不可為比何以故佛設利羅由此般若而得出生故
水 十卷 大般若經四百三十一 經文品 佛言教贍部洲有情類皆住十
善業道所得福聚不如書寫般若 四百三十二 佛言教贍部洲有情皆發無上正等覺心
所獲福利不如將此般若巧妙文義廣宣流布為他人說 四百三十三 隨喜回向品 隨其
所修諸福業事如實了知悉皆回向等 四百三十四 大師品 如是般若能作照明若能
禮敬如敬大師等 四百三十五 地獄品 善現有菩薩雖曾見佛若百若多百千修行六

度於此甚深般若便生毀謗輕慢感匱法罪經百千大劫墮大地獄無有出期云云 四百三十
六 清淨品 是法清淨最為甚深何以故諸法畢竟淨故等義 四百三十七 標幟品
修行般若不行色等法能攝功德大鎧標幟名言皆不可得 不可得品色等一切諸法本性空故皆不
可得 四百三十八 東北方品 得聞般若經典法門一經耳者已於諸佛所深種善根末法
流傳向東北方 四百三十九 如是般若誰能信解供養多佛事多善友聞我說此妙法喜樂
受持令於我前發弘誓願 四百四十 魔事品 學般若人魔事卒生種種現境當須覺知不為

魔嬈　不和合品　若書寫受持說聽
般若師資二緣難得和合故此云耳
玉　十巻　大般若經四百四十一　書寫修習思惟般若有人來讃說諸天勝
事歡喜　四百四十二　佛母品　生育聖賢故名佛母甚深般若不示現色等法故　四
百四十三　示相品　一切法相如來覺為無相變礙是色相如來覺為無相之相　四百
四十四　成辦事品　般若為大事故出現世間為能成辦一切諸善法故　四百四十
五　船等喻品　行六度等無其善巧墮聲聞等地若以般若舟舡濟渡得到菩提彼岸　四百四

十六　初業品　初業菩薩不即諸法不離於法求學般若證佛菩提皆以空無相等為趣　四百
四十七　調伏貪等品　誰於如是般若能生淨信遠離貪瞋癡為性為相為狀為貌　眞如品　一
切諸法皆與空相應隨如來生隨如來眞如生等　四百四十八　佛讃善哉聞說如是諸法
眞如不可得相　不退轉品　如何相狀名不退轉如是義科名不退轉等　四百四十九　轉不
轉品　如是不退轉但名不退轉為退轉耶轉不退轉乃名轉轉觀於諸法無以任相退轉不退轉也
四百五十　甚深義品　色亦甚深受想行識亦甚深乃至菩薩行亦甚深無上正等覺心亦甚深也

出　十巻　大般若經四百五十一　夢行品　晝與夢中無異別夢行般若亦名修習三摩地
修三摩地增益悉無作利益所行般若皆拔濟有情　願行品　菩薩所
殑伽天品　散花佛上發弘誓願佛即記為金花如來　四百五十二　習近品　修行般若
法云何入空無相等法若云何習近空無相等　四百五十三　增上慢品
能善學空無相得入佛位須自覺平等性　惡魔變化當中莫生勝負等　四百五十四　菩薩所持一切善根無如般若　四百五
十五　同學品　天帝辯才宣說般若以佛神力得如是辯願與有情同學是法　四百五十

六　同性品　修學般若增長一切波羅蜜多以般若一法含藏一切諸法皆同性故　分別品　於一切法不生分別　四百五十七　堅非堅品　般若堅亦非
是學般若　堅於一切法離亦非離不堅不離能學般若　實語品　三世諸佛依此般若成
道是眞實語　無盡品　般若無盡一切法亦無盡等例　四百五十八　愛樂品　聽聞甚深般若當知是人佛所種善根故　四百五十九
相攝品　般若一法攝取布施等一切法方得一切善法成就　四百六十　巧便品　巧方便力
發菩提心恒沙佛所以種善根成一切智諸等覺位

昆 十卷 大般若經四百六十一 應於般若常勤修學 且大勢力得大自在
四百六十二 行般若時法相皆空 應觀色等悉皆如是 四百六十三 何因 緣故
名爲般若得到彼岸故得此名耳 樹喩品 空中種 樹其爲難事學般若人又復爲難之種善根故學
四百六十四 菩薩行品 何法名爲行菩薩行諸法 空處行生死故是行菩薩行 親近品 不
不近諸佛及諸善友無由 得成一切智智證無上覺 四百六十五 遍學品 由如來道滿
遍學得入 菩薩五性 四百六十六 漸次品 無自性中起諸菩 行作漸次業修漸次學行漸

次行 等以 四百六十七 無相品 行般若時能以離相無 漏之心於一切法不取不著不離等
四百六十八 無雜品 夢響等法如實了知成就 無漏道支圓一切聖法得成菩提 四
百六十九 衆德相品 如來種相悉已具明觀察 二空知一切法如夢幻等都非實義 四
百七十 如來八十種隨好功德妙 相於此一一分別解脫
尚 十卷 大般若經四百七十一 若眞法界眞如實際 無轉無越色受等法
亦無 異也 四百七十二 善達品 實知行相生無所來滅 無所去俱不可得則能善達一切

諸法 實相 四百七十三 不見法界離諸有 不見諸法離法界 四百七十四 實 際
品 化作四衆應無果證 分別 顚倒了無取相是名實際等義 四百七十五 無闕品 修行般
若一切法性皆不可取於 布施等法悉無所闕云云 四百七十六 道士品 布 施等法是菩
薩道世出世間一 切諸法亦菩薩道 四百七十七 正定品 正性定聚 與不定聚非任非又
住是菩薩 乘無所住 四百七十八 佛法品 即菩薩是眞佛法 即此佛法是菩薩法一切法
皆以無性爲性如是諸法 無性故所以無事云云

右鷲峯山中第二會所說般若計七十八卷八十
三品其義意品目與前多同但如來應機廣略耳
次六會後卷中標錄

大藏經綱目指要録卷第一

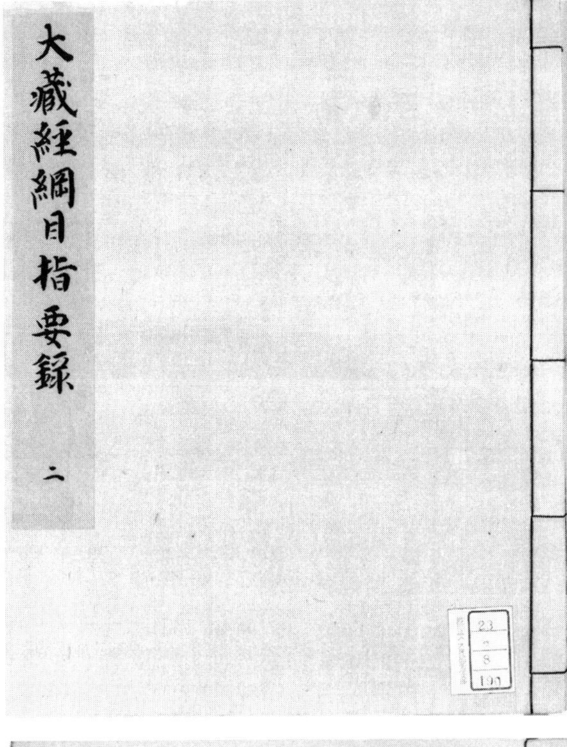

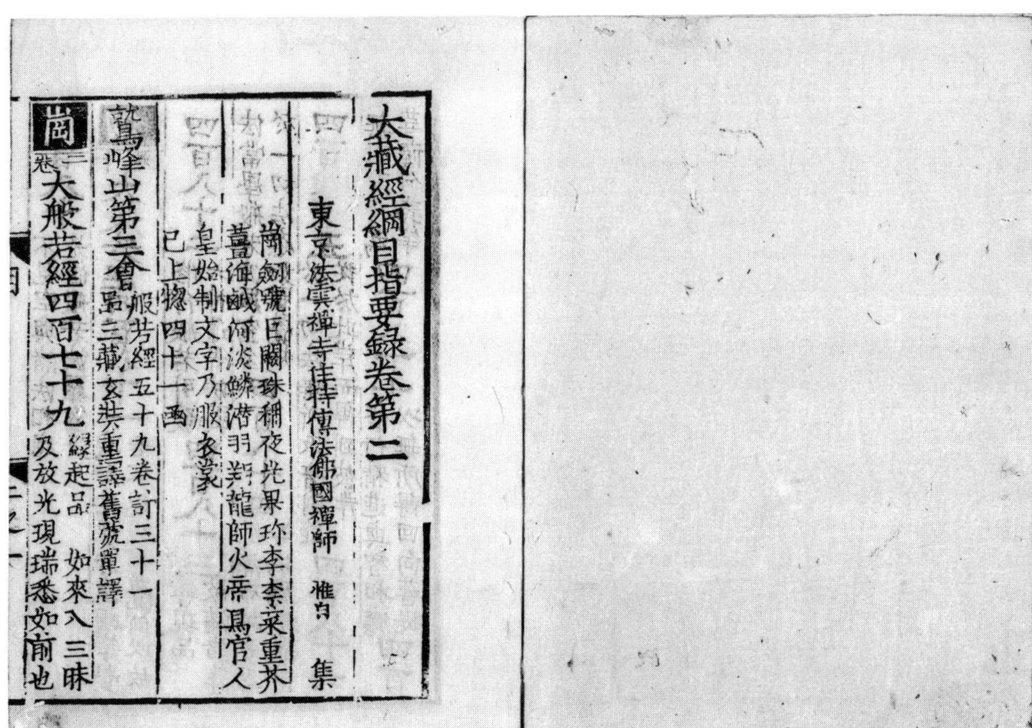

大藏經綱目指要録卷第二

東京法雲禪寺住持傳法佛國禪師　惟白　集

崗劍號巨闕珠稱夜光果珎李柰菜重芥

薑海鹹河淡鱗潛羽翔龍師火帝鳥官人

皇始制文字乃服衣裳

已上摠四十一函

鷲峰山第三會　般若經五十九卷計三十一品三藏玄奘重譯舊无單譯

尚　二卷　大般若經四百七十九　縁起品　如來入三昧及放光現瑞悉如前也

四百八十不見空與諸法相應
是修般若波羅蜜多

劍 十卷 大般若經四百八十一我於法界若速現等覺
若不速現等覺何以故

四百八十二修行般若引發
六神通等法義四百八十三善現品欲滿諸善
法當學般若波羅蜜多
於一切法應如實覺知四百八十四欲滿布施安忍
等法應學般若

四百八十五於一切法無所取著則能
從於此岸而得到彼岸四百八十六
無句義名為
菩薩句義等四百八十七修行精進與智相應
以無所得回向菩提四百

八十八不被功德鎧是名
菩薩被大乘鎧等四百八十九普超三界有
情諸法名為
普超一切三摩
地史判有情也四百九十大乘相者義無㝵解法無
㝵解詞無㝵解辯無㝵解
於四法中
悉無所得

號 十卷 大般若經四百九十一常應遠離我執
乃至見者等執四百九
十二當知如是大
乘都無所住四百九十三言大乘者普超一
切世間天人等法四
百九十四我我所生者乃至見
者命者等無所有四百九十五虛空前
後中際

皆不可得大
乘亦復如是四百九十六前後中際不可得色蘊無
邊當知菩薩亦無其邊
四百九十七何緣故說菩薩但有
假名唯容所攝等義四百九十八如實
觀察
一切法相悉不
可得乃名實相四百九十九天帝品諸天共集帝
釋請問行般若時作如
是
觀五百尊者善現承佛神力
為諸菩薩雨大法雨

巨 十卷 大般若經五百一見窣堵波品甚深般若至
心聽受如理思惟廣令流布
所復現法
當來勝利五百二不離一切智智心
以無所得為方便五百三獲揚功
德品

以何驗知三千世界天龍
歡喜護念悉讃其妙法五百四設利羅品此云
舍利佛設利羅由
此出生不必受持般若福聚品等教有情
住預流果所得功德不如受持般若妙法五百五
隨喜回向品所修善根
回向無上菩提隨喜俱行五百六地獄品般若於
色不作大不作小
五百七歎淨品安住大乘無方便善巧起般若想
等讃德品受持此經身體無病常有龍天
守
護五百八陁羅尼品此云總持天帝作
念得聞般若已曾親近諸佛五百九佛
滅
度後於東北方有幾許安住大乘等魔事品
修諸行時留難魔事諍聽因緣俱不知合等五百一

十現世間品　毋若有難子當求治守護般若亦復如是當須求學
闕 十卷 大般若經五百十一 不思議等品　般若出現世間爲不思議　譬喩品
般若出現世間成就布施等諸法也 五百十二 善友品　新學大乘應云何學一切法相皆是
菩提善友等 五百十三 眞如品　若五蘊眞如若一切智眞如 五百十四 自成
熟一切有情亦勸他成就一切有情 五百十五 不退相品　一切不退轉是名轉轉爲大乘不
退相也 五百十六 空相品　若離般若雖經多劫行布施等法不成佛果 五百十

七 具修六度見有情惡業高下不平殑伽天品如前散花授記成佛 五百十八 巧便品
諸有情類無善巧方便於長夜中行有所得 五百十九 甚深般若用何爲相 五百二
十 阿難作念天帝爲自辯才讚說般若佛神力故而自如是　學時品平等性於中學是爲平等學由
平等學成佛菩提
珠 十一卷 大般若經五百二十一 見不動品　天帝作念修行布施淨戒等法尚
超一切有情何況未佛菩提 五百二十二 其心堅固逾於金剛一切諸魔不能留難 五

百二十三 方便善巧品　如是般若最爲甚深如虛空故說爲無盡等 五百二十
四 成就如是方便善巧發趣無上正等覺心 五百二十五 略攝般若於中修學能多所作
得如是名等 五百二十六 依何義故名爲般若到一切法究竟彼岸 五百二十
七 慧到彼岸品　具勝覺慧習行深法於自性中而不能動 五百二十八 妙相品住有想
者若無順忍住無相者豈有順忍等法也 五百二十九 知一切法無相無得云何圓滿
布施等法 五百三十 行般若時安住夢幻五取蘊中圓滿諸法

稱 十卷 大般若經五百三十一 菩薩亦能得一切智與如來有何差別其相云何
五百三十二 世俗施設因果分位差別不依勝義故 五百三十三 施等
品　有情施設皆不可得菩薩爲誰故行布施等善法 五百三十四 若一切法皆本性空
本性空中都無差別 五百三十五 修行布施等法乃至究竟無上佛菩提皆無二相等 五
百三十六 佛國品　菩薩種種願行修布施等法爲作如是嚴淨佛土謂彼土中無三惡道乃
眞佛國 五百三十七 宣化品　觀一切法無不皆空是爲覺知諸法實相如是宣說化利有情

右鷲峯第三會所説般若與前二會品目多同則略標録照前後義也

鷲峯山第四會般若經十八卷共二十九品即舊小品道行明度三經三藏玄奘重譯

五百三十八妙行品　善現舍利子承佛神力爲人天衆宣説開示甚深般若

五百三十九菩薩皆實無生法亦無生一切智智亦實無生　天帝品諸天集會帝釋請問般若

五百四十窣堵波品此云方墳如是般若甚奇希有佛言云何甚奇云云

衣十卷大般若經五百四十一應正等覺於深般若功德勝利量無邊際　稱揚功德品滿贍部洲佛設利羅所獲福聚不如受持般若等

五百四十二福門品教贍部有情令任預流等果不如書寫此般若福

五百四十三隨喜回向品慈氏謂善現所起隨喜回向不可思議等義

五百四十四殑伽沙界有情皆發等覺心於此般若所起回向福聚不及少分　地獄品信受般若成佛菩提不信此法墮地獄等惡趣

五百四十五清淨品　諸愚癡人不勤精進不事善友於此般若難信難解若信解者其心清淨　讚歎品有此般若經處諸天歡喜讚歎受持

五百四十六總持品　應正等覺善分別説此妙法哀愍世間利多衆生故也

五百四十七魔事品　樂説辯才不生兩不和合皆爲魔事　現世間品育此般若一切善法出現世間故　不思議等品甚深般若出現世間爲無等等不可思議也

五百四十八譬喩品　甚深般若現世成辦一切諸佛法故難譬喩　天讚品諸天讚歎甚深般若希有奇特出現

五百四十九眞如品　般若眞如最爲甚深極難信解正等菩提亦難證得

不退相品　菩薩轉不退轉爲不退轉等義

五百五十空相品　説諸行法皆是分別從妄想生

都非實有　深功德品心心數法前後進退推徵無和合義如何得積集善根成佛果也　殑伽天品以花散佛即記佛果也

光十卷大般若經五百五十一覺魔事品　如何修習一切菩提分法引發何心令習空無相無願無作無生無滅無起

五百五十二善友品　即般若能行般若即空即離若能如是行般若是眞善友　天主品帝釋白佛般若最爲甚深難信難解　無雜無異品思惟習學修行如是三昧於此般若爲趣無上等覺乃成佛果也

五百五十三現速品譬喩大地

出生金銀等寶若學般若速成無上等覺
幻諭品若有來問幻人能修布施等法云云　五百五十
四　堅固品　住深般若現在如來前後圍遶宣說般
若自然歡喜　散花品諸天聞說般若歡喜各持
妙寶天花奉
散佛上及衆　五百五十五　隨順品　應觀諸法不和
合隨順般若諸法無分別
亦隨順般若無雜壞無變
異無表示等後亦復如是
右鷲峯山第四會所說般若品目亦與前三會多
同則略順機緣亦簡標義相以照前後耳

鷲峯山第五會　般若經十卷共二十四品
唐三藏玄奘法師奉新譯　五百五十
六　善現品　汝以辯才宣示般若
天帝品　四萬天子俱來集會　五百五十七　窣堵
波品
諸天同時高聲唱言甚深般若法性深
妙　神呪品諸天白帝釋般若是大神呪　五百五十八
設利羅品　佛設利羅因般若生　經典品敎得道
果福利不如受持此經典　回向品所有善根回向
菩提不如
修習般若　五百五十九　地獄品　如是隨喜無倒回
向若生差別隨惡趣故　清
淨品如是清淨
最爲甚深等　五百六十　不思議品　於諸菩薩善
能付囑　魔事品師資說

聽俱不和合　眞如品諸法
眞如不離般若波羅蜜多
果　十卷　大般若經五百六十一　甚深相品　諸法甚深
以何爲相　舟等喩品
乘此般若
到于彼岸　五百六十二　如來品　如是般若極難信
解　不退品退與不退是善
薩
輪　五百六十三　貪行品　能如是行都無行處　姉
姝品天女散花慶喜問如是姉妹種
幾善根佛言燃燈佛時同我獻花我記成佛授
賢天女也　夢行品夢行般若與日中乃無別　五百
六十四　勝意樂品　以勝意樂欲證等覺常應讃歎
眞淨善友　修學品修學般若晝夜精勤

五百六十五　根栽品　行甚深義猶如根栽　付囑
品付囑阿難廣宣流布　不動品受持
般若四衆圍遶如大
海水不能傾動故
右鷲峯山第五會所說般若十卷共二十四品亦
與前四會品目多同故略標耳
鷲峯山第六會　般若經八卷共十七品勝天王般
若舊本唐三藏玄奘法師重譯　五
百六十六　緣起品　如來放光照十方界　通達品最
勝天王問世尊言云何修學一法通達一

切佛法佛云所言一法謂之般若能修　五百六十七
學者則能通達布施等一切諸善法故
顯相品　天王復問般若以
何爲相猶如天地出生物相　五百六十八　法界品　天王復問
行深般若爲度有情示現諸相佛云俱不可得　念
住品天王復問路非路者心緣何住佛云身受心法
而可安　五百六十九　法性品　天王復問諸佛何緣
住等　得此微妙功德佛云所行甚深
般若波羅蜜多不　平等品　天王復問法
可思議法性也　五百七十　性平等何謂平等等何
法故名爲平等佛言諸法自性不生不滅等故名平
等　現相品舍利子問天王曰方便善巧通達法性

何緣六年苦行降伏天魔天王
菩言佛爲伏諸外道故示現耳
珍　卷十　大般若經五百七十一　無所得品　善思菩薩
問曰佛授天王菩提記
耶答曰我雖蒙記猶如夢等無所得也　證勸品無
數劫前有佛出現名曰寶王如來是時輪王與千子
諸佛所聽是般若記其千　顯德品　曼
子於賢劫中次第作佛也　五百七十二　殊問佛菩薩
經幾劫事幾佛得如天王對如來所說般若佛云經
百千大劫事百千諸佛乃能如是也　現化品善思
問言佛所化身更能化不天王曰
對佛證明佛所化身作無量化佛　五百七十三　勸誡品

佛告曼殊碎大千界悉爲微塵一一爲窣堵波淨心
盡身供養不如受持此之般若　二行品佛告文殊
有二種行成就般若從初發心至前際中後際悉無
間乃至三十二相八十種好　讃歎品曼殊即昇虚
空說偈讃佛云一切有情類唯佛最爲尊尚
無有等者况復當有勝乃至諸天說偈耳
右鷲峯山第六會所說天王般若品目與前五會
或同或異其義意大旨無別
逝多林中第七會　曼殊室利分般若二卷
唐三藏玄奘法師譯　五百七十

四　此云妙吉祥也佛所住處吉祥先至爲利有情故
佛諸弟子在門外立我先來此尊爲一切有情非
謂證佛菩提非爲樂觀如來身相何以故如來即
眞如相本無動無作等依然佛與曼殊一一問答　五
百七十五　舍利子白佛曼殊所說法相不可思議佛
言如汝所說曼殊白我所說法但有音聲
俱無所有
何見法相
逝多林第八會　那伽室利分一卷三藏玄奘法師譯
玄則序云妙祥資舍衛之奧龍祥印
分衛　妙吉祥著衣持鉢入城時龍吉祥
之節　五百七十六　見問尊者何所往答云巡行乞食

利樂衆生問云今於食想由未破耶答言吾於食想
都不見有知何所破何以故一切法本性空寂猶如
虚空我何能破二大士往復徵詰時無能勝菩薩來
至讃言善哉大士能共辯説妙吉祥復與龍吉祥談
深妙法龍吉祥入海喩定
善思觸動其身令速出定

逝多林第九會五百七十七 能斷金剛般若分前後 六朝譯唐三藏玄奘王
華宮重
譯此經

他化自在天宮第十會 般若理趣一卷三藏玄奘 法師譯玄則序云聚諸會
之旨歸綰積 **五百七十八** 自在天宮如來爲諸菩薩
篇之宗緒 説甚深微妙般若理趣清
淨法門即是句義自清淨妙樂句義是菩薩句義乃
至般若一百餘句義如來復依遍照如來之相空説
般若一切惡法復依清淨三界勝主如來智印無戲
論法如來輪攝眞淨器由能善調伏性平等法住持
法藏無邊法際復依遍照已上一一如來之相一一
一説般若甚深理趣皆如來大慈開示秘密也

逝多林第十一會 布施般若經五卷三藏玄奘法師 譯玄則序云萬行相資都之六度
蓋以慶門 **五百七十九** 如來爲舍利子滿慈子廣談
爲首也 布施行引發一切善法諸善
根力成般 **五百八十** 佛言 證無上佛果應行無染
若利智 布施然諸法若無布施不能圓
滿若無般若
不能勝妙也

李 十卷 **大般若經五百八十一** 若一切法皆非實有 行布施時爲誰所捨
佛云都無 **五百八十二** 云何初發心第二發心住不
所捨等也 退地坐菩提座佛言初心超
羅漢二心超獨覺平等法界超不 **五百八十三** 頗有 初心
退位坐菩提時成一切智智也
勝後心不佛言羅漢諸無漏心離一切煩惱不能化度
有情若初發大菩提心便能超過苦海爲一切有情建
梁故
勝也

逝多林第十二會 淨戒般若五卷三藏玄奘法師譯 玄則序云欲儲淨法先滌身器持
戒波羅 **五百八十四** 舍利子承佛神力先以淨戒教
蜜多也 諸菩薩滿慈子問云何應知菩
薩持戒犯戒所應行處非所行處舍利子云安住聲
聞獨覺作意是非所行處安住此處名爲犯戒行於
非處決定不能攝受淨
戒一 廣問廣答行相 **五百八十五** 如實了知等無
上縁及從諸縁名爲縁起善巧然 問縁所縁縁增
問一切諸縁一一如實了知其義 **五百八十六** 如實 了知

等無間縁所縁縁增上縁及從諸縁名爲縁起善巧然問一切諸縁一一如實了知其義五百八十七有方便善巧疾證菩提無方便善巧遲證菩提五百八十八佛言舍利子汝能如是安住妙智謂如實知取著淨戒有所毀犯不取著淨戒無所毀犯荅言我信如來所說妙法如是之智

逝多林第十三會安忍般若一卷三藏玄奘法師譯玄則序云等覺之靈根廣慈之奥主謂之忍也

五百八十九滿慈子白佛言若種種訶罵毀謗悉能忍受乃起慈悲心報彼恩德是名安忍之心成一切智智舍利子問滿慈子菩薩聲聞所修安忍有何差別荅云聲聞少分行相非極圓滿菩薩具分行相所縁一極圓滿所住安忍若受他人毀罵其心不動如妙高山疾證菩提若見鬪諍忿嗔來爲分別一切諸法皆空乃畢竟無有諍競彼聞是說鬪諍心息亦令修學内空等法一一法例之

逝多林第十四會精進般若一卷三藏玄奘法師譯玄則序云至運無動動之愈勤妙警伊寂寂之愈照也

五百九十滿慈子白佛欲證菩提如何安住精進佛言初發心時我諸所有若身若心先爲他作饒益事當令一切所願滿足譬如僮僕行住坐卧皆當住主不應自在然佛爲稱揚令修行人於諸法中精勤修習如有人來謂言汝爲我指須彌山一日之中便爲微塵當須歡喜精勤奉敎不生一念懈怠之想爲他作如是事也

鷲峯山第十五會靜慮般若二卷三藏玄奘法師譯玄則序云動之則舛競聿興靜之則衆變幾息

柰十卷大般若經五百九十一舍利弗白佛欲證菩提如何安住靜慮佛言入初靜慮常作是念我無際生死已來數數曾入如是靜慮所作應作身心寂靜次第入諸禪定作所應作爲一切功德所依一一念其無際生死也

五百九十二舍利子白佛云何靜慮攝受般若等法佛言菩薩於諸法中發起無著無常想等善根回向一切智智於一切定境不生味著諸有所作常在定心如行布施淨戒安忍等法常在定心廣談四靜慮四無色等定境聞荅斯旨使後世修習者不錯亂定心速成妙行妙定

白鷺池側第十六會般若波羅蜜多經八卷唐三藏玄奘法師譯西明寺譯經證義僧玄則序

五百九十三善勇菩薩問佛何謂般若云何修行般若佛言汝觀何義請問是法荅云我哀有情故爲作利益佛言爲何等有情荅云不爲下劣有情請問我爲樂一切智智無著智自然

智無等等智無上智等有情請問無上等覺甚深般
若佛云般若不可施設不可宣說不可示現如是知
者名如實知非知非不知非此處非餘處故名般若
也然智所行非智所行非非智境亦非智以智遠離
一切境故若智是境即應非智不從非智而得有智
亦不從智而得有智乃至廣說智智相出世通達般若
五百九十四 若能於法如實覺知名爲眞實菩薩何以故一切法性無實無生無所執著無所得故
五百九十五 復次善勇猛色蘊非色蘊所行故無知無見是爲般若受想行識眼耳鼻舌身意等法亦復如是例
五百九十六 五蘊不可施設有去有來有住有不住乃至諸法依例

五百九十七 舍利子白佛云何菩薩依如是法行諸境相佛言菩薩衆尚不可得
法何况非法尚不可得道何况非道故一切境相皆空也
五百九十八 菩薩能如是行則不縁色清淨而行亦不縁受想行識清淨而行諸法亦如是
五百九十九 如是學時不於色學若常若無常若苦若樂若空若不空若我若無我諸法亦然也
六百 於色不說開顯不開顯寂靜不寂靜遠離不遠離無著無縛無解脫不執著乃至佛
菩提依如是例然如來最後殷勤勸誘令學般若早
證菩提勅諸菩薩廣宣
流布令佛眼不斷也

右四處十六會所說般若六百卷今逐會標辨品
目逐函分列卷次逐卷錄略義例然卷帙雖多研
其義例始自色心終乎種智止于八十餘科耳所
錄者固不能全其義意使開一卷看一例悉于前
後卷帙貫通八十科之趣復則八部般若昭然可
見矣若或累朝法王譯梵爲華繼有傳授不無其

人唯唐三藏玄奘法師自竺國而還詔居玉華宮
或創出梵文或重譯舊本四更星序八部方周般
若智日圓明至理義天普覆爰是或講或誦或注
或持代勝一代日盛一日殊應有徵利益無量也
今撮略綱目欲廣見聞以龍樹尊者所造大智度
論摘其義意注于科例俾看般若者披閱其大旨

即成智智也

般若八十餘科名相　井注

五蘊色蘊積聚虛假受蘊領納資貪想蘊取像奔馳行蘊微細遷流識蘊
熾然了別。六根眼根喜怒視相耳根聽審相續鼻根愛增香臭舌根嘗味甘苦
身根貪嫌澁滑意根恒審思量。六塵色塵形顯質礙聲塵反聞成迷香塵
薰斷識知味塵鹹淡遷怒觸塵冷暖勞苦法塵萬像紛紜。六識眼識玄黃不眞

耳識苦樂音異鼻識觀氣旋光舌識辯說邪正身識隨機現儀意識緣慮循空
。六觸眼觸離則明見耳觸遠近全聞鼻觸聞香即知舌觸味合即覺身觸
不合不覺意觸冥契諸相。六緣所生眼緣所生受光非照境耳緣所
生受順音分辨鼻緣所生受薰修頓圓舌緣所生受辛酸何依身緣
所生受放逸無逸意緣所生受想念不忘。四緣因緣諸法和合次第
緣心心數法所緣緣法無所依增上緣法無可得。六大地大堅凝質礙水

大潤下滋愛火大炎上生嗔風大鼓篇慄動空大不見邊表識萬法本源。十二
因緣無明昏昧眞智行流注不息識妄生愛染名色觀形定實六入根塵觀對
觸漸生染著受納而不執愛習力成染取執之不捨有業因成就生愛慾流轉老衰覺
變異病衆苦纏聚死捨墮識飛憂煩悶沉戚悲鬱快哀鳴苦惡緣頓現惱惡害相遇。六
度布施捨已惠他淨戒三業無染安忍毀譽風清精進勇猛無怯靜慮妙絶
諸緣般若智慧圓徹。二十空內空六根無體外空六塵無相內外空六識

無有空空病去藥除大空小乘法無小空四果相無勝義空功用假現有爲
空生滅相無無爲空無相亦無畢竟空諸法相盡無際空不見終始散空
和合相離無變異空如如智寂本性空法本常無自相空不待彼無共相
空自他相盡一切法空皆不可得不可得空可亦不可無性空假緣即無
自性空體本元虛無性自性空俱無亦無。四諦苦聖諦世間果相集
聖諦世間因相滅聖諦出世果相道聖諦出世因相眞如不變隨緣法界

伺

（理事圓融）法性（常自寂滅）不虚妄性（本來眞實）不變異性（今古常然）平等
性（聖凡一致）離生性（寂爾無形）法定（諸境常如）法住（各安自位）實際（不立一塵）
虚空界（無有邊量）不思議界（心言路絶）。四靜慮初禪（有尋有伺）二禪
（無尋唯伺）三禪（無尋無伺）四禪（捨念清淨）。四無量慈無量（慈定廣大）二
悲無量（悲定令空）三喜無量（喜定周遍）四捨無量（捨定廓徹）。四無色
一空無邊處（空定現空）二識無邊處（識定現識）三無所有處（無定）

（是定）四非非想處（無想想定）。八解脱一觀内有色外亦觀色
解脱（見内見外）二觀内無色外亦觀色解脱（見外見内）三内外
諸色解脱（有無倶淨）四空無邊處解脱（緣色同空）五識無邊處
解脱（三世識空）六無所有處解脱（無色緣無）七非非想處解脱
（絶相成妙）八滅受想定解脱（心妻法盡）。八勝處一勝處（淨相超勝）二
勝處（色境超勝）三勝處（内外超勝）四勝處（眞空超勝）五勝處（妙識超勝）六

勝處（空無超勝）七勝處（非想超勝）八勝處（想定超勝）。九次第定一次
第定（初禪喜樂）二次第定（二禪妙生）三次第定（三禪妙樂）四次第定
（四禪淨盡）五次第定（空能普入）六次第定（識能明了）七次第定（無有即有）
八次第定（無想即想）九次第定（心滅無滅）。十遍處一遍處（地大周帀）
二遍處（水大周帀）三遍處（火大周帀）四遍處（風大周帀）五遍處（空大周帀）
六遍處（青色滿空）七遍處（黄色滿空）八遍處（赤色滿空）九遍處（白色滿空）

十遍處（黒色滿空）。四念處觀身不淨（染緣有故）觀受是苦（執取增縛）
觀心無常（念念遷滅）觀法無我（無有定相）。四正勤精進根（靈苗滋茂）
精進覺（心心警策）精進力（毫釐不屈）正精進（不墮邪習）。四神足定根
（深固幽遠）定覺（寂而常照）定力（魔不能動）正定（入佛三昧）。五根信根（能入法海）
念根（任持不忘）精進根（念玆在玆）定根（湛寂虚通）慧根（明辨實諦）。五力信
力（一念萬年）念力（全清絶點）精進力（塵刧無怠）慧力（摧邪顯正）定力（須彌高固）

○七覺支念覺靈心不昧捨法覺微細明了精進覺已覺未覺喜覺法樂
禪悅猗覺所覺無覺定覺明明了了捨覺離覺所覺○八聖道支正語心口
相應正業無非佛事正命結使已除正思惟斷妄想故正方便不墮無為正
念心無異緣正定超諸神足正見信業報故○三解脫門空解脫門空不
見空無相解脫門相不見相無願解脫門願即無願○菩薩十地歡
喜地諸聖位故離垢地身心清淨發光地智已生明焰慧地妙解廓照現

前地通達真俗難勝地超越功行遠行地隨方應化不動地忍智自如善
慧地通力自在法雲地大智圓明○五眼肉眼見內暗外天眼內外俱明慧
眼照了諸相法眼觀機設教佛眼普觀法界○六通天眼通徹視大千天耳
通洞聽十方他心通悉知種類宿命通達三世事神境通形無質礙如意
通任運自在○十力一是處非處如實力善行惡行二知三世報
業力報果分明三知諸禪解脫三昧力明了正定四知衆生諸

根上下力了知界性五知衆生種種欲力知相所樂六知世間
種種姓力定不定性七知一切道至力諸禪定境八得夙命智
力古即是今九得天眼能觀一切力不見一法十得漏盡智力
薪火滅○四無畏法無所畏作師子吼漏盡無所畏何所屈撓說障
道無所畏能破邪惑說道無所畏決定如是○四無礙解詞無礙
口海波濤辯無礙應作是說法無礙義無不了義無礙法無不適○四攝法

大慈廣攝物故大悲廣拔苦故大喜廣與樂故大捨廣施惠故○十八不共
法一身無失行無不規二口無失言無不法三意無失念無不正四
無異想正信調直五無不定心動而常靜六無不知已捨善惡諸法
七欲無減不厭小善八精進無減動靜平常九念無減澄湛等心十
慧無減平實明了十一解脫無減縛脫無二十二知見無減遍知
普見十三身業隨智慧行十四口業隨智慧行十五意業隨智慧行十

洹

六過去無不了所修所行十七未來無不知所記所報十八現
在無不見現受現果無忘失法證無漏性恒住捨性虛凝湛寂一切
智無所不了道相智無了所了一切相智了了無了一切陁羅尼門
總持妙性一切三摩地門正心正受四果預流果須陁洹也一來果
斯陁含也不來果阿那含也無生果阿羅漢也獨覺菩提自悟本智一切
菩薩摩訶薩行自覺覺他諸佛無上正等菩提因圓果滿我者

起我我所生者如父有子壽者命根成就命者能舉事故有情者蘊和合生養
育者因緣故長衆數者諸法有數作者手足能所使作者力能役他起者
作後世業使起者亦令他作受者苦樂果現使受者猒苦猒樂見者目覩色像
知者五識知名
放光般若經二十卷共九十品與前大般若同本西晋于闐國三藏無羅义譯也
菜十卷放光般若經一放光品如來入等持三昧放光照十方世界故立品題

無見品行般若時不見有菩薩不見字不見生不見
滅等法　假名品菩薩者但有字佛亦字耳般若亦
字耳五蘊者亦　五眼品　肉眼天眼慧眼法眼佛
字耳吾我亦字　二　眼廣說行相　五通品天眼通徹
視天耳通徹聽他心通遍知夙命通明了神境通自
在　授決品三萬比丘六萬天子生阿閦如來國中
授記成佛　妙度品大度上度妙度無上尊度辯才
之度無等度空度無相度等也　舌相光品如來舌
上放光普覆三千大千蒙光者獲利　行品一切法
從久遠劫來但行其字行般若等法亦不見行　學
品欲成一切善法當學般若欲成一切惡法當學般
若　本無品一切法終始不得其名字故云本無

三空行品　般若五蘊等法行相空無　問幻品人
問幻人行布施等法我云何荅也　了本品無句
義是句義了般若空　摩訶品於諸妄見悉斷故名
摩訶　僧那品普爲衆生作諸苦行行布施等行成
僧那僧涅也　摩訶衍品乘於大乘能爲有情轉妙
法輪成一切智　僧那僧涅品何等菩薩名僧那僧
涅能行布施等　問摩訶衍品　此云大行布施等
諸法空名也　四法回向菩提與衆生共成百千三
昧　陁鄰尼品行品意止觀身觀他身觀內外身已
亦無身亦無所倚然四十二字密語云耳　治地品
從一地至一地但治住地事亦不見地一一地中一
一成就事相　問出衍品所出衍中當住何所當出

三界住無　歎衍品　摩訶衍者出諸天上衍與空
所倚也五等不見來去衍與空等品如是如是實
與空等猶如虛空亦不知東西南北四維上下等也
合聚品　衍與一切善法佛法共合集於般若中不可
得　三際品無有端緒無有邊際亦無有底諸法皆
然　問觀品行般若時何等觀諸法觀色等法皆空
六無住品　佛無所住一切法亦無所住　如幻品
說者聽者皆如夢幻　雨法雨品爲雨法雨我作
花散佛上　歎品諸天歎言所說快哉佛現神力能
演是教　降衆生品受持般若教授衆生成就一切
諸善七守行品　於深般若習行守者諸難不侵
法故　供養品習行守者更能供養疾證菩提　持

品受持般若諸餘惡法悉當消滅　遣異道十品外
道來至求佛過失天念般若便即順去　無二品何
以獨稱般若不歎八功德品　贍部有情皆修十善
諸法以無二故耳　不如般若　勸助品勸助福佑
共證菩提不如九照明品　般若作照明至清淨無
般若功力大也　點汙故等　泥犁品拒逆般若求
墮泥犁斷善法罪故　明淨品淨爲甚深五陰等淨
故常淨故　無作品般若爲何所作荅云無有作者
十等品　般若與諸法等以無際故　眞知識品般
若過耳已遇佛與眞知識相何況受持　覺魔品
辯不即生兩不
和合等相也

重　十卷放光般若經十一　不和合品　樂聽無說樂
說無聽　大明品般若爲
世間大明佛眼常在　無相品般若以何爲相空即
是相無相無願是相　大事與品甚深般若爲大事
與無無與等者　譬喩品大海中　十二隨眞知識品
舡能濟度人般若亦復如是　若學般若隨眞
知識　解深品解深般若當至何趣當至薩婆若
歎深品　諸天歎言般若甚深難曉難了難知　阿惟
越致品以何相貌知是此也於諸果十三堅固品
位盡是一如一無有二等故得名　魔說空等
法如何可辨若聞是言便當覺知　甚深品深與之
處說甚深空無相無願　夢中行品夢中行空無相

等與日中亦無異無別　恒加調品以花散佛十四
結成寶臺授記爲金花如來時說是般若也
問相行願品　以云何行云何入行般若時觀五蘊
等空　阿惟越致相品夢中不近諸賢聖不視諸法
如夢幻等是名相也　釋提桓因品聞是般十五親
若書持學者已具足功德佛言如是如是　近
品　已發意者使其願滿未發意者當親近之　牢
固品　行般若者爲行不堅固何以故無牢固故亦無
不牢固　囑累品廣作佛事不如流通般若其福無
等　無盡品般若不可盡而陰等法亦不可盡　相
攝品布施等六行相攝引成菩薩行十六漚惒品
問等學品　等所應學者當學等　行漚惒拘

舍羅此云善巧方便不可計刧具足諸行成無上道
種樹品　空中種樹不爲難爲衆生發菩提心最爲難
菩薩行品　爲在何處行於五陰行內空外空行一切
法處行　當得眞善知識品欲成就逮薩云若及諸
善法須得
眞善知識 十七 敎化衆生品　從初發意行諸善法
皆爲敎化一切有情　無堅要品佛
形無有堅要故無堅要者爲無所有　無倚相品有
倚相者不得逮覺無倚相者速成菩提則無所倚
無有相品五蘊無相一切法皆無有
相無所有相者則一相也故無相也 十八 住二品
行於般若
住於二空廣行諸行而無所著　超越法相品譬如
幻化無五陰行一切無漏無导無道無是也　信本

際品信眞際故念般若眞際故及衆生 十九 無形品
際等無有異建立眞際亦不分別等也 五陰等
一切法無形無有可習　建立品修種種行得成菩
提甫當建立三乘妙法不墮惡趣　畢竟品爲畢竟
爲不畢竟佛言不畢竟於二乘畢竟亦不畢竟　分
別品菩薩法佛法以一相應慧一切慧而得正覺以
是分別　有無品諸法所有無所有 二十 諸法等品
非佛所作亦非菩薩羅漢等所作耳 以諸法等
故我言斷有佛無佛如及爾法性　諸法妙化品是
諸法化誰所化耶佛所化耶菩薩聲聞所化耶　薩
陁波崘品此云常啼不惜身命爲求般若現在雷音
佛所　法上品法上云如來者如如無所起不去不

來不動不生　囑累品佛
勑阿難流布般若妙法
摩訶般若經二十七卷計九十品與放光般若及
前第二會同本姚秦羅什法師譯
木 九卷 摩訶般若經一 序品　如來放光照十方界
奉鉢品　天王奉鉢佛即受之
習應品　一切諸法 二 往生品　何處沒來生此間
但乃有名有字也 五眼品肉眼天眼等也　歎度
品行六度等度有情衆　舌相品舌放光照 三 勸學品
一切世界　三假品諸法名字悉假施設
成就諸法當學般若乃得圓滿　集散品不得色集
散不得受想等法集散　行相品若行色等行相無

方便善巧但 四 幻學品　幻人能學般若等法其義
不作行相 如何　句義品無句義是爲菩薩向
義　金剛品發大心如金剛不可壞爲有情上首
樂說品說其所以便說知者見者　辯才品我亦樂
說乘於大乘爲利有情　乘乘品乘大 五 大莊嚴品
乘時乘般若乘布施乘於諸法乘等也　大莊嚴者
行於般若布施等法皆大莊嚴　問乘品趣大乘是
乘發何處至何處在何處誰乘之此大乘　廣乘品
摩訶衍內身中循身觀 六 發趣品　大乘發趣一地
亦無身覺以不可得等　至一切地　出到品是乘
從三界中至薩婆若中住　勝出品超勝一切天人
等法如虛空等含容包徧　等空品摩訶衍與虛空

等無有邊　七會宗品　摩訶衍皆隨般若布施等行
量涯際也　十無品　一切諸法畢竟無故如色無色
性無前際無後際無中際法無佛無等義　無生品
何等是菩薩何等是般若作如是觀畢竟無生　問
住品諸天人問般若畢　二十五　幻聽品　諸天子言如幻
竟當於何住無所住也　八　化聽說般若無說無聽
三歡品諸天云快哉快哉快說是法　滅諍
品學般若故滅諸諍法成就一切善法故耳　九品　大明
受持般若能除一切刀箭是大明呪　述成品　一切
智智一切善法般若中生　勸持品天帝勸諸天受
持般若增益天衆損減修羅　遣異品外道至會求
佛過失諸天誦念般若外道自皈依而去也　尊導

品不稱諸法唯讚般若
爲尊爲導爲妙爲上也
薑　卷九　摩訶般若經十　法稱品　供養舍利福聚不
如般若　法施品　教贍部洲
住十善道　十一　隨喜品　隨喜般若福與一切衆生
不如般若　共回向菩提利樂有情　照明品般
若爲一切世間光明照了諸法　信
毀品信受般若何處沒來生此間等　十二　歎淨品
是淨甚深
佛言畢竟淨故不可得故　無作　十三　聞持品　名
品般若無邊無等無作空故離故　字過耳者曾
經佛所作大功德何況受持　魔事品求　兩過
於佛道生於留難說聽師資各不和合　十四品

說者勤樂聽者懈怠二心不和多爲魔事　佛母品
如母生子般若生育我等　問相品般若何相空相
是　十五　成辦品　般若能成辦世間出世間法故譬
相　喩猶如海中有船能得渡故　知識品新學
菩薩如何學般若當於空處學　趣智品　十六品　大好
解深般若當趣一切種智一切智智也
色如智如相如一如無二無別　不退品　十七品　堅固
修行般若於諸法無行無相無願名不退
魔爲說法其心不動故云堅固　深奧品般若深奧
處者空是其義　夢行品夢行空等與晝無異無別
十八　河天品　天女散花授記作佛　不證品學般
若時觀色空觀受想行識空　夢誓品夢中亦

不習聲聞
緣覺等法
海　卷九　摩訶般若經十九　魔愁品　若持般若魔復
大愁猶如毒箭入心　等
學品菩薩等法內空等是等法也　淨願品學般若
等法已出有情上何況得正等覺　度空品無甚眞實
不可得何況　二十　累教品　如汝所說實皆隨順等
眞實法耶　無盡品　虛空不可盡般若不可盡
色亦不可盡　攝五品般若能攝布　二十一　方便品
施淨戒安忍等五行故得成就也　能成就
者發意已來經無量劫聞般若經　三慧品云
何生云何修又云何行般若等不堅實故應行　二十

二　道樹品　空中種樹甚為難為衆生求正覺又復甚難　道行品　行何等行為菩提行行色空行受等空　三善品　供養於佛種諸善根須得真知識　遍學品　智慧成就行是甚深法色性中不動故受等性空不動故　二十三　三次品　修漸次學作漸次業行漸次行得忍得道得證　一念品　種種惱亂學般若人不生一念嗔心　六喻品　六度中六種行相廣利有情喻所不及何以故皆與空等　二十四　四攝品　布施攝取之愛語利行同事攝化　善達品　達諸法相如化人不行色等有為無為等不生分別也　二十五　實際品　般若際衆生際菩薩際畢竟無異故　具足品　以方便故行布施等諸法是為具足菩薩道　二十六　淨土品　行布施等是大莊嚴以淨佛土　畢定品　畢定非不畢定亦畢定亦不畢定聲聞辟支畢定佛畢定　差別品　菩薩佛亦無差別何以故空相中無差別之異　七譬品　非佛非辟支佛非羅漢非阿含等非向道人非得果人非菩薩等所作皆如夢幻　平等品　無所有中無垢無淨有所有中亦無垢無淨　如化品　若化人作化人是化有實否諸法平等故如化耶　二十七　常啼品　求般若當如薩陀波崙也　法尚品　為說般若佛無所來無所去無所住　囑累品　佛勅阿難廣為流布般若無令斷絶

光讃般若經十卷計一十七品與大般若第二會同本西晉三藏竺法護譯也

咸　七卷　光讃般若經一　光讃品　如來入定意王三昧放光十方諸佛各伸讃歎　順空品　天王奉鉢願聞般若　二　行空品　行般若時了諸法空　歎品　讃歎般若大度無極微妙第一　授決品　如來舌相放光蒙照者乃授記　分別空品　須菩提為諸菩薩演說般若耶　三　了空品　了知諸法當學般若波羅蜜　假号品　一切諸佛法但有名有字耳　四　行品　行般若時行色等法行受想等　法幻品　幻人來問幻人修布施等我云何答　五　摩訶薩品　是菩薩句義等　無句義無

等品　不見一切法是菩薩無與等　大乘品　被大乘鎧能利有情成等正覺　六　乘大乘品　誰是能乘大乘者　無縛品　行於諸行俱無縛解　三昧品　衍何所住衍從何生誰成衍者也　七　觀品　觀身觀法觀色等法　十住品　宣說十地行法而令安住

河　八卷　光讃般若經三　卷八　所因出衍品　從三界出薩婆若住而住　無去來品　摩訶衍不見來不見去不見住　衍與空等品　衍與色等與受想行識等與內空等　九　分曼陁尼弗品　舍利子問佛衍與般若如何佛云悉皆隨順等　三世品　不念過去未來現在諸法不可得

觀行品　觀諸十問品　諸天集問般若妙法　法師
法行悉能曉了　如幻品　說者聽者皆如幻化　雨
法寶品爲雨法　摩訶般若鈔經五卷共十三品與小
寶利益人天等　品道行二般若同本
竺佛念　一道行品　成菩薩道行諸法空　二功德品
譯也　問品　諸天來集共問般若妙法也　所說般
若佛從中生若有受　三善權品　勸助爲福而作功
持我等恭敬護助等　德　地獄品不信般若當墮
地獄甚深般若是諸佛眼　清　四本無品　諸法無
淨品色清淨受想等法清淨故　相如空等耳　恒
架調優婆夷品佛爲說法令悟
般若即以天花散佛蒙授記

五守空品　云何爲
空所作不貪　遠
離品　諸法與般若不相遠離　知識品若學般若近
眞知識　釋提桓因品天帝釋稱讚般若願欲流通
道行般若經十卷三十品與前大般若第四會同
本後漢月支國三藏支婁迦讖譯也
淡　卷十　道行般若經一道行品　從般若中學行菩
薩道　難問品諸天共集同
問般若　功德品　受持此經　三漚惒俱舍羅勸助
爲難故　二諸天及人咸恭敬故　品　勸助爲福乃
至成佛不如般若以佛從中生故　泥犂品不信般
若墮諸惡趣　清淨品諸法清淨故色清淨受想行

識等清淨一　歎品　彌勒成佛當如何說　持品
切法亦然矣　四持是般若事無量佛　覺品若有魔
來爲留難者當須自　五照明品　般若出現爲世照
覺魔自然消滅也　明也　不可計品般若極大
究竟不可量不可計　喻　六分別品　學般若人當
品如大巨海有船可渡　從知識速成正覺　本

無品諸法悉皆無所著故　阿惟越致品此云不退
何以知其行相狀皃了諸法空　恒竭優婆夷品何
等爲深空爲　七守空品　何等爲守空三昧當觀一
深無相無願　心不見法不作證　遠離品夢中亦
不近修聲聞等法　知識　八釋提桓因品此云能作
品教學般若是眞知識　甚深般若難解難了
貢高品　學行般若弊魔愁毒　學品學般若學無
常　守行品守行般若天人來敬　強弱品佛所聞
事爲無　九累教品　作是立者無有能過爲如佛立
有高下　當隨般若　隨品隨般若教當如虛空
薩陀波倫品　如求　十曇無竭品　或云法涌或云
般若當學常啼也　法尚或云法上爲常啼說般

若　囑累品如來付授阿難宣
傳此經令佛眼照明世間不斷
小品般若經十卷二十九品如來異時適化廣略之說天竺謂之中品般若也羅什法
師譯僧
叡作序
緐　十卷　小品般若經一序品　佛令善現爲說般若
釋提桓因品　諸天集會同
共問法以風顯二塔品　有此經處如佛塔故　明
故聞甚深義　呪品是大明呪是無上呪　舍利
品供養舍利不三佐助品　諸天護持學般若人
如般若福聚　回向品　菩薩所有善根共有情

向佛菩提　泥犁品不四歎淨品　般若諸法畢竟
信般若當墮惡趣也　淨故　不可思議品甚深
般若不可五魔事品　說聽魔事卒生俱不和合
思議也　小如品　少智少信不樂大法爲魔所
攝　相無相品諸法無相即是一六大如品　如來
相　船喻品海中有船可以得渡也　如一切法如皆
一如也　阿惟越致品不著七深功德品　甚深般若
一切法本來空寂故也　成就廣大功德　恒伽
提婆品天女以花散佛即蒙授記　阿八深心求菩
毗跋致覺魔品深持般若魔不得便　提品　行
深般若求佛正覺　恭敬菩薩品學般若人天龍恭
敬　無慳煩惱品不生慳心不生煩惱心不生破戒

心生智九稱揚菩薩品　入深般若諸天稱讚　囑
慧心　累品聞般若人皆當成佛各授記已　見
阿閦佛品會中比丘皆生佛國　隨知品　薩陀波
法無差別般若如是法無可得般若如是十崙品曇
無竭品付囑品
皆如前義也
大明度經六卷共三十品與前第二會同本吳月支優婆塞支謙譯
潛　十三卷　大明度經一六卷　行品　善業即善現也大
明度即大般若智度諸有
情也無極則般若無上也欲行二天帝品　諸天
大道即行大智慧爲成佛正因　來問甚深般若

即明度也　持品受持明度無極我等恭敬　功德
品若持明度成就功德超勝一切變謀　明慧品行
布施等法得明三地獄品　自敀明度無度布施等
度方得圓滿　法若無明度如盲入地獄　清淨
品少曉明度無極即五陰清淨　悉持品聞明度者
見百千佛　覺邪品欲學明度心不喜者覺其魔生
照明十方品　明度無極出現世間四不可計品
爲大照明作佛眼故利益有情故　明度無等不
可計量等　譬喻品明度如舡能渡海故　分別品
明度與一切法悉無異別　本無品明度本空與空
等也　不退轉品能行明度亦無所著爲不退五遠
轉　恒伽清信女品聞說明度以花散佛也　離

品　學明度遠離聲聞等地也　善友品欲學明度
當得善友　天帝品聞是明度不能曉了　貢高品
修行明度魔即愁苦　學品成就善法須學明度
守行品　若能守行明度速成正覺　強弱品於此
明度不見高下　不盡品諸法不盡明度亦不盡
累教品　作是明度無有過者　隨品諸法無異明
度如是明度亦能隨　六普慈闓士品　即常啼也法
諸法成就諸善法　來闓士品　即法涌是也
勝天王般若經七卷與前第六會般若同本陳　一通
優尼禪國王子月婆首那譯　達
品　如來面門放光天王問通達般若　顯　二法界
相品般若以何為相無相是相空是相等　品

如何通達甚深法界　念　三法性品　如來　四平等
度品念身受心法觀照也　法性不思議　品
法性平等何為平等不生不滅故　現　五無所得品
相品通達法性示現降魔等相也　我昔授記
皆如夢如幻等　證勸品過　六述德品　文殊問天
去寶王佛所曾聞是般若　王事幾佛能如是對
揚般若　現化品如來所造化佛更能化不　七勸誡
陀羅尼品　如來所說不文陀羅尼等一切妙法　品
文殊云頗有眾生來世信此法不天王一一荅之
二行品　佛告天王從初發心至成正覺無二心故
付囑品　佛勅
慶喜流布般若

十一經　文殊般若經兩譯共三卷與前　金剛般
十五卷　第七會般若同本
若經六代譯為六卷皆同本唯什　般若心經大明呪
法師所譯者盛行天下也
經兩譯二卷同本唯唐　實相般若經一卷與前第十
奘法師譯盛行世也　會同本唐
天后朝菩提流志譯如來為金剛手菩薩說十四段
經每一段說一神呪其呪曰唅嚐憾哠唎怛纜阿阿
嚂唵荷頡唎底唎驃　仁王般若經一卷計七品姚秦
莎訶其餘可知耳　三藏羅什法師譯
一序品　如來在王舍城大眾集時入大寂三昧光
照十方十六國王俱來波斯匿王作樂供佛　觀

空品波斯匿王此云勝軍問佛云何護佛果云何護
十地行佛言不觀色如受想行識如常樂我淨如六
度四攝如二諦　如教化品王問云何行可行以化
眾生何相可化佛言五忍是菩薩法伏忍信忍順忍
無生忍寂滅忍是修般若也　二諦品王問第一義
中有世諦不若言無者智不應二若言有者智不應
一一二之義其事云何佛云汝過去七佛時已問此
一義二義汝今無聽我今無說無聽無說即為一義
二義汝今諦聽善思念之而說偈然於第一義中常
照二諦以佛及眾生一而無二以本空故而乃為妙
義　二護國品　佛言國有災難供百佛僧百菩薩像
也　百羅漢像百比丘眾請百法師講般若作百師

子吼燃百燈燭燒百和香排百種花供三寶四衆共
會災害自然消滅如斑足王遇普明王誦般若九百
九十九王悉免害悟法出家得道　散花品王聞法
歡喜以寶花散佛結成花臺佛以神力一花入無量
花無量花入一花一佛土入無量佛土無量佛土乃
至無量世界入一毛孔等妙義　受持品王見神變
恩念受持般若佛　一　爲濡首菩薩經二卷與前第
王說諸法妙理至趣開悟　八會般若同
本沙門翔　一　濡首謂英首曰法身煩乎答曰法身無
公譯也　處無像英首曰仁者了法身乎曰無了
不了曰有內外中間乎曰本無處所都無　二　龍首謂
法身曰無上無比佛言善哉清淨法身耶　濡首曰

可東行分衞曰幻化野馬寧有東西南北乎曰人
前不能言況有所說以其諸辯妙義從尊所問
右八部般若謂大品小品則般若廣略之說也光
讚放光則般若緣起之相也摩訶道行則般若義
趣之稱也實相理趣則般若智行之要也文殊濡
首則般若分衞之道也金剛心經則般若要樞之
體也仁王天王則般若攝義之宗也明度明呪則般

若秘密之功也若惣而言不出八十科之旨也且所
錄者於第一會四百卷七十九品則卷卷撮例品品
標義其餘別部別會或名同品異或名異品同不一
一錄例止於逐部逐卷中品下注一句兩句分辨義
意照於前後品會通乎廣例廣義也如要見具足緣
起行相則看所標卷次義例關函帙則可知也

大寶積經唐先天中南天竺三藏菩提流志譯二十
六會前後法師譯二十三會流志勘同梵
本依次編成一百二十卷共四十九會其所標題者
以如來坐大妙寶蓮花座十億摩尼寶及無量寶以
爲莊嚴所說法要亦如摩尼大寶瑩淨圓明又
聚其多會成此一部聖典故約義約喩立題耳
大簡小爲義　寶衆愛爲義　積廣多爲義　經貫穿爲義
翔　十卷　大寶積經三律儀會三卷　一　如來在耆闍崛山
聲聞菩薩龍天集
會迦葉問力無畏法何法而修諸如來道何法增長
無上佛果何法而證佛言無有少法爲其可得種諸

善根而證菩提何以故若執著一切法無由得道及離一切惡法惡律儀也　**二**　佛爲迦葉言不修實行不攝律儀諸有所爲與俗無別於佛法律而生違背遠離此等當求一法所謂一切法悉無所有我說此法今尚不信我滅度後諸惡比丘住三法中所謂醫道販易近女人由此退失諸善法故佛一一爲說出家破律等惡　**三**　佛告迦葉於一切法心無所住若執著蘊等想者皆非比丘修無漏者出家菩薩有三種修求一切智不墮本業堅持五戒復有三法障毋障妻障已不聞正法不見僧皆獲罪報復有三法速成正覺乃勸父母生信心持戒捨施佛乃一一爲說在家三法略此例之也　**無邊莊嚴會**

四卷　**四**　無上陀羅尼菩薩問清淨願力方便善巧佛言知佛秘語受持思惟如理觀察無不清淨陀羅尼者阿字爲初荷字爲後此第一義句即是如來非句之句句清淨句無有少法可證可入廣演法門撿而乃可見也　**五**　佛言了眼耳鼻舌身意等法皆陀羅尼如來行無所得亦非不行亦應不說行如實行何以故無有少法說名如來耶　**六**　佛說出離陀羅尼云何出離佛言一切法悉入其中云何名入以平等故一切諸法皆入平等亦不見法入於平等入清淨法門能成一切諸善法故　**七**　佛說清淨陀羅尼令諸說者六根清淨助其語業然前後卷中皆說清淨陀羅尼神呪　**密跡金剛**

會　七卷　**八**　佛稱菩薩清淨名号密跡讚歎寂意菩薩問曰所云二事業得如來慧默然不荅佛勅宣揚密跡曰有菩薩密如來秘要何謂有身密語密意密身密者寂然淡薄律儀禮節利樂有情昔淨提國衆生饑餓天帝化爲仁良蟲以身肉濟饑衆生更爲說法語密者其言清淨隨衆生類所說眞實無有虛誑言行相應　**九**　神仙梵志計其樹葉根枝皆知其數何謂心密心行清淨不失神通行四意止無念無意一心無二深達法忍說此法時人天歡喜皆作是念修幾劫來得如是辯佛說過去佛所輪王千子願弘諸兄成道最後成佛我當第四密跡最後樓至如來　**十**　密跡說如來身密於斯無所思想普現一切威儀禮節自喜經行現諸相好思夷華佛所應持菩薩來觀佛身相上至百億恒沙界蓮花佛土不見頂相如來口密講演布散無限義理常在定中無所思念出六十四種清淨妙音隨一切機宜布法化目連過西方九十九億恒沙界光明佛土聞如來音亦如對面彼聖衆觀目連如小蟲兒行鉢上也

龍　十卷　**大寶積經**　**十一**　何謂如來心密其業清淨以一識慧壽八萬四千劫又其神識不轉不變乃至定意心無合無散無遊無護次說如來苦行成道受乳受草登坐放光說法等義也　**十二**　佛轉妙法輪爲說身無身語無語心無心種種演說乃授密跡記當來成佛名金剛步如來化

王殊勝十三密跡授決請佛至宮廣陳供養四天王等也衆皆來集會佛爲說諸法如萬物皆無常諸法皆無我有皆歸空受皆爲苦毒天王等衆聞法各言護法護持國土佛亦再爲宣揚法門也十四阿闍世王思念其杵重之幾何密跡即放地上令擧分毫不動帝釋亦不能擧自連盡其神力亦不能動佛勅自擧密跡持之虛空往返闍世讃其神力寂意賢王二菩薩各說法要因地已曾流通此之妙法如來復爲王等一一稱揚秘要之法也

淨居天子會二卷十五淨居天衆同到佛所欲問所行相貌會中金剛摧菩薩爲請問佛說一百八夢境自夢見如來身如來默然皆足語乃至白夢得滿瓶又爲解說其應感自如來身至夢自病各說其相也十六自夢被縛解四十餘夢會中聞者皆得法眼淨

無量壽如來會二卷十七阿難問佛入大寂定行如來行何故過去未來皆入斯義佛言過去定光佛前無數佛出現最初自在王如來是佛法中有法處比丘發菩提心求淨佛土即於佛前說四十八願如我土中有三惡道有雜穢有女人有婬慾有不發菩提心者我不取正覺也十八佛說佛土殊勝之相無量無邊及說觀音勢至殊勝妙德又爲阿難彌勒看佛土中水鳥樹林皆演法音也

不動如來會二卷十九舍利弗問清淨光明廣大甲冑如來說廣目佛時有一比丘發菩提心不被貪瞋等法之所搖動廣目佛記爲不動如來國名妙喜現在東北方成等正覺爲諸人天演說妙法作勝妙事等義也二十佛說不動佛界諸菩薩衆及彼人天并說涅槃相分布舍利及法住世願生彼佛國土因緣相分

師　十卷大寶積經被甲莊嚴會卷[illegible]五二十一無邊慧問佛以偈答復問何等丈夫遠離怖畏一心正念爲諸衆生被大甲冑佛言爲無上等覺被大甲冑爲諸衆生布施清淨被大甲冑持戒安忍等一切諸法清淨故被大甲冑乃至廣說二十二我念往昔修菩薩行時被如是甲冑乘於大乘不生分別平等知見於八正道等諸法如理觀察被此甲冑得出三界而證菩提如此甲冑皆以慧爲先導二十三甲冑境界大乘境界道場境界有無量無邊甲冑過去有佛光明如來時有輪王詣佛所佛即告云大王應被無上甲冑乘於大乘證佛果位王聞是已捨位出家爲一切義成比丘聞種種法修種種行蒙記成佛也二十四無邊慧如是觀察得法光明不於空中而見於空亦不離空中而見空不以無相見無相亦不以有相見有相不於盡中而見盡佛復爲勝慧言無少修行無勝修行不隨修行不遍修行勇猛軍輪王於遍照佛所聞法光明法門被甲冑出家

了諸法空成
等正覺也　二十五　我念月燈佛所有雲音無邊音
二菩薩得一切法善巧安立以
無住而住無處而住授記次第成佛復說海印三昧
一切法印無相印無緣印諸行印善巧印無名印無
邊印無際印言說印自性印和合印虛空　法界體性
印止息印性空印乃至百千法門印等也
會　二卷　二十六　寶上天子作念佛可令文殊演說於法
佛知其念即告文殊可說少法白佛云
當說何法佛云說法界體性文殊曰一切諸法界法
界體性出法界外無有所聞云何因法界演說於法
佛言憍慢衆生若聞此法生於驚怖文殊曰法界體
性無有驚怖是驚怖者即法界體性於是舍利弗與

文殊辯論法界體性有二百比丘聞其所說若無解
脫我等出家云何修道便即起去文殊化一比丘與
諸比丘論說文殊所演法界各悟無漏各以衣施須
菩提阿難復問法界文殊一一說其體性與一切法
悉無差別寶上天子　二十七　文殊覺了身見之體性
亦與辯說法界體性　是佛出世示現無明有
愛體性名佛出世覺了貪嗔癡體性示現顛倒體性
覺了諸見示現陰界入等體性皆名佛出世天子一
一問文殊一一荅顯示一切諸法妙義佛記寶上成
佛名寶莊嚴如來波旬至佛所文殊神力魔不能去
即攝持令身相似如來坐師子座說法界體性文殊
復以神力攝持舍利弗亦如如來身相與波旬辯說

法界聞者皆得無生
法忍付囑流通此法　大乘十法會　一卷　二十八　寶月
光王
問云何行大乘住大乘以何義名大乘佛言成就十
法名行住大乘一信成就信佛法故二行成就戒清
淨故三性成就慈悲喜故四樂菩提心廣益有情故
五樂法者勤聞正法故六觀正法行了諸法空故七
觀法順法順世出世故八除大慢不恃已勝故九了
秘密教示現十過故十不修聲聞等地趣正覺故
一一廣說　文殊普門會　一卷　二十九　普花如來令無
行相也　垢藏手持千葉
蓮花上佛文殊請說普入不思議法門佛言欲學此
法當修學諸三昧門所謂色相三昧聲香味觸意男

女天龍夜叉乾闥阿修緊那迦樓摩睺地獄畜生貪
嗔癡善不善等相三昧佛復於一一三昧各說一偈
會中聞者皆悟得無生法忍波
句來至愁惱佛爲說法即隱　出現光明會　五卷　三十
月光童子問如來昔修何業得如是決定光明攝取
乃至色相光明佛以偈荅謂此光明從布施持戒忍
辱精進禪定智慧諸善法中出生種種行熏修所生
復云我有光明名無表等偈一一聞其名得其法也
火　十卷　大寶積經　三十一　佛以偈演昔持戒了眼
耳等諸法六十四種善
根得是光明月光以偈讚佛亦願行是行　三十二　彌
得是光佛即微笑又天大衆亦各瞻仰　勒

以偈問佛微笑因緣佛以偈荅復以金色手摩月光頂爲說偈讃月光次日請佛入城大地震動受供養時空中出聲以偈讃佛 三十三 佛入城時無量衆生各了眼耳等一切諸法邊際無性性空如寶了知成諸法智 三十四 佛入城中以神通力於虛空中出微妙音說陁羅尼令獲無量法眼佛即入月光宮受食訖爲說八十種資粮行法遠離八十種惡法 菩薩藏會 二十卷 三十五 開化長者品 賢守長者五百人等歲詣佛所値佛入城以偈讃佛欲求解脫佛說世間衆生有十苦事如生等十惱害事如不作饒益等十惡見稠林十汚迫十愛纏十毒箭十邪命十不善十汙染

十纏縛我見是事爲衆生故求菩提道復爲長者等說其解脫不於眼耳鼻舌身意等諸法中求解脫 三十六 金毗羅天授記品 以上妙供奉佛聞法記爲醫王如來復以神力修治靈鷲山路諸聽者悉來唯迦葉在雪山未至佛勑目連去請令先來及目連至迦葉已先至佛所試驗 菩薩品舍利弗問成就幾法得身口意業無失身口意業清淨幾法得身口意不動佛云成就一法何謂一法即菩提心也云何相狀荅之也 三十七 如來十不思議品 一如來身不思議能隨類故二如來音聲不思議能普遍故三如來智不思議如海故四如來光不思議映奪諸相故五如來戒不思議以淨竒故六如

來神通不思議難敵故七如來力不思議不屈伏故八如來無畏不思議能說障道法故九如來大悲不思議以菩提心廣故十如來不共之法不思議不同諸聲聞故然廣說思議行相 三十八 廣說如來不思議力及十力因緣義也 三十九 廣說如來不思議無所畏法義 四十 廣說如來不思議不共法行相妙義

帝 十卷 大寶積經四十一 四無量品 大蘊如來出現爲輪王子多精進行聞說大慈大悲大喜大捨乃如說而行及說布施波羅蜜行 四十二 尸羅波羅蜜多所持行相 四

十三 尸羅波羅蜜成就善根力四種廣勝處法等行相也 四十四 尸羅波羅蜜具足清淨發起諸善想等 四十五 羼提波羅蜜多諸行相法門成就忍辱妙行等義 四十六 毗梨耶波羅蜜要住大乘發起勇猛也 四十七 行精進行勇猛無倦成就五種精進妙行 四十八 精進行中於諸衆生起病者想等也 四十九 靜慮波羅蜜多滅諸惡法成諸善法 五十 行靜慮行得無退神通道力定境妙法也

鳥 十卷 大寶積經五十一 行般若波羅蜜多爲求深極妙善清白覺慧等義也

五十二 行般若行依四依趣諸法行相皆成就故 五十三 說般若行能成就世出世間一切諸善法如覺道根力等也 五十四 佛告舍利弗云我昔大蘊如來所聞四無量六度行財法二施等法如說而行不蒙授記又經僧祇劫寶性如來出世我爲善慧長者亦如是聞法而行精勤供養親近亦不蒙授記復經僧祇劫放光如來出現我爲儒童迷伽學外道法蓮花城中遇放光如來就女人買五花奉佛布髮掩泥佛履我髮授牟尼果記也

佛爲阿難說胎藏會 一卷

五十五 入母胎藏有多因緣和合與不和合淨不淨隨所作業凡在胎中三十八箇七日而得出生一如生酪二如凝酥三如藥杵四如温石五形體漸現六現肘膝七生手足相八現二十指九現眼耳等十如浮囊十一身孔通十二生腸胃十三生饑渴想十四生筋十五生諸脉十六諸孔出氣十七眼等明淨十八諸根長十九具三根二十生諸骨二十一生肉二十二生血二十三生皮二十四生皮膚二十五血肉增長二十六生髮毛爪甲二十七各隨善惡業苦相一一覺知二十八生顛倒想二十九現形色三十毛爪增長三十一至三十五入相具足三十六生厭離想三十七生五種惡想三十八出生生後七日身中生八萬戶蟲

佛說入胎藏會 二卷

五十六 佛化難陀出家取佛鉢盛飯出門而佛已去遂親將至佛所雖已出家心著世事佛化嶮路歸家不得又令掃地塵不能盡又復閉門閉即還開從小路去遇見如來去樹下藏身佛神力故又藏不得佛攝入香山看瞎獼猴又攝去天宮看天女復攝入地獄看一切苦相乃發心求無上道次爲說入胎藏因緣耶 五十七 佛爲難陀廣說入胎不淨諸相次說過去尸棄佛時施財浴佛及僧報得身相端嚴

文殊授記會 三卷

五十八 佛持鉢入城放百千光明無量寶花結成花臺化菩薩說偈讚佛功德城中人民皆發道意摧過各菩薩問成就幾法得成正覺佛云成就一法所謂勝志樂菩提心聞此法已得道授決至王宮受供阿闍世王問忿嗔煩惱從何生愚癡無智從何滅佛云無生本無滅以本無來去故如來復現光明照十方界各有佛處各有菩薩詣佛請問光明因緣佛一一爲說 五十九 佛勑彌勒嚴座爲說往昔志樂所修爲舍利弗等衆說菩提行法門聞其法衆佛與授記時雷音菩薩問佛常稱讚文殊久如得菩提記佛勑自問文殊文殊曰我不見有菩提當何可得佛說過去雷音如來所有輪王普覆出家發菩提心授決成佛名普見如來爾時有二十億衆生隨逐普覆王皆發正覺心也 六十 雷音白文殊仁者具足十地圓滿佛法耶文殊曰我不見一法爲佛法如何圓滿我以無得天眼普見十方佛說種

種願如彌陁佛願佛乃說成佛名普見若有聞其名者皆得菩提復說其佛刹報土諸菩薩各說一相法門得無生法忍

官 十卷 大寶積經菩薩見實會十六卷 六十一 淨飯王勑諸釋種不得見佛優陁夷比丘往現神變各相說偈願佛功德王即皈依施食奉佛 六十二 淨飯王嚴駕同諸釋種詣佛禮足乃云此第三次禮佛足也各各聞法得果無量修羅王質多爲首請佛供養現大神變化無量供器奏妙音樂授記成佛号曰善名佛也 六十三 迦葉見阿脩羅供佛思念往昔作何善根有是果報佛言昔因陁幢王佛所發心一一佛所一一承事種一一善根行一一精進文殊高威德王佛所而至所說眞實無異金翅鳥王衆龍女衆各各作無量妙供奉佛馬勝比丘一一發問如來一一爲其授記 六十四 諸龍王難陁等衆鳩槃茶衆乾闥婆衆亦各陳妙供各說偈讚佛功德佛亦微笑馬勝爲問佛爲授記 六十五 夜叉衆緊那羅王衆各供養佛各說偈讚佛佛以妙偈演陁羅尼阿字法門各記將來成佛 六十六 八萬虛空行天四天王衆三十三天夜摩天等衆各如法供佛說偈稱揚如來亦各與授記佛果 六十七 兜率天化樂天他化自在天諸梵天等衆亦如是供佛亦如是讚佛馬勝亦如是問如來亦如是授記 六十八 光音天衆說阿字法門遍淨天等同授佛果記 六十九 廣果天衆施供說陁羅尼及說所修定境行相無量法門佛即與授記 七十 淨居天子二百一天子等衆各說一四句偈讚如來殊勝功德如云所愛妻子施弃捨所重身乃至王位財我禮檀越者其餘偈各是一法門如淨戒安忍等妙義

入 十卷 大寶積經 七十一 力生天子與三百天子衆各說一偈四句讚佛功德 七十二 婆羅閻迦外道八千人見諸天子蒙記聞法生信來詣佛所問我法中父母起貪入胎佛說三緣和合如何佛云貪從父起耶母起耶識起耶然後一一爲說受生之相以現今所習驗知從何道中來以習氣故外道各各聞說歡喜佛即記之 七十三 佛爲淨飯王說六界相內地界外地界相水火風空識皆有內外界廣演成住壞空現六界相周遍無體及六入等亦各空無入三解脫門也 七十四 佛爲淨飯王說六界等相差別一一如夢中所見事畢竟無實了此六界六入六識體性本空入三解脫門也 七十五 佛說夢幻境界無有其實六根無滿無足無來無去夢識死生亦復如是爲言過去輪王名無量稱上去天宮帝釋來迎心即起貪天宮住樂便即墜落以謟不足心過失也 七

十六地天上頂牟王彌尼王皆爲輪王上天宮心意
不足樂貪天宮即便墜落佛爲淨飯王廣說是
事令父王不生放逸不恃豪貴不生貪著不戀世樂
於是王與釋種各各聞是法已得法忍住佛記當來
各成
正覺冨樓那會 卷三 七十七 冨樓那問佛菩薩云何能集多聞修習多聞佛言猶
如大海無有滿足一一爲說四法能成就故乃云過
去光明佛滅後法欲滅時那羅延比丘摩㖐比丘皆
樂多聞奉持教法汝亦過去退失菩薩心難障
如此爲近惡知識故不勤爲人說法持佛法故 七十
八 佛爲冨樓那說具足善根成一切功德須行慈悲
喜捨樂聞正法過云樓馱健佛滅後出家比丘准

近白衣貪著利養及與名聞但爲出家快活不事王
役不慕經法王子出家名尸利比丘從牢固比丘聞
法悟解力持正法利樂
一切有情遂成法化也 七十九 佛爲目連說昔爲菩薩時行大悲一一行
門演四法義荒時化獸爲食病時化醫療民爲大力
王行施調達乞臂忍辱仙時調達將尿屎灌頭種種
相惱不生一念嗔心授記調達爲辟支佛又爲地獄
衆生代罪化百千類身爲利有情成無上道象手比
丘聞說難行再毛竪流淚若作如是度盡一切衆生
今衆生未盡而取涅槃是義云何佛云汝以何法爲
衆生耶爲陰入等
爲衆生耶云云 護國菩薩會 卷二 八十 喜王菩薩讃佛音護

國問佛修何等法增長功德到究竟處入一切智佛
言有四法一眞實心二行於平等三心念行空四於
說而行一一說四法一一說偈廣偈中說因地百千
種類現身受不能受能受事也如飼虎濟鷹等事
皇 卷十 大寶積經 八十一 佛言我念無量僧祇劫前有佛出世名成利慧時有
輪王名焰意王有子名福焰時有淨居天子報言有
佛出世當往親近王子聞說問在何處報云不遠王
子即詣佛所焰意王亦來佛所說偈讚佛王子請佛
入戒受供佛爲說法出家行頭陁行弘持佛法王即
無量壽王子我身是
淨居天子阿閦佛是郁伽長者會 卷一 八十二 郁伽同詣

長者詣佛所問在家戒德住家地等法佛云行三皈
依持五戒十戒行惠施慈於家宅眷屬生厭離想於
已身生不淨想於妻生毒虵等諸想於子生冤家諸
想聞是法已各願出家遂問出家利益佛即說出家
當處阿蘭若學無爲等法又說在家地
法郁伽長者願在家永護佛法使流通 無盡伏藏會
二卷 八十三 佛爲電德菩薩云欲疾得菩提成就五種伏藏大伏藏無盡伏藏遍無盡伏藏無邊
伏藏何謂五也佛云貪行伏藏嗔行伏藏癡行伏藏
等分行伏藏諸法伏藏佛一一解說引因地修如是
法爲作 八十四 佛說寶聚如來滅後無垢比丘弘法
證也 廣授王被魔惑勝生如來時旃陁羅

煞牛聞佛說法捨牛出
家皆證如是伏藏也　授幻師跋陀羅記會 一 卷八
十五 幻術法力無有過者以謂佛不來降自到佛所
默念請佛以爲妄試佛即受請幻師於不淨處
以不淨物作於道場 二卷 二十八 四天王帝釋諸天各來嚴辦妙
供幻師已生奇特想佛與大衆入城受供化人問幻
師此中施設如何讃言請佛或云佛在王宮或云在
里巷乞食或云在天上或云在婆羅門家此乃佛化
耳幻師遂發道意
如來與記佛果　大神變會 二 卷八十六 商主天子白佛常以幾種
神變調伏衆生佛云我以三種神變一者說法二者
教誡三者神通說法者所謂無㝵大智辯等教誡者

應作不應作等神過者化無量身自在無㝵等夫子
復有過此者不佛云有殊勝神變即勑文殊爲說乃
云眼耳鼻舌等一切諸法空悉大神變佛言過去等
須彌如來所速疾菩薩文殊師利是淨莊嚴王商主
天子是王子大悲念即我身是 八十七 文殊與商主舍利弗一一問荅神變法門佛即記商主天
子佛果也 摩訶迦葉會 二 卷八十八 迦葉問佛出家住正法中云何學云何行
云何修觀佛言當持淨戒具足律儀具正法教遂說
出家破戒諸惡律儀彌勒復爲演說會中五百比丘
聞說便起迦葉云汝等何處去報云若如是說難消
信施不如還俗文殊謂曰汝等應速修行云何修行

文殊曰汝等應如是觀無一法合無一法散無一法
生無一法滅無一法受無一法捨無一法增無一法
滅如是行法無得無來無去無住無不住 佛
於是五百比丘聞如是說皆得無漏智性 八十九 說
惡律儀乃云如花如來時輪王子達磨善法出家勤
行苦行集出家善法光明如來時大精進菩薩亦復
如是行於是行汝等當如是學我常爲汝等言乍可
吞熱鐵丸不食信心施主食乍可熱鐵纏身不以破
戒身著信心施主衣等也 優波離會 一 卷九十 彌勒與諸入菩薩各說護持如來法
藏舍利弗見是事已亦以白佛現身護法教化優波
離作念寧可捨身命終不捨戒乃白佛云何聲聞戒

云何菩薩戒及一切決定毗尼佛云聲聞戒於菩薩
戒名大破戒若菩薩戒於聲聞戒名大破戒等異也
佛一一說其戒法行相勑文殊爲說決定毗尼文殊
曰一切諸法畢竟寂滅心寂滅是決定毗尼等妙義也
始 卷十一 大寶積經發勝志樂會 二 卷九十一 彌勒見諸菩薩
多生懈怠不修善法將退失菩提心即往勸諭同往
佛所佛言汝等過去世時謗說法比丘遂墮地獄經
無量劫今當各各發露懺悔諸菩薩
衆聞如是說啼泣同聲投誠懺悔 九十二 佛爲說善法一
二十種彌勒復問出家欲令慧力增長云何修習
佛云不貪利養不入憒鬧不說世言不著睡眠不營

衆務不樂戲論速得無上智慧若也樂著一一法中有二十種過失佛廣說其行相令出家人應遠離利養等諸過失

善臂長者會二卷九十三 二卷 二十九 長者來至佛所佛云常當具足六波羅蜜長者問曰云何布施云何持戒云何安忍云何精進佛爲長者一一廣說行相 九十四 佛爲長者說禪定智慧一一度中修進法門也

善順菩薩會一卷九十五 又種善根修菩薩行天帝化身種種罵毀以寶爲施又令夫人天女來壞戒體俱不動心即往舍衞國中高聲唱言我收得初初時金鈴若有貧者我當施與乃告波斯匿王云大王最貧王曰汝言我貧誰當信者答云佛可證明遂與王俱往佛所佛言大王自恃威力自在恣貪嗔癡實是貧者王即發正等覺心也

勤授長者會一卷九十六 同諸長者至佛所佛云汝等何至此會長者云我等思惟佛世難値人身難得果證菩提又復爲難故來至此願承教誨佛言汝等宜發大慈大悲大喜大捨心又當觀身自外中間不淨諸過五百長者聞已各悟法忍

優陀延王會一卷九十七 王大夫人舍摩於如來僧衆常生恭敬二夫人妬嫉謂王曰大夫人與僧作非法事王怒將箭射舍摩舍摩入慈心三昧射皆不入王驚怖自悔問其所以詣佛懺悔佛說親近女人種大惡入無間獄王聞佛說歡喜奉行

妙慧童女會半卷九十八前 妙慧問佛云何得端正得富貴身眷屬不壞佛前化生從一佛土至一佛土修善不障處世無怨所言人信能離法障能離諸魔命終佛現前佛一一答四法妙慧聞佛所說遂與文殊辯論所得所證及不見女人相了不可得

恒沙上優婆夷會半卷九十八後 佛問汝從何來曰若化汝從何來當云何答佛云化人無有往來亦無生滅曰諸法豈不皆如化耶佛言如是曰若一切法皆如化者何故問我汝從何來佛答

無畏德菩薩會一卷九十九 居高樓上見諸聲聞默然不起阿闍世王問曰汝豈不知是佛弟子無畏女與父王論難佛十大弟子各來辯論皆不能勝佛即與授記

無垢施菩薩應辯會一卷一百 波斯匿王女也將出禱祠諸梵志見五百聲聞在門外立謂不吉祥無垢遂與諸梵志論其所以却與諸聲聞及諸菩薩各各談論佛法理趣不能超勝同詣佛所一一發問佛一一答之波斯匿王及諸王子聞法無垢轉女身爲男授菩提記諸天龍鬼等衆各伸讚歎歡喜

制 十卷 大寶積經功德寶華菩薩會半卷百一前 十方世界頗有現在佛号令此稱念而獲利益佛答東西南北四維上下皆有現在佛一一說其名号令

稱誦滅罪也 善德天子會半卷 百一後 佛勅文殊汝爲諸天子說諸佛甚深
境界文殊曰非眼耳等是佛境界非聲香等是佛境
界空無相等是平等境界善德天子請文殊去兜率
宮即現神變魔來設二卷難文殊三千又入三昧從定起
直往兜率爲諸天子說法皆乃悟得無生忍 善住
天子會四卷 百二 文殊入無垢光明三昧光照十方一
一方佛所侍者各問其因緣一一佛
說其所以一一佛所無量菩薩來如來前入隱身三
昧迦葉問佛舍利子須菩提皆入三昧不見分毫住
處如來爲說此三 百三 文殊與善住如實論句義及
昧殊勝之功力 不退轉義即入破魔三昧一

切魔王宮殿猶黑魔衆悉皆老瘦愁苦不可言來投
誠於佛文殊從三昧起佛乃問云何得此三昧文殊
曰我於曼陀羅花如來所得是三昧遂爲魔衆說法
發菩提心諸來十方菩薩各各現相令衆得見也
百四 如來文殊天子一一辯論初發心無生法忍超
勝轉入一切菩薩行法俱無有實又破聲聞出
家相以謂求出家者於法皆有所求非眞出家若於
一切法無所求亦不求出家不見染衣袈裟等相乃
眞出家 百五 善住問曰仁者得利智耶文殊曰我不
者也 得利智我不得陀羅尼我墮頑鈍位論
字句義五百比丘不信是法退墮地獄破凡夫相問
修梵行不念作求不思進趣許汝修梵行若能斷一

切衆生命根許修梵行所謂當須煞害煞人想煞衆
生想煞壽命等想利智慧刀以爲煞具更能行十惡
行破十善法許汝修梵行何以故可煞者誰何者是
頭誰能行煞所謂煞貪嗔癡等若能違背諸佛毀謗
法僧是修梵行亦不報恩我無所住眞沙門義志昔
金剛入如幻三昧十方世界佛所現種種相五百菩
薩已得四禪定成就五神通自見往昔所作惡業煞
害父母等罪彼罪未忘不達法忍佛欲除彼疑心故
以神力攝文殊手執利劍直趣世尊欲行逆害佛止
云汝住不應作逆勿得害我我爲善被害從本已來
無有我人但內心見有五百菩薩忽悟一切法如化
各各讚佛勝功德文殊忽提劍馳遶如來佛遽告云

且住且住說煞罪無可得各獲無生忍踊身虛空說
偈讚云文殊大智士深達法源底自手握利劍馳逼
如來身如劍佛亦爾一相無有二無相無所生是中
云何煞說比執劍妙法門十方佛界震動舍利弗難
問遍佛罪報文殊爲說如幻如 阿闍世王子會半卷
化無受者等一切諸法門義
百六 五百王子同到佛所問佛云何得端正得大力
得三昧得神通等一一偈問佛一一偈荅會中
有無量衆各各
聞法乃歡喜也 大乘方便會二卷半 百六半 何等爲方便云
何行方便佛言菩薩施一摶食皆與有情共回向菩
提是爲方便說種種方便行尊王菩薩與女人一處

坐阿難起謗佛說因地尊
王現通作變等緣皆方便 百七 阿難迦葉各讚譬喻 爾時德增菩薩白佛
過去迦葉佛時行菩薩行有樹提梵志云菩提之道
實為難得何有禿人能辦斯事此義云何佛說授記
在天宮下生入胎二卷周行七步三十一受 百八 受乳受草登坐
樂出家苦行等事皆方便耳 跏趺七日降魔
說法受罵受謗頭痛背痛求藥木盂女馬
麥刺足等因緣皆是佛方便願行示現也 賢護長者
會二卷 百九 阿難問佛長者種何善根有如是殊勝富
貴果報佛說過去迦葉佛時修因長者乃
問佛生時識從何來死時識從何去佛言如風著樹
如風送香等一一分別解說及答其月所問識之相

狀一一辨其所以也 百十 月寶童真問云何見色因欲因目因
戒取因佛言智見智境愚見愚境種
種宣說識心來往大樂王子問無形之識著有形生
佛云隨善惡業相以受其質當識往時自見其境如
見血見肉等相已著其味便隨所
見境去或地獄等一切相者也

文 十卷 大寶積經淨慧童女會 半卷 百十一 以偈問佛如何
得端正等佛於一問中答八法
一偈凡十餘偈問十答義也 彌勒八法會 問成就幾法而
速得正覺佛云成就八法所謂成就深心行心捨心
方便心大悲心大悲心善知方便心般若心佛一一

廣說八法行相 彌勒所問會 半卷 百十一末 問成就幾法離諸惡道遠惡知
識速成佛道佛答以菩提心一法毗摩舍他三摩提
二法漸漸增至十法一一解說其義又說因地或為
王或為太子捨眼捨身 普明菩薩會 一卷 百十二 佛為
等為求無上菩提也
迦葉說出家四法及三十二法依如是修進是真佛
子以形像比丘破諸律儀貪著名聞利養不能修持
如來慈悲苦口為說普明白佛我亦願學此法門佛
云亦當如是修學是經亦無定相但心悟妙義耳
寶梁聚會 二卷 百十三 何謂沙門佛言寂滅故調伏故受教故清淨故入禪定故

得智慧故集一切善法故次說破戒沙門無量獨行
何謂比丘破煩惱故破人我故破壽者衆生想修戒
定慧度三有四流故行一切善法故次說破戒比丘
種種惡欲何謂旃陀羅比云殺生人比丘常於塚間
求乞死尸無慈悲心至施主家行不善心無量過惡
等事何謂營事比丘有二事一者慚愧二者知業復
有二事一者能持淨戒二者知有後世又有二事一
者得果二者能修八解脫如是比丘可以為衆營事
若不爾者增長一切諸惡業無有利益 百十四 佛說蘭若比丘乞食比丘糞掃衣比丘樹下比
丘塚間比丘露處比丘佛一一說無量難行苦行各
隨所樂利益有情如是比丘光揚法門能與衆生作

寶梁寶聚
寶取寶藏 無盡慧菩薩會 卷半 百十五 問菩提心何
義幾法成菩
提佛爲十波羅蜜爲初發心皆廣大無際次說十十
法門方能成就光明天子等衆聞已得陀羅尼門或
諸法行 文殊說般若會 二卷 三十二 一卷半 百十五後 此會與大般
等義也 若曼殊室利
分同本異譯前已 所說般若非初 寶髻菩
錄略義例可知耳 百十六 學所知之也
薩會 二卷 百十七 東方淨住佛所寶髻持一寶蓋來覆
忍界在梵天上說偈至佛所清淨行
如來廣無極清淨四意止清淨六神通清淨
乃至無量法門一一行相皆悉清淨可見也 百十八

佛說五根清淨五力七覺支八正道諸行法悉皆
清淨乃說因地所修如是法行得成等正覺也 勝
鬘夫人會 一卷 百十九 波斯匿王女也來詣佛所說
偈云如來妙色身世間無與
等無比不思議是故恭敬禮等諸偈佛授記爲普光
如來遂發十誓願聖衆作證夫人又說種種法門佛
復爲證明皆過去無量佛所修
習一切善法因緣遂得如是 廣博仙人會 一卷 百
二十 同大仙衆來詣佛所問云何施者何爲施義何
爲行施於受施者佛爲廣說施義及諸受者報
施差別悉要清淨仙人復問云何識任身中有所愛
著佛云猶如國王居在城中恐他軍來須得守護此城

報盡走向他國又入母胎隨其福業云 何見得或從
六道諸天來或從六道諸天去及說相狀諸天勝樂
果報等事然皆不如佛弟子遂說阿那律天眼憍梵
波提禪定諸仙人聞見如是事各發菩提正覺心也
右大寶積經一百二十卷則如來四十九會隨宜
所說也然會會皆有序分正宗流通其緣起朝
代譯主亦各不同如或品題多就會主所問而
立或有依法或有從喻或人法雙標恐涉詞繁

不欲具論今所錄者則涯略而已蓋佛慈應機法
門無量也若宗教眼目則文殊法界善住所問二
會極談也比丘妙行則律儀迦葉二會深規也出
家在家修習則郁伽長者會至詳也此其大要耳
在通人自照撿而以驗平生所悟所見所行謂
如何也

字 十一卷 三戒經 三卷大寶積經律儀會同 平等覺經 四卷 阿彌陀
經 二卷 無量壽經 二卷 已上三經與大寶積經無量壽會同本
乃 八卷 阿閦佛國經 二卷 二卷 三十三 大寶積經不動如來會同本 佛土嚴
淨經 三卷 大寶積經文殊授記會同本 法鏡經 一卷 大寶積經郁伽長者會同本 法
照於心心無不明鏡照於面面無不現喻義雙彰昭然可見 胞胎經 一卷 大寶積經胎藏
會同 大乘十法經 一卷 大寶積經大乘同會 普門品經 一卷 大寶積經

文殊普門會同
服 十卷 郁伽羅越會經 一卷 大寶積經郁伽長者會同 幻士仁賢
經 一卷 大寶積經幻師跋陀羅授記會同本 決定毗尼經 一卷 大寶積經優波
離會同本 發覺淨心經 二卷 大寶積經發勝志樂會同 優填王經 一卷
大寶積經優陀延王會同異譯 須摩提 二經 大寶積經妙慧童女會同 阿闍世王
女經 一卷 大寶積經無畏德會同本 無垢施女經 一卷 大寶積經無垢施會同本

衣 十卷 文殊境界經 二卷 大寶積經善德天子會同本 如幻三昧
經 二卷 善住意天子經 三卷 已上二經大寶積經善住天子會同本也 太子
刷護經 一卷 太子和休經 一卷 已上二經大寶積經阿闍世王子會同本
裳 十一卷 慧上經 二卷 大寶積經方便會同 大乘顯識經 二卷
大寶積經賢護長者會同 大乘方等要慧經 一卷 大寶積經彌勒八法會同 彌
勒所問經 一卷 大寶積經彌勒所問會同 摩尼寶經 一卷 摩尼衍

經 一卷 已上二經大寶積經普明菩薩會同 師子吼經 一卷 大寶積經勝鬘夫人
會同 毗耶娑問經 二卷 大寶積經廣博仙人會同本各譯
右五帙計五十卷皆與大寶積經以朝代法師
隨意翻譯今不録義意但各標指俾見會高貫
通前後及惣録也
三十四帋尾

大藏經綱目指要録卷第二

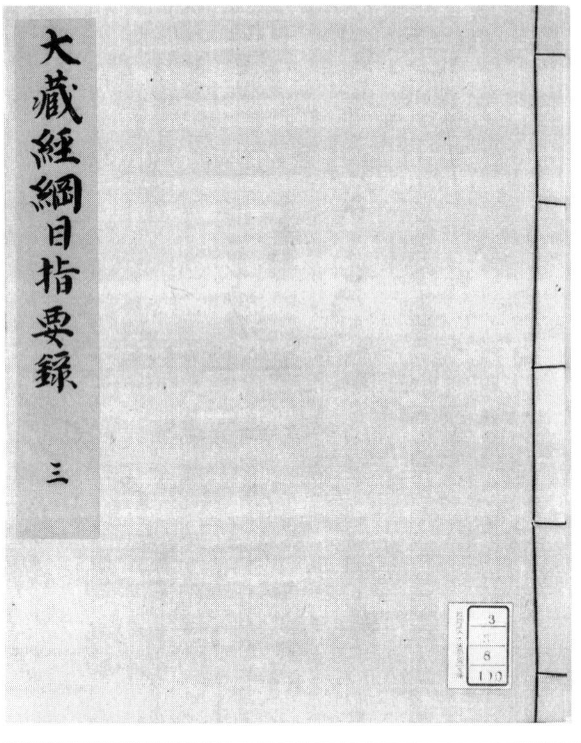
大藏經綱目指要錄　三

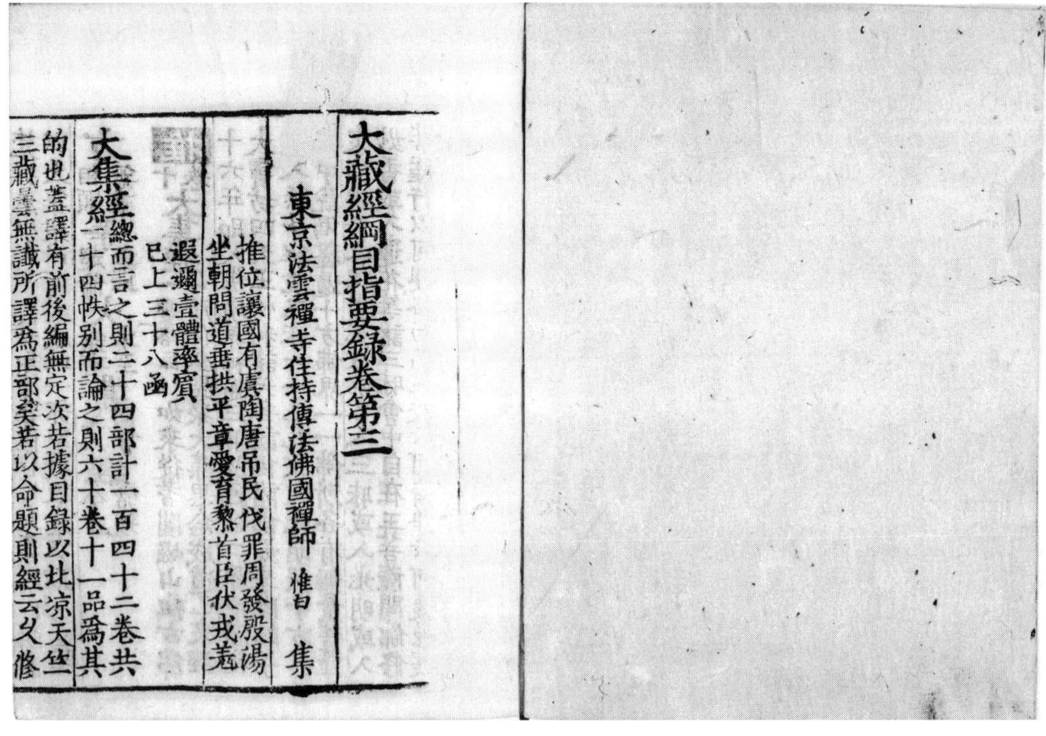
大藏經綱目指要錄卷第三

東京法雲禪寺住持傳法佛國禪師　惟白　集

推位讓國有虞陶唐弔民伐罪周發殷湯
坐朝問道垂拱平章愛育黎首臣伏戎羌
遐邇壹體率賓

已上三十八函

大集經總而言之則二十四部計一百四十二卷共一十四帙別而論之則六十卷十一品爲其的也蓋譯有前後編無定次若據目錄以比涼天竺三藏曇無讖所譯爲正部矣若以命題則經云久修

梵行悉以大集復云知諸菩薩皆已大集又以大集衆所譯經成此一部聖教取意在斯大法體無極方相顯無盡等超倫無比大無有不至集聖凡同會經今古常規

推十卷大集經一　瓔珞品　如來從耆闍崛山往古佛所住處聖衆大集思念成道已來經十六年即入佛境界神通三昧於色欲二界中間化大寶坊四天王忉利諸天各説偈讚佛如來陞師子座入無㝵解脱三昧一一毛孔放大光明照十方界光中説偈聲遍十方佛界一一佛所各有無量菩薩來詣佛會各以香花散佛各入三昧或入光明或入妙香或入蓮花等諸三昧會中自在王菩薩問佛修

菩薩行以何瓔珞而爲莊嚴云何清淨云何壞愚癡云何修慈悲云何能斷疑網云何修善業等佛云有戒瓔珞三昧瓔珞智慧瓔珞陁羅尼瓔珞以此四法而爲莊嚴一一法自一法增至十法皆爲莊嚴菩薩所修大行利有情也二自在王菩薩品　佛説念光意光智光行光法光寶光神通光無㝵智光此入光明一一説八法次説大悲行十六法善惡對治三十二法爲説如來大悲所行菩提之相昔成正覺受請轉于法輪也三如來自説三十二業行相復以偈言然如來善業無量無邊且以此開方便門使修行者易也四如來若象回顧云誰能守護此寶坊及供具待弥勒成佛後十六年來此説法神通自在菩薩

云我能守護時有魔王言汝今置此何器中住答云凡言器者性是無常我身不變即於齋中現水光王佛界魔言汝有妙器堪能守護遂説八陁羅尼此言摠持法門淨光如來所爲頂光時受此妙法慧聚菩薩因地遇佛得法縁五寶女品　手持寶珠白佛我實能於十方世界受持此大集經典書寫演説願此珠貫佛頂及諸菩薩髻即擲其珠便貫佛頂各各見珠中所現來世成佛等相佛言此寶女已於九萬六億佛所種善根來所生之處無不殊勝遂問云何寶語云何法語佛説三十二淨語三十二寶心實義及因地所修諸行門六寶女問如來具足十力且佛是十力十力是佛耶及問四無畏十八不共法三

十二相所修佛爲廣説行相遂得不退轉若障㝵菩提有三十二法速得菩提佛果亦有三十二法門七不眴菩薩品　東方普賢如來所至寶坊中問佛以何三昧速證菩提佛言一切法自在三昧能得佛果所修三昧行相法門須菩提問答辯論不眴於自在如來所爲法語比丘得此三昧從是已來以此三昧歷事無量諸佛聞法八海慧菩薩品　下方神通如來所至寶坊中問淨印三昧佛説所修三昧法門即一切善法及菩提心等一切覺地諸法門九佛言欲速得淨印三昧當修一切淨法舍利弗及梵天爲海慧辯説佛法如來云過去大力聲佛所法慧菩薩勇猛精進護持佛法會中六萬億菩薩同

九十
ナシ

發言我等當弘護受持正法佛言汝等如何護法
有云惜身命者不能有云貪利者不能有云二相者
不能有云煩惱者不能彌勒云遠菩提心者不能護
法各各說竟文殊云汝等如是等語皆是謬語何以
故世尊坐於道樹不得一法汝等何言 後 指要録 二巻 二 十 海慧問大
護法佛讚善哉善哉我實無法可得 乘法佛言
有一法攝取大乘便說一一法有二法利益大乘乃
說二二法有三法難得大乘乃說三三法有四法障
㝵大乘乃說四四法復說金剛心句無量句義及
一切法門寶坊中諸來聖衆聞者皆得無生法忍
位 十卷 大集經十一 佛告海慧當如本願過去佛時爲
輪王淨聲聞法出家爲師子王護

獼猴子海慧遂說魔業佛說破魔三昧魔衆嚴兵到
佛所進退不得海慧神力置移東方佛界至彼佛土
發菩提心以神力攝魔登師子座說此大集經法門
不少一字及現如來大衆與彼佛衆相見作希有事
化導無量 十二 師子將軍子品 其子生不能言以
人天之衆 佛神力故到大寶坊中說偈讚佛與
舍利弗論佛法正見及一切法門東方佛所金剛齎
菩薩到佛會與無言菩薩論法化神力變此世界地
悉金剛盡其神力不壞分毫 十三 不可說菩薩品
佛讚無言夙善根故如是 入定意已遂問佛
菩提戒等種種法門無畏大士問如何是諍如來不
可說云若言我是持戒他是破戒是諍如來我能修

一切善法便是諍如來如其不能不見一法是見如
來寶女與無畏論其法義降魔波旬此云惡者并說
偈讚佛現 十四 如來在妙嚴寶堂蓮花臺上東方佛
其神力 所虛空藏菩薩在彼佛土聞虛空印
法門說一切法皆以空爲門至此說偈讚佛遂問佛
如何行布施持戒忍辱與空等一切功德善法如何
行得與空等 十五 佛說功德與虛空等法不離如如
佛即荅之 念佛念法念僧念捨念戒念天說
諸法行分別行相 十六 速辯菩薩問何因緣故名虛
荅前虛空藏所問 空藏佛言譬喻長者有大庫
藏無量珎寶積聚其中今此菩薩亦復如是過去光
明王如來時有輪王名功德莊嚴有二子一名師子

一名師子近出家得道佛令師子進現大神變於虛
空中雨無量寶滿足一切所願佛即印其名又無數
劫前佛所爲灌頂王出家發菩提心虛空藏 十七 虛
八万四千諸三昧門成就如是廣大神通力 空
藏問大誓莊嚴大乘妙法佛以車轅車輻等爲喻無
量善法而爲莊嚴寶德問淨行荅以眼耳等無際爲
淨阿難問身證荅以虛空印爲印諸聲聞各以衣上
虛空藏以神力攝往袈裟幢世界山王如來所說法
梵天衆問如來爲說善根出要寶手問不思 十八 魔
議法荅以六十四法爲一百二十八法引攝 波
旬衆來至佛所鬧說邪魔破佛法律罪報愁甚無量
佛運慈悲攝令發心文殊與諸菩薩各說過魔事法

波旬歡喜魔子魔衆有不同者虛空藏神力攝
化諸天各說呪護法令如是經典流布無窮

十九

寶幢魔苦品舍利弗目連遇馬星說法將詣佛所出
家波旬作無量魔相欲令退轉佛神力故皆不能也
過去佛所夫人善見聞寶幢陁羅尼即轉女身波旬
種種為害十大弟子入城持鉢波旬令作歌舞各為
說偈說呪悉
發無上道意

二十

四大弟子與波旬在王舍城中遊
行歌舞無量人天悉生煩惱佛將
入城人天皆來云不可入城恐魔衆為害如來神力
化無量香花莊嚴城中入首楞嚴定此云健相示現
八十種微妙相好光味仙人見是相已即問佛姓氏
等佛即復問乃說人生所屬二十八宿所臨性行佛

即破之令了生死即得授記佛復以神力於一一門
現身降伏魔衆遂言魔衆從我入胎已來種種害我
我不生嗔恚各
悟無生法忍

大集 卷十 大集經二十一

如來調伏衆魔已東方阿閦佛
西方彌陁佛及十方諸佛各與
無量菩薩來入大寶坊大集會中圍遶如來諸天諸
神諸鬼與諸如來說神呪護持大集經典一切正
法魔衆聞呪各發　提
心十方諸佛各還本土

二十二

虛空目分聲聞品
目連舍利弗初出家
說法諸弟子衆各生憍慢如來以神力拈花化寶光
明花鬚中說偈言十方界佛弟子各捨憍慢大集佛

會花鬚往四方一一佛所說偈四童子與四方衆皆來
佛會願聽虛空目說為憍陳如說出家行法比丘修
諸觀境解脫法門及滅後十二部經隨世間
所說異宜弘正法諸龍衆至各各發願

二十三

目品
佛放光明照十方世界一切衆集諸國王設問十二
月相無有知者諸佛所問佛說過去仙人與雌虎交
生十二子因緣彌勒說偈佛即解說為憍陳如行行
惠行為婆羅門說四無量心為無勝說三慈自說修
菩薩行時一切
處修慈悲行

二十四

聖目品　明星問佛聲聞辟
支所行佛一一說其相狀及
聖智等法演說大慈悲為本乃善受生虛空目內空
目外空目等法門諸大衆諸神衆諸王衆各願流通

正法
也

二十五

寶髻菩薩品　東方淨住如來所至此
寶坊中問佛所修淨行法即法行佛言
四行一者波羅蜜行此云到彼岸二者助菩提行此
云道三者神通行四者調衆生行一一行中說諸法
相所行皆是念處
觀境微細行之

二十六

佛說淨五根淨五力淨七
覺支淨八正道淨莊嚴調
伏一一廣說行相乃云過去為精進
比丘受種種苦調伏衆生方成正覺

二十七

無盡意
菩薩品
東方普賢如來所至此界佛所說偈放光舍利弗問
佛乃說所來國中不以文字語言唯諦觀於佛行念
佛三昧舍利弗問云何名無盡誰與仁者字也何謂
無盡法門荅云初發菩提心已無盡無無盡菩薩心

清淨無盡心行無盡四行無盡畢竟無盡布施持 二
戒精進禪定智慧無盡一切善法悉亦無盡故
十八 無盡意爲舍利弗說精進禪定般若無盡 二十
如是諸行無盡成無盡慧得無盡智也
九 說四無量心四無㝵智六神通四依法四 三十 菩
攝法一切法等亦無盡廣說無盡盡也 薩
修習功德無盡智慧無盡四念處四正勤四如意五
根五力七覺支八正道修行定慧總持辯才一道方
便是名菩薩八十無盡舍受一切佛法無盡說是無
盡法門諸聖賢衆各以香花衣服以散無盡意人天
等衆各各發弘誓
願護持此之妙法

國 十卷 大集經三十一 日密分中護法品 佛說六度
妙行迦葉白佛破戒比丘不可
受施佛言諸過惡侵犯僧物頻婆羅王白佛請說果
報諸惡比丘受無量苦乍護一持戒者不可護無量
破戒者說是法時東方佛所日密菩
薩南方佛所香象王菩薩悉來此界 三十二 西方佛
所光密
菩薩北方佛所虛空密菩薩如是四方四佛各爲四
菩薩說法說呪至此忍界以偈讚佛各入禪定佛爲
憍陳如分別色欲形欲天欲欲欲一切凡夫以此四
欲纏縛流轉生死爲說一切諸觀境令觀不淨妄想
惡覺悉如虛空諸 三十三 佛爲憍陳如重說四佛神
修行者依如是學 呪蓮華空空行空淨欲等

陁羅尼修此法門一切世間作不樂想不淨白骨想
食想持鉢房舍等想一一觀想無一可樂自然入空
解脫門十方佛攝此世界入在 三十四 日藏分護持
身中善根衆生歡喜波旬愁苦 正法品 自
三十四至四十卷盡與前日密
分同本也耶舍別譯文廣耳
有 十卷 大集經四十一 降伏衆魔及驢脣先生過去因
緣安置日月星辰二十八宿善
惡祭祀法 四十二 二十八宿吉凶造作用事晝夜合
迎祥也 與不合一月三十月輪次直之應
一切衆生 四十三 光味菩薩誡諸龍王護持佛法諸
所作爲也 魔愁苦爲說念佛三昧陁羅尼法

門
也 四十四 歸諸龍王爲說諸善
法乃布施等行相也 四十五 付囑諸龍王
龍衆天上人
間隨處守護佛法如塔演諸神呪令 月藏分
通持者能守護佛法獲大利益等事 四十六 西方世
界日月光如來所月藏菩薩來詣佛所說 魔
諸吉祥偈及月幢陁羅尼佛說六度行也 四十七 波
旬及修羅衆來詣佛所不能
惱亂自然信伏回心皈依也 四十八 彌勒問佛是王
貴種何緣與修
羅畜生類親佛言毗舍浮如來時我爲兄他爲八弟
月藏遂問第一義佛言三界衆生皆著樂不發菩提
心此云道若發此心 四十九 火光天子與諸天衆各
即是第一義也忍之 各勸諫波旬眷屬回向

佛法不須惱亂一切諸神四大天王等衆各說守護正法利益人間 五十 諸鬼神衆歸信巳佛爲說第一義清淨平等六度行之清淨十惡休之則一善得十種功德及說諸秘密神呪

虚 十卷 大集經五十一 二卷 五 清淨禪平等乃諸禪定觀境一一分別及一切世間智器出世間法器成就觀行三昧即法器也諸鬼神衆各說因地罪犯今發心護持弘法蘭若比丘衆也 五十二 諸魔說偈讚佛自在天日月天四天王天等各說護法者 五十三 佛爲四天王說大力雄猛不可害輪大明呪亦各與授記阿修羅火味等不蒙付囑護法遂即生惱佛復囑之皆大歡喜爾時大集

會中百億衆生萬億菩薩各各誓言流通正法弘持法藏諸龍諸阿修羅等各願養育四天下有情 五十四 佛勸諸阿修羅與諸龍衆行忍辱行不得鬪諍護持比丘爲火味修羅說諸善法所修之行行者也 五十五 佛爲月藏言我滅度後初五百年解脫堅固次五百年禪定堅固次五百年智慧堅固次五百年塔寺堅固次五百年鬪諍堅固乃付囑諸龍諸天修羅等衆及諸國王各護持我法令此閻浮國界一切弘法比丘一切衆生而獲安樂 五十六 說二十八宿所主世間一切有情物類佛爲大梵天言一一國土付囑角宿等一一星育養幾國土佛面門放光照大千界悉見無量佛國四天下

建立塔寺之處付授彌勒日藏月藏各以偈問佛即以偈荅識佛法盛衰及因地緣或遇惡王惡臣惡人壞佛法等緣 五十七 須彌藏分功德天問聲聞禪智菩薩禪智佛爲微細說之地藏菩薩問功德天風雨不時與物爲害如何護持長養衆物功德言過去與如來同發菩提心幢相如來授水風呪力陁羅尼但衆生惡毒招此旱潦物不滋養我亦護之 五十八 佛告功德天我與汝二人幢相佛所同發心今我得菩提汝得滿願功德天言我願未滿爲此處多有毒龍龍女與人爲害爾時須彌藏仙菩薩白佛我入毒龍宮中入龍頻申三昧入三昧巳又說神呪諸龍降伏善住龍王等各願護持國土各說

神呪地藏無盡意彌勒文殊諸菩薩衆 五十九 十方菩薩俱來問佛何因緣同眼耳同心意何故有癡有黠有慧有能飛有能三昧有定意有智慧有厚薄佛言有守口不能守身有守身不能守意者遂有五十校計微細黠罪皆從心起百八疑癡顛倒當墮愛栽識因緣種然百八愛百八黠一一法自心意識眼耳鼻舌身意五陰中互相轉入色聲香味觸其間不知生不知滅生死欲習斷其惡欲成眞觀定聖衆同聲白佛我等無欲佛云汝等愛三十二相不皆云我等勤苦爲修此也佛云汝等何言無欲諸菩薩各各大慚稽首讚佛也 六十 佛爲十方菩薩言坐禪數息不

得定意若得定意不久但坐當滅當來生死意當斷
本罪生死意佛言心所動得因緣合中有盛百八生
死皆心意識眼耳等中又復校計百八本罪滅不滅
百八罪入空中百八不捨百八清淨百八精進百八
忍五十校計中一一校計說百八心未起時中有五
百四十百八愛行眼耳等一一法有如是五百四十
百八
愛行

右大集經六十卷如來在色欲二界中間化大寶
坊大集十方聖衆人天魔梵龍鬼悉大集其中說
此大集經法然後付囑護助比丘宣揚正法保持
國土養育衆生其間或前譯後譯或同本不同乃
佛法不可思議豈意識測量也若大機器者具無
漏智細閱而依行則如來常出現世矣

陶 十卷 地藏十輪經 地則堅厚無涯藏則包含無盡以
十佛輪轉十惡業故唐三藏玄奘
法師
譯也 一 函時南方香雲香雨花雲花雨寶雲寶雨無
量莊嚴具來入大集會中天人問何瑞如此

佛云地藏菩薩將至于此即時說偈爲供佛上如來
說此大士十方諸佛國土隨意居成就勝事讚其
三昧功德欲增長此界有情善 二 地藏以偈問佛謂
法來入此大集會說秘密呪 此界衆生何故不
畏苦業多造十惡佛爲廣說所修十佛 三 天藏問佛
輪令此衆生轉其十惡業輪業俱無盡 修無依行
荅以十義一欲修定之資緣二犯戒行惡行三妄執
身心四心動躁五離間語鬭亂六惡語毀罵七雜穢
虛誑八貪嫉他人九多嗔忿十邪見以此十緣不能
成定復有十無依法一著事業二著談論三著睡眠
四著營求五著艷色六著妙聲七著芬香八著美味
九著細觸十著尋伺以此亦不能成又爲說國王大

臣不得破壞比丘然有破戒 四 地藏問此土有佛世
者亦勝清淨外道功力所修 無佛世作惡衆生入
無間獄如何救護佛云此土衆生剛強難爲調伏造
十惡輪多入地獄乃說破戒比丘多於國王大臣前
毀罵持戒比丘如是惡業當墮 五 佛告地藏具善國
無間地獄復說撥袈裟因緣義 王大臣婆羅門居
士長者護佛法護比丘自然遠離十惡業輪亦勸他
離乃吉祥也天藏護國神呪復爲金剛藏說有依行
法十輪回 六 惡剎利帝等親近破戒比丘非法器僧
法門妙義 退失一切善法墮無間獄若具善剎利
帝等親近佛法比 七 佛說惡性衆生造種種業將受
丘成就種智也 無量苦報會中百千万億衆各

各發露懺悔宿作邪見金剛藏問如何修進善業
遂各於佛法生正見等 八 得不誤失佛言有十種輪
若能修持遠離十惡業喩如輪 九 佛說遠離嗔恚邪
王有諸寶輪能降伏一切王也 見等十輪復說財
施法施福田相十輪布施大甲冑輪淨 十 佛說福田
戒安忍精進禪定般若等大甲冑輪 相般若大
甲冑輪大慈大悲大忍堅固大甲冑輪會中人
天聞此法者皆得法眼付囑金剛藏等流通
唐 十卷 十輪經八卷 與前同本異譯但廣略小異若要三寶種姓熾盛久住世間利益有情依
此法門也 須彌藏經二卷 大集經中須彌藏分同本

吊 十卷 念佛三昧經五卷 虛空孕經二卷 虛空藏經一卷 觀虛
空藏經一卷 虛空藏神呪經一卷 已上五經與大集經虛空藏分同本各譯
民 十卷 大集念佛三昧經 大集經中虛空藏分同本此隋朝笈多譯名不空見 一
聖衆入天集會諸天願聞念 二 過去寶聚如來所精
佛三昧法門如來即現神力 進王二子一名師子
意於如來所出家 三 佛弟子衆思念但聞其名不見
修梵行而證道果 解釋不空見即入念佛三昧諸
菩薩聲聞各相問荅說偈嘆 彌勒現神變不空見
此三昧神變不可思議也 四 與阿難廣說一切法

安三 五 不空見說無量妙音聲無量如來功德具足
昧 第一無量辯才將說念佛三昧法門妙義
六 如來爲不空見現大神力出金色手摩頂云汝今
善爲衆生說如來功德不空見以偈讚佛復發四
十問如願得多 七 如來爲說念一切佛三昧 八 佛說
聞自然海等 復說思惟佛三昧法門 思惟
佛三昧已會中無量人衆皆得法眼如來放光記如
是衆各當成佛不空見復問慚愧三昧佛說過去佛
所爲善觀 九 行慚愧行修集一切善 十 慈行如來所
王行是行 法圓滿念佛三昧法門 廣樹比丘輪
王天生皆入念佛三昧此法門
是一切佛菩薩成道逕路也

伐 九卷 大集賢護經五卷 般舟三昧經二卷 拔陂菩薩經一
卷 已上三經與念佛三昧經同本但隨所見翻譯成廣略也其間不無小異至如般舟云見在定意意
向十方佛即念佛思惟佛三昧也所云拔陂或云颰
陀和或云拔波皆梵音差別此方直譯爲賢護然此
經前後七譯今或存或
云具如開元錄詳論
罪 十三卷 阿差末經七卷 無盡意菩薩經六卷 已上二經大集經正
部中無盡意菩薩分同本梵云阿差末此方翻爲無
盡意無量意然北涼西晉宋代各譯故立三題各異

周十卷大哀經八卷譬喩王經二卷已上二經大集經中譬喩王別品同本大
哀卽最初自在王菩薩品其所問者則如來大悲行
利樂有情成無上道以我佛如來大悲心行大哀憫
三界衆生而爲度三卷八
脫故立是題也

發十卷寶女所問經四卷大集經中寶女品同無言童子經二卷
大集經中無言菩薩同奮迅王問經二卷自在王菩薩經二卷已上
二經同本各譯於法得自在王問佛如何於大乘
自在能奮迅故立名耳上速成菩提佛云有四法而

能成就一者戒自在二者神通自在下佛說解脫自
三者慧自在四者智自在廣說行相在於菩集滅
道等法不了則顛倒了即一
切法皆得自在故云王也

殷十卷寶星陁羅尼經大集經寶幢分同本其間緣起則馬勝化舍利弗目連來投佛
出家波旬爲惱如來分衛王舍城門一一門中佛現
十方佛悉來共作歐光降伏波旬同音說呪普益末
世衆生及諸國土令守護四部弟子使精修戒法令
法久住其間月勝所說寶星陁羅尼誦持者女變男
身其功
最妙

右諸經皆係大集經總部故略錄次序使見前後
翻譯其品目義意止於正部中標列貴不繁碎俾
覽者易曉其始末也

華嚴本部并眷屬經總二十六部計百八十七卷共一十七帙蓋前後翻譯不同其
義趣廣略貫通則同也今於諸部只標卷數品會於
唐譯新經八十卷中一一撮其義類以照前後部帙

古華嚴經五十卷七處八會共三十四品東晉天竺三藏佛陁跋陁羅等譯

湯十卷古華嚴經一世間淨眼品一二世間淨眼品二三盧舍那品四如來名號
品四聖諦品光明覺品五菩薩明難品淨行品六賢首菩薩品昇須彌頂品妙勝殿說偈品七
菩薩十住品梵行品八發心功德品明法品九夜摩天宮自在品說偈品十行品初分十十無盡藏品

坐十卷古華嚴經十一昇兜率天宮一切寶殿品雲集讚佛品十二十回向品
十三回向品二十四回向品三十五回向品四十六回向品五十七回向品六
十八回向品七十九十地品一二十十地品二

朝 十卷 古華嚴經二十一 十地品三 二十二 十地品四 二十三 十明
品十忍品 二十四 阿僧祇品壽命品住處品 二十五 不思議法品二 二十七 如來
十身相海品佛小相光明功德品 二十八 普賢行品 二十九 寶王如來品性起品
三十 性起品二
問 十卷 古華嚴經三十一至三十六卷 離世間品 三十七至
四十卷 入法界品

道 十卷 古華嚴經四十一至五十卷 入法界品
右古華嚴經五十卷高僧支法領親至印土取梵
文歸此大夏東晉安帝義熙十四年於揚州謝司
空寺置華嚴護淨堂同天竺三藏佛陁跋陁羅翻
譯堂前池中毎日有二青衣童子出現掃洒譯場
其靈感有如此者其餘具如感應傳所載也

大方廣佛華嚴經 七處九會所說計八十卷共三十九品唐證聖元年乙未歲于闐國
三藏實叉難陁奉詔就大遍空寺重譯則天皇帝毎
至法筵遂御製序文中間祥瑞亦時應感如序云甘
露流津預夢庚申之夕膏雨洒潤後
覃王戌之辰此其略也餘則可知
大 曠兼無際竪窮横極 方 正法自持軌物生解 廣 塵刹相含冲深包博 佛 覺斯玄妙照體圓明
華 万行可樂資莊體用 嚴 飾法成佛智運融通 經 泉湧妙義花貫玄凝
垂 十卷 華嚴經菩提場第一會 六品十一卷經普賢菩薩說 一 世王妙嚴

品 如來在菩提樹下登金剛寶座於一切法成等
正覺普賢菩薩衆執金剛神身衆神衆足行神衆道
場神衆主城主地主山主林主藥主稼主河主海主
水主火主風主空主方主夜主晝神衆阿修羅衆此
云無酒迦樓羅衆此云金翅緊那羅衆此云疑神摩
睺羅衆此云大腹行夜叉王衆大龍王衆鳩槃茶衆
此云甕形乾闥婆衆此云尋香行日天子月天子帝
釋夜摩天兜率天化樂天他化自在天大梵天光音
天遍淨天廣果天大自在天各將天衆已上四十
衆悉集道場與如來夙同願力故能普周法界也 二
道場衆海悉已雲集妙焰海十天王光明幢十天王
名稱十天王光明十天王尸棄梵十天王自在十天

王善化十天王知足十天王時分十天王因陀羅十
天王日宮十天子月宮十天子各得法門各觀已衆
及于十方佛神持國乾闥婆王十衆增長鳩槃荼
力故各説偈讃 三 王十衆㝵叉龍王十衆多聞大夜
义王十衆摩睺羅伽王十衆光明天緊那羅王十衆
速疾力迦樓王十衆宮殿主晝神十衆淨光主夜神
十衆一切主方神十衆普照主空神十衆光照主方
神十衆各有無量眷屬各入法門各觀已衆如來神
力各説 四 熖藏主火神十衆雲幢主水神十衆寶光
偈言 主海神十衆迅流主河神十衆勝味主稼
神十衆吉祥主藥神十衆如雲主林神十衆開花主
山神十衆淨花主地神十衆光曜主城神十衆莊嚴

道場十衆印手足行神十衆境界身衆神十衆妙色
執金剛神十衆各觀已衆各得法門以佛神力各説
偈 普賢菩薩入不思議解脫法門妙光菩薩大明
讃 五 菩薩通王菩薩普震菩薩明髻菩薩猛慧菩薩
智印菩薩花髻菩薩圓滿光菩薩普音菩薩淨月菩
薩光幢菩薩諸摩訶薩衆如來光中復出微塵數菩
薩各各入無量解脫法門各各 六 諸菩
觀無量衆各各説無量妙偈 如來現相品 薩及
一切世間主作是思惟云何諸佛地佛境界佛加持
佛所行佛力佛無畏佛三昧佛無能攝佛眼佛耳佛
鼻佛舌佛身佛意佛身光佛光明佛聲佛智及一切
世界海佛海解脫海等供具雲中自然出音說偈世

尊知諸心念齒間放光明光中復説偈讃爾時一切
世界海東西南北上下四維各有十億佛刹微塵數
菩薩悉來雲集各於本方化蓮華藏師子坐念念中
各出生無量殊勝諸菩薩光中同聲説偈如來欲令
諸來衆獲如來無邊境界於眉間放無量光明現無
量神變光中出微塵數菩薩衆持一切勝音菩薩光
慧王慧光明普明慧奮迅慧海慧焰髻慧威德慧法
界慧無导慧諸菩薩等各説偈讃毗盧遮那此云遍
一切 七 普賢三昧品 於如來前坐蓮華藏師子之
處 座入一切諸佛毗盧遮那如來藏身三昧普
入一切佛平等性示現微塵數世界海雲十方諸佛
各摩其頂十方世界海皆有普賢入此三昧從此三

昧起一切如來毛孔光 世界成就品 普賢以佛神力
明說偈讃普賢菩薩 觀察世界海衆
生業海欲海佛法輪海三世海願力海神變海普觀
道場海為説一切世界海成壞不可思議復説十種
事世界海依住形狀體性莊嚴清淨佛出現劫海住
轉變差別無差別一一分別其行相一一頌其所以
八 華藏世界品 普賢説毗盧遮那往修諸行以大
願風輪持花藏世界蓮華之上寶輪圍山金剛寶
地香海圍遶衆寶嚴岸山内平地金剛所成香海兩
間寶樹花果衆妙莊嚴河底莊嚴亦無量寶數此世
界有無量功德及世界種性體相形狀依住一一廣
演行相各説偈言次説二十重花藏百佛刹皆所信

所感九妙華光香水海東次有香水海名離垢焰藏
也出大蓮華無量世界海以爲眷屬圍遶次第
而十離垢焰藏香水海東次有香水海名變化微
說十妙身次第百佛刹世界一一世界無量莊嚴
洪十卷華嚴經十一毗盧遮那品　過去勝音世界最
初世界海有輪王名喜見善慧太
子名大威光供養功德山須彌勝如來次善眼莊嚴
如來次最勝功德海如來次蓮華眼如來於此四佛
所修無量行得
無量法故云耳
普光明殿第二會經四卷共六品文殊師利說　十二如來名號品　普光明殿蓮華

座上諸菩薩各各思惟爾時如來知心所念爲現神
變東方不動智佛文殊菩薩南方無礙智佛覺首菩
薩西方滅暗智佛財首菩薩北方威儀智佛寶首菩
薩東北方明相智佛功德首菩薩東南方究竟智佛
目首菩薩西南方最勝智佛精進首菩薩西北方自
在智佛法首菩薩下方梵智佛智首菩薩上方觀察
智佛賢首菩薩以此十方十智佛九首菩薩各與眷
屬悉集佛會文殊稱揚如來名號十方世界所稱不
同各有百億十千名也　四聖諦品　文殊告衆云此
娑婆世界所稱苦集滅道聖諦與十方世界各各差
別無量名　十三光明覺品　如來於兩足輪間放百
字不同　億光明照三千大千百億四天下百

億諸天百億大海百億須彌現百億菩薩出家百億
如來成道轉法輪般涅槃爾時百億佛刹皆有文殊
九首大士東方光照過十佛國百世界千世界大千
世界百千世界百万世界一億百億千億無量十万
億世界一一光照爾時一切處文殊爲一一衆說偈
稱揚如來無邊功德海行願　問明品　文殊問心性
是一報受不同既非衆生隨形化度四大無我好醜
差別所悟一法示現無量福田等一果報各異佛教
煩惱有益無益受持佛法不斷貪嗔智爲上首讚揚
施等一道出離報土差別九首菩薩各以偈荅復問
文殊云何是佛境界云何因入法知現度智說諸廣
以此十問亦以偈荅云如來深境界其量等虛空一

切衆生入而實　淨行品　智首問文殊云何得
無所入云云　十四　無過失身語意業及不害不壞
不退轉不動殊勝無染清淨智爲先導等身語意業
生處等十具足勝慧等十慧因力等十力蘊等十善
巧成就七覺支三解脫六波羅蜜佛十力圓滿云何
得八部諸天來守護云何與一切衆生爲依爲歸爲
趣爲照爲明乃至爲無等等二十問文殊荅曰菩薩
居家知家性空乃至睡眠始寤當願衆生一切智覺
周顧十方中間一百四十清淨大願則日用世出世
間諸法當機任運作意一一成就殊勝妙行速得圓
滿菩提　十五賢首品　文殊問曰清淨願行我已說
道果之殊勝功德汝當分別賢首荅曰善哉

仁者到此有勝三昧名安樂乃至其福最勝過於彼
計百九十頌甕盡圓宗妙趣方綱三昧超諸神力說
是法門已十方世界
六種震動瑞應也
發　指要
忉利天第三會 經三卷（二巻）計六品 法慧菩薩說 十六（十三） 昇須彌頂品 如來神力不離
樹下而往天宮帝釋在妙勝殿遙見佛來即與諸天
莊嚴寶座躬請於佛以威力故一切音樂自然止息
乃稱揚過去十佛曾來此殿是故此處最為吉祥十
方世界悉亦如是　須彌偈讚品如來願力故十方
世界佛刹微塵數菩薩俱來集會其大菩薩名曰法
慧及一切慧勝慧功德慧精進慧善慧智慧具實慧

無上慧堅固慧所從來國各各不同其本佛名殊特
月無盡月不動月風月水月解脫月無上月星宿月
清淨月明了月各化蓮華藏師子座而坐十慧菩薩
各觀十方各說妙偈稱揚如來無邊勝妙所修功德
十住品　法慧菩薩入無量方便三昧于佛刹微塵數
佛所皆同一號十方諸佛同音讚歎各以手摩其頂
從三昧起告諸佛子云菩薩有十種住所謂發心住
治地住修行住生貴住具足方便住正心不退住童
眞住王子住灌頂住此十住中每住聞十種法勤
學十法共成二百法門勸進行相六種震動說偈十
七梵行品　正念天子白法慧云依如來教染衣出
家如何得梵行清淨至無上道荅云應以十法為

所緣所謂身身業口口業意意業佛法僧戒應如是
觀如云身是梵行耶身業是梵行耶一一如此窮其
根源了不可得知一切法即心自性成就慧身不由
他悟　發心功德品帝釋白法慧初發菩提心所得
功德其量幾何荅云佛子假使有人以一切樂具供
養東西南北四維上下阿僧祇衆生經於一劫復教
奉持五戒展轉千千万万億億樂具劫數亦復如是
十善四果世界成壞解脫根性差別欲樂方便心業
煩惱佛塔等所一念頃能成就此之大事盡其塵劫
不能比量以初發菩提心不止如是稱其功德六種
震動復說長
偈重宣義也 十八 明法品　精進慧白法慧云成就如是菩提心功德云何修習以幾

法而速得圓備成無上道荅以十不放逸十種清淨
十法歡喜十法安住十法速入十法所行清淨十法
清淨願十法大願十無盡藏十法莊嚴及無量
具足法自在法陀羅尼法成就如是等法故
夜摩天宮第四會 經三卷共四品 功德林菩薩說 十九 昇夜摩天宮品 如來不
離菩提場忉利天而往彼天宮天王遙見佛來於寶
莊嚴殿中化蓮華藏師子座無量珎寶莊嚴天王曲
躬請佛即入昇坐天衆憶念善根佛所深種乃稱揚
過去十佛曾來此殿以故毗盧遮那如來來入此中
最為吉祥說偈讚歎十方世界亦如是現相也　天
宮偈讚品爾時十方佛刹微塵數國土外有微塵數

菩薩來集會中其大菩薩名功德林及慧林勝林無
畏林慚愧林精進林力林行林覺林智林所從十慧
世界佛所來于此土佛號常住眼無勝眼無住眼不
動眼天眼解脫眼審諦眼明相眼最上眼紺青眼十

佛皆悉來集各化寶座而坐十林菩薩各各觀察諸
菩薩衆普及十方各說偈稱揚毗盧如來願行普周
法界　十住品　功德林菩薩入善思惟三昧万佛刹
微塵數諸佛皆同一號同現其前讚言善哉善入如
是三昧各以威力共加與無量智各伸手摩頂從三
昧起告諸菩薩言菩薩行不可思議與法界虚空等
然有十種今當宣說歡喜行饒益行無違逆行無屈
撓行離癡亂行善現行無著行難得行善現行眞實

行遂一一分別解說其行　自無著行至眞實行
相所行妙行難行能行也　二十　法相說是行門已六
種震動十方世界悉
亦如是復說偈言
平　十卷　華嚴經二十一　十無盡藏品　功德林復告諸
菩薩言佛子有十種藏所謂信
藏戒藏慚藏愧藏聞藏施藏慧藏念藏持藏辯藏以
此十藏說其行相一一無盡復說十無盡法而能成
就此無盡藏
稱菩薩行也

兜率天宮第五會　經十二卷計三品　二十二　昇兜率天
金剛幢菩薩說

品　如來不離本坐而往天宮天王遥見佛來以神
力故於妙寶殿化一百八十四種妙寶莊嚴之具皆
功德智慧所生一百十八天衆出妙音聲稱揚讚歎
隨所願行力故請佛就座各說偈稱揚過去十佛曾
來故此　二十三　天宮偈讚品　佛神力故十方各有
吉祥　万佛刹微塵菩薩俱來集會其大菩
薩名曰金剛幢及堅固幢勇猛幢光明幢智幢寶幢
精進幢離垢幢星宿幢法幢所從來國名曰十妙其
佛號無盡幢風幢解脫幢威儀幢明相幢常幢最勝
幢自在幢梵幢觀察幢十佛各化蓮華藏師子座而
坐現無量神變說無量法門與毗盧如來夙同願力
十幢菩薩各觀十方各說妙偈稱揚如來所修回向

無量行門　十回向品爾時金剛幢大士入智光三
昧十方佛刹微塵數佛皆同其號而現其前稱讚以
善根力各伸手摩頂從三昧起告云佛子菩薩有十
種回向所謂救護一切衆生離衆生相回向不壞回
向等一切佛回向至一切處回向無盡功德藏回向
平等善根回向隨順一切衆生回向眞如相回向無
著無縛回向法界無量回向已上十
種回向一一分別解說其所修行相　二十四　向等一
切佛至一切　二十五　無盡功德藏及善　二十六　善根
處回向法門　根回向初分法門　回向
施種種車衆　二十七　善根回向施皮膚頂髻等　二十
寶等法門　如寶髻妙身二大士也

八善根回向中若見如來出世以大音聲遍告十方
令一切衆生得聞佛名得聞正法然說六十種施
自上妙食至王位皆施一一施中一一願無盡一一
引過去佛菩薩所施獲報爲證如妙眼王菩薩施眼
指要錄 二卷
如是得果二十九隨順衆生回向法門義三十眞如相回向所說行相法門

章十卷華嚴經三十一無著無縛回向法門三十二法界無量回向初分
三十三法界回向中以法施所修善根等法義然此
十回向中所演行相法門無量其間一一回
向各有偈言稱揚
菩薩所行大行也

他化自在天宮第六會經六卷止一品義金剛藏菩薩說三十四十地品

如來在他化自在天宮摩尼寶殿上金剛藏并解脫
月菩薩衆金剛藏即入智慧光明三昧諸佛共加如
來智力各伸手摩頂勸說菩薩智地法門從三昧起
告諸佛子云菩薩有十種地所謂歡喜離垢發光焰
慧難勝現前不動善慧法雲說此十地名已默然在
定諸菩薩各各心念何故不分別地位行相解脫月
知諸心念殷勤三請諸菩薩同音共請如來
放光加請謂之三加五請乃說歡喜地法門三十五
離垢地淨戒法門發光地忍辱法門三十六焰慧地精進法門難勝地禪定法門三十七

現前地智慧法門遠行地方便法門三十八不動地無盡願法門善慧地無量力法門三十
九法雲地大智法門說受職法門十方受職菩薩悉大歡喜同來集會各各放光證其所說然十地中
法門唯大機大器者可以受持讀誦

普光明殿第七會經十三卷共十一品普賢菩薩說四十十定品

如來於普
光法堂入刹那際三昧十佛刹微塵數菩薩皆住灌
頂位其名曰金剛慧并普眼等一百大士爲其上首
各與十佛刹微塵數菩薩俱皆與如來夙同善根爾
時普眼問普賢三昧所修妙行佛言今在此會成就

不可思議神變聞名者皆得三昧普眼復問今在何
處佛云現在此道場普眼與衆觀察不見身坐復入
三昧遍觀亦不能覩從三昧起白佛我求見普賢竟
不能得佛言身語意業境界無量令衆渴仰殷勤頂
禮普賢即以神力現其色身及蓮華座大衆心喜讚
嘆佛告普賢當爲菩薩稱揚三昧普賢即說十大三
昧所謂普光大三昧妙光大三昧遍往諸佛國土大
三昧淸淨深心行大三昧智莊嚴藏大三昧智光明
藏大三昧了知一切世界佛莊嚴大三昧衆生差別
身大三昧法界自在大三昧無导輪大三昧此十大

三昧過去未來現在諸佛已說今說當說若能成就
與如來等無有用分別普光妙光二三昧法門義趣
愛 十卷 華嚴經四十一 佛國土深心行莊嚴藏光明藏佛莊嚴五大三昧行相法
門義相 四十二 差別身法界自在二三昧行相法門 四十三 無导輪大三昧行相普眼
聞如是法問云何故不名爲佛答云入此境界乃名爲佛行願無休乃名菩薩 卷十五 四十四 十通品
普賢復爲諸菩薩說十種通所謂他心通天眼智通
宿住隨念智通天耳智通佛剎智通言辭智通色身

智通一切法智通滅盡三昧智通四劫智通若成就
此十大智神通悉得一切三世無导智神通一一分
別其行相 十忍品普賢復爲諸菩薩說十種智忍
所謂音聲忍順忍無生忍如幻忍如焰忍如夢忍如
響忍如影忍如化忍如空忍一一解說忍中所修義
趣復說妙偈如音聲忍偈略云聞一切佛所說妙法
不驚不怖等 四十五 阿僧祇品 心王菩薩白佛如來演說阿僧祇無量無邊無等不可數不
可稱不可思不可量不可說不可說不可說其義云何佛言
汝今欲令諸世間入佛數量之義當爲汝說自一百

洛叉至爲一不可說不可說轉以盡古今大數止一剎
那際佛復說偈大旨則身口意業世出世間一切諸
法及日用動止皆不可說不可說至如塵毛境界亦
不可說不可說 壽量品 心王爲諸菩薩言釋迦佛
彌陁佛金剛堅佛善勝光明佛法幢佛師子佛光明
藏佛法光明蓮華佛神通光明月智佛此十佛世界
一日一夜一劫展轉而超乃至過百万阿僧祇世界
最後世界一劫於賢勝如來國土中所壽量計前佛
剎爲一日一夜以見其壽量長短也 菩薩住處品
心王爲佛言東方仙人小金剛勝菩薩南方勝峯山

法慧菩薩西方金剛焰山無畏行菩薩北方香積山
香象菩薩東北方清涼山文殊師利菩薩海中金剛
山法起菩薩東南方支提山天冠菩薩西南方光明
山勝賢菩薩西北方香風山香光菩薩大海中莊嚴
窟等一一處皆有菩薩各有眷屬數衆於中止
住而常說法利益無量唯有緣有智眼者見之 四十
六 佛不思議法品 爾時會中諸菩薩作是念諸佛
國土本願種性佛出現佛身佛音聲佛智慧佛自
在佛無导佛解脫以此十問云何不思議如來知諸
心念以神力光照智慧攝受令青蓮華藏菩薩任佛
無畏入佛境界而告諸佛子荅前所問說一百
九十種十十法門一一如來不思議境界故 四十

七說十種廣大佛事則示現兜率入胎出胎王宮逾
城修道成正覺轉法輪入涅槃等相說十十法門
計一百法皆前所闡顯
圓融妙義重重無盡也 四十八 如來十身相海品 普賢告諸菩薩言今
爲汝等演說如來十身三卷十六所有相海如來頂上有大人
相乃至九十七左足指端佛神變處大人相如來示
現之相或三十二或八万四千此止九十七大人相
并十華藏海微塵數大人相如來一一身分衆寶妙
相以爲莊嚴各有微塵數妙寶而爲眷屬以表佛身
莊嚴無盡也 如來隨好光明功德品佛告寶手菩
薩言佛子如來有隨好名圓滿王此隨好中出大光
明名爲熾盛七百万阿僧祇光明而爲眷屬我爲菩

薩時於兜率天放大光明名光幢王照十佛刹微塵
數世界彼地獄衆生遇斯光者衆苦休息而生兜率
天中有鼓名甚可愛發音告諸天子言汝等心不放
逸於如來所種諸善根鼓音中一一稱揚如來所有
無量三昧功德光明一一誨諸天子速令親近遂化
種種供具往瞻如來不即覩見却復觀察已下生淨
飯王家鼓聲告云
各當發菩提心 四十九 普賢行品 普賢告諸菩薩言向所說但隨根器略
說如來少分境界諸佛爲見衆生無智作惡計我我
所執著顛倒疑惑邪見分別結縛常共相應隨生死
流遠如來道故出于世佛子我不見一法爲大過失
起一嗔心生百万障門所謂不見菩提障不聞正法

障等一百障法應勤修十種法十種清淨十種廣大
智十種普入十種勝妙心十種佛法善巧智說是法
已十方十不可說微塵數世界六種震動十佛刹微
塵數菩薩來詣此土充滿十方各作是念我等一切
皆名普賢於是
普賢復說妙偈 五十 如來出現品 爾時如來放大光明名如來出現照十方盡虛
空界入如來性起妙德菩薩頂於是白佛說偈如來
即於口中放光明名無畏入普賢口妙德問云何
是如來出現之法願爲我說身相言音心意境界所
行之行成道轉法輪般涅槃見聞親近所生善根復
說偈言普賢告妙德云此處不可思議遂說如
來十種出現相十種如來身相皆不可思議故

育

十卷華嚴經五十一 如來音聲如來心各十種相所喻云有聰智人見一塵中
有大經卷量等三千
大千及說偈稱揚 五十二 如來境界如來所行行如來成正覺如來轉法
輪如來般涅槃如來見聞親近各十種法說六大譬
喻說是法已六種震動無量莊嚴千万億那由他佛
刹微塵數菩薩從他方來詣此中
充滿十方同音稱揚讚此法門故
普光明殿第八會 經七卷止一品 普賢菩薩說 五十三 離世間品 爾時如來
妙悟皆滿十不可說百千億那由他佛刹微塵數菩
薩悉集佛所其大菩薩名普賢普眼普化普慧普見

普光普觀普照普幢普覺等十大士皆悉成就普賢
願行爾時普賢入佛華三昧從三昧起普慧發二百
問普賢以一答十何等爲菩薩依爲奇特想爲行爲
善知識爲勤精進爲心得安隱爲成就衆生爲戒爲
指要録三　十七
自知受記爲入菩薩爲入如來爲入衆生心行爲入
世界爲入劫爲說三世爲入三世爲發無疲猒心爲
差別智爲陀羅尼爲演說佛爲發普賢心爲普賢行
法爲起大悲爲發菩提心因緣爲於善知識起尊重
心爲清淨爲波羅蜜爲智隨覺爲證知爲力爲平等
爲佛法實義句爲說爲持爲辯才爲自在爲無著性
爲平等心爲出生智慧爲變化爲力持
等四十二問答四百二十種法門妙義
五十四　爲得大欣

慰爲深入佛法爲依止爲無畏心爲發無疑惑心爲
不思議爲巧密語爲巧分別智爲入三昧爲遍入爲
解脫門爲神通爲明爲解脫爲園林爲宮殿爲所樂
爲莊嚴爲發不動心爲不捨深大心爲觀察爲說法
爲清淨爲印爲智光明爲無导在
等二十六問答二百六十法門
五十五　爲無下劣心爲如山
增上心爲入如海智爲如寶住爲發金剛大乘誓願
心爲大海起爲究竟大事爲不壞信爲授記爲善根
回向爲得智慧爲發無邊廣大心爲伏藏爲律
儀爲自在等十五問答一百五十種法門妙義　五十
六　爲無导用爲衆生無导用爲刹無导用爲法無导
用爲身無导用爲願無导用爲境界無导用爲智

無导用爲神通無导用爲神力無导用爲力無导用
爲境界爲遊戲爲力無畏爲不共法爲業爲身爲身
業爲語爲淨修語爲得守護爲成辦大事爲心爲發
心爲周遍心爲諸根爲深心爲增上深心爲勤修爲
決定爲決定解爲決定解入衆生界等三十
三問答三百三十種法門皆徹法圓融妙義　五十七
爲習氣爲取爲修爲成就佛法爲退失爲佛法道爲
離生道爲決定法爲出生佛法道爲大丈夫名號爲
道爲無量道爲助道爲修道爲莊嚴道爲足爲手爲
腹爲藏爲心爲被甲爲器仗爲首爲眼爲耳爲鼻爲
舌爲身爲意爲行爲住爲臥爲坐爲所住處爲所行
處爲觀察爲普觀察爲奮迅爲師子吼等三十九問

答三百九
十法門
五十八　爲清淨施爲清淨戒爲清淨忍爲
清淨精進爲清淨定爲清淨慧爲
清淨慈爲清淨悲爲清淨喜爲清淨捨爲義爲法爲
福德助道具爲智慧助道具爲明足爲求法爲明了
法爲修行法爲魔爲魔業爲捨離魔業爲見佛爲佛
業爲慢業爲智業爲魔所攝持爲法所攝持爲住兜
率所作業爲兜率天宮沒
等三十問答三百法門
五十九　爲現處胎爲現微
細事爲現初生爲
現微笑爲示行七步爲現童子地爲現處內宮爲現
出家爲示苦行爲往道場爲坐道場爲道場奇特相
爲示降魔爲成如來力爲轉妙法輪爲白淨法爲示
涅槃等十七問答一百七十法門普賢說此二千法

門巳十方諸佛同音讃言善哉仁者快説如是功德
行處決定義華普賢復觀十方及于法界而説偈言
逝多林第九會經二十一卷止一 六十 入法界品
品如來神力故説 如來在逝多
林大莊嚴重閣菩薩五百人俱文殊普賢爲上首十
幢十威力十藏十眼十冠十髻十光十音十上十勝
十自在王十覺等如上菩薩及與眷屬俱如來知其
心念大悲爲身爲門爲首即入師子嚬呻三昧威神
力故遍作莊嚴十方世界各有佛及菩薩衆各來
詣此觀廣大神變無量境界舍利弗諸聲聞衆雖在
會中不見不聞如來如是境界威神諸大菩薩各以
佛神力故各説偈稱揚毗盧如來顯示如是法界法

門妙境 欲遊
十卷 華嚴經六十一 普賢説此師子嚬呻三昧功
力十種法門復説偈言如來
參 欲令菩薩衆安住此三昧眉間放大光明普照法界
逝多林中變種種神變種種法門種種三昧等相文
殊觀此神變而説偈讃諸菩薩聞巳各入如是三昧
現無量境界文殊將諸大衆出善住閣漸往南方遊
行人間舍利弗將六千衆隨從親近如象 六十二 文
王回説十種法門各各悟入佛境界門 殊
勸諸比丘發菩提心即往南方至福城東大塔廟處
古佛菩薩所種善根處人天普集爲説普照法界修

多羅城中無量人衆皆悉來詣其中五百優婆塞五
百優婆夷五百童子五百童女至文殊所右遶頂禮
爾時文殊觀察善財及諸人衆爲説法要及説妙偈
如象王回觀善財等皆發菩提心勸近善知識善財
乃問云何學菩薩行云何修云何趣云何行云何淨
云何入云何成就云何隨順云何憶念云何增廣云
何令普賢行速得圓滿發如是等問文殊爲説偈畢
指往南方妙峯頂德雲比丘海門國海雲比丘海涯
聚落善住比丘三善知 六十三 善財參彌伽長者解
識所各悟入法界法門 脱長者海幢比丘休
捨優 六十四 善財參毗目仙 六十五 善財參慈行童
婆夷 人勝熱婆羅門 女善見比丘獻

沙童子具足優 六十六 善財參寶髻長者普眼長者
婆夷明智居士 無厭足王大光王不動優婆
夷各授巳法 六十七 善財參遍行外道鬻香長者婆
界法門也 施羅船師無上勝長者師子嚬
呻比 六十八 善財參婆須蜜女鞞瑟胝羅居士觀音
丘尼 菩薩正趣菩薩力天神安住地神婆珊
婆演底 六十九 善財參普德淨光主夜
主夜神 神喜目觀察主夜神 七十 善財參
普救衆
生妙德主夜
神所悟入門
首 十卷 華嚴經七十一 善財參寂靜音海主夜神守
護一切城主夜神所悟法門

七十二善財參開敷樹花主夜神七十三善財參大願精進主夜神七十四善財參毗嵐園中妙德神七十五善財參釋種瞿波女七十六善財參摩耶夫人天主光女童子師遍友衆藝童子賢勝優婆夷沃田堅固長者妙月長者無勝軍長者最寂靜婆羅門七十七善財參德生童子有德童女指參慈氏至莊嚴閣前見從外歸問訊請法界法要七十八善財白彌勒言我聞仁者授一生記我已發菩提心未審如何學菩薩道修菩薩行重重問已彌勒乃讃善哉仁者菩提心難發汝今已發是欲為一切衆生成就佛道復說二百一十餘種菩提心成熟善財善根

七十九善財白言唯願仁者開樓閣門令我得入彌勒彈指樓閣門開善財即入門即還閉乃見無量無邊阿僧祇莊嚴境界及見自身與彌勒并三世佛因地所修行菩薩行種姓國土見在無量佛刹佛示生化導等事爾時彌勒即攝神力入樓閣中彈指作聲告云起法性如是善財從三昧起白言聖者此解脫門名字何等告云名入三世一切境界不忘念智莊嚴藏此一生大士之所能得善財問此莊嚴事何處去曰來處去曰從何處來曰從智慧神力中來智慧神力中住無有去來亦無住處非集非常遠離一切如龍王降雨不從身出亦不從心生種種為善財說卻云文殊是汝知識宜往參見八十

善財依彌勒教漸次經遊一百一十餘城到普門國住其門所一心思惟文殊思欲奉近文殊遙伸右手過一百一十由旬按善財頂云若離信根心劣憂悔功行不具退失精進再三宣說令入普賢所行道場及置善財自所住處文殊還攝不見於是善財得見三千大千世界微塵數善知識悉得受行其教欲見普賢即於此金剛藏菩提場毗盧遮那如來師子座前一切寶蓮華座上起等虛空界廣大心及現一切神變光明一一毛孔一一身念念中出生無量無邊佛境界同善根力普賢告云仁者見我此神通力不曰唯然已見乃云我於過去不可說劫為求一切智難行能行一切苦行集無量善根成此智力乃為善

說重宣妙偈復為說佛功德海一滴之相以頌告之耳

右華嚴經若五十卷謂之晉譯若八十卷者謂之唐翻其間品目義意則大同小異也李長者論釋則全彰理而泯事觀國師疏解則即現事而顯理故一塵一毫理事圓融一色一香佛境現前也此所以然者俾發函開卷便見緣起行相若窮頓圓

妙義則跡論存焉

臣十三卷信力入印法門經五卷一有大信力入佛境界印其自心造此法門文殊問入初地法佛云欲清淨歡喜地修五種法也二歡喜地中得大無畏修五種法也三歡喜地中欲得安隱之處修五種法門也四文殊問如來無身智如來教化衆生力普賢如問荅之五如來自然智普見名稱差別依止身相項相住持八因緣義如來德智經二卷智光嚴經一卷如來智德經一卷華嚴佛境界經一卷如來不

思議經一卷已上五經與華嚴經中不思議法品同本各譯華嚴修慈分一卷彌勒大士問佛如何得速成菩提佛云當修慈心調伏衆生等義也金剛鬘珠菩薩修行分一卷普思義菩薩問云何修行悟入三摩地佛云如無悟入是名悟入如我悟入菩提以無所得乃云過去有王名金剛鬘珠於光明如來等佛所悟入而無所悟所入王即我也

伏十三卷漸備經五卷與華嚴經十地品同本十住經一卷十住行道經已上二經華嚴經十住品同菩薩本業經一卷求佛本業經

一卷已上二經華嚴經淨行品同莊嚴菩提心經以六度無盡行莊嚴自心成佛普賢所說經告諸佛子各觀自身及佛身所有境界菩薩十地經已上三經同本異譯皆華嚴眷屬所攝也兜沙經華嚴經中如來名號品同然十方佛來各坐交露帳中猶如兜沙應現若此也

戎十二卷如來興顯經四卷華嚴經如來出現品同本十住經四卷華嚴經十地品同等目菩薩經三卷華嚴經中十定品同佛土功德

經華嚴經中壽量品同

羌十卷度世經六卷華嚴經中離世間品同羅摩伽經三卷華嚴經中入法界品同華嚴入法界品善財參摩耶夫人等九善知識所悟法界法門乃大周時三藏地婆羅訶譯出別行

右四帙計四十八卷與華嚴經中品同各譯或華嚴眷屬所攝今但指其所歸俾看經者通照大部

則曉其名題而不疑也

大般涅槃經 總六部計五十八卷共六帙正部四十卷則北涼天竺三藏曇無讖所譯宋元嘉中重定耳

洪　指要録　三卷　二十一丈

大寂體圓極無處不周般涅槃梵語也此云滅度或云圓常或云滅盡或云寂滅則常樂我淨四德經如前解義

遺 十卷 大涅槃經 一 壽命品佛在拘尸那國力士生處二月十五日將涅槃時出大音聲遍告十方若有所疑今悉可問從其面門放大光明照十方界衆生見者聞者無不悲惱聲聞菩薩人天龍鬼四十餘衆各來廣陳最後供養悉皆不受悲泣無量也 二 純陀白言願受微供佛告云汝今於我欲求壽命色力安辯遂論其施者受者二無差別復以偈言更相讚美又與文殊廣論法義又復放光告純陀諸比丘衆汝等莫生悲惱但安住祕密藏中如伊字三點勸修無我想我定涅槃諸比丘再三請佛在世佛云我無上正法付囑迦葉當爲汝等作大依止乃喩王病愚醫不能治良醫治之佛之出世如夫智醫王或信不信 三 佛云汝等於戒律中有所疑者恣汝請問於是迦葉菩薩以偈問曰云何得長壽云何於此經云何得廣大如此致三十問佛即荅之以牛乳添水爲喩破戒比丘壞滅正法若行慈心必益壽命視諸有情如羅睺羅法性常住無有生滅過去爲王護持戒說法比丘獲金剛身堅固不壞佛身非世間法正知正見即見佛身名字功德是大般涅槃受持流布得無量福 四 如來性品 佛告迦葉涅槃有四相義一自正二正他三隨所問荅四善解因緣義廣爲分別即有女人抱兒來坐辨食蘇乳消不消及說示現納耶輸而有羅睺羅入胎示生東七步爲人天最上南十步與一切衆生爲福田西七步永斷老死北七步已度諸有四維各七步斷種種煩惱上七步不爲物汙下七步法雨滅地獄火乃至受樂出家苦行受乳詣樹受草登座降魔說法等緣 五 迦葉云如來唯有密語無有密藏喩如秋空滿月皆令得見種種喩已我爲聲聞波斯匿王說半字義常存不變義涅槃解說義無量喩解脫義如來止於一義無二種語若一義者何有三歸也衆怖生死故若見眞實即如來法身一義也 六 佛言我滅度後有四人出現世間謂須陁含等不依如是四人說破戒比丘喩旃陁羅此云嚴熾爲王破戒者不當紹法王位次說依法者如來也不依人者謂聲聞人也依義者即菩薩也不依語者即世俗文華也依智者即如來也不依識者分別也依了義者眞實智慧也不了義者聲聞乘也廣說此四依義乃如來悲憫末世比丘故作是說也 七 如我所說當依止如是四種人我滅度後七百年有四魔漸當出現

沮壞我之正法若言如來生淨飯王家等事是魔說
若謂久成正覺爲教化衆生乃是佛說也若謂周行
七步是不信是魔說也若謂方便示現七步是佛說
也一切衆生皆有佛性等一一如是反之復之是魔
說是佛說（渓 指要録 三巻 二十二）如前例之防護自身如龜藏六黠
慧四諦四顛倒力士額珠等喩法一切因縁
八 佛云我說
方等經亦如甘露亦如毒藥不得於二乘人前分別
三歸雪山香草牛食純出醍醐廣演一乘佛性半字
滿字月有圓缺二乘不見佛性菩薩見性不了唯如
來了了見性十四音名爲字義啞啞阿阿阿億伊
伊伊伊郁郁優優嘢嘢烏炮菴阿迦佉伽啝俄遮
車闍膳喏吒侘茶祖拏多池陁彈郍波頗婆滼摩虵

囉羅和奢沙婆呵嗏魯流盧樓吸氣舌根隨鼻之
聲長短起聲隨音解義皆回舌齒口業清淨也
九
如來涅槃猶如月隱種種譬喩一闡提者此云信不
具不見佛性良醫八種藥喩仙陁婆鹽器水馬四法
同名智目善別喩如來四種密語謂常樂我淨我滅
度後大乘經典如牧牛女賣乳展轉添水入到城中
止有苦味末世比丘壞
佛正法亦復如是也
十 文殊白佛純陀猶有疑心佛乃說偈本有今無本無
今有三世有法無有是處乃說衆喩一切衆生皆有
佛性者與佛何別　大衆所問品爾時如來放大光
明即受純陁供與諸聖衆等受安慰大衆佛說偈言
以神變力令諸天人各各自見如來受我最後供養

復爲純陁訡破戒義文殊說阿闍世王害母煞父與
佛各說偈爲荅如云一切江河必有迴曲一切女人
必有諂曲
等諸偈義
【通】十卷 **大涅槃經** **十一** 現病品　迦葉白言如來已除一切病苦何故云背痛佛
云爲比丘畜八不淨物故示現耳猶如虛空云何有
病最爲難治一謗大乘二五逆三闡提如是三病世
間極重若遇良醫即漸獲安若不遇者死入地獄有
五種人有病行處非如來也四果等是也　聖行品
一聖行二梵行三天行四嬰兒行五病行也　行聖行
者精修戒律過海浮囊分毫不可與者乍可熱鐵纏

身不著信心衣乍可吞熱鐵丸不喫信心食等
義喩佛菩薩所行聖戒聖定聖慧七覺等行
十二
當觀自身種種相處修四念處觀說四諦法功德天
黑暗女爲喩生死智者俱弃令觀生老病死因縁乃
云過去善住王頂上生一肉塊後生出一子名頂生
王爲生愛著即墮天宮證別離怨憎苦等縁令人覺
悟無常等
十三 說集滅道諦第一義諦眞諦實諦行相種種喩之遂與文殊反復徵詰令達常樂我
淨要義也
十四 我觀諸行悉皆無常諸法無我廣說是義爲憍陳如等轉妙法輪世諦出世語得二
十五種三昧破二十五種有愛及因中捨身於羅刹
求半偈行是聖行超過彌勒早成正覺偈云諸行無

常是生滅法生滅滅已寂滅爲樂乃
天帝釋化身爲羅刹以驗聖行也 十五 梵行品 佛言行七
法具足梵行知法知義知民知自知衆知時知尊卑
知法者知十二部經及四句偈諸惡莫作衆善奉行
自淨其心是諸佛教及修四無量心是修梵行并偈也 十六 佛修慈行提婆達多教阿闍世王害
如來是時入城乞食遣醉象來踏如來即以慈定舒手現五指師子自然調伏大石力士不動分毫以慈力擲在虛空化盧至化女人爲調達爲五百賊悉以慈心而爲之佛修慈悲喜捨行極愛一子地難行一切苦行能行爲曠野鬼起慈心化度令比丘出生等緣 十七 能如是知得何等利佛言得四無㝵

四無畏等法義第一義空重説本有今無本無今有偈義意皆梵行所修妙行之義也 十八 佛言世間所不知覺令念佛念法念僧念戒念天念施所謂念佛者思其十號一一分別六念皆然及説破戒比丘 十九 阿闍世煞父後遍體生瘡自念此身已受花報智臣月稱問云大王今身痛耶心痛耶王曰非止身心痛也我造惡業今將奈何一切大臣各説請六師等來或醫或治最後耆婆云唯佛是最上醫也能治身治心勸往見佛空中出聲 二十 佛遥見復勸王乃回心勅備嚴駕往見佛也 王悶絶躄地佛即入月愛三昧放光照王即時病除王謂耆婆曰佛眞慈悲不見我罪與諸眷屬即到佛所佛爲

説法即悟無生髮兒行品咳咳和和
婆婆羅羅無所分別與造化氣合
壹 十卷 涅槃經 二十一 高貴德王菩薩品 佛言修行如是大涅槃得十功德
一者有五一不聞得聞二能爲利益三斷惑心四慧心正直五知如來密藏復爲廣説德王曰生已不生不生不生聞已不聞不聞不聞得已不得不得不得復有光明來照衆不知處佛勅文殊爲説乃云東方滿月光佛所有菩薩名琉璃光今亦説大涅槃經有不聞聞有不聞不聞不聞有聞不聞有聞聞次説到不到了因作因 二十二 問聞所不聞十二分教大涅槃經佛爲分別涅槃妙體令人信布施等緣

受過去釋迦佛出世説涅槃時我爲貧人賣身肉一日供三兩滿一月得金錢五文往佛所聽得一偈云如來證涅槃永斷於生死若有至心聽常得無量樂誦此一偈身無痛苦即發菩提心記我字釋迦牟尼佛 二十三 菩薩護身心生三種惡覺廣説過患身相名也 一篋地等四毒虵五陰旃陀羅六入空聚落六塵六大賊貪愛詐親友煩惱一道河戒定草木筏渡到涅槃岸得大自在身等緣 二十四 昔不得今得昔不聞今聞昔不見今見昔不到今到昔不知今知云何爲身爲心等一一解説第一義慈於身於心生決定想定爲菩提器施受四義一施淨受不淨二受淨施不淨三施受俱淨四施受俱不淨

修涅槃經典爲佛菩提一
中修十事精持得金剛三昧**二十五**修習涅槃微妙經典有四法一
親近善友二專心聽法三繫念思惟四如法修行人
若有病須得良醫王若治國須用智臣佛性佛相僧
相法相說諸法義復云昔在尼連河畔波旬請入涅三卷　二十四
槃我云未有神通智慧弟子後又來云已有弟子我
告云且候三月乃說八功德其間破五陰
成六念斷邪見等五成六事定不定等義**二十六**成就
第九功德有五事一信二直心三戒四近善友五多
聞解其義趣復說成就第十功德修三十七品法門
白衣高座說法比丘作聽徒爲利
養故如是也當時說之今已見耳**二十七**師子吼菩薩品　佛

云汝等若疑有佛無佛有法無法有僧無僧乃至有
報無報等師子吼白佛我有所問唯願聽許佛云如
師子孝吼四顧欠呿頻申香象怖走陸者藏伏飛者
墜落恣汝所問師子吼曰云何爲佛性以何義故名
佛性何故不見衆生所有佛性菩薩住何等以何眼
不了了見佛性佛住何等以何眼了了見性佛云第
一義空名佛性即是智慧十
力四無畏等法爲見佛性也**二十八**行細心不正心細行不正心細
行正心不細行不正心如何可知佛說持戒破戒鴿
在舍利弗影中及我影中乃知是究竟戒了因正因
緣因此三因行相法門所
謂作如是因獲如是果**二十九**佛說一切諸法皆有二因乃說入喻

如我問彼斯匿王四方四山來逼將害人民如何迴
避王曰無迴避處唯持戒布施佛言如是如是生老
病死來逼於人勸修戒定慧可免四山逼也佛因中
爲善見及爲太子時修道成佛弟子名字今舍利弗
與須達長者造立精舍住
其中說法皆夙緣如是也**三十**六師外道生嫉妬心佛以慈悲方便化喻
如言長者婦姙腹中是女佛云是男外道即將毒藥
害其婦死佛即神力火中救出其子復爲師子吼說
雙林示滅入大寂定時分化導乃云何
等比丘能莊嚴娑羅覺花樹林等緣
體　十卷　**大涅槃經三十一**佛言修奢摩他此云正毗婆舍那此云觀除煩惱成

智慧然有二法一定二智師子吼重問佛即答之說
三世業現報後報提婆達多刺目奪珠歌利割截身
體復說善業惡業果報唯
身戒心慧禪定可免苦也**三十二**衆生定有佛性決得菩提何更修人
正道佛以恒河爲喻習浮者不沒如王象衆盲共摩
各雖說異未免是象但不得全體胎卵濕化四生各
隨緣起業報闡提非法說法法說非法一切善
法皆顯佛性諸禪觀及根力覺道慈悲喜捨等**三十**
三迦葉菩薩品　佛得八自在爲大醫師何故善星却入地獄佛以三子爲喻有善不善也善星種種
毀佛無分毫信心雖入佛法中不得其利喻入大海
不得其寶何故受他出家若不如是當紹王位得自

在故壞無量善根故畜養二十年說涅槃名字無盡也　三十四　化香山中五万仙人及三十万力士說色無常等義以神力移石上天致掌吹作微塵阿闍世王煞父等緣起皆往昔所化方便　三十五　鬪諍執著斷善根何等是耶聰明黠慧善能分別遠離善友不如法住廣招因果報應各觀十（指要三卷已二十五）二因緣行相　三十六　隨自意語闡提人有佛性善根無佛性或云善根人有佛性闡提人無佛性或二俱有或二俱無會四句義者即解隨意如大魚見光即浮光沒即沒調達等比丘暫浮還沒舍利弗等永浮也沒者謂入地獄也說煖頂忍世第一三界所斷煩惱　三十七　衆生佛性猶如虛空

非過去現在未來如來佛性非佛性一切牆壁瓦石無情之物皆佛性依三世攝不依三世攝具足十法不與世諍一信心二戒淨三近善友四善思惟五具精進六存正念七具智慧八能正語九樂正法十證解脫一切不善法皆從煩惱生我如三世佛能觀五陰常無常虛假不實是故不與世間一切智者諍是故不爲世法除汙故　三十八　如何是清淨梵行佛言一切法是能修三十七助道法是梵行能修十事速得涅槃一無常想二苦想三無我想四猒食想五不可樂想六死想七多罪想八離想九滅想十無愛想復爲解說十想中義味令悟性也　三十九　憍陳如品　佛爲說色受想行識無常滅苦因

是獲得解脫若如是觀者名爲沙門於大衆中作大師子吼是時有外道或毀佛或讃佛或難佛或論義如尼先梵志云佛先責我不平佛今更不平何故以吉向已不吉向我佛云我不平破汝不平是故汝平我之不平即吉也我之不平破汝不平令汝得平即是我平何故同諸聖人得平等故反復論其作因作緣悟烟火喻投佛出家得道　四十　犢子梵志問佛世有善耶有不善耶佛云我爲汝略說解脫是善嗔恚是不善等義亦反復難佛投佛出家得道納衣梵志問佛云一切惡法從煩惱生煩惱在先身在先耶若身在先煩惱何因而入若煩惱在先安在何處亦反復論義投佛出家佛問阿難所在憍陳如云

令被六万四千魔化如來像說一切法惑亂極苦文殊云何不問諸菩薩却問阿難佛云常爲侍者給侍無諸過失所聞法要不遺一字今要付囑涅槃妙典乃說呪令文殊往救同來諸魔盡發菩提心佛令阿難去報須跋陁羅云此番善賢如來今日當入涅槃汝有所問宜往見佛須跋即至問佛業報論其實相會中菩薩聲聞人天聞是法皆得法忍出家得道

右大涅槃經四十卷共十三品迦葉菩薩高貴德王菩薩師子吼菩薩憍陳如此四大士會中當機

請問如來爲開闡一乘佛性妙義則凡是有情本
來具也實最後垂範至極之談其攝諸外道如法
破矣　指要三卷二十六
出家得果因緣報應靡不詳示然以正法付囑迦
葉傳布開覺人天末後比丘持淨戒者則真佛子
弘揚妙法若破戒者則魔眷屬擾亂聖教斯言有
徵覽者得不愧心耳

辛　入涅槃經後分二卷　卷一陳如品　須跋陁羅得果
留佛住世不果所願先取
涅槃有無量比丘衆哀泣佛即安慰　遺教品佛告
衆云吾滅度後當弘妙法阿難沒在憂海優波離云
如來今日即有明日即無汝莫愁苦當問四事梵檀
比云默擯治惡比丘以戒爲師四念處住教安如是
也阿難復問若有施佛塔物現在未來如何支用如
來涅槃以何法則而得舍利如何造塔佛云如輪王
法次第安排如來復於座上現其金相胷臆涌身虛
空二十四反令衆觀察告云今日即見無復再覩
應盡還源品爾時如來告衆云我今時至即入禪定
自初禪二禪三禪往反二十七遍已復告衆入四禪

定寂然無聲示涅槃相一切　二機感荼毗品　爾時
人天十方世界無不號泣者人民帝釋阿難議論
如輪王法金棺白氎既安置已諸力士欲移棺入城
不動分毫如來神力金棺自擧諸天諸王各陳供養
爾時大迦葉與五百弟子從山中來至已悲泣無量
如來平等慈悲金棺即開示其雙趺相好無量人天
以火就焚無有燃者聖自火焚示其神力　聖軀廓
潤品爾時帝釋將寶瓶取佛一牙上天建塔倶尸城
內一切人民及諸國王各各來取佛舍利　大泥洹經
迦葉一一分俵使無諍競而各得利益
六卷　大涅槃前分同本耳

辰　十卷　大悲經五卷　一梵天品　諸天聞佛入滅悉至
佛所梵天問曰我云何住云何
修佛爲說修住法門皆得法忍　商主品來詣佛所
請佛住世佛言汝父請我入滅汝復留我告佛云我
父邪見則是怨害留佛不允悲惱無量也　帝釋品
白佛云我云何住佛在世時護持於我佛滅度後修
羅戰我當如之何佛云我有神力護助　二羅睺羅品
於汝佛勸修羅不須諍戰共弘佛法　正爲人天
說法忽見衰相知佛入滅不忍斯見往東方妙勝佛
所及上方商主佛會具陳上事我不忍斯見佛即勸
歸看佛入滅以盡子道　迦葉品佛告阿難不須悲
惱我無上法寶及僧伽梨衣義翻合付與迦葉於鷄

足山中四石來合護持俟彌勒出現同將此衣廣度
衆生　正法品　識毗舍提提知迦及優波毱多等諸
大士相継出世傳正法眼　舍利品　供養舍利禮拜
利得幾所福一香一花一禮一遶得福無量　三品
䅣　指要録　三巻　二十七　林鶴
佛告阿難若有聞佛名稱佛名者是人決定得入涅
槃廣解其義復云過去有大商主入海舡破大魚來
呑衆人號泣商主告云汝等當共一心稱南無佛魚
聞佛名即生慈心生天得果末世比丘披袈裟者於
賢劫中皆須證果謂世界欲成時淨居天人見大海
水中現大蓮華有其千葉乃云必有千賢者出現也
善根品　佛言若有衆生於佛所發一善根得無量
報何況集諸善根喩如寄一滴水在佛處經劫漸漸

流入佛法大海　布施福德品　佛云若發一信心種
一善根或一香爲供或一花散佛以智眼觀見是人
果報無量或願爲輪王或願爲帝釋悉如其願　殖
善根品　佛云我以金華上定光佛我以寶錢上高行
佛我以衆寶上釋迦佛我以赤檀末上帝沙　付囑
佛我以偈讃沸沙佛一一佛所殖其善根　四　正法
品　佛爲阿難説因地修大悲行入地獄中度苦衆
生今以佛法寶藏付囑於汝廣宣流布如長者商主
國王遠出以諸庫藏付與　五　敎品　阿難白佛我今
大臣諸子守護勿令散也　云何修行佛正眼如何
令佛正眼久住世間云何結集佛正眼佛云汝當結
集法藏勿令正法眼隱没末法有持戒朋黨正法明

黨破戒朋黨亂法　四童子三昧經三巻　上　阿難夢大樹
朋黨餘即可知　摧折知不吉
兆淨居天人及阿无妻随各見佛入滅相生諸苦惱
各各説偈佛爲説一切世間和合之法必當散滅爾
時東方佛所善思義童子至阿闍世王宮南方佛所
寂靜轉童子至舍衛城大居士家西方佛所無攀縁
童子至波羅奈城鬼宿居士家北方佛所神通德童
子至毗耶城大將師子家此四童子於此四處各各
化生各各説偈化彼國王及　四童子與國王父母
其父母眷屬來諸佛所也　中　眷屬至雙林圍遶如
來阿難白佛問童子所來佛説所從來國土佛號化
度神通説法因地所修殊勝妙行聞我入滅化現來

此利益　下　阿難白佛唯願如來住壽一劫令此大士
人天也　常得往來利益此土有情四童子各以偈
報阿難亦以偈答爾時如來命阿難等各執手登座
付囑法藏而取滅度是時人天聖衆無不大叫悲苦
以謂人天　方等泥洹經二卷　四童子經
眼滅故耳　同本異譯
右此二帙十八卷涅槃眷屬部也其録義者異於
大部不録者與大部同也既小異大同則見其所
標指義亦可知耳

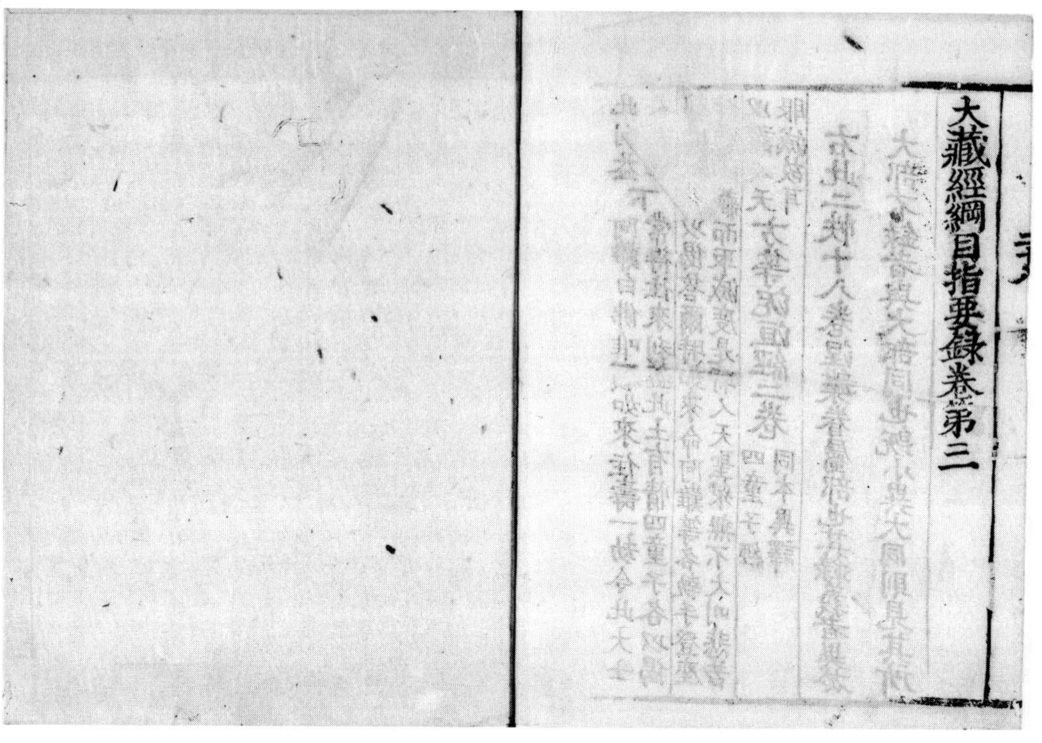

大藏經綱目指要錄卷第三

大藏經綱目指要録卷第四

東京法雲禪寺住持傳法佛國禪師　惟白　集

歸王鳴鳳在樹白駒食場化被草木賴及
萬方蓋此身髮四大五常恭惟鞠養豈敢
毀傷女慕貞絜男效才良知過必改得能
莫忘罔談彼短靡恃己長信使可覆

已上總六
十二函

方廣大莊嚴經十二卷共二十七品唐垂拱元年中天竺三藏地婆訶等奉詔譯　則天

皇帝御製序文
十二巻　方廣大莊嚴經一　序品　如來入佛莊嚴三昧頂上　放光光中說偈淨
居天子及諸天聞偈各從定起共議過去波頭摩佛
勝幢佛等將欲示生皆現此瑞　兜率宮品　佛云我
常天宮爲諸天子演說一切善法所謂七覺八正等
法義諸天皆得法喜也　勝族品　淨居天子化身來
閻浮提作大論師告人民云十二年後有大人具足
相好出現世間爾時在天宮觀方觀時觀國觀族諸
天議各不同菩薩告云國中有六十四種殊異女人
身具三十二德相最後身佛方來此國此人身中受

胎也　法門品　爲諸天子說下生之相一百八法門
如來云信是法門淨心是法門覺是法門捨是法門
等一切法門　二　降生品　佛告諸天我以示形而往
思而可知　受生或云天形或云日月形或云妙
神形或云師子形或云童子形乃云可示爲象形諸
天皆願隨佛下生永不捨離佛以神力先於王宮現
八種瑞相　處胎品　氐宿合時白月圓淨弗沙星正
與月合爲白象形從天宮下入母胎聖后身心適悅
向王言夢淨居諸天各爲王說偈王大歡喜佛化寶
莊嚴殿於母腹中現種種神變爲菩薩人天說示生
法　三　誕生品　佛將欲降生王宮先現三十二種瑞
門　相王與眷屬兵衆圍遶聖后往園中攀樹安詳

右脇誕生顧視四方周行七步菩薩龍天無量歡喜
稱讚諸來相者皆云作輪王唯阿私陁仙從雪山來
說三十二相八十種好相明當成正覺悲　天祠品
其老矣不見如是大事因緣奇特相也　四　王將太
子謁天廟以祈吉祥天像俱起也　莊嚴具品　角軫
宿合時爲太子造寶莊嚴具王與眷屬各各所造殊
異　示書品　太子年七歲將詣學堂毗奢蜜多自顧
不能爲師生大慚懼太子云六十四書以何書爲致
遂同十千童子唱諸字母出無量聲　觀農務品　太
子漸長與諸釋種遊觀園中見執役人受其勞苦遂
化閻浮樹現無量樂事諸仙天人林神各說偈言
觀藝品　太子長大釋種各議取妃大臣執杖女名耶

輸欲納爲妃乃云我家法女嫁有藝人王與太　五　音
子諸釋種試藝未有不爲天下先擲死象緣　樂
發悟品　天龍八部謂太子久樂深宮恐不出家爾
時宮中器具及諸女樂絃管自然出妙音聲說偈勸
請　出家夢品　淨飯王得夢覺是太子出家之相遂
遊四門見生老病死相遂逢出家相王得十夢淨居
天人來爲原之耶輸得二十夢　六　出家品　太子思
太子亦自夢皆是出家相也　惟不告父王便去
出家恐違於教即放光明照于宮中詣王所求請出
家王即不許遂勅嚴衛守禁淨居天來化宮女醜狀
及令睡眠不知不覺車匿牽馬天王捧足逾城諸天
衞護而往雪山即以寶刀落髮易鹿皮衣令車匿牽

馬自還　七勸受品　即受諸女人諸仙人所請遂往
王宮也　阿邏羅仙所學不用處定　苦行品又往摩
羅勒伽仙處學非非想處皆非究竟即自思惟圓修
定慧乃示其苦行食麥食麻伏諸外道已及六年
往尼連河品詣河洗衣浴竟　八詣菩提場品　浴身
即往牧牛女處受乳糜也　食乳氣力平全欲降
伏魔怨徐徐而往菩提樹將登座時諸天衞護放光
照天上地獄龍宮却思過去諸佛將成道時悉皆坐
草吉祥天人漸將草近受草已出無量聲　嚴菩提
場品如來放光照十方界十方佛所各有菩薩來爲
莊嚴　九降魔品　如來光明照入魔宮魔王眷屬生
也　大慈菩各領兵衆來詣佛所或現一身多身

或現雲雷山石虵女等一切惡相如來唯以慈心攝
伏　成正覺品　如來降魔已即次第入四禪定觀色
等諸法相所因十二緣因苦集滅道因應自知已後
夜明星現時佛聖智所應知所應得所應悟所應見
所應證彼一切一念相應慧證大菩提成等正覺具
足三明即踊身空中說偈云煩惱悉已斷諸漏皆空
竭更不復受生是名盡苦際諸天子即以微妙天花
而散佛上十方如來見其成道各以寶蓋而來覆之
十讃歎品　淨居天子及諸天子魔子各來散花
說偈讃佛　商人蒙記品如來成道七日不起
于座但觀樹禪悅諸天子各將澡瓶水來浴佛魔波
旬即來請佛入滅佛即慈化已即經行一樹下二商

人牛不行驚恠即見如來成道多日不食遂辦食供
佛四天王各奉一鉢受商人食已即爲授記勸請品
如來思惟我所悟法甚深微妙若爲人說多不信受
思惟是已放光照明諸梵天衆悉來勸請轉於法輪
佛云世間惡法增長善法損減諸天再三勸請佛即
以智眼觀諸衆生上中下根我當以隨機分別解說
妙法　十一轉法輪品　如來思惟欲度二仙七日前
也　已死悲其不遇即思五跋陁羅此云賢漸
次經行至鹿野苑十方佛所各有菩薩來請轉于法
輪有一菩薩名法輪手執一寶輪奉上於佛即爲五
跋陁羅三轉十二行法輪分別一切善法復爲彌勒
菩薩說法輪體性名字及說三十二相乃因中行三

十二行　十二　如來往火龍窟降火龍及迦葉三兄弟
感也　并徒衆出家皆得道果即將徒衆至王
舍城開說法要覺悟國王大臣人民捨竹園地爲說
法處馬勝化舍利弗目連來出家佛將此大衆往見
淨飯王也　囑累品佛言若有人聞如來如是境界
自在神通遊戲之事是人得八種功德八妙座處八
淨語八功德藏八圓滿八廣大
福八淨心等一切法門如義

王　十卷　普曜經八卷　大莊嚴經同本各譯　莊嚴經二卷　與前同部就前錄義
俾易見也

鳴十卷妙法蓮華經七卷一序品　如來入無量義處三
昧身心不動眉間放白毫相
光遍照東方彌勒問瑞文殊爲荅將說法花故現斯
巳　方便品如來從三昧安詳而起告舍利弗言吾
爲一大事出　譬喻品長者門外羅列三車誘引諸
現于世等義二子出於火宅　信解品長者有子出
遊他國跉跰辛苦五十餘年今日巳歸猶
不識認漸次引入看諸庫藏然後付與
三藥草喻品　布
大慈雲普雨法雨大小根莖各受其潤　授記品摩
訶迦葉當得作佛號曰光明如來諸弟子衆各授其
記也　化城喻品大通智勝佛十劫坐道場時我
爲王子十六兄弟共請轉十二行法輪漸次接引四

五百弟子授記品　富樓那彌多羅尼子等各蒙授
記　學無學授記品羅睺羅等衆各蒙記成佛名號
國土等事　法師品若有人於此法華受持四句偈
隨喜者皆得授記不得毀訾持法華者　見寶塔品
多寶佛塔涌現其前證說法華乃夙願故　提婆達
多品我於過去勤苦求法龍女獻珠即成佛果　勸
持品大樂說菩薩等衆誓於來
世受持此妙法華經而爲流布五安樂行品　持法
華者爲安樂行處
不近國王大臣女人等事　從地涌出品無量菩薩
從地涌出願受法華廣宣流布　如來壽量品成佛
巳來經無量劫壽命住世亦復如是　分別功德品
持是法華聞是妙法所得功德不可筭數喻所不及

六隨喜功德品　若有隨喜此法華經展轉而聞得
福無量果報亦然　法師功德品持此法華六根
清淨皆與實相不相違背　常不輕品如來因地爲
常不輕持此法華記人作佛故也　如來神力品如
來出廣長舌相放大光明普照一切世界作無量神
變　囑累品如來右手摩無量菩薩摩訶薩頂云我
今以此妙法付囑汝等當令流布　藥王本事品此
法華經是名眞法我捨兩臂必當得佛爲喜見故耳
七妙音品　東方淨華佛所來於此土禮覲如來聽
說法華經也　普門品無盡意問佛觀音所行所
稱佛言功德無量弘誓如海隨類現身普利有情也
陁羅尼品　若有持此法華者我當以秘密呪而爲

護衛魔惱不能壞亂　莊嚴王品淨藏淨眼二子承
母教令作大神變化其父王不落邪見而成佛道　普
賢勸發品若有持是法華我乘白象現
其人前令得圓滿所願功德如普賢也　法華三昧經
如來放光入法華三昧不見身相女人利行來問佛
之所在大衆了不知處如來從三昧起坐蓮花座爲
王女利行
說此三昧無量義經法華初
分同本
薩曇芬陁利經法華寶塔天授二品中
別譯各少分義句也
鳳十卷正法華經西晉惠帝龍安年中三
藏竺法護創譯此本也

在 十卷 添品法華經 隋三藏笈多 重譯此本也
右正法華晉竺法護所譯也妙法蓮華秦什法師
所譯也添品法華隋笈多所譯也宣師序云三經
四
重沓文旨互陳斯之謂也唯什師譯者文理妙順
方言盛符聖意故盛行天下緇俗靡不同遵講唱
而誦持也陳隋二帝國師智者加行菩薩示現悟

入法華三昧九旬止談一妙灌頂尊者集爲玄義
文句行于世謂之天台教宗也唐基法師補處如
來現身述法華玄贊燈前操筆八大金剛善神侍
衞所謂夕制晝講謂之慈恩教宗也然春蘭秋菊
各擅清香今有傳習者各黨其宗不本淵源乎相
破斥得不取哂有道者乎

維摩經 三卷 上 佛國品 佛在毗耶城菩薩聲聞人天
圍遶長者子寶積五百人各奉一蓋佛
卽受之遂問淨佛國土若心淨卽佛土淨我佛國土
常淨也 方便品 維摩居士示疾國王大臣人民悉
來問疾卽以方便化度爲說妙法如云是身如幻是
身不實是身無我等聞者皆獲聖果也 弟子品 佛
弟子如舍利弗等皆不堪詣彼問疾 菩薩品 彌勒
光嚴等亦皆不堪詣彼問疾何以故各各說其昔所
由 中 文殊品 唯此大士往問疾因復問居士此室
也何以空耶曰諸佛國土亦復皆空曰空何所空
曰空空故空往反問荅無上妙義也 不思議品 舍
利弗思惟無座居士云汝爲法來爲牀坐來乃放東

方須弥燈王佛所取三萬二千師子座來其座高廣
也 觀衆生品 文殊問曰云何觀衆生荅云如幻人
觀幻人如熱時焰如水中月如鏡中面等義也居士
室中天女忽然化生乃與舍利弗論義 佛道品 文殊
問曰云何通達佛道荅曰若行非道是爲通達佛道
云何非道荅曰若行五無間入地獄作畜生等而不
染汙是爲佛道也 不二法門品 維摩居士問諸仁
者各當說入不二法門諸菩薩各自說已文殊復問
居士如何說入不二法門居士 香積品 舍利弗思
士默然文殊讚之眞不二也 下 食居士云若欲食者
且待須臾令汝得未曾有食卽入三昧以神力故往
上方佛所取一鉢飯廣利人天皆得飽足七日香氣

不歇菩薩品文殊與居士同詣佛所現大神變阿
難等見是事已各云未曽有也　見阿閦佛品佛問
以何等觀如來居士如自觀身實相觀佛亦然我觀
如來前際不生後際不滅今則不住不起于座也
供養品天帝云我昔來不曽聞如是經典即以天妙
寳花而散佛上　嘱累品如來付嘱弥勒等衆流布
此之上
乘經典

樹 十卷 **說無垢稱經六卷** 維摩經同本此文廣也唐三
藏奘法師所譯然什師譯者
已盛行
於天下 **維摩經二卷** 與前同本 **頂王經一卷** 善思童子經
同本次函見

義意
也

白 十卷 **善思童子經二卷** 佛持鉢入毗耶城在重閣上
遥見佛來即以手中蓮華上
佛記爲淨月如來乃維摩居士
子也其中大旨與維摩經同 **大悲芬陀利經八卷**
悲華經同本次
函見録品義也

駒 十卷 **悲華經一** 轉法輪品　佛在山中大衆圍遶弥
勒永天師子意日光等諸大士忽起
向東合掌云蓮華尊佛寳日光問以何因縁佛云東
南方百億界外有佛今日在蓮華中成等正覺　隨

羅尼品佛説彼蓮華尊佛國土殊勝妙相并日月尊
佛虚空印菩薩因地彌勒大樹王佛出世亦説此陁
羅尼秘 **二** 過去善持劫輪王無諍念生子具足相好
密神呪 大臣寳海梵志爲相師乃云必成無上道
後長大出家得道成佛名寳藏如來寳海梵
志過去化輪王千子四天王諸天來供養佛 **三** 大施
品
佛説過去寳藏如來出現時寳海梵志與輪王無量
淨同其千子於佛廣陳大施　授記品初寳藏佛授
輪王爲弥陁佛記大太子觀音爲正法明王佛 **四** 授
二子勢至名功德寳山佛三子文殊爲普現佛 四
子爲普賢如來五子蓮華尊佛六子自在王如來七
子無垢香王佛八子普賢爲自在相王佛次授會中

十千人次第成佛九子爲 **五** 輪王千子記爲金華如
阿閦如來及國土莊嚴 來十一子爲自在音王
佛授五百王子記寳海梵志有八十子及諸弟子各
與授記次授拘留孫佛俱那含佛迦葉佛釋迦佛彌
勒佛師 **六** 次授五人同發菩提心記則此賢劫 **七** 寳
子月佛 中堅音如來等佛次第授記出現 海
梵志行大悲行記爲大悲 **八** 寳藏佛爲大悲説助道
菩薩十方佛及菩薩來證 法諸三昧門令行檀波
羅蜜 **九** 寳藏爲説淨戒忍辱精進禪 **十** 入定三昧品
多行 定智慧等一切波羅蜜行 寳海梵志最
後於寳藏如來所出家修道經無量劫無量佛深種
善根當賢劫中人壽短促五濁悪世出現作佛名釋

迦牟
尼也
食　十卷　金光明最勝王經　唐法師義淨三藏譯　中宗皇帝御製序　六　一　序品　大衆
同集如來放光說偈　如來壽量品妙幢作念如來
壽命何故短促佛知心念即放光明光中化四如來
爲說壽命　二　三身品　虛空藏菩薩問佛法身報身
無盡也　化身佛廣爲分別此三身中含容無量
眞實義及入十地漸斷諸障以登地位也　金鼓品
妙幢夢婆羅門搥一金鼓出無量聲說懺悔語言也
三　業障品　帝釋問如何滅除業障得成菩提　四　陁
佛云須當精勤皈依三寶發露懺悔罪愆　羅

尼品　師子相菩薩問幾因緣成就菩提心佛云布
施等諸善法十地行相法門乃說陁羅尼一切神呪
五　蓮華喻讚品　佛告善女天我爲汝妙幢夢金鼓
出音讚佛功德及懺悔法即說偈言　金勝陁羅
尼品佛爲善住等說諸佛名諸大士名及說金勝密
呪　重顯空性品佛說長偈演一切種性皆悉空也
依空滿願品　天女問云何行菩提正行佛云依於
法界行菩提法修平等行　觀察人天品四大天王
當觀世間有持此金　六　護國品　四大天王白佛若
光明經者我當守護　有國土受持金光明王我等
護助使國　七　無染著品　佛爲舍利弗等說無染着
無災變也　陁羅尼呪誦持者獲福無量　如意寶

珠品佛告阿難云當知有陁羅尼如意　八　辯才天女
寶珠遠離一切災厄遮止諸惡等相　品大吉祥
天女品增長財物品堅牢地神品藥叉大將品王法
正論品已上皆爲國土人民有受持金光明者各爲
說呪護助使　九　善生王品諸天藥叉品各爲護持受
各如其願心　金光明者而爲說呪　授記品妙幢成
佛號金寶山王如來及授金光明如來等記也　除
病品佛說過去有長者名持水有子名流水善能修
合治衆生一切病苦　流水品佛說流水長　十　捨身品
者救十千魚爲十千天子各以寶珠報也　佛說十
千天子因緣復告樹神云非但施水施食亦捨所愛
之身乃說捨身飼虎會中人天聞是法已各增讚仰

流布
此法
場　十一卷　金光明經八卷　最勝王經同本　伅眞陁羅尼經三卷　緊那
羅王經
同本也
化　十一卷　緊那羅王經　四卷　一　大衆集會天冠發二十五
問佛一問答四法羅王將
諸眷屬從大雪山來奏諸音樂琴瑟中出其妙聲說
偈稱佛功德迦葉聞其音已不能制止身手動搖天
冠一一難問復問王曰此聲　二　王問寶往三昧佛言
此偈從何處出王荅云云　有八十法成此三昧

所謂心寳戒寳施寳乃至世間寳出世間寳天冠復
問何以化度王曰我以善調琴瑟出一切聲化諸有
情所謂定聲慧聲菩聲捨聲等義王乃請佛與衆泥
雲山中受供七日與天冠問荅三十二法門聞者皆
得法 三 佛以神變光明普照化出菩薩説偈化度羅
忍王諸子夫人婇女眷屬聞見是已皆發菩提
心佛即記作佛號曰 四 佛受七日供已將欲還歸羅
功德山光明如來也 王即以神力化大寳車乘空
送佛及大衆還靈山佛乃爲説勝 佛爲母説法經
行法門又令説與阿闍世王等衆也
三卷 上 佛將法衆至天宮月上天子問行殊勝行度 中
到彼岸一味慧守禁戒等佛爲説四事法門

月上天子云如來慈念所生之親至此天宮安居三
月如來身如來智慧如來神力等莫從摩耶聖后所
生耶佛荅所從來處非生非不生天子聞是法已即
以無量天花散滿天宮及佛上月上天子與帝釋往
復徴問其 下 目連謂佛來此天宮不在南閻浮提佛
花所以也 現廣大神變十方世界現今有佛説法
度脱衆生者皆我身 道神足極變化經四卷 佛爲母説法經同本
是也汝莫作他觀耳
彼 十卷 寳雨經 一 如來頂上放光東方蓮華眼佛所止蓋菩薩來此見佛啓一百問如初問
云何得施圓滿乃至云 二 如來荅忍圓滿十 三 如來
何得速證無上菩提 法及已次法門 方便

善巧十法及 四 如來荅得如於水
已次法門 十法及已次法門 五 如來荅十力
十法等法門 六
如來荅廣大心 七 如來荅空性
十法等法門 十法等法門 八 如來荅善行阿蘭
若念處等法門
九 如來荅離慳貪嫉妬 十 如來荅善能捨離惡求利
十種法等諸法門也 養乃至荅速證菩提等一
百問荅一千法門中間止蓋菩薩或別請問或當機
領解如云我解佛所説義如實了知一切有情貪火
嗔火等又云如實
知衆生意樂等義也
草 十卷 寳雲經七卷 前寳雨經同本 阿惟越致遮經 三卷 上 文殊入普

明三昧舍利弗瞻仰以神力故漸往東方不退轉世
界最勝光明蓮華佛會各相問荅無量法門信受品
奉法品八等品道跡品皆阿難問 中 不還品無著品
如來荅此法門令信解受持也 聲聞品緣覺品
果相品降魔品皆阿難請 下 如來品開化品師子女
問如來應機而荅此法也 品歎法師品譏謗品囑
累品三菩薩遠方來阿難問其所以佛爲分別及隨
宜演説妙法開化人天也師子女五百人出家既各
悟入此法遂囑流通皆
是文殊阿難方便力故
木 十二卷 廣博嚴淨經 六卷 一 文殊神變往東方佛所也 二 阿難問佛荅以堅信

堅法爲菩薩行等義　**三**　佛爲阿難說四果聲聞菩薩等行相法門義　**四**　阿難復問堅信堅法佛爲說偈會中四衆聞其偈已各各悟入法性法門　**五**　阿難問佛恐魔波旬聞說是經生於留難文殊即以神力攝化爾時有三男子手執千葉蓮花從東方華須彌王如來所至佛會第一男子白佛若作是說我是如來第二男子白佛若作是說我是世尊第三男子白佛若作是說我即是佛是時人天聞此說者悉皆撓動阿難請問佛以偈答謂求如來世尊佛聲者而得菩提不退轉位等義也　**六**　阿難白佛此自在三昧力若有信受此經者決定得不退轉師子女等白佛我等定光佛時已聞此經會中人天各願流通

不退轉法輪經四卷　阿惟越致廣博嚴淨二經同本

入定不定印經　中宗皇帝御製序文妙吉祥請問入定不定印法門佛云有五種行所謂羊車行象車行日月神力行聲聞神力行如來神力行前二行不決定後三行決定佛乃廣說定不定行相所修法門深明趣菩提退不退心以顯決定妙定定也

不必定入定入印經　定印經同

賴　十卷

集一切福德三昧經　三卷

上　大千界主白言如來不久當趣涅槃唯願哀念世間衆生如何得不失正慧不失正法不失於智不失見佛聞法佛云有三昧名集一切福德能成就故復有淨威大力士來觀佛神力佛令目連取在王宮時箭來乃說已成就百千万億力無有過者復爲解說集福德三昧行相法門　**中**　佛爲淨威大力士說成就戒忍等行無量勝力法門義也　**下**　說行方便不隨正位爲那羅延說離魔業行是菩薩行行一切衆生行是菩薩行乃至廣論一切諸善法門成就此福德三昧利益末世有情

等集衆德三昧經三卷　前經同本

持心梵天經四卷　思益梵天同本

及　十卷

思益梵天經　四卷

一　網明菩薩云我見如來身超百千万日月光明佛乃說無量光明名字若有衆生遇斯光者各獲利益佛即放光照十方界東方日月如來所思益菩薩來至佛所發二十問自堅固自心至不斷佛種佛即一問答四法網明復陳正問佛爲梵天分別　**二**　佛爲梵天說如來成就五力法門能隨宜爲衆生說法令其開悟　**三**　梵天白佛文殊於此無所說耶佛告文殊汝於此法可說少分文殊曰是法可說可演可論不佛云不可說不可演不可論文殊曰若如此說則不可示梵天復與文殊談論一切法義　**四**　天帝見如是說即散諸天花讚歎說諸法隨行等行師子吼法門乃爲授記海喻建立流布此經也

勝思惟梵天所問經六卷　前經同本

萬 十卷 持世經二卷 一 持世菩薩問云何知諸法實相分
別一切章句能得念力轉身不斷
念至菩提佛一一荅 四法門乃云我於過去高王佛
所已聞此法及說淨施行處我於一日一念中捨千
身布施求菩薩道入此法門 四卷九 二 分別識陰及十八
分別五陰究竟諸法實相義 空等性相法門 三
分別十二入十二因緣 四 分別入正道世出世間有
四念處五根五力等也 為法門復說過去須彌王
如來及一切佛所我從
習此觀五陰等諸法門 持人菩薩經四卷 前經同本 大乘
方廣總持經 佛從如注三昧起告彌勤云我將入滅
有所疑者隨意諮問淨居諸天子同音

白佛我等聞有法門名大乘方廣總持願佛慈悲為
我等說佛即荅之復說因地與彌陁如來於一切佛
所同受持 濟諸方等學經 前經同本
此之法門
方 九卷 大方廣寶篋經三卷 上 文殊白言如來今日當說
妙法須菩提白文殊云我
請仁者說菩薩法文殊云汝今能知是佛法器及非
器耶荅云我居聲聞地豈知是器非器耶我請仁者
說是佛法器非佛法器文殊云諸入正位者皆是非
器廣說其義復現神變作大音聲往東方光相佛界
作大佛事與彼菩薩論 中 舍利弗云我見文殊神變
其法要及廣現神變也 七日雨不止令止降伏波

旬以鉢放地舉不動分毫迦葉云我昔在舍衛國城
夏坐三月是時文殊初從東方寶相佛國而來此土
三月不見後問在何處報我云一月在王后宮一月
在婬女舍一月在童子學堂我惡此人即打揵欲擯
出即見百千世界皆有文殊如來告我云爾欲擯那
箇文殊我即懺悔王宮婇女皆發菩提心即同事攝
化 下 天帝釋尼乾外道皆詣文殊所問法富羅那與
也 論議文殊若未離見網而脫鐵網無有是處未
除愛水而得定水亦無有是處未滅嗔火而獲智火
亦無有是處須菩提阿難等各各見論法義實志等
夙脩善根今
佛授其記也 文殊師利現寶藏經三卷 前經同本 證契大

乘經二卷 上 佛在伽耶山毗毗產主將諸眷屬詣佛所
問衆生者是何義云何名衆生佛云是有
情想衆和合故所謂地水火風空識界等復問以何
為根本何所止住復何流運佛云無明為根本止住
於愛隨業流運乃說三業三相及佛 下 東方最上佛
體無體無體無體即佛體諸天皆來佛所 所神通智菩
薩現大神變來至佛所問如來地有幾法菩薩不能
行非聲聞獨覺境界佛說入十斷障行相一切菩薩
所不能行 大乘同性經二卷 契經同本
等義趣也
盍 十卷 解深密經五卷 一 解甚深密意菩薩 二 遍計依他
問勝義諦相法門 圓成無相

法相三彌勒問瑜伽義分四如來成辦所作事法身
法門又奢摩耶觀行與二乘同或差別以成
就最上勝妙功德五觀身自在問十地至深密經五
無量故云佛也　罒卷　如來地所修法門　十
卷前經同本

此十卷楞伽阿跋寶經四卷一切佛語心品大慧菩薩在楞伽山頂啓一百八問
復一百八句如生句不生句常句非常句等句復說
生住異滅各二種相及七種性藏識境界第一義相
偈荅往復五無間性種二佛說如來藏性不同外道
種法門無盡妙義也　修行方便一切因緣妄想

想心有無一異涅槃神力建立或化如幻名身句身
俱不俱地位四界陰界行相法門一一問佛一一荅
微細三佛爲大慧說三種意生身及五無間業愛貪
妙義　如緣毋無明爲父入處斷一根本名害父毋
斷諸法諸使名害羅漢斷諸陰和合名破僧斷現量
七識不見覺心名出佛身血說因地相一切法有無
相宗通說通相妄想相善語義智識相九種轉變相
解晥義相續義婆羅門論義等一切法門大慧重問
如來即爲分　如來自性自覺覺他相性一切凡夫
別解說也四但知如來種種名不知如來義諸外
道計執常無常菩薩聲聞滅正受義
乃至問不食肉功德佛皆演說開喻
緣起法門經二卷

上佛說無明所緣殊勝行相殊勝因緣殊勝等起殊
勝乃至第一無明論其無明與一切業識相應遂
造一切惡下因緣等無間緣所緣緣增上緣此四緣
因緣也中依增上緣說無明然無明等起殊勝
轉異殊勝邪行殊勝相狀殊勝作業殊勝障㝵殊勝
隨縛殊勝對治殊勝一一解此無明十二緣四諦八
正等殊勝行相一切
法門以顯緣起法門
緣生分法本經前經同本　解節經一卷
相續解脫經已上二經與深密前分同本異譯

身十卷入楞伽經阿跋多羅寶經梵語楞伽此云不可到同本此元魏留支譯

髮十卷菩薩行神通變化經三卷上文殊問如來神通變化佛說十二行六度
等一切中輪王爲喻功德會中四衆及婆羅門下佛
善法　各各聞是妙法尼乾子衆亦各請問爲
樹提伽王說三十二相八十種好十八不共法王聞
是巳知如來無量殊勝妙相功德寶聚舍利弗與尼
乾子論
其法義
大乘入楞伽經七卷唐久視元年三藏實叉難陁奉詔譯長安元年
畢工則天皇后御製序與前二經
同本故不錄義顯一經三譯也

四十卷大薩遮尼乾所說經十卷一文殊問方便奮迅法門佛云菩薩所行十

二種法於布二戒忍精進禪定般若如來功德境界
施中亦然各十二種法門次說一乘妙義大尼
乾子詣嚴王國土遊行教化衆生乃謂王曰國無災
害耶無鬪諍耶人民安耶比丘修淨行耶風雨順耶
五穀稔耶人修十三王問曰何等生法何等住持於
善耶一切法門何法上而有此名尼乾曰生謂
衆生住器世間法上有五取陰名復爲王說治國安
民之要輪王修十善業七寶四兵智臣自然出現也
四末世衆生顛倒邪命邪見輪王不現諸小王等不
閻國正論不行正法災害無時相諍相鬪人民飢
荒各相五王不行放逸行法行王所行有十法一自
殘害性成就二眷屬有禮三智慧成就四常精

進五尊重佛法六猛利時政七恩厚及民八能行正
法九能忍苦諫十不邪言王若能行如是十法國內
自無災害王聞是已奉食即說六王曰頗有聰明辯
聰明利智黠慧世間多爲過失智如大師否乾尼
曰有瞿曇沙門具無量功德相好具七爲王說佛有
無量智慧爲天上人間共所尊敬十自在一命
自在二心自在三物自在四業自在五生自在六如
意自在七信自在八願自在九智自在十法自在乃
至三十七品一切菩八爲王說如來神通智行能降
提分法悉分別說諸魔及十力四無畏四無量
根力覺道十力等一切九爲王說如來四無㝵十八
諸功德聚王聞大喜也不共法已王大欣悅即同

詣佛所頂禮默然舍利弗云仁者爲見佛來十舍利
爲聞法來荅云我不爲見佛來不爲聞法來弗白
佛尼乾子如此說法成就幾衆生佛云從無量劫來
成就無數衆生而得菩提迦葉白佛云何故不自取
菩提佛即分
別其所以也
大 十卷 **大方等大雲經** 二卷 **一** 人天衆集大密藏菩薩發
一百問佛爲荅之爲衆生
顛倒二佛說總持大海三昧大海如來法印復說十
著相十法門或說二十法門或說三十二法門如
來神變及說四百三昧三佛說三十六種陀羅尼如
如日光三昧月愛三昧不動意不退地等及三十

二種密語如斷愛斷嗔等密語神通四佛說涅槃壽
行藏等一一十法門如金剛智等也量再問四百
三昧甚深難解佛爲說呪語令誦此密語自然成就
此三昧復說大海水潮三昧包納無量三昧而不失
於五天子天女龍鬼會中四衆各願佛六修習如是
信滅度後我等流布此大雲經典三昧住是
三昧則了常 **大雲輪請雨經** 二卷 **上** 佛將大衆到龍宮
樂我淨相也八万四千龍王圍
遶現無數海雲爲供於佛下德輪蓋龍王及諸龍王
乃說慈一法復說神呪各願於南閻浮提降注
甘露佛爲 **大雲經** 二卷 **方等經二卷** 已上二經
說神呪與前本同

五十一卷 諸法無行經二卷 上 師子遊歩菩薩問云何得大道等問佛以偈荅之聞
者皆悟法眼滅除罪障 下 佛爲文殊論不動相乃云一切衆生得菩提是不動相三昧是不動相華
慧菩薩問音聲慧法門文殊云貪聲嗔聲等聲與佛聲無別也 寶如來三昧經二卷 上
佛入寶如來三昧震動諸天舍利弗問佛佛云汝問寶如來菩薩舍利弗即詣問之荅以無應之應應也
下 舍利弗及菩薩衆各問法要羅閲國王詣佛所問法大悅請佛及文殊六衆入宮受供佛爲說法及偈王與眷屬衆會皆大歡喜 如來智印三昧經一卷 如來入佛境界三昧聲聞

菩薩皆不見如來繫念處舍利弗問佛云若入此三昧成就智印三昧 諸法本無經三卷
無極三昧經二卷 慧印三昧經一卷 已上三經與前三經同本異譯也
常十二卷 大灌頂經 即十二經 一 護身呪經 二 護比丘神呪經 三 神王護比丘神呪經 四 百結神王護身呪經 五 神王守鎮左右呪經 六 四方呪經 七 伏魔封印大神呪經 八 摩尼羅亶大神呪經 九 五方龍王攝疫毒呪 十 梵天神策經呪并長偈也 十一 隨願往生十方淨土經 十二 拔除過罪生死得度經已上十二經各是一緣誦久成功也

恭十卷 藥師本願功德經 如來爲文殊等衆說十二願一願我成佛時一切衆生如
我得三十二相二願身如琉璃內外明徹三願不令
衆生有所乏少四願悉令有情安住道場五願無諸
疾苦各修梵行六願不犯禁戒皆悉清淨七願衆病
逼者悉得滅除八願厭女身者便得男身九願墮邪
見者便得正見十願有遭苦難皆得解脫十一願飢
渴所惱妙飲食足十二願無衣服者花鬘滿足以此
願行嚴淨佛土彼有日光月光二菩薩亦成就如是
法寳藏如來說是法時會中聞者皆願生彼佛國土中
藥師七佛經二卷 本願經一卷 已上二經前經同本 文殊普超三

昧經三卷 上 佛在靈山文殊龍首龍施等二十五大士讚佛功德各說通慧法門顯大乘相諸天
子來奉食文殊白佛如來豈不念恩耶舍利弗等各
念文殊與佛有何恩佛即放鉢至下方四十二恒沙
界光明如來界空中而住佛令諸弟子取鉢各入三
昧無有見者文殊伸手至光明佛土放光作佛事取
鉢奉佛佛爲衆說因中文殊爲正慧比丘我作小兒
名離垢臂入城見我以鉢餅漸引我至伽藍却以鉢
餅令我上勝幢如來發菩提心今日成佛皆是文
殊師利以餅引我與我爲師故有如是大恩也 中
佛入王城三劬童子見其相好各解瓔珞奉佛各發
大願佛即授記阿闍世王將諸眷屬來詣佛所問法

求懺所下王告文殊爲我決狐疑心文殊云恒沙諸
作罪業佛亦不能使大王疑心王即悶倒迦葉殷
勤撫喩文殊即爲王説
法王即悟無生法忍
阿闍世王經二卷放鉢經一卷
十三
巳上　經
前經同本

惟
十卷
月燈三昧經一
一月光童子至佛所發問佛言有
一法速得菩提所謂平等心及
因地所修二童子因中紡聲德如來智勇如來無
無量三昧
二所有起如來及諸如來所修是三昧三
佛告童子有一法相應速得菩薩向謂一法佛云如
實了知一切法無體性乃須諸法體性平等如實知

四童子問成就幾法得諸法體性平等無
戲論三昧佛説施戒忍等法及説偈
五童子問
受持此
三昧經得幾功德次第六佛告童子應須成就善巧
發問佛一一答并偈
六住不放逸六度行中每一
行説十
法門
七佛令童子修菩薩神通業本八佛告童子
及説偈讃德如來所行也
欲求是三
昧須行財施及捨身阿難白佛行九佛須出因地所
菩薩行截手足挑眼等苦相也
行施戒等難行
苦行彌勒讃此十佛言童子須具足身戒能招相好
三昧法門也
及清淨身業清淨身行具足口戒
具足意戒等
一切戒法

勤
十三卷
大莊嚴法門經二卷上
金色女問云何是菩提
文殊云汝身即是菩提
遂往佛所説五陰六入
等法悉空無相不實
下
文殊金色女在城東門外
演説法要國王人民龍天
悉來
隨喜
大淨法門經前經同本
如來莊嚴入佛境界經二卷上
如來放光普照世界文殊問不生不滅義佛廣説
義相有哉出妙音聲爲諸天子説無常苦空等義
下
佛告文殊曰如來者即是法身法身
即是如來廣説一切諸善法門也
佛境界智嚴經
前經
同本
觀無量壽經
阿闍世王因父頻婆羅王復因母
韋提希夫人佛以神力令修西方

淨業當日没時如懸鼓面西方觀無量壽如來及觀
音勢至二大士作十六觀境法門自然見彼佛國土
殊勝
功德
彌陀經一卷稱讃淨土經
巳上二經與前本同然
佛會中稱揚淨土殊勝
境界功
德也
無所希望經
如來放光舍利弗説偈若有衆
生無所希望則獲妙利説菩薩
動止儀範如象
遊若龍歩也
象腋經
前經同本佛爲文
殊説十六法門
月燈三昧
經大月燈三昧經第
七卷同本異譯

養
十二卷
觀彌勒上生經
佛説彌勒處天宮有五百万
億寶宮一一有七重垣一一

垣七寶所成一一寶出五百万億光明一一光中有五
百万億蓮華一一華中有五百万億寶色一一色中
有五百万億檀金光一一金光中有五百万億天
出妙音聲執無量寶及天宮種種莊嚴事皆不可思議
彌勒大成佛經 佛說彌勒受胎降生出家得道 十四
龍華樹下成正覺轉法輪等緣 彌勒
來時經 前經同本 一切法高王經 新出家比丘問云何食云何消施佛云有三法
一入衆僧二作僧業三爲僧利復爲解說比丘衆各
各又問如何是出家事諸天諸龍悉來聽法舍利弗
一一爲衆請問也 諸法勇王經 前經同本 大威光仙人疑經 佛與論議

說其壽數及受胎種種相往復問難 第一義法勝經 前經同本 樂瓔珞莊嚴經
須菩提白佛言我夜夢云來日得聞所未聞法即持
鉢入城遇女人辯論無量法義如云大德有乞食想
無乞食想耶報云無乞食想云若無乞 方便經 前經同本
食想又何乞也種種微詰論難妙義
豈 十三卷 六度集經 七卷 一 如來因中行布施行須達拏太子飼虎毗達王割肉代鴿
太子入海作小魚與大魚食代小
魚命此十六緣捨身行布施行 二 太子好施父王擯出國居山梵
志來乞二兒及妻一時施與受無量辛苦却
得還國爲和黙王鹿王等十一緣行布施行 三 如來因中

行戒行信佛法國禁當死乃云乍可爲佛法死王即
開悟爲象王鸚鵡王爲貧人兄弟三人遇荒年各煞
妻食獨不煞與妻入山後妻與跛者通遂作計推入
水不死爲王彌蘭商人太子基嵬不言頂生王普明
王等皆持 四 如來因中行忍辱行睒子行孝梵志山
淨戒因緣 中習道王問鹿不言被截手足爲王被
舊王奪國爲獼猴同阿難俱爲龍 五 如來因中精進
王爲雀十五緣皆行忍辱行無量 行獼猴王鹿王
馬王魚王龜王鸚鵡王鴿王蜜蜂王佛三 六 如來因
笑小兒聞法煞身濟商人皆精進所行也 中行禪
定行修四禪入定專注一心無二及現 七 如來因中
生遊四門見沙門相現大神變等也 行智慧行

無量無邊十一緣爲證 太子須大拏經 出六度經第一卷中 睒
儒童時買花上佛等也
子經二本 出六度經第四卷中 太子沐魄經二本 出六度經第三卷中 九
色鹿經 出六度經第五卷中然已上經皆是如來因中所行六度行乃難行能行也
敢 二十三卷 無学寶篋經 思惟梵天問佛何者一法而是如來所正覺者佛云無一法爲
正覺者然貪嗔癡等一切惡法已永滅故 普光明藏經 一卷 無学法門經 已上
二經前經同本 老女人經 來至佛所問生老病死四大五陰從何所來復從何所去佛云喻如

焚中生火還燒於木還有去來否云云老母經一卷六英經已上二經前經同本長
者子制經名制家中大富母慳不布施制將一日不食飯奉佛佛即受之因記得果也月
光童子經父申日長者事外道同六師作計家中設火坑請佛月光勸父莫作此惡父亦不從 四卷 十五
佛已知之與諸大衆受供先現神變火坑變成花池汙食化爲美食勝妙也申日經一卷德
護長者經一卷已上三經與月光同本各譯或廣或略耳大乘伽耶山頂
經佛在伽耶山頂文殊云如是念者誰得菩提如何於菩提發心依菩提住佛云無住無心者住依如

是得文殊問菩提心經一卷伽耶山頂經一卷象頭精舍經
已上三經前經同本菩薩逝經一卷逝童子經已上二經與前長者子制經同乳
光佛經阿難乞乳外道令去惡牛處帝釋化身在牛邊令牛子母慈心得乳牛犢聞佛名得生天
犢子經前經同本轉女身經須達多妻名曰淨日娠身腹中有女從無垢稱佛所役來
生此中聞佛說法諸根寂靜才生與舍利弗論議遂說轉女身法門即蒙佛記得果無垢賢女
經一卷腹中聽經一卷已上二經前經同本

毀 二十三卷 無上依經二卷上阿難問佛滅後有人取舍利如芥大造塔如阿摩羅子大
戴刹如鍼大造露盤如棗葉大造佛像如麥子大此之功德何者爲勝佛即爲校量也下佛言因中
所修戒定慧解脫知見招感相好遂有舍利爲人天無上依止甚希有經一卷未曾有
經已上二經前經同本決定總持經無怯行菩薩問佛十人同出家七年精勤不能得決
定總持法門佛云汝等過去世謗毀佛法不肯聽受佛法由是所致不能疾得道果復問佛說光音如來
出現世時緣也謗佛經前經同本寶積三昧經佛告文殊云我入此三昧如摩尼大

寶瑩徹見無數佛刹若成此定智慧辯才流暢無窮也入法界體性經前經同本如
來師子吼經佛令勝積菩薩去上方法上如來所聽師子吼經彼佛問汝從何來默然不對
會中大衆各各請問皆作大師子吼聞者亦復如是耳大方廣師子吼經前經同本
大乘百福相經文殊問何等爲如來福德相佛以輪王福百千倍不及如來一分毫相乃
說三十二相八十種好光明大乘莊嚴相經前經同本大乘四法經

如來普告人天大衆曰汝等盡形壽不得捨離四法
一不得捨善提心二不得捨善知識三不得捨堪忍
四不得捨阿練若如來復說偈言稱揚**修行四法經**前經同本**銀色女經**佛說因中在蓮華城中三度示生捨乳割肉等今得成佛四巻十六**前世三轉經**前經同本**採花上**
佛授決妙華經佛在世時有採花人違王勅命以花上佛佛即授記免難**阿闍世**
王受決經前經同本**稱讚大乘功德經**德華女人問云何名惡知識佛云不

令人發菩提心者是惡知識雖二乘四果等人心劣小對前亦是惡知識**說妙法決定業**
障經前經同本**正恭敬經**阿難白佛云何敬法及敬法師佛止莫問莫言末法衆生不能
恭敬法亦不能敬法師阿難慇勤再問佛說事師敬法微細儀則法也**善恭敬經**前經同本
校量功德經阿難白佛若有人皈依佛法僧三寶得幾福德即種種校量無能及此所得功
德也**最無比經**前經同本

傷二十九經**如來示教勝軍王經**王至佛所請問大義佛言王爲國主治民
應以正法勿以邪法應以法行莫隨非法若行正法聖賢護祐風雨順時寒暖應節成就善法超諸善趣
當知四山來逼不須放逸但與民安樂**佛爲勝光天子說王法經**一卷**諫**
王經已上二經前經同本**修多羅王經**王至佛所佛告王曰夢中歡娛定無有實不須
放逸作意貪染恐墮惡趣識去識來畢竟流浪王聞是已信受奉行**轉有經**前經同本**文殊**

遊行經文殊一日次第往五百僧房見舍利弗入禪定乃問云汝入禪定爲依身入爲依心入爲
依過去入爲依現在入爲依未來入於禪定身心無有過去現在未來不可得如何入也**尸利行**
經前經同本**貝多樹下思惟十二因緣經**佛告諸比丘我本得道時思惟
生老病死無明等法子細觀察思惟根本也**緣起聖道經**前經同本**龍施女**
經來至佛所聞佛說法即成男身皆前世曾遇佛今如此也**龍施本起經**前經同本**八**
吉祥經佛言東方有佛名善說吉如來光明如來勝吉如來自在幢如來光明吉如來葉住吉如

來勇猛如來安住王八佛名經一巻八神呪經一巻吉祥如來是八吉祥也神呪經已上三經前經同本獨證自誓三昧經巻如來入是三昧光照十方忽化一大蓮華千葉華中有十方佛所化菩薩來問法要佛即隨機爲說自誓三昧經前經同本稻芉經舍利弗云如來常說見緣起即見法見法即見佛如是因緣若何分別佛云無明生死若稻種子雨水增長生芽無盡相因相緣無有窮極也了本生死經前經同本浴像功德經清淨慧菩薩問云何如來得清淨身云何浴佛像得何功德佛言如來有法身報身化身

等義答其所問摩訶刹頭經前經同本作佛像經優塡王造立佛像佛說所得福報因緣形像福報經前經同本盂蘭盆經目連初成道時以天眼見母在地獄即往救度生天數珠功德經文殊問佛云若用鐵赤銅眞珠寶等木槵子水精菩提子等各各功德倍增於前次第增其殊勝校量數珠經前經同本

女　十巻不空羂索變經一佛在落伽山中觀自在白言我說不空羂索毋心王陀羅尼三昧若受持者得二十種功德及受持者一切法則儀範等因緣也二秘密心結印護身等一切神呪及受持法三秘密成就若持分界等一切神呪四秘密印蓮華心印及結印法一切神呪五羂索成就用絲等物及置壇法則也六摩尼寶索三昧用實物如法像生蓮華一心思惟諸佛誦此神呪見殊勝也七不空王護魔三昧用物向方法則能成一切功德八三三昧心王母陀羅尼蓮華曼拏羅印三昧成就智嚴三昧等法則九曼拏羅像印三昧隨處用物如五色線等十奮怒王七具言及諸神呪等法則

慕　十巻不空羂索神變經十一悉地王七具言等秘語神呪十二廣博摩尼香王等呪十三普遍心印出世間等一切神呪十四不思議觀陀羅尼等呪也十五最上神變解脫壇等神呪十六一切菩薩敬禮解脫三昧等呪十七金剛齊主問不空羂索神呪佛爲說其功力觀音大士能成就故十八一字至十字呪成十地眞言每一呪說十或二十種法門殊勝功德也十九護摩悉地三昧耶根本蓮華壇等法二十普遍解脫心陀羅尼等一切神呪或一字心也

貞　十巻不空羂索神變經二十一如意阿伽陀藥等三昧呪二十二

無垢光神通解脫壇三昧耶像示現一切幻化三昧等神呪二十三大奮怒王入壇印及一切種族等壇印法則也二十四金剛密王重問不空羂索等呪一切龍天護持讀誦功德二十五廣大明王摩尼曼拏羅受持法則二十六不空大可畏明王大捨印三昧耶等呪二十七點藥成就二十八清淨蓮華明王等呪二十九蓮華明王金剛灌頂神呪等法三十承事供養受持不空羂索神呪儀則法門

右不空羂索神變真言經三十卷乃如來將諸聖衆至海中寶陁落伽山中觀自在大士夙願力故向佛演斯神呪廣利人天也所謂不空者則菩薩現大神變示于千手一一手中各執器仗應其機也所謂羂索者以五色絲作條圈圓重轉長垂兩頭如法示其密意也或誦一呪兩呪久而成功其隨心感應殊勝不可思議也在今出家者根性暗鈍者多故尠有受持

潔 九經

自在王呪經三卷 前不空中譯出

不空陁羅尼一卷

神呪心經一卷

不空羂索呪 已上三經不空中出

千手千眼神呪經二卷

姥陁羅尼身經一卷

大悲心陁羅尼 已上三經同本異譯皆是觀音大士神變悲願力故

觀音秘密藏神呪一卷

如意摩尼陁羅尼經 二經同本各譯觀音神力故

男 十一經

孔雀經三卷 莎底比丘蚰螫足痛阿難白佛乃說大孔雀神呪往救由是彌勒諸天諸龍等各說神呪

孔雀王經一卷

金色孔雀呪一卷

大金色孔雀呪一卷

孔雀王經 已上四經前經同本

如意輪陁羅尼一卷

如意心陁羅尼 二經同本

文殊一字王呪經一卷

文殊根本一字陁羅尼 二經同本佛在淨居天上告衆云汝等當誦文殊一字王呪曰唵叱囉呬等也

稱讚如來功德神呪一卷

十二佛名神呪 二經同本佛說十二如來名號

彌勒説呪護持
【効】七卷陁羅尼集經一大神力陁羅尼如三一切佛來佛頂三昧呪頂呪二
十六印法數三般若心呪及四十二面五觀音六印珠金輪等呪三金剛陁羅尼四卷十九四觀音呪五等神呪法
六諸菩薩法七金剛藏大神力三昧法印呪然此經印等神呪七皆是如來會中天人普集說法外道
等來論議因請問說此神呪以爲降伏
【才】九經陁羅尼集經八金剛阿蜜哩多菩薩自在神力呪印九金剛烏樞沙摩法印

呪語乃火頭也十摩利支天功德天阿難迦葉等呪十一諸天助成法印日月星地龍神八部
等神呪及法則十二諸佛大陁羅尼都會道場灌頂普集壇儀法則也十一面觀音
神呪二經陁羅尼集第四卷中同本也摩利支天經陁羅尼集第十卷同六
字神呪一卷佛母心陁羅尼一卷千轉陁羅尼已上三經與陁羅尼
集同七俱胝佛母陁羅尼經二卷二經同本異譯亦云大心准提亦云准提
大明呪誦者殊勝也

【良】十七經觀自在隨心呪經五十神呪五十印法并壇儀用物等法佛
頂尊勝陁羅尼經五卷同本各譯其呪靈驗無量一向出生菩薩
經佛坐堂閣目連舍利各運神通遍告人天悉來集會佛乃爲說入無邊門陁羅尼八字呪及偈一
說四法成就此神呪使誦持者易成功力微密持經一卷阿難陁經一卷破魔
陁羅尼一卷訶雕陁隣經一卷舍利弗陁羅尼一卷無邊門
經已上七經出生菩薩經同本但有廣略妙臂印經一卷勝幢印經二經同本

同卷各譯也雜呪一卷二十三呪
【知】十九經尊勝菩薩經一卷無涯際經二經同本金剛上味
經一卷金剛場陁羅尼二經同本師子奮迅經一卷華聚經一卷
華積經已上三經同本六字呪王經一卷六字神呪二經同本虛空
藏問佛經一卷如來方便經二經同本持句神呪一卷陁隣尼
鉢經一卷燈王如來經三經同本善法方便經一卷金剛秘密

經一巻護命法門經三經同本無垢淨光經一巻請觀世音經
二經同本已上皆神呪也
過十七經百寶經四巻二十文殊問佛何緣現世間佛云哀愍十方有情出現隨浴一百法門如
示生現身現行現坐等法門也溫室浴衆僧經佛為耆域說溫室僧法用七淨物除七垢
得七福火水澡荳蘇膏楊枝淳灰内衣乃謂七物也須賴經又修梵行示現舍衛城中為極貧者
名曰須賴帝釋化身種種淩辱悉皆忍受及現衆寶亦不取之菩薩生地經長者子差摩竭

問修菩薩行佛荅以立忍辱為本次說諸法要也私訶昧經長者子名私訶昧將五百童子
同到佛所問何緣如是相好功德如來即為荅之云云四不可經佛觀見兄弟四人各逃無
常一入海一入山一任空一入市皆不免之於是佛說四不可老令少不可得病無痛不可得要不死不
可得要長生不可得决定於佛法中悟道見性子無常菩薩修行經長者子威施等詣佛
所問如何得證菩提佛令修菩薩行也成具光明經長者善明請佛受供因問如何得具
足相好佛為說定意成具光明法門識身口意等一切法也寶網經長者子寶網夢佛相好即

詣請佛乃受供已為說法要悟無生忍菩薩行五十緣身經文殊問佛如何成就
相好佛云前世行五十事法捨所重珍寶捨所愛婇女為人說法行於忍辱從佛聞法勇猛精進等法門
梵志女經佛入城持鉢女名首意請佛受供乃問曾聞轉正法輪如何即是佛云三轉十二行
法門也如來藏經佛告衆云我以佛眼觀衆生煩惱中有如來眼如來智如來身如來藏如
來性常無汙染德相具足儼然不動遂說八種喻福田經天帝問佛為說五福田一出家二割
愛三毀形四事衆五求法復說偈云毀形守志節割愛辭所親出家弘聖道願度一切人等法門佛

語經佛告衆云佛語非佛語如是非語即是佛語如來身口意清淨如是說色受等語非佛語不說
色受等語即是佛語等法門金色王經佛告諸比丘揣食宜均過去為金色王行菩薩行利
益人民遇十二年荒計其國中所有分惠飢民末後止有一食王施與辟支佛空中即現神變滿空下米
國内因茲大富遂獲安樂演道俗業經五百長者至佛所問在家出家佛云在家治財有三
上財中財下財出家有事聲聞緣覺大乘等法門百佛名經舍利弗問現在十方佛號欲令
世間一切衆生受持獲福滅罪佛乃稱揚現在一百佛名如月光佛阿閦佛彌陁佛等也

必　六經十二卷　稱揚諸佛功德經三卷上舍利弗問現在有幾佛說法度
人佛說東方寶海如來以次中南方月燈明如來已
世界中現在如來五十也　次三十八如來現在
說下西方彌陀佛等三如來北方嚴王如來等六如
法　來上方金寶光如來等二十七如來各各現在
罷卷二十一
說法度人　須真天子經四卷一須真天子問佛如何得
稱其功德　不妄信而志大乘如來
菩三十二　須真白文殊云佛為我說三十二法唯
法門義　二願仁者為我解說菩云心自審信不隨
他語降伏三菩薩從一切欲而起道意復問如何菩
諸欲等　云於愛欲中與欲從事而成道業得證

菩四天子問如何得權惠自在入俗教化文殊以長
提　偈菩復問如何是道類菩云我所處是道類其
法要妙聽覺　摩訶摩耶經二卷上佛上忉利歡喜園中安
者知之　居三月文殊辞摩耶云
佛在此處摩耶云若我所生悉達願乳自流入口言
已乳汁直貫口摩耶即往佛所子母相見問法佛為
種種稱揚妙義三月滿下波斯匿王衆園遶於佛即
已即下天宮還閻浮也　為說法阿難白佛有比丘
為利養故不慕佛法即達多六群　觀音授決經華德
惡比丘等波旬來請佛入滅也　菩薩
問如何修行佛云當修如幻三昧復云現今文殊等
諸大士皆成此三昧西方佛國有二菩薩名觀音勢

至亦得此三昧佛即放光照壽二佛所即授其記昔
光功德山如來善住功德寶王如來在師子佛所
学經佛在祇園外道煞一女謗佛分金不平自告所
以波斯匿王詣佛具陳上事佛說因中兄弟三
人小者名学聰明智慧二兄見嫉遂投他國出家為
國王師治國豐樂四大臣及夫人為謀乃入山中國
內災害又復還國　除災患經維耶離國疫氣疾作死
說治國法誡王也　人不少國王大臣共議
如何消禳各各論議不可得同或有用牲牢或有請
外道唯智臣才明白言大王佛具大威德若請得來
國中自安王令才明詣請佛至災患頓
消佛為王及人民說法及因中所修

敃　九卷　首楞嚴三昧經三卷上堅意菩薩問頗有三昧
疾證菩提否佛云有三
昧名首楞嚴若能下舍利弗白言如是三昧遠離魔
脩者疾成正覺　境佛云汝今欲見魔境否唯然
佛即放光一切魔境皆現　海龍王經四卷一龍王至佛
佛即以三昧力降之即隱　所讚佛乃
問云何得棄諸惡趣等佛隨問二佛說無盡藏為總
為菩每問成四法圓諸法行　持法義趣利益龍
衆三龍王問法歡喜請佛入龍宮供　佛為龍王說
也　養佛即至宮中說法利樂眷屬四免金翅鳥難
以如來衣為護四金翅鳥王來至佛所云奪我所食
佛言汝等過去金仁佛時為四比丘破戒食有是報

業當別施汝等食也藥王藥上經如來放光入二大士頂即於佛前各說神呪佛稱其功德
即記淨藏淨眼二如來號不思議光經四卷三十二如來持鉢過空處見童小兒即近之兒說偈言佛即
答之往反五十讚起隨佛至祇園放大光明佛乃立
字名不思議光天帝來奉衣波斯匿王問佛不思議
光有如是神變何故生婬女家被棄捐耳佛
說過去尸棄佛時罵四淨戒比丘有是過也觀普賢
行法經佛令大衆修普現色身三昧觀普賢行法除
去業障或一日或二日或七日二七日或三
七日一心觀想普賢自然乘六牙白象來現其
前所作業障自然消滅得普現色身三昧也

得

七卷十住斷結經一最勝問佛入何三昧放大光明過於日月佛云隨宜入百
千億三昧從初發心乃至成佛以施爲引道入於初
地故此爲引道品也留化品二地修戒成就觀
空品三地行忍力成就色入品了空品五地
四地行精進成就漸次斷法法門二禪定行相也
根門品六地中行相也廣受品七三童真品
地中方便行所修斷結一切法門行相八地中淨
修行相定意品九地中能修習四成道品十地
定意三昧各受職位神通自在也四中修神通妙道
廣度衆生滅心品觀無常義五神足品成就施
了身內外心得自在所作具足五戒等行而運神足

遊佛國土作諸佛事恭敬品何等大士聞法恭敬
勇猛不退勇猛品勇猛破壞邪見不滯生死怖畏
六碎身品入是碎身定具足十種如任所謂界如
如任方如如任生如如任法如如任等義也身
入品還自觀身身持身入悉能分別入身入持得自
在身辯才品大智辯才分別字體演出物持諸佛
秘藏也權智品思惟修習第十七化衆生品從
權智定慧三昧觀無量身口意行一佛國至一佛
國隨機化度有情衆生也三道滅度品不見羅漢
辟支菩薩佛道若三道滅度即證眞道乘無相品
了知一相即是無相
達無相者即眞實相

能

七卷十住斷結經三卷八等慈品入等慈三昧觀三千大千世界一身多身
入一佛國出一佛國化度有情作希有事法界品
如來舌相放光遍照三千大千世界彌勒諸大士在
會爲說法門九道智品如來神德道智自在爲諸
要義行相九天子及衆會說諸法門中陰受六道
等相狀善惡報應法也身口意品汝等常夢中
念修身口意觀諸法行如幻如化如夢等義十成道
品妙識如來入寂定意彼土衆生根性已熟如來
在彼一切衆生夢中爲說法要令其覺悟一切法皆
如是耳菩薩證品若有行一行修一善持一法吾
入三昧爲他作證令其成就辯慧品佛告最勝辯

知衆生無衆生想随其所問無一不答四法也　三毒
品佛告濡首若人脩浄不浄觀當舍別三毒起滅根
本耳　泥洹品泥洹無性亦無有字如何欲於空中
求空泥洹等法義　梵堂品身行清浄口行志識心
念定意浄脩梵行乃堂也然此十住斷結十　四巻　二十三
巻其間法門微妙略録品目以亦其大旨耳　諸佛要
集經二巻上　如來在帝樹名室禪坐三月以神力故往
普光世界天王如來所集十方佛共說諸
佛要集經連載衆行故發金剛心終始不壊脩六度
十信十住十行十回向十地一切諸善法門乃遍現

未一切諸佛　下　文殊運神力至天王佛所名邊有出
要集法門也　離意女八普月離光明三昧佛問仁
者何處來文殊云我在忍界聞十方佛倶来此界說
諸佛要集經故來聽耳天王佛即以神力移文殊向
鐵國山頂文殊盡其神力不能歸便在山頂爲諸天
子說法天王佛即攝神力文殊即在佛前見出離意
女三昧不動天王佛勅出此女定文殊盡其神變不
能出此女定天王佛即以神力擾師子象頂佛前棄
陰蓋菩薩來彈指女子出定文殊遂與論議皆不能
及天王佛遂說過去寳成如來所發心求菩提道也
智論中云綱羽　未曾有經二巻上　佛令目連去喚羅雲來出家耶輸陀羅百般障難不令子
來佛作化人云汝障夙縁否以五花同上定光如来

耶輸感悟即遣至佛所出家波斯匿王聞已即詣佛
請問佛爲羅雲衆會說法　佛爲王說女人提違欲
引野干爲夫人說法爲證　下　燒身道人辯才謂言但
知懺罪不必燒身前心作罪如雲覆月後心起善如
炬破暗乃王后前縁波斯匿王夫人來聽法四名女
失却身上珠乃過云爲四比丘謗偽供施今日受報
夫人即過去提違道人辯才即目連也皆夙縁所致
莫　八巻　瓔珞經　普稱品　普照菩薩問何謂菩薩
法瓔珞身乃至口塗心悲二十餘
問佛說十德瓔珞其體身口意法瓔珞在嚴識定品
戒品瓔珞法門功德香薫識定瓔珞　道樹品佛
云無量劫中一行一坐一念修浄瓔珞并　龍王浴
脩大慈大悲瓔珞得坐道樹成等正覺　二　太子品

佛云我修無量瓔珞行生時諸天諸龍來爲我浴各
以偈讃　法門品佛云我今爲說八万瓔珞法門十
無尋功德深　三　識界品　問識境界佛云識非有識
入所聞妙義　從法生識智識非智法識非法　勸
助品如來舌相放光告云我修無量瓔珞行於一切
諸悪語言不生得無口過今得四十種果報　如來
品佛言十無盡藏法門若能　四　音響品　佛云我說
修習當觀五苦利益衆生　一偈聲音普遍十方
佛土無不聞者　因縁品佛云若有誦持定眼識定
耳識者得十種功德　心品佛令衆會入心定三昧
即面見十方世界各觀身觀心　四諦品佛爲文殊
說四聖諦法門　成道品佛告無畏云過去識成佛

未來識成佛現在識成佛耶何以故過去未來非識現在亦然也　五生佛品　如來不以國土為國土衆生為衆生皆法智所生故　本末品如來入本淨三昧令一切衆生悉見過去未來現在三世本末因緣　有識無識品佛言解第一義不分別彼識此識是謂有識無識非識也　無量品佛設教有量無量東西南北四維設教　六無量迎品　佛云修三禪所度有情悉無有量　本行自致成佛乃說偈言復現神力　隨行品時有梵天從他方佛剎來經過三禪復無所畏白佛請問　七佛荅梵天偈中演修三禪法門本行妙義　光明品佛言若有受持大梵天所問句義法門便得身相不二毛孔現法界光明

無相品・云何有相云何無相佛云清淨法身所修畢竟無相　八無識品　佛告淨觀大士若人宣傳此經得二十種瓔珞功德所謂總持種族善權等瓔珞　迦葉勸行品佛云汝等誰能於我前說有行無行法門即放光照十方界佛所各有菩薩眷屬來至佛所迦葉請問衆等奉行　行無行品無頂相菩薩即於佛前說云解了本元是謂有行無行諸菩薩各說所行無行也

忘　八卷　瓔珞經六卷　九有受品　觀空無形於一切法亦不有受亦不無受而得解脫　無著品　佛告衆云汝等欲得金剛智不壞疾證菩提從一佛國至一佛國作於佛事當學如來無著之行　漏智無垢品東方一意如來遣弟子至佛所問法佛云修習大乘除去亂想習學定意乃具六度　無斷品佛云從初發心修行五法乃至成佛心無間斷真實勇猛決定智也　十賢聖集品　審諦大士等各於佛前各說法門我堪任說修習等法義也及文殊反復問荅　三道三乘品佛為舍利弗說三道三乘法十方國土亦各演說如是法門　十一舍利品　佛言一切法空相若有人受持此三道三乘經及供養舍利此二種福未審何先佛與須菩提挍量不及持經　譬喻品五千正士聞說瓔珞三身深義一時起去舍利弗問此有何罪耶佛云譬喻不及因地不信佛法故　三世法相品佛云入三世定意三昧能知三昧三世法門　十二清淨品　佛云六度無極諸佛所行一切諸法悉皆清淨也　桓因品帝釋問若一切法皆悉清淨如空無有如何覺了一切諸法佛即喻如幻化人　本行品天人瓔珞首問頗有不進修便成佛否佛云或有彈指之頃求菩薩心即成菩提或不經一日或不一夜便即成佛以初發心修進不同　十三聞法品　文殊白言云何名聞法聞如空等空無所聞聞法者為有言教乃得聞法為無言教乃得聞法如來默然文殊重請欲令利益會中人天及未來世佛乃荅云一切諸佛所轉法輪亦非有轉也　淨居天品佛與文殊論聞法轉不轉義天子至問我等修何福業今得天報如

此佛云汝還憶過去名字否荅十方法界品
云不記未知此身常無常也十四蓮藏及諸大士
知佛不久滅度各各請佛説法隨所見問佛以一偈
惣荅之諸菩薩聞已各各歡喜十智品彌勒問修
習何法得成正覺佛云有十種明智一時頂成等正
覺　應時品云何執持威儀應時之行具足大法瓔
珞佛云修十種慧而速成就　十不思議品云何入
五道中周旋往來佛云修十不思議法門乃可應機
利益　無我品心智大士問云何分別身觀解無我
想佛云當修十法解無我也　等乗品淨眼大士問
爲修何法滅大乗跡佛以偈荅聞已得無生忍　三
界品佛云大士所行不從欲界色界無色界有漏無

漏法謂皆
不可得故
右瓔珞經十四巻四十餘品止於品下注明品意
以通大旨若細而推之則長文偈中所演佛菩薩
瓔珞法門無量妙義具知見者可以究覽
超日明三昧經二巻上普明大士問頗有三昧速成正
覺否佛云有超日明三昧若修
習者速得成佛遂説修習法門或二離垢目問何
或三乃至十法長行短偈廣演妙義下謂超日明三

昧佛云其明無量超過日光何以故日能照現在物
不照鐵圍亦不能照人心但能照有形不能照無形
此三昧普能照及遠近三世闇冥及二乗五
道衆生心悉皆晝夜照明無有罣㝵故云耳
閏
賢劫經一八巻三昧品　喜王大士問修何三昧
得成正覺佛云修諸法本三昧何
謂也佛云行六法成此三昧謂身口意心言行一一
相應也　行品佛説十六字法知衆生之行無度行
等法門也　四事品佛云有四法疾成斯定謂慈悲
喜捨等四施戒忍進等四十一四法而能成就　法
師品佛云過去雷音吼如來所有一法師名無量德
曾聞如是三昧化國王太子人民及往諸佛國土

供養　喜王大士聞是定意三昧即脱衣奉佛歎
喜無量佛復云過去金龍佛所有法師名寶音行是
三昧時有輪王悦音聞此三昧就法師學此法門其
法師者今彌陁佛是輪王者阿閦佛是千子者賢劫
中千佛　二施度無極品　佛爲喜王演六度行法施
是也　度無極也　習行品佛爲喜王説修習行
六度無極自利利他也　無際品佛　三聞持品　佛
爲喜王説六度行施度悉無際也　云聞是布施
持是戒行受是忍辱發是精進習是禪定明是智慧
等六度也　神通品佛以神通力行是六度施度無
極引因中所作神力化度有情　三十二相品佛告
喜王云我往修六度無極感此三十二相超越人天

之上　四順時品　佛云順時行施度無極謂施時持
也戒時忍辱時精進時禅定時智慧時出家時
苦行時成道時降魔時説法時持時一一時無極
三十七品　佛云一心行此六度一中具六六六三
十六一心所摠成施度無極無有限量盡　五寂然品
始初發心無有量也故行行皆如是耳　佛云行
四巻之廿六
三十七品十二因縁只在一心寂然間已無極也
十種品　佛云行六度成十種力也　四無所畏品
佛云行六度成四無所畏也　十八不共法品佛云
行六度殊妙成十八不共法也　方便品佛云行六
度行須得善　六八等品　佛云信是八等不墮八邪
巧方便也　一一行中修六度無盡破貪嗔癡慢
每一中有二万一千合八万四千塵勞煩惱要破

每一中有二万一千合八万四千塵勞煩惱要破此
塵勞善能修習善法成八万四千法門也　千佛名
品　喜王問佛今此會中大士有得此定意入八万四
千三昧耶佛云非獨此會大士將來賢劫中千如來
亦一一入此三昧施度無　七千佛興立品　佛説千
極復説千如來名号次第　佛出興時節國土父母
姓字出家得道化　八千佛發意品　佛説此賢劫千
度傳法付囑等縁　佛過去過千如來發心如我夙
爲醫王以衣奉佛記我同名釋迦也　歎古品佛云
過去精進如來出現時有輪王名曰德華聞佛説定
意三昧義與千子往聽受是法王者無量光如來千
子者千佛也復云無量施如來出現時有輪王名普

廣意與千子往佛所聽是法門不曉其義佛侍者名曰
無指爲王解説王即曉定意義趣王者定光如來侍
者即維衛佛千子者今賢劫千佛復説過去未來劫
中或有佛或無佛是知佛世難值佛法難聞令一切
有情受持
千佛名也

談

十巻　大法炬經　一縁起品　如來放光天子威光
請問阿難重請如來即説過去
放光如來説此陀羅尼字義　伏魔品佛云放　二授
光如來説此神呪降伏一切魔軍令發菩提心　魔
記品　佛云放光如來授諸魔衆菩提記月上菩薩
縁　三乗行品佛云放光如來爲人天衆説三乗法

法性品　佛云放光如來爲無畏大士等説法性猶
如虚空　菩薩行品佛云放光如來説諸菩薩住於
佛　三相好品　佛云放光如來説修菩薩行　四四念
法　今得成佛具足無量相好光徹無涯　處品
佛云放光如來説所感相　五聖諦品　佛云放光如
好以四念處所修爲根本　來爲梵天説此法門
忍校量品　佛云放光如來爲梵天説行忍行功
德法門　三乗品佛云放光如來爲衆説三乗法　六
二法藏品　佛云放光如來説人言教藏天言教藏
非天非人教藏　法師相品佛云若有法師受持此
三法藏則口業成就具足智慧辯才得三十二相了
十四音字義圓滿功德相好　謗法果報品佛云放

光如來說若有人不信此三七智成就品佛云放
種法藏其果報惡業現也 光如來說若人持此
三法藏具足神通迦慧 力忍成就品佛云放光如
來說忍多修菩薩忍及諸果所修忍皆依止如來大
力忍方能成就一切諸忍智力 四卷二十七 證涅槃品佛
云放光如來說此陁羅尼復說遇寶觀如來 八佛云
放光如來說涅槃十四音字義分別百義方便 勸
證品佛云放光如來說一切語言音聲皆第一義也
九佛云放光如來說若有人入是法門一切法門皆
得明了 法師行相品佛云放光如來說若法師
登高座說此法門時不自 遮謗品 佛云放光如
大心不染著即真法師也 十 來說若有不信此法毀

謗謂非佛語得無量惡報 持經功德品佛云放光
如來說若有受持此經得無量無邊功德成就 為
他悔過品佛云放光如來說若謗此經已却復悔過
彼露投誠即得善報 六度品佛云放光如來說所
行六度
妙行
彼 十卷 大法炬經十一 佛云放光如來行精進行求證品淨行千須達多請放
光如來所聞四諦法門妙義 菩薩證三昧品佛云
爾時會中大士聞放光如來說四諦法門各自證
念佛三昧 召諸大士品佛云放光如來眉間放光
照及十方世界菩薩聲聞龍天國王人民悉來集會

十二 問等覺品 佛云一切衆生唯知言佛不知佛
者是何義何名佛能自覺悟亦覺悟他覺行圓
滿故名佛也 因緣品天帝問何因何緣菩薩悉集
會奈光王園中放光如來云過去各於此中種善根故
十三 供養法師品 佛云諸天子聞是三法恭陁羅
尼思念欲於如來所廣陳供養及未來法師
十四 入海神變品 佛云放光如來捨師子奮迅三
昧放一光明入海境界化諸龍衆為龍說法
界須彌山品 佛云放光如來受龍供 十五 天伏修
毛即上天宮為帝釋諸天演說妙法 羅品
佛云放光如來為修羅說法令不與諸天鬪戰各以
慈心相向 修羅本業品佛云放光如來說修羅本

所修習惡業惡行以嗔為根本故 雜類本業品佛
云放光如來說諸畜類業行果報捨身受身彼心所
作業故 無相品佛云放光如來為天帝云我所說
如是句義與音皆不可得一切諸趣悉無相故 勸
修行品佛云放光如來說依此三法藏門字義修習
而得解脫 三字法門品佛云放光如來阿字者人
言教迦字者天言教那 十六 特護法師品 佛云放
字者非人非天教也 光如來說若有人流通
此三業法藏即以神力護持使無撓害 放光佛本
事品佛云放光如來過去為香上菩薩遇寶幢如來
出現放光灌頂往佛所受是三藏法門香上者即我
身是也 教證法品佛云放光如來復為會中人天

分別三字三藏義令各受持　十七　無住品　佛云爾
各自思惟各自證三昧也　時會中或云諸法
無有住處或言皆住或云無住放光如來即爲解說
說聽功德品　佛云放光如來言若有說是法門聽
是法門皆得無量功德　四卷二十八　證相品佛云放光
如來說此法門攝無數億衆入大宮殿三昧　十八　如
品　佛云天帝留放光如來久住天宮即爲說一切　化
法皆如幻化耳　緣生法品佛云放光如來爲會中
說因緣所生法相　十九　信解品　佛云放光如來云
因相緣不斷也　此法門爲信者說不爲不信
者說具足辯才　離惡友品佛云放光如來說若能
離諸惡友親近善友即於此法藏信解受持　辨田

讚施品佛云放光如來說　二十　付菩薩品　佛云放
種其福田辨其所施也　光如來囑諸大士爲
彼信者宣說成就佛法故　付天帝品佛云放光如
來令諸天於一切處宣說如是三種法藏使佛種不
斷　法師護品佛云放光如來爲天帝云若有法師
宣說三教藏三字義三句法當如法莊嚴高座種種
供養護持勿
令生惱也

右大法炬經二十卷乃世尊爲阿難及人天衆重
說過去放光如來出現所演三藏三字義陀羅尼
法門使現在法衆知過去佛家風也

短　十卷　大威德經一　如來爲阿難及人天衆說過去
諸佛已曾顯示法門　一者神通
二者根本復云一者欲具足二者見具足應知生應
知滅應知入處五破壞五力五語五生趣五聚陰人
相有一不具足不得出　二　佛說有根勝有根堅諸衆
家如眼耶齒跡等相也　生所報相狀好惡復說如
來名號十相十具足十身十智十　三　佛說無二無三
心一一法皆十法以無盡故耳　則一分別一因
緣而成諸法復爲諸天諸龍說諸神　四　佛告衆生等
呪若誦持者則能成就一切善法　應知一入應

知二入應知三入應知四入應知眼等應知四聖
諦復說定光佛時利益童子與汗魔論議等因緣　五
佛云此大神呪能令衆生出生辯才若有受持最爲
殊勝一一呪皆有無量功德過現未佛皆說此神呪
成就　六　波斯匿王有五尉王能知筭數來詣佛所論
佛法　一法數佛即說及無量名字皆如來因中隨
方隨機應現　七　佛言是一不欲爲一切世間廣說同
稱呼不同　者六根六塵等法皆世間言說乃說
神呪種種名　八　佛云一猛健從凡夫地於有情中若
字種種法門　能回向菩提心則爲一切衆生所皈
依處復說因中說猛健心成菩薩　九　佛云有五種所
行無不爲天龍夜叉歸依恭敬　入所謂入畜生

天地獄入修羅入天入人復説應機而現過去燈 十
明如來所比丘聞法及長者妻如糞坑等縁也
佛云知此言辭不隨他智然有五時所謂行時坐時
去時來時歩時五陰五種五力五涅槃一一説五法
四巻 三九
門及説因地所
修因縁妙義
靡 十巻 大威德經 十一 佛説五種痛五闇五無間五
速疾五羅刹五波浪五乏少
乃至一 佛説阿字那字門義應知四十道別離
切法也 十二 九十九減少二十一方便及無言辭法
數可撿細 佛言世間法所謂五陰十八界十二
看見義 十三 因縁一切法提河王詣佛所説頭上

白髮偈佛云豈止 十四 佛説初相行我遊行我相故
一人頭上白髮也 若干出入息五相當有七十
七患何者瞋貪等相爲 十五 佛説四種食任處爲食
死生輪回過患根本也 穢相爲食行歩爲食行
淨爲食復説食想食過 十六 佛説大燈明如來弟子
善一切食法門妙義 衆名字是時法中有比
丘著是四種食想或入地獄 十七 佛説有四種食承
一切佛法比丘亦復如是 車尊重或爲安隱
或不安隱或爲吉祥或不吉祥復説諸 十八 佛説若
秘密神呪及過所見所聞所行法門也 不聽沙
門入城復有淨心者佛世難值聽佛弟子入城皆食
有和合有不和合佛出現世有如是因縁皆衆生根

殊 十九 佛云我今爲汝等作譬喩顯其食過喩女人
也 穢汙之欲無厭復現神力示其從天來母胎
時諸天子悉來 二十 佛云彼臺閣中有十千數妙淨
集會等相也 食爲菩薩時示現之事豈況而
今已成正覺其利生功
德無量無邊無等也
恃 七巻 佛名經 如來爲人天衆云若有受持過現未
三世諸佛名號者得福無量復云東
方阿閦佛火光佛等七巻皆佛名號唯第七巻初略
説諸佛壽量劫分國土報應以顯諸佛神力故也
已 八巻 佛名經五巻 通前十二巻皆 莊嚴劫千佛經
佛菩薩名號

人中尊佛師子
歩佛等千佛名 賢劫千佛經 拘留孫佛拘那
含佛等千佛名 星宿劫
千佛經 龍威佛華嚴佛王中
王佛等一千佛名號
長 十巻 五千五百佛名經八巻 佛説此五千五百佛
號若有人持一佛號
或一瞻或一禮或焚一香
或獻一花皆得無量福壽 不思議功德經二巻上 佛説
東方
妙尊音王如來 下 佛説南方樹根花王如來等一切
等一切佛號 佛號若有世間一切衆生稱念者
罪滅福生獲
不思議功德

信 十卷 華手經 一序品　如來在竹林園迦葉自石
室佛即分半座同坐　神力品如來
現神力攝四衆諸天悉來集會令目連重嚴高座為
衆決疑　網明品東方一寶佛所網明菩薩來此土
以花上佛佛與彌勒示衆以手摩花一一菩薩手中 卷三十
有一一花一一佛手中亦有二花　如相品東方寶
力佛所力行菩薩亦來此土亦以花上佛佛亦與彌
勒示衆願此花令一切衆生深種善根　不信品佛
云未世衆生不修身不修心不　二　念處品　佛云依
持戒不信如是花手經典也　四念處在於聖法
中發心　即轉法輪品東方無相佛與諸菩薩授記
來此土見佛舍利弗問云曾請一切佛轉妙法輪稱

斯名也　現變品無相佛至此土已現大神變　如
來品轉法輪菩薩有大神力能移此界他界往來不
覺然不能動如來衣之一角　功德品佛云若人受
持此經所得功德譬喩不及　發心品東方須彌佛
所德聚菩薩持花至如來所奉上於佛　三　無憂品
佛授彌勒示衆會中各發菩提心也　佛云過去
安王佛所為輪王子名無憂出家得道　中說品佛
云是中有佛有菩薩皆來此土以花奉佛　惣相品
如上所有世界一一佛一一菩薩　四　上清淨品　自
一一奉花一一上佛一一示衆耳　上清淨剎以至
無量佛剎佛菩薩持花至佛所作佛事　散花品過
恒河沙世界外有自在佛所莊嚴菩薩以花遥散此

土佛上無所罣㝵　五　衆相品　自衆相剎至檀香剎
說偈稱揚佛功德　中間一一剎一一佛菩薩悉亦
如是　諸方品南西北四維上下一一　三昧品
方一一界一一佛一一菩薩悉如東方　六　如來見十
方佛菩薩咸來即於座上入首楞嚴三昧及佛妙金
剛三昧淨居天說偈　求法品如來從不動變三昧
起告舍利弗云求法須要多聞說菩薩所修四法乃
至十法因中為妙德太子遇安王佛出家即我身是
歎德品　佛言舍利弗汝能問佛道深妙淨行功德
一念相應通達一切諸法　驗行品佛言一者能捨
二者求法三者不逆其　七　得念品　佛云過去德王
深法以此驗菩薩心　明佛時善根王子得念出

家成道者我身是得念者堅意菩薩是　正見品佛
云其謂正見無高無下觀耳鼻舌身意諸法等於涅
槃　歎教品佛云若護持正法了達真論繼佛種故
如來為喜也　破壞品舍利弗云若人於此經解說
四句助成佛道得幾所福若有人破　八　衆雜品　佛
壞正法得幾所罪佛為分別說之　為說四救法
多怖畏者如來能救入邪逕者聖道能救諸惡業者
念處能救在八難者菩薩能救及說四安四調和法
一一四也　引摩居士緣衆妙品佛云有四法能致
一切最勝妙法發大乘心求法不倦修治塔寺起大
悲行是為四也　逆順品佛言若人於此正法心無
違逆得無量福報功德若有違逆者招諸苦報須信

順法九不退轉品佛云四法修不退轉至無上菩
也提也爲法品佛言若人求如是法如法而
行以法化道解說是法及諸法也數會品今此大
會行淨人會爲師子會無所畏會大龍會殊特會無
比會也上堅德品爾時會中堅意菩薩聞其法門
以衣上佛即於衣中現大神變乃過去寶光如來時
輪王上堅德以衣上佛十法門品佛告堅意法無
爾時王者即堅意是也名無思無慮無相無作無
憶無念無文字無顯示無言說復說阿字法門及因
地所修無量妙行妙義囑累品佛言我滅度後若
有人以花作會供養此
經得無量殊勝功德也

使四方等陀羅尼經四一文殊請問佛說諸魔諸
經卷比丘過去現在因緣復
說諸神呪令二佛爲雷音菩薩文殊阿難說諸法要
誦持獲福授五百弟子諸天餓鬼魔王等一切
法三佛告文殊若我在世及滅度後有求陀羅尼
門者得十種夢王七日行法者即爲授之乃解說
十夢境七日四文殊問佛若四衆破戒當墮地獄如
受持儀則何懺滅不受此苦戒復再圓佛說呪
曰離婆離婆諦仇呵仇呵帝陀羅離帝尼呵離帝毗
摩離帝莎呵如是神呪持者能滅一切諸惡律儀罪
僧伽吒經四一一切勇菩薩問云何利益衆生佛云
卷有僧伽吒法門復說其功力有謗比

法土地獄一切二佛云過去淨月王受持僧伽吒法
聖衆將說此法門而滅五逆罪如來即現神變諸
天諸菩薩各各云王舍城如來今三藥王菩薩問何
日必說微妙法門故現斯瑞也緣出世佛云欲
令衆生多聞故出現於世及多因緣果四藥上菩薩
報故或因地或神變或十方咸集也問如何方
便令一切衆生得聞正法佛云我說生老病死苦衆
生不聽會中五千比丘皆起問佛我等亦有死耶佛
爲說法各力莊嚴經三上如來入力莊嚴三昧光照
各悟無常卷諸天十方佛土文殊會中
士十童子各至佛所作禮復中佛令阿難召諸比丘
名往十方佛所而爲恭敬即入影現三昧文殊一

復問佛即校量功德智輪童子問如來智自在智
不思議等十智法門佛即一一解說荅其義也下
佛與智輪童子問荅對辨其旨趣淵微非識情測度在
悟心見性者可以明了如云衆生即是佛便印其說也
大方廣圓覺修多羅了義經
大覺心廣博方軌生妙解廣塵沙大用圓心體周徧
猶如虛空任持圓性密應頓機滿足無餘
覺虛明靈照修多羅顯彰佛理了義經決擇義味
無所分別契合群機詮指究竟
如來在大光明藏與文殊普賢普眼金剛藏彌勒清
淨慧威德自在辯音淨諸業障普覺圓覺賢善首此

十二大菩薩密說頓悟頓證頓
解頓修諸禪觀境法門妙趣
右此圓覺則如來直指頓機而明本覺妙性本來
四巻　廿二
圓也大唐圭峯密禪師悟入斯旨遍述大疏略疏
大鈔略鈔修證儀以稱揚流通也相國裴公美作
序而普告大衆然師歷于寒暑二十四載斯疏方
就其間一言三復然後著筆存心若是豈率爾耶

故今三百餘年盛行天下禪律靡不宗尚也
可　十觀佛三昧海經一　六譬品　淨飯王白言佛
巻　是吾子吾爲佛父見佛色
相光明愈顯但見其外不見其內我云何觀佛色相
知佛常行尺度佛云一師子入胎喩二旃檀喩三金
翅喩四伽陁樹喩五波利質多喩六修羅女喩乃劫
初光音天人海中浴遺精西成也　序觀地品淨飯
王曰云何觀佛境界佛爲王說其相好　觀相品
佛爲父王說如來頂相及諸莊嚴無量功德也　二
佛爲父王說降魔時放白毫光相諸　三　佛爲父王說
魔競來以慈心三昧而爲攝化也　如來眼耳鼻

古身等一切德　四　佛爲父王說如來爲一切衆生　五
相殊妙無比　放常光相長利益一切有情
觀佛心品　佛告父王佛心如紅蓮華此心中放光
照及地獄受苦衆生悉得解脫及說地獄苦相也
六　觀四無量心品　佛爲父王說佛心時即放光明
照十方界一一光中有化佛相皆心所現乃經劫
行慈悲喜捨心　七　威儀品　如來起行足步虛空王
得如是報也　見歡喜亦隨佛行佛擧足時千輪
相現如來行至曠野花長　八　觀馬王藏相品　佛告
者子諸鬼神示現四威儀　阿難云何當觀如來陰
馬藏相謂諸女　九　本行品　佛說三十二相八十種
疑心故示現耳　好諸功德聚放光照十方佛界

觀像品　彌勒問云佛滅度後一切衆生如何觀　十
於佛像佛云若觀像者如觀我見在身無異也
念七佛品　佛云若觀像心成就當觀過去佛像念
七佛名號　一　觀十方佛品佛云東西南北四維上下
皆有佛名衆生持念者成念佛三昧　佛密行品佛
云若人成就念佛三昧即得身口意清淨不起邪見
不行汙
行也
豊　十佛報恩經七　一　序品　阿難持鉢見外道謗
巻　巻　佛云生七日喪母捨父出家
等事爲大不孝之人以此白佛如來放光照十方世
界一一佛所菩薩來至佛會聽說報恩法門　孝養

品佛說爲須闍提太子父王失位去投他國途中絕
糧日割肉三斤以活父王夫人得到別國帝釋化身
來活　二對治品　佛說爲輪王剜身挂千燈供養說
助我　佛法師　四卷　菩提心品喜王菩薩問云何知恩
三十三
報恩佛云若要報恩發菩　三論品　佛在忉利爲母
提心亦勸他發如是心也　說法優填王思念於佛
議論刻像爲忍辱父子出眼出髓合藥治父王病摩
耶爲鹿女爲王夫人生　蓮華埋向地中後花中生
五百葉一一葉有一童子後出　四惡友品　佛云調
家成辟支佛道各現神變焚身　達非今日與我爲
害過去爲惡友太子我爲善友太子入海　五慈品
求珠害我等一切因地中爲害因緣也　佛爲舍

利等現神力已說過去爲大光明王人　六優波離品
來乞頭即施與救五百賊出家因緣　阿難白佛
優波離下賤之人佛聽出家令國王大臣不生　七親
恭敬尊貴比丘而生慢易佛說因地果報也　近
品　佛說爲長者子煞賊伴令衆安隱爲醫師子
身毛金色獵人著佛袈裟被害不起惡念及說諸緣
起報　菩薩本行經三卷　上　佛爲貧人見五百長者作施
應　場乃問鬧施何爲云求佛菩
提乃捨身求佛法天　中　佛爲須達說布施果報多施
帝釋現身成就善根　少報少施多報供養百千白
衣不如供養一淨行乃至供百千諸佛　下　佛在毗耶
不如供一無心道人如是等因緣也　離城一切

疫鬼悉皆遠去佛還摩竭疫鬼復來如是往反七遍
爲人除病復說過去爲尸毗王割肉等一切因緣
右三昧海經則淨飯王觀世尊勝相妙好所行殊
特也報恩經則如來無數劫中行其孝道報父母
也本行經則佛過現行菩薩行義旨昭然

大藏經綱目指要錄卷第四

大蔵経綱目指要録　第四冊（表紙）

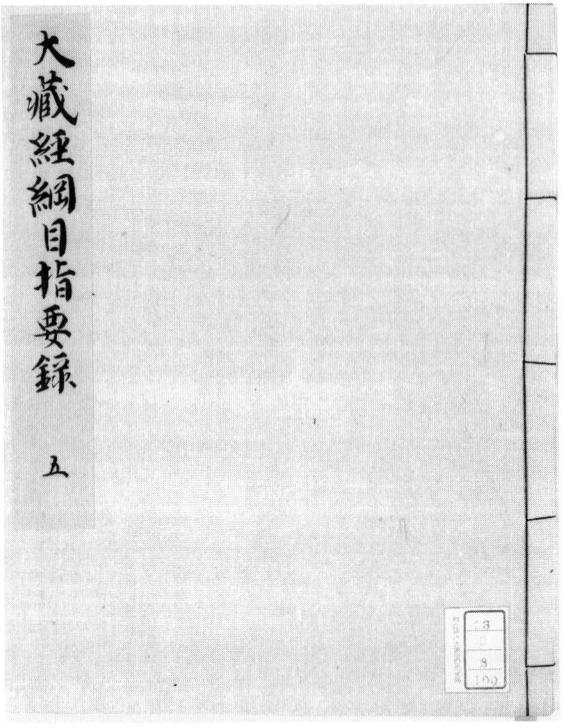

大藏經綱目指要錄　五

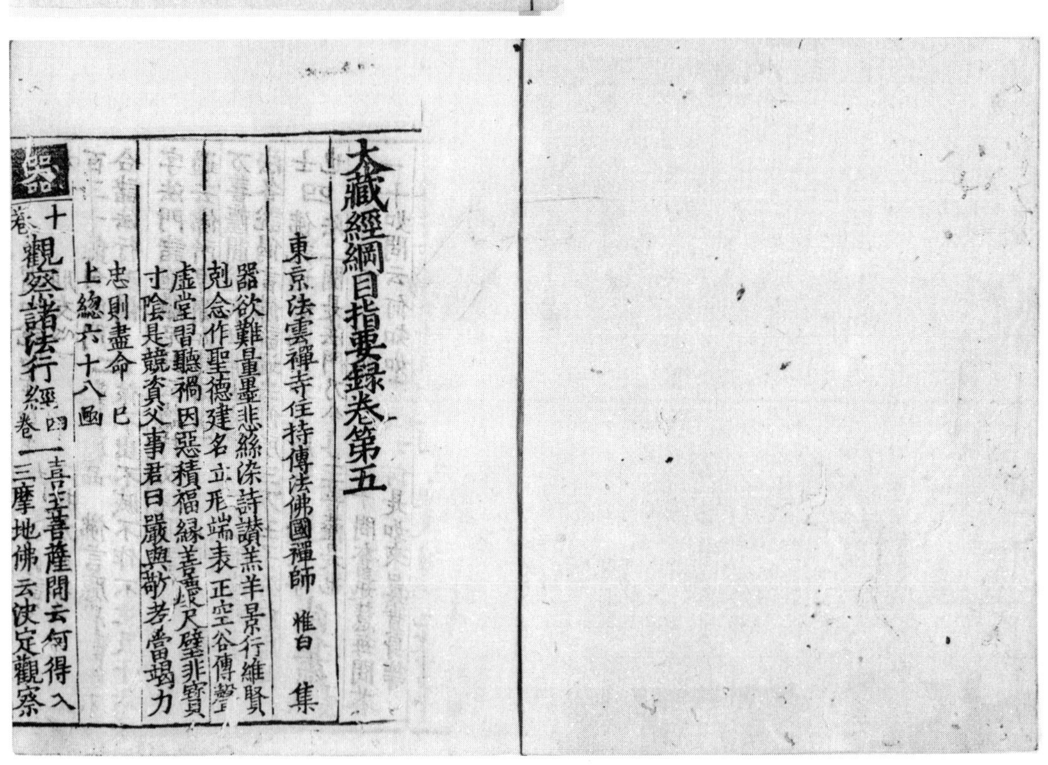

大藏經綱目指要錄卷第五

東京法雲禪寺住持傳法佛國禪師　惟白　集

器欲難量墨悲絲染詩讚羔羊景行維賢
剋念作聖德建名立形端表正空谷傳聲
虛堂習聽禍因惡積福緣善慶尺璧非寶
寸陰是競資父事君曰嚴與敬孝當竭力
忠則盡命已
上總六十八函

器　十卷　觀察諸法行經　四卷　一　喜王菩薩問云何得入三摩地佛云決定觀察

諸法行所謂如說如作如作如說身淨語淨意淨求
於利益作朋友心不為求欲不捨於悲不為取法五
百三十餘句法門　二勤相應品　佛言應覺諸法不
合諸法行及偈　二依不出不滅不作不生及十六
字法門諸陁羅尼此云總持及說偈言井　三喜王與
過去佛所曾聞如是諸法行一切法門　會中三
万菩薩聞說末世佛法破壞各各涙雨發願護助佛
法各說偈言佛說過去佛所三万王子發願即此大
士　佛說過去輪王如來所寶月輪王子
也　四法上聞是法門乃今喜王菩薩是也　法集經六卷
一佛會所有無所發菩薩發二十問奮迅慧每問荅
十如問云何知如來生云何是如來眞實身等

二荅能知空所對法十二因　三荅入解脫九次第十
緣世出世一切法義趣　遍處六神通無偏根
等諸法　四荅如來十力　五荅心念處十　爾時大慧
妙義　及對治法門　念諸法門義　六觀音堅意
文殊等諸菩薩各以所見問佛佛即隨問荅之皆所
修所行法義復告阿難云無所發菩薩過去佛所曾
行是
法也
欲　三廣顯三昧經四　一得普心智品　龍王至佛
經　卷一所發問佛荅云有一法速
起道意不捨衆生所謂一行復說三十二事得普心
智也　二清淨道品龍王云若此法爾明賢所由得道

清淨佛云菩薩行有八直正道　二佛為龍王演說妙
當勤受持及行六度無極也　法即入諸善法知
道無求無習無不習即請如來入宮受供佛　龍衆
將諸大衆詣龍宮說無欲行法門化諸龍衆　三各云
今值佛法已生深信各說偈讚佛復說轉法輪因緣
決諸疑難與須菩提廣論法義令諸龍衆各聞所未
聞　龍王問不起法忍當云何得佛云忍不生色受
也　四想行識是不起忍龍子問法空生詰問佛乃微
笑為龍王封拜如　菩薩處胎經七卷一　天宮品　佛說
定光授記我也　離天宮來王宮
受生　遊步品佛說在胎中舉一步過無數佛剎
四諦品佛說胎中亦修此法成無上道以多修習法

力故　二佛樹品　佛化七寶樹遍滿世界現諸神變
也　三世等品　佛若入滅誰度衆生佛若不滅
今在何界佛讚喜見菩薩能作師子吼　三想無想品
佛與衆生但假名耳本無生滅相故　佛告弥勒
今當識想受無識無想無受也　不任品佛言過現
未五陰清淨不任不不任色相不任不不任　八種
身品佛說見地薄地淨地聲聞地獨覺地辟支佛地菩
薩地佛地現大神力　全身舍利品佛云我所行功
德捨身受身非一非二今當略說　常無常品諸菩
薩讚如來降神不可出一入一變化無方或碎身或
全　隨喜品　頂王菩薩從東方來至佛所隨喜此
身　四神力　五道尋識品佛在胎中示現一切諸識

如花識果識報識等　佛行無差別品佛在胎中示
現神力令諸菩薩皆如佛相　定不定品常笑菩薩
問佛即現神變如來　五入六道品　佛在胎中示現
示相定亦不定也　與一切種類常笑隨機感故
轉法輪品　佛在胎中示現與四衆轉妙法輪
神通品佛在胎中現五神通破外道所習　識住處
品普慈菩薩問令此識法住無所住爲識致身爲身
致識　善權品佛示現權變無窮無盡不可測量故
六無明品　佛示現無明結令有情依此修習　苦
行品佛言曾爲諸天諸宿伴黨故現苦行　四道
和合品佛告遍光菩薩云聲聞辟支菩薩佛此四一
體　無二意品蓮華菩薩問此四道所趣爲有意耶

爲無意耶意是果非果耶是見非見耶等　定意品
持空菩薩問云何菩薩度苦衆生佛云令聞苦聲捨
世間法也　光影品佛在胎中示現　七破邪見品
光影令在會四衆皆同佛之金色　佛在胎中示
現入正定三昧顯過去在雪山同諸仙修苦行時獻
花定光佛授記　變化品文殊接化世界來此界佛
胎中亦無㝵無障　八齋品智積菩薩問如來爲說
八聖賢齋法即八戒是也　五樂品佛說帝釋諸天
與脩羅戰手執樂器　緊陁羅品佛說過去因地也
香神地神品　佛說本因緣起也　人品法印菩薩
問何者是人人從何生佛云四大洲中皆非人種弥
陁佛國阿閦佛國我今現前大士乃人種也此外盡

非人種何以故從無始來乃至成佛中間並不作惡
常修身口意淨業是人也　行品法印讃云使說人
種不可思議或修淨行或修天行　法住品佛囑弥
勒我滅度後流通此菩薩處胎經典利樂一切有情
令修
妙行
施燈功德經　佛說若有人以燈光照佛塔廟而
爲供養及照一階道乃至十階道
得無量福
德果報耳

難　三經
央掘魔羅經　四卷　一　受邪師教煞千人取指爲
鬘將害其母佛即往化魔
羅見即逐云住住大沙門當令稅一指佛荅云住住
央掘魔羅此云世間境我是等正覺往反辯擊投佛

出家佛令向母悔過即來佛所驗鬚　二魔羅與諸天
自落天帝來上天衣即不爲受也　諸大弟子及
文殊論議說頌往　三魔羅成大比丘即得神通問云
反徵詰自謂強梁　何住解脫際佛云汝與文殊往
東方佛所而問此義遂往展轉而指至十方佛所皆
問此義一一佛不荅即指魔羅文殊歸如來所而爲
宣說此　四佛與魔羅文殊廣論法義天帝來問欲受
妙義也　持此經波斯匿王將四兵來戰魔羅見已
在佛所出家即問所以佛云南方大精進如來示現
爲魔羅此方寶積如來現爲文殊爾時會中聞者皆
悉皈仰
讃歎
無所有菩薩經　四卷　一　心念云佛云何無所著
云何得菩提佛知心念

即爲說偈因二佛爲難調伏害人者說法即得無㝵
以偈往復也二解成偈荅佛天帝來問此難調伏害
人者何故有此智慧佛云五百生作虵佛記難調
唯只害人害物曾爲法師故有智慧耳三伏爲利上
如來復說過去爲比丘通利教法將領徒衆見益上比
丘生嗔恨心不止遂墮虵中及入地獄今遇我得解
脫四頻婆羅王女及城中女衆隨花到佛所見佛相
道好并見無所有菩薩相各發上品心因轉女身
爲男身王至佛所見是事已生希
有心佛說過去此女衆發心因緣明度五十校計經
二佛告諸菩薩有能校計不能行有能行不能校
卷上計此校計有五十種法如癡百八疑百八顛倒

百八欲百八墮百八愛栽識佛說生死百八校計
著種共十百八校計法數也下等法門然此經乃漢
安息國三藏所譯也當時漢梵語未全
方言未順所云校計者即謂思惟耳
量五秘密藏經二東方大法音世界寶杖如來
經卷上所莊嚴王菩薩至佛所問秘
密藏法門佛云如來秘密藏則下佛云菩薩有四障
一切智心堅固守護不捨不退下法應當覺知毀謗
正法秘悋惜法懷增上慢修無色定是爲四也已次
法門或說二法或說四法莊嚴王與迦葉聲揚如來
秘密藏法中陰經二佛說五弘誓一當生之時六
門正要義卷上種震動二周行七步十方佛

來助三不成正覺不起于坐四諸魔競來必不怯弱
五入於中陰教化衆生是爲五也如來神力思惟中
陰極微細乃放光照十方佛各下佛以神力令此界
說處中陰而能教化衆生也上至非想下至地
獄皆同金色光照復爲菩薩人天說如來妙覺
中陰識非想非非想識極是微細聞者得道月上
女經二卷上月上生而端正世間無比國王大臣皆欲
強奪如來神力助發夙世善根與舍利弗
論議施無㝵辯下舍利弗及諸大弟子同月上至佛
人天共集歡喜所文殊諸菩薩各與論議佛化千
蓮華帳月上奉佛記爲月上如來於文殊問經二卷上
佛法中出家現得道果乘讚御也

文殊問戒願般若習氣來去義旨及世下文殊問佛
問戒佛廣爲分別解說其義趣深遠也滅後諸弟
子於如來言教分諸部類乃至僧祇毗尼及問如來
法身爲復以身爲法以法爲身佛荅其妙義深旨也
大法鼓經二佛在靈山波斯匿王擊鼓吹唄來詣
卷上佛所佛告人天吾將爲說大法鼓經
迦葉問言佛云喻波斯匿王戰鬬之時擊其大鼓四
兵交戰得勝者賞我諸弟子修習佛道之時與四魔
大戰擊動大法鼓得勝下佛爲迦葉說大法鼓經以
者以法繒冠首賞之謂惡魔來破持戒之人宜
須擊法鼓戰退迦葉乃發願乍入地獄
不忍聞破戒之音種種發大願力也

五密嚴經三卷上如來入自智證境神通變現一切佛國土唯密嚴佛土超諸佛
土上方亦過者金剛藏菩薩問菩提者是何句義佛
即荅之　妙身生品如實見菩薩問如何得意生身
及神通力入於密嚴無我法門五卷中大光菩薩聞說密
諸菩薩各各相問各各爲荅　嚴微妙功德白金
剛藏云一切世界色像是誰安立及問解脫等義復
爲螺髻梵天說受胎分相心所取境而成身當修觀
行合密嚴佛土解脫下金剛藏大神變光照及自識
寂滅殊勝境界也　境界說阿賴耶識猶如雪山
有一惡獸詐現諸相食一切諸獸阿賴耶識亦復如
是能起我我所一切執見壞諸衆生法身慧命由是

不能入密嚴佛
國土殊勝境界造像功德經二卷上佛在天宮王思念佛以旃檀往彼刻
作佛像佛自天宮下躡寶堦蓮華色下佛說造像所
比丘尼化輪王儀仗先見佛佛責之　得功德及來
世男子女人或木或泥或畫等作佛像者諦觀
佛相好志心思十力四無所畏所作功德等事善惡
業報經二卷上淨信菩薩問末世災害修行多諸魔障如何即是佛勅地藏爲說云宜細占察
善惡吉凶果報用木作輪四平正圓下地藏爲淨信
以十善對十惡擲轉占其善惡業緣　說修進大乘
法門令過去所作惡蓮華面經二卷上佛入拔提河俗
業消除而成道果也　告阿難云我更

三月入滅天龍八部悉皆集會悲惱下諸天子及諸
佛說末世比丘過惡破戒所作罪相　神衆各各流
淚說偈讚佛悲惱無涯佛告云我滅度後國王興崇
正法後有外道子名蓮華面破壞正法及鉢等法物
悲
五佛頂經三卷四一佛說一字頂王超勝頂王光聚頂王勝頂輪王佛眼大明
呪及說畫像一切持二佛爲金剛密跡首說修五佛
誦恭敬法則儀範　頂呪三昧法門及諸神呪一
字頂王呪稱揚其功德力無
量無邊然此密呪至簡當也三佛說受持五頂王呪結印法及如來呪心
印壇印四佛說五頂王修證悉地法門及諸密呪皆如來大慈普利有情
等印　寶樓閣經

三卷上佛在王舍城有大蓮華從地涌出花中出聲讚陀羅尼菩薩發問佛云此名大寶樓閣妙陀羅
尼佛令密跡將杵叩地妙寶樓閣忽然涌現閣中有
三如來所謂寶花王如來金剛超勝王如來淨光明
王如來佛開閣門同坐說過去三仙人聞陀羅尼於
此地沒生三竹竹中生男子坐樓閣中說陀羅尼此
云總持而成正覺此三如來是也中佛說持心呪及
淨居天子爲說呪即我身是也　置壇用物等法
下佛說結印法運手安手屈指用臂等一字心呪經佛在淨居天放光普照十方光中忽
然作聲我是一字輪王心呪其光復入如來
頂云我是如來智慧一字心呪呪曰部林

絲 十卷 大佛頂如來密因修證了義諸菩薩萬行

首楞嚴經

大藏性廓周普容法界佛覺定妙圓應機示相頂最勝超倫高不可極如來智實無涯名稱自在密因定慧雙融識情難測修證因圓塵劫果滿刹那了義究竟寂滅顯明勝性諸菩薩海會相入覺明普照萬行一心本具廣利有情首楞嚴妙定湛然堅固不動經唯此言說詮明性相

一如來頂上放百寶光化佛說呪令文殊往摩登伽此云本性家救護阿難歸至佛會七處徵心皆非眞實佛咄云此非汝心等義二佛爲波斯匿王說不生不滅性爲阿難辯八還見文殊只一無二文殊指月爲喩以顯妄見衆生顚倒說五陰虛妄空生執著三佛說十八界七大性各各周徧本如來藏妙眞如性衆生識情分別乃生執著不悟無常阿難聞已說偈讚佛功德四佛說金風空水四輪所起三因三緣五濁演若迷頭六根所得功德多少一六亡義佛勅羅睺羅擊鍾果地法與因地法相應五佛說解結摩阿難頂十方佛同音讚歎佛卽說偈尋取花巾綰結以示大衆令各說於佛法中如何悟入法門憍陳如等二十四大士各說已所悟入圓通六觀音大士說悟入圓通法門佛勅文殊說偈辯其二十五大士所悟偏圓阿難復問如何修證如來說三決定義令其有情悉斷其因不受果也七佛說四種律儀及誦呪壇儀法則復說四百二十七句白傘蓋呪誦持者功德無量阿難復問修進佛云衆生世間顚倒相續無休八佛說修進五十七位法門文殊請問名題復說斷十習因六交報業相十二類生輪轉生死六道循復無息也九佛說修四禪入定諸天所報却回紫金光凭七寶几告大衆云汝等當知微細魔事五陰中一陰十種成五十也十佛說想陰行陰識陰區宇各有十魔五種妄想微細心識中感念皆是三摩提奢摩他中用心現境取著成魔不取成善也

源而講唱其如前後禪律諸宗或解或注或集或

指殆盈三十餘家亦各隨方闡揚皆助

吾皇聖治成其美化也

漆 二經 毗盧遮那成佛經 七卷 一秘密主金剛手二大士問菩提心義一切智智佛云尋求自心以本性清淨故二佛爲秘密主諸菩薩說神呪秘語及諸偈阿多迦字法門等義及功力也三佛說成就世間曼荼羅尊所印法門諸神呪等及偈言四佛言以定慧指智慧拳旋

復交羅結成妙印誦此秘密神呪五佛説字輪神呪能成一切呪及説偈長文中演其呪功力殊勝
無量六佛説學觀方便修十善業百字成就諸法門偈妙義七佛説偈文神呪雖然廣多在志誠誦
一句一呪久成其功也
童子請問經三卷上佛會中童子蘇婆呼問修行持呪不速成
就爲有魔耶不如法耶一一問其不如法事中童子
金剛菩薩大藥叉將荅其所問分別其義聞説
是法諸障難事悉已除滅復下爲童子說八正道諸
説誦呪用木用心等儀則天諸神各有神呪也
[illegible]三經金剛頂念誦經四卷一大唐南天竺三藏金剛智於金剛頂瑜珈分中

右楞嚴經者迺我佛將欲示滅而談此典直顯如
來藏性深明堅固妙定所謂法華後陣涅槃先鋒
也四百年前南天竺國僧伽藍藏中一夜出十道
光明騰照此方三藏般剌密諦見斯瑞已潛將涉
海而至唐朝值則天權國未暇流通復回廣州依
制旨寺遇相國房公融出鎮遂成飜譯以藉潤綴

方言後西洛興福寺殼法師夢文殊騎師子入口
作千言讃荊諸振法師金陵節法師資中允法師
各隨所悟造疏釋義廿卷六炎宋四葉
仁宗皇帝金輪統化曠古未有也佛祖妙道盛乎
斯時長水璿法師裁四師科注成一家疏義内翰
錢公易聞奏相國王公隨作序由是天下至今源

略出成四卷助修習瑜珈定者易成就也二如來入諸三昧一一三昧中顯如來心一一心中說秘密
神呪三佛說受持金剛瑜珈法印立壇畫像用一切物法則規式佛成道未久而演斯耳四如來
所遊戲笑金剛智心大精進智力一切法門及一切神呪若誦持者護自身國土也
蘇悉地羯磨法三卷上唐中印土三藏善無畏於金剛蓮華部略出此秘密神呪及供養法令人誦持
中明王手印及諸印法并神呪細而結成印誦呪其功力成就
下佛部金剛部蓮華部中各用物及綫或青或黃等皆不離自身
牟梨曼陁羅呪經佛說若人受持此呪殊勝無量如多雨呪

白芥子投龍穴中雨即止或呪安息香呪風即風止呪鬼即鬼去及説一切秘呪其功力不可思也

讃 十九經 七佛神呪經四卷 一 維衛佛式棄佛隨葉佛拘留孫佛拘那含牟尼佛迦葉佛釋迦牟尼佛各説神呪救度衆生 二 佛説曠野鬼神等呪 三 首羅天憫念衆生等神呪 四 文殊觀音諸菩薩各説四弘誓願四攝法等一切法義廣度一切衆生也 大吉祥神呪經四卷 七佛神呪護持國土及諸衆生若有受持依法立壇結印專心誦持殊勝難量 文殊法寶藏陁羅尼經 佛放光入文殊頂密跡主請問佛説緣起及説文殊普賢諸菩薩神呪也

指要録 五巻七

止風雨陁羅尼 如來出竹林園路遇大風雨佛説十方止雨止風止雹等呪及受持法則可 七寶呪 佛説一神呪語 鼓聲音王呪 弥陁佛國説此神呪 八名普密呪 一功德寶藏二莊嚴象取三勇猛四勝諦雲五成熾然六微妙色七嚴飾八金剛若得聞者獲福也 六字呪 消宿食除病苦 拔苦呪 雨神呪有殊勝功力 護童子呪 大梵天王諸佛説此神呪使一切童兒不被鬼神惑 六門呪 誦此呪者得成菩提 觀音普賢呪 過去月光佛所聞此呪語今對如來重説利益有情 阿吒大將上佛呪 大將對佛説此

神呪護持國界一切衆生 諸佛心呪 此呪即是一切佛心 大普賢呪 持者誦者除病除鬼 玄切師呪 對佛説此呪解寃賊劫等 持世呪 佛爲妙月説此神呪能護世護身 摩尼羅亶經 佛説此經此呪遣一切邪鬼 安宅呪 佛爲離車長者五十人等説此經此呪令在家者依此法則誦持以安住宅招吉慶祥應也

羔 二十六經 千佛因緣經 跋陁波羅問佛以何因緣賢劫中次第作佛佛云過去寶焔王如來出世有光德輪王千子於中蓮花德問善稱比丘云何名佛法僧即爲解説千子聞巳爲千梵

天爲千聖王千比丘千梵志千婆羅門等次第修行作賢劫千佛 魔逆經 文殊爲諸菩薩説五體悔一切過法門若能如是悔過不墮邪鬼即得道意 本起經 佛買花上定光如來布髮掩泥 金剛頂經 文殊説金剛焔五字等一切神呪 菩提心經 迦葉夢大蓮花花中見月輪相白佛佛云汝將得大利復問得何大利佛云一切智心菩提心能利大有情故云大利也 莊嚴王經 佛爲王及金剛諸菩薩等説一切功德莊嚴王法門復説觀自在神呪 隨求得大自在呪 佛爲梵天説此神呪 智炬呪 東方智炬如來説此神呪與人作大明炬 佛集

會呪如來彈指十方佛同集同音說呪賢首經佛爲瓶沙王天人說速疾離女身一法所
謂自證菩提也佛地經佛爲妙生菩薩說五種法攝大覺地所謂清淨法界大圓鏡智平等性智
妙觀察智成所作智復爲解說其義敎誡經佛臨滅度敎誡諸比丘持戒習靜修善精進行道不
得放逸莫貪利養莫求名聞等百千佛呪佛云若人寫此呪安一塔中如造百千佛塔莊
嚴王呪佛云三万如來同音宣說此神呪香王呪若誦持者無願不滿滅十方
冥呪佛爲善悅童子說方佛名令持誦禮念十佛印三昧經佛坐三昧放光文殊等俱

不見所以及其名字文殊涅槃經佛說文殊無量神變及成佛化土涅槃等緣如意
輪呪觀自在說此神呪有誦持者無不如意除罪障呪文殊請問佛說此大力呪能除
罪苦最勝心呪虛空藏說此呪善夜經佛說此呪能破一切黒闇得其明了心明
經梵志婦施佛一鉢米汁即轉女身記爲心明如來鹿母經如來因中爲鹿產二子獵人將
去即以身代之月明菩薩經佛爲說在家布施法聞已悟解面燃經面燃大士來至
阿難所求其出離乃爲白佛遂置斛食說其神力等法

羊二十二經最上王經佛說此經若有人受持及聞者得無量福商主天子
經天子至佛所問法要佛勅文殊爲說一切智智得達法彼岸德光太子經佛爲賴吒
和羅說法要義復云過去爲德光太子於吉義如來所修行是法出家汝等當依如是修行出家耳三
摩地經諸菩薩各現神變諸天集會如來復現光明賢護發問佛云有三昧名寂照神變三摩地
法也大意經佛因中爲長者子名大意入海求明月珠被海神所奪因緣堅固女經
至佛所發菩提心佛說其因云過去千女同名堅固星宿劫中成佛大乘四法經文殊爲善

勝天子衆廣說四法義門也流轉諸有經佛爲摩竭陀国王說一切衆生虛妄流浪六道
灌臘經佛爲人天說四月八七月十五日浴佛等法使人天求其福利斷肉經佛說因中
爲師子爲素馱娑王食肉至今日成佛果授記經佛爲國王夫人差摩婆帝說法授記成佛造
塔經佛爲觀音諸王諸天說造塔所得功德殊勝利益妙色王經佛因中爲妙色王捨
身求法藥叉爲說四句義法印經佛爲海龍王說四句義名爲法印行常生滅等也八佛
名經佛爲長者子善作說八方八佛名號令受持滅罪生福也師子莊嚴王經問佛

若何所修得如是報佛云過去修八曼荼壇法得如是　禮佛法經佛告離垢慧菩薩云若禮佛時先願云我禮十方佛五體投地願離五蓋得五力具五通成五眼等願　有德女經來至佛所問云在鹿林時說何法佛爲說十二因緣聞已即得道果　繞佛塔經佛說繞塔所得功德　不增不減經舍利弗問衆生界衆生海爲有增耶有減耶佛云若作增減是大邪見法身流轉皆如來藏性耳　七佛名經佛說東方七佛名號受持者所生功德無量吉祥　法住經佛將涅槃爲阿難曰吾轉法輪利樂有情汝等護持不令滅没乃說展轉五百年解脱神通智慧塔

指要録　五巻　九

寺鬪諍次第堅固也

[illegible]　二十三經　金剛三昧經佛從金剛三昧起爲解脱菩薩心王等廣說此三昧境趣其旨深玄亦注其義者行於世間　淨行法門經佛爲毗佉母五百優婆夷說修淨行法門　佛及輪王相好皆修淨行所招因中如是所修　內習六波羅蜜經佛說現前六根中微細調伏自然清淨　飼餓虎經爲薩埵王太子時捨身緣成六度行門也　慈心不食肉經佛說彌勒因中爲光明仙人遇佛修大慈三昧不食兇肉誓不起煞心從是已來身相端嚴金

光也　樹提伽經因風吹白氎王來見富貴過國佛說過去爲商主供養病道人即我身也　天王太子經問云世間人所求實有求不佛云譬如影響相隨　過去佛經佛云過去佛將諸弟子入城懷姙女人見願我腹中生見亦如相好果如所願即將詣佛所出家成道則我身是也　十二頭陁經一蘭若二乞食三一食四節食五次第乞六中不食七弊衣八三衣九塚間十樹下十一露地十二長坐等　金剛三昧不滅不壞經佛入諸三昧彌勒發問佛云有百三昧得入金剛三昧所謂性空王乃至法印王三昧佛因中亦如是修　長者法志妻

經佛入城持鉢見佛相好發於道意佛爲說法轉女爲男　薩羅國經國中豐樂王及大臣人民放逸佛往化之爲說法各發道意　法滅盡經佛欲入滅爲阿難言法欲滅時魔作比丘作於非法設有持戒弘法者亦被憎疾今日已見是事耳　長壽王經佛因中爲王名長壽太子名長生被貪王所奪國王父子俱逃遇婆羅門捉與貪王見煞長生太子不忍報仇恐違父王慈訓　師子月佛本生經婆須密多比丘養千獮猴身皆金色過去定光佛曾爲授戒婆須密當來作佛號師子月如來也　十吉祥經佛說東方十佛名號若求佛道者持此名最爲吉祥　回

向經佛為人天說修慈身行修慈口行修慈意　菴提
行一一回向菩提雖是小善即成大果
遮經父請佛至舍受供以殘食令化女將與提遮即
出與文殊舍利弗論議乃云此女能作大師子
吼有如　指要錄　三品弟子經五卷佛說上中下十三等持戒修行　法
是辯也　發心向道各有勝劣故耳
常住經佛云法者常在有佛無佛法　八大人覺經一覺
住如故會中聞者獲無生忍
世無常二覺多欲三覺心不足四覺懈怠五覺愚癡
六覺貪怨七覺欲過患八覺生死常如是覺是大人
覺四輩經佛言我滅度後四衆弟子護持我正
也　法各守愼身口意令三業清淨也　當來

變經佛言當來世比丘不守禁戒習俗人法貪
著利養名聞不慕弘道當知法滅如是也
右大乘經二百單一帙實如來說中道玄門理趣
在於斯矣其次經律論則隨機而說也
行

十卷菩薩地持經一種性品　佛云須得十法具
足一持二相三翼四淨心五
住六生七攝八地九行十安住持此十法住菩薩地
分別多義種性六度行也　發菩提心品住菩薩地
發等覺心　自利他品持菩薩　二眞實義品　佛說
淨戒自利利他廣攝化群品耳　實法性事法性以

從久遠劫來入無我法及微細妄想　力　三成熟品
品佛說聖力法力俱生力能修菩薩地　佛說一
性二人三分別四方便五人相六自性此六成熟方
能修行無上菩提心佛云斷二種障得二種智煩惱
永盡是名無上菩提　力種性品佛云已說菩薩學
處今當說菩薩菩學信解求一切法為人說一切法
四施品　佛云一自性施二一切施三難施四一切
門施五善人施六一切行施七除煩惱施八樂施
九清淨施能行此九種施修　五戒品　佛說九種義
菩薩行苦勤行之即成妙行　菩薩持犯門遮輕重
罪垢律儀善　六忍品精進品禪品慧品　佛於二
法饒益等戒　品中說九種義各廣演所修行相

七四攝品　佛說布施愛語利行同事攝化二行演
九種義也　供養習近無量品佛云若人供養於
佛習近知識行四無量心是菩薩行也　菩提品　八
佛云若菩薩知慚知愧發上品心是眞修行也
功德品　佛云菩薩地修持大乘淨　九淨心品　佛
戒所獲殊勝淨妙功德及廣說法要　云有七義一
無畏二巧便三不厭四不求五不貪六廣大七　十生
平等復解說其義多有法相皆菩薩地所修　品
佛云一息苦生二隨類生三勝生四增上生五最生
攝品　佛云一頓攝二增上攝三取攝四久攝五不
久攝六後攝也　地品佛云如來地菩薩地性地行
地淨心地決定地也　行品佛立波羅蜜二菩提分

三神力四成熟衆生此四行也經中善薩
地行相無量略撮一義兩義以見分段
維 二經 菩薩善戒經九卷 前經同本異譯 淨諸業障經 無垢光比
丘持鉢遇婬女呪術力共行欲事歸以自責投佛佛
問汝有心耶曰我無心也佛云汝既無心云何言犯云云
賢 三經 梵網經 二巻 上 毗盧遮那如來坐大蓮花師子寶座說心地法門十善戒菩薩
戒一切戒法義 下 爾時如來於此心地法門品略說
令人受持也 一毫戒相十無盡藏戒品乃說偈
言復說十重四十八輕 十善戒經 佛說除去十惡業
所犯罪及懺悔法義 修習十善業及三

皈戒法 一 優婆塞戒經 七巻 一 善生長者至佛所問云
切法義 外道令禮六方未知如
何佛云我法中亦有六方 二 佛告善生令發願修 三
所謂六波羅蜜汝勤行之 佛相好一切法門義
佛爲善生 四 佛爲善生說 五 佛爲善生說 六 佛爲善
說四攝法 六波羅蜜義 捨去慳貪等 生說三
皈依五戒 七 佛爲善生說作
相等義門 惡煞生等業報
克 六經 佛藏經 三巻 上 舍利弗云如來於無相法中善說諸法實相佛即說其義令念
佛念法念僧念 中 佛說破戒持戒過惡淨法品中演
戒念天念施 清淨行相往古品中明過去莊嚴

如來法中比丘衆或持 下 淨見品 佛說過去作無
戒或破戒果報善惡也 數輪王經無數劫事無數
佛皆不視記以有所得故至定光佛時以五花無生
心施乃得授記復說邪見破戒比丘是世間佛法中
大賊佛慈苦口垂訓 菩薩戒經 彌勒說修 菩薩
正爲今日出家人 淨戒相法
瓔珞經 二巻 上 佛說菩薩瓔珞本業法門所謂修十住十行十回向十地等名字唐梵雙語也
下 佛解說四十二位聖賢因果觀行戒相開遮令末世比丘精進受持遂付囑阿難大衆廣宣流布
菩薩戒羯磨文二本 彌勒說在家出家受三聚淨戒法門義相 善戒經

優波離問佛云凡欲受菩薩戒先受五戒
十戒潔淨身器懺悔過咎投誠乃可受也
念 六經 文殊淨律經 寂順音天子云寶英如來土中有何超異仁者樂住彼中
文殊云不興貪欲亦不滅不起嗔恚亦無所盡 寂調
不達愚癡亦無所際不造塵勞亦無所壞等
音經一巻 清淨毗尼經 已上二經前經同本 內戒經 佛爲文殊及人天衆
說自皈依及諸微細戒 十善業道經 佛在龍宮爲
法令比丘依而行之 龍王說十善
業清淨戒法 五法懺悔文 十方三世佛五眼照世
令信受奉行 問三大無不知明達罪

福祖我等從無數劫來不遇知識造一切罪犯法律
戒謗法斷善根等罪一一雨淚投誠洗雪懺悔
三昧經佛爲四衆說此法律三昧十二優婆塞五
種自燒法義此等不可度脫也
戒經佛爲在家菩薩說此戒經　指要録　五巻　十一
微妙教訓依行獲利無量大乘三聚懺悔經
佛告舍利弗若人發心住聲聞辟支大乘地先當憶
念十方現在佛爲我作證作眼作智作勝懺悔發露
無始法來所作一切菩薩藏經佛告舍利弗若人欲
罪咸乞消除懺滅懺罪業求證菩提先
皈依十方佛稱其名號一一發
露懺除先罪今不復更作是罪文殊悔過經文殊爲
齊光菩

薩說懺悔過去所作一切惡業宜以口自發言陳露
無量劫來到于今日所作一切惡行惡業願皆除滅
跋陀羅經答文殊云若欲求菩薩道當晝夜稽首十
方諸佛作禮悔過諸所作惡今日已往當
忍忍之當禮禮之也及說舍利弗悔過經前身有罪
諸業相令一一披誠懺悔今何懺之
佛云若人懺除先罪改往修來當菩薩受齋法佛說
發誓願懺悔善法日生惡業自滅
受齋日解齋日及用心受齋法門當禮念
彌陀佛號十齋日常行是法則成行也
右大乘律五帙菩薩聲聞人天龍鬼等戒法及

懺悔禮誦軌儀一一具足聖人利他無盡行也
大智度論一百卷龍樹尊者造羅什法師譯以謂
佛法大海智爲能度信爲能入
故造斯論釋其
般若令信入也
作十大智度論一釋般若初分緣起行相自佛
卷初生王宮出家成道轉法輪
涅槃舍利弗出家長爪梵志
論義出家證果等一切法義二釋般若如是我聞等
義迦葉結集阿難六
過佛十號及在處辯諸論部類所三釋般若中王舍
城耆闍山佛因
起謂佛在世教法無譏滅後異見

何在彼成正覺說法釋摩訶比丘僧共名一處一
時一心一戒一見一道一解脫及四衆義相等法四
釋般若中菩薩衆如來過去五釋般若中摩訶薩埵
修菩薩行及所行妙行也義菩薩功德空無相
無六釋般若中幻焰水月空花響婆城夢影鏡像化
願等十喻意無导品則如來於一切冤親非冤
非親俱無罣七釋般若中佛土願則如來因中所
导等義也行妙行所發大願莊嚴報土清淨八
釋般若中如來放光瑞相此九釋般若中如來光明
以常光遍照三千及東方照十方佛界一一界
中見光相已十釋般若中十方菩薩來集佛所散
問其所以也花問訊求聽妙法各隨方坐也

聖　十一卷　大智度論十一釋般若中舍利弗因緣及檀波羅蜜義初分　十二
釋檀度義如來因中所行有來乞者悉從其願也　十三　釋般若淨戒波羅蜜義以如來因中所持
戒行爲證　十四　釋戒波羅蜜以謂寧失身命不毀小戒等因緣　十五　釋般若中忍波羅蜜如來
因中所行忍辱難忍妙行　十六　釋般若中精進波羅蜜如來因中勇猛爲法所行　十七　釋般
若中禪波羅蜜如來因中修習成大定三昧　十八　釋般若中智波羅蜜如來因中所悟大智光明
十九　釋般若中三十七菩提分法則如來因中三無數劫精勤修習此也　二十　釋般若中三三

昧空無相無願四禪定八定相等一切定義
德　二十一卷　大智度論二十一　釋般若中八背捨義九相義如脹壞血塗膿爛青瘀
散骨燒等相　二十二　釋般若中念佛念法念僧念戒念施念捨念天念死等　二十三
釋般若中十想義無常苦無我食不淨不可樂死不淨斷離欲盡等想法比他心世苦集滅道盡無生如
實等十智義法門　二十四　釋般若中十力義如來因中所修習　二十五　釋般若中四無
所畏四無导義　二十六　釋般若中十八不共法義廣引如來因中修習緣　二十七　釋般

若中大慈大悲大喜大捨四無量義　二十八　釋般若中六神通義以謂從靜定所生　二十
九　釋般若中布施隨喜心過上則般若爲上菩薩所有少施少戒少忍少精進等悉皆回向超諸禪定
亦如來因中所修如是等行利益有情　三十　釋般若中善根供養儀則少善根供養一切諸佛一
切功德悉得成就稱讚名號品中則一念頃至恒沙等佛土問法稱讚諸如來所有殊勝功德耳
建　三十一卷　大智度論三十一　釋般若中二十空義論中十八空也　三十二
釋般若中因緣次第緣所緣緣增上緣廣解諸緣義　三十三　釋般若中到彼岸義　三十四

釋般若中見一切佛世界義信持般若無三毒義欲人學般若故　三十五　釋般若中報應品義
則四天王各以鉢上佛　三十六　釋般若中習相應品義論聲聞辟支等地相應不相應等義
三十七　釋般若中相應品義與過現未三世合與不合等義　三十八　釋般若中往生品義
謂學般若人何處沒來生此間也　三十九　釋般若中往生品餘義謂學般若人得四禪八定來
往遊戲其中等義　四十　釋般若中往生品餘義得法眼淨隨行法無相也
名　四十一卷　大智度論四十一　釋般若中三假品義內外中間三處俱假耳勸

學品義則精勤修習 四十二 釋般若中集散品義則六度及一切善法須菩提云我於諸法集散不集散如是思惟也 四十三 釋般若中集散品餘義廣論也 四十四 釋般若中行相品幻人無作品句義品此三品廣解其義趣 四十五 釋般若中摩訶薩品斷見品莊嚴品此三品義趣也 四十六 釋般若中乘乘品無縛無脫品摩訶衍品玄義也 四十七 釋般若中摩訶衍餘義也 四十八 釋般若中身受心法四念處義 四十九 釋般若中發趣品謂發趣無上菩提 五十 釋般若中出到品乘是乘者從何處出到何處住等妙義

立 十卷 大智度論五十一 釋般若中勝出品含受品此二品要義 五十二 釋般若中會宗品十無品所謂衆生無色無受想行識無色性無識性無前際無中際無後際無菩薩無六度無廣解其十無妙義 五十三 釋般若中無生品義 五十四 釋般若中天王品義 五十五 釋般若中幻人聽法品散花品義 五十六 釋般若中顧視品學般若人視之如佛滅諍品為天帝勉修羅鬪戰也 五十七 釋般若中寶塔品校量品述誠品義 五十八 釋般若中勸受持品梵志品阿難稱譽品論其三品義 五十九 釋般若中校量舍利品義 六

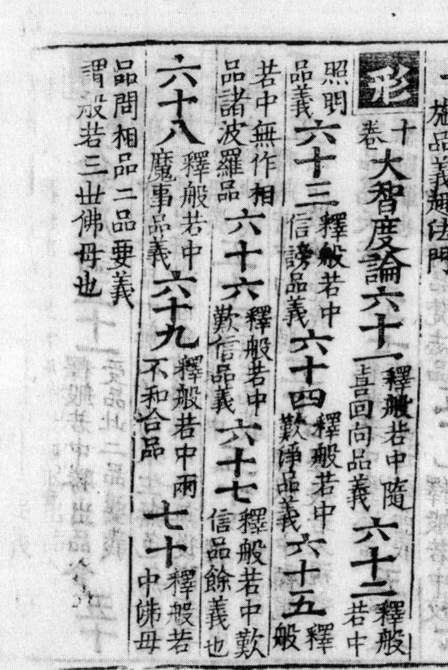
十 釋般若中校量法施品義趣法門

彤 十卷 大智度論六十一 釋般若中隨喜回向品義 六十二 釋般若中照明品義 六十三 釋般若中信謗品義 六十四 釋般若中歎淨品義 六十五 釋般若中無作相品諸波羅品 六十六 釋般若中歎信品義 六十七 釋般若中歎信品餘義也 六十八 釋般若中魔事品義 六十九 釋般若中兩不和合品 七十 釋般若中佛母品問相品二品要義謂般若三世佛母也

端 十卷 大智度論七十一 釋般若中大事起品譬喻品善知識品一切智品要義 七十二 釋般若中大如品義 七十三 釋般若中阿惟越致此云不退品義 七十四 釋般若中轉不轉品義趣 七十五 釋般若中燈喻品夢中入王昧品恒伽提婆品 七十六 釋般若中學空不盜品義 七十七 釋般若中夢中不證品同學品等學品義旨 七十八 釋般若中願樂品義 七十九 釋般若中稱揚品義 八十 釋般若中無盡方便品義

表 十卷 大智度論八十一 釋般若中六度品義 八十二 釋般若中大方

便品義　八十三　釋般若中學般若人能作大方便也　八十四　釋般若中三慧品義　八
十五　釋般若中道樹品菩薩行品種善根品等義趣　八十六　釋般若中遍學品義　八十
指要録　五巻　十五　オ
七　釋般若中次第學品一心具萬行品義　八十八　釋般若中六喩品幻化等品四攝品義
八十九　釋般若中四攝品餘義解佛三十二相八十種好微細義相　善達品　九十　釋般若中
實際品義須菩提白佛若衆生畢竟不可得菩薩為
誰故行般若佛云為實際故須菩提云實際衆生際
異者佛云實際衆生際不異是故菩薩為利益衆生
行於般若乃至建立實際於實際建立自性於自性也

正　十卷　大智度論　九十一　釋般若中照明品義　九十二　釋般若中淨佛
國土品義　九十三　釋般若中佛國品餘　九十四　釋般若中畢定品四諦品義旨　九十
五　釋般若中七喩品平等品義意　九十六　釋般若中涅槃如化品義趣也　九十七　釋般
若中薩陁波崘品　九十八　釋般若中薩陁波崘品餘義　九十九　釋般若中曇無竭品
一百　釋般若中曇無竭品餘義梵云薩陁波崘此云常啼也梵云曇無竭此云法涌也餘可知
右大智度論一百卷佛滅度五百年後龍樹尊

者傳心印外造此論釋大般若經自初分緣起至
曇無竭八十九品一一解其義趣讃揚般若也
據梵本全譯合有千卷什法師以謂秦人識弱
又復好略故十分中存一耳
空　十二卷　十地論　天親菩薩造釋華嚴經十地品中義魏代三藏菩提流支譯侍中崔光作序
十地論一　釋十地品序分三昧分金剛藏菩薩入智慧光明三昧解脫月

及聖凡同集請問已上諸義也　二　如來放光三加五請從三昧起說十地法門　三　釋歡喜地布施行大
願大捨義　四　釋離垢地持淨戒波羅蜜義　五　釋發光地忍辱波羅蜜義　六　釋焰慧地精進波羅
多行義　七　釋難勝地禪波羅蜜多義　八　釋現前地般若波羅蜜多義　九　釋遠行地方便波羅
蜜義　十　釋不動地願波羅蜜義　十一　釋善慧地力波羅蜜多義　十二　釋法雲地智波羅蜜
義然此論解十地行相法門義旨至精至當至
微至妙諸宗凡注述十地法門皆取此義也
谷　三經　彌勒所問經九卷　寶積經第四十二會同本也　寶積

經論四卷大部中第四十三會同本各譯寶髻四法經論大寶積經
第四十七會同本異譯也
傳三論佛地經論七卷一親光菩薩造釋佛地經則如來勝相名稱出現修因
指要録五卷　六
感果之縁悉解其義趣二解如來功德殊勝等相義三解如來顯示聖教爲妙生菩薩所說義
四解如來淨法界中一切智變化成就義五解如來大圓鏡智一智一切智等義六解如來妙
觀察智顯示受用世間隨有情類義七解如來清淨法中一切法空廣論四智於法界中成如來身到

佛地至正覺也金剛般若論二卷無著菩薩受彌勒八十偈約七種義句十八住
義釋金剛般若經能斷也金剛經頌三藏義淨奉詔單譯金剛般若八十偈令行
發五論金剛般若論三卷能斷金剛論三卷不壞假
名論二卷已上三論天親無著功德施三菩薩約彌勒頌釋金剛般若各譯流通也法華
論婆藪尊者造解法華經初分優波提舍義文殊問菩提論二卷上文殊在伽
耶山頂問菩提所證佛荅此義天親造論釋菩提義趣下論菩提功德菩薩發心求菩提所行差別

有疾證菩提有疾得菩提在所修也
虛十二卷法華論二卷前論同本各譯勝思惟梵天經
論四卷一天親造釋梵天問文殊爲法王子具何義其問荅玄妙故作論解也二世間珎寶有種
種功德以顯勝相故論其義三住於福田能消供養不能消者論其義四菩薩自在心攝取三
有等妙義也轉法輪經論天親造轉法輪者以法運轉故名爲輪譬如以銅爲體則
名銅輪以木爲體則名木輪以法爲體則名法輪餘義可知無量壽經論釋彌陀經

中五念門一禮拜門二讃歎門三作願門四觀察門五回向門修習此五門則生彼土見彼佛也三
具足經論佛爲無垢光菩薩說施具足戒具足聞具足天親遂作論解此三具足義趣也遺
教經論天親造釋佛所說遺教經建立菩薩行成就一切殊勝功德決定證清淨自性無我也
涅槃論釋純陁大衆師子吼迦葉憍陳如等所問佛入滅正法住世義本有今無
指要録五卷　七
論偈云本有今無本無今有三世有法無有是處婆藪槃豆作論釋此一偈在智明者細詳之耳

瑜伽師地論彌勒菩薩說三藏奘法師譯梵云瑜伽師
地此云相應義定演十七地妙理如卷次
中列
名也
堂
十卷瑜伽師地論一五識身相應地謂眼耳鼻舌
身識自性所依所緣助伴作
業等義也意地自性謂
心意識一切種子義也二意地中種子行相目三意
體上計我我所也
中業識與色聚相應受胎覺緣出四有尋有伺地
生果報皆與業相無差種子故也
相地獄諸
習見天界諸勝
菩相等義五有尋有伺地中修四六有尋有伺等地
禪靜慮等定相義也
中不如理作意
十六因果異論七有尋有伺等地中宿因所造八有尋
勝淨吉祥等義
一切善惡業邊無邊論等義

有伺等地中煩惱雜染業雜染生雜染九有尋有伺
由此三種計執諸惡一切行相等義
等地中與
聚門損益十有尋有伺等地中欲界色界無色界諸
門等義
行爲緣所生汙染起貪嗔邪見戒禁取
等果報隨業發現差別不同等義也然其無尋唯伺
地無尋無伺地此二地義相兵於有伺有尋地中相
兼論之不
別議也
習
十卷瑜伽師地論十一三摩呬多地說靜慮解脫
等持等至一切諸禪定相
十二三摩呬多地中修習作意思十三三摩呬多地
惟猒壞所緣捨諸煩惱也
中定境行相

也非三摩呬多地謂前所修對治三界非定相也然
梵云三摩呬多此云等引也有心地即無想定也無
心地即滅盡定也十四聞所成地論聞性種子
其間廣論相也
薰習以成善惡等義十五
聞所成地中聞譖譽毀辱等爲實義
十六思所成地
次說聞聖教修助道法等義定相
自性清淨
思擇所知思擇諸法獨處閑靜審諦思惟如其
所聞究達諸法道理唯依於義成其定境趣也十七
思所成地中勇猛精
進修習不放逸義也十八思所成地中勝顏生出離
道不懼後世及死戒慧薰
脩具足十九思所成地中最善語非不愛語
諦非不諦語法非非法語等義二十修
定相也
所

成地謂修處所修因緣修
瑜伽定修果報等義相
聽
十卷瑜伽師地論二十一聲聞地於此分別種姓
地起入地補特伽羅等
義二十二聲聞地中分別出離地
也
離欲世間出於世間義二十三聲聞地中
分別出離
地密護根門二十四聲聞地中分別出離地常勤修
防守正念
習瑜伽經行宴坐以淨其心也
（指要 十二卷中）
二十五聲聞地中分別出離地二十六聲聞地出修
安住禁戒具足多聞
瑜伽處分別
根門利鈍修習定
二十七聲聞地中修瑜伽處分別
相名數法義也
緣起緣性唯法唯事唯因
唯
二十八聲聞地中修瑜伽處增上戒
二十九聲聞
果
學增上定增上慧等義也
地中

修瑜珈習行四念處除去顛倒三十聲聞地中瑜珈第三處習修四念住安住自心而成妙定而得解脫等相也

禍十卷瑜珈師地論三十一聲聞地中觀察縁起思擇十二支相分義也三十二聲聞地中如修業時於修作意如應安立等義三十三聲聞地中已得作意義當往世間趣及出世間趣等三十四聲聞地中已成辦世出世間趣乃至如來說此地相應法門也

獨覺地有五義一獨覺種姓二獨覺道三獨覺習四獨覺住五獨覺行於此五法一一分別義相以明瑜珈相應定境三十五菩薩地種姓品具攝大乘相義三十六菩薩地自利他品　分別三因三果也　真實義品了知諸法真實性也三十七菩薩地中威力品　聖威力法威力俱生威力也　成熟品　自性差別方便補特伽羅此云數取趣悉成熟也三十八菩薩地菩提品以如理如量二智斷煩惱所知二障以成菩提智也三十九菩薩地施品　自性施一切施等義四十菩薩地戒品　自性戒一切戒難行戒一切諸淨戒相等義

因十卷瑜珈師地論四十一菩薩地安住淨戒律儀或違犯汙染應當了知四十二菩薩地難行戒相義也　忍品自性忍難行忍等義精進品自性精進一切難精進乃至九精進也四十三菩薩地靜慮品　自性靜慮一切難靜慮也　慧品自性慧一切難慧也然六度中皆論九義如偈云自性一切難一切門善士一切種遂求二世樂清淨如是九種相是名略說慧論中微細解說此偈義四十四菩薩地供養親近無量品　供於三寶近於善友修於無量也　菩提分法品分別慚愧自性依處一切法義應須猛利也四十五菩薩地中菩提分法修正四依求義不求文也四十六菩薩地菩提分中分別一切諸行無常皆苦諸法無我等義四十七菩薩地菩薩相品　哀愍愛語勇猛慧施解深義能行此五法見菩薩相也四十八菩薩地住品　增上戒住極喜住能成就世出世一切義利故云住也四十九菩薩地中地品　一性地二勝解地三淨意樂地四行正行地五決定地六決定行地七究竟地分別增上心住地法菩薩成就瑜珈定境五十菩薩地中行品　波羅蜜行法行神通行成熟有情行　建立品依如來住到如來

地相好十力四無所畏及發菩提心也　正覺品有餘依地有三施設一地施設安立二靜施設安立三依施設安立等相也無餘依地此地中亦有三相一地施設安立二寂滅施設安立三寂滅異門施設安立義

惡 十卷 **瑜伽師地論五十一** 決擇五識身相應地意地前說種子此分別其義也 **五十二** 決擇身意地中諸心所生等無間緣義也 **五十三** 決擇身意地中十不善業道也 **五十四** 決擇身意地中安立識蘊差別所依雜染由生住異相等義也 **五十五** 決擇身意地中四無色蘊立一心相也 **五十六** 決擇身意地中分位建立無想定滅盡定及無想此三種自性等義 **五十七** 決擇身意地中分別處非處善巧等義 **五十八** 決擇尋伺地法王能損害能饒益諸衆生等一切義相 **五十九** 決擇尋伺地中十煩惱業能發業幾不能發業義 **六十** 決擇尋伺地中五緣煞生一意樂二方便三無垢四邪執五内其事等也

積 十卷 **瑜伽師地論六十一** 決擇尋伺地中引出愛王被比丘呵責不生嗔惱以都不見故也 **六十二** 決擇三摩呬多地補特伽羅隨煩惱義也 **六十三** 決擇呬多地中五種定相違法等持相違厚重過失等義也決擇非三摩呬多地中修四禪定相用心法義也有心地決擇分世俗道理勝義道理所依能依俱有清淨五種建立也無心地決擇分謂緣闕作意闕未得相違斷滅巳生由此七故心不得生等義 **六十四** 決擇聞慧地身語意清淨起大悲成就無上法此五處觀察 **六十五** 決擇思慧地中事有非有果因乘此四思議等也 **六十六** 決擇思慧地三苦性義 **六十七** 決擇修慧地中十六種修行法義如云作意修應作意修乃至非修法修也 **六十八** 決擇聲聞地中諸行寂滅是滅諦煩惱滅得有餘依滅得無餘等也 **六十九** 決擇聲聞地中學犯出離止息羯磨此五制立等也 **七十** 決擇聲聞地中諸智光明有五勝利十五種德義也

福 十卷 **瑜伽師地論七十一** 決擇聲聞地中分別七種義七種喜義 **七十二** 決擇菩薩地十種發心入於正位種種法義住菩薩地 **七十三** 決擇菩薩地中安立

諍攝等義**七十四**決擇菩薩地中無性知密意所行通達隨入差別瑜珈法義定境**七十五**決擇菩薩地中毗奈耶三聚律儀戒如佛所化也**七十六**決擇菩薩地中心意識秘密善巧引深密經中義為證**七十七**決擇菩薩地中分別解說瑜珈所攝義**七十八**決擇菩薩地中解說如實大乘引深密經中十地法門義為證此法也**七十九**決擇菩薩地中平等差別清淨與不清淨等一切義相**八十**決擇菩薩地中正位安立所學具足法住超度大乘等也決擇有餘依無餘依二地涅槃不涅槃及諸果位相分一一問一一荅一一論其定境行相法義也

縁　十卷**瑜珈師地論八十一**攝釋分上分別契經文義名身句身字身語行相機請復說解有十二種義假安立諸根義名如眼耳等相也**八十二**攝釋分下善建立一切法離諸過具大義故法門**八十三**攝異門上師弟子隨聖教應作不應作也**八十四**攝異門下諸欲無常虛偽不實當知此中虛故無我也偽故不實也如是等義**八十五**攝事分中契經事行擇第一論二十四處契經所契義也**八十六**擇攝分中九智三相義門**八十七**擇攝分中二智勝利二見差別共與不共一切法義**八十八**擇攝分中分別正智邪智等義**八十**

九擇攝分中分別自性所依所緣助伴隨轉苦樂不苦不樂三法門義**九十**擇攝分中分別重業輕業增進業不增進業思所造業非故所造業定所受業不定所受業異熟業一切業相義也

善　十卷**瑜珈師地論九十一**攝事分中契經事處擇攝於其欲界或已離欲或未離欲等義**九十二**聞前契經三因緣上品貪行康強端正習食也**九十三**契經事緣起食諦界如偈云立等二諦等以觸為緣等有滅等食等最後如理等應知建立緣起差別前中後三際義也**九十四**緣起食諦界由於一切緣觸受有中**九十五**緣起食諦界中增上如理及不如理義

九十六緣起食諦界中任自性界習增長界**九十七**契經事菩提分法擇攝念任正斷神足根力覺道義**九十八**菩提分法中破諸外道自立為師求利養恭敬自利等義**九十九**調伏事總擇攝分論如來所顯所說三藏聖教義相**一百**調伏事中依毗奈耶勤學五遍知非身非語非心等一切義也

右瑜珈師地論一百卷佛滅度後九百年無著
天親二大士往知足天請慈氏如來下中印土

說此論明二十七地定境妙義顯揚正法也奘
法師詣天竺那爛陁寺戒賢法師所稟授以歸
旨要錄五卷二十一
神夏譯出流通慈恩基法師述科疏解釋今字
内頗有講者亦罕造其源蓋文理深粹義相交
羅非無漏性者莫能演授耳
處　十巻顯揚聖教論二十巻一　無著菩薩造奘法師譯　攝事品所謂五

法攝菩薩藏心心所有色不　二　攝事品中論世俗諦
相應無為八種識義相也　勝義諦苦集滅道共
六諦名句文身了義心及心法　三　攝事品中分別
所行諸妙殊勝境界義門也　七種義通達也
四　攝事品中如頌云無量諸解脫勝處與徧　五　攝淨
處無淨妙願智無㝵解神通論解此偈　義品
此論於諸論中最為殊　六　攝淨義品中分別勝義
勝能治内心病等也　諦名相分別眞如正智等
五法　七　攝淨義品中計諸極微常　八　攝淨義品
義　任論汝為觀察不觀察也　中分別四聖
行集上乘大菩提功　九　攝淨義品中分別
德論諸法義等也　十六種異論法義　十　攝淨義品

中學十二種分別自差別至間
荅差別大要與瑜珈義通也
天　十巻顯揚聖教論十一　攝淨義品中論體處所
莊嚴有情出離多所作法
等七義　攝淨義品中諸經體性文　攝淨
妙趣也　十二　是所依義是能依等法門　十三　義品
中說法師安處聽法者　十四　成善巧品　蘊界處緣
令生恭敬不顛倒聞　起法處非處根諦等七
種善巧　十五　成無常品　了無常苦空無我等義也
妙義　成苦品　成立無常相已成立苦相
十六　成空品　空有三相自相甚深相差別相十八
種義相成　無性品以無我故成無性遍計依

他圓成三性也　成現觀品上中下三
品有漏無漏過現未三世等而作觀察　十七　成現觀品中言
加行解脫見道所斷等義也　成瑜珈品發起般若
瑜珈勝行也　成不思議品方便思惟現觀入不思
議處　十八　攝勝決擇品　以十種相發起最勝決擇
也　如心差別相建立由依所緣力立眼耳鼻
舌身意及一　決擇品中分別此中諸
切行相等法　十九　煩惱雜染勝決擇義也　二十　決擇
品中文擇補特伽羅勝決擇當知
由根等差別建立五種如經中所說
壁　四論七　阿毗曇集論巻一　無著造奘師譯此云對法
論　也集諸法義成此論也

三法品蘊處界三也解其建立根境所　蘊處界因
對識情妄染成善種子成惡種子等義二緣汙染三
世有漏無漏界　蘊處界假實根境差別相攝相應
係世間無記也三成就三品中微細解其義趣成就
指要録巻十三
善巧殊　中諦品　苦集道滅四聖諦謂有情生所
勝等義四依故諸煩惱及煩惱增上所生諸業皆名
集因苦　中諦品中分別滅道諦義　中法品
果相緣五甚深勝義圓滿莊嚴等也六決擇十二
分聖教契頌記諷說緣喻事生方希論等義也一解
說及論諸法藏　中得品決擇有二種義一建立補特
伽羅二建立現觀伽羅及七種差　中得品　分中
別病行乃六趣出離即三乘人也七建立現觀法義

實不行究竟聲聞獨覺菩薩　現觀論議品議有六
自性因果業相應轉等六義論有七種論體論處論
依論莊嚴論負論出離論多所作法復
有言論尚論諍論毀論順論教論等義顯揚聖教
頌前論解　　彌勒大士說出愛王至如來
此頌耳王法正理論所云比丘責我外道讚我都
不嗔善不見是事故如來因爲王說正理瑜珈論最
治身治國治民然此論助國聖化爲妙也　勝
子諸菩薩等造此論解瑜珈所現境義謂佛說諸經
皆談此義以瑜珈爲宗也廣解其義一百巻止此一
巻義也意者令法久往利益有情又謂正法隱没者

令顯出已顯揚者令增盛也三摩呬多者勝定也等
引定
也
非十雜集論十六一三法品　謂蘊處界三也
巻　巻　與前論同頌此安慧菩薩
所造遂成二論大意二三法三三法四三法五三法
一同廣略有異也品義品義品義品義
六中諦品七中諦品八中諦品九中諦品十中諦品
決擇分決擇分決擇分決擇分決擇分
以此品名照前
部中義可見
實二雜集論六十一中法品決擇十二中法品
論　巻　十二分聖教　義分也十

三中得品　建立十四中得品決十五中論品　決
觀境決擇分　擇義分也　擇自性義分
十六中論品　餘義然此論解釋中論龍樹造五百
無著所造集論義使人通會　偈以中爲名
中則照其實論則盡其言實非名即不悟以之爲中
顯其中道義也青目造論解其義什法師譯僧叡作
序一觀破因緣品　十八偈論不生不滅不常不斷
也不一不異不來不出以此八法破諸邪見謂有
人言万物從自在天生或云韋紐天生或云和合生
或云時生或云世間性生或云變化生或云自然生
或云微塵生皆墮無因故說十二因緣也　觀去來
品二十五偈論因緣來去義不決定也　觀六情品
八偈論眼耳鼻舌身意情也　觀五陰品九偈論色

受想行識也　觀六種品八偈論地水火風空色也
觀染品　十偈論　二觀相品三十五偈論生住異
貪嗔癡慢等也　滅相也　觀作者品十偈論所
用有作法有果報也　觀本住品十二偈論諸根苦
樂有本住無本住也　破燃可燃品十六偈論五陰
受燃可燃俱不成也　破本際品八偈論衆生往來
生死本際不可得也　破苦品十偈論苦惱自作他
作自他俱作及無因作也　破行品九偈論一切諸
行皆是空無衆生虛誑妄取相也　破合品八偈論
眼見可見見者三法無有合時　三觀有無品十一偈
見是眼可見者是色見者我也　論諸法有性有力

無有定性無自性也　觀縛解品十六偈論生死不
可得故無縛無解也　觀業品二十三偈說一切衆
生皆隨業而生受報也　觀法品十二偈論諸法畢
竟空無生成實相法也　觀時品六偈論過去現在
未來三世時分因也　觀因果品二十四偈論衆因
和合現有果生是從因緣和合中生　觀成壞品二
十偈論一切世間事現有敗壞相若有　觀如來品
成若無成若有壞若無壞等義相也　四十六偈論
一切世中尊名一切智人號法王何等是如來也
觀顛倒品二十四偈論因淨不淨顛倒憶想分別生
貪嗔等義也　觀四諦品四十偈論破顛倒通達四
諦得四沙門果也　觀涅槃品二十四偈論斷諸煩
惱滅五陰盡名為涅槃也　觀十二因緣品九偈論

觀聲聞法入於第一義也　觀邪見品三十一偈論
過去有為無為未來有作無作現在有常無常皆
妄生執計今此引歸正見也已上五百餘偈義
付　十般若燈論十五一中論同本也此分別明菩
卷　卷　薩造以燈喻無分別智照
法性平等寂照之體也顯自所證深般若中道義也
品目中論一同文義廣略耳　觀緣品論諸法因緣
生從因　二觀緣品　三觀去來品　此中不　四觀六根
緣滅也　中義分　來不去緣起差別　品眼
耳等也觀五陰　五觀染染品　貪嗔等也觀　六觀作
品受想等也　三相品　生住滅等也　者業

品　善不善無記業　觀取　七觀薪火品　第一義
著品諸根妄取一切塵境也　中有取者猶如薪火
燃可燃　八觀生死品　了知生死無自體也　觀苦
等也　品第一義中有諸陰由苦故　觀行品一
切諸法諸行無常也　和合　九觀有無品　有為無
品根塵識三和合名為觸也　為不斷不常也　觀
縛解品繫縛解　十觀業品　解業無自體第一義中
脫俱無自性也　定有諸行諸入生死與業合若無
者不見諸行與業
果合如石女兒
陰五般若燈論五十一觀法品　解諸行我我所
論　卷　四大聚諸根也　觀時品
第一義中有時法　十二觀因緣和合品　若無因者
自體為了因也　果即不生也　觀成壞品顯

示諸法無成壊故 十三 觀如来品 解第一義 十四
觀成壊之相也 即如来身如来智也
觀顛倒品 諸煩惱從顛倒起無自性故 十五 觀涅槃品
觀四諦品 苦集滅道四聖諦合中道也
諸結煩惱盡滅名涅槃也 觀世諦縁起品覺了縁
起名聲稱高遠故名佛也 觀邪見品分別有爲無
爲非有爲無爲非非 百論卷上二 佛滅後八百年提婆
有爲非非無爲也 尊者造百論摧邪顯
正婆藪開士解釋什法師譯僧肇爲序 捨罪福品
設内外爲難外則外道邪見内則佛法正見破其外

道亡因喪果不畏罪不修福雖持戒心不清淨也
破神品外道執神爲主不離死生也内則大覺性本
來圓明故也 破一品外道存神爲一内則 下 破異
神巳不可得何處存一故以此論破之也 品
外云一既不存必有異也内云一巳不存何有異可
得也 破情品外云執究有我所法現前也内云破
其情塵意合正見也 破塵品外云有情瓶可取令
見諸物也内云非獨色是瓶瓶非現見也 破有因
果品外云種種果生時種種因不失内云果不見因
因不見果也 破無因果品外云生有故一當成也
内云生無生不生也 破常品外云有因法破無因
法常也内云若強以爲常與無常同也 破空品外

云有故可破無故不可破一切法空不名破一切法
也内云破如可破汝著破故以有無法欲破是破汝
不知耶破成故一切法空故等也 廣百論本 聖天菩薩造前後兩論皆釋此頌也 十八
空論 龍樹尊者造解十八空以謂空無分別云何得有十八種耶爲人法二無我是一切法通相約
諸法種類不同開爲十八般若經中開爲二十或有經中合爲十七或十六空也 十二門論
龍樹尊者造此論開十二門所云十二衆數之稱也
門者開通出入無滯之謂也觀因縁門万法所因推
本縁會也觀有果無果門重推万法無生而生也觀
有相無相門推上三相有相無相無無相也觀縁門

推因推縁而成四縁也觀門推前三門三相無生也
觀一異門推其無無之相不一不異也觀有無門三
相非相四相非非非一非異故非有非無也 觀性
品既知有無推其性非性也觀因果門無性既無因
變易處則無得也觀作門無因無果則爲無作也觀
三時門既無作則無因故三時不可得也觀生門作
爲有造生爲有起時中既無誰爲生
者也巳上十二門智者見斯可知也
是 十卷 廣百論釋 一 護法菩薩釋百論義大意與前論同 破常品世間邪執謂法
常住故此論破也 二 論眞常眞樂眞我眞淨等也 三 破我品 執我我所心心數法此破去令

見法身四破時品　謂三五破異執説剎那六破見
湛然也　世法悉不可得　暫時住體故　品
種種妄見不了如來七破根境品　眼等諸根八破
智見無尋悟他心也　各取自境不眞悟性　邊
執品　除去非眞句義邊執垢穢　旨要録五卷　三十五　九破有爲相品
不依他成而得成立故此破也　生住滅三相皆
有爲故十敎誡弟子品　重顯密義以顯眞
破之　宗佛弟子衆當如是建立宗旨
競　十卷　十住毗婆沙論　十七卷　一龍樹尊者造此論廣
破小乘法令修菩薩
行安住十地自利利他速登佛覺地也　序品陳作
論之意令直超諸位便入十住地　初地品歡喜地

中所修行相略説諸地二地相品　初地菩薩有何
法門然初地爲基本也　相貌　釋願品欲登地位
必發　願品義中除去諸惡願淨佛土　調伏心品
大願三發菩提心品　其義意可知也四調順其心
不得妄失菩提　阿惟越致　易行品　發大心丈
相品於有情中行平等心也五夫志幹直造正覺也
除業品　於諸佛所　分別功德品　一日一夜一
誠心念佛懺悔往罪六念念佛得福德恒沙　分別
布施品　隨喜回向　分別法施品　既行財施必
功德及諸施行法門七行法施也　歸命相品在家
人行財施勝出家人若出家行法施勝在家人也
五戒品在家人可受是戒也　知家過患品在家人

若知家過必自捨家八入寺品　在家菩薩捨家入
入道行菩薩行也　寺也　共行品在家出家共
行法九四法品　不敬法師秘惜法施障聽法者我
則也　慢自高除此四法修大行也　念佛品在家
出家菩薩當修念佛十四十不共法品　分別地中
三昧此論行相也　四十種不共聲聞人天等法
也　難一切智人品金剛三昧唯一切
智人有餘人無此三昧故以此爲難也
資　二論　十住婆沙論　七卷　十一善知不足品　諸法未
生未出未成未定未分
別是中如來智慧十二讃偈品　語業言詞讃佛功
得力故也云云　德　念佛三昧品諸偈讃佛

成念佛十三喩品　此中修進超聲聞等位喩所不
三昧　及也　略行品已略説初地行相當以
説二十四二地業道品　住此地自然不行惡法十
地法　也十善業殊勝四禪定清淨等法義
五分別聲聞辟支佛品　令何等人至聲聞辟支佛
地解其所以也　大乘品發大心　行大行受大法
乘大十六護戒品　修一切淨戒無十七解頭陁品
乘也　所違犯安住離垢地也　行其善行
也　助尸羅果品多知多聞等爲助也　讃戒品戒
德圓滿清淨成殊勝功德也　戒報品持戒報果無
量無邊　菩提資糧論　六卷　一龍樹尊者造論本比丘
功德也　自在解義謂欲證佛菩
提須有加行資糧始可得證也　二精進禪定般若方
已説布施淨戒忍辱爲資糧也　便願力智慧十力

六神通等　三　現諸神變種種利樂一切世　四　百千万
爲資糧也　間有情以爲菩提資糧義也　劫作大
指要録五巻　二十六
福聚如須彌　五　通明一切工巧伎術　六　四念住四無
山以爲資糧　利俗諦法以爲資糧　量心等法一
一修習圓滿殊勝爲其
菩提資糧得成正覺也
文　十三巻　大乘莊嚴論　一　無著菩薩造唐天竺三藏波羅蜜多譯右庶子
李百藥奉勅作序其文美麗稱揚佛法也　縁起品
能達義智可以莊嚴大乘經論也　成宗品佛說大

乘眞實爲宗也　歸依品大乘能攝三皈依法也
種性品各有差別勝性相類貌惡功德各各不同也
二　發心品　菩提智種也　二利品自利利他也
眞實品第一義實相也　神通品變化妙境利有
情也　成熟品信淨　三　菩提品　得一切種智　四　明
心捨等一切善成熟　圓滿一切難行行也　信
品　信相差別所謂　五　述求品　信求三藏教法
過現未内外正信也　求染淨求唯識唯心光也　六
弘法品　以求法得法　七　隨法品　菩薩能隨法修
能爲人演說謂弘法也　行其行也　教授品依如
來修多羅法教授也　業伴品教授　八　度攝品　行
起善業方便爲伴以成莊嚴行也　六度行自度

度他自攝攝他於此行中各　九　供養品　供養如來
有差別自性業因果相應也　大師也　親近品奉
觀善知識也　梵住　十　覺分品　菩薩覺著恥覺慚
品四無量成莊嚴也　愧覺修習止觀覺離障覺過
失覺證　十一　分別覺分　十二　功德品　菩薩行
知也　中義相也　六度行所得功德　十三
行住品　菩薩修諸行位顯示相狀安住十地
敬佛品菩薩禮佛讃佛一切偈語成三業圓明也
事　十巻　大乘莊嚴論　一　馬鳴菩薩造此論略說一
義便引教中縁起爲證顯
大乘相莊嚴佛功德也引諸婆羅　聽法者有大利
門笑商人優婆塞禮佛塔寺因縁　二　益增廣智慧引

師子國人偸國王珠詣　三　堅持淨戒唯人宗仰　四　欲
佛所不煞等一切因縁　引草繫比丘因縁　得
供養應斷諸使引老母不輸稅果　五　親近有智身心
詣王所指三羅漢皆我子我生也　俱淨引比丘乞
食長者家　六　無實功德不堪受信心施引王　七　有漏
鬼走因縁　禮塔塔碎問故不是佛塔也　無漏
教習有異引目連教　八　治身病心病唯有佛語引承
二弟子久不獲勝法　衆淚醫王子眼明因縁爲證
九　智者應斷嗔恚引拘睒彌比
丘鬭諍分爲二部等因縁　十　讃佛得大果報有
一法師讃迦葉佛
生天如來出
現時得果也

君 三論 大乘莊嚴論 五卷 十一 少智人見佛尚發心何況有智慧人也引波斯匿王請佛安居取牛乳等縁 十二 不惜身命以求於法引尸毗王割肉濟鷹縁 十三 供養佛塔功徳甚大引波斯匿王到佛所聞香等因縁 十四 佛出世最爲希有雖是女人亦得解脱引佛姨母因縁 十五 國主廣大知其苦惱捨離而去引佛因中爲王等縁 順中論二卷 龍勝菩薩造此論入大般若波羅蜜門顯中道以順中觀論義明不生不滅不斷不常不一不異不來不去佛已説因縁斷諸戯論法故我稽首禮説法中師勝中觀論般若燈論亦以此偈爲作論之先唱引意義也

攝大乘論三卷 此論前後三譯今止於唐譯録義

曰 十卷 攝大乘論釋 天親菩薩造釋無著所造大乘論然不四譯今止録唐譯

嚴 三論 攝大乘論釋五卷 同前帙共十五卷眞諦所譯也基法師愷法師各有序遷法師曾講也

攝大乘論本 三卷 上 能攝蘊積包含攝藏名攝也其義廓周體性該博名大也所行功徳能至能證名乘也窮源盡理清徹朗暢名論也總標綱要分諸佛世尊有十相殊勝語一所知依殊勝語二所知相殊勝語三入所知相殊勝語四入因果殊勝語五修差別殊勝語六戒殊勝語七増上心殊勝語八増上慧殊勝語九彼果斷殊勝語十聲聞乘中不見説大乘中處處見説眞佛説也所知依分如來於大乘經説無始時來一切種子依阿頼耶識此云藏識由此得有諸趣一切有生雜染法於此攝藏爲果性此識於彼攝藏爲因性故説名阿頼耶 中 所知相分一依他起相二遍計相三圓成實相依阿頼耶識現諸身諸識諸趣也入所知相分誰能悟入所應知相大乘多聞薫習相續由善根力所住持故能入也彼入因果分由施戒忍精進禪定智慧故入唯識也何以故六度爲彼果故云云 下 彼修差別云何可見菩薩修十地安立治十種無明及諸障法也増上戒分攝善法戒律儀戒饒益有情戒建立一切殊勝戒也増上心分大乘光明集福定王賢守健行等以顯阿頼耶心相也増上慧分無分別智若自性若所依若因縁若所縁若助伴乃至若究竟也果斷分無住涅槃已捨雜染不捨生死二轉依爲相也

攝大乘論二卷 同本異譯

與 十卷 攝大乘論釋論 釋前三卷論本也隋笈多所譯行也

敬 十卷 攝大乘論釋 一 無著菩薩造論本天親菩薩造此論釋義大唐三藏玄奘法師重譯也釋綱要分中論佛教勝相 二 釋所知依分論其識情也 三 釋所知分中雜染相續不相應也 四 釋所知相分遍計依他圓成三相也 五 釋所知相分中三性自性顯現也 六

釋所知相分多聞依　七　釋彼入因果分六度行相爲
阿頼耶識所攝也　果也彼修差別分十地昇進
不同　八　釋增上戒分謂　九　增上心學分釋大乘光明
也　菩薩三聚戒也　等相也釋增上慧學分加
行無分別智也釋果斷分　十　釋彼果智分諸佛自性
無住涅槃已捨雜染也　身受用身變化身法身
甚深最甚深於大乘
中顯示甚深之相也

〔孝〕攝大乘論釋　十卷　無性菩薩造與前論
本品分一同各譯也

右攝大乘論本三卷釋論兩解二十卷傳入中國
陳眞諦譯成十八卷元魏佛扇多譯本二卷隋笈
多三藏譯十卷唐三藏奘法師譯二十三卷共
七部總五十三卷也然皆論佛教勝相分別識
情眞分一同大意無別其間攝義引緣小差耳
今止於奘法師所譯一本一釋十三卷内標其義
分俾見其源其派可知矣

〔當〕四論　佛性論　四卷　一　天親菩薩造此論明佛説一切
衆生皆有佛性令呂生尊重心
故縁起分如來爲除五過失故説衆生悉有佛性一
令離下劣心二離慢下品人三離虚妄執四離毀謗
眞法五令離我執旣自知有佛性五過自除也破小
乘執聞佛説法不了空性謂闡提人不得涅槃也破
此執故破外道執外道不知有佛性執自然性也且
火不能轉爲水以此喩破也破大乘執菩薩聞法有
不了中道第一義執一切有法皆由　二　顯體分三因
俗諦一切無法皆由眞諦破此也　如品　佛性

體有三因三性一應得因應得菩提故二加行因由
此心得菩提分法三圓滿因由此心得因圓果滿故
三性品　一無相性二無生性三無眞性此三性攝
如來性由遍計依他圓成三性所顯現也　如來藏
品所攝藏隱覆藏能攝藏顯如如智如如境或現或
不現藏中本具如來功德智也　自體相品佛性有
十種自體相因相果相事能相總攝相等也　分明
因品佛性有四因能除四障得如來性義一信大乘
二無分別般若三破空三昧四行大悲也　果相品
行前四因爲清淨佛性對治四倒如來法身四相功
德波羅蜜是其果也　事能品於生死苦生
猒離於涅槃求樂願也以此二事爲能故　三　總攝品
攝因攝果是如來性清淨法身清淨因佛智德生因
佛恩德因以此三因信樂大乘修習般若禪定也

分別品分別如來性有因地如果地如俗如即眞如
眞如即俗如也　階位品不淨位衆生界也淨位菩
薩地也最清淨位佛地也　遍滿品應凡夫聖人及
諸如來無分別性平等通達相並隨道理遍滿也但
前三位一顛倒二無顛倒三
究竟以此義故爲差耳　四無變異品　佛性本無
變異隨染淨緣前後中
際轉依故變異也若異說空法不入佛性也佛性即
空法空無變異也　無差別品佛性已至極清淨約
有四義立四名就四人顯四德一切佛法不相離一
切處皆如非妄想倒法本性寂靜故以此四法義可

見
也　決定藏論卷三　上　如來藏決定說五識地心地及
阿賴耶識種子若離此根識無
執持　中　分別阿賴耶識　下　分別五陰相入觸等法皆
從賴耶識種子心起也
義也　種子相因相緣
辯中邊論頌　彌勒大士說三　中邊分別論卷二　上
藏奘法師譯
天親造立七種義明中道也一相二障三眞實四對
治五修住六得果七無上乘也分別相中除虛妄分
別能執所執非空不空顯中道義也　障品除煩惱
障取捨障平等障重障惑障也　眞實品根本眞實
相眞實因果眞實細　下　對治修住品　三十七品對
麁眞實等十眞實也　治四念處修住見道位也
修住品修習一切善法得入諸果位次第住也　無
上乘品一修行無上二境界無上三集起無上修行
者謂修十波羅蜜中道義故所證境界
及所化境集無量功德起諸善法也
碣　五
論　中邊論三卷　前論
同本　寶性論　卷四　一　佛說一切
衆生性中
本具佛法僧三寶也論頌及　二　佛法僧寶妙法身
解教化品中金剛句義也　功德殊勝義也　三
明一切衆本具如來藏性謂佛
性法身眞如悉遍滿一切處故　四　煩惱所纏品　謂
此纏縛衆生三寶
衆生三寶性不能現前喩中萎花貧女輪王破屋巖
蜜糠等爲喩也爲何義故說此論眞如佛性　一切智
者境界故　身轉清淨成菩提品前說有垢眞如今
說無垢眞如無漏法界得淨妙身也　如來功德品
眞如法身一切功德如摩尼寶也自然不休息　佛
業品如來教化衆生業自然而行常不休息常作佛
事也　校量信功德品有智慧人於彼法中能
生信心依彼信者所得功德無邊無量殊勝也　大乘
成業論　天親造此論解身口意三業所造所作　業成
或善或惡至於成佛與不成佛皆由此
就論　前論
同本　因明正理門論本　大域龍樹菩薩造凡
立一法說一義立宗
立因有能破能立所成能成簡持義相違義簡別義
比量義現量義立喩義隨自意樂明此正理破邪見也
力　九
論　因明正理門論　前論
同本　因明入正理論　能破
與能

立又似唯悟他現量與比量及似唯自悟以此一頌成此一論明宗因量也

唯識二十頌一卷天親見契經中説三界唯心作此論解其頌義以暢玄旨故云二十論也

唯識三十頌天親造護法菩薩等約此頌成唯識論初二十四頌明唯識相也次一頌明唯識性也後五頌明唯識行位也

唯識論前論同本　大乗唯識論同本各譯　轉識論轉爲衆生轉爲法身一切所縁不出此二種相也能縁即阿頼耶識果報識六識一切有爲法依止種子也

顯識論一切三界但唯有識一顯識二分別識也與前轉識論同本出無相論中皆眞諦所譯也

成唯識寶生論五卷中宗皇帝龍興三教序三藏義淨譯也

十卷　成唯識論

一天親菩薩將入滅時作三十頌後二十八家解其義又復十六家皆不能盡其美意護法菩薩安慧等十師解成一百卷三藏奘法師撮其要樞譯成十卷沆玄明作後序慈恩基法師述科疏解義造此論謂謬妄習人空法空不了煩惱所知障今除我法二執斷二種障生其正解證二空理於唯識如實知深妙也

二解兩頌半明阿頼耶識異熟一切種子作意受想思觸處執受無記能變所變能藏所藏與雜染互相縁也

三明阿陁那此云我識如瀑流種子難見難降微細不可了始終明第八識相若或依教則無邊定也若約悟性則頓現也

四解三頌半能變識相恒審思量勝餘識故我癡我見我慢我愛四煩惱常俱隨其所生所繫除羅漢果入滅盡定

五前已明八識七識今此明能變識差別有六種隨根境所謂眼耳鼻舌身五識皆依意識妄取六塵境也

六解三頌半明信愧無貪嗔癡勤安不放逸行捨不害三性清淨無垢善任心相深忍樂欲心淨爲性也

七明根本識一切唯識一切位一切境相智轉所依若於此了四智相應於唯識理決定悟入便證現量境界也

八明十依處及諸習氣發業潤生煩惱十二支能令生死相續遍計依他圓成三性心心所執一切唯識性等義

九現前立少物謂是唯識性以有所得故非實任唯識若時於所縁智都無所得爾時住唯識離二取相故無得不思議是出世間智捨二麁重故便證得轉依此三頌明唯識見道不見道由此説十地相二愚三障所斷所證也

十即此無漏界不思議善常安樂解脱身大牟尼名法此謂成佛偈明轉四識爲四智及四涅槃一清淨自性二有餘依三無餘依四無住處清淨法身成變化身受用身證二轉依果相於斯若悟證唯識妙性矣

右唯識頌本及唯識顯識轉識大乘寶生成唯
識等論皆同本異譯或廣或略也此乃天親菩薩
指求法高士明八識相分悟妙性現前得解脫身
透死生矣但微細難入造心易退故講習者似
乎牛毛而達者未見幾于麟角誠可憫哉
則　七論　大丈夫論　二巻　上　提婆尊者造此論若修福修悲修智名大丈夫若不如此
非大丈夫也或修一法名善丈夫耳施勝品施勝味

品施主體品施主乞者增長品勝解施主品增長品
恭敬乞者品施慳品財物施品捨一切品捨陰受陰
品捨身命品現悲品法施品已上十四品皆論大丈
夫能為大施大悲也　下　菩提心品功德勝品勝解脫品饒益他
品勝施他苦品愛悲品覺悟偉丈夫品
大丈夫品說悲品施悲淨品愛悲勝品智悲解脫品
發願品等同發願品勝發願品已上十五品皆論大
丈夫大菩提心大智大願勝妙法義也
入大乘論　二巻　上　堅慧菩薩造此論謂薄福之人
於大乘法不生疑心若生疑心必應聽法若聞法已即得開悟心地也　下　論十地位中法門謂菩薩
妙行甚深微細然論旨欲令有情
於大乘法悟入妙理疾證菩提
大乘掌珎論　二巻
上　清辯菩薩造此論廣破諸邪宗令於如來大乘法易證眞空速入法性以此如掌中之珎可愛樂故
即便見故示之不遠故也　下　已悟入有為性空復悟入無為性空
及令入無分別慧無分別行等義也
大乘起信論　馬鳴菩薩造此論起大乘信根作五分說一因緣分說八種義明作論意令有
情於大乘法起信歸正見也二立義分一法二義法
謂心也義謂體相用三大也三釋分一顯示正義依
一心法有心眞如門心生滅門也二對治邪執謂一
切邪執皆依我見若離我見邪執自無也三信成就

發心直心深心大悲心也四修行信心分謂信根本
所樂一切智心修六度妙行及止觀境界也五勸修
利益分若人依此論起信心修習決定
至究竟位證如來無上正眞之道也　寶行王正論
佛為寶行王說此一卷頌明為國王須行正理治化
生民及安自身不行放逸尊師重道聚清淨功德弘
揚佛法也　大乘五蘊論　天親造此論色蘊四大所成也受
蘊領納苦樂不苦不樂三也想蘊
取種種境界也行蘊諸心所法不相應也貪等不息
也識蘊於所緣境了別為性亦名心意梁集所攝也
廣五蘊論　安慧大士造義與前同也
盡　八論　三無性論　二巻　上　謂一切法不出三性一分別
性二依他性三眞實性論此

三性法義以下明如理如量二智發菩提心論卷二
破諸邪宗也境界等一切義也
上天親造此論令菩薩行者發大菩提心發大願行　指要録　表　三二
起大方便求大智慧與大悲種悟如來大法行大
施持大戒修大忍一一行此下精進禪定智慧如實
大行契本來大心成大果也義空無相功德分別
菩提心所修如前廣大起信論實叉難陁所譯也
妙行法義以成正覺也若賢首國師所見
所悟作科疏流通者眞諦所方便心論明造論品
譯也前巳標分義旨一同明負處品

辯心品相應品此四品中義破諸邪宗如實論反
所執方便接引入佛法大乘正見也質
難中無道理難道理難墮負處三品中明計無相思
執常無常因緣心所法義破邪見滯著也
塵論陳那菩薩造此論令六識外塵境起時思觀所
量分別析爲隣虛漸入無相合虛空也
緣緣論陳那造此論明眼耳等五識以外境爲所緣
意識爲能緣令論俱非無實體故此非理等
義觀所緣論護法菩薩造釋前陳那
也所造論也旨義一同
命十六迴諍論龍樹尊者造此論明一切法空因
論緣言語所執世間相皆空迴外道
邪執諍論何以故諸法既緣生論聖者鬱楞迦造先
空何可諍也邪心自正耳明從一生三從三

生六一謂無智無明也三謂身口意也六謂眼耳鼻
舌身意也轉生名色二也復生六入也展轉生諸渇
愛煩惱苦樂因果一切世間諸法六門教授論無
皆相因相緣而生故有是法也著
論本天親釋義令習世定及出世定故求解脫人積
集勝行令心善住名之爲定一師資圓滿二所緣圓
滿三作意圓滿此三圓滿也一有尋有伺二無尋有伺
三無尋無伺此三定也已上共成六門以此習成定
壹輸盧迦論龍樹尊者造大旨與如實論義通貫
也一切法無自體自性空無常也謂

諸習學道者於如來法海中生懈倦故十二因緣論
造斯論知四聖衆於此義中得利益故
淨意菩薩造此論明十二支自煩惱業苦三外道破
法中起展轉輪回不息除去無明根本也
四宗論外道僧佉論師謂覺我一也執一爲宗毗世
師論師謂覺我異也執異爲宗尼揵子論師
謂覺我俱執一切法俱爲宗也若提子論師謂覺我
不俱執一切法不俱爲宗也提婆尊者作論破此四
宗令入提婆破外道涅槃論方論師風論師韋陁
中道也論師裸形論師苦行論
師淨眼論師無因論師時論師服水論師力論師等
二十種外道隨所見執爲涅槃提婆作此論破之令

覺悟觀總持論頌 陳那造此頌明名聲義智連屬能詮所論以總性相方得解了佛法中正趣正見義也
解捲論 於藤起蛇知見藤則無境若見藤分已藤知如蛇知論釋此偈明強分別非實有法除其執著也
指要五卷 三十三
取因假設論 假施設事而宣法要欲令有情方便趣入眞如作意遠離邪宗永斷煩惱取因假設也
手杖論 有情自無慧解便生邪執由此沉論嶮惡道中今作此論喻手中執杖不落邪徑過嶮處故也
百字論 提婆造此論破我見有相無相一異外道邪見令歸佛法不滯偏執成中道正見也
掌中論 於繩作蛇解見繩知無境若了彼分時知如蛇解謬陳那釋此頌明相似之事未能了彼差別相
止觀門論頌 天親將諸修不淨觀及諸禪定觀境義成此頌令修觀定者易習耳
大乘法界無差別論 堅慧菩薩造此論明法界〃性如來藏性眞如善性衆生界〃如來法身不生不滅不來不去無差無別一體無二也
大乘百法明門論 天親菩薩於本分事中略出三藏奘法師譯論文云如世尊言一切法無我一切法有五一心法說八謂眼識等也二心所有法有五十種也遍行別境善煩惱隨煩惱不定等五位中分也三色法有十種謂眼耳聲香等也四心不相應行法有二十四也得命根衆同分異生性無想定滅盡定名文句身等也五無爲法有六義也謂虛空擇滅非擇滅不動滅想受滅眞如等六也無我有二也謂人無我也法無我也已上計一百法慈恩有科疏耳

右大乘經律論總六百三十八部計二千七百四十五卷共二百五十六帙隨其所見撮于綱目若即而推之經則華嚴圓覺金剛法華楞嚴維摩心經彌勒上生下生金光明涅槃後分盂蘭盆律則梵網菩薩戒論則瑜珈起信唯識因明百法如上經律論各有科疏解釋流通天下其餘不言可知

三十四尾

大藏經綱目指要録卷第五

[illegible]

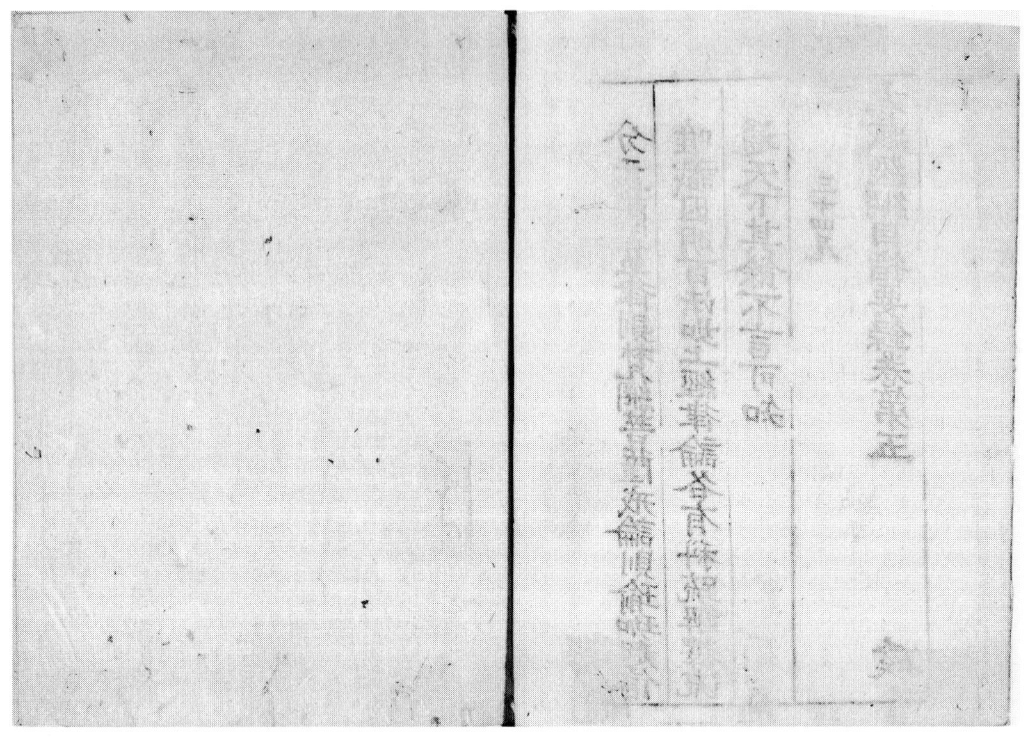

大藏經綱目指要錄　六

大藏經綱目指要錄卷第六

東京法雲禪寺住持傳法佛國禪師　惟白　集

臨深履薄夙興溫凊似蘭斯馨如松之盛
川流不息淵澄取映容止若思言詞安定
篤初誠美愼終宜令榮業所基籍甚無竟
學優登仕攝職從政存以甘棠去而益詠
樂殊貴賤禮別尊卑上和下睦
夫唱婦隨　已上總八十函

阿含部　有長有中有增一有雜有別也皆朝代法
師各譯所云阿者無也所云含者有也多

義具如
別解
臨 十一卷 長阿含經一 如來爲大衆說過去七佛示生出家修道降魔成道轉法
輪涅槃此謂遊行分佛說跋祇國人民調順不可
大本分說也二伐及說七不退法從跋耆國遊行至
拘利村三遊行分中佛或在講堂或在樹下或在婆
等因緣拘城或在尸羅城或拘尸城隨處爲阿難
人天衆說法四遊行分中佛告阿難過去六度吾於
及說涅槃相此城作輪王故來此涅槃阿難請問
諸天諸神王悉來悲五典尊分如來因中爲國大臣
惱如來入滅定相也名曰典尊化七國王出家及

梵志等衆也闍泥沙分此云六小緣經分佛說二婆
結勝如來與授記生天也羅門出家衆嫌云最
上種姓不合出家也輪王修行分如來因中七弊宿
爲輪王名曰堅固念出家修道而得果也經分
婆羅門名弊宿說言只有今世無後世果報人多
從之迦葉童子爲說佛功德及說因果遂即歸依八
散陁那經分散陁那居士化俱尼陁梵志五百衆來
歸依佛衆集經分舍利弗白言我今集如來所說法
要以防九十上經分一成法一修一覺一滅一退
諍競增一難解一生一智一證此十上法具足
五百五十法門增一經分自一修十三聚經分佛告
法二修法三修法乃至十法也諸比丘一法趣

惡趣謂毒害心也一法趣善趣謂不以惡心也一法
趣涅槃謂念處也乃至增十也大緣方便經分佛爲
阿難說十二因緣四諦八解也帝釋問經分天帝釋
與忉利諸天詣佛所鼓琴讚佛問諸修羅多生冤結
自何起也佛云十一阿㝹夷經佛入城化伽婆梵志
從貪嫉生也叫明善宿比丘先說佛過惡善生
經分佛爲善生長者說
四結業六損財法義也
深 十一卷 長阿含經十二 清淨經分尼乾子終弟子分二諍罵不已阿難誘化
佛爲說修十二分經及諸善法諸禪定觀境阿難云
微妙第一清淨也自歡喜經分佛爲舍利弗等說禪

定三昧大會經分修十二分經及諸善法諸禪定觀
境阿難云微妙第一清淨也自歡喜經分佛爲舍利
弗等說禪定三昧大會經分佛在迦濕阿摩晝
林中諸天諸神等大集佛說諸神呪語十三經婆羅
門令弟子阿薩晝往相佛實有二十二相否梵
至佛所佛爲說法復召師同衆俱來見佛十四動
經善念梵志與弟子衆至佛所爲說六反震動阿難
白言云何名此經佛云義動法動見動魔動梵動等
十五種德經大婆羅門名曰種德詣佛所問成就幾
法而得真實言不虛妄佛即荅之羅檀頭經佛
說過去國祭祀不使十六堅固經長者子堅固白佛
牛羊乃歸依佛法僧當現神變顯上人法佛云

我於靜處教弟子不得於婆羅門中現神變也裸形
梵志經名曰迦葉來至佛所問曰故壞祭祀法罵苦
行人佛爲説法出家得道三明經佛説正法沙
破三明婆羅門邪法令得佛法正見正趣也十七門
果經佛爲阿闍王壽命童子説因果法沙門修行便
得果報也叱婆樓經佛破梵志説無因論也露遮經
來請佛去後忽起惡念佛知已去受供世説經
爲説惡見惡念不可起不成沙門果也十八閻浮洲
北單洲佛説縱廣山川天地日月人民花菓莊
嚴草木等相也輪王出世治化七寶自然現也十九
地獄品　佛説閻羅王界一切地獄所現衆苦相
狀也　龍鳥品佛説四種龍王四種金翅鳥各各所

報二十阿須倫品　佛説大海水中有阿修羅宮殿
也無量莊嚴也　四天王品皆在世記分佛説
須弥山東西南北有四天王宮莊嚴等相也　忉利
天品佛説須弥頂上有三十三天諸天宮殿莊嚴報
境壽命及校量四大洲中所有餓鬼傍生等
成陰陽事各各自有相勝法等一切相也二十一
三災品　佛説水火風三災成壞空劫中相狀
也　戰鬪品佛説修羅與帝釋諸天戰鬪相也二十
三中劫品　佛説刀兵飢荒疾疫小三災緣也
二世本緣品佛説三災過已天成地成時光音天人
命終展轉下生漸次世界成就乃有莊嚴國土人民
初生人猶有身光久久生愛染心一切食用之物即

漸隱沒漸起鬪諍由
是立君立臣等也
履十巻中阿含經一善法經七法品　佛爲比丘説
知義知法知時知節知已知衆
知人勝如七法也晝度樹經佛説三十三天有樹名
晝度有時葉萎葉落葉還生復生網如鳥嘴開如鉢
復盡開光所照色所映香所薰我弟子落髮修行得
道亦復如是城喩經佛説國王城須得七具足方能
守護出家弟子亦復如是也七水喩經佛説常河水
或有常在水有沒還出有出還沒次有出水而住有
出水而渡或有便渡彼岸喩出家修行不修行也木
積喩佛見大木積火洞燃告弟子云梵志衆著五欲

樂自燒二善人往經佛説七種善人所往處涅槃也
如此也世間福經佛説世間七種大福報功德也
七日經佛説七日現已須彌壞海水竭令人天知無
常也　七車品佛見國王置七車速到他國告弟子
云汝等乘淨戒車速至無上正等覺也　漏盡品佛
云已知已見而得無漏也何以故以正思惟或不思
惟三業相應品　鹽喩經佛説修身修戒修福修慧
等三與不修者喩投一兩鹽於多水少水中或苦或
淡俱契不得也怨破經與目連問荅身口意業故名
也度經佛説有三度處有云一切皆夙命造有云一
切皆因尊祐造有云一切皆因無緣造我往度之羅
雲經佛爲説瀉水王戰及鏡喩等也思經佛説身口

意三不善及善業宜自思之報也伽藍經佛遊伽藍國人民梵志或毀或讃佛平等化之也伽彌尼經佛爲説十善業道報也 四 師子經婆羅門弟子名師子大臣來詣佛所聞法歡喜也尼乾子經佛破所説本因復説上斷上苦行中斷中苦行等義也波羅牢經佛爲説法即生正信也 五 等心經佛攝等心天衆在錐頭無礙也成就戒經佛告人天云汝等當成就戒定慧也智經佛言舍利子自稱得智梵行已立也師子吼經舍利子遊行人間諸梵志各有相違法佛許懺悔也水喩經佛説身口意淨不淨業喩熱惱所逼遇池水牛跡水若何易解 六 瞿尼師經因事而還舍利弗告衆云無事比丘當行無事也舍利子

化梵志隨然説梵天法也教也病品舍利子爲給孤長者説 七 未曾有法經佛説天壽天色天譽及示生一切未曾有法也侍者經衆議各不同遂命阿難也薄拘羅經諸異學曾爲友者來問仁者佛法中出家八十年想念事也修羅經佛説修羅宮八未曾有法故不畏也 八 拘絺羅經於佛法中得正見入不壞淨心也象跡喩經佛云一切畜生跡象最大一切法中四聖諦爲上也分別四聖經其義則苦集等也 九 地動經佛遊金剛國地大震動阿難問佛三因緣也瞻波國經佛遊彼國入定見一比丘行不淨不説解脱也郁伽長者經佛爲手長者二人或説四法或説八未曾有法義也 十 何義經阿難白佛持

戒何義佛云不悔義也不思經佛告阿難持戒者不應思念我不悔佛告比丘須得正念正智慚愧持戒恭敬了本際有食非無食涅槃盡智彌醯及比丘等諸經各是一緣看數者自見也

隨 卷十 中阿含經 十一 佛説三十二大人相及説因中於四大洲作輪王頂生等緣及指抄少牛糞告喩比丘無一法常也 十二 婆羅王來迎佛入城佛爲説法四緣經義也佛至拘薩羅國忽笑云迦葉如來在此説法時有一長者耆陵婆來供養聽法也佛以淨天眼觀衆生作善作惡隨業受報閻羅王遣五天使者來教誡訶責即追入地獄受苦毒也 十三 佛説鳥鳥喩比

丘持鉢不守根門不存正念亦復如是也佛説過去爲貧人施辟支佛食復説彌勒出現時因緣 十四 佛在柰林中説過去爲大天輪王及爲善見王捨王位出家學道行難行忍等行令成等正覺 十五 佛爲比丘説三十喩守護根門如守門閤人守心如泉池也及説爲善念輪王出家求道也 十六 鳩摩羅迦葉往化拘薩羅國王問荅因緣 十七 佛因中爲長壽王子名長生父子遇貪王因緣 十八 長壽王因中願生長壽光明天行八正念不動道清淨因緣也佛遊行至郁伽支羅國爲彼人民説法度三族子出家因緣也 十九 梵天經佛破常無常見請佛受供養佛爲説法也復説迦絺那

經佛弟子各說迦絺那法爲梵行本致覺相應也　二十　念身經佛說觀身不淨也支離彌梨經佛說四禪定中不聞支離彌梨聲也睡眠經大目連思惟是已即睡也

凤　十卷　中阿含經　六卷二　二十一　無剌經種以聲爲剌犯戒剌欲剌嗔剌也眞人經佛弟子說眞人法不眞人法說處經佛爲弟子說處及教處眼耳等處四諦因緣教處也　二十二　穢經佛說四種人或內有穢外無穢或內無穢外有穢或內外有穢或內外無穢也以說求法經佛云汝等當求法莫求飲食也　二十三　比丘請經請目連說法也知法經佛說所知法而無增也問見

經佛告周那云世間諸見生而生計有神有我有人也蓮華喩經佛云人不被惡欲所染如蓮花出水淨梵志經佛爲說諸穢諸惡也黒比丘經佛爲說不闘諍及闘諍損益也住法經佛告大衆云汝等知我說住善法不退不增也　二十四　大因經佛說大業大苦果必作大因大善大報作大因也十二因緣四念處身受心法也　二十五　苦陰經佛爲諸梵志說現法苦陰從因欲緣欲以欲爲本成諸苦柏也增上心經佛云汝等欲得增上心常善念應除不善念　二十六　師子吼經佛爲師子吼比丘說四沙門果法念合外道也婆羅經佛弟子實意居士詣彼林中與梵志論議破邪見也願經佛云汝等當

願三結俱盡成道也　二十七　林經佛在勝林園告大衆云若依此林住便得正念正定解脫證沙門果也自觀心經佛云未能觀他心且自觀心也乃說觀法達梵行經佛云法有妙中妙具足清白達梵行也阿奴波經佛在彼國說調達放逸入地獄　二十八　諸法本經佛云一切諸法以欲爲本也優陁羅經佛云汝本不知不覺自稱知自稱覺也蜜丸喩經佛云若人於我法中得味如飢人行山得蜜丸食也曇弥經佛爲曇弥說若女人堅信佛法出家捨諸飾好必得四沙門果也　二十九　柔軟經佛云我昔出家求道苦行從閑逸柔軟中來也龍象經佛爲烏陁夷說波斯匿王大象如龍中龍王象中象

王人亦如是說處經佛說過現未來三處也無常經說無常苦空無我也請佛夏坐滿十五日說請請時梵志悉來也瞻波國經佛在彼國不說法有比丘行不淨也沙門二十一億經佛爲說法令得果證也八難經佛說八難八時也貧窮經佛云欲人貧窮爲大苦苦等也　三十　行欲經佛爲給孤說十惡欲爲貪名利等也婆塞經佛爲五百人說法諸善男子各生正信也福田經佛爲給孤說有學人無學人二種福田也教曇彌經善男子衆駈出曇彌佛即教之令不生惱也降魔經魔王入目連腹中即入定爲說法而降

與　十卷　中阿含經　三十一　賴吒恕羅經白佛云我爲家鎖所鎖不得盡形行淨

梵行佛爲説法許三十二優波離經佛爲苦行尼乹
出家遂得道果也子優波離居士三百人説
法令捨邪歸正於佛法中三十三釋問經帝釋詣佛
出家修道各得羅漢果（一卷五）所問法佛爲説往
昔因縁也善生經佛爲善生説禮三十四求財經佛
六方非同汝法我六法勝妙也説過去商
人入海採寶漸次到羅刹城爲所食喩苦陰也世間
經佛説自覺世間知世間斷世間也止息經佛説數
息觀法也至邊經佛説比丘乞食不守六根忘失法
樂沙門義二邊也喩經佛説不放逸爲本如田生物
無盡如象三十五雨勢經未生怨王令大臣雨勢詣
跡爲大也佛所言欲伐跋耆國縁也傷歌羅

經佛爲此梵志及等數梵志説法各正信出家也瞿
默經與阿難論議乃歡喜奉行象跡經佛云一切獸
跡象跡爲大我法亦然也何苦
經佛問諸梵志修何苦行也三十六梵志瞿默經阿難往化論
議及與摩竭大臣論如來無與等者也象跡喩經世
尊爲梵志説象跡勝諸獸跡及四禪定境也聞德經
生聞梵志問佛在家出家學道有何義也何苦經
梵志問在家何苦何樂出家何苦何樂佛爲説之三
十七何欲經生聞梵志問云何欲何行何立何依何
説耶佛即荅之歌邏㨖恝二梵志佛爲説四種
性三十八梵志鸚鵡摩納須閑提聞詣
法佛所聞法出家各得道果也三十九婆私乇波

羅婆須達哆波羅延曰梵志詣佛四十佛在黄蘆園
所聞法出家修梵行或道果也耆年頭郍阿
伽那訶羅阿蘭郍五梵志同詣
佛所聞法各各心開悟解也
温十摩羅梵志來相佛三十二
卷中阿含經四十一大人相未見舌相及馬陰
藏相復來四十二佛説六根十二處十八
佛即現之界分別諸不淨觀也四十三佛在
温泉林有一天來説婆地羅四十四佛説摩納提子
帝偈禪室阿難問二經義白犬是汝父即
以金牀卧爲驗也分別大業經梵志來四十五心經
謂三彌提云如來身口意唯意業具諦比丘

思惟心誰將世間去誰染汙耶佛爲浮四十六佛説
彌比丘説法復爲四衆説四種受法也四種
禪行及四種四十七佛云獵師飼鹿近食不放逸比
説經因縁也丘食我法味即隨於我亦復如
是佛爲五支物主説法曇彌來施上佛金色
又爲阿難大衆分別多界即十八界四大界四十八
佛在馬邑焉林牛角婆羅門林説沙門法
復有求解者佛爲隨機開悟皆爲比丘衆四十九佛云
汝等所得智我生已盡梵行已立又爲阿夷郍説一
切知一切見復説七覺支八正道大小空義相也
五十佛爲烏陁夷破群郍二比丘説法及説
夙世因縁令修四禪定不得起瞋心也

有 十卷 中阿含經五十一 佛爲跋陀和利阿濕貝二比丘說持一食利益或云持得或云持不得也 五十二 佛爲沙彌周那說六不諍也爲波離說律儀律業也復說調御象調御馬調御牛調御人此四法也 五十三 佛爲比丘衆說愚癡法畢定輪回六道生死苦報也說智慧法畢定得四聖果至佛正覺菩提 五十四 阿利吒嗏帝二比丘生惡見諸比丘嫌佛爲說法令生正知正見也 五十五 佛爲長者婦說牛兒齋尼乾齋八聖齋此三齋法也復爲晡利多居士說布施不得我慢行清淨施成利益也 五十六 佛在摩羅梵志家集會處說法復爲比丘衆說五分

下結則戒取等也若比丘不拔心中五結不解心中五縛不能得淸淨梵行成沙門果 五十七 佛爲箭毛摩耶修二梵志論議除去邪見令於佛法中生正見也 五十八 法樂比丘爲優婆夷毗法說身法舍利弗爲拘絺羅說入定法佛云是如是說依如是行也 五十九 佛爲波斯匿王說一切智法莊嚴王即奉衣王以鞞阿提衣上阿難云此衣第一諸比丘咸云王於諸王中無欲第一也 六十 佛謂梵志云若愛生時便生煩惱憂感也復爲八城居士說慈心俱得無漏也復破諸外道營無見乃告東西南北若知弓知箭可拔也復說四念處四正斷神足法十

似 十卷 增一阿含經 一 序品 佛云過去佛所受此增一阿含法攝一切法也 十念品 念佛念法念僧念戒念施念天念休息念安般念身念死此十經也 二 佛說十念法門若能持者大得名譽果報也 三 佛說百聖弟子五十比丘尼四十淸信士三十淸信女阿須倫等十經各行一行隨行稱功也 四 一子品 佛云如有一子一女如何教訓宜寸護之 護心品持一法行一行布一施當護心如一子一女也 五 不逮罪品 佛云滅欲滅嗔滅貪得果也 一入道品佛云專一心入八聖道 六 利養品 佛云貪著利養世味及諸禪觀也五欲名勢榮華皆不能成道也 七

五戒品 佛說持五戒得善果也 有無品佛云不斷有無二見同外道也 火滅品佛云禪定水澄貪欲火滅也 安般品佛爲羅云說安般三昧除去煩惱愁也 八 佛說安般三昧中修正見正知正解正定法門及說因中所修如是義也 九 慚愧品 佛說此二法若知慚愧者知恩報恩得現果也若不知慚愧與畜生無異不別尊卑乃說知慚愧人耳 十 勸請品 佛得道未久思惟所得法甚深微妙恐無信者諸天諸龍十方諸佛十方菩薩慈求勸請隨宜說法乃轉法輪

蘭 十卷 增一阿含經十一 善知識品 佛云近善知識善法增長也近惡知識

惡法增長也會中比丘聞說是已各修禪定觀行復
說過去近善知識而得超度近惡知識而墮惡趣莫
不驚悕 十二 三寶品 佛說皈依佛德法德僧德也
此事 三供養品 佛說供養三寶果報也會
中各自念過 十三 地主品 波斯匿王至佛所供
去事三寶功也 養佛說燈光如來出現時為王
名曰地主供養彼如來太子於彼 十四 高幢品 佛
佛所成道其地主者我身是也 云帝釋大戰
場立高幢令望者自歸汝等瞻望於 十五 高幢品中
我一切我慢幢惡見幢自然摧折 佛說在石
室降惡龍手擎至迦葉遂往受別供 十六 高幢品中
因說北單國長粳米及淨受王說法 佛說三齋

入齋法及說因中為 十七 四諦品 佛為人
長壽王子長生也 天說四諦法也 十八 四意
斷品 佛說此法門 十九 佛為弟子衆說四禪定平
復為波斯匿王說法 等趣向四聖諦而成道果
各悟所修 二十 聲聞品 佛云汝等五百比丘大聲
證之行也 聞是因緣也阿闍世王來問優婆塞
法佛即為廣
說其義門
斷 十卷 增一阿含經 二十一 苦樂品 佛云或先樂
後苦或前苦後樂或先
後俱苦或先後俱樂或身樂心不樂或身不樂心樂
或身心俱樂或身心俱不樂也四梵福四不思議四

辨四神足四愛起四大
河四等心四食等十經 二十二 須陁品 善 說諸陰
義多難比丘前身作
龍諸弟子各現神力至長 二十三 增上品 佛化梵
者家與須摩提女論議 志受戒往四佛生
處說四事法行四跡復化四梵志說修苦 二十四 善
行時有不隨者謂言我錯亂修習等義 聚
品 佛云我為汝等說善聚法所謂五根復說不善
聚法所謂五蓋也復說五功德也地獄相皆緣不善
聚法也天人下生出家得 二十五 五王品 波斯匿
道為王除憂患等緣也 王優陁王惡生王
毗沙王優塡王同至佛所為說色妙聲妙香妙味細
滑此五妙欲境因此說論月光長者尸羅婆二長者

夙種因 二十六 等見品 舍利弗告衆云令各思惟
緣也 五陰盛衰各由此入道末利夫人
生淨離天花萎皈依 二十七 邪聚品 佛云有五事
佛法僧再獲天報 知此人在邪聚中一應
笑不笑二應喜不喜三應慈不慈四作惡不恥五聞
善不著意若笑應笑喜應喜慈應慈恥作惡見善意
喜此人為住 二十八 聽法品佛說聽法功德作浴堂
正見聚中也 拖揚枝功德二惡龍化烟燒閻
浮提惱佛目連神變化為 二十九 六重品 佛云一
大龍復為小龍降之也 身行慈二口行慈三
意行慈三得利與人俱四戒不缺犯五戒利
是六正見聖賢以此可敬可貴目連神足也 三十 佛令

殲行比丘於舍利弗前懺悔謂預起誘毀故佛復爲
比丘衆說最上第一空法門則觀諸陰空無故也
馨　十卷　增一阿含經三十一　力品　佛說六九常
力一小兒以啼爲力
二女人以嗔爲力沙門婆羅門以忍爲力國王以憍
憿爲力羅漢以精專爲力諸佛以大悲爲力復說無常
想　三十二　佛說靈鷲諸山過去各有異其名　三十三
也　不同今名佛辟支等於中成道
七知義晝度樹水　三十四　七日品　長
喩長阿含經同也　阿含經同　三十五　莫畏品
佛告摩訶男汝當取命終莫生恐
畏必生善處如我昔行苦行也　三十六　八難品　佛云佛出

現地獄不見不聞一難也及在畜生中不見不聞二
難也餓鬼中不見不聞三難也長壽天不見不聞四
難也在邊地不見不聞五難也根不完具不見不聞六
難也得羅漢果自在遊樂七難也自修證羅漢果八
難也此八非梵行所修復說　三十七　佛說涅
八地獄閻羅王界所現苦狀　槃相也　三十八
馬血天子八正品　佛說　三十九　如來降　四十　九衆
八正道八關齋法義也　魔因緣　生居
品　佛說人界欲界迦夷天光音遍淨空天識天非
想天無所有天修道人離此九居也佛說嚫願九法
九惡法孔雀九法女人九繫法上中下
三善法瞻病比丘朱利槃特化王子等

如　十卷　增一阿含經四十一　馬王品　佛說女人過
去不受長者女意愛乃
說因中爲馬王曾免羅
剎女或只此是緣也　四十二　結禁品　佛說十事
功德承事聖衆降伏
惡人不令有惱使立信根信令增長得盡有
漏正法久住及爲比丘衆說一切善法也　四十三
善惡品　佛云行十善生善趣行十惡得惡
報持十念得至涅槃爲王說施破異論等緣　四十四
十不善品　佛說十不善業復爲阿難人天衆立禁
戒馬宿比丘行不淨行佛說過去佛立戒禁各得聖
果　四十五　佛說過去佛因緣
如長阿含經初分　四十六　放牛品　佛說
也　偈云牧牛不放

逸其主獲其福六牛六缶　中展轉六十牛比丘戒成
就於禪得自在六根而寂然六年成六通於此說十
一法法法十一也如知色知相知摩刷知覆護瘡知
烟起知良田知茂處知所愛知擇道行知食止足知
度處知敬奉此十一法例此增一阿含本一法
上增至十一法以此曉其說法立題之本意也　四十
七　佛現舌相神變度陁　四十八　禮三寶品　佛說禮
羅梵志一切因緣　如來有十一法當念
十一事專一　十　四十九　非常品　佛說衆生恩愛流
一法等因緣也　轉生死淚多如恒河水汝等
常作無常相復說因中爲音響　五十　大愛道品　聞
輪王悟無常捨位出家修道　佛將入滅乃云

我令不忍見不如先取滅度乃往白佛遂入禪定而取涅槃也 五十一 佛弟子衆佛爲説劫數長遠不可窮極乃隨宜説一事兩事五法功德等因縁

松 十卷 雜阿含經一 佛令比丘觀色等無常也 二 佛令觀色等非是我等相 三 佛令觀五受陰生滅等相法門 四 佛爲波斯匿王説施處大果報 五 佛令比丘衆問差摩比丘病也 六 佛爲比丘説有流色集等法 七 佛説所有所起所繫所著所見等法也 八 佛令比丘觀眼等無常義 九 佛令觀眼觸識等苦樂不苦樂等也 十 佛説無明色受想生滅因縁等法門

之 十卷 雜阿含經十一 佛令觀眼識法當自思惟也 十二 佛説生縁老死憂悲苦惱純大苦聚也 十三 佛説内六入外六入等法 十四 佛説苦樂自作不作因起等法 十五 佛説見法涅槃法根法眼法依漏盡即是也 十六 佛説四聖諦道跡法門也 十七 佛説光音等天一切空界義 十八 佛説出家難善調伏一切法所修 十九 佛説諸天果報 二十 佛説四念處一切善法義也

盛 十卷 雜阿含經二十一 佛説眼耳等覺修四禪定 二十二 佛説法諸天各以偈讚荅 二十三 佛持鉢二童子以沙上佛即記爲阿育王也 二十四 佛説四念處所修法義也 二十五 佛云吾滅後百年此青林下有得道弟子 二十六 佛説三根五根法義也 二十七 佛令断五蓋修七覺四念處法也 二十八 佛説八正所修法門 二十九 佛説正見正定断三法證四果也 三十 佛説戒相應制戒法一切戒等相也

川 十卷 雜阿含經三十一 佛説人間歳數諸天展轉倍增修行莫入地獄 三十二 佛説有後生死無後生死破外道見無記也 三十三 佛説馬有捷疾具足非色具足非體具足比丘戒亦有三具足也 三十四 佛説無始時來轉輪生死不知苦之本際是故勤斷諸欲 三十五 佛化外道羅步住於佛法中住正見正知也 三十六 婆耆及諸天子詣佛所各説偈讚佛 三十七 佛往病比丘所説法令各捨命生天解脱也 三十八 佛説善生比丘出家非家及難陁著好衣等因縁 三十九 諸比丘在樹下坐不起正念多生惡想佛往教 四十 若能受持七種受生天帝釋住處及供養父母縁也

流 十卷 雜阿含經四十一 佛爲諸釋種説受齋日次第法 四十二

佛爲波斯匿王說大施得大四十三佛說了了知所
果報力士爲喻見意等也知了所了作苦
邊內入處是一邊四吒婆夷喪子發狂見佛
外入處是二邊也四十四即服本心遂即出家受三
皈四十五諸比丘尼禪思魔來惱奎卷十四十六佛說帝釋
戒害不動即自隱沒也生慈心修
羅自退是故佛弟四十七給孤白佛云若有來我四
子當修慈心三昧舍命終者得生天也
十八諸天子女來詣佛四十九諸天子來詣佛所以
所聞法開悟也偈問佛佛復以偈答
之聞者五十長者子出家破八支齋鬼來所
解脫撓母爲說法即得羅漢道果

不　八卷別譯阿含經一佛爲新出家比丘
說二十二經法也二佛降魔王阿修
羅等十九經因緣法三佛說帝釋修羅波斯匿王等來至佛所問法十八經因緣也四阿闍世王
與波斯匿王交戰佛說法解勸十九經因緣也五佛化諸婆羅門或出家或生正信十五經也六
佛爲阿難諸新出家比丘初具儀範慚愧分別生死等一十因緣也七佛爲老伎人及聚落生說法復
說因地所修等九經因緣八佛爲諸天子諸王子諸弟子八隨機說法二十六經因緣也

息　八卷別譯阿含經九諸天子以偈問佛以偈答優婆夷給孤等二十一經

十佛爲犢子梵志說八經因緣也十一優陀長爪重巢三梵志至佛所論議生信一十三經緣
十二諸魔惱比丘比丘尼諸天說偈等二十三經十三佛爲耆舊諸天婆羅門摩納伽等說
二十八經緣十四佛爲諸天女天人及說地獄等說二十七經也十五佛爲諸天子諸雪山
王七岳夜叉等說三十一經緣也十六佛爲諸比丘說無常苦空無我等法以偈讚佛二十一經因緣
右阿含經總五部計二百單三卷也若長阿含
二十二卷爲四分三十經則佛說緣起相長也

中阿含經六十卷分十八品二百二十餘經則
佛說緣起相中也增一阿含經五十一卷分五
十品四百七十餘經則佛說緣起自一增至十
也雜阿含經五十卷則佛應機雜說事不分
品次也別譯阿含十六卷多出前部但撮要
爲別也略辯于此尋樞要者瞻見斯可見

淵八經佛般泥洹經三卷大般涅槃經三卷般泥洹
經二卷已上三經出長阿含第二第四卷初遊行品同本各譯人本欲生經一卷
長阿含第十卷大方便品同本羅越六向拜經一卷長阿含第十一卷善生經同阿
颰經長阿含十三卷阿摩晝經同梵網六十二見經長阿含十四卷梵動經同
本也寂志果經長阿含十四卷沙門果經同本異譯
澄十卷起世經一閻浮洲品　佛說千日月所照謂一大千界諸山河海國土諸天人民

草木香花莊嚴所生諸寶一說之也　究留洲品
佛說無量寶樹寶花寶地人民形量姝好飲食美妙
十善業　二輪王出現品　佛說出現時七寶自然涌
所報　出四兵具足天與寶輪往東西南北一切
國王自然賓伏所有臣佐智謀自　三地獄品　佛說
生其報盡也諸事退失乃無常也　閻浮大鐵圍山
間有大地獄閻羅王爲主無量牛頭獄卒鬼將以爲
眷屬其中有十八大地獄一百二十小獄諸苦相
四佛說地獄中衆生受無量苦相大黒繩大灰河大
熱沙大阿毗脂呼呼吒吒地獄其中受罪衆生皆

風造惡　五龍鳥品　佛說海龍王金翅鳥各各所生
業招報　所報所食也　阿修羅品佛說修羅宮殿
莊嚴報土亦　六四天王品　佛說須彌山頂天王宮
錯亂修習　殿莊嚴威勢殊勝諸天每集善法堂
中　七三十三天品　佛說帝釋在歡喜園中與諸天
也　集會天女來侍一切快樂果報殊勝超越人間
百千万倍及壽命　八戰鬪品　佛說帝釋與修羅戰
長遠亦復如是　得勝以五繫縛將至善法堂修
羅忽念我今得同諸天　九劫住品　佛說刀杖飢餓
歡娯其五縛即自解也　疾疫三中劫十不善業所
梧也　住世品云佛說世界成住不可量不可筭轉
成轉壞中間有火水風三大災故此世界能成能壞
能　十最勝品　佛說風化成世界光音天人下生漸
住　有日月宮殿星辰出現安立諸山三四大洲天一

人生其中久即愛深遂成惡法起貪起嗔起諍乃
立田主名曰輪王乃至頂生王等立十善法始
取十卷起世因本經前經同本各譯文有廣略亦與起世經同也
映三經大樓炭經六卷此云世也或云起世也長阿含世記經同本中
本起經二卷上轉法輪品　佛說四諦十二緣也　神變品佛度諸弟子也　迦葉品佛
往火龍窟度迦葉三兄弟也　瓶沙王品佛爲說法
令悟無常也　舍利目連品見馬勝來佛所出家也
還父王國品　佛成道已下須達品　爲佛布金地
將大衆歸見淨飯父王也也　本記該容品王夫
人名該容奉佛箭射不入也　波斯匿王品佛說王

子小火小蚰小僧小此四小不可欺也王迦葉來學
品佛分半座同坐也度奈品佛爲説法出家爲尼
也尼乾問疑品佛爲外道説法令於佛法中生正
信也馬麦品佛三月食卷十二
馬麦乃夙縁所報果也
【容】經三十七知經中阿含第一卷善法經同本鹹水喩經中阿含第
一卷水喩經同本守因經中阿含第二卷漏盡經同本四諦經中阿含第七卷分別
聖諦經同恒水喩經中阿含第九瞻波國經同本相倚致經一卷縁

本致經二經中阿含第十卷本際經同頂生王故事經一卷文陀竭
王經二經中阿含十一卷四洲經同本閻羅王五天使者經一卷鐵
城泥犁經二經同出中阿含十二卷天使經古來世時經中阿含十
三卷説本經同因地也阿㝹律八念經中阿含十八卷八念經同離睡經
中阿含二十二卷穢經同是法非法經中阿含二十一卷眞人經同求欲經
中阿含二十二卷穢經同本受歳經中阿含二十三卷比丘請經同梵志計水

淨經中阿含二十三卷水淨梵志經同也釋摩訶男本經一卷苦陰
經一卷苦陰因本經三經中阿含二十五卷苦陰經同本樂想經中阿
含二十六卷想經同漏分布經中阿含二十七卷達梵行經阿耨風經
中阿含二十七卷阿恕波經同本諸法本經中阿含二十八卷諸法本經也瞿曇
彌記果經中阿含二十八卷瞿曇彌經同瞻波比丘經中阿含二十九
卷瞻波經同也伏婬經中阿含三十卷行欲經同魔嬈亂經一卷弊魔

試目連經二經中阿含三十卷降魔經同
【上】三十二經賴吒惒羅經中阿含二十二卷惒羅經同善生子經
中阿含三十三卷善生經同數經中阿含三十五卷筭數經同梵志問種尊
經中阿含三十七卷阿攝惒經同須達經一卷三皈功德經二經中阿含三
十九卷須達多經同也竹園説學經中阿含四十卷黄蘆園經同梵摩
喩經中阿含四十卷梵摩經同尊上經中阿含四十三卷禪室尊經同鸚鵡

經一卷𠍿調經二經中阿含四十四卷鸚鵡經同意經中阿含四十五卷心
經同應法經中阿含四十五卷受法經同泥犁經中阿含五十三癡慧經同墮
舍迦經一卷齋經二經中阿含五十一五卷持齋經同六卷十三鞞摩肅經中河
舍五十七卷摩那修經愛念不離經中阿含六十卷愛生經同本十支居
士經中阿含六十卷八誠經同邪見經中阿含六十卷見經同箭經中阿含六
十卷箭喻經同普法義經一卷廣義法門經二經出阿含經中戒

德香經增一阿含十三卷地主品同四人出現世間經一卷匿
王土坌身經二經增一阿含十八卷四意斷經同本須摩提女經一增
阿含二十二卷須陁品同避死經增一阿含二十三卷增上品同本五福報經
增一阿含二十一四卷善聚品同頻婆王詣佛經增一阿含二十六卷等見品同長
者子六過出家經增一阿含二十七卷善聚品同鴦崛摩經
增一阿含三十一卷力品同本

若三十一經鴦崛髻經前經同出力士移山經一卷四未
曾有法經二經出增一阿含三十六卷八難經同本舍利目連遊四
衢經增一阿含四十一卷馬王品同七佛父母姓字經增一阿含四十五卷
不善品同放牛經增一阿含四十六卷放牛品同緣起經前放牛品同本十一
想思念如來經增一阿含四十八卷三寶品同四泥犁經增一阿含
三寶品同化七子經增一阿含四十九卷非常品同本大愛道涅槃

經一卷佛母泥洹經二經增一阿含五十卷愛道涅槃品阿難同學
經出增一阿含經五蘊皆空經雜阿含第二卷聖法印經雜阿含第
三卷雜阿含經雜阿含大本經水沫所漂經一卷五陰譬
喻經二經同出雜阿含第十卷不自守意經雜阿含十一卷中同滿願
子經雜阿含十三卷中轉法輪經一卷三轉法輪經二經雜阿
含十五卷同本八正道經雜阿含三十卷中難提釋經雜阿含三十卷

譬人經雜阿含三相應相可經出雜阿含七處
十三卷　經中同
三觀經色諦色習色盡色滅色味色出要色苦謂
七也觀色觀五陰觀六衰謂三觀可見矣
六卷　十四
國王先尼十夢經一卷舍衛國王夢十事經二經
出增一阿含五十一卷　大愛道涅槃品　一三瓶雨
畔氣交不入中者豪貴相交不顧中貧也二馬口食
尻亦食官吏食民物也三大樹生花人多貪多婬未
三十鬚白也四小樹生果人年十五有子不羞也五
一人牽繩人後有羊夫出婦私通也六狐坐金床民
有財食居上王孫貧者在下也七大牛從犢子乳母

爲媒嫁女也八四牛四來鬪帝王大臣人民各自欺
慢也九大河水中濁四畔清中國亂邊國平治也十
溪水赤則小國相
戰血流赤兆也　治禪病秘要經二卷上　舍利弗問人有五事
發狂一因亂聲二因惡名三因利養四因外風五因
内風此事當云何治佛說七十二種對治法令入水
火風地四三昧數息觀自身不淨内外諸物觀外
及其心念亂想起處微細觀察除身病心病下境音
樂歌唱一切惡相及修一切諸三
昧其間妄起分別念慮狂亂治也　馬有三相經一卷
馬有八態經　二經同出雜阿含三十三卷然三相
者一意自能走二有力三端正好色

八態者一掣車欲走二跳梁欲齧人三便舉前脚四
便踏車軨五摩車却行六傍行邪走七走至泥止八
欲食不食此三相善相也八態惡
相也譬如善人三相惡人八態也
思
十六　摩登伽經二卷上　阿難持鉢呪入婬室
經　隨至佛所佛化出家
爲性比丘尼波斯匿王及人天衆問佛以何因緣佛
說過去有王名摩登伽有子名師子求婆羅門蓮花
實女爲妻意其卑賤不與交婚　王爲蓮花實說二
王爲說法無彼此人無差別也下十八宿遊行纏度
晝夜分杪吉凶直日直人生直日修城邑出行直日
夜地動直入病相風雨來歷無不詳細歎言或親爾

時王者即如來也王子師子阿難是也蓮花實者舍
利弗是也女者性比丘是也有如是夙世夫婦緣也
摩鄧女經一卷　摩鄧女解形中六事經一卷　舍頭
諫經已上三經同前摩　鬼問目連經目連遊恒河
登伽經各譯也　水畔有五餓
鬼來問所報苦目連隨所作業罪
荅之謂曰此是花報果在地獄也　雜藏經一卷　餓鬼
報應經已上三　慢法經　阿難白佛有事佛便得福
經同本　利有事佛不得福利云何
如此佛言有事佛者遇明師教身心誠實便得福利
亦當成佛有事佛者不遇良師慢法破戒不得善利

亦當墮苦以此因緣故也　阿難分別經一卷　事佛吉凶經已上三經
同本　五母子經沙彌年七歲出家得道自識夙命而笑曰而我一身五母悲惱爲第一母子時
隣家亦生生我短命母見隣家子即悲惱也爲第二
母子時天命早夭母見人乳兒即悲惱也爲第三母
子時十歲即亡母飲食憶念即悲惱也爲第四母子
時先死同輩娶婦母見即悲惱也爲第五母子時七
歲出家我母憶念悲惱也五母聚會各說其子各增
哀苦我念三界愛纏纏縛如此生死輪回是故當勤
精進求道也　沙彌羅經前經同本　王耶經給孤長者爲子娶婦名玉耶不

承事夫諂佛所佛說女人十不善法一初生不喜二
養視無味三常畏人四憂嫁五生別離六常畏夫七
生產難八小父母制九中年夫制
十老兒孫呵罵佛所說悉皆歡喜　玉耶女經一卷　阿
遬達經上三經同本也　修行本起經二卷與後函瑞應因果二經同
言　九經　太子瑞應本起經二卷　上佛說定光佛記在天宮下生王
宮現瑞仙來相了遊四門出家苦行降魔也　下佛說入諸禪定明星現時悟道天王奉鉢受乳天人
來勸請說法遂現神變至火龍窟降諸弟子出家緣也　因果經四卷前經同本　海

八德經一漸次深二潮不失信三不宿死尸四具諸寶五香衆流六無減七大身衆生居八同一
味喻比丘持戒忍辱禪定修身淨意智慧解脫神足所修如海　法海經前經同本　四十
二章經漢朝初至說四十二法門誡出家人此乃佛教入中國之始也　柰女經樹
果中生一女七國王共諍瓶沙王私通生子名耆域不願爲太子習醫道昔日醫王妙也　罪業
地獄經信相菩薩問地獄受罪苦相佛云爲臣不忠爲子不孝出家破戒一切因造惡二十種相
狀所報一一隨問苦也得不思之　龍王兄弟經一名難頭二名和難起大瞋恚目連

神力化大身遶須彌復現小身入一龍耳鼻中即自降之　長者音悅經佛爲說四種福報歡喜以金奉佛并化外道
辭　十五經　禪秘要經三卷　上佛令弟子作不淨觀白骨觀亦觀他身不淨白
骨觀世界不淨白骨觀地水火風等諸觀法　中觀空觀色觀天觀境觀佛三十二相八十種好
對治戒念佛觀也　下觀自身我我所他身我我所觀數息觀毛孔觀微塵觀漸周遍觀所現境觀慈心
觀定意等一切觀法也　八師經一不煞生二不盜物三不邪婬四不飲酒五不惡口六念老七

念病苦八念死是謂佛說王滅釋種
說八師作如是觀師也　琉璃王經皆夙世業報王
生陷地　貧老公翁經佛說夙世爲王慳不布施得貧
獄也　窮報護持戒沙門得長壽報分
毫不　三摩竭經佛說難國王不信佛法爲太子娶
差也　婦名三摩竭罵難國中一切民如
狗畜俟外道裸形即來請佛至
難國說法化無量人天等衆也　瓶沙王五願經　一願
少年作王二願國有佛三願常到佛所四願常聽佛
說經五願開悟無生王既五願如意因化十六國王
信佛　五苦章句經佛說三界五道生死不絶有其五
法也　苦一諸天苦二人道苦三畜生苦

四餓鬼苦五地獄苦天有　淨飯王經　王將逝時願
三災五衰相餘可知也　見如來阿難
羅云難陀等佛以神力同至爲王說法王即歡喜長
逝諸弟子各欲舉棺佛云恐世間有不孝子即自舉
越難經　佛說越難長者豪富不布施死復生爲盲
貧乞見還本家妻見不識遣出打撲損受
其苦　所欲致患經　佛說世間人所欲所愛所貪深
毒痛　所聚財物所樂者皆致患害是
故觀無　阿闍世王五逆經　王殺父害母已耆域大
常求道　臣與王同至佛所聞法
已頓悟　進學經　佛說有二法一靜處默定二博學
無生也　講議復有二法一財施二法施汝

等比丘當　錫杖經　經云三世佛共所受持一名智
勤修習　杖二名德杖以此依倚助持戒
智成德錫者明也杖者輕也易持以明智慧二鈷者
迦葉如來所制令憂念二諦也四鈷十二環今日所
置令知四諦十二緣也然有持　佛說堅意經　佛說
此錫表盡佛所修一切善法也
汝等當慈心正心一心堅意對治世間　七女經　長
一切不善法修習出世一切善法也　者
有七女端正無比國中人無敢說其不好將至佛所
佛云不好所言好者不貪世間色聲香味觸爲好此
女何好也復說迦葉佛時國王有七女不著歡娯同
入尸陁林觀死尸各各說其所以帝釋來詣讃言諸

女若有所願我當與之女曰我要無根樹子一株二
要無陰陽地一片三要無音響山一座帝釋曰諸物
皆有若此三願我即無之迦葉佛以天眼觀見神力
攝來會中爲天帝言我此會中諸大聲聞尚不曉此
也佛言國王女如
此汝女何者好也
安　二　生經　五　佛說那賴仙人爲王說法除婬欲
經　卷　一心也婬女夙緣見比丘分衛不妐
意也　和難比丘邪業自活我所野鷄淨女墮珠木　二
盂女龍獼猴五仙人等十一經皆如來因地緣也
舅甥閑居舍利弗入滅子命過各言志迦栴延無常
長者問事心總持比丘呪吉祥呪已上十經各是一

因縁流三和難持國王五人蠱狐烏疾病裸四水牛
通也　形子腹使弟子過命已上八經　兎王
無懼五百幼童毒草鼈喩鼈王毒喩海子負爲牛光
華梵志毒海喩馬喩比丘尼神變已上十四經各一
縁五梵志君臣烏王密具雜讃驢駝孔雀仙人撥劫
也　夫婦譬喩已上十經通前五卷中計五十五經
皆如來現生過去　義足經二卷　上佛說過去貪王閒
生所作故謂生經　說解義優填王須
陁利梵志鏡面王老少倶死弥勒難斎下猛觀梵志
辯梵因提女異學角飛已上十經因縁　法觀兠勤
蓮花色父子共會維樓勤王已上六經通前兩卷中十
六經佛說此經聞甚深妙義悟入義趣故名義足也

定　十卷　正法念處經一　十善業道品　佛爲人天
衆說十善業所修習如何
用成就果　二　佛令從內心思惟修　三　生死品　佛告
最殊勝　習此十善業道也　人天衆宜隨順
正法觀生死根本無　四　佛令內心思惟生死觀察法
始輪迴無有休息　行受陰地分思量分別所作
業　五　佛說生死如是觀察種種
行　形種種色種種心等法也　六　地獄品　佛說惡
業無量皆因於心
相續流轉汝等比丘隨順觀察業果報法思惟非法
善與不善招報地獄無量苦果觀活地獄名不喜處
衆生受　七　佛說知業報果觀合大地獄復有異處名
苦也　爲朱誅殺生偷盜邪行樂行墮入其中受

其苦　八　佛告比丘觀叫喚大地獄受苦　九　佛告比丘
報也　果報賣酒益水等惡入此獄　苦報受苦
苦不可忍皆　十　佛告比丘觀大叫喚地獄有異處有
由心造也　金剛嘴鳥金剛爪先食罪人足上血
流自入其口常令不死受
其苦報前身作業相續也

篤　十卷　正法念處經十一　佛說焦熱大地獄有異處
名終沒其中衆生受苦苦
相　十二　佛說偸盜業相白見已物被人劫奪閻羅王
也　使以利鐵刀斫割脉脉皆斷斷已復生也
十三　佛說婬姪邪行犯比丘尼及
童子等一切惡業受苦相也　十四　佛說衆生貪
心不捨貪火

所燒在地獄　十五　佛說阿鼻大地獄衆生受苦
受苦無量　皆是取佛財物僧物等報苦　十六
餓鬼品　佛言餓鬼道涂惡之業由心貪嫉欺誑於
人貪惜積聚衆惡所覆不行布施不持禁戒不作功
德墮在其　十七　佛告比丘汝等觀諸餓鬼過去所作
中受苦　惡業便受如是惡報更無差別由心
現　十八　畜生品　佛言五道中畜生種類其數最多
也　行食不同群飛各異隨所作業生彼畜中觀
其形色狀貌不　十九　佛言汝等各以天眼智慧觀察
可窮極報也　修羅住處一切畜類名數異狀

二十佛告比丘汝等知業果報觀修羅地現有畜生所住之處

初

十卷正法念處經二十一佛說修羅宮畜生所住報形體二十
二觀天品佛說四天王報土業果也二十三佛說四天王天一切業果報相二十四
佛說四天王天以聞慧喜樂殊勝二十五佛說三十三天持戒業果受諸快樂相二十
六佛說帝釋爲諸天說業果因緣生在此中二十七佛說三十三天雜殿處業因所生等相也

二十八佛說三十三天往喩岸衆生何等業果來此中生受報二十九佛說天界柔軟
衆生何業生此天三十佛說天界一切有爲法從因緣生

誠

十卷正法念處經三十一佛說帝釋復示諸天布施果報思心具足
福田具足財物具足功德具足等相三十二佛說諸天生邪見論身壞命終墮落地獄三十
三佛說帝釋告諸天子以放逸行不如實知不行正法報盡還墮也二十四佛說諸天聽帝

釋所說法要各各心得淸淨也三十五佛說順法修行以正直心常樂持戒業果淸淨生曼陁羅
天中三十六佛說夜摩天業果報精進不壞光明勝妙力命自在也三十七佛令聲聞
爲樂見天人說云佛常爲一切天人說法也三十八佛說始生天子在夜摩天作思惟云彼天
大勝妙樂三十九佛說積負天人何業所生以不煞偷婬三法具足生此天四十佛說夜摩
天王呵責已與百千天衆從赤優鉢羅相隨而出向一切山峰而取快樂等相也

美

十卷正法念處經四十一佛說天王與無量天子天女往一切山樹
地處而取快樂四十二佛說天王天衆次第行上彼峰無垢如鏡地處取樂四十三佛說
天王若歌若舞喜戲共受勝妙果報四十四佛說不曾布施唯持淨戒得生天中唯有一種功德
具足四十五佛說比丘比丘尼有何功德有何等行云何持戒求涅槃行四十六佛說
比丘復念天中可愛境界根和合生四十七佛說天王示其天衆佛塔經文令彼天衆心純熟故
示其生死無常也四十八佛說天衆見業果報已於彼佛塔内覓希有法行不放逸行覺生死

四十九佛說惡比丘因根境界生 五十佛說持戒比
死繫縛可愛不可愛等相 丘以諂曲心
說其過惡說其破戒說其
無間說其行相等因緣 文卷 九

慎 十卷 正法念處經五十一佛說夜摩廣博行 五十
天業果生此天
二佛說若心有念欲下 五十三佛說天宮鳥形嘲花
盧空即隨心念而下 耳聽音樂周回而行
雄雌 五十四佛說鵝王讃彼六衆此最放 五十五佛
相隨 逸之處能不放逸希有也 說
如樹多根堅牢善住長而 五十六佛說常樂衆生作
深入風不能壞王亦如是 何業果生此天中

見晝女說女 五十七佛說天王知諸天衆心生猒離
不起欲想也 復爲化現於花葉中遊戲取樂
五十八佛說天王云汝今何故不於 五十九佛說鵝
園林花池衆寶山峰遊戲也 王以正
心念觀諸鵝衆心受快樂 六十佛說善時鵝王及
獨在一窟思惟念法也 說法鳥現前令魔
王大自得
調伏故也

終 十卷 正法念處經六十一佛說一切布施尊中
聞法最勝能斷一切
憍慢根本安樂利 六十二佛說孔雀王菩薩爲諸天
益一切人天也 衆說於善法能制放逸也

六十三佛說鵝王告諸天衆常宜聽法 六十四身念
勿行放逸近善友聞正法也 處品
佛說比丘衆 六十五佛說身念處循 六十六佛說身
說觀身法也 身循心法門 念處有
何等風住 六十七佛說身念處觀內身循身
我身中也 何等風於身中成壞等相 六十八
佛說身念處外身觀青水海有 六十九佛說觀身外
何等山海諸耶以天眼見之也 十大山中有
何等河池流 七十佛說身念處觀外身山海四大洲
水花果等相 境界諸天妙樂地獄極苦畜生餓
鬼水陸沉浮一切種類皆從身口意三業善與不善
爲本從心所生輪迴長劫無有休息宜佛正法在念

求出離
解脫

右正法念處經七十卷十善業道品生死品
地獄品餓鬼品四天王天品三十三天夜摩
天品身念處品已上計七品其間談天獄報
應相狀微細靡不周悉也然皆從十善業道
修習差別以成業果若具淨界中本無是

事其或正法在念得解脱身則無奇無不奇

宜十卷佛本行集經六十卷一發心供養品佛云我昔爲輪王値六卷二十釋迦佛燃燈佛燈明佛等悉皆承事供養也二佛言我昔爲輪王見普賢如來月如來等佛次第授記我不得記三佛言我昔供養最上行佛弗沙佛等佛皆不得授記也四決定記品佛言我昔爲雲童以五花奉佛布髮掩泥即蒙授記五燃燈如來爲我說法令我出家記我往天宮及供無量佛賢劫王種品佛言自地主王爲祖至淨飯王計八万四千王皆輪王位也六上託兜率品佛說

爲護明時金團天子來莅如來生處也七俯降王宮品佛現入胎一切瑞相占夢等相八樹下誕生品如來右脇誕生一切吉祥應瑞殊勝相也九從園還城品佛生巳王與群臣同護入城之相也十相師占相品王召阿私陁仙來相說三十二相八十種好當成無上道仙人却問王太子胎中所現瑞相也

今十卷佛本行集經十一姨母養育品習學伎首品此二品說如來生育巳來一切相十二遊戲觀矚品捔力諍婚品十三捔力諍婚品分餘祖常飾納妃品儀相

十四空聲勸猒品出逢老人品皆佛夙願力故現是相十五淨飯王夢品見病人品路逢死尸品耶輸夢品悉召相師占夢皆云吉祥十六捨宮出家品現解脱之相十七剃髮染衣品去飾好之相十八車匿還宮品示巳離俗之相十九王與釋種觀髮及珠等相二十王願神靈祐助我子觀諸異道品王使還品示苦行相也

榮十卷佛本行集經二十一問阿羅羅品學非非想定二十二羅摩子品學不用處定也二十三勸世利品示世間一切相也二十四精進

苦行品示同外道相二十五向菩提樹品示成道相也二十六示食乳糜之相成就利益等事二十七魔怖菩薩品示其怕怖之相也二十八婦女妖幻一切魔相二十九示現異形等相皆悉摧滅之相三十菩薩降魔品魔王徒衆悉皆降伏成無上道品如來諸事巳辦示現成等正覺之相

業十卷佛本行集經三十一昔與魔競品二商奉食品此二品示相三十二梵天勸請品請佛說法相三十三轉法輪品十二行相門也三十四耶輸

因縁品夙世所修因 三十五 善覺長者因縁相分前世所作 三十六 耶輸夙世同佛所修
善業 三十七 富樓那出家品因縁 三十八 那羅陁毗耶二出家品及龍王因縁 三十
九 娑羅耶出家品教化兵將品 四十 迦葉三兄弟品佛往火龍窟化之出家修道也
所 十卷 佛本行集經四十一 如來化迦葉火堂之相也 四十二
迦葉漸次至如來所之相 四十三 優婆那斯品國王大臣相 四十四 布施竹園品至象頭
山相 四十五 大迦葉因縁品夙世出家等相 四十六 迦葉行道見蚍拈金色比丘尼手因
縁

相 四十七 舍利弗目連因縁品出家也 四十八 舍利弗及目連夙世所修及出家得
道也 四十九 五百比丘因縁品皆出家得道果 五十 說法儀式品佛為人天衆說諸法義
各有儀式相也
基 十卷 佛本行集經五十一 尸棄本生品出家因地相 五十
二 優陁夷因縁品歸本生處一切應現相也 五十三 優陁夷養育之相因縁 五十四
優波離因縁品則出家修道相 五十五 優波離夙世所修習之相 五十六 羅睺羅難陁二

品出家因縁也 五十七 婆提利迦等出家因縁相 五十八 婆提利迦等夙世所修習善根
五十九 婆提利迦等同詣如來所聞法等相 六十 摩尼婁陁阿難等因縁皆夙世共所
修習令出家也
右佛本行集經六十卷計六十品皆多所
譯也其間演如來因中歷事諸佛授記天上
下生王宮受樂出家苦行降魔成道轉妙

法輪度諸弟子各各夙世縁起然諸經諸
論皆有此縁唯此廣談行相詳備故今止標
品目以照前後經論中所指也
籍 三卷 本事經 一法品 佛說一無明一繫縛一動一汚染一心意一善一不善一
僧和皆一法所弊所明以成善成惡招果報也 二 佛說一貪一嗔一癡一惱一忿一恨一嫉一慳一耽
一慢一嗜一害等法皆是惡業生死輪回根本除去即成道也 三 二法品 佛說有二法謂心意業果

皆由二法造作種種四佛說減省睡眠勤念正知内
善與不善不成利益心修靜勤集善法聽說靜慮
尋求非聖慚愧等一五佛說財施法施則祠祀法
二法令比丘修習也祠祀法言宴安思擇力修
習力所緣行相作意行相業壽（又卷三）三法品　佛說無
調伏死不調伏死等皆二法門六明未斷愛未棄業
未息貪欲躭著受用三天三惡比丘三增佛說一
上三學三圓滿所謂戒定慧也善惡對治七等子三
勝子三少子一重正法二樂正法三放正法一親里
尋思二利養尋思三姤勝尋思已次一一三法門佛
慈悲興起行經二孫陀羅奢毗跋頭痛骨節痛
隨宜卷上背痛木槍刺脚此六因緣法

下調達擲石婆羅門女謗佛食馬麦佛說此業報
十種緣皆夙世所造定業不逃其報也
差別經佛爲首迦長者說業報各有差別由其善惡
業依止隨自業轉或得長命或短命或有病
無病或好或醜或有勢力或無勢力或上族或下族
或正智或邪智或畜生或餓鬼或地獄或生天或邊
地或苦樂煩惱皆由
修習善惡業報也
廿　二十大安般守意經二上佛說一彈指間人
二經卷　心九百六十轉一
日一夕十三億意意有一身心自不知於是大安般
守意也安爲身般爲息守意爲道也安爲生般爲滅

意爲因緣守爲道也安爲數般下佛說出息入息自
爲相守意爲止或清淨無爲也覺自知知長知短
知麁知細知遲知疾以此安般守意修成四陰入持
禪八定根力覺道一切佛道所修妙法也
經二卷安世高譯也普見菩薩示現爲安息國王太
子避位爲僧傳法來此土然此經與前大安
般守意經義意略同但此分別五陰
六入十二處行相及有注義等因緣罵意經佛說此意
作業皆由不知慚不知愧不知羞恥任意作惡今罵
之令習道業不令習婬妷作畜生入地獄若能轉諸
惡業成其善　佛說生死之類
業佛道可期分別善惡所起經善惡所起有五

道人能作是業天人畜生餓鬼地獄皆由心造
五不善十惡業隨此五處隨業受報無有休息處處
經佛說道人行道若貪嗔等念起即當制之制已生
善念不得食肉我爲不食故得三十二相八十種
好一自知令他知二教人無猒三心無所藏　猘狗經
四爲人說法以此四事行菩薩行成佛也
佛說過去佛時有猘狗齧主佛呼之狗即喜也今墮
地獄我滅後方出得人身以齧主故墮地獄佛呼喜
故得人身佛言佛法中弟子多有如是從師學戒學
定學慧了却不敬師自云我是亦如猘狗齧主人也
分別經佛言人有六惡眼爲色欺耳爲聲欺鼻爲香
欺舌爲味欺身爲細滑欺意爲邪念欺由此

入於地獄也

八關齋經 佛說不殺不盜不婬不妄不酒不坐高牀不習歌舞不著香薰文飾衣是爲八也

阿鳩留經 佛說長者阿鳩留出商失道遇樹下人說夙因乃歸家布施信有後世得天福報

孝子經 佛告比丘人生皆親所生所養宜念報深恩若父母作惡勸不爲惡若爲善宜進之若不如此非爲孝子也

禪行法想經 佛言彈指間思惟死想念有身皆死是爲精進行禪何況多行也不淨想苦想無常想等也

懊惱三處經 長者子死佛說此子從忉利天死來生今死去生龍中爲金翅所食三處皆悲惱也

犍陀王經 佛說犍陀國王本不信佛法稱王打折牛角牛訴於王王詣佛所問其所以因聞佛法得須陀含果過去曾持一日齋

須摩提長者經 長者喪子悲惱佛爲說生老病死無常苦空生滅法門聞已悟子死生

出家功德經 佛說自出家受人出家勸人出家所得功德勝布施等一切功德以諸功德中此功德爲上也

阿含正行經 佛說五陰爲賊牽人入惡道中乃分別六根十二緣皆無明生死爲本根

十八泥犁經 佛說十八泥犁地獄中罪人受苦壽命劫數相狀皆從十不善業心所造起也

法受塵經 佛言凡人一、法受塵

自汚迷惑愁憂沒無邊際不得無上道也所爲丈夫見女色爲貪爲汚

阿難四事經 佛告阿難說四事一慈心行二濟貧窮三救苦難四修行求道復廣說其行相也

四不如願經 佛告純陀長者云一願身常安却病不如願也二願官爵財寶不如願也三願父母妻兒常在不如願也四願天下人任意五欲求樂墮惡道不如願也

梵志黒氏經 佛說梵志得四禪定具五神通善能說法閻羅王來聽法不覺啼泣梵志云仁者何悲王曰仁者善能說義如此爭奈七日後捨命來生我界志曰我得四禪定王曰亦不能免惡業志曰如何可免王曰可問佛梵志即兩

手持梧桐花上佛佛云放下著乃放一手花佛復云放下著乃放一手中花佛復云放下著梵志云我兩手花俱放下更令我放下什麼佛云令汝放下中門底梵志即悟無生法忍免業

三十經 阿難七夢經 一陂池火起二日月星沒三比丘墮不淨處四猪䑛栴檀林五頭戴須彌六大象棄小象七師子死頭上毫毛在地佛即解之今已見是事也

阿那鋡經 佛說呵鵰阿那鋡常行我所說四法一布施二說善法三給足同學四不計同學所用所得福德勝四天王也

燈指因緣經 佛說長者家生一子指上光出因立名燈指乃說過去所作因

縁所招也

祇耶經　佛爲祇耶說淨戒相即志心受持便得道跡也

正見經　佛爲正見比丘說因縁法如一小核種成大樹雖枝葉万狀不離當時一小核爲根本也今世後世識亦如是耳

弟子死復生經　佛說優婆塞奉戒死經七日復生說見閻王地獄中罪人受苦相狀

懈怠耕者經　一耕人見佛行過心雖喜不去禮佛乃云田耕未竟種又未下若要見佛須待閑暇佛即難値懈怠如此佛說已過六佛不得度者謂此非今世也

佛大僧大經　佛說長者有二子一名佛大一名僧大佛大在家僧大出家欲姦其婦令賊去山中煞僧大已得羅漢果佛大即生入地獄也

五百弟子自說本起經　迦葉舍利弗等各說偈明本因所修所種善根

五恐怖世經　佛誡諸比丘有五法恐怖後世一無戒二有戒破戒三無慧四不求明師五不知因縁此五法可恐畏後世苦果業報

罪福報應經　佛說觀人意行相狀即知來處富有布施中來端正忍辱中來瞋毒蚰中來很虎狼中來餘可知

佛爲年少比丘說正事經　佛教誡諸比丘令行正事比丘即禮上座足次第攝受諸宿德一一如佛教指教誡教授年少比丘令各精進道業修持梵行也

沙曷比丘功德經　佛令往須耶國降毒龍飲酒醉卧樹下佛即笑之諸弟子問既得羅漢果因何醉酒佛說其功德酒不能醉聞者歡喜奉行

無垢優婆夷經　佛爲說掃佛塔地五種功德一自心清淨二爲他所愛三天心歡喜四集端正業五命終生天以此五利益也

婦人遇辜經　佛說一女人與夫并二男中路毒蚰齩牛夫救俱死婦將二子走大兒狼食小兒落水過父母家火燒盡夫家賊劫並無歸處往走見佛心定佛爲說夙世所作因縁

四天王經　佛說每月有十日巡察閻浮若見修十善淨業善簿録之奏帝釋作不善惡簿録也

度貧母經　佛說貧窮老母迦葉往度施臭米汁即爲現神變食已命終生天也

十二品生死經　一無餘死羅漢果也二度於死不還果也三有餘死往還果也四學度死須陀含也五無欺死八等人也六歡喜死行一心也七數數死惡戒也八悔死凡夫也九横死獨孤苦也十縛著死畜生也十一燒爛死地獄也十二飢渴死餓鬼也佛如是說耳

末羅王經　當道歷年用工撼不能動人民疲乏佛化爲小僧往將指挑去衆問有何等力能除此石佛云我有四力一精進力二忍辱力三布施力四父母力王及國人皆大歡喜

摩達國王經　佛說王令比丘養馬王出

征比丘得果即現神變説其夙緣
王即悔過皈依三寳得須陁含果 瓶陁越國王經
佛説王聽外道言將小夫人埋却腹中見活佛往度
爲比丘名須陁得道往化父王同至佛所佛説夙因
及今 忠心經 佛説邊有大國不聞佛法令目連往
報也 現神力國王大臣梵志人民悉生皈
敬同至佛所爲説 五無反復經 佛説梵志見耕田
五陰十二因緣 者兒遭虵螫死父
亦不顧去報其母亦不憶説向其婦亦説譬喩言與
其婦喩如宿鳥報其奴亦喩如樍子五人俱了生死
梵志詣問佛佛即爲 時非時經 佛爲比丘説十二
説生死本空奉行也 月分四季中時非

持令悟光陰 羅云忍辱經 佛説羅云持鉢被惡
達無常理 心者打頭流血舍利
弗云佛弟子不得起毒心當生慈 辯意長者經 長
念羅云報云我以忍辱爲寳也 者
至佛所問罪福因緣佛一一荅之 自愛經 佛爲國
作善善來作惡惡來隨所作業 王説自
愛法門一切人民皆云自愛若行三皈即自愛也 大
若持五戒即自愛也但行一切善法皆自愛也
迦葉本經 佛告迦葉云出家與比丘持淨梵行以
制心修行爲本若不如是不成道業枉
受輪 四自侵經 佛言夙夜不學老不止婬得財不施
回也 不受佛言是四出心還自侵身愚人

不了智 大魚事經 佛説小魚不受大魚教悉遭網
者知焉 捕之比丘不受宿德教即墮地獄
[illegible] 三十 僧護因緣經 佛爲龍比丘説法五百商
經 人入海請僧護同去至海
畔見諸地獄餓鬼受苦報一一問一
一荅皆是比丘寺舍及爲龍王説法 鬼子母經 佛
力取其兒愛如來佛所母即至佛爲 神
説法起悲心誓不食人世世人子也 無常經 佛説世
法是不可愛不可念即自至也所謂老 間有三
病死也凡夫愚迷不修梵行不能逃也 八無暇有暇
經 佛説地獄餓鬼畜生長壽天邊地盲聾耶見不受
後有此八種人雖如來出世説法他無暇修習聖

行反是成八有 新歳經 佛説受新歳汝等比丘
暇修習聖行也 當大衆前各自陳白身口
意業所造善與不 九横經 一不應飲飲二不量飲
善發露懺悔罪也 三不習飲四不出生五
生熟六不持戒七近惡知識八入
里不時九可避不避佛説如是 譬喩經 佛爲勝
光説喩
昔有人在野被象所逐見一空井傍有樹尋根下井
潜身黒白二鼠牙齧樹根井四畔四毒蛇欲螫其人
下有毒龍畏其龍蚰恐樹根斷蜂蜜五滴墮口樹揺
蜂散下螫斯人野火復來燒樹人喩生曠野喩無明
象喩無常井喩生死樹根喩命黒白鼠喩晝夜齧根喩

念念滅四蚰喩四大窑喩五欲蜂喩邪思火喩老病龍喩死王聞佛説悟生死無常老病也　**禪行三十七品經**　佛説四念處四正斷四如意五根五力七覺支八正道及分別行相也　**比丘避女惡名欲自煞經**　佛説有一比丘在林中與女人習近惡聲遠聞欲自煞身天人化爲女人來爲説法得羅漢果也　**比丘聽施經**　此比丘多著睡眠不習經法不能堅持淨戒佛爲説法開悟即得道跡也　**父母恩難報經**　佛言假使左肩擔父右肩擔母遶須彌山經百千劫亦不能報父母恩以此知恩重也　**頞多和多耆經**　佛説頞多和多經其中布施十種功德愚癡人不知

是事不能成人天勝妙事　**梵摩難國王經**　王子出家王無供養比丘於中偏其子佛爲説平等法子爲現神力王即開悟　**群牛喩經**　佛説有群牛性調良有一驢入群中學牛作聲稱我是牛群牛蹹煞而去喩不持戒比丘入持戒比丘中也　**無上處經**　佛言佛無上處法無上處僧無上處汝等須知是處　**身觀經**　佛令自一身作觀想境了生死苦也　**孫陁耶致經**　佛説此梵志飡果飲水不受人施自謂所行勝沙門行佛爲説法即於佛法中悟解正知正見也　**普達王經**　佛説王毎見沙門道人即頂禮大臣諌王令採一切

畜生頭及死頭却令出賣唯人頭無人買王曰不須諌也　**滅度葬送經**　佛將滅度阿難問葬送法佛云如飛行皇帝法即轉輪王也及説棺槨造塔等一切儀則事也　**出家功德經**　佛説國王子七日當命終爲貪五欲須墮地獄令阿難去化出家王子曰更五欲樂六日至七日當詣佛所如期至佛所出家受戒已命終即生天上因縁　**五福德經**　一長壽二財食足三端正四名譽遠聞五聰明大智佛言皆所脩也　**天請問經**　有一天人至佛所以偈問佛佛以十偈荅之其義味妙也　**護淨經**　佛説衆僧食須得淨如法莫令不淨也河中更食不淨皆

前世奉衆僧食不淨報也　**略教誡經**　佛誡比丘莫起嗔心當行慈忍堅持淨戒不求名聞常行頭陁也　**盧至長者經**　佛説長者家中大富慳悋不使因節會時將五錢買少物去塚間自樂帝釋化形如長者相至家中開庫藏與妻見其樂眷屬大喜長者至家俱不相認相状一同更無分辨至於親里亦不能識認同詣佛所帝釋復形長者即出家修道　**五國王經**　佛説有五國王共相親厚一王正見四王邪見各言其志四王聞一王所説同詣佛所聞法各悟妙法也　**木槵子經**　佛爲國王説將木槵子一百八數手中常輪佛號繁務中利益也　**療痔病經**

佛爲患一切痔檀樹經佛說有人失道遇一大樹依
人說秘密神呪止三月樹神供食將還家乃
問樹神此何樹也曰栴檀樹也後國王女病欲得栴
檀香合藥其人募賞引使至連根皆伐樹神令煞此
人以血塗之此長爪梵志經六卷廿七來至佛所問沙門習
香樹再生也何法而能殊勝如此
佛云持不煞不盜不婬
不酒不妄而得如是也
右聲聞小乘契經總二百四十部計六百一十
八卷共四十八帙多談緣起事相然如來大慈

悲心大切苦口而爲有情說身病心病不妨
中的故勘有受持講唱唯經論疏鈔引據而
已且此方人機器既大習菩薩大乘者多故
於斯聲聞小乘而罕留意傳布不盛也或
習多聞者亦可免懷
律十卷　摩訶僧祇律四十卷　此去大衆部出佛滅後結集爲正律

制也舍利弗請佛制戒比丘以防未來衆去未有所
犯何故立制佛說過去王名曰名稱大臣名陶利請
王作制人民今國中豐樂恐將放逸作過王從其諫
佛去爾時王者即我是陶利者舍利弗是非謂今出
如此前世亦然於是漸有犯二佛制犯瓦女等皆
戒一一白佛立制爲法也三波羅夷罪犯也
佛說瓶沙王七騎賊出境復來勅令截指復令莫截
大臣去已截也王愁惱詣白佛佛告衆去王畏罪無
罪四佛說一比丘病久瞻侍比丘猒之欲去病者云
也汝可煞我即煞之白佛由此制戒比丘不可斷
人命制比丘看病宜五佛制比丘持鉢不攝諸根見
生護養心等緣也女人起欲想不止成病遂欲

五事法一恐著有爲二恐著俗論三恐著六佛制迦
睡眠四看病僧五今年少比丘見佛也羅比丘
爲作媒娉佛因六群比丘起無根謗以風吹尼衣
制一切戒等也七落比丘膝上便爲實罪佛因制戒
不得八長老難陁優波難陁遊聚落得衣物以九優
安也車載歸佛因制比丘不得多求利也陁
夷令大愛道尼浣衣佛因制戒比丘不得十佛制比
使浮行尼浣衣恐妨行道皆浣衣緣也丘衆不
得去用金銀等寶國王大臣
婆羅門人民聞之皆大歡喜
律十一卷　摩訶僧祇律十一　外道來見比丘房向火乃作念去沙門有如是

樂乃投出家及今供給乃去我不十二尸利耶婆起
能娌作脫僧衣而去佛因制戒　妄語罪佛制
比丘不得十三迦盧比丘在三昧定中婬女彼賊逃
妄語戒　六巻二十八　來牀下定中不知不覺天曉既出人
見成謗佛因制十四比丘衆赴檀越家坐有問坐高
戒比丘等得　下有戲言佛因制戒比丘衆也
十五六群比丘入諸房宿不守威儀諸比丘各自去
不共一處佛因制戒顯六群比丘一切過惡也
十六比丘過檀越家一食處住多日十七比丘非時
佛因制戒比丘不得過食緣　乞食人所
譏之佛因制戒十八佛制梵行比丘不得與惡
比丘一食緣也　事非法比丘同法食也十九

兄弟比丘同入聚落乃去我若作威儀二十摩訶
非法汝為覆藏佛因制戒不得如是也　男施
僧藥六群比丘前去索未曾有藥
故惱之佛制不得起意惱施主也

登　十卷　摩訶僧祇律二十一六群比丘謗他驃比
乃立戒比丘不　丘佛呼來問實爾不
得遞相毀謗也二十二六群比丘在長者家交脚坐
　人見譏嫌佛因立戒禁之
二十三如來成道五年比丘悉清淨具足善來具
　足十衆具足處處度人隨事立木叉戒　二
十四比丘私度王臣出家官中治罪頻婆羅王見放
　奮治罪官録許度僧佛因制不聽不得度也

二十五吒利比丘謗契經說障道法佛因二十六比
制比丘未解深義不得起謗心也　丘
作本罪覆藏罪佛因二十七瞻波比丘諍訟相言不
丘戒宜陳露悔過也　和合住佛令優波離羯
磨而立二十八睒彌國王夫人以五百白疊上佛佛
制戒也　令阿難散與僧衆因制受長衣也
二十九比丘將衣鉢聚坐候師來三十畢陵伽婆
　至佛因制令捨離依止也　蹉比丘日
日度恒河水去持鉢每至呼河神住流過後呼首陁
羅流河神苦之即往投佛佛呼問實爾因集衆立戒
比丘呼名亦須善巧方便
梵去自陁羅此去婢也

仕　十卷　摩訶僧祇律三十一比丘內宿內煑厨下
　惡水流出人見生嫌
日比丘住處有如是惡三十二六群比丘同食人見
水佛因立制置內淨廚　日沙門婬逸食佛呼
來問因立戒比三十三七百集法藏者佛滅後比丘
丘不得共食　哀聲云世尊在日前食後食
衣服具足佛滅後我等如孤三十四威儀七十事初
兒耶舍呼來問因依法立戒　上座法第一乃
布薩也佛在三十五比丘著多羅履在坐禪比丘
舍衛作制　前行心不得定佛因立戒制三
十六佛許信心比丘尼聞比丘四重三十七佛制不
墮罪戒等法大愛道啓請也　聽於漏

心男子邊取衣鉢 三十八 父母在佛法中出家見在
飲食湯藥等緣 外道中盛寒至母處裸形
毋慚新鬱多羅與之即被入酒店人
見云此邪見敢酒糟驢佛因立戒制 三十九 有比丘尼曾因
嫁歷苦事出家有聰慧大愛道問已嫁 六卷二十九
女出家得受具足戒不佛因說戒制之 四十 比丘尼安居僧
牀竟即出遊行因白佛佛
因立戒已次廣有因緣

攝 十卷

十誦律 卷六十一 梵云薩婆多此云十誦也以初誦二誦乃至十也須鄉提
比丘出家毋引令續種佛因制戒說十事利益一攝
取僧故二令僧歡喜故三令樂住故四降伏破戒故

五慚者得安故六不信令信故七已信增長故八斷
現世有漏故九斷未來有漏故十令梵行得久住世
故以此十事 二 佛制比丘修不淨觀必獲
餘義可知也 大果大利各各依佛所訓 三 迦留陁有別房
安好牀褥 四 比丘闡那多與國王大臣相識伺以伐
佛因制戒 樹造房外道起謗佛因立戒制之也
五 六群比丘多畜衣物一切處著 六 蓮花色比丘尼
異衣改換佛因立戒制伏之 林中禪定遇賊
恭敬得好衣六群 七 佛在毗舍國彼土少綿比丘多
比丘乞佛立戒制 乞衣乞綿乞縷務多佛因戒制
八 比丘同一估客行見好瓦鉢 九 佛在南天竺有大
心起貪著買與之佛因戒制 論師以銅鍱鍱腹

上然火入法會中比丘問故云我智慧多恐裂破腹
火即照暗也比丘云日照天下汝何言暗也佛言人
無智慧謂之暗也因立戒比 十 佛在維耶國遇荒年
丘衆不得自炫宜晦默也 乞食難得制令比丘
衆各自散乞或還
鄉里或入聚落

識 十卷

十誦律 十一 因二客比丘暮來與一床一房一草敷去不拈起蟲入食
之長者入寺施食 十二 六群比丘與比丘尼同舟調
見之佛因戒制之 笑作不淨業佛因立戒之
十三 比丘相引至施主家乞食無 十四 闡那比丘用
猒長者生惱佛因集僧立戒 有蟲水諸比

丘言杏去我用水 十五 難陁引弟子入聚落乞食不
不用蟲佛因立戒 與食爲謗兄故佛因立戒之
十六 瓶沙王以浴池容比丘洗浴數 十七 六群比丘
數往不止妨王洗浴佛因立戒 嗔罵施藥
人佛因立戒比 十八 波斯匿王日日至佛所聽法見
丘不得惱人也 一人不起王便生嗔佛去舌不
爲二心 十九 華色比丘尼乞食分與衆比丘 二十 六群
人說法 尼飢倒佛因立戒宜各知量
比丘每隨波斯匿王或前或後爲王說法言色無常
受想行識無常見佛常如是說佛因集衆立戒比丘
不得
如是

從 十卷 十誦律二十一 佛在王舍城未聽比丘作和尚阿闍梨以袈裟未有制衣未有法未有看病者乃漸次立戒 二十二 佛制布薩羯磨等戒令比丘衆依而誦習也 二十三 佛制比丘安居自恣戒法令獨處一床不相問訊省緣修道 二十四 佛制比丘不得踐生草恐奪蟲命各行頭陀法 二十五 長者子入海遇鬼曾受迦攝延教佛法不能為害也 二十六 比丘瘦少色力以病故佛因立制醫藥法利益病者 二十七 佛身冷濕阿難知已往白與耆婆耆婆乃去佛身苟責不進麁藥 二十八 佛制比丘安居受衣宜如法受立戒 二十

九 比丘受迦絺那衣有故衣新衣而得受不併因集衆立戒 三十 佛在迦彌國有一比丘知犯悔過所作罪衆比丘憐愍故白佛集僧衆令於衆前陳露懺悔重為羯磨也

政 十卷 十誦律三十一 那般荼盧伽二比丘喜鬪諍相言共諸比丘鬪諍已各執其事相助者取勝佛因集衆立戒 三十二 比丘出精犯僧伽婆尸沙罪不覆藏佛令為羯磨也 三十三 六群比丘犯罪同相似同未淨同未脫同未起同出界佛因立戒 三十四 諸比丘互相輕慢無恭敬行以是因緣佛呼來立制為戒 三十五 佛會中四衆各各惡言相諍佛即集衆為立制戒 三十六 調達於佛法中生敬信心清淨乘善象出家作比丘 三十七 調達非法說法法說非法非善說善非犯說犯佛因集衆立戒也 三十八 善伽王子請佛入新造塢摩羅堂求大利益 三十九 佛為比丘說五陰法有大牛來觸鉢多有心亂佛云魔來也各宜覺知也 四十 婆羅門女妙光及比丘患癃有八法因緣佛為一一立禁戒制之

存 十卷 十誦律四十一 有比丘不失男相而得女根有比丘尼不失女相而得男根佛令滅擯復因迦汝比丘尼立戒也 四十二 比丘尼於男子起欲心男子亦如是不已成病佛因為立戒之 四十三 須鄃比丘尼度賊女出家國王大臣不聽佛因立戒制之 四十四 比丘尼行乞欲為多人造房舍飢年自活佛因立戒 四十五 波斯匿王出軍遇比丘尼剝脫衣服王不為埋佛制猥處宜避 四十六 助調達比丘尼常出入長者家長者婦去度我出家尼云與我衣即度報云客作度耶 四十七 比丘尼死衆比丘尼立塔有比丘至云凡大不當造塔即壞其塔佛因立戒之 四十八 優波離云若男作女相女衣女作男相男衣得戒不佛立戒不許也 四十九 佛說無根謗妄語邪見此三決定入地獄佛為立戒制 五十 佛云不群黨不惱不亂讀

誦修多羅說戒此
五事增長人天衆
以 十卷 十誦律五十一 意說佛過法過僧過戒過作非律儀此五事法已下皆五
事法也佛皆立戒也 五十二 優波離問一一處行婬罪佛一一立戒制 五十三 優波離問
六卷三十
有犯婬犯盜二不定罪佛說犯過立戒也 五十四 一和尚二衆僧三求受戒人四羯磨佛立此白
四法戒也 五十五 優波離問若有比丘出精是罪不覆藏佛荅立戒 五十六 佛為比丘
說十種明具足戒自然無師得道自誓 五十七 佛戒若僧唱時打揵稚時須疾到坐坐已依次

第坐不得失威儀也 五十八 比丘衆相言作賊去來有至中途悔心佛因立戒 五十九
父子為比丘宿空處虎來嚙父比丘死子疑來白佛佛因立戒 六十 佛滅時有婆羅門梵志手
執白花迦葉問云何處將來報云如來拘尸城外入滅我從彼將來迦葉聞已愁惱無量也
甘 十卷 一切有部毗奈耶 五十卷 一 梵云毗奈耶此云調伏也如來
成道十二年弟子未有過失略說解脫戒如偈云一切惡莫作一切善應修遍調於息是名諸佛教自後
年漸深比丘作一切有犯戒律罪也佛即集衆因所犯立戒制不淨行學處第一分中 二 不淨行學

處難陁孫陁羅出家及未出家婬女賢首緣 三 不與取學處不與取而取比丘於戒中犯盜罪佛立
戒也 四 比丘乞得佛法僧物過官務不稅悔心白佛因立戒 五 比丘有大小諍佛因立戒不許 六
斷人命學處二比丘素相親厚一病一侍々之生惱取毒藥自害佛立戒 七 佛制比丘不得於病人前
說無常令他樂死 八 作溫堂諸比丘共牽木落打匠人頭至死佛遂立戒也 九 妄說自得上人
法學處因大網取摩竭大魚佛云我設大教網撈攎大心衆生等一切因緣也 十 如來為說大教網令
比丘衆起種種想苦想樂想無常等想也

棠 十卷 一切有部毗奈耶十一 出精學處鄔陁夷聚落不護諸根不
存正念歸至房中欲心不止執生支出精立戒也觸女學處鄙惡語學處索供養學處此四戒 十二
媒嫁學處造大房小房學處此三戒法 十三 無根謗學處壯力王太子出家名實力等緣 十
四 謗實力比丘為不淨行及假根謗各有緣 十五 破僧違諫學處隨順破僧違諫學處汙家學處
汙家法行惡行佛一一立戒制之也 十六 惡性違諫學處有長衣不分別學處各因事立戒 十
七 離三衣學處一月衣受處使非親尼浣故衣學處佛各為立戒制之 十八 使非親尼浣故衣學

處戒十九從非親尼取衣學處從非非親居士乞食乞衣學處戒二十過量乞衣學處知俗人共許與衣就乞學處別許與衣就乞學處過量索衣學處已上佛各因其緣立戒此標指思而可見竟卷三十二

十一　十卷一切有部毗奈耶二十一用純黑羊毛作敷具過分作敷具作減六年敷具作新敷具不為壞色自擔負羊毛使非親尼治羊毛捉金銀等學處各立戒制二十二出納求利販買得長鉢過十日分別乞鉢自乞縷使非親族織師織作衣等學處戒法二十三勸織師奪衣急難施衣等學處戒法二十四阿蘭若六夜預前求過後用雨浴衣回衆

物入已服過七日藥等學處謂七日內自作守持不得食七日後食二十五故妄語學處佛因立妄言戒也二十六毀訾語離間語法舉獨與女人說法過也五六語與未圓具人同句讀誦等學處戒二十七向未圓具人說麁罪實得上人法向未圓具人說謗回衆利物輕呵戒壞生種等學處戒法制也二十八嫌毀輕賤違惱言教二學處戒法二十九不舉敷具不舉草敷具強牽比丘出僧房強惱他人等學處戒制之三十故放身坐卧脫脚牀用蟲水造大寺過限不差教比丘尼等學處

十二　十卷一切有部毗奈耶三十一佛告比丘宿德者次第往教比丘尼三十二衆不差輒往教授比丘尼至暮謗他為飲食故教授比丘尼與非親比丘尼衣等學處戒三十三與非親比丘尼作衣與比丘尼同道行與比丘尼同舡與比丘尼屏處坐知比丘尼讚歎得飲食等學處三十四展轉食學處如來常觀六道三十五施一食過受過三鉢要食等學處三十六足食勸他足食別衆食非時食食曾觸食不受食等學處戒也三十七索美食受用蟲水知有食強坐知有食家強立與無衣外道男女食觀軍軍中過二宿擾亂軍丘打

比丘等學處戒也三十八擲手向比丘覆藏他罪共至俗家不與食觸火與欲已更遮等義也三十九與未圓具人同宿過二夜不捨惡見違諫隨捨置人攝授惡見不捨求著不壞色衣等學處戒四十捉寶非時洗浴然傍生故惱比丘以指擊歷水中戲女人同室宿等戒制

十三　十卷一切有部毗奈耶四十一恐怖比丘藏比丘衣鉢受他寄衣不問至以衆教罪清淨比丘與女人同道行與賊同行與減年者受近圓壞生地過四月索食遮無教等學處戒四十二不與欲默然起去不恭敬飲酒非時入聚落不囑比丘等學處戒法四十

三王食前食後行詣餘家不囑比丘等學處四十四入王宮門學處戒法四十五入王
宮三長者緣四十六入王宮門勝音王緣四十七入王宮門大將士因緣也四十
八入王宮門馬王等緣四十九六卷三十三許言不知作針筒作過量卅用草木綿貯牀過量作尼師壇但
那作覆瘡衣作雨浴衣同佛衣量作衣從非親
尼授食尼指授食等學處一切戒制法等也五十
學家授食阿蘭若住處外受食已上計五十卷其間
戒法佛徽令比丘比丘尼依如是學戒出家細行乃
戒律中
微妙也

詠　十卷苾芻尼毗奈耶二十卷一不淨行學處迦葉夫婦出家也二
迦葉出家餘分三不與取學處戒四斷人命妄説自得上人法戒制五摩觸八事成犯覆藏他罪
被舉人媒嫁無根謗假根謗共染心男子交易等學處六自言無過無過猶向俗家宿獨在道行獨
渡河度他婦女索二人物輒作解擧不捨惡見等學處戒法七汙家惡性違諫等學處戒法也八
一月衣與非親比丘浣故衣等學處戒九從非親比丘取衣等戒也十捉寶出納求利販賣乞鉢
自乞縷使非親織師織衣等戒也

樂　十卷苾芻尼毗奈耶十一不著五衣非時捨衣等戒十二毀呰
語離間語發學等學處一切戒制也十三壞生種嫌毀輕衆等戒法十四別衆食非時食等一
切戒法也十五與欲更遮與未圓具人同宿二夜也十六與賊同行壞生地過四月索食戒也
十七敢蒜剃隱處毛等戒十八知尼先在白衣家後令他去等戒法十九經宿與欲
求故授無比丘作長淨等戒也二十以胡麻澤揩身先未容許輒問著俗人莊嚴具等戒法佛慈悲
爲物未見有行者也

殊　十卷根本雜事四十卷一佛制比丘洗浴用火甎揩石白土等緣二生
長者緣乃外道藥下胎等一切行相戒法制三未生怨王入長者家取財寶四友地比丘教長
者賢善謗實力比丘佛説夙世怨也五佛制割截氎褥等戒六佛制洗足濯足盆熱須扇等戒
制也七年少比丘白老比丘不須多畜衣鉢佛制三衣外戒法也八勝光王信佛惡生王誅滅釋種
等緣九惡生王入城不得來白毋末謀等緣也十魔女來擾坐禪入定比丘佛因立一切戒
禁圍緣也

貴 十卷 根本雜事十一 難陀出家因縁 十二 佛爲難陀說胎分苦相或
男或女皆受辛酸楚毒也 十三 佛制三衣衣架河邊造寺拭身拭面巾等戒 十四 長者不入
寺掃地佛起世俗心帝釋將箒來若 卷二十四
起出世心古地聖人亦不知也思之 十五 龍母令龍子聽法比
丘以繩繫項樣出
爲不辨本形故也 十六 佛制墻柵尼具著打光衣乞食平分洗淨等戒 十七
荒年比丘偷豬去林中煞 十八 長者子出家身亡棄路見者生惱佛因制
食尋見蹤佛因立戒也
戒供養如 十九 佛爲五比丘說四諦法令如理作意修習 二十 佛制不得
法殄化 用象馬師

子虎狼五獸皮觔六群比
丘却用施戒佛呼來立戒
賤 十卷 根本雜事二十一 猛光王睡不得求醫治佛爲說戒 二十
二 猛光王與商人婦通有子名福兒佛說縁 二十三 牛護太子治國因縁乃光王子 二十
四 大臣增養每因事諫猛光王作非事因縁 二十五 佛爲大衆去婆羅門長者家受供也 二
十六 佛弟子與外道魔王捔其神力變現無量 二十七 如來現大神力降伏外道國王大臣
人民皆大歡喜也 二十八 大藥夫臣往他國求親縁 二十九 如來攝授一切人出家爲

弟子不令畜二功之物戒也 三十 佛制比丘尼於太比丘生八敬法各宜遵行令正法住世故
禮 十卷 根本雜事三十一 佛制比丘尼不得在比丘前行乞食見起敬心
戒已 三十二 佛制比丘尼不住蘭若不居城外寺不得門外望不得窓中覗也 三十三
佛制尼不得於寺外求懺悔獨自不得 三十四 佛制
剃髮一切人不得賃尼寺屋住佛戒之 尼不
得共女人浴不得於逆流浴鉢
底須安著不得畜琉璃鉢戒 三十五 摩納婆外道來觀如來相
好等縁也 三十六 佛往吒難國爲國王大臣人民說法令不放逸修習佛法也 三十七

佛吉難陀人八等云汝等今命已去當依經教不依人也 三十八 佛至拘尸城外度外道出家等
縁也 三十九 國王大臣共諍如來舍利等縁 四十 大迦攝波共鄔波離與五百七百阿羅漢
結集如來三藏聖教等
別 十卷 一切有部尼陀那五卷 一 優波離近圓人分亡人物圓壇戶鉤
菩薩像等佛爲說之成戒也 二 問不割截衣得守持不佛因制不得著往俗舍外道處也 三 佛制
受學人難人不得受羯磨戒也 四 佛制許比丘畜烟筒針筒等物餘不許 五 摩竭國王憍薩羅國

王皆聞佛說法得慈忍力

目得迦 六 小比丘呵嘖大比丘生瞋為毒虵佛往化之生天也 七 六群比丘乞狗肉馬頭尾猕猴者與佛呼來立戒為制 八 梵志詐請佛置火坑緣也 九 佛許為國王大臣有清淨心者說戒法令於佛法中生尊重心 六卷 二十五 十 佛制舊住比丘相識接遠來比丘前後多失衣鉢故立戒許度七歲者為驅烏沙彌外道問何因無對佛制許比丘學星曆防外道所問也

尊 十卷 五分律 三十卷 一 梵云彌沙塞此云五分乃戒法分為五分說故也初分波羅夷法食馬麥等緣皆夙所招定業報也 二 佛制比丘作不淨觀意使三尸嬰加頭膿血遍身蟲流滿髏也 三 蘭陀比丘造房伐木一切樹神人民不喜謂沙門無慈悲心佛因立戒法 四 佛制比丘不得與女人屏處坐唯畜三衣不許餘畜等戒也 五 跋難陀比丘於施主家巧便乞餘衣鉢佛因集衆立戒 六 沙蘭比丘聰明才智勝人自知其非恥為墮負佛因立戒制之 七 般陀比丘為教授比丘尼衆令知八敬法於勝法中增長義利 八 佛制比丘乞非時食無有利益立戒令不被嫌譏也 九 六群比丘數數犯戒諸比丘衆同來白佛佛即呼來問實因立戒禁止也 十 比丘尼乞得食比丘隨後就乞日日空鉢而還以至三日不得食遂飢倒地佛因立戒比丘不許如是

平 十卷 五分律 十一 第二分尼律波羅夷法優波離問比丘同戒同學不捨行婬比丘尼亦然及不與取等得同住不佛戒不得同 十二 佛制三衣外捨衣等戒法 十三 比丘尼不依比丘衆安居應度不應度與受戒不與受戒佛說之 十四 比丘尼持蓋白衣家又如婬女行詣大衆所佛因立戒法 十五 第三受戒法佛說過去欝摩王擯四太子出國也 十六 如來宿火龍窟降火龍也 十七 舍利弗與外道論議七日為期國王大臣人民皆集作證結舌而退也 十八 布薩法八日十四日十五日共集和合一處 十九 佛制比丘安居春夏恐蹈生草蟲蟻等也 二十 耆域乳母云我子身相如此但恨未見佛聞佛法耳耆域聞云教我如此即詣見佛觀佛相好於佛法中即生正信正見也

上 十卷 五分律二十一 琉璃王煞釋種有逃得者以被剃脫來詣比丘所乞衣白佛佛與之因為說戒 二十二 佛許比丘病時食藥蘇油蜜石蜜等戒也 二十三 第四分滅諍法比丘比丘尼各有諍訟各有助伴佛立戒 二十四 比丘犯戒負人信施佛制須羯磨懺 二十五 第五分破僧法調達作念云我今破沙門大僧謂我能者我得大名佛因立戒 二十

六比丘與白衣共器　二十七　佛制比丘四威儀法
食佛因制戒也　不得好淨太過不得
裸形上　二十八　有邪見人在會佛不說戒　二十九　阿
廁立戒　法令舍利弗觀察驅出也　難
白佛令瞿曇彌五百釋種　六卷三十六
女出家佛許與說戒法也　三十　佛滅後迦葉五百
聖衆共結集教法

【和】十卷　四分律六十卷　一　梵云曇無德此云四分也
此中戒法分爲四分說也
初分偈云稽首禮諸佛及法比丘僧今演毗尼法令
正法久住後分偈云如來立禁戒半月半月說已說
戒利益稽首禮諸佛其如舍　二　比丘衆從定覺起厭
利弗請佛立戒與前部中同　患身命愁憂不樂作

死蚰死狗　三　迦留陀比丘尼引諸婦人入房中　四　慈
死人等想　出麁惡語說婬欲法佛因立戒　地
比丘謗婆羅摩子佛制不得　五　佛呵提婆達比丘破
無根謗梵行人立戒制也　和合僧罪漸止即集
僧衆　六　佛制比丘受畜衣物當須　七　跋陀羅比丘爲
羯磨　如儀不得違犯成戒制也　長者說法即索
身上衣佛即集衆　八　六群比丘純新白羊毛作卧具
立戒令如法行　長者見云適修正法如此佛呼
來立　九　六群比丘畜衣鉢多長者入房　十　佛觀比
戒也　見云貪之如此佛制一鉢也　丘衆有
衆病有惡瘡者乃許服
食五種藥物因立戒也

【下】十卷　四分律十一　程子象力論議不勝便違前語
數數如此成其妄語外道譏笑
佛立　十二　比丘伐木造房佛呵云汝所爲　十三　比
戒制　非法非沙門行非威儀立戒制也　丘
尼驅難陀說法歸晚入城　十四　調達使人害佛教阿
不得宿城壕中佛因立戒　闍世王煞父自作新
王新　十五　比丘行頭陀法乞食見供養　十六　比丘宿
佛也　云人食亦食遭嫌佛立禁戒　軍中觀
見戰鬪非　十七　十七群比丘問六群比丘修四禪定
沙門立戒　報云已犯戒也故相疑惱佛立戒也
十八　比丘衆鬧鬪陀比丘持律行報云　十九　難陀比
我不持此戒可問餘智慧立戒　丘非時

入林佛集　二十　六群比丘跳行入白衣舍婆羅門居
衆立戒也　士長者譏云沙門作如是威儀稱爲
學正法佛呼
來立戒制也

【睦】十卷　四分律二十一　六群比丘同大比丘赴施主
食乃頻食居士云沙門食如
獼猴佛立戒　二十二　佛告衆云我今爲比丘
不鼓口也　尼說十事法令得勝法　二十三
佛戒比丘尼不得受染心人　二十四　比丘尼至一家
食兩無利益俱墮地獄也　乞食索油又須
酥食　二十五　第二分佛制比丘尼新
立戒　衣當壞色青黑木蘭　二十六　師教取
衣鉢聽

不審謂師令偷衣鉢佛因集衆立戒也　二十七　施主欲施衣施食比丘尼告衆云只可施食佛呼來立戒也　二十八　比丘尼往比丘所求戒當須威儀具足專心誠意　二十九　比丘尼不往比丘所受戒法及教授佛制戒令精進修行　三十　六群比丘尼乘乘在道而行長者居士見譏云稱我行正法如婬女行如賊女行立戒

夫　十卷　四分律三十一　如來上祖輪王相承繼統天下　三十二　諸梵天來詣佛所請佛說法也　三十三　梵天夜來供佛光明迦葉見來請佛　三十四　新受戒比丘威儀未具不識細行舉止乞食皆不如法立戒也　三十五　有黃門人來出家却與放牛羊人行不淨佛因立戒也　三十六　佛云說戒日比丘當集一處和合在以聽教誡也　三十七　第三分六群比丘於一切時遊行人間佛呼來立戒　三十八　佛制自恣日有異處比丘來應往說戒處掃洒等因緣也　三十九　億耳長者謂在家難修梵行志求出家迦旃延與度未久得果也　四十　甁沙王患血疾侍女笑云王如我等女人也王召耆婆醫即差王勅云汝止醫我疾不得醫餘人也

唱　十卷　四分律四十一　佛制比丘死所有衣物園果等物衆可分之　四十二　有五比丘白佛我等當食何食佛云乞食食五種食　四十三　有比丘吐下令黄城門未開即死佛因求地羯磨　四十四　婆沙羅聚落有舊住比丘接新來比丘猶如涌泉久乃退心立戒也　四十五　闡陁比丘作罪於衆諱不作罪犯佛知呼來呵責立戒也　四十六　六群比丘覆藏已所犯戒罪又為他覆藏佛呵責之立戒也　四十七　比丘何中浴土岸棵著他衣謂是偷衣佛知立戒法也　四十八　佛教比丘令學滅諍法門當得無諍三昧於是會中各各修習　四十九　比丘尼有餘食白佛受比丘得不為淨不佛即許之受　五十　第四分說比丘或林間或樹下或石室或坊草中或聚落或塚間行道思惟禪定多得患佛因制令置房舍牀蓐枕被等也

婦　十卷　四分律五十一　佛制僧地中作私房客比丘來應起除僧地故　五十二　天帝化慧燈王令修十善業道得天報緣　五十三　慈地比丘令長者謗梵行比丘因緣　五十四　拘尸城中末梨子以五百張白疊裹如來眞身舍利　五十五　優波離問犯戒佛云未制不為犯制後犯為犯因立是戒　五十六　施主將胡麻子與比丘尼弟子自食師不知謂偷白佛以親厚意不為犯戒　五十七　優波離問若比丘比丘尼男子女人以身相觸犯何罪佛一一依所

問立戒也

五十八　佛說三羯磨攝一切羯磨所謂單白羯磨白二羯磨白四羯磨也

五十九　佛呵責云破戒破見破威儀破正見若如是者佛法中四大賊也

六十　佛告比丘至僧中先有五法應以慈心應自卑下如拭塵巾善知坐起若見上座不應安坐若見下坐應起立至彼僧中不爲雜說論世俗事若自說法若請人說法宜專心誠若見不可事應作默然云云

隨　七經　彌沙塞五分戒本　唐梵雙標爲題也佛誡諸比丘汝等應精進修集戒法諸佛謂一心精進得無上道

根本說一切有部戒經　梵云薩婆多此云一切有也佛告衆云老死既侵命根漸滅應須精持戒法莫令放逸

十誦比丘波羅提木叉戒本　薩婆多部中初誦二誦乃至十誦中有比丘別解脫戒法佛制五和合衆六淨衆宜聚一處受此戒法日夜精進修習求實智慧日月不停死生侵逼當勤精進持如是戒求佛菩提以此爲本根

摩訶僧祇律大比丘戒本　摩訶大也僧祇衆也律者梵云毗尼也大者又修習也比丘者乞士也戒本者防非止惡也然此戒法令又受戒比丘每月十五日集僧衆共六和合一處重重受之欲令時時警策出家學道人使佛法久住各成道果

摩訶僧祇比丘尼戒本　佛聽比丘尼每遇布薩日當一心清淨往詣大僧所求受別解脫戒除女業習氣成就如來淨戒得勝妙法

根本說一切有部比丘尼戒經　佛制女人既得出家爲尼宜精修梵行深樂佛法若有所犯當發露懺悔一心受如是戒依如是持作如是行成就佛法僧清淨勝業也

比丘尼波羅提木叉戒本　此戒本有說法章教誡章會坐章供養章此四章中佛制比丘尼宜往布薩所有罪犯發露無罪犯默然若一一有問當一一荅清淨一心聽受此解脫戒此乃如來最上第一法修持得成聖道

右諸律部標指事相於後卷中總判所緣
此略辯意照于前後見其部類也

三十九尾

大藏經綱目指要録卷第六

大蔵経綱目指要録　第七冊（表紙／見返・一オ）

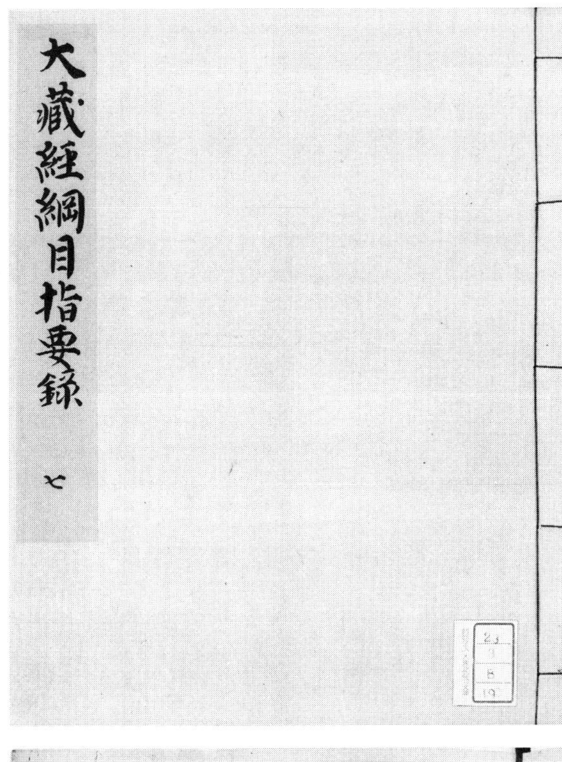

大藏綱目指要錄卷第七

東京法雲禪寺住持傳法佛國禪師　惟白　集

外受傅訓入奉母儀諸姑伯叔猶子比兒
孔懷兄弟同氣連枝交友投分切磨箴規
仁慈隱惻造次弗離節義廉退顛沛匪虧
性靜情逸心動神疲守眞志滿逐物意移
堅持雅操好爵自縻都邑華夏東西二
京背邙面洛浮渭　已上八十六函

外　十

經　四分僧戒本　曇無德部中出此本也如偈云世間王爲最衆流海爲最衆星

明爲最衆聖佛爲尊一切衆
律中戒經爲上最餘義多同 四分比丘戒本 沙門懐素序云
戒者定慧之宏基聖賢之妙趾窮八正之道盡七覺
之源樹五制之良規揚六和之清訓龍城之要言鹿
苑之微言五道舟航三乘軌躅 解脱戒經 此戒法出迦葉毗部
世其餘戒本中行相前後同也
中也偈云有佛與出樂與世說法樂衆僧 沙彌十戒
和合樂和合持戒樂餘則大同小異也
威儀經 佛勅舍利弗去度羅睺羅出家乃白佛云我
云何度佛令與受三皈五戒十戒盡形壽故
不得犯及
一切威儀 沙彌威儀 佛言既受十戒已當知戒知戒師名侍奉出家和尚出入持鉢
[illegible]

趣請受施
等戒法 四分尼戒本一卷 五分尼戒本 前戒本文相大同止呼召
異也意令勤奉淨戒勤聽法語不可放逸
生難得出家想樂住佛法中求解脱故也 舍利弗問
經 白佛云如來說法或親聞傳聞或行不行佛滅後
戒律如何佛云吾滅後正法分付迦葉等聖衆識
阿育王孫滅佛塔寺教法彌勒化爲五百童子來求
佛法却復興盛遇王慈善弘護佛法從比比丘衆各
隨所見分諸異部或盛
或衰因人弘揚故如是
受
十卷 根本說一切有部百一羯磨 單白二十二也 白二四十七也

白四三十二也共成一百單一故云百一也佛說五
種阿闍梨一受三皈十戒二屏處撿問障法三作白
四羯磨四依止謂一宿住五教讀乃至一句四句也
有二種師有一剃髮出家二受近圓餘義次第說
二 佛說大世主喬荅彌愛樂八敬法出家及受近圓
成苾芻尼性若先出家未受近圓可隨次第而受
三 佛制比丘尼滿十二夏 四 佛制有罪比丘十五日
可白二畜門人等緣 布薩可掃洒壇地陳露
悔過 五 所造寺舍施主或因拘執 六 佛制比丘種種
作白 可作白與五年同利養住 違犯悔衆教罪
依此所說戒法 七 佛制有客比丘來當須告 八 勝妙
羯磨懺之也 白如不白者得犯戒罪也 比丘

數犯衆教罪遂令白四折 九 比丘有犯衆教 十 給孤
伏羯磨更有餘類方便故 罪令白四羯磨 長者
白佛弟子於戒定解脱知見圓滿
者應受施主最上施利佛制可之
傳
七經 大沙門百一羯磨法 捨界結內界結外界等羯磨一住處一說
戒及四方界相一
切界相法禁戒也 羯磨 作法與前大同也其意令比丘作結界相場地不得隔水
等
戒 十誦羯磨比丘要用一卷 前戒本同 曇無德律部雜
羯磨 此云法鏡即四分律也然問荅立界同前耳 彌沙塞羯磨本 即五分律

也沙門受同開爲十門一作法縁起二諸界結界三
諸戒受捨四衣藥受淨五布薩儀軌六安居法則七
自恣清淨八受施分衣九懺悔諸犯十住
持雜法也此戒文行相最詳審可撿行　四分比丘
尼羯磨律法中須知出家爲比
丘尼作法戒法儀範　優波離問佛經
佛告優波比丘成就五事盡命非不依止一不知布
薩二不知布薩劒暮此云羯磨聲三不知戒四不知
說戒五滅五歲反是亦爲五也一一問佛一一
答之皆是出家比丘奉持佛戒精妙要義也
訓　三經　僧羯磨三卷　尼羯磨三卷沙門懷素序略云鹿苑龍城啓

尸羅之妙躅象巖誡萬嶺開解脫之玄宗三千大千受
清涼而出火宅天上天下乘戒筏而越迷津也然此
六卷戒相同
於前後戒本　曇無德隨機羯磨二卷大唐西明寺宣律師於諸
部律戒本中立意或刪或補成此戒文最爲精要其
間開說百一羯磨名數分列十門解說妙義令末世
比丘勉懷斯典知如來方便慈智順情
應機普利塵方使其出離不可思議也
入　九經　一切有部毗奈耶頌三卷前大部中解此頌也爲惣攝事
故如偈云開闡於調伏善閑調伏義正住調伏中能
捨非調伏欲令調伏者入斯調伏海不起大疲勞能

生勝妙樂其餘
頌義可知也　毗奈耶雜事攝頌輒石及羊毛三衣并上座舍利
猛獸筋笈多泥除塔餘
頌義前律部中多解也　尼陁那五十二頌　目得迦四十八
頌前律中以此頌爲惣攝
一一標解或引證也　目連問戒律中五百輕
重事用三寶物當墮何處移佛物等事若佛物爲佛用五百事可見　優婆塞五戒
相經淨飯王白言如來已爲比丘比丘尼沙彌沙彌尼說制重輕戒唯願如來亦爲我等分別五戒
可悔不可悔令識戒相使無疑惑佛即爲說優婆塞
五戒相其有可悔有不可悔令其依行得於聖道

大愛道比丘尼經二卷阿難白佛已度出家成比丘尼惟願如來爲授學修
習禪定法則此
縁前已多說　迦葉禁戒經禁比丘衆不得作犯非法宜勤脩梵行
戒罪報經舍利弗問犯戒得何罪報佛隨所犯經重不免俱入地獄受苦有閒無閒耳
戒消災經印土一家奉佛戒一男子出外父母日堅持五戒不得犯至外國遇親友再
三勸飲酒歸家父母走出以謂違教非孝子也復至
陁國宿冢人鬼婦家雖破一戒尚有四戒天神護祐
鬼不能食遂與鬼婦父母說佛戒法即
同來見佛佛云戒法能除一切災害

奉

七巻 薩婆多部律攝一 此云一切有也尊者勝友集出也分別別解脱戒法行相如偈云諸佛現世樂演微妙法樂一心回見樂和合進修樂然此一一先標頌次解釋其義明戒法也 二 明説戒縁起指陳學處能犯所犯有犯無犯等戒 三 明煞生戒相以聞佛説修不淨觀有歡患者自斷命 四 明廣造大寺妨修道業於施主益少遭譏嫌却多等戒 五 明與女人在屏處坐障法及有慾事不定法中等戒法也 六 明制畜衣物等一切戒法宜依佛所説所行法則不可越 七 佛制比丘不得貪好鉢於諸物不得多乞等戒

毋

七巻 薩婆多部律攝八 佛弟子受惡觸藥及飲食不知何者應捨不應捨等一切戒律法也 九 比丘與未近圓人齊聲讀誦如婆羅門喧雜佛戒之 十 比丘故在門外與人談説夜娶開門入房強卧令作比丘生惱佛制戒 十一 佛制一食比丘非時行乞非時敎食佛集衆五戒 十二 比丘衆聽佛説法已半夜與未近圓人説話佛因重集衆立戒法 十三 十七衆比丘受近圓已不能忍飢帝要佛即立戒 七巻 十四 佛制比丘於非親尼處受食佛因立戒不許也

儀

十巻 摩得勒伽經一 犯戒罪作無作色非色可見不可見身作可見口作無對意作無漏等一切戒法也 二 犯出精等戒作方便如法依行 三 制比丘洗浴等一切戒法 四 俗上擔宍行烏所奪墮在乞食比丘鉢中佛因立戒 五 佛制種種不淨犯與不犯等戒 六 蘇花菓等物與病相應等戒法 七 佛制邊地人受戒得戒已否乃至受一切飲食戒 八 佛制術力藥力變現行媱等戒 九 佛制優婆夷謗比丘實見等戒也 十 遍惱非人等出家於法律中不如法立戒

諸

八巻 鼻奈耶一 鼻者此云去也奈耶者此云真也謂去其所犯之非而就能持眞實也亦謂降伏此心也息此心成定忍智也無上戒則清淨持守莊嚴身也無上意戒則正思惟習定之無上智戒則明了四諦也此謂三戒爲此戒本所宗也餘戒相可見 二 佛言有天人來問解脱得解脱受解脱而去 三 迦留陁比丘乞食還憒所見女人起媱想佛立戒 四 比丘與國王大臣相識乞食易得有女人來求爲夫佛立戒 五 比丘與女人屏處坐見者生嫌佛因立戒 六 天色陰暗比丘乞食電光中入門有身娠女人見謂鬼驚墮胎立戒 七 佛制比丘不得宿軍中有緣故止一宿因立戒禁 八 六群比丘自恃王家子早便入宮又先至施受供家惱亂立戒

姑

十巻 善見毗婆沙律 十八巻 一 此律本佛滅度後迦葉阿難優波離結集

三藏始終來歷無不詳備皆云見佛如是說也 二 佛差戒師有摩呬陁即受具足戒於壇中得三達智六神通徧盡成羅漢 三 佛在光明國中說無始戒經火聚經會中八千五百人聞已皆得道果 四 六萬比丘圍繞塔園說佛功德如來慈愍爲說毗尼藏 五 佛告比丘於四禪定中棄去苦樂心即有超勝妙定 六 佛告婆羅門汝莫係心家業即爲雨法雨令精進修習也 七 解律中文句如本所說人身修習生名姓戒或長或短也 八 汝等當知起因作因不起不作於其中有識〻以心得解脫等戒 九 於盜戒中分別隨色名色其處所其名號等一切戒法也 十 或眼現相或手現相或脚現相或搖

頭現相或動身等教偸皆盜戒禁也

伯 二經

善見毗婆沙律 八卷 十一 佛令習數息觀境戒 十二 或知三藏教法爲人解說不爲利名飲食如是比丘光明佛法謂興隆也 十三 龍女迦留羅女一切畜生女皆不得捉亦不得與女人同渡橋看上樹 後七卷 十四 馬師滿宿二比丘本作田人引作田者來出家 五 佛立戒 十五 自恣日比丘失衣給孤施衣令自恣取衣貪者不已立戒 十六 佛說般隨本名路邊生處因地也 十七 佛歸迦毗羅國說根本因緣淨飯王諸釋種因聞各成道 十八 舍利

弗設三十餘問明所犯戒得何罪佛依其所犯結罪二戒

阿毗曇經 二卷 上 一千阿僧祇世界衆生所有功德成佛一毛孔功德徧佛身毛孔功德成佛一相好如是成就八十種相好功德增爲百倍成佛身一相成就三十二相功德增爲千倍成佛額上一白毫相以千白毫相成佛一頂骨相一切飛天所不能見頂不思議淸淨功德聚成佛身也及一切因緣 下 如來在給孤園爲人天說法次第度諸弟子出家各令修習四諦十二緣

樂 二經

毗尼母 八卷 一 毗尼者滅也謂滅諸惡法起善法故母者出生決了定義也謂

一切戒律由此出也廣攝諸戒故明智慧人受具足戒方能持守不犯也 二 佛在世時有得受具足戒者有不得受者亦觀其器耳 三 明中殘罪等一切戒相 四 集法藏時迦葉以手拍地震如銅鍾王舍城人悉聞之 五 佛在波羅奈國五比丘白佛我等有病無病畜何等藥治身也 六 比丘捨房欲至他處宜掃灑塗地可去 七 佛說犯戒罪有三因緣一初犯二因犯三重犯復說過去所犯戒因緣爲證也 八 比丘畜長衣長鉢不作淨施等戒法

大比丘三千威儀 二卷 上 安息國三藏安世高所譯也謂佛弟子有二種一在家持五戒求天人勝妙果報也二出家先持十戒爲

本求佛菩提捨去執務具受八万四千向道因縁然
不出身口意此三清淨爲根實若不能具清淨依佛
戒律漸次修習近善**下**行十二種頭陁行及持錫二
知識以時策勵也卷十五事等一切戒法行相然
此二卷中具比丘指要
三千威儀法門

猶二經**薩婆多毗尼毗婆沙**九卷**一**佛弟子制戒集
爲律藏因果相
生相縁諸法諸使爲阿毗曇爲諸天世人說法集爲
增一爲利根說諸深義集爲中阿含爲修禪定者所
說觀法集爲雜阿含爲坐禪所集破諸外道集爲長
阿含此是如來隨機適時說一切法但一切衆生不

能盡受持如來所說妙法於**二**如來得道初七日入
中誦一四句偈佛亦印之也喜法門二七日入樂
法門三七日入諸解脫四七日遊入大捨五七日入
逆順觀十二縁六七日重歷諸法門七七日觀應受
化者此是四十九日**三**佛制盜戒與優塡王大臣人
內思惟如來是事也民共立此戒犯偷五錢爲大
賊罪**四**圩他家法謂不知蓄耶**五**佛說蓮華色比丘
也作惡行得惡名成惡果尼因中曾供養辟
支佛得端**六**佛制比丘比丘尼得畜雨**七**闍那造房
正出家也浴衣或擔負難又不許即日成便
隳倒以佛曾入施主亦**八**女人共行賊共行自想年
得無量福以佛功德故未滿二十受具足戒等法戒

九佛制受食等戒不得過貪但**律二十二明了論**
爲濟飢又爲證明成福故
多羅多法師造眞諦三藏譯解釋律藏中二十二條
眞實要義令得正法人達其律義故稱明了也持佛
戒人守護諸根令得相應修習三學成就不看佗面
以自得之也戒定慧三學也或依三業道立或依三
藏教立或依三法身立也了正行心明了無礙於身口
八明了戒中如法而修如說而行心自明了律中條制

右聲聞小乘調伏藏惣五十四部計四百四
十六卷共四十五帙唯摩訶僧祇律乃如來

在日弘闡大慈因一事立一制以爲垂訓佛
滅後大迦葉集五百聖衆命優波離結爲
大衆部其餘諸部或竺天聖者或華夏高
僧各隨所見所聞集譯傳播然皆作謨萬
世流布塵方教約有情爲出家利自南山
澄照三生示現弘持此道而後繼之者誰

也修細行者得不傷懐
阿毗曇此云無比法也 八揵度此云聚也蘊也
亦云大法也 一雜跋渠二結
使跋渠三智跋渠四行跋渠五四大跋渠六根跋渠
七定跋渠八見跋渠所云跋渠者此云部也品也於
此八中分論剖判淵微
四十四品論研窮妙旨
子 十卷 八揵度論 三十卷 一 世第一法品 諸心心數法
次第越次取證爲上爲最
無能及者捨凡夫事得聖法捨邪事得正 二 跋渠品
法於正法中越次取證名世間第一也 頗有智

知一切法乎頗有一識識一切法乎此爲智也 愛恭
敬品云何愛恭敬愛供養縁學法不殊勝也 人跋渠
品 一人此生十二種縁幾過去幾現在幾未來及十
一支因也 無慚愧品云何無慚無愧謂諸蓋所纒觀
境未明故須習 三 色品 色法生死無常當言色耶
學對治成行也 非色耶無色可見不可見有對無
對等也 無義品謂空持戒人不得其法義故云無
義 思品云何爲思云何爲想思想何別云何爲覺
云何爲觀覺 四 結使品 三結三不善根三有漏四
觀何分別 流四扼五蓋五結等皆名不善也
五 一行品 愛結瞋恚結憍慢結無明結見結失願
結疑結慳結嫉結以此九結爲脩行人心中病也

六 論過去未來三世中瞋恚 七 度人品 三界所修
結使與與未興所係也 四諦四果人所證行
相 十門品 十二入五陰五盛陰六大色法 八
也 八 三界過現未苦智法智等一切觀行也 九 道
品 八種學成就得十種漏盡阿羅漢過現未三 十
世慧智八正道七覺支諸禪定境於此分辯修習
五種品 謂邪見耶邪智耶學慧學智有學無學等
五種法門行相 他心品云何知他心謂得宿命智
識及一切盡智即
知他人心所起也
比 十卷 阿毗曇八揵度論 十一 修智品 法智未
知智知他人心智

等智苦智習智 十二 論八智中修習微細
盡智道智也 行相入滅盡三昧也 十三 相應
三三昧八八智三三世所修皆 十四 相應品義中論
三三界行法等相應法義也 諸法無願與覺
意非無願 十五 惡行品 三惡行攝三不善相三妙
相應也 行攝三善根一一對治也 邪語品
謂邪語邪業邪命三曲三
穢三濁邪身口意具也 十六 害衆生品 頗害衆
不盡報必 生害亦不盡不害亦
入地獄 十七 有教無教品 成就身教則無教也
成就無教却有教也善與不善等亦
然 十八 淨根品 四大所造幾可見幾不可見幾有
也 漏無漏幾有對無對幾有爲無爲等一切法也

十九二縁品　幾縁縁四大造心心法幾縁縁
心四大幾縁縁四大眼入幾縁縁一切縁二十
見諦品　如來弟子於身口意修三界四禪定覺意
等法也　内造品内四大幾縁縁内四大幾縁縁因相
應等所造
法義也
見　十卷八犍度論二十一根品　眼耳鼻舌身意男
女命樂苦喜憂護信精進
念定慧未知已知無知此二十二根也　有品有幾
根行欲界有幾根行色界行等也　更樂品更増語
更明更無明更非明更愛　二十二始心品　一切衆
更瞋等一切法義行相　生始心興始心注

始心滅乎諸心有欲無欲諸心等也　始發心品諸
法心共一起一住一盡彼法心相應也　魚子品論
二十二根乎為　二十三縁品　諸根縁過現事三世
成就有幾數　因見苦諦等也根縁學非學
無學見諦斷縁思惟　二十四復次諸根苦法智斷因
等一切行相法義也　習法智斷縁根習未知
智斷縁見苦斷諸根苦未知智　二十五過去得品
斷因習見習斷縁習無斷無縁　若得過去
指要録七卷　八
得過去設得過去彼得過去法也若未來現在
世善不善無記三界係學無學見諦思惟斷等　二十
六法思惟無色生思惟斷心俱見諦　二十七解脫品
斷心俱不斷心俱諸法彼心相應　由何三

昧盡十想四禪四無色定八解脫八除入十一切入
八智三三昧等也　阿那含品中生行無行上流此
五阿那含般涅槃也論彼等在　修
三界所斷所學所證果法義　二十八一行品
禪二定起想俱律陁聚覺意眼徹聽有　斷三昧越智
逮凡夫果退生界五通苦最後等義也　二十九意止品
四意止身身觀意止痛心法法觀意止修身身等
欲品若棄欲有受欲界有彼一切盡欲界係法故也
三十想品　無常想無常苦想苦無我想不淨想觀
食想不可樂想死想斷想無婬想盡想也　智
時品謂諸聚如彼聚設聚斷彼聚猒彼聚修猒聚諸
智聚也　見品謂此見無施無福無說無善惡行果

報無今世後世邪見也　偈品視者時時視一不視時
亦視不視者亦視不現視亦視視者視時視視謂之
諸已見苦習盡道視時謂之
餘見苦習盡道等一切法義
右八犍度論佛滅後迦旃延子見大法之難
受持蓋浩博也惣為一部八蘊聚分四十四
品耳傳入中國竺佛念譯為三藏中鼓舞所
以安師序云其說智也周其說根也密其說

禪也悉其説道也具以此可知其難
孔十卷發智論二十卷一雜蘊世第一法納息偈云世第一法七頂二煗身見十一
見攝斷此章願具説此下説此一偈也心心數法爲
等無間入正性離生謂世第一法也聞正法如理作
意信佛菩提法樂修妙行謂頂也正法律中有少信
受謂煖也　智納息品一智生一切法我此智何所知
也　補特伽羅品偈云縁起縁息依心依無有愛心
脫依界想等明十二支也此中納息前論跋渠也
愛敬納息品　偈云愛養敬力滅涅槃蘊究竟取
二遍知三歸等也　無慚納息品無慚無所慚無着

無慚性無自在性等義也　相品色法生住老無常
也　無義品修諸苦行不知佛法義味也　思品諸
思等思增思思性思三不善品　三根爲根也　一
類心行意業謂思也一行品　九結爲本也四行
品義中論無五有情品　三界見修所斷等　十門
明結繫等也品二十二根十八界十二處等也
六十門品義中所斷無七覺支品　習學七覺支與
明隨眠欲界部等也定心相應不相應也　五
奚　指要第七卷　九
種品邪見邪智正見　八他心智品　智修所成能知
正智學慧智等也　他心心所法也　修智品法
智乃至道智　九修智品義中論苦智集智　七聖品
等八智也　入現觀苦法類智時學也　十論八智

七覺三界所修三世相應一一微
細所斷期成妙定妙行得聖果也
懷十卷發智論十一惡行品　三不善根也　邪
語品邪語非邪語邪命非邪
命也　害生品殺生　十二表無表品　若成就身表
斷他命已滅未滅也　彼無表也現有身表不得
此無表也　自業品正受自業是　十三大造品　大
得自果自等流自異熟義等也　種所造幾有
見幾無見等也　縁品大種具幾縁成也　具見品
已具見諦未離欲染所成色界係身口意業何種造
十四執受品　有執受大種爲幾縁也　十五有品
根品　即論二十二根幾學無學也　欲有相

續幾業所生根卵胎濕化等也　觸品有對觸增語
觸明觸等也　等心品等起等住等滅一切等也
一心品諸法與心一起一住一滅　十六魚品　若成
所縁相應俱住俱滅不離心也　就眼根彼二
十二眼根幾成就幾不成就也因縁縁品彼　得品
二十二根幾根過去幾根未來等義也　十七諸得
過去法彼得過去耶未來亦然　十八攝品　論十想
也　縁品有八定四禪等定義也　相應不相應也
不還品論五不　十九一行品　三三摩地空無願無
還果行相等也　相也　念住品身受心法所修
觀也　三有品欲有色有無色有　二十智品　苦集
也　想品無常等十想法義也　滅道智忍能

通達遍知也　見品邪斷見邪常見邪見無施福等也　伽陁品巳見者能見巳見及不見不見者不見不見及巳見者謂諸不見苦集滅道此與前論同本異譯也前云八揵度此云八蘊也前云跋渠此云納息也例此小差耳

兒　十二 卷　法蘊足論　一　佛在時大目連造偈云覺支淨果行聖種及正勝足念諦靜慮無量無色定覺支雜事根處蘊界緣起此物標品名之偈也此論分別諸法及諸蘊如與人醫病足得無病足能行至彼岸也　學處品說十善業道也　二　預流品　有四法一近善友二聞正法三

如理作意四法隨行證是果也　證淨品佛證淨法證淨僧證淨聖所愛戒此四法等義也　三　沙門果品　一來預流不還阿羅漢果也　通行品苦遲通行苦速通行樂遲通行樂速通行比四行也　聖種品聖賢弟子求得喜足求不得無根得則隨分用不輕懱人此四聖種也　正勝品一巳生惡勤斷二未生惡不令起三未生善令生四巳生善令增長此勝正也　四　神足品　欲勝行神足勤勝行神足心勝行神足觀勝行神足此四皆云三摩地勝行所成就也　五　念住品　觀身受心法義也　六　聖諦品苦集滅道也　靜慮品四無色定相也　七　慈悲喜捨心俱謂四無量品也　八　四無色品　空

要　指要録　十卷　十

識無所有非非想處也　修定品若修若習有證現法樂住有得殊勝智有證得分別慧有證得諸漏永盡修習定境有是四得成法身也　九　覺支品　修七覺分與定相應也　雜事品貪嗔癡慢疑等一切法　十　根品　二十二根也　處品十二處也　蘊品謂五蘊法義也　十一　多界品　欲界色界無色界嗔恚界等　十二　緣起品　三界所有法及自身一切因緣和合相應起相等法義

弟　十 卷　集異門足論　二十 卷　一　如來在力士生地告舍利弗言吾今背痛當暫假息汝當代吾說法令比丘衆不空度日舍利弗承佛敎旨爲衆說法然衆中各各自謂我於佛法

律中有解有見互有諍競舍利弗復告衆云汝等當知如來現在所說法教令爲宣演令諸異門見趣同歸與佛所見所行無異如足能行也此緣起品耳　一法品　一切有情皆以食爲命也然有四食段觸思識也　二法品所謂名色無明有愛有見等也　二　二法品中善巧入定善巧出定及四禪諸定也　三　三法品　三善根三不善根三惡行三妙行三善尋等　四　三法中電光喻心依是定心能斷　五　三法品中苦受樂受不苦不樂受等義　六　三法品中一天住二梵住三聖住等一切法義　七　四法品　四念住四正斷四智集苦滅道等　八　四法品中有損害無損害身語意行等　九　四法品中

布施愛語利行同事等四義也　十　四法品中虚誑語離間語麁惡語雜穢語此四語一切有情習爲常事也

同　卷末　集異門足論　十一　五法品五蘊五取蘊五妙欲五慳五趣五蓋五心栽五心縛五順下分結五順上分結等　十二　五法品中分別五蓋等法義　十三　五法品中分別五能忍等法義　十四　五法品中言若無大師隨一有智梵行者習正法律　十五　六法品六內處六外處六識身六觸身六受身六想身六思身六愛身六順退法六順不退法如是等六法一一分別　十六　六法品中分別六想等法義　十七　七法品七覺支七補特伽羅七定具七財七力七非妙七妙法七識分別七非妙法等義　十八　八法品八道支八種施八懈怠事八精進事八福生八種衆八世法八解脫八勝處八補特伽羅如是等八法一一分別法義　十九　九法品九結九有情居愛恚慢無明見取疑嫉慳此九結也九有情居者則三界九地中有情生者之謂也　二十　十法品所謂十遍處十無學地水火風青黃赤白空識爲十遍處正見正思惟正語正業正命正勤正念正定正解脫正智等皆名無學已上二十卷從一法爲初乃至十法皆是舍利弗恐佛滅後比丘乖諍各稱已能故以集此法門爲論使取信天上人間也

指要錄七卷十二

氣　卷十　識身足論　十六卷　一　天寂羅漢造奘法師譯所謂阿毗達摩大對法論蘊界識心與身聚相應具足法義令佛子如法而行故云耳如論惣偈云初目乹連蘊次補特伽羅因所緣雜類四句最爲後此偈爲本也初品如目連說過去未來無現在無爲已次明三不善根等　二　論三界九有情居乃契經中如來善語善詞善說等義　三　補特伽羅論者作如是言諦義勝義可得可證現有等有是故定有也　四　論六識身過去未來現在以何爲因等義　五　論十心善心不善心記心無記心等於欲界所係　六　論六識身過去未來現在有緣在過去非過去在未來非未來等緣　七　所緣緣諸色界善心有能了別色界係法若麁若苦等　八　諸色界係善心或體未斷所緣未斷不可分別此心等義　九　重分別欲界係中十種心斷未斷義　十　所緣緣蘊中分別解說諸色界無色界善心等義

逹　經二　識身足論　卷六　十一　論五識身起染不能離染等義　十二　諸斷善根如思害母害父却隨愧悔　十三　論十二心欲界善心不善心有覆無記心等法義　十四　若成就無色界善心亦成就無色界有覆無記心等法義　十五　若不成就色界係善心亦不成就色界係有覆無記心　十六　有十二心謂欲界係善心不善心有覆無記無覆無記心等義界身

足論卷三上 世友尊者造此論明蘊界識身名相悉具足故本事品偈云三地各十種五煩
惱五見五觸五根法六六身相應有十大地法十大
煩惱地法十小煩惱地法如十大地法者受想思觸
作意欲勝解念三摩地慧等十也其餘法相可知

分別品初門大地法受與五受根幾相應幾不相應
也 分別品第二門大地法與六識身幾相應等義
分別品第三門大法受與慚愧無慚愧幾相應等義
中 分別品 第四門十八界十二處五蘊受相應何
所攝謂心心所法也 分別品第五門想相應思
不相應界處蘊想相應何所攝也 分別品第六 下
門思相應觸不相應界處蘊思相應何所攝也

分別品第七門 觸相應作意不相應謂作意自性
色無爲也 分別品第八門作意相應欲不相應界
處蘊等相應也 分別品第九門欲相應勝解不相
應也 分別品第十門勝解相應念不相應也 分
別品第十一門念相應三摩地不相應也 分別品
第十二門三摩地相應慧不相應也 分別品十三
門慧相應不信不相應也 分別品十四門不信相
應懈怠不相應也 分別品十五門由斯理趣諸差
別門應依前說一行方便如理當思此
諸門中有差別者相似異位皆不應說
枝 十卷 品類足論卷十八 一 世友尊者造此論將蘊處界等法成其品目流

類無不足者也 辯五事品 色 二 心 三 心所法 四
心不相應行 五 無爲行 辯諸智品法智類智他心
智世俗智法苦智集 辯諸處品 謂十二處法也
智滅智道智等也 二 辯七事品 十八界十二處
十大地法十大善法十大煩惱地法 三 辯隨眠品
十小煩惱地法五蘊法等義相也 九十八隨眠
幾欲界係幾色界係幾無色界係三十六欲界三十
一色界三十一無色界幾見所斷幾修所斷等也
四 辯隨眠品中謂見苦集滅 五 辯攝等品 有所知
道所斷法如不定係等 法所識法所通達法
所緣法增 六 辯攝等品中九結 七 辯攝等品中身業
上法等 九有情居等義 身表無表語業語

表無表意 八 辯攝等品中聖弟子於苦 九 辯攝等品
思善業等 思惟苦於集思惟集等義 中異生法
界處蘊智識 十 辯千問品 如惣偈云學處淨果行
隨眠等義 聖種正斷神足念住諦靜慮無量無
色定覺分根處蘊
界經以此偈標也
支 二 經 品類足論 八 卷十一 辯千問品中論四諦淨幾所色等義相 十
二 千問品中論四念住幾斷遍知等義 十三 千問品中論四聖諦幾斷遍知等義 十四 千問
品中論四無量幾所造等義 十五 千問品中論七覺支幾斷遍知等義 十六 千問品中論十

二處與六善處相攝等義　十七　千問品中論幾有身見爲因非有身見因等者一切應分別等義　十八　辨決擇品色法界處蘊智識欲色界遍行及修所斷隨眠隨增一切法相皆悉辨其所以決擇分段令成觀境

指要　七卷　十三

太　十二卷　衆事分阿毗曇論　此論與前奘法師所譯品類足論同本此宋求那所譯也品義俱同

阿毗曇大毗婆沙論六十卷　此涼道泰等譯　佛滅後五百年五百應真造此論釋迦旃延子所造八犍度論與後大唐奘法師所譯二百卷者同本但

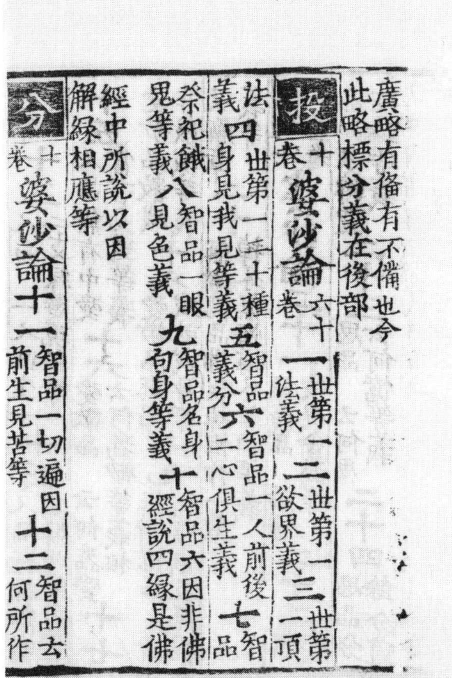
廣略有備有不備也今此略標分義在後部

投　十卷　婆沙論六十卷　一　世第一法義　二　世第一欲界義　三　世第一頂法義　四　世第一二十種身見我見等義　五　智品義分　六　智品一人前後二心俱生義　七　智品癸祀餓鬼等義　八　智品一眼見色義　九　智品名身句身等義　十　智品六因非佛經說四緣是佛經中所說以因解緣相應等

分　十卷　婆沙論　十一　智品一切遍因前生見苦等　十二　智品云何所作

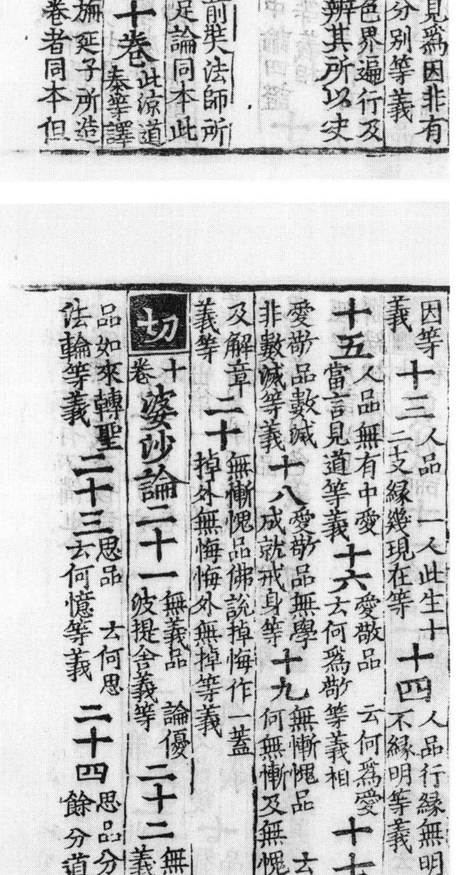
因等義　十三　人品一人此生十二支緣幾現在等　十四　人品行緣無明不緣明等義　十五　人品無有中愛當言見道等義　十六　愛敬品云何爲愛云何爲敬等義相　十七　愛敬品數減非數減等義　十八　愛敬品無學成就戒身等　十九　無慚愧品云何無慚及無愧及解章義等　二十　無慚愧品佛說掉悔作一蓋掉外無悔悔外無掉等義

切　十卷　婆沙論二十一　無義品論優波提舍義等　二十二　無義品如來轉聖法輪等義　二十三　思品云何思云何憶等義　二十四　思品分餘分道

品若成就見等義　二十五　不善品三法九十八使等義　二十六　不善品欲漏無明眼等義　二十七　不善品五結使等義　二十八　不善品三結幾不善等義　二十九　不善品三結幾見見幾非見等一切義相　三十　不善品五人堅信堅法解脫等一切義行相

塵　十卷　婆沙論三十一　一行品九結等義　三十二　一行品身見攝幾使等　三十三　一行品中三種退義　三十四　人品見道修道斷種欲等義　三十五　人品中四沙門果義等　三十六　人品中欲界死還生欲界盡等義　三十七　十門

品二十
二根等義三十八十門品十八界等義三十九十門品十二入眼入等四
十十門品中二色法等一切義

箴

卷十婆沙論四十一十門品如來何以故先説苦諦等四十二
十門品中何者是欲何者是惡等義四十三十門品中入慈定火不能燒等四十四十門
品中立解脱無色定等四十五十門品中若得此定修此定入此定等四十六十門
品中三昧一住一縁等義四十七八道品四陰爲體性等五陰四十八八道品中成就
見智等一切義相法門四十九八道品中念覺支等一切義相五十他心智品念前世智
體性等義

規

卷十婆沙論五十一他心智品念生智等義自性五十二他心
智品我生已盡智體等一切法義五十三他心智品中六通義等五十四他心智品
中佛告比丘（漢指要恰卷十品）
衆生能信等五十五他心智品重解念前世智等義五十六修智品欲觀五
陰如重擔過患等義五十七相應品法信解脱等義堅信堅五十八相應品中論他
心智等義五十九相應品中論知老死集滅道智體等義六十相應品中他心智成就未
來見在等法義

阿毗達磨大毗婆沙論二百卷阿毗達磨者此云對法也議論
也無上慧也阿毗者除棄也達磨者安擇也除棄結
使煩惱故安擇蘊處界義故大毗婆沙者此云廣破
也廣解也謂廣破諸有成觀定故廣解契經妙義顯
無上心故論者問荅剖析明研至理也然此論如來
在日隨處應機而説或舍利弗問佛荅或五百羅漢
問佛荅或天人問佛荅或化比丘問佛荅唯迦旃延子
能誦持故以妙願力利諸有情集爲八犍度發智論
耳佛滅後四百年五百羅漢憶持此義於迦濕彌羅
國廣釋此論成大毗婆沙也大唐三藏奘法
師顯慶年初譯此論文義超勝前後所譯也

仁

卷十大毗婆沙論卷二百一序作論本意欲明顯如來所説十二分教
指義受持者不生顛倒故又明阿毗達磨爲無漏慧
根體性破諸邪見邪論饒益惡行者便悟入甚深正
法於煖頂忍世第二雜蘊世第一法納息第一論世
一法能明了也第一法何以先説與過去未來
心心所法一起一住一滅一等流三世第一法論沙
煖頂忍異熟等一切諸法義相門果諸縁諸智

諸行一切四世第一法中正性離生性先現世第
法義相觀欲界苦爲苦後合現觀等義五一中
一心多心相應差別而未顯六世第一法中明項於
示現前多少唯一刹那等佛法僧生小量信謂
如山頂久不久住七世第一法中廣明煖位修習
過山至山等義也所因所縁所起以何爲果等八
世第一法中分別勝義中無我我九世第一法中非
所如人見繩是蛇見杌是人等義我我見於五見
何見攝有身十智納息品頗有一智知一切法縁一
見擇滅等義一切法非我行相慧爲自體慧等
慈　十卷　大婆沙論十一智品未來世中有等無
間縁修正加行應成無用

伏諸煩惱究竟解十二智品補特伽羅既不可得又
脱見蘊所説等無前心往後心理何縁能憶
十三智品一眼見色二眼見色耶爲止十四智品佛
他宗顯已義故或有執眼識見色身現在
已斷盡故有盡非十五智品欲界語欲界身欲界名
過去謂如佛言也所説義或三界係不係等
十六智品佛世尊受恚亦斷十七智品身語業何等
披諍論根滅憍慢本等隨心何等不隨心
婆　指要録七卷　十五
色界戒無十八智品此身非餘身相似爲因十九智
漏戒等非不相似如此身等法義品
欲界見苦集所斷耶二十智品一刹那業爲但能引一衆
見能縁三界苦集等同分爲亦能多分同衆耶等

憶　十卷　大婆沙論二十一智品能作因體即増上
縁倶一切法爲性故然
義有異謂多勝二十二諸心由隨眠故名隨眠心二
義是増上縁彼隨眠於此心隨増等
十三智品頗有隨眠滅身作證而慧不見彼滅耶特
伽羅品此補特伽羅此生十二支縁起幾過去
幾現在幾二十四伽羅品樂受及不苦
未來等不樂受與愛爲縁等義二十五伽
羅
品無明縁行取縁有二十六伽羅品入息出息依身
有何差別等義相轉耶依心轉耶今決定等
二十七伽羅品有色有情心相二十八伽羅品金剛
續依身依心轉等義喩定將成解

脱道盡智將二十九伽羅品説有三界謂斷界
生若無間等離界滅界分別契經等三十
愛敬品　云何名愛名敬乃至
供養恭敬自性於一境轉等
恒　十卷　大婆沙論三十一愛敬品已説佛十力當
説四無畏正等覺徧永
盡説障法説三十二愛敬品擇滅亦名涅槃亦名
出道等四義同類亦名非聚亦名非顯等三
十三愛敬品涅槃當言學耶三十四愛敬品謂智遍
無學耶非學非無學耶知及斷智等爲
廣分別契經義三十五無慚品　云何慚云何愧契
故有此遍知經説有慚有愧今廣辯故

三十六無慚品云何欲界增上善根云何微俱行善根等三十七無慚品諸心過去彼
心變壞爲止他宗顯正義故等法三十八無慚品有五蓋爲五蓋攝諸蓋爲諸蓋攝五蓋等
三十九相品三有爲之有爲相有爲之起亦可了知等義四十無義品修觀行者繫念
眉間或觀青瘀膖脹等
造十卷大婆沙論四十一無義品佛轉法輪憍陳如等見法地神舉聲
遍告如來今在鹿園說法等四十二無義品何故作此論爲欲分別契經難滿等義四十

三思品云何思云何慮爲有執思慮是心三摩地染汙等四十四思品若起欲尋恚尋害尋
或自害害他俱害等四十五思品云何異生性或有執欲見苦所斷十隨眠等義四十六
不善品三結乃至九十八隨眠及解章義也四十七不善品貪瞋癡三不善根以何爲自性以
十五事爲自性等四十八不善品欲有見無明此四瀑流以何爲自性等四十九不
指要録　七卷　十六
善品貪瞋慢嫉慳等五結以何爲自性等義五十不善品謂七隨眠以爲自性欲色無色三界五部五十事也
次十卷大婆沙論五十一不善品何故名善不善無記若法巧便所持能

招愛果性安隱故名善巧也五十二隨眠幾見苦所斷幾修所斷何故作此論等五十
三不善品有結在欲界彼結非隨欲界謂纏所纏等義五十四不善品隨信行隨法行信勝解
見至身證義五十五不善品身見與有身見爲幾緣與戒禁取修等義五十六一行
品謂九結等章及解章義已次廣釋五十七一行品集智已生滅智未生於見苦集所斷法義
五十八一行品過去未來亦有愛結自相共相等義五十九一行品過去愛結亦有過
去見結係若未斷義六十一行品三結乃至九十八隨眠爲前攝後後攝前等義

弗十卷大婆沙論六十一一行品爲煩惱現在故退爲退已煩惱現在
前設爾何失二俱有過等六十二一行品欲界有退非餘界人趣有退非餘趣等義六十
三一行品如是九遍知誰捨幾誰得幾有諸有情無得無捨六十四有情品生欲界聖者有
三事命終一全離染等義六十五有情品隨眠一一盡何界攝問何故作此論等義六十
六有情品聖道是沙門性有爲無漏及諸擇滅等義六十七有情品諸不還者所成就無漏
法此法不還擇也六十八有情品已離無所有處染信解勝轉根作見義六十九有情

品此中欲界異生聖者幾隨眠隨增幾結係耶 七十 有情品住中有位爲經幾時經於少時速來生故於六處門遍求生縁往和合也

離 十卷 大婆沙論七十一 十門品二十二根九十八隨眠如是四十二竟及解章義既領會已應廣分別等 七十二 十門品意及法爲縁所生意識是名意識界等義 七十三 十門品眼見欲界色時於彼色起無覆無記義 七十四 十門品云何建立內處外處爲依何法爲依於我等義 七十五 十門品謂契經中說有五取蘊故分別其義等 七十

六 十門品爲欲遮遣補特伽羅及爲顯示智殊勝等 七十七 十門品四大論師各別建立三世有異類相位待四也 七十八 十門品舍利弗云諸善法生皆四聖諦攝取等義 七十九 十門品苦聖諦應以慧遍知阿毗達磨智所遍知也 八十 十門品四靜慮欲令疑者得決定故品類足說初靜慮攝善五蘊等義

節 十卷 大婆沙論八十一 十門品離喜住捨正念正慧身受樂聖應說捨第三靜慮具足住等義 八十二 十門品四無量加行縁七有情而起分欲界等 八十三

十門品修慈定者刀毒水火皆不能害必無災横而致命終 八十四 十門品空無邊處乃至非想非非想說等 八十五 十門品有比丘來詣佛所說有明界淨界空無邊處界等 八十六 十門品無色界修所斷無明隨眠一一有幾等義 八十七 十門品隨眠爲所縛及相應縛寛狭不等應作四句 八十八 十門品意根通三界九地五部有漏及無漏法等義 八十九 十門品苦集諦縁識有漏縁識有爲縁世俗智等 九十 十門品無色界修所斷無明隨眠一一所增隨眠當言有尋有伺等

義 十卷 大婆沙論九十一 十門品眼根乃至無色界修所斷無明隨眠滅縁識及縁縁識於九十八隨眠中等義 九十二 十門品眼界斷道縁識及縁縁識一切有情皆成就等義 九十三 學支品　知世尊說學行迹成就學八支過現未幾等也 九十四 學支品諸異生位無得無捨此四通行唯無漏故等義 九十五 學支品或有說諸有爲法皆是見性行相猛利故等 九十六 學支品舍利子善知入出覺支定心隨心所欲能自在故等 九十七 學支品諸法念覺支相應彼法擇法覺支相應等義 九十八 五種品　云何邪見謂無施與無愛

樂無祠祀乃至云何正見等九十九五種品沙門婆羅門等捨惡見趣而不取者少中復少也

一百他心智品　云何他心智云何宿住隨念智諸有情類有流轉者有還滅者流轉者等

廉十卷大婆沙論一百一他心智品傍生趣亦有生處得智能知他心有虎豹兒子乃云汝母五百生常害我等故

一百二他心智品阿羅漢栢於此法殷勤守護寶愛執藏等

一百三六通中幾是明非示道幾是示道非明隨念智證通等

一百四他心智品預流於四顛倒幾已斷幾未斷一切已斷等義

一百五他心智品於見道說無相聲者隨信行隨法行不可施設等

一百六修智品謂八智我有一切智攝一切智法智非如法智以智等

一百七修智品八解脫道中現在唯修世俗智未來亦唯修等義

一百八修智品諸結法智斷彼結滅法智作證爲止他宗等義

一百九七聖品　隨信行乃至俱解脫於八智幾成就幾不成就等

百一十七聖品諸法集智相應彼法滅智相應道智空無相三摩地非一心故等義也

指要七卷　十八

退十卷大婆沙論百十一七聖品若得此中得者已得名得謂若類智現前以後後諸得言皆唯此釋義也

一百十二惡行品　三惡行三不善相爲前攝後後攝前等義

一百十三惡行品三惡行十不善業道爲三攝十十攝三耶爲分別契經等

一百十四惡行品身口意三業黑黑白白黑白非黑非白四業也

一百十五惡行品順樂受業順苦受業順不苦不樂受業等三業也

一百十六惡行品此業能取一劫壽果爲是何劫大中小劫等

一百十七邪語品　邪語邪命有律儀有不律儀有住律儀等義

一百十八邪語品諸法由業得彼法當言是善不善等義

一百十九害生品　頗有害生煞生有業不善順苦受異熟等義

百二十害生品別解脫律儀爲但從所能有情處得亦從非所能處得耶則律儀有增減

顛十卷大婆沙論百二十一害生品若業未離染彼業異熟未離染耶謂犢子部說五部業所得等義

百二十二表無表品　若成就身表彼成就此無表耶如是等義

百二十三表無表品頗有業有漏有漏果耶依三果作論等

百二十四表無表品唯受三歸成近事不唯有律儀缺減義

百二十五自業品　若業是自業此業定當誰受不受等

百二十六自業品云何比丘留多壽行作此論分別契經等義

百二十七大造品　大種所造處幾有見幾無見如是等章義

百二十八大造品大種所造幾有色幾無色無

無色故百二十九大造品諸四大種依何定滅　百三
不同欲顯佛出現世間有功德
十大種品　如是四食幾牽當有令現在前幾持
令有令相續住有作是說毀思觸識等四也
沛二卷大婆沙論百三十一大造品如契經說有
長者自手食空中有
神為說四向四果縁品　大種為幾縁若
自省平等心義百三十二堅不堅物轉相作不捨
自相百三十三縁品欲界係大種為幾縁
等俱有同類俱生互相埊等百三十四
縁品已說成立風水金輪諸
海山洲地居器次辨空居百三十五具見品　未
離欲染何大

種所造生欲界百三十六具見品心起住滅此增語
作色界化等所顯刹那此應半月等義
百三十七具見品慧為自體若爾何故百三十八執
以想為名由此聚中想等受
品　有執受大種為百三十九執受品身受心受止
幾縁因相應法等義他宗顯已義說受即
是心分百四十執受品以無間縁證預流果修彼道
位差別時四念住幾現在修幾未來修有未
修而
已得
匪十卷大婆沙論百四十一執受品四念住物說
唯一謂心所中一慧

自性根中慧根力中慧力百四十二根品二十二
覺中擇法道中正見也根幾學幾無學
幾非學非無百四十三根品已見諦者已現觀者
學如是等章諸學慧慧根及所有根信百
四十四根品二學一無學十非學非百四十五根品
無學九應分別未知當知幾根
見苦所斷遮說頓斷百四十六根品幾因相應欲止
意由未遮頓現觀說因縁法非實有者
等百四十七有品欲有相續最初得百四十八有
義幾業所生根如是等章品
諸根無漏縁欲界係百四十九觸品有對觸增語
此根與智相應耶等觸明觸無明觸等十

觸百五十觸品若大眼現在前時生得眼為斷
不若斷者云何不異熟生色等義
虧十卷大婆沙論百五十一等心品一切有情
心當言等起等住等
滅耶如是等章及百五十二等心品無想定自性云
解章義廣分別何不相應行蘊為性等義
百五十三等心品此中何者是想何百五十四等心品住
滅定者不為火水毒者是微細何者是微微
刃等所害所殺等百五十五等心品欲界沒生欲
界時幾根滅顯示多
門百五十六一心品諸法與心一起一住
故一滅無學正見相應正思惟等百五十

七得品　諸得過去法彼得過去耶如是等章百五十八得品問得非得何差別謂名得
名非得無漏等百五十九得品諸法善無色起彼法善心俱耶等義百六十得品諸法
無色界無色起彼法無色界心俱耶或無色界心俱或欲界心俱或色界心俱或不係心俱

蔵指要録七巻　十

性　十卷　大婆沙論百六十一得品味相應初靜慮入當言味耶出當言
味耶令疑者得受定故百六十二得品思惟何等入慈定何等入悲入喜定等義百六
十三縁品　有等至八等至三淨初靜慮有四種順退等百六十四縁品有不修淨初靜

處亦非無漏謂已得智等百六十五縁品一入正性決定二得果三離染四轉根此中依等
百六十六攝品　無常想無常苦想苦無我想死想等百六十七攝品攝四靜慮
四無色四解脱遍自性攝等百六十八攝品爲止撥無成就不成就性意顯成就是實等
百六十九攝品頗有成就味相應非淨非無漏等義百七十攝品若等至隨以何淨靜
處爲因即以彼爲所縁耶一一依淨靜慮等

静　十卷　大婆沙論百七十一攝品色愛盡起欲界梵世纒退時若無色

界没生欲界梵世等百七十二攝品五蘊五取五趣五妙欲五學處依何定滅百七十
三攝品眼所識可愛可喜可樂如意能引欲可染等百七十四不還品有五不還中生
有行無行上流般涅槃等百七十五不還品佛告比丘有七善士趣能進斷餘結得涅槃百
七十六不還品五淨居無煩無熱善現善見色究竟百七十七不還品以何爲自性
爲身業爲語業爲意業等百七十八不還品如菩薩經三阿僧祇修四波羅蜜而得圓成百
七十九不還品願智爲加行得爲離染此中有説佛盡智百八十不還品尊者婆呬迦

等心濡心調柔心和順名異義一心其次第以後釋前別顯無憍心

情　十卷　大婆沙論百八十一不還品佛説我弟子中大迦葉少欲喜足
具杜多行薄矩羅少病節儉具淨戒行百八十二不還品佛轉法輪一切天人魔梵無能如
法輪者百八十三不還品轉法品已地神唱聲展轉空告無有餘天神告言百八十
四一行品　三三摩地無空相若成就過去宜過去無願百八十五一行品爲止撥無去
來二世及説無未來修者欲顯如是事等百八十六一行品諸不定彼一切罪聰慧無明遮耶

等義百八十七念住品　身受心法如是等章及解章義領會已廣分別百八十八念住品聞思修三種所成差別念住思惟分別百八十九念住品若入正性離生苦集現觀各四心須道現念住百九十念住品受樂身受苦身受不苦不樂身受及苦心受時如實知此一智謂世俗一切身

逸　十卷　大婆沙論百九十一念住品羅漢已斷不善法成就善法應住善心而般涅槃欲令此疑得決定故百九十二念住品如來入滅盡定時未是般涅槃等義

湊　指要録　十卷　三十

百九十三三有品　捨欲有則欲有相續欲界命終生初靜慮百九十四三有品諸有欲令此中通依得修習修無常百九十五三有品一切雜染無明爲根本所有種種惡不善法百九十六想品　諸法無常想見相應受幾隨眠增等百九十七智品若事通達則遍知也若法與彼法作所緣等義百九十八見品　諸有此見無施於生死中起大執著等義百九十九見品諸有所受皆以自在變化爲因此非因計因二百見品後際分別見中十六有想論者謂初依四種依三見立如說一類補特伽羅起如是見

右大婆沙論六十卷者北涼道泰等所譯也二百卷者大唐奘法師所譯也然皆釋八犍度發智二論其二論又亦同本異譯也推其源會其宗則一論八蘊聚分四十四品耳支爲多部多卷也若北涼譯者遭魏兵戰爭侵奪之際故缺略而不完也唯

唐譯者遇太平無爲聖世尚於理實而治天下抑亦奘法師親從佛土而還故能精詣也其二百卷中備引如來所說緣起剖判要義廣解世第一法煖頂忍蘊處界諸禪定觀境妙理也如是則誠難撮略今止於逐卷之初標一義兩義以例餘義故卷卷

標平等義所以然者等其無窮之義見定
境無涯矣
俱舍論頌并釋計五十三卷眞諦譯二十二卷奘法師譯三十一
卷婆藪此云天親造也頌一卷天親菩薩造也説一切有部作八品一分別界品四十四頌二
分別根品十十四頌三分別世界品九十九頌四分別業品一百三十一頌三分別隨眠品六十九頌六
分別聖賢品八十三頌七分別智品六十一頌八分別定品三十九頌已上六伯頌爲二論之本也

淨　指要録　七卷　二十二

心十卷阿毗達磨俱舍論釋二十二卷一此論對法淨慧了明
定境也淨智爲助伴也擇法顯無垢也分別界品
具明十八界及論主作論本意宗如來所説三藏中
法相深微名實要旨攉其異二分別界品中十八界
説顯正教妙趣成種智也何法能斫所斫能燒
所燒能稱所稱等義分別根品二十二根
已相義云何最勝自在爲義於自事用中三分別根品
中應當思量是諸有爲法如彼自相更互不同爲如
此彼生亦不同爲有諸法決定俱生亦有少一切法等
四分別根品中説二定以何法爲命此藏中説何者爲命根三界壽
五分別根品中是因於他生

有分皆是無常六分別世間品諸天地獄修羅餓
此無爲法等鬼一切諸趣所修所報業果差別
現量善惡境界微細具七分別世間品一切陰相續
明顯佛教所談不虚牽引不平等能感壽命業
有差別故此相續隨
能引勢如此次第等
動八卷俱舍論八分別世間中行有於業諸惑如種子及龍如樹根種子芽葉等
生龍住處常不枯涸相續等義九分別世間品論三千大千界四大洲夜摩天四天王天宮殿莊嚴壽
命身形等量劫數長短大小等一一差別相十分別業品世間多種差別皆從業生云何因衆生

業一意業二意所造業由此所造但十一分別業品
意所作非身口所作若惣成三業也中一切人
於護不護及中住乃至造有教業未竟是時中
與現世有教相應若有教或有覆或無覆等義十二
分別業品業有五品不定受業今爲二於報或定報
或不定此中現法應受業者於此生造業於此生受
等十三分別業品中由分別安立業道此中是義應
義説幾種業道故意與彼相應俱起意與八惡
業一惡業十四分別惑品以説世間多種異從業
道俱等也生諸業由隨屬惑故至得生長若離
隨眠惑於生諸有諸十五分別惑品衆生惑已相離
業無復功能等義惑滅苦下惑同境惑九品

惑遍行惑已滅未滅已斷未斷相
應不相應由少功力不能頓除等
神 二經 俱舍論 七卷 十六 分別聖道果人品一由見道所滅二由修道所滅
依世修及依出世修故 十七 分別聖道果人品中二
見道一向治三界惑 退以非至得為性違退
必由罪過或捨退則不定已得暖人 十八 分別聖道
後若退墮必定以涅槃為法等義 果人品中
如凡夫生初定地以上由捨欲界惑滅離至得與 十
彼惑更不相應乃至一切解脫道一切地等義
九 分別慧品 已說諸忍及諸智已說正見及正智
諸忍為非智正智為非忍正見乃至盡智無生智

非見非失 二十 分別慧品中一切凡夫及聖人由通
度等義 於一切智修諸德已十八不共法得
佛法謂力等此法唯佛世 二十一 分別三摩跋提品
尊一人於盡智生等義 依止智慧一切功
德謂智慧種類分別說已別 二十二 中破說我品
性類功德今當分別解說等 非如我見訴於
心故彼人不於五陰相續中立我由彼分別
有別實物名我一切惑以我執為生本故等 俱舍
論本十頌前已標分
波 十卷 俱舍論 三十卷 一 天親菩薩造奘法師譯也
欲造此論先明佛德尊高

超諸聖衆也 分別界品自有漏無漏三無為四聖
諦五蘊五根色法中形色顯色各別了別如遠觀察
軍衆山 二 分別界品 十八界中幾有見幾無見幾
林等 有對幾無對幾善幾不善幾無記色界有
見以可示現此 三 分別根品 此是因界已列諸根
彼差別等義 即於此中根是何義最勝自在光
顯名根由此揔成根 四 分別根品今應思擇一切有
增上義誰望於誰等 為如相不同生亦各異為有
諸法決定俱生色聚極細 五 分別根品如是已辯得
立微聚名顯無細也等義 非得相同分者有別實
物名為同分謂諸有情展轉 六 分別根品不相應行
類等有差別無差別等義 前言生相生所生時

非離所餘因緣和合此中何法說名因 七 分別根品
緣能作俱有同類相應遍行異熟六因 契經中說
四緣性因緣性等無間緣性所緣緣性增上緣 八 分
性此中性者是緣種類於六因內除能作因等 別
世品 已依三界分別心等今次當說王界是何各
於其中處別有幾謂地獄等四及六欲天并器世間
色界無 九 分別世品當往何趣所起中有形狀如何
色等 若業能引當所往趣彼業即招能往中陰
若往彼趣即如所 十 分別世品無明何義謂體非明
趣當本有形也 如諸親友所對怨敵親友相違
名非親友非異親友繫

縛瀑流軛縁等一切義

守　十巻　倶舎論十一　分別世品三千大千世界安立形量風輪水輪金輪諸有情業增上力依止虚空等處　十二　分別世品諸器界中壽量劫數時分長短國土山川輪王出現治化有佛無佛一切有情所作業報等　十三　分別業品　前說有情器二種世間各多差別由誰而生偈云世別由業生思及思所作思即是意業所作謂身語等義　十四　分別業品應辯前表無表相律儀不律儀非律儀非不律儀能遮能滅惡戒相續別解脫靜慮生道生三律儀等　十五　分別業品三種律儀欲界中別解脫此從一切根本業道及從加行後起而得即情非情性罪遮罪從現得等

瀑　指要録　巻　二十四

十六　分別業品佛依業果性類不同所治能治說四種業欲界善名白不善名黑善有雜染名黑白善染超勝非黑非白　十七　分別業品十業道中唯後三道業之道故立業道名彼相應思說名為業彼轉故轉彼行故行如彼勢力也　十八　分別業品五無間為業障體其體是何四是身業一是語業三是煞生一虚誑語根本業道一是煞生業道加行　十九　分別隨眠品　前言世別皆由業生業由隨眠方得生長由此隨眠是諸有本故業離此無感有能一切法相等　二十　分別隨眠品諸有情類隨眠隨增名係有其二種一者自相謂貪嗔慢二者共相謂見疑癡事過現未三世遍行等

眞　十巻　倶舎論二十一　分別隨眠品即諸煩惱結縛隨眠隨煩惱纏義差別九結三界三見二取如是等義　二十二　分別聖賢品　已說煩惱斷於九勝位得遍知名然斷必由道力由見諦道及修道故道唯無漏非世間道等義　二十三　分別聖賢品已說入修心便得定復何所修依已所修成滿勝止幻四念自相共相各別自性一切有為皆非常住　二十四　分別聖賢品已辯住果未斷修惑名為預流生極七返今次應辯斷位衆聖且應建立一來向果進斷修惑等　二十五　分別聖賢品如前所說不動應果初盡智後起無生智諸阿羅漢如預流等有差別不由種性異有六法也　二十六　分別智品　前說諸忍諸智後說正見正智聖慧忍非智有漏無漏二慧無漏立聖名盡智無生智二智也　二十七　分別智品已辨諸智差別智佛盡智十力智一切所知境中智由諸智性成就佛身一切功德殊勝妙法智性　二十八　分別定品已說諸智所成功德餘性功德今次當辨所依止定且諸定內修四靜慮攝心一境專一所緣等定　二十九　分別定品所依止定當辨依定所起功德諸功德中有四無量定無量有情為所緣故引無量福感無量果故　三十　破執我品　豈無解脫理必無有虛妄我執所迷亂故此法外諸所執我非即於蘊相續

假立若唯五取蘊名補特伽羅何故世尊說云吾今為
汝說諸重擔可說無常非實有性不可說常住實有等義
右俱舍論三十卷釋六百餘偈分別界根
世隨眠聖賢智定破執我等九品乃微細
解其名相顯大乘對法淨慧宗盲觀境次
第禪定相應離諸煩惱繫縛以成聖果矣
順正理論　西竺衆賢尊者造此論本名俱舍雹破
天親所造頌論也後見理勝已義遂改

名順正理謂順其契經聖者所製論頌正實妙理又
復作顯宗論明其樞要也皆唐三藏奘法師譯也
【志】十卷　順正理論八十卷　一　辨本事品　辨蘊處界
等法及作論本意與前
論同釋俱舍六百偈此為初也　二　本事品中亂心無心等　三　本事品中自性處界等　四　本
事品中顯根境識等　五　本事品中永界少不增強即名冷等　六　本事品中十八界中幾内幾外六根
六識等　七　本事品中已說三根取非至境等　八　本事品中眼若是見不言能見以眼為門等
九　辨差別品　已列諸根更應思擇法義等　十　差別品中因分別界已廣辨根諸行俱生為遣邪宗

顯正理故
【滿】十卷　順正理論十一　差別品中作意別有亦如經說心由意引發故生故
此定應是大地法無別一法名作意也　十二　差別品中無色法中已辨心心所法等　十三
差別品中思擇滅盡定中滅一切心心所法　十四　差別品中爾時此法為名安住名壞滅等　十
五　差別品中前言生相生所生時非離等　十六　差別品中能養能生或遠或近等流果　十
七　差別品中已辨六因相別世定必應對果　十八　差別品中前說六因此辨五果何果何因等

十九　差別品中等無間縁何法為性指後已生心心所法乃至為簡未來無為法故　二十　差別
品中如是因縁有何差別此就實體差別都無應說因縁如何相攝已前已說因縁五因性等
【遂】十卷　順正理論二十一　辨縁起品　已依三界辨得心等念思擇三界
是何各於其中處別有幾等相　二十二　縁起品中已說諸界趣中如其次第識住有七生處等
二十三　縁起品中前說地獄諸天唯大化生此中何法說名中有　二十四　縁起品中如無
色界沒中無連續欲色界色生等　二十五　縁起品中已說内外羯刺藍等種等道理因果等

二十六緣起品中結生識後六處生前中間諸位惣稱名色云　二十七緣起品中如是所成取為緣故馳求可意境時等　二十八緣起品應知如是所說三際唯有情數緣起義中十二支等　二十九緣起品中已辨無明當辨名色何故名名能表招故　三十緣起品中已辨緣起即於此中就位差別分成四有中生死本如前已說今辨三界有無善等差別一切煩惱

物　十卷　順正理論三十一緣起品中有情世間器世間風輪水輪金輪四大洲山川境物諸天時分數劫住異壞空等　三十二緣起品中以勝覺慧分析諸色至極微故色少等　三十三辨業品此中一類隨順造惡性難論者作如是言非業等　三十四辨業品於正法內有作是言身及山等久住不滅等　三十五業品中已辨一表業相無表業相初品已辨等　三十六業品中已辨業門謂思思已業差別故等　三十七業品中如是建立表與無表於中律儀三種差別云何而得　三十八業品中諸有歸依佛法僧者為歸何等者　三十九業品中別解脫律儀從何而得復從何而得餘二律儀等　四十業品中因辨諸業性相不同經中所標諸業所謂善惡無記三種業也其相云何安隱為善不安隱為惡也

意　十卷　順正理論四十一業品中如經中說有四種白白黑黑白黑非白非黑無異熟業能盡諸業等　四十二業品中今應思擇成業道相謂齊何量名自然生　四十三業品中道能證斷及能斷惑得斷道名即無間道此道等　四十四業品中住定菩薩為從何位得住定名為何說名為定　四十五辨隨眠品此隨眠是諸有本故業離此無感有能等義　四十六隨眠品中如前所說六種隨眠復約異門建立為十等　四十七隨眠品中由因教力有諸愚夫五取蘊中執我我所此見名等　四十八隨眠品中唯見苦集所斷隨眠力能遍行不共無明等　四十九隨眠品中為顯上義復應思擇九十八中隨眠幾由所緣　五十隨眠品中因辨隨眠不善無記傍論已了今因思何等隨眠於何事係何名為事事雖非一於此中等

稜　十卷　順正理論五十一隨眠品中實有過去未來現在了教正理俱成故若爾二世由何有別等義　五十二隨眠品中如是所許一切有宗自古師承差別有幾　五十三隨眠品中因辨隨眠於如是位係如是事傍論　五十四隨眠品中即隨煩惱結縛隨眠隨煩惱纏義有別　五十五隨眠品中所辨隨眠及隨煩惱於中有幾唯依喜地　五十六

隨眠品中已辨諸惑對治五十七辨賢聖品如是
修能對治勝進位中所斷已辨隨眠等性唯
有無量五十八賢聖品中此中餘部有作五十九賢
建立是言定無實樂受唯是聖
品中念應思擇於六十賢聖品中言息念者即契經
聖諦中求眞見者中如來所說阿那阿彼那言
阿那者為
持息入等
堅 十卷 順正理論六十一賢聖品中所修偈云彼
修無常及苦空居法念住惣觀四所緣
無我行相等義六十二賢聖品中順解脫分入觀次
第是正所論於中已明等

六十三賢聖品中已破所宗唯
執八心名諦現觀等義六十四賢聖品中見修二道當依
此道分位差
別建立衆聖六十五賢聖品中依不還位以種種門建立差別等六十六
賢聖品中修道有二一
者有漏二者無漏思擇六十七賢聖品中沙門果沙門性此果體是何果
位差六十八賢聖品中不動種性必無退理唯前五種性有退義六十九賢聖品中
別
所有解脫必無退理
是無漏道所得果故七十賢聖品中復以何緣諸阿羅漢等離有頂染同不受
後生然於其中有於
煩惱證不生法等義

持 十卷 順正理論七十一賢聖品中思擇一切道唯有四種加行道無間
道解脫道勝進道
由此有得果義七十二賢聖品中修覺分時必獲證淨此有幾種依何位得
七十三辨智品正見正智名無學支非智非見建立見智二支等七十四智品中所
言行相為但名別實亦
有異行相乃能行所行七十五智品中已辨諸智差別智所成德顯示於
中佛不
共德七十六智品中已辨智無礙解次說法義詞辯四義也七十七辨定品
今辨智所依定唯諸靜慮
能具為依故此中先說七十八定品中我宗許正在定位由勝定

起順樂
受妙輕七十九已辨定品中等至云何持有尋有伺無尋唯伺等四也八十定品
中已辨無量以辨八解脫中微細差別行
相無貪性減受想自地淨心無間無漏等
顯宗論衆賢尊者造前順正理論以謂文義浩博
鈍者難究以成眞觀乃撮其要義成於此
論顯其契經正理以暢
對法淨慧宗由者也
雅 十卷 顯宗論 卷 四十一序品 明作論因由弘讚佛德及顯宗旨以述俱舍
正理妙義也
本事品初章二本事品五蘊等三本事品界處等四本事品修斷也五辨差別品

說根名等六差別品中說大善地法等七差別品中性差別等八差別品中離所相等九差別
品中俱有因相十差別品中已辨因果相果有差別等
操十卷顯宗論十一差別品中緣與因義十二辨緣起品說三界相等十
三緣起品中說三界化生中有等相十四緣起品中無明名色等十五緣起品中因果
相續十六緣起品中有情器世等十七緣起品中外器量別身量等十八辨業品世
別因業等十九業品中謂身語等也二十業品中起殷淨心發誠諦語等義也

好十卷顯宗論二十一業品中得律儀捨於律儀二十二業品中身
語意三清淨等二十三業品中業道善惡得果等二十四業品中任定菩薩等義也二
十五辨隨眠品感由隨眠故等二十六隨眠品中幾由所緣二十七隨眠品中
次第生時誰前誰後二十八隨眠品中隨煩惱等二十九辨聖賢品初而就勝位立九
遍知等義三十賢聖品中入修二門心便得定心得定已複何所修
爵十卷顯宗論三十一賢聖品中分位差別建立衆聖三十二賢聖

品中三向四果等三十三賢聖品中退法思法護法等三十四賢聖品中菩提分法
三十五辯智品初正見正智等三十六智品中頓修幾智等三十七智品中佛
無量功德等義三十八辯慧品初智所依定等三十九定品中諸等至隨無癡等四
十定品中所依止定依定所起諸功德慈悲喜捨等
右顯宗論與前順正理論并俱舍論及俱
舍釋論共四部惣一百七十二卷皆釋天

親菩薩所造俱舍六百餘偈分爲八品或
九品增減在乎取意也偈本則同釋義各
異其間亦或同或異然皆稱揚如來所說
對法藏詮明淨慧妙理深辨觀定境趣與
婆沙諸論通貫義意故此止標品類以照
前後不多撮義緣者恐煩定心智者知焉

自　論二　阿毗曇心論　卷四　一　法勝尊者見諸大論師造婆沙俱舍等論或太
廣或有太略習學弟子難爲究覽遂取中之制作於
此論也如大般若六百卷而有十四行般若心經耳
此中義亦然撮略諸部之要故云心也　界品明地
水火風四大界相十八界中所緣觀覺行相體性執
受取捨一界一陰一入所攝一切法也　行品一切
法不能自立由一切心也一切心同一緣行不相離
故行與心俱諸行相應行不相應行所作行等　二使品
也　業品身口意善業惡業由諸行諸界所作也
貪嗔癡慢疑身見邊見邪見戒取戒禁取此十爲根
本三界九地四觀行觀四諦見修所斷九十八使心

爲煩惱　主賢聖品不停心者無由起正見觀不淨
相身受心法於四諦中一一觀之成十六行於煗法
中生無漏智火能燒一切行薪成立頂位於頂增長
善根名爲忍也若忍已成立一切世俗中功德中最
勝善根名世間第一法開涅槃門　三智品　法智未
立賢聖位四果四向以次超進　知智世俗智有漏
智無漏智苦智集智滅智道智盡智無生智以此智
行使定行無漏心中建立他心智等也　定品以知
諸智依智成定依諸定行求其眞實如燈依油離風
光焰明微智依定故離亂心智光甚明然不出四禪
八定　四契經品　依如來契經中所說諸天諸世界
也　諸禪定境建立四沙門果聲聞辟支佛地三

十七品四諦十二支二十二根等一切義趣　雜品
心及心數此名差別一切行一切緣是故說有緣更
互相應故有有爲法三界善惡雜染雜業雜報雜果
一切心所現也　論品威儀不威儀等十偈具作論
之本首漸次明其修習定境斷煩惱從初無
漏心得餘無漏功德捨凡夫事得佛法事　阿毗曇
心論　扇多尊者造此論六卷釋前法勝尊者所作
心論也亦謂解此論旨令習定者易成觀行　一
此卷解界品　二此卷解業品使　三此卷解使品之餘
行品二義也　品初二義也　及賢聖品二義也
四此卷解智品　五此卷解定品之餘及　六此卷解修
及定品初　修多羅品之初二義　多羅品之

餘及雜品論品二義以此六
卷中品名照前四卷中義也
麼　卷七　雜阿毗曇心論十一卷　法救尊者造此論
釋前法勝所造心
論也　謂諸師所作廣略不同或六千偈或八千偈或
一万二千偈此爲廣也法勝論本四卷又略也今慱
約取中成於此論俾其修　一序品界品二　行品論
習易覽其文易曉觀智也　義論文也　二文義也
都　經三　雜阿毗曇心論八　修多羅品　九雜品論文
三業品論　四使品論　五賢聖品論　六智品　七定品論
文義也　文義也　文義等也　文義　文義也
論文義也　義也已上

九品典上同前論品今此云十擇品上説五阿那舎
擇品上擇品下二分義也　利根及軟煩惱作中
陰業十一擇品下　知法識法明法謂知
等　一切識一切明一切法等　甘露味論
二　尊者瞿沙造此論二巻十六品若依修習禪定
巻上　去除煩惱得法喜禪悦之食如飱甘露味成聖
果也　布施持戒品財法二施也善惡三律儀也
界道品三界諸天六道十八界也　住食品段觸思
識四種有情住也　業品一切諸善惡從身口意三
業所起也　陰持入品五陰十二入持其有情生死
也　行品相應行不相應爲煩惱業係也　因縁種
品十二因縁二種業行七種苦識也　淨根品明二

十二根所縁有漏無漏煩惱等也　結使禪智品九
十八使二種斷見三界所修斷得盡即成禪智也
三十七無漏人品坐禪先繫心一處若頂上若額端
若眉間若鼻頭若心中令心一處住若念走攝來處
處是心如繫獼猴在柱雖繞柱走去不得漸漸成其
定境於中隨其根利鈍證四向四果聲聞辟支及諸
大所修差別成　下智品　則法智未知智等十智也
三十七人也　禪定品　得禪定一心心不分散
智慧清淨八禪四禪諸定也　雜定品入智解脱禪
三三昧空無相無願五受陰十想六通一切三昧定
隨意所入也　三十七品四念住四正勤四如意五
根五力七覺八正也四諦苦集滅道三界所斷也

雜品四沙門果五陰入一切九夫法四無色四顛倒
六十二見五邪見三界係相應法不相應法自地煩
惱心心數　隨相論　徳慧法師作此論解四諦所係
法等義　成十六諦謂無常苦空無我各
有四兼本四諦成十六也隨其苦集滅道相分而解
其義謂隨相論也然其間所論三界見修所斷欲令
修習人生正見正信近正師求正教得正聞如正修成
正定得正道證正果然後起大悲心入鄽垂手利有情也
邑　七巻　婆須密菩薩集論　十巻　一　師子月如來示現於佛會中先
爲長者子後出家名婆須密也集佛所説偈而作此
論十一品十四揵度分別蘊聚成就定境耳聚揵度

首一明色相四大所聚現此相也聚二口是口行者
身非身行口與口行無異也聚三心心法因縁不思
惟縁心心法也聚四過去未來受亦聚五佛説四
不樂不苦也云何得知我苦我樂等　二　事攝人更相
共攝也聚六不可食彼食以何等故佛説不可食也
聚七我以佛眼觀彼衆生利根鈍根也已上聚揵度
中士品　三　心揵度首心意執持不去乎乎心自然持
義也　一也二心一一心縁心境界心相應心顛倒
不顛倒心一　四　三昧揵度賢聖來集佛會有二縁或
切諸心等也　論經或默然也天揵度論三十三天
快哉善生處也此　五　四大揵度論地水火風四大相
二度皆修定境也　生相因相縁造作成物也契經

犍度佛經中說四沙門果　六　更樂犍度欲中染著樂
等聖賢修進有自利利他　現世無事樂此二樂不
應學也更樂爲一嵎更樂習　七　結使犍度垢穢隨顛
爲二嵎痒痒處中其義云何　倒不顚倒及六十二
見乃至一生一住一
滅九結十使義等

華　三經　婆須密集論八　行犍度不以究竟盡諸行不得羅漢及一切行

也智犍度修四禪四　九　見犍度諸法因緣一切諸行
果四諦諸行相定也　各各自因自果也根犍度五
識身境界四意止而迴轉及諸根也偈犍度盡形壽
愚癡謂無勢力知善語惡語盡形壽智慧近善人聞

指要録七巻三十一

善法也偈犍度華囊　十　偈犍度不能渡生死流復不
盛華義愚所樂也　能渡有想無想一切有犍度
謂十二入十二因縁是一切有也集　三法度論　尊
偈度等覺一切智十力四無畏等也　者
山賢造釋僧伽先所撰本也德惡依三法
爲標一法中作三具度成九也其論三巻　上　德品　覺德則
善勝法也三施三歸三相三根三修三種契經三種
師弟子三功德三衣三種伏根三假名具說三具度
中　惡品　惡者惡愛無明當知是惡行善行故身口
意惡行三種爲惡根惡人所行也煞盜婬又爲三
根本惡　下　依品　已說德及惡云何爲依所謂依者
也去去　陰界入此三是依可依說依可依者是立

義作依行德及惡知　入阿毗達磨論上　犍度阿羅
此是德惡所依也　漢造斯論
謂聰慧者於如來聖教具足聞持劣慧者聞對法藏
中名義稠林便生厭心令於法相海中作此論令其
易入也自色心而起解其根　下　欲取見取戒禁取我
境所偶一切名相令了成定　語取此四爲種一切
諸煩惱海自此而波浪無邊汨
沒有情墮死生流無有休息也

成實論十六巻　訶梨跋摩尊者造斯論明佛三藏中眞實妙義成就一切正見破諸邪妄

夏　一　佛五具足品　戒定慧解脫知見具足也
十力品是處非處智力等也四無畏漏盡說

障法諸苦盡■道等也　十號品如來善逝佛世尊
等也　三不護品身口意佛無不淨故不護也已上
佛寶也　法寶三善品入時行時出時於佛法無不
善也　衆法品我法能滅能到涅槃及一切法也
十二部經品修多羅乃至提舍等也清淨戒定慧解
脫知見五品皆淨也　賢聖品四果人是也　福田
品斷盡煩惱能爲福田也　吉祥
品佛法僧爲天上人間最吉祥也　二　立論品　應造斯論以論佛語
佛不自論也　論門品一世界門二第一義門也
讚論品習此論者得智人法也　四法品愛語布施
利行同事也　四諦品苦集滅道也　聚品習此論
通達一切心　心法聚等也　有想品有言二世無一

切有有云一切無心不相應等也　無相品若謂陰
界入有相即是無相也　二世有品實有過去未來
也　二世無品若實有過去未來法即是無也　一
切有無品有云一切法有或云一切法無有無二法
即一切法　三有中陰品　或說有說無和合時見有
而中也　無中陰品若計有即顯無也　次
第品有說次第見四諦有云一時見也　一時品四
諦一時見非次第也　退品有云阿羅漢退也　不
退品有云不退也　心性品人心性本淨以客塵故
不淨也　相應不相應品諸心使有云相應有云不
相應也　過去業品有云過去未受也　辨三寶品
有云佛在僧數在四衆也　無我品實無我法人謂

有也　有我無我品實言有即無若言無即有也
色相品實論實名四諦也　色明品色四大所成也
四大假名品　無實體故名假也　四大實有品謂
堅濕熱動爲性也　非彼證品四大性非有情證也
明本宗品四大性與色法非一非異也　無堅相品
四大體無故性空故　有堅相品能成一切物故
四大相品各有其相也火　四根假名品　六根等皆
有熖水有波風有動也　四假也　分別根品各有
功用也　根等大品從五大所生也　根無知品塵
非根能知也　根塵合離品識生其中明合離也
聞聲品示語則不聞也　聞香品香物相續生香也
覺觸品　不到可知遠住也　意品念念生滅法則

無去相無　五根不定品　諸根定耶不定耶　色入
住相也　相品青黄等色名爲色入也　聲相品
不說因聲成大也　香相品衆香合故其香異本也
味相品　甜酸鹹辛苦淡也觸相堅軟輕重強弱冷
熱澁滑等也　立無數品心意識體一而異名也
立有數品心異心數法異等也　非無數品心心差
別名數也　非有數品以相應故有心數法也　明
無數品若識若覺是諸相等也　無相應品心心與誰
相應也　有相應品受是神識心依之以相應故
非相應品此識依止是受也　多心品心爲一爲多
心是一隨生故多也　一心品知心於五根竅中動
也　非多心品爲種種業坂色聲也　非一心品心

一爲貪等長行等也　明多心品心一用爲多業也
識暫住品　心爲念念滅爲少時住也　識無住品
念念不停也　識俱生品諸識爲一時生爲次第生
也　識俱不生品念念諸識眼識等俱不見生也
六想陰品取假法相名想也　受相品苦樂不苦不
樂也　行苦品衣食等物皆是苦因也　壞苦品
無常壞時生苦也　辨三受品苦受樂受不苦不樂
受也　問受品是人受樂受時如實知我受此樂受
否　五受根品樂根喜根憂根捨根等也　思品何
等爲思願求爲思也　觸品識在緣中是名爲觸也
念品　心作發名念此念是作發相也　欲品心有
所須是名欲也　喜品心有好樂是名喜也　信品

未自見法隨聖賢語心得清淨是名信也　勤品心
行動發是名勤也　憶品知先所更是名憶也　覺
觀品心散行數數生起是名爲覺散心小微則名爲
觀也　餘心數品若不行善或邪行善名放逸也
七不相應行品　得不得無想定滅盡定也　業相
品身口意業善惡也　無作品因心生罪福睡眠
悶等也　故不故品故作業有不故作業也　輕重
罪品地獄業重餘輕也　大小利業品成正覺大業
也四沙門果小利業也　三業品善不善無記三業
也　邪行品身口意三邪行也　正行品身口意三
正行也　繫業品三界各有八　三報業品　生報現
繫業也所繫各不同也　報後報也　三受報

卷　三十三

業品樂報苦報不苦不樂報也　三障品業障煩惱
障報障也　四業品黑業白業黑白業不黑不
白業也　五逆品殺父害母殺阿羅漢破和合僧出
佛身血也　五戒品殺盜婬妄酒也　六業品六道
報果業也　七不善律儀品則五戒中增口惡兩舌
七善律儀品　改惡爲善業也　八戒齋品則八關
也　八種語品四種不淨四種淨見言不見也　九
業品三界各三種繫業身口意所造成九也　十不
善道品則十惡業也
一切有情所習也
八成實論九　十善業道品　轉十惡成十善
東　卷　也　過患品以不善業受地獄

苦也　三業輕重品身口意何爲重也　明業因品
因生業生因滅業滅也也煩惱相品心行名爲煩惱
也貪相品欲貪有貪也■貪因品邪憶念中生色
等欲也　貪過品凡夫顛倒受欲無猒也　斷貪品
習不淨觀也　嗔恚品若嗔此人欲令失滅也　無
明品我心生即無明也由無明故一切惡法起也
十　憍慢品　邪心自高名慢也　疑品於實法中心
不決定也　身見品於五陰中生見名身見也
邊見品或斷或常名邊見也　邪見品於實有法而
生無心名邪見也　二取品於非實事餘皆妄語名
見取　隨煩惱品心重欲眠名睡心攝離覺名眠等
也　不善根品貪嗔等也　雜煩惱品有漏欲漏無

明漏也　九結品貪十雜問品　一切煩惱十使
嗔癡慢疑等法也一所攝也　斷過品無量心
斷諸煩惱也　明因品煩惱爲身因也　立假名品
假名心法心空心也　假名相品假名中示相眞實
也　破一品此一等四論色等一一不名爲地也
破異品異論中離色等法也　破不可說品不可說
論中無有於一異也　破無品若無則無罪福等報
也　立無品諸法實無不可得故　破聲品心念念
滅聲久隨滅也　破香味觸品香不可取味觸何有
也　破意識品亦不能取法也　破因果品於因於
果了不可得　世諦品一十　滅法心品　何謂法
切諸法以世諦故有也二　心云何當滅也　滅

盡品泥洹是名空心也　定因品入正道三昧智也
定相品心住一處是三昧相也　三三昧品分修
三昧共分修三昧聖正三昧也　四修定品四禪天
所修定也　四無量定品慈悲喜捨也　五聖三昧
品初智二智三智四智五智乃四禪定修成也　六
三昧品則神通境也　七三昧品七依七處得聖智
也　八解脫品觀內有色等八也　八勝處品八解
中超勝也　初禪品定生喜樂也三界九地中漸次
修習所斷　十三　二禪品妙生喜樂地也　三禪品
而至也　離喜妙樂地也　四禪品捨念清淨
地也　無邊虛空品則空無邊處定也　三無色定
品識無邊處定也　滅盡定品非非想處定也　十

一切處品無所有處定也　無常想品苦想無我等
十想也　苦想品苦法侵惱是名爲苦具苦也　無
我想品破壞一切　食厭想品　一切苦生皆由
法何處見有我也　十四　貪食也　不可樂品一切世
間皆苦心無所樂也　不淨想品觀身七不淨也
死想品於壽命中心不決定也　後三想品已生惡
不善已善不生惡等也　五定具品定具及定次說
定定具皆有定具則定可成也　惡覺品具足善覺
則惡覺不起惡覺者貪覺等也　善覺品惡覺既除
唯善覺也　後五定具品具善信解行者好樂泥洹
也　出入息品十六行中念出入息數也　定難品
是空離障諸難能成大利也損減善根增長不善皆

名定難勤　十五　止觀品則定慧因也　修定品是
求捨離也　定中念念生滅也　智相品眞慧名
智也　見一諦品但見滅諦餘諦可知也　聖行
一切緣品　若智行果入等名一切緣也　十六　品
空行無我行也　見智品正見正智即是一體也
三慧品聞思修也　四無礙品法詞義語也　五智
品法住智泥洹智無諍智願智邊際智也　六通智
品天眼天耳他心等也　忍智品智能破們名是名
忍也　九智品盡智得世俗九智也　十智品法智
比智他心智名字智四諦智盡智無生智等也　四
十四智品老死智老死集智老死滅智老死道智等
一切智也　七十七智品生緣老死過去現在未來

中切如是是法住智觀
無常有爲作起等也
右什法師所譯成實論十六卷以佛法僧告集
滅道七法爲總別開自如來五具足至七十七
智計二百單二品也小乘教中一切名言法相無
不具列若或提唱講授此可易檢爲詮貴該
一事剖判一法有稽古耳

四　十卷　立世阿毗曇論　此論若經之文義也立世則
建立世間一切有為之事如
起世　一地動品　水輪動即動大威德天比丘神力
經耳　一令動亦動此二因也　南剡浮提品佛說此
樹名也因斯立洲形量花果生處等也　六大國品
佛說南洲因樹立六大國土國中立王統領一切人
民也　夜叉神品佛說洲中立山　二象王品　佛說
建何遂有諸神夜叉八部等衆也　瀾閻著刹國中
有八千象王出現為國吉祥　四天下品須彌頂四
天王世界也　數量品四大洲闊狹形量也　天住
處品帝釋諸天　歡喜園品　諸天遊樂之處也
所居莊嚴也　三衆車園品惡口園品雜園品波利

夜多園品已上皆天人　四賴吒城品勸乂城品博乂
所修業果歡娛之處也　城品毗沙門城品此四天
所居四城園林花　五天非天鬪戰品　諸天修羅鬪
果宮殿莊嚴等也　戰也　日月行品日宮月宮所
居周　六云何品　日月運行分晝　七受生品　衆生
行也　夜四時由旬刻杪等也　造十惡業隨業
六道中受苦　八地獄品　佛說更生獄中受　九小三
果業報事也　八苦一切獄中惡相也　處事也　災疾
疫品　佛說所受劫　十大三災品　火水風能壞一切
數增減成住壞空等　世界有為相物等歸於空也
二　十二卷　解脫道論　大光羅漢造此論欲令樂離縛
者修解脫道聞解脫義得涅槃

槃　一因緣品　偈去戒定智慧無上解脫隨覺此法
也　有稱瞿曇戒者威儀義定者不亂義慧者知覺
義解脫者離縛義無上者無漏義隨覺者知得義此
法者四聖法義有稱者世尊義瞿曇者姓義以此解
脫殊勝功德乃至廣說解脫　分別戒品　戒何相何
味何起何足處何功德何戒義戒行戒差別戒道戒
因去何令戒清淨謂思戒威儀　二頭陀品　坐禪人
戒不越戒及一切戒相行也　成就頭陀功德少
欲知足無疑滅愛精進少求也　分別定品清淨　三
心不亂正住定根定力寂然不動如燈無風也
分別行品　當觀其行欲行嗔恚行癡行信行意行
覺行等分別　行處品依止明師觀其所行授其觀

行則三十八　四行門品　說一切入則修　五行門品
禪行等義　地遍處定門墳趣義也　中四禪
諸定相所　六行門品中虛空　七行門品中修習大
修習也界　處定行相義　安般定心所趣等　八
行門品中所修　九五通品　坐禪人定已成就得五
慈心等諸定也　神通勝力也　分別慧品智慧劍
慧根力慧光　十五方便品　陰方便入方便界方
慧明慧等　便因緣方便聖諦方便此為五也　十
一五方便品中分別　十二分別諦品　坐禪人觀三
四聖諦義相等也　有五趣七識住九衆生居
成畏常現
作意等也

京
七巻　阿毗曇論　如來在日舍利弗以佛所說義
造此論三十卷以顯無比法義
令後代佛子　一　問分入品　辨內六入　二　問分界品
無乖諍也　外六入成十二入義相　則十八界
眼界等所　三　問分陰品　則五　四　問分四聖諦品
造所攝等　陰相所造義也　乃苦集滅道義也
五　問分根品　則二十　六　問分七覺品　念擇法
二根云何用等義　喜進除定捨等覺義也　七
非問分界品　色界非色界可見界不可見界有對
界無對界聖界非聖界有漏界無漏界有愛界等一切界
省
七卷　阿毗曇論八　非問分人品　凡夫人非凡
夫人性人聲聞人菩薩人緣

旨要录七卷

覺人正覺人四果　九　非問分智品　正見正智解脫
人一切等人義　智正覺智邪智聖智等一切智
十　非問分智品中退分智住
分智增長分智解分智等　十一　非問分智中辨六
道輪王所生非處
是處及　十二　非問分緣品　善緣方便善緣解
一切處　有緣方便聖忍聖智十二緣也　十三
非問分念處品　獨在閑靜修四念處除五蓋成一
道也　正勤品謂四精進修習斷惡生善也神足也
欲定精進定心定　十四　非問分禪品　因緣具足則
慧定悉成就也　能得定愛護解脫戒成就威
儀行勇猛修習成四禪
定一一分別義相也

邛
八卷　阿毗曇論十五　非問分道品　如來出世
說種種道種種向道身念
處道定慧道有　十六　非問分道品中淨信一　非
覺有觀道等　心無覺無觀成禪定也　十七　問
分道品中比丘心知分別食不淨　十八　非問分煩惱
相想於揣食心退沒不進等也　品　斷惡法
得善法斷苦法得　十九　煩惱品中內集內法中欲條
樂法廣說不善法　悲怖笙難滿難定貪等也
二十　煩惱品中十煩惱十煩惱結　二十一　攝相應分
一一分別其相分義趣等　攝品　一
切攝非攝法若立　二十二　分攝品中色苦諦係法幾
攝門攝一切法也　陰界入攝集滅道諦於陰

界入幾攝
非不攝
西
二經　阿毗曇論七卷　二十三　攝相應分相應品　七
十二二謂界各六十身觸十三　十一相應門五識界各
心觸名觸等一切相應法義　二十四　緒分遍十緣
七轉十行解一切法等入十緣謂因無間境　正法門遍緒
界依業報起異相續增上已此緣次第分別　二十五
緒分遍品義中分　二十六　緒分假結品　若人眼役
別相續緣業緣等　見疑戒道結中一切結也
二十七　行品觸品分別心品十惡品十善分定品已
上諸品則見品名其義可知蓋前大部中無

不摽顯也二十八分定品義中學除心行出息入息麁心細心等二十九分定品中共明
想定謂火光日月星光
珠光取諸光明相成定五事婆沙論一卷上法救聖者造斯
論一自性事二所緣事三繫縛事四所因事五攝受
事此五事也事者法也以此如纏繫花莊嚴身首貫
此義花莊嚴心慧故先分色品謂色法下分別心品
是麁相就此令易習破麁入細成定也分別心所
法品此二卷止三品前論色法此二論心及心所法一
切法皆色心爲首若了此二則心所有法亦不可得
八卷鞞婆沙論十四卷一與前大婆沙論同本此
十卷三十七略也皆立八揵度謂種

種不相以立雜揵度也説結立結説智立智説四大
立四大説根立根説定立定説見立見等八揵度也
甚深智微妙法性一切智境界誰有此界無二三不
餘唯佛也三結品身見戒盜疑此三爲邪根善品
三有漏處品四流處品四受處品四縛處品五蓋
此卷五品見品名可見其義前大部已標也三處五
結處五下結處五上結處五見處六身四解十門大
愛七使處九結處等品可見義分也章初二十
二根五一入界處六十二處五陰處七色無色法處
品義五義門等也五盛陰六界等可見不見法
處有對無對處有漏無漏處有爲無爲處三世法處
善不善無記處學無學非學非無學處見斷思惟斷不

斷八四聖諦處已上品目
處思之照前見義也
二經鞞沙論九四聖諦處十四禪處十一四等
餘品義也定境義處定
境十二四無色處定八解脫處八十三入智處三三
法除入處十一切處等定義昧處定等
十四中陰處四生處已上四三彌底部論三卷上三彌
十二品義同前大部也
底者此去正量也於佛法正量部中而作是論明生
死報業受生義也人臨欲死時成無記心以何業往
生有業記心或業往惡道無感記心白業若我定
往善道若眠若悶若無心死行制故往業道中異陰者

陰壞時人不滅應憶過去世時事只應此人不下生
應有異人而輪轉生死無有絕時除得涅[illegible]陰
處捨五陰受中陰佛語舍利弗我知人往地獄亦知
往地獄道如記調達應入地獄記都提婆羅門生畜
生記姑羅柯生餓界記給孤獨生天記譏佉王
生人處佛記如是故知人死隨善惡業受生也
六經分別功德論五卷一此論分別如來所説教
法功德及佛滅後結集
功德也迦葉思惟經法言教甚多入方四千香象載
之比阿難所聞所知粗可略分耳即名揵稚集聖衆
命阿難等結集也結爲三藏其法甚深如佛説十二
因緣阿難去此義何深佛去過去脩羅王立海到脐

兒見乃去海殘也即求下乃没王即出之王者我也
兒者没也前世如是乃論生世龍佛四不思議也
二善哉彌勒稱其六度大法集爲菩薩 三佛令弟具
藏阿難但去我聞不去我見等義 知念佛觀
佛形相日不暫 四念佛念法等子念佛弟子各各第
捨心念無已 一者佛爲四衆說其義令各歡喜
五自難陀比丘端正第一已丈 四一論佛說
諸弟子各稱第一論本起也 四諦論 卷 四聖諦
因緣義乃初 二集諦義品 三滅諦行相 四道諦行
苦諦入義也 二分義也 三義品分也 四相義品
分辟支佛因緣 二 上 彼羅國王輔相蘇摩月愛大
也 卷 比此三昔悟辟支佛緣夙因

下 王舍城長者彼羅國王月出舍彌國王大帝波羅
奈國親軍輪王小子已上六緣皆夙世佛所種善
根悟辟支
佛爲說之 異部宗論 一卷 一部執異論 一卷 十八部異
執論 已上三論皆天友尊者造各譯成三也明佛滅
後敎法異執各成其部如大衆部上座部一
說部出世說部灰山住部多聞部分別說部支提山
部北山部一切有部雪山部可住弟子部法上部賢
乘部正量部密林部等也然雖各執其部所宗
至吾皆讚佛乘亦殊途同歸一致鎮象義在

右聲聞小乘對法藏論總三十六部計六百九十八卷

共七十三帙其間重譯者多今逐一指其根實俾
閱藏者易見先賢用心弘[illegible]如來教道有如著也

三十八

大藏經綱目指要錄卷第七

溪

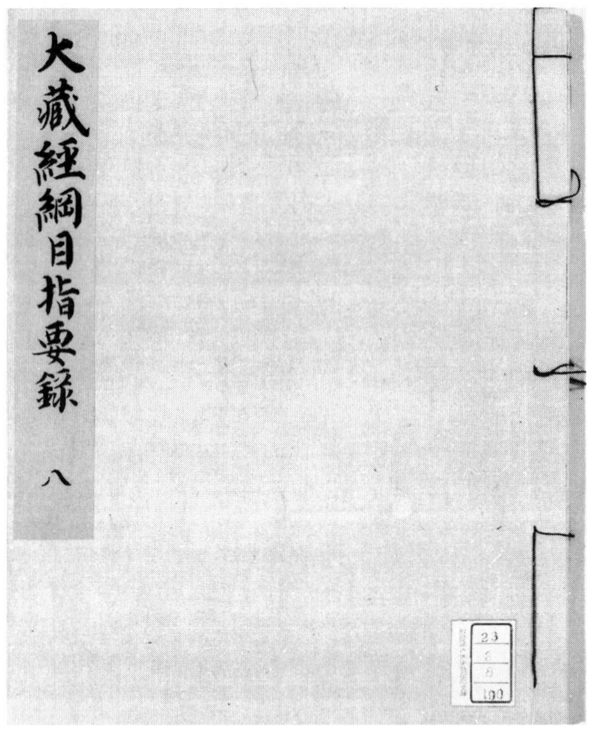

大藏經綱目指要錄　八

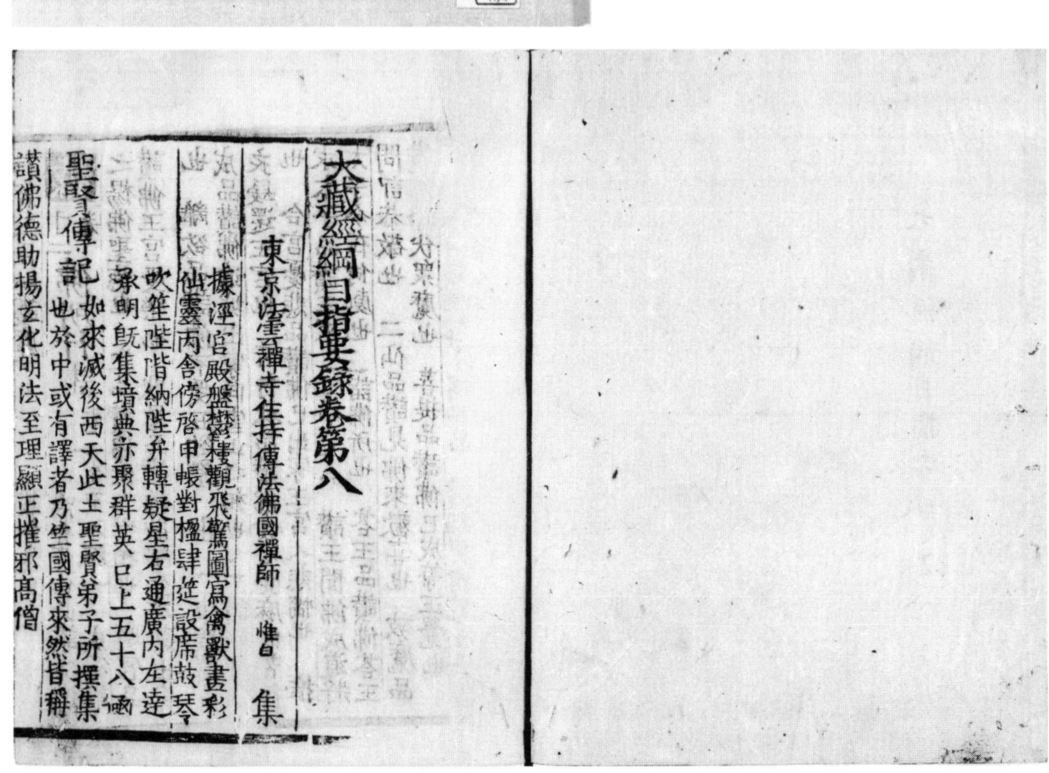

大藏經綱目指要錄卷第八

東京法雲禪寺住持傳法佛國禪師　惟白　集

據涇宮殿盤鬱樓觀飛驚圖寫禽獸畫彩

仙靈丙舍傍啓甲帳對楹肆筵設席鼓瑟

吹笙陞階納陛弁轉疑星右通廣內左達

承明既集墳典亦聚群英　已上五十八函

聖賢傳記　如來滅後西天此土聖賢弟子所撰集

也於中或有譯者乃竺國傳來然皆稱

讚佛德助揚玄化明法至理顯正摧邪高僧

大蔵経綱目指要録　第八冊（表紙／見返・一オ）

行實王臣弘護靡不書之乃千載玄鑒耳
據十二卷　佛所行讃五卷　一馬鳴菩薩作此讃從佛生至入滅一一成頌讃
之楊佛聖德也　生品讃佛生吉祥相也　處宮品
讃佛王宮受樂也　厭患品讃佛厭離生死慕出家
也　離欲品讃佛不受五欲樂　出
成品讃佛逾城出家向雪山之相也　二　車匿還品讃佛令馬
衣髮還王宮也　苦行林品讃佛食麥食麻修苦行
也　合宮憂悲品讃佛已出家王宮人悲惱也　推
求太子品讃王求　三　王詣太子品　讃王聞佛成道將
太子今在何處也　詣佛所也　萏王品讃佛萏王
問訊恭敬也　二仙品讃見佛來歡喜也　破魔品
讃佛降伏衆魔也　菩提品讃佛已成等正覺也

轉法輪品讃佛轉　四　弟子品　讃佛度諸聖弟子也
正法輪度人也　大弟子品　讃佛已度瓶沙王
及大弟子出家得道也　給孤獨品讃佛化長者布
黄金地也　父子相見品讃佛與淨飯王相見也
祇洹品讃佛於此度無量衆也　醉象調伏品讃佛
慈行調伏醉象也　摩羅女品讃佛爲説法不起欲
愛心而猒　五　神力住壽品　讃佛以神通智力慧命
女身也　而常住世　離車辭別品請佛入滅三
月後却來也　涅槃品讃佛示涅槃相也　大涅槃
品讃佛最後受純陁供度跋陁羅也　歎涅槃品佛
入滅時有一天人讃歎爲諸天説無常偈也　分舍
利品讃佛聖自火焚諸天諸龍諸神諸王各分舍利

供佛本行經　與前同本異譯今　一　因縁品歎如來
養　略標品題前也　品降胎品佛生
品占相品決疑　二　遊宮品憂懼品樹蔭品　三　爲瓶沙
品入譽論品　出家品車匿品王問品　王説法
品不然阿藍　四　度五比丘品度寶稱品廣　五　爲毋説
品降魔品　度品大神變品一一成讃　法品憶
光品維耶離品歎定光　六　調達入地獄　七　大滅品歎
佛品降象品勸捨壽品　品現乳哺品　無爲品八
王分舍利品　已上諸品
皆是同前部頌小異也
經十二卷　百縁經　一　滿賢婆羅門遣請佛名稱女請佛
難陁見佛五百商人入海採寶貧

人須摩持線上佛婆持加困病王家守地人花散佛
二梵志各諍勝如來度二王出家長者七日作王巳
上十種因縁　二　舡師請佛度水觀頂王請佛法護王
佛現在事　請佛洗浴佛救濟度病天帝釋供養
佛現帝釋形化婆羅門乹闥婆王此云尋香行作樂
讃佛煞生人如願當死求出家頻婆羅王此云影堅
請佛帝釋變　三　化生王子成辟支佛小兒散花供佛
竹林園等　女人以金輪擲佛老毋善愛慳貪舍
香長者請佛舡師請佛僧過水婢佐以旃檀香塗佛
足貧人拔提施佛樵木作樂供佛成辟支佛劫賊惡
奴　四　蓮花王捨身作赤魚梵豫王施婆羅門穀尸毗
縁　王剜眼施鷲善面王求法梵摩王太子求法婆

羅門從佛索債度五百力士免燒身五富那奇墮餓
供仏〻法護王子為毋煞劫賊樓陁鬼賢善長者
婦墮餓鬼惡見不施水墮餓鬼盤頭羅墮鬼身臭口〻
連入城見五百鬼優多羅毋墮餓鬼生盲餓鬼長者
若達多慳貪墮餓鬼鬼自生還噉五百子閻六長者
蹊　指要録　八巻　二
婆羅似餓鬼巳上十緣皆餓鬼業報因緣也賢面
慳貪受毒虵身月光兒生天緣採花供佛生天功德
意供塔生天須達多乗象勸化鸚鵡子王請佛王遣
使請佛命終生天佛度水生天二梵身作金色身
志同受齋五百鴈聞佛說法等緣七有旃檀香有
大威德有大力為人所敬頂上有寳蓋長者子妙聲
百子同產頂上有珠布施佛幡皆前緣所修今生出

生現相八寳珠比丘尼生時光照城内善愛比丘尼
出家生有自然食白淨比丘尼衣裹身生須漫
比丘尼辯才舞師女作比丘尼伽尸比丘尼生時身
被袈裟比丘尼額有珠驄塞摩比丘尼生時二王和
解波斯匿王醜九海生商主須摩花衣隨身寳手比
女盜賊人緣丘三藏比丘耶舍蜜多化生比丘
衆寳莊嚴罽賓寧主拔提國王作十須菩提惡性長
比丘佛度王子護國出家等緣老比丘在母胎
六十年九手比丘梨軍支比丘唱言生死極苦長者
身體生瘡醜陋比丘恒伽達長爪梵志孫陁羅端正
等因
緣也

宮十出曜經三十一此經因緣如阿含經亦多出
卷総卷彼部中所云出曜者以一切
有情在生死長夜昬沉睡眠不覺不知佛憫此衆生
出現為作光明以曜衆生心自令其覺悟故首標
無常品令國王大臣人民外道悟一切有為法皆歸
無常也佛說彌勒成佛讓法王治化迦葉阿難等受
囑結集二無常品中偈云如何決流往三無常品中
等緣而不返人命如是逝者不還一切長者
外道人來至佛四欲品佛說一切婬欲因緣
所悟無常法一切所貪欲人死入地獄等五愛品
佛說貪愛人若不修止觀從六無放逸品佛說正
此便沉淪無休一切愛緣念常興起所欲事不

成則七放逸品佛二仙處學定超勝八念品念
清淨彼放逸人尚如此我定得成佛喜生憂生
畏生若無所念何戒品慧人護戒持戒者安慧為
憂何畏對治也九人寳說一切戒法能持人也
十學品護身惡行自正身行護身惡者修身善行
佛說人若自知内心過身外惡而能修習善法也
盛十卷出曜經十一誹謗品佛在祇園有異比丘
呵制如來佛言此非但呵制我
已曾呵制十二信品信戒信慚信佛十三沙門品
過去佛信法信僧信一切善法偈云〻祓
流而度無欲如梵知行已十四道品吾已說道除
盡逮無量德乃所證也愛固刺宜以自勗受

如來十五利養品佛誡比丘不得貪著十六忿怒品
言　名聞利養妨修進道學　佛戒比丘
不得諍競鬪十七惟念品出息入息安般不十八
罵六和義聚　淨觀比丘當善觀察修習

雜品　佛令比丘常自悔十九華品　佛說欲種德
昔所造過惡增長善法　華須得擇地若無好
地花不二十恚品　佛言除恚及憍慢超度諸結
生也　使一切貪癡諸惡邪見自然不生也
盤　十卷出曜經二十一如來品　佛出現世間說法
利樂有情諸有不信者因說
商人入海念二十二廣演品　雖誦千章不義
佛免羅剎難　何益寧解一句聞可得道二十

三泥洹品　佛言比丘攝意如二十四親品　親善
龜藏六若不如是被打首也　不親惡也
觀品　觀已過二十五惡行品　諸惡莫作諸善
惡莫見他過也　奉行佛誡去惡修善也二
十六雙要品　夜虫光更在幽冥如二十七樂品
來出現千日光照及大千界　佛說人
無勝負心自然快二十八心意品　佛出世令人降
樂安樂無惱也　伏心意去其穢惡心意招
致衆禍二十九沙門品　說比丘乞求三十梵志品
本也　自足而已不須畜積也
若見侵欺但念守誡端身自調是謂梵志已次佛說
梵志所修所行然此部經是高僧在外國誦歸流布

[illegible]　十三卷賢愚經高僧惠覺等八僧遊方同道至于
闐國遇大會五年在彼歸至高昌
國各隨所聞所記集成此一部十三卷以佛出世清
淨正眼分別賢愚善惡過去因地修行遇賢遇愚故
此云也賢即衆一夜叉說偈王身挂千燈濟鷹飼二
善愚即衆惡　虎爲王太子求法入火等緣
醜女金財花天寶天波梨慈三鋸陁身微妙比丘尼
力王降六師已上七因緣　阿輸伽施上七瓶
金施差摩現四摩訶斯陁優波夷尸五沙彌守戒自
報貧女難陁利毗提此二種因緣　煞長者無眼
耳舌貧人夫婦施氎現報迦旃延教老母六月光王
賣貧金天緣重姓緣散檀寧已上七因緣　施頭緣

七大劫賓寧梨耆彌七子設頭八蓋事因緣大施抒
羅徙寧三十二子等四緣　海緣此二緣起也
九淨居天請佛洗浴善事太子入十阿難總持優婆
海及如來因地修菩薩緣起也　斯兒所煞緣兒
悞煞父給孤造寺六師與舍利弗鬪勝十一無惱指
發上心緣勒那舍耶迦毗梨百頭等緣　鬘檀膩
鞞十二摩頭羅世質檀彌離象十三鴈聞說法生天
緣　護波婆離鸚鵡聞四諦　堅誓師子梵志
施佛衲授記佛說起慈心緣頂生王曼女十子緣婆
世躓優波毱提注水中虫沙彌均提已上共五十緣
其緣如百緣經出曜經前諸部大
小乘經律論中亦多出引證詳之

攝三經 修行道地經七卷 一 佛滅後七百年中尊者衆護作此經謂十善可修十善可行若能修能行至無爲之道證其大士地位也 集散品攝散亂生死心歸清淨性也 五陰本品五陰相品分別五陰品五陰成敗品此四品皆談五陰也是知爲生死之根本耳 二 慈品若無慈心不能修行也 離恐怖品若戒行清潔自無畏也 分別相品分別一切善惡相須當智火燒苦惱薪也 三 勸意品 修行人自正其心也 離顛倒品若離此卽正見也 曉了食品雖百味麁細乃一飽也 伏勝諸根品調攝根境也 忍辱品若不忍辱不能修行 棄加惡品雖加惡言不起嗔也天眼

指要録　八卷　四

品天耳品念住品知人心念品地獄品巳上諸品見品則見其義也 四 歡悅品 修行人心自念我得善利脫八難苦生欣悅也 行空品修行者有吾我想不入於空非眞修行須入其空也 五 神足品 修行成定得神力也 數息品消有漏得無漏也 六 觀品 修行人入深觀境破其根塵也 學地品修行人須學世間一切呪術法破邪見也 無學地品無學品二品義可思而知 七 三品弟子品 喩如一父而有三子各自性行不同父須教納令其孝順成其家業三子喩心意識令成定智慧也 緣覺品菩薩品謂修行人始自住樂散亂心觀五陰攝六情破十惡修十善成觀行得定智神力或爲緣覺或

爲菩薩也 道地經 安息國三藏譯前大部中出同本 僧伽羅刹所集三卷 上 梵云僧伽羅刹此云衆護也尊者既集修行道地復集此稱揚如來爲菩薩時修慈悲喜護四心弘濟有情遂得成佛也 中 說佛夙願力故欲利衆故成道已來隨處轉大法輪利樂人天有無量衆見佛聞法聞佛知佛皆獲益也 下 說佛演其道跡如王大道行者必至佛法涅槃路有能修行者必至鷲攝遇惡作惡遇佛成佛可知也

觀三經 菩薩本緣經三卷 上 如來因地爲輔相子摩羅婆爲國王一切施爲太子一切持緣 中 太子一切持善吉五月光王皆如來因中行菩薩行 下 如來因中爲兔爲鹿爲龍三因緣等義 百喩經四卷 一 僧伽斯那撰此百種喩外道邪見比丘破戒俗不布施不習大乘不求小果俱失也愚人食監愚人集牛乳婦詐語稱死渴見水子死停家中謊人爲兄歎父德行等二十喩 二 入海取沉水水火爲婦貧鼻牧羊人雇借瓦師等二十喩也 三 估客驅死磨大石飲食半餅等二十四喩 四 口誦舡師法而不解用婦夫食餅共爲要共相怨害喩乃至小兒得大龜等三十五喩最爲密喩也 菩薩行門諸經要集三卷 上 象腋經決定業障經維摩

經如來智經義諦品經般若經法界品經寶髻中海
所問經法師品經決定毗尼經清淨毗尼經慧
所問經樂嚴經巧方便經勝積經如來藏經上下虛
勝毗尼經伏魔經富那問經寶童子經寶積經空
藏經如來境界經阿闍世王經離垢所問經文殊所
問經遍照經菩提經寶聚經那羅延經一切功德經
密嚴經梵網經佛所念經法集經阿差末經集會經
郁伽長者經具戒品經深密經勝鬘經無邊門經巳
上四十二經節要辯明如來因中行菩薩行廣
行六度妙行集出令人依此修習成佛果也
飛 十二 付法藏傳 六卷 一 如來迦葉 二 阿難尊者商
經 二因緣等 那和修二因

緣 三 優波毱多 四 耶舍尊者化 五 提多迦彌遮迦婆
也 弘道行法 阿育王等緣 須密難提伏馱脇
尊者富那馬鳴迦 六 提婆羅睺羅僧伽難提伽耶舍
毗摩羅龍樹等緣 多鳩摩羅多闍夜多婆修盤頭
摩拏羅鶴勒那 坐禪三昧經 二 坐禪人先至師
師子尊者等緣 卷 上 所師問一一於
戒法無所犯絕諸過惡然後授與禪法先對治 下 坐
貪嗔癡妄想惡覺作五停心等觀除邪念故 禪
人雖得一心而未成定力猶為欲界煩惱所亂當作
方便呵除漸以修習四禪八定消滅三界苦本成道
惟曰雜難經 說如來為菩薩所修三十四意調四諦
十六意十八行不共一一分別解說其

義自因地至出現示諸 四品學法 德學真學為上
因緣利生等事法也 品具戒學承法
為中品畢戒依福學為下品不持 呵色欲法經 女
戒但行三歸為外品故云四品也 色
者世間枷鏁世間重惡世間衰禍凡夫戀著不捨女
人其言如蜜其心如毒一切過惡因此而生唯智士
不被其 治意經 佛言安般守意立身立意意巳止
惑也 意行戒行禪行空究意時時以法
觀得入正念 治身經 獨坐一處但當正意一坐一
成禪定也 卧一行得能勝身巳勝身為
身身自在身無有過身 迦葉赴佛涅槃經 在山
受戒身隨法行身等義 中說

法集諸弟子六比丘同夕得夢不祥即下山逢 力士
外道巳將花來云佛滅度即詣棺所悲惱也
哀戀經 金剛力士見佛滅度悲哀懊惱作如是言
如來捨我我今日後無歸依處毒箭深入
我心無量言詞無量哀惱 佛說醫經 佛言人身有
至誠哀切如來圓寂也 四病地水火
風以此四大四時不調貪染世間一切惡欲無有休
止乃成病惱若能持戒修行精進為道修習禪定其
病自 佛使迦旃延說法沒盡偈 人年纔壽百正
無耳 法之光明在世
不久沒正法巳滅盡比丘眾迷惑常捨諸經法聖賢
之所講反受雜文章廢損佛所說更互相求短等

百二十偈義
意苦切誠也
鷲二經雜寶藏經十卷一十奢王王子肉濟父母鸚鵡供育父母棄老國忉利八卷六
天六二六牙白象免自燒身善惡獼猴智水滅三火
緣長者子迦尸國王弟諫兄孝行聞天子梵摩
達夫人已兄弟二人俱出家仇伽離謗舍利弗龍
上八因緣三王偈提婆達毀傷佛共命鳥白鵝王大
龜二輔相危構山鷄王吉利鳥老仙四貧人麩團施
二估客八天次第問法等十二緣佛貧女兩錢
施乾陁爲畫師設食夫婦自賣救蟻子長命國王治
塔寺補寺壁孔見佛求長命客作設會施佛鉢食愛

道施五供迦葉佛塔八戒齋生天燃燈供佛華散成
衣蓋供養佛塔作浮圖禮佛作齋施氎金錢雀
持五戒掃地見佛甘蔗施羅漢香塗佛足造六帝釋
佛講堂賈客造舍等二十四因緣現獲報問事
陳如等說七珠施佛出家正佛足血波旬來惱利養
往日因緣災患賊見佛生天刖手足人念佛波斯
匿王遣人請佛兄勸弟奉佛父八夫婦惡心向佛難
遍子出家驅毒龍入海等緣陁佛遍出家力士
化賊輔相闍法雜欲外道九解王八夢金猫緣惡
投火聚鴈聽法醉象緣生王得王百鉢緣十
優陁羨王羅睺羅老婆羅門諂偽婆羅
門婦欲姑鳥獸報冤婢鬪羊等因緣那先比丘經

二卷上象至聞法其前世同修行各發願後一爲彌蘭
王一爲出家比丘名那先其比丘與象同日生
父母安名那先以天竺象名也彌蘭初不信佛法那
先往化王問佛法又問世法比丘曰請王先問王曰
我以問了那先曰已答王了王曰汝何語言答也那
先曰王何所語言問王曰朕無所問那先曰臣無所
答下王復問曰人欲作善當前作之當後作之那先
也曰當居前作之在後作之不益人如渴時掘地
作井求水種
種說法也
圖十一經禪法要解二卷上學禪人先持淨戒然後作
不淨觀停心觀種種觀察

成其下坐禪人求虛空定時當念色爲一切衆苦具
定境本觀其五陰如病如癰如瘡如刺苦空無我
一切達摩多羅禪經二卷上佛陁三藏譯謂三業之
觀想興禪智爲宗禪非智無
以窮其寂智非禪無以深其照也得其道者自迦葉
阿難以降達摩多羅佛大先二聖師也佛陁親傳故
標名耳安那般那分遂行有方便道勝道此二門甚
深微妙也安般勝道念住升進決定等分各是偈言
無長下不淨觀分住分陞進分決定分觀界分皆偈
文也言也四無三昧觀陰觀入觀十二因緣皆長
文說五門禪經要用法坐禪之法要有五法一安
義也般二不淨三慈心四觀緣

注觀經下品目
在涅槃事略法於
注觀經全无然
文

五念佛前三內境界後二縁外境界世觀佛觀白
骨觀身觀他身觀地水火風空識一切境皆成三昧
入其定相目　禪要經　呵欲爲先坐禪若不呵欲一
然得解脫身　切世間愛染虛妄自身不淨
不實之法無由　思惟略要法　身有三病風寒熱也
入得禪定也　世藥可治心有三病
貪嗔癡也唯佛法藥可治若要治此病如將軍入陣
須得勇健方能破賊若除此病須專注一心勇猛精
進修諸觀定然後乃　十二遊經　從佛上祖輪王至淨
除其病得安樂法　飯王生佛修行得道
十二年中遊十四國　法觀經　四無量觀不淨觀白
說法利樂一切衆生　骨觀生身觀法身觀

指要録　八巻　十

十方佛觀念佛觀無量　內身觀章句經　一切一其
壽佛觀實相觀法華觀　心身非人
非命以身即敗亡非身身非我身非　雜譬喩經　如
常亦昔非彼應爲身身都無可有　有
比丘垂死弟子問得果報云未何故未云欲待彌勒
云彌勒說法與今佛異耶云無異也云既法不異何
棄今佛而待彼佛即默然思之即得應真　十八部論
其餘一切緣起不可具錄皆是因縁也
文殊白佛言世尊入涅槃後未來弟子云何諸部分
別佛告文殊未來弟子有二十部能令諸法住二十
部並得四果三藏平等無下中上譬如海水無有異
味一僧祇部此云大衆　一體毗履此云老宿於此二

部分出十八部　舊雜譬喩經二卷　唐僧會譯其
共二十部云　縁起與前多
同百
縁等
焉(?)　四經　阿育王經十卷　一　生因縁品　爲戲沙兒以沙
爲趣上佛記爲鐵輪王後生
頻婆羅宮爲王南浮提造　二　既壞地獄造八万四千
生地獄而比丘得道化之　佛舍利塔詣寺見優波
笈多及耶舍　三　王將十万金供養佛生處
等衆聽法　菩提樹及轉輪處各十万　四　王一日
万四千塔已即生一兒名　中造八
五　阿育王以半菴摩　六　佛
鳩那羅詣寺受記失目　勤果施衆僧因緣　記

優波笈多吾滅後一百年乃　七　佛記迦葉阿難末田
無相佛出現作佛事因縁　地舍那婆私優波笈
多　八　優波笈多因縁則　九　兜九千牛味南天竺出家人
也　記五人傳正法　皆優波笈多化度弟子衆
亦各有　十　樹慳鬼垂食骨想前刷貪等
夙因　因縁皆笈多化度得道衆因　雜譬喩經
昔有比丘令一沙彌擔衣物隨行三發菩薩行心三
退師三令在前行自將衣物却三令退後令擔衣物
乃大乘小乘心不易得也乃至聖王九
百九十九子等四十因縁亦多與前同　天尊說阿
育王經　爲王天下悉皆歸順唯有龍王未　雜譬
伏乃將兵取佛舍利與龍王戰勝

喻經上佛慈悲度人常以四事一正法水洗心垢二
經法飲食令飽三禪定三昧隨時興建四以
四恩饒益一切常令歡下安息國商人至罽賓國見
喜乳母養子亦如是　比丘得五通六通者衆遂
出家得五通未斷昔本即歸本國現神變其
後欲心既動退失五通無惡不作師往度之
喻經三　阿育王傳七卷與前同本各譯略也　阿育王息壞目
因緣經前部已出此皆長頌　四阿鋡暮抄解二卷阿鋡暮者此云趣無也羅
漢素䟦陁撰說三法門謂德惡依三也與前三法
度論大同小異此什法師所譯曲裁聖意尤周美

數經十二　法句喻經四卷一梵志護戒多聞篤信戒慎惟念慈仁言語雙要放逸
心意花二愚暗明哲羅漢述千惡三者耄愛身世俗
香十品行刀杖等六品緣也　述佛要寧好喜
忿怒塵垢奉持道行廣衍利養沙門梵志泥洹生
地獄喻象愛欲等十四品四死道利等六品通前共
三十八品各品中一　法句經二卷法救尊者將前三
緣兩緣乃至五也　十八品中文述戒
偈各品分章見其義意然　佛涅槃後撰集三藏
習人見品名知其義耳
經以佛說十二分教三藏之文撮　阿含口解十二因
要成一卷長偈頌俾其易解也

緣經分別無明行識名色六入觸受愛　文殊發願
有取生老病死憂悲苦惱等也
經身口意清淨除滅諸垢穢一心恭敬禮十　阿毗曇
方三世佛普賢願力故悉覩諸佛相等偈
五法行經苦法習法盡法道法一色二意三所念四
別[illegible]意五無為是五行也一一廣說也
迦葉結經佛滅後集衆聖　三慧經佛言一信二聞
結集佛三藏教　三行是三者得
佛法分乃至一　一百五十讚佛偈尊者摩咥里造
一說三法因緣　讚如來殊勝功
德如初偈云世尊最殊勝善斷諸惑種無
量勝功德總集如來身其餘偈義則可見　六菩薩

當誦持師子遊戲師子奮迅師子幢師子
作堅勇精進金剛慧等六大菩薩　觀音讚
唐慧智譯進上皆
七言長頌讚德也　小道地經喘息生死一切因緣宜常消息修習戒行不能
者多為善
云小道
盡經十五　無明羅刹經或云集論也然以折叱王
為喻為生死害盡人民王
即尋其根本遂降伏諸羅刹衆至羅刹無明窟宅宮
殿盡皆破除拔其無明羅刹王然後一切羅刹不由
人民為害也設此為喻菩薩觀十二因緣從死
逆推至無明處一一問一一觀察盡其根源也　金七

十迦毗羅仙爲婆羅門阿修利說七十偈因又解
論之明三苦爲本一依內苦二依外苦三依天苦
及自性大我慢聲觸色味香乃五唯也耳皮眼舌鼻
五知根也舌手足男女大遺五作根也及心根也於

此中生五大謂聲生空大觸生風大色生火大味生
水大香生地大是唯二十五諦眞實之境從自性變
異中生昔中印天親菩薩至罽賓國爲王解說其義
王曰師說此七十偈義義義如金遂賜金七十斤因
立名
耳　勸戒王頌一卷說法要偈一卷勸發諸王偈已上三偈
同本各譯也皆中印土龍樹尊者作此偈代書寄南
印土國王禪陁令猒離五欲奉重三寶行慈行仁養

百人民求脫生
死證解脫樂　迦丁比丘說當來變經告衆云當來之世去
聖時遠比丘衆不持淨戒不習禪定不求悟道唯求
利養貪染世俗親近白衣輕毀已衆遞相妬嫉壞滅
佛法　聖十句義論勝者慧月造也一實二德三業四
教也同五異六和合七能八無能九俱
分十無說實句有九地水火風空時方我意此
九皆實也例此一義餘十義一一分別解說　說法
經　賓頭盧爲優陁延王說欲樂味甚少憂苦患甚多
是以智者應修方便大王當知國土猶如羅網當
知此身終是敗壞覺悟無常死生求其出
離先行智忍爲本不可縱已自在等也　婆藪盤

豆法師傳此云天親也其中所載名氏出處出家弘
法得道與兄無著請彌勒說法及破外道
金七十論偈國王賜金分爲　分別業報略經　大勇
三分先習小乘後通大乘　菩薩
說此一長偈誡一切人修善業
善報惡業惡報千万劫自受　馬鳴菩薩傳　述菩
道降伏外道及脇尊者摧破　薩得
邪宗顯揚佛宗正法眼藏也　提婆菩薩傳　才辯絕
天竺諸國投針傳龍樹心印化　倫名震
度廣破外道利益國王大臣
彩
經　三　釋迦譜五卷一　始祖相承姓劫初姓瞿曇世任
姓釋迦降生成佛七佛種姓同

異同三千佛內外族姓弟子姓釋四部　二　大愛道出
名聞弟子此卷九譜皆大小乘經中也　一家淨飯王
泥洹摩耶夫人愛道　三　竹林園祇洹精舍髮爪塔天
泥洹滅夙業等譜也　上四塔檀像金像石像留影
在石等　四　雙林涅槃八國分舍利天上龍　五　育王八
八譜　宮舍利塔龍宮佛髭塔等四譜　一万四千
塔夙緣感此八万四千之塔因　釋迦氏譜　一所依
法滅盡及盡相等四譜僧祐撰　賢劫二
氏族根源三所託方土四法王化相五聖凡　釋迦方
後胤此五譜中事迹與前同其中小異也
志　二　封壃篇謂娑婆世界也統攝篇化三千大千
卷上　中邊篇出現中印天地之中也遺跡篇處處

説法利人也加以下遊履篇教至此土流通也通局
五天竺國顯相事一篇教歴朝代有信者不信者也
時住篇佛法在世劫量也教相篇教至一千年入
于中華前後帝王見其佛法相也皆宣律師作
奚　旨要録八巻十
仙　上巻　經律異相　五十巻　一　天部諸天成壞劫修短
日月星雷電雲風雨三
界諸天劫數壽　二　天帝從野干受戒修羅五縛天鹽
量三災等也　驢胎還身禦梨天子布施天命終
見佛生人中手出甘水豬中生人道天女化生物天
女口蜜天女聞鹿牛彈琴已上十一因緣經中録
三　地部閻浮提鬱單國界所産精舎山　四　佛部得道
嶺河海寶珠人飲乳多及壽量同異　師宗託生

王宮現跡成道阿難問葬　五　益物部方宇光三密食
法現涅槃摩耶五衰相現　馬麦鐵槍擁耳不及各
聞一句度象王化盧志度五比丘化屠兒及無信人
五百賊出家吹藥入賊眼化貪慳夫婦婬女指現師
子足散　六　舎利起塔及壞塔髮爪石塔人間塔天上
石等　塔舎利骨塔迦葉佛塔五百塔金剛塔造
形像法滅盡已上　七　釋氏緣起淨飯捨壽摩耶上天
多是造塔因緣　愛道出家羅睺羅處胎出家佛
夜得道難陀調達阿那律跋提等出家　八　聞法實心
琉璃滅釋種五百釋女報佛車匿前緣　捨身淨藏
淨眼化父割截身得四禪定求半偈賣身　九　文殊今
發心一切世間皆爲女人發苦退家業　醜女取

銘普賢護五法師久忍衆普手出龍象降伏海神阿
難所譏煞身濟衆鳥巣頂上入海求珠現長舌相等
十　如來因中爲帝釋爲婬女爲尸毗王爲睒子爲仙
人度估客爲國王布施捨眼治梵志捨國城妻子
■　危厄出軀
出血濟病
盡　十巻　經律異相　十一　如來因中爲術叔爲肉山
大理家師子白象龍熊鹿
鹿王九色鹿鴈鸚　十二　山居女人慧王上首伽須
鵡雀大魚鼈龜等　摩提摩訶盧解夢女人在樓
見佛女人在胎中聞法轉　十三　迦葉金色結集化爺
男身慈術轉身立不退地　毋入鷄山窟頭入定

取鉢陳如等得道三迦葉須菩提阿　十四　舎利弗退
那律端正化婬女前挑燈化跋提等　大乘出家
請佛制戒受浴化地入金剛定性難求擁神力目連
作橋救母魔娆勸弟化梵志鬼神降龍鳥心實等緣
十五　優波離爲佛剃頭入四禪迦旃延教貴貧難陀
奈女三十相化牧女二長者分物先出爲支阿
難奉佛七夢呪禁　十六　末田地變火爲天花舎那變
乞乳化王試山等　雷爲花優波笈多出家付法
藏化虎子羅旬乞食入歳成道　十七　僧大金天阿私
伏惡龍涼風細雨化餓鬼等緣　陀修陀羅差摩
拘提摩訶盧盤特鴦掘摩和叱羅漢兒　十八　魚吞不
弟諍財見羅刹避哭五百盲兒獵師等　死耳億

精進賴吒爲父所要金財花天寶天知足工巧賊作
貪食乞兒拔毋從師白骨等三十一緣皆比丘也
十九伊利沙毗羅斯耶舍難提闡陀摩訶羅持永滿
願遇劫王難誦經居山失志入海者草行乞遇
鬼度獼皆二十選擇八巻遇佛婦病十一從事自誓入定坐禪
比丘也蚍害國王聽法修不淨觀盲比丘聞
法著弊衣族子出
家旃陀羅七子死
丙十巻經律異相二十一調達與佛結怨害佛博學
讚歎索衆爲野狐入地獄
達多爲野干獮猴煞金師二十二沙弥遇佛須陀遇
子四比丘受罪善星謗佛佛均提出家救蟻

推師倒地分別四諦降鬼沙弥二十三跋陀遇佛卅
得通護戒生龍中受垂身等離出家爲王
所逼花色得道蓮花聞法五百女聞法慢不聞
法脫根獲免慳貪從化發狂得道謗佛等緣二十
四劫初人王大王致輪王化四方王捨臂王有大利
王身挂千燈王捨國學道王請佛僧王出家遊四
天下頂生育二十五王聞一偈王捨頭王割肉王捨
王乃王緣也血肉大力王好施王刺血施五
夜叉鹿足王難薩檀王爲奴二十六王因母疾悟道
王聞偈捨妻兒令鬼王移信二王袈裟上佛
和達王布施讓國王棄國學道王護法普明二十七
王兎斑足王難闍世王解疑大光王等緣

王得辟支佛王造塔成果王遇佛得道王弘護法師
王請佛王遇目連安王化四王婆羅門王布施王聞
法王捨外爲婬臣所害王聞法得須陀含彼
習王遇佛二十八斯匿王園生粳米請佛解夢求贖
女命得末利夫人王發願二十九王造殿王請佛解
讚佛耆域瓶沙王等因緣夢王遶塔王兒婦
得解王從佛生信王求治化方法王射育王夫
后不傷王城蚍遶王臨死藏珠等因緣三十人受八
歳沙弥化王后生肉棄水生二子王后悟法末利夫
人持齋王后學道生天國王大夫人與賢者造寺等
舍十巻經律異相三十一投身餇虎燒身成化爲父
煞身血肉施僧月光血髓

救病割肉濟父三十二王子入海採寶求珠喪眼長
母白象捨國等生報父形醜失妃慕魄不言
被理王子捨身藥王子救三十三均鄰得果帝須得
疾王子闍夙宿王孫學醫果祇陀捨五戒行
十善得道太子失目得天眼諸太子三十四金色女
聞佛巳等悉悟道最勝王子堅固求佛爲
夫醜女改顔王女喪夫安悉王女從狗中來王七女
與天帝語王女爲火燒王女見水泡生無常想等因
緣三十五寶稱守籠最勝福增須達中日辯意曇摩
也慳長者毗陀羅婆世躓新生子阿那邠十
五長者三十六流水樹提伽迦羅越忽起經無耳眼
等因緣舌音悦鳩留日難發永先貧香身婦

娠生叫地獄擣衣等十九長者因緣 三十七 沙門億耳入海見地獄持戒鬼代取花指現師子魔試事爲生爲婦中蛊五不死報鬼不能害等優婆塞十四因緣 三十八 割肉救病諸佛自然足産卵成男喪子喪夫遇佛得果無子自梵許子出家願不遂施燈神力不滅天帝相試等 三十九 外道立異六師欲降佛與佛弟子捔力鐵鍱腹烏雀捔道不如自盡文仙造書失通聞女聲通虎獨角仙等也 四十 超術師寶海須頂摩因提乞活兒說一偈奉佛密遠學兄弟四人同日命終棄婦就婢採花煞女等皆梵志緣

傍 十卷 經律異相 四十一 檀膩䩭阿耆尼鷄頭老乞散若納施餅施瞋生龍中入定兒婦信向從佛生爲樹神夫婦吞金錢生女端正佛不言好投火等皆婆羅門因緣 四十二 琅茶聞法悟道郁伽見佛持戒因魚得富以法獲財大意求明珠已上皆居士因緣等也 四十三 瓔珞上佛樹出所須兕羅刹難彌蓮持齋兒射弟濟怙客共鵲生子八味水得金奉親羅刹所縛救將死久貪者死廉者全命害侶值摩竭魚念佛飲酒犯戒鬼畏已商賈因緣 四十四 颰陁以化城請佛升出珎寶五百童戲沙爲塔童子施佛豆牧牛兒取花上佛小兒先身三錢施爲王已上三十八庶男緣也 四十五 捨髮供佛生百兒以兒爲道觀有天宮手出衆物婦化夫念佛火中生子謗佛入地獄火氣入女久身生兒多智等皆女緣 四十六 阿修羅王乾闥婆王緊那羅王雜鬼與諸天大戰爲女興兵見帝釋迴車有女天帝所強爲所漂求長身等緣 四十七 師子象馬牛驢狗麁駱驢狐狼獮猴兎猫鼠師子王捨命食象二子爲獵人煞墮井與虎爲支野干兩古十二獸相化 四十八 金翅千秋鴈鶴鴿雉烏生住所資正音王死相等緣 四十九 閻羅王爲獄司三時受苦問罪人十八獄三十六獄五官禁罪始受地獄命終見善惡八王使者看善惡寒熱地獄金剛山入大地獄各有十六小獄金剛山間別有十地獄等 五十 阿鼻地獄受苦相・十八小地獄各有十八地獄六十四地獄舉因示苦相五大地獄示受苦相已上皆地獄因緣

啓 十卷 陁羅尼集經 梁代法師於前大部中集錄出別行皆是先佛所說神呪秘語也

甲 七卷 諸經要集 二十卷 一 唐西明寺僧玄惲於大藏中錄一千因緣作三十篇目成二十卷敬佛篇第一普敬述意念十方佛念釋迦佛念彌陁佛念彌勒佛念佛三昧等 二 敬法篇二述意說法聽法漸頓求法感福報恩謗法敬僧篇述意順緣違損等二篇十一緣 三 敬塔篇述

意引證興福感報旋塔入寺修故七縁　四入道篇述
也攝念篇述意十念六念發願四因縁　意欣厭出
家引證四縁也唄讚篇述意引證歎德三縁　五受請
也香燈篇述意花香然燈懸幡等四縁也　篇述
意供養簡僞聖僧施食食　六受齋篇述意引證等二
時食法食訖等八縁也　縁也破齋篇述意引證
等二縁也富貴篇述意引證二縁也貧　七將道篇述
賤篇述意引證須達貧兒貧女五縁也　意誡男誡
女勸道眷屬離著
教誡等七因縁也
帳　六卷　諸經要集八　報恩篇述意報恩背恩等三
縁也放生篇述意興害放生

救厄四縁也興福篇述意修福　九擇交篇述意善友
應法觀施洗僧雜福等六縁也　惡友債負懲過等
五縁也思愼篇述意愼過　十布施篇述意慳僞財施
愼禍愼境愼用等五縁　法施擇施福田相對等
七　十一業因篇述意發業罪行　十二欲蓋篇述意五
縁　福行雜業等五縁也　欲五蓋等三縁
四生篇述意會名相攝　十三受報篇述意報類現報
五生中陰受胎等六縁　生報後報定報不定報
善報惡報
等九縁也
對　七卷　諸經要集十四　十惡篇殺生偸盗邪婬妄
語惡口兩舌綺語慳貪嗔

恚邪見　十五十惡篇中　十六詐僞篇述意詐親詐毒
十縁　兩舌縁也　詐貴詐怖詐畜等六縁
墮慢篇述意引　十七酒肉篇述意飲酒食肉三縁也
證立志三縁　占相篇述意觀相歸信等三縁
十八地獄篇述意會名受報時量　十九送終篇述意
典主王都業因誡勗八縁　瞻病醫療安
置斂念捨命遣　二十雜篇述意怨苦八苦厄寓五辛
送受生祭祠等　噴氣便利護淨鳴鍾入衆長相
眠夢雜行等
十三縁也
揔　十卷　出三藏記集録卷十二　一梁僧祐撰此結集
三藏聖教最初目

縁及　二四十二章經安　三安法師所　四諸雜經　五經
序文　般等經目録縁　集經録　目録也　志
録異儀記　六四十二章經安般守意陰入了　七道行
敎師喩疑　本生死十二門法鏡等經序也　放光
須眞普曜賢劫楞　八大品小品法華持心思益維摩
嚴法句等經序　毗摩摩訶自在王涅槃泥洹等
經序　九華嚴卜住戒經阿含大
文也　衣禪要百句等經序也　十道地十慧十法句
揵度十誓論三　毗曇心三法度八
十七等經序也
肆　三　出三藏記集十一　中論百論十二門論成
經　實論千佛名戒本善見

摩得勒等十二陸澄侍郎法論序文宣王法集
經序也　序十誦律比丘明法苑等經序也　十三
安世高支讖安玄康僧會朱　十四　羅什佛陀跋陀　求
士行支謙法護等僧譯經傳　那僧加曇摩毗地
等僧譯　十五　法祖道安慧遠道生佛念法
經傳也　顯智嚴智猛等僧譯經傳也
衆經目録七卷　隋僧法經等撰集弟　七卷中說其本末
造　十卷　歷代三寶紀　十五卷　一　隋譯經學士費長房　撰佛生周朝歷秦年
紀　二　前後兩漢　帝紀年代　三　魏晋宋齊梁周　大隋佛法至紀　四　後漢譯經　年紀録耳　五　魏呉
也

譯經年紀　六　西晋譯經年紀　七　東晋譯經年紀　八　姚秦譯經年紀　九　西秦北涼元魏高齊陳氏
譯經年紀　十　宋高祖文帝世譯經年紀等録
設　二　歷代三寶紀　十一　齊梁周譯經年代紀　十二　隋皇帝世譯經年代
正紀　十三　大乘經目録也　十四　小乘經入藏録　十五　進三寶紀表并總録序其略云有力
於國史録其勳有政於氏碑傳其德況如來大
聖化合無窮而不乘表百王流芳千載者也
衆經目録　大唐愛敬寺沙門淨泰撰集前後高僧所譯經録也

鹿　五卷　大唐内典録　十卷　一　後漢傳譯經録　二　前魏吳西晋三代傳譯
佛經目録　三　東晋前秦後秦西秦北涼五代傳譯佛經録　四　宋朝前齊梁朝後魏後齊五代傳譯
佛經目録　五　後周陳朝隋朝皇朝四代傳譯佛經目録所云皇朝者則宣律師稱唐之語也
鼓　五卷　大唐内典録　六　大乘經正目録　七　小乘經正目録　八　見入藏經
正目録也　九　舉要轉讀大小乘經録　十　衆經闕本録歷代道俗述作注解録諸經支流陳代録疑
僞經論録目録終始序應感興敬録已
上皆南山宣律師搜括序陳佛法也

瑟　十卷　大周刊定衆經目録　十五卷　此一至十　大唐天后
朝佛授記寺
僧明佺等撰
吹　四經　大周刊定衆經目録五卷　通前十五卷與三寶紀及内典
録相同記其部卷也　古今譯經圖紀四卷　沙門靜邁集録自後漢已來譯經高
僧年代讚述與前同出　續古今譯經圖紀　沙門智昇集續前邁法師所紀也譯
經堂中圖繪前後譯經法師儀相乃
作是紀是圖以標姓氏出處行實也　續大唐内典

録讃序 宣律師集出 續前所撰録

笙 六卷 開元釋教録 巨録之與蓋別眞僞明是非 記人代之古今標卷部之多少摭拾遺漏刪夷駢贅使正教合理金言有緒提綱擧要歷然可觀故斯述也 指要録八卷 十五 一漢代譯經法師年紀 二吴代譯經年紀 三東晉司馬氏譯經年紀也 四姚秦代譯經法師年紀録 五宋劉氏代譯經法師 六蕭齊世譯經年紀法師年紀

陛 七卷 開元釋教録 七周宇文氏代譯經法師年代紀 八大唐李氏代譯經法師姓氏 九群經録唐代法師年紀目録也 九傳譯之餘目録 十古經舊經法師 十卷譯經目録等 十一自大般若起天字至命字大乘經律論目録爲準也 十二自阿含經起臨字云英字小乘經律論聖賢傳記等目録 十三別録中所載有譯無譯今大藏此二卷録爲準也 十三或有本無本等經目録

階 七卷 開元釋教録 十四有譯無本經目録等 十五小乘有譯無本 十六支派別行目録 十七同本異名廣出略出經等目録 十七重譯等經目録也 十八疑惑再詳 十九現入藏經目録上卷 二十小乘經現入藏目録於此兩經目卷中分其次第卷軸部帙等

納 七卷 一切經音義 二十五卷 一譯經沙門玄應撰華嚴大集日藏月藏大威德法炬等 二大涅槃經音義訓釋 三摩訶放光道行光讃小品明度長安天王仁王金剛音義也 四見寶賢劫灌頂華手瓔珞佛名月燈十住佛三昧佛名十輪報恩寶雲金光明大雲密跡處胎賢 五海龍王首意等護等經音義 六妙法蓮華八十餘經音義 七正法華至文殊現寶藏等 四經音義訓釋 天字至命字 十二 自阿含 十二

陛 七卷 一切經音義 八維摩經至無畏德女等 六十經音義 九大智度論音義 十般若燈論莊嚴大乘寶性十地善戒地持緣生等論 十一正法念阿含增一等經音義 十二賢愚起世寶藏普曜道地生經郁先陰入本起與起禪經義足等經音義 十三泥洹罪業至馬態等七十六經音義 十四分訓解 十一攝寶性毗曇百論菩提心三具足十一門資音義

弁 六卷 一切經音義 十五十誦律僧祇律五分律音義 十六善現摩德 四分律音義律者常也法也詮也毗尼鼻那耶毗奈耶皆同也此云離行也滅也調伏也化度也

勒伽諸戒本諸羯磨本等二十二云律部音義所云摩
德勒伽此云母也羯磨此云作法也辨事也其餘義
可見十七婆沙毗曇俱舍出十八成實鞞沙解脫曇
也　曜等五論音義　心四諦功德甘露
三法度明了論十九佛本行集百二十陁羅尼六度
相等論音義　撰要　緣經音義八巻　經一切聖賢
傳記等音義此二　指要録　十六
十七本中訓釋義

轉
經二　一切經音義二十一菩薩藏十輪無垢深密
緣起金剛戒本淨土佛

地勝軍法住六　二十二瑜伽師地論音義梵云瑜伽
門等經音義　此云相應也謂一切所緣境
與心相應故師爲習行調化有道之稱也地謂
三乘行境界所依止或所攝義故名地也定也　二十
三顯揚聖教對法攝大乘廣百佛地　二十四俱舍論
掌珍正理成業正滿等論音義　音義梵
云俱舍此云藏也如庫倉　二十五順正理論音義
等之總名舍含藏義一也　已上訓解訖　新
譯華嚴經音義二巻　上　則天序及世主妙嚴品至
十地品一切字音訓解義　下
十定品至法品一切字音訓解義
譯此經罷慧苑法師用心訓釋也

疑
十巻　西域記十二巻　一　大唐三藏奘法師自西域
而還奉詔旨而譯此記也
竊謂南贍部洲東則人爲主也西則寶爲主也北則
馬爲主也南則象爲主寶風土古今之異儀也然此
中國以人爲主之方仁義道德文軌之尊也沿古雖
通四夷入貢然於天竺寶主之國實未同化也蓋地
相遠故因奘師往還遂大歸化耳　二　濫波那揭羅徒
阿耆尼等三十四國風俗之儀也　三　陁邏三國風土

境物之　三　烏仗那鉢露羅呾叉始羅乃至　四　磔迦國
儀也　闍補羅等八國風境異儀也　乃至劫
比他國等十五國　五　羯若鞠闍乃至鞞索迦　六　室羅
風境人物異境也　國等六國中風俗境物　代劫
比羅藍摩拘尸那　七　婆羅痆斯國戰主國吠舍弗　八
等四國人境風物　栗恃尼波羅等五國風俗
摩竭陁國中上　九　摩竭陁國下巻此國中追見　十　伊
巻所說風物　如來成道菩提樹等遺跡也　蘭
拏瞻波乃至秣羅矩吒等十七國遍
見佛遺跡聖境及人物風土好惡也

星
經三　西域記十二　僧伽羅國乃至伐剌拏等三
十三國佛所化處人物風土　十

二漕矩吒國乃至瞿薩旦那等二十二國中佛化境土人物等 集古今佛道論
衡一卷 唐僧智昇於後漢書列傳七十八卷中略出
及漢法內傳述天竺國佛出現事及佛教至
此方摩騰竺法蘭與褚善信論法事緣 八卷七 集古今佛道論衡甲 漢帝夢金
人吳王信佛立塔寺陳思三曹植辨道論晉孫盛老
子非大賢論元魏雙信有興廢事宋文帝會群臣論
佛理坐致太平魏明帝召沙門道士對論梁武 乙 周
帝捨老奉佛北齊文宣帝勅廢道教等十因緣 高
祖世安法師上論遠法師抗論任道林請興佛法周天
元帝開佛法事隋高祖下詔述絳州天火燒老君像

隋兩朝皇帝宗尚 丙 今上召佛道二宗入內詳述
佛理受三歸戒 名理西明寺成召佛道論義
冬雪未降內齋祀召佛道二宗論義幸東都召西京
僧論義在東都召僧靜泰與道士李榮對論又在司
成宣范義頤宅難莊易義皆唐 丁 西華觀道士朝
太宗皇帝朝佛道中事緣等 散大夫郭行真
歸依佛法僧三寶願文及所造佛
像或鑄或塑或畫并供養等緣
右 二經 三寶感通錄 三卷 上 宣律師戒行修潔道心純明以故感天人侍奉
遂問佛法中事及此靈跡之處前後顯應有此錄 中 雒陽畫像建業金像吳中石像七國金像楊都

襄陽荊州吳興等金像旃檀瑞像文殊金像等像也 下 天台石梁蓬萊聖寺鼓山竹林寺林慮靈隱五
臺山石窟終南竹林等處及高僧俗士感通事緣也 沙門不拜俗 六卷 一 僧彥悰集
自晉至唐前後紛華事蓋佛法因恃信毀交質理越
常情紛紜之人惘知攸措奏詔書難答又書皆晉朝
事緣 二 遠法師沙門不敬王者論五篇并詔啓事又論等緣 三 唐朝勅表啓狀并議不拜等事緣
四 議不拜篇二十三章文 五 議兼拜并議令拜篇 六 議拜篇并狀奏詔表啓宣師秀師等弘護
通 十卷 三藏法師傳 一 奘法師姓氏出生出家勵業及求法離神州至西屆

高昌國也 二 三藏自阿耆尼國乃至羯若鞠闍國中間所到 三 三藏自阿踰陁國乃至伊爛拏國
四 三藏自瞻波國至迦摩縷波國國王請師禮敬 五 三藏令尼乾子占歸國因離西天歸至帝城之
西 六 三藏貞觀十九年正月到西京至二十二年夏六月謝太宗皇帝御製聖教序 七 三藏貞觀
二十二年六月高宗皇帝述聖記永徽年中答書等緣 八 三藏六年譯理門論至顯慶元年三月百
官謝示高宗御製碑文等 九 三藏顯慶元年謝慈恩等碑 三成正月隨皇帝駕還西京 十 藏
顯慶三年五月勅詔法師居西明寺至麟德元年二
月玉華宮捨化此僧惠立彥悰成其傳也八卷初尚

藥呂才難因明
論有立破義等
慶 三經 高僧法顯傳 東晉時往天竺求佛經教法歸此飜譯遂述西竺所
見聞佛法事 八卷十八 大唐求法高僧傳 卷二 上 義淨三藏西國還記前後高僧
求法等緣此玄照法 下 此卷自荆州道琳法師傳起
師等五十六人也 若觀此五十六高僧往天竺
求法歷十万里程無量嶮 高僧傳十四卷 一 譯經科上摩騰
岨或在或亡良可憫也
法蘭安清支讖曇柯僧會維祇竺曇帛遠尸梨 二 譯
跋澄難提僧伽佛念耶舍等十五高僧行傳 經

科中羅什弗若流支摩羅叉佛
陁耶舍跋陁羅曇無讖七傳 三 譯經科下法顯無竭佛陁什浮陁智
嚴寶雲求那跋僧伽跋曇摩密多
猛良耶跋陁羅毗地等十三傳 四 義解科一朱士行支孝龍僧淵法
雅法朗法乘潛深支道林法蘭法開
道邃法崇法義僧度等一十四僧傳 五 義解科二道安法和僧朗
法汰曾先僧輔僧敷曇翼法遇曇徽
道立曇戒法曠道壹惠虔等十五傳 六 義解科三慧遠慧持慧永
僧濟法安曇邕道祖僧碧道融曇
影僧叡道恒僧肇等十三僧傳
内 八卷 高僧傳 七 義解科四道生慧叡惠嚴惠觀慧義道淵僧弼慧静曾苞僧詮

等三十二僧傳 八 義解五僧淵曇度道慧僧鍾道盛弘充智林法瑗玄暢僧遠僧慧僧柔慧基慧次慧
隆等二十七僧傳 九 神異科上佛圖澄單道開竺佛調耆域等四高僧傳 十 神異科下犍陁勒訶
羅竭法慧惠則涉公曇霍史宗杯度曇始法
朗邵碩慧安法匱僧慧慧通保志等十六傳 十一 習禪
科僧顯僧光曇猷慧嵬賢護曇蘭法緒玄高僧周慧
淨慶僧從法成慧覽法期道法普恒法晤僧審曇超
慧明等二十一傳明律科慧猷僧業慧詢僧璩道
儼僧隱道房道營志道法穎法琳智稱僧祐等傳 十
二 亡身科僧群曇稱法進僧富法羽慧紹僧瑜慧益慶法光曇弘等誦經科曇邃法相法純僧生法

宗道冏慧慶普明法莊慧果
法恭僧覆慧進等二十一傳 十三 興福科慧達慧元慧力慧受僧慧曇
翼僧洪僧亮法意慧鏡法獻僧護法悦等傳經師科
法橋曇籥法平僧饒道慧智宗曇遷曇智僧辯等僧
傳道師道照曇頴曇宗曇
光慧芬法願法鏡等傳 十四 梁沙門慧皎撰此高僧傳作序具論諸家
得失更名僧傳爲高也東山
嵩高師稱云釋氏之良史也
左 八卷 續高僧傳 三十卷 一 譯經科上伽婆羅寶唱曇曜菩提流支拘那羅
法泰等及
附者傳 二 譯經科二那連耶舍崛多笈多彥琮等并附傳 三 譯經科沙門波頗惠賾惠

浮等三傳　四　譯經科三奘法師郁提二傳　五　義解科上法甲僧詔法護智欣僧若法寵僧遷僧旻

法雲慧澄法令智藏并附見傳二十三僧等傳　六　義解科二慧超慧約曇鸞慧韶慧皎曇永道登僧密

綜　言軍录　八巻　十九

曇准道超等正傳二十一人附見十六人　七　義解科三洪偃法朗法勇寶瓊警韶安廩慧布亡名道寵

惠嵩等并附傳　八　義解科四僧範曇遵慧順道憑靈詢法上道愼僧妙慧善寶彖曇衍惠榮曇延慧遠

等并附見二傳

達　八卷　續高僧傳九　義解科五寶海智方羅雲法安慧哲慧暅慧弼靈裕慧藏

智脫法澄道莊法論僧粲等傳　十　義解科六淨嵩淨玄智閏智聚慧曠智琳淨願智凝法彥法揔僧曇

靈璨法瓚寶儒慧最僧朗慧暢等并附傳　十一　義解科七志念智炬惠海辨義明舜智梵靜淵道宗

普曠保恭法侶吉藏等傳　十二　義解科八慧隆慧海慧覺道判淨業童眞靈幹敬脫善胄辨相寶襲

慧遷智琚道慶等傳　十三　義解篇九惠因惠暠法祥淨藏圓光神素海順曇藏神迴僧鳳道岳道傑

等并附傳　十四　義解科十智琰道基道遜慧頵道宗三慧法恭智正慧稜智拔慧瑜慧持智凱等傳

十五　義解科十一法敏惠璿惠眺靈睿僧辨法常智徵玄鑒玄會行等志寬惠休靈閏道洪等傳

十六　習禪科上僧副慧勝道珎佛陀達摩僧可僧達僧稠法聰智達僧實僧瑋曇相道正曇詢法充

信行慧意等并附見傳

承　七卷　高僧傳十七　習禪科二慧命慧思智顗曇崇慧越僧善玄景智舜智鍇

智越　十八　習禪科三曇遷僧淵眞慧覺瓊法純洪林法海淨端道舜慧歡智通本濟僧照等傳　十

九　習禪科四僧定道林法應智周法藏慧超智晞智滿僧邕灌頂智璪普明智藏法喜傳　二十

習禪科五道昂道哲曇榮淨琳慧斌志超曇韻慧思世瑜道綽明淨慧熙智聰僧徹等傳　二十一　明律

科上法超道禪慧光曇影曇瓔智文法願靈藏通幽道戍洪遵覺朗智保等傳　二十二　明律科下智首

慧璡法勵玄琬慧[illegible]慧滿慧進道亮慧旻傳　二十三　護法科上無曇顯淨靄道安僧勔僧猛等并附傳

明　七卷　續高僧傳二十四　護法科下明瞻慧乘智實法琳慈藏等并附見

傳也　二十五　感通科上勒那超達慧達道泰道融法力植相僧林惠簡僧朗僧意僧照道豐圓通

寶傳僧雲僧遠慧璝等三十三僧傳　二十六　感通科下道密智隱斯那明誕明璨惠重寶積道端

道璨明芬僧蓋曇瑎道貴僧順法顯等四十五傳　二十七　遺身科僧崖普圓普濟普安大志知

命玄覽法曠會通　二十八　讀誦科志湛慧超慧顯道
道休等并附傳　積寶僧崟曇法誠空藏慧
靈遺俗寶　二十九　興福科明達僧明慧遠僧晃任力
相等傳　指　智興道積德美惠胄智通慧震慧　八卷　二十
雲等　三十　興德利慧明道紀法稱眞觀法韻立身善
傳　權智果慧常法琰智凱寶巖等傳然此傳
三十卷乃大唐宣律師所集也續前皎法
師所撰故云耳
既　二經　辯正論八卷　一　唐琳法師所撰也八卷十二篇
明三教出興因依姓氏宗衷也
三教治道　二　三教治道篇卷下　三　十代奉佛篇卷上
篇上卷　明經書所出實僞　自漢晉宋齊梁陳

隋帝王宰輔　四　十代奉佛下卷自高祖神堯皇帝　五
官庶等緣　太宗皇帝大臣官僚國族王親等
佛道先後篇明所生　六　釋李師資篇明老子事佛也
闡教利生年月出處　十喩篇荅傳道士十異論也
九箴篇誡其邪見也氣爲道本　七　信毀交報篇明信
篇明虛妄錯亂計執爲是也　正則善報毀則惡
現報也品藻衆書篇明　八　出道僞謬篇靈文分散靈
教法眞僞辨其妄造也　寶改佛經爲道經偷佛法
四果十地道經未出言出道士合氣天尊及化諸子
爲道書等也歷世相承篇明道家不本老子妄認大
羅玄洞等神仙也歸心有地篇述梁武　破邪論二卷
捨道事佛歸心有地勑文及受戒也

大史令傅奕上沙汰佛法論十一章琳法師　一　辨
其所以破其邪見免一切人墮無因果入三惡道受
苦報也前辨正論中宮學士陳子良作序加以注解
此論秘書監虞世南作序皆助佛揚化生正見也
集　三經　十門辯惑論　三卷　上　唐復禮法師作此論解
人疑惑邪見歸佛法正
見也通力上感門二應形俯化門三淨穢土別門　中
四迹悟見殊門五顯實得記門此五門上卷解說
六反經讚道門七觀業　下　九化佛隱顯門十聖王興
救捨門八隨教抑揚門　替門已上十門義荅太子
文學權無二釋典　甄正論　三卷　上中下　白馬寺僧玄
稽疑十二諦說也　嶷造此論設

滯俗公子問於甄正先生謂時俗昧於正
見多逐邪佞故甄別邪正使行正道也　弘明集
十四卷　一　僧祐律師集前後弘護佛法國王大臣官僚
仕庶僧徒所述辯明之事也牟子理惑正誣
論　二　宗炳明佛論　三　孫綽喩道論宗炳難　四　顏延之
也　蓮社中答也　何承天白黒論書也　光祿難
何承天
達性論
墳　十卷　弘明集　五　更生論神不滅論沙門不敬王
者論沙門袒服明報應論善惡
現驗　三　恒法師釋駁論正二教論　七　難夷夏論諮
報論也　六　難融律謝鎭之析夷夏論　夷夏論厳夷

夏論戎華論等
八 辨惑論滅惑論順師析三破論等也
九 梁武立神成佛義記沈績作序并注蕭琛曹文思難范續神滅論二篇也
十 梁武勅荅臣下神滅論梁 指要録八巻二十一 雲法師與朝貴往還書
十一 何尚之荅宋文帝問佛法事高明二師荅李交州書文宣王與孔守丞釋疑惑恒標二法師荅姚主書僧䂮僧遷荅姚王書遠師荅桓玄書
十二 習鑿齒上安師書謝王論孔釋鄭道子與禪師書范伯倫書表義法師荅何充奏沙門不應拜桓玄遠法師八坐等往還書道盛論檢試僧也
十三 郗嘉賓奉法要顏延之庭誥二章王該日燭等
十四 檄太山文檄魔文破魔露布文祐師弘明集後序

典 十巻 廣弘明集 三十巻
一 宣律師集此廣前祐師所集也爲十篇義歸正篇太宰問孔子聖人老子以佛爲師漢法內傳後漢郊祀志吳主論佛化三宗宋文帝集群臣論佛法事元魏孝明帝述佛先後也
二 歸正篇元魏書釋老志高齊書述佛志皆名臣作也
三 江淹遂古篇顏光祿歸心篇阮孝緒七録序文
四 歸正篇梁武捨道事佛齊文宣帝捨道詔彥悰通極論
五 辯惑篇陳思王辯道論孫盛老子非大賢論沈約均聖論
六 辯惑篇宋世祖唐高祖王度顏延之蕭摹之周朗虞愿張普惠李瑒衞元嵩顧歡邢子才高道讓盧思道也
七 辯惑篇梁荀濟章仇子陁衞元嵩顧歡劉惠林邢子才唐傅奕等此二滯惑也
八 辯惑篇魏太武毀像焚經坑僧周武帝廢立二教議道安法師作二教論以明也
九 辯惑篇舍人甄鸞作笑道論也
十 周武帝立通道觀惠遠法師抗對周武帝任道林對周武帝開陳佛法事王明廣對周天元辯衞元嵩事也

亦 八巻 廣弘明集十一 太史傅奕上省佛僧表法師法琳作破邪論并表上秦王啓等
十二 辯惑論振響寺明槩決對傅奕上表廢佛法僧事并表也
十三 辯惑篇琳法師作十喩篇破李道士十異也
十四 辯惑篇唐門下典儀李師故作内德論此論極精微
十五 佛德篇支道林佛讚遠法師佛影銘謝靈運佛法銘佛記序沈約作宣律師佛瑞像集武帝出寺王舍利頌梁晉安王菩提頌唱導文王僧孺歸佛發願誓文
十六 佛德篇梁簡文帝謝述佛法事書啓十四首并奉阿育寺錢啓沈約等作寺刹像等銘一十首
十七 佛德篇隋高祖立舍利塔詔感應記感應表智等隋文帝立舍利塔詔岐州雍州乃至蔣州等十六州塔
十八 法義篇戴安釋疑論與遠師書周道祖難釋疑論何承天報應論謝靈運辨宗論秦主述佛法說深義等也

聚 七巻 廣弘明集十九 沈約内典序皇太子發講解講二跡竟陵王與劉虬

書梁太子請武帝講金字般若井般若序般若義井謝御講般若竟

二十 梁太子上大法頌井表上玄圃講頌武帝涅槃經疏序湘東王法寶聯璧序簡文帝成實論序元帝内典集林序唐玄則禪林妙記序李大夫法苑序（渓 指要入巻 二十三）

二十一 法義篇梁朝太子諸王朝臣法師等作二諦義法身義謝講啓疏

二十二 沈約生佛不相異義六道相續作佛義因緣義形神義難神不滅義僧眞觀因緣無性義魏收一切經發願文王褒願文隋煬帝願文太宗三藏聖教序中宗聖記褚亮般若心經序等也

二十三 僧行篇曇諦羅什法綱道生曇隆慧遠玄謝玄運智稱玄景淨秀等

二十四 僧行篇魏孝文襃揚僧德詔沈約中食論設會論梁簡文上昂遼法師等十五書

二十五 僧行篇彥悰福田論唐高祖出家損益詔沙汰佛道詔令道士在僧前詔勑三大詔

群 五巻 廣弘明集二十六 慈濟篇沈約究竟慈悲論周顒止煞書梁武斷煞詔斷酒肉文顔之推誡煞家訓篇

二十七 誡功篇遠法師與劉遺民書梁元帝與蕭諮議等書簡文帝與湘東王書隋煬帝與智者禪師書受菩薩大戒智者上煬帝書宣律師統略齊文宣淨行法

二十八 啓福篇秦晉燕國王與太山朗師書沈約爲太子作佛願疏郡王捨身疏梁武行懺悔文簡文帝度人出家願文八關齋序造寺疏勑營[illegible]表願與諸寺作檀越與湘東王等書魏三臺寺詔隋爲祖及戰場造寺詔唐太宗行陣處立七寺爲陣亡設齋詔捨宅爲寺詔度僧天下詔斷賣佛像詔爲穆太后追福詔

二十九 懺罪篇梁簡文涅槃懺文六根懺文入悔高慢文武帝悔文依經悔過文統歸篇梁武淨業賦孝思賦七山賦鹿苑賦大乘賦詳玄賦玄圃苑講賦夢賦傷弱子賦無爲論伐魔詔檄文奏平心露布

三十 統歸篇晉宋齊梁陳周隋唐已來帝王大臣親王官僚名賢法師等三十七家詩頌

奘 六巻 經 南海寄歸内法傳四巻上 義淨三藏在南海見律部中出家人合行儀法集成四十條例寄歸中國令僧依行故云耳一破夏非小二對尊之儀三食坐小牀四餐分淨觸五食罷去穢六水有二瓶七晨旦觀虫八朝嚼齒木九受齋赴請等緣

二 十衣食所須十一著衣法式十二尼衣喪制十三結淨地法十四五衆安居十五隨意成規十六匙筯合否十七知時而禮十八便利之事

三 十九受戒軌則二十洗浴隨時二十一坐具襯身二十二卧息方法二十三經行少病二十四禮不相扶二十五師資之道二十六客舊相遇二十七先體病源二十八進藥有方二十九除其弊藥三十旋右觀時

四 三十一灌沐尊儀三十二讚詠之禮三十三尊敬乖式三十四西方學儀三十

五長髮有無三十六亡財僧現三十七受用僧衣三十八佛遮燒已三十九傍人僕罪四十吉德不爲

三水要行法 一時水知無虫用也二非時水漉豈土屑也三觸用水但得無虫不須分

禮懺儀二卷 上 即一切恭敬等文則今之天下比丘爲作佛事儀也 八卷廿三 下 往生禮讚偈則六時佛事三業清淨進修淨土天宮之法門也

尼傳四卷 梁寶唱作名曾傳遂集比傳顯佛法中出家二衆各有人也自淨檢等六十五比丘尼出家修行實行緣

右聖賢傳記有譯本者六十八部計一百七

十三卷共五十帙天竺法師所述也無譯本者四十部計三百六十八卷共四十三帙華夏高人所撰集也若通前計大小乘經律論總五千四十餘卷四百八十帙以開元釋教錄爲准則今撮略品目所集也其餘隨藏添賜經傳三十帙未入藏經二十七帙天下

寺院藏中或有或無印經官印板却足故未錄略在知者可鑒耳

禪門傳錄共一百卷

寶林傳十卷 西天勝持三藏同金陵沙門惠炬於韶州曹溪寶林山集靈徹師序其間唯後漢自外張成撰大迦葉碑文事迹詳美諸祖緣起如傳燈所錄也

景德傳燈錄 東吳僧道原集錄上進 眞宗皇帝勅翰林學士楊億作序入藏流通賜

逐年聖節度僧一名今蘇州承天寺永安院恩澤是也 三十卷 一 七佛迦葉初祖至十四祖龍樹尊者傳 二 十五祖提婆尊者至二十七祖般若多羅等傳 三 達磨二祖道育道副尼總持三祖四祖五祖等傳也 四 牛頭融師北宗神秀安國師三宗嗣法傳也 五 六祖及嗣法思禪師讓禪師等傳錄也 六 馬大師及百丈等傳 七 三角印宗禪師等傳嗣馬祖也 八 無業禪師等傳嗣馬祖也 九 潙山章敬西堂如會四宗嗣法等傳 十 趙州及鹽官嗣法兩宗等傳 十一 仰山大安嚴陽等嗣法諸傳也 十二 臨濟及嗣法并同孤諸宗等傳 十三 風穴首山及神會一宗自圭峰

禪師等傳十四清源思禪師嗣法石頭天皇丹霞藥山大顛等傳十五龍潭德山清平投子石霜洞山夾山等傳也十六雪峯巖頭瓦官九峰洛浦盤龍等諸傳十七雲居龍牙曹山踈山羅山白兆同安察等傳十八玄沙長慶長生鼓山保福等傳十九雲門太原孚等傳皆雪峯嗣法二十佛日報慈石門太平等傳二十一羅漢琛禪師及同派諸宗傳也二十二智門巴陵香林德山雙泉等傳二十三洞山初禪師奉先深清涼明等傳也二十四法眼進山主修山主明招梁山觀等傳二十五部國師法燈禪師法眼禪師嗣法一宗傳二

十六勳禪師柔禪師天平倚圓通道濟禪師大陽明安慧日智覺壽禪師等傳也二十七誌公傳大士思大天台智者僧伽萬回豐干寒山拾得布袋諸方徵拈代別二十八忠國師神會馬祖藥山大珠無業南泉趙州臨濟玄沙羅漢法眼等諸師廣語二十九大乘讚十二時十四科歸宗香嚴洞山羅漢勁頭陁玄沙龍牙法眼十玄談等頌德敷僧潤詩白太傳八漸偈三十心王銘信心銘心銘息心銘入道四行顯宗記叅同契問心要坐禪箴證道歌了元歌懶瓚歌草庵歌樂道歌一鉢歌浮漚歌牧護歌古鏡歌徧叅三昧歌心珠歌等也翫珠吟獲珠吟歸寂吟此但略標也蓋禪人日夕看讀耳

天聖廣燈録三十卷駙馬都尉李遵勗集録上進　仁宗皇帝御製序文勅隨大藏傳布然此録當傳燈後二十年日月未遠機縁亦小以此語句大同小異今於二録標其卷次宗派照於斯録中所載宗師縁起語要昭然可見

建中靖國續燈録法雲禪寺佛國禪師惟白集録同駙馬都尉張敦禮上進今上皇帝賜御製御書序文勅隨大藏經流布天下逐年　聖節度僧一名令法雲禪寺奏守　御書者

是也三十卷一西竺二十八祖唐土六祖南岳清源石頭馬祖天皇百丈龍潭黃蘖德山臨濟雪峯興化雲門南院首山風穴汾陽等傳也二香林遠禪師薦福古禪師智門祚禪師蓮花峯庵主等傳也三雪竇明覺雲蓋鵬和尚九峰勤洞山寶上方岳金山新開先暹禾山才諸禪師傳也四慈明禪師大愚芝瑯瑘覺海會舉石霜永浮山遠金山穎杖錫己夾山英等諸禪師傳也五天衣懷承天宗長蘆福龍興傳圓通訥雲居舜大溈宥明教嵩等諸禪師傳六大覺璉禪師崇辯銚禪師佛印禪師正覺逸禪師等諸知識傳也七黃龍南道吾眞楊岐會翠巖眞蔣山元淨慈遂泉大道泐潭月

定慧信定山方等諸 八 淨因淨照臻禪師西天竺岳
禪師傳并各派也 雲峰悅金山賢禪師等傳
九 圓照禪師覺海冲長蘆夫棲賢 十 圓通禪師佛日
遷三祖會鐵佛因報本存等傳 才天鉢元上藍
淨 指要録八卷 二十五
達等諸禪 十一 蔣山泉慈雲惠歸宗通大 十二 東林
師傳也 中隆南豐因等禪師傳 照覺
禪師黃龍心黃蘗勝仰山偉泐潭英大溈秀 十三 佛
福嚴感報本元承天琦圓通璣等諸禪師傳 陁
禪師歸宗文雲居祐隆慶閑 十四 眞如禪師海會端
三祖宗百丈肅等諸禪師傳 保寧勇上藍晉等
諸禪 十五 大通禪師金山寧甘露宣 十六 投子顒佛
師傳 天童齊香山泳等禪師傳 日慧覺岳

禪師定慧式隱靜 十七 蔣山榮普照英開先瑫 十八 夾
僊永樂一等傳 法雲白等諸禪師傳也 山
齡華嚴佛慧禪師元 十九 泐潭乾開先瑛東林佛海
豐腦薪羅睛等傳也 禪師圓通僊等諸禪師傳
二十 雲蓋本福嚴演 二十一 佛印清禪師呆南師佛
等諸禪師傳也 光無礙正禪師等傳
二十二 大溈喆開福演谷隱 二十三 兜率悅報慈英
顯薦福英等禪師傳 及同派下諸禪
傳 二十四 育王達大溈訐惠力 二十五 雙林昌淨慈
也 源四祖宣等師傳也 明徑山悟金
山仲雙林光二祖 二十六 投子青和尚招提措少二
果乾明因等傳 材恩及諸宗嗣法傳

十七 諸方拈古 二十八 諸方頌古 二十九 諸方偈頌 三十 諸方宗師述作
宗教偈頌并劄子及上皇帝書夫使宣取降賜
御製叙序稱謝開板上進一宗勝事來歷並在此卷中
式觀禪宗肇乎先佛數周塵劫曷紀歲時
原自鷲峯授手雞嶺笑顏花綻千枝源分万
派普傳竺國大播華夷繼代機緣集成傳錄
然竺天祖師傳法偈頌讖語生緣飜譯在於

何時流通載於何代謹按禹門太守楊衒之
銘系記云東魏靜帝興和四年庚申歲 西魏文帝
大統六年梁武帝大同六年也 高僧雲啓往西竺求法至烏纏
茲國遇天竺三藏那連耶舍欲來東土傳
法雲啓曰佛法未興言止此遂將梵本共譯
爲華言雲啓去遊印土那連耶舍親將至西

魏值時多故乃入高齊文宣帝禮遇甚厚延
居石窟寺以齊方受魏禪未暇翻譯別經迺
將龜茲與雲啓所譯祖偈因緣傳播居士万天
懿殷勤叩問深悟玄旨遂將校對昭玄沙門曇
曜同西天三藏吉迦夜所譯付法藏傳失於次
序兼無偈讖乃寫本進去魏朝證其差誤付法藏傳

當魏武帝真君年中信崔浩寇謙邪說毀
滅佛法至文成帝和平中重興故缺也　梁簡文
帝聞魏有本遣使劉玄運往傳寫歸建康流
布江表大唐貞元中金陵沙門惠炬將此祖偈
往曹溪同西天勝持三藏重共參校并唐初已
來傳法宗師機緣集成寶林傳光化中華嶽玄
偉禪師集貞元已來出世宗師機緣將此祖偈

作其基緒編為玄門聖胄集開平中南嶽三生
藏惟勁頭陀又錄光化已後出世宗匠機緣亦
以祖偈為由致集成續寶林傳　皇宋景德
中吳僧道原集開平已來宗師機緣成傳燈錄
上進
真宗皇帝勅翰林學士楊億兵部員外郎李

維太常丞王曙同議校勘備檢古今傳記詮之
尋具奏聞降　詔作序編入大藏頒行天聖中
駙馬都尉李遵勗參石門聰禪師發悟心地因
聚禪學僧集景德已來出世宗師語要列此祖
偈為根系多總事緣成廣燈錄　上進
仁宗皇帝御製序文勅隨大藏流通建中靖

國元年秋惟白集天聖已來出世宗師機緣憑
此祖偈以爲標本成續燈錄　上進
癸巳　攝要錄八卷　壬子
今上皇帝御製御書序文勑入大藏傳布使
百千萬世知佛祖妙道在　吾炎宋特盛於天
下得非佛菩薩示現爲　國王大臣者乎
禪教五派宗源述

夫出家作沙門者須悟佛心宗明見本性解佛教
旨通暢精義則禪定戒慧了然圓證如說而行乃
眞佛子也若滯之一隅則偏而不通或二俱未習
則名字比丘良可傷哉且佛心者祖祖密傳直指
悟心證性乃雲門臨濟曹洞法眼諸禪門宗師之
所提唱也佛語者則講師演說以論淨戒定慧之

賢首慈恩天台南山諸教明〻法師之所闡揚也然
諸宗門下接踵傳持各代有其人不可備論矣予
傳佛心外竊佛語嘗閱大藏經以其字號隨函
卷軸考東部類品題撮義標而錄之庶幾五千餘
卷綱目頓現定填抑亦俾乎來者於此尤明大旨
然後披其經文則較如鏡像其或略著透脫一路

無俟斯矣然傳道傳教宗源因而述之俾不滯
偏局而通於法道莊嚴　聖世也且
如來在多子塔前分半座而授手金色頭陁使傳
正法眼今教外別行付上根輩而天竺繼之者二
十七世達磨入于中國傳乎可祖至於六代曹溪
門下分枝列派以之今日諸宗師共所提唱者謂

之直指悟心見性宗乃曰禪門也
如來在菩提場文殊普賢二大士當機啓悟而
後馬鳴龍樹二祖師青目清辯二尊者洎智光
法師次第傳演中國則帝心禪師智儼尊者
賢首清涼二國師洎圭峯宗慧廣而序述以之
今日諸法師共所闡揚者謂之一念圓融具德

宗乃曰賢首教也
如來在鷲峯山慈氏菩薩啓瑜識智而後無
著天親二大士護法難陀二尊者洎戒賢法師
續明斯旨中國則三藏奘師慈恩基師大爲嗣
述以之今日諸論師共所傳講者謂之三乘法
相顯理宗乃曰慈恩教也

如來在給孤獨園優波離躬行性相戒法而後
分諸部類雞頭寺耶舍尊者以至諸祖嗣續弘
持中國則僧護慧猷僧業僧祐記高僧洎澄照
宣師振弘細行以之今日諸律師共所持守者
謂之行事防非止惡宗乃曰南山教也
如來滅後五百年龍樹祖師傳正法眼外述中

論頌而後青目尊者分別明菩薩條暢妙義中
國則慧文禪師思大和尚智者國師洎灌頂左
溪荊溪然三尊者續大玄旨以之今日諸講
師共所發揮者謂之四教法性觀行宗乃曰天
台教也然教分五宗實權機如來所說經律論
靡不該羅其道本一貫也竊嘗以翊佛者爲

諭喩之何謂也若慈恩教者如立佛骨上筋泥
也南山教者如畏佛細泥緻密也天台教者如
深　指要　卷　二九
安佛五臓内備也賢首教者如莊嚴佛金彩色
澤也禪門宗者如著佛眼珠開光明也如是則
闕一而不可也在乎智者以譬喩得解耳在大
悟性者各宗本具

大藏經綱目指要録五利五報述
崇寧二年癸未春得
上旨游天台中秋後三日至婺州金華山智者
禪寺閲大藏經仲冬一日丁丑援筆撮其要義
次年甲申仲春三日丁未畢之計二十餘萬字
因而述曰具寡聞比丘不足以為人師表者古

今聖賢共所深誠之格言也故集斯大藏經律
論傳記綱目指要以資多聞者舉揚應其機
器耳況
如來聖教若大海浩渺無涯待舉一因一緣何
由便見也今於四百八十函則函函標其部號
五千餘卷則卷卷分其品目使啓函開卷即見

其緣起耳然所集者其利有五
一宗師提唱者得隨宜開覺故何謂也向上玄
樞應乎大器備徇情性在乎順機故弘宗闡教
以方就圓須假博聞待乎來問故集斯録益
其接化貴言有稽古道敢信於人也
二法師講演者資闡明訓徒故何謂也傳教者

宜談妙義聽習者專諮實理一剖微言必有所
詮或引經律論文或考疏鈔傳記略無所據義

理難信故集斯録緩急證其集説使有端緒也
三乘於注撰者助檢閲引文故何謂也作歌頌
者讃揚妙道述疏鈔者發揮聖言臨文引據二
事一縁貴出典章製不妄啓故集斯録以待伸

紙操毫而無凝思也
四有縁看藏者易曉品義故何謂也出家佛子
若曾聽經論或參問知識則一覽見聖教其義了
然既未然者不了法味則空益疲勞故集斯録
俾見大旨然後披文乃深入法藏也
五無因披教者知藏來要義故何謂也在家菩

薩居仕官者致君澤民職務騈冗處黎庶者家
業繁繁公私逼迫以故無因披閲藏教設若有
暇何處取經故集斯録使人人知其法義家家
有大藏因縁資乎種智而脱死生也然以斯五
利而報恩亦有五也
一國王恩者威德普覆令安然行道故何謂也

恭念
今上皇帝佛會菩薩現爲明君慈育四生崇隆
三寶詔談祖道序行續燈希世遭逢曠古未
有如是聖恩云何可報經云欲報
君恩當弘佛法故集斯録使佛法慧命無窮則
睿算國祚亦無窮也
二外護恩者擁衛住持得如意唱道故何謂也

竊思三十餘年三居禪刹承
御寶親批蒙　朝廷降旨皆出　貴公特達
敷奏或安全保佑或以道吹嘘至如　宰相
天下具瞻微賜顧提終身榮幸豈況揄揚讃
道也其諸朝貴銘在定心斯須不忘深念報德

經云大臣者國之重鎮常繫心祝願故集斯録
使佛法流通助澤民天下
三父母恩者頓割深愛捨出家求道故何謂
也緬惟生育又付明師授之以經書教之以仁
義復令從釋訪道循方心契玄源身長出離其
如此也何可報焉經云若不傳法度衆生畢竟

無能報恩者故集斯録使佛法傳播以答劬勞
期乎佛記也
四師長恩者攝援教約得參微契本故何謂也
每想慈訓得度受業和尚也指心見性明眼宗
師也交肩道伴則一瞬一揚知心益友則一言
一句警悟死生資成解脱若斯厚德如何可報

經云欲報師恩當説法度人故集斯録使佛法
種智不斷以答法乳也
五檀越恩者隨宜供資助成聖道故何謂也且
原游方十七載住持二十年三處焚修四事供
給資身資道唯信唯檀上自
越國大主　太尉張公及内外朝賢遠近善

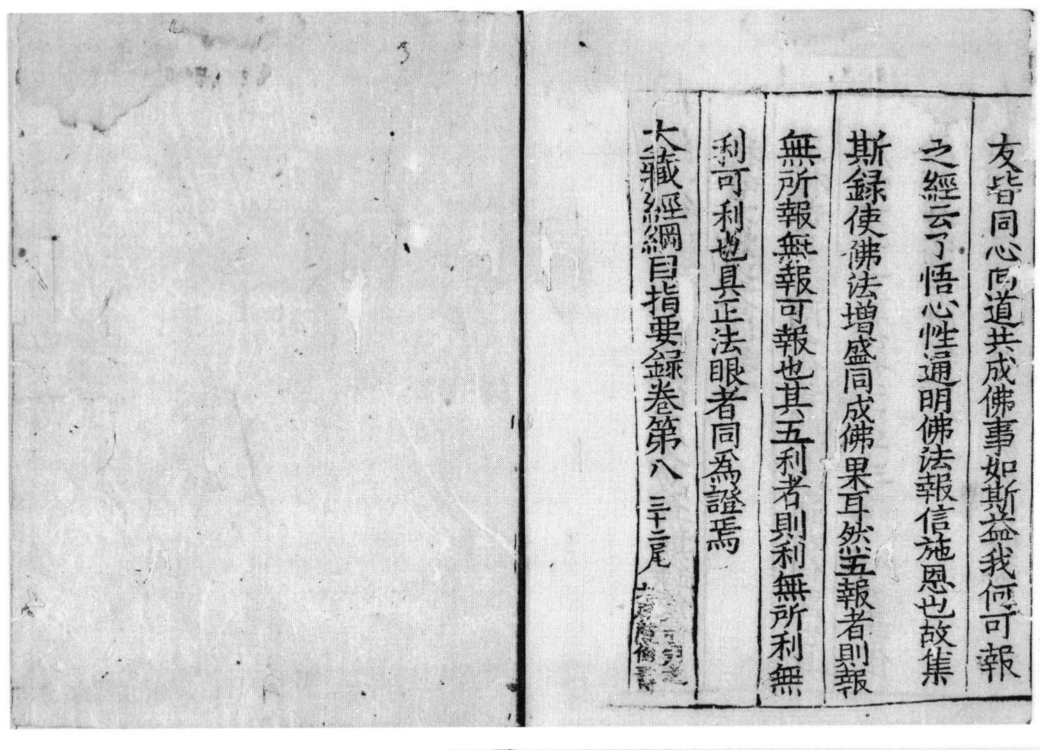

友皆同心向道共成佛事如斯益我何可報
之經云了悟心性通明佛法報信施恩也故集
斯録使佛法增盛同成佛果互然五報者則報
無所報無報可報也其五利者則利無所利無
利可利也具正法眼者同為證焉
大藏經綱目指要録卷第八　三十三尾

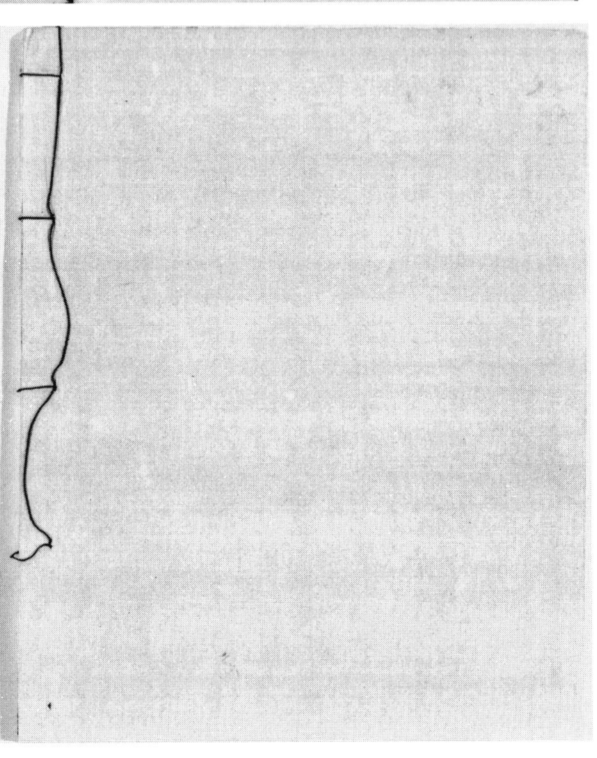

解題

椎名宏雄

本巻には〈燈史・ほか〉として左記五種の五山版禅籍を影印収録した。一〜二が〈燈史〉、三〜五が〈ほか〉である。

一、『僧宝正続伝』七巻一冊……五山版、宮内庁書陵部所蔵
二、『五家正宗賛』不分巻一冊……五山版、建仁寺両足院所蔵
三、『仏祖宗派総図』一帖……五山版、大東急記念文庫所蔵
四、『祖庭事苑』八巻四冊……五山版、国立国会図書館所蔵
五、『大蔵経綱目指要録』八巻八冊……五山版、大東急記念文庫所蔵

以下、右の順序に準じて、書誌的文献史的な方面を中心とした解題を行いたい。

一　『僧宝正続伝』七巻一冊

(一)

本書は、南宋初期の臨済宗楊岐派の石室祖琇によって編集された禅僧の叢伝であり、ここに影印収録する底本は、宮内庁書陵部所蔵の五山版である（以下、書陵部本）。書陵部本の表題（墨書）は「続僧宝伝」であるが、各巻の内題と尾題はすべて「僧宝正続伝」と刻記され、また他の機関に所蔵される本書五山版[1]にも異称はないようであるから、書名は表記のとおりとする。宋版などは伝存しない。

編者の石室祖琇については、本書のほかに『隆興仏法編年通論』二八巻なども編集した学僧でありながら、僧伝類には採録なく、

ほかに伝記の紹介もなく、わずかに真牧正賢の法嗣ということが知られていたにすぎない。生没年・修学・住地のいずれも未詳であった。[2]

ところで、右の『編年通論』の五山版遺存は多いのであるが、水戸市六地蔵寺には一〇冊本が所蔵されている。筆者は昔、この六地蔵寺に所蔵される禅籍類を調査した際、[3]右の『編年通論』第一〇冊の遊紙表に、ぎっしりと石室の「塔銘」が謄写されているのを見出し、撮影をしていた。ただ、当時はその典拠があるものと信じて関心は高くなかったが、その後ついぞこの塔銘は他に見つけることができない。すると、右の謄写は貴重な逸文である可能性が高い。

いったい、五山版の『編年通論』は、貞治年間（一三六二〜一三六八）ごろ開版されたとされるが、[4]六地蔵寺本は京都相国寺や南禅寺を董した竺雲等連（一三九〇〜一四七一）が、全体にわたって詳細な書入れをほどこした手沢本にほかならない。[5]竺雲は右の「塔銘」を何に依拠したのかは分からないが、かれは漢籍史書に通暁した学僧であるから、確たる典拠に依ったのであろう。ともあれ、この貴重な「塔銘」を資料的な価値をも考慮して、以下に翻刻と訓読をしておこう。ただし、本文には虫損や磨耗があり、かつ文は晦渋で解読は容易でない（写真参照）。そこで、不明な文字は□で示し、類推される文字は□中に記した。翻刻の全文に句読点を付し、訓読文には意訳的なルビを付した。

[石][室]塔銘

修職郎監潭州南嶽廟王　宋英撰

□□弱冠時、暇日出豫章城北、遊戯諸禅刹。至報恩寺、□僧皃甚□、□甚□□指□□□歴歴皆可聴、心頗異之。因与之談、世間出世間法則議論。英昔貫穿経史、悉有拠依。問其名居□□□記僧祖琇也。自是還往稍密、蓋三十年如一日。紹熙辛亥、余官于臨江軍之新塗（淦カ）県時、師尚住持翠巌、忽聞其寂滅。痛傷悼之、且以官守、不及臨龕為恨。又四年、師之門人宝光、持師之行状来、請銘乃系叙其実。師諱祖琇、族姓鄭氏。豫章南昌人、道号石室。其生也、母有異僧入室之夢、其幼也、不為児童嬉戯之事。七歳能誦法華経。十三弃俗、

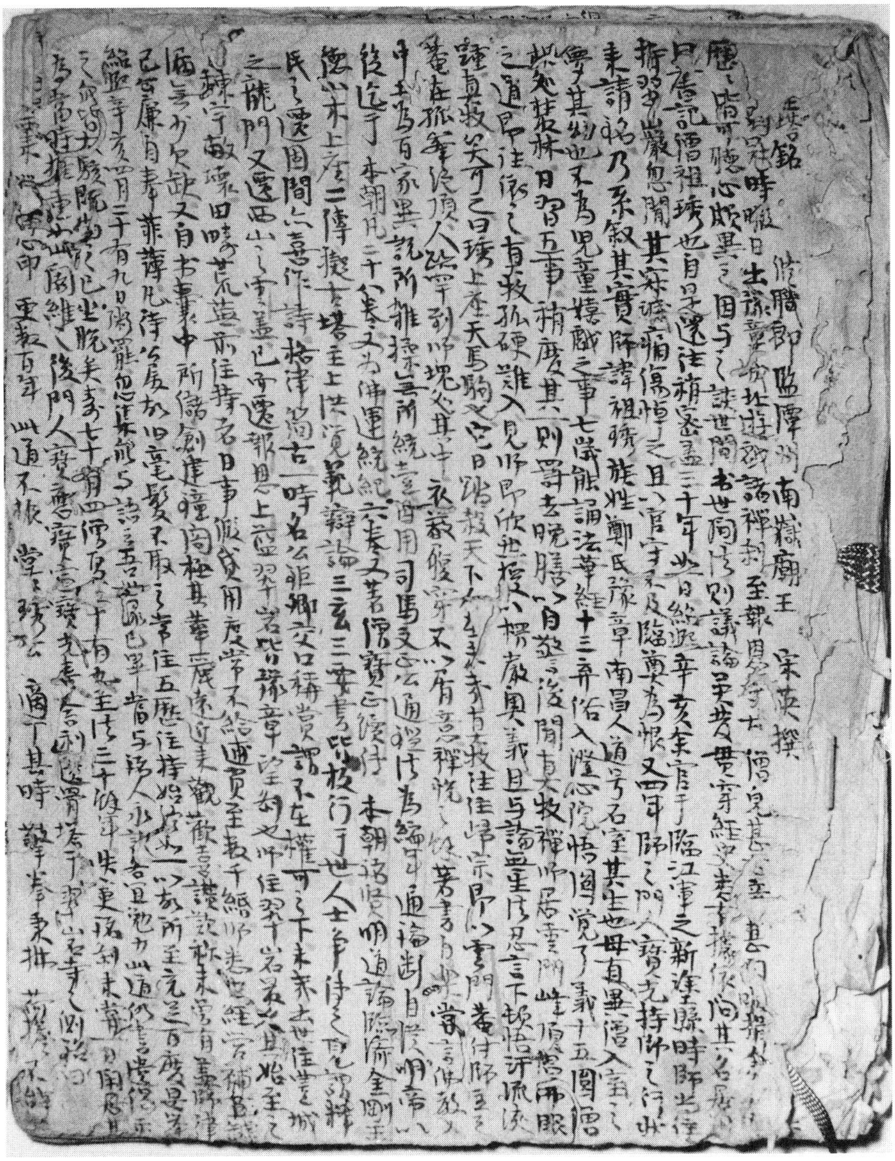

石室祖琇の塔銘

（六地蔵寺所蔵五山版『隆興仏法編年通論』第10冊書込）

入澄心院、悟円覚了義。十五円僧服、処叢林。日習五事。稍度其一、則罰去晩膳、以自警。後聞真牧禅師居雲門峰頂、倡仏眼之道、即往依之。真牧、孤硬難入、見師即欣然、授以楞厳奥義。且与論無生法忍、言下頓悟、汗流浹踵。真牧笑可之曰、琇上座天馬駒也、它日踏刹天下人在未来。真牧往住帰宗、即以雲門菴付、師主之。菴在孤峯絶頂、人跡罕到。師塊処其中、衣蔽腹穿。不以有意、禅悦之余、著書自楽。嘗言、仏教入中土、為百家異説所雑揉、無所統壱。因用司馬文正公通鑑法、為編年通論、断自漢明帝以後迄本朝、凡二十八巻。又為仏運統紀六巻。又著僧宝正続伝、本朝諸賢明道論、臨済金剛王・徳山木上座二伝、擬古塔主上洪覚範辯論、三玄三要書、皆板行于世。人士争伝之、見謂釈氏之遷固。間亦喜作詩、格律箇古、一時名公鉅卿、交口称賞謂、不在権可之下。未来出世、住豊城之龍門、又遷西山之雲蓋。已而遷報恩・上藍・翠岩(ママ)、皆豫章望刹也。師住翠岩最久。其始至之、□棟宇敝壊、田疇荒蕪。前住持者、日事仮貸用度常不給、逋負至数千緡。師悉□経営、補□罅漏、無少欠缺。又自出嚢中所儲、創建鐘閣。極其華麗、遠近来観、歓喜讃歎、称未曽有。蓋師律己公廉、自奉菲薄、凡待公廋故旧、豪髪不取之常住。五歴住持、始終如一以。故所至充足、百度是挙。

紹熙辛亥四月二十有九日、粥罷忽集衆、与語云、吾生縁已畢、当与諸人永訣、各宜勉力此道。仍書遺偈示之。衆皆大駭、既当之已坐脱矣。寿七十有四、僧夏五十有九。主法三十余年、迭更銘刹、未嘗一日閑居日。為当時□重如此。闍維之後、門人宝応・宝宣・宝光、□舎利遺骨塔于翠岩寺之側。銘曰、

達磨西来、単伝心印。更数百年、此道不振。堂□琇公、適丁其時、擎拳秉払、荷担不辞。

修職郎監・潭州南嶽廟の王宋英が撰す。

石室の塔銘

……弱冠の時、暇日に豫章の城北に出で、諸の禅刹を遊戯す。報恩寺に至り、……僧の皃、甚だ古く、…甚だ……指………歴々皆な聴すべく、心は頗る之れと異なる。因って之れと談るに、世間と出世間の法則や議論なり。英、昔、経と史に貫穿し、悉く拠依あり。其の名と居…を問わば、………記の僧、祖琇なり。是れより還往し、稍に密く、蓋し三十年一日の如し。紹熙辛亥(一一九一)、

余は臨江軍の新淦県（淦カ）を官る。時に師は尚お翠巌に住持たるも、忽に其の寂滅を聞く。痛傷み悼むも、且く官守を以て奠に臨むこと及ばざるを恨と為す。又た四年（一一九三）、師の門人宝光、師の「行状」を持ち来って、乃系を銘し其の実を叙ぶるを請む。

師の諱は祖琇、族姓は鄭氏。豫章は南昌の人で、道号は石室。其の生や、母に異僧の室に入る夢あり、其の幼なるや、児童の嬉戯の事を為さず。七歳にして能く法華経を誦す。十三歳にて俗を弃てて澄心院に入り、円覚の了義を悟る。十五にて僧服を円かにして叢林に処し、日に五事を習う。稍や其の一に度り、則ち罰に晩膳を去れ、以て自ら警む。後に真牧禅師、雲門の峰頂に居りて仏眼の道を倡ぐるを聞き、即ち往きて之に依う。真牧は孤硬りて入り難きが、師を見て即ち欣然び、授くるに楞厳の奥義を以てす。且つ与うるに無生法忍を論げば、言下に頓悟し、汗流れて踵を浹す。真牧、笑みて之を可して曰く、「琇上座は天馬の駒なり。他日か天下人を踏殺す未来あらん。」と。真牧は往りて帰宗に住し、即ち雲門菴を以て付し、師は之を主る。菴は孤峯の絶頂にありて、人跡は罕に到るのみ。師は塊り其の中に処まり、衣蔽は腹穿のみ。有意を以てにはあらざるも、禅悦の余に書を著し、自ら楽しむ。嘗て言わく、「仏教の中土に入るや、百家の異説の雑揉る所と為り、統壱する所なし。」と。因って司馬文正公の『通鑑』の法を用いて、『編年通論』を為り、漢の明帝より以後、本朝迄を凡て二十八巻と断む。又た『仏運統紀』六巻を為る。又に『僧宝正続伝』を著し、本朝諸賢の明道論、臨済金剛王・徳山木上座の二伝、擬古塔主上洪覚範辯論・三玄三要の書、皆な世に板行す。人士は争って之を伝め、見て謂う、「釈氏の遷・固なり。」と。間に亦た作詩を喜み、格律の箇れ古さを、一時の名公や鉅卿は口を交えて称賞えて謂う、「権可の下にあらざれ。」と。未来に出世し、豊城の龍門に住し、又た西山の雲蓋に遷る。已にして報恩・上藍・翠岩に遷るも、皆な豫章の望刹なり。師は、翠岩に住すること最も久し。其れ始めに之に至るに、……棟宇は敝壊れ、田疇は荒蕪てり。前住持の者、日事仮貸の用度常に給りず、逋負は数千緡に至る。師、悉く経営を……、罅漏を補……、少しも欠缺なからしむ。又た、自ら嚢の中より儲うる所を出だし、鐘閣を創建す。其の華麗を極むるを、遠近より来観のもの、歓喜讃歎し、未曽有と称す。蓋し師は己れを律し公廉にして、自ら菲薄を奉り、凡そ公廩や故旧に待するも、毫髪も之を常住に取らず。五たび住持を歴るも、始終一たびの如し。至る所充足する故を以て、百度も是れ挙ぐ。

紹熙辛亥（一一九一）四月二十有九日、粥罷忽に衆を集め、語を与えて云く、「吾が生縁已に畢る、当に諸人と永く訣れん、各おの宜しく此道に勉力べし。」と。仍ち遺偈を書き之に示す。衆、皆な大いに駭くも、既に之に当り已に坐脱す。寿は七十有四、僧夏は五十有九。法を主ること三十余年、銘刹に迭更るも、未だ嘗て一日たりとも閑居の日なし。為に当時の……重さるること此の如し。闍維の後、門人の宝応・宝宣・宝光、舎利と遺骨の塔を翠岩寺の側に……。銘に曰く、

達磨西来し、単り心印を伝う。更に数百年、此道は振わず。堂…琇公、適たま其の時に丁り、拳を擎げ払を乗りて、荷担を辞せず。

右の撰者王宋英は未詳ながら、潭州（江西、南昌市）南岳廟の肩書からは、あるいは道士であろうか。石室とは三〇年来の交誼があり、石室の法嗣とみられる宝光の持参した行状などにより、右の塔銘を撰述したのである。これにより、はじめて石室の伝は明らかとなった。

石室は南昌の人。祖琇が諱で石室は道号。七歳で法華経を誦するほど利発であった。一三歳で出家した澄心院とは、南昌府寧県（江西、修水県）にあり興化禅院と称した寺。[6] ここでは早くも円覚経の了義を悟る。一五歳で叢林に入り、戒行を重んじた。のち雲門峰頂の真牧正賢[7]に師事。雲門とは南昌北方の雲居山（建昌県）にあり、かつて大慧宗杲が金軍の兵火を避けて結庵したところ。[8] ここで石室は真牧から楞伽の奥義を授かり、また頓悟の体験をえた。真牧が廬山（星子県）帰宗寺に移るや、代って石室が雲門庵に住し、ここで著作に専念する。

「塔銘」によれば、前述の『隆興仏法編年通論』二八巻は、史書『資治通鑑』に則った中国仏教史であった。また『仏運統紀』六巻（佚書）や本『僧法正続伝』も雲門庵での編纂。これらの著作はみな石室の生前に刊行されたが、宋版の伝本は知られない。のち石室は豊城（江西、豊城市）龍門山に住し、また西山（同、新建県）に移住。さらに廬山報恩寺・上藍寺（南昌城内）・翠巌寺（新建県）と豫章（南昌地域）の名刹を歴住したが、さいごの翠巌寺が最長で、ここで紹熙二年（一一九一）四月二九日に示寂。世寿七四歳。門人たちがこの寺に建塔した。

つまり、石室は一一一八〜一一九一の生涯であり、南昌を中心に五か寺を董した学僧であった。法系は、楊岐方会―白雲守端―五祖法演―仏眼清遠―真牧正賢―石室と次第する楊岐派第六世の人。あたかも大慧派の拙庵徳光や虎丘派の密庵咸傑などとほぼ同年代であるが、かれらが浙江の五山を中心として活躍したのとは対照的に、終始江西の山中にあって著述や詩偈を楽しむ地味な学匠であった。語録や詩偈が伝存しないのは惜しまれる。

(二)

本書の書誌については、所蔵機関の解題と『五山版の研究』に、それぞれ簡潔に記されている。(9) これに筆者の調査をくわえて以下に記載しておく。

南北朝刊。改装表紙、二一・八cm×一四・三cm。表題「続僧宝伝七巻合本全」(墨書)、墨付全一〇五丁。四周単辺・左右双辺混交。有界、一〇行二〇字。匡郭内一六・八cm×一一・二cm。版心白口、上魚尾「続僧伝(巻数)(丁数)」。朱引朱点。旧蔵印「金地院」「竺隠」。ゆえに本書はもと金地院(京都)の所蔵で、竺隠(未詳)はその住僧か。

また、本書の構成はつぎのとおりである。

1 総目録(巻一〜巻七までの各巻収録者名、その他)

2 本 文(各巻首に再び目録。巻一〜巻六は禅僧二八名の伝記、巻七は徳山木上座・臨済金剛王の伝、及び「代古塔主与洪覚範書」一篇)

右のように序跋はなく、また前掲「塔銘」でも本書の具体的な撰述年時は未詳。本書中にみえるもっともおそい年記は、大慧宗杲の示寂をいう紹興三一年(一一六二)である。ゆえに、本書はそれ以後まもなく成立したのであろう。収録する禅僧は、巻一の羅漢系南から巻六の黄龍道震にいたる二八名である。これらの人びとを便宜上法系譜で示してみた。

系譜と関連する本書の書名を先にみておこう。書名については、つとに柳田聖山氏が指摘されるように、(10) 石室みずからが園悟克勤の賛語で述べるところの、かつて霊源惟清が五祖法演のために作った「正続碑」に依る。それは、霊源に畏敬した覚範慧洪の

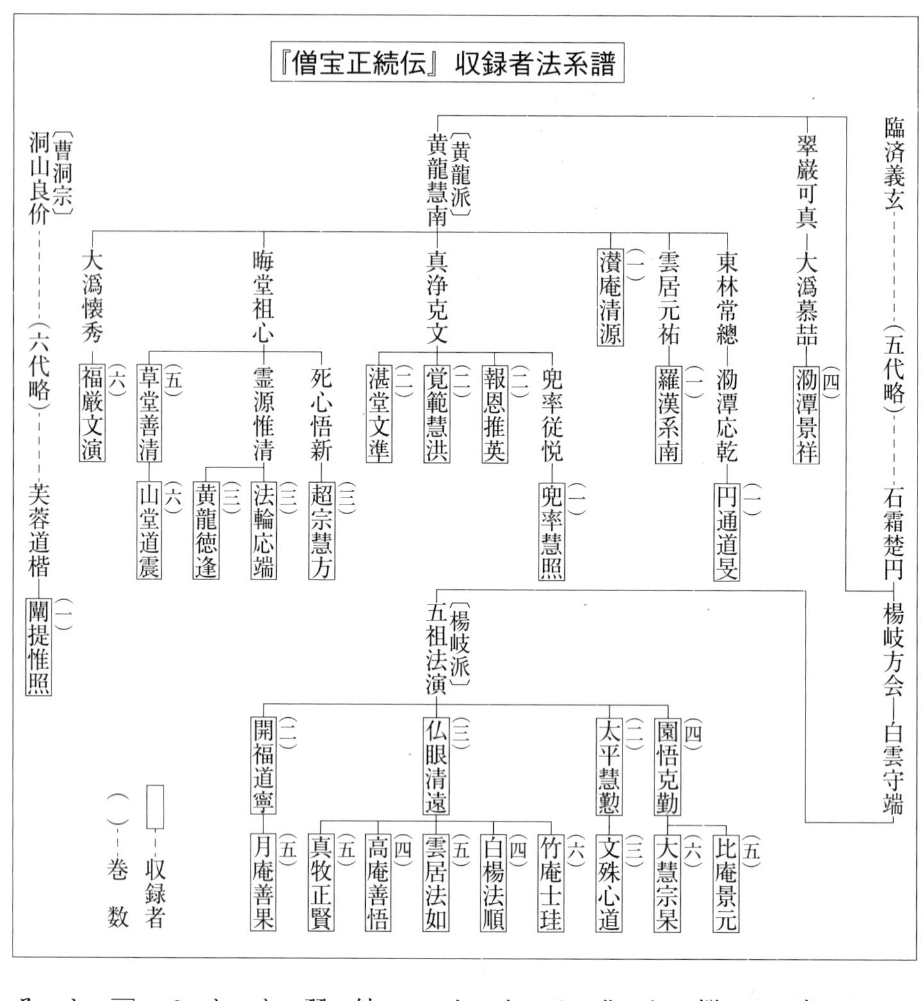

『禅林僧宝伝』（一一二三）三〇巻に正続する、との意識なのだ。ただ、覚範のものは唐末から北宋末にいたる二五〇年間の禅者八一名の僧伝で、おのれの属する黄龍派の禅が江西に展開するさまを総括するのに対し、石室の「正続」は同様な構想のもとに、北宋末から南宋初めまでの約百年間における禅のうごきを、新たに江西に抬頭してきた楊岐派で総括しようとしたのである。それは、上の法系譜をみれば明らかであろう。

系譜の二八名中、黄龍・楊岐の両派から外れるのは、曹洞宗の闡提惟照と、石霜―翠巌―大潙と承ける泐潭景祥の両者にすぎないが、かれらは出自も活動も江西であった。黄龍派の採録者も、みれば多くは江西で名をなした者である。つまり、石室の「正続」における江西仏教の意識は、覚範よりも顕著である。とまれ、収録者の伝記そのものは、同人の叢伝中のものよりはるかに詳しい。ゆえに、本書は右の時代的限定のもとに、江西における禅宗史書としての価値は高いと評すべきであろう。

なるほど、石室は江西の山中に住して、全国的な文献資料の渉猟博捜は至難な環境にあった。だが、『編年通論』や『仏運統紀』を編むには厖大な文献精査を要したはず。石室は、それを雲居山や廬山の円通寺・帰宗寺など、縁深き大禅刹に求めたのであろう。なおいえば、成稿類の刊行も、当時は浙江や福建とともに仏典刊行の一拠点であった廬山からなされたのではなかったか。「塔銘」は石室の質素倹約や清貧を強調するが、それは反面、万金を書物に投じたことの反作用とみてよい。

さいごに、本書巻七に収める「徳山木上座・臨済金剛王」なる奇妙な名の僧伝は一種のフィクションであり、徳山の棒と臨済の喝で唐末の禅機を代表させ、これをむしろ批判する。また、末尾に付す「代古塔主与洪覚範書」は、覚範が古塔主（＝薦福承古）を非難するのに対し、古塔主に代って覚範には三失があると批判した代書。[11]つまり、石室は覚範の仕事の「正続」をなし、その中の覚範伝はもっとも詳細に記し、「賛」の形式も覚範の前著にならうなど、江西の先学覚範を畏敬している。だが、その言動すべてを肯定するのではなく、是々非々の立場にあったのであり、かれが自己の依って立つ思想を確立していたことを知る。

本書は大陸での後代伝本はおろか、わが近世の改版もまったく知られない。ゆえに、近代における続蔵本の底本は五山版とみられるが、各巻首の目録を欠く。僅かな相違であるが、やはり改変というべきであろう。

（1）川瀬一馬『五山版の研究』（東京、日本古書籍商協会、昭和四五年三月）上巻四一〇頁b。

（2）中国の文献では、陳垣『釈氏疑年録』（北京、中華書局、一九六四年三月）には名も挙げられていないが、李國玲編著『宋僧録』（北京、綫装書局、二〇〇一年一二月）上巻には三種の出典による石室に関する有益な略伝を記載する（五〇九頁）が生寂や世寿などにはふれていない。また同じく李氏編著『宋僧著述考』（成都、四川大学出版社、二〇〇七年八月）の祖琇条（四七一頁〜四七四頁）も同様。

（3）筆者の調査は昭和四六年秋から翌年春にかけての三回であり、その成果は五山版『隆興仏法編年通論』を含めて「六地蔵寺所蔵禅籍目録及び解題」（『書誌学』新二六・二七合併号、昭和五六年五月）として公表している。

(4) 前掲注（1）川瀬氏著書、四五六頁b～四五七頁a。

(5) この事実については阿部隆一「六地蔵寺法宝蔵典籍について」（『斯道文庫論集』第五輯、昭和四二年八月）の中で詳しく指摘されている（一二三頁）。

(6) 鈴木哲雄『中国禅宗寺名山名辞典』（東京、山喜房仏書林、平成一八年一〇月）一四九頁bの記載による。

(7) 真牧正賢（一〇八四～一一五九）については、『嘉泰普燈録』巻一六に「南康軍帰宗真牧正賢禅師」として立伝されるのをはじめ多くの叢伝類に立伝されているが、『僧宝正続伝』巻六の真牧伝は『普燈録』の三倍半の紙幅で詳述され（Z.79-575a～576b）、しかもその末尾に付される石室の「賛」の部分には、石室の著述類に関する貴重な記事がみられる。

(8) 岑学呂重編『雲居山志』（「中国仏寺史志彙刊」第二集〈台北、明文書局、一九八〇年一〇月〉第一五冊）巻二「山水」によれば、雲門寺は雲門文偃の静隠地で後に大慧が誅茆し竹庵が『宝訓』を編集した、とみえる（五八頁）。

(9) 宮内庁書陵部編刊『図書寮漢籍解題漢籍篇』（昭和三五年三月）一八七頁b、及び『五山版の研究』上巻四一〇頁b。

(10) 柳田聖山編『禅の文化　資料篇』（京都大学人文科学研究所、昭和六三年三月）三六頁。後に同氏『禅文献の研究』下（京都、法藏館、二〇〇六年五月）第一部中に移録される（「禅林僧宝伝とその周辺」四一一頁）。

(11) これらの石室が覚範を批判していることについても、前項注（10）の柳田氏によるするどい指摘がなされている（同一個所を参照）。

二　『五家正宗賛』不分巻一冊

(一)

本書は、南宋末期の希叟紹曇によって著された、禅門各宗派の宗風についての綱要書である。ここに影印し収録する底本は、京都の建仁寺両足院に所蔵される覆宋五山版である（以下、両足院本）。本書の宋版は伝わらず、日本に現存する五山版数本が最古のテキストとして貴重である。書名については、巻首の目録名は「希叟和尚正宗賛目録」、序題は「五家正宗賛并序」、尾題は「正宗讃終」であり、また両足院本の表題は「希叟和尚正宗替（ママ）」（墨書）など、さまざまで一定していないが、後の諸版では「五家正宗賛」として通行しているので、ここでもこれを表題とする。

撰者の希叟紹曇についての伝記は、本書のほかに『語録』一巻と『広録』七巻を遺した禅者にしては、塔銘や行状などの基礎資料が伝えられていない。そこで伝記は、これらの著述や元代以後の叢伝類によって断片的な事項を知るほかはない。希叟は臨済宗楊岐派のうち、破庵祖先―無準師範―希叟と法系を承ける破庵派第三世の人。出自は西蜀（四川）であるが、生寂年代も修学も未詳。のちに径山（浙江、余杭市）の無準師範に嗣法。淳祐九年（一二四九）に慶元府仏隴（同、寧波市）に首先開堂をした。この寺は『延祐四明志』巻一七にみえる仏隴山積慶顕親寺であり、唐代創建の古寺で宋の治平元年（一〇六四）に上の寺名を賜っている[2]。

淳祐一〇年（一二五〇）、希叟は霊隠寺（杭州市）の首座に任じ、そののち寺域の山中で、病いを癒しながら『五家正宗賛』を著述した。景定元年（一二六〇）には平江府（江蘇、蘇州市）に住し、同五年には雪竇山（浙江、奉化市）に移り、咸淳五年（一二六九）に瑞巌山（同、定海県）開善崇慶寺に住した[3]。示寂の地は未詳であるが、入宋僧の白雲慧暁（一二二三～一二九七）は希叟に師事して大悟した法縁により、前至元一六年（一二七九）の帰国に際して希叟の『語録』一巻を施財・刊行しているから[4]、希叟の示寂はおそらくその直前ごろであったと推測される。その年時を一二九七年とする説があるが[5]、これは誤認である。

とまれ、希叟は元軍の南進という南宋末の騒然とした時代にあって、江南の四か寺に歴住して化導を揚げた英傑であった。同郷の無準師範の法嗣であるからには、法系上の兄弟には、これも同郷の兀庵普寧をはじめ、環渓惟一・断橋妙倫・雪巌祖欽・無学祖元・円爾弁円などの錚々たる龍象があり、かれらとの交流が察しられるところ。また、渡宋した多くの日本僧で希叟に師事した者も少なくなかった。それは、『広録』七巻中には多くの日本僧の求めにより書き与えた法語・偈頌や、寂者への香語などが収められていることからも察しられる。とくに、「示日本平将軍法語」一篇は、日本の温・英二僧の求めで北条時宗に与えた法語で[6]、夙に注目されている。

また、わが国の重文指定となっている希叟の墨蹟「達磨大師賛」一幅（東京、五島美術館所蔵）は、日本僧瑛典座（未詳）の求めに応じて書き与えたものであるが、この賛語こそは『五家正宗賛』の本文首部に置かれる達磨大師の機縁語句に対する希叟の賛そのものである。ゆえに、この墨書は本書が成ってから付与したのであろう。墨蹟としては、峻厳な趣きの中に雅味を感じさせ、希叟の宗師家としての禅風が偲ばれる。(7)

（二）

両足院本の書誌的事項は、『五山版の研究』と所蔵機関の調査目録に略述されている。(8)それらを参照し、筆者の調査をくわえて、以下に記載しておく。

貞和五年（一三四九）刊。不分巻一冊、線装袋綴。改装表紙、二三・五cm×一五・三cm。題簽墨書「希叟和尚正宗替(ママ)」。墨付全一三〇丁。左右双辺、有界、一一行二〇字。匡郭内一七・八cm×一一・一cm。版心白口、上魚尾「正（丁数）」。全冊朱引朱点、まま返点・送仮名・書込。巻末刊記（別掲）、同識語「曹源一滴壬午十月廿七日」。精刻で摺刷はやや後刷なるも、かって筆者が見た国立国会図書館・内閣文庫の各本よりも良好。旧蔵印なし。識語の年記も特定不能。

つぎに、本書の全体構成は左記のとおり。

1　総目録（禅宗分派以前と五宗別に祖師七四名の名称）
2　原　序　　宝祐二年（一二五四）、希叟紹曇撰
3　本　文（分派以前一二名、臨済宗二六名、曹洞宗一四名、雲門宗一四名、潙仰宗五名、法眼宗三名、の各略伝と機縁語句、及びそれへの賛頌）
4　原刻記「小師居涇　焚香拝手稽首謹書于／乳峯」
5　刊　記「貞和己丑（五年・一三四九）冬寓于亀山雲居僧妙葩命工刊行」

右のうち、2の希叟による原序と4の居涇が謹書した旨の刻記により、本五山版は宋版の覆刻であることは明らかであり、それは貞和五年の冬、京都の霊亀山天龍寺雲居庵において、かの春屋妙葩による刊行であった。ちなみに、本書の刊行は『雪峯東山和尚語録』『雪峯和尚外集』とともに三書同時期の共刊であり、版式・版型も同一であることが川瀬一馬氏によって指摘されている。[9]なお、居涇は希叟の弟子で、本書の宋版初刻に際して版下を浄書したのであろう。のちに希叟の『語録』開板の時も、簡翁居敬からの跋文を得、また前述の白雲慧暁が寂した際に、その悼偈を添えてわが東福寺に送った篤法の人であった。[10]刻記にある「乳峯」とは、希叟がいた雲隠寺を含む山域の乳竇峰[11]のことであろうか。

つぎに、1に示される本書の収録者七四名であるが、まず首部に達磨と六祖を置き、つぎは馬祖・石頭であって、南嶽・青原を採らない。これは事実上の江湖に隆盛する禅祖という視点からなのであろう。以下の祖師は、南宋末という希叟の時代からみた禅門各宗派の消長を示す人選といえる。その中で「正宗」を臨済宗に据えているのは、質量的にも妥当であろう。ただ、当時すでに隆盛となっていた大慧派が大慧・卍庵・懶庵の三名にすぎないのは、のちにわが中世禅林で大慧派の著作が冷遇されてゆく一つの遠因となるのではないだろうか。

2の希叟自序は、かれが江湖を奔走して五〇年、五家の宗風をほぼ明らかにして本書を成した趣旨である。では、本書を成した霊鷲放山堂とはどこか。それは淳祐九年に住した仏隴山ではなく、意外にも霊隠寺（杭州市）の寺域であった。この間の事情を明らかにするのは、『広録』巻七に収める「跋正宗賛」[12]一篇である。この一文は本書の成立を知るべき重要な資料であるから、以下に意訳的なルビを付して訓読しておこう。（原漢文）

『正宗賛』に跋す

庚戌（＝淳祐一〇年・一二五〇）の歳、予は冷泉に首衆たり。客ありて、唐画の十六応真を携え、上方の癡絶老人に長賛を請む。師、分ちて作るよう命く。因って為に效顰をし、師の褒美を蒙く。是を以て柏庭友、祖像の八、九に賛を求む。後の数年は霊鷲の放山堂に蔵六し、疾を力して之れを為すも、蟻の樹を撼すが如し。是れ、其の力を量らざるなり。一時の消遣にては、豈に江湖の伝録と謂えんや。顔の汗は襟を沃すも著るところなく、慙惶るる処を毀んと欲れども得すこと能わず。文質侍者、乳竇にて相い従うが、詩は小艶を吟じ、扇は犀牛をも破ばし、頗る磨琢に禁ゆ。水流れ雲散じて、各おの天の一涯なるに、堨（褐カ）き巘の雲の深き処に来り、出し示して跋を求む。野狐の涎唾なるも、之れを視て悪心を急に屛棄せしむ。若し紙筆に於いて未だ形ならざる時、賛を毀つる及ばざる処、古人の肝膽を照見せば、方に知るべし、此の録は鶻鵃に煎茶を喫うるものと。

右文により、希叟は仏隴山に開堂した翌年の淳祐一〇年（一二五〇）夏、霊隠寺の首座をつとめたのである。あたかも同寺住持の癡絶道冲は、前年秋に法華寺に移り、また直ちに径山に勅住し、淳祐一〇年五月には遷化する。[13]こんなさ中に十六羅漢の賛を求められた癡絶は、門人などに分作させた。希叟が二首を作ったことは、『広録』巻七の「代賛羅漢」[14]二首から判明する。癡絶から褒められた希叟は、柏庭友（未詳）より八、九点の賛を依頼された。のち数年は寺域の霊鷲山放光堂で病いを癒しつつ、『五家正宗賛』を完成させた。それが自序を撰した宝祐二年（一二五四）だったのであろう。寺域の乳竇峰で従った文質が持参して求めた跋が、右の一篇にほかならない。持参とあるからには、本書はすでに刊行されていたのかもしれない。ともあれ、本書の成立にはさまざまな事情があったことを知る。

ところで、本書収録の祖師たちの略伝や機縁語句は、先行する五燈や語録などの禅録からの抄出であるから、本書の眼目はその抄出する炯眼と賛頌の力量にある。とくに希叟の本領が後者にあることは言を俟たない。たしかに、これらの賛頌は四六文を駆使し、押韻を踏み、豊かな対句で流麗な句調を作る裡に深い禅旨を醸し出す。わが五山の禅林でよろこばれたのは必然であった。現存する本書の五山版は、多少の差はあれ磨滅の文字が少なくなく、何度も版を重ねたことを物語る。のみならず、中世における本書の謄写本はすこぶる多い。末書もまた同様である。

近世には、驚くべし、慶長一三年（一六〇八）に異版の古活字版が二本も京都から出され、[15]寛永一一年（一六三四）の同中野市右衛門刊の木版木は何度も刷られている。末書はそれ以上に豊富であり、とくに万安英種の『鈔』一五巻、龍渓の『鈔』二〇巻、無著道忠の『助桀』二〇巻などの大作が続々と登場する。とりわけ無著の『助桀』は、本書の渉典を軸とし、前注の誤りを正し異本との校正をなし、文字どおり博引傍証。本書末書中の白眉である。それは、本書がいかに江湖で愛読されてきたかの尺度を示すものといえよう。

（1）川瀬一馬『五山版の研究』上巻によれば、本書の五山版は両足院本のほかに、小汀文庫・龍門文庫・三井家旧蔵・内閣文庫・国立国会図書館の各所蔵が紹介されている。（三七六頁b）

（2）『延祐四明志』（『宋元地方志三十七種』第九冊、台北、国泰文化事業有限公司、一九八〇年一月）巻一七「鄞県寺院」の項（五七六一頁a）。

（3）前掲注（2）の巻一八「定海県寺院」の項に詳しい（五七八二頁b～五七八三頁a）。

（4）Z.70-410a

（5）これは李國玲編著『宋僧録』（北京、綫装書局、二〇〇一年一二月）下冊六五六頁、及び同氏編著『宋僧著述考』（成都、四川大学出版社、二〇〇七年八月）五九六頁に各著録される。しかし李氏は白雲慧暁が示寂した際に居涇が希叟の『語録』一巻を白雲への悼偈を添えて東福寺に送った文中、白雲の示寂年月日の記述があるのを希叟のものと見誤ったのであろう。

（6）Z.70-446a～b

（7）この「達磨大師賛」一幅の紹介文献は少なくないが、『墨蹟大観』（東京、求龍堂、昭和五四年一二月）第一巻に所収されるものは羽賀幸四郎氏による詳細な解説と訓註がなされている。ただし、この賛が『五家正宗賛』の達磨条に付されていることへの言及はない。

（8）『五山版の研究』上巻三七六頁b、及び赤尾栄慶編『五山禅宗寺院に伝わる典籍の総合的な調査研究―建仁寺両足院所蔵本を中心に―』（京都国立博物館、平成二〇年三月）四一一頁b～四一二頁a。

（9）『五山版の研究』上巻一二〇頁。

（10）Z.70-410a～b

（11）光緒一四年（一八八八）の『武林霊隠寺志』（『中国仏寺史志彙刊』第一輯〈台北、明文書局、一九八〇年一月〉第二三冊）巻一「武林山水」の

中に「乳竇峰　山下有乳泉白色」とみえる（五九頁）峰のことであろう。

(12) Z. 70-462c　なお無著道忠の『五家正宗賛助桀』第一「総論」末尾ではこの事実を適確に指摘し、訓読までほどこしている。（『五家正宗賛助桀』〈京都、禅文化研究所、一九九一年一二月〉上巻八頁b〜九頁a）。

(13) 趙若琚撰「径山凝絶禅師行状」（Z. 70-75a〜76b）を参照。

(14) Z. 70-477c

(15) 本書の慶長一三年刊行の古活字版には、㈠京都花園一枝軒刊の四巻四冊本、㈡京都富小路讃州寺町中村長兵衛刊の四巻二冊本、の二種がある。㈠は現存が多く㈡は僅少であるが、駒澤大学図書館には㈡を二部所蔵する。ただし一部は首一冊を欠いている。また㈡は近年に影印四冊本も作られている。なお、㈠も㈡も底本は五山版であるが、四巻に分巻されているのは古活字版が便宜を考慮しての改変であり、つぎの寛永版以後はこれが踏襲されてゆく。

三　『仏祖宗派総図』一帖

㈠

本書は、南宋の汝達によって編集された大部の禅門法系図であり、ここに影印収録する底本は、大東急記念文庫所蔵の五山版である。ただし、同文庫には同一版の五山版が二部所蔵され、この二部だけが本書の五山版伝本であるという。この貴重な五山版二部のうち、影印底本はかって宋版と誤り伝えられていた一本であり、他はもと大徳寺山内蔵本とされている一本。また底本は表題を欠くが、他は「仏祖宗派図」（墨書）である。(1) これは本書の跋中から採ったのであろうが、内題には「総」字が付されてあり、祖本たる宋版も同じであるから、ここでもこれを書名とする。

宋版については、京都東福寺所蔵の重文指定本が影印公開され、筆者が解題を付している。[2]後述するが、宋版と五山版は互いに虫損部分を補鎮する長所がある。また、宋版の影印は縮少率が高く見にくかったが、本五山版では文字が大きいという特長がある。

本書編者の汝達については、筆者も旧稿以来関心を抱いていたが、いまだに伝記資料も記録もみいだせないのは遺憾である。無準師範による端平元年（一二三四）の跋文には、汝達を「泉南の達上人」と表記する。「泉南」とは当時泉州（福建、泉州市）に属していた西方の南安県[3]（南安市）であろうか。あたかも、宋版末尾に刻記される施財者中にみえる「泉州城居信士楊子榮」（未詳）の名や、刊行者にも「建安」を冠する者がいるのは、汝達の住地とリンクするのであろう。本書は刊記から「建安」で刊行されたのであるが、ここは南宋における出版の中心地域の一つであった。[4]

汝達の住地が南安であれば、この五千人にもおよぶ禅者の大系譜を、いったいどこで編纂したのだろうか。かれは自跋中、「暇日、因みに五燈録の諸家の語を覧て、碑刻や伝記を以て同異を考証し、此の図を集成す」（原漢文、傍点筆者）という。「五燈録」とは本系譜の内容からみて、㈠『景徳伝燈録』（一〇〇四）、㈡『天聖広燈録』（一〇二九）、㈢『建中靖国続燈録』（一一〇一）、㈣『聯燈会要』（一一八三）、㈤『嘉泰普燈録』（一二〇四）、各三〇巻を指すとみてよい。『五燈会元』（一二五三）は、まだ未編であった。汝達のとき、これら五燈の閲覧可能な刊本は、㈠は当代の各入蔵本と、福州・台州・明州の各民間刊本、㈡は開宝蔵本・福州版大蔵経本のみ、㈢は福州版入蔵本のみ、㈣は淳熙一一年（一一八四）の阿育王寺（浙江、鄞県）刊本のみ、㈤は嘉定年間（一二〇八～一二二四）の浄慈寺（杭州市）刊本のみ、と意外に僅少なのである。

要するに、基本文献の閲覧じたいが至難であった。むろん謄写本も存在したであろうが、入蔵本の閲覧には、蔵経を保有する大寺院での滞在を予想させよう。かくて、汝達は泉州や福州の大寺院に長期滞在し、編纂業務に没頭したと推測されるのである。

いったい、禅門における法系譜づくりの作業は、基礎文献に記載される嗣承関係の確認が骨子。住地・寺名・異称などの肩書きは、必然的に付属する。紙墨だけの時代、こんな細かで煩瑣な作業を重ね、厖大な紙片資料を集積しなければならない。ところが、禅者には同一人で嗣承や肩書きの異なる者が意外に多い。その校証には、客観的文献を要する。汝達は、これを碑刻や伝記を見て行なったというが、近くは自ら赴き、遠くは筆墨で照会し、幾多の手段方策を構じたことであろう。

かくして、長年月と労苦を経て考証も成り、はじめて系譜の作成となる。だが、一定の段と列に人物を割振る手作業は、けっして容易でない(5)。『宗派図』をみると、ほとんど間断なくビッシリと人名を配し、これを巧みに繋線で結ぶ。完成までに何度も修正していることは、まずまちがいない。助力者などについて何も語らぬ汝達は、ほぼ独力で本書を編成したのであろう。それは驚異的な労苦と忍耐の仕事であり、完成までには一〇年単位の歳月を要したのではないか。ついでにいえば、この整版がまた圧巻。たとえば、「建康蔣山萬巻佛慧法泉随州時氏」の一四文字を、四・八cm×一・〇cmほどの板面に逆字体で雕鐫するのである。並の苦労と技術では不可能なシロモノであった。無準の跋を得てから三年後の刊行は、むしろ早く成ったというべきであろう。

(二)

本帖の書誌的事項を、所蔵者の解題と『五山版の研究』の記載(6)を参照し、筆者の調査事項を加えて、以下に紹介しておく。

南北朝刊。表紙は後補裂帛、三二・三cm×一四・九cm、折帖。墨付二三紙、三八折七六面。本文、毎半折一四行六段。界高三〇・三cm。斐楮交漉料紙、裏打補修。精刻。付点・刻工名・刊記・識語なし。旧蔵印「江風山／月荘」「福堂」。両印とも明治の蔵書家、稲田政吉(福堂)(7)のもので、もとこの人の蔵書。

上記のうち、墨付部分の版式はすべて宋版と同一で、本帖が覆宋版であることを物語る。

つぎに、本帖の構成は左記のとおりである。

1　釈迦宗派（衆集置大転輪王より釈迦文仏等に至る釈迦族二六名の系譜）

2　総編嗣法人数目録（過去七仏より法嗣のある仏祖七一二名の系譜目録）

3　過去七仏世尊（過去七仏・西天二八祖・東土六祖までの四〇名、及び傍出者二六名の法系譜。生国・俗姓・伝法偈等を付す）

4　仏祖宗派総図（初祖達磨大師以下清源下（ママ）第一五世・南岳下第一八世までの禅者四七七三名の系譜。禅者八名の嗣承論述を付す）

5　三教出興仏祖遷化年代（混沌盤古王より宋国嘉熙二年（一二三八）に至る歴代王朝名と各年数。王朝名左右に釈・孔・老と禅門の西天・東土三三祖、五家七宗の祖師等を配し各寂年を記す）

6　禅門達者有名於時（千歳宝掌和尚より温州陳道婆に至る一一〇名）

7　出世未詳法嗣（南渓和尚より温州浄居尼玄に至る三三名）

8　原　跋　汝達撰

9　音　釈（一〇文字が対象）

10　原　跋　端平元年（一二三四）、無準師範撰（行書体）

以上であるが、これを宋版と比較すると9と10の順が逆であり、また宋版末尾に刻される施財記と刊記を欠く。前述の五山版他本では10 9の順であるから、これが本来の五山版の構成であり、宋版の施財記と刊記は削除したのであろう。ただ、五山版もこれほどの労苦を要した精刻本にして無刊記とは、なんとも驚くほかはない。なお、汝達と無準の両跋は旧稿で翻刻と訓読をしているから、ここでは重複を避ける。

さて、右の構成で示したように、首尾のものものしさは、4の禅門祖師たちを飾る彩りである。だが、その祖師たちを中心に、この密集細字の名を検索するのはまた至難。なにせ五千をこえる人数である。そこで宋版の影印公開ののち、これを精査され、個々の祖師を数項目別に整理し表示されたのが須山長治氏である(8)。この労作により、本書の活用範囲はいちじるしく増大した。前述のごとく、宋版には損亡の個所も少なくない。そこで須山氏は、五山版の調査により解読を補ったという。氏の労苦と五山版の価値や思うべしであろう。

本書は、宋代禅門における一大成果であったが、なぜか大陸では流通をみない。伝本がないばかりか、宋末以降の蔵書目などにも見出すことができない。これにひきかえ、日本には宋版も五山版も複数の伝存があるのは、まさに希有のことなのである。

大陸での禅門系譜の公刊は、下って清初の山翁道忞による『禅燈世譜』九巻である。のち、これを増補した『仏祖宗派世譜』八巻が出され、『緇門世譜』一巻と続き、いずれも近代の続蔵に収まる。いっぽう、日本では古く古篆周印の『仏祖宗派綱要』一巻（一四一八）の五山版が出され、のちに何度も改版をみる。近世には桂芳全久の『仏祖正伝宗派図』六巻の刊行や、未刊の筆写による他の作品も多い。しかし、これらの中日双方の著作とも、汝達の大作についての関説はないようである。のちの著作ほど同時代に密で古代に疎となる法系譜の性格が、そこには内在しているからであろうか。

（1）以上の書誌的事項は『五山版の研究』上巻四四〇頁bによる。

（2）「禅学典籍叢刊」第一巻（臨川書店、一九九九年四月）の末尾に収録。

（3）鈴木哲雄『中国主要地名辞典―隋～宋金―』（東京、山喜房仏書林、平成一五年九月）の泉州・泉州府の項（四二三頁～四二四頁）、及び南安郡・南安県の項（五二九頁～五三〇頁）を参照した。

（4）張秀民『中国印刷史』（上海人民出版社、一九八九年九月）八八頁。ちなみに禅籍では『宏智禅師語録』が南宋中期頃に刊行され、同末期には補刻されている。（「禅学典籍叢刊」別巻〈臨川書店、二〇〇一年七月〉解題の一〇『宏智禅師語録』四巻、を参照。）

（5）お恥しきことながら、筆者は『禅学大辞典』（東京、大修館書店、昭和五三年六月）別巻、附録「禅宗法系譜」中、印度・中国・朝鮮の原稿執筆責任者である。この仕事を短期間にすべて手作業で、約六千名の系譜を作成した苦渋を経験している。

（6）川瀬一馬『大東急記念文庫貴重書解題―仏書之部―』（東京、大東急記念文庫、昭和三一年一〇月）一五五頁b、及び『五山版の研究』上巻四四〇頁b。

（7）長沢規矩也「日華蔵書印表初稿」（『長沢規矩也著作集』第七巻〈東京、汲古書院、昭和六二年六月〉三八八頁a）。なお、稲田福堂の五山版旧蔵書は大東急記念文庫に三〇種以上が所蔵されている。

（8）須山氏は「汝達の『仏祖宗派総図』の構成について―資料編―」（『駒澤短期大学仏教論集』第九号、二〇〇三年一〇月）において、本書収録者のすべてを対象に原本の段・列、本師・出自・宗派・世代などの項目別に記載し、これを『五燈会元』（一二五三）所収者の同様な項目別の記載と対照して一〇一頁に及ぶ一覧表としている。また須山氏には関連論文として、「『仏祖宗派総図』の分析―「総編嗣法人数目録」の内容―」（同第一〇号、二〇〇四年一〇月）、「汝達の『仏祖宗派総図』について」（『宗学研究』四六号、二〇〇四年三月）、「『仏祖宗派総図』と『五燈会元』」（同第四七号、二〇〇五年三月）、などの諸作もある。

四 『祖庭事苑』八巻四冊

(一)

本書は、北宋末期に睦庵善卿によって著された、最古の禅語事典として知られている。ここに影印収録する底本は、国立国会図書館所蔵の五山版（以下、国会図書館本）である。『五山版の研究』によれば、本書の五山版には行格の等しい二種の異版があり、一は覆宋版で南北朝前半の南禅寺皈雲庵刊行本、他はそれを南北朝末期ごろに覆刻した無刊記本、とされる。前者の伝本は三井家旧蔵の一本のみ、後者は九本の伝本をあげている。[1]

ところが、後述するとおり、この国会図書館本は右のいずれとも異なる、いわば本書五山版の第三種というべき古版なのである。古版といえば、本書の宋版については、かって紹興二四年（一一五四）刊行の南宋版が水戸市彰考館に所蔵されていたが、大戦で焼失し他に現存本の所蔵を寡聞にして知らない。[2]

著者の睦庵善卿については、僧伝類にも系譜類にも不出の人で、遺憾ながら詳伝は未詳。ただ、本書の巻頭に置かれる法英の序文中には睦庵に対する若干の関説がみられるから、それを中心に記述しておこう。

睦庵、姓は陳氏で幼名は師節。東越（現、浙江省東部）の出生。出家後に遠く遊方したが、元符中（一〇九八〜一一〇一）には老母を養うために郷里に帰る。睦庵の称は、かれが尊敬した唐代の睦州道明（陳尊宿）に由来し、自ら住庵の名称とした。法英は大観二年（一一〇八）春、輔道のため開封（河南、開封市）華厳寺に仮寓したが、睦庵が訪れて本『祖庭事苑』を呈示し、昔叢林に遊んだ時から企図し、二〇年を要して編録したと語った。本書は開封の都でとくに盛行した雲門宗の禅籍類を中心とする語注、という特徴からみると、睦庵は開封の寺院に親しかったとも推測され、また、あえて法英を訪れて本書を呈示したからには、かれの名を知っていたからであろう。その法英とは、どんな人物であったのか。

法英は、序文では「四明の苾芻」と自称している。この住地と前記大観二年の年時、および本書が右のような特徴をもつことなどからして、禅門の僧伝類に名をとどめる祖鏡法英（*～一一三一）その人と断定してよい。かれは鄞県（浙江、鄞州区）の人で、九峰鑑韶の法嗣。襄陽（湖北、襄陽市）白馬山に住し、のち郷里の大梅山に移住。ために大梅法英とも呼ばれる。『仏祖統紀』巻四六によれば、紹聖四年（一〇九七）、大梅山法英など一八名は、かの南山律僧元照が慈眠の『浄土論』を典拠に禅宗を著空と毀謗したのに対し、蔵経を調べて解謗し破斥したという。(3) つまり、法英は護法に篤い学僧だったのである。大梅山では仲爰（詳細未詳）から帰依を受け、その奏聞により紫衣師号を受けている。

法英の法系は、雲門文偃―香林澄遠―双泉師寛―五祖師戒―泐潭懐澄―九峰鑑韶―祖鏡法英と嗣承し、雲門宗第七世である。ゆえに、一一世紀中葉に開封で活躍した大覚懐璉（一〇九〇寂）や、雲門宗系統の燈史文献『宗門摭英集』（一〇三八）三巻を編んだ承天惟簡は、それぞれ法叔という関係にあった。また、法英が輔道をなした開封の華厳寺は、北宋期の禅宗とは密接なつながりがあった。

余靖が嘉祐四年（一〇五九）に撰述した「東京左街永興華厳禅院記」がこの寺の基礎資料であり、すなわちこの寺は天聖五年（一〇二七）の創立で、仁宗が堂宇を構築し勅額を与えた。のみならず、仁宗は大覚懐璉の法嗣である道隆を迎えて紫衣師号を授け、懐璉とともにしばしば入内説法をさせるなど厚遇した。寺の規模は壮大で、大衆数百を数えたという。(4) のち、同寺には普孜・慶餘・知明などの禅僧が歴住し、それぞれ名声をあげている。(5) このように華厳禅院は、北宋期の開封では十方浄因禅寺・大相国寺・慧林禅院・智海禅院・法雲禅寺などとともに、雲門宗を軸とした禅僧たちが活躍した寺院であった。(6) 法英が一二世紀初めにこの寺を輔道した際、睦庵から『祖庭事苑』八巻を呈示されたのは、こんな禅界の背景や動きをみると、まさにふさわしかったのである。

法英はおおいに喜び、ただちに刊行を図ったのであろう。

睦庵は〝上人〟と呼称され、〝禅人〟や〝禅者〟とは呼ばれていない。〝上人〟は学徳すぐれた高僧への尊称であるから、睦庵は禅僧としては嗣承関係が明確でなかったのかも知れぬ。ただ、前述のようなもろもろの関係から推して、雲門宗とはかなり親しかった人とみてよい。本書が内外典を問わず博引傍証の語注であるからには、かれがかなりの学僧であったことはまちがいないであろう。

(二)

本書の書誌的事項は、底本所蔵者の解題と『五山版の研究』に所載される。(7) それに筆者の調査を加えて、以下に記載してみよう。

室町初期刊。橙色表紙、題簽墨書「祖庭事苑(巻数)」、二五・八cm×一七・五cm。墨付全四五二丁。匡郭内一八・〇cm×一二・六cm、左右双辺・四周単辺の混合。有界、五行、小字双行三二字。版心白口、三魚尾「祖(巻数)(丁数)」。まま朱点、上欄外書入れ。刊記・識語・旧蔵印なし、購入印「明治二六・六・一六購求」。文字端正な精刻、やや後刷。

右のとおり、本版は半葉五行の大字本であるが、なぜか『五山版の研究』ではこれに注意せず、南禅寺版の覆刻諸本の中に含めてしまっている。しかし、国会図書館本が明らかに異版であることは、覆刻諸本では巻末の仲爰原跋や重版刊記が陰刻行書体であるのに対して、陽刻楷書体となっていることからも明瞭。たぶん、国会図書館本は本書の五山版としては最新の改版であって、目下のところ他に伝本の知られぬ珍しいテキストではないかと思われる。

つぎに、本書の全体構成はつぎのとおりとなっている。

1 原　序　　祖鏡法英撰

2 目　録(巻一〜巻八、巻別に語注の対象典籍名)

3 本　文(対象典籍の解題、及び典籍の語注)

4　原　跋　大観二年（一一〇八）、仲爰撰
5　重版刊記「紹興甲戌（＝二四年・一一五四）季夏　重別刊行」
6　重版跋　紹興二四年、尽庵師鑒撰
7　重版刻工記「眉山王似刻」
8　重版序　紹興二四年、玉津紫雲撰

まず序跋類であるが、1の原序についてはすでにのべた。この原序と4の仲爰原跋が本書の初刻本、つまり大観二年（一一〇八）刊の北宋版首尾に付けられていたのであろう。『建中靖国続燈録』巻一一の法英伝によると、仲爰は法英を中央に聞奏して紫衣師号を賜るに尽力した人物。(8) 当然ながら本書の初刻にも労をなしたのであろう。刊行地はどこにも明示されぬが、おそらく大梅山などの浙江地方ではなかったかと考えられる。

だが、北宋期の刊本の多くは、靖康の戦火で大量に失われる。雲門宗の著作類の多くは、こうした運命にある。しかし、叢林の需めに応えうる好著は、宗派を超えて再版される。『禅苑清規』などとともに本書はその典型であり、南宋初めの紹興二四年（一一五四）、本書は改版をみる。その際に加えられたのが5～8の諸記事であった。この南宋版は、九頂澄公の所持本を底本とし、玉津比丘の紫雲による序を巻首に置き、尽庵比丘師鑒の跋を尾に備えた。眉山の王似は刻工であろう。これら人名の為人は未詳であるが、九頂（四川、楽山県）、眉山（同、同）、玉津（同、犍為県）などの地名からみて、この南宋版は四川で刊行されたものと思量される。惜しくも焼失した彰考館本は、この南宋版であった。

これをわが南禅寺で南北朝に覆刻し、また無刊記本・五行大字本の諸版を陸続と生んだのが本書の五山版であり、いかに中世江湖の需要が多かったかを知る。さらに近世には、初期の古活字版、正保・宝暦の木版本が続き、いずれも五山版にもとづく改版であった。大陸では南宋以後の改版が知られず、近代のわが続蔵本が天下の通行本となっている。続蔵本は刻工記や刊記は省かれているが、近世の木版本を底本とするか。語注の双行を改め、解読しやすいという特長がある。

その語注が本書の中枢。すなわち、本書の語注は特定の禅籍を対象とし、その中の個有名詞・故事・成語・方語など二千四百余項目にわたるが、仏典・語録の解読にとり語注の事苑は暗夜の灯火であるから、厳密かつ正確さが生命である。したがって、考証や考勘を学問の中心に据えた無著道忠は、本書語注の誤謬を随処に指摘し批判する。(9) なるほど無著のような、あたかも近代学問的な視点からみれば、そうした批判はまぬがれないであろう。ただ、ここでは所説の範囲をこえる。むしろ文献史的な視座からの特長を、さいごに指摘しておこう。

まず、本『事苑』における対象禅籍の名を収録順に示すと、つぎのとおりである。

巻一〜四　雲門録上・同下・同室中録・拾遺三則、雪竇洞庭録・同後録・同瀑泉集・同拈古・同頌古・同祖英集上・同下・同開堂録・同拾遺、示寂偈

巻五〜八　懐禅師前録・同後録、池陽問、風穴衆吼集、法眼録、蓮華峰語録、八方珠玉集、証道歌、十玄談、釈名讖弁、語縁、雑志

右のように、語注の対象は雲門・雪竇・天衣という雲門宗重鎮の三者による語録が主体をなす。それはともかく、右の諸書中すでに古くから佚書となっている、天衣義懐の「前・後録」「池陽問」や天台徳韶の『蓮華峰語録』、さては『風穴衆吼集』『法眼録』『八方珠玉集』などからの語注は、これらの文献研究の上に貴重な資料を提供する。(10)

また、語注の中には対象とする語句について、「第○板○○行中脱○字」のごとく明示するものが少なからずあり、これは原典北宋版の行格を知らしめる記載として、テキスト研究の上に具体的な有益資料となる。(11) さらに、語注が縦横に引用する各種の書名中、「投子古録」「忠国師碑」「徳山広録」「薬山宗派録」「塩官国師広録」などの佚書は、すべて逸文の提供である。このように、本書は文献研究の方面には多くの貴重資料を提供しているのである。

(1)　『五山版の研究』上巻四〇九頁b〜四一〇頁a。この記載と筆者の調査により『祖庭事苑』五山版諸本の所在を示すと、以下のとお

りとなろう。㈠南禅寺皈雲庵版……三井家旧蔵、杏雨書屋　㈡覆刻版……大東急・両足院（二本）・積翠軒旧蔵・駒大・尊経閣・国立民俗博・三井家旧蔵・香港大・北京大　㈢大字本……国会図書館

（2）筆者はかつて「宋金元版禅籍所在目録」（『宋元版禅籍の研究』、東京、大東出版社、一九九三年八月）中に『祖庭事苑』の宋版が建仁寺両足院に所在する記載をなした（五七六頁）。これは「第三十六回大蔵会展観目録」（大蔵会編『大蔵会展観目録―自第一回至第五十回―〈復印〉』、京都、文華堂書店、昭和五六年一一月）の記載（五一三頁）に依ったのであるが、その後赤尾栄慶氏等による両足院蔵書の調査報告によれば同寺には宋版がなく五山版二本の現存とのことである。ゆえに筆者の記載は訂正する。

（3）T.49-418b

（4）余靖『武渓集』（明の成化刊本による民国七年〈一九一八〉影印の「広東叢書」本、東洋文庫蔵）巻九、一b～四a。

（5）黄啓江『北宋仏教史論稿』（台北、台湾商務印書館、一九九七年四月）一一四頁参照。

（6）前項注（5）黄氏著一一四頁～一一五頁、及び楊曽文『宋元禅宗史』（北京、中国社会科学院出版社、二〇〇六年一〇月）第三章第二節「在京城伝法的雲門宗禅僧」（一一三頁～一二一頁）を参照。

（7）国立国会図書館編刊『国立国会図書館所蔵貴重書解題』第一巻（昭和四四年三月）五三頁b、及び前掲注（1）『五山版の研究』上巻四〇九頁b。

（8）Z.78-710c

（9）無著道忠による『祖庭事苑』に対する忌憚なき学問的批判については、柳田聖山「無著道忠の学問」（『禅学研究』第五五号、昭和四一年一二月）に詳しい。

（10）『祖庭事苑』の語注対象である古禅籍および語句類についての文献研究には、永井政之「祖庭事苑の基礎的研究」（『駒澤大学仏教学部論集』第四号、昭和四八年一二月）がある。

（11）たとえば、拙稿「『明覚禅師語録』諸本の系統」（『駒澤大学仏教学部論集』第二六号、平成七年一〇月）において、この行格に関する四資料を用いて『事苑』が用いた「雪竇七部集」の北宋版は現存宋版（四部叢刊本）とは異なることを明らかにした。

五　『大蔵経綱目指要録』　八巻八冊

（一）

本書は、北宋期に仏国禅師惟白の撰述した大蔵経の綱要書である。宋代の大蔵経に入蔵しているから、その入蔵本や単行の宋版などは伝存しているが、五山版は天下一本の伝存本が大東急記念文庫に所蔵されるのみであり、(1)この貴重書を底本としてここに影印収録する。書名は各本に共通し、五山版の表題・内題・尾題も同一である。

惟白は、嗣承を雲門文偃―香林―智門―雪竇―天衣―法雲法秀―惟白と承ける、雲門宗第七世の人で、禅門五燈の第三、『建中靖国続燈録』三〇巻（一一〇一）の編者としても知られる著名な学僧。しかし、伝記は基礎資料が早くから失われたのか、生寂年・修学なども未詳である。ゆえに、叢伝中の簡単な記載や本書末尾にみえる自撰諸記などによって紹介しなければならない。

惟白は靖江（江蘇、常州市）の人。一七歳で遊方し、のち東京（河南、開封市）法雲寺法秀（一〇九〇寂）から嗣法。はじめ泗州（安徽、鳳陽市）の亀山（盱眙県）に住し、のち法雲寺を董した。元符元年（一〇九八）には真定府（河北、石家荘市）洪済禅院の宗賾を訪ねている。(2)両者は法系上の従兄弟に当るから、『続燈録』編纂のために宗賾の語録や雲門宗祖師の情報蒐集の目的であったのかもしれない。同三年（一一〇〇）には哲宗に入内説法。翌年、かねてより編集・上進した『続燈録』に勅序を添えて入蔵許可。仏国禅師号を受く。

崇寧二年（一一〇三）春、天台山（浙江、天台県）から婺州金華山（同、金華市）智者禅寺に行き、大蔵経を閲覧して撮要を行い、翌年二月に終る。これが『大蔵経綱目指要録』となるもの。崇寧四年（一一〇五）、同八巻を上進して入蔵を許さる。なお、惟白はいつのころか明州天童山（浙江、鄞県）に住したといわれる。(3)しかし、『扶桑五山記』では天童山の世代に入っていない。示寂地も年時・世寿も未詳。

(二)

本書の書誌事項は、所蔵機関の解題と『五山版の研究』に記載されるが、内容はほぼ同一。ただ、若干の誤認がある。[4] 筆者の調査を加えて、以下に記載しよう。

南北朝刊。八巻八冊。線装袋綴。改装表紙、二六・六cm×二一・一cm。題簽墨書「大蔵経綱目指要録（巻数）」。全墨付五三四丁。四周単辺、有界。六行二〇字、注双行二〇字。匡郭内二一・八cm×一四・七cm。版心、上魚尾「目（巻数）之（丁数）」。但し版心は僅少で、版心のない部分には原版心を遺存。その最も詳細なものは、「渓　指要録（巻数）（丁数）」。付点・書入・旧蔵印なし。刻工「栄」（第二巻37・38・51・52各丁）。原刻工「林賜」（三—7）、「支」（三—21）、「中」（五—2）、「昉」（五—4）、「才」（五—15）。巻末刊記「□□□刊之 大慶院伯寿」。やや後刷。なお第二冊第二五丁の次に存する挿入紙片二葉は、同冊末尾に収録した。

右の刊記部分は文字が不鮮明であり、「大慶院伯寿」も目下未詳。原刻工の「林賜」なども未詳であるが、原版心の〔渓〕は大蔵経の函号遺存であり、この函号を持つ本書は、東禅寺・開元寺両蔵経のみ。[5] つまり、本五山版の底本は入蔵本と断定してよい。このことは、また後にふれる。ともあれ、原版心の遺存により、底本は原則として一面六行、見開き一二行ごとの折本であったことが知られる。

つぎに、本書の構成は左記のとおりである。

1　入蔵許可告示文　崇寧四年（一一〇五）一一月、尚書礼部撰

2　入蔵請願上進書　同年正月、惟白撰

3　本　文（巻一〔天〕～〔崗〕四八函、各経典の標指、各品目の解義。巻二〔崗〕～〔裳〕四一函、同上、以下同。巻三〔推〕～〔賓〕三八函、巻四〔帰〕～〔覆〕六二函、巻五〔器〕～〔命〕六八函、巻六〔臨〕～〔陏〕八〇函、巻七〔外〕～〔渭〕八六函、巻

八〔拠〕～〔英〕五八函）

4　注　記（補続部分の記事）　惟白撰

5　禅門伝録（禅門燈史四書百巻の解題）　惟白撰

6　禅教五派宗源述　惟白撰

7　大蔵経綱目指要録五利五報述　惟白撰

8　刊　記（前掲）

だいたい、本書の通行本といえば、「昭和法宝総目録」第二巻所収の一三巻本である。ところが、この「目録」本は右の1と2がなく、巻数も異なる。「目録」本の底本は「万治二年刊宗教大学蔵本」[6]であるが、万治本に1と2は「序」として存在するから、「目録」に収録の際に削除されたのであろう。

1と2の両文は、けっして序文などではない。1は本書の入蔵を許可する旨の、れっきとした尚書礼部からの公文、2は惟白から その前に上進した、入蔵・刊行を請願する一文なのである。ともに重々しい文旨と形式を具備した儀礼文であるが、本文内容とは直接の関係がないので、後代のテキストほど削除される傾向にある。ゆえに本五山版の遺存は貴重。筆者は、かってこの両文の資料価値に注目し、拙い口語訳を試みたことがある。[6]いま、両文から本書に関する重要事項を箇条書きに挙げてみよう。

㈠惟白は昔、泗州の祖塔下や天台の名山で蔵経を閲覧し、撮要した「綱目指要録」を作成した。

㈡崇寧四年正月一五日、右書の入蔵と刊行の請願書を国朝に上進した。

㈢同年一〇月二八日、入蔵が勅許され、一一月一日にその聖旨が施行された。

㈣先の『続燈録』が祖師の妙道明示であるのに対し、本書は釈尊の妙法顕示である。

右のうち、㈣は惟白が上進書で述べるところであるが、これは先に神宗が仏法興隆を勅諭する中にある語を承け、惟白が両書の権威付与を意図した言辞にほかならない。とまれ、両書の無事入蔵は、四〇年以前に『輔教編』『伝法正宗記』の両禅籍を入蔵さ

せた仏日契嵩の勝躅に続く雲門宗の打立てた金字塔であった。(7)

3の本文は、五千余巻の大蔵経本の各巻と各品目ごとに、惟白が短文の綱要と解義をほどこしたものであるが、各経典には蔵経の函号が陰刻されている。〔 〕で示した千字文の文字がそれで、〔天〕（第一番）より始まり最後の〔英〕（第四八〇番）に終る。これらの典籍類は、唐代の『開元釈教録』に定める五〇四八巻四八〇函の部分に一致し、大陸最初の木版大蔵経である開宝蔵の正蔵部分そのものである。つまり、惟白は開宝蔵の正蔵部分に対して綱要・解義をほどこしたのであった。

4は惟白による無題の注記。まず、右正蔵部分の末尾に置かれる〝聖賢伝記〟がインドと中国の撰述であるとのべ、ついで注目すべき記述がみられる。この部分を訓読すると、

其の余の蔵に随むは、添えて賜いし経伝三〇帙、未入蔵経二十七帙にて、天下の寺院中、或いはあり或いはなし。印経に官の印板を却に足う。故に未だ録略せず。知者ありて鑒すべきのみ。(8)

となろうか。要するに、これは開宝蔵の正蔵に続く補入蔵部分に対する一一〇五年当時における貴重な注記であり、斯方面の研究に益するものである。(9)

5は、禅門の燈史文献たる『宝林伝』一〇巻『景徳伝燈録』三〇巻『天聖広燈録』三〇巻は、すでに開宝蔵の続蔵部分に入蔵こそしてはいたが、ここに新たに自撰の『建中靖国続燈録』三〇巻を加えて、「禅門伝録」全百巻の成立・解題という輝かしい位置づけの主張。それは、禅祖たちの語録が仏経と比肩したことを示す権威づけでもあった。

6は、禅門燈史書の編成とその入蔵の歴史が、禅門の隆盛を示すことの論弁。7は慈恩教・南山教・天台教・賢首教・禅宗の五、禅教の帰するところは一なることの論攷。8は惟白がかって智者禅寺で蔵経を閲覧し、一年間で本書が成った旨と、本書には五利五報があることの論述。要するに、惟白による本書の編成意図は、釈尊の示した妙法を実践し伝道してきたのが禅門祖師である、

との趣旨を表明することにあった。ゆえに本書と『続燈録』の両書は密接不離の関係にあり、暗に教と禅との一致を示している。

本書は福州版の両蔵経に入蔵という栄を担ったが、さらに単行もなされたようである。北京の国家図書館には、左記の一本が所在することが知られるからである。

大蔵経綱目指要録八巻　宋釈惟白撰　小字双行上下単辺　宋刻本　八冊　四行十八或二十字不等　四五二一[10]

右のうち、「四行十八或二十字不等」という版式は、蔵経本とも五山版とも異なるから、これは異版なのであろうが、目下ほかに徴するものがない。また、本書はその後の大陸では大蔵経からは削除され、後代にも刊行された形跡はない。

これにひきかえ、わが日本では近世の万治二年（一六五九）に、当時の仏書出版で知られる京都中野市右衛門から、一三巻一三冊本が出された。五山版の刊記を省き、巻二と巻四〜七の各巻を上下に開いた分巻本である。さらにこれを底本として首部の二点を削除したのが、前記「目録」本の正体であった。ゆえに、宋版蔵経本のすがたを遺存する五山版の影印、それも現存天下一本の初公開は、古版の原本同士の比較がとくに困難な本書の場合、画期的な快事というべきであろう。

（1）『五山版の研究』上巻四一五頁b。

（2）拙稿「長蘆宗賾撰『慈覚禅師語録』の出現とその意義」（『印度學佛教學研究』第五七巻第二号、平成二一年三月）を参照。

（3）嘉慶年間（一七九六〜一八二〇）刊行の『新纂天童寺志』（『中国仏寺史志彙刊』第一輯〈台北、明文書局、一九八〇年一月〉第一三冊）巻三では可斉と普交の間に仏国惟白の条があり、初めに天童に住し徽宗に召され三度高座に登り勅命で法雲寺に住したと記される（一八六頁）。また巻七には「仏国禅師塔　玲瓏巌西南有菴曰仏国即（ママ）師之塔院」（四七一頁）とみえ、巻頭の山図には仏国菴の建物が描かれている。

（4）『大東急記念文庫貴重書解題—仏書之部—』（東京、同文庫、昭和三一年一〇月）一五三頁。及び前掲注（1）同頁。但し巻首に惟白の序を付すとするのは誤認である。

（5）拙著『宋元版禅籍の研究』（東京、大東出版社、一九九三年八月）二二六頁〜二二七頁、二四九頁、を参照。

（6）『昭和法宝総目録』第二巻五七一頁の欄外校注による。
（7）前掲注（5）拙著、一二六頁～一二八頁。但し拙訳。
（8）『昭和法宝総目録』第二巻七六八頁b。
（9）開宝蔵の続蔵に関説する古文献としては『参天台五台山記』（一〇七二）が夙に知られているが、本『大蔵経綱目指要録』はこれに次ぐものであり、しかも直接開宝蔵を閲覧・研究した惟白の記載であるからには資料価値が高い。
（10）『北京図書館古籍善本書目』（北京、書目文献出版社、一九八七年七月）子部、釈家類、一六三五頁。

五山版中国禅籍叢刊　第三巻（全十二巻）

二〇一五年三月三十日　初版発行

編者　椎名宏雄

発行者　片岡敦

印刷
製本　亜細亜印刷株式会社

発行所　株式会社 臨川書店
606-8204 京都市左京区田中下柳町八番地
電話（〇七五）七二一－七一一一

落丁本・乱丁本はお取替えいたします。
定価は函に表示してあります。

ISBN978-4-653-04153-5　C3315
［ISBN978-4-653-04150-4　C3315 セット］